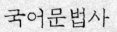

국어문법사

대우학술총서
618

국어문법사

홍종선 지음

아카넷

국어의 역사적 고찰은 뜻 있는 연구자들에 의하여 그동안 많은 연구 성과를 쌓아 왔다. 이제 그간의 연구 내용을 정리하여 국어사를 엮고 국어 문법사를 체계적으로 기술하는 과제도 연구와 더불어 진행해 나가는 것이 필요하다고 본다. 이 책은 이렇듯 지금까지 이루어진 학계의 연구 내용을 모은 것이다.

오랜 동안 주로 15세기 중세 국어 문법의 연구에 집중하였던 국어학계는 근래에 들어, 새롭게 발견된 구결 등 차자 자료를 중심으로 고대 국어의 문법에 관심과 조명을 해 나가고 또한 근대 국어에도 다소 관심을 보이기 시작하였다. 오늘날 우리가 사용하고 있는 우리말(국어)을 제대로 이해하기 위해서는 끊임없이 변화 발전해 오는 국어의 역사를 전체적으로 고찰해야 할 것이다. 공시적인 연구와 통시적인 고찰이 서로 정보를 주고받으면서 국어학계가 발전하며, 개인적인 연구에서도 더 폭넓은 시각을 갖고 깊은 천착을 할 수 있을 것이다.

지금까지 국어사 전체를 아우르는 저술은 몇 차례 있었지만 그 하위 분야별로 통시적 고찰을 시도한 저술은 아직 그리 활발하지 못한 실정이다. 문법사를 비롯하여 음운사나 어휘사 등 하위 분야별로 국어사를 정리하고, 더 나아가 단어 형성, 동사 활용, 시제, 높임법 등

하위 영역의 주제들에 대해서 국어 역사 전체를 저술하는 작업이 필요하다.

국어 문법을 통시적으로 서술할 때에는, 각 시대별로 문법 전체를 공시적으로 고찰하여 켜켜이 쌓아서 국어의 역사성을 보이는 방식도 있고, 각 주제별로 통시적 변화 과정을 추적하는 방식도 있다. 전자는 각 시대의 문법 체계를 체계적으로 이해하는 데에 효과적이며, 후자는 그 문법 주제가 통시적으로 어떠한 인과 관계를 가지며 변천해 왔는가 하는 궤적을 잘 보여 주어 언어 변화의 원리와 당위성을 잘 이해할 수 있게 한다. 어쨌든 작은 영역의 통시적 연구들이 모여 상위의 분야사를 이루고, 각 분야의 변천사는 종합되어 국어사를 더욱 짜임새 있게 내실화할 것이다.

국어 문법사는 국어사에서 근간을 이루고 우리말의 본질을 규명해 가는 과제라고 생각하였는데, 한국학술협의회(대우재단) 공고에 이 과제가 올라와 우선 지원해 놓고는 그 후 뒷감당을 못하고 20여 년을 보냈다. 뒤늦게 오랜 숙제의 결과물을 내놓는다. 그동안 이 책을 쓰면서 많은 연구자들의 도움을 받았다. 특히 차재은, 장경준, 문현수, 정경재 선생님은 원고를 일일이 검토하며 너무나도 많은 내용을 고치고 보태 주었다. 머리 숙여 고마움을 표한다. 같은 과에 근무하며 최호철, 김정숙, 신지영 선생님이 베푼 응원도 이 일을 중도에 그만두지 않게 해 준 고마운 짐이다. 그 밖에도 선후배와 동료들도 여러 모로 지원해 주어서 나는 행복하게 지낼 수 있었다. 그러나 이러한 베풂에 값할 만큼 훌륭한 성과를 못 내어 내용에 부족함이 많다. 이 책은 시대별로 공시적인 서술을 한 성격이 많지만 이후에 주제별로 변천사를 연구한 본격적인 국어 문법사의 출간을 기대한다.

저자에게 이러한 집필 기회를 준 한국학술협의회(대우재단)와, 무척 까다로운 원고를 정성스레 편집하여 멋진 책으로 만들어 준 아카넷에 또한 고마움을 표한다. 이 책을 불민한 저자에게 국어사 연구의 소중함을 일깨워 주신 고 박병채 선생님께 삼가 올립니다.

2017년 가을
홍종선

차례

1

—

총론

1. 국어사와 국어 문법사

국어사는 국어가 변화 발달해 온 역사이다. 최근의 언어학에서는 인간의 사고와 언어가 별개의 것이 아니라든가, 언어가 인간의 사고나 정서를 형성한다는 시각을 갖는다. 우리의 말이 우리 민족과 함께 사회생활을 하고 문화를 이루어 오면서, 우리말의 구조와 내용 체계 안에는 우리의 정신세계가 투영되어 온 것이다. 그렇다면 한국어 역사의 연구는, 언어적 체계로 형상화해 있는 한국어의 통시적 변화 모습을 통해 한국인의 삶과 사고의 변천을 추적하는 접근이라고 말할 수 있다.

언어를 구조 형식과 내용으로 나누어 볼 때, 말소리나 문자라는 외적 수단을 통해 발현되는 형태와 통사, 즉 문법 체계는 언어의 내적인 구조를 이루는 형식이고, 의미 체계는 이러한 구조 형식에 담기는 내용이 될 것이다. 각 언어의 문법 구조 체계는 대체로 그 언어에서 의미 내용을 담아내기에 가장 적합한 모습을 갖추는데, 이런 점에서 언어의 형태와 통사 체계는 의미 영역과 계속적인 공조 관계를 갖는다. 이와 같은 문법의 변화 발달을 고찰하는 문법사 연구는 그 언어의 근간을 이루는 형식 구조 체계가 어떻게 의미 내용을 담아 말소리나 문자로써 발현토록 해 왔는가를 살피는 것에 큰 의미를 두게 된다. 그러므로 한국어 문법사 연구는 한국어가 갖는 내적 구조의 통시적 발달을 고찰함으로써 한국어 역사에 대한 기본적이면서 또한 근본적인 이해에 이르는 길이기도 하다.[1]

---

[1] '문법'은 두 가지 뜻을 갖는다. 언어의 형태나 통사 현상 그 자체가 '문법'이지만, 이 문법 내용을 명시적으로 체계화한 것을 또한 '문법'이라고 일컫는다. 가령 '한국어의 문법을 배운다.'라고 할 때는 전자를 말하는 것이며, '주시경의 문법'에서의 '문법'은

국어사는 그 하위에 음운사, 문법사, 의미사, 문자사 등 여러 분야를 설정할 수 있다. 이 가운데 '문법사'는 '문법론'이 그러하듯이 '형태'와 '통사' 부문에 관한 고찰이며, 이 책에서도 이들 둘을 다룬다. 다만 형태소가 모여 단어를 형성하고 이들 단어가 결합하여 구절과 문장으로 확대해 나가는 유기적인 연속성을 살려, '형태사'와 '통사사'라는 체계로 우선적인 이분을 하지 않고 형태소에서 확대문에 이르기까지 일련번호를 매긴다. 이렇게 함으로써, '형태 부문'과 '통사 부문'으로 이분하면서 생기는 장절 번호의 층위나 단위 수가 늘어나는 등의 소모성 부담도 줄일 수 있다. 이 책이 문법론과 같은 이론서가 아닌 점에서도 이러한 체제가 더욱 무리스럽지 않으리라 생각된다.[2]

국어사의 각 하위 분야는 전체 국어사의 발달 과정에서 서로 깊은 관련성을 갖지만, 한편으로는 각 분야마다 독자적으로 변화 발달해 오는 내용이 또한 없지 않다. 문법사도 국어사 일반의 흐름 속에서 이러한 두 가지 면을 함께하는 것이다. 따라서 문법사의 기술에서는, 국어사 모든 분야의 통시적 변화를 충분히 의식하면서 문법 내부적인 변화 내용에 관심을 기울여야 할 것이다. 그러한 한 예로, 이 책에서는 국어 문법사의 시대 구분을 '고대 국어, 중고 국어, 중세 국어, 근대 국어, 현대 국어'라는 다섯 시기를 마련한 것을 들 수 있다. 흔히 국어사를 '고대 국어, 중세 국어, 근대 국어, 현대 국어'라는 네 시기로 나누지만, 문법 분야의 변천에서는 고려 시대의 대부분을 중세 국어

후자를 가리키는 것이다. 후자는 '문법론'이라고 말하기도 한다. '문법의 발달'이나 '문법의 변천'이라고 말할 때에도 '문법'은 이들 두 가지 뜻을 다 가질 수 있다. 그러나 이 책에서 '문법'은 언제나 전자, 즉 언어의 형태·통사 현상을 말한다.

2) 이론서가 아니므로 서술의 편제에서도 편의성을 고려하였다. 가령 격조사의 하위 범주들과, 격조사의 생략, 보조사 등에 같은 층위의 일련번호를 주어 기술하였다. 번호 층위가 늘어나는 번잡성을 덜기 위한 것이다.

보다 고대 국어에 더 가깝게 보기도 하는 것이다. 또한 전체 국어사와 달리 중세 국어를 13세기 후반부터로 산정한 것도 순전히 문법적 현상의 특성에 따른 것이다.

현재 우리 국어학계에서는 국어사와 관련하여 적잖은 논저들이 나와 있고 또 연구가 진행 중이다. 중세 국어 위주로 연구하던 이전 시기에 비해, 최근에는 다양한 문헌을 접할 수 있는 근대 국어와, 차자를 이용한 고대 국어에 대한 연구도 활기를 띠고 있다. 그러한 가운데 국어사 전체를 개관하는 저술도 몇 종 얻을 수 있었다. 그러나 국어사의 각 부문별 변천사가 정리되어 나온 예는 아주 드물고, 국어 문법사도 여기에서 크게 벗어나지 못한 상태이다. 이제 국어사 연구에도 연구 결과들이 많이 축적되어 있으므로 각 부문별로 국어사가 정리되어야 한다. 이러한 분야별 변천사는 국어사 전체를 다시 구성하는 시각과 계기를 줄 수도 있을 것이다.

국어사를 기술하는 방식은 크게 둘로 나눌 수 있다. 각 시대별로 나누어 공시적인 전체 체계를 세우면서 이전 시기에서 어떻게 변화해와 후대로 이어지는가를 검토하는 방법이 그 하나이며, 각각의 문법 범주별로 통시적인 변화 양상을 고찰하여 서술하는 방법이 다른 하나이다. 이는 전체를 다루는 국어사뿐만 아니라, 문법사를 비롯한 국어사의 각 하위 부문의 역사를 기술할 때에도 마찬가지로 적용된다. 두 가지 방식은 모두 장·단점이 있을 것이다. 전자의 방식에 의한 문법사에서는, 각 시기별로 나타나는 문법 현상의 전모를 체계적으로 조감할 수 있으나 각 문법 범주들이 통시적으로 변천해 가는 과정을 유기적으로 파악하기가 어렵다. 후자의 문법사에서는, 각각의 문법 범주가 역사적으로 어떻게 변천해 가는가를 끊김이 없는 흐름으로서 이해하기는 좋으나 시대별로 문법 체계를 종합화하는 고찰이 곤란하다.

문법사의 완성은 후자, 즉 문법 범주사에서 변천의 원인과 양상 등을 설명력 있게 서술하면서 이루어질 수 있다고 본다. 그러나 이 책에서는 전자를 택하였다. 문법의 변화 과정에서 각 현상들이 시기별로 전체 문법의 체계 속에서 갖는 유기적 관계를 우선적으로 보고자 한 것이다.

국어 문법의 역사는 다섯 시대로 나누었고, 각 시대별로 공시적인 체계에서 가급적 체제의 일관성을 갖추고자 하였다. 하지만 이 책이 통시적 고찰을 목표로 한다는 점에서, 각 시대별 공시태를 서술할 때에도 통시태의 관점에서 보고, 이전 시대에서 변화한 내용을 살피어 당시의 공시성과 연계토록 노력하였다. 다섯으로 나눈 각 시대도 짧지 않은 시간대에 걸치므로, 이 기간 안에서도 통시적으로 변화가 간단없이 일어난다는 점을 간과할 수 없다. 이러한 문제에 상응하도록 세밀한 추적이 필요함을 적잖이 의식하였지만, 결과는 미흡하다. 각 문법 범주 안에서도 쉼 없이 다양하게 나타나는 변천마다 변화 요인과 과정 등에 관해 충실한 설명력을 좀 더 확보한 문법 범주별 변천사가 곧이어 나와야 할 것이다.

국어사의 자리에서 보면 국어 문법사는 하위 분야별 국어사이다. 여기에 더하여 국어 문법사는 그 하위의 문법 범주별 문법사를 요구한다. 물론 문법 범주별 문법사보다도 더욱 세분화한 내용의 통시적 변천사도 필요하다. 앞으로 보다 더 세분화하여 치밀하게 고찰하는 문법사가 이어 나와서 그보다 상위의 전체 문법사를 깁고, 또 더 올라가 국어사를 충실하게 하는 상호 역동적인 연구와 저술이 계속되어야 할 것이다.

2. 국어 문법사의 시대 구분

국어 문법의 역사는 우리말(국어)이 생겨서 쓰이기 시작했을 때부터 시작되었다고 하겠지만, 오늘날 부분적으로나마 짐작하거나 파악할 수 있는 시기는 그리 멀지 않다. 이는 국어의 역사적인 모습을 짐작할 수 있는 시기보다도 훨씬 후대이다. 문법은 조그마한 문제 하나라도, 하나하나의 어휘가 가지는 개별성과 달리 대부분이 전체 체계성 아래에서 파악할 수 있는 것이기 때문이다.

국어에 대한 실제 모습을 추정할 만한 편린이나마 찾을 수 있는 시기는 한껏 소급한다 하여도 초기 삼국 시대 정도이다. 물론 우리나라의 말에 대해 매우 소략하고 피상적인 언급이 삼국 시대보다 이전에 중국의 역사서 등에서 전혀 없었던 것은 아니며, 지명 등에 나타난 어휘 모습에서 삼국 시대보다 이전 시기의 언어를 극히 일부 짐작할 수는 있을 것이다. 그러나 불완전하고 불분명하더라도 한자나 차자 체계로 우리말을 직접 기록한 언어 자료는 삼국 시대를 넘지 못한다. 더구나 어느 정도의 문법 체계를 세울 수 있기 위해서는 삼국 시대의 이두 금석문, 목간이나 죽간 그리고 고려 시대에 기록된 한문 역사서와, 향찰, 이두 및 구결이라는 차자 표기의 문헌 자료를 기다려야 한다. 그리하여 이 책에서도 국어 문법사의 실질적인 기술이 미약하나마 삼국 시대에서부터 시작된다고 말할 수 있다.

국어 문법사의 시대 구분에서 최초의 시기를 '고대 국어'라고 이름한다. 그렇다면 고대 국어는 국어의 형성기에서부터 시작되어야 할 것이고, 만약 형성기를 '원시 국어'라고 이름한다면 원시적인 시기를 벗어난 직후부터로 잡아야 할 것이다. 그러나 현재 우리가 일부나마 파악할 수 있는 시기까지로 상한선을 그어, 위에서 말한 대로 삼국 시

대부터 문법사를 서술하는 실질적인 고대 국어의 시작으로 한다.[3]

고대 국어는 삼국 시대부터 시작하여 10세기 초엽의 신라 시대 말까지로 잡는다. 신라가 끝나고 고려가 시작하는 10세기 초엽은 국어사에서도 시대 구분의 큰 분수령을 이루지만, 국어 문법사에서도 여러 가지 변화를 찾을 수 있다. 이 시기의 국어 문법 모습에 대해서는 알려진 것이 별로 없지만, 문장 표현의 통사적인 기본 구조는 오늘날과 크게 다름이 없는 것으로 파악된다. 고대 국어에서의 격 체계나 형태는 중고 국어와 거의 같지만 관형격 조사가 주격형과 같은 '이'형으로 쓰이다가 '이/의'형으로 분화되고, 여기에서 처소격이 함께 쓰이다가 분화되는 과정을 겪는다. 명사형 '-ㄴ, -ㅭ'는 점차 관형사형으로 기능이 바뀐다. 시제와 상 그리고 서법이 거의 분리되지 않고 하나의 범주로 실현되는 것으로 보인다. 주체 높임과 상대 높임은 있지만 아직 객체 높임의 체계는 갖추지 않은 상태이다. 상대 높임은 ᄒᆞ라체와

---

3) 삼국 시대를 '고대 국어'로 설정하는 것은 삼국이 각각 별개의 언어권이 아니었다는 사실을 전제로 한다. 별개의 언어들을 하나의 시대로 묶어서 명칭화할 수는 없을 것이다. 삼국의 언어에 대해 현재 국어학계는 추정적인 가설을 다양하게 보이고 있다. 백제와 신라의 언어는 대체로 방언적 차이로 인정하는데, 문제는 부여계의 고구려어와 한계의 백제·신라의 언어가 별개의 언어인가, 아니면 방언적 차이인가에 있다.
우리는 통일 신라 시기의 이두문이나 신라 향가에서 보이는 문법적 요소들의 기본 체계가 고려 시대 차자 문헌의 언어에서 크게 다르지 않음을 알고 있다. 만약 영남 지역의 신라 언어와 개성 지방의 고구려어가 별개의 언어였다면, 신라어와 고려어와의 단층이 이렇게 적을 수는 없을 것이다. 두 지역이 별개의 언어였다면, 그 당시 적대국 정복자의 언어가 패망한 고구려 지역에서 불과 이백여 년 지배로 그토록 빨리 일반화되었다고 보기는 매우 어렵다.
실제로 삼국의 지명 등을 통해 삼국의 어휘에서 이질적인 요소와 공통적인 면을 찾을 수 있다. 따라서 우리는 백제와 신라의 언어는 물론 가까운 방언이었지만, 고구려의 언어도 상당한 차이를 가지면서도 방언적인 관계를 갖는 정도로 이해하는 것이다.

ᄒ셔체를 가진다.

개성으로 수도를 정하는 고려의 건국부터는 중고 국어가 된다. 이 시기는 이두와 구결 자료가 최근에 다수 발굴됨으로써 문법 내용에도 상당 부분 접근할 수 있다. 이들 차자 자료에 의하면 신라 이전 시기와 차이를 보이는 문법적인 내용을 일부 구별해 낼 수 있다. 관형격 조사와 구별되는 처소격 조사가 형성되고, 보조사들도 다수 발달한다. 보조 용언도 많이 나타난다. '-ㄴ, -ㅭ'는 이제 관형사형으로 더 널리 쓰이고 명사적인 기능은 연결 어미 형성에 관여하는 재구조화의 성분이 된다. 명사형이나 관형사형 그리고 파생 명사에 들어가는 '-오/우-'가 활성화한다. 객체 높임 '-ᄉᆞᆸ-'의 용법이 시작되고, 상대 높임이 'ᄒ라체, ᄒ셔체, ᄒ쇼셔체'로 변화한다. 장형 부정문이 형성되고, 부정소 '아니'가 쓰이기 시작한다.

중고 시대의 문법 자료로 대표되는 석독 구결과 비교해 볼 때 음독 구결에선 새로운 문법 변화 모습을 많이 찾을 수 있다. 석독 구결에는 보수적인 언어 표현이 많은 데 비해 음독 구결은 좀 더 현실 언어를 반영한 탓도 있지만, 석독 구결과 음독 구결의 언어 사이에는 국어 문법사의 시대를 구분할 만큼 큰 차이를 갖는 것으로 보인다. 따라서 중고 국어는 음독 구결이 나타나기 이전까지, 즉 13세기 중반까지로 경계를 짓는다. 아직은 향가나 석독 구결의 문법을 충분히 해석하기 어려운 점이 많지만, 이 시기의 국어 문법 체계가 훨씬 더 충실히 파악되면 중고 국어는 고대 국어나 중세 국어로 재분류 편입될 가능성이 없지도 않다. 그러나 아직은 이 시기가 고대 국어나 중세 국어의 문법 체계와 여러 면에서 차이를 갖는 것으로 보아, 따로 하나의 시기를 설정하기로 한다.

이 시기까지 국어사의 시대를 구분하는 또 다른 방안으로, 삼국 시대부터 13세기 중반까지 전체를 '고대 국어'로 보고, 그 안에서 신라 말까지를 '상고 국어', 고려 초부터 13세기 중반까지를 '중고 국어'로 보는 분류를 생각할 수도 있다. 13세기 중반까지의 국어 자료가 대부분 고려 시대에 나온 향찰과 이두 및 구결에 의지하는데, 여기에는 삼국 및 신라 시대의 언어와 고려 시대의 언어가 혼재되어 이를 구분하기가 쉽지 않기 때문에, 13세기 이전을 모두 '고대 국어'로 통칭하는 것이 타당성을 가질 수 있다. 그러나 이와 같은 편의성에도 불구하고 이 책에서는 여기에 아직 따르지 못한다. 이러한 분류에서는 고려 초부터 13세기 중반까지의 국어, 즉 '중고 국어'가 그 이후의 '중세 국어'보다 그 이전의 '상고 국어'에 확연하게 더 가깝다는 사실이 전제되어야 한다. '중고 국어'가 '고대 국어'의 하위에 있기 때문이다. 하지만 아직은 '상고 국어'의 문법에 대하여 알려진 것이 너무 적어 체계를 세우기 어려운 정도이므로 '중고 국어'와 병렬적인 관계로만 설정하고, 이를 '고대 국어'로 이름하기로 한다.

13세기 말부터 나타난 음독 구결에서 보이는 문법 체계는 15세기 훈민정음 창제 당시의 언어와 서로 크게 다르지 않으므로 이때부터를 중세 국어의 시작으로 한다. 중세 국어는 중고 국어에 비해 언어 범주들의 새로운 체계화에 많은 진전을 보인다.[4]

---

4) '국어사'와 '국어 문법사'의 시대 구분에서 그 결과가 같은 경우도 있겠지만 얼마든지 다를 수도 있다. 국어사는 국어 자체의 현상과 국어 사용의 양상까지 포함하며, 국어 자체만 보더라도 '음운, 문법, 의미' 등 언어 전 영역에 걸친다. 이와 달리, 국어사의 일부분에 해당하는 국어 문법사는 국어 자체의 문법 현상만을 대상으로 한다. 15세기부터 훈민정음을 사용하면서 문자 언어 생활에 많은 변화를 가져온 것은 국어사적으로 중대한 사실이므로, 이를 큰 분기점으로 삼을 수 있겠지만, 우리 문자의 사용이 국어 문법의 체계를 매우 크게 변화시켰다고 보기는 어려우므로 오로지 문법 현상에 따라 13세기 말부터 15세기를 지나 16세기 말까지를 '중세 국어'로 아우르는 것이다.

보조 용언의 용법이 발달하고, '-ㄴ, -ㅭ'의 명사적 기능이 거의 소멸한다. 의존 명사 'ᄃᆞ'와 'ᄉ'의 어미화가 한편에서 진행되며, 연결 어미 '-니'가 나타나 중세 국어에서 대표적인 접속 어미 역할을 한다. 이미 14세기에 이르면 어말 어미 '-다'가 'ㅣ' 모음 아래에서 '-라'로 교체되는 현상이 내포문이나 상위문에서 확연해진다. 명사 파생에 '-음', 명사형 어미에 '-옴/움'이 대표적인 형태가 되고, 용언의 파생에 '-ᄒᆞ-'의 생산력이 더욱 높아진다. 용언의 합성에서 어간에 어간이 직접 붙는 합성법이 매우 약화되고, 어간 사이에 '-아/어'가 들어가는 새로운 합성법이 크게 활발해진다. 용언의 활용 어미들도 중고 시대에 비해 다양하고 풍부한 목록을 보여 준다. 사동법과 피동법 그리고 부정법 등에서 장형 구조가 이전 시기보다 세력을 더한다. 객체 높임의 기능이 약화하면서 '-ᄉᆞᆸ-'이 16세기를 지나며 주체 높임이나 상대 높임으로 그 기능을 바꾸기 시작한다. 상대 높임법이 세분되어, 중고 국어에서 'ᄒᆞ라체, ᄒᆞ셔체'로 2분되던 상대 높임이 'ᄒᆞ라체, ᄒᆞ야쎠체, ᄒᆞ쇼셔체'로 3분된다. 차자 자료에서 거의 보이지 않던 피동문이 활발하게 쓰이고, 사동문도 많아진다. 부정문은 근대 국어보다 표현 양상이 좀 더 다양하다. 장형 부정일 경우 부정소 '아니' 앞에는 여러 종류의 명사 상당 어구들이 올 수 있다.

16세기 말에서 17세기 초에 이르는 임진란을 전후하여 국어 문법은 또다시 커다란 변화를 겪으며 근대 국어로 접어든다. 중세 국어 말기에 선보인 주격 조사 '가'가 점차 그 쓰임이 늘어나고, 'ᄉ'의 관형격 조사 기능은 사라져 간다. 명사 파생이나 명사형 어미에 '-음'이 아직 대다수를 이루지만 '-기'의 확대가 크게 나타난다. 객체 높임법이 매우 약화되고 상대 높임이 더욱 발달하여 객체 높임의 표지였던 '-ᄉᆞᆸ-'이 상대 높임에서도 나타난다. 상대 높임은 'ᄒᆞ쇼셔체, ᄒᆞ소체, ᄒᆞ라체'라는 3분 체계로 바뀐다. 근대 국어 초부터 나타난 '-앗-'은 시제 체계를 서법과 분화토록 하는 데에 큰 기여를 한다. 시제는 18세기 말 '-겟-'의 등장으로 현대 국어에서와 같은 독립 범주로서의 체계를 정립한다. 의도법 '-오/우-'의 용법이 쇠퇴하면서 문란하게 쓰이며, 동명사나 관형사형에 결합하는 현상도 수의적이 된다. 사동과 피동 및 부정문 등에서 간접형(장형)의 발달이 두드러지고, 의문문의 체계가 점차 단순화한다.

근대 국어는 갑오경장을 전후하여 현대 국어로의 전환을 맞는다. 이 시기는 문헌에 따라 언어 표현에 차이를 많이 보여, 성경이나 근대적 신문화에 관련된 문헌은 갑오경장보다 이전에 나온 문헌에서부터 근대 국어와는 차별성을 보이기도 하지만 대략 19세기 말까지를 근대 국어에 포함한다.

갑오경장부터 시작하여 21세기에 놓인 현대 국어는 근대 개화기와 일제 강점기를 거쳐 광복 후 남북으로 분단된 채 오늘날에 이르는, 현재 100여 년의 기간을 지나고 있다. 개화기에 들어 국어는 언문일치를 경험하면서 문체에서도 많은 변화를 가져온다. 장문이나 복합문이 짧고 단순한 문장으로 바뀌어 가고, 한글 문장이 많아지면서 잠시 한문어가 대거 표출되기도 하지만 신문화의 도입과 더불어 이에 따른 신어들이 크게 늘어난다. 구어가 문어에 도입되면서 활용 어미에서 특히 새로운 구어 형태들이 많이 나타난다. 이전 시기까지 쓰이던 대표적인 접속 어미 '-니'의 용법이 대폭 축소되며 쓰임도 줄어든다. 선어말 어미 '-엇엇-' 형도 19세기 말부터 형성된다. 사동이나 피동의 표현에서도, 사동사와 피동사가 줄어들고 장형 사동이나 장형 피동 표현이 늘어난다. 이는 부정문에서 장형 부정이 늘어나는 것이나, 명사화 내포문이 '것' 보문화 내포문 표현으로 바뀌는 것과 같은 궤를 그리는 현상이다.

문법은 고대 국어 이래 현대 국어에 이르기까지 꾸준히 변화 발전해 오고 있다. 그러나 문법은 어휘나 음운에 비해 비교적 변화가 적은 편이며, 그 가운데에서도 통사 구조 등은 변화가 더욱 적어서 면밀한 고찰과 연구가 필요하다. 아직 국어 문법의 변천에 관해서 충분한 연구가 진행되지 못한 형편이지만, 최근 들어 이 분야에 치밀한 천착이 계속되고 있으며, 특히 차자 자료에 대한 연구와 근대 국어에 대한 새로운 관심 등은 국어 문법사의 체계화에 계속적으로 큰 진전을 가져오게 할 것이다.

언어의 변화는 지역이나 사회의 언중 집단에 따라 그 양상이 달리 나타난다. 특히 지역 방언에 따라 언어의 새로운 변화 물결은 시기상 큰 차이를 갖는 경우가 일반적이다.[5] 국어사에서도 이러한 양상을 제대로 반영하여야 정당한 서술이 이루어질 수 있다. 그러나 아직 각 지역의 방언사가 길고 세밀하게 엮어지지 못한 실정이어서 각 지역을 포괄하는 국어사 서술이 현재로선 쉽지 않다. 문법 사항들은 음운이나 어휘 등에 비해 지역에 따른 변화의 시간차가 더욱 커서 때로는 분류된 시대를 넘어갈 가능성도 있어,[6] 문법사에서 방언을 아우르는 서술이 아직은 어렵다. 이 책에서 서술하는 시기별 문법 변화의 서술도 주로 중부 방언을 중심으로 이루어지는 문헌어에 근거하고 있다. 그러므로 여기에서 서술된 문법 변화 가운데 많은 경우가, 중부권에서 먼 지역 방언에서는 훨씬 후대에 변화가 진행되거나 변이 형태를 가졌을

---

5) 가령 구개음화나 성조의 변화 등은 지역에 따라 변화 시기나 양상에 큰 차이를 가지며, 경음화는 오늘날에 지역은 물론 세대나 집단 간에서도 차이가 많다.

6) 예를 들어, 오늘날 중부 방언에서는 장형 부정의 표현을 더 많이 쓰지만 남부 방언에서는 아직도 단형 부정형이 오히려 일반적이다.

가능성이 있다. 또한 일부의 문법 변화는 여기에 서술되어 있는 시기보다 이전부터 나타나기 시작한 지역이 있기도 할 것이다. 국어사나 문법사를 기술할 때에는 이러한 변화 양상들을 가능한 한 충실히 반영하여야 할 것이나, 이 책에서는 이를 제대로 수용하지 못하였다.

국어의 이론이나 역사를 고찰할 때에는 문어보다 구어에 더욱 중점을 두어야 할 것이나, 지금까지 국어학 연구가 그랬듯이 이 책에서도 문어를 중심으로 고찰 서술하게 되었다. 근대 국어 이전의 국어사 자료가 전적으로 문헌에 의한 것이고, 현대 국어 역시 전반기는 거의 문헌에 의지하고 있으며, 오늘날 국어에 대해서도 구어에 관한 연구가 아직 본격적으로 성과를 얻지 못한 실정인 것이다. 앞으로 구어에서의 현상이 더 첨가되고, 특히 현대 국어에서는 구어의 문법이 중심이 되는 국어 문법사가 이루어져야 할 것이다.

국어 문법사를 시대별로 고찰하여 서술해 나가는 방식으로는 크게 세 가지를 꼽을 수 있을 것이다. 고대 국어에 나타난 문법의 체계를 세우고 이러한 문법 체계가 그 이후의 시대에 어떻게 변화해 왔는가를 살피는 방식이 그 하나이다. 이 방식은, 역사 흐름의 방향과 일치한다는 장점이 있지만, 현재 고대 국어에서 확인할 수 있는 문법 내용이 그리 많지 않고 문법 현상을 정확하게 파악하기도 어려운 실정이므로, 국어 문법사의 기술에서는 적당하지 않다. 또 하나는 현대 국어의 문법 체계에서 시작하여 이전 시대로 소급하면서 그 변화 과정을 역추적하는 방식이다. 이에는 가장 풍부하고 확실하게 파악할 수 있는 오늘날의 문법 체계를 근거로 한다는 장점이 있다. 그러나 현대 국어 문법 체계의 기준이 중세 국어보다도 이전으로 거슬러 올라가기엔 시대적 격차가 너무 커서, 오랜 세월 동안 변화 위에 다시 변화가 중첩되어 왔을 문법의 변천을 감당하기에 무리한 면이 많다. 다른 하나는 국어 문법사 흐름의 중간에 해당하는 중세 국어에서 파악한 문법 체계를 중심으로 상·하 시대로 확대하는 방식이다. 현재 중세 국어에 관해서는 많은 연구가 축적되어 비교적 세밀하게 문법 체계를 세울 수가 있다. 물론 중세 국어의 문법에 대해서도 충분히 정확하고 풍부한 문법을 가릴 수는 없지만, 위의 두 가지 방식에서 각각 생기는 문제점의 심각성을 어느 정도씩은 해소하는 장점이 있다. 따라서 이 책에서도 중세 국어의 문법 체계를 비교적 상세히 기술하고 이를 기준으로 잡아 상·하 시기로 확대하면서 고대·중고 국어와 근대 국어, 현대 국어의 문법을 서술하기로 한다.

3. 시대별 국어 문법사 문헌 자료

　각 시대에서 당시 국어 문법의 실제를 보여 주는 언어 자료는 문법사 연구에서 필수적인 근거 자료이다. 비록 현대 국어 초기에 이르기까지 음성 언어는 배제된 채 문헌 자료로만 접할 수 있다는 한계가 있지만 그것을 통해 당시 국어의 문법 체계를 면밀하게 파악하여야 하는 것이다. 이웃 나라에 비해 이러한 문헌 자료가 그리 넉넉하지는 못한 사정이어서 안타까움이 크다. 이러한 언어 자료가 문법사 연구에 기여하는 바는 근래에 발굴된 구결 자료가 고대 국어 연구 발전에 결정적인 역할을 하고 있는 데에서도 잘 알 수 있다. 앞으로 조금이라도 더 많은 국어사 자료를 발굴해야 할 것이다.

　고대 국어와 중고 국어 시기의 국어 문법사 문헌 자료는 거의가 이두, 구결, 향찰로 된 차자 표기 자료이다. 여기에 한문으로 된 역사서나 외국인 저술에 나타나는 어휘적 수준의 차명 표기를 보탤 수 있을 것이다. 이들은 한자의 훈과 음을 이용하여 불완전하지만 우리말을 표기한 것이다. 이두 표기는 고대 국어 시기에는 금석문이나 노비 문서, 장적 등에서 찾을 수 있다. 중세 국어 시기에도 『대명률직해』를 비롯하여 각종 관헌이나 사찰의 문서 등에서 쓰였다. 향찰은 잘 알려져 있듯이 『균여전』에 있는 향가 14수와 고려 시대의 보현십원가 11수 외에 몇 점의 후대 작품에서 쓰였다. 비록 운문이지만 우리말을 전면적으로 표현하고 있어 석독 구결이 나타나기 전까지는 고대 국어의 문법 연구에서 기본 자료가 되어 왔다. 구결은 자토 구결과 점토 구결로 나뉘며 자토에는 석독 구결과 음독 구결이 있다. 이들은 대부분 한문으로 된 불경을 우리말로 새기기 위해 한문 원문에 토를 단 것으로, 석독 구결은 우리말 어순으로 한문을 새겨 읽을 수 있도록 체계화하여 당시의 우리말 문법을 파악하게 하는 데에 매우 좋은 자료이다. 이로써 향찰 연구에서 부족하였던 고대 국어의 문법 체계를 세우는 데에 커다란 역할을 하게 한다. 중세 국어를 열게 한 음독 구결은 한문에 문법소 위주로 토를 다는 정도여서 우리말 구조를 잘 보여 주지는 못하지만 변화된 당시의 우리말의 새로운 모습을 부분적으로나마 드러내 준다. 이상은 훈민정음이 반포되기 전에 우리말을 표기하던 수단으로서 국어사 연구에 직접적인 자료가 되고 있다.

중세 국어 전기까지도 차자 자료에 의지하는 국어 문법사 연구는 훈민정음으로 표기한 문헌들이 다수 나오는 15세기 이후부터는 본격적이고 체계적인 연구가 가능하게 된다. 『석보상절』, 『월인석보』 등 당시에 표현이 정제되고 우수한 불교 서적들과 불경 언해본들이 여러 종 간행되고 『월인천강지곡』, 『용비어천가』 등 우리말로 지어진 작품들도 나온다. 15세기에는 불경의 언해가 대종을 이루는 가운데 『두시언해』 등 중국 작품들의 언해도 보이지만, 16세기에는 사서 언해나 유교적 행실도 등 유교 관계 번역이나 훈계서 등도 많이 출간된다. 또한 16세기에는 『노걸대』나 『박통사』를 비롯하여 역학서의 번역 간행이 시작되고, 근대 국어에 들어 『첩해신어』 등 여러 가지로 나온 중국어, 일본어, 몽골어 역학서는 당시의 우리말 구어 모습을 보여 주기도 한다.

근대 국어에는 한문이나 한글로 된 문헌들이 이전 시기에 비해 훨씬 방대하게 나타나 전해지지만 아직 정리가 제대로 되지 못한 실정이며, 한글로 쓰인 문헌들이 국어 연구의 직접 자료로서 주로 활용되고 있다. 근대 국어에서는 다양한 분야에서 한글로 된 실용적인 문헌들이 나와서 국어의 현실을 비교적 잘 보여 주지만 표기법이 정제되어 있지 못하여 이용에 주의가 필요하다.

근대 국어 시기에는 시조와 가사는 물론 고소설들도 많이 나오는 데, 특히 숙종 조를 지나면서부터 이러한 작품들이 다량으로 생산된다. 한글 언간들도 속속 발굴되고 있다. 이들 문학 작품과 언간들은 언해본과 달리 한문 원문에 구애되지 않고 우리말을 직접 표현한 소중한 자료이다.

19세기 중반을 넘어서는 근대 전환기를 맞아 근대화 문물을 소개하는 문헌의 번역이 나오고, 성경 등 천주교와 기독교 번역물들도 여러 종이 간행된다. 더불어 서구의 문학 작품들도 번역 소개되고 있다. 갑오경장 이후에는 신교육 편제에 따라 국한문 또는 국문으로 된 교과서들이 다량으로 편찬 간행되고, 각종 신문과 잡지들이 잇달아 간행되어 국어 문헌 자료가 급격하게 늘어난다. 1910년대에는 신소설이 여러 종 나타나고 이어 현대 소설로 발전한다. 19세기 말부터 시작된 국어 문법서의 간행은 20세기에는 초기부터 그 수효가 늘어나며, 외국어 대역사전도 다양하게 간행된다.

일제 강점기에 우리말이 비록 국어에서 공용어로 강제 강등되지만 일상어로서의 역할은 거의 그대로 지속되었다. 1920년대부터 활발하게 간행되기 시작하는 우리말 신문과 잡지를 비롯하여 시, 소설 등 문예 작품들이 많이 나타나며, 일반 서적들도 다량 발간된다. 더불어 1900년을 전후하여 제작 배포한 음반이 아주 희귀하나마 발굴되고, 1920년대 이후의 음성 녹음 자료들이 비록 주로 민요나 창가 등 노래이거나 연극과 영화의 대사이기는 하지만 소량이 전해지고 있다.

광복 직후에는 출간 문헌이 그리 많지 않다가 1960년대 이후부터는 언론 출판이 활성화되어 다양한 문헌 자료들이 간행된다. 조금씩 남은 1960년 전후의 방송 음성 자료도 한정적으로 접할 수 있다. 1970년대 이후부터는 각종 언어 자료나 문법 연구 성과가 급격히 늘어나고 있다.

국어사 연구는 연구 대상 자료의 수가 한정적이며 접근도 매우 제한되어 있으므로 대부분 전산 입력 자료에 의지하여 연구를 진행하게 된다. 1990년대 이후부터는 국어사 자료들을 텍스트 파일로 입력하여 연구자들에게 많은 도움을 주고 있다. 최근에는 이미지 파일이 보태져 더욱 정확하게 원문을 읽을 수 있다. 현재 텍스트 파일은 입력 오류가 너무 많아 정제가 필요하며, 앞으로도 더 많은 양질의 전산 자료가 지속적으로 확대 제공되어야 할 것이다.

이 책의 저술 과정에서도 주로 전산 자료를 이용한다. 국어 문헌 자료에서 원문을 인용할 때는 〈 〉 기호 안에 원전 책이나 작품의 이름, 권차, 면수(또는 행차)를 써 넣는데, 원전의 이름은 대부분 줄여서 쓴다. 개화기를 제외한 현대 국어 자료는 오늘날 사용되는 언어를 그냥 예문으로 써서 원전을 밝히지 않은 것이 대부분이나 필요하다고 인정될 때에는 원전 정보를 보인다. 줄여서 쓴 원전의 이름은 다음과 같다. 원전의 이름을 줄여서 쓰지 않은 것은 여기에 들지 않는다.

약칭	원전명/작품명	간행 연도
[고대 · 중고 · 중세 국어의 차자 자료]		
계림	鷄林類事	12세기
광수	廣修供養歌	13세기
구인	舊譯仁王經(상권)	13세기 중엽 추정
금광	合部金光明經 권3	13세기 초 추정
능엄759	楞嚴經(보물 759)	1401
능엄939	楞嚴經(보물 939)	1372

능엄1248	楞嚴經(보물 1248)	1488
능엄9592	楞嚴經(9592)	
능엄가	楞嚴經(가람본)	
능엄남1	楞嚴經(남권희본1)	12세기 말~ 13세기 초 추정
능엄남2	楞嚴經(남권희본2)	
능엄소	楞嚴經(소곡본)	
능엄일	楞嚴經(일사문고본)	
능엄기	楞嚴經(祇林寺본)	15세기 초
도솔	兜率歌	13세기
도천	禱千手觀音歌	13세기
명률	大明律直解	1395
모죽	慕竹旨郎歌	13세기
백암사	白巖寺貼文	1357
범망	梵網經(엄인섭본)	14세기 초
법화1153	妙法蓮華經(보물 1153)	미상
법화1306	妙法蓮華經(보물 1306)	1405
법화소1	妙法蓮華經(소곡본1)	미상
법화소2	妙法蓮華經(소곡본2)	미상
법화소3	妙法蓮華經(소곡본3)	미상
법화소5	妙法蓮華經(소곡본5)	미상
보개	普皆廻向歌	13세기
불설694	佛說四十二章經	1361
불설695	佛說四十二章經	1384
비로	永泰二年銘石毘盧遮那佛造像銘	766

상수	常隨佛學歌	13세기
상첩	尙書都官貼文(柳璥)	1262
서동	薯童謠	13세기
선림원	新羅 禪林院 鐘銘	804
선문	禪門三假帖頌集	1464
송광사	松廣寺奴婢文書	1281
수희	隨喜功德歌	13세기
안민	安民歌	13세기
양경	養經	
양잠	養蠶經驗撮要	1415
예경	禮敬諸佛歌	13세기
오륜경	關聖帝君五倫經	1884
우적	遇賊歌	13세기
원가	怨歌	13세기
원략	大方廣圓覺修多羅了義經略疏	고려 후기
원왕	願往生歌	13세기
유가	瑜伽師地論 권20	13세기 후반 추정
자비참	慈悲道場懺法	1474
자적	慈寂禪師凌雲塔碑숲銘	941
장적	新羅帳籍	758년 이전
정두사	淨兜寺造塔形止記	1031
제망	祭亡妹歌	13세기
조선관	朝鮮舘譯語	15세기 초
찬기	讚耆婆郎歌	13세기
참회	懺悔業障歌	13세기

처용	處容歌	13세기
첩포기	正倉院 毛氈 貼布記	8세기 중엽 이전
청불	請佛住世歌	13세기
청전	請轉法輪歌	13세기
총결	總結無盡歌	13세기
춘추	音註全文春秋括例始末左傳句讀直解	미상
칭찬	稱讚如來歌	13세기
풍요	風謠	13세기
항순	恒順衆生歌	13세기
향약	鄕藥救急方	13세기 중엽
헌화	獻花歌	13세기
혜성	彗星歌	13세기
화사	華嚴經寫經造成記	755
화소	華嚴經疏 권35	11세기 말~ 12세기 초 추정
화엄	華嚴經 권14	12세기 중엽 추정

[중세·근대 국어 자료]

가곡	歌曲源流	1876
가례	家禮諺解	1632
개첩	改修捷解新語	1748
경민	警民編諺解	1658
경석	敬信錄諺釋	1796
경신	敬信錄諺解	1880
계초	誡初心學人文	1577

계축	癸丑日記	17세기
고금	古今歌曲	1764
관음	觀音經諺解	1485
교시조	校本 歷代時調全書	
구간	救急簡易方	1489
구방	救急方諺解	1466
구보	救荒補遺方	1660
구언	諺解救急方	1608
구황	救荒撮要	1554
권공	眞言勸供	1496
금강	金剛經諺解	1464
금삼	金剛經三家解	1482
남노	南氏奴婢文書	
남명	南明集諺解	1482
내중	內訓(중간본)	1656
내훈	內訓	1475
노걸	老乞大諺解	1670
노박	老朴集覽	1517경
노중	重刊 老乞大諺解	1795
논어	論語諺解(七書諺解)	1588
농가	農家月令歌	19세기
누가	누가복음	1882
능엄	楞嚴經諺解	1462
대학	大學諺解(七書諺解)	1588
동문	同文類解	1748

동신	東國新續三綱行實圖	1617
두경	痘瘡經驗方	미상(17세기?)
두집	諺解痘瘡集要	1608
두중	分類杜工部詩諺解(중간본)	1632
두초	分類杜工部詩諺解(초간본)	1481
마가	마가복음	1884
마가	마가복음	1887
마경	馬經抄集諺解	인조 때
맹자	孟子諺解(七書諺解)	1588
명성	關聖帝君明聖經諺解	1883
명의	明義錄諺解	1777
목우	牧牛子修心訣	1466
몽노	蒙語老乞大(중간본)	1790
몽산	蒙山和尙法語略錄	세조 때
몽유	蒙語類解(중간본)	1790
무예	武藝圖譜通志諺解	1790
무원	增修無冤錄諺解	1792
물보	物譜	19세기 초
박신	朴通事新釋諺解	1765
박통	朴通事諺解(중간본)	1677
발심	發心修行章	1577
백련	百聯抄解	1723
백행	御製百行源	1765
번노	飜譯老乞大	1510년경
번박	飜譯朴通事	1517

송강	松江歌辭	1747
순언	순천 김씨묘 언간	1570년경
시경	詩經諺解(七書諺解)	1588
시용	時用鄕樂譜	중종 이전
신서윤음	諭中外大小臣庶綸音	1782
신약	신약전셔	1887
심경	心經諺解	1464
심청	심청젼(완판)	19세기 후기
십구	十九史略諺解	1772
아미	阿彌陀經諺解	1464
아언	雅言覺非	1819
악습	樂學拾零	1713
악장	樂章歌詞	중종 때
악학	樂學軌範	1493
야운	野雲自警	1577
어경	御製警敏音	1762
어내	御製內訓	1736
어록해	語錄解	1657
어소	御製小學諺解	1744
언간	李朝御筆諺簡集(김일근 편)	1597~1802
언문지	諺文志	1824
여사	御製女四書諺解	1736
여씨	呂氏鄕約諺解	1518
역보	譯語類解補	1775
역어	譯語類解	1690

연병	練兵指南	1612
염보	念佛普勸文	1776
열여	열여춘향슈절가	철종 때
영가	永嘉集諺解	1464
영험	靈驗略抄	1550
예의	訓民正音例義	1446
오륜	五倫行實圖	1797
오전	五倫全備諺解	1721
왕랑	王郎返魂傳	1753
왜어	倭語類解	18세기 초
요로	要路院夜話記	숙종 때
요한	요한복음	1882
용비	龍飛御天歌	1445
우마	牛馬羊猪染疫病治療方	1543
원각	圓覺經諺解	1465
월석	月印釋譜	1459
월인	月印千江之曲	1449
물명	物名攷	순조 때
유서	儒胥必知	19세기
유합	新增類合	1576
육조	六祖法寶壇經諺解	중종 때
윤음	綸音諺解	1781~1797
은중	恩重經	1553
이륜	二倫行實圖	1518
이언	易言諺解	1875

태산	諺解胎産集要	1608
태평	太平廣記諺解	숙종 이전
한듕	閑中錄	1795
한청	漢淸文鑑	영조 말
함경윤음	御製論咸鏡南北關大小士民綸音	1783
해동	海東歌謠	1763
해례	訓民正音解例	1446
화포	火砲式諺解	1635
훈몽	訓蒙字會	1527
훈민	訓民正音諺解	1459
훈서	御製訓書諺解	1756

[현대 국어 자료]

공신	公立新報	1906~09	
국독	國語讀本	1909	學部 편
국문	新訂國文	1905	池錫永
국소	國民小學讀本	1895	學部 편
국한	國漢會語	1895	
금슈	禽獸會議錄	1908	安國善
긔히	긔히일긔	1905	
대미	大韓每日申報	1903~10	
독립	독립신문	1896~99	
미일	미일신문	1898~1908	
보감	寶鑑(京鄉新聞)	1906~10	
셩직	셩경직히	1892 민아오스딩	

소독	小學讀本	1895	學部 편
신젼	신약젼셔	1900	번역위원회
심상	新訂尋常小學	1896	學部 편
예성	예수셩교젼셔	1887	로쓰 외
유년	幼年必讀	1907	玄采
유옥	유옥역전	1895	
조사	修正增補朝鮮語辭典	1942	朝鮮語辭典 刊行會
주교	주교요지	1897	
진교	진교절요	1883	
치명	치명일긔	1895	
텬로	텬로력뎡	1895	J. Gale 역
한불	韓佛字典	1880	리델
훈ᄋ	훈ᄋ진언	1894	

2

고대 · 중고 국어

1. 개관

제2장에서는 '고대 국어'와 '중고 국어'를 함께 다룬다. 고대 국어라고 하면 삼국 시대 초기부터 10세기 전반의 신라 말까지이며, 중고 국어는 10세기 중반 시기의 고려 성립에서부터 13세기 중반까지, 즉 음독 구결이 나타나는 13세기 후반보다 그 이전까지를 가리킨다. 국어(한국어)의 사용은 우리 민족의 형성 초기부터 시작되었다고 하겠지만, 국어 문법사의 시대는 국어 문법의 내용을 조금이라도 추정할 수 있는 삼국 시기부터 설정될 수 있을 것이다. 음독 구결 이전까지로 잡은 것은, 이 차자 표기에서 새로운 문법 양상들이 다수 보여 이때부터 문법사의 새로운 시기를 설정할 수 있기 때문이다.

고대 국어와 중고 국어는 매우 긴 기간이지만, 문법 형태상 비교적 지속성이 있었던 것으로 추정된다. 비록 차자에 의하기는 하지만 이두와 향찰 그리고 구결에 나타난 문법 체계가 두 시기 동안 대체로 공통성이 바탕을 이루고 있는 것이다.[1] 고대 국어 시기의 언어 자료는 너무나 희귀하고, 그나마 문법적 정보를 보여 줄 수 있는 자료는 더욱 찾기 어려워, 고대 국어의 문법사를 체계화하여 기술하는 것은 현실적으로 거의 불가능한 실정이다. 그리하여 제2장에서는 그 명칭대로 고대 국어와 중고 국어를 아울러 다루기는 하지만, 언어 자료가 더 풍부하고 자료에 좀 더 정확한 해석이 가능한 중고 국어에 대한 설명을 위주로 한다. 두 시기를 한꺼번에 다루는 것도 고대 국어만의 문법사

---

1) 고대 국어 초에서 중고 국어 말까지의 기간이 매우 길어서 그에 따른 적지 않은 언어 변화를 추정할 수도 있지만, 고대 국어의 문법 체계에 관하여 현재 밝혀져 있는 내용이 너무 적어서 중고 국어 시기와의 구별이 어렵기 때문에 일단 이와 같은 해석을 하게 된다.

를 독자적으로 서술할 수 없기 때문이다.

이 두 시기에는 우리의 고유 문자로 직접 전사한 국어 자료가 없어, 역사적 기록을 통하여 국어의 모습을 재구하거나 차자 자료를 해석하여 불충분하나마 국어의 문법 체계를 세워야 한다. 직접 언어 자료로 이용되는 이두문, 향가, 구결 자료들도 대부분 중고 국어 시기에 나온 것이어서 신라 시대 이전의 언어 모습을 직접 알기가 어렵다. 신라 이전의 고대 국어 시기의 언어 자료로는 금석문이나 목간 등에 쓰인 이두문을 들 수 있지만 그 수와 양이 극히 적어 문법 체계를 해석하기에도 한계가 많다. 다만 신라 향가의 향찰은 신라 이전의 언어 모습을 어느 정도 반영하고 있고 이두나 구결에도 보수적인 표현이 많아, 중고 국어의 문법과 섞여서 함께 자리하고 있는 고대 국어의 문법 요소를 일부 가려낼 뿐이다. 중고 국어 시기에 나온 차자 표기에는 대개 고대 국어의 문법 요소가 섞여 들어 있는 것이다. 여기에서 두 시기의 요소를 분별해 내는 일은 커다란 과제이지만, 아직은 이에 대한 성과가 그리 크지 못하다. 따라서 고대 국어와 중고 국어의 문법을 구분하기가 현실적으로 어려운 경우가 대다수인 점도 이 두 시기를 하나의 장에서 함께 서술하는 이유가 된다. 앞으로 학계의 연구가 더 진전되면 이 두 시기를 분간하여 기술할 수 있을 것이다.

서술의 편의를 위해 이하에서는 고대 국어와 중고 국어를 아울러 '고대 국어'라는 말을 쓰기로 한다. 이는 어떠한 문법 현상이 고대 국어와 중고 국어 시대에 같이 걸쳐 있거나, 이 두 시대 가운데 어느 시기에 해당하는지 뚜렷하지 않을 때에 주로 쓰게 될 것이다. 그러한 문법 현상은 거의가 중고 국어 시기에서 확인되는 것이므로 이럴 경우에 '중고 국어'로 쓰는 것이 더 정확할 수 있겠지만, 이들 가운데 상당수는 고대 국어에서 이어지는 현상이어서 학계에서 널리 쓰이는 '고대 국어'라고 하여도 큰 무리가 없을 것이다. 이 말과 혼동 없이 고대 국어와 중고 국어를 구별할 필요가 있을 때에는 '신라 이전'과 '고려 시대' 등을 쓰도록 한다.[2] 다만 고대 국어가 아닌 중고 국어에서만 있는 현상을 말할 때에는 '중고 국어'라 하기도 한다. '고려 시대'에는 중고 국어 외에 중세 국어(13세기 후반 이후)도 포함되어 혼란을 피하기 위한 것이다.

고대 국어에서 국어 표현에 이용된 차자 방식에는 이두와 향찰, 구결 그리고 인명, 지명, 관직명 등의 어휘 표기에 대한 차명 표기가 있다. 이들 차자 표기는 어휘소와 문법소에 두루 걸치는데, 차자 표기에 나타나는 문법소는 특히 관심을 갖게 한다. 이두와 향찰 그리고 구결은 차자 체계 면에서 공통되는 점이 많다. 모두 한자의 음이나 훈을 빌려다 쓰는 방식인데, 같은 한자가 세 가지 차자법에서 같은 문법 형태를 나타내는 경우가 많다. 차자법은 후대로 내려올수록 점차 정밀해져서 당시의 우리말 문법소들의 체계를 파악하는 데 큰 도움을 주지만, 한편으로는 한 번 정해진 표기법이 투식화하여서 답습되는 일이 많아 표기 당시의 언어를 제대로 반영하지 못하고 이전 시기의 언어 모습이 혼합되어 있는 표현도 적지 않다. 따라서 고려 시대 차자 표기 문헌의 언어 표현 가운데에는 그 당시에는 이미 변화되어 버린, 이전 시대의 문법 현상이 나타나는 경우가 종종 있을 것으로 보인다. 이들을 찾아 분간해 내는 일은 매우 중요하지만 아직 그에 대한 성과는 그리 뚜렷하지 못한 실정이다. 따라서 '고대 국어'로 통칭하여, 현

---

2) '신라'는 삼국 시대에 삼국 가운데 하나를 가리키고, 또 고구려와 백제가 멸망한 후 남북조로 나뉜 이후 이른바 통일 신라를 지칭할 수도 있다. 이 책에서 그냥 '신라'나 '신라 시대'라고 할 때는 후자를 가리키는 말이다. 전자를 말할 때에는 '삼국 시대(/시기)의 신라'가 될 것이다.

재까지 연구된 고대 국어와 중고 국어에서의 문법 현상을 함께 아울러 아래에 개관한다.

향가나 석독 구결에는 중세 국어에서 없는 'ㄴ'를 포함하여 '다, ㄷ, ㅅ, 이, 갓, 바, 마'와 같은 의존 명사가 나온다. 수량사에는 고유어와 한자어가 다 있다. 오늘날의 인칭 대명사와 지시 대명사 체계도 이미 고대 국어에 마련되어 있는 것으로 보인다. 고려 시대의 수사는 신라 어계로 보이는데, 이는 고려 언어의 계통을 말해 준다고 할 것이나.

격과 조사의 체계는 중세 국어와 비슷하다. 주격 조사는 '이'이며, 목적격 조사 '울/를'은 여격 자리에도 나타난다. 간혹 목적격을 지배하는 부사도 있다. 서술격은 '이-'이다. 관형격으로 '이/의'는 유정물 평칭에서, 'ㅅ'는 유정물의 존칭이나 무정물에서 쓰이는데, 이는 중세 어에서와 같은 용법이다. 서술격 조사 '이-', 부사격 조사에 처소격으로 '긔/희, 아, 이/의'와 '아긔/아희, 여긔/여희'가 있으며, 이 가운데 '여긔/의긔, 씌'는 여격으로도 쓰인다. 도구격엔 'ㅇ로', 인용의 부사격엔 '여' 등이 있다. 접속 조사에는 '과/와'와 '여', 호격에 '아, 여, 하'가 있다. 고대 국어에서도 격형의 생략이 많이 보인다. 특히 석독 구결문에서 보이는 상투적인 생략은 구결문 자체의 문체일 가능성도 있다. 보조사로는 '은, 도, 나, 마다, 마도, 쏜녀' 등이 있고, 강조의 보조사 '사, 붓, 금/곰, 곡/곳'도 보이는데, 이들의 의미는 중세어와 공통된다. 그러나 '만'형은 아직 안 보인다.

용언은 어간과 어미로 나뉘는데, 중세 국어에 비해 어간이 자립성을 많이 가졌다. 용언들이 갖는 자·타동성이나 형용사적 특성은 시대에 따른 변화가 있어, 일부 용언들의 논항 지배 양상이 중세나 근대를 지나며 달라지기도 한다. 자동사와 타동사 또는 동사와 형용사의 기능을 함께 갖는 용언도 있다. 보조 용언에는 '-(아) 잇-, -여 겨-, -(고)

잇-, -(아) 두-, -(아) ᄒ-, -(ㅅ뎌) ᄒ-, -(과) ᄒ-, -(져) ᄒ-' 등이 있다.

선어말 어미 가운데에는 어말 어미로 쓰이는 형태들도 있고, 어말 어미들도 종결과 연결 및 전성에서 통용되기도 한다. 이러한 통용은 중세 국어에 들어 거의 사라진다. 선어말 어미에는 높임법의 '-습-, -시-, -앗-, -고-', 시제 '-ᄂ-, -누-, -다-, -리-', 서법 '-거-, -고-, -ㅅ-', 동작상 '-겨-', 인칭법 '-오/우-'가 있다.

어말 어미는 종결 어미와 연결 어미, 전성 어미로 나뉜다. 종결 어미에서는 평서형에 '-다/라, -져/제', 감탄형에 '-ㄴ뎌, -ㅭ뎌, -ㅅ뎌, -ㄴ여'가 있다. 의문형은 동명사형 '-ㄴ, -ㅭ'나 '-리' 뒤에 의문 보조사 '-고, -가, -다'가 붙는다. 설명 의문에 '-고', 판정 의문에 '-가', 2인칭 주어문에 '-다'가 쓰이는데, 이는 중세 국어와 같다. 명령형에는 '-라, -셔, -쇼셔', 청유형에 '-져/제'가 있다.

연결 어미에는, 대등적 연결 어미로 '-고, -며, -나, -직, -져, -오ᄃᆡ, -다가, -아' 등이 있고, 종속적 연결 어미로는 '-아, -라, -늘, -든, -ㅭ식, -ㄴ뎡, -오, -아져, -과, -아져, -ㄴ여, -ㅭ여' 등이 있다. 특히 '-아'는 계속성을 나타내는 대등 접속과 이유를 나타내는 종속 접속의 어미로 널리 쓰였다. 중세 국어에서 다양하게 많이 쓰이는 '-니'는 거의 보이지 않는다.

전성 어미에는 명사형 어미로 '-ㄴ, -ㅭ'가 매우 활발한데, '-ㅁ'형을 설정하는 견해도 있다. 명사형 어미 '-ㄴ, -ㅭ'는 이미 관형사형 어미로 기능 변화가 일어나, 고려 시대에서는 아직 두 가지 기능으로 쓰이지만 명사형으로 기능하는 표현은 점차 줄어든다. 명사형이나 관형사형에 들어가는 '-오/우-'에 관해선, 그것이 들어가지 않은 형태와의 차이를 아직 뚜렷이 알기 어렵다. 부사형 어미로는 '-거'를 추정해 볼 수 있다.

고대 국어에서 파생과 합성의 단어 형성은 명사, 동사, 형용사, 부사 등에 걸쳐서 찾아진다. 접두사는 '아촌-, 엇-' 등 극히 일부 찾을 수 있지만, 접미사는 여러 품사에서 나타난다. 명사 접미사로는 '-이, -개'가 있고, 동명사형 '-ㄹ, -ㄴ'가 파생 접미사로도 쓰였다. 용언 파생에 '-ㅎ-'형이 많이 보이고, 형용사화 접사로 '-ㅂ/브-'도 있다. 부사 파생엔 '-이, -히, -오/우, -아, -며, -로' 등이 있다. 영 파생 용법도 보인다. 합성에서도 명사, 동사, 형용사, 부사 합성어를 찾을 수 있고, 특히 합성 명사가 많은데 이때 사이시옷도 보인다. 선행 동사의 어간 뒤에 '-아/어'가 들어가는 합성 동사의 형태는 이미 신라 향가에 나타난다. 중첩어도 종종 보인다.

사동 표현에는 사동화 접미사 '-이-, -히-, -오/우-, -호-, -ᄋᆞ-'가 결합한 사동사에 의한 사동화가 대부분이다. 중세 국어에서 보이는 사동 접사 '-기-, -리-'는 아직 보이지 않는다. 장형 사동은 14세기 음독 구결에서야 많이 나타나지만, 석독 구결에서도 '-거 ㅎ-'와 같은 장형 사동의 성격을 가진 표현이 나온다.

피동 표현은 매우 희귀하다. 향가에 피동 접미사 '-이-'가 결합된 듯한 표현이 한 번 있지만, 석독 구결이나 이두에 우리말 피동사 표현이 없으며, 장형 피동의 예도 없다. 피동 표현은 음독 구결에도 없지만 15세기 한글 문헌에는 장·단형이 모두 많이 나오므로, 고려 시대에도 차자 문헌에 반영되지 않았을 뿐 피동 표현은 있었고 중세 국어에 들어 급격히 늘어난 것으로 보인다.

높임법으로는 신라 시기에 이미 주체 높임과 상대 높임이 있었고 이어 객체 높임도 보태어진다. 주체 높임법 표현은 동사 어간에 '-시-'를 붙여 나타낸다. 석독 구결에서는 '-습-'이 간혹 주체 높임법으로 쓰이기도 한다. 9세기 문헌에서 처음 보이는 객체 높임은 서술어에 '-습-'을 붙여 나타낸다. 상대 높임법은 향가에서 'ㅎ라체'와 'ㅎ쇼셔체',

석독 구결에서 'ᄒᆞ라체'와 'ᄒᆞ셔체'라는 두 가지 체계를 대표적으로 보인다. 이는, 고대 국어에서는 ᄒᆞ라체와 ᄒᆞ셔체 체계를 가지다가 중고 국어 후기에 와서 ᄒᆞ라체, ᄒᆞ셔체, ᄒᆞ쇼셔체로 나뉘기 시작하여 중세 국어로 이어지는 것으로 이해된다. 이와 같은 종결 어미 앞에 '-고-'가 붙어 더욱 높이는 표현을 이루기도 한다. 어휘적인 높임말은 고대 국어에서도 종종 보인다.

시제는 서법과 깊은 관련을 가지면서 동사에 선어말 어미로 나타난다. 현재 시제 '-ᄂᆞ-'는 직설법의 성격이며, 과거 시제 '-다-'는 회상법, 미래 시제 '-리-'는 추측법으로 표현된다. 형용사의 현재 시제는 영형태이다. 현재 시제 형태소로 '-ᄂᆞ-'와 함께 '-누-'도 보이는데, '-ᄂᆞ-'는 현재 시제 외에 서법적인 용법으로도 쓰인다. 관형사형에서 '-누-'는 대부분 과거 시제성을 가진 '-ㄴ' 앞에 오지만, '-ᄂᆞ-'는 미래적인 '-ㅭ'와만 결합한다. 과거 시제의 관형사형은 '-ㄴ'이며, '-다온'은 여기에 회상법을 더한다. 과거형 '-다-'는 음독 구결에서 '-다/ᄃᆞ/드/더-'로 나타나다가 15세기 한글 문헌에서 '-더-'로 정착한다. 미래 시제의 관형사형은 '-ㅭ'이다. '-ㄴ'와 '-ㅭ'는 이미 부정 시제적 용법도 가진다.

서법으로 쓰이는 '-거-'는 확인법을 나타내는데, 이미 고려 시대에 '-거늘, -거든, -거나, -거라' 등의 연결 어미화 용법도 나타난다. '-고'는 의도법 기능을 하며, '-ㅅ-'는 강조법으로 다른 선어말 어미들과 결합하여 '-ㅁㅅ-'을 비롯하여 '-곳-, -앗-, -잇-' 등을 이룬다. 동작상 표현으로는 '-겨-'를 찾을 수 있다. 선어말 어미 '-겨-'는 동작의 완료성을 나타내지만, 이와 같은 차자인 '在'(-견-)은 지속상을 보이기도 하여, '-겨-'의 용법이 간단하지 않음을 알 수 있다. 진행상 '-아 잇-, -고 앗-', 완료상 '-아 두-', 예정상 '-아 ᄒᆞ-, -ㅅ뎌 ᄒᆞ-, -과 ᄒᆞ-' 등도 있다.

부정문에는 용언 부정과 체언 부정이 있다. 용언 부정은 부정되는 용언 앞에 부정소(부정 부사)가 온다. 용언의 부정소로는 일반 부정에 '안둘', 능력이나 금지의 부정에 '모둘'이 있다. 용언 부정에는 단순히 용언 앞에 부정소가 오는 단형 부정과, 용언의 명사형 뒤에 부정소가 오는 장형 부정이 있다. 장형 부정은 거의가 '용언의 명사형(-ㅭ)+부정소(안둘)+ᄒ-'의 형태를 갖는다. 체언 부정의 부정소는 '안디'이다. 부정소는 중세 국어에서 용언 부정과 체언 부정 구분 없이 '아니'로 바뀌는데, 석독 구결에서도 이미 '아니' 형이 드물게 보인다.

문장의 접속에는 대등 접속과 종속 접속이 있다. 대등 접속은 용언이 활용 어미 '-고, -나, -며, -아' 등을 가지거나, 체언에 대등 접속의 조사로 '과, 나, 여' 등을 붙여 이루어진다. 종속 접속은 종속절의 동사 어간에 종속적 연결 어미 '-아, -오, -늘, -둔, -거든, -거늘, -ㅭ둔, -ㅭ식, -져' 등을 붙여 만든다.

한 문장이 다른 문장에 안기면서 만들어지는 내포에는 관계화, 보문화, 명사화, 부사화 등이 있다. 관계화 내포는 관형사형 '-ㄴ, -ㅭ, -ㅅ, -릿' 어미에 의해 이끌리는 관형절이 상위절의 명사를 수식하는 관계에 놓여 내포문을 이룬다. 이 가운데 '-ㅅ, -릿' 관형화는 중세 국어로 이어지지 않는다. 보문화에는 보문 명사 앞에 보문소 '-ㄴ, -ㅭ, -ㅅ'이 놓여 이루어지는 명사구 보문과, 보조적 연결 어미 '-아, -긔, -고, -져' 등이 뒤에 오는 보조 용언과 결합하여 이루는 동사구 보문이 있다. 인용 보문은 보문소 없이 이루어지거나, '~을 잃아/니르아 ~여 ᄒ-'(~ㄹ 名ᄀ/說ᄀ ~ᄼ ᅩ)의 구조를 갖는다. 명사화 내포는 대부분 '-ㄴ, -ㅭ' 형에 의한다. '-ㅁ, -기' 형을 꼽기도 한다. 부사화 내포는 '-오, -거' 등에 의해 이루어진다.

2. 차자 표기와 문법 형태

고대 국어 시기는 훈민정음이 나오기 이전이므로 한자의 음이나 훈을 빌려 쓰는 차자 방식으로 국어를 표기하였다. 고대 국어에서 국어 표현에 이용된 차자 방식에는 이두와 향찰, 구결 그리고 인명, 지명, 관직명 등의 어휘 표기에 대한 차자가 있다.

이두는 삼국 시대부터 금석문으로 희귀하게나마 찾을 수 있다. 신라 시대를 거쳐 고려에 들어와서 이두는 금석문 외에 문헌 자료로도 나타나는데, 대개 불교 관련 문서들이며 관문서(官文書)도 있다. 이두는 중세 국어를 지나 근대 국어 시기인 조선 시대 말까지 공공 문서의 표기자로 쓰인다.

향찰 표기는 고려 시대의『삼국유사』와『균여전』에 실린 향가 그리고 '도이장가'와 같은 향가에 쓰였다. 향찰은 불교나 유가 경전의 석의(釋義)에도 일부 쓰여 조선 시대에도 사용이 미약하게나마 계속된다.

구결에는 한자에서 일부 획을 빌려 문자화한 형태를 한문의 오른쪽이나 왼쪽에 덧붙여 표기한 자토 구결(字吐口訣)과 한문 위에 점이나 선을 눌러서 표시한 점토 구결(點吐口訣)이 있다. 자토 구결에는 석독 구결과 음독 구결이 있는데, 한문을 우리말 어순으로 읽도록 한문의 양쪽에 토를 적어 넣은 석독 구결은 신라 이전 시기부터 사용되었던 것으로 추정되지만 12세기의『화엄경소』부터 13세기 말까지의 고려 시대 불경 자료만이 현재 전한다. 점토 구결은 각필(角筆)이라는 필기 도구를 사용하여 먹을 묻히지 않은 채 한문 글자 위에 점이나 선을 눌러서 그것이 놓이는 위치에 따라 우리말 토를 새기도록 기입해 놓은 표기 방식의 석독 구결이다. 점토 구결은 자토 석독 구결보다 이전 시기인 10~12세기에 주로 사용하였다고 추정되는데, 자토 석독 구결이나 음독 구결보다 뒤늦게 발굴되었지만 요즈음 계속하여 발견, 연구되고 있다. 한문을 좀 더 쉽게 읽도록 우리말로 토를 단 음독 구결은 고려 시대 13세기 후기에 나온 것으로 보이는 『능엄경』이 현전하는 최초의 것이다.

어휘의 차자 표기는 '차명 표기'(借名表記)라고도 하는데, 각종 금석문이나 『삼국사기』, 『삼국유사』, 『고려사』 등의 역사서에 나오는 지명, 인명, 관직명 등에서 찾을 수 있다. 『계림유사』, 『조선관역이』, 『향약구급방』 등에는 우리말을 적어 놓은 차자 표기가 다량으로 있다.

이상의 여러 가지 차자 표기법 가운데 이두, 향찰, 구결은 주로 문장을 표현할 때에 이용된 것이므로, 이들을 정밀하게 연구하면 훈민정음 이전의 우리말 문법 정보를 상당히 많이 찾아낼 수 있다. 차명 표기에서도 일부 문법적인 요소를 찾을 수 있지만 문법 정보는 이두문과 향가에서 많이 찾을 수 있다. 특히 최근에 많이 발굴되는 석독 구결 자료는 고대·중고 국어의 문법 정보를 비교적 풍부하게 보여 주고 있어 문법 연구에 기여하는 바가 크다. 음독 구결은 석독 구결에서 나타나는 고대·중고 국어에서 벗어나 당시의 새로운 국어 모습으로서 훈민정음 이전의 문법 양상을 보이며 중고 국어와 후기 중세 국어를 잇는다는 점에서 소중하다. 이제 이들의 표기 체계를 특히 문법소를 중심으로 살피기로 한다.

2.1 이두

이두는 고구려 광개토대왕비(414년)에서 나타나듯이 이미 삼국 시대부터 시작되어 신라, 고려 시대에 널리 쓰였으며, 조선 시대에는 관공서 이서(吏胥)들의 공용어였고 불가(佛家)에서도 계속 사용해 왔다.
이와 같이 오랜 기간 사용되면서 이두의 용법은 시대에 따라 약간의
변화를 겪는다.

삼국 시대의 이두에서는 우리말의 조사나 어미를 제대로 나타내지
않은 채로 우리말 어순과 한문의 어순이 함께 쓰이다가 차츰 음독 한
자들을 우리말 어순으로 배열하게 된다. 이후 신라 시대를 지나면서
우리말 어순에 따르면서 문법소 표기도 점차 발달하기 시작한다.

(1)ㄱ. 善石淂造書 〈울산천전리서석〉

　　　(좋은 돌을 얻어 글을 짓고)

　ㄴ. 若此省 皆罪於天 〈울진봉평신라비명〉

　　　(만약 이를 생략하면 모두 하늘에게 죄를 짓는다.)[3]

(2)ㄱ. 法界 一切衆生 皆成佛欲 爲賜以 成賜乎 經之 〈화사 3〉

　　　(법계 일체 중생이 모두 성불케 하고자 하여 이루신 경이다.)

　ㄴ. 作作處中 進在之 〈화사 7-8〉

　　　(만드는 곳에 나아갔다.)

(1)은 한자를 이용해 우리말 어순으로 우리말을 표기한 이두문의 예이
다. (1ㄱ)에서 '造書'는 한문 어순이지만 '善石淂'은 우리말의 통사 구
조 어순을 그대로 따른 표기이다. (1ㄴ)에서 '若此省'은 우리말 어순이
며, '皆罪於天'은 한문의 어순이다. 이러한 삼국 시기의 이두에 쓰인
한자들은 석독한 것으로 추정된다. 신라 시대인 755년에 나온 이두

---

3) 이를 '若此者獲罪於天(만약 이를 지키지 않는 자는 하늘로부터 죄를 얻을 것이다.)'
　로 판독하거나, '若正省□罪於天(만약 노인법(奴人法)을 어기는 자는 하늘에서 모든
　죄를 정확히 살필 것이다.)'의 의미로 이해하는 견해도 있다.

54

문 (2ㄱ)에서는 '爲賜以 成賜乎'(ᄒ시(ㄴ) 일이ㅅ온)과 같이 동사의 활용 어미가 어느 정도 나타나 있고, (2ㄴ)의 '處中'에는 처소격 조사 '中(희)'가, (2ㄴ)의 '進在之'에는 동사의 어미 '在之(-겨다)'가 쓰였다.

신라 시대의 이두문은 삼국 시대와 큰 차이가 없지만, 한자의 표의 성을 살린 가자화(假字化)가 좀 더 발전한 표기 체계를 갖춘다. 따라서 이 시기의 이두문에서는 삼국 시대 때보다 문법 형태들의 표기자 목록을 더 많이 찾을 수 있다.

고려 시대로 오면 문법소에 대한 이두 표기가 정밀해지지만, 문법소를 제외한 본문 자체는 한문화하는 경향을 가진다. 이두문이 행정 문서로 정착하면서 그 표현 양식도 틀을 갖추게 되는 것이다. 신라 시대보다 매우 정밀해진 고려 시대의 이두는 초기에는 표현이 비교적 자유로웠지만, 중·후기로 내려오면서 투식으로 굳어져 현실어와 거리가 있는 문어적인 고투(古套) 표현이 이어진다. 이러한 이두 표현은 부분적으로 변화를 겪으면서 조선 시대 말까지 계속된다. 조선 시대의 이두문은 투식화한 용어를 한문구에 섞어 쓰는 정도의 특수한 문어 형태를 보인다.

고대 국어와 중고 국어 시기에 이두자로 표기된 문법소들과 그 독음을 정리하면 아래와 같다.[4] 각 시대에 따라 표기자나 용법에 약간의 변동이 있어, 이들을 모두 수록하되 시대 구별은 하지 않는다.

1. 접미사
   명사 접미사: 分(-분), 式(-식), 等(-ᄃᆞᆯᄒ), 徒(-내)

---

4) 이 책에서 이두자의 독음은 주로 남풍현(2000)에 의하되, 이후 학계에서 일반적으로 달리 읽은 것은 후자를 따른다.

동사 접미사: 爲(-ᄒ-), 是(사동화 '-이-'), 分(사동화 '-히-'), 乎(사동화 '-오-')

부사 접미사: 以(-로), 亦(-이/히), 良(-아), 如(-아), 于(-우), 令(-이), 分(-히)

2. 조사

주격: 亦(이), 敎是(이시), 弋只/戈只(익기)

목적격: 乙(을)

서술격: 是(이-)

관형격: 矣(익), 叱(ㅅ)

처소격: 中(긔/그), 亦中(여긔/여희), 良中(아긔/아희)

여격: 亦中(여긔/의긔)

도구격: 以(로)

접속 조사: 果(과), 及(및), 〈㢱(와), 粜(과)〉

보조사: 者(은), 段(ᄃᆞᆫ), 矣段(이ᄃᆞᆫ), 叱段(ᄯᆞᆫ), 那/乃/耶(나), 置/投(두), 沙(사), 自/元/元叱(비릇), 耳亦(ᄯᆞ녀), 乙良(으란), 尒/爾(금/곰)

3. 활용 어미

ㄱ. 선어말 어미

높임법: 賜(-시-), 敎/敎是(이시), 白(-ᄉᆞᆸ-), 內(-ᅀᅡ-)

시제 · 서법 · 동작상: 飛/內(-ᄂᆞ-), 臥(-누-), 如(-다-), 去(-거-), 在(-겨/견-), 遣(-고-)

인칭법: 乎(-오/우-)

ㄴ. 어말 어미

종결 어미: 之/也/如/矣(-다/라), 哉/齊/結(-지/져), 臥(-누-), 在(-견), 耳(ᄃᆞ녀)

56

대등 연결 어미: 遣(-고), 良(-아), 尒/氽(-금), 旀/旀/弥/彌
(-며), 哉(-지), 那/乃(-나), 良(-아), 乎矣(-호딕), 如可(-다가)

종속 연결 어미: 置(-도), 良(-아), 沙(-사), 亦(-이), 兮(-이), 于
(-우), 乙(-늘), 欲(-과), 矣(-딕), 乎矣(-온딕), 而亦(-이여), 在
亦(-견여), 在乙(-겨늘), 去乙(-거늘), 去乃/在乃(-거나), 絃如
(-시우러), 如可(-다가), 良尒(-아금), 良置(-아도), 良結(-아져),
良只(-악), 只爲(-기슴), 乙爲/於爲(-늘삼), 等(-둔), 等以(-드
로) 등

전성 어미: 去(-거?), 者(-ㄴ), 在(-견), 乎(-온), 乙(-ㄹㆆ)

신라 이전에 비해 고려 시대에는 자료들이 많아서 이두자의 목록을
훨씬 늘려 준다. 계속 발굴되는 이두 문서들을 고찰하면 앞으로 더욱
많은 이두자를 보탤 수 있을 것이다.

이두문은 구결문과 더불어 훈민정음 이전의 우리말의 모습을 구체
적으로 살피는 데 큰 기여를 하고 있다. 다만 이두자의 해석에서 상당
한 부분을 15세기 훈민정음 표기 문헌의 어휘, 문법 체계에 의존하거
나 근대의 이두 자료집에 나온 독법을 참조하고 있는데, 향찰, 구결
등 다른 차자 자료와 함께 연구를 진척해 나가면서 후대의 문법이나
독법에 의존하는 문제점을 줄일 수 있을 것이다.

2.2 향찰

향가의 표기에 쓰인 향찰은 한자의 음과 훈을 빌려 우리말 문장을
그대로 표현하였다는 점에서 문법 형태나 통사 구조 등을 잘 보여 주

는 좋은 자료로, 구결 자료가 학계에 알려지기 전에는 고대 국어 연구에 우선적으로 이용되었다. 그러나 고려 시대에 전사되어 전하는 『삼국유사』 향가의 표기에는 신라 이전의 언어와 고려 시대의 언어가 어떤 형태로든지 혼합되어 있으므로 해석할 때에 주의가 필요하다. 『균여전』의 보현십원가는 10세기 중반에 지어졌으나, 100여 년 후인 1075년에 편찬한 『균여전』에 실리고 13세기 중엽에 간행된 것이므로 와전된 부분들이 예상되기도 한다. 향찰의 표기자에 대해선 아직 충분한 해독이 이루어지지 못한 채 여러 가지 견해들이 나와 있는 실정이다.

향가에 나타난 향찰 표기의 문법 형태들을 정리하면 아래와 같다.[5]

1. 접미사

   명사 접미사: 音(-ㅁ), 隱(-ㄴ), 尸(-ㄹ), 冬(-들ㅎ)

   동사 접미사: 爲(-ㅎ-), 以(사동화 '-이-'), 乎(사동화 '-오-'), 以(피동화 '-이-')

   부사 접미사: 多支(-다히), 伊/亦(-이), 兮(-히), 于(-오)

2. 조사

   주격: 是/理/伊(이)

   목적격: 乙(을)

   서술격: 是(이-)

   관형격: 矣(의), 衣(의), 叱(ㅅ)

---

5) 이 책에서 향가의 해독은, 특별한 언급이 없을 때에는 김완진(1980)에 의한 것이다. 다만 이 해석을 김완진(2000)에서 고친 것은 고친 내용으로 한다. 이 책에서 이두문과 구결문에는 현대어로 된 해석문을 붙였는데, 이에 비해 향가는 학자들에 따라 해독 내용에 차이가 많아 현대어 해석의 근거가 필요하므로 일관된 하나의 해독을 붙이었다.

호격: 良(아), 也(여), 下(하)

처소격: 中(기/긔/히/희), 良(아), 矣(이/의), 衣(이/의)

도구격: 乙留(으로), 留(로)

보조사: 隱/焉(은/ᄋᆞᆫ), 肹良(을랑), 置/都/刀(도), 馬洛(마락), 每如
(마다), 沙(사), 乃叱(곳), 遣只(곡)

3. 활용 어미

ㄱ. 선어말 어미

높임법: 白(-ᄉᆞᆸ-), 賜/敎/沙/史/事(-시-)

시제 · 서법 · 동작상: 內(-ᄂᆞ-), 臥(-누-), 等/如(-다-), 理/呂
(-리-), 去(-거-), 叱(-ㅅ-), 古/遣(-고-)

인칭법: 烏/乎/屋(-오/우-)

ㄴ. 종결 어미

평서형: 多/如(-다), 羅/良(-라), 制/齊(-져/졔)

감탄형: 邪/也(-야), 羅(-라), 叱等耶(-ㅅᄃᆞ여), 叱多(-ㅅ다), 乎
丁(-ㄴ뎌)

의문형: 古(-고), 去(-가), 如(-다), 丁(-뎌), 下呂/下里(하리)

명령형: 羅/良(-라), 賜立(-쇼셔)

청유형: 哉/制/齊(-져)

ㄷ. 연결 어미

대등적 연결 어미: 遣(-고), 旀(-며), 乃(-나), 矣(-ᄃᆡ), 如可(-다
가), 良(-아) 등

종속적 연결 어미: 米(-ᄆᆡ), 良/也(-아), 羅(-라), 乙(-늘), 等
(-ᄃᆞᆫ), 于(-오), 孫丁(-ㄴ뎡), 良焉多依(-란ᄃᆡ), 物生(-ᅘᅵᆺ),
良結(-아져) 등

ㄹ. 전성 어미: 隱(-ㄴ), 尸(-ᅙᆶ), 音(-ㅁ?)

같은 향찰이라고 하여도 신라 향가와 고려 향가에서 사용한 차자 내용에 서로 다른 점도 없지 않다. 또한 향찰 문헌이 간행된 고려 시대의 어휘나 문법 체계가 충분히 연구되어 있지 못하므로 위의 문법소들에 대해서는 앞으로 재해석될 여지가 많이 있을 것이다.

2.3 구결

현재 알려져 있는 구결에는 석독 구결과 음독 구결이 있으며, 석독 구결에는 자토 석독 구결과 점토 석독 구결이 있다. 이 가운데 고대 국어와 중고 국어 시기에 쓰인 것은 아직은 석독 구결로 한정되며 음독 구결은 중세 국어 시기에 해당하지만, 차자 표기에 나타난 문법소들을 서술하는 이곳에서 편의상 음독 구결의 목록도 같이 들기로 한다. 구결의 언어는 매우 보수적이고 투식적인 표현도 많아, 고려 시대의 어느 시기에 쓰인 것이라고 해도 그보다 이전 시기의 언어 모습을 적잖이 포함하고 있다고 판단된다. 특히 석독 구결은 음독 구결에 비해 언어의 보수성이 더 심하여, 13세기 후반에서 말엽의 비슷한 시기에 나온 두 가지 문헌을 비교하여도, 석독 구결인 『유가사지론』은 음독 구결인 『능엄경』보다 현저하게 이전 시기의 언어 모습을 반영하고 있음을 알 수 있다.

석독 구결은 종서(縱書)로 되어 있는 한문의 오른쪽 행간에 토(구결)를 기입하여 토 앞에 나오는 한문구에 이어 읽게 하고, 필요에 따라 오른쪽 토에 역독점(逆讀點)을 찍어 곧바로 한문의 왼쪽 행간에 기입한 토가 있는 가까운 구절로 거슬러 올라가 읽도록 함으로써, 한문을 우리말 어순에 맞게 읽을 수 있게 한 표기 방식이다. 이러한 특징 때

문에 석독 구결을 '역독 구결'이라고도 한다. 아래에 구역인왕경의 첫 구절을 예로 들어 본다.[6)]

(3)ㄱ. (淸)信行乙 具足ソニ㢱 復ソ1 有七ナ㢱 五道七 一切衆生リ· 復ソ1 有七ナ㢱 他方七不矢リㅌ七 可七ソ1. 量ノ令· 衆· 〈구인 2: 1-2〉

ㄴ. (淸)信行乙 具足ソニ㢱 復ソ1 五道七 一切 衆生リ 有七ナ㢱 復ソ1 他方七 量ノ令可七ソ1 不矢リㅌ七 衆 有七ナ㢱

ㄷ. (淸)信行ᄋᆞᆯ 具足ᄒᆞ시며 ᄯᅩᄒᆞᆫ 五道ㅅ 일체 ᄌᆞᆼᄉᆡᆼ이 잇겨며 ᄯᅩᄒᆞᆫ 他方ㅅ 量ᄒᆞᆷ(혜아룜)짓ᄒᆞᆫ 안디이ᄂᆞᆫ 무리 잇겨며

ㄹ. (淸)信行을 具足하시며, 또한 五道의 일체 중생이 있으며, 또한 他方의 헤아릴 수 없는 무리(衆生)가 있으며,

(3ㄱ)은 구역인왕경의 원문을 그대로 인용한 것인데, 원문의 오른쪽 행간에 있는 구결자는 위 첨자로, 왼쪽 행간의 구결자는 아래 첨자로 바꾸어 표기하였다. '一切衆生リ·, 量ノ令·, 衆·'에서 '·'은 역독점이다. 이 글의 앞부분은 낙장되어 있는데, 첫 어절은 원래 '淸信行'으로 보인다. (3ㄴ)은 원문 (3ㄱ)을 역독점을 기준으로 우리말 어순에 맞도록 읽

6) 이 책에서 인용되는 석독 구결문은 장경준(2011)의 교감본을 따른다. 현재 학계에서는 이두와 향찰 그리고 구결을 해독하는 데에 약간의 차이가 있어서, 같은 차자에 대해 서로 다른 독법이 나오기도 한다. 예를 들어, 이두와 향찰 그리고 구결에서 '賜'를 '-시-'나 '-ᄉᆞ-'로, 구결에서 '十'를 '긔'나 'ᄒᆡ'로, 'ㅂ'을 '-ᄉᆞᆸ-'이나 '-ᄉᆞᆲ-'으로, 관형사형 '尸'를 '-ㄹ'이나 '-ㅭ'로 읽는 등의 차이가 있으며, 모음 조화 등에서 차이를 보이기도 한다. 이러한 차이는 우리가 논의하는 내용에 별다른 문제를 가져오지 않는 경우가 대다수이므로 학계의 연구 결과를 인용할 때 이들 차이를 그대로 받아들이지만, 구결 안에서는 각각을 '-시-, 긔, -ᄉᆞᆸ-, -ㅭ'로 해석하여 가급적 일관성을 갖기로 한다. 구결문 및 이두문에 대한 현대역은 구결학회에서의 강독 내용과 문현수의 도움을 받았다.

는 원칙에 따라 석독한 것이고, (3ㄷ)은 이를 15세기의 훈민정음으로 표기한 것으로, 이를 현대어로 번역하면 (3ㄹ)이 된다.

　석독 구결을 읽을 때에 종종 만나는 이른바 전훈독(全訓讀) 한자나 부독자(不讀字)는 이 책에서도 모두 '{ }' 안에 넣는다. 이는 학계의 일반적인 관례를 따른 것인데, { } 안의 한자는 반영하지 않고 읽는 것이 우리말에서 자연스럽다는 것을 뜻한다.[7]

　음독 구결은 한문 구절의 오른쪽 행간에 토(구결)를 기입하여, 해당 한문구 사이에 우리말 토를 섞어서 한문을 읽음으로써 좀 더 쉽게 한문을 읽도록 한 표기 방식으로, '순독 구결'이라고도 한다. 아래의 음독 구결문은 『범망경』의 한 구절인데, 한문을 그대로 읽으면서 우리말로 약간의 토를 달아 한문을 읽고 이해하는 데에 쉽도록 하였음을 알 수 있다.

　　(4)　而菩薩ㄱ 入一切處山林川野ᄡᅵ灬 皆使一切衆生灬 發菩薩心ノ彳ㅅ 〈범망 41a〉

　　　　(보살은 모든 산과 숲 하천 들에 들어가거든 다 일체 중생으로 하여금 보리심을 내도록 해야 할 것이다.)

---

7) 『유가사지론』권20을 예로 들면 아래와 같다.
　(i) 한문원문: 云何能熟解脫慧之成熟 〈유가 6: 14〉
　　　구결문: 云何ᄡᅵㄱ乙 能熟解脫慧ㅌ{之} 成熟ㅣㅣノ灬ㅁ
　　　　　　(엇흔을 能熟解脫慧ㅅ 成熟이다호리고)
　　　현대역: 어떤 것을 능숙해탈혜의 성숙이라고 하는가?
　(ii) 한문원문: 爲欲證得彼對治果 〈유가 7: 13-14〉
　　　구결문: 彼 對治果乙 證得ᄡᅵ{爲欲}ㅅᄡᅵᇂ
　　　　　　(彼 對治果를 證得ᄒ과ᄒ져)
　　　현대역: 그 대치의 결과를 증득하고자 하고

62

석독과 음독 두 가지 구결에는 해석에서 공통되는 표기자가 많지만 서로 다른 경우도 적지 않다. 비교적 많이 쓰이는 문법소 표기 구결자들을 정리하면 아래와 같다. 문헌에 따라서 구결자의 모양과 용법에서 약간의 차이도 있어 이들을 다 같이 모으기로 한다. 음독 구결의 형태는 〈 〉 안에 표기를 보인다.

1. 접미사

   명사 접미사: ㄱ(-ㄴ), ₽/乙(-ㄹ) 〈ㄱ(-ㄴ), ₽(-ㄹ)〉

   동사 접미사: ㆍ(-ᄒ-), 厼ᆌ/ᅌᆌ(-ᄒ이-)(사동화) 〈ㆍ(-ᄒ-)〉

   부사 접미사: ㅅ(-ㄱ), ㅔ(-이), 亠/炘(-히), ㅌ/ㅎ/ㅣ(-오/우), ㅋ(-며), ᄮ(-로), ㅋ(-아), 弟(-곰) 〈ㅅ(-ㄱ)〉

2. 조사

   주격: ㅔ(이) 〈ㅔ/ㆍ(이), ㅔㅅ(익)〉

   목적격: 乙(을) 〈乙(을)〉

   관형격: ㄷ/₽(ㅅ), ㅋ(의/의) 〈ㄷ(ㅅ), ㅋ(의)〉

   서술격: ㅔ(이-) 〈ㅔ/ㆍ(이-)〉

   호격: 下(하), ㅋ(아), ᅩ/ㅣ(여) 〈下(하)〉

   처소격: ㅋ(아), 十(긔/긔), ㅋ十(아긔), ᅩ十/ㅣ十(여긔), ㅋ(의) 〈ㅋ(아), ㅋ十(의긔), ㄷ(ㅅ)〉

   여격: ㅋ十(의긔), ㅋ十(아긔) 〈ㅋ十(의긔)〉

   도구격: ᄮ(로) 〈又/炗(로), ᄼ/ᄮ(로)〉

   접속 조사: ㅅ(과), ㅋ/ᅩ(여) 〈ㅅ/ㅏ果/日/(과)〉

   보조사: ㄱ(은), ㄎ(나), 火ㄷ(봇), ㅋ(사), 刀(도), ㅏ(마), ㅏ刀(마도), ㅏㅣ(마다), 弟(곰), ㅅ(기), 罒刀(라도) 〈ㄱ(은), 火ㄷ(봇), ㅋ(사), 刀(도), ㅅ(기), 표(ㄱ)〉

3. 활용 어미

ㄱ. 선어말 어미

높임법: 白(-숩-), 二/示(-시-), 𠄌七(-앗-), 口(-고-) 〈二(-시-), 白/邑/巴(-숩/ㅂ-), 刂/乀/己(-이-)〉

시제 · 서법 · 동작상: ナ(-겨-), 𠆾(-ᄂᆞ-), 卜(-누-), 禾(-리-), 丨(-다-), 𠄌(-아-)/才(-어-)/𫝀(-어-)/ラ(-의-)/亠(-여-), 去(-거-), 口(-고-), 匕(-니-) 〈𠆾(-ᄂᆞ-), 刂(-리-), 丨/ホ/入(-다/ᄃᆞ/드-), 力/力/加(-더-), 去(-거-), 匕(-니-), 口(-고-)〉

인칭법: ㄅ/ホ/ノ(-오/우-)

ㄴ. 종결 어미

평서형: 丨(-다) 〈丨(-다)〉, 罒(-라), 㐅(-져) 〈ㅅ/丶/罖(-라)〉

의문형: 口(-고), 去(-가), 𠄌(-아) 〈口(-고), 可(-가), 氐/底/丁(-뎌), 丁(-뎡), 刂七月亠(-잇다여), 了/卩(-아), 𠂉/午(-오)〉

명령형: 𠄌(-아), 𠆾立(-ᄂᆞ셔), 口ハ二立(-고기시셔/곡시셔) 〈小西/小一(-쇼셔)〉

감탄형: 1彳/1丁(-ㄴ뎌), 1丷(-ㄴ여), 尸彳(-ㅭ뎌)

청유형: 㐅(-져)

ㄷ. 연결 어미

대등적 연결 어미: 口(-고), 㫝(-며), 乃(-나), 亠/丷(-여), 㐅(-져), 𠄌(-아), 1厶(-ㄴᄃᆡ), 尸厶(-ㅭᄃᆡ) 〈口(-고), 午(-오), 㫝/ㅅ(-며), 丨可(-다가)〉

종속적 연결 어미: 𠄌(-아), 1乙/𠄌斤(-늘), 乃(-나), 罒(-라), ㅅ(-과), ㅅ1(-둔), ㅅ斗(-과두), 七彳(-ㅅ뎌), ホ(-오), 1厶(-ㄴᄃᆡ), 尸厶(-옰ᄃᆡ), 1亠(-ㄴ여), 尸亠(-ㅭ여) 〈乙(-ㅭ), 乃(-나), 丆(-면), 匕(-니), 𠄌/フ/也(-아/야), 𠄌厶(-아ᄃᆡ)/ラ厶(-의ᄃᆡ), 1厶/1大/

7ナ(-ㄴ뎌), 1丁(-ㄴ뎡), 尸丁(-ㅭ뎡)〉

ㄹ. 전성 어미

명사형: 1(-ㄴ), 尸(-ㅭ), 亣(-ㅁ?), ㅌ(-ᄂ?) 〈1(-ㄴ), 尸(-ㅭ)〉

관형사형: 1(-ㄴ), 尸(-ㅭ), 七(-ㅅ) 〈1(-ㄴ)〉

부사형: 厺(-거), 3(-아) 〈去ㅋ(-긔)〉

이상에서 보면 이두, 향찰, 구결에 쓰인 차자들에서는 서로 공통되는 차자가 상당히 많다. 새로운 차자 방식이 형성될 때에는 기존의 차자법이 크게 참조되었으며, 이들 차자법이 비슷한 시기에 공존하기도 하였으므로 서로 간에 영향을 주고받았을 것이다. 이두, 향찰, 구결의 차자에서 표기자가 모두 일치하는 것으로는 대격 조사 '乙'(을), 관형격 조사 '叱'(ㅅ), 보조사 '乃'(나)와 '沙'(사), 상대 높임 '白'(-숣-), 시제 '如'(-다-), 서법 '去'(-거-)와 '良'(-아-), 인칭법 '乎'(-오-), 연결 어미 '旀'(-며)와 '良'(-아), 명령형 종결 어미 '立'(-셔) 등이 있다.

위에서 밝힌 차자 해독에는 오류가 없지 않을 것이다. 현재 차자 언어에 대한 해석은 그동안의 연구로 상당한 성과를 거두고 있지만, 아직 발견되지 않거나 잘못 이해된 것들 또는 여러 가지 이견이 있는 것들이 많고, 또 뚜렷하게 확인되지 못한 것들도 적지 않다. 그러나 현재 국어학계에서는 차자 문헌에 대해 세밀한 천착을 의욕적으로 진행하면서, 고대 국어에서의 차자법과 국어 문법 체계에 대한 이해에 그 정확성을 계속 높이고 있다.

최근 들어 각필(刻筆)로 구결을 나타낸, 이른바 '점토 구결'[8] 문헌이

8) '점토 구결'은 '부호 구결'이나 '각필 구결' 또는 '부점 구결'이라고도 하나, 이 책에서는 '점토 구결'로 일괄한다.

국내에서도 다수 발견되고 있다. 이는 한문 문헌의 한문 글자 위에 날카로운 도구로 지정된 자리에 점이나 선을 눌러서 표를 함으로써 각 자리에 따른 우리말을 표기할 수 있도록 한 방식인데, 이러한 구결 표기 역시 당시의 우리말 문법 체계를 보여 준다. 국내의 점토 구결과 관련을 갖는 일본 등 외국의 각필 문헌에서는 각필 표기 당시의 구어와 방언을 비교적 잘 보여 주고 있어, 국내의 각필 문헌에서도 기대하는 바가 크다. 점토 구결은 표기 방식이 다를 뿐 해독 결과는 석독 구결과 대체로 같으므로 이 책에서는 점토 구결 표기의 예는 따로 소개하지 않는다.

3. 단어의 유형과 형태

여기에서는 고대 국어 문헌에서 쓰인 단어들을 용법 범주 유형별로 나누고 그들의 용법과 형태 변화 등을 살핀다. 문법 전반에 관한 체계는 중세 국어에서 다루기로 하고, 고대 국어에서는 중세 국어와 비교하여 특징적인 내용을 위주로 기술한다.

3.1 체언과 조사

3.1.1 명사

고대 국어에서 보통 명사나 고유 명사는 원래 고유어에서 한자어로 변화를 겪은 경우가 많다. 오늘날 찾을 수 있는 고유 명사에는 인명, 지명 등이 있는데, 이전에 고유어로 만들어진 인명이나 지명들 가운데 일부는 한자가 세력을 얻어가면서 한자화하는 변화를 겪기도 하였다. 신라 경덕왕 16년(757년)에는 고유어 지명을 한자어로 바꾸는 일이 대량으로 이루어진다. 이에 『삼국사기』에는 두 가지 지명을 대응해 놓았는데, 이를 추적하여 당시의 고유어를 얼마간 추정할 수 있다. 보통 명사에서도 한자어가 확산되는 현상이 서서히 진행되어 왔을 것으로 보인다.

고구려, 백제, 신라 삼국의 복수 지명에서 찾은 명사 몇 개를 보면 아래와 같다.

(1)ㄱ. 毛火郡一作蚊伐〈삼국사기 34〉

　ㄴ. 推良火縣一云三良火〈삼국사기 34〉

　三支縣一云麻杖〈삼국사기 34〉

(1)은 신라의 지명이다. (1ㄱ)에서 '毛'는 '蚊'와 대응하여 '모긔'(蚊)를 재구하며, '火'의 훈과 '伐'의 음을 대응하여 '블'(火)을 찾을 수 있다. (1ㄴ)에서는 '推'와 '三', '三'과 '麻'를 대응해서, '推'의 훈과 '麻'의 음에서 'mil~mi'를 찾아 수사(數詞) '三'의 뜻을 갖는 고유어로 삼을 수 있다.

(2)ㄱ. 南川縣一云南買〈삼국사기 37〉

　ㄴ. 三峴縣一云密波兮〈삼국사기 37〉

(2)는 고구려의 지명이다. (2ㄱ)에서 '川'과 '買'가 대응한다면, '買'의 중고 한음이 'mai'이므로 고구려어의 '미'(水, 川)를 상정할 수 있다.[9] (2ㄴ)에서 '三'과 '密'이 대응하므로 역시 고구려어에서도 수사 '三'의 뜻을 갖는 'mil'을 재구할 수 있다. 이는 신라어에서와 같은 형태 유형이며, 일본어의 'mi'(三)와도 통한다. 한편 (2ㄱ)에서는 '南'이 한자어와 고유어의 두 가지 지명에서 공통되고 있어, 당시에 이미 한자어 '南'이 일반적으로 쓰이고 있음을 말해 준다.

(3)ㄱ. 甘買縣一云林川〈삼국사기 37〉

　ㄴ. 會津縣本百濟豆肹縣〈삼국사기 36〉

---

9) 『삼국사기』 권35에는 '水城郡 本高句麗買忽郡 景德王改名 今水州'라는 구절도 있다.

(3)은 백제의 지명이다. (3ㄱ)에서 '買'와 '川'이 대응함은 고구려에서와 마찬가지이다. (3ㄴ)에서 '會'에 대응하는 '豆肹'은 'tuhəl'로 읽혀, 신라 향가(처용가)의 '二肹'(두블ㅎ)과, 『계림유사』의 '二曰途孛', 중세 국어의 수사 '둘ㅎ'(二)에 연결할 수 있다.

이기문(1998)에서는 통치자를 가리키는 단어로 고구려의 '皆'(기), 부여의 '加'(가)나 '瑕'(하), 백제의 '鞬吉支', 신라의 '干'이 있어 이들이 모두 같은 계통의 어휘라 하였다. 또 성(城)을 가리키는 단어로 고구려의 '忽'(홀), 백제의 '己'(긔), 신라어의 '城叱'(잣)을 추정하여, 세 나라의 어휘가 서로 다르며 중세 국어의 '잣'이 신라어를 이은 것이라 하였다.

이상에서 보듯이 삼국은 형태가 서로 공통되는 어휘가 있는가 하면, 서로 다른 어휘도 사용하였음을 알 수 있다. 이러한 현상은 명사나 수사뿐만 아니라 어휘 전반에 걸친 성격이었다. 현재까지 밝혀진 삼국의 어휘들을 근거로 삼아 삼국 언어들의 동질성과 이질성을 속단하기는 아직 이르지만, 대체로 하나의 언어권일 것이라는 견해가 많다.

의존 명사에는 'ᄃᆞ, ᄉᆞ, 갓, 바, ᄂᆞ, 다, 이' 등이 있다. 중세 국어에서 'ᄃᆞ'와 더불어 그 쓰임이 활발한 의존 명사 'ᄉᆞ'가 중고 국어 시기까지는 널리 보이지 않는다.

(4)ㄱ. 民焉 狂尸恨 阿孩古 爲賜尸知 民是 愛尸 知古如 〈안민〉
　　　(民은 어릴흔 아히고 ᄒᆞ실디 아름이 ᄃᆞ슬 알고다.)

　　ㄴ. 右職賞分以 酬答 毛冬 敎 功業是去有在等以 三韓後壁上功臣 一例以 〈상첩 46-48〉
　　　(위의 職賞만으로 酬答 못하게 하신 功業이므로 三韓後壁上功臣 一例로)

(5)ㄱ. 佛子ȝ 菩薩1 在家丷1丨十1 當八 願口尸入1 衆生1 家性ラ 空丿1入乙 知ȝ亦 其 逼迫乙 免攴匕立丷乂礻ȝ 〈화엄 2: 17-21〉

(佛子야 菩薩은 在家하는 경우에는 반드시 원하기를, "衆生은 家性이 空한 줄을 알아서 그 逼迫을 免하소서." 할 것이며)

ㄴ. 無上大菩提乙 信丷ȝ丷ナ1入灬 〈화엄 9: 18-19〉

(無上大菩提를 信하며 한 까닭으로)

ㄷ. {於}時時間ȝ十 教授 教誡丿尸入乙 依ȝ 攝受 依止丷尸矢丨 〈유가 25: 4-10〉

(때때로 教授 教誡하는 것에 의거하여 攝受 依止하는 것이다.)

ㄹ. 居家乙 捨丷去1 時十1 當 願 衆生 出家丿尸厶 〈화엄 3: 6〉

(사는 집을 버린 때에는 (보살은) 반드시 원하기를, "衆生은 出家하되 …" (할 것이며))

(4)와 (5)는 의존 명사 'ᄃᆞ'(等, 入)의 용례이다. (4ㄱ)의 '爲賜尸知'(ᄒᆞ실디)에서 '知'(디)는 'ᄃᆞ'에 주격 조사가 결합한 형태의 의존 명사이다. (4ㄴ)의 '是去有在等以'(-이거 잇견 ᄃᆞ로)는 '인 것이 (분명히) 있으므로'라는 뜻을 갖는데, 여기에서 '等'은 의존 명사 'ᄃᆞ'이다. (5ㄱ)의 '願口尸入1'(願ᄒᆞᇙ든)과 '空丿1入乙'(空혼ᄃᆞᆯ)에서 '入'(ᄃᆞ)는 관형사형 '-ㄴ'나 '-ㅭ'의 꾸밈을 받고 있다. (5ㄴ)에선 '入'(ᄃᆞ) 뒤에 조사 '灬'(로)가 왔다. 'ᄃᆞ'는 주격 조사나 서술격 조사 '이'와 결합하여 '矢'(디)로 쓰이거나(5ㄷ), 처격형 'ᄋᆡ'와 결합하여 '厶'(ᄃᆡ)를 이루기도(5ㄹ) 한다. '-ㄴᄃᆞᆫ, -ㅭᄃᆞᆫ, -ㄴᄃᆞᆯ, -ㅭᄃᆞᆯ'도 실제로는 거의 어미화한 것으로 보인다. 'ᄃᆞ' 뒤에 이들 '-ㄴ, -ㄹ' 외에 조사 '-로, -여'가 와서 '-ㄴᄃᆞ로, -ㅭᄃᆞ로, -ㄴ뎌, -ㅭ뎌'로 어미화한 예도 볼 수 있다.

'ᄉᆞ'는 석독 구결엔 없고 중세 국어의 음독 구결에 가서야 보인다.

고려 향가에서는 'ᄉ'로 해석할 수 있는 예가 몇 번 나오지만 모두 확신하기는 어렵다.

> (6) 皆 吾衣 修孫 一切 善陵 頓部叱 迴良只 〈보개〉
>
>   (모든 내이 닷ᄀ를손 一切 무른 ᄇ르봇 돌아)
>
> (7)ㄱ. 所謂但離妄緣ᄼᄉㄱ 卽如如佛也ㄴㅅ 肉ᄾ 門骨ᄼᄂㅛᄂ 日肯ᄼ‧ᄾㄴᄾ
>
>   〈능엄기 25b: 5-6〉
>
>   (이른바 오직 妄緣을 여의면 곧 如如佛이다. 肉이 門骨하는 것을
>
>   肯이라 한다.)
>
>   ㄴ. 能所ᄾ 旣立ᄼᄾᄒ 心境ᄾ 互分ᄂᄾ 故 無同異中 熾然成異ᄼㄴ 卽轉
>
>   相也 〈능엄가 4.3b: 19해〉
>
>   (能所가 이미 서면 心과 境이 서로 나뉘므로 同異가 없는 가운데
>
>   에 成이 다름이 일어나니 곧 轉相이다.)

(6)의 '修孫'(닷ᄀ를손)에서 '孫'(손)은 의존 명사 'ᄉ'를 포함하는 것으로 볼 수 있지만(유창균 1994), 그 해석엔 여러 이견이 있어 단정하기 어렵고, 음독 구결인 (7)에서야 확실한 의존 명사 'ᄉ'의 용례를 확인할 수 있다. (7ㄱ)의 '門骨ᄼᄂㅛᄂ'(門骨ᄒᆞᆶ솔)에서 'ᄼ'(ᄉ)는 '-ᇙ' 뒤에 오는 의존 명사이고, (7ㄴ)에서 '인과'를 나타내는 '互分ᄂᄾ'(互分ᄒᆞᆶ식)는 의존 명사 'ᄉ'가 이미 어미화한 형태이다. 비록 음독 구결에서부터 찾을 수 있다고 하여도 의존 명사 'ᄉ'가 이때 처음 등장하였다고 보기는 어렵다. (7ㄴ)에서 보듯이 이미 어미화한 형태가 이 당시 쓰이므로, 의존 명사로서의 용법은 그 이전으로 올라갈 수 있을 것이다.

의존 명사 '바'는 향가에서 볼 수 있다.

(8)ㄱ. 月置 八切爾 數於將來尸 波衣 〈혜성〉

(드라라도 ᄆᆞᄅᆞ그ᅀᅵ 자자렬 바ᄋᆡ)

ㄴ. 善支 {於}他乙 破ソ3 四諦乙 說尸刀ソホ 外尸 動ソ3ㅎ尸 所3 非失皿 四諦乙 說尸刀ソホ 〈화엄 20: 11〉

(잘 남을 破하여 四諦를 말하기도 하며 밖이 움직여 할 바가 아니라서 四諦를 말하기도 하며)

(8ㄱ)에서 '波衣'(바애)의 '波', (8ㄴ)에서 '所3'는 의존 명사 '바'이다. 이두나 구결문에서는 한자 '所'로 쓰여 있지만, 향가인 (8ㄱ)에서 찾은 형태 '바'와 동일한 형태와 용법임을 추정할 수 있다.

의존 명사 'ᄂᆞ'는 중세 국어에서 볼 수 없는 형태이다.

(9)ㄱ. 二諦1 常リ 卽ソ1ㅌ 不失リナ1リホ 〈구인 15: 4〉

(二諦는 항상 卽한 것이 아닌 것이며)

ㄴ. 時十 無色界七子1 量 無七1 變ノ1ㅌ七 大香花乙 雨ケ1ム 〈구인 2: 14-15〉

(그때 無色界의 사람은 한량없는 변하는 大香花를 뿌리는데)

(9ㄱ)의 '卽ソ1ㅌ'은 '卽ᄒᆞᆫ ᄂᆞ'로 읽는데, 여기에서 'ᄂᆞ'는 관형사형 뒤에 온 의존 명사로 이해된다. (9ㄴ)에서도 '變ノ1ㅌ七'은 '變혼 ᄂᆞᆺ'으로 해석되어, 'ᄂᆞ'를 관형격 조사 'ㅅ' 앞에 온 의존 명사로 볼 수 있다. 여기서 이들은 자체의 뜻은 별로 없이 명사구 보문을 갖는 머리 명사로 쓰이고 있다.

의존 명사 '다'는 활용 어미화한 용법을 가지며, 이때 부사적 기능을 하기도 한다.

(10)ㄱ. 東西班 勿論 參職超授 直子 無在如亦中 內外 孫甥姪女壻中 一
　　名乙〈상첩 51-57〉

　　(東西班은 물론 參職超授가 直子가 없을 때에는 內外 孫甥姪女
　　壻 중 一名을)

ㄴ. 佛子氵 菩薩ㅣ 在家ㆍ기ㅏㄱ 當ㅅ 願ロ尸ㅅㄱ〈화엄 2: 18〉

　　(佛子야, 菩薩은 在家하는 경우에는, 반드시 願하는 바는)

ㄷ. 時ㅏ 無色界ㅌ氵ㄱ 量 無ㅌㄱ 變ノㄱㅌㅏ 大香花乙 雨氵ㄱㅿ 香ㄱ 車輪
　　{如}ㅣㅣㆁ 花ㄱ 須彌山王 {如}ㅣㆍㄱㅣㆁ 雲 {如}ㅣㆍㆁ 而ㆍ 下ㆍロㅌ乙分〈구
　　인 2: 14-15〉

　　(그때 無色界의 이는 한량없는 변하는 大香花를 뿌리는데, 향은
　　車輪 같고, 꽃은 須彌山王 같아서 구름 같이 내려오며)

(10ㄱ)의 '無在如亦中'(없견 다여긔)에서 '如'(다)와, (10ㄴ)의 '在家ㆍ기ㅏ
ㄱ'(在家흘 다긘)에서 'ㅣ'(다)는 모두 처격 조사 앞에 온 의존 명사이다.
여기에서 '다'는 '경우, 때' 정도의 의미를 갖는다. 한편 (10ㄷ)에서 {如}
ㅣ'는 모두 '다'로 읽히며 '곧-'(如)과 같은 뜻을 가지고 쓰여, 앞에 오는
말에 '처럼, 와 같이' 정도의 의미를 주는 부사적 기능으로 이해된다.
의존 명사 '다'는 원래 의존 명사 'ᄃ'에 처격 조사 '아'가 결합한 시간
성 의존명사인데, 이것이 부사적 기능도 하는 것으로 해석할 수 있다.
　　의존 명사 '이'도 어미화한 용법을 보인다.

(11)ㄱ. 能支 法氵 永ㆍ 滅ㆍロㄱ 不矢ㅌㄱㅅ乙 知ㅌ利分〈화엄 11: 15〉

　　(능히 法이 영원히 滅하는 것이 아닌 줄을 알 것이며)

ㄴ. 金剛原ㅏㄱ 登ㆍㅿㅅㄱㅣㅌㅣㆁ 淨土ㅏㄱ 居ㆍㄱㅎ커ㅌㅣ〈구인 11: 7〉

　　(金剛原에 오르신 분이어야 淨土에 居하신다.)

(12) ㄱ. {云}何ソ1乙 涅槃爲上首リノ令ロ 〈유가 4: 15〉

(무엇을 涅槃爲上首라고 하는가?)

ㄴ. 故ノ 是乙 名下 尸波羅蜜因亠ノ禾ㄱ 〈금광 2: 1〉

(그러므로 이것을 이름하여 尸波羅蜜因이라 하며)

의존 명사 '이'는 동명사형 '-ㄴ'나 '-ㅭ'와 결합하여 '니'나 '리' 형태를 보인다. (11ㄱ)의 '不矢ヒ1入乙'(안디닌돌)에서 'ヒ'(-니-)가 그러하고, (12ㄱ)의 'ノ令ロ'(호리고)에서 '令'(-리-)가 그러하다. 그러나 (11ㄴ)의 '登ソ去ハニ1リ氵'(登ᄒᆞ거기신이사)에서 보듯이, 동명사형 '-ㄴ' 뒤에서 의존 명사 '이'가 서술격 조사와 결합한 형태로 쓰일 때에는 'リ'(-이-)로 나타난다. 동명사형 '-ㅭ'에 의존 명사 '이'만 결합한 형태는 (12ㄱ)처럼 '令'로, 동명사형 '-ㅭ'에 의존 명사 '이'와 서술격 조사가 결합한 형태는 (12ㄴ)처럼 '禾'로 나타난다. 이들 '-니-, -리-'는 대체로 서법 및 시제를 나타내는 선어말 어미로 문법화한 것이다.

의존 명사 '갓/것'은 차자 표기 문헌에서 용례를 확인하기 어렵다.

(13) 世理 都(□)之叱 逸烏隱第也 〈원가〉

(누리 모ᄃᆞᆫ갓 여히온ᄃᆡ여)

(14) ㄱ. 凡氵 受ㄱ尸 所七 物七火七ハ尸入1 悉氵 亦刀 是リ 如支ソロヒㄱ 〈화소 9: 12〉

(무릇 받는 바의 것이면 모두 또 이같이 하며)

ㄴ. 衆生乙 逼惱ノ令七 物七乙 作ソナ令1 不矢リ 但ハ 世間乙 利益ノ令七 事乙 說ソナ氵 〈화엄 19: 14〉

(衆生을 逼惱케 할 것을 안 지으시어서는 오직 世間을 利益하는 일을 說하시어서)

ㄷ. 又ㄴ丨此刂身ㄋ眞實 無㢱{有} 慚愧 無㢱{有} 賢聖七物七 非矢㢱 〈화소 16: 6-7〉

(또 이 몸이 진실 없으며 참괴 없으며 성현의 물건이 아니며 臭穢하여서 깨끗하지 못하며)

(15) 人 非人은 사름과 사름 아닌 것과 ᄒᆞ논 마리니 八部를 어울워 니르니라 〈석보 9: 1b〉

(13)의 '之叱'에 대한 여러 해석 가운데 김완진(1980)만은 의존 명사 '갓'으로 읽었다. (14)의 '受ㅎ尸 所七 物叱'(받ᄋᆞᆶ 밧 갓), '逼惱ノ令七 物叱'(逼惱호릿 것), '賢聖七 物叱'(賢聖ㅅ 것) 등 구결문에서도 '物叱'은 '것/갓'으로 읽을 만한데, 모두 관형격 아래에 쓰이는 의존적인 용법을 보인다. 이처럼 고대 국어에서 '것'은 이미 의존 명사의 성격을 가졌으나 추상적인 의미 외에 '물건' 정도의 구체성 명사로서의 의미를 아직 가지고 있었던 것으로 추정된다. 위에서도 (14ㄱ, ㄴ)에서의 '것'은 비교적 추상적인 의미를 가지나 (14ㄷ)에선 '물건'으로 해석된다. '것'이 추상적이지 않은 '사물'의 의미를 가진 의존 명사 용법은 15세기 문헌의 예인 (15)의 '사름 아닌 것'에서도 볼 수 있다. 이두나 석독 구결에서는 '것'이 고유어로 표기되지 않아 확실한 예를 찾기 어렵고 음독 구결엔 그나마 없지만, 15세기에 '것'이 자연스럽게 많이 쓰이고 있어 그 용법이 고대 국어 시기에 이미 있었음을 짐작하게 한다.

의존 명사들은 조사 또는 활용 어미들과 결합하여 용언의 활용 어미(특히 연결 어미)로 문법화하는 예가 많다. 이러한 현상은 중세 국어에 들어 더욱 광범위해진다.

수량사도 차자 문헌에서 대개는 한자어로 쓰이지만 간혹 고유어를 음차한 표기도 보인다.

(16)ㄱ. 正月一日 上米四斗一刀 大豆二斗四刀 〈신라 출납장〉

   (正月一日 上米 네 말 한 되 大豆 두 말 네 되)

ㄴ. 白不踓紙一二个 〈월성해자 149호 목간 2〉

   (白不踓紙 한두 장)

정창원 소장의 신라출납장에서 (16ㄱ)의 '刀'가 나오는데, 이는 고유어 '되'(升)로 해석된다. '말'은 한자어 '斗'가 그대로 쓰이는 것과 대조적이다. 7세기로 추정되는 '月城垓字 149호' 목간에 쓰인 (16ㄴ)에서는 수량사로서 쓰임을 가진 것으로 보이는 한자어 '个'(개)를 읽을 수 있다.

불경 한문에서는 명사의 복수 표시를 중첩어나 접미사 '-等'으로 나타낸다.

(17)ㄱ. 大王下{是}ㆍ故灬 佛佛ㆍ{於}世ㆍ 出現ㆍㆍㆍ 衆生乙 爲ㆍㆍㆍㆍ灬
     〈구인 14: 4-6〉

     (大王이시여, 이런 까닭으로 佛佛이 세상에 出現하시어 衆生을 위하고자 하시므로)

ㄴ. 善男子氵 是 如ㆍㆍㆍ 汝 等ㆍㆍㆍ 當ㆍ 此 如ㆍㆍㆍ 經典乙 精勤 修行 ㆍㆍ應ㆍㆍㆍ 〈금광 15: 14-16〉

   (선남자야, 이와 같다. 너희들은 반드시 이와 같으신 경전을 부지런히 수행하여야 하니)

(17ㄱ)에서는 '佛佛'처럼 중첩어를 사용하고, (17ㄴ)에서는 '汝等'(너희)와 같이 '等'을 붙여서 복수를 표시하였다. 이와 같은 표현 방식은 곧 우리말에도 그대로 영향을 준 것으로 보인다.

대명사는 많은 용례를 찾기 어렵다. 향찰, 이두, 구결에서 대명사는

1인칭으로 '吾, 我'를, 2인칭으로 '汝' 등을 써서 우리말 형태를 추정할 근거를 찾기 어려우나, 아래의 (18)에서는 형태 표기를 볼 수 있다.

(18)ㄱ. 吾里 心音 水 淸等 〈청불〉

　　　(우리 ᄆᆞᅀᆞᆷ 믈 ᄆᆞᆯ가든)

　　ㄴ. 前ㅎ 已ㅎ 我ㅔ 等ㆍㄱ 大衆ㅎ {爲}ㅎㅕ 〈구인 2: 19-21〉

　　　(전에 이미 우리들 대중을 위하여)

고려 향가인 (18ㄱ)에서 '吾里'는 1인칭 복수 '우리'의 음차 표기이다. 구결문 (18ㄴ)에서도 '我ㅔ'가 나와 '우~우리'라는 형태를 짐작케 한다. 『화엄경소』에 여러 번 나오는 '我ㅅ'도 '우~우리'로 보인다.

(19)ㄱ. 稱我曰能奴台 〈계림〉

　　ㄴ. 問你汝誰何曰餧箇 〈계림〉

　　ㄷ. 問此何物曰沒審 〈계림〉

(20) 菩薩ㅣ {之}ㅣㄹ 聞ㅁ 卽ㅊ 便ㅣ 施與ㄱㅁ 假使ㆍㆍ {此}ㅣㄹ 由ㄷㅎㅅ 阿僧

　　祇ㄴ 劫ㄹ 經ㅎ 諸ㄱ 根 不具ㄱ셔ㅎㅁ 〈화소 16: 2-3〉

　　(보살은 이를 듣고 즉시 곧 施與하되 비록 이로 말미암아 阿僧祇의

　　劫을 지내 모든 根이 不具할지라도)

(19ㄱ)의 '能奴台'에서 1인칭 '내'를 (19ㄴ)의 '餧箇'와 (19ㄷ)의 '沒審'에서 의문 대명사 '누고'와 '무슴'을 찾을 수 있다. (20)의 '{之}ㅣㄹ, {此}ㅣㄹ'에서는 근칭의 3인칭 'ㅣ'(이)가 있다. 여기에서 'ㅣ'는 '之, 此'의 전훈독 표기이다.

　수사는 신라어와 고구려어에서 달리 나타나는 듯하다. 강신항

(1980)에서는 『계림유사』에 나오는 수사를, '河屯(ᄒ둔), 途孛(두블), 厥
乃(세ᄒ), 酒(네ᄒ), 打戊(다ᄉ), 逸戌(여슷), 一急(닐굽), 逸苔(여듧), 鵐好
(아홉), 噎(열ᄒ), 戊沒(스믈), 實漢(셜흔), 麻兩(마슨), 舜(쉰), 日舜(여쉰),
一短(닐흔), 逸頓(여든), 鵐順(아흔), 醞(온), 千(쳔), 萬(만)'으로 읽었다.
이들은 중세 국어에서와 형태가 거의 같음을 알 수 있는데, 대체로 신
라어 계통으로 보인다.[10] 이는 고려의 언어가 주로 신라어를 계승하여
중세 국어로 이어진다는 강력한 근거가 될 수 있을 것이다.

　당시에도 ᄒ종성 체언이 널리 있어 차자 표기에서 드러나며, ㄱ곡
용어도 보인다.

　　(21) 此地肹 捨遣只 於冬是 去於丁 〈안민〉

　　　　(이 ᄯᅡᄒᆯ 브리곡 어드리 가늘뎌)

　　(22) 木日南記 〈계림〉

(21)에서 '地肹'(ᄯᅡᄒᆯ)은 'ᄯᅡᄒ'에 목적격 조사 'ᄋᆞᆯ'의 결합으로 해석된
다. (22)의 '南記'는 ㄱ곡용어 '남ㄱ'의 형태를 보여 준다. 『계림유사』에
나타난 수사에도 '세ᄒ, 네ᄒ, 열ᄒ'이 ᄒ종성 체언임을 알 수 있다.

　명사 같은 어휘 형태소들 가운데에서 우리 고유어를 찾는 작업은
쉽지 않다. 이 당시의 언어 모습을 직접 보여 주는 자료들은 모두 차
자 문헌인데, 차자 표기에서 의미소들은 대부분 한자어로 나타나기
때문이다. 따라서 위에서 보았듯이, 『삼국사기』 등에서 고유어와 한
자어를 대응해 놓은 복수 지명, 인명, 관직명 등의 기록이나, 『계림유

---

10) 『삼국사기』 권37에 있는 고구려 복수 지명에서는 '三, 五, 七, 十'을 각각 '密, 弓次
　(于次), 難, 德'으로 표기하였는데, 이들은 고려 시대의 우리말 수사와 잘 연결되지
　않는다. 이들은 오히려 고대 일본어의 수사와 비슷하다.

사』 등에 있는 한자어와의 대역 어휘, 이두와 향찰 구결에서 간혹 보이는 고유어 어휘의 차자 표기 예에서 고유어의 모습을 일부 추정하게 된다.

3.1.2 조사

고대 국어의 조사도 격조사와 접속 조사, 보조사로 나눌 수 있으며, 이들은 두 개 이상이 결합하여 쓰이기도 한다.

[격조사]

격조사에는 주격, 목적격, 서술격, 관형격, 호격, 부사격 조사가 있는데, 이들은 대개 이형태를 가지고 있었으리라 추정되지만 차자 표기에서 정확하게 분별해서 표기하지 않은 경우가 대부분이다. 차자 표기에선 조사의 생략도 자주 일어난다.

① 주격 조사

고대 국어에서 일반적인 주격 조사는 '이'이다. 신라 시대의 이두에는 주격 조사가 안 나타나지만 향가나 고려 이후의 이두와 구결에서 '이'는 두루 확인된다.

(23)ㄱ. 民是 愛尸 知古如 〈안민〉

　　　 (아ᄅ미 ᄃᆞ술 알고다)

　　ㄴ. 月羅理 影支 古理因 淵之叱 〈원가〉

　　　 (ᄃᆞ라리 그르메 ᄂᆞ린 못갓)

(24) 今如 隣狄來侵爲 飢饉疫疾亦 一時 並起爲如乎 事是去有乙 〈상첩

32-33〉

(지금과 같이 隣狄이 來侵하여 飢饉과 疫疾이 一時에 並起하던 일이었거늘)

(25) ㄱ. 大衆刂 僉然丂 而灬 坐丷七八二丨 〈구인 2: 9〉

(대중이 僉然히 앉아 있으신다.)

ㄴ. 尸羅乙 犯丷1刂 有七去乃 而1 輕擧 不冬丷consider 〈유가 17: 12-13〉

(尸羅를 犯한 이가 있으나 輕擧하지 않고)

향가에서는 (23)에서 보듯이 '是, 理, 伊' 등이 주격 조사로 쓰였고, 이두문 (24)에선 '亦'가, (25)의 구결 자료에는 '刂'가 쓰였다.

차자 자료에는 '이' 외에 다른 형태도 드물지만 보인다.

(26) ㄱ. 後次矣 同腹族類等戈只 別爲 起云爭望爲行 人有去等 〈남씨노비문서〉

(차후에 나의 同腹族類 등이 따로 起云爭望하고 다니는 사람 있거든)

ㄴ. 身靡只碎良只塵伊去米 〈상수〉

(모믹 ᄇᆞ삭 드틀뎌 가매)

ㄷ. 我⺈ 身亠弋 充樂丷氵 彼刀 亦丷1 充樂丷禾㇌七∽ 我⺈ 身亠弋 飢苦丷1丨十 1彼刀 亦丷1 飢苦丷禾㇌七丨 〈화소 9: 14-15〉

(내 몸이 充樂하여야 저도 또한 充樂할 것이며 내 몸이 飢苦하면 저도 또한 飢苦할 것이다.)

ㄹ. 先師覺眞國師敎是 重創是遣 大藏印成 安邀敎是旀 〈백암사〉

(先師覺眞國師께서 重創하고 大藏印成을 安邀하게 하며)

(26ㄱ)의 '弋只, 戈只'는 근대 이두에서 '익기'로 읽는데, 고대 국어에서도 비슷한 독음이었을 것으로 추정된다. 대개 단체나 복수를 나타내는 명사에 연결되어 있다. 향가 (26ㄴ)에서 '身靡只'(모믹)과 구결문 (26ㄷ)의 '身ㅎ弋'(몸익)도 '몸'과 주격 조사 '익'의 결합으로 해석된다. '익/익기'가 '이'보다 이전 시기의 주격 조사 형태라기보다, 두 가지 형태에서 '이' 하나로 통합된 것으로 보인다. (26ㄹ)의 '敎是'를 '이시'로 읽어, 존칭 명사 뒤에서 주격 조사로 쓰였다고 보는 견해도 있다.

2 목적격 조사

목적격 조사는 향가에서 '乙, 肹'로, 이두문에서는 '乙'로, 구결문에서는 '乙, ㄴ'로 표기된다. 음운 환경에 따른 이형태들은 구별 표기되지 않는다.

(27)ㄱ. 薯童房乙 夜矣 夘乙抱遣 去如 〈서동요〉

　　　(薯童房을 바매 알홀 안고 가다)

　　ㄴ. 吾肹 不喩 慚肹伊賜等 花肹 折叱可 獻乎理音如 〈헌화〉

　　　(나를 안디 붓그리샤든 고즐 것거 바도림다)

(28)ㄱ. 光賢亦 … 石塔伍層乙 成是白乎 願 表爲遣 〈정두사〉

　　　(光賢이 … 石塔 伍層을 이루는 願을 表하고)

　　ㄴ. 五 淨信乙遠離ㆍㄱㅅㄴ 由ㅕ 常ㅔ 修 能 不ㅅㅅㅎ 〈유가 10: 21-22〉

　　　(다섯째, 淨信을 멀리함을 말미암아 항상 수행을 능히 하지 못하며)

(27)은 향가이다. (27ㄱ)의 '薯童房乙'에서 '乙'은 목적격 '을'을 나타낸다. (27ㄴ)의 '吾肹, 花肹'에서 '肹'은 ㅎ종성 체언 '나ㅎ, 곶ㅎ' 뒤에서

'ㅎ'와 목적격 조사의 결합형 '흘'로 볼 가능성이 있다.[11] 이두문 (28ㄱ)에서 '乙'과, 석독 구결문 (28ㄴ)에서 'ㄹ'은 모두 '을'로 읽히는 목적격 조사이다.

목적격 조사는 여격의 자리에서도 나타난다.

(29) 善州土 集琚院 主人 貞元伯士 本貫 義全郡乙 白旀 〈정두사 11〉

　　　(善州土 集琚院 主人인 貞元伯士(본관이 義全郡)에게 사뢰며)

(29)는 (본관이 의전군인) '貞元伯士'에게 아뢴다는 내용으로, '乙'이 여격 기능을 하고 있다. 이와 같이 목적격 조사가 여격의 기능에도 쓰이는 것은 중세 국어에서 흔히 나타난다.

석독 구결문에서는 부사가 목적격을 지배하는 일이 있는데, 이는 중세 국어에서도 간혹 보이는 용법이다.

(30)ㄱ. 佛↑… 即ㅋ 定乙 從ヒ 起ソ二丅 方ヒ 蓮花師子座上ㅋ十 坐ソ白ㅋㅣㅁ 〈구인 3: 13-14〉

　　　　(부처는 … 곧 선정으로부터 일어나시어 바야흐로 蓮花師子座 위에 앉으셨는데)

　　　ㄴ. 南方ㅋㅌ 法才菩薩ㅣ 五百萬億 大衆ㅐ 俱ソㅣ乙 共ヒ 來ソㅋㅊ {此}ㅐ 大會ㅋ十 入ソニㅊ 〈구인 3: 6-8〉

────────────

11) '나'(吾)와 '곶'(花)은 중세 국어에서 ㅎ종성 체언이 아니다. ㅎ종성은 고대 국어 시기부터 이미 일부에서 소멸되기 시작하였던 것으로 보인다. 한편 중세 국어에서 ㅎ종성 체언인 '알ㅎ, 길ㅎ' 등에도 향가에 '夘乙, 道乙'처럼 목적격으로 '乙'이 쓰인 점 등을 근거로, 원래의 목적격 조사로 '肹'(흘)을 설정하고 후대에 '乙'(을)이 발달한 것으로 보기도 한다. 김완진(1980)에서는 '肹'이나 '乙'을 형태음소적인 표기로 보고 (28ㄴ)에서 '나를, 고줄'로 읽었다.

(남방의 法才菩薩은 오백만억 대중이 함께한 것과 더불어 와서
이 대회에 드시며)

(30ㄱ)에서 '定乙'(定을)을 목적어로 갖는 동사 '從ʔ'(좇-)은 어간 형태뿐
으로, 이때는 부사적인 기능을 하여 '좇아' 정도로 해석할 수 있다. (30
ㄴ)에서 부사 '共ʔ'(다밋)도 그에 앞서는 명사절 '五百萬億 大衆ㅣ 俱ゝ
1乙'을 목적어로 갖는다.[12] 동사의 어간이 그대로 부사로 쓰이는 예는
중세 국어에서도 매우 많은데, 이들 부사(어)는 서술어 기능을 갖는
부사인 것이다.[13]

목적격 조사가 동명사 어미 '-ㄴ'와 결합하여 연결 어미 기능을 하
기도 한다.

(31)ㄱ. 淨兜寺良中 安置令是白於爲 議 出納爲乎 事亦在乙 善州土 集珢
院 主人 貞元伯士 本貫 義全郡乙 白㦖 〈정두사 11〉

---

12) 중세 국어에서 '조초'와 '더브러' 등이 목적어를 갖는 용례를 본다.
  (i) 그 가온딕 구룸 氣運이 ㄴᄂ 龍을 조초 잇도다 〈두초 16.31b〉
  (ii) 짒사ᄅᆞᆯ 더브러 고기와 보리밀 잇ᄂ 딕 나ᅀᅡ가 江湖ㅅ ᄀᆞᅀᅵ가 늘고리라 〈두
     초 25.40a〉
  (iii) 셜리 병흔 사ᄅᆞᆯ 더브러다가 더운 싸해 젓바 뉘이고 〈구간 1.65b〉
  (i)에서 부사 '조초'는 목적격 조사 '을'을 지배한다. 부사 '더브러'와 동사 '더블-'도
  예문 (ii, iii)과 같이 목적격 '을'을 지배하기도 한다. 이들 용법은 예문 (30)과 같은
  용법의 계승이라고 할 만하다.
13) 아래와 같은 표현이 이와 비슷한 용법을 보이는 것이다.
  (i) 하ᄂᆞᆯ 벼리 눈 ᄀᆞᆮ 디니이다 〈용비 50장〉
  (ii) 塵沙ᄂᆞᆫ 할 시니 塵 ᄀᆞᆮ 沙ᄀᆞᆮ닷 마리라 〈금삼 2.15〉
  위 예문에서 'ᄀᆞᆮ'은 형용사 'ᄀᆞᆮ-'의 어간형인데, 앞의 '눈, 塵'이 목적격 조사를 보이
  지는 않지만 목적어 역할을 하며, 이를 '같이'라는 뜻의 부사 'ᄀᆞᆮ'이 지배하는 구조
  로 볼 수 있다.

(淨兜寺에 安置하게 할 議論 出納한 일이었거늘 善州土 集琚院 主人인 貞元伯士(본관이 義全郡)에게 사뢰며)

ㄴ. 故ノ 正法乙 宣說ソトㄱ乙 其 聽法者リ 卽ㅎ 此 意乙 {以}氵 而ᅲ 正法乙 聽ソナ𢒰罒 〈유가 5: 21-22〉

(그러므로 正法을 宣說하거늘, 그 聽法者가 곧 이 意로써 正法을 들을 것이라서)

이두문 (31ㄱ)에서 '事亦在乙'(일여견을)과, 구결문 (31ㄴ)에서 '宣說ソトㄱ乙'(선설ᄒᆞ눈을)은 '-ㄴ'에 목적격 조사가 결합한 형태로, 종속적 연결 어미의 기능을 한다. 그러나 '在乙'을 지속이나 완료를 나타내는 '在'와 연결 어미 '乙'이 결합한 형태로 볼 수도 있다.

③ 보격 조사

보격 조사는 아직 확인되지 않는다.

(32) ㄱ. 智ㄱ 一リㅎ應七ソㄱ 不矢リ丨 〈구인 14: 18-19〉

(智는 하나임이 아니다.)

ㄴ. 有人 無人七 義リ {是}リ {如}丨ソナ丨 〈구인 15: 2〉

(有와 無의 뜻이 이와 같다.)

ㄷ. 香ㄱ 車輪 {如}丨ソ drama 花ㄱ 須彌山王 {如}丨ソナㄱ氵 〈구인 2: 14-15〉

(香은 車輪 같고, 꽃은 須彌山王 같아서)

(33) 是 如支 精勤ㅎ 善品乙 修ソ令七 者ㄱ 略ㅎ 四苦ㄱ{之} 隨逐ノ尸 所乙 爲ハ ナㅎ七丨 〈유가 18: 1-2〉

(이와 같이 精勤하여 善品을 수습하는 자에게는 간략하게 네 가지 괴로움이 뒤따르게 된다.)

(32ㄱ)에서 서술어 '不초키'에 대한 동명사형 보어에 해당하는 '一미ホ應セ키'에 보격 조사가 없다. 보어의 범위를 넓히면 (32ㄴ, ㄷ)과 같은 표현도 보어항을 요구하는 구문이 될 수 있을 것이다.[14] (32ㄴ)에서 주어 '義川'와 서술어 '{如}ㅣ丷키'에 대한 보어로 '{是}川'을 설정할 수 있는데, '{是}川'에서 '川'(이)는 보격 조사라기보다 전훈독자 {是}의 명사 표기로 이해된다. (32ㄷ)에서도 서술어 '{如}ㅣ丷'와 '{如}ㅣ丷키ㄹ'에 대하여 '車輪'과 '須彌山王'은 보격어가 될 수 있겠지만, 'ㅣ~' 앞에서는 조사가 늘 나타나지 않는다.

중세 국어에서 동사 'ᄃᆞ외-'(爲)는 보격을 취하는데, 'ᄃᆞ외-'로 해석되는 (33)의 '爲ハ키ホ키'가 대격 '所乙'과 공기하고 있다.[15] 향가나 이두문에서도 보격 조사는 안 보인다. 따라서 당시에 보격 체계가 설정되지 않아 보격 조사가 아직 출현하지 않았는지, 아니면 보격 조사는 보통 생략을 많이 하였는지 등에 관해서 현재로선 단정적인 언급을 하기 어렵다.

④ 서술격 조사

서술격 조사는 '이-'로 중세 국어에서와 같다. 향찰과 이두에서는 '是'로, 구결에서는 'ㅣ'로 표기된다.

(34)ㄱ. 本矣 吾下是如馬於隱 〈처용〉

　　　 (본ᄃᆡ 내해다마ᄅᆞᄂᆞᆫ)

　　ㄴ. 願旨是者 法界 有情 皆 佛道中 到內去 誓內 〈선림원〉

---

14) 보어와 보격 표현의 범위 문제는 제3장의 5.2.1 참조.

15) 일반적으로 '爲ハ'가 'ᄃᆞ외-'로 해석되지만, (33)에선 대격을 취하므로 '시기-'나 '식브-'의 어근 *식-'을 재구하기도 한다.

(願旨인 것은 法界의 有情들이 모두 佛道에 도달하기를 맹서함(이
다).)

ㄷ. 云何ヽ1乙 極淸淨道ㅅ 及ヒ 果功德ㅅ乙 證得ヽ尸禾1ㅅㅁ 謂1 (於)三
位ㄲ1 樂位ㅅ 苦位ㅅ 不苦不樂位ㅅゝ十 … 〈유가 30: 2-3〉

(어떠한 것을 極淸淨道와 果功德을 證得하는 것이라고 하는가?
말하자면 三位인 樂位와 苦位와 不苦不樂位에서 …)

ㄹ. 苦苦 相應ヽ1 過失ㄲゝ 又 內乙 依ゝ 諸 根乙 不護ノ全ヒ 過失 {有}++
尸ㅿ 〈유가 30: 16-18〉

(苦苦와 相應한 過失이며, 또 안을 의지하여 諸根을 不護하는 過
失 두되)

ㅁ. 娚者 零妙寺 言寂法師在於 姉者 照文皇太后 君嬭在於 妹者 敬
信大王 嬭在也 〈길항사〉

(오라비는 零妙寺 言寂法師이며 누나는 照文皇太后 君嬭이며 누
이동생은 敬信大王 嬭이다.)

(34ㄱ)에서 '是如'는 서술격 '이다'의 표기로 해석된다. (34ㄴ)에서 '是'는
'~인'으로 뒤에 오는 명사 '者'를 수식하는데, 여기에서 서술격 조사
'이-'를 보여 준다. (34ㄷ)에서 '三位ㄲ1'도 '三位인'이 되어, 서술격 조사
'이-'를 보이며, (34ㄹ)의 '過失ㄲゝ'(過失이며)는 연결 어미에도 쓰였다.
이처럼 서술격 조사는 활용을 하여 문장에서 서술어 역할을 한다.
  이두문에서 서술격 조사 '이-' 표기는 흔히 생략되기도 한다. (34
ㅁ)에서 '在於'와 '在也'는 각각 '是在於'(이겨며)와 '是在也'(이겨다)에서
'是'(이-)가 생략되어 있으므로 이를 재생해서 읽어야 한다.

5 관형격 조사

관형격 조사는 '이/의'계와 'ㅅ'계가 있었는데, 그 사용 환경은 대체로 중세 국어에서와 같다. 향찰에서는 '矣, 衣'가 각각 '이/의'를, '叱'이 'ㅅ'를 나타난다.

(35)ㄱ. 耆郎矣 皃史是史 藪邪 〈찬기〉

　　　　(耆郎이 즈시올시 수프리야)

　　ㄴ. 逸烏川理叱 磧惡希 〈찬기〉

　　　　(逸烏나릿 지벼긔)

(35ㄱ)의 '矣'(이)는 유정물의 평칭에서, (35ㄴ)의 '叱'(ㅅ)는 유정물의 존칭이나 무정물에서 쓰이는 관형격 조사이나 예외도 있다. 이는 중세 국어에도 그대로 이어진다.

관형격 '이/의'는 이두에서는 '矣, 之'로, 구결에서는 'ㅋ'로 나타난다. 'ㅅ'는 이두에선 '叱'로, 구결에서는 'ㄴ, ㅌ'로 나타난다.

(36)ㄱ. 鄭晏婢 世屯矣 所生婢 古次左 年四十八矣身 及 右婢矣 所生等
　　　　乙 〈至元十八年 노비문서〉

　　　　(鄭晏의 婢 世屯의 소생 古次左의 48세의 몸 및 위 婢의 소생들을)

　　ㄴ. 州叱 婦人小兒 家財入城爲臥 同月 二十九日 〈경주호장 기2: 2〉

　　　　(州의 婦人, 小兒, 家財를 入城하였는 同月 二十九日)

(37)ㄱ. 有恩ッㅌㄴ 者ㅋㅓ 大師ㅋ 恩乙 念ッㅋㅎ 〈유가 28: 16-22〉

　　　　(은혜 있는 자에게 大師의 은혜를 念하여서)

　　ㄴ. 又 {於}所治ㄴ 現行法ㄴ 中ㅑㅓ 心ㅑㅓ 染着 不ㅊッㅋㅎ 速ㅣ 斷滅ッ{令}
　　　　ㅣㅎ 〈유가 12: 20〉

(또 다스려야 하는 바[所治]의 現行法 중에 마음에 染着하지 않
아서 빨리 단멸하게 하고)

ㄷ. 十方 3 ㅏ 有 1 所 ㄴ 諸 1 讚頌 ॥ 如來 ㄹ 實功德 乙 俻歎 ㅣㅣ ㅎ ㅣ ㅅ ㄴ … 〈화
엄 16: 2〉

(시방에 있는 바의 모든 찬송이 여래의 實功德을 칭탄하는)

ㄹ. 此 中 3 ㄴ 義 ॥ ㄹ ㅅ 1 {者} 謂 1 尸羅淨 3 ㅏ 〈유가 25: 12-13〉

(이 중의 義인 것은, 말하자면 尸羅淨에서)

이두문 (36)에서는 유정물 '鄭晏婢世屯'과 '古次左'에 '矣'(의), 무정물
'州'에 '叱'(ㅅ)가 쓰였다. '叱'(ㅅ)는 고려 중기 이후의 자료부터 나오는
데, 이는 고려 초기까지는 관형격 조사가 '익/의'형 하나였다가 중기
이후 두 유형으로 분화된 것으로 추정하게 한다. 구결문 (37)에서도
평칭 유정물 '大師'에 'ʒ'(의), 무정물 '現行法'에 'ㄴ'(ㅅ)가 왔다. (37ㄷ)처
럼 특이하게 'ㄹ'가 쓰이는 예도 보이는데, 이때에는 'ㄹ'를 'ㅅ'로 읽을
가능성도 있다. (37ㄹ)에선 처소격 조사 'ʒ'(아) 뒤에 관형격 'ㄴ'(ㅅ)가
왔는데, 이처럼 처소격 뒤에 관형격 'ㅅ'가 오는 용법은 중세 국어에서
도 이어진다.

　관형격 조사 'ㄴ'(ㅅ)는 의존 명사 뒤에 놓여 관형사구를 이끌기도
한다.

(38)ㄱ. 時 ㅏ 無色界 ㄴ ʒ 1 量 無 ㄴ 1 變 ノ 1 ㅌ ㄴ 大香花 乙 雨 ʒ 1 ㅿ 香 1 車輪
{如} ㅣ ⸝ ㅎ 〈구인 2: 14-15〉

(그때 無色界의 이는 한량없는 변하는 大香花를 뿌리는데, 香은
車輪 같고)

ㄴ. 謂 1 卽 ㅎ 四種 ㄴ 正法 受用 ノ ㅅ ㄴ 因緣 現前 ⸝ ʒ ㅊ 〈유가 3: 13-14〉

(말하자면, 곧 네 가지의, 正法을 수용하는 인연이 現前하여서)

(38ㄱ)에선 'ㅌ'(ㅅ)가 의존 명사 'ㅌ'(ㄴ) 뒤에 결합하여 관형격 '變ㅅㅓㅌ
ㅌ'(變혼ㅅ)을 만들어 뒤에 오는 명사 '大香花'를 한정한다. (38ㄴ)의 '受
用ㅅㅅㅌ'(受用호릿)에선, 의존 명사 'ㅅ'(리: ㅭ+이) 아래에 'ㅌ'(ㅅ)가 결합
하여 명사 '因緣'을 꾸미는 관형어가 되었다.

　내포문에서는 관형격 조사가 주격 자리에 올 때가 있다.

　　(39)ㄱ. 目煙 迴於尸 七史 伊衣 〈모죽〉

　　　　　(누늬 도랄 업시 뎌옷)

　　　ㄴ. 衆矢 白賜臥乎 兒如 加知谷 寺谷中 入 成造爲賜臥亦之 〈자적〉

　　　　　(衆의 보고하신 모양과 같이 加知谷의 寺谷에 들어가 造成하시고

　　　　　있는 바이다.)

　　　ㄷ. 疾病人乙 見 當 願 衆生 身ㅓ 空寂ㅅㅅㅅ乙 知ㅓㅊ 乖靜ㅌ 法乙 離ㅊㅌㅌ

　　　　　ㅎ 〈화엄 6: 7〉

　　　　　(질병이 있는 사람을 볼 경우에는, 반드시 원하는 바는 '중생은

　　　　　몸이 空寂한 줄을 알아서 乖靜의 法을 여희소서' (할 것이며))

(39ㄱ)에서는 동명사 '迴於尸'(돌+알)의 의미상 주어가 '目煙'(눈+의)와
같이 관형격 조사를 취하는 것으로 해석될 수 있다.[16] (39ㄴ)에서도 동
사 '白賜臥乎'(ㅅ-)의 주어가 '衆矢'(衆의)로 관형격을 가지며, (39ㄷ)에
서는 형용사 '空寂ㅅㅅㅅ'(空寂ㅎ-)의 주어로 관형격 '身ㅓ'(몸의)가 왔다.
이와 같이 관형격 형태가 주격 기능을 하는 표현은 대개 내포절 안에

---

16) (39ㄱ)의 해석에서, '煙'을 말음첨기로 보기도 하고 서술어에 대해서도 이견이 있다.

서 이루어지며, 이때 관형격 조사는 주로 '이/의'가 쓰인다.

(40)ㄱ. 諸l 法ㄲ 壞ㅼ尙可ㄷ・ㄱ 不矢ㄱ乙 說ㄲ矢ㅣ〈화소 18: 19-20〉

　　　(모든 法이 파괴할 수 없는 것을 말하는 것이다.)

ㄴ. 何ㆆ [等]ㅣ・ㄱ 法ㅣ 壞ㅼ尙可ㄷ・ㄱ 不矢ノㅅㅁ〈화소 18: 19-20〉

　　　(어떠한 法이 파괴할 수 없다 하는가?)

(40ㄱ)에서 '法ㄲ 壞ㅼ尙可ㄷ・ㄱ 不矢'와 (40ㄴ)에서 '法ㅣ 壞ㅼ尙可ㄷ・ㄱ 不矢'는 모두 '법이 파괴할 수 없-'으로 해석되어, '法'이 '없-'의 주어의 기능을 담당한다. 그런데 같은 책에서 이웃하여 나와 있는 이 구절들이 내포문인 (40ㄱ)에서는 '法'에 관형격 조사 'ㄲ'(의)가, 상위문인 (40ㄴ)에서는 '法'에 주격 조사 'ㅣ'(이)가 쓰였다. 이와 같이 내포절에서 주격 기능을 가진 관형격 조사가 쓰이는 용법은 중세 국어를 거쳐 현대 국어의 초기까지도 그대로 이어진다.

내포문에서 관형격 조사가 목적어 기능을 한다고 보기도 한다.

(41)ㄱ. 直等隱 心音矣 命叱 使以惡只〈도솔〉

　　　(고든 ᄆᅀᆞᄆᆡ 命ㅅ 브리이악)

ㄴ. 經之 成內 法者 楮根中 香水 散尔 生長令內旀〈화사〉

　　　(經을 이룬 法은, 楮根에 香水 뿌리며 生長시키며)

(41ㄱ)에서 '命叱'(命ㅅ)은 타동사 '부리-'(使)라는 뜻을 가진 '使以惡只'(브리이악)의 의미상 목적어에 해당하는 것으로 보는 견해가 대부분인데, 이는 김완진(1980)처럼 '命'의 처격 아래에 '부리어'로 해석할 수도 있다. (41ㄴ)에서도 '經之'를 '經의'라고 해석하여 관형격으로서 타

동사 '成内'(일-)의 목적어에 상당한다고 본 것인데, 이는 '之'를 앞 문장의 끝에 오는 서술어의 종결 어미로 해석하면 관형격의 목적어가 될 수 없다.[17)]

내포절을 이끄는 동명사형 'ㄱ'(-ㄴ)와 'ㄕ'(-ㅭ) 뒤에서는 관형격 조사로 'ラ'(ᄋᆡ)가 온다.

(42) ㄱ. 迦陵頻伽ラ 美妙ソヒセ 音ミ 倶枳羅 {等}ㅣソㄱラ 妙音聲ミ 種種セ 梵音ミノ今乙 皆セ 具足ソナろ 〈화엄 18: 6-7〉

(迦陵頻伽의 美妙한 音이니, 倶枳羅 같은 것의 妙音聲이니, 갖가지의 梵音이니 하는 것을 모두 具足하여)

ㄴ. 正法乙 聽聞ソㄱラ 得ノㄱ 所セ 勝利亠ノオㅣ 〈유가 6: 7-13〉

(正法을 聽聞한 이가 얻은 바의 勝利라 한다.)

(43) ㄱ. 四者 {於}聲聞亠 緣覺亠ノㄕラ{之} 地乙 過ソケ 〈금광 3: 2〉

(넷째, 聲聞이니 緣覺이니 하는 이의 땅을 지나며)

ㄴ. 大師ㄕ 鄔波柁耶亠 阿遮利耶亠ノㄕラ {於}時時間ろナ 〈유가 25: 4-10〉

(大師인 鄔波柁耶이니 阿遮利耶이니 하는 이의 때때로)

(42)를 보면 'ㄱ'(-ㄴ) 뒤에, (43)에선 'ㄕ'(-ㅭ) 뒤에 'ラ'가 왔다. 'ㄱ'와 'ㄕ' 뒤에 'セ'(-ㅅ)가 오는 예는 없다.

한편 동사 '삼-'이 어간 형태만으로 쓰여 관형격을 지배하는 표현이 석독 구결에서 나온다.

---

17) 중세 국어에서도 관형격 목적어의 용법이 있다고 보는 견해가 있으나 그 해석도 좀 더 검토해 보아야 한다.

(44)ㄱ. 二者 一切 衆生ラ {爲}氵ホ 煩惱 因緣乙 作ソア 不冬ソ3 〈금광 3: 1-2〉

(둘째, 일체 중생을 위하여 번뇌의 인연을 짓지 아니하며)

ㄴ. 一切 衆生ラ {爲}三 一切 佛叱 神力乙 現ホ3 教化調伏ソ3ホ 〈화소 20: 1-2〉

(일체 중생을 위하여 일체 부처의 神力을 나타내어 教化 調伏하여서)

(44ㄱ)의 '{爲}氵ホ'(삼)과 (44ㄴ)의 '{爲}三'(삼)은 그 앞에 관형격 'ラ'(이)와 공기한다. '삼'은 중세 국어에서도 '삼-'{爲}으로 쓰이는 타동사인데, 여기에서는 그 어간형만으로 쓰여 '~ 위하여' 뜻을 가진 부사어처럼 기능한다. 이러한 용법은 중세 국어에서는 볼 수 없지만, 위의 예문 (44)에서 보듯이 어간형만으로 부사의 기능을 하는 국어의 한 특징을 보이는 표현이라고 할 것이다.

6 호격 조사

호격 조사로는 '아, 하, 여'를 찾을 수 있는데, 향가에서 이들은 '良, 下, 也'로 나타난다.

(45)ㄱ. 哀反 多矣 徒良 〈풍요〉

(셜번 하늬 물아)

ㄴ. 佛道 向隱 心下 〈상수불학가〉

(佛道 아ᄋᆞᆫ ᄆᆞᅀᆞᆷ하)

ㄷ. 郎也 慕理尸 心未 行乎尸 道尸 〈모죽지랑가〉

(郎이여 그릴 ᄆᆞᅀᆞᄆᆡ 녀올 길)

(45)는 향가이다. (45ㄱ)의 '良'(아)는 평칭의 호격이고, (45ㄴ)의 '下'(하)는 높임의 호격 조사이다. (45ㄷ)의 '也'(야/여)는 감탄의 보조사 성격이지만 호격 조사 기능도 한다. 이러한 체계는 중세 국어와 같다.

이두에서는 호격 조사를 찾아볼 수 없다. 이두문에는 직접 화법 형식의 내용을 기록하는 일이 없기 때문이다. 석독 구결에서 호격 조사는 'ㅋ, 下, ㅎ'로 나타난다.

(46)ㄱ. 善男子ㅋ {云}何ᄼ (初地) 而ᄊ 名下 歡喜ᆢᆢᄆᅀᄆᄀᄀᄭᄀ〈금광 3: 6〉

   (선남자야, 어째서 初地를 이름하여 환희라 하는가 하면)

ㄴ. 世尊下 一切 菩薩ㄱ {云}何티ᄀᄼ 佛果乙 護ᆢㅋ 云何티ᄀᄼ 十地ᄂ
   行乙 護ノᅀᄂ 因緣ᆢᆢᄆ ㅎᅀᄀ〈구인 3.22〉

   (세존이시여, 일체 보살은 어떤 것을 佛果를 지키며 어떤 것을 十地의 行을 지키는 因緣이라 할 것인가?)

ㄷ. 爾時ㅓ 文殊師利菩薩ㄱ 智首菩薩乙 告ᆢㅋ 言ᅲᄼ 善ㅓ구{哉}ㅓ 佛子ㅎ
   汝ㄱ 今ᆢㅓ 饒益ノᄼ 所 多ᆢᆢ…〈화엄 2.10-11〉

   (이때 문수사리보살은 지수보살에게 고하여 말씀하시기를, "훌륭하구나 불자여, 너는 지금 饒益하게 할 바가 많으며 …")

석독 구결에서도 호격 조사의 체계는 향가와 같아, (46ㄱ)의 'ㅋ'(아)는 평칭 호격 조사이며 (46ㄴ)의 '下'(하)는 높임의 호격형이다. (46ㄷ)의 '佛子ㅎ'(불자여)에선 감탄적인 호격 조사를 보인다.

7 부사격 조사

부사격으로는 여러 가지의 격 종류를 설정할 수 있으나, 여기에서는 처소격, 도구격, 비교격, 변성격 등 몇 가지만을 살핀다.

고대 국어에서 처소격 조사는 다양한 형태가 발견된다. 향가와 이두, 구결에서 여러 가지 표기로 나타나는 이 조사 형태들이 서로 의미상 어떠한 차이가 있는지는 아직 뚜렷이 밝혀지지 않았다.

향가에 나오는 처소격 조사에는 '아'계의 '良(아)'와, '의/의'계의 '衣(의/의), 矣(의/의), 中(긔/희)' 등이 있는데,[18] 전자는 무정물에서, 후자는 유정물에서 비교적 많이 나타난다.

(47)ㄱ. 阿也 彌陀刹良 逢乎 吾 〈제망〉

(아야 彌陀刹아 맛보올 나)

ㄴ. 此矣 彼矣 浮良落尸 葉如 〈제망〉

(이에 뎌에 뜨러딜 닙곤)

ㄷ. 慕呂白乎隱 仏体 前衣 〈예경〉

(그리슬본 부텨 알픽)

ㄹ. 自矣 心米 〈우적〉

(저의 ᄆᆞᅀᆞ믹)

ㅁ. 法性叱 宅阿叱 寶良 〈보개〉

(法性ㅅ 지밧 寶라)

(47ㄱ)의 '彌陀刹良'에서 '良'(아), (47ㄴ)의 '此矣 彼矣'에서와 (47ㄷ)의 '前衣'에서 '矣, 衣'(의/의)라는 처소격을 찾을 수 있다.[19] (47ㄹ)에서는 명사 'ᄆᆞᅀᆞᆷ'의 말음 'ㅁ'와 '이'가 결합하여 '米'(믹)를 사용하였다. (47ㅁ)에

---

18) 유민호(2014)에서는 처격 '의' 관련 표기로 '中, 矣, 衣'를, '*아(ㅎ)' 관련 표기로 '良, 阿, 於'를 들었다.

19) 김완진(1980)에서는 예문 (47)의 혜성가에서 처격 '衣'를 '애'로 읽었으나, '矣, 衣'가 차자 체계 전체에서 '의/의'로 읽히므로 여기에서도 '의/의'를 따랐다.

서 '阿叱'(앗)은 처격과 관형격의 결합형이다. 향가 '원왕생가'에는 '無量壽佛 前乃'(無量壽佛 前나)에서처럼 선행어 말음 'ㄴ'와 처격 '아'가 결합한 '나'(乃)형 표기도 있다. 이와 같은 '아'와 '이/의'는 처격의 기원적인 형태로 알려져 있다. '이/의'는 지시 대명사 '그'와 결합하여 '긔/그'를 이루는데, 이것이 처소격 조사로 전용된 것으로 보이는 '긔/그>히'형도 향가에 나온다. 또한 처격 '아'와 '긔/그'가 결합한 '아긔/아긔>아히'도 같이 보인다.

(48)ㄱ. 蓬次叱 巷中 宿尸 夜音 有叱下是 〈모죽〉

　　　　　(다봇짓 굴헝히 잘 밤 이샤리)

　　　ㄴ. 千手觀音叱 前良中 〈도천〉

　　　　　(千手觀音ㅅ 알파히)

　　　ㄷ. 衆生叱 海惡中 〈보개〉

　　　　　(衆生ㅅ 바들아긔)

　　　ㄹ. 法界惡之叱 佛會阿希 〈청전〉

　　　　　(法界아N) 佛會아히)

　　　ㅁ. 沙是 八陵隱 汀理也中 〈찬기〉

　　　　　(몰이 가른 믈서리여히)

(48ㄱ)의 '巷中'(굴헝히)에 조사 '中'(긔/히)가 있다. (48ㄴ)의 '前良中'(알파히)에서 '良中'(아긔/아히), (48ㄷ)의 '海惡中'(바들아긔)에서 '惡中'(아긔)는 처소격 조사의 중첩형이다. (48ㄹ)의 '佛會阿希'(佛會아히)에서는 뚜렷이 '아히'형을 보인다. (48ㅁ)의 '也中'(여히)는 선행하는 명사의 말음 'ㅣ'와 '아히'가 결합한 형태로 해석된다. 향가에는 처소격 조사 표기로 이 밖에도 '阿'(아), '希'(히), '惡希, 阿希'(아히/아히), '惡之叱'(아깃)

등이 있다.

처소격 조사는 초기 이두에서도 나타난다. 삼국 시대의 '高句麗城
壁刻字(446년?), 瑞鳳冢銀盒杅(451년), 新羅赤城碑(551년 이전), 華嚴經
寫經(755년), 葛項寺 石塔(758년)' 등에 '中'(긔/긔)가 보인다. 慈寂碑(941)
까지 보이던 '中'은 그 이후부터 '良中(아긔), 亦中(여긔)'로 바뀌어 淨兜
寺形止記(1031) 이후에는 '良中(아긔/아희), 亦中(여긔/여희)'만 나타난다.

> (49)ㄱ. 丙戌 十二月中 漢城 下後部 小兄文達節 自此西北 行涉之 〈高句
> 麗城壁刻字〉
>
> (丙戌年 12월에 漢城 下後部의 小兄 文達이 여기서부터 서북 방
> 향을 行涉한다.)
>
> ㄴ. 出父亦中 賜給事是 後良中沙 □長爲乎 〈송광사〉
>
> (父에게 賜給된 일 뒤에야 □長한)

(49ㄱ)의 '十二月中'에서 '中'(긔), (49ㄴ)의 '後良中'에서 '良中'(아긔)라는
처소격 조사를 볼 수 있다.

석독 구결에서는 처소격 조사로 주로 'ㅓ(아긔)가 나타나고, 'ㅑ(아),
ㅏ(긔), ㅡㅓ(여긔), ㅓ(여긔), ㅓ(의)'도 간혹 보인다.

> (50)ㄱ. 故ノ心ㅕ 厭患ノアㅅ乙 生ㅣㅓㅎㅂㅣ 〈유가 21: 11-12〉
>
> (그러므로 마음에 싫증내는 것을 낸다.)
>
> ㄴ. 法乙 聽聞ㅆ슧ㄴ 時ㅡㅓ 自他乙 饒益ㅆㅎ 〈유가 5: 19〉
>
> (법을 들을 때에 자기와 남을 널리 이롭게 하고)
>
> ㄷ. 猶ㅅㄱ 大海ㅕㅡㄱ 一滴ㅎㅎㄴ 水 [如]ㅊㅆㅣ乙ㅆㄹ乙ㅎㅎㅂㅣ 〈화엄 9: 3〉
>
> (비유하면 大海의 한 방울의 물 같은 것이라 말할 수 있습니다.)

ㄹ. 爾ㅋ七ᅟᅵ 時十 智首菩薩ㅣ 文殊師利菩薩尸十 問ㅎ 言ㅠ尸 〈화엄 1: 4〉

(그때에 지수 보살은 문수사리 보살께 물어 이르시기를)

(50ㄱ)의 '心ㅋ十'에서 'ㅋ十'(아긔), (50ㄴ)의 '時ᅟᅳ十'에서 'ᅟᅳ十'(여긔)가 쓰였다. 'ᅟᅳ十'는 대부분 '時'자에 결합된다. (50ㄷ)의 '大海ㅋ七'처럼 속격 '七'(ㅅ)와 결합할 때에는 'ㅋ'(아)를 쓴다. (50ㄹ)의 '十'(긔)는 주로 '時, 上, 一, 世' 등 아래에서 나타난다.

이상에서 볼 때, 처소격 조사는 기원적으로 '아' 계열과 '이/의' 계열이 있고, 그 뒤를 이어 '긔/긔'형이 발달하였음을 알 수 있다. '이/의'는 아직 관형격과 처소격이 분화되지 않은 채 두 가지 기능을 모두 갖는 단계라 할 것이다. 그 후 '아'와 '긔/긔'가 결합한 '아긔/아긔'형이 나타나 쓰이다가 모음 사이에 'ㄱ'음의 약화로 '긔/긔'는 '히/희'형으로도 변하게 된다. '히/희'에서 자음이 더욱 약화된 '이/의'형은 기원적인 '이/의'와 합류하고, '이/의'는 중세 국어에 들어서 관형격과의 변별을 위해 새로운 형태 '애/에'로 바뀌어 간 것으로 보인다.

이두에서 여격으로 '亦中'(여긔)가 많이 쓰이고 석독 구결에서도 'ㅋ十'(의긔)가 쓰인다.

(51) 出父 禮賓卿 梁宅椿亦中 卒宰臣 鄭晏婢 世屯矣 … 〈송광사〉

(父 禮賓卿 梁宅椿에게 卒한 宰臣 鄭晏의 婢 世屯의)

(52) 佛ㅣ 大王ㅋ十 告二尸 〈구인 14: 20〉

(부처는 대왕에게 고하시기를)

이두문 (51)에서 '亦中'(의긔)는 여격으로 해석된다. 석독 구결문 (52)에서도 여격 'ㅋ十'(의긔)를 볼 수 있다.

출발점이나 기준점을 말할 때는 '-로'를 쓴다.

(53)ㄱ. 縣以 入京爲 使臥 金達舍 進置 右寺原 問內乎矣 〈자적〉

(縣으로부터 入京하도록 부림을 받은 金達舍가 출두하여 右寺의

터에 대하여 묻되)

ㄴ. 各 3 各 3 5 亦 座前 七 花 ᄢ 七 上 十 量 無 七 1 化佛 リ 有 ナ ハ 二 3 〈구인 2: 3〉

(각각 자리 앞의 꽃으로부터 위에 한량없는 化佛이 있으시며)

(53ㄱ)에서 '縣以(縣으로), (53ㄴ)에서 '花 ᄢ 七(곶ᄋ롯)'을 읽을 수 있다. 여
기에서 '七(ㅅ)는 강세 보조사로, 'ㅅ'나 'ㄱ'가 붙으면 ' ᄢ 七(롯), ᄢ ㅅ(록)'
이 된다.

고대 국어의 도구격 조사에는 '로'가 있다. 신라 향가에서는 용례를
발견할 수 없지만,[20] 고려 향가에서는 '乙留, 留'로, 이두에서는 '以'로,
구결에서는 ' ᄢ '로 표기된 용례가 보인다.

(54)ㄱ. 煩惱熱留 煎將來出米 〈청전〉

(煩惱熱로 다려내매)

ㄴ. 南山新城作節 如法以作 後三年崩破者 … 〈경주남산신성비〉

(南山新城을 만들고, 법에 따라 만든 지 3년 이내에 무너져 파괴

되면)

ㄷ. 第九心 リ 善能 淸淨 佛土 乙 莊嚴 ᄢ 3 功德 ᄢ 普洽 ᄢ 3 亦 〈금광 2: 15-

17〉

20) '모죽지랑가'에서 '毛冬居叱沙哭屋尸以憂音'에 있는 '以'를 도구격 조사로 보기도
한다.

(아홉 번째 마음이 善能하게 청정 불토를 장엄하며 공덕으로 널
리 적시어서)

(55) ㄱ. 壬戌五月 初七日 身病以 遷世爲去在乙 〈정두사〉

(壬戌年 5월 7일에 身病으로 세상을 떠났거늘)

ㄴ. 一切衆生 皆成佛欲 爲賜以 成賜乎 〈화사〉

(一切衆生이 모두 成佛하게 하고자 하심으로 造成하시었으니)

ㄷ. 惣得生天之願以 石塔伍層乙 成是白乎 願 表爲遣 〈정두사〉

(모두 하늘나라에 태어나기를 바라는 願으로 石塔 5층을 조성할
發願을 表하고)

ㄹ. 此以 本爲 〈선림원〉

(이것으로 본을 삼아)

(54ㄱ)은 균여 향가에서 쓰인 '留'(로)이며, (54ㄴ)은 신라 시대 이두에
나타난 '以'(로), (54ㄷ)은 구결에 쓰인 'ㆍ'(로)를 보여 준다. 이러한 도구
격은 원인이나 이유, 수단, 자격 등의 기능을 하여, (55ㄱ)의 '以'는 원
인을, (55ㄴ)의 '以'는 이유를, (55ㄷ)의 '以'는 수단을, (55ㄹ)의 '以'는 자
격(도구)을 나타낸다.

도구격 조사 '로'가 원인이나 이유를 나타낼 때에는, '-ㄴ'으로 이끌
리는 관형절의 수식을 받는 의존 명사 'ᄃ' 뒤에 붙어 보문 구문으로
더욱 뚜렷한 표현을 하기도 한다. (56)의 '稟ㆍ〻ㅣㅅㆍ'(稟ᄒ견ᄃ로)에서
의존 명사 'ᄃ'(ㅅ)와, 원인을 뜻하는 도구격 '로'(ㆍ)를 볼 수 있다.

(56) 衆生ㅣ 迷惑ㆍㅣㅎ 邪敎乙 稟ㆍ〻ㅣㅅㆍ (於)惡見ㅓㅏ 住ㆍㅣ 衆ㅣ 苦乙 受ㅣㅣ
乙 〈화엄 20: 6〉

(중생은 미혹하여서 잘못된 가르침을 받는 까닭으로 惡見에 머물러

많은 고통을 받거늘)

어떠한 개념을 설명하거나 내용을 인용할 때에는 '여(亠, 氵)'를 동사 'ᄒᆞ-(丷-)' 앞에 쓴다.

(57) ㄱ. 故ノ 是乙 名下 智波羅蜜因亠 ノ禾丨 〈금광 2: 19〉

(그러므로 이것을 이름하여 智波羅蜜因이라 한다.)

ㄴ. 相待 假法乙 一切之七 名ㄋ 相待氵 丷㢱 亦丷ㄱ 名ㄋ 不定相待氵 ノ禾ㄱ氵

〈구인 14: 8-9〉

(相待假法을 모두 일컬어 相待라 하며, 또한 일컬어 不定相待라 하는 것이니)

(57ㄱ)에서 동사 'ノ禾丨' 앞에는 '亠'(여)라는 인용의 부사격 조사가 오고, (57ㄴ)의 '相待氵 丷㢱'와 '不定相待氵 ノ禾ㄱ氵'에서는 'ᄒᆞ-' 앞에 '氵'(여)라는 인용 조사가 왔다. 이 같은 방식의 인용 구문은 후대에 이어지지 못하여, 중세 국어에서는 인용 조사가 없는 새로운 인용구 표현 구문 형태를 갖는다.

[접속 조사]

접속 조사로는 '여'와 '과/와'가 있다. 그러나 향가와 신라 시대의 이두에서는 이들 용례를 찾을 수 없다.[21] '여'는 고려 시대의 이두에서도 안 보이지만 구결에서 '氵' 또는 '亠'로 나타난다.

---

21) '혜성가'에 나오는 '烽燒邪隱邊也藪耶'에서 '也, 耶'(야)를 접속 조사로 보기도 한다.

(58)ㄱ. 量 無ㅌ1 菩薩氵 比丘氵 八部氵ノ令ㅌ 大衆リ 有ナハ二下 各ラ各ラホ 寶蓮花阝+ 坐ソ二ホ 〈구인 2: 3-4〉

(한량없는 보살이니 비구니 팔부니 하는 대중이 계시어 각각 寶蓮花에 앉으시며)

ㄴ. 若 善男子亠 善女人亠ノ尸1 當 諸 香亠 花亠 繒亠 綵亠 幡亠 蓋亠ノ尸乙 {以}氵 是 說法處乙 供養ノ示應ㅌソロ| 〈금광 15: 11-13〉

(만약 善男子니 善女人이니 하는 이는, 마땅히 여러 香이니 꽃이니 繒이니 綵니 幡이니 蓋니 하는 것으로써 이 說法處를 供養해야 한다.)

(58ㄱ)에서 '氵'와 (58ㄴ)에서 '亠'는 모두 '여'로 읽히는 접속 조사이다. 일반적으로 접속 조사에 의해 연결된 명사구들이 끝나면 동사 'ソ一'(ᄒᆞ-)나 '等ソ一'(다ᄒᆞ-)가 놓이고, 'ソ' 아래에는 명사형 어미 '尸'가 오거나 여기에 의존 명사 '이'가 결합한 '令'(리)가 온 다음 격조사가 결합한다. (58)에서도 'ノ令ㅌ'(호릿) 또는 'ノ尸乙'(홇올)이 쓰였다.

접속 조사 '과'는 이두에서 '果'로, 석독 구결에서 'ㅅ'로 표기된다.

(59)ㄱ. 奴婢 傳來辨別果 婢夫奴妻矣 良賤 至亦 〈고려말 호적문서 2.4-5〉

(奴婢 傳來의 辨別과 婢夫奴妻의 良賤에 이르기까지)

ㄴ. 鄭晏婢 世屯矣 所生婢 古次左 年四十八矣身 及 右婢矣 所生等乙 〈至元十八年 노비문서〉

(鄭晏의 婢 世屯의 소생 古次左의 몸 및 위 婢의 소생들을)

(60)ㄱ. {於}三位リ1 樂位ㅅ 苦位ㅅ 不苦不樂位ㅅ阝+ 諸 煩惱ラ 隨眠ノ尸 {之}所乚 爲ハノ尸ム 〈유가 30: 2-3〉

(三位인 樂位와 苦位와 不苦不樂位에서 여러 煩惱의 隨眠함을 받

는데)

ㄴ. 若 修處所ㅅ 若 修因緣ㅅ 若 修瑜伽ㅅ 若 修果ㅅノア 一切乙 摠ㅎ
說ラ {爲}修所成地亠ノ利丨〈유가 32: 4-6〉

(修處所와 修因緣과 修瑜伽와 修果라는 일체를 모두 일러 修所
成地라 할 것이다.)

ㄷ. 空法ㅅ 四大法ㅅ 心法ㅅ 色法ㅅ {如}丨ソ刂ホ 相續假法ㄱ 一 非失ㅎ
異 非失ㅎ ソ十丨〈구인 14: 6-7〉

(空法과 四大法과 心法과 色法과 같은 것이며, 相續 假法은 한 가
지도 아니고 다른 것도 아니고 합니다.)

ㄹ. 菩薩刂 四生乚 化ノアム 色氵 如氵ノ亽ㅅ 受相行識氵 如氵ノ亽ㅅ 衆生我
人常樂我淨氵 如氵ノ亽ㅅ 知見壽者氵 如氵ノ亽ㅅ 菩薩氵 如氵ノ亽ㅅ 六
度四攝一切行(氵) 如(氵ノ亽ㅅ) 二諦(氵) 如(氵ノ亽乙) 觀ソ 不冬ノ利十丨
〈구인 3: 23-25〉

(보살이 四生을 교화하되 色이니 如니 하는 것과 受·想·行·識
이니 如니 하는 것과 衆生·我·人·常·樂·我·淨이니 如니 하
는 것과 知見·壽者니 如니 하는 것과 菩薩이니 眞如니 하는 것
과 六度·四攝 一切行이니 如니 하는 것과 二諦니 如니 하는 것
을 觀하지 않는 것이다.)

(59ㄱ)은 이두에서의 '果'(과) 표기인데, 고려 말에서야 나타난다. 이두
문에서 명사 접속은 대개 (59ㄴ)에서와 같이 '及'(및)으로 쓰였다. (60)
은 구결에서 쓰인 'ㅅ'(과)이다. 여러 개의 명사(구)가 계속 접속할 때에
접속 조사 '여'나 '과'를 모두 마지막 접속 명사구까지 붙이는 것은 중
세 국어에서와 같은데, (59ㄱ)에선 그렇지 아니하다. 접속 조사의 표현
에서 '여'와 달리 '과'는, 접속 명사구들이 끝난 뒤에 동사 'ㅎ-'가 오는

것이 수의적이다. 위에서도 (60ㄴ)에서는 'ノア'(홇)이 왔지만, (59ㄱ), (60 ㄱ), (60ㄷ)에서는 'ㅎ-'가 없다. 구결에서 내포문일 때 일반적으로 (60 ㄹ)에서처럼 상위문에선 'ㅅ', 하위문에선 '~'가 사용된다.

접속 조사의 형태에서 '과'와 '와'의 구별 표기는, 중세 국어인 14세 기 초 음독 구결 『범망경』에 이르러서 나타난다.

(61) ㄱ. 見外道ㅅ 及以惡人米니 〈범망 13b〉

(外道와 惡人이)

ㄴ. 爾時 千花上佛ㅅ 千百億釋迦ㅅ네 〈범망 3a〉

(이때 千花上佛과 千百億釋迦이)

(61)을 보면 'ㅅ'(와)와 '米'(과) 출현의 음운 조건이 15세기 국어와 일치 하여, '와'는 모든 모음과 'ㄹ' 자음 뒤에서, '과'는 'ㄹ' 이외의 자음 뒤 에 옴을 알 수 있다. 따라서 고려 시대에도 '과'와 '와'의 이형태 사용 이 분별되었던 것으로 보인다.

[조사의 생략]

조사는 문맥상 복원이 가능하면 생략되는 일이 많다. 차자 표기 체 계에서는 조사의 생략이 한글 표기에서보다 좀 더 많이 나타난다.

(62) ㄱ. 去隱 春 皆理米 〈모죽〉

(간 봄 몯 오리매)

ㄴ. 今日 此矣 散花 唱良 〈도솔가〉

(오늘 이에 散花 블러)

향가에서, (62ㄱ)은 서술어 '皆理米'(몯 오리매)의 주어구 '去隱 春'(간 봄)에 주어 표지가 생략되어 있다. (62ㄴ)에서는 서술어 '唱良'(블러)의 목적어 '散花'에 목적격 조사가 생략되었다.

이두와 구결에서는 조사의 생략이 향가에 비해 적은 편이다. 향가는 운문이므로 조사의 생략이 많이 생길 수 있지만, 이두문과 구결문은 차자 표기의 특성상 문장 구조를 분명히 나타내기 위해 조사의 생략을 비교적 덜한 때문일 것이다. 그러나 조사가 주로 생략되는 구문 유형들이 있는데, 이 경우엔 생략형이 오히려 일반적이다.[22]

>   (63) 著ノア所 無ㄴㅎ 見ノア所 無ㄴㅎ 患累 無ㄴㅎ 異ㅣㄱ 思惟 無ㄴㅎㅣアㅊ 是
>   波羅蜜義ㅐㅓㄱㅣㅣ〈금광 5: 22-23〉
>   (집착하는 바 없고 보는 바 없고 患累 없고 다른 思惟 없고 한 것이
>   波羅蜜의 뜻이다.)

(63)에서 서술어 '無ㄴㅎ'(없져)의 주어 논항인 '所, 患累, 思惟'에는 모두 주격 조사가 없는데, 서술어 '無ㄴㅎ'에서는 이처럼 지배 논항의 격조사가 대개 생략되어 있다.

>   (64)ㄱ. 是 如ㅊㅣㄱ 聖法ㅑ十 略口ㄱ 二種 有ㄴㅣ〈유가 3: 22〉
>   (이 같은 聖法에, 간략히 말하면, 두 가지가 있다.)
>   ㄴ. 一十ㄱ 不正尋思ㅎ 作ㄱㄱ 所ㄴ 擾亂ㆍㆍ 心ㅎ 安靜 不ㅅㆍㅎ〈유가 24:
>   11-12〉

---

22) 황국정·차재은(2004)에 의하면 석독 구결 자료에서 주격 조사의 생략이 47.6%에 달하고, 이러한 생략은 존재 동사, 상태 동사 구문에서 특히 빈번하다고 하였다.

(첫째로는 不正尋思가 지은 바의 擾亂으로 마음을 안정시키지 못
하며)

ㄷ. 色 壞ᄼ፥可ㄷᆞ۱ 不ᄎ፦ 受想行識 壞ᄼ፥可ㄷᆞ۱ 不ᄎ፦ 無明 壞ᄼ፥可
ㄷᆞ۱ 不ᄎ፦ 〈화소 19: 1-2〉

(色은 파괴할 수 있는 것이 아니며 受想行識은 파괴할 수 있는 것
이 아니며 無明은 파괴할 수 있는 것이 아니며)

ㄹ. 若 善ㅌ 衆生ㄷ 攝ノ亽ㅌ 智ㄷ 得ㅌ尸ㅅ۱ 則 能 四攝ㅌ 法ㄷ 成就ᄼㅌ衤
፦ 若 能 四攝 法 成就ᄼㅌ尸ㅅ۱ 則 衆生衤ㅏ 限衤 無۱ㅌㅌ 利ᇹ尸ㄷ
與ᄼㅌ衤፦ 〈화엄 12: 6-7〉

(만약 중생을 잘 거느릴 지혜를 얻으면 능히 사섭의 법을 성취할
것이며, 만약 능히 사섭법을 성취하면 중생에게 한없는 이익을
줄 것이며)

(64ㄱ)에서는 서술어 '有ㅌ۱' 앞에서 주어 '二種'에 주격 조사가 생략되
었다. 석독 구결에서 주격 조사의 생략은 '如ㅣ፦(다ᄒ-), 不ᄎ(안디이-),
無ㅌ(없-), 有ㅌ(이시-, 잇-)' 등 특정 어휘 바로 앞에서 특히 많이 나타
난다. (64ㄴ)에서도 서술어성 명사 '安靜'의 목적어 '心衤'에 목적격 조
사가 생략되었고, (64ㄷ)에선 서술어 '不ᄎ፦'의 동명사형 보어 '壞ᄼ፥可
ㄷᆞ۱'에 보격 조사가 생략되었다. 이처럼 동명사형 '-ㄴ(۱), -ㅭ(尸)' 뒤
에 오는 격조사는 잘 생략된다. (64ㄹ)에서 밑줄 친 표현을 보면, 바로
이웃하는 똑같은 환경에서 목적격 조사가 수의적으로 실현되거나 생
략되기도 하였다.

[보조사]

고대 국어의 문헌 자료에 나타난 보조사로는 '은, 도, 나, ᄀ장, 마

다, 마도, 마른, 든, 으란, 붓, 사, 금' 등이 있다. '만'은 아직 나타나지 않는다.

'ㄴ/은'은 일찍부터 '주제'를 나타내는 보조사로 많이 쓰였는데, 향가에서는 주로 '隱'으로 표기된다. 이는 대체로 '대조'나 '화제'의 표현이다.

(65)ㄱ. 君隱 父也 … 民焉 狂尸恨 阿孩古 〈안민〉

(님그믄 아비여 … 아ᄅᆞᆫ 어릴혼 아히고)

ㄴ. 吾隱 去內如 辭叱都 〈제망〉

(나는 가ᄂᆞ다 말ㅅ도)

ㄷ. 乾達婆矣 游烏隱 城叱肹良 望良古 〈혜성〉

(乾達婆이 노론 자슬랑 ᄇᆞ라고)

'隱'(은)이 (65ㄱ)에서는 대조를, (65ㄴ)에서는 화제를 나타낸다. (65ㄱ)을 보면 '은'형에 '隱'을, '은'형에 '焉'을 써서 모음 조화에 따르는 이형태를 분간하여 표기한 듯하나, (65ㄴ)에서는 '는'에도 다시 '隱'을 썼다. '은'과 '는'을 분간하는 표기 체계가 없다면 '는'에는 음성 모음 형태인 '隱'보다는 양성 모음 형태인 '焉'을 써야 온당하다. 이는 '隱'(은)이 주제화 보조사의 대표 형태로 자리한 때문으로 보인다. (65ㄷ)의 '肹良'(을랑/을란)은 대격 '을'과 주제화 '은'이 결합한 보조사로 해석된다. 중세 국어의 '으란'에서 직접 소급되는 보조사이다.

신라 이전 시기 이두에서부터 '은'을 나타내는 표기에 '者'가 널리 쓰였다.

(66)ㄱ. 願請內者 豆溫愛郞 靈神賜那 〈비로〉

(願請하옵는 것은 豆溫愛郎의 靈神이시나)

ㄴ. 後代 追愛人者 此 善 助在哉 〈감산사 아미타 불상 조성비〉

(후대에 추모하는 이는 이 善을 돕기 바란다.)

ㄷ. 若 食喫哉 爲者 … 沐浴令只但 作作處中 進在之 〈화사〉

(만약 먹고 마시거나 하면 … 목욕시키어야 작업하는 곳에 나간다.)

766년에 조성된 '永泰二年銘石 毘盧遮那佛 造像銘'(66ㄱ)의 '願請內
者'에 나오는 '者'와 720년 조성된 (66ㄴ)의 이두문에서 '者'는 모두 주
제화 보조사 '은'이다. (66ㄷ)의 '爲者'(ᄒᆞ온)에서도 주제화 '은'이 있다.
주제화 보조사 '者'(은)은 '无盡寺鐘銘'(745년) 등 삼국 시대의 금석문이
나 문서에 많이 보인다.[23]

'乙良'(으란)은 고려 시대 이두 문헌에서 많이 나타난다.

(67)ㄱ. 石乙良 第二年 春節已只 了分齊遣 成是 不得爲 犯由 白去乎等
用良 〈정두사〉

(돌은 이듬해 春節까지 마친다 하고 조성하지 못한 경위를 보고
하였으므로)

ㄴ. 中郎將 金洪就等乙良 殊異爵秩乙 用良 〈상첩 43-46〉

(中郎將 金洪就 등을 殊異爵秩을 사용하여)

이들 '乙良'(으란)은 대격을 포함하고 있어 목적어 자리에 오는 것이 일
반적이다. 이는 목적어 이외의 자리에서 주제화를 나타내는 보조사

---

23) '은'이 이두문에서 '隱'으로 나타나기 시작하는 것은 『대명률직해』부터이다.

(i) 袈裟 道服隱 不在禁限 〈명률 12,6〉

(가사 도복은 기한을 금하지 않는다.)

'段'(든)과 배타적인 분포를 가지는 것이다.

구결에서 '은'은 '1'으로 표기된다.

(68)ㄱ. 佛1 {言}乃ニ尸 善男子3 何ソ1乙{者} 波羅蜜義リ八ソロノ令ロソナ矛尸入1 〈금광 5: 8〉

(부처는 말씀하시기를, 선남자야, 무엇을 波羅蜜義라고 하는가 하면)

ㄴ. 等人 慧人 灌頂人ヒ 三品士1 前ラ 餘ソ1 習リ1 無明緣: 〈구인 11: 1-2〉

(等과 慧와 灌頂의 세 品士는 앞의 나머지 習인 無明緣이니)

(68ㄱ)의 '佛1'(佛은)에 쓰인 '1'은 '은'형으로, (68ㄴ)의 '三品士1'(三品士는)에 쓰인 '1'은 '는'형으로 볼 수 있는데, 이들 이형태 구분이 표기로는 나타나지 않는다.

이두문에선 주제화를 나타내는 보조사로 '든/단'(段)도 빈번하게 나온다.

(69)ㄱ. 通度寺 孫仍川 國長生 一坐段 寺所 報尙書戶部 乙丑五月日 牒前 判皃如 〈통도사 국장생〉

(通度寺 孫仍川의 國長生 一坐는 寺刹에서 尙書戶部에 보고한 바 乙丑年 五月 日에 牒文을 내리고, 그 판결의 내용과 같이)

ㄴ. 僧矣段 赤牙縣 鷲山中 新處所 元 聞爲 成造爲內臥乎亦 在之 白賜 〈자적〉

(僧의 경우에는 赤牙縣의 鷲山에 新處所를 처음 (朝廷에) 奏聞하여 (寺刹을) 造成하고 있는 바이라고 보고하시었음.)

ㄷ. 飯子小鐘禁口木乙 造成爲乎 事叱段 倭賊人木 同年四月初七日

右物□之 偷取持去爲良在乙 造成 〈감은사 반자〉

(飯子 小種 禁口 등을 造成한 일은 왜적인 등이 동년 4월 초7일에

우 물망을 훔쳐 가지고 갔거늘 다시 조성하였다.)

(69ㄱ)의 '段'(든)은 주제화 보조사인데, (69ㄴ)의 '矣段'(이든)이나 (69ㄷ)
의 '叱段'(쯘)으로도 나타난다. 초기에는 '段'으로만 표기되다가 유정
체언 뒤에서는 '矣段', 무정 체언 뒤에서는 '叱段'으로 구별되는 일이
많았다.[24] 관형격 '이'나 'ㅅ'에 '든'이 결합한 '矣段'(이든)과 '叱段'(쯘)은
중세 국어의 '잇든/이쯘'에 바로 대응하는 형태이다.

'역시'의 뜻을 갖는 '도'도 일찍부터 보인다. 향가에서 '도'는 置, 都,
刀로 쓰인다.

(70)ㄱ. 倭理叱 軍置 來叱多 〈혜성〉

(여릿 軍도 왯다)

ㄴ. 吾隱 去內如 辭叱都 毛如 云遣 去內尼叱古 〈제망〉

(나는 가ᄂ다 말ㅅ도 몯다 니르고 가ᄂ닛고)

ㄷ. 禮爲白孫 佛體刀 吾衣 身 伊波 人 有叱下呂 〈보개〉

(절ᄒ슬ᄫᆞᆯ손 부텨도 내이 모마 뎌ᄫᅥ 사름 이샤리)

(70ㄱ)의 '軍置'(軍도)에서 '置', (70ㄴ)의 '辭叱都'(말ㅅ도)에서 '都', (70ㄷ)의
'佛體刀'에서 '刀'가 모두 '역시'의 뜻을 가진 보조사 '도'의 표기이다.

---

24) 관형격 조사 가운데 유정물 평칭에 '矣'(이), 유정물 존칭이나 무정물에 '叱'(ㅅ)가
쓰이는 현상과 관련을 가져, '段'이 기원적으로 명사임을 알 수 있다.

‘도’는 이두에서도 ‘置’로 나타나지만, 구결에서는 ‘刀’로 쓴다.

(71) ㄱ. 一間置 遣 無亦 改排爲白乎等以 〈장성감무관 첩문〉

(一間도 남김 없이 改排하는 까닭에)

ㄴ. 足 未ハソト1刀 無明リ 因{爲}リ尸入乙ソ禾罒 〈금광 8: 7-8〉

(만족하지 못하는 것도 無明이 원인이 된 것이라)

(71ㄱ)에서 ‘置’(도)와 (71ㄴ)에서 ‘刀’(도)는 ‘역시’라는 의미값을 가진 보조사이다.

‘도’는 ‘마’(ケ)와 결합하여 ‘마도’(ケ刀)로도 쓰인다. (72)의 ‘ケ刀’(마도)는 합성 보조사로, ‘刀’(도)에 비해 강조의 의미가 크다.

(72) ㄱ. 能ᄼ 一法ケ刀 生リ尸 不冬ソろ 亦 一法ケ刀 滅尸 不冬ソろソ二下 〈금광 13: 6〉

(능히 一法만큼도 生하지 않고 一法만큼도 滅하지 않고 하시어)

ㄴ. 世尊ラ 無邊身1 一言字ケ刀 說尸 不冬ソ二ロ尸亠 一切 弟子衆ラナ 法雨乙 飽滿ㅅリヒ彳ソ尸入灬 故ノソ二ロ尸ᄼ 〈금광 13: 10-11〉

(世尊의 無邊身은 한 말씀(만큼)도 말하지 않으시니, 일체 제자의 무리에게 法雨를 飽滿하게 하고자 하는 까닭으로 (그리)하시며)

ㄷ. 或 隨學ソ{令}リろソ去1 {於}尒 所ケヒ 時亠十 議論乙 堪忍ソろソᄼ 〈유가 7: 1-2〉

(혹 따라 배우게 하거나 한, 그러한(만큼의) 때에 나무라는 말[議論]을 참아 내거나 하며)

ㄹ. 又 卽ㅎ 是 如支ソ1 所對治法ヒ 能治ヒ 白法3十 還ㅎ 尒所ケ 有ソ1亠 〈유가 10: 13-14〉

(또 곧 이와 같은 다스려야 할 법[所對治法]의 능히 다스리는 대
처법[白法]에 다시 그만큼이 있으니)

(72ㄱ, ㄴ)의 '一法↑㎩, 一言字↑㎩'에서 '↑㎩'는 '만큼, 정도'라는 뜻을
가져, 중세 국어에 나오는 '마도'와 용법이 같다. (72ㄷ)과 (72ㄹ)에서
'↑'(마)도 '만큼'으로 해석할 수 있다.[25]

'도'가 결합한 합성 보조사로 '을라도'(乙良置, 乙㎩㎅)를 하나 더 들어
본다.

> (73)ㄱ. 錄券 減除敎是遣 壁上圖畫 幷以 削除令是敎是沙餘良 朝庭配享
>   乙良置 除去於爲敎矣〈상첩 86-87〉
>   (녹권을 덜어 없애시고 壁上의 초상도 아울러 삭제하게 하실 뿐
>   아니라 朝廷 配享도 없애도록 하시되)
>
> ㄴ. 諸 聽衆乙㎩㎅ 安隱 快樂[令]ㅅㅣㅁㅁㅌㄱㅏㆁ〈금광 15: 07〉
>   (모든 聽衆도 安隱 快樂하게 할 것이며)

(73ㄱ)의 '乙良置'나 (73ㄴ)의 '乙㎩㎅'는 모두 목적격 '을'과 보조사 '도'가
결합한 형태로, 목적어를 형성하게 한다.[26]

'나'는 선택을 뜻하는 보조사로, 향가에서는 찾을 수 없으나 이두에
서는 일찍부터 쓰였으며, 구결에서도 보인다. 이두에서는 '那, 乃'로,

---

25) '↑'(마)는 혼자 쓰이기보다는 대개 '↑㎩(마도), ↑ㅣ(마다), ㅓㄱㅏㄱ(언만)'과 같은 결합형
   을 이룬다.

26) 박진호(2015: 391)에서는, 보조사 '으란'과 '으라도'의 내적 구성을 볼 때, 현대어나
   중세 국어에서 보조사 '은'과 '도'는 주격이나 목적격 조사와 직접 결합하지 못하나,
   고대 국어에서 목적격 '을'이 미지의 요소 '아'를 매개로 하여 보조사 '은'이나 '도'와
   결합할 수 있었음을 알 수 있다고 하였다.

구결에서는 '乃'로 나타난다.

(74) ㄱ. 遙聞內那 隨喜爲內那 〈비로〉

(멀리서 듣는 자나 隨喜하는 자나)

ㄴ. 今七 我ぅ {此}刂 身1 後刂十乃 當必ソ3 死ソ去1刂十1 一1 利益ノ尸ケ刀 無七去禾3七丨 〈화소 2-3〉

(지금 나의 이 몸은 뒤에라도 필히 죽으면 어떤 이익 되는 것도 없을 것이다.)

(74ㄱ)에서 '那'(나)는 보조사 '나'이다. (74ㄴ)의 '後刂十乃'(後이긔나)에서 '乃'(나)를 명사 '後'와 결합한 처격 조사 '긔' 아래에 온 보조사로 볼 수도 있다.[27] 여기에서는 양보성 선택의 의미를 가진다.

'마다'도 고대 국어에서 보조사로 쓰인 용례가 보인다. 향가와 구결에서 나타나나 이두에서는 '마다'가 발견되지 않는다.

(75) ㄱ. 塵塵馬洛 仏体叱 刹亦 刹刹每如 邀里白乎隱 〈예경〉

(塵塵마락 부텻 刹이역 刹刹마다 모리ᄉᆞᆲ본)

ㄴ. {於}彼 十方 世界七 中3十 念念3十ケ丨 佛道 成卜ᄒ1入乙 示現ソ㢱 〈화엄 14: 19〉

(저 시방세계의 가운데에서 생각생각에마다 佛道가 이루어지는 것을 나타내 보이고)

27) 『구결사전』(2009)에서는 '後刂十乃'를 처격 조사 '긔' 아래에 서술격 조사 '이-'가 생략된 채 그 뒤에 연결 어미 '乃'(-나)가 온 것으로 보았다.

향가 자료 (75ㄱ)을 보면 '馬洛'(마락)과 '每如'(마다)가 나온다. 모두 같은 뜻을 갖는 보조사 '마다'로 읽을 수 있다. 구결 자료 (75ㄴ)에서 '亇丨'(마다)는 처소격 조사 'ㄋ十'(아긔) 뒤에 결합하였다.

'ᄯᆞ녀'는 '뿐, 만'의 뜻을 갖는다.

(76) 國家大體乙 想只 不得爲遣 唯只 家行耳亦 遵行爲 亂常失度爲良尒 〈상첩 34-36〉

(國家大體를 생각하지 못하고 오직 家行만 遵行하여 亂常失度하며)

(76)에서 '耳亦'(ᄯᆞ녀)는 명사 '家行'에 붙은 보조사로, 중세 국어의 'ᄯᆞ녀'에 이어진다.

강조의 '사/ᅀᅡ'도 강조 의미 기능을 가진 중세 국어의 보조사 'ᅀᅡ'에 직접 대응한다.

(77) ㄱ. 一等沙 隱賜以 古只內乎叱等邪 〈도천〉

(ᄒᆞᄃᆞᆫ사 숨기주쇼셔 ᄂᆞ리ᄂᆞ옷ᄃᆞ야)

ㄴ. 出父亦中 賜給事是 後良中沙 {有?}長爲乎 〈송광사〉

(父에게 賜給된 일 뒤에야 生長한(?))

ㄷ. 唯ハ 餘依氵 有七ㄱ 涅槃七{之} 界乙 證得ソナ禾罒 〈유가 6: 7-8〉

(오직 餘依가 있는 열반의 경계를 證得할 것이라)

ㄹ. 既氵 通達 已氵ソㄋ斤 {於}作意 俱行ソㄱ 心刂 〈유가 23: 15-16〉

(이미 통달하기를 이미 하여서는 作意俱行한 마음이)

ㅁ. 唯ハ 佛人 與七 佛人刂ニ氵 乃氵 {斯}刂 事乙 知ニ亦七丨 〈구인 11: 24〉

(오직 부처와 (또) 부처이시어야 이 일을 아신다.)

(77ㄱ)은 향가에서 나타난 '沙'(ᄉᆞ/사)이고, (77ㄴ)은 이두 문서에서 보이는 '沙'(사)이며, (77ㄷ)과 (77ㄹ)은 석독 구결에서의 'ㇱ'(사)이다. 이들은 모두 강조나 한정의 의미 기능을 가진다. '사'는 (77ㄱ)의 '一等沙'(ᄒᆞᄃᆞ사)나 (77ㄷ)의 '餘依ㇱ'(餘依사)와 같이 명사 뒤에, (77ㄴ)의 '後良中沙'(後아기사)와 같이 조사 뒤에, (77ㄹ)의 '旣ㇱ'(ᄒᆞ마사)와 같이 부사 뒤에, (77ㅁ)의 '佛ㅅㄴㇱ'(佛과이시사)처럼 다른 선어말 어미 뒤에도 온다.

'ᄫᅵᆺ'도 강조의 의미를 가지는 보조사로, 석독 구결과 음독 구결에 나타난다. 'ᄫᅵᆺ'은 중세 국어에서도 단독을 뜻하는 강조 보조사로 쓰인다.

(78)ㄱ. 二者 福德火ᄂ 具尸 未ᄊᆞ기ㅓㄱ 得ㅊㅅ 安樂 不ㅊㅆ〈금광 3: 13〉

  (둘째, 福德을 갖추지 못한 경우에는 능히 안락하지 아니하며)

ㄴ. 是 說法師乙火 種種ᄯ 利益ㅅ 安樂 無障ㅆ§〈금광 15: 6-7〉

  (이 설법사를 갖가지로 이익되게 하여 안락함에 장애가 없고)

(78)에서 보면 '福德火ᄂ'(福德ᄫᅵᆺ)처럼 명사 뒤에도 오고, '說法師乙火'(說法師를ᄫᅵᆺ)처럼 목적격 조사나 처소격 조사 뒤에도 나타난다. 그러나 '를ᄫᅵᆺ'과 같은 형태는 중세 국어 이후에는 더 이상 나타나지 않는다.

'尒, 爾'(금/곰)은 '씩'과 같은 뜻을 갖거나 강조 의미를 보태는 보조사이다.

(79)ㄱ. 經心內中 一收 舍利尒 入內如〈화사〉

  (經心 안에 한 개의 舍利씩 넣는다.)

ㄴ. 唯只 家行耳亦 遵行爲 亂常失度爲良尒 祖聖 勤勞創立 王業 幾殆敎是如乎等 用良〈상첩 35-37〉

114

(오직 家行만 遵行하여 亂常失度하여서 祖聖이 힘써 創立한 王業
을 위태롭게 하였으므로)

(79ㄱ)의 '舍利尒'(舍利금)에서 명사 뒤에 놓인 '尒'(금)은 '씩'의 뜻을 가
지며, (79ㄴ)의 '爲良尒'(ㅎ야곰)에서 동사의 활용형 뒤에 온 '尒'(곰)은
강조의 기능을 한다.
　'곳'이나 '곡'도 강조 기능의 보조사이다.

(80) 阿冬音乃叱 好支賜烏隱 〈모죽〉

　　(모듬곳 블기시온)

(81) 此地肹 捨遣只 於冬是 去於丁 〈안민〉

　　(이 따흘 브리곡 어드리 가늘뎌)

향가 (80)에서 '乃叱'을 '곳'으로 읽는다면 중세 국어에서도 보이는 명사
첨사 '곳'과 같은 형태와 기능을 갖는 직접 소급형이다.[28] (81)의 '捨遣
只'(바리곡)에서 '遣只'(곡)도 동사의 어간에 직접 붙어 강조를 나타낸다.
　의문문에는 체언 의문과 용언 의문이 있다. 체언 의문문은 명사에
의문 첨사 '가, 고'를 붙여 만들거나, 용언의 명사형 '-ㄴ, -ㅭ' 뒤에 의
문 첨사 '가, 고'를 붙여 만든다. 이처럼 명사나 명사형에 붙는 의문
첨사 '가, 고'도 모두 보조사로 볼 수 있을 것이다.

---

28) '乃叱'에 대한 해석으로는 '낫'(나타나-)이나 완료성 동사 또는 접미사로 보는 등 여
　러 가지 다른 견해가 있다.

(82)ㄱ. 第一義ㄴ 中ㅣ+ 世諦 有ㅌㅣ·ッㅁㅎㅅㅎ 不ㅊㅔㅎㄱㅌㅎ〈구인 14: 18〉

(第一義의 가운데에 世諦가 있다고 할 것인가, (그렇지) 않은 것인가?)

ㄴ. 問你汝誰何日饢箇〈계림〉

(82ㄱ)의 '不ㅊㅔㅎㄱㅌㅎ'에서 'ㅎ'(아)는 의존 명사 'ㅌ'(ㄴ) 뒤에 결합한 의문 보조사 '가>아'로, 판정 의문문을 만든다. (82ㄴ)은 의문 대명사 '饢'(누)가 있는 설명 의문문으로, 대명사 바로 뒤에 의문 보조사로 '箇'(고)가 왔다.

3.2 용언과 활용 어미

용언들도 음차한 표기나 말음첨기자 등을 통하여 차자 문헌에서 고유어 어휘들을 일부 찾을 수 있다. 가령 '密城郡 本推火郡〈삼국사기 34〉'을 통해 '밀-'(推)을 찾으며, '永同郡 本吉同郡〈삼국사기 34〉'에서 '길-'(永)을 얻고, '奪叱良乙〈처용가〉'에서는 '앗-'(奪叱)을 읽는 것이다. 『계림유사』의 '下廉曰 箔耻具囉'에서는 '발 티거라'처럼 동사의 활용형과 용법까지도 비교적 정확하게 알 수 있다. 그러나 차자 문헌에서도 어휘소는 한자어를 쓰는 일이 많으므로 고유어 동사의 어간은 그 형태를 제대로 파악하기가 쉽지 않다.

중세 국어에 비해 고대 국어의 용언에서는 어간의 자립성이 높아, 용언의 어간이 어미와 결합하지 않고 그대로 쓰이는 경우도 있다. 또한 용언의 어간이 명사나 부사적인 기능을 하거나 어간과 어간이 직접 결합하는 용언 합성도 활발하였다. 이러한 특성이나 용법은 중세 국어 이후에도 일부 이어지지만 매우 약화된다.

용언은 어미 활용을 통하여 문장에서 다양한 역할을 한다. 활용 어미의 차자 표기에는 음차가 많아 당시의 형태에 비교적 가깝게 추정할 수 있다. 향가나 구결문 등을 보면, 고대 국어에서 이미 동사의 활용 체계는 선어말 어미와 어말 어미를 갖추었고, 어말 어미에도 종결형과 연결형, 전성형 어미 체계가 발달해 있었음을 알 수 있다. 그러나 아직 선어말 어미와 어말 어미에 통용되는 용법이 적지 않으며, 어말 어미들 사이에서도 종결형과 연결형 그리고 전성형 어미로서의 용법을 함께 가지는 형태들이 많다. 고대 국어는 어미들의 목록과 용법이 지속적으로 확대 발전하면서 체계를 잡아 가는 시기인 것이다.

3.2.1 동사

고대 국어에서도 동사를 자동사와 타동사로 나눌 수 있다. 예문 (83)은 모두 자동사 구문에 해당한다.

> (83) ㄱ. 月下伊 底亦 西方念丁 去賜里遣 〈원왕〉
> (ᄃ라리 엇뎨역 西方ᄆ장 가시리고)
> ㄴ. 華嚴經等 供養爲內 以後中 坐中 昇 經 寫在如 〈화사〉
> (華嚴經들을 供養한 以後에 자리에 올라 經을 베껴 쓴다.)
> ㄷ. 般若ㅣ 空ノㄱㅿ 〔於〕無明乙 從ㄴ 乃ㅟ 薩婆若ㅏㅏ 至ㅣㅣㅆㅏㅣ 〈구인 15: 15〉
> (般若가 空함에 無明으로부터 薩婆若에 이르기까지 그러하다.)

향가 (83ㄱ)에서 문장의 주어 '月下伊'(ᄃ라리)에 대한 서술어 '去賜里

遣'(가시리고)는 자동사이다. 이두문 (83ㄴ)의 '坐中 昇'에서 서술어 '昇'은 처소를 나타내는 부사어 '坐中'(坐히)를 갖는 자동사이다.[29] 석독 구결문 (83ㄷ)에서는 주어 '般若刂'의 서술어 '至刂ッナ丨'(니르리ᄒᆞ겨다)가 목적어 없이 처소 부사어 '薩婆若㇁十'를 갖는 자동사이다.

한편 다음 예문 (84)는 목적어를 지배하는 타동사 구문이다.

(84) ㄱ. 花肹 折叱可 獻乎理音如 〈헌화〉

(고즐 것거 바도림다)

ㄴ. 中郎將 金洪就等乙良 殊異爵秩乙 用良 〈상첩 43-46〉

(中郎將 金洪就 등을 殊異爵秩을 사용하여)

ㄷ. 五 淨信乙 遠離ッ丨入乙 由㇁ 常刂 修 能 不ハッ㇁ 〈유가 10: 21-22〉

(다섯째, 淨信을 멀리함을 말미암아 항상 수행을 능히 하지 못하며)

향가 (84ㄱ)에서 서술어 '折叱可'(것거)는 그의 목적어 '花肹'(고즐)을 지배하는 타동사이며, 이두문 (84ㄴ)에서도 서술어 '用良'(쓰아)는 앞에 목적어 '殊異爵秩乙'을 둔 타동사이다. 구결문 (84ㄷ)에서 '遠離ッ丨入'은 '淨信乙'을 목적어로 갖고, '由㇁'는 '淨信乙 遠離ッ丨入乙' 전체를 목적어절로 갖는다.

일부 동사는 자동사와 타동사 두 가지로 다 기능하기도 한다.

---

29) '오ᄅᆞ-'(昇)가 중세 국어에서는 아래와 같이 자동사(i)와 타동사(ii) 두 가지 기능을 한다.

(i) 미햇 대ᄂᆞᆫ 프른 하ᄂᆞᆯ로 오ᄅᆞ놋다 〈두초 15.7a〉

(ii) 즉재 虛空애 노ᄑᆡ 七多羅樹를 올아 부텻긔 ᄉᆞᆯ오ᄃᆡ 〈법화 145b〉

그러나 고대 국어의 차자 문헌에서는, '오ᄅᆞ-'가 예문 (83ㄴ)과 같이 자동사로 쓰인 용례 외에 타동사적인 용법을 아직 발견하지 못하였다.

(85) ㄱ. {此}刂 菩薩 1 {於}色 3+ 實 勿 如 支 知 ㄋ 色集 乙 實 勿 如 支 知 ㄋ 色滅 乙 實 勿 如 支 知 ㄋ 色滅道 乙 實 勿 如 支 知 ㄋ 〈화소 17: 5-6〉

(이 菩薩이 色에 대하여 실상대로 알며 色集을 실상대로 알며 色滅을 실상대로 알며 色滅道를 실상대로 알며)

ㄴ. 四者 {於}一切 衆生 ㄗ 三聚 3+ 智力 ᅳ 能 ㄋ 分別 ソ3 知 ㄋ 〈금광 4: 23〉

(넷째 一切 衆生의 三聚에 대해서 智力으로 능히 分別하여 알며)

(86) ㄱ. 五障 乙 解脫 ソㄋ 初地 乙 念 ノ尸入乙 忘 尸 不 冬ソㄋソナ于七丨 〈금광 9: 10〉

(다섯 가지 장애[五障]를 해탈하며 초지를 생각하는 것을 잊지 아니하며 할 수 있다.)

ㄴ. {於}自心 3+ 淸淨 ソ{令}刂尸 未 刂ソ1丨+1 必 ハ {於}衆苦 3+ 得 亦 解脫 ソ3 吉祥性 乙 成 刂尸 不 ハソ尸入乙 由 氵1入ᅳ 〈유가 22: 3-4〉

(자기 마음에 대해 청정하게 하지 못하면 반드시 뭇 괴로움에서 능히 해탈하여 吉祥性을 이룰 수 없음을 말미암은 까닭에서 그러하다.)

(85ㄱ)에서 세 번 쓰인 '知ㄋ'(알며) 가운데 첫 번째 것은 자동사이지만 뒤의 두 개는 모두 앞에 오는 목적어를 가지는 타동사이며, (85ㄴ)의 '知ㄋ'(알며)도 부사 논항 '三聚 3+'(三聚아긔)를 취하는 자동사이다. 앎의 대상을 목적어로 또는 부사어로 표현한 것이다.[30] 오늘날 동사 '알-'이 '~을 알-'과 '~에 대하여 알-'이라는 타동사와 자동사 용법이 있는 것과 마찬가지이다. (86ㄱ)에선 '解脫ソㄋ'(解脫ᄒᆞ며)가 앞에 목적어

30) 이는 한문 원문에서도 마찬가지로, 앎의 대상 앞에 전치사 '於'가 있으면 구결문에도 '3+'로, 이러한 전치사가 없으면 어순에 따라 목적어로 해석하여 구결문에도 '乙'로 대응하였다.

'五障乙'이 와서 타동사가 되지만, (86ㄴ)에선 '解脫ソ3'(解脫ᄒᆞ야)가 앞에 부사어 '衆苦3十'(衆苦아긔)가 있어 자동사 용법을 갖는다.

그러나 아래의 '出ソ-'의 쓰임은 그 해석을 달리해야 한다.

(87)ㄱ. 何ㅎ{等}ㅣソ?ㄱ 如來リ 最ハ 先ㄱ 出ソ?ホ 何ㅎ{等}ㅣソㄱ 聲聞 辟支佛リ 最ハ 先ㄱ 出ソホ 〈화소 7: 20-8: 1〉

(어느 여래들이 가장 먼저 나시며, 어느 聲聞 辟支佛이 가장 먼저 나며)

ㄴ. 其 說法ソナ△七 時ㅣ十ㄱ 廣長舌乙 以3 妙音聲乙 出ノㄱ厶 十方七 一切 世界3十 充滿ㅎソナ3 〈화소 25: 16-17〉

(그 설법할 때에는 광장설을 써 묘음성을 내되 시방의 일체 세계에 충만히 하여)

ㄷ. 若七 {於}足乙 擧ソ去ㄱㅣ十ㄱ 當 願 衆生 生死海乙 出ソ3ホ 衆ㄱ 善法乙 具ㅎㅌ立 〈화엄 4: 5〉

(만약 (보살이) 발을 擧할 때에는 반드시 원하건대 "衆生은 生死海를 나와서 많은 善法을 갖추소서" (할 것이며))

위의 (87)의 세 예문에서 '出ソ'(出ᄒᆞ-)는 각기 다른 의미로 쓰인 별개의 단어이다. (87ㄱ)의 '出ソ?ホ'와 '出ソホ'는 자동사 '나타나-', (87ㄴ)의 '出ノㄱ厶'는 타동사 '(내보)내-', (87ㄷ)의 '出ソ3ホ'은 타동사 '나오-'의 의미를 갖는다. 한자로는 모두 '出'로 썼지만 이에 해당하는 우리말은 각기 다른 의미를 표현한 것이다. 이는 차자 표기가 갖는 한계라고 할 것이다.

자동사는 사동 접미사를 접미하여 타동사화할 수 있다.

(88)ㄱ. 法界 一切 衆生 皆 成佛道欲 爲賜以 成賜乎 經之 〈화사 3〉

(법계의 일체 중생이 모두 성불하고자 하므로 이루어진 경이다.)

ㄴ. 光賢亦 … 石塔 伍層乙 成是白乎 願 表爲遣 〈정두사〉

(光賢이 … 石塔 伍層을 이루는 願을 表하고)

(89) 一切 弟子衆ラ十 法雨乙 飽滿亽刂七亻ソ尸入灬 故ノソ二ロ尸ᄼ 〈금광 13: 11〉

(일체의 제자 무리에게 法雨를 飽滿하게 하고자 하는 까닭으로 하시며)

(88ㄱ)에서 '成賜乎'에 쓰인 '成'은 자동사 '일-'이나, (88ㄴ)에서는 여기에 사동화 '是'(-이-)가 붙어 목적어 '石塔 伍層乙'을 갖는 타동사 '成是白乎'(일이숩온)이 되었다. (89)에서도 타동사 '飽滿亽刂七亻'(飽滿ᄒᆞ잇뎌)는 형용사 '飽滿ᄒᆞ-'에 '-이-'를 붙여 타동사로 쓰인 것이다.

'ᄒᆞ-'는 고대 국어에서도 이미 대동사 기능을 한 것으로 보인다.

(90)ㄱ. 般若刂 空ノㄱム {於}無明乙 從七 乃氵 薩婆若ろ十 至刂ソナ丨 〈구인 15: 16〉

(般若가 空하되 無明으로부터 薩婆若에 이르기까지 하다.)

ㄴ. 一切 恩愛カ 會恨ソ乃ソロハㄱ 當ハ 別離ノ禾ㄱ: 而ㄱ {於}衆生ラ十ㄱ 饒益ノ尸 所ろ 無七去禾ろ七丨 〈화소 12: 15-16〉

(一切 恩愛도 모이나 모이고서는 반드시 別離하지마는 衆生에게는 饒益될 바 없을 것이다.)

ㄷ. 是ㄱ 方便勝智乙 修行ノ尸ム 自在ち尸入ㄱ 難氵 得ノ矛ㄱ乙ソろㄱ入灬{故}ᄼ 見思煩惱刂 伏ノ亠可ソㄱ 不矢ㄱ乙ソろㄱ入灬 故ノ 是 故灬 五地乙 說尸 名下 難勝地亠ノ矛ᄼ 〈금광 7: 5-7〉

(이는 方便 勝智를 修行하되 自在롭게 함은 어렵게야 얻는 것을

하는 까닭이며, 見·思 煩惱가 조복할 수 없는 것을 하는 까닭으로, 이런 까닭으로 五地를 이르기를 이름하여 難勝地라고 하며)

(90ㄱ)의 '至リ ソ l'(니르리 ᄒ겨다)에서 'ソ l'는 '空ᄒ-'를 복사한 대동사이며, (90ㄴ)의 '會[恨] ソㅋ ソ ㅁ ㅅ l'(會恨ᄒ나 ᄒ곡은)에서 'ソ ㅁ ㅅ l'은 '會ᄒ-'의 대동사이고, (90ㄷ)의 '得 ノ ㅋ ㄱ ㄴ ソ ㅋ l'(득ᄒ린을 ᄒ안)과 '不 ㅊ ㄱ ㄴ ソ ㅋ l'(안딘을 ᄒ안)에서 'ソ ㅋ l'은 각각 '得ᄒ-'와 '伏ᄒ-'의 대동사로 해석된다.

고대 국어에서 쓰이다가 중세 국어에 들어서 없어진 동사들도 많다. 향가 '원왕생가'에는 아래와 같은 구절이 있다.

(91) 惱叱古音(鄕言云報言也) 多可支 白遣賜立 〈원왕〉
    (ᄀ곰 함ᄌ 숣고쇼셔)

여기에서 '惱叱古音'에 대해 원문에 '鄕言云報言也'라는 협주를 단 것은, 이 향가를 『삼국유사』에 수록할 당시에 이 말이 이미 사라진 때문으로 보는 견해가 많다. 김완진(1980)에선 '惱叱'을 'ᄀ-'으로 해석하였지만, 대체로 '報言'의 뜻을 가지며 'ㄴ' 음으로 시작하는 동사를 상정하게 된다.

3.2.2 형용사

고대 국어 형용사의 문법적 성격은 중세 국어에서와 같다.

(92)ㄱ. 栢史叱 枝次 高支好 〈찬기〉
    (자싯가지 노포)

ㄴ. 青衣童子 伎樂人等 除 余 淳淨法者 上 同之 〈화사〉

(青衣童子와 伎樂人들을 除하고 나머지 淳淨法은 위와 같다.)

ㄷ. 生死流乙 逆ニ今七 道1 甚深ソ (戈) 微ソ (戈)ソニ下 〈금광 14: 24-15: 1〉

(生死流를 거스르시는 道는 매우 깊고 미묘하고 하시어)

ㄹ. 自相 無七 (戈) 他相 無七 (戈)ソ1入灬 故ノ: 〈구인 15: 15-16〉

(自相 없고 他相 없고 한 까닭으로)

ㅁ. 爾七ソ1 時十 十号 リ (戈) 三明 リ (戈) 大滅諦 リ (戈) 金剛智 リ (戈)ソニ1 釋迦牟尼佛1 〈구인 2: 10〉

(이러한 때에 十號이고 三明이고 大滅諦이고 金剛智이고 하신 석가모니부처는)

ㅂ. 譬入1 大海 3 七 金剛聚1 彼ㅋ 威力乙 {以} 3 3 衆1 寶乙 生ノ1ム 減ノ尸 無 3 增ノ尸 無 3 亦ソ1 盡尸 無1 如支 菩薩尸 功德聚 亦ヵ 然七ソナ | 〈화엄 14: 13-14〉

(비유하면 큰 바다에 있는 金剛聚는 그 위력으로 많은 보배를 내되 줄지 않으며 늘지 않으며 또한 다하지 않는 것같이 보살의 功德聚도 그러하다.)

향가 (92ㄱ)에서 '高支好'(노포)는 '높-+-아'(高)의 뜻을 갖는 형용사이다. 이두문 (92ㄴ)에서 '同之'는 이두 표현이 확실한데, 형용사 'ᄀᆞᆮᄒᆞ다' 정도로 읽을 수 있다. 석독 구결문 (92ㄷ)에서는 '甚深ソ (戈)'(甚深ᄒᆞ져)와 '微ソ (戈)'(微ᄒᆞ져)라는 성상 형용사가 있다. (92ㄹ)과 (92ㅁ)도 석독문으로, '無七 (戈)'(업ㅅ져)와 '無七 (戈)ソ1入灬'(업ㅅ져 ᄒᆞᆫᄃᆞ로)에서는 존재의 형용사 '없-'을, '爾七ソ1'(엳ᄒᆞᆫ/엿ᄒᆞᆫ/잇ᄒᆞᆫ)에서는 지시 형용사 '엳ᄒᆞ-'를 볼 수 있다. (92ㅂ)에도 지시 형용사 '然七ソナ |'(그럿ᄒᆞ겨다)가 있다.

이 책에서 계사 '이-'는 서술격 조사로 일괄하였다.

3.2.3 보조 용언

당시의 차자 문헌에서 현재 찾을 수 있는 보조 용언의 종류는 그리 많지 않지만, 고대 국어에서도 보조 용언은 널리 쓰였던 것으로 보인다.

(93) ㄱ. 阿邪 此 身 遺也 置遣 〈원왕〉

　　　 (아야 이 모마 기텨 두고)

　　 ㄴ. 今呑 藪未 去遣省如 〈우적〉

　　　 (열돈 수플 가고셩다)

　　 ㄷ. 後句 達阿羅 浮去伊叱等邪 〈혜성〉

　　　 (아야 ᄉᆞ민차라 ᄠᅥ갯ᄃᆞ야)

　　 ㄹ. 手焉 法界 毛叱色只 爲旀 〈광수〉

　　　 (손은 法界 업ᄃᆞ록 ᄒᆞ며)

(93)은 향가에서 보이는 보조 용언들이다. (93ㄱ)의 '遺也 置遣'(기텨 두고)에서는 지속의 의미를 갖는 '-어 두-'가 있다. (93ㄴ)의 '去遣省如'(가고셩다)에서 소망을 뜻하는 '-고 셔-'를 찾기도 한다.[31] (93ㄷ)의 '浮去伊叱'을 'ᄠᅳ가 잇-'으로 읽으면 여기에서 진행상을 나타내는 '-아 잇-'을 찾을 수 있다. 김완진(1980)은 이를 'ᄠᅥ가 잇-'의 축약형 'ᄠᅥ갯-'으로 읽었는데, 이에 따른다면 15세기에 보이는 축약형 '-앳-'이 이 시기에 이미 존재했다고 말할 수도 있을 것이다. (93ㄹ)의 '毛叱色只 爲旀'에서 '色只'를 대부분의 향가 해독들에서 '-ᄃᆞ록'으로 해석하는 것은 '色'

---

31) 그러나 '去遣省如'를 '가다'의 진행상으로 보는 견해가 많다. '가고소다/가고쇼다'로 해석되는 것인데, 이 경우에도 보조 용언으로는 볼 수 있을 것이다.

을 '㢱'의 오표기로 판단하는 것으로, 이두의 '㢱只, 己只'와 석독 구결의 '㢱ㅅ'도 같은 표현으로 볼 수 있다. 이렇게 해석된다면 (93ㄹ)의 '-드록 ㅎ-'는 보조 용언 표현이라고 할 만하다.

(94)ㄱ. 鎭長 屬社令是良於爲 事〈송광사〉

　　　 (鎭定하여 長久히 절에 從屬시켜야 할 일)

　　ㄴ. 私門成黨 甲兵 自衛爲有如乎 由以〈상첩〉

　　　 (私門이 이룬 黨의 甲兵이 스스로 지키고 있던 까닭으로)

　　ㄷ. 食 佰貳石 幷以 准受令是遣 在如中〈정두사〉

　　　 (穀食 102섬을 모두 함께 정확히 받도록 하고 있었던 중)

　　ㄹ. 新處所 元 聞爲 成造爲內臥乎亦 在之 白賜〈자적〉

　　　 (新處所를 처음 (朝廷에) 奏聞하여 (寺刹을) 造成하고 있는 바이라고 보고하시었음.)

이두문에서는 보조적 연결 어미의 표기가 정밀하지 않게 나타나는 경우가 많다. (94ㄱ)의 '屬社令是良於爲'(屬社ㅎ이아어 ㅎ-)에서 의무의 뜻을 가지는 '-어 ㅎ-'를 볼 수 있다. 이와 같은 '-아/어 ㅎ-' 표현은 고대 국어에서 많이 나온다. (94ㄴ)의 '自衛爲有如乎'(自衛ㅎ잇다온)에는, 중세 국어에서 '-고 잇-'으로 쓰이는 진행상 표현이 'ㅎ잇-'으로 나타나, 보조적 연결 어미의 표기는 보이지 않는다. (94ㄷ)의 '准受令遣 在如中'(准受ㅎ이고 견다귀)에는 중세 국어 '-고 잇-'에 대응하는 '-고 겨-'를 볼 수 있다. (94ㄹ)의 '成造爲內臥乎亦 在之'(成造ㅎ누온여겨다)에는 '-여겨-' 형태의 보조 용언의 쓰임이 있는데, 역시 '진행'의 뜻을 가진다.

(95) ㄱ. 菩薩1 {此}刂ラ十 住ソろソ1 普刂 觀察ソロ 宜1ラ十 隨彡 示現ソろホ 〈화엄 17: 20-21〉

(보살은 이곳에 住하여서는 널리 관찰하고 마땅한 곳을 좇아 나타내 보여서)

ㄴ. 當ハ 佛菩提乙 證ソセ彳ソナ禾: 〈화엄 9: 4〉

(반드시 佛菩提를 證하고자 하는 이가)

ㄷ. 初地ろ十 有相道乙 行ソ{欲}人 ソト1刀 是1 無明刂ろ 〈금광 7: 16〉

(初地에서 有相道를 행하고자 하는 것도, 이는 無明이며)

ㄹ. 三種 信解乙 起ノ尸ム 一十1 實有性乙 信ソ彡 二 有功德乙 信ソ彡 三 己ラ 有能刂1 得樂ノ令セ 方便乙 信ソ彡ソろ 〈유가 5: 1-3〉

(세 가지 信解를 일으키되, 첫째는 實有性을 믿고, 둘째는 有功德을 믿고, 셋째는 자기의 有能인 즐거움을 얻는 방편을 믿고 하며)

ㅁ. 菩薩1 勤セ 大悲行乙 修ろホ 願入1 一切乙 度刂ロハ彡ノ尸ム 〈화엄 14: 9〉

(보살은 부지런히 큰 자비의 행을 닦아서 원컨대 일체를 건너게 하고자 하되)

ㅂ. 今日ろ十 如來刂 大光明乙 放ソニトろ1入1 斯毛ソ巴ハ 何セソ1 事乙 作ソセ彳ソニト1刂ろセロソモハニろ 〈구인 2: 23〉

("… 今日에 如來가 大光明을 놓으신 것은 이렇게 어떤 일을 하고자 하시는가" 하시며)

(95)는 석독 구결문이다. (95ㄱ)의 '住ソろソ1'(住ᄒᆞ야 ᄒᆞᆫ)에서 '-아 ᄒᆞ-'의 보조 용언 용법을 볼 수 있다. (95ㄴ)의 '證ソセ彳ソナ禾:'(證ᄒᆞᆺ뎌 ᄒᆞ겨리여)에서는 '-ㅅ뎌 ᄒᆞ-', (95ㄷ)의 '行ソ{欲}人 ソト1刀'(行ᄒᆞ과 ᄒᆞ눈도)에서는 '-과 ᄒᆞ-'라는 보조 용언이 있다. (95ㄹ)에서도 세 번 나오는 보조적 연

결 어미 'ᇙ'(-져) 뒤에 오는 보조 용언 'ᄒ-'(ᄒ-)를 설정할 수 있다. '-져 ᄒ-' 형태는 중세 국어에서 '-고져 ᄒ-'가 되는데, (95ㅁ)에서 '度ᆙ며ᇙ ノアᇝ'(건네곡져 홀ᄃᆡ)는 그 소급형을 보여 준다. (95ㅂ)에서 '作ᄯᄂᆃᄲ ᅡ계ᅧᄂᆔ'(作ᄒᆞᆺ셔 ᄒᆞ시누온이앗고)는 위 (93ㄹ)의 용법과 같은 성격이다. (95)의 보조 용언은 모두 희망이나 의도를 나타내는 예정상 표현이다. (95ㄹ)의 'ᄊᆞ'(ᄒᆞ며)는 고대 국어에서 '信ᄼᇙ … 信ᄼᇙ … 信ᄼᇙᄼᇃ'와 같이 나열되는 동사구를 아우르는 용법을 가진 동사인데, 이 역시 보조 용언의 범주에 속한다고 볼 수 있다. 이러한 표현 방식은 중세 국어의 문헌 자료에서는 별로 나타나지 않지만, 『악학궤범』에 실린 고려 가요 〈동동〉의 "正月ㅅ 나릿므른 아으 어저 녹져 ᄒᆞ논ᄃᆡ"에서 그 흔적을 볼 수 있다. 여기에서 '-져 – 져 ᄒᆞ-'는 바로 (95ㄹ)의 표현과 닿아 있다. 이 노래가 고려 이전에 불린 것을 중세 국어 시기에 문헌에 정착한 것이므로 이 구절이 어느 시대의 표현인지 확언하기는 어렵지만, 같은 방식의 표현이 후대의 문헌에도 이어짐을 알 수 있다.

3.2.4 선어말 어미

선어말 어미들에 대해선 아직 그 기능을 충분히 파악하기 어렵다. 높임을 나타내는 '-ᄉᆞᆸ-, -시-', 주로 시제와 관련하는 '-ᄂ-, -누-, -다-, -리-', 서법에 관여하는 '-거-, -고-, -ㅅ-', 동작상 성격을 가진 '-겨-', 인칭법을 드러내는 '-오-' 등을 꼽을 수 있다.

[높임법 선어말 어미: -ᄉᆞᆸ-, -시-, -아-, -앗-]
높임법을 표시하는 선어말 어미에는 객체 높임의 '-ᄉᆞᆸ-'과 주체 높임의 '-시-'가 있다. 이 용법은 중세 국어와 비슷하나, 객체 높임은 겸

양의 성격을 가지며 주체 높임은 존대의 의미를 갖는다. 상대 높임으로는 '-아-'나 '-앗-'을 들기도 하는데, '-이-'는 아직 보이지 않고 음독 구결에 가서야 나타난다.

동사 '숣-'(白)에서 문법화한 객체 높임의 선어말 어미 '-숩-'은 '白, 白'으로 나타난다.[32)]

(96) ㄱ. 成白 伯士 釋氏乘炬 發心 旦越 釋氏聽黙 同氏僧道 〈삼화사 비로사나철불상 조상기〉

(造成하온 伯士는 釋氏 乘炬이다. 發心한 旦越은 釋氏 聽黙과 同氏 僧道이다.)

ㄴ. 光賢亦 … 石塔 伍層乙 成是白乎 願 表爲遣 〈정두사〉

(光賢이 … 石塔 伍層을 이루는 願을 表하고)

ㄷ. 時+ 十六 大國王七 中3七 舍衛國主リニ尸 波斯匿王リ 名火 日白尸 月光:ソ白3今1 德行1 〈구인 2: 23-25〉

(그때 열여섯 대국왕 중에 舍衛國 임금이신 波斯匿王이, 이름을 사뢰기를 月光이라 하는 이는, 덕행은)

ㄹ. 法界 滿賜仁 仏体 仏仏 周物叱 供爲白制 〈광수〉

(法界 ᄎᆞ신 부텨 佛佛 온갓 供ᄒᆞ숣져)

---

32) 남풍현(2011)에서는 객체 높임의 '-숩-'('白, 白')을 겸양법 조동사 '숣'으로 보았다. 정동사로 쓰인 '白'(숣-)이 청자에 대한 겸양을 나타내는 것과 같은 맥락이다. 또한 겸양의 조동사로 '內'(아)가 '숣'보다 이전부터 많이 쓰였음을 말하였다.

(i) 天寶十三載甲午八月一日 初 乙未載二月十四日 一部 周 了 成內之 〈화사〉

(天寶十三년 甲午년 8월 1日에 시작하여 乙未년 2月14日에 일부를 두루 마치어 이루었다.)

755년의 이두문인 (i)에서 '成內'(일이아)가, 조성 대상인 화엄경에 대하여 합당법과 함께 공손함, 즉 겸양도 부차적으로 나타내는 것으로 해석하였다.

'습'이 객체 높임의 문법소로 확인된 것은 860년대의 이두문 (96ㄱ)이 최초로, '內'(-아-)의 겸양법을 계승하였다고 한다.(남풍현 2011) 여기에서 '成白'(造成하온)의 '白'이 그러하다. '白'이 선어말 어미 '-습-'으로 쓰인 것이 9세기 후반부터 나타나고, 향가에서도 보현십원가에서야 많이 보이므로, 객체 높임법으로서의 '-습-' 용법의 시작은 이 최초 출현 시기보다 그리 멀리 올라가지 않음을 추정하게 한다. 이는 주체 높임 '-시-'의 용법보다 늦은 것이다. 이두문 (96ㄴ)의 '成是白乎'에서 '白'이, 구결문 (96ㄷ)의 '曰白ㅣ'에서도 '白'이 객체 높임으로 쓰였다. 향가 (96ㄹ)의 '供爲白制'(供ᄒ습져)에서 '白'(-습-)도 객체 높임의 선어말 어미이다. 객체인 부처에게 향하는 행동이므로 객체 높임 '-습-'(白)을 쓴 것이다.

동사 '숣-'은 일찍부터 차자 표기에서 '白'으로 표기되어 왔다. 520년대의 이두문 (97ㄱ)에서 '所白'은 '사뢰는 바로, 향가 (97ㄴ)의 '白良'도 '숣-+-아'로 해석된다. 이러한 표기는 조선 시대 말까지 이어진다.

(97)ㄱ. 典事人 沙喙 … 蘇那支 此七人 跪碓 所白 了事 〈영일 냉수리비〉
(典事人 沙喙 … 蘇那支 등 7인이 무릎을 꿇고 사뢰는 일을 마치 었다.)
ㄴ. 兩手集刀花乎白良 願往生 願往生 〈원왕〉
(두 손 모도 고조 ᄉᆞᆲ바 願往生 願往生)

'-습-'은 어간에 가장 가깝게 놓이는 선어말 어미로, '-습-'과 어간 사이에는 다른 선어말 어미가 오지 못한다. 이와 같은 특징은 중세 국어에서도 지속된다. 석독 구결에서 '-습-'의 뒤에는 'ㅎ(-오-), ㅏ(-아-), ㅑ (-리-), ㅌ(-ᄂᆞ-), ㅅ(-거-), ㅏ(-누-), ㅓ(-겨-), ㅁ(-고-), ㅅ(-ㄱ-)' 등의 선어말 어미들이 다 결합할 수 있다.

주체 높임의 '-시-'는 '賜, 史, 二/示'로 나타난다.[33]

(98) ㄱ. 牒垂賜敎在之〈월성해자 149호 목간 3〉

　　　(牒을 내리시어 교시하였다.)

　　ㄴ. 臣隱 愛賜尸 母史也〈안민〉

　　　(臣은 ᄃᆞᆺ실 어싀여)

　　ㄷ. 誓音 深史隱 尊衣 希 仰支〈원왕〉

　　　(다딤 기프신 ᄆᆞᄅ옷 ᄇ라 울워러)

　　ㄹ. 衆矢 白賜臥乎 㒵如 加知谷 寺谷中 入 成造爲賜臥亦之〈자적〉

　　　(衆의 보고하신 모양과 같이 加知谷의 寺谷에 들어가 造成하시고

　　　있는 바이다.)

　　ㅁ. 職次 暢情分以 酬答敎 事 不喩去有等以〈상첩 11-13〉

　　　(職에 따른 暢情만으로 酬答하신 일이 아닌 까닭으로)

　　ㅂ. 智首菩薩ㅣ 文殊師利菩薩尸ㅓ 問㣇 言示尸〈화엄 1: 04-10〉

　　　(지수보살은 문수사리보살에게(께) 물어 말하시기를)

　　ㅅ. 佛ㅣ 大王ㅑㅓ 告二尸〈구인 14: 20〉

　　　(부처는 대왕에게 고하시기를)

7세기에 나온 목간에 쓰인 이두문 (98ㄱ)에서 '敎'를 '교시'라는 명사
로 해석하든 '교시하-'라는 동사로 보든, '賜'는 주체 높임 '-시-'를 보
인 것이다. 향가 (98ㄴ)에서 '愛賜尸'(ᄃᆞᆺ실)에서 '-시-'(賜)는 '民'에 비
해 '臣'을 높이기 위해 사용한 주체 높임의 선어말 어미이다. 향가 (98
ㄷ) '深史隱'(기프신)에선 '史'(-시-)를 썼다. 이두문 (98ㄹ)에서도 '成造爲

---

33) 이두나 향가에 나오는 주체 높임의 '賜'를 '史'와 함께 '-ᄉᆞ-'로 읽는 견해도 많다.

賜臥亦之'에 '-시-'(賜)가 나오는데, 이두에서 주체 높임의 선어말 어미로 '賜'는 고려 초기까지 나타나고 11세기 이후엔 (98ㅁ)과 같이 주로 '敎'를 쓴다.

구결문에서 '-시-'는 'ㄸ'와 'ㄷ'로 표기된다. 『화엄경』과 『화엄경소』에서는 주로 (98ㅂ)의 '言ㄸ尸'처럼 'ㄸ'로, 그 이후에는 거의 (98ㅅ)의 '告ㄷ尸'에서처럼 'ㄷ'로 나타난다.[34] '賜'가 속한 지섭자(止攝字) 가운데 치음자는 12-13세기에 /ㅣ/음이 /ㆍ/로 음가 변화가 일어나 '賜'가 더 이상 '-시-'를 표기할 수 없게 되어 'ㄸ(賜)'에서 'ㄷ(示)'로 바뀐 것으로 해석되지만, 이두에서는 이미 11세기 중엽 이후 주체 높임에 '賜'가 사용되지 않는다.

석독 구결에서 '-시-'의 앞에는 'ㅌ(-ㄴ-), ㅑ(-겨-)'가, '-시-'의 뒤에는 'ㅁ(-고-), ㅕ(-오-)'가 올 수 있으며, 'ㅏ(-누-), ㅊ(-리-)'는 앞이나 뒤에 다 올 수 있다.

남풍현(2011)은, 합당법 '內'의 기능이 발전하여 존대의 대상에게 겸양을 나타내는 조동사가 이두에서 쓰인다고 하였다.

(99)ㄱ. 三歸依尒 三反 頂禮爲內 佛菩薩 華嚴經等 供養爲內 … 一收 舍利尒 入內如 〈화사〉

　　　(三歸依씩 세 번 頂禮하옵고 佛·菩薩·華嚴經들을 공양하옵고 … 一收의 舍利씩 넣었사옵니다.)

　　ㄴ. 願請內者 豆溫愛郎 靈神賜那 〈비로〉

　　　(願請하옵는 것은 豆溫愛郎의 靈神이시나)

---

34) 『화엄경』에는 'ㄸ'와 'ㄷ'가 모두 여러 번 나온다.

(99ㄱ)의 '頂禮爲內'(頂禮ᄒᆞ아)와 '入內如'(들이아다)에서 '內'(-아-)를, 부처나 보살, 화엄경, 사리 등에 대해 그 행위를 하는 것이 합당하다고 겸손해 함을 나타내는 표현으로 보고, (99ㄴ)에서도 '內'(-아-)는 부처에게 겸손하게 청함을 나타낸다는 것이다. '-아-'가 동사의 어간 'ᄒᆞ-'(供養爲, 願請)나, '들이-'(入)에 직접 연결될 수 있음을 보여 준다. 그러나 시제 선어말 어미 '-ᄂᆞ-'로 쓰이는 '內'를 이처럼 완전히 다르게도 읽는 문제는 더 고찰이 필요하다.

박진호(1998)에선 구결 자료에 나오는 상대 높임으로 '-앗-'(3ヒ)과 '-고-'(ロ)를 들었다.

(100)ㄱ. 世尊ラ 智1 一味リニ下 淨品亠 不淨品亠ノ令十 界乙 分別 不冬ソニ1入灬 故ノ 無上淸淨乙 獲ニロ1リ3ヒㅣ〈금광 13: 9-10〉

(世尊의 智慧는 한 맛이시어 淨品이니 不淨品이니 하는 것에 대하여 境界를 分別하지 않으시는 까닭으로 無上淸淨을 얻으셨습니다.)

ㄴ. 佛十 白3 言ニ尸 云何ヒ: 十方ヒ 諸ニ1 如來: 一切菩薩:ノ才 文字乙 離 不冬ソ3 而灬 諸1 法相3十 行ソニホヒㅣソロ5令5〈구인 15: 21-22〉

(부처께 사뢰어 이르시기를, "어찌 十方의 모든 如來이니 一切菩薩이니 하는 이가 文字를 여의지 않고 모든 法相에 行하신다 합니까?")

ㄷ. 生死乙 損 不冬ソニ1入灬 故ノ 願ソ3ホ 尊1 涅槃乙 證ソニロ1リ罒 二 法見乙 過ソニ1入灬 故ノ 是 故灬 寂靜乙 證ソニロ1リ3ヒ5 〈금광 13: 8-9〉

(生死를 덜지 않으신 까닭으로 願하여서 尊은 涅槃을 證하신 것이라, 두 法의 견해를 넘으신 까닭으로 이런 까닭으로 寂靜을 證하시며)

(100ㄱ)의 '獲ㄷㅁㄱㅣㅕㄴㅣ'(獲시곤이앗다)에서 'ㅕㄴ'(-앗-)과, (100ㄴ)의 '行ㅼㄷㅎㄴㅣ↙ㅁㅎㅅㅎ'(行ᄒᆞᆳ다 ᄒᆞ고오리오)에서 'ㅁ'(-고-)는 모두 청자인 부처에게 높임을 나타내는 선어말 어미이다. 부처님을 찬탄하는 게송의 일부분이므로 상대 높임이 쓰일 자리이다. 그러나 'ㅕㄴ'(-앗-)은 (100ㄷ)의 '證↙ㄷㅌㅣㅕㄴ'와 같이 연결 어미 앞에서도 나타나, 상대 높임으로서의 기능을 좀 더 살펴봐야 할 것이다. '-앗-'은 선어말 어미 가운데 가장 뒤에 오는데, 역시 마지막에 오는 강조의 '-ㅅ-'와 같이 쓰인 예는 없다.

[시제 선어말 어미: -ᄂᆞ-, -누-, -다-, -리-]

중세 국어와 마찬가지로 고대·중고 국어에서도 시제는 서법적인 성격을 동반한다. 따라서 고대·중고 국어와 중세 국어에서 '시제'라 함은 서구어에서의 시제(tense)와 서법(mood) 등을 합친 개념으로 사용한다. 다만 다음 항에서 언급하는 '서법 선어말 어미'들은 시제성이 거의 없이 화자의 발화 태도를 말하는 형태소이므로 '시제 선어말 어미'와 구분한다.[35]

시제를 나타내는 선어말 어미에는 직설법 현재 시제에 '-ᄂᆞ-'와 '-누-', 회상법 과거 시제에 '-다-', 추측법 미래 시제에 '-리-'를 설정할 수 있다.

직설법의 현재 시제 '-ᄂᆞ-'는 '內, 飛'와 'ㅌ'로 표기된다.

---

35) 이와 같은 방식으로 '시제'와 '서법'을 구분하는 것은, 서법 위주의 당시 표현 체계를 왜곡시킬 우려도 없지 않으나, 순수한 서법 범주 표현과는 분명히 다른 이들 표현 영역(여기서는 '시제'라고 함)을 설정하는 것도 문법 체계상 분별 효과를 갖게 한다. 더하여, 후대에 발달하는 '시제' 범주와의 연계성을 확보한다는 의미도 있다.

(101)ㄱ. 吾隱 去內如 辭叱都 毛如 云遣 去內尼叱古 〈제망〉

(나는 가ᄂᆞ다 말ㅅ도 몯다 니르고 가ᄂᆞ닛고)

ㄴ. 皆 無上菩提 成內飛也 〈규흥사〉

(모두 無上菩提를 이룬다.)

ㄷ. 佛子ㅎ 若七 諸1 菩薩刂 善支 其 心乙 用ソㅌ尸入1 則支 一切 勝妙功德乙 獲ㅌオ罒 〈화엄 2: 12-13〉

(佛子야, 만약 모든 보살이 잘 그 마음을 쓰면 곧 일체 勝妙功德을 얻을 것이라.)

향가 (101ㄱ)의 '去內如'와 '去內尼叱古'에서 '內'(-ᄂᆞ-)는 현재 시제를 나타낸다. 이두문 (101ㄴ)에서 '成內飛也'(일이ᄂᆞ다)의 '飛'(-ᄂᆞ-)도 현재 시제로 추정된다.[36] 구결문 (101ㄷ)의 '用ソㅌ尸入1'(用ᄒᆞᄂᆞᇙ든)에서 'ㅌ'(-ᄂᆞ-)도 현재 시제이다.

'-ᄂᆞ-'는 석독 구결에서 종결 어미 '丨(-다), 立(-셔)'나, 연결 어미 'ㄅ(-며), 尸入1(-ᇙ든)' 등과 결합한다. '-ᄂᆞ-' 앞에는 '口(-고-), 白(-숩-)'이 오고, '-ᄂᆞ-'의 뒤에는 '示'(-시-)가 오며, 'オ'(-리-)는 '-ᄂᆞ-'의 앞과 뒤에 다 결합할 수 있다. 이처럼 '-ᄂᆞ-'는 명령형이나 미래 시제 어미와 결합하고 형용사에서도 나타나므로, 중세 국어의 현재형 '-ᄂᆞ-'와는 용법과 기능이 다른 것으로 보인다. 이는 '-ᄂᆞ-'를 포함한 시제 선어말 어미들이 순수한 시제 표현 형태소들이 아닌 때문이며, 이러한 속성은 중세 국어 시기에도 다소 나타난다. '-ᄂᆞ-'는 중세 국어보다 고대 국어에서

36) '成內飛也'에서 '內飛'를 'ᄂᆞ+ᄂᆞ'로 읽기는 어렵다. 현재 시제의 '飛'(-ᄂᆞ-)와 겹치면서 '內'를 또하나의 현재 시제 '-ᄂᆞ-'로 읽는 것은 무리하다. 이는 '內'와 '飛'가 모두 현재를 나타낸다는 해석에 의문을 갖게 한다. 이승재(1992: 164)에서는 이때의 '內'를 잠정적으로 '-숩-'에 대응시킬 가능성이 있음을 언급하고 있다.

는 더욱 서법적 성격이 많았던 것으로 해석된다.

고려 시대에는 직설법 현재 시제 선어말 어미로 '-누-'도 나온다. '-누-'는 고려 향가와 이두에서 '臥'로, 구결에서 '⺊'로 표기된다.

(102)ㄱ. 造將來臥乎隱 惡寸隱 〈참회〉

(지스려누온 머즈는)

ㄴ. 臣 無有 作福作威 爲將來臥乎等 用良 〈상첩 17〉

(臣이 作福作威하려는 바가 전혀 없으므로)

ㄷ. 若 汲井ソ⺊1乙 見 當 願 衆生 辯才乙 具足ソ3ハ … 〈화엄 5: 17〉[37]

(만약 우물에서 물긷는 것을 본 경우에는, 반드시 원하는 바는 '중생은 말하는 재주를 갖추어서 …')

ㄹ. 幻化刂 幻化七 衆生乙 見⺊ㄅ 名3 幻諦ミノ利ケ 〈구인 15: 8〉

(幻化가 幻化의 중생을 보고 일컬어 幻諦라고 하며)

ㅁ. 是 {如}丨ソケ 是 {如}丨ソ3 汝ラ 解ソ⺈1 所3 {如}丨ソナ丨 〈구인 11: 22-23〉

(이 같으며 이 같아 너의 解하는 바와 같다.)

향가 (102ㄱ)의 '造將來臥乎隱'에서 '臥'(-누-), 이두문 (102ㄴ)의 '爲將來臥乎等'에 나오는 '臥'(-누-), 구결문 (102ㄷ)의 '汲井ソ⺊1乙'에서 '⺊'(-누-)도 현재 시제이다. '-누-'는 뒤에 오는 'ㄅ'(-오-)와 결합할 때 (102ㄹ)의 '-누오-'(見⺊ㄅ)나 (102ㅁ)의 '-노-'(解ソ⺈1)로 나타난다. (101)과 (102)를 보면, '-└-'는 추측법의 '-리-'와 결합하고, '-누-'는 과거 시제

37) 이 표현은 반복되는 구문이어서 생략한 부분이 많다. '見 當 願 衆生'은 '(見)1丨+1 當ハ 願ㅅ1 衆生了'에서 토 등이 생략된 것이다.

적 성격을 가진 동명사 '-ㄴ'와 결합한다. 이는 '-ᄂᆞ-'가 서법적 성격이 있는 데 비해 '-누-'는 동작상적인 속성이 있었던 때문으로 보인다. 석독 구결에서 현재 시제를 나타내던 'ㅌ'와 'ㅏ'는 음독 구결에 가서 대개 'ㅌ'로 합류한다. 중세 국어에 들면서 '-누-'형이 사라지는 것이다.

석독 구결에서 '-누-'의 앞에는 '=/示(-시-), 白(-숩-), ナ(-겨-), ロ(-고-)'가 올 수 있고, 뒤에는 'ㄅ(-오-), ㄋㅌ(-앗-)'이 올 수 있다.

회상법의 과거 시제 '-다-'는 '等, 如, ㅣ' 등으로 표기된다.

(103)ㄱ. 郎也 持以支如賜烏隱 〈찬기〉
(郎이여 디니다시온)
ㄴ. 達阿羅 浮去伊叱等邪 〈혜성〉
(ᄉᆞᄆᆞ차라 ᄠᅥ갯ᄃᆞ야)
ㄷ. 艱苦亦 望白如乎 事是去有等以 〈상첩〉
(艱苦하게 바라던 일이므로)
ㄹ. 四住ㅌ 開士刂尸{爲}ㅅ乙ソㅣナㄱ乙 〈구인 11: 21-22〉
(四住의 開士가 되었거늘)

향가에서 '-다-'는 '如'로 쓰였다. (103ㄱ) '持以支如賜烏隱'에는 '如'(-다-)가 나온다. (103ㄴ)의 '浮去伊叱等邪'에서 '等'(-ᄃᆞ-)는 과거 회상의 시제 '-다-'의 이형태로 해석한 것이다. 이두문 (103ㄷ)의 '望白如乎'에서도 '如'(-다-)가 나타난다. 석독 구결문에서는 과거 회상 시제의 출현이 매우 적지만, (103ㄹ)의 'ソㅣナㄱ乙'(ᄒᆞ다견을)에서 'ㅣ'(-다-)는 과거 회상의 시제를 보인다.

과거 시제는 음독 구결에서 'ㅣ', 'ホ', 'ㅅ', 'カ/ガ/加' 등으로 나타난다. 위에서 보듯이 '-다-, -ᄃᆞ-, -드-, -더-' 등으로 쓰이던 변이 형태들은,

13세기 이후엔 '-더-'형을 기본형으로 하여 '-다' 정도의 이형태를 보일 뿐이다.

'-다-'는 용례가 너무 적어 다른 선어말 어미와 선후 배열 관계를 찾기 어려운데, '-다-' 앞에 '白'(-숩-)이 오고, 뒤에는 '賜'(-시-), '在'(-겨-)와 '彳'(-겨-)가 온 예를 볼 수 있다.

추측법의 미래 시제 '-리-'는 '理, 彳' 등으로 표기된다.

(104)ㄱ. 西方念丁 去賜里遣 〈원왕〉

   (西方싀장 가시리고)

ㄴ. 花肹 折叱可 獻乎理音如 〈헌화〉

   (고졸 것거 바도림다)

ㄷ. 故ㅅ 得ㅎホ 聽聞ㅣㅎ 受持ㅣㅎ 讀ㅣㅎ 誦ㅣㅎッ彳刂 〈금광 14: 1〉

   (그러므로 능히 듣고 지니고 읽고 외고 할 것이다.)

(104ㄱ)의 '去賜里遣'에서 '里'(-리-)와 (104ㄴ)의 '獻乎理音如'에서 '理'(-리-)는 미래 시제를 보인다. (104ㄷ)의 'ッ彳刂'(ᄒ겨리다)에서 '彳'(-리-) 역시 미래 시제를 표시한다. 이때 화자가 주어인 (104ㄴ)은 의지를 나타내고, 그 외에선 추측의 뜻을 갖는다.

'-니(ヒ)-'와 '-리(彳)-'는 동명사형 어미 '-ㄴ'와 '-ᇙ'에 각각 의존 명사 '이'와 서술격 조사가 결합한 형태이다. 이 가운데 'ヒ'는 화엄경 등에만 희귀하게 나올 뿐이어서 석독 구결에서는 아직 시제나 서법적인 기능을 제대로 한다고 보기 어렵고, '彳'만이 추측법의 미래 시제 형태소 기능을 한다고 할 것이다. 그러나 조금 늦은 음독 구결에서는 'ヒ'(-니-)도 많이 나타나며, 15세기 한글 자료에서는 '-니-'가 서법과 시제의 역할을 자연스럽게 하고 있다. 이로 볼 때 차자 문헌에는 표기의

보수성으로 나타나지 않았지만, '-니-'가 서법이나 시제 기능을 하기 시작한 시기가 중세 국어 시기보다는 이전이었음을 추정하게 한다. 다만 선어말 어미로서 '-니-'의 출현이 '-리-'보다 시기상 늦었음을 알 수 있다.

향가에는 '-아리'로 문장을 끝맺는 표현이 있다. '下是, 下里, 下呂'로 표기되는 이들 문말 어미에서 '-리'는 실상 미래 시제의 선어말 어미 '-리-'로 파악된다.

   (105)ㄱ. 逢烏支 ·惡知 作乎下是 〈모죽〉

       (맛보기 엇디 일오아리)

    ㄴ. 然叱 皆 好尸卜下里 〈상수〉

       (그럿 모든 홀 디녀리)

    ㄷ. 佛影 不冬 應爲賜下呂 〈청불〉

       (佛影 안들 應ᄒ샤리)

운문인 향가에서 (105)의 문장들은 어말 어미를 생략하여 여운과 운율적인 효과를 얻는다. 이와 같은 문장은 감탄문이나 수사적 의문문의 성격을 갖는 것이 보통이다. 이러한 표현 방식은 중세 국어에서도 'ᄒ니체'를 이루면서 이어진다.(제3장의 6.3.3 [ᄒ니체] 참조)

석독 구결에서 '-리-'의 앞에는 'ㅂ(-습-), ㅊ(-거-), ㅓ(-겨-), ㅁ(-고-), ᅴ/ㅠ(-시-), ㅌ(-ᄂ-), ㅎ/ㅋ(-오-)' 등이 오고, '-리-'의 뒤에는 'ㅕㅌ(-앗-)'이 온 용례를 보인다.

[서법 선어말 어미: -거-, -고-, -ㅅ-]

서법 선어말 어미 가운데 시제성이 없이 화자의 발화 태도만을 나타내는 선어말 어미들을 여기에서 든다. '-거-'는 중세 국어에서와 같이 확인법 선어말 어미이다.

(106)ㄱ. 灯油隱 大海 逸留去耶 〈광수〉

(燈油는 大海 이루거야)

ㄴ. 願旨是者 法界 有情 皆 佛道中 到內去 誓內 〈선림원〉

(願旨인 것은 法界의 有情들이 모두 佛道에 도달하기를 맹서함(이다).)

ㄷ. 彼 絶ᄼ丂ㄱ乙 由氵ㄱ乄 〈유가 31: 16〉

(107)ㄱ. 入良沙 寢矣 見昆 〈처용〉

(드러사 자리 보곤)

ㄴ. 叱良乙 何如爲理古 〈처용〉

(아사늘 엇디ᄒ리고)

(106ㄱ)의 '逸留去耶'(이루거야)에서 '去'(-거)는 확인법 선어말 어미이다. '이루었네'로 현대어역되는, 화자의 확신이 들어 있는 표현이다. (106ㄴ)의 '到內去'(니를거)에서 '去'(-거-)와 (106ㄷ)의 '絶ᄼ丂ㄱ乙'(絶ᄒ건들)에서 'ᄼ'(-거-)도 같은 용법의 어미이다. '-거-'는 (106ㄴ)과 같이 신라 시대의 금석문 이두에서부터 일찍이 서법적인 기능을 보인다.

고대 국어의 '-거-'도 중세 국어에서와 마찬가지로 /j/나 'ㄹ' 뒤에서 'ㄱ'가 탈락한 이형태 '-어-'로 교체된다. (107ㄱ)의 '入良沙'에선 '들-'의 'ㄹ'음 뒤에서 '良'(-어-)형을 볼 수 있다. 또한 '-거-'는 타동사에서는 대체로 '-아/어-'로 교체되는데, (107ㄴ)의 '奪叱良乙'(아사늘)에서 '良'(-아-)는 타동사 뒤에서의 '-아-'형을 보인 것이다. 이러한 교체 방식은 중세 국어에서도 이어진다. 확인법 선어말 어미의 표기에는 이 밖에도 '阿, 惡, 於, 邪' 등이 있다.

(108) 大覺 世尊ㄱ … 天王問般若波羅蜜氵 光讚般若波羅蜜氵丿乙 說氵ハᄼᄼ
ㅣ〈구인 2: 21-23〉

(大覺 世尊은 … 天王問般若波羅蜜이니 光讚般若波羅蜜이니 하는
것을 이르셨다.)

확인법 '-거-'의 음운 교체형 '-아-'는 구결에서도 나타난다. (108)의 타
동사 '說氵ハᄼᄼㅣ'에서 '氵(-아)'는 확인법 선어말 어미로 기능하고 있다.
중세 국어에서 나타나는 '-거-'의 이형태들 '-가/어/아-' 등이 이미 고
대 국어에서도 보이는 것이다.

석독 구결에서 '-거-'의 앞에는 '白(-ᄉᆞᆸ-)'이 오고, '-거-'의 뒤에는 'ㅏ
(-겨-), ㅁ(-고-), 氵/ᄉᆡ(-오-), ᄃ(-시-), 利(-리-)'가 올 수 있다. 특히 15세기
문법에서는 '-으나, -으며' 앞에 확인법 '-거/아-'가 올 수 없으나, 석독
구결에서는 'ᅏ(-나), 氵(-며), 所(-늘)' 앞에 '-거/아-'가 온 용례가 많다.

서법에 관여하는 선어말 어미에는 의도성 표현이라고 볼 만한 '-고-'
도 있다. 향가나 이두에선 '古, 遣'로, 구결에선 'ㅁ'로 나타나는데, 특
히 구결에서 출현이 무척 많다. 'ㅁ(-고-)는 서술격 조사 뒤에서 /ㄱ/가
탈락하여 '氵(-오-)로 나타나기도 한다.

(109)ㄱ. 民焉 狂尸恨 阿孩古 爲賜尸知 民是 愛尸 知古如〈안민〉

(民은 어릴흔 아히고 ᄒᆞ실디 民이 ᄃᆞ솔 알고다)

ㄴ. 慕人 有如 白遣賜立〈원왕〉

(그리리 잇다 ᄉᆞᆲ고쇼셔)

ㄷ. 當ハ 願ㅁ尸ㅅㄱ 衆生ㄱ 家性氵 空丿ㄱㅅ乙 知氵ホ 其 逼迫乙 免ㅊㅌ丷ㅅ

𥝱㢱 〈화엄 2: 17-21〉

(반드시 願하는 바는, "衆生은 家性이 空한 줄을 알아서 그 핍박을 면하소서" 할 것이며)

(109ㄱ)의 '知古如'에서 '古'(-고-)와 (108ㄴ)의 '白遣賜立'에서 '遣'(-고-)는 화자의 의도성을 나타내고, (109ㄷ)의 '願ㅁ尸ㅅ㇈'(ᄇᆞ라곪ᄃᆞᆫ)에서 'ㅁ'(-고-)도 화자의 의도를 드러내는 서법적인 기능을 갖는 것으로 해석할 수 있다. '-고/오-'는 높임법에도 일부 관여하지만 화자의 의도를 나타내거나 확인하는 형태소로 기능할 때가 많다는 것이다. 그러나 위의 (109ㄴ)은 명령형에, (109ㄷ)은 동사 '願-'에 이미 화자의 의도성이 들어 있으므로, 이들 문장에서 의도성이 '-고-'에서 온 것이 아니라고 볼 수도 있다. 아직 확실하게 밝혀지지 않은 '-고-'의 기능에 대해서 좀 더 고찰이 필요하다. '-고-'는 연결 어미 '-며' 앞이나, 접속의 기능을 하는 동명사 어미 '-ㄴ' 앞에 올 수 있다. 또한 '-곤, -고ᄂᆞᆯ, -곪ᄃᆞᆫ' 등과 같은 조건절 연결 어미 형성에 참여하기도 한다.

'-고-'(ㅁ)는 중세 국어에 들어, 음독 구결에서는 선어말 어미로도 쓰이지만 '-곤(ㅁ㇈), -고ᄂᆞᆯ(ㅁ𠂉), -고라(ㅁㅅ)' 등처럼 결합형 어말 어미로 잘 나타난다. 그러나 15세기 이후의 한글 자료에서는 선어말 어미로서의 용법은 더 이상 찾을 수 없다.

석독 구결에서는 '-고-'의 앞에 '白(-숩-), 𠫔(-거-)'가 결합하고, '-고-'의 뒤에 'ㅌ(-ㅅ-), ナ(-겨-), ⺊(-누-), ㅌ(-ᄂᆞ-), 㢱(-오-), 𥝱(-리-)'가 결합한다. '三/示(-시-)'는 '-고-'의 앞이나 뒤에 오는 예를 다 보인다.

강조법 선어말 어미로는 '-ㅅ(ㅌ)-'가 있다. '-ㅅ-'는 다른 선어말 어미와의 결합형을 가지는데, '-ᄭᅳ-, -것/앗-, -겻-, -곳-, -잇-' 등을 들 수 있다. 여기에서는 '-ᄭᅳ-'를 예로 든다. 이는 향가에서도 '音叱'를 보이며 석독 구결에서는 'ㅎ七'로 자주 나타나지만, 중세 국어에서는 볼 수 없다.

(110)ㄱ. 難行 苦行叱 願乙 吾焉 頓部叱 逐好 友伊音叱多 〈상수〉

(難行 苦行ㅅ 願을 나ᄂᆞᆫ ᄇᆞᄅᆞᆺ 조초 벋뎜ᄶᅡ)

ㄴ. 十地七 行乙 護ノ令七 因緣ミノ乙 說白ㄱㅎ七丨 〈구인 3: 18-19〉

(十地의 행을 지킬 인연이니 하는 것을 말하겠다.)

ㄷ. 初地乙 念ノ尸入乙 忘尸 不冬ソㅎソナㅎ七丨 〈금광 9: 10〉

(初地를 念하기를 잊지 않으며 한다.)

향가 (110ㄱ)의 '友伊音叱多'(벋뎜ᄶᅡ)에서 '音叱多'(-ㅁㅅ다)는 강조하거나 화자의 의지를 나타내는 효과를 준다. 구결 (110ㄴ)의 '說白ㄱㅎ七丨'(니르ᅀᆞᆲ겺다)에서 'ㅎ七'(-ㅁㅅ-)는 다짐의 의미를 더하고, (110ㄷ)의 'ソナㅎ七丨'(ᄒᆞ겺다)에서 'ㅎ七'(-ㅁㅅ-)는 당위성을 뜻한다. 이 표현은 중세 국어에서는 거의 사라지고 '-엄직ᄒᆞ-' 구문에서 그 흔적을 찾을 수 있을 뿐이다.

강조법 선어말 어미는 이 밖에도 구결에서 '七(-ㅅ-), ㅁ七(-곳-), 去七(-것-), ろ七(-앗-), ナ七(-겻-), ㄱ七(-옷-)' 등으로도 나타난다. 한편 미래 시제의 '禾'(-리-)와, 확인법 '-거-'의 이형태 'ろ'(-아-)의 결합형으로 '吕'(-려-)를 설정할 수 있는데, '吕'는 강조법 '七'(-ㅅ-)와 함께 나타난다. 이 형태는 석독 구결로는 『금광명경』에서 보이며, 음독 구결로는 안동본 『능엄경』에서 찾을 수 있다.

중세 국어에서 과거 시제 성격의 단정법으로 널리 쓰이는 '-니-'는 고대 국어에서는 아직 나타나지 않는다.

(111) 善男子 ₃ 是_乙 名_下 菩薩摩訶薩_∥ 方便勝智波羅蜜_乙 成就 ﾉﾉｱﾒﾉﾒﾅﾅﾗ

川 〈금광 4: 10-11〉

(선남자야, 이것을 이름하여 보살마하살이 방편승지바라밀을 성취

한다고 하는 것이다.)

'成就 ﾉﾉｱﾒﾉﾒﾅﾗ川'(成就ᄒᆞ더 호리견이다)에서의 '川'는 음독 구결에 가서

'ᄂᆞ'(-니-)로 발전한 것인데, 중세 국어의 단정법 '-니-'가 그것이다.

[동작상 선어말 어미: -겨-]

'-겨-'는 이두에서는 '在'로, 석독 구결에서는 'ﾅ'로 쓰여 주로 완료

나 완료 지속의 동작상을 나타내지만,[38] 향가에는 용례가 없다. 중세

국어 초기의 음독 구결이나 중세·근대 국어의 한글 문헌에서도 볼

수 없으며 높임말 '겨시-'로 그 화석형만이 남아 있다. 실제로 '-겨-'가

쓰인 용례들은 대부분 15세기의 지속상 표현인 '-아 잇-' 형태로 교체

될 만하다.

(112) ㄱ. 作作處中 進在之 〈화사〉

(지은 곳에 나아갔다.)

ㄴ. 時 願 助在 衆 邸僧村宅方 一切 檀越 幷 成在 〈무진사〉

(이때 願을 도운 무리는 邸僧村宅方 쪽의 一切 檀越이니 (이들

과) 함께 조성하였다.)

(113) ㄱ. 右別將金仁俊 同心衛社爲白在 郎將朴希實 … 〈상첩 51-55〉

---

38) '-겨-'의 기능에 대해서는 시상(남풍현 2000), 높임법(서종학 1995, 이승재 1998),
'지속' 의미(박성종 1996) 등 그 해석에 상당한 차이를 보인다.

(위 別將 金仁俊이 同心衛社하여 있는 郞將 朴希實(을) …)

ㄴ. 其 聽法者ㅣ 卽ぅ 此 意乙 {以}ぅ 而灬 正法乙 聽ノォ罒〈유가 5: 21-
22〉

(그 聽法者가 곧 이 意를 삼아 正法을 聽할 것이라.)

ㄷ. 諸 隨煩惱ㆀ之} 染汚ノア 所乙 爲ハアㅅ灬 名下 圓滿ぃぁ 淸淨 鮮
白ぃㅊㅣ丁ノㅅ 未矢罒〈유가 16: 11-12〉

(여러 隨煩惱가 染汚시키는 바를 당하므로 이름하여 '圓滿하여
서 淸淨 鮮白한 것이다.' 할 것이 아니라.)

ㄹ. 佛子ぅ 汝ㅣ 今ぃㆁ 饒益ノア 所 多ぅ 安隱ノア 所ぅ 多ㅓㆁ乙灬 世間乙
哀愍ぃぅ〈화엄 2: 11-12〉

(佛子여 너는 지금 饒益할 바가 많으며 安隱할 바 많으므로, 世
間을 哀愍하고)

'在'는 차자 문헌에서 어휘소 '잇-, 두-'로 쓰이지만 이미 신라 시대의
이두에서부터 문법소의 기능으로도 쓰인 것으로 보인다. 즉 (112ㄱ)
의 '進在之'는 '낫겨다'로 읽히면서 '나갔다'로 해석되고, (112ㄴ)의 '助
在'(돕겨-)나 '成在'(일이겨-)에서 '在'(-겨-)는 완료의 동작상을 나타내
는 문법적 요소로 기능하는 것으로 이해된다. 고려 시대에는 이두나
구결에서 '在, ㅓ'가 선어말 어미로 많이 쓰인다. (113ㄱ)의 '爲白在'(ㅎ
ᅀᆞᆸ견)은 '하여 온, 하고 있는' 정도로 해석되어, 여기에서는 '在'(-겨-)
가 완료 지속을 나타내는 동작상의 선어말 어미가 된다. 동사나 형
용사에 모두 올 수 있는 'ㅓ'(-겨-)는 (113ㄴ)에선 문말에서 추측법의 미
래 시제 'ㅊ'(-리-) 앞에 결합하였고, (113ㄷ)에선 동명사형 'ア'(-ᄚ) 앞
에, (113ㄹ)에선 동명사형 'ㅣ'(-ㄴ) 앞에 놓였다. '-겨-'는 이 밖에도 연결
어미 '-며, -아'와도 결합한다. 한편 '-겨-'는 'ㅓㆁ乙'(-견을)이 중세 국어

의 '-거늘'과, 'ㅓㄹㅅㅓ'(겷ㄷ)은 중세 국어 '-거든'과 비슷한 용법을 보이는 등 '-거-'와 상통하는 서법적인 기능도 가진 것으로 보인다. 이러한 'ㅓ'(-겨-)의 기능과 확인법의 서법 'ㄥ'(-거-)는 중세 국어의 '-거-' 용법에 합류한다고 보는 견해가 많다.

'-겨-'는 석독 구결에서 동사나 형용사, 서술격 조사의 어간에 직접 결합하거나, 선어말 어미 'ㅂ(-ᄉᆞᆸ-), ㄥ(-거-), ㅁ(-고-)' 뒤에, 'ㅓ'(-리-)의 앞이나 뒤에 놓인다. '-겨-'의 뒤에는 'ㅏ'(-누-)가 올 수 있다. 그러나 '-겨-'는 음독 구결에서는 나타나지 않으며, 중세 국어로 이어지지 못한다.

이상의 시제, 서법, 동작상의 선어말 어미들은 그 정확한 기능이 아직 제대로 파악되지 않은 상태이다. 이들 각 형태소는 대부분 시제와 서법 그리고 동작상의 성격을 어느 정도씩은 다 가지고 있는 것으로도 이해된다. 여기에서는 문장 표현에서 이들이 주로 나타내는 문법적 기능을 현대 국어의 문법 범주 분류에 따라 구분한 것이다.

[인칭법 선어말 어미: -오-]

인칭법 선어말 어미 '-오/우-'는 향가, 이두, 구결에 빈번히 나오는, 기원이 오랜 선어말 어미이다. '-오-'는 1인칭 화자의 의도성을 나타내는데, 이러한 기능은 고대 국어에서 근대 국어에 이르기까지 큰 변화가 없다. '-오/우-'는 향가에서 '乎, 烏, 屋'으로 표기되고, 이두에서 '乎'로, 구결에서 'ㅎ, ㅓ, ノ' 등으로 나타난다.

(114)ㄱ. 逢烏支 ·惡知 作乎下是 〈모죽〉

(맛보기 엇디 일오아리)

ㄴ. 如來ㅌ 三業ㅣ 德ㅔ 無極ㅄㅁㅅㄴㅣ 我ㄹㄹ 今ㅅ 月光ㅣ 三寶乙 禮ㅄㅓㅂ

トㄅ1ミ 〈구인 11: 8〉

(如來의 三業은 德이 無極하시니 나인 지금의 月光은 三寶를 禮하옵는 것이다.)

(114ㄱ)에서 '作乎下是'의 생략되어 있는 주어가 죽지랑을 그리워하는 1인칭 화자이므로 인칭법 '乎'(-오-)가 쓰였다. (114ㄴ)의 '禮ソ白ㅁトㄅ1ミ'에서도 1인칭 '我リア'의 의도를 나타내는 선어말 어미 'ㄅ'(-오-)를 보인다. 중세 국어에서는 '-오-' 뒤에서 종결형 '-다'가 '-라'로 바뀌지만 고대 국어에서는 형태 교체가 안 일어난 것으로 보인다.

그러나 선어말 어미 '-오-'가 항상 1인칭 화자에서만 나타나는 것은 아니다.

(115) 大覺 世尊1 前ラ 已ミ 我チ 等ソ1 大衆ラ {爲}ミ亦 二十九年ろ十ソ二下 摩訶般若波羅蜜ミ 金剛般若波羅蜜ミ 天王問般若波羅蜜ミ 光讚般若波羅蜜ミノ乙 說ろハニㄅ丨 〈구인 2: 20-23〉

(大覺 世尊은 앞에 이미 우리들 大衆을 위해 二十九年에 있어 摩訶般若波羅蜜이니 金剛般若波羅蜜이니 天王問般若波羅蜜이니 光讚般若波羅蜜이니 하는 것을 말하신다.)

(115)에서 주어는 '大覺 世尊'인데 서술어 '說ろハニㄅ丨'(니르아기시오다)에 'ㄅ'(-오-)가 들어 있어, 3인칭 주어의 의도성을 보이었다. 중세 국어에서와 마찬가지로 고대 국어에서도 '-오-'는 1인칭이 아닌 주어에서도 '의도성'을 보인 경우가 있는 것으로 이해된다.

'-오-'는 화자의 의도성 표현과 관련 없이 동명사형에 결합하여 나타난다.

(116)ㄱ. 郎也 持以支如賜烏隱 心未 際叱肹 逐內良齊 〈찬기〉

　　　(郎이여 디니더시온 ᄆᅀᆞ미 ᄀᆞᇫ을 좇ᄂᆞ라져)

　　ㄴ. 赤牙縣 鷲山中 新處所 元 聞爲 成造爲內臥乎亦 在之 白賜 〈자적〉

　　　(赤牙縣의 鷲山에 新處所를 처음 (朝廷에) 奏聞하여 (寺刹을) 造

　　　成하고 있는 바이라고 보고하시었음)

　　ㄷ. 音聲비 類乙 隨ㅅノ尸ㅿ 難ㅎ 思議ノオヒ져ㅎ 〈화엄 13: 14〉

　　　(음성이 類를 따라 하는데 어렵게야 思議할 것이며)

(116ㄱ)의 '持以支如賜烏隱'에서 '烏隱'(-온)은 '-오-'와 관형사형(동명사

형) 어미 '-ㄴ'와의 결합이며, (116ㄴ)의 '成造爲內臥乎亦'(成造ㅎᄂᆞ누온

여)에서 '乎'(-온)도 '-오-'와 동명사 어미 '-ㄴ'의 결합이다. (116ㄷ)의 '思

議ノオヒ져ㅎ'(思議호리ᄂᆞ리며)에서 'ノ'(호-)는 어간 'ㅎ-'(爲)와 결합한 '-오-'

인데 미래 시제 'オ'(-리-) 앞에 왔다. '-리-'에서도 역시 동명사형 '-ㅭ'와

서술격 조사 '이-'를 찾을 수 있다. 이처럼 명사형 '-ㄴ, -ㅭ' 앞에서 종

종 보인다.

　중세 국어에서 명사형은 항상 '-오/우-'가 결합한 '-옴/움' 형태이

며, 관형사형은 피수식 명사가 수식 관형어의 의미상 목적어나 부사

어가 될 때에 '-오/우-' 결합형이 된다. 그러나 고대 국어에서는 이러

한 원칙을 발견하기 어렵다.

(117)ㄱ. 縣以 入京爲 使臥 金達舍 進置 右寺原 問內乎矣 〈자적〉

　　　(縣으로부터 入京하도록 부림을 받은 金達舍가 출두하여 右寺의

　　　터에 대하여 묻되)

　　ㄴ. 衆ᄀ 寶乙 生ノᄀㅿ 減ノ尸 無ㅅ 增ノ尸 無ㅅ 〈화엄 14: 13-14〉

　　　(많은 보배를 내되 줄어듦 없으며 늘어남 없으며)

(117ㄱ)의 '問內乎矣'(묻ᄂ온디)처럼 '-디'는 항상 '-온-'과 결합하여 쓰인다. 석독 구결에서도 (117ㄴ)과 같이 거의 'ノアᆢ'(ᄒᆞᆯ디)나 'ノᄀᆢ'(ᄒᆞᆫ디) 형태로 동명사형과 결합하여 나타나지만, 음독 구결에서는 이들이 'ノᆢ(ᄒᆞ디)로 바뀌고 이러한 '-오디'형이 15세기로 이어진다.

<blockquote>

(118) 經乙 諷誦ソᆢᄀ 時十ᄀ 當 願 衆生 佛矢 說게ᅀᄀ 所ㅏ十 順ᄂᆢᅙㅅ 摠持ソ
ᅀ氺 忘尸 不ソᄐᆢ효 〈화엄 8: 03〉

(경을 외는 때에는, 반드시 원하는 바는, '중생은 부처가 말씀하신 바에 따라 摠持하여서 잊지 않으소서' (할 것이며))

</blockquote>

'-오/우-'가 주체 존대 '-시-' 뒤에 오면 '-시-'가 '-샤-'로 교체되는 중세 국어와 달리, 고대 국어에서는 (118)의 '說게ᅀᄀ'(니ᄅᆞ시온)처럼 '-시오-'가 그대로 다 표현된다. '-오/우-' 앞에는 'ᅙ(-ᄉᆞᆸ-), ᄀ(-시-), ㅏ(-누-)' 등이 올 수 있다.

이상에서 살펴본 고대 국어 선어말 어미의 배열 순서는 아래 (119)와 같다.

<blockquote>

(119) 객체 높임('-ᄉᆞᆸ-')―과거 시제('-다-')―확인법('-거-')―의도법
('-고-')―완료('-겨-')―현재 시제('-ᄂ-')―주체 높임('-시-')―상
대 높임('-고-')―현재 시제('-누-')―인칭법('-오-')―미래 시제
('-리-')―상대 높임('-앗-')―강조('-ㅅ-')

</blockquote>

(119)에서 보이는 선어말 어미의 배열순은 일반언어학적 논의에 기반하여 이야기되는, 문법 범주에 따른 선어말 어미의 배열 순서와 다소 다르다. 또 같은 범주에 속한 선어말 어미들이 서로 떨어진 곳에 배

열되어 있기도 하다. 이는 당시의 선어말 어미가 '시제, 상, 서법'이라는 범주로 명확하게 구분되지 않는 것과 관련되는 현상일 수 있다고 본다.

시기에 따라 또는 언어 자료에 따라 이들 선어말 어미의 배열에는 약간의 차이가 있다. 가령 상태 지속의 확인법 '-겨-'와 미래 시제 '-리-'는 '-겨리-'와 '-리겨-' 형태를 다 보이며, 현재 시제 '-누-'와 미래 시제 '-리-'는 주체 높임 '-시-'와 앞뒤가 바뀌기도 한다. 또 의도법 '-고-'와 주체 높임 '-시-' 그리고 현재 시제 '-ㄴ-'와 상대 높임 '-고-'도 두 가지 배열순을 갖는다. 강조의 '-ㅅ-'는 대개 다른 선어말 어미 아래에 붙어서 쓰인다.

3.2.5 어말 어미

어말 어미는 그 기능에 따라 종결 어미와 연결 어미 그리고 전성 어미로 나눌 수 있다.

[종결 어미]

종결 어미는 문장을 끝맺는 문말 어미로, 고대 국어에서 평서형, 감탄형, 의문형, 명령형, 청유형을 찾을 수 있다.

(120)ㄱ. 阿耶 唯只 伊吾音之叱恨隱 潽陵隱 安支尙 宅都 乎隱以多 〈우적〉

(아야 오직 뎌오밋흔 믈론 안죽 틱도 업스니다)

ㄴ. 吾隱 去內如 辭叱都 毛如 云遣 去內尼叱古 〈제망〉

(나는 가ᄂ다 말ㅅ도 몯다 니르고 가ᄂ닛고)

(121)ㄱ. 覺樹王焉 迷火隱乙 根中 沙音賜焉逸良 〈항순〉

(覺樹王은 이브늘 불휘 사ᄆ시니라)

ㄴ. 入良沙 寢矣 見昆 脚烏伊 四是良羅 〈처용〉

(드러ᅀᅡ 자리 보곤 가로리 네히러라)

ㄷ. 圓智ㄱ 無相乙ᄼᆢ 三界ㅅ 王ㅣ罒 三十生乙 盡ㄘ口 等ㅓ 大覺ᄼᄼᆢ

〈구인 11: 3〉

(圓智는 無相을 하시어 三界의 王이라 三十生을 다하고 평등하
게 大覺하시며)

(120)은 평서형 종결 어미를 보이는 향가이다. (120ㄱ)에 나오는
'-다'(多)는 대표적인 평서형 어미이다. (120ㄴ)의 '去內如'(가ᄂ다)는 인
용문에서 '-ᄂ-' 아래에서 '-다'가 쓰인 예이다. (121ㄱ), (121ㄴ), (121ㄷ)
에서는 각각 선어말 어미 '-니-'와 '-러-(<-더-)' 그리고 서술격 조사 아
래에서 '-다'가 '良, 羅(-라)'로 교체되었다. 대체로 선어말 어미 '-습-,
-시-, -ᄂ-, -아, -거-' 아래에서는 '-다'형이, '-니, -다, -리, -오-'
아래에서는 '-라'형이 오는데, 이는 중세 국어에서도 마찬가지이다. 서
술격 조사 '이-' 아래에서 '-다'가 '-라'로 바뀌는 것도 수의적이다. 이
처럼 형태론적인 이형태로 해석되는 '-다'와 '-라'의 바로 앞에 오는 선
어말 어미에 대해 전자는 비교적 [객관성]이 높은 의미 특성을 가지며
후자는 좀 더 [주관성]을 갖는 것으로 파악하기도 하나, 오히려 전자
에 화자의 발화 태도가 더 개입되어 있는 경우도 많아 아직 뚜렷한 변
별 요인을 찾기 어렵다.

(122)ㄱ. 自此 西北 行涉之 〈고구려성벽 각자〉

(여기서부터 서북 방향을 行涉한다.)

ㄴ. 成造爲內臥乎亦 在之 白腸 〈자적〉

((寺利을) 조성하고 있다고 보고하시었음.)

ㄷ. 觀音巖中 在內如 〈蠟石製壺 1: 7〉

(觀音巖에 있다.)

ㄹ. 妹者 敬信大王 嫡在也 〈갈항사 석탑명〉

(누이는 敬信大王의 姨母이다.)

ㅁ. 鍾成內矣 〈규흥사 종명〉

(鍾을 조성하였다.)

(122)는 이두문이다. 고구려 이두문 (122ㄱ)에서 '-다'를 표기한 '之'는 (122ㄴ)처럼 고려 시대 이두문에서도 널리 쓰였다. 이두문에선 '-다'가 이 밖에 (122ㄷ)의 '如', (122ㄹ)의 '也', (122ㅁ)의 '矣' 등으로도 나타난다. '也'는 '之'와 함께 삼국 시대부터 이두문에 쓰였지만, '如'와 '矣'는 신라 시대 이두문에서부터 보인다.

(123)ㄱ. 吾ㄱ 今ᆢㄱ 先ᖔ 諸ㄱ 菩薩 {爲}ᄒ 佛果乙 護ノ솜ㄴ 因緣ᣳ 十地ㄴ 行乙 護ノ솜ㄴ 因緣ᣳノ乙 說白ᄒᄒ니 〈구인 3: 18-19〉

(나는 지금 먼저 모든 보살을 위하여 佛果를 지킬 인연이니 十地의 행을 지킬 인연이니 하는 것을 말하겠다.)

ㄴ. 善男子ᖔ 是 如ᄒᆢㄱ 十種乙 菩薩摩訶薩ᄼ 菩提心因ᅳノㅈᄀ기ㅣ 〈금광 2: 20〉

(선남자야, 이와 같은 열 가지를 보살마하살의 菩提心因이라 하는 것이다.)

(124) 是諸佛之本源ㅐㅎ 菩薩之根本ㅐㅎ 是大衆諸佛之根本ㅐㄴ人 〈범망 8b〉

(이는 諸佛의 本源이며 菩薩의 根本이며, 이는 大衆과 諸佛의 根本이라.)

(123)은 석독 구결문이다. (123ㄱ)과 (123ㄴ)에서 '-다'(ㅣ)를 보여, 서술격 조사 아래에서 '-다>-라'의 변화가 아직 일어나지 않은 것으로 보인다. 그러나 음독 구결에서는 (124)에서 보듯이 서술격 조사 어간이나 '-오-, -니-, -리-' 등의 뒤에서 대부분 '-라'(ㅅ) 형태가 나타난다.

중세 국어의 한글 문헌에서는 보기 힘들지만, 이두와 향찰에서는 평서형 어미로 '-져/졔'가 확인된다. 현대 국어의 제주도 방언에서 보이는 종결형 '-저'는 이 어미의 후대 지속 형태일 가능성이 있다. 평서형 '-져/졔'는 향찰에서 '制, 齊'로, 이두에서 '哉, 齊'로 나타난다.

(125)ㄱ. 仏仏 周物叱 供爲白制 〈광수〉

    (佛佛 온갓 供ᄒᆞᆸ져)

ㄴ. 後代追愛人者 此善助在哉 〈감산사〉

    (후대에 추모하고 그리워하는 자는 이 선업이 도울 것이다.)

ㄷ. 心未 際叱肹 逐內良齊 〈찬기〉

    (ᄆᆞᅀᆞᆷ의 ᄀᆞᆺ 좃ᄂᆞ라져)

ㄹ. 奴婢乙良 各十口 膓給敎是齊 〈상첩 50〉

    (奴婢를 각 10명을 주게 하시었다.)

(126) 右諸人等 若 大小便爲哉 若 臥宿哉 若 食 喫哉 爲者 〈화사〉

    (위 여러 사람들이 만약 大小便을 하거나 만약 누워 자거나 만약 먹고 마시거나 하면)

(125ㄱ)에서 '制'(-져), (125ㄴ)에서 '哉'(-지/져) 그리고 (125ㄷ)과 (125ㄹ)에

서 '齊'(-져)는 모두 희망이나 권유 또는 당위성을 나타내는 평서형 어미이다. '-져'는 연결 어미로도 쓰이는데, (126)에서 '齊'(-져)는 문맥상 연결 어미로 볼 수 있다. 석독 구결에서도 'ㅎ'(-져)가 연결 어미로 쓰인다. 대체로 서술 내용에 대해 '-지/져/제'는 객관적으로, '-다'는 단정적으로 표현하는 성격을 가진 것으로 보인다. '-져'는 중세 국어의 한글 문헌에서 희망이나 청유 의미를 가진 표현으로도 쓰인다.

감탄형의 종결 어미로는 '-ㄴ뎌, -ㅭ뎌, -ㅅ뎌'를 꼽을 수 있다. 여기에서 '-뎌'는 의존 명사 '드'와 종결 어미 '-여'가 결합된 형태로, '-ㄴ뎌'와 '-ㄴ여' 형이 공존하였다. 감탄형은 향가에서 많이 찾을 수 있다.

(127)ㄱ. 一等隱 枝良 出古 去奴隱 處 毛冬乎丁 〈제망〉

    (ㅎ든 가지라 나고 가논 곧 모드론뎌)

  ㄴ. 雪是毛冬乃乎尸花判也 〈찬기〉

    (누니 모딜 두폴 곳가리여)

  ㄷ. 一等沙 隱賜以 古只內乎叱等邪 〈도천〉

    (ㅎ든사 숨기주쇼셔 ᄂ리ᄂ옷드야)

  ㄹ. 法雨乙 乞白乎叱等耶 〈청전〉

    (法雨를 비술봇드야)

향가 자료인 (127ㄱ)에서는 선어말 어미 '-오-'에 감탄법 어미 '-ㄴ뎌'가 결합한 '毛冬乎丁'(모드론뎌)가 나타난다. 그러나 향가에서는 감탄 조사에 의한 감탄문이 더 많다. (127ㄴ)의 '花判也'에서 감탄 조사 '也'(야), (127ㄷ)의 '古只內乎叱等邪'에서 '邪'(-야)를 볼 수 있다. (127ㄹ)의 '乞白乎叱等耶'도 (127ㄷ)과 같은 '-ㅅ드야'계 감탄문이다. '혜성가'의 '倭理叱軍置來叱多'에서 '叱多'(-ㅅ다)와 '풍요'의 '來如哀反多羅'에서

'羅'(-라)도 감탄형으로 보고, '찬기파랑가'의 '白雲音逐于浮去隱安攴
下'에서 '下'(-하)를 높임의 뜻을 갖는 감탄형으로 보기도 한다.

이두자에 의한 감탄문은 발견되지 않는데, 이는 이두 문서의 특성
일 것이다. (126)은 구결문이다. 구결에서 감탄문 어미는 '-ㄴ여'로 나
타나거나, 여기에 의존 명사 'ᄃ'가 들어간 '-ㄴ뎌' 형태를 갖기도 한다.

(128)ㄱ. 百億萬土ㅣ 六大動ㅆㅁㄷ乙ㅕ 生乙 含ㅆㅣㄷㅌㄴ{之} 生ㅣ 妙報乙 受ㅁㅌㅣㅎ
　　　 〈구인 11: 12〉
　　　 (百億萬土는 六大動하며 生을 含하는 중생은 妙報를 받는 것이
　　　 다.)

　　 ㄴ. 爾時ㅁ 文殊師利 菩薩ㅣ 智首 菩薩乙 告ㅆㅕ 言ㅎㄹ 善ㅎㄱ{哉}ㅓ 佛
　　　 子ㅊ 汝ㅣ 今ㅆㅣ 饒益ノㄹ所 多ㅎ 安隱ノㄹ所ㅕ 多ㅎㄱㅅ乙ㅆ 世間乙 哀
　　　 愍ㅆㅎ 天人乙 利樂ㅆㅆ{爲欲}ㅅ 是 如ㅎㅆㅌㅌ 義乙 問ㅎㅁㅅㅣㅣ 〈화엄
　　　 2: 10-12〉
　　　 (그때에 문수사리 보살이 지수 보살에게 고하여 이르시기를 "착
　　　 하구나. 불자여 너는 지금 饒益하게 할 바가 많으며 安隱하게
　　　 할 바가 많기 때문에 世間을 哀愍하고 天人을 利樂하게 하려고
　　　 이 같은 義를 묻는구나.")

　　 ㄷ. 時ㅁ 波斯匿王ㅣ 言ㅣㄹ 善ㅅㅎㅕㅓ 大事ㅌ 因緣ㅆ 故ノㅅㄴㅁㅏㅣㅣㅣㅣㅎ
　　　 〈구인 3: 20〉
　　　 (그때에 波斯匿王은 말씀하시기를, "좋으시구나, 큰 일의 인연으
　　　 로 하심이여." 하여)

　　 ㄹ. 爾ㅆㅣ 時ㅁ 賢首菩薩ㅣ 偈乙 以ㅕ 答ㅆㅎ 曰ㅎㄹ 善ㅎㅁㄱ{哉}ㅓ 仁者ㅊ
　　　 諦ㅣ 聽ㅎㅎㅎ 應ㅌㅆㅏㅣ … 〈화엄 9: 1-2〉
　　　 (그때에 현수 보살은 偈로써 답하여 말씀하시기를, "좋으시군요,

仁者여 자세히 들어야 합니다. …")

(128ㄱ)에서 '受ㅁㅌ-1゙(받고ᄂᆞ녀)는 감탄형이다. 이 밖에도 (128ㄴ)의 '善
-1゙[哉] ゙(인견뎌)와 '問ㅊ-1-1゙(묻겨견뎌), (128ㄷ)의 '善ᄀ゙-1゙(이ᄃ시온뎌)
와 '故ノ-1二ㅁ-1-1-1゙(故ᄒ시고눈인뎌 ᄒ야), (128ㄹ)의 '善ᄱ-1[哉] ゙(이ᄃ시
곤뎌)와 같은 감탄형이 있다. '-1゙는 'ㅁ-1゙에서 'ㄱ'이 약화된 형태로
추정되는데, 이들은 형용사와 결합하여 감탄을 나타낸다. 감탄형 '-1゙,
-1-1゙, -1-1゙의 앞에는 '-1(-겨-), ㅌ(-ᄂᆞ-), ㅁ(-고-)'가 선어말 어미로 올 수 있
다. 'ㅁ-1゙(-곤여)는 16세기 이후 한글 문헌에서 나오는 감탄형 '-고나'
의 소급형으로 보인다.

의문형 종결 어미로 중세 국어에서는 동명사형 '-니-'나 '-리-'에 각
각 '-가/아'나 '-고/오'가 결합한 형태가 있다. 고대 국어에서는 '-리가/
리아, -리고/리오' 계열만 나타나는데, 이는 당시에 아직 '-니-' 결합형
의 용법이 없었기 때문으로 해석된다.

(129)ㄱ. 月下伊 底亦 西方念丁 去賜里遺〈원왕〉

(ᄃ라리 엇뎨역 西方ᄭ장 가시리고?)

ㄴ. 阿邪 此身 遣也置遣 四十八大願 成遣賜去〈원왕〉

(아야 이 모마 기뎌 두고 四十八大願 일고실가?)

ㄷ. {云}何ᄀ-1ㄴ 聞正法圓滿川ノ숖ㅁ〈유가 4: 6〉

(무엇을 聞正法圓滿이라 하는가?)

ㄹ. 波斯匿王1 言ᅴ-1 第一義ㅌ 中-1-1 世諦 有ㅌᄀᄀ-1ㅁ-1숖-1 不놋-1-1-1ㅌ-1

〈구인 14: 18〉

(波斯匿王은 이르시기를, "第一義의 가운데 世諦가 있다고 하겠
는가, (그렇지) 않은 것인가?")

향가 (129ㄱ)의 '去賜里遣'에는 설명 의문형 '-리고'가 나타나며, (129
ㄴ)의 '成遣賜去'에는 판정 의문형 '-ㄹ가'가 있다. 구결문 (129ㄷ)에서
는 'ㅅㅁ'(-리고), (129ㄹ)에서는 'ㅅㅎ'(-리아)라는 의문형 어미를 보인다.
'-리고'는 의문사를 갖는 문장에 쓰여 설명 의문을 표시하고 '-리가/리
아'는 판정 의문을 나타낸다. 석독 구결에서의 의문형은 주로 '-리고'
형을 갖는다. (129ㄹ)의 '有ㄴ\\ㅁㅎㅅㅎ'에서 'ㅅㅎ'(-리아)는 'ㅣ' 모음 뒤에
서 ㄱ탈락이 된 것으로 해석하여 '-리가'형을 설정할 수 있으나, 이러
한 형태 구조를 가진 다른 예가 아직 발견되지 않아 석독 구결에서는
'-고'형 의문문만 있다는 견해도 있다.

간접 의문법으로 나타나는 '-ㄴ가, -ㅭ가, -ㄴ고, -ㅭ고'도 역시 동
명사형 '-ㄴ, -ㅭ'에, 판정 의문 첨사 '가'나 설명 의문 첨사 '고'가 결합
한 형태이다.

(130)ㄱ. 四十八大願 成遣賜去 〈원왕〉

　　　(四十八大願 일고실가?)

　　ㄴ. 放冬矣 用屋尸 慈悲也 根古 〈도천〉

　　　(어드레 쓰올 慈悲여 큰고?)

　　ㄷ. 恐ㅅㄱ 資緣 乏ㅎㅊ 是 如ㅎ\\ㄱ 所受ㄴ 正法乙 退失\\ㅊ尸ㅊ\\ㅓ尸ㅅ灬

　　　〈유가 3: 16-17〉

　　　(두려워하건대, 資緣이 모자라서 이 같은 所受의 正法을 退失할
　　　까 하기 때문에)

　　ㄹ. 何ㄴ： 得ㅎㅎ可ㄴ\\ㅓ尸ㅁ\\ㅓㄱ灬： 〈구인 15: 5〉

　　　(어찌 얻을 수 있을 것인가 하는 까닭에서다.)

　　ㅁ. 吾隱 去內如 辭叱都 毛如 云遣 去內尼叱古 〈제망〉

　　　(나는 가ᄂ다 말ㅅ도 몯다 니르고 가ᄂ닛고)

(130ㄱ)에서 '成遣賜去'(일고실가)는 판정 의문형 어미 '-ㄹ가'를, (130ㄴ)에서 '根古'(큰고)는 설명 의문형 어미 '-ㄴ고'를 보여 준다. (130ㄷ)의 '退失ソ厺尸厺'(退失ᄒᆞ젏거)에는 판정 의문형 어미 '-ㅭ가'를, (130ㄹ)의 '可セソ朩尸ロ'(짓ᄒᆞ릻고)에는 설명 의문형 어미 '-ㅭ고'가 있다. 의문형의 높임형은 '-잇-'으로 나타낸다. (130ㅁ)의 '去內尼叱古'(가ᄂᆞ닛고)에서 '-닛고'는 높임의 의문형 어미이다.

2인칭 의문문의 어미는 '-ㄴ다/ㄴ뎌, -ㅭ다/ㅭ뎌'형을 갖는데, 이들도 동명사형에 '-다'를 결합한 형태이다.

(131)ㄱ. 念念相續无間斷 仏体 爲尸如 敬叱 好叱等耶 〈항순〉

(念念相續无間斷 부텨 ᄃᆞᆸ빌다 고맛 홋ᄃᆞ야)

ㄴ. 此 地肹 捨遣只 於冬是 去於丁 〈안민〉

(이 짜ᄒᆞᆯ ᄇᆞ리곡 어드리 가늘뎌)

(132)ㄱ. 汝1 云何聞ᄉ 云何不聞ᄉ ソヒ去1丁 〈능엄기 52a: 4〉

(너는 무엇을 聞이라 무엇을 不聞이라 하는가?)

ㄴ. 汝 云何知ソ乙丁 知有知無ロ1 … 〈능엄기 53a: 5〉

(너는 어찌 아는가? 知有知無는 …)

(131ㄱ)의 '爲尸如'에는 '-ㄹ다', (131ㄴ)의 '去於丁'에는 '-ㄹ뎌'가 있다. 2인칭 의문문은 석독 구결에선 나오지 않고 향가에도 (131)의 두 예만 보인다. 그러나 음독 구결에는 (132)에서 보듯이 '1丁'(-ㄴ뎌), '乙丁'(-ㅭ뎌)와 같은 형태들이 많이 출현한다.

'가'와 '고'는 명사 뒤에 직접 붙어 체언 의문문을 만들기도 한다.

(133)ㄱ. 第一義セ 中3十 世諦 有セ|ソロ𠃌令3 不矢リ𠃌1ヒ3 〈구인 14: 18〉

(第一義의 가운데에 世諦가 있다고 하겠는가, (그렇지) 않은 것 인가?)

ㄴ. 一リ㢱 二リㅌ七{之} 義ㄱ 其 事 云何七ソロㅌヵ 〈구인 14: 19-20〉

(一이며 二인 것의 義는 그 일이 어떠한 것인가?)

(133ㄱ)의 '不矢リヵㄱㅌㄋ'(안디이온ᄂᆞ아)는 의존 명사 'ㅌ'(ᄂᆞ) 뒤에 의문 첨사 '가>아(ㄋ)'가 결합한 체언 의문문이며, (133ㄴ)의 '云何七ソロㅌヵ'(엇ᄒᆞ고ᄂᆞ오)에서 'ヵ'(오)는 의존 명사 'ㅌ'(ᄂᆞ) 뒤에 결합한 의문 첨사 '고>오'이다. 이들 의문 첨사는 명사 뒤에 붙은 보조사가 될 것이다.

이 밖에 수사적인 의문문을 만드는 종결 어미 '下呂, 下里'(하리)도 있다.

(134)ㄱ. 然叱 皆 好尸卜下里 〈상수〉

(그럿 모ᄃᆞᆫ 홀 디녀리)

ㄴ. 佛影 不冬 應爲賜下呂 〈청불〉

(佛影 안ᄃᆞᆯ 應ᄒᆞ샤리)

향가 (134ㄱ)의 '卜下里'(디녀리), (134ㄴ)의 '應爲賜下呂'(應ᄒᆞ샤리)는 오늘날 '-랴'와 비슷한 수사적 의문형을 볼 수 있다.

명령형 어미는 평칭의 '-라'와 높임의 '-셔, -쇼셔'가 있다. 향가에서는 '羅, 羅良, 去良, 賜立' 등의 표기를 볼 수 있다.

(135)ㄱ. 无盡辯才叱 海等 一念惡中 涌出去良 〈칭찬〉

(無盡辯才ㅅ 바ᄃᆞᆯ 一念악히 솟나거라)

ㄴ. 無量壽佛 前乃 惱叱古音(鄕言云報言也) 多可支 白遣賜立 〈원왕〉

(無量壽佛 前의 것곰 함즉 숣고쇼셔)

ㄷ. 彌勒座主 陪立 羅良 〈도솔가〉

(彌勒座主 모리셔 벌라)

향가 (135ㄱ)의 '涌出去良'와 (135ㄴ)의 '白遣賜立'에서는 각각 '-라'와
'-쇼셔'를 읽을 수 있고, (135ㄷ)에는 '羅良'(-라아)가 있다. 이두문에는
명령형이 많지 않다.[39]

    (136)ㄱ. 大小師ㅎ가 詣초기나 當 願 衆生 巧ㅣ 師長乙 事ㅏ白ㅅ 善法乙 習
        行ㆍㅌ효 〈화엄 3: 8〉

        (크고 작은 스승에게 나아갈 경우에는, 반드시 원하는 바는, '衆
        生은 잘 스승을 섬기어서 善法을 習行하소서.' (할 것이며))

    ㄴ. 汝ㅣ 今ㆍㄱ {有}ㅐㅅㄱ 所乙 悉ㅎ 當ㅏ 我ㅎ가 與ㆍㅁㅏ蒒효 ㆍㅊㅣㅏ 〈화
        소 10: 8〉

        ("너는 지금 가진 바를 다 반드시 나에게 주소서." 하면)

    ㄷ. 諦ㅣ 聽쇼 諦ㅣ 聽ㅎ 善ㅎ 之乙 思ㆍㅎ 念ㆍㅎ가 法乙 {如}ㅌ 修行ㆍㅎ
        ㅏㅎ ㆍㅁㅎㄴㄱ 時ㅏ 波斯匿王ㄱ 言ㅡ尸 善ㅡㅎㄱㅓ 〈구인 3: 19-20〉

        ("자세히 들어서 자세히 들으며, 이것을 잘 思하고 念하고 하며,
        法과 같이 수행하며 하여라." 하시니, 그때 波斯匿王은 말하시기
        를 "훌륭하시구나.")

---

39) 아래의 (i)은 856년에 조성된 종의 이두문이다.

  (i) 皆 無上菩提 成內飛也(立?) 〈규흥사〉

    (모두 無上菩提를 이룬다.)

여기에서 '成內飛也'를 '成內飛立'이라고 해석하기도 하는데, '飛立'으로 읽는다면
구결문(135ㄱ)에서 보이는 명령형 'ㅌ효(-ㄴ셔)와 대응할 수 있을 것이다.

석독 구결에서는 '-라'형이 안 나타나고, 각각 '-셔'와 '-쇼셔' 층위의 높임 형태인 (136ㄱ)의 'ㅌ立'(-ᄂᆞ셔)와, (136ㄴ)의 'ㅁハ示立(-고기시셔/-곡시셔)'형만이 보인다. 역시 자료의 한계일 것이다. (136ㄷ)의 '修行ソろソナろ'(修行ᄒᆞ며ᄒᆞ겨아)도 명령형으로 볼 수 있다. 'ナろ'(-겨아)'의 원자(原字)는 위의 (135ㄱ) 등 향가에서 명령형 어미로 쓰인 '去良'으로,[40] (136ㄷ)의 해당 문장은 명령문으로 해석될 만하다.

명령형 어미는 『계림유사』에서도 나온다.

(137)ㄱ. 坐曰 阿則家囉 (안ᄌᆞ거라) 〈계림〉

ㄴ. 凡乎取物皆曰 都囉 (도라) 〈계림〉

(138)ㄱ. 借物皆曰 皮離受勢 (비리쇼셔) 〈계림〉

ㄴ. 相別曰 羅戱少時 (여희쇼셔) 〈계림〉

(137ㄱ)에서는 명령형 어미 '-라' 앞에 '-거/가-'가 결합한 형태를 보이고, (137ㄴ)에서는 동사 '주-'에 대한 보충법적 명령형 '도라'를 표현하였다. (138)에선 '-쇼셔'형을 읽을 수 있다. 『계림유사』에서는 명령형으로 ᄒᆞ라체와 ᄒᆞ쇼셔체는 보이지만 ᄒᆞ셔체를 찾을 수 없다.

청유형 어미로 확인되는 형태는 아직 발견되지 않는다. 이두나 향찰에서 보이는, 권유 성격을 가진 평서형 어미 '哉, 制, 齊'나 구결에서 'ㅋ'가 문맥에 따라서는 청유형으로 쓰인 듯하나 좀 더 연구가 필요하다. 이들 어미는 15세기 한글 문헌에서 나오는 청유형 어미 '-져'로 발전한다.

---

40) 모든 '-ナろ'가 다 명령형이 될 수는 없다. '-ナろ'는 일반적으로 연결 어미 '… 하여서, … 하여야'로 해석된다.

[연결 어미]

연결 어미는 대등적 연결 어미, 종속적 연결 어미, 보조적 연결 어미로 나눌 수 있다. 오늘날 그 기능을 비교적 뚜렷이 알 수 있는 '-고'와, 다양한 용법을 보이는 '-아' 외에도 '-나, -며, -져' 등이 있고, 의존 명사 'ᄃ'나 명사형 어미 '-ㄴ, -ㄹ'와 결합한 여러 형태들이 있다.

대등적 연결 어미에는 '-고'와 '-며'가 대표적이다.

(139)ㄱ. 執音乎手 母牛 放教遣 〈헌화〉

　　　(자ᄇ몬손 암쇼 노히시고)

　　ㄴ. 光賢亦 … 石塔伍層乙 成是白乎 願表爲遣 成是不得爲乎〈정두사〉

　　　(光賢이 … 石塔 伍層을 이루는 願을 表하고 이루지 못한)

　　ㄷ. 他密只嫁良置古 薯童房乙 夜矣卯乙抱遣去如〈서동요〉

　　　(ᄂᆞᆷ 그ᅀᅳ 어러 두고 薯童방을 바매 알홀 안고 가다.)

　　ㄹ. 三者 諸 惡道乙 斷〃ᄆ 善道門 開〃ᄼ〈금광 3: 2〉

　　　(셋째, 여러 惡道를 끊고 善道門을 열며)

(139)는 대등적 연결 어미 '-고'이다. 향가 (139ㄱ)과 이두 (139ㄴ)에서 '遣'은 '-고'를 표기하고 있다. 향가에선 '-고'를 '古'로 쓴 예도 보인다. 향가 (139ㄷ)에는 '古'와 '遣'이 모두 나온다. 구결 (139ㄹ)에서 '-고'는 'ᄆ'로 나타난다. '-고'는 특별한 의미를 거의 가지지 않고 단순히 대등 접속의 기능을 한다.

대등적 연결 어미 '-며'는 향가에서 '旀'로, 이두에서 '彌, 旀, 弥'로, 구결에서 'ᄼ'로 표기된다.

(140)ㄱ. 膝肹 古召旀 〈도천〉

(무루플 ㄴ초며)

ㄴ. 又 靑衣童子者 四伎樂人等 竝 伎樂爲旀 又 一人 香水 行道中
散旀 〈화사 9-11〉

(또 靑衣童子는 四伎樂人과 함께 伎樂하며, 또 一人이 향수를
가는 길에 뿌리며)

ㄷ. 三十生乙 盡ㅕㅁ 等ㅕ 大覺ㅅ二ㅂ 大寂無爲ㅣㅣ 金剛藏乙ㅅ二ㅂ 〈구인
11: 3-4〉

(三十生을 다하고 평등하게 大覺하시며, 大寂無爲인 金剛藏을
하시며)

향가 (140ㄱ)과 이두 (140ㄴ)에서의 '旀', 구결 (140ㄷ)에서의 'ㅕ'는 모
두 '-며'의 표기이다. '-며'도 동시적 성격의 단순한 접속 기능을 한다.
'-며'에 주제격 조사가 결합하여 종속적 연결 어미가 되는 '-면'은 음독
구결 이후에 나온다.

대등적 연결 어미에는 '-나'도 있다. '-나'는 선행문과 후행문의 내용
이 상대적임을 나타내는데, 향가와 이두에서는 '乃'로, 구결에서는 'ㄉ'
로 표기된다.

(141)ㄱ. 皃史沙叱 望阿乃 世理 都之叱 逸烏隱苐也 〈원가〉

(즈싀삿 ㅂ라나 누리 모든갓 여ㅎ온뎌여)

ㄴ. 或放賣孫外爲去乃 或無子息 〈李遇陽許與文記〉

(혹 孫外를 放賣하거나 혹 자식이 없으면)

ㄷ. 又 彼ㄱ 於晝夜ㅏ 若 行ㅅㄉ 若 住ㅅㄉ 衣服ㅡ 飮食ㅡ 命緣ㅡ丿ㄕ
乙 〈유가 27: 21-22〉

(또 그는 밤낮에 행하거나 머물거나 (간에) 衣服이니 飮食이니
命緣이니 하는 것을)

향가 (141ㄱ)은 역접의 '乃', 이두문 (141ㄴ)은 나열의 '乃' 그리고 구결문
(141ㄷ)은 나열의 'ㄣ'가 있는데 모두가 '-나'로 읽히는 연결 어미이다.
　연결 어미 '-며'와 '-나'는 명사형 어미에 직접 결합한 형태가 간혹
보인다.

> (142)ㄱ. 智慧 自在ㅄㅎ 思議ㄹ 不(丿丿ㄹㅎ 說法ㄴ 言辭 礙ㄹ 無ㅎ{有}〈화엄
> 15: 5〉
> (智慧가 自在하여 思議하지 못하며 說法의 言辭가 거리낌 없으며)
> ㄴ. 五眼ㅣㅣ 成就ㅄㅎㄱㄴㅌㄴ 時ㅓ 見ㄷㄱㅎ 見ㅎㄹ 所ㅎ 無ㄴㄷㅎ〈구인 15:
> 16〉
> (五眼이 이루어지신 때에 보시나 보는 바가 없으시며)
> (143) 必于 化緣 盡 動賜隱乃〈청불〉
> (비록 化緣 다아 뮈신나)

(142ㄱ)의 '不(丿丿ㄹㅎ'(몯홇며)에서는 '-며' 앞에 동명사형 어미 '-ㅭ'가
왔고, (142ㄴ)의 '見ㄷㄱㅎ'(보신나)에서는 '-나' 앞에 동명사형 어미 '-ㄴ'
가 왔다. 이러한 표현 방식은 향가 (143)의 '動賜隱乃'에서도 보이나,
중세 국어에서는 나타나지 않는다. '동명사형 어미+연결 어미'의 구
성은 자연스럽지 않아, (142ㄴ, 143)은 모두 'ㄴ'의 중복 표기일 가능성
이 있다.
　동사나 동사구를 접속하는 대등적 연결 어미로는 '-지ㄱ, -져'를 꼽기
도 한다.

(144) 右 諸人等 若 大小便爲哉 若 臥宿哉 若 食 喫哉 爲者 〈화사〉

(위 여러 사람들이 만약 大小便을 하거나 만약 누워 자거나 만약 먹고 마시거나 하면)

(145) ㄱ. 三種 信解乙 起ノアム 一十丨 實有性乙 信ソ㢱 二 有功德乙 信ソ㢱 三 己ｧ 有能リ丨 得樂ノ今七 方便乙 信ソ㢱ソ尓 〈유가 5: 1-3〉

(세 가지 信解를 일으키되, 첫째는 實有性을 믿고, 둘째는 有功德을 믿고, 셋째는 자기의 有能인 즐거움을 얻는 방편을 믿고 하며)

ㄴ. 爾七ソ丨 時十 十号リ㢱 三明リ㢱 大滅諦リ㢱 金剛智リ㢱ソニ丨 釋迦牟尼佛丨 〈구인 2: 10〉

(이러한 때에 十號이고 三明이고 大滅諦이고 金剛智이고 하신 석가모니부처는)

(144)에서 '哉'(-지)는 연결 어미로 읽힌다. '哉'(-지)는 원래 종결 어미이지만 문맥에 따라 병렬의 연결 어미 기능을 하여 '-거나'의 뜻을 갖는데, 후대에 이두와 향찰에서 '制, 齊'(-져)로 교체되어 나타난다. (145)에서 '㢱'(-져)도 동사구를 계속 접속하므로 대등적 연결 어미로 볼 수도 있다. 그러나 마지막에 놓이는 '㢱'(-져)의 다음에 바로 'ソ-'(ᄒᆞ-)라는 동사가 오므로, 여기서 '㢱'(-져)들은 보조 동사 'ソ-'(ᄒᆞ-) 앞에 오는 보조적 연결 어미로 이해된다. 이처럼 보조적 연결 어미가 반복되고 맨 뒤에서 이들 동사구를 아우르는 보조 용언이 한 번 나타나는 용법은 중세 국어 이후에는 잘 쓰이지 않는다.

'-오ᄃᆡ/온ᄃᆡ'는 선행문의 내용을 전제하는 기능의 대등 접속을 이루는 연결 어미로, '-ᄃᆡ' 앞에 선어말 어미 '-오/우-'가 항상 결합하는 형태를 갖는다. '-ᄃᆡ'는 의존 명사 'ᄃᆞ'와 처격 조사 'ᄋᆡ'가 결합되어 어미화한 것이다. 향가에서는 '矣'로, 이두에서는 '乎矣'로, 구결에서는 'ㅅ尸厶, 㖿尸厶, ㅅ1厶, 㖿1厶'로 나타난다.

(146)ㄱ. 魂是 去賜矣 中 三烏賜 敎 〈도이장가〉

(억시 가샤듸 몸 셰오신 말쏨)

ㄴ. 金達舍 進置 右寺 原 問內乎矣 大山是在以 別地主 無亦 在弥 〈자적〉

(金達舍가 출두하여 右寺의 터에 대해 묻되 큰 산이므로 따로 地主가 없이 있으며)

ㄷ. 應ヒㅅ1 隨㖿 普 現㖿1厶 其 心3十 愜ㅎ丷3 色乙 樂㖿丷令ヒ 者㖿乙 皆ヒ 道3十 從ヒ 俾リナ5 〈화엄 18: 5〉

(마땅한 것을 좇아 널리 나타내되 그 마음에서 쾌히 하여 色을 즐기는 사람을 모두 道를 좇게 하며)

향가 (146ㄱ)에서는 '-오-'가 나타나지 않는데, 김완진(1980)은 이를 보충해 넣어 '去賜矣'를 '가샤듸'로 해석하였다. 이두 (146ㄴ)에서 '乎矣'와 구결 (146ㄷ)에서 '㖿1厶'(-온듸)가 모두 '-오듸/우듸/온듸' 또는 '-온듸/옳듸'형으로 나타난 것이다.

'-다가'도 대등적 연결 어미로 설정할 수 있을 것이다. 중단을 나타내는 어미 '-다가'는 향가와 이두 그리고 음독 구결 자료에서 보인다.

(147)ㄱ. 夜入伊 遊行如可 入良沙 寢矣 見昆 〈처용〉

(밤드리 노니다가 드러사 자릐 보곤)

ㄴ. 威福自持爲如可 故後 庶子 崔沆亦 傳繼爲旀 〈상첩 2.21〉

(威福自持하다가 後에 庶子 崔沆이 傳繼하며)

(148) 思不可樂法ソ叮 而觸不可樂事ソㅏ〈능엄가 5.11b〉

(不可樂法을 思하다가 不可樂事을 觸하여)

향가 (147ㄱ)과 이두 (147ㄴ)의 '如可'는 모두 '-다가'로 읽히는 연결 어미이다. 석독 구결에는 '-다가' 예가 없지만, 중세 국어 자료인 음독 구결 (148)에서는 'ㅣ叮(-다가)'가 나온다.

(149)ㄱ. 若 三摩地乙 得ぅㅓ一 而ㄱ 圓滿 未ㅐぅ 亦 自在 未ソソぅㄱㄱ〈유가
24: 6-7〉

(만약 三摩地를 얻었으나 圓滿하지 못하고 또 自在하지 못하고
하면)

ㄴ. 此)ㅣ 轉輪位ぅㅏ 王ㄱ 處ソ帚亍丄 已ぅ 久古ハ尒ㄱぅ 我ㄱ 曾ハ亍刀 得
尸 未ソソセ乙히〈화소 11: 18-19〉

(이 轉輪王位에 王은 處하시되 이미 오래되셨으나, 나는 일찍이
(이 자리를) 얻지 못했습니다.)

(149ㄱ)의 '得ぅㅓ一'와 (149ㄴ)의 '久古ハ尒ㄱぅ'에서 '-여'(一, ぅ)는 모두 역접 관계를 나타내는 접속 어미로 쓰였다.

'-아'는 대등적 구성이나 종속적 구성의 연결 어미로 매우 넓게 쓰이는데, 향가에서는 '良', 이두에서는 '良', 구결에서는 'ぅ'로 나타난다.

(150)ㄱ. 花肹 折叱可 獻乎理音如〈헌화〉

(고줄 것거 바도림다)

ㄴ. 成是 不得爲 犯由 白去乎等用良 又 右長亦 …〈정두사 14-15〉

(조성하지 못한 경위를 보고하였으므로 또 위 長이 …)

ㄷ. 十二 大衆ㄱ 皆ㄴ 來ㅆㅏㅊ 集會ㅆㅏ 九劫蓮花座ㅏㅏ 坐ㅆㅂㅏㄱㅣㅿ 〈구인 2: 7-8〉

(十二 大衆은 다 와서 모여 九劫 蓮花座에 앉으셨는데)

ㄹ. 淨兜寺良中 安置令是白於爲 議 出納爲乎 事亦在乙 〈정두사 11-12〉

(淨兜寺에 安置하게 할 議論을 出納한 일이었거늘)

향가 (150ㄱ)의 '折叱可'(것거)에서 '-어', 이두문 (150ㄴ)의 '用良'에서 '良'(-아),[41] 구결문 (150ㄷ)의 '集會ㅆㅏ'에서 'ㅏ'(-아)가 다 여기에 해당한다. (150ㄱ, ㄷ)의 '-아/어'는 계속성을 나타내는 대등 접속을, (150ㄴ)의 '-아'에선 이유를 나타내는 종속 접속을 보인다. '-아'는 계속, 방법, 원인, 이유 등을 나타내는 문장 접속에 두루 쓰인다. (150ㄹ)의 '安置令是白於爲'(安置ㅎ이숣어 홀)에서 '於爲'(-어 흫-)은 '합당하다'의 뜻을 가지는데, 15세기 한글 자료에서는 나타나지 않지만 고려 시대의 이두문에선 종종 보인다. 여기에서 '於'는 '-어' 정도로 추정되나, (150)에서의 다른 '-아/어'와 동일한 형태소로 보기에는 주저함이 있다.

---

41) 현재 알려져 있는 이두문 자료 가운데 연결 어미 '-아'가 '良'으로 표기된 것은 '정두사조탑형지기'(1031년)에 있는 위 (150)의 문장이나 '불국사무구정광탑중수기'(1038년)의 '僧衆三百余人是遣在 … 不得爲去乎等用良 奴人壯爲五十余人乙加 … 下是白乎事是在(스님 300여 명이었는데 (탑의 돌을 내리는 일을) 할 수 없었으므로 노예 가운데 건장한 50여 명을 더하여 … 내리었으며) 등이 나온 11세기 초부터이다. 그 이전에는 이유나 원인을 나타내는 표기로 '等以/드로'나 '以'를 사용하였다. 음독 구결에서는 'ㄱㅊ'(-ㄴ대)가 나오고 15세기 한글 문헌에서는 '-ㄹ싀'를 쓴다. '대'는 'ㄷ'에, '싀'는 'ㅅ'에 처격이 결합한 형태로, 이유·원인의 표현에 의존 명사에 조사를 결합한 형태가 계속 쓰인 것이다.

(151) ㄱ. 圓智ㄱ 無相乙ソニ下 三界七 王リ罒 〈구인 11: 3〉

(圓智는 無相을 하시어 三界의 王이라)

ㄴ. {於}此 諸 相ろ十 作意思惟ソろ亦 其 心乙 安住ㅅ リ下 諦現觀ろ十 入ソ 尔 〈유가 24: 6〉

(이 모든 相에 대해 作意思惟하여서 그 마음을 安住시켜 諦現觀에 들어가며)

(151)에서 '下'(-하)는 'ろ'(-아)의 이형태로, 선어말 어미 'ニ/示'나 사동 접미사 'リ' 뒤에 나타난다. (151ㄱ) '無相乙ソニ下'(無相을 ᄒᆞ시하)에서는 'ニ'(-시-) 아래에서, (151ㄴ) '安住ㅅリ下'(安住히이하)에서는 'リ'(-이-) 아래에 결합하였다.

'-라'는 이유나 근거를 말하는 '-라서'의 뜻으로 쓰이는 종속적 연결 어미로, 향가에서 '羅', 구결에서 '罒'로 나타낸다.

(152) ㄱ. 二于万隱 吾羅 一等沙 隱賜以 〈도천〉

(두블 ᄀᆞ만 내라 ᄒᆞᄃᆞᆫ사 숨기주쇼셔)

ㄴ. 圓智ㄱ 無相乙 ソニ下 三界七 王リ罒 三十生乙 盡ろロ 等ろ 大覺ソニ尔 〈구인 11: 3〉

(圓智는 無相을 하시어 三界의 王이라서 三十生을 다하고 모두 大覺하시며)

ㄷ. 師子リ 臆ろ十 長毫ソ1ㄱ 獸ろ七 王リ罒 一切 衆獸乙 悉ろ 皆 怖畏ㅅリ 卜 ノㄱ入乙 菩薩ㄱ 悉ろ 見ナ斤ヒリ〈금광 6: 15-17〉

(사자가 가슴에 긴 털이 난 놈은 짐승의 왕이라 일체 짐승을 모두 다 怖畏하게 하는 것을 보살은 다 본다.)

(152ㄱ)의 '羅(-라)는 이유를 말하는 종속적 연결 어미이다. (152ㄴ,ㄷ)에서 서술격 조사 'ㅣ(이-)에 결합한 'ㄸ(-라)도 이유를 나타내는 종속 접속문을 이끈다.

'-늘'은 전제의 뜻을 갖는 종속적 연결 어미이다.

(153)ㄱ. 法界 居得 丘物叱丘物叱爲乙〈항순〉

　　　　(法界 ᄀ득 구믈ㅅ구믈ㅅᄒ야늘)

　　ㄴ. 身病以 遷世爲去在乙 同生兄 副戶長 稟柔亦〈정두사 8〉

　　　　(身病으로 세상을 떠났거늘 친형인 副戶長 稟柔가)

　　ㄷ. 十千人ᄒᆡ 間ᄂᆞᄀᆞᄂ丁乙 能矢 答ᄂᆞ소ㄴ 者 無ㄴㅌᄂᆡ〈구인 3: 2-3〉

　　　　(十千人에게 물으시며 하시거늘, 능히 대답하시는 자가 없으셨다.)

　　ㄹ. 尸羅 圓滿ᄂᆡ(之) 攝受ㄱ 所乙 依ᄼᄼ (於)增上 尸羅ᄀᆞ 淨戒乙 毀犯ᄂ丨ᄾ〈유가 6: 21-22〉

　　　　(尸羅 圓滿으로 攝受한 바를 의지하여서는 增上 尸羅에 대해 淨戒를 毀犯하여서)

　　ㅁ. 一切 外人ㅣ 來ᄂ丨ᄾ 相ノ 詰難ᄂᆚ丁乙 善(能 解釋)ᄂ丨ᄾ〈금광 5: 20〉

　　　　(일체 外人이 와서 서로 詰難하거늘 잘 解釋하여)

(153ㄱ)의 '爲乙'의 '乙'에는 동명사형 '-ㄴ'가 생략된 채 '-을'이 나타난 것으로 보아 연결 어미 '-늘'을 설정할 수 있다. (153ㄴ)의 '遷世爲去在乙'(遷世ᄒ거견을)에서 '去在乙'에서 보이듯 '-거-'와 '-견-'이 결합한 형식으로 나타나기도 한다. (153ㄷ)의 'ᄂᆞᄀᆞᄂ丁乙'이나 (153ㄹ)의 '依ᄼᄼ'에서

도 종속적 연결 어미 '-늘'(lㄷ, ㅕ껴)을 볼 수 있다. '去乙'과 (153ㅁ)의 'ㅊ
lㄷ'은 15세기 연결 어미 '-거늘'로 연결된다. 음독 구결에서 조건 등
을 나타내는 연결 어미 'ㅁ껴(-고늘)도 이와 관련을 가질 수 있을 것이
다. (153)에 나타나는 종속적 연결 어미들은 명사형 '-ㄴ'에 목적격 조
사 '-올'이 결합하여 어미화한 형태라고 해석할 수 있다.

'-든'은 조건을 말하는 종속적 연결 어미로, 향가와 이두에서는 '等',
구결에서는 'ㅅ1'으로 표기된다.

(154)ㄱ. 吾肹 不喻 慚肹伊賜等 花肹 折叱可 獻乎理音如 〈헌화〉

　　　　(나를 안디 붓그리샤든 고졸 것거 바도림다)

　　ㄴ. 爭望爲行 隅 有去等 禁止爲遣 鎭長 屬社令是良於爲 事 〈송광
　　　　사 10-12〉

　　　　(다투고 원망하는 따위의 일이 있거든 禁止하고 鎭定하여 長久
　　　　히 寺에 從屬시켜야 할 일)

　　ㄷ. 是如 第三心乙 說ゞ 屬提波羅蜜因ᅳノ利ぅ 譬ㅅ1 風輪1 那(羅延 力
　　　　勇壯) 速疾ゝ1 如ㅊ 〈금광 2: 4-5〉

　　　　(이와 같이 第三心을 일러 屬提波羅蜜因이라 하며, 비유하면 風
　　　　輪은 那羅延의 力이 勇壯 速疾한 것같이)

　　ㄹ. 阿邪也 吾良遣 知支賜尸等焉 〈도천〉

　　　　(아아여, 나라고 아른실든)

　　ㅁ. 又 此 聖諦現觀ㄴ 義1 廣॥ 說尸ㅅ1 知ノ扪應ㄴ1 〈유가 25: 23〉

　　　　(또 이 聖諦現觀의 義는, 자세히 말하면, 알아야 한다.)

향가 (154ㄱ)에서 '等'은 연결 어미 '-든'으로 읽히는데, 이두문에서는
(154ㄴ)에서와 같이 주로 '去等'(-거든)으로 나타난다. 구결 (154ㄷ)의 'ㅅ

ㄱ'도 종속적 연결 어미 '-둔'이다. 향가 (154ㄹ)의 '尸等焉'과 석독 구결 (154ㅁ)의 'ㄕㅅㄱ'에서 보듯이 조건을 나타내는 연결 어미 'ㄕㅅㄱ(-ㅭ둔)'은 13세기에 형성된 것으로 추정된다.(박용식 2005) '-ㅭ둔' 앞에는 'ㅌ(-느-), ナ(-겨-), ㅁ(-고-), ㅊ(-거-)' 등의 선어말 어미가 올 수 있다. 음독 구결에는 'ㄕ'(-ㅭ)가 탈락한 'ㅁㅅㄱ(-고둔), ㅊㅅㄱ'(-거든)형이 많이 보이는데, 이는 중세 국어 한글 문헌의 '-거든'에 대당한다. 이두문에서 '-거든'은 유경(柳璥)의 『尙書都官貼文』(1262)에서 '是去等'으로 나온 것이 처음이다.

조건을 나타내는 연결 어미로 'ㄱㅣ+'(-ㄴ다긔), 'ㄱㅣ+ㄱ'(-ㄴ다긘)도 들 수 있다. 동명사형 어미에 의존 명사와 처격 조사가 결합하여 조건절 어미 기능을 하는 것이다.

(155) 東西班 勿論 參職超授 直子 無在如亦中 內外 孫甥姪女壻中 一名乙 〈상첩 51-57〉

(東西班은 물론 參職超授가 直子가 없을 때에는 內外 孫甥姪女壻 중 一名을)

(156) ㄱ. 妻子 集會ㅣㅊㄱㅣ+ㄱ 當 願 衆生 怨親平等ㅣㄴ乊 永ㅊ 貪著 離支ㅌ支立 若ㅌ 五欲乙 得ㄴㄱㅣ+ㄱ 當 願 衆生 欲箭乙 拔除ㅣㄴハ 究竟 安隱ㅣㅌ支立 〈화엄 2: 21-22〉

(妻子가 集會할 때에는 반드시 원하건대 "衆生은 怨과 親이 平等하여서 영원히 貪著을 여희소서." (할 것이며) (보살이) 만약 五欲을 얻을 때에는 반드시 원하건대 "衆生은 欲의 화살을 拔除하여서 마침내 安隱해지소서." (할 것이며))

ㄴ. 佛前灯乙 直体良焉多衣 〈광수〉

(佛前燈을 고티란ᄃᆡ)

(155)의 '無在如亦中'(없견다여긔)에서 '-ㄴ다여긔', (156ㄱ)의 '集會ソ𠫓ㄱ丨十ㄱ'(集會ᄒᆞ건다긘)과 '得氵ㄱ丨十ㄱ'(어던다긘)에서 'ㄱ丨十ㄱ'(-ㄴ다긘)은 '-하는 경우에, -할 때에' 정도로 해석되어 조건을 표현한다. 이는 향가 (156ㄴ)의 '直体良焉多衣'(고티란ᄃᆡ)에서 '焉多衣'(-ㄴᄃᆡ)와 통하며, 이두문에서는 '在如中'으로 나타난다. 'ㄱ丨十(ㄱ)'은 (155)와 (156)에서 보듯이, 앞에 선어말 어미 '𠫓'(-거-)나 '氵'(-아-)가 오고 뒤에 보조사 'ㄱ'(은)이 오는 경우가 많다. 이러한 형태는 중세 국어의 '-ㄴ댄'으로 연결될 수 있을 것이다.

중세 국어에서 아주 널리 쓰이는 연결 어미 '-니'는 이두나 향찰, 석독 구결에서는 거의 보이지 않지만 음독 구결에서는 매우 많이 나타난다.

(157)ㄱ. … 天下乙 {有}十㢱亦ㄱ 乞者刂 現前ソ亦ソロㄱ 當ハ … 〈화소 12: 2-3〉

(… 天下를 가졌으며 乞者가 앞에 나타났으니 반드시 …)

ㄴ. 入道ノ厶ㄱ 以見性… 爲本ロ 了法丶 次之ヒ亽 〈능엄기 1a: 4〉

(入道하니, 見性으로 근본을 삼고 了法이 다음이다.)

(158)ㄱ. 好尸 曰沙 也內乎呑尼 阿耶 阿耶 唯只 伊吾音之叱恨隱 潽陵隱 安支尙 宅都 乎隱以多 〈우적〉

(즐길 법이사 듣ᄂᆞ오다니 아야, 오직 뎌밋ᄒᆞᆫ 믈ᄅᆞᆫ 안ᄌᆞᆨ 튁도 업스니다)

ㄴ. 家ㄱ 是ㄱ 貪愛繫縛七 所刂ヒ 衆生乙 悉氵 免離 使刂{欲}ㅅ 〈화엄 18: 16〉

(집은 이것은 貪愛 繫縛의 곳이니 衆生을 다 免離하게 하고자)

ㄷ. 性之所本乙 日本覺亽ソ㐅ヒ 本覺之明丶 藏乎妙ソヒ 卽自用而反ソ氵 〈능엄기 4b: 6〉

(性의 所本을 本覺이라 하나니, 本覺의 明이 妙에 藏하니 卽 用으로부터 反하여)

'-니'에 해당할 표현이 석독 구결에서는 대개가 동명사형 '`ㄱ`(-ㄴ)로 나타난다. (157ㄱ)에서 '現前`ㅣㅈㅣㅁㄱ` 當`ㅅ`'은 '앞에 나타났으니 마땅히 …' 정도로 해석되는 표현이다. '-니'에 해당하는 표현을 '`ㄱ`(-ㄴ)로 표기한 (157ㄴ)과 같은 예는 음독 구결에서도 종종 보인다.[42]

향가 (158ㄱ)에서 '也內乎呑尼'를 김완진(1980)은 '듣ᄂ오다니'로 해석하였다. 여기에서 '-니'는 연결 어미로, 이러한 예가 향가에서 한 번 나온다. 석독 구결에서도 연결 어미 '`ㄴ`(-니)는 (158ㄴ)만이 보일 뿐이다. 그러나 중세 국어에 들어서는 용례와 용법이 크게 확대된다. 음독 구결(158ㄷ)에서도 용례가 급격히 늘어나는데, (157)과 (158)에서 '-니'는 원인을 나타낸다. '-니'는 15세에 이르러서는 원인이나 조건, 상황성 등의 종속적 연결 어미 외에 대등적 연결 어미의 기능까지 갖는 등 기능이 크게 다양화한다.

방법이나 태도, 조건 등을 뜻하는 '-오'도 종속적 연결 어미로 꼽을 만하다. '-오'는 향가, 이두, 구결에 다 나타난다.

(159)ㄱ. 阿耶 栢史叱 枝次 高支好 〈찬기〉

　　　　(아야 자싯가지 노포)

　　ㄴ. 寺代 內 應爲 處 追于 立是白乎 〈정두사 26〉

　　　　(寺의 부지 안의 마땅한 곳을 따라 세운다는 …)

---

42) '-은/ㄴ'가 연결 어미의 기능을 하는 예는 이두문에서도 보인다.
　(i) 若 臥宿哉 若 食喫哉 爲者 香水 用尔 沐浴令只但 作作處中 進在之 〈화사〉
　　　(만약 누워 자거나 만약 먹고 마시거나 하면, 香水를 써서 목욕시키어야만 만드는 곳에 나아갔다.)
　(i)에서 밑줄 친 '爲者'는 '혼'으로 읽히는데, 조건을 말하는 '하면'으로 해석된다.(김영욱 2003: 59) 차자 자료에서 '-을' 계열의 동명사 어미가 연결 어미의 기능을 갖기도 한다는 견해는 이용(2000)에서도 볼 수 있다.

ㄷ. 甚深上味乙 領受ﾂﾞﾏ 此乙 因ﾐ 廣大ﾊﾞﾏ 歡喜乙 證得ﾂﾞﾗ 〈유가 5: 23-6: 1〉

(깊은 上味를 領受하여서, 이를 인하여 광대한 환희를 증득하고)

(159ㄱ)에서 '高支好'(노포)는 조건절 어미 '-오'를 보여 준다. (159ㄴ)에서 '追于'(좇오)는 그 앞의 명사 '處'를 목적어로 하는 종속절 서술어로, 방법을 말한다. (159ㄷ)의 '因ﾐ'(因호)에서 'ﾐ(-오)도 조건을 나타내는 연결 어미이다. 연결 어미 '-오'는 중세 국어로 이어지지 않는다.

초기 이두문에선 '者'(-ㄴ)은 조건을, 'ﾓ'(-곰/금)은 이유, 근거를 뜻하는 종속적 연결 어미 기능을 한다.

(160) 若 食喫哉 爲者 〈화사〉

(만약 먹고 마시거나 하면)

(161)ㄱ. 一切 皆 三惡道業 滅ﾓ 〈비로〉

(一切 모든 三惡道業이 滅하여서)

ㄴ. 各 香花 捧ﾓ 右念行道爲 作處中 至者 〈화사〉

(각각 香花를 받들어서 右念行道하여 만드는 곳에 이르면)

(160)의 '爲者'(ᄒᆞ은)은 '하면, 하거든' 정도로 해석되어, '者'(-ㄴ)의 조건 의미 기능을 볼 수 있다. (161ㄱ)의 '滅ﾓ'(없어곰)은 '없어져서'로 풀이되는데, 이때 'ﾓ'(-곰)은 인과 관계를 표시하는 접속문의 연결 어미 역할을 한다. (161ㄴ)에서 '捧ﾓ'의 'ﾓ'(-곰/금)은 수단을, '至者'의 '者'(-ㄴ)은 조건을 나타내는 종속적 연결 어미이다.

구결문에서 'ﾄﾁ'(-ㅅ뎌)도 아래의 (162)에서처럼 '-으면, -고자'라는 의미를 가지는 원망형 종속적 연결 어미로 해석되는 경우가 많다.

174

(162) 我ㄱ{之} 身命ㄱ 必ハ 冀リㄱ入ㄱ 存活ソヒイソ去ロこㄱ| 〈화소 10: 19-20〉

(나의 身命은, 반드시 바라는 바는, 存活했으면 합니다.)

'-온딕, -옮딕'는 선어말 어미 '-오-'와 동명사 어미에, 의존 명사와 처격 조사가 결합한 형태이다.

(163)ㄱ. 金達舍 進置 右寺 原 問內乎矣 大山是在以 別地主 無亦 在弥 〈자적 3〉

(金達舍가 출두하여 右寺의 터에 대해 묻되 큰 산이므로 따로 地主가 없이 있으며)

ㄴ. 十二 大衆ㄱ 皆ヒ 來ソ3ホ 集會ソ3 九劫 蓮花座3十 坐ソ白ケㄱム 其 會ヒ 方廣ㄱ 九百五十里リㄱこ 大衆リ 僉然ち 而… 坐ソヒハニ| 〈구인 2: 8-9〉

(十二 大衆은 다 와서 모여 九劫 蓮花座에 앉으셨는데, 그 모임(장소)의 크기는 950리이거늘, 대중이 僉然히 앉아 계신다.)

ㄷ. 歡心… 法化3十 從ヒ 使リ㕣尸ム 劫ヒ 中リ 饑饉ソ3ホ 災難リ去ヒヒ 時リ 十ㄱ 悉3 世間ヒ 諸ㄱ 樂具こ 與ソナ3 〈화엄 17: 21-22〉

(환희한 마음으로 法化를 따라 부리되, 劫의 가운데에 흉년이 들어서 재난인 때에는 다 世間의 모든 樂具를 주어)

(163ㄱ)에서 '問內乎矣'(묻느온딕)와, (163ㄴ)에서 '坐ソ白ケㄱム'(坐ᄒᆞ숩온딕), (163ㄷ)에서 '使リ㕣尸ム'(부리옮딕)에는 '-오딕/온딕, -옮딕'라는 연결 어미가 보인다. 이들은 중세 국어의 '-오딕'에 대응된다.

김완진(1980)에서는 아래의 향가에 나오는 '米'를 명사형 어미에 처격 조사가 결합한 형태 '-매'로 해석하였다.

(164)ㄱ. 去隱 春 皆理米 〈모죽〉

　　　(간 봄 몯 오리매)

　　ㄴ. 秋察尸 不冬爾 屋攴墮米 〈원가〉

　　　(ㄱ술 안둘곰 ㅁᄅ디매)

(164)에서 '米'(-매)를 원인을 나타내는 종속적 연결 어미로 본 것이
다.[43] 이 어미가 향가에서는 여러 번 나오지만, 이두나 구결에서는 안
보인다.

　'-아져'와 '-과'는 의도나 원망을 나타내는 종속적 연결 어미이다.

(165) 先師重創道場乙 一任爲白乎 所 不喩 修營作法祝上爲白良結 望白
　　　去乎 事是去有在等以 〈백암사〉
　　　(先師가 重創한 道場을 一任하는 것이 아니라 修營하고 祝上作法
　　　하고자 바라온 일이었으므로)

(166) 一意ㅑㅓ 涅槃ㅑㅓ 入ᆡ欲ㅅ 思惟ᆡㅎ 一意ㅑㅓ 生死ㅑㅓ 入ᆡ欲ㅅ
　　　思惟ᆡㅎㅓ 〈금광 7: 21-22〉
　　　(한 편에서는 열반에 들고자 사유하며 한 편에서는 생사에 들고자
　　　사유하며 하니)

(165)의 '爲白良結'(ᄒᅟᅀᆞᆸ아져)에서 '良結'(-아져)는 원망을 뜻하는 종속절
을 이끄는 연결 어미로 쓰였다. (166)의 '入ᆡ欲ㅅ'(入ᄒᆞ과)에서 'ㅅ'(-과)
는 종속적 연결 어미이다. '-과'는 중세 국어에서는 이어지지 않는다.

<small>43) 이현희(1996)에서는 '-매'가 중세 국어에서 연결 어미로 쓰인 예가 없음을 들어 이
　　를 인정하지 않는다.</small>

'亠, 氵'(여)는 나열의 의미를 가진 조사로, 명사나 명사형 'ㄱ(-ㄴ), 尸(-ㅭ)' 아래에 결합하여 다양한 기능을 한다.

(167)ㄱ. 謂ㄱ 若 有ナㅣ 已氵 三摩地乙 得ろㄱ亠 而ㄱ 圓滿 未リソ彡 自在ソㄱ入乙 得尸 未リソ彡ソナㄱリ亠 〈유가 27: 11-12〉

(말하자면, 혹 있다, 이미 三摩地를 얻었으나 圓滿하지 못하고 自在한 것을 얻지 못하고 하는 이가.)

ㄴ. 當八 知ㅋㅣ 廣リ 說ロㄱ 十六種 有七ㄱ亠 亦 菩薩地七 中ろ十 當八 說白ノ尸 如攴ソㄱリㄱ丁 〈유가 4: 13-14〉

(마땅히 알아야 한다, 자세히 말하면, 十六種이 있는데, 또한 菩薩地 중에서 마땅히 말할 것과 같은 줄을.)

ㄷ. 又 {於}正信ソㅌ七 長者亠 居士亠 婆羅門亠 等ソㄱろ十 種種七 利養恭敬乙 獲得ソ尸亠 而ㄱ 此 利養恭敬乙 依ろ 而⺍ 貪着乙 生リ尸 不冬ソ⺈ 〈유가 18: 23-19: 3〉

(또 正信하는 長者이니 居士이니 婆羅門이니 같은 것에 갖가지 利養恭敬을 獲得하지만 이 利養恭敬을 의지하여 貪着을 내지 않으며)

(167ㄱ, ㄴ)은 모두 도치문으로, '亠'(여)가 문장의 끝에 놓여 그것이 도치문임을 말해 준다. (167ㄱ)에서는 '已氵 ~ 未リソ彡ソナㄱリ亠'가 그에 앞에 온 서술어 '有ナㅣ'(잇겨다)의 주어가 되고, (167ㄴ)에서는 '十六種 ~ 如攴ソㄱリㄱ丁'이 그에 앞서 있는 서술어 '知ㅋㅣ'(알오다)의 목적어가 되는 것이다.[44] 이들 어미는 모두 '-ㅭ/-ㄴ(관형사형)+ᄃ(의존 명사)+여(조사)'

44) (167ㄴ)의 '如攴ソㄱリㄱ丁'에서 '丁'(뎌)는 의존 명사 '𠆢'(ᄃ)와 조사 '亠'(여)의 결합 형태이다.

의 구성으로, 구결문에서 '當ㅅ 知ㅎㅣ'이나 '知ノㅎ{應}ㄷㅣ'가 앞서는 도치문에서 뒤에 동사구가 나올 때에는 예외없이 적용된다. 이러한 문장 성분의 도치는 원문인 한문에서의 표현을 따른 것인데,[45] 문장 끝에 'ㅗ'를 놓아 도치문을 만드는 방식은 음독 구결에서도 이어진다. 또한 (167ㄱ)의 '得ㅏㄱㅗ'(얻언여), (167ㄴ)의 '有ㄷㄱㅗ'(잇은여), (167ㄷ)의 '獲得ㅅ ㄕㅗ'(獲得홀여)에서 'ㄱㅗ'(-ㄴ여)와 'ㄕㅗ'(-ㅭ여)는 '-니, -는데' 정도의 의미를 가진 종속적 연결 어미 기능을 하고 있다.[46]

이 밖에도 향가에는 '-ㄹ시'(物生), -란딕(良焉多依), -ㄴ뎡(遜丁) 등이 보이며, 이두에 '-이여(而亦), -시우러(絃如), -아도(良置, 置), -아금(良尔), -늘삼(於爲, 乙爲), -들(等), -드로(等以)', 석독 구결에 '-과두(ㅅ{雖}ㅏ)' 등이 있다. 연결 어미들에는 의존 명사 'ㄷ, ㅅ' 또는 동명사형 어미 '-ㄴ, -ㅁ, -ㅭ'가 다른 어미나 조사들과 결합하여 이루어진 형태가 많다.

보조적 연결 어미는 보조 용언의 앞에 놓여 보조 용언과 함께 기능하는 용법이다. '-아 두-, -아 잇-, -아 ᄒᆞ-, -고 겨-, -고 셔-, -고 잇-, -여 겨-, -져 ᄒᆞ-' 등의 보조 용언 표현에서 보조적 연결 어미 '-아/어, -고, -여, -져'를 들 수 있다. 이에 대한 설명은 본 장의 3.2.3항 '보조 용언'을 참조하기로 하고 여기에서는 생략한다.

---

45) (167ㄱ)의 한문 원문은 '謂若有已得三摩地 而未圓滿未得自在'이고, (167ㄴ)의 원문은 '當知廣說有十六種 亦如菩薩地中當說'이다.

46) 김지오(2012)는 이들이 '배경상황 제시, 설명 · 부연, 대립 또는 양보' 정도의 다의적 의미를 가지며, '-ㄕ丁, -ㅅㅣ, -ㄱ丁'가 같은 기능을 함을 밝혔다.

[전성 어미]

전성 어미에는 명사형 어미, 관형사형 어미, 부사형 어미가 있다.

명사형 어미에는 '-ㄴ, -ㅭ'가 있는데, '-ㅁ, -기, -ᄂᆞ' 등을 더 설정하는 견해도 있다. 특히 동명사 어미 '-ㄴ, -ㅭ, -ㅁ'는 기원적으로 시제적 기능도 가지고 있어, 고대 국어에서도 이러한 기능이 나타난다.

(168) ㄱ. 來如 哀反 多羅 〈풍요〉
(오다 셜번 해라)
ㄴ. 第二 法界 一切 衆生 皆 成佛道欲 爲以 成賜乎 經之 〈화사 3〉
(제2 법계의 일체 중생이 모두 성불하고자 하므로 이루신 經이다.)
ㄷ. 大神力 {有}十彡 獨步ノ尸厶 畏ノ尸 無彡 戰怖ノ尸 無{有}彡ソ1 如支 〈금광 2: 2-3〉
(大神力을 지니고, 홀로 걷되 두려워함이 없고, 무서워함이 없고 한 것같이)
ㄹ. 生死流乙 逆ニ今七 道1 甚 深ソ彡 微ソ彡ソニ下 難氵 見白ノ禾ロハニ1 貪欲灬 覆ノ1 衆生1… 〈금광 15: 1-2〉
(生死流를 거스르시는 道는 매우 깊고 微妙하고 하시어 어렵게야 볼 수 있으시니 貪欲으로 덮인 衆生은 …)

향가 (168ㄱ)에서 '哀反'은 '셟-'에 동명사형 '-은'이 결합한 형태로, 서술어 '多羅'(해라)의 주어이다. 이두문 (168ㄴ)의 '成賜乎'(일이ᄉᆞ온)에는 선어말 어미 '-오-'에 동명사형 '-ㄴ'가 결합하였다. 이두문에서 동명사형 '-ㄴ'는 '乎(-온), 者(-ㄴ)' 등으로 나온다. 구결문 (168ㄷ)에서 '無{有}彡ソ1 如支'(없고 한 것같이)는 '-ㄴ' 뒤에 조사 없이 서술어가 오는 구문으로, '-ㄴ' 동명사형을 보게 된다. 그러나 동명사 어미 '-ㄴ'는 명사형 전

성 어미 기능 외에 연결 어미처럼 쓰이기도 한다. (168ㄹ)의 '見白ノオロハ
ニ기'에서 'ハニ기'은 연결 어미 '-니'를 가진 'ㅎ시니'로 해석된다.

(169)ㄱ. 三花矣 岳音 見賜烏尸 聞古 〈혜성〉

　　　(三花이 오롬 보시올 듣고)

　　ㄴ. 亦ッㄱ 復ㅎ 是ㅣ {如}ㅣッㅌハニㅎ 作樂ノアㄲ 亦ッㄱ 然セッニ下 〈구인 3:
　　　12-13〉

　　　(또한 또 이와 같으시며, 作樂하는 이도 또한 그러하시어)

향가 (169ㄱ)에서 '見賜烏尸'(보시올)은 동사 '聞古'(듣고)의 목적어로, 목적
격 조사가 생략된 채 '-ㄹ' 명사형만으로 목적어 역할을 하고 있다. 구결
문 (169ㄴ)에서 '作樂ノア'은, 그 뒤에 보조사 '도'(ㄲ)가 온 명사형이다.

　고대 국어에서 명사절을 이끄는 동명사형은 '-ㄴ'형과 '-ㅭ'형이 주
도하였다. 이는 구결문에서 그대로 드러난다. 여기 동명사로 쓰인 예
문 몇 가지를 들어 본다.

(170)ㄱ. 佛慧ㅡ 十力ㅡ 四無所畏ㅡ 不共法ㅡ 等ッㄱ乙 成就ッアㅊ 是 波羅蜜
　　　義ㅣㅎ 〈금광 5: 18〉

　　　(佛慧니 十力이니 四無所畏니 不共法이니 하는 것들을 성취하는
　　　것이, 이것이 波羅蜜의 義이며)

　　ㄴ. 三假ㅣ 集ッㅅㅡッㅎ 假有ッナㅣㅎ 無ㄲ 無ッㄱㅊㅎ 諦 實ッㄱㅌㄴ 無ㅣㅌㄱ
　　　ㅣ罒 〈구인 15: 1-2〉

　　　(三假가 모인 까닭으로 하여 假有한 것이며, 無도 없는 것이어야
　　　諦가 實한 無인 것이라)

(171)ㄱ. 一切 衆生ㅎ {爲}ㅎㅎ 煩惱 因緣乙 作ッ尸 不ㅊッㅎ 〈금광 3: 2〉

(일체 중생을 위하여 번뇌의 인연을 짓지 아니하며)

ㄴ. 名下 {爲}住ᅩ丨尸ᅩ 奢摩他ᅩ 毘鉢舍那ᅩ丿尸乙 依氵 當八 知刂〈유
가 26: 16〉

(이름하여 住라 하는 것이니, 奢摩他니 毘鉢舍那니 하는 것을 의
지하여, 반드시 알아야 한다.)

ㄷ. 波斯匿王刂 名ㆍ 曰㠯尸 月光氵ㄴ白ㅎ소丁 德行丨 …〈구인 2: 24-25〉

(波斯匿王이, 이름을 사뢰기를 月光이라 하는 이는, 덕행은 …)

(170ㄱ)의 '等ᄉ丨乙'(다ᄒ놀)에선 '-ㄴ' 뒤에 목적격 조사가 붙었고, (170
ㄴ)의 '假有사丨ㅭ'(假有ᄒ견이며)에서도 '-ㄴ' 뒤에 서술격 조사가 결합
하였다. (171ㄱ)의 '作ᄉ尸'(作홇)은 그대로 '-ㅭ'형 명사절이 되어 뒤에 오
는 부정 서술어 '안들ᄒ-'(不ㅊᄉㅎ)와 함께 장형 부정문(否定文)을 만든
다. (171ㄴ)에선 명사형 '丿尸'(홇) 뒤에 접속 조사 'ᅩ'(여)나 목적격 조사
'乙'(을)이 결합하였다. (171ㄷ)에서는 '曰㠯尸'(니르ㅅ볾)이라는 '-ㅭ' 동명
사형 다음에 바로, 인용되는 문장 '月光氵ㄴ白ㅎ소丁 德行丨 …'이 왔다.[47]
이처럼 석독 구결에서 인용문은, 일반적으로 인용 동사의 동명사형
어미 '尸'(-ㅭ) 다음에 피인용문이 오는 구성을 갖는다. 이 명사형들은
의미 기능 차이가 크지는 않지만, '-ㄴ'가 과거적인 사실을 나타내는
데 비해, '-ㅭ'는 미래 추정적이거나 의지적인 내용을 말한다.

고대 국어에서 활발하게 나타나는 명사형 어미인 '-ㄴ, -ㅭ'는, 그
러나 고려 시대에도 이미 쇠퇴의 길에 들어서 있다. 이들 명사형 어미
뒤에는 주격 조사가 오는 일이 거의 없는 등, 조사 선택에 제약이 있

---

47) '月光氵ㄴ白ㅎ소丁'에서 '소'은 명사형 '-ㅭ'에 의존 명사 '이'가 결합된 '-리'로 읽을 수 있
을 것이다.

는 것도 그러한 현상 가운데 하나이다. 이들 명사형 어미는 주로 활용어미를 형성하는 데에 참여하며, 그 자체로는 관형사형으로 기능이 바뀌어 가는 것이다.

(172)ㄱ. 去隱春皆理米〈모죽〉

　　　(간 봄 몯 오리매)

　　ㄴ. 思議ﾉﾊ 可ㄸﾉㄱ 不ㅊﾝ 度量ﾉﾊ 可ㄸﾉㄱ 不ㅊㅔﾛ〈구인 11: 23-24〉

　　　(생각할 수 있는 것이 아니며 헤아릴 수 있는 것이 아니니)

　　ㄷ. 彼ㄱ 止 舉 捨ㄴ 三種 善巧ㄹ 修習ﾘﾅﾝ 此ㄹ 由ㅑ 多ㅔㄱ 諸 定樂ㄹ 發生ﾘﾅ應ㄸﾘﾝ〈유가 27: 12-14〉

　　　(그는 止·舉·捨의 세 가지 善巧를 修習하여서 이로 말미암아 많은 여러 定樂을 發生시켜야 하며)

향가에서 '-ㅁ' 명사형으로 확실한 용례를 찾기가 어려우나, (172ㄱ)의 '皆理米'에서 어미 '-매'가 '-ㅁ(명사형)+-애(처소격)'으로 분석된다면 당시에 명사형으로 '-ㅁ'이 쓰였음을 추정할 수 있다. 향가 '청전법륜가'에서 '衆生叱田乙潤只沙音也'(중생ㅅ 바톨 적셔미여)에 나오는 '적셤'도 '적시-(어간)+-엄(명사형)'의 결합으로 보아, 명사형으로 '-엄'과 '-음'은 같은 기원을 가졌을 것으로 추정할 수도 있다. (172ㄴ)에서 '思議ﾉﾊ'과 '度量ﾉﾊ'은 모두 '-홈'으로 '-ㅁ' 형태를 갖고 있어, 이때 '-홈'은 명사형에서 나타나는 선어말 어미 '-오-'와 '-ㅁ'의 결합형으로 해석할 수 있다. 그러나 '可'를 부독자로 본다면 이 예문은 선어말 어미 '-ﾅㄴ-'를 나타낸 것으로 해석된다. 장윤희(2006: 101)에선 (172ㄷ)의 '發生ﾘﾅ'을 '-ㅁ' 명사형으로 보았다. 명사형 '-ㅁ'를 설정하기 위해선 좀 더 뚜렷한 용례를 찾아야 할 것이다.

이상에서 보면, 명사형 '-ㄴ, -ㅭ, -ㅁ'는 선어말 어미 '-오/우-'를 동반하는 것이 일반적이나 그렇지 않은 경우도 많다. 이는 15세기 국어에서 예외가 별로 없이 이들 명사형에 '-오/우-'가 동반하는 것과 대조적이다. 명사형이나 관형사형 '-ㄴ, -ㅭ'에 '-오/우-'가 개입하는 형태는 전성 어미가 아닌 위치에서 1인칭 화자의 의도를 나타내는 용법보다 일찍부터 쓰이기 시작하였지만, 이들 '-오/우-'의 개입에 관해선 아직 뚜렷한 원인을 찾지 못하고 있다.

(173)ㄱ. 逢烏支 惡知 作乎下是〈모죽〉

(맛보기 엇디 일오아리)

ㄴ. 八壬午年 入寺火香爲只 丁亥年元 發心爲只〈밀양오층석탑 조성기 2-4〉

(八壬午年에 절에 들어와 향을 태우고 丁亥年부터 發心하고)

ㄷ. 佛ㄱ〔言〕ㄱニ尸 善男子ㄱ 何ㆍㅣ乙〔者〕波羅蜜義ㅢㅅㆍㅁ丿ㅅㅁㆍㅣㅓ尸ㅅㄱ〈금광 5: 8〉

(부처는 말씀하시기를, "선남자야, 무엇을 波羅蜜義라고 하는가하면 …")

고대 국어에서 '-기' 명사화가 있었는가에 대부분 의문을 갖지만, 향가에 나오는 (173ㄱ)의 '逢烏支'를 '맛보-+-기' 형태의 '-기' 명사형으로 보는 견해도 있다. 이두문 (173ㄴ)에서 '爲只'도 'ㅎ기'로 읽어 명사화 '-기'를 찾고,[48] (173ㄷ)에서 'ㅢㅅ'를 '-이라고'의 뜻을 가진 '-이기/익'

---

48) 이를 'ㅎ(고/아)ㄱ'의 '-ㄱ'으로 볼 가능성도 있다.

으로 읽어, 이들이 '-기' 명사화 형태일 가능성을 생각할 수도 있다.[49] 구결문에서는 '-기' 명사화가 발견되지 않는다. 이로 미루어 설사 당시에 '-기' 명사화가 있었다고 하더라도 그 쓰임이 활발하지 않았다고 보아야 할 것이다. '-기' 명사형은 15세기에서도 그리 많이 쓰이지 않다가 16세기를 지나 근대 국어에 들어서 급격히 늘어난다.

구결에서 쓰인 'ㅌ(-ᄂ)'를 명사형으로 해석하기도 한다.

(174)ㄱ. 復 五因ㅣ 二十種 相ᄲ{之} 攝受ㄱㅣ 所ㅣㅌ 有ㅌㅣ 〈유가 22: 20-21〉

(또 다섯 원인이 스무 가지 相으로 攝受한 바인 것이 있다.)

ㄴ. 一ㅣ氵 二ㅣㅌㅌ{之} 義ㄱ 其 事 云何ㅌᄼᄆㅌㅎ 〈구인 14: 19-20〉

(하나이며 둘인 뜻은 그 일이 어떠한 것입니까?)

(174ㄱ)에서 '所ㅣㅌ'(바이ᄂ)와 (174ㄴ)에서 '二ㅣㅌㅌ'(둘이ㅅ), '云何ㅌᄼᄆㅌㅎ'(엇ᄒ고ᄂ오)에서 'ㅌ(-ᄂ)'는 동명사 역할을 한다.[50] '所ㅣㅌ'는 뒤에 오는 서술어 '有ㅌㅣ'(잇다)의 주어이므로 명사형이 되고, '二ㅣㅌㅌ'에서 'ㅌ'는 아래에 관형격 조사 'ㅌ(ㅅ)'이 결합한 명사형이며, '云何ㅌᄼᄆㅌㅎ'에서 'ㅌ'는 높임 선어말 어미 'ᄆ(-고-)'와 의문 보조사 'ㅎ'(오<고)와 결합한 명사형으로 보는 것이다.

이두문에선 동명사형 어미로 '-거'를 설정하기도 한다.

(175)ㄱ. 願旨是者 法界有情 皆 佛道中 到內去 誓內 〈선림원〉

---

49) 이들은 모두 'ᄒ'의 독음이 '기'일 경우 가능한 추정인데, 'ᄒ'의 독음을 말음첨기 'ㄷ'로 보거나 '디'로 보거나 '다'로 보는 등 여러 가지 견해가 있어 속단하기 어렵다.

50) 여기에서 'ㅌ' 앞에 관형사형 'ㄱ(-ㄴ)'이 생략되었다고 보아 'ㅌ'를 의존 명사로 해석하기도 한다.

(願旨인 것은 法界의 有情들이 모두 佛道에 도달하기를 맹서함 (이다).)

ㄴ. 後代鑑戒 無 敎是絃如 敎 事是去有等以 〈상첩 76-78〉

(후대에 거울 삼아 경계할 일이 없게 하시고 잇따라 (그렇게) 하신 것이 있으므로)

(175ㄱ)에서 '到內去'(니를거)는 '도달할 것을' 정도로 해석되는 동명사구이다. (175ㄴ)에서 '是去 有等以'(이거 잇ᄃ로)도 '…인 것이 있으므로'로 해석되어, 동명사형 '去'(-거)를 볼 수 있다. '去'(-거-)는 원래 확인법 선어말 어미이다.(3.2.4 참조) 따라서 동명사형이 생략되어 선어말 어미 '去'(-거-)가 명사형 기능까지 하는 것으로 볼 가능성도 있겠지만, '去' 아래에 명사형이 따로 덧붙은 예가 없으므로 '去' 자체가 명사형 어미 기능을 가진 것으로 해석된다.

고대 국어에서 관형사형 어미는, 원래 동명사형 어미가 관형적인 기능으로 쓰이는 표현이다. 그 대표적인 것이 동명사형 '-ㄴ'와 '-ㅭ'인데, 이들은 기원적으로는 동명사형 어미였으나 고대 국어에서 이미 관형사형 어미의 기능을 겸하고 있다. 향가에서는 '隱(-ㄴ), 尸(-ㅭ)'로, 이두에서는 '者(-ㄴ), 在(-견), 乎(-온), 乙(-ㅭ)' 등으로, 구결에서는 'ㄱ(-ㄴ)'과 'ㆍ'(-ㅭ)로 나타난다.

(176)ㄱ. 去隱 春 皆理米 〈모죽〉

(간 봄 몯 오리매)

ㄴ. 責役 各別爲在 外民乙 用良 〈상첩 25-27〉

(責役을 각기 따로 하는 外民을 이용하여)

ㄷ. 議 出納爲乎 事亦在乙 〈정두사 12〉

(議論 出納한 일이었거늘)

ㄹ. 花上𝌊十 皆七 量 無七7 國土刂 有七ㄅ7ㅅ 〈구인 2: 5-6〉

(꽃 위에 모두 한량없는 국토가 있는데)

(177) ㄱ. 此矣 彼矣 浮良落尸 葉如 〈제망〉

(이에 뎌에 뜨러딜 닙곤)

ㄴ. 由報爲乙 右 味乙 傳出納爲 置有去乎等 用良 〈상첩 98-100〉

(由報할 위 뜻을 전하여 出納하여 두었던 것으로써)

ㄷ. 人王 梵王𝌊ノ𠆢𝌊{之} 守護ソ𝌊 恭敬ソ𝌊 供養ソ𝌊ノ尸 所乙 得𝌊 〈화엄 2: 5-6〉

(人王 梵王이라 하는 이가 수호하고 공경하고 공양하고 하는 바를 얻으며)

향가 (176ㄱ)에선 '去隱'의 '-ㄴ'가 다음에 오는 명사 '春'(봄)을 수식하고, 이두문 (176ㄴ)에서 '各別爲在'(各別ᄒᆞ견)은 명사 '外民'을, (176ㄷ)의 '出納爲乎'(出納ᄒᆞ온)은 명사 '事'(일)을 꾸미며, 구결문 (176ㄹ)에선 '-ㄴ' 형태의 '無七7'(업슨)이 명사 '國土'를 꾸민다. 향가 (177ㄱ)에서는 '-ㄹ' 관형사형 '浮良落尸'(ᄠᅳ러딜)이 명사 '葉'(닙)을, 이두문 (177ㄴ)의 '由報爲乙'(由報ᄒᆞᆯ)은 뒤에 오는 명사 '味'(내용)을, 구결문 (177ㄷ)에서 'ノ尸'(ᅙᆞᇙ)은 의존 명사 '所'(바)를 꾸민다. '-ㄴ'와 '-ㅭ'의 의미상 구별은 명사형에서와 같이 각기 과거적인 것과 미래적인 것을 뜻하는 시제 기능에서 찾아지며, 형태적으로도 'ノ7'은 'ソ7'으로도 많이 사용되나 'ノ尸'은 '尸' 혼자 관형사형으로 쓰이는 것이 활발하지 못하다는 차이가 있다.

관형격 조사가 의존 명사 뒤에 결합하여 관형사형 어미 역할을 하기도 한다.

(178)ㄱ. 相 無ㅎㄱㅌㄴ 第一義ㄱ 自 無ㅎㅎ 他作 無ㅎㅎ아 〈구인 14: 24〉

(相 없는 第一義는 자신[自]이 없고 남이 지음[他作]도 없고 하며)

ㄴ. 十六 大國王ㅣ 意ㅎ아 國土乙 護ノ소ㄴ 因緣乙 問白(欲)ㅅノㄴㅏㄱㅅ乙火

〈구인 3: 17-18〉

(열여섯 대국왕이 뜻에 국토를 지키는 인연을 묻고자 하시는 것을)

(178ㄱ)에서 '無ㅎㄱㅌㄴ(업슨ᄂᆞᆺ)'은 관형사형 어미 'ㄱ(-ㄴ)' 뒤에 의존 명사 'ㅌ(ᄂᆞ)'가 오고 여기에 관형격 조사 'ㄴ(ㅅ)'가 결합하여, 뒤에 오는 명사 '第一義'를 꾸미는 관형구를 이루었다. (178ㄴ)에서도 '護ノ소ㄴ(護호릿)' 은 어미 '-ㅭ'에 의존 명사 '이'가 결합한 구성에 관형격 조사 'ㄴ(ㅅ)'가 결합하여 뒤에 오는 명사 '因緣'을 꾸미는 관형사형 역할을 한다. '-ㄴ, -ㅭ'와 '의존 명사+-ㅅ'라는 두 가지 유형의 관형사형 구조에 의미상 어떠한 차이가 있는지는 아직 밝혀지지 않았다.

향가에서는 명사 파생 접미사 '-이'가 관형사형 어미 기능을 하기도 한다.

(179)ㄱ. 東京 明期 月良 〈처용〉

(東京 ᄇᆞᆯ기 ᄃᆞ라라)

ㄴ. 物叱 好支 栢史 〈원가〉

(갓 됴히 자시)

(179)의 '明期'(ᄇᆞᆯ기)와 '好支'(됴히)에 각각 있는 명사 파생 접미사 '-이' 는 뒤에 오는 명사를 꾸미는 관형사형 어미의 기능을 하고 있다. 이러 한 관형사형 어미 기능을 하는 '-이'는 다른 데에선 찾을 수 없는 특이

한 용법인데, 이는 동명사형 어미 '-ㄴ, -ㅭ'가 관형사형 용법을 갖는 현상과 상통하는 점이 있다.

부사형 어미는 아직 뚜렷하게 단정하기가 어렵다.

(180)ㄱ. 能支 法ラ 永去 滅ソロ1 不矢ヒ1入乙 知ヒ矛ホ 〈화엄 11: 15〉

(능히 法이 영원히 滅하는 것이 아닌 줄을 알 것이며)

ㄴ. 圓智1 無相乙ソニ下 三界七 王リ罒 三十生乙 盡ろロ 等ろ 大覺ソニホ 〈구인 11: 3〉

(圓智는 無相을 하시어 三界의 王이라 三十生을 다하고 평등하게 大覺하시며)

(180ㄱ)에서 '永去'는 동사 '滅ソロ1'을 수식하는 부사어인데, 이때 '去'(-거)가 부사 파생 접미사인지 부사형 어미인지를 판정하기가 쉽지 않지만, '去'가 결합된 부사화 표현이 '永去'뿐이어서 이것이 파생어처럼 보이기도 한다. 중세 국어에서 '-긔/게' 부사형 어미가 잘 쓰이고 있음을 고려한다면, 여기의 '-거'가 그 소급형일 가능성이 높다. (180ㄴ)에서 '等ろ'(等아)도 뒤에 오는 동사 '大覺ソニホ'를 수식하는 부사어인데, 부사형 어미인지 파생 부사인지는 확인하기가 어렵다.

'-이'는 파생 부사화 접미사이지만 때로는 부사형 어미 기능도 한다.

(181)ㄱ. 大山是在以 別地主 無亦 在弥 〈자적〉

(큰 산이므로 따로 地主가 없이 있으며)

ㄴ. 心智 寂滅ソニ下 緣 無七リ 照ソニロ乙ホ 〈구인 11: 10〉

(마음의 지혜가 寂滅하시어 緣 없이 비추시며)

(181ㄱ)에서 '無亦'(없이)는 (181ㄴ)의 '無七刂'(업시)와 같이 각각 뒤에 오는 상위절 동사를 꾸미는 부사형이며, 여기에서 '亦'과 '刂'는 부사형 어미 '-이'로 해석할 수 있다. 부사 파생 접미사가 부사형 어미로 쓰이는 표현은 현대 국어에도 있다.

3.3 관형사, 부사, 감탄사

3.3.1 관형사

고대 국어에서의 관형사도 성상 관형사, 지시 관형사, 수 관형사로 나눌 수 있지만, 현재 확인할 수 있는 어휘 형태가 많지 못하다. 관형사는 원래 그 수도 적지만 대부분 한자로 나타나기 때문이다.

(182)ㄱ. 然叱 皆 好尸 卜下里 皆 仏体置 然叱 爲賜隱伊留兮 〈상수〉
(그럿 모든 홀 디녀리 모든 부텨도 그럿 ᄒᆞ시니로여)
ㄴ. 爾七丷1 時十 諸1 大衆1 倶七丷氵尓 共七 僉然ち 生疑丷氵 各氵尓 相氵乇 去氵 謂言丷ナ尸 〈구인 2: 19〉
(그때 모든 大衆은 함께해서 함께 僉然히 의심을 내어 각각 서로 말하기를)

(182ㄱ)의 '皆'는 '모ᄃᆞᆫ'으로 읽혀, 성상 관형사의 예를 보인다. 그러나 음차로써 당시의 고유어 관형사 어휘의 형태를 정확히 볼 수 있는 예가 향가에는 없다. (182ㄴ)에서 관형사 '諸1'(모ᄃᆞᆫ)은 훈차와 음차가 합쳐져서 어느 정도 형태를 짐작하게 한다.

(183)ㄱ. 於內 秋察 早隱 風未 〈제망〉

(어느 ᄀᆞᄉᆞᆯ 이른 ᄇᆞᄅᆞ매)

ㄴ. 彼 他方 佛國七 中阝七 南方阝七 法才菩薩ㄱ 五百萬億 大衆刂 俱ソㄱ 乙共七 來ソ阝ホ {此}刂 大會阝十 入ソニ氵 〈구인 3: 6-8〉

(저 他方 佛國의 가운데의 남방의 法才菩薩은 오백만억 대중이 함께한 것과 더불어 와서 이 대회에 드시며)

ㄷ. 此矣彼矣浮良落尸葉如 〈제망매가〉

(이에 뎌에 ᄠᅥ러딜 닙ᄀᆞᆮ)

(183ㄱ)의 '於內'(어느)는 그대로 중세 국어로 이어지는 지시 관형사이다. (183ㄴ)에서는 '彼'로 쓴 '뎌'와, '{此}刂'로 나타낸 '이'라는 두 개의 지시 관형사를 볼 수 있는데, '刂'(이)는 관형사 '此, 斯, 是'(이)의 전훈독 표기로 쓰인다. '彼'를 '뎌'로 읽을 근거는 확실하지 않지만 적어도 '이'와 함께 지시 관형사 짝을 이루는 단어가 있음은 (183ㄷ)의 '此矣 彼矣'를 보면 알 수 있다. 그러나 아직 '그'에 해당하는 용례는 발견되지 않는다.

(184)ㄱ. 一等隱 枝良 出古 〈제망〉

(ᄒᆞᄃᆞᆫ 가지라 나고)

ㄴ. 過去七 一ㄱ 生㇀ 二尸 生㇀ 乃ソ㇀ 至刂 十尸 生㇀ 百ㄱ 生㇀ 千ㄱ 生㇀ 百ㄱ 千ㄱ 生㇀ 量刂 無ㄱ 百ㄱ 千ㄱ 生㇀ 〈화소 20: 6-9〉

(過去의 한 生이니 두 生이니 내지 열 生이니 百 生이니 千 生이니 百千 生이니 한량없는 百千 生이니)

ㄷ. 未來阝十ㄱ 幾七ケ七 如來㇀ 幾七ケ七 聲聞辟支佛㇀ 幾七ケ七 衆生㇀ノ今 有氵 〈화소 7: 17-18〉

(未來에는 얼마만큼의 如來이니 얼마만큼의 聲聞 辟支佛이니 얼마만큼의 衆生이니 하는 것이 있으며)

(184ㄱ)의 '一等隱'(ᄒᆞᄃᆞᆫ)은 뒤에 오는 '枝'(가지)를 한정하는 수 관형사이다. 이두나 구결문에서 수 관형사는 모두 한자를 그대로 쓰지만, 구결에서는 말음첨기나 관형사화 접미사를 붙이는 경우가 많아 그 형태를 짐작하게 한다. (184ㄴ)에서 보이는 수량사 '一ㄱ(ᄒᆞᆫ), 二ㆍ(두블), 十ㆍ(열), 百ㄱ(온), 千ㄱ(즈믄)'은 모두 수 관형사이다. (184ㄷ)의 '幾ㄷ(몃)은 수량을 묻는 의문 관형사로, 대명사 'ㅏ'(마)의 관형격 'ㅏㄷ(맛)과 항상 동반하여 쓰인다.

3.3.2 부사

부사에는 성분 부사와 문장 부사가 있다. 석독 구결에서는 한자어에 구결자로 말음첨기를 하여 부사를 나타내므로 그 형태가 추정되는 약간의 부사 어휘를 찾을 수 있다.

(185)ㄱ. 必于 化緣 盡 動賜隱乃 〈청불〉

(비록 化緣 다아 뮈시나)

ㄴ. 准受令是遣 在如中 加于 物業乙 計會爲 〈정두사 16〉

(정확히 받도록 하고 있었던 중 더욱 물품 조달 사업을 계산하여 모아)

향가 (185ㄱ)에서 '必于'(비록)은 부사로서 그 형태를 짐작할 수 있는 예이다. (185ㄱ)에서 '盡'은 '다아'로 해석할 수 있지만, 표기 자체는 당시의 형태를 반영한 것이 아니다. 이두문 (185ㄴ)에서 '加于'는 '더욱'으로 읽힌다. 이두 문서 '정두사 형지기'에는 이 밖에도 고유어 부사로 '幷以(아ᄇ로), 追于(좇오), 至兮(니르히)'가 더 보인다. 이승재(1992)는 고려 시대 이두문에 나오는 부사로 '並只(다믹), 最只(안직), 必于(비록), 這這(근근), 科科以(ᄎᄎ로: 낱낱이), 日日以(나날로), 全亦, 初亦, 仔細亦, 艱苦亦, 鎭長, 更良(가싀아), 逢音(마ᄌᆞᆷ), 加于(더욱), 將近亦(가즈기), 如一亦, 爲等如(ᄒ트러)' 등을 들었다. 남풍현(1999)에서는 '유가사지론'의 구결에서 '更ㅣ(가싀아), 勤ㄷ(브즐), 能ㅣ(재며), 但ㆍ(오직), 當ㆍ(반ᄃ기), 必ㆍ(반ᄃ기), 與ㄷ(다믓), 如ㆍ(근기), 暫ㄷ(사볏)' 등의 부사를 찾아서 소개하고 있다. 구결문에 나오는 부사를 보면 특히 '-ㆍ(-ㄱ/-기)'나 '-ㄷ(-ㅅ)'형이 많고, 이두문에는 '-亦(-이)'형이 많다.

    (186)ㄱ. 毛如 云遣 去內尼叱古 〈제망〉

           (몯다 니르고 가ᄂᆞ닛고)

        ㄴ. 先師重創道場乙 一任爲白乎 所 不喩 修營作法祝上爲白良結 望白去乎 事是去有在等以 〈백암사〉

           (先師가 重創한 道場을 一任하는 것이 아니라 修營하고 祝上作法하고자 바라온 일이었으므로)

        ㄷ. 衆生ㅣ 形相ㄱ 各ㅅ 不冬同ㅣㅣ 行業ㅣ 音聲ㅣㅣ全 亦ㄲ 量ㅣㅣ 無ㅣ乙

           〈화엄 15: 1〉

           (중생의 형상은 각각 안 같으며 行業이니 음성이니 하는 것도 量이 없거늘)

부정문을 보이는 (186)에서 '毛如'(몯다)와 '不喩'(안디), '不冬'(안들)은 모두 부정 부사이다. 부정 부사는 원래 명사나 동사의 어간으로 쓰이는 것이 보통이나 이처럼 부사로도 쓰인다.

(187) ㄱ. 成是 不得爲 犯由 白去乎等 用良 又 石長亦 僧智漢 … 〈정두사〉

　　　(조성하지 못한 경위를 보고하였으므로 또 위 長이 僧 智漢을 …)

ㄴ. {又}ㄲ 光明ㄴ 放ㆍノㅎㅌㅣ 妙 莊嚴ㅅノ矛ㅣ 〈화엄 16.6〉

　　　(또 光明을 放하여야 한다, 妙莊嚴이라고 할 것이)

ㄷ. 下劣ㆍㅣㄱ 形相ᅟᅳ 威儀ᅟᅳ 及ㅌ 資身ㅌ 具ᅟᅳノ尸乙 受ㆍㅎ 〈유가 18: 11-12〉

　　　(下劣한 형상이니 威儀니 및 資身의 도구니 하는 것을 받고)

이두문 (187ㄱ)에서 '又'는 흔히 '쏘'로 읽지만 훈독이어서 그 형태를 정확히 알 수는 없는데, 구결문 (187ㄴ)에서 '又ㄲ'를 보면 '쏘'를 좀 더 확신할 수 있다. 구결문 (187ㄷ)에서 '及ㅌ'은 '밋'으로 읽는다. 이들은 앞과 뒤의 문장을 잇는 접속 부사이다.

『고려사』 현종 조를 보면 닭울음소리와 다듬잇소리를 나타내는 의성어가 나온다.

(188) 夢聞鷄聲砧響 問於術士 以方言解之曰 鷄鳴高貴位 砧響御近當 是即位之兆也 〈고려사 4. 세가4, 현종조〉

　　　(꿈에 닭울음 소리와 다듬잇소리가 들리므로 (이를) 술사에게 물으니, 방언으로 풀어 말하기를 "닭울음소리는 '고귀위'이고 다듬잇소리는 '어근당'이라 하였다. 이는 즉위의 조짐이다." 하였다.)

(188)은 10세기 말(992년)에 있었던 일의 기록인데, 방언(고려어)에 있는 고유어로 된 의성어를 한자로 차자하여 적었다. 닭울음소리 '고귀위'

는 '꼬끼오' 그대로이고, 다듬잇소리 '어근당'도 'ㄷ'음을 가진 다듬이질 소리를 생각하게 한다. 물론 이 이야기는 현종이 왕이 될 만한 신이한 일이 일찍부터 있었음을 사물의 소리에 빗대어 적은 것이지만,[51] 당시에 음성 상징 부사어가 이처럼 일상어로 쓰였음을 알 수 있다.

3.3.3 감탄사

감탄사도 일찍부터 차자 표기에 나타난다. 향가에서는 종종 보이나 이두문과 같은 문서에는 잘 쓰이지 않았다.

(189)ㄱ. 阿耶 栢史叱 枝次 高支好 〈찬기〉

(아야, 자싯가지 노포)

ㄴ. 阿邪也 吾良遣 知支賜尸等焉 〈도천〉

(아야여, 나라고 아릇실든)

향가에서 나오는 (189ㄱ)과 (189ㄴ)의 '阿耶'와 '阿邪也'는 모두 감탄사이다. 그러나 이두문과 구결문에서는 감탄사를 찾을 수 없다.

---

51) '高貴位'은 '높고 귀한 자리', '御近當'은 '임금자리가 가까이 당함'으로 해석되므로, 현종이 즉위 서열에서는 뒤지지만 태어날 때부터 이미 즉위 전조가 있었음을 말하고자 한 것이다. 김양진(2008: 195)에서는 위 두 의성어를 '꼬끼우, 아근당다근당'으로 해석하였다.

4. 단어의 확대 형성

고대 국어에서 새로운 단어를 확대 형성하는 파생과 합성 어휘 자료는 그리 많지 않지만, 역사서에 나오는 고유 명사나 관명 등의 차자 표기를 통하여 그리고 향찰이나 이두, 구결 표기에서 파생어와 합성어를 조금씩이나마 찾을 수 있다.

4.1 파생

파생에는 접두 파생과 접미 파생이 있다. 불과 몇 안 되는 예이지만, 고대 국어에서도 이 두 가지 파생법이 다 보인다.

4.1.1 접두 파생

신라 이전의 언어 자료나 향가에서는 접두 파생의 용례가 발견되지 않는다. 물론 이 시기에서도 접두 파생이 존재하였음을 부정할 수 없지만, 파생 접두사는 고려 시대 이후의 이두, 구결, 기타 차자 자료에서부터 보인다.

접두 파생 명사는 『계림유사』에서 찾을 수 있다.

(1) 孫曰了村了姐 〈계림〉
(2) ㄱ. 三寸少爲父 〈명률 1〉
　　ㄴ. 아슨와 아츤아들왜 비록 이시나 書信을 얻디 몯ᄒ리로소니: 弟
　　　　姪雖存不得書 〈두초 11.13〉

(1)의 '了村了姐'에서 '了'는 'Y'의 오기로, '姐'는 '姐'의 오기로 보는 견해가 많은데,[52] 그렇다면 (1)은 '아촌아들'이 된다. 중세 국어 문헌이기는 하지만 (2ㄱ)에서 '少'를 '앛'으로, '爲'를 'ᄒ-'로 보고, 명사 앞에 관형사형 '-ㄴ'를 덧붙인다면 '少爲'를 '아촌'으로 읽을 수 있다. (1ㄱ)과 (2ㄱ)에서 '아촌-'의 의미가 다소 다르기는 하지만 '작은'이라는 공통된 의미를 추리게 된다. (2ㄴ)에서 보듯이 중세 국어에서 '아촌아들'은 '조카'라는 뜻으로 쓰이는 접두 파생어였는데, (1ㄱ)에서도 명사 '아들' 앞에 접두사로 '아촌'을 설정할 수 있다.

(3) 橫川縣 一云 於斯買 〈삼국사기 37〉

(3)에서 '於斯'은 접두사 '엇-'(斜)으로 해석할 수 있다. 자료의 한계로 접두사를 많이 찾기가 매우 어렵다.

4.1.2 접미 파생

접미 파생에는 명사 파생, 동사 파생, 형용사 파생, 부사 파생이 있다.

[명사 파생]

고대 국어에서도 파생 명사가 적잖이 있었으리라 짐작되지만, 향가에 나타난 명사 파생 접미사는 매우 적다. 명사 파생 접미사로 '-ㅁ'을 꼽을 수 있다.[53] (4)는 향가에서의 예다.

---

52) 예를 들어 강신항(1980: 69)에서도 '了'를 'Y'의 오기로 보았다.
53) 그러나 구결 자료에서 '-ㅁ'형 파생 명사가 없다는 점 등을 들어 고대 국어에 파생 명사 접미사로 '-ㅁ'을 설정하는 데에 회의적인 견해도 많다.

(4)ㄱ. 誓音 深史隱 尊衣 希 仰攴〈원왕〉

(다딤 기프신 ᄆᆞᄅᆞ옷 ᄇᆞ라 울워러)

ㄴ. 菓音 烏乙反隱〈청전〉

(여름 ᄋᆞ올ᄇᆞᆫ)

(4ㄱ)에서 '誓音(다딤)'은 동사 '다디-'에 '-ㅁ'가 접미한 파생 명사이다. (4ㄴ)에서도 '菓音(여름)'은 동사 '열-'과 '-음'이 결합한 형태이다. 접사 '-음/음'이 결합한 파생 명사에는 이 밖에도 향가에서 '冬音(들음), 適音(맛춤), 別音(벼름), 岳音(오름)' 등을 더 찾을 수 있고, 『계림유사』에도 '畵日乞林(그림), 行日欺臨(거름)' 등이 있다. 이러한 '-ㅁ' 형태의 명사 파생 접사를 인정한다면 비슷한 시기의 '-ㅁ' 명사형 전성 어미 용법도 설정될 가능성이 있을 것이다.

'-ㅭ'도 명사형 어미로 기능하면서 동시에 명사 파생 접미사로도 쓰였으리라 추정되지만, 용례를 많이 찾기가 어렵다.

(5)ㄱ. 脚烏伊 四是良羅〈처용〉

(가로리 네히러러라)

ㄴ. 民焉 狂尸恨 阿孩古〈안민〉

(民ᄋᆞᆫ 어릴흔 아히고)

(5ㄱ)에서 '脚烏伊'는 동사 '가ᄅᆞ-(分)에 '-ㄹ'가 접미한 파생 명사 '가롤'의 주격형으로 볼 수 있다.[54] 김완진(1980)은 (5ㄴ)에서 '狂尸'은 형용

---

54) '脚烏伊'를 '허튀'로 읽는 견해도 많은데, 이러한 해석에서는 '-ㄹ' 명사화의 예가 되지 못한다.

사 '어리-'의 동명사형 '어릴'이며, 여기에 용언화 '恨'(-흔)이 접미한 것으로 보았다. 용언 접미사 '-ㅎ-'의 어근이라면 '어릴'은 '어리-'의 파생 명사가 된다.

명사형 '-ㄴ' 역시 파생 접미사로도 쓰였으리라 추정되지만 뚜렷한 용례를 찾기 어렵다. 『계림유사』에 '實漢(셜흔), 麻兩(마순), 舜(쉰), 日舜(여쉰), 一短(닐흔), 逸頓(여든), 鴉順(아흔)' 등과 같은 수사가 나오는데, 이들에서 '-(ㅇ/으)ㄴ'이라는 파생 접미사를 설정할 가능성이 높다.

명사 파생 접미사로 '-이, -애, -개, -들' 등도 고대 국어 시기부터 확인된다.

    (6)ㄱ. 東京 明期 月良 〈처용〉

        (東京 ᄇᆞᆯ기 ᄃᆞ라라)

     ㄴ. 雁日哭利弓幾 (그려기) 〈계림〉

    (7)ㄱ. 扇日孛采 (부채) 〈계림〉

     ㄴ. 剪刀日割子蓋 (ᄀᆞᆯ개) 〈계림〉

        斧日鳥子蓋 (오지개) 〈계림〉

     ㄷ. 今日部伊冬衣 〈칭찬〉

        (오늘 주비들히)

'明期'를 '붉-'의 파생 명사 'ᄇᆞᆯ기'로 읽는다면, 명사화 접미사 '-이'를 추릴 수 있다. (6ㄴ)의 '哭利弓幾'에는 명사형 '-이'가 들어 있다. (7ㄱ)에서 보이는 '-애'는 어간의 동작성을 추상화하거나 관련된 물건을 나타내고, (7ㄴ)의 '-개'는 도구라는 뜻을 보태는 명사화 접미사이다.(제3장의 4.2.2 참조) (7ㄷ)에서 '冬'(-들ㅎ)은 복수를 나타내는 접미사로 해석된다.

이 밖에도 '麻立干, 居西干' 등에서 쓰인 '-干'이 관직명과의 관련을 생각하게 하는데, 이는 고구려의 관직명에서 나오는 '-加'와도 관련이 있어 보인다. 신라어 인명에 나오는 '福, 卜, 巴, 伏'을 '童'의 의미를 가진 음차자 $^*pu \sim {^*}puk$'으로 보기도 하며, 『삼국사기』에 나오는 '笳尺, 舞尺' 등에서 '尺'을 '자'로 읽어 특수한 직업을 가진 천인을 가리키는 것으로 보기도 한다. 『삼국유사』에도 차자 표기로 '居柒夫 或云 荒宗, 異斯夫 或云 苔宗'과 같은 기록이 있어, 관직의 직급을 말하는 '宗'에 대응하는 접사 '-부'를 설정할 수 있다.

[동사 파생]

'-ᄒᆞ-'는 고대 국어에서도 매우 생산적인 용언화 접미사로, 동사 파생에서도 많은 용례를 남기고 있다. 향가에서 예를 본다.

(8)ㄱ. 九世 盡良 礼爲白齊 〈예경〉

　　　(九世 다ᄋᆞ라 절ᄒᆞ숣져)

　　ㄴ. 仏仏 周物叱 供爲白制 〈광수〉

　　　(佛佛 온갖 供ᄒᆞ숣져)

　　ㄷ. 奪叱良乙 何如爲理古 〈처용〉

　　　(아ᅀᅡ늘 엇디ᄒᆞ리고)

　　ㄹ. 法界 居得 丘物叱丘物叱爲乙 〈항순〉

　　　(法界 ᄀᆞ득 구믈ㅅ구믈ㅅᄒᆞ야늘)

(8ㄱ)에서 '禮爲白齋'는 명사 '절'(禮)에 동사화 '-ᄒᆞ-'(爲)가 접미한 '절ᄒᆞ숣져'로 읽힌다. (8ㄴ)에서는 한자어 '供' 뒤에 동사 파생의 '-ᄒᆞ-'가 왔다. (8ㄷ)에서는 부사 '何如'(엇디)와 결합하여 '엇디ᄒᆞ-'라는 파생 동사

를 이루었는데, '엇디'와 '엇디ᄒ-'는 모두 중세 국어에서도 널리 쓰인다. (8ㄹ)에서는 '丘物叱丘物叱爲乙'(구믈ㅅ구믈ㅅᄒ야늘)처럼 '-ᄒ-'가 의태어와도 결합하였다.

동사 파생 접미사 '-ᄒ-'는 이두문에서도 많이 보인다.

(9)ㄱ. 作後三年崩破者 罪教事爲 開(/聞?)教令誓事之 〈경주 남산신성비〉
    (지은 후 3년 이내에 무너져 파괴되면 죄(罪)로 다스릴 것이라는
    사실을 널리 알려 誓約케 하였다.)
  ㄴ. 法界 一切衆生 皆成佛欲 爲賜以 成賜乎 經之 〈화사 3〉
    (법계 일체 중생이 모두 성불케 하고자 하여 이루신 경이다.)

(9)는 고대 국어 시기의 이두문이다. (9ㄱ)에서 '事爲'는 '事ᄒ야' 정도로 이해되는데, 여기에서 동사 파생 접미사 '-ᄒ-'를 보게 된다. (9ㄴ)의 '爲賜以'에서는 보조 용언 성격의 수행 동사 'ᄒ-'를 읽을 수 있는데, 이처럼 동사 어근 'ᄒ-'와 동사화 접미사 '-ᄒ-'가 당시에도 함께 쓰였음을 알 수 있다. '남산 신성비'가 삼국 시대인 591년에 세워졌고, 신라 『화엄경 사경』은 755년에 조성되었다. 이로 볼 때 동사화 접미사로 기능하는 '-ᄒ-'는 고대 국어부터 있었다고 말할 수 있다. 다만 현전하는 고구려나 백제의 금석문과 이두 문서 등이 워낙 적어 두 나라의 언어 자료에서는 이를 확인할 수 없다.

동사 파생 접미사 '-ᄒ-'는 고려 시대의 이두문이나 석독 구결문에서도 많이 나타난다.

(10)ㄱ. 戶長 柳瓊 左徒 副戶長 承律 右徒 例以 分析爲旀 〈정두사 18〉
    (戶長 柳瓊이 지휘하는 左徒, 副戶長 承律이 지휘하는 右徒의 慣

例대로 나누어 돌을 分析하며)

ㄴ. 北方ㅏㄷ 虛空性菩薩ㄱ 百千萬億 大衆ㅐ 俱ㆍㄱㄴ 共ㄷ 來ㆍㅸㅏ {此}ㅐ
大會ㅏㅓ 入ㆍㄷㅎ 〈구인 3: 10〉
(北方의 虛空性菩薩은 百千萬億 大衆이 함께한 것을 더불어 와서
이 대회에 드시며)

ㄷ. 大神力 {有}ㅏㆆ 獨步ノアㅿ 畏ノア 無ㆆ 〈금광 2: 3〉
(大神力 지니고, 혼자 걸을 때 두려워함 없고)

이두문 (10ㄱ)의 '分析爲旀'(分析ᄒ며), 구결문 (10ㄴ)의 '俱ㆍㄱㄴ'(俱ᄒᄂᆯ)
에서 동사 파생 접사 '-ᄒ-'가 쓰였다. '-ᄒ-'에 선어말 어미 '-오-'가 결
합한 '-호-'도 나타나, (10ㄷ)의 '獨步ノアㅿ'(獨步홇ᄃᆡ), '畏ノア'(畏홇)에서
'-호-'를 볼 수 있다.

이 밖에도 '慚肹伊-'(붓그리-)〈헌화〉, '充滿ㅅㅔ-'(充滿ᄒ이-)〈화소 16:
12〉의 '-이-', '直體-'(고티-)〈광수〉의 '-히-' 등 사동화 접미사도 동사
파생 접미사라 할 것이다.

[형용사 파생]

형용사 파생 접미사에서도 '-ᄒ-'가 가장 활발하다. 먼저 향가를
본다.

(11)ㄱ. 民焉 狂尸恨 阿孩古 〈안민〉
(民은 어릴ᄒᆫ 아ᄒᆡ고)

ㄴ. 舊留 然叱爲事置耶 〈보개〉
(녀리로 그럿ᄒ시도야)

(11ㄱ)에서 '狂尸恨'은 파생 명사 '狂尸'(어릴)에 형용사 파생 접사 '-ᄒᆞ-'의 관형사형 '恨'(ᄒᆞᆫ)이 결합한 것이다. '-ᄒᆞ-'는 (11ㄴ)에서 '然叱爲事置耶'(그럿ᄒᆞ시도야)같이 비자립 어근인 듯한 어기에도 결합하였다.

형용사 파생 접미사 '-ᄒᆞ-'는 이두와 구결에서도 많이 보인다.

(12) ㄱ. 願修補爲 本社 安邀爲乎 丹本大藏寶良中 右 巾三矣 〈송광사 노비첩 10〉
(發願 · 修補하여 本寺에 安邀한 契丹本大藏經의 寶所에 위의 巾三의 …)

ㄴ. 依倚ノ尸 所 3 無 3 法ラ 夢 如支ソ3ホ 堅固ソ1 無有ヿ1入乚 見ㄗ 〈화소 13: 3-5〉
(의지할 바 없어 법이 꿈 같아서 견고함이 없는 것을 보며)

고려 시대 이두문 (12ㄱ)의 '安邀爲'에서 형용사 파생 접미사 '-ᄒᆞ-'를 찾을 수 있고, 석독 구결문 (12ㄴ)의 '堅固ソ1'에서 형용사화 '-ᄒᆞ-'를 볼 수 있다. 형용사 파생에서는 동사 파생에서 보이는 'ノ'(-호-) 형이 보이지 않아, 선어말 어미 '-오-'가 고대 국어에서는 동사에서만 결합한 것으로 추정된다.

'-ᄒᆞ-'는 고대 국어 시기 이전부터 아주 생산적으로 쓰이던 용언 파생 접미사로 보인다. 그리하여 구결문에서도 우리말 낱말이 아닌 한문어 뒤에 '-ᄒᆞ-' 형태의 구결을 넣은 표현들이 많다.[55)]

55) 우리말 체계에 아직 들어오지 않은 외국어 수준의 차용어로, '한자어'와는 구별되는 '한문어'를 설정하기로 한다. 한문어는 한문에서 쓰이는 어휘나 구절이 우리말 표현에서 임시로 어휘에 상당하는 역할을 할 뿐이다.(제4장 3.11 참조)

(13) 若七 美ソ೬七 味乙 得3ろ 專ロ 自ラ… 受尸 不ソ3ハ 要ち 衆生ラナ 與ソ1 然七ソ1乙…七 後リナラ 方七 食ソナ3 〈화소 9: 10-11〉

(만약 맛있는 음식을 얻어도 오로지 스스로 받지 않아서 꼭 衆生에게 나누어 준 연후에야 비로소 먹으며)

(13)에서 '美ソ೬七, 不ソ3ハ, 與ソ1, 食ソナ3'에는 음독이나 훈독으로 쓰인 한자에 '-ᄒᆞ-'가 붙어 있다. 이들 '-ᄒᆞ-' 형태 가운데에는, 앞에 오는 한자 어근에 붙어 우리말 용언을 이룬 것도 있지만, 한문어에 임시로 붙는 용언화 접미사로 쓰인 경우도 있는 듯하다. 이처럼 우리말이 아닌 한문어에도 'ソ'(-ᄒᆞ-)를 붙여 읽도록 한 것은 당시에도 '-ᄒᆞ-'가 그만큼 활발한 용언화 접미사였음을 말하는 것이다.

형용사 파생의 '-ᄇᆡ/브-'는 향가에서 나타난다.

(14) 菩提叱 菓音 烏乙反隱 〈청전〉

(菩提ㅅ 여름 오ᄋᆞᆯᄇᆞᆫ)

(14)의 해석은 양주동(1965) 이래 공통되는 견해인데, 이에 따르면 '烏乙反隱'은 '오ᄋᆞᆯ-'의 파생어 '오ᄋᆞᆯᄇᆞᆫ'(오ᄋᆞᆯ-+-ᄇᆡ-+-ㄴ)으로 읽힌다.[56]

[관형사 파생]

관형사 파생은 체언이나 용언의 관형사형이 관형사로 굳어져 쓰이는 예들이다.

56) 그러나 김완진(1980)에서는 이를 '오ᄋᆞᆯᄂᆞᆫ'으로 해석하여 '-ᄇᆡ-'를 설정하지 않았다.

(15) ㄱ. 一等隱 枝良 出古 〈제망〉

(ᄒᆞᆫ 가지라 나고)

ㄴ. 佛子㇋ 若七 諸ㄱ 菩薩刂 {是}刂 如攴 用心ソヒㄕ入ㄱ 〈화엄 8: 16〉

(불자야, 만약 모든 보살이 이와 같이 用心하면)

(15ㄱ)의 '一等隱'(ᄒᆞᆫ)은 수사에서 파생된 관형사이다. (15ㄴ)에서 '諸ㄱ'(모ᄃᆞᆫ)은 동사 '몯-'의 관형사형이 관형사로 굳어진 것이다. 차자 표기에서 관형사는 대부분 한문어로 번역 표기되어 우리말의 형태를 찾기가 어렵다.

[부사 파생]

부사 파생 접미사로는 '-이'와 '-히' 형태가 대표적이다.

(16) ㄱ. 夜入伊 遊行如可 〈처용〉

(밤 드리 노니다가)

ㄴ. 本朝 敎是 祖聖統合三韓已後 三百年 將近亦 君臣禮正政出由僻 敎是如乎 事是去有在乙 〈상첩 17-19〉

(本朝이신 祖聖께서 三韓을 統合한 이후 300년 가까이 君臣의 禮가 바르고 정치가 임금으로부터 나오시던 일이었거늘)

ㄷ. 別爲 無亦 輔佐爲白如 大臣等及 兩班員將等乙 〈상첩 23〉

(따로 할 것 없이 輔佐하오던 大臣들과 兩班員將들을)

ㄹ. 又 {於}所治七 現行法七 中㇋十 心㇋十 染着 不冬ソ㇋ホ 速刂 斷滅ソ{令}刂古 〈유가 12: 19-21〉

(또 다스려야 할 現行法 가운데 마음에 染着하지 않아서 빨리 없어지게 하고)

(16)은 접미사 '-이'에 의한 파생 부사의 예이다. (16ㄱ)에서 '夜入伊'는 '밤 드리'로 해석되어, '들-'(入)의 파생 부사를 볼 수 있다. (16ㄴ)에서 '將近亦'는 *가죽+이'가 결합한 *가즈기'로, 중세 국어의 '가즈기'에 대응한다. (16ㄷ)의 '無亦'는 '업시'로, (16ㄹ)의 '速॥'는 '샐리/빗ㄹ이'로 해석하여 부사화 '-이'를 찾을 수 있다. 부사 파생 접미사로 이두에서 '亦'로, 구결 자료에선 주로 '॥'로 나타내었다. 위의 부사 가운데 (16ㄷ) 의 '업시'는 실제로는 부사형 어미처럼 기능하는데, 이는 오늘날까지도 널리 쓰이고 있는 용법이다.

'-히' 파생 부사도 오랜 기원을 갖는다.

(17)ㄱ. 念物 得 追乊 〈첩포기〉

(기억할 물건으로 얻은 것에 추가로)

ㄴ. 若 長者乙 見 當 願 衆生 善能ﾃ 明斷ﾉﾌﾌﾞ 惡法乙 行尸 不ﾉﾋﾛ 〈화엄 6: 22〉

(만약 長者를 본 경우에는 반드시 원하는 바는 '衆生은 능히 잘 판단해서 惡法을 행하지 마소서.' (할 것이며))

(17ㄱ)은 신라 시대의 이두인데, '追乊'을 '좇히' 정도로 읽을 수 있다. 고려 시대 구결 (17ㄴ)에서도 '善能ﾃ'는 '善能히'로 읽힌다.

고려 시대 석독 구결에서 '-ﾃ'나 'ﾞ'로 표기된 '-히'형 부사어는 1-2 음절의 한자어 뒤에서 많이 보이는데, '-이'형과 마찬가지로 파생 부사와 부사형이 모두 포함된다.

(18)ㄱ. 天尊ㅣ 快ﾃ 十四 王ﾇ乙 說ﾛﾊﾌ {是}॥ 故ﾍ 我ㅣ 今ﾚㅣ 略ﾃ 佛乙 歎ﾉﾞﾛﾏﾘﾉﾋﾊﾌ 〈구인 11: 13〉

(天尊은 快히 十四王에 대한 것을 說하시니 이러한 까닭으로 나는 지금 간략히 부처를 찬탄한다고 하신다.)

ㄴ. 佛子ㄋ 云何七丷ㄱ乙 用心丷ㄱㅣ十 能支 一切 勝妙功德乙 獲尸丁丿令ロ丷オ 尸入ㄱ 〈화엄 2: 17-18〉

(불자야, 무엇을 마음을 쓸 때에 능히 일체의 勝妙功德을 얻는 것이라 하는가 하면)

(18ㄱ)의 '快ㄎ'는 15세기 국어에서도 '쾌히'나 '훤히'로 많이 쓰이던 파생 부사이며, (18ㄴ)의 '能支'은 '能히'로 읽히는 파생 부사이다.

부사화 접미사 '-오/우'도 파생 부사 형성에서 생산적이다.

(19) 白雲音 逐于 浮去隱 安支下 〈찬기〉

(힌 구름 조초 쁘간 언저레)

(20) 米 伍拾肆石乙 准受令是遣 在如中 加于 物業乙 計會爲 〈정두사 16-17〉

(쌀 54石을 정확히 받도록 하고 있었던 중 더욱 물품 조달 사업을 계산하여 모아)

향가인 (19)에서 '逐于'는 '좇+오'의 결합으로 된 파생 부사 '조초'이다. 여기서는 부사화 접미사 '-이'에서와 같이 논항을 갖는데, 이는 중세 국어에선 볼 수 없다. 이두문 (20)에서 '加于'는 동사 어간 '더으-'에서 파생된 것으로 '더우/더욱'으로 읽히는데, '더욱'에서 'ㄱ'는 강세 첨사로 본다. 이두에서는 '于, 乎' 표기로 부사 파생 접사 '-오/우'를 나타낸다.

석독구결에서는 '-오/우' 표기로 'ㄱ, ㄋ, 丿' 등이 보인다.

(21)ㄱ. 其 花1 上ソ1 非想非非想天3+ 至ㅎ 光刀 亦ソ1 復ラ 爾セㅎソニホ 〈구인 2: 12-13〉

(그 꽃은 위는 非想非非想天에 이르고 빛도 또한 도로 그러하고 하시며)

ㄴ. 菩薩1 是乙 {以}ㅊ3 初セㅎ 發心ソナ1リ| 〈화엄 9: 19〉

(보살은 이로써 처음 발심한 것이다.)

(22) 又 {於}妙五欲3+ 樂ㅎ 習近ノア入1{者} {於}聖法亠 毘柰耶亠ノ令+ 所行處 非矢罒 〈유가 24: 17-18〉

(또 妙五欲에 대해 즐겨 習近하는 것은 聖法이니 毘柰耶니 하는 데에 所行處가 아니라)

(21ㄱ)의 '復ラ'는 '*돌오'로 추정하며 (21ㄴ)의 '初セㅎ'는 '*비릇오'로 해석한다면, 여기에는 모두 부사화 접미사 '-오/-우'를 가지고 있다. '-오/우'형 파생 부사에는 이 밖에도 '始セㅎ(비르소), 隨ㅎ/隨ハ(조초), 好ㅎ(됴호), 現ㅎ(나토), 因ㅎ/因ハ(지즈로), 卽ㅎ/則ハ(고도), 專ㅎ(오ᄋᆞ로), 還ハ(도로)' 등이 있다. (22)의 '樂ㅎ'(즐기오)도 '妙五欲3+'(妙五欲아긔)를 격지배하지만 부사화 파생으로 볼 수 있다.

부사 파생 접사로 '-아'도 설정할 수 있다.

(23)ㄱ. 九世 盡良 礼爲白齊 〈예경〉

(九世 다아 절ᄒᆞᅀᆞᆸ져)

ㄴ. 矣身亦 出父矣 許與論當 更良 有證成文 許與爲去乎 在等以 〈남씨노비문서 8-9〉

(내 몸이/내가 出父의 許與를 論當하여 다시 글로 써 증명하고 許與한 일이 있으므로)

ㄷ. 已氵 得尒 {於}現見法阝+ 永阝 熾燃乙 離ソ阝1丁ノ令 非失|〈유가 22: 6〉

(이미 능히 現見法에서 영원히 熾燃을 여읜 것이라고 할 것이 아니다.)

고려 향가 (23ㄱ)에서 부사화 접사 '-아'가 결합된 '盡良'(다아)는 석독 구결에서도 '盡阝'로 나타나는데, 중세 국어의 부사 '다'(盡)와 같은 것으로 볼 수 있다. 역시 고려 시대 이두문 (23ㄴ)에서 '更良'은 동사 '가ᄉᆡ-'(更)에 부사 파생 접사 '-아'가 결합한 형태이고, 석독 구결문 (23ㄷ)에서 '永阝'(永아)도 파생 부사로 볼 수 있다. 석독 구결에서 '-阝'(-아) 형태로 나타나는 부사들에는 이 밖에도 '窮阝, 先阝, 悉阝, 久阝' 등이 있다. '-아'는 부사형 어미로도 기능하므로 부사 파생과의 구별이 쉽지 않다.

부사 파생 접미사로 석독 구결에서 'ᄼ'로 나타나는 '-며'를 설정할 수 있다.

(24) 何七: 況ᄼ 量 無ᄼ 邊尸 無 劫阝+ 具ㆆ 地度乙 修七(?)ヒ七 諸1 功德リロヒ1彳〈화엄 9: 6〉

(하물며 한량없으며 끝없는 겁에서 갖춰 地度를 닦는 모든 功德이구나.)

(25) ㄱ. 諦リ 聽尒 諦リ 聽ᄼ 善ᄼ 之乙 思ソ㐃 念ソ㐃ソᄼ〈구인 3: 19〉

(자세히 들어서 자세히 들으며 잘 이것을 思하고 念하고 하며)

ㄴ. 四者 見思煩惱乙 是 如支ソ1 勝智灬 能ᄼ 分別ソ阝 斷ソᄼ〈금광 4: 1-2〉

(넷째 見思煩惱를 이와 같은 勝智로 능히 분별하여 끊으며)

(24)의 '況ゟ'는 'ㅎᄆᆞᆯ며'로 읽히는 파생 부사로, 부사 파생 접미사 '-며'가 결합되어 있다.[57] 이는 조선 시대 이두문에서 '況旀'로 쓰여 'ㅎᄆᆞᆯ며'로 읽히며, 중세 국어의 한글 문헌에서도 'ㅎ믈며'가 나오고 오늘날 '하물며'로 이어진다. 한편 용언의 활용형이 부사로 굳어진 것으로 보이는 예도 있다. (25ㄱ)의 '善ゟ'는 '잘'의 뜻을 가지는 *'이드며'로 추정하며, (25ㄴ)에서 '能ゟ'(시르며)도 '능히'의 뜻을 가지는 파생 부사인데, 각각 '읻-, 싣-' 용언의 활용형을 전제할 수 있다.

'-로'도 파생 부사화 접사로 기능하는데, 이두에서는 '以'로 나타난다.

(26)ㄱ. 食 佰貳石 幷以 准受令是遣 在如中 〈정두사 10〉

　　　　(穀食 102섬을 모두 함께 정확히 받도록 하고 있었던 중)

　　ㄴ. 平床 樣以 高足造排爲遣 〈양경 7a〉

　　　　(平床 모양으로 高足造排하고)

(26ㄱ)의 '幷以'는 '아오로'로 읽히는 파생 부사이며,[58] (26ㄴ)의 '樣以'는 부사 파생 접미사 부분만 이두로 표기한 것이다. 접미사 부분만 이두로 표기한 용례는 조선 시대 이두문에서 나타난다. '-로'는 석독 구결에서는 'ᄋᆞ'로 표기하는데, 주로 이유나 원인을 의미하는 부사화 접미사로 기능한다.

---

57) '況ゟ'에서 'ゟ'를 '며'로 읽히는 말음첨기로 볼 수도 있다. 그러나 화엄경 계열 문헌에서 '卽ㅅ(곧, 바로), 善ㅅ(잘), 能ㅅ(능히)'로 쓰인 부사 기능 어휘들을 고려한다면, 'ㅅ'와 함께 'ゟ'를 모두 부사 파생 접미사로 인정할 수 있을 것이다.

58) '竝以'를 '아오로'로 읽을 때 이를 동사 어간 '아올-'에 부사화 '-오'가 접미한 형태로 해석되기도 하지만, '以'를 부사화 접미사 '-로' 표기자로 설정한다면 여기에서 부사화 '-로'를 찾을 수 있다.

(27) 相 無七ㄱ匕七 第一義ㄱ 自 無七ㆆ 他作 無七ㆆソろ 因緣灬 本灬ハ 自ラ灬 有

ソㄱ匕刀 自 無七ㆆ 他作 無七ㆆソろ 〈구인 14: 24-25〉

(相 없는 第一義는 자신이 없고 남이 지음도 없고 하며, 因緣으로 본래 스스로 있는 것도 자신이 없고 남이 지음도 없고 하며)

(27)에서 '本灬ハ'은 '본ᄃᆡ록' 또는 '미트로'로, '自ラ灬'은 '스싀로'로 읽히는 파생 부사라 할 것이다. 이 외에도 '灬'(-로)가 접미된 구결의 부사로는 '故灬(고로, 젼ᄎᆞ로), 新灬(새로)' 등이 있다. '-로'는 주로 체언이나 체언의 성격을 가진 용언의 어간에 결합하여 파생 부사를 이룬다.

석독 구결에서 '故'는 다양하게 부사 파생 접사들과 결합되어 쓰였다.

(28) ㄱ. {是}リ 故灬 依行乙 次第乙 說ㅎ令ラ十 〈화엄 10: 8〉

(이러한 까닭으로 依行을 次第를 말하는 것에)

ㄴ. 此 所依リㄱ 所建立處乙 依止 {爲}ミㄱ入乙 由ミㄱ入灬 故ノ 如來尸 諸 弟子衆ラ {有}斗白ノㄱ 所七 聖法乙 證得ソナㅎ七丨 〈유가 3: 20-22〉

(이 所依인 所建立處를 依止 삼은 것을 말미암은 까닭으로 여래의 모든 제자의 무리가 가진 바의 성스러운 법을 증득한다.)

ㄷ. {於}此 相阝十 所作 多ソㄱ入灬 故ㅎ 心 極 厭患ソㆆソろ 〈유가 22: 16-17〉

(이 相에 대해 지어야 할 바가 많은 까닭으로 마음에 지극히 싫증내고 하며)

ㄹ. 是 金光明微妙經典ㄱ 衆經阝七{之} 王リろソニㄱ入灬一 故去 得阝尔 聽聞ソㆆ 受持ソㆆ 讀ソㆆ 誦ソㆆソナ禾丨 〈금광 14: 1〉

(이 金光明微妙經典은 衆經의 왕이며 하시기 때문이다. 그러므로 능히 듣고 지니고 읽고 외고 하는 것이다.)

ㅁ. 是 如支 疑刂 隨逐ソ1入灬{故}か 能か 疑乙 遣ノ令七 因緣乙 障导ソ尸入灬 〈유가 11: 21-22〉

(이와 같이 의심이 隨逐한 까닭으로 (그리고) 능히 의심을 보내는 인연을 障导하는 까닭으로)

(28ㄱ)에서 '故灬'는 접속 부사로, '고로' 혹은 중세 국어의 어형을 고려하여 '젼ᄎ로'로 읽을 수 있다. (28ㄴ, ㄷ)의 '故ノ/ホ' 역시 '그러므로' 의미의 접속 부사이다. (28ㄹ)의 '故ㅊ'는 '*그랑거'로 재구할 가능성이 있으며, 문맥상 '그러므로, 그렇게 하여' 정도의 뜻을 가진 부사로 쓰이고 있다. (28ㅁ)의 '故か'도 이유를 나타내는 부사로, (28ㄴ, ㄷ, ㄹ)과 분포 환경이 비슷하다. 위에서 살펴본 바와 같이 '故'는 다양한 부사형 접사들과 함께 나타나는데, 그 뒤에 오는 구결 어미에 따라 그 의미 기능에서 차이를 가지는 것으로 볼 수 있을 것이다.

(29)ㄱ. 或ソ1 四生ミ 五生ミ 乃氵 至刂 十生ミノ乙ソロ 得ホ 正位3十 入ソ1ヒカ刂ㅎソナか 〈구인 11: 18〉

(或은 四生이니 五生이니 乃至 十生이니 하는 것을 하고 능히 正位에 들어간 자도 있고 하며)

ㄴ. 若 相 莊嚴 三十二乙ソヒ尸入1 則 隨好乙 具ホ3ホ 嚴飾 {爲}氵ヒ矛か 〈화엄 12: 22〉

(만약 상으로 꾸미되 32상으로써 하면 隨好를 갖추어 위엄 있는 장식을 삼을 것이며)

(29ㄱ)의 '得ホ'(시러곰)에서 'ホ'은 부사 파생 접미사이나 (29ㄴ)의 '具ホ3ホ'(ㄱ초아곰)은 그 앞의 '隨好乙'을 목적어로 갖는 서술어로 보아야 할

것이다. 장윤희(2006)에서는 이 밖에도 '誓^ホ〈유가 16: 16〉, 暫^ㄴ〈유가 19: 15〉, 暫^{氵火ㄴ}〈구인 11: 7〉, 勤^ㄴ〈화엄 5: 23〉, 勤^{火ㄴ}〈화엄 11: 4-5〉'에서 부사 파생 접미사 '-ホ, -ㄴ, -氵火ㄴ, -火ㄴ'을 들었다.

당시에도 영 파생의 용법이 있었던 것으로 추정된다.

> (30)ㄱ. 何^ㄴ 況^ㅎ 量 無^ㅎ 邊^尸 無 劫^{ㅣ十} 具^ㅎ 地度^乙 修^ㄴ(?)^{ㄴㄴ} 諸^ㄱ 功德
> ㅣㅁㅌㄱ^ㅓ〈화엄 9: 6〉
>
> (하물며 한량없으며 끝없는 겁에서 갖춰 地度를 닦는 모든 功德
> 이구나.)
>
> ㄴ. 如來ㅅ 法이 不可思議 微妙호 功德을 ᄀ초 일우샤 ᄀ릇치샨 힝
> 뎌기 便安ᄒ며 ᄀ장 됴ᄒ이다〈석보 21.47b-48a〉

(30ㄱ)에서 '具^ㅎ'(ᄀ초)는 타동사 'ᄀ초-'의 어간이 그대로 영 파생하여 부사로 쓰인 것으로 보인다. 부사 'ᄀ초'는 (30ㄴ)처럼 15세기 한글 문헌에도 그대로 나온다. 영 파생은 이 밖에 '及^ㄴ(밎), 方^ㄴ(비릇), 從^ㄴ (좇), 通^ㄴ(ᄉ몿), 便^ㅓ(가시/ㄴ외)' 등을 들 수 있다.

4.2 합성

고대 국어에서 단어 합성은 명사, 동사, 형용사, 부사 등에 걸쳐 나타나며, 이 시기에도 통사적 합성어와 비통사적 합성어가 확인된다.

4.2.1 명사 합성

명사 합성에는 명사끼리의 결합, 동사·형용사의 관형사형과 명사의 결합, 명사의 관형사형과 명사의 결합이 있다. 고대 국어의 문헌에서 보이는 합성 명사는 대개 통사적 합성어이다.

[명사+명사]

명사와 명사가 결합하는 단어 형성은 고대 국어에서 매우 일반적인 명사 합성법이었다.

    (31)ㄱ. 二尸 掌音 毛乎攴內良 〈도천〉

        (두볼 손ᄇᆞ름 모도ᄂᆞ라)

      ㄴ. 茶匙曰 茶戌 (차술) 〈계림〉

(31ㄱ)은 향가에 나오는 합성 명사이다. '掌音'(손ᄇᆞ름)은 '손'(手)과 'ᄇᆞ름'(掌)의 결합이다. 『계림유사』에서 보이는 '茶戌(차술)'도 합성 명사이다. 향가에는 이 밖에도 '汀叱(믌ᄀᆞ)〈혜성가〉, 汀理(믈서리)〈찬기파랑가〉' 등 여러 개의 합성 명사가 나온다.

『계림유사』에서도 합성 명사를 더 찾을 수 있다.

    (32)ㄱ. 柴曰 孛那莫/ 柴曰 孛南木 (블나모) 〈계림〉

      ㄴ. 松曰 鮓子南 (잣낡) 〈계림〉

(32)에서 '孛那莫'는 '블+나모', '鮓子南'은 '잣+낡'의 결합이다. 『계림유사』는 불완전한 차자 표기에 의하고 있지만 '나모'와 '낡'은 구별하

고 있다.[59]

[명사+관형격 조사+명사]

체언이 관형격 조사 '이/의'나 'ㅅ'를 취하면서 뒤에 오는 명사와 결합하는 합성 명사는 향가나 『계림유사』에서 예를 찾기 어렵다. 관형격 조사가 명사 합성에 관여하는 단어 형성법이 아직 활발하지 않았던 듯하다. 그러나 중세 국어에 들어서는 초기 자료에도 조사가 결합된 합성 명사가 여럿 보이므로, 이전 시기에도 이와 같은 합성법이 있었다고 생각된다. 참고로 중세 국어 초기의 자료에서 몇 가지 예를 들어 본다.

(33)ㄱ. 外父 憂色阿必 (가싀아비) 〈조선관〉

　　　外母 憂色額密 (가싀어미) 〈조선관〉

　　ㄴ. 半夏 雉矣毛老邑, 雉矣毛立 (꿩의모릅) 〈향약〉

(33ㄱ)은 명사 '갓'(妻)에 유정 명사의 관형격 조사 '의'가 붙고, 여기에 '아비'와 '어미'가 결합한 합성 명사이다. (33ㄴ)은 명사 '꿩'에 관형격 조사 '의'가 붙고, 여기에 명사 '모릅'이 다시 결합하여 '꿩의모릅'〈구간 1.2a〉을 뜻하는 합성 명사가 되었다. 이들 합성 명사 사이에는 관형격 조사 '의'가 실현되어 있다.

(34) 括蔞 天叱月乙 (하늜둘) 〈향약〉

---

(35) 晚飯 那左把 (나죄밥) 〈조선관〉

(36) 도루혀 疑心ᄒᆞ디 栖樓ㅅ 미틔셔 나죗밥 먹고 越ㅅ 中에셔 녀논가
ᄒᆞ노라 〈두초 15.7〉

(34)에서 '하늘＋ㅅ＋들'의 형태를 볼 수 있다. 그런데 (35)를 보면, 속격 'ㅅ'가 들어갈 자리에 속격 표지가 없이 쓰였다. 이는 중세 국어의 용례 (36)을 보면 알 수 있다. (35)와 같은 표기는 한자로 불완전하게 음사하면서 누락되었을 수도 있겠지만 (34)처럼 정확하게 'ㅅ'를 적기도 하였으므로, 조선 초 당시까지만 해도 합성 명사 사이에서 나타나는 사이시옷이 아직 생산적으로 실현되지 않았음을 말해 준다고 할 것이다. 그러나 중고 국어 시기에도 합성 명사가 형성될 때 두 명사 사이에 관형격 표지가 들어가는 합성법이 있었을 가능성은, 이 시기보다 조금 후대에 나온 문헌에서의 예 (33)~(36)을 통해 짐작할 수 있다.

[용언의 관형사형＋명사]

동사나 형용사의 관형사형에 명사가 결합한 합성 명사를 향가에서 찾기는 어렵다. 그것이 '관형사형＋명사'인 명사구와 구별이 뚜렷하지 않기 때문이다. 여기에서는 『계림유사』에서 예를 본다.

(37) 祖曰 漢了秘(한아비),[60] 舅曰 漢丫祕(한아비), 姑曰 漢丫彌(한아미),
白米曰 漢菩薩(힌ᄡᆞᆯ) 〈계림〉

---

60) 원문에 있는 '漢了秘'에서 '了'를 '丫'의 오기로 보아 '한아비'로 해석한 것이다. 당시에는 형용사 '하-'(大, 多)가 쓰였으므로 '한아비'는 파생 명사가 아닌 합성 명사가 된다.

(37)에는 '한(大)'과 결합하는 합성어의 친족 명칭들이 있다. '漢菩薩'(힌뽈)은 '히-+-ㄴ+뽈'의 구성이므로 합성 명사의 형태를 분명히 보여준다.

4.2.2 동사 합성

동사 합성에는 동사끼리의 결합, 명사와 동사의 결합, 부사와 동사의 결합이 있다.

[동사+동사]

동사의 어간 뒤에 다른 동사가 결합하는 방식은 전통적인 동사 합성법이었으나, 고대 국어에서 이미 '동사 어간+-아/-어+동사' 구성이 나타난다.

(38)ㄱ. 白雲音 逐于 浮去隱 安攴下 〈찬기〉

　　　　 (힌 구름 조초 뜨간 언저레)

　　ㄴ. 此矣 彼矣 浮良落尸 葉如 〈제망〉

　　　　 (이에 뎌에 뜨러딜 닙곤)

(39ㄱ)에서 '浮去'(뜨간)을 김완진(1980)에선 '떠간'으로 해석하였지만, 고대 국어에서는 '뜨-'(浮)와 '가-'(去) 사이에 '-어'가 개입하지 않은 형태가 일반적이므로 '뜨간'으로 보는 것이 좋을 것이다. 이에 비해 (38ㄴ)의 '浮良落尸'은 '뜨러딜/뜨어딜/떠딜'로 해석할 수 있다. 이는 '뜨-+-어+디-'라는 구조를 보이므로 '-어'가 개입되어 있음을 알 수 있다. 이 두 가지 형태에 대해 '-아' 개입이 없는 것을 비통사적이라 하

며, '-아' 개입형을 통사적 형태라고 하는 것은 중세 국어 이후 문법 체계에서의 관점이다. 고대 국어의 어느 시기까지는 어간의 독립성이 상당 부분 보장된다고 할 때, (38ㄱ)의 합성어 형성은 당시로서 통사적 합성법이 될 수도 있을 것이다. 향가에는 이 밖에도 '遊行如可(노니다가)〈처용가〉, 多攴行齊(하니져)〈원가〉 出隱伊音叱如攴(나님짜)〈참회업장가〉, 湧出去良(솟나거라)〈칭찬여래가〉' 등의 합성 동사가 있다.

신라 시대나 고려 시대의 이두에서도 합성 동사를 볼 수 있다.

> (39)ㄱ. 乙未年 烟 見賜 節 公等前 及白 他郡中 妻追移去 數合人五〈장적 12〉
>
> (乙未年 烟을 보실 때에 公等 앞에 직접 보고하고 他郡에 妻를 따라 옮아간 수가 모두 5명)
>
> ㄴ. 後次矣 同腹族類等戈只 別爲 起云爭望爲行 人 有去等〈남씨노비문서 10-11〉
>
> (차후에 나의 同腹族類 등이 따로 起云爭望하고 다니는 사람 있거든)
>
> ㄷ. 傳出納爲 置有去乎等 用良〈상첩 98-100〉
>
> (전하여 出納하여 두었던 것으로써)

(39ㄱ)에서 '追移'는 '좇옮-' 정도로 읽히는 합성 동사로 보인다. (39ㄴ)에서 '爲行'은 'ᄒ니-'라는 합성 동사이며, (39ㄷ)에서 '置有'도 '두-'와 '잇-'의 합성 동사로 해석된다. 그러나 이들 합성 동사에서 어간 사이에 '-아'가 개입되었는지 여부는 이두문에서는 잘 나타나지 않는다.

[명사+동사]

이 구성은 '주어+서술어'나 '목적어+서술어'의 구조를 가질 수 있는데, 현재 확인할 수 있는 예는 아래의 (40) 정도이다.

  (40) 染日 沒涕里 (믈드리) 〈계림〉

(40)은 '목적어+동사'의 구조로, 명사 '沒'(믈)이 '涕里'(드리-)의 목적어인 합성 동사이다.

[부사+동사]

  (41) 逢烏支 惡知 作乎下是 〈모죽〉
    (맛보기 엇디 일오아리)

(41)에서 '逢烏支'(맛보기)는 동명사로 해석되기도 하나, '支'를 명사형 '-기'로 보는 것이 확실하지 않다고 하더라도 합성 동사 '맛보-'를 추출할 수는 있을 것이다. '맛보-'는 부사 '맛'(相)과 동사 '보-'(見)의 결합이 된다. 그러나 이를 '맛-+보-'와 같이 동사 어간이 결합된 합성 동사로 해석할 수도 있을 것이다.

4.2.3 형용사 합성

형용사 합성에는 형용사끼리 결합하거나 명사와 형용사가 결합하는 합성법이 가능한데, 현재 확인할 수 있는 예는 별로 없다. 중고 국어보다 다소 후대의 문헌에서 참고로 예를 본다.

(42) 肥 色尺大 슬지다 〈조선관〉

(42)에서 '肥 色尺大'는 명사 '色'(슬)과 형용사 '尺大'(지다)가 결합한 합성 형용사로 보인다.

4.2.4 부사 합성

부사 합성에는 부사끼리 결합하는 형태와 명사끼리 결합하는 형태가 있다.

(43)ㄱ. 毛如 云遣 去內尼叱古 〈제망〉

(몯다 니르고 가ᄂᆞ닛고)

ㄴ. 各ㅎ各ㅎ아ᄭᅡ 座前ㅌ 花ᄆᆞㅌ 上ㅏ 量 無ㅌㄱ 化佛ㅣ 有ㅕㅏㄴㅣㅭ 〈구인 2: 3〉

(각각 자리 앞의 꽃으로부터 위에 한량없는 化佛이 있으시며)

(43ㄱ)에서 '毛如'(몯다)는 부사 '몯'(不)과 부사 '다'(全)가 결합한 합성 부사로, 15세기의 '몯다'에 대응한다. (43ㄴ)의 '各ㅎ各ㅎ아ᄭᅡ'(제제아곰)은 부사 '제'가 중첩어를 형성한 합성 부사인데, 15세기의 문헌에서는 보이지 않는다.

(44)ㄱ. 伯士 身寶衆 三亦 日日以 合夫 參佰肆拾捌 幷以 石乙良 〈정두사 14〉

(伯士 자신의 寶에 있는 衆 셋이 매일 쉬지 않고 도합한 人夫 348 과 함께 돌을)

ㄴ. 陰職蒙會 向事乙 這這 稱下爲良於 爲敎是齊 〈상첩 60-62〉

(陰職蒙會할 일을 낱낱이 稱下하여야 한다 하시고)

(44)는 고려 이두이다. (44ㄱ)에서 '日日'은 명사 '날'이 결합한 것으로, '나날'로 훈독할 수 있는 합성 부사의 성격인데, 여기에 '以'(로/이)가 결합하여 다시 부사 '나날이'로 파생된 형태이다. (44ㄴ)에서 '這這'는 명사 '갓(갖)'이 중첩하여 이루어져 '갓갓(갖갖)' 정도로 읽히며, '낱낱이, 일일이'의 의미를 갖는 합성 부사이다.

5. 문장의 구성

고대 국어에서도 문장의 구성은 중세 국어와 비슷하다. 문장을 이루는 성분은 주성분과 부속 성분 그리고 독립 성분으로 나눌 수 있다. 주성분에는 주어와 서술어, 목적어, 보어가 있으며, 부속 성분에는 관형어와 부사어가 있고, 독립 성분에는 독립어가 있다.

5.1 문장의 주성분

5.1.1 주어

주어는 명사(대명사, 수사 포함)나 명사구 또는 명사절에 주격 조사가 붙어 나타난다.

> (1)ㄱ. <u>月下伊 底亦</u> 西方念丁 去賜里遣 〈원왕〉
>
> (ᄃ라리 엇뎨역 西方ᄉ장 가시리고)
>
> ㄴ. <u>諸ㄱ弟子衆ㅣ</u> 此 正法乙 依ㅎ 〈유가 3: 7〉
>
> (여러 제자의 무리가 이 정법을 의지하며)
>
> ㄷ. <u>十方ㅏ 有ㄱ所ㄴ 諸ㄱ讚頌ㅣ</u> 如來ᄼ 實功德乙 侔歎ㆍ白ㅎㅅㄴ …
>
> 〈화엄 16: 2〉
>
> (시방에 있는 바의 모든 찬송이 여래의 實功德을 칭탄하는)

(1)에서 밑줄 친 부분이 주어이다. (1ㄱ)에서는 명사가, (1ㄴ)에서는 명사구가, (1ㄷ)에서는 명사절이 주어 위치에 와 있다. 여기에서는 모

두 주격 조사 '이'가 잘 나타나 있지만, 주격 조사는 생략되는 경우도 많다.

(2)ㄱ. 復ソ1 五道七 一切 衆生刂 有七ナ尔 〈구인 2: 1-2〉

(또한 五道의 一切 衆生이 있으며)

ㄴ. 復ソ1 他方七 量ノホ可七ソ1 不矢刂ヒ七 衆 有七ナ尔 〈구인 2: 1-2〉

(또한 다른 곳의 헤아릴 수 없는 무리가 있으며)

예문 (2)에선 같은 조건이지만 주격 조사의 실현이 다르다. (2ㄱ)의 '衆生刂'에선 주격 표지가 실현되었으나, (2ㄴ)의 '衆'에선 생략되었다. 문장에서 주어나 주격 조사의 생략이 흔하다.

(3) 紫布 岩乎 希 執音乎手 母牛 放教遣 吾肹 不喻 慚肹伊賜等 花肹 折叱可 獻乎理音如 〈헌화〉

(지뵈 바회 ᄀᆞᇫ애 자ᄇᆞ몬손 암쇼 노히시고, 나를 안디 븟그리샤ᄃᆞᆫ 고ᄌᆞᆯ 것거 바도림다)

(3)은 향가 '헌화가'의 전문이다. '헌화가'가 운문이기도 하지만 종속절이나 주절이나 모두 주어가 생략되어 있다. 이 노래는 특히 대화체여서 주어의 복원이 확실하므로 과감하게 주어를 생략할 수 있었다.

(4) 如來七 三業1 德刂 無極ソロハニ1 我刂尸 今ハ 月光1 三寶乙 禮ソ白ロトウ1ㅣ 〈구인 11: 8〉

(如來의 三業은 德이 無極하시니 나인 지금의 月光은 三寶를 禮하옵는 것이다.)

이른바 이중 주어 구문은 고대 국어에서도 쓰였다. (4)에서는 '三業'과 '德'이 모두 주어에 해당한다. 이때 선행하는 주어는 (4)와 같이 항상 보조사 'ㅣ(은/ㄴ)과 결합하여 나타난다. '我'와 '今ㅅ 月光'은 이중 주어가 아닌 동격 주어이다.

내포절의 주어가 관형격 형태를 갖추는 용법도 석독 구결에서 보인다.

> (5) 故ノ 如來ㄹ 諸 弟子衆ㅎ {有}ㅂㄹノㄱ 所ㄷ 聖法乙 證得ㅛㅎㅎㅌㅣ 〈유가 3: 21-22〉
>
> (그러므로 여래의 여러 제자의 무리가 지닌 바의 성스러운 법을 증득한다.)

(5)에서 밑줄 친 내포절에서 서술어 '{有}ㅂㄹノㄱ'(두습온)의 의미상 주어 '弟子衆'이 관형격 조사 '익'를 취하고 있다.

5.1.2 서술어

서술어는 동사나 형용사 또는 서술격 조사로 이루어진다.

> (6)ㄱ. 吾隱 去內如 辭叱都 毛如 云遣 去內尼叱古 〈제망〉
> (나는 가ᄂ다 말ㅅ도 몯다 니르고 가ᄂ닛고)
>
> ㄴ. 栢史叱 枝次 高攴好 〈찬기〉
> (자싯가지 노포)
>
> ㄷ. 脚烏伊 四是良羅 〈처용〉
> (가로리 네히러라)

(6ㄱ)에서 '去內如'(가ᄂᆞ다), '云遣'(니르고), '去內尼叱古'(가ᄂᆞ닛고)는 모두 동사로, 문장에서 서술어의 역할을 하고 있다. (6ㄴ)에서 '高攴好'(노포)는 형용사로, 서술어에 해당한다. (6ㄷ)에서 '四是良羅'(네히러라)는 수사 '네ㅎ'와 서술격 조사 '이러라'가 결합하여 서술어를 이루고 있다.

한 문장에서 서술어는 하나가 원칙이다. 그러므로 서술어가 세 개 나타난 (6ㄱ)은 세 개의 문장이 결합한 것으로 보아야 한다. (6ㄱ)에서 '吾隱 去內如'는 피인용 내포문에 해당하며, 연결 어미 '遣'(-고)로 이어지는 등위 접속문을 또한 이루고 있는 것이다.

(7) 善化公主主隱 他密只 嫁良 置古 〈서동요〉

(善化公主니믄 ᄂᆞᆷ 그ᅀᅳᆨ 어러 두고)

(7)에서 '嫁良 置古'(어러 두고)는 '본용언+보조 용언'의 구조라 하여 하나의 서술어구를 이룬다고 볼 수도 있다. 보조 용언이 올 때에는 앞에 오는 본용언이 (7)에서의 '良'(-어) 등과 같이 보조적 연결 어미로 활용한다. 이러한 보조 용언 구문은 고대 국어에서부터 있어 왔지만 후대로 오면서 더욱 다양하게 발전한 것으로 보인다.

문장을 서술어 중심으로 볼 때, 모든 서술어는 논항을 지배한다고 말할 수 있다. 서술어의 격 논항 지배에는 시대에 따라 변화가 있어, 이 시기에는 중세 국어와 격 지배 양상을 달리 보이는 경우가 있다.

(8)ㄱ. 爾 時十 文殊師利菩薩𠃌 智首菩薩乙 告丷𠄌 言示尸 … 〈화엄 2.10-11〉

(이때 문수사리보살은 지수보살에게 고하여 말씀하시기를, …)

ㄴ. 其 所𠄌十 至𠄌 菩薩尸十 告丷𠄌 言白ナ尸丁 〈화소 15: 19-20〉

(그곳에 이르러 보살에게 고하여 사뢰기를)

ㄷ. 爾ㅌ…ㄱ 時十 佛ㅣ 大衆ㅅ十 告ᄼ…ᄂㄹ 〈구인 3: 17〉

(그때에 佛은 대중에게 말씀하시기를)

(9)ㄱ. 울엣 소리 머리 震動ᄒ야 여러 龍이게 能히 告ᄒᄂ니라 〈월석
10.106a〉

ㄴ. 阿難ᄃ려 告ᄒ야 니ᄅ샤ᄃ 내 이제 너 爲ᄒ야 큰 法幢을 셰며
〈능엄 1.97a〉

(8)에서 서술어 '告ᄼ'(告ᄒ-)는 말하는 대상에게 '智首菩薩乙(智首菩薩
을), 菩薩ㄕ十(菩薩ㄹ긔), 大衆ㅋ十(대중의긔)'처럼 목적격 또는 여격 논항
을 취하고 있다. 그러나 중세 국어 이후엔 '고ᄒ-'가 (9)에서 보듯이
'긔, 에게, ᄃ려'와 같은 여격 논항만을 취한다.

5.1.3 목적어와 보어

목적어와 보어는 서술어의 직접 지배를 받는 논항이다. 목적어와
보어는 명사나 명사구(절)로 이루어지는데, 이때 목적어는 목적격 조
사를 붙여 쓰는 경우가 많은 반면, 보어에 보격 조사를 결합한 예가
아직 발견되지 않는다.

(10)ㄱ. 膝肹 古召㫆 二尸 掌音 毛乎攴內良 〈도천〉

(무루플 ᄂ초며 두볼 손ᄇ름 모도ᄂ라)

ㄴ. 花肹 折叱可 獻乎理音如 〈헌화〉

(고ᄌᆯ 것거 바도림다)

ㄷ. 他乙 引ᄼㅣ 於己ㄱ乙 信ᄼ(슈)ㅣ(爲)ᄉᄼㄕ 不ᄉᄼㅎ 〈유가 4: 18〉

(남을 이끌어 자기를 믿게 하고자 하지 않고)

ㄹ. 諸ㄱ 法相乙 {如}ㅎ 悉ㅎ能ㅊ 通達ㅄㅎ 一切惡乙 斷ㅄㅎ 衆ㄱ 善乙 具足
當ㅅ 普賢 如ㅊㅄ 色像 第一ㅄ 〈화엄 2: 14-16〉
(모든 法의 相과 같이 다 能히 通達ㅎ며 一切의 惡을 끊으며 많
은 善을 具足하며 반드시 普賢 같아 色像이 第一이며)

(10ㄱ)에서 '膝肹'(무루플)은 서술어 '古召㫈'(ㄴ초며)의 목적어이며, '二
尸掌音'(두볼 손ᄇ룜)은 서술어 '毛乎攴內良'(모도ᄂ라)의 목적어이다.
여기에서 '膝肹'에는 목적격 조사가 있으나, '二尸掌音'에는 목적격 조
사가 생략되어 있다. (10ㄴ)은 두 개의 서술어가 이어서 오는 접속문인
데, 이들 서술어의 목적어는 모두 '花肹'(고즐)이다. 이때에는 (10ㄴ)과
같이 뒤에 오는 목적어는 생략하는 것이 일반적이다. (10ㄷ)에서는 밑
줄 친 명사절 전체가 뒤에 오는 '不冬ㅄㅎ'(안들하져)의 목적어이다. (10
ㄹ)에서는 어근 또는 부사라고 할 수 있는 '{如}ㅎ'(근)이 목적어 '法相'
을 지배하고, 동사의 어근 '具足'이 목적어 '善'을 지배하는데, 이런 현
상은 중세 국어에서는 볼 수 없다.
목적어도 생략이 잘 일어난다.

(11) 本矣 吾下是如馬於隱 奪叱良乙 何如爲理古 〈처용〉
(본ᄃᆡ 내해다마ᄅᆞᆫ 아ᅀᅡ늘 엇디ᄒᆞ리고)

(11)에서는 내포절 서술어 '吾下是如馬於隱'(내해다마ᄅᆞᆫ)의 주어와,
상위절 서술어 '奪叱良乙'(아ᅀᅡ늘)의 목적어가 생략되어 있다. 여기에
서 주어와 목적어는 모두, 이 작품에서 바로 위에 있는 문장 '二肹隱
吾下於叱古'(두ᄇ르른 내해엇고)에 나오는 '二肹'(두볼)인데, 문맥상 복원
이 가능하므로 생략한 것이다.

(12)ㄱ. 薯童房乙 夜矣 卯乙 抱遺去如〈서동요〉

　　　(薯童房을 바매 알홀 안고 가다)

　　ㄴ. 衆生乙 逼惱ノぐ七 物七乙 不冬ll 作ソナぐㄱ但ハ 世間乙 利益ノぐ七 事乙

　　　說ソナぅ〈화엄 19: 14〉

　　　(衆生을 逼惱케 할 것을 안 지으시어서는 오직 世間을 利益하는

　　　일을 說하시어서)

　　ㄷ. 或ソㄱ 邊呪語灬 四諦ㄴ 說ノガソぅ 或ソㄱ 善密語灬 四諦ㄴ 說ノガソぅ

　　　〈화엄 20: 8〉

　　　(혹 邊呪語로 四諦를 말하기도 하며 혹 善密語로 四諦를 말하기

　　　도 하며)

(12)에서는 이중 목적어를 보인다. (12ㄱ)에서 '薯童房'과 '卯'은 서술
어 '抱遺'(안고)의 목적어이다. (12ㄴ)에서는 '衆生'이 '逼惱ノぐ七'의 목적
어이고, '物七'이 '作ソナㄱ'의, '事'이 '說ソナぅ'의 목적어이다. (12ㄷ)에서
는 '四諦'가 '說ノガ'의 목적어이고 '或ソㄱ 邊呪語灬 四諦ㄴ 說ノガ' 전체
가 'ソぅ'의 목적어절이며, '四諦'가 '說ノガ'의 목적어이고 '或ソㄱ 善密語
灬 四諦ㄴ 說ノガ'가 'ソぅ'의 목적어절이 된다.

　다음 예문 (13)은 보어를 가진 문장이다.

(13)ㄱ. 相續 假法ㄱ一 非矢ぅ 異 非矢ぅソ|〈구인 14: 7〉

　　　　(相續假法은 하나도 아니고 다른 것도 아니고 하다.)

　　ㄴ. 香ㄱ 車輪 {如}ㅣソぅ 花ㄱ 須彌山王 {如}ㅣソ기ぅ〈구인 2: 14-15〉

　　　　(香은 車輪 같고, 꽃은 須彌山王 같으니)

(13ㄱ)에서 '一'은 서술어 '非矢ぅ'(안디져)의 보어이며, '異'는 서술어 '非

矢흥ッ거ㅣ'의 보어이다. (13ㄴ)에서 '車輪'은 서술어 '如ㅣッ흥'의 보어이며, '須彌山王'은 서술어 '如ㅣッ거ㄱ'의 보어인데, (13)의 모든 보어들은 다 보격 조사를 갖지 아니하였다. 이처럼 고대 국어에서는 아직 보격 조사가 문헌상으로는 나타나지 않는다.

5.2 문장의 부속 성분

5.2.1 관형어

관형어는 관형사, 관형격 형태의 체언, 관형사절로 나타난다. 관형어는 그 뒤에 오는 체언을 한정하거나 수식한다.

(14)ㄱ. 於內 人衣 善陵等沙 〈수희〉

　　　(어느 사ᄅᆞᄆᆡ ᄆᆞᄅᆞ돌사)

ㄴ. 耆郎矣 皃史是史 藪邪 〈찬기〉

　　　(耆郎ᄋᆡ 즈싀올시 수프리야)

ㄷ. 必只 一毛叱 德置 〈칭찬〉

　　　(반ᄃᆞᆨ 一毛ㅅ 德도)

ㄹ. 彌陁利良 逢乎 吾 道修良 待是古如 〈제망〉

　　　(彌陀利아 맛보올 나 道 닷가 기드리고다)

(14ㄱ)에서 '於內'(어느)는 지시 관형사로 명사 '人'(사름)을 꾸미는 관형어이다. (14ㄴ)의 '耆郎矣'(耆郎ᄋᆡ)는 명사에 관형격 조사 '의'가 붙어 뒤에 오는 명사 '皃史'(즛)을 꾸미는 관형어가 되었고, (14ㄷ)에서는 명사

228

'一毛'에 관형격 조사 'ㅅ'가 붙어 뒤에 오는 명사 '德'을 꾸미는 관형어
가 되었다. (14ㄹ)의 '逢乎'(맛보올)은 동사의 관형사형으로 명사 '吾'(나)
를 꾸미는 관형어이다.

관형어는 고대 국어 문장에서 자주 쓰이어, 석독 구결문에서도 매
우 많이 나타난다.

> (15)ㄱ. 謂尸 我ぅ 我ㄱ 今旀〔者〕 何ㆁ 所ㅎ 在ッㅌㄱㅣㅎㅌㅁ〈유가 8: 18-19〉
>   (말하기를, 나의 나는 지금 어느 곳에 있는 것입니까?)
>
> ㄴ. 〔於〕十方ㄷ 一切 佛土ㅎ〈금광 14: 16〉
>   (시방의 일체 불토에서)
>
> ㄷ. 法性ㄱ 本ᄯᄉ 無ッㄱ 性ㅣㅁ〈구인 14: 25〉
>   (法性은 본래 없는 性이라)

(15ㄱ)의 '我ぅ'는 명사와 관형격 조사 '익'의 결합이고, (15ㄴ)의 '十方ㄷ'
은 명사와 관형격 조사 'ㄷ'의 결합이며, (15ㄷ)의 '無ッㄱ'은 형용사의 관
형사형으로, 이들은 모두 관형어의 역할을 한다.

> (16)ㄱ. 誓音 深史隱 尊衣 希 仰支〈원왕〉
>   (다딤 기프신 므르옷 브라 울워러)
>
> ㄴ. 〔於〕諸ㄱ 佛法ㅎ 心ㆁ 礙ノ尸 所ぅ 無ぅ〈화엄 2: 13〉
>   (모든 佛法에 대해 마음에 걸릴 바가 없으며)

관형어는 (16)과 같이 구절로도 나타난다. (16ㄱ)에서 내포 관형절 '誓
音 深史隱'(다딤 기프신)은 뒤에 오는 명사 '尊'을 수식하는 관형절 구성
을 보이고, (16ㄴ)에서 내포 관형절 '〔於〕諸ㄱ 佛法ㅎ 心ㆁ 礙ノ尸'은 상

위절 명사 '所'를 보충하는 보문 구성을 갖는다.

(17)ㄱ. 十八梵天王 T 百變異色花乙 雨 II ﾗ 六欲ㄴ 諸 T 天 ㄲ 量 無ㄴ T 色花
乙 雨 II ﾗ ｲ ﾅ ﾗ 〈구인 2: 15-17〉

(열여덟 梵天王은 백가지 變異色花를 내리고 六欲의 모든 하늘도
한량없는 色花를 내리고 하며)

ㄴ. 愛 與ㄴ 俱行 ｲｲ T 有ㄴ T 所ㄴ 喜悅 II ﾗ 〈유가 12: 6-7〉

(愛와 더불어 俱行하는, 있는 바의 喜悅이며)

ㄷ. 掌 如ㅊ ｲ ｲ ﾗ ｲ 量 無ﾗ 數 無 ｲ ｲ T 種種ㄴ 妙色 II T 淸淨 ｲ ｲ ㅌㄴ{之} 寶 ゛゛
ｲ T 莊嚴ㄴ{之} 具 II ｲ ﾗ ㅌ ﾉ ｲ 入乙 〈금광 6: 2〉

(손바닥 같은 곳에 한량없으며 수없는 갖가지 미묘한 색인 청정
한 보배로 꾸민 장엄(莊嚴)의 도구가 있는 것을)

관형어는 여러 개가 중복되어서 나타날 수 있다. (17ㄱ)에서 '六欲ㄴ'과
'諸 T'이 모두 명사 '天'을 꾸미는 관형어이고, '量 無ㄴ T'은 '色花'을 꾸
미는 관형절이다. (17ㄴ)에서 '愛 與ㄴ 俱行 ｲ ｲ T'과 '有ㄴ T'은 모두 명사
'所'를 꾸미는 관형어(절)이다. (17ㄷ)에서 '量 無ﾗ'와 '數 無 ｲ ｲ T' 그리고
'種種ㄴ'은 모두 명사 '妙色'을 꾸미는 관형어(절)이고, '妙色 II T'은 내포
관형절을 이끌어 '淸淨 ｲ ｲ ㅌㄴ'과 함께 '寶'를 꾸미며, '寶 ゛゛ ｲ T'은 그에 선
행하는 관형절을 이끌어 '莊嚴ㄴ'과 함께 '具'를 꾸민다. 특히 '量 無ﾗ'
와 '數 無 ｲ ｲ T'처럼 관형절이 거듭할 때에는 선행절의 서술어 어미가 연
결 어미 'ﾗ'(-며), 'ㅁ'(-고) 등과 같은 연결형이 되는 것은 현대 국어와
같다.

향가에는 관형어로 기능하는 표현에 (18)과 같은 용례가 있다.

(18)ㄱ. 物叱 好支 栢史 〈원가〉

　　　(갓 됴히 자시)

　　ㄴ. 東京 明期 月良 〈처용〉

　　　(東京 볼기 두라라)

(18ㄱ)에서 '物叱 好支'는 그 뒤에 오는 명사 '栢'(잣)을 꾸미고, (18ㄴ)의 '明期'(볼기)에서 '-이'는 명사형이지만 '月'(둘)을 꾸미는 관형절을 이끄는 것으로 해석되기도 한다. 이들 두 예문에서 관형어 표지는 '-이'가 되는 셈인데, 이러한 형태의 관형어 용법은 다른 데에서는 찾을 수 없다.

5.2.2 부사어

부사어도 관형어와 더불어 수식언에 속하므로 문장의 필수 성분은 아니지만, 고대 국어 문헌에서도 많이 나타난다. 부사어는 부사만으로 이루어지거나, 체언에 부사격 조사를 붙이거나 용언의 부사형으로 표현된다. 부사어는 단어 또는 구절 형태로 나타나 용언, 관형사, 또 다른 부사 등을 꾸민다.

(19)ㄱ. 逢烏支 惡知 作乎下是 〈모죽〉

　　　(맛보기 엇디 일오아리)

　　ㄴ. 此矣 彼矣 浮良落尸 葉如 〈제망〉

　　　(이에 뎌에 쁘러딜 닙곤)

　　ㄷ. 白雲音 逐于 浮去隱 安支下 〈찬기〉

　　　(힌 구룸 조초 쁘간 언저레)

(19ㄱ)에서 부사 '惡知'(엇디)는 뒤에 오는 동사 '作乎下是'를 꾸민다. (19ㄴ)에서 동사 '浮良落尸'을 한정하는 장소 부사어 '此矣 彼矣'(이에 뎌에)는 대명사에 처소를 나타내는 부사격 조사가 결합한 형태이다. (19ㄷ)에서 부사어 '逐于'(조초)는 '白雲音'을 목적어로 하는 동사 '좇-'의 부동사형으로, 동사 '浮去隱'을 꾸미는 부사절을 이끈다.

종속 접속문에서 부사어 기능을 찾는 견해도 있다.

(20) <u>栢史叱枝次 高支好</u> 雪是 毛冬 乃乎尸 花判也 〈찬기〉
(자싯가지 노포 누니 모돌 두플 곳가리여)

(20)에서 밑줄 친 부분은 현대어 '높아'로 해석되는 부사형 '高支好'(노포)로 이끌리는 종속절로, 그 뒤에 오는 상위절에서 부사절 기능을 한다는 것이다.

부사어도 여러 개가 겹치어 나타날 수 있다.

(21) 又 出家者1 {於}出家位ㅌ 中3十 時時3十 略ㅎ 四種 所作 {有}斗ナㅎㅌ1 〈유가 8: 12-13〉
(또 출가자는 출가위의 가운데 때때로 간략히 네 가지의 지어야 할 바를 지닌다.)

(21)에서는 위치 부사어 '中3十'(中아긔)와 '時時3十'(時時아긔) 그리고 정도 부사 '略ㅎ'(略히)라는 세 개의 부사어가 겹치어 나타난다.

5.3 문장의 독립 성분

독립 성분은 문장의 다른 성분과 직접적인 관계를 갖지 않는 독립
어로, 여기에는 감탄사와, 명사에 호격 조사를 붙인 형태, 제시어 등
이 있다.

> (22)ㄱ. 阿邪 此身 遣也 置遣 〈원왕〉
>
>   (아야 이 모마 기텨 두고)
>
>   ㄴ. 伊波 普賢行願 又都 仏体叱 事伊置耶 〈총결〉
>
>   (뎌바 普賢行願 또 부텻 이리도야)
>
> (23)ㄱ. 郎也 持以支如賜烏隱 〈찬기〉
>
>   (郎이여 디니더시온)
>
>   ㄴ. 善男子 3 初 菩薩地 3+1 是 相ㅣ 前現 / 1ㅿ 〈금광 5: 23〉
>
>   (선남자야, 초보살지에서는 이런 모습이 앞에 나타나는데)

예문 (22)와 (23)에는 모두 독립어가 들어 있다. (22ㄱ)의 '阿邪'(아야)는
가장 흔한 감탄사이다. (22ㄴ)의 '伊波'는 주의를 환기하는 역할을 가
진 감탄사로, '이바' 또는 '뎌바'로 해석된다. (23ㄱ)의 '郎也'와 (23ㄴ)의
'善男子 3'는 각각 부름의 호격 조사 '也'(야)와 ' 3 '(아)가 결합된 독립어
이다.

6. 문장 요소의 기능

여기에서는 문장에서 실현되는 여러 가지 문법 범주들이 어떠한 체계를 가지며 그들의 세부적인 기능이 어떠한지를, 고대 국어 문장을 통해 알아본다.

6.1 사동 표현

고대 국어에서 사동 표현은 향찰이나 이두, 구결 등에서 일부 짐작하게 한다.

(1)ㄱ. 窟理叱 大肹 生以支 所音物生 〈안민〉

　　　(구릿 하늘 살이기 바라물 씨)

　　ㄴ. 汰堤 傷故 所內使以 見令賜矣 〈영천청제비 정원명〉

　　　(보의 뚝이 파손되었으므로 所內使로 하여금 보이시었다.)

　　ㄷ. 故ノ 諸 惡趣乚 法乙 斷除ᄼ〔爲欲〕ᄉ 心ㅣ十 正願乙 生॥ᄒ 〈유가 7:

　　　10-11〉

　　　(그러므로 모든 惡趣의 법을 끊어 없애고자 마음에 正願을 내며)

(2)　第二年 春節已只 了兮齊遣 成是 不得爲 犯由 白去乎等 用良 〈정두사〉

　　　(이듬해 春節까지 마치게 하고 조성하지 못한 경위를 보고하였으므로)

(3)ㄱ. 逢烏支 惡知 作乎下是 〈모죽〉

　　　(맛보기 엇디 일오아리)

　　ㄴ. 灯油隱 大海 逸留去耶 〈광수〉

　　　(燈油는 大海 이루거야)

(4) 膝肹 古召旀〈도천〉

　　(무루플 ㄴ초며)

(5) 迷反 群 无史 悟內去齊〈보개〉

　　(이반 물 업시 ᄭᆡᄃᆞᄅ거져)

(1)은 접사 '-이-'에 의한 사동화 표현이다. (1ㄱ)의 '生以支'(살이기)는 동사 '살-'의 사동형으로, 사동화 접미사 '-이-'를 볼 수 있다. 798년에 세운 비문 (1ㄴ)에서 '見슈賜矣'(보이시온ᄃᆡ)는 동사 '보-'의 사동형이고, (1ㄷ)의 '生뇨'(나이며)는 '나-'에 사동 접미사 '뇨(-이-)'가 결합한 형태이다. (2)는 접사 '-히-'에 의한 사동화이다. (2)에서 '了兮齊遣'(못히뎌코)는 동사 '못-'에 사동화 '-히-'가 접미한 형태이다. (3)에서는 사동화 접사 '-오/우'를 보인다. (3ㄱ)에서 '作乎下是'(일오아리)는 자동사 '일-'에 사동화 '-오-'가 접미하였고, (3ㄴ)에서 '逸留去耶'(이루거야)는 자동사 '일-'에 '-우-'가 접미하여 타동사가 되었다. (4)의 '古召旀'를 'ㄴ초며'로 읽는다면 형용사 '낮-'에 '-호-'가 접미하여 타동사가 된 것이다. (5)에서 '悟內去齊'(ᄭᆡᄃᆞᄅ거져)는 동사 'ᄭᆡᄃᆞᆮ-'에 사동화 '-ᄋᆞ-'가 붙었다.[61] 위에서 보듯이 '-오/우-, -호-, -ᄋᆞ-' 등이 원래 타동사화 접미사이며, 이들이 간혹 사동화의 기능을 하기도 함을 알 수 있다.

　위에서 '-이-, -히-, -오/우-, -호-'는 모두 중세 국어에서도 쓰이는 사동화 접미사들이다. 그러나 중세 국어에서 사동화 접미사로 쓰이는

---

61) '悟內去齊'에서의 '內'를 연구자 대부분의 견해에 따라 사동의 '-ᄋᆞ-'로 해석해 두었으나, 이 책의 중세 국어에서는 '-ᄋᆞ-'가 사동 접사가 아닌 타동화 접미사로 보았다.(제3장 6.1 참조) '悟內去齊'도 문장 내에서 사동사가 아닌 단순 타동사로 보인다. 박진호(1998), 김성주(2011)에서는 이를 '알ᄂᆞ거져/알ᄂᆞ가져'로 읽어 '內'를 서법 성격의 선어말 어미 '-ᄂᆞ-'로 보았고, 남풍현(2011)에서는 이 '內'를 '합당법'이나 '겸양법'의 '-아-'라 하였다.

'-기-, -리-' 형태가 고대 국어에서는 발견되지 않는다. 위에서 보듯이 형용사나 자동사에 사동화 접사가 붙어 타동사가 되는 예들이 있는데, 이는 중·근대 국어나 현대 국어에서도 흔한 현상이다.

이두문에서는 (6)과 같은 사동 표현이 많이 나온다.

(6)ㄱ. 成內 法者 楮根中 香水 散ㅅ 生長令內於 〈화사〉

(이룬 法은, 楮根에 香水 뿌리며 生長시키며)

ㄴ. 香水 用ㅅ 沐浴令只但 〈화사〉

(香水를 써서 목욕시키어야만)

(7)ㄱ. 家 幷以 國贐色 題給爲良於 爲敎矣 〈상첩〉

(家와 더불어 國贐色을 題給하여야 하게 하시되)

ㄴ. (於)所治ㄴ 現行法ㄴ 中ㅑ十 心ㅑ十 染着 不ㅊᅪㅣㅏㅅ 速ㅣ 斷滅ᄼ{令}ㅣᇙ
〈유가 12 : 20〉

(다스려야 하는 바[所治]의 現行法 중에 마음에 染着하지 않아서 빨리 단멸하게 하고)

ㄷ. 大小 兩班 鄕吏 等矣 戶口成籍乙 式爲使內乎矣 〈高麗末戶籍文書 둘째폭 8-9〉

(大小 兩班 鄕吏 等의 戶口成籍을 式하게 시키되)

(6)은 신라 시대의 이두문이다. (6ㄱ)에서 '生長令內於'(生長시기며/生長ᄒ기며)는 동사 '生長ᄒ-'의 사동 표현이라고 할 것이다. (6ㄴ)에서도 '沐浴令只'(목욕시기-/목욕ᄒ기-)는 '沐浴ᄒ-'의 사동 표현으로, '只'는 '令'(시기/ᄒ기-)의 말음을 첨기한 것이다. (7)은 고려 시대의 이두와 구결이다. (7ㄱ)에서 '爲良於爲敎矣'(ᄒ아어 ᄒ이시되)는 '하여야 하게 하시되' 정도의 뜻을 갖는데, '爲敎矣'(ᄒ이시되)는 신라 시기의 'ᄒ기시되'

에서 변화된 모습이다. (7ㄴ)의 '斷滅ㅅ{令}刂ㄹ'(斷滅ᄒᆞ이져)에서도 고려 시대로 들어와 변화한 형태를 볼 수 있다. 고려 이두에서는 (7ㄷ)처럼 '爲使內'(ᄒᆞ브리-)로써 사동 의미의 표현을 하기도 하였다.

이두에서는 이중 사동으로 보이는 표현도 있다.

(8)ㄱ. 錄券滅除敎是遣 壁上圖畵 并以 削除令是敎是沙餘良 廟庭 配享乙良置 除去於爲敎矣 〈상첩〉
(錄券을 滅除하게 하고 壁上圖畵와 더불어 削除하게 할 뿐만 아니라 廟庭 配享도 除去하게 하시되)

ㄴ. 形止案 載錄爲置 科科以 祿年 進來 職賞 暢情令是良於爲敎矣 〈상첩〉
(形止案을 載錄해 두고 科科로 (하여금) 祿年과 進來와 職賞을 暢情하게 하시되)

(8ㄱ)에서 '削除令是敎是沙'(削除ᄒᆞ이이시사)와 (8ㄴ)에서 '暢情令是良於爲敎矣'(暢情ᄒᆞ이아어 ᄒᆞ이신)은 사동 접미사 '-이-'가 두 번씩 쓰인 이중 사동 표현으로 보인다. 이두자 '敎'가 원래 주체 높임의 표현이고 사동의 의미는 문맥에서 필요에 따라 해석되는 것이지만, 특히 (8ㄴ)에서는 '令'에 의한 사동 외에, '爲'(ᄒᆞ-) 뒤에 붙는 '敎'는 사동으로 해석하는 것이 자연스러우므로 위의 표현을 이중 사동으로 볼 수 있다.

석독 구결에서 사동 표현은 대부분 '刂'(-이-)를 접미하여 어휘를 사동화한 단형 사동 형태로 나타난다.

(9)ㄱ. 手氵+ 錫杖 執氵1刂+1 當 願 衆生 大施會乙 設ㅅ氵ホ 如實道乙 示刂ㅌ 立 〈화엄 4: 17〉

((보살이) 손에 錫杖을 잡을 때에는 반드시 원하건대 "衆生은 大
施會를 設하여서 실상대로 道를 보게 ᄒᆞ소서." (할 것이며))

ㄴ. 當願衆生 甚深法乙 說ʒᄭ 一切乙 和合ㅅㅔ든됴 〈화엄 5: 5〉
(반드시 원하기를 '중생은 甚深法을 說하여서 一切를 和合하게 하
소서.' (할 것이며))

ㄷ. 亦ㅣㄱ 復ʒ 共ㅅ 量 無ㄷㄱ 音樂乙 作ㅣʒ 如來乙 覺寤ㅅㅔᄇㅏㄴㄱ 〈구인
3: 12-13〉
(또한 또 더불어 한량없는 음악을 지어 如來를 覺寤하게 하시니)

ㄹ. 彼乙 見ㅣᄼ 已ʒㅁ 皆ㅅ 調伏 令ㅔㅁ든ʒ 〈화엄 20: 5〉
(그를 보기를 마치고 다 調伏하게 하며)

(9ㄱ)의 '示ㅔ든됴'(보이ᄂᆞ셔)는 '보-'에 사동 접미사 'ㅔ'(-이-)가 결합한 사
동형이다. (9ㄴ)의 '和合ㅅㅔ든됴'(和合ᄒᆞ이ᄂᆞ셔)에서 'ㅅㅔ'(ᄒᆞ이-/히-)는 어
간 'ᄒᆞ-'에 사동화 접미사 '-이-'가 결합한 형태이다. 'ᄒᆞ이-'는 (9ㄷ)의
'ㅅㅔ'나 (9ㄹ)의 '令ㅔ'처럼 표기되기도 한다. 석독 구결에서 'ᄼᆞ'(ᄒᆞ-)의
사동사는 이 밖에도 'ᄼㅣ{令}ㅔ-, ᄼᆞ-, ㅅㅔ-' 등으로 나타나는데, 이들은
모두 'ᄒᆞ이-/히-'로 읽을 수 있다. (9)에서 '示ㅔ든됴'나 어간 '히/ᄒᆞ-'(ㅅ
/ᄼᆞ)에 직접 사동화 접미사 'ㅔ'(-이-)가 결합한, '和合ㅅㅔ든됴, 覺寤ㅅㅔᄇㅏ
ㄴㄱ'과 같은 것은 확실한 단형 사동 형태이지만, '調伏 令ㅔㅁ든ʒ'처럼
어근 '調伏'와 분리하여 '令ㅔ'를 표기한 것은 장형 사동일 가능성도 있
다. 그러나 장형 사동의 형태를 확실하게 보여 주는 예는 14세기 음독
구결에 가서야 많이 나타난다.

한편 석독 구결문에서는 장형 사동에 가까운 다른 문형도 보인다.

(10) 故ノ 自灬 形色ㅣ 人チ十 異ㅊノㅓㅅ乙 觀察ノㅎ應ㄷㄸㅣ게罒 〈유가 16: 20-21〉

(그러므로 스스로 形色이 남과 다른/다르게 하는 것을 觀察해야 하는 것이라서)

(11) 是 說法師乙灬 種種灬 利益ノ 安樂 無障ㅄㅎ 身心 泰然ㅄㅎ스ㅣㅎ 〈금광 15: 6-7〉

(이 설법사를 갖가지로 이롭게 하되 安樂 無障하고 身心 泰然하게 하며)

(12) ㄱ. 故 我ㆍ 宣揚ㅄㅎ 令汝灬 但於一門ㅎ 深入ㅊㅅノㅓヒ 〈능엄기 4.42a〉

(그러므로 내가 宣揚하여 너로 하여금 단지 一門에 深入하게 할 것이니)

ㄴ. 佛佛ㅣ 授手 世世ㅎ 不墮惡道八難ㅁ 常生人道天中ㅊㅄㅅ 〈범망 10 하.43b〉

(佛佛이 授手(하여) 世世에 惡道 八難에 떨어지지 않고 항상 人道天 中에 나게 하라.)

(10)의 '異ㅊノㅓㅅ乙'(異거혼들)에서의 '-거-'를 확인법 선어말 어미로 보기도 하지만, 음독 구결의 (12)에서와 같이 '-거 ㅎ-' 형의 장형 사동 표현으로 볼 가능성도 있다. 이러한 표현이 석독 구결문에선 아주 드물어, 고려 시대의 중엽이 이 같은 형태가 형성된 초기임을 말해 준다. (11)에서는 '安樂 無障ㅄㅎ'와 '身心 泰然ㅄㅎ'라는 두 개의 본동사 구문에 '스ㅣㅎ'(ㅎ이며)라는 사동형 보조 용언이 와서 'ㅄㅎ'(-ㅎ져)로 이끌리는 본동사 구절 전체를 사동화하는 기능을 한다. 음독 구결문인 (12ㄱ)과 (12ㄴ)에서 '-ㅊ ㅄ-'(-게/거 ㅎ-)는 장형 사동 구문을 이루고 있다. 이는 15세기 국어의 '-긔/게 ㅎ-'에 대응되는 초기 형태로 상정할 수 있다.

이처럼 고대 국어에서는 사동화 접미사에 의한 단형 사동 표현이 대부분이었다. 이후의 중세 국어에서도 역시 단형 사동이 많았지만 '-게 ᄒᆞ-' 구문의 장형 사동도 점차 활발해졌다.

6.2 피동 표현

고대 국어에서 피동 표현은 매우 희귀하다. 그리하여 여기에서는 피동의 의미를 갖는 표현을 몇 개 보이는 것으로 그친다. 아래의 (13) 은 향가 '도솔가'의 전문이다.

> (13) 今日 此矣 散花 唱良 (오늘 이에 散花 불러)
>
> 巴寶白乎隱 花良 汝隱 (보보슬본 고자 너는)
>
> 直等隱 心音矣 命叱 使以惡只 (고든 ᄆᆞᅀᆞ믹 命ㅅ 브리이악)
>
> 彌勒座主 陪立 羅良 (彌勒座主 모리셔 벌라)   〈도솔가〉

(13)에서 '使以惡只'이 '브리이악'으로 해석된다면, 이는 타동사 '브리(부리)-'의 피동형이고 피동 접사는 '-이-'(以)가 된다. 이때 피동사 '브리이-'의 통사적 주어는 '너'(汝)이고, 부리는 주체는 'ᄆᆞᅀᆞ믹 命'(心音矣 命)이 된다.

이두문과 구결문 자료에서는 피동의 뜻을 가진 내용 전체를, 한문이나 한자어로 나타내거나 특별히 피동 표현으로 나타내지 않아 우리 말의 피동 형태를 알기가 어렵다.

> (14) 國朝以 誅流 員將矣 奴婢等乙 公私分屬令是 事是 次 〈송광사〉

240

(國朝로부터 誅殺·流配된 官員과 武將의 奴婢들을 官家와 私家에 分屬시킨 일 다음에)

(14)에서 '誅流 員將'은 '誅殺, 流配된 員과 將'으로 해석되므로 피동의 뜻을 갖지만 피동 표지가 없다.

> (15)ㄱ. 私事以 越境 差送爲有如可 因此 身故令是旀 時或 賊人乙 被捉
> 令是在乙良 杖一百 停職爲遣 遠處 充軍爲乎矣 〈명률 14: 10〉
> (사사로운 일로 越境하고 差送하였다가 이로 인해 죽게 하며 때
> 로는 賊人을 被捉하게 하거든 杖 100대를 때리고 停職하고 먼 곳
> 으로 充軍하되)
> ㄴ. 强盜亦中 被奪爲在乙良 勿論 〈명률 7: 8b〉
> (강도에게 被奪하거든 논하지 않는다.)
> ㄷ. 或 一脚亦 先折爲在人是 爲廢疾是去乙 〈명률 20: 3a〉
> (或 一脚이 먼저 꺾여진 사람이 廢疾에 걸리거늘)

(15)는 중세 국어 이두 자료인 『대명률직해』이다. (15ㄱ)에서 '被捉令是在乙良'의 '被捉'은 이미 피동 의미를 가지고 있으며, 여기에 다시 '令是'라는 사동형을 썼다. (15ㄴ)에서도 피동 의미는 한자어 '被奪'로 나타난다. (15ㄷ)에서는 피동의 뜻을 가진 '꺾여진'과 '폐질에 걸린'이라는 내용을 피동 표지 없이 '折爲'와 '爲廢疾'로 표현하였다.

석독은 물론 음독 구결문에서도 피동 표현에 우리말 피동 형태소가 반영된 경우는 없다.

> (16) 寧以此身﹍受三百鋒﹍刺爲西ㅅ 經一劫﹍二劫ᄡᅵᆨ丁 〈범망 31b〉

(하물며 이 몸으로 삼백 대의 창으로 찔림을 당한 채 一劫, 二劫을
지나는 것임에랴.)

(16)에서 '受三百鋒…刺ㅎ쁘ㅅ'은 '삼백 대의 창으로 찔림을 당한 채' 정
도로 해석되는데, 여기에서 나타나는 피동의 의미도 한자 '受'로 처리
되었다.

차자 표현에서는 우리말의 피동 표현 형태소가 반영되지 않았지만,
이는 한문이 지닌 표현 체계상 피동 형태가 잘 나타나지 않은 때문으
로 보인다. 그러나 15세기의 한글 표현에서는 장·단형 피동 표현이
많이 나타나는 것으로 보아, 고려 시대에도 우리말에서 피동 표현은
쓰였지만 중세 국어에 들어 급격히 사용이 늘어난 것으로 추정된다.
다만 사동 표현에서와 마찬가지로 피동 표현에서도 접미사에 의한 피
동이 대다수였을 것으로 짐작된다.

6.3 높임법

고대 국어에서 높임법은 주체 높임, 객체 높임, 상대 높임으로 구분
되는데, 주로 서술어의 활용 어미 형태에 의해 높임 표현이 나타난다.

6.3.1 주체 높임법

주체 높임법은 서술되는 주체에 대하여 높임을 부여하는 문법 표시
인데, 서술어 용언에 '-시-'를 붙여 나타낸다. 이두에서 '-시-'는 신라
시대부터 고려 초까지 '賜'로 쓰이다가 그 이후엔 '敎'로 나타난다. 향

가에서도 '-시-'(賜)가 나오고, 구결에서도 '-시-'('〓/示')가 많이 보인다. 또한 이두와 향가에서는 '敎'로 '-이시-'(-이-(사동)+-시-(주체 높임))를 나타내었다.[62]

(17) ㄱ. 月下伊 底亦 西方念丁 去賜里遣 〈원왕〉
(ᄃᆞ라리 엇뎨여 西方ᄭᆞ장 가시리고)
ㄴ. 法界 一切衆生 皆成佛欲 爲賜以 成賜乎 經之 〈화사 3〉
(法界의 一切 衆生이 모두 成佛하고자 하시므로 이루신 경이다.)
ㄷ. 甫長老 陪白賜乎 舍利 一七口乙 〈정두사〉
(貞甫長老가 모셔온 舍利 17口를)

(17ㄱ)의 '去賜里遣'에서 '賜'(-시-), (17ㄴ)의 '爲賜以 成賜乎'에서 '賜'(-시-), (17ㄷ)의 '陪白賜乎'에서 '賜'(-시-)가 모두 주체 높임의 표지이다. 이두에서 '賜'(-시-)는 1031년 '정두사형지기'까지에서만 나타나고 그 다음부터는 쓰이지 않는다.[63]

(18) ㄱ. 執音乎手 母牛 放敎遣 〈헌화〉
(자ᄇᆞ몬손 암쇼 노히시고)

---

62) 이승재(1996, 2001)은, 이두에서 '在'와 구결에서 '𠂇'를 모두 '-겨-'로 읽으면서 이들을 '-시-'보다 낮은 정도의 주체 존대로 해석하여, 고려 중기의 주체 높임을 '-시-, -겨-, -∅-'의 3등급 체계로 보았다.

63) 이두에서 11세기 중엽 이후에 주체 높임으로 '賜'가 더 이상 쓰이지 않은 이유는 아직 밝혀지지 않았다. 12~13세기에 '賜'의 음가가 '시>ᄉᆞ'의 변화를 경험하므로 더 이상 '-시-'를 표기할 수 없었겠지만, '賜'는 이보다 적어도 1세기 이상 이전부터 '-시-'로 쓰이지 않았다. 11세기 중엽에는 '-ᄉᆞᆸ-'도 문헌에 자주 나타나는 등 이 시기를 전후하여 높임법의 체계에 어떠한 변화가 일어났고, 이에 따라 '賜'를 사용하기가 어려워지면서 극존대의 '敎'만 일부 나타내었을 가능성도 추정할 수 있을 것이다.

ㄴ. 三韓後壁上功臣 一例以 錄券 加 施行敎是遣 〈상첩 46-48〉

(三韓後壁上功臣이 一例로 錄券을 더해 施行하게 하시고)

(19) 右員將等矣 功業亦 職次 暢情分以 酬答敎 事 不喩去有等以 〈상첩 11-13〉

(위 員將 등의 功業이 職에 따른 暢情만으로 酬答하신 일이 아닌 까닭으로)

'敎'는 동사 '이시-' 또는 선어말 어미 '-이시-'로 쓰였다. (18ㄱ)의 '放敎遣'(노히시고)에서 사동과 높임의 '-이시-'(敎)를 보이고, (18ㄴ)의 '施行敎是遣'(施行이시고)에서도 역시 사동과 주체 높임의 '-이시-'를 보인다. 그러나 (19)의 '酬答敎 事'(酬答이신 일)에서는 주체 높임만을 나타낸다. '敎'(-이시-)는 왕과 같이 극존대의 주체를 높이는 표현에 주로 쓰이다가 고려 말 이후에는 그 사용 범위가 넓어진다.

구결에서는 주체 높임의 '-시-'를 'ㄷ'나 'ㅠ'로 표기하고 있다.

(20)ㄱ. 何以故ᄂ ''白ノ矛尸入ㄱ 說法ㄴ {之}處ㅣㅣ 卽ノ 是ㄱ 其塔ㅣㄷㄱ入''
〈금광 15: 11-13〉

(어째서인가라고 한다면, 설법하는 곳이 곧 이는 그 탑이신 까닭에서다.)

ㄴ. 若 無生深法忍 得 則 諸ㄱ 佛矢 授記''而勺尸 所ㅣ尸{爲}入乙''ㄷ𣥠
〈화엄 12: 14〉

(만약 생멸 없는 깊은 법인을 얻으면 곧 모든 부처가 수기하시는 바가 될 것이며)

ㄷ. 佛ㄱ 言ㅣㄷ尸 善男子ᄒ 是 如ㅊㅣㅣ 〈금광 15: 14-15〉

(부처는 말하시기를, 선남자야, 이와 같다.)

(20ㄱ)의 '其塔刂二口1入罒亠'(其塔이시곤 ᄃᆞ로여)에서 '二'(-시-)가 주체 높임의 표지이며, (20ㄴ)의 '授記ソ示乎尸'(授記ᄒᆞ시옯)에서 '示'(-시-) 역시 주체 높임이다. 구결자 '示'(-시-)는 『화엄경』과 『화엄경소』에서만 쓰였다. (20ㄴ)의 'ソ示乎尸'(ᄒᆞ시옯)에서는, '-시-' 뒤에 인칭법 '-오-'가 결합할 때 '-샤-'형으로 교체되는 중세 국어와 달리 그대로 '-시오-'가 다 나타나는 것을 볼 수 있다. (20ㄷ)의 '言刂二尸'과 같이, '佛'처럼 높은 대우를 받을 만한 체언 주어에서 높임 표현 '二'(-시) 앞에 '刂'나 '乃'가 오는 일이 있는데, 이들에 대해선 아직 해석이 여의치 않다.

주체 높임의 '-시-'는 향가에서 '史, 事' 등으로도 표기된다.

(21) ㄱ. 誓音 深史隱 尊衣 希 仰支 〈원왕〉

(다딤 기프신 ᄆᆞᄅᆞ옷 ᄇᆞ라 울워러)

ㄴ. 舊留 然叱 爲事置耶 〈보개〉

(녀리로 그럿 ᄒᆞ시도야)

(21ㄱ)의 '深史隱'(기프신)에서 '史'(-시-), (21ㄴ)의 '爲事置耶'(ᄒᆞ시도야)에서 '事'(-시-)는 모두 주체 높임을 나타내는 것으로 해석된다.

(22) ㄱ. 法界 滿賜隱 仏体 〈예경〉

(法界 ᄎᆞ신 부텨)

ㄴ. 是 金光明經乙 說尸 已氵ソ白ハ二1 三万億 菩薩摩訶薩1 無生法忍乙 得ㅌハ二か 〈금광 14: 22-23〉

(이 金光明經을 說하기를 이미 하시니 삼만억 보살마하살은 無生法忍을 얻으시며)

주체 높임은 상위문의 주어를 높이는 데만 쓰이지는 않는다. (22ㄱ)에서는 내포절 서술어 '滿賜隱'(차신)의 수식을 받는 명사 '仏体'(부텨)가 그 서술어의 주체가 되므로 높임을 받았다. (22ㄴ)에서도 서술어가 'ソ白ハニ1'(ᄒᆞᄉᆞᆸ기신)과 같이 주체 높임을 나타낸 것은 이 서술어의 주체인 명사 '三万億 菩薩摩訶薩'을 높이기 위함이다. 주체 높임의 '-시-'는 그대로 중세 국어를 지나 근·현대 국어에까지 이어진다.

구결에서는 주체 높임법에 간혹 '白'(-ᄉᆞᆸ-)이 동원되기도 하였다.

(23) ㄱ. 法王1 上 無セ3 人 中3セ 樹リニ下 大衆乙 覆蓋ソ白リ尸ム 量 無セ1 光灬ソニ㢱 口3+ 常リ 說法ソ白リ尸ム 無義ソ1入乙ソ尸 非亽ソニ㢱 〈구인 11: 9-10〉

(法王은 위가 없어 사람 중의 樹이시어 대중을 覆蓋하시는데 한량없는 빛으로 하시며, 입에서 항상 說法하시는데 無義한 것을 하지 않으시며)

ㄴ. 謂1 卽ㅎ 彼 補特迦羅リ 佛リ 出世ソ白ノ尸入乙 値白㢱 〈유가 3: 1〉

(즉 곧 그 보특가라가 부처가 세상에 나시는 것을 만나며)

(23ㄱ)에서 '覆蓋ソ白リ尸ム'와 '說法ソ白リ尸ム'는 '法王'이 하는 일이므로 주체 높임이 쓰이는 환경인데, 'ニ'가 아닌 '白'을 썼다. (23ㄴ)에서도 부처가 하는 '出世ソ白ノ尸入乙'에 '白'이 쓰였다. 항상 동명사형 어미와 함께 나타나는 이 용법은 석독 구결에서 일시적으로 나타난다.

이상에서 볼 때 고대·중고 국어 시기의 주체 높임법은 '-시-'로 표현되는 존칭과 무표의 비존칭으로 크게 이분하는 체계를 상정할 수 있을 것이다.

6.3.2 객체 높임법

객체 높임법은 서술어 행위의 대상이 되는 목적어나 부사어에 높임을 주어 표현하는 방법이다. 고려 시대의 객체 높임은, 중세 국어에서의 '-ᄉᆞᆸ-'과 마찬가지로 서술어에 선어말 어미에 '-ᄉᆞᆸ-'(白)을 접미하여 나타내었다. 객체 높임은 9세기에 나온 이두문 '三和寺 盧舍那鐵佛像造像記'에서 처음 보여, 주체 높임보다 후대에 발달한 것으로 추정된다.('제2장 3.2.4 선어말 어미' 참조)

(24) ㄱ. 法界 滿賜隱 仏体 九世 盡良 礼爲白齊 〈예경〉
(법계 ᄎᆞ신 부텨 九世 다ᄋᆞ라 절ᄒᆞᅀᆞᆸ져)
ㄴ. 光賢亦 … 石塔伍層乙 成是白乎 願表爲遣 〈정두사 3-8〉
(光賢이 … 石塔 伍層을 이루는 願을 表하고)
ㄷ. 諸佛 如來ㄕ 說白ノ1 甚深 法乙 心氵十 常刂 樂ノ 聞白ノㄕム 猒足ノㄕ 無{有}七か 〈금광 3: 25-4: 1〉
(제불 여래가 이르신 깊은 법을 마음에 항상 즐겁게 들으시되 猒足함이 없으며)
ㄹ. 際 于萬隱 德海肹 間毛冬留 讚伊白制 〈칭찬〉
(ᄀᆞᇫ 가만 德海ᄅᆞᆯ ᄉᆞᅀᅵ 모ᄃᆞᆯ루 기리ᅀᆞᆸ져)

(24)는 높임을 받는 객체가 목적어이다. 고려 향가 (24ㄱ)에서 서술어 '礼爲白齊'(절ᄒᆞᄉᆞᆸ져)의 객체 높임을 받는 말은 '仏体'로, 목적어에 해당한다.[64] (24ㄴ)에서는 주체 '光賢'이 객체 '石塔'에 높임을 주어서 '成是

64) '절ᄒᆞ-'는 중세 국어에서 타동사로 아래와 같이 목적어를 갖는다.

白乎'(일이습온)이라 하였다. (24ㄷ)에서도 '說白ノ1'(니르습온)은 주어적 관형격 '諸佛如來'를 높이고, '聞白ノㅅ'(듣습옳디)는 목적어 '甚深 法'을 높이는 객체 높임이다. (24ㄹ)에서 '讚伊白制'(기리습져)는 목적어 '德海'를 높인다. '仏体'뿐만 아니라 사람이 아닌 '石塔, 甚深法, 德海'도 높임의 대상이 되고 있는데, 이 역시 중세 국어와 같다.

(25)ㄱ. 矢 願修補爲 本社 安邀爲乎 丹本大藏寶良中 右 巾三矢 身乙 所
生 幷以 屬令是白去乎〈송광사 9-11〉
(發願 · 修補하여 本寺에 安邀한 契丹本大藏經에 위의 巾三의 몸
을 所生까지 아울러 從屬시키옵는 바이니)

ㄴ. 大王ㄱ復ㅆㄱ起ㅆㅂ 作禮ㅆ白口 佛ㅓ 白ㄣ 言ㅋㄹ … 〈구인 3: 22〉
(대왕은 또한 일어나 예하고 부처에게 사뢰어 말하시기를 …)

(25)는 높임을 받는 객체가 부사어이다. (25ㄱ)에서는 부사어 대장경에 대한 높임을 나타내기 위해 '屬令是白去乎'(屬ㅎ이습거온)이라 하여 객체 존대 '-습-'(白)을 썼으며, (25ㄴ)에서도 부사어 '佛ㅓ'(부텨긔)를 '作禮ㅆ白口'(作禮ㅎ습고)로 높이고 있다.

선어말 어미 '白'(-습-)은 동사 '白'(솗-)에서 온 것으로, 10세기경부터 어휘에서 어미로 범주 변화를 경험했으리라 추정된다.[65] 이런 점에서

(i) ㄱ. 쏘른 앒이 거지블 절흐고 아드른 앒을 절흐느다〈두초 8.28a〉
ㄴ. 主人이 손을 공경커든 몬져 손을 절흐고 손이 主人을 공경커든 몬져 主人을
절홀디니라〈소학 2.69b〉
위의 예문 (24)에서도 '仏体'는 내포절 '九世 盡良'의 주어이면서 상위문 서술어 '礼
爲白齊'의 목적어인데 '仏体'에 목적격 조사가 생략되어 있다고 본 것이다.
65) 이두에서 '白'이 겸양법으로 쓰인 것이 11세기 '정두사형지기'에서부터 나타나며,
『화엄경소』에서는 화법 동사에만 '-白-'이 통합되는 초기 단계를 보이고, 『삼국유사』

볼 때 객체 높임법이 문법적으로 정형화한 것은 고려 초기부터라고 할 것이다.

'白'은 고려 시대에도 이두나 향가에서 동사 '솗/숣-'으로 계속 많이 쓰였다.

(26) ㄱ. 赤牙縣 鷲山中 新處所 元 聞爲 成造爲內臥乎亦 在之 白賜〈자적〉

(赤牙縣의 鷲山에 新處所를 처음 (朝廷에) 奏聞하여 (寺刹을) 造成하고 있는 바이라고 보고하시었음.)

ㄴ. 慕人 有如 白遣賜立〈원왕〉

(그리리 잇다 솗고쇼셔)

(26ㄱ)에서 '白賜'(솗ᄋ신)이나 (26ㄴ)에서 '白遣賜立'(솗고쇼셔)에서 '白'은 모두 '아뢰다' 의미의 동사 '솗-'이다.

고려 시대의 '-숣-'의 용법과 기능은 그대로 중세 국어로 이어진다.

향가에는 별로 없는 '-白(솗)-' 용례가 균여 향가에는 매우 많기 때문이다.(이승재 1998: 97 참조)

그러나 남풍현(2000: 419)에서는, '白'이 신라 시대에 이미 객체 존대의 문법 요소로 쓰였으나 처음에는 음독되다가 고려 시대에 와서 '-숣-'으로 훈차되면서 본격적인 쓰임을 갖게 된 것으로 보았다.

(i) 成白伯士 釋氏乘炬〈삼화사철불조상명〉

(i)은 860년대에 조성된 동해시 삼화사의 철불 조상명이다. 남풍현(2002)에서는, '成白伯士'에 나오는 '白'이 객체 존대의 '-솗-'에 해당하지만 훈독이 아니라 음독이라고 해석하였다.

6.3.3 상대 높임법

상대 높임법은 듣는 사람에 대한 높임을 나타내는 문법 범주인데, 상대 높임의 정도는 서술어의 종결 어미 활용에서 나타난다. 중세 국어의 상대 높임 선어말 어미 '-이-'가 확실하게 쓰인 용례는 음독 구결 자료에 이르러야 보인다.

『삼국유사』의 향가에서는 상대 높임법에 따라 ᄒᆞ라체와 ᄒᆞ쇼셔체라는 두 가지 계층의 종결 어미를 보인다.

(27) ㄱ. 功德 修叱如良 來如 〈풍요〉
(功德 닷ᄀᆞ라 오다)
ㄴ. 今呑 藪未 去遣省如 〈우적〉
(엳ᄃᆞᆫ 수플 가고셩다)

(28) ㄱ. 彌勒座主 陪立 羅良 〈도솔가〉
(彌勒座主 모리셔 벌라)
ㄴ. 慕人 有如 白遣賜立 〈원왕〉
(그리리 잇다 ᄉᆞᆲ고쇼셔)

높임이 없는 (27ㄱ)(28ㄱ)과, 높임을 표현한 (27ㄴ)(28ㄴ)은 활용 어미에서 차이가 있다. 평서문에서 안높임은 (27ㄱ)의 '來如'(오다)처럼 ᄒᆞ라체의 '-다'형이다. 높임 표현으로 (27ㄴ)의 '去遣省如'를 '가고셩다'로 해석한다면 '-ㆁ다'형의 어미를 찾을 수 있는데, 이는 중세 국어의 ᄒᆞ야쎠체 평서형에 해당한다. 명령문에서 안높임은 (28ㄱ)의 '羅良'(벌라)처럼 '-라'형이고, 높임 명령은 (28ㄴ)의 '白遣賜立'(ᄉᆞᆲ고쇼셔)로 읽혀 ᄒᆞ야쎠체보다 높은 ᄒᆞ쇼셔체의 '-쇼셔'형을 갖는다. 그러나 ᄒᆞ야쎠체 표현의

예를 다른 곳에서 더 이상 찾을 수 없어서 (27ㄴ)의 불확실한 해석만
으로 하나의 위계를 세우는 것이 아직은 무리함이 있다고 본다.[66]

이두문에는 내용 성격상 대화문이 적어 상대 높임법이 잘 나타나지
않는다. 그러나 『계림유사』에서는 명령문의 높임법 어미 '-라, -쇼셔'
를 찾을 수 있다.

(29)ㄱ. 坐曰 阿則家囉 〈계림〉

ㄴ. 借物皆曰 皮離受勢 〈계림〉

(29ㄱ)의 '阿則家囉'(안즈거라)에서는 ㅎ라체가, (29ㄴ)의 '皮離受勢'(비
리쇼셔)에서는 ㅎ쇼셔체가 보인다. 『계림유사』에서는 ㅎ셔체 명령형이
안 나온다.

박진호(1998)는 석독 구결 자료에서 상대 높임으로 ㅎ라체와 ㅎ
셔체라는 두 가지 체계를 설정하고, 이들 두 등급 외에 선어말 어미
'-고-'가 붙으면 높임의 기능을 더한다고 하였다. 이에 의하면, ㅎ라체
의 평서형은 '-다'이고 명령형은 '-라'이며, ㅎ셔체의 평서형은 '-이앗
다'이고 명령형은 '-셔'이다.

(30)ㄱ. {於}此 正法 ㅏ ゝ ㄱ 補特伽羅 ㄱ 三摩地 ㄹ 得 ㅅ ㅎ 已 善 宣說 ッ ㅎ 已 善
開示 ッ ㅎ ㅏ ㄱ ㅣㅣ 〈유가 15: 8-9〉

(이 正法에 있는 보특가라는 삼마지를 얻어서는 이미 잘 宣說하
고 이미 잘 開示하고 하는 것이다.)

---

66) 석독 구결에서는 향가 (27ㄴ)의 평서문에 나오는 '-이-' 형태도 찾을 수 없고, 향가
에서도 이 같은 예는 더 이상 없다.

ㄴ. 生死ㅣ 過失ㆍㅸ (涅槃 功)德ㅔㅣㅣㅣㅓㅣㅣㅽ〈금광 5: 10〉

(생사는 과실이며 열반공덕인 것입니다 하여)

(30)은 평서문이다. (30ㄱ)의 'ㆍㅏㅣㅔㅣ'(ᄒᆞᆫ눈이다)에는 상대 높임이 없는 ᄒᆞ라체의 '-다'형이 나타나며, (30ㄴ)의 '涅槃功德ㅔㅣㅣㅣㅓㅣ'(涅槃功德인이앗다)에는 상대 높임의 ᄒᆞ셔체 '-이앗다'형이 보인다.

(31)ㄱ. 生死流乙 逆ㅡㅅㄴ 道ㅣ 甚深ㆍㅎ 微ㅣㅎㆍㅣㄴㅏ 難ㅎ 見ㅂㅣㆍㅕㅁㅎㅡㅣ〈금광 15: 1〉

(생사의 흐름을 거스르시는 도는 매우 깊고 미묘하고 하시어 어렵게야 볼 수 있는 것이시니)

ㄴ. 世尊ㅎ 智ㅣ 一味ㅔㅣㅏ 淨品ㅡ 不淨品ㅡㅣㅅㅓ 界乙 分別 不ㅊㅣㅡㅣㄹㅅ ㅡ 故ㅣ 無上淸淨乙 獲ㅡㅁㅔㅣㅣㅓㅣ〈금광 13: 10〉

(세존의 지혜는 一味이시어 淨品이니 不淨品이니 하는 것에 대하여 경계를 분별하지 않으시는 까닭으로 無上淸淨을 얻으신 것입니다.)

(31)은 높임의 'ㅁ'(-고-)가 결합한 표현이다. (31ㄱ)의 '見ㅂㅣㆍㅕㅁㅎㅡㅣ'(보습오리고기신)은 ᄒᆞ라체에 '-고-'가 붙어 약간의 높임을 더하였고, (31ㄴ)의 '獲ㅡㅁㅔㅣㅣㅓㅣ'(얻으시곤이앗다)는 ᄒᆞ셔체 '-이앗다'에 '-고-'가 붙어 높임을 더한 '-고- … -이앗다'이다.

(32)ㄱ. 佛子ㅎ 云何ㅌㅣㅣ乙 用心ㅣㅣㅣㅏ 能ㅊ 一切 勝妙功德乙 獲ㅼㅣㅣㅅㅓㅣㅏ ㄹㅅㅣ〈화엄 2: 17-18〉

(불자야, 무엇을 마음을 쓸 때에 능히 일체의 勝妙功德을 얻는 것

이라 하는가 하면)

ㄴ. 聖處川 阿羅漢ラ 所具足住 如ㅎ〃 7ラナ 住ノオ기비ㅕ〃ㅎ 〈유가 29:
4-5〉

(聖處인 阿羅漢의 所具足住와 같은 곳에 머무를 것이신가 하며)

ㄷ. 善男子ラ {云}何ᅳ (初地) 而ᄴ 名下 歡喜비ㅅ〃ㅁ슈ㅁ ナオ入기 〈금광 6:
22-23〉

(선남자야, 어찌하여 초지를 일컬어 환희라고 하는가 하면)

(32)는 의문문이다. (32ㄱ)의 '獲尸丁ノ슈ㅁ'(어듫뎌 호리고)는 ㅎ라체의
'-고'를, (32ㄴ)의 '住ノオ기비ㅕ〃ㅎ'(住호린이앗고)는 ㅎ셔체의 '-이앗고'를
보여 준다. (32ㄷ)은 ㅎ라체에 '-고-'를 더한 '〃ㅁ슈ㅁ'(ㅎ고리고)이다.

(33)ㄱ. 諦聽 諦聽ㅎ 善ㅏ 之乙 思〃ㅎ 念〃ㅎㅏ 法乙 {如}ᄒ 修行〃ナ라 〈구인
14: 22-23〉

(자세히 들으며 자세히 들으며, 이것을 잘 思하고 念하고 하며,
法과 같이 修行하오.)

ㄴ. 佛矢 相好乙 讚〃ㅂㅊ기ㅓ1 當 願 衆生 佛身乙 成就〃ㅎㅎ 無相ᄂ 法乙
證〃ㅌㅎ 〈화엄 8: 12〉

(부처의 상호를 찬탄할 경우에는, 반드시 원하는 바는, 중생은
불신을 성취하여 無相의 법을 증득하소서 (할 것이며))

ㄷ. 仁刀 亦〃7 當 {於}{此}川 會ᄂ 中ラナ〃ㅎ 修行〃ㅎㅎ기ㅌㄴ 勝功德乙
演暢〃ㅁㅎ유ㅎ 〈화엄 8: 24〉

(仁도 또한 반드시 이 모임 중에서 수행하신 바의 훌륭한 공덕을
演暢하십시오.)

(33)은 명령문이다. (33ㄱ)의 '修行ソナ3'(修行ᄒᆞ겨아)에서 'ナ3'(-겨아)는 ᄒᆞ라체의 명령형 어미이며(제2장 3.2.5의 명령형 어미 참조), (33ㄴ)의 '證ソㅌ立'(證ᄒᆞᄂᆞ셔)는 ᄒᆞ셔체의 명령형 어미이다. (33ㄷ)에서 '演暢ソロハ示立'(演暢ᄒᆞ곡시셔)는 '-시셔'에 '-고-'가 붙어 높임을 더하였다.

이 '-시셔'(示立)형은 향가의 '賜立'와 같은 차자이므로 높임법 명령형이 같은 '-시셔~-쇼셔'라는 하나의 문법 범주로 보아야 할 것이다. 그러나 석독 구결의 다른 문헌에선 '二立'(-시셔) 형태가 보이지 않아, 석독 구결의 표현 체제에 '-쇼셔'가 제대로 수용되지 못한 것으로 추정된다. 석독 구결에서는 ᄒᆞ쇼셔체를 보기 어렵지만 음독 구결에서는 많이 나타난다.

(34) ㄱ. 我 聞ソ又所ㇵ丨 〈능엄기 52a: 1〉

(제가 들었습니다.)

ㄴ. 宣流大慈ソ全 開我迷雲ソ小亦 〈능엄기 3a: 5〉

(큰 자비를 베푸시어 우리 미혹한 중생들을 깨우치게 하소서.)

(34)는 음독 구결이다. (34ㄱ)의 '聞ソ又所ㇵ丨'(聞ᄒᆞ노소이다)에서 'ㇵ'(-이-), (34ㄴ)에서 'ソ小亦'(ᄒᆞ쇼셔)는 모두 ᄒᆞ쇼셔체를 보이는데, 음독 구결에서는 이 같은 표현이 자주 나온다. 이로 볼 때 ᄒᆞ쇼셔체의 실제적인 성립은 음독 구결 『능엄경』의 출현보다 이른 시기임을 알 수 있다. 더구나 향가와 『계림유사』에 나오는 형태라면 적어도 12세기까지는 올라갈 수 있을 것이다. 다만 석독 구결은 표기 체계의 보수적인 성격이나 투식성 때문에 중고 국어의 후반부에 새로 나타나기 시작하는 ᄒᆞ쇼셔체를 반영하지 못한 것으로 추정된다. 그렇다면 고대 국어에서 ᄒᆞ라체와 ᄒᆞ셔체만 쓰이다가, 'ᄒᆞ셔'에 높임의 '-시/쇼-'를 더한 ᄒᆞ쇼셔

체가 중고 국어 시기에 나타나 세 개의 화계를 이룬 것으로 해석할 수 있다.

향가와 『계림유사』에서는 모두 ᄒᆞ라체와 ᄒᆞ쇼셔체가 나타나고, 석독 구결에서는 ᄒᆞ라체와 ᄒᆞ셔체가 많이 보인다. 그런데 앞서 나온 석독 구결문 (33ㄷ)의 '演暢ᄼᄆᄂᆑ효'(演暢ᄒᆞ곡시셔)에서 'ᅟᆑ효'와 향찰문 (28ㄴ)의 '白遣賜立'(ᄉᆞᆲ고쇼셔)에서 '賜立'는 같은 차자이므로 이들을 달리 해석하는 것은 문제가 있다. 여기에서 '賜'를 주체 존대의 '-시-'로 보든, '-쇼셔'의 일부로 보든, 이들은 모두 중세 국어 '-쇼셔'의 직접 소급형일 것이다. 다만 석독 구결에서는 뚜렷이 '-쇼셔'로 해석할 만한 예가 없지만 음독 구결에서는 '-쇼셔'가 많이 나오므로, 중고 국어의 후기에 ᄒᆞ쇼셔체가 성립되는 것으로 이해할 수 있다. 결국, 고대 국어에서는 상대 높임이 ᄒᆞ라체와 ᄒᆞ셔체 체계를 가지다가, 중고 국어의 후기에 와서 ᄒᆞ라체, ᄒᆞ셔체, ᄒᆞ쇼셔체로 나뉘기 시작하여 중세 국어로 이어진 것으로 정리할 수 있을 것이다. 중세 국어에서 보이는 ᄒᆞ야쎠체는 아직 나타나지 않는다.

6.3.4 높임말

높임의 표현은 주로 용언의 활용 형태에 의하여 실현되지만, 그 밖에도 명사나 조사 또는 접사 등에 의해 높임의 뜻이나 기능이 보조적으로 나타나기도 한다.

(35)ㄱ. 先師覺眞國師敎是 重創是遣 大藏印成 安邀敎是㫆 〈백암사〉
　　　(先師覺眞國師께서 重創하게 하고 大藏印을 이뤄 安邀시키며)

　　ㄴ. 一切 諸佛ㄷ 不共法 等ᄼ기ᅳᆯ 及ᄼ 一切 智智ᅳᄼ소十 〈금광 5: 6〉

(일체 모든 부처의 不共法 같은 것이니 일체 智智니 하는 것에 대해)

ㄴ'. 扵一切 衆生ㆆ 三聚ㆁㅏ 智力灬 能ㅣㆁ 分別ㅆㅣㆁ 知ㆍ〈금광 4: 23〉

(일체 중생의 三聚에 대해 智力으로 능히 분별하여 알며)

ㄷ. 佛 白 言 世尊下 希有難量ㅣㆍㅓㄴㅁㅣ〈금광 13: 19〉

(부처께 사뢰어 말하기를, 세존이시여, 希有難量할 이이십니다.)

ㄷ'. 佛 言 善男子ㆁ 又 五法乙 依ㆁ 菩薩摩(訶薩) 方便勝智波羅蜜乙 成
就ㆍㅣㆍㅌㅣ〈금광 4: 4-5〉

(부처는 말하기를, 선남자야, 또 오법을 의지하여 보살마하살이
방편승지바라밀을 성취한다.)

ㄹ. 佛ㅣ 大王ㆁㅏ 告ㅣㄹ 汝ㅣ 扵過去ㅌ 七佛ㅓ 已ㆁ 一ㅣㅌㅌ 義ㆁ 二ㅣㅌㅌ
義ㆁㄴ 問白ㆁㅣㆍㄴㅣㅣ灬〈구인 14: 20-21〉

(부처는 대왕에게 고하시기를, 그대는 과거의 七佛에게 이미 하
나인 것의 義이니 둘인 것의 義이니 하는 것을 물으신 적이 있으
므로)

ㅁ. 爾ㅌㆍㅣ 時ㅓ 大王ㅣ 復ㆍㅣ 起ㆍㆁ 作禮ㆍㆁㅂ 佛ㅓ 白ㆁ 言ㅣㄹ 世尊下
〈구인 3: 22-23〉

(그때 대왕은 또한 일어나 예하고 부처께 사뢰어 말하시기를, 세
존이시여)

ㅂ. 天寶四載乙酉 思仁大角干 爲賜 夫只山村 无盡寺鐘 成教 受內
成記〈무진사〉

(天寶 4년에 金思仁大角干께서 (願旨를) 삼으시고 夫只山村 无盡
寺의 鐘을 造成하라는 지시를 받아 造成하고 記錄한다.)

(35ㄱ)에서 '敎是'(이시)는 높임을 나타내는 주격 조사로 이두에서 쓰였
다. (35ㄴ) '諸佛ㅌ'(諸佛ㅅ)에서 '-ㅅ'(ㅌ)는 유정 명사의 관형격 조사로,

256

높임의 기능을 가지고 있다. 이와 대조적으로 (35ㄴ')의 '衆生ㆎ'(衆生의)에서는 유정 명사의 일반적인 관형격 조사 '-의'(ㆎ)를 썼다. (35ㄷ)에서 '世尊下'(世尊하)로 부른 호격 조사 '하'(下)에는, (35ㄷ')에서 '善男子ㅑ'(善男子아)로 부른 일반적인 호격 조사 '아'(ㅑ)보다 높임의 뜻이 들어 있다. 이 문장의 서술어 '希有難量ㅣㅊㄷㅁㅣ'(希有難量호리시고다)에도 높임의 '-고-'가 보인다. (35ㄹ)에서는 여격 조사를 쓴 '大王ㆎㅏ'(大王의긔)와 '七佛十'(七佛긔)가 나오는데, 대왕보다 높은 칠불에게 높임을 더 주는 여격 조사를 부여하였다. (35ㅁ)에서 '白ㅅ'(숣바)와 같은 동사는 객체가 높임을 받는 '佛'이기에 가능한 것이다. 이두문에서는 삼국 시대부터 '敎'가 왕이나 극존대자의 행위 또는 분부를 나타내는 동사로 쓰였다. 745년에 조성된 (35ㅂ)의 종명에서도 이와 같은 용법을 보여 준다.

6.4 시제, 서법, 동작상

국어에서 시제 범주는 전통적으로 서법적인 요소와 동반되는 특성을 가졌다. 고대 국어에서는 중·근대 국어에서보다 이러한 성격이 더욱 짙게 나타난다. 따라서 시제와 서법 그리고 동작상이라는 체계로 고대 국어의 문법 범주를 나누는 것이 적절하지 못한 점도 있지만, 후대 시기의 문법 체계와 서술상 일관성을 갖도록 하기 위하여 시대 전체에서 같은 분류 방식을 택한다.[67]

---

67) 고대 국어의 이러한 문법 범주 영역이 아직 정연하게 체계화되어 있지 못하므로 중세 국어 이후의 문법 범주에 따라 나누어 살피기로 한다. 그러나 시제, 서법, 동작상이라는 체계가 고대 국어에서도 어느 정도 분별성을 가지므로 이러한 체계화가 아주 무리스러운 것은 아니라고 본다.

6.4.1 시제

고대 국어와 중세 국어에서 사용하는 '시제'라는 용어는 서구어에서의 '시제'와 개념이 다르다. 고대와 중세의 국어에서 '시제'는 서구어 개념의 '시제(tense)'에 '서법(mood)'의 성격도 포함하는 특징을 갖는다. 한편 시제적 성격이 거의 없거나 서법성이 시제에 비해 훨씬 뚜렷한 '-거-, -고-, -ㅅ-' 등의 형태소들을 '서법' 범주로 넣음으로써, '-ㄴ-, -다-, -리-' 등 시제적 성격이 상대적으로 많은 '시제'와 구분을 한다. 고대 국어에서 시제 범주로 다루는 각 형태소들은 비교적 시제성을 많이 가지고 있으면서 또한 서법성도 함께 가지므로, 표현 문장에 따라서는 시제라기보다 서법적인 요소가 더 많이 표출될 때도 있지만 분류에서는 일관성을 갖기 위해 '시제'로 이름한다.

시제는 현재, 과거, 미래로 나눌 수 있을 것이다. '-ㄴ-'로 대표되는 현재 시제는 직설법의 성격을 가졌고, 과거 시제 '-다-'는 회상법으로 나타나며, 미래 시제 '-리-'는 추측법으로 표현된다.

[현재 시제]

현재 시제는 직설법으로, 일찍부터 '-ㄴ-'라는 형태소로 표현된다. 동사는 '-ㄴ-'로, 형용사는 영형태로 나타낸다.

(36)ㄱ. 吾隱 去內如 〈제망〉

　　　(나는 가ㄴ다)

　　ㄴ. 皆 無上菩提 成內飛也 〈규흥사〉

　　　(모두 無上菩提를 이룬다.)

(37)ㄱ. 來如 哀反 多羅 〈풍요〉

(오다 셜번 해라)

ㄴ. 靑衣童子 伎樂人等 除 余 淳淨法者 上 同之 〈화사〉

(靑衣童子와 伎樂人들을 除하고 나머지 淳淨法은 위와 같다.)

ㄷ. 彗星也 白反也 人是 有叱多 〈혜성〉

(彗星이여 슬바녀 사르미 잇다)

ㄹ. 安支尙 宅都 乎隱以多 〈우적〉

(안즉 퇵도 업스니다)

(36)은 동사의 현재 시제를 보이는데, 향가 (36ㄱ)의 '內'(-ᄂ-), 이두문 (36ㄴ)의 '飛'(-ᄂ-)가 모두 현재 시제 형태소로 추정된다.[68] (37) 문장들의 서술어는 모두 형용사의 현재 시제로, 시제 표지는 영형태소이다.

고려 시대의 향가나 이두, 구결에서는 직설법 현재 시제를 나타내는 형태소로 '-누-'도 보인다.

(38)ㄱ. 惡寸 智 落臥乎隱 三業 〈참회〉

(머즌 비흣 디누온 三業)

---

[68] 이두문에서 현재 시제 '-ᄂ-'가 '內'로 표기된다는 견해도 많다. 그렇다면 예문 (36 ㄴ)에서도 '內'를 현재 시제 '-ᄂ-'로 볼 것이다. 그러나 이두문에서 '內'는 그 표현 범주가 아직 확실하게 밝혀지지 않았다.

(i) 佛道中 到內去 誓內 〈선림원〉

(불도에 이를 것을 다짐한다.)

(ii) 天寶 十三載 甲午 八月 一日 初 乙未載 二月 十四日 一部 周了 成內之 〈화사〉

(천보 13 갑오년 8월 1일에 시작하여 을미년 2월 14일에 일부를 두루 마치어 이루었다.)

위의 예문을 시제로만 보면, (i)에서 '到內去'와 '誓內'은 각각 미래 시제와 현재 시제로, (ii)의 '成內之'는 과거 시제로 해석된다.

ㄴ. 衆矢 白賜臥乎 皃如 加知谷 寺谷中 入 成造爲賜臥亦之 白臥乎

味 及白 節中 〈자적〉

(衆의 보고하시는 모양과 같이 加知谷의 寺谷에 들어가 造成하시

고 있는 바이라고 사뢰는 뜻을 직접 보고할 때에)

ㄷ. 故ノ 正法乙 宣說ハイ乙 其 聽法者リ 卽ㅎ 此 意乙 {以}氵 而灬 正法乙

聽ソ ㅣㅊ罒 〈유가 5: 21-22〉

(그러므로 정법을 宣說하는 것을, 그 청법자가 곧 이 意로써 정법

을 들을 것이라.)

ㄹ. 我イ 八住ㄴ 菩薩リ尸{爲}人乙ハハ白ㅎイ人灬 今ハㅣ {於}我氵 前氵十丷氵 大

師子吼乙ソ ㅣ〈구인 11: 22〉

(나는 八住의 菩薩이 되었던 까닭으로 지금 내 앞에서 大師子吼

를 하는 것이다.)

(38ㄱ)의 '落臥乎隱'(디누온)에서 '臥'(-누-), (38ㄴ)의 '白賜臥乎'(솗시누온),
'成造爲賜臥亦之'(ㅎ시누여다), 白臥乎(솗누온)에서 '臥'(-누-), (38ㄷ)의
'宣說ハイ乙'(宣說ㅎ눈을)에서 'ㅏ'(-누-)가 모두 현재 시제를 나타낸다. (38
ㄹ)의 'ソ ㅣ'(ㅎ겨누다)에서는 '-누-'가 종결 어미 바로 앞에 놓였다. 그
런데 '-누-'는 대부분 동명사 어미 '-ㄴ' 앞에 오며, 선어말 어미 '-오-'
가 뒤에 오는 경우도 많다. '-누-'는 현재 시제를 나타내되 이처럼 제
한적인 출현 환경을 갖고 있는 것이다.

　고려 시대에 '-ᄂᆞ-'는 좀 더 다양한 용법을 보여, 오히려 그 기능 범
주가 모호한 점이 있다.

　(39)ㄱ. 拜內乎隱 身萬隱 〈예경〉

　　　(저ᄂᆞ온 모마ᄂᆞᆫ)

ㄴ. 右寺 原 問內乎矣 大山是在以 別地主 無亦 在弥 〈자적〉

(右寺의 터에 대해 묻되 큰 산이므로 따로 地主가 없이 있으며)

ㄷ. 量 無ㅂ 邊 無ᅟᅵᆨ 比丘ㄱ 法眼淨乙 得ᄐᄯᅡㅎ 量 無ㄱ 衆生ㄱ 菩提心乙

發ᄊ팅 〈금광 14: 23-24〉

(한량없으며 끝없는 比丘는 法眼淨을 얻으며 한량없는 중생은 보

리심을 낸다.)

ㄹ. {於}彼 十方 世界ㄴ 中ㅏ 念念ㅏ퉁 佛道 成ㅏᄀᄉᆞᆯ 示現ᄯᅟᅌ 正

法輪ㄴ 轉ㅎ 寂滅ㅏ 入ᄯᅟᅌ 乃ᅀ 至ㅣ 舍利ㄴ 廣ㅣ 分布ᄯᅟᅌᄒᄆᄐᅀ 〈화

엄 14: 19-20〉

(그 시방 세계의 가운데 念念에마다 불도(佛道) 이루는 것을 시

현하고 정법륜을 굴리고 적멸에 들어가고 내지 사리를 널리 분

포(分布)하고 하며)

(39ㄱ)의 '拜內乎隱'(저ᄂᆞ온)에서 '內'(-ᄂᆞ-), (39ㄴ)의 '問內乎矣'(문ᄂᆞ온ᄃᆡ)

의 '內'(-ᄂᆞ-), (39ㄷ)의 '發ᄊ팅'(發ᄒᄂᆞ다)의 'ᄐ'(-ᄂᆞ-)가 모두 현재 시제를

나타낸다. (39ㄹ)의 '分布ᄯᅟᅌᄒᄆᄐᅀ'(分布ᄒ져ᄒ고ᄂᆞ며)는 중세 국어와 달

리 연결 어미 '-며' 앞에 'ᄐ'(-ᄂᆞ-)가 왔다.

'-ᄂᆞ-'는 이 밖에도 여러 환경에서 출현한다. 다음 (40)은 '-ᄂᆞ-'를 현

재 시제로 보기 어려운 예들이다.

(40)ㄱ. 常ㅣ 正法乙 聽白ᄒᄯᅟᅵᆮᄯᅀ 〈금광 14: 6〉

(항상 정법을 듣고 할 것이며)

ㄴ. 能ᅀ 生滅乙 現ᄐᄭᅳ 無生滅乙 向ᄯᅀ 〈금광 14: 20-21〉

(능히 생멸을 나타내지만 무생멸을 향하며)

ㄷ. 能ᅀ 一切 衆生乙 甚深ᄯᄯᅵᆮ{之} 法ㅏ 入 令ᄭᅵᆯ 〈금광 4: 21〉

(능히 일체 중생을 깊은 법에 들게 하며)

ㄹ. 當 願 衆生 {於}聖地3+ 入ソ3ホ 永去 穢欲乙 除ㅌ立 〈화엄 2: 24〉

(반드시 원하는 바는, 중생은 聖地에 들어서 영원히 더러운 욕심을 없애소서 (할 것이며))

(40ㄱ, ㄴ)에서는 '-ᄂᆞ-'(ㅌ)가 미래 시제 추측법의 '-리-'(ㅕ)나 '-ㅭ'(ㄕ)와 결합하였고, (40ㄷ)에서는 형용사에서 나타났다. 이와 달리 '-누-'는 항상 동사에서만 쓰인다. (40ㄹ)은 명령문이므로 여기에서 '-ᄂᆞ-'를 현재 시제 표지라고 하기 어렵다. 명령문의 시제는 '현재'라기보다 무표로 나타나는 부정 시제인 것이다. 더욱이 '시제 선어말 어미'에서 지적하였듯이 '皆 無上菩提 成內飛也 〈균여전〉(모두 無上菩提를 이룬다.)'의 '內飛'처럼 '-ᄂᆞ-'가 반복되는 표현에서는 '-ᄂᆞ-'가 단순히 현재 시제만을 나타낸다고 보기 어렵다. 그런데 앞의 (38)에서 보듯이 '-누-'는 대부분 과거 시제성을 가진 '-ㄴ'(ㄱ) 동명사 어미 앞에 오며, '-ᄂᆞ-'는 시제성과 관련 없이 '-ㄴ'(ㄱ)나 '-ㅭ'(ㅕ, ㄕ) 모두와 결합한다. 이로 볼 때 현재 시제의 특성은 '-ᄂᆞ-'보다 '-누-'에 더 있다고도 할 수 있다. 여러 시제, 특히 미래 시제와 잘 결합하는 '-ᄂᆞ-'에는 서법적 요소가 많이 있으며, 과거 시제와 많이 결합하는 '-누-'는 동작상의 성격을 가졌다고 할 수 있다.

이와 같이 서로 계열 관계를 보이는 '-ᄂᆞ-'와 '-누-'는 이형태 관계를 갖지 아니한다. '-ᄂᆞ-'가 비록 다양한 의미 기능을 가지지만, '-ᄂᆞ-'와 '-누-' 둘 다 직설법 현재 시제를 주로 나타내는 형태소라고 할 것이다. 다만 이전 시대부터 직설법 현재 시제로 쓰이던 '-ᄂᆞ-'는 '-누-'에 비해 서법적인 요소가 크므로, 결합 관계에서 또 다른 대립성을 갖는 확인법의 '-거-'(去)에 대하여 직설법적인 성격을 갖는 배타적 분포

를 보이고 있다.[69]

현재 시제의 관형사형으로 동사는 '-논', 형용사는 '-ㄴ' 형태가 많이 나타난다.

(41) ㄱ. 去奴隱 處 毛冬乎丁 〈제망〉

(가논 곧 모드론뎌)

ㄴ. 是 {如}丨ソ3 汝ラ 解ソ乊1 所3 {如}丨ソナ丨 〈구인 11: 22-23〉

(이와 같아 네가 解하는 바와 같다.)

(42) ㄱ. 高1ラ十 昇ノ令七 路乙 見3 1丨十1 當 願 衆生 永厶 三界乙 出ソ3㫆 心3 十 怯弱 無ㅌ立 〈화엄 4: 22〉

(높은 곳에 昇하는 길을 볼 때에는 반드시 원하건대 "衆生 영원히 三界를 出하여서 마음에 怯弱 없어지소서." (할 것이며))

ㄴ. 謂ノ11 識 無七1入灬 故攴 名色 無七1矢ナ丨 〈화소 1: 19〉

(말하자면 識이 없으므로 名色이 없는 것이다.)

ㄷ. 體刂 是1 生老病死七 法刂1入灬 故ノ 內壞苦ラ{之} 隨逐ノ尸 所乙 爲ハ㫆 〈유가 18: 4-5〉

(몸이, 이는 生老病死의 法인 까닭으로 內壞苦의 隨逐함을 당하며)

(43) ㄱ. 若七 美ソㅌ七 味乙 得3乃 專口 自ラ灬 受尸 不ソ3ハ 〈화소 9: 10-11〉

(만약 맛있는 음식을 얻어도 오로지 스스로 받지 않아)

ㄴ. 我千 等ソ11 皆 當ハ 盡ㅌ七 心灬 供養ソ白㫆 〈금광 15: 7〉

(우리는 모두 마땅히 다하는 마음으로 供養하며)

69) 고려 시대의 현재 시제를 '-ᄂᆞ-'가 아닌 '-누-'만으로 잡는 견해도 있다. 그러나 신라 시대의 현재 시제를 '-ᄂᆞ-'로 보고, 중세 국어에서 현재 시제로 '-ᄂᆞ-'를 잡는다면, 그 중간 시기에서 '-ᄂᆞ-'를 제외하고 '-누-'만을 현재 시제로 잡기는 어려울 것이다. 더구나 고려 시대에도 '-ᄂᆞ-'가 현재 시제임을 보여 주는 용례가 많이 발견된다.

(41ㄱ)에서 현재 시제 관형어는 동사들이다. (41ㄱ)에서 명사 '處'(곧)을 꾸미는 관형어 '去奴隱'(가논)의 '논'은 '-ᄂᆞ-+-오-+-ㄴ'로 분석된다. 이는 (41ㄴ)의 '所ᄉ'(바)를 꾸미는 '解ᄊ리'(解ᄒ논)에서도 마찬가지이다. (42)는 형용사의 현재 시제 관형사형을 보인다. (42ㄱ)의 형용사 '高1ᄒ +'(노ᄑ닉긔), (42ㄴ)의 형용사 '無ㅌ1ㅅᆢ'(업슨ᄃ로)와 '無ㅌ1ㅊㅓㅣ'(업슨디겨다), (42ㄷ)의 서술격 조사 '法ㅔㅅᆢ'(法인ᄃ로)에서 현재 시제의 관형사형 '1'(-ㄴ)가 있다. 간혹 (43)에서처럼 'ㅌㅌ'(-ㄴ) 형태를 갖기도 하는데, 여기서 'ㅌ'(ㄴ)는 명사형 성격을 가져 '-ᄂᆞ'로 이끌리는 동명사 아래에 관형격 조사가 결합한 구성이 된다. (42ㄱ)에서는 형용사 '美ᄉ'(美ᄒ-)에 결합되어 있기도 하다.

[과거 시제]

과거 시제는 회상법의 성격을 가진 '-다-'에 의해 표시된다. 미래 시제가 '-리-'로 표현되지만, 고대 국어에선 과거 시제의 '-니-'가 아직 형성되지 않은 것으로 보인다.

(44)ㄱ. 郎也 持以支如賜烏隱 〈찬기〉

　　(郎이여 디니더시온)

　　ㄴ. 忠臣義士 所以 推心是如在而亦 〈상첩〉

　　(忠臣 義士인 까닭에 推心하더니)

　　ㄷ. 四住ㅌ 開士ㅔ尸{爲}ㅅㄷ ㅣㅓㄱㄴ　我1 八住ㅌ 菩薩ㅔ尸{爲}ㅅㄷ ㅣ ㅅ白ᄼ1ㅅᆢ 〈구인 11: 21-22〉

　　(四住의 開士가 되었거늘, 나는 八住의 菩薩이 되었던 까닭으로)

(44ㄱ)의 '持以支如賜烏隱'(디니더시온)에서 '如'를 '-더-'로 읽은 것은 중

세 국어 형태에 의한 것이므로, 다른 차자 표기에서와 같은 형태인 '-다-'로 바꾸는 것이 좋을 것이다. (44ㄴ)의 '推心是如在而亦'(推心이다 견말니스여)에서 '-다-'(如), (44ㄷ)의 'ㅣㅣㅓㄱ乙'(ㅎ다견을)에서 '-다-'(ㅣ), 'ㅣㅣㅓㄱ人灬'(ㅎ다기슬본 ᄃ로)에서 '-다-'(ㅣ)는 모두 과거 시제의 표지이다. 고려 향가나 석독 구결에는 회상법 과거 시제 '-다-'의 용례가 매우 적지만, 음독 구결에서는 많이 나타난다.

관형사형에서 과거 시제는 '-ㄴ'와 '-다온'형이다.

(45)ㄱ. 去隱春 皆理米 〈모죽〉

(간 봄 몯 오리매)

ㄴ. 諸 出家者ᄒ 受ᄭㅣ 所ㄷ 尸羅ㅣ 略ᄒ 二事乙 捨ノㅣ灬{之} 顯現ᄭㅣ
所ㅣㅣ 〈유가 17: 5-6〉

(모든 출가자가 받은 바의 尸羅는 간략히 二事를 버린 까닭으로 나타난 바이다.)

(46) 今如 隣狄來侵爲 飢饉疫疾亦 一時 並起爲如乎 事是去有乙 〈상첩 32-33〉

(지금과 같이 隣狄이 來侵하여 飢饉과 疫疾이 一時에 並起하던 일이었거늘)

(45ㄱ)에서 '春' 앞의 '去隱'(간)과, (45ㄴ)에서 '所' 앞의 '受ᄭㅣ'(受흔)과 '顯現ᄭㅣ'(顯現흔)은 모두 과거 시제를 보이는 '-ㄴ' 관형사형이다. (46)에서 명사 '事'(일)을 꾸미는 관형어 '並起爲如乎'(並起ㅎ다온)의 '-다온'(如乎)은 회상법 과거 시제의 관형사형이다.

한편, 명사형도 과거 시제의 성격을 가질 수 있다.

(47) 汝ㄱ {於}過去ㄴ 七佛十 已氵 一リヒㄴ 義氵 二リヒㄴ 義氵乙 間白ハ二リ罒 〈구인 14: 20-21〉

(그대는 과거의 七佛에게 이미 하나인 것의 義이니 둘인 것의 義이니 하는 것을 물으신 적이 있으므로)

(47)의 '間白ハ二リ罒'(묻ᄉᆞᆸ아기신이라)는 과거의 내용을 말하는 것인데 'ㄱ'(-ㄴ)이 'リ罒'(이라)라는 서술격 조사 앞에 놓였으므로 명사형이라 하겠다. 따라서 명사형 '-ㄴ'(ㄱ)는 과거 시제를 나타낸다고 볼 수 있다. 이는 원래 '-ㄴ'가 과거 시제 성격을 갖던 명사형이었던 데에서 연유하는데, 이때 '-ㄴ'를 (45)에서와 같이 관형사형이라고 볼 수는 없다. 고대 국어에서 명사형으로 쓰이는 '-ㄴ'형은 대부분 시제성을 이미 잃은 용법이지만, 중세 국어에 들어서는 여기에서 과거 시제 선어말 어미 '-니-'가 형성된다.

[미래 시제]

미래 시제는 추측법의 성격을 가진 '-리-'에 의해 나타난다.

(48)ㄱ. 去隱春 皆理米 〈모죽〉

(간 봄 몯 오리매)

ㄴ. 吾衣 身 不喻仁 人音 有叱下呂 〈수희〉

(내이 모마 안딘 사름 이샤리)

ㄷ. 故ㅅ 得氵ホ 聽聞�ᄒ 受持ᄒ 讀ᄒ 誦ᄒナ入1 〈금광 14: 1〉

(그러므로 능히 듣고 지니고 읽고 외고 할 것이다.)

『삼국유사』의 향가 (48ㄱ)에서 '皆理米'(몯 오리매)는 미래 시제 '-리-'(理)

를 보인다. 『균여전』 향가 (48ㄴ)에서도 '有叱下呂'(이샤리)에 미래 시제 '-리-'(呂)가 있다. 미래 시제는 (48ㄷ)의 'ㄱㄱㅋㅣ'(ㅎ겨리다)에서도 '-리-'(ㅋ)로 나타난다.

미래 시제의 관형사형은 '-ㅭ'이다.

(49)ㄱ. 蓬次叱 巷中 宿尸 夜音 有叱下是 〈모죽〉

　　　(다보짓 굴형히 잘 밤 이샤리)

　　ㄴ. 故ノ一切 苦因ㅋ{之} 隨逐ノア 所刂 〈유가 18: 7〉

　　　(그러므로 일체 苦因이 隨逐할 바이다.)

(49ㄱ)에서 '夜音'(밤) 앞의 '宿尸'(잘)과, (49ㄴ)에서 '所'(바) 앞의 '隨逐ノ
ア'(隨逐홇)은 모두 미래 시제를 가진 관형사형이다.

'-ㅭ'가 명사형으로 쓰일 때에 미래 시제의 성격을 보이기도 한다.

(50) 汝ㄱ 今ㅣ기 聽ノア 無ㄴ尓 我ㄱ 今ㅣ기 說ノア 無ㄴ白刂 〈구인 14: 21〉

　　　(그대는 지금 들을 것 없으며 나는 지금 말할 것 없다.)

(50)의 '聽ノア'과 '說ノア'에서 명사형 'ア'(-ㅭ)는 의미상 미래 시제적 성격
을 갖는다. 이는 명사형 '-ㅭ'가 기원적으로 미래 시제 성격을 가진 데
에서 유래한다.

그러나 '-ㄴ'와 '-ㅭ'는 시제성을 갖지 않은 채 관형사형 어미로만 쓰
이는 경우도 많다.

(51) 時十 十六 大國王ㄴ 中ㅣㄴ 舍衛國主ㅣㄴア 波斯匿王ㅣ 名火 曰白ア 月光
　　ㄴㅇ白ㅁ소ㄱ … 〈구인 2: 24-25〉

(그때 열여섯 대국왕 중에 舍衛國 임금이신 波斯匿王이, 이름을
사뢰기를 月光이라 하는 이는 …)

(52)ㄱ. 善男子 초 初 菩薩地 하 기 是 相 리 前現 ノ 기 ム 三千大千世界 하 나 量 無
    ᄐ 여 邊 無 ッ 기 種種 ᄐ 寶藏 리 皆 ᄐ 悉 여 盈滿 리 ᄒ ノ 기 ㅅ 乙 菩薩 기 悉 見
    ッ ナ ᄒ ᄐ 리 〈금광 5: 23-25〉

    (선남자야, 보살의 初地에서는 이 모습이 앞에 나타나되, 삼천대
    천세계에 한량없으며 끝없는 갖가지 寶藏이 모두 다 가득한 것을
    보살은 다 본다.)

  ㄴ. 善男子 초 菩薩 二地 하 기 是 相 리 前現 ノ 尸 ム 三千大千世界 ᄐ 地 平
    ッ 기 놋 掌 如 ᄒ ッ 기 ナ 나 量 無 여 數 無 ッ 기 種種 ᄐ 妙色 리 기 淸淨 ッ ᄐ ᄐ {之}
    寶 灬 기 莊嚴 ᄐ {之} 具 리 ッ 여 ᄒ ノ 기 ㅅ 乙 菩薩 기 悉 여 見 ッ ナ ᄒ ᄐ 리 〈금광 5:
    25-6: 2〉

    (선남자야, 보살의 二地에서는 이 모습이 앞에 나타나되, 삼천대
    천세계의 땅이 평평한 것이 손바닥과 같은 곳에 한량없으며 수
    없는 갖가지 미묘한 색인 청정한 보배로 된 莊嚴의 도구가 있는
    것을 보살은 다 본다.)

(51)에선 역사적 사실이지만 '-ㅭ'형을 써서 '舍衛國主 리 ㄴ 尸'이라 하였
다. (52)는 '보살 10지'에 대한 내용의 일부로 이웃하는 문장인데, (52
ㄱ)의 '前現 ノ 기 ム'(前現혼ᄃᆡ)와 (52ㄴ)의 '前現 ノ 尸 ム'(前現홇ᄃᆡ)에서 각각
'-ㄴ'와 '-ㅭ'로 달리 써서 어미화하였지만 내용상 다름이 없이 의존 명
사 'ム'(ᄃᆡ)를 한정하는 구조이다.

(53)ㄱ. 彼 기 已 여 身 리 此 三種 雜染 相應 ッ 기 ㄴ 過患 {有} ナ ノ 기 ㅅ 乙 觀 ッ 여 心 하 나
    厭患 ノ 尸 ㅅ 乙 生 리 ナ ᄒ ᄐ 리 〈유가 21: 14-16〉

(그는 자기의 몸이 이 세 가지의 雜染과 相應하는 過患을 둔 것을 살펴 마음에 厭患을 낸다.)

ㄴ. 對治道刂 无丷1刂十1 先 造作ノ1 所七 惡不善業乙 必八 壞亽刂尸 不八 丷尸入灬{故}亠 〈유가 22: 7-8〉

(對治道가 없으면 먼저 지은 바의 惡不善業을 반드시 무너지게 하지 못하는 까닭이다.)

(53ㄱ)에서 '相應丷1'(相應혼)에는 과거 시제적인 요소가 없으며, (53ㄴ)에서 '不八丷尸入灬{故}亠'(不ㅅ홇 드로여)는 미래 시제가 아니다. '-ㄴ'와 '-ㅭ'가 시제성을 잃고 부정 시제로 중화되어 다만 관형사형 어미로 쓰이고 있는 것이다.

'-ㄴ'와 '-ㅭ'가 명사형 어미로 쓰일 때에는 시제성을 잃은 표현이 많다.

(54) ㄱ. 是乙 名3 無量名字氵ノ禾1氵 〈구인 14: 6〉

(이를 이름하여 無量名字라 하는 것이니)

ㄴ. 爾 時十 文殊師利菩薩1 無濁亂淸淨行七 大功德乙 說尸 已氵丷口 菩提心七 功德乙 顯示丷{欲}亽丷二尸入灬 故支 偈乙 以3 賢首菩薩尸十 問3 曰二尸 … 〈화엄 8: 20-22〉

(이때 문수사리보살은 無濁亂淸淨行의 큰 공덕을 말하기를 이미 하고 보리심의 공덕을 보이고자 하신 까닭으로 게로써 현수보살에게 물어 말하시기를 …)

(54ㄱ)에서 'ノ禾1氵'(호린여)는 미래 시제 '-리-' 뒤에 명사형 '-ㄴ'가 온 것인데, 과거 시제성을 찾을 수 없다. (54ㄴ)의 '說尸 已氵 丷口'(니릃 이믜사

ᄒ고)에서 명사형 '-ᄚ'에는 미래 시제적인 의미가 없다.

기원적으로 명사형이었던 '-ㄴ'와 '-ᄚ'는, 고대 국어 시기에 이미 관형사형으로 전용되어 명사화 용법에서는 점차 시제성을 잃어 갔던 것으로 추정된다. 다만 이전 시기의 용법이 남아, 중고 국어 시기에서는 명사화 기능을 하면서도 시제성을 가진 예들을 종종 볼 수 있다. 구결 자료를 보면 명사형에서 '-ᄚ'는 '-ㄴ'보다 부정 시제로서의 쓰임이 좀 더 뚜렷하다. 이는 '-ᄚ'가 '-ㄴ'보다 일찍부터 관형화를 경험하면서, 명사화로서의 시제성을 상실해 가는 진행 시기가 좀 더 앞섰음을 짐작하게 한다.

6.4.2 서법

서법은 화자의 발화 태도가 문법적 형태로 드러난 것이다. 고대 국어에서 서법은 대개 시제적 요소와 동반하는 성격을 가진다. 앞에서 살펴본 시제의 선어말 어미들도 서법적 요소를 함께 가지지만, '-거-, -고-, -ㅅ-' 등은 시제성이 별로 없이 서법 성격이 두드러진 선어말 어미이므로, 후자만을 서법의 형태소로 분류하기로 한다.

'-거-'는 때로는 시제적인 요소도 보이지만 화자의 발화 태도를 나타내는 기능이 더 뚜렷하다. 이 선어말 어미는 이른 시기부터 이두에서 나타난다.

(55)ㄱ. 賣如白 貫甲一 合无去因白 馬二 並死之 死白 牛四 〈장적〉

　　　(팔았다고 보고하옵는 貫甲(사슴) 하나, 없어진 것이 확실한 연

　　　유로 보고하옵는 말 둘이 모두 죽었다. 죽었음을 보고하옵는

　　　소 넷)

(55)ㄴ. 法界有情 皆 佛道中 到內去 誓內 〈선림원〉

   (法界의 有情들이 모두 佛道에 이를 것을 맹서함(이다).)

8세기 중엽에 나온 신라 장적 (55ㄱ)의 예문에서 '无去因白'은 '없어진 것이 확실한 연유로 보고하옵는' 정도로 해석되므로, 여기에서 '去'(-거-)는 확인법의 서법 용례라 할 것이다. 한편 '去'는 어말 어미로도 쓰인다. 804년에 나온 '신라 선림원 종명'의 이두문 (55ㄴ)에서 '去'는 어말 어미 기능을 한다. '到內去 誓內'는 '이를 것을 다짐한다.'는 내용으로, '去' 동명사형 어미 기능을 하는 것이다.

(56)ㄱ. 迷反 群 无史 悟內去齊 〈보개〉

   (이반 물 업시 씨두르거져)

   ㄴ. 竊弄國柄爲 無君之始爲如乎 事是去有乙 〈상첩 19-20〉

   (國柄을 竊弄하여 君이 없는 시초가 되었던 일이었거늘)

   ㄷ. 一 非矢亦 異 非矢亦乃 故ㅅ 名乃 續諦ㅣ刀ㅣ亦 〈구인 14: 8〉

   (하나 아니며 다른 것 아니어서, 그러므로 일컬어 續諦라고 하는 것이며)

(57) 若 有利 已氵 三摩地乙 得氵ㄱ一 而ㄱ 圓滿 未ㅣㅣ方 〈유가 27: 11-12〉

   (혹 있다. 이미 삼마지를 얻었으나 원만 아니하고)

(56ㄱ)의 '悟內去齊'(씨두르거져)와, (56ㄴ)의 '是去有乙'(이거이시늘), (56ㄷ)의 '非矢亦'(안디거오)에서 '-거-'는 모두 확인법 선어말 어미로, 서술어가 갖는 의미를 좀 더 확언하는 기능을 보여 준다. 그러나 (57)은 타동사 '得氵ㄱ一'(얻언여)에서 '氵'(아)는 '-거-'의 이형태인데, 과거 시제 또는 완료상의 기능을 보인다.

'-거-'는 이미 중고 국어 시기에 '-거늘, -거든, -거나, -거라'와 같이 다른 어미들과 결합하여 활용 어미화하여 쓰인다.

(58)ㄱ. 法界 毛叱所只 至去良 〈예경〉

　　　(법계 업두록 니르거라)

　　ㄴ. 人主之柄 不屬私門爲去乙 丙辰年已來 權臣竊弄爲 殺活專持爲 如乙 〈상첩〉

　　　(人主의 柄이 私門에 속하지 않거늘 丙辰年 이래 權臣이 竊弄하여 殺活을 專持하던 것을)

　　ㄷ. 東班是去等 九品西班是去等 〈상첩〉

　　　(東班이거든 九品西班이거든)

　　ㄹ. 尸羅乙 犯ﾂ가게 有ㄴㅗカ 而ㄱ 輕擧 不ㅊﾌㆆ 〈유가 17: 12-13〉

　　　(尸羅를 범한 이가 있으나 輕擧하지 않고)

(58ㄱ)에서 '去良'(-거라), (58ㄴ)에서 '去乙'(-거늘), (58ㄷ)에서 '去等'(-거든), (58ㄹ)에서 'ㅗカ'(-거나)가 쓰였는데, 이들 어미에서도 '-거-'가 가진 확인법의 성격이 나타난다. '-거-'는 중세 국어에서도 활발히 쓰이는 서법 선어말 어미인데, 고대 국어에서보다 활용 어미로서의 용법이 더 늘어난 것으로 보인다.

'-고-'는 상대 높임을 보조하는 표현도 일부 하지만 주로 의도성과 관련하는 서법의 기능을 하는 것으로 파악된다.

(59)ㄱ. 惱叱古音(鄕言云報言也) 多可支 白遣賜立 〈원왕〉

　　　(又곰 함족 숣고쇼셔)

　　ㄴ. 生死流乙 逆ﾆ소ㄴ 道ㄱ 甚深ﾂㆆ 微ﾂㆆﾆ下 難ㅑ 見自ノ才口ﾆㄱ 〈금광

15: 1〉

(생사의 흐름을 거스르시는 도는 매우 깊고 미묘하고 하시어 어렵게야 볼 수 있는 것이시니)

(60) ㄱ. 入良沙 寢矣 見昆 〈처용〉

(드러ᅀᅡ 자ᄅᆡ 보곤)

ㄴ. 諸1 法1 因緣灬 有ソ㢱ソロ1 有ㅅ 無ㅅ七 義リ {是}リ {如}ㅣソナㅣ 〈구인 15: 2〉

(모든 법은 인연으로 있으며 하니 有와 無의 義가 이와 같다.)

(61) 我1 今ソ1 已氵 諸1 菩薩尸 {爲}氵 佛矢 往ㄋ十 修ホ㒵1ㅌ七 清淨行乙 說ㄋロ乙㒵1リ罒 〈화엄 8: 23〉

(나는 이제 이미 모든 보살을 위하여 부처가 예전에 닦으신 청정한 행을 말할 것이라.)

(59ㄱ)의 '白遣賜立'(ᄉᆞᆲ고쇼셔)에서 '遣'(-고-)와, (59ㄴ)의 '見白ノ利ロハ二1'(보ᅀᆞᆯ보리고기신)에서 'ロ'(-고-)는 상대 높임을 더하여 주는 기능을 한다. 그러나 (60ㄱ)의 '見昆'(보곤)에서 '昆'(-곤)은 행동주의 의도성이 드러나는 연결 어미이지만 (60ㄴ)의 '有ソ㢱ソロ1'(有ᄒᆞ며ᄒᆞ곤)에서의 'ロ1'(-곤)은 주어가 무생물인 '法'이므로 그렇지도 못하다. (61)의 '說ㄋロ乙㒵1リ罒'(니르골온이라)에서처럼 'ロ'(-고-)는 그 기능을 뚜렷하게 파악하기 어려운 용례가 많지만 대체로 서법적인 성격을 갖는 듯하다. 중세 국어에서도 초기에는 이 형태가 서법의 선어말 어미로 쓰여, 그 예가 음독 구결까지는 보인다.[70] 그러나 중세 국어 이후에는, 이미 'ロ1'(-곤)처

70) 아래의 예문에서 밑줄 친 음독 구결의 'ロ'(-고-)는 의도법으로 쓰인 것으로 해석된다.
(i) 佛告阿難ソ全ム 吾今以手灬 左右各牽ノヒ 竟不能解ㅅ去ニヒ 汝設方便<u>ロ火ㅅ</u> 云何解成ロ 〈능엄남1 5.6a: 9-10〉

럼 고대 국어에서도 나타나듯 다른 어말 어미와 결합하여 새로운 어말 어미의 일부(예, '-고려, -곤' 등)가 되는 용법이 주로 쓰이는데, 주어의 의도성이 들어간 어미가 많다.

강조법 선어말 어미로는 '-ㅅ-'를 설정할 수 있다. 이 형태소는 다른 선어말 어미들과 결합하여 여러 형태로 표현되는데, 당위, 가능성, 능력, 의지 등을 나타내는 '-ㅆ다-'를 비롯하여 '-곳-, -앗-, -잇-' 등을 꼽을 수 있다.

(62) ㄱ. 難行 苦行叱 願乙 吾焉 頓部叱 逐好 友伊音叱多 〈상수〉

(難行 苦行ㅅ 願을 나는 ᄇᆞᄅᆞᆺ 조초 벋뎜ᄯᅡ)

ㄴ. 十地七 行乙 護ノ今七 因緣氵ノ乙 說白ㄋ示七｜ 〈구인 3: 18-19〉

(十地의 행을 지킬 인연이니 하는 것을 말하겠다.)

ㄷ. 唯ハ 佛人 與七 佛人刂二氵 乃氵 {斯}刂 事乙 知二示七｜ 〈구인 11: 24〉

(오직 부처님과 함께 부처님이시어야 이에 이 일을 아실 수 있다.)

ㄹ. 又 此 遠離障导七 義㇇ 廣刂 說尸入㇇ 知ノ示{應}七｜ 說ノ㇇ 所七 相乙 如ハソ㇇二 〈유가 28: 6-7〉

(또 이 遠離障导의 이치는 자세히 말하면, 알아야 한다, 말한 바의 相과 같으니)

(佛이 阿難에게 말씀하시되, "내가 지금 손으로 왼쪽, 오른쪽으로 각기 당겨서 풀지 못하였으니, 네가 方便을 내어라. 어찌하면 풀겠느냐?")

(ii) 我已隨順說ソ㢱 福德無量聚ソ㢱 廻以施衆生ソ又ヒ 共向一切智口厶 〈범망 46a〉

(내가 이미 순서를 좇아 다 말했으며, 한량없는 복덕을 쌓아 중생에게 돌려줌으로써 베푸니 일체지를 함께 지향하기를 바란다.)

(i)의 '口火厶'(-고ᄫᅳᆯ라)와 (ii)의 '口厶'(-고라)에서 각각 화자 '佛'(부처)과 '我'(구마라습삼장)의 의도성을 보여 준다.

ㅁ. 君如 臣多支 民隱如 爲內尸等焉 國惡 太平恨音叱如 〈안민〉

(君다 臣다히 民다 ᄒᆞ늘ᄃᆞᆫ 나락 太平ᄒᆞᆫᄉᆞᆷ짜)

(63) ㄱ. 是 會ㅌ 大衆ㄱ 皆 悉 彼ㅿ 往ㄱ 爲ノ 聽衆ㅣ尸入乙 作ソロㅌノ齐ㄱ 〈금광 15: 5-6〉

(이 모임의 대중은 모두 다 그에게 가 (그를) 위하여 聽衆이 될 것이며)

ㄴ. 二法見乙 過ソニㄱ入灬 故ノ 是 故灬 寂靜乙 證ソニロㄱㅣ3ㅌ齐 〈금광 13: 8-9〉

(두 法見을 넘으신 까닭으로, 이런 까닭으로 寂靜을 證하시며)

ㄷ. 故ノ 昔尸 聞白尸 未ㅣソテㅌㅣノㄱ 甚深 法義乙 聞齐 〈유가 7: 3-4〉

(그러므로 예전에 듣지 못했던 깊은 法義를 들으며)

(64) 모로매 降히요려커든 내 알퓌셔 주거 뵈욤ㅅ다 〈삼강 충신6b〉

(62ㄱ)의 '友伊音叱多'(벋뎌ᄊᆞ)와 (62ㄴ)의 '說白ㄱ齐ㅌㅣ'(니르ᄉᆞᆸ숪다)에서는 '-ㅄ-'가 들어가 서술 내용을 좀 더 강조하거나 화자 주어의 의지를 더 강하게 드러내고, (62ㄷ)의 '知ニ齐ㅌㅣ'(아ᄅᆞ싨다)는 능력이나 가능성을, (62ㄹ)의 '知ノ齐{應}ㅌㅣ'(알숪다)는 당위성을, (62ㅁ)의 '太平恨音叱如'(太平ᄒᆞ숪다)는 가능성을 나타낸다. (63ㄱ)의 '作ソロㅌノ齐ㄱ'(作ᄒᆞ곳오리며)에서 '-곳-', (63ㄴ)의 '證ソニロㄱㅣ3ㅌ齐'(證ᄒᆞ시곤이앗며)에서 '-앗-', (63ㄷ)의 '未ㅣソテㅌㅣノㄱ'(아니ᄒᆞ잇다온)에서 '-잇-'도 모두 강조법을 보여 주고 있다. 이들 '-ㅅ-'계 어미들은 중세 국어에서도 강조법으로 이어진다. 그러나 (64)에서도 보듯이 화자의 의지를 나타내는 '-ㅄ-'와 같은 표현은 중세 국어에선 거의 사라지고, 가능성을 말하는 '-엄직ᄒᆞ-(<-옴짓ᄒᆞ-)' 형의 구문에서 그 형태가 이어진다.(박진호 2008 참조)

6.4.3 동작상

고대 국어에서 동작상을 나타내는 형태소에는 '-겨-'가 있다. '-겨-'는 향가에서는 나타나지 않지만 이두 자료에서는 일찍부터 '在'로, 구결에서는 'ㅓ'로 널리 쓰였다. '-겨-'는, 신라 이전의 이두에서 선어말 형태로 쓰여 동작의 완료성을 나타낸 것으로 보이는데, 고려 시대에는 서법과 동작상으로서의 기능이 더욱 다양하게 나타나 그 용법을 정확하게 파악하기가 쉽지 않다.

(65)ㄱ. 作作處中 進在之〈화사〉

　　　(만드는 곳에 나아갔다.)

　　ㄴ. 此以 本爲內 十方旦越 勸爲 成內在之〈선림원〉

　　　(이것으로 本을 삼아 十方의 旦越들을 勸하여 이루었다.)

(65ㄱ)에서 '進在之'은 '나아갔느니라', (65ㄴ)의 '成內在之'는 '이루었다' 정도로 해석할 수 있는데, 여기에서 '-겨-'(在)는 동작의 완료성을 더하는 기능을 가진다.

(66)ㄱ. 右如 隨願爲在乎 事亦在〈정두사 49〉

　　　(위와 같이 願에 따른 일이었음.)

　　ㄴ. 上ㅇㅓ 非想非非想天ㅏ 至ㄲㆍ 是ㅌㅇㄱ 時ㅏ 世界ㄴ 其 地ㄱ 六種ㆍ 震動ㅇㅁㅌㅣ〈구인 2: 17-18〉

　　　(위는 非想非非想天에 이르며 이러한 때에 세계의 그 땅은 여섯 가지로 진동한다.)

　　ㄷ. 精勤無間ㆁ 善法ㄹ 修習ㄱ尸ㅅㄹ 受ㅏ 若 有ㄱㅣ 一切 苦惱ㄹ 斷ㅇㅣ{爲}

ㅅ 此 三處乙 受ㆍㅏㅓㅡ 正ㄴ 衆苦ㅎ 隨逐ㄲアㅅ乙 觀察ㆍㅎ應ㄴㅣ〈유가 16: 17-19〉

(부지런히 쉬지 않고 善法을 修習하는 것을 받으며, 혹 있다, 일체 고뇌를 끊고자 이 三處를 받는 이가 바로 衆苦의 隨逐하는 것을 觀察해야 한다.)

ㄹ. 疑網乙 斷除ㅣㅣㅎ 愛流乙 出ㅣㅎㅣㅓㅩ〈화엄 9: 21〉

(의심의 그물을 끊어서 愛流를 내고자 할 것이라.)

(67) 西文達代 承孔 百四結 得玖負伍束 右如 付置 有在等以 地理 延嗹 僧 八居縣土 阹村乙〈정두사 23〉

(西는 文達의 대지, 承孔(실질 넓이) 104結, 所得 9負 5束(인 밭)이 위와 같이 付置되어 있는 것을 근거로 하여 地理를 보는 八居縣土 阹村 땅의 延嗹 스님을)

(66ㄱ)의 '隨願爲在乎'(隨願ㅎ겨온)은 '소원에 따른'의 뜻을 가진다. (66ㄴ)의 '至ㅏㅎ'(니를겨며), (66ㄷ)의 '受ㆍㅏㅓㅡ'(受ㅎ겨리여), (66ㄹ)의 '出ㅣㅎㅣㅎㅣㅓㅩ'(出ㅎ져 ㅎ겨리라)에도 '-겨-'(ㅓ)가 있다. (66)의 여러 예들에서 모두 '-겨-'가 완료를 나타낸다고 말하기는 어렵다. 그만큼 '-겨-'의 기능은 다양하지만, (66ㄱ)과 (66ㄴ)에서는 동작의 완료성을 찾을 수도 있다. 그러나 (67)에서 '有在等以'(잇견ㄷ로)에서 보듯이 '-견-'(在)이 지속상을 보이기도 하여, 그 기능을 파악하는 것이 간단하지 않음을 알 수 있다.

이두에서 '在'는 다른 조사들과 결합하여 용언의 연결 어미가 되기도 한다. '在亦'은 '-은 것이니', '在乙'은 '-은데, -으니', '在果'는 '-거니와', '在如中'은 '-건댄' 정도로 해석되는데, 이는 '在'가 가진 완료성에 바탕을 둔 의미라 할 것이다. 이런 예는 구결에서 활용 어미화한 '-ㅓ

ᄀ시'(겷돈)이 '-거든'으로, '-ㅓㄱᄋᆞᆯ'(-견을)이 '-거늘'로 해석되는 데에서
도 찾을 수 있다. 이로 볼 때 '-겨-'(ㅓ, 在)의 기능 일부는 중세 국어의
'-거-'로 이어지는 것으로 이해된다. '-겨-'는 음독 구결에서도 나타나
지 않는 등 중세 국어에서는 이미 사라졌는데, 그 음상과 기능이 비슷
한 '-거-'로 흡수되었을 가능성도 있다.

중세 국어에서는 동사의 보조적 연결 어미와 보조 용언으로 동작
상을 나타내는 여러 가지 용법이 있다. 고대 국어의 차자 표기 문헌에
서는 보조적 연결 어미가 명확하게 표기되지 않는 경우가 많아 그 형
태와 의미를 정확하게 확인하기는 어렵지만, 동작상으로 해석할 만한
예들을 간혹 찾을 수 있다.

(68) ㄱ. 阿邪 此身 遺也置遣 〈원왕〉

　　　　(아야 이 모마 기텨 두고)

　　ㄴ. 後句 達阿羅 浮去伊叱等邪 〈혜성〉

　　　　(아야 ᄉᄆᆞ차라 ᄠᅳ갯ᄃᆞ야)

(68ㄱ)의 '遺也置遣'(기텨 두고)에는 완료와 지속의 의미를 갖는 '-어
두-'가 있다. (68ㄴ)의 '浮去伊叱等邪'에는 진행상 의미의 '-아 잇-'이 있
어, 'ᄠᅳ가+잇-'의 축약형 'ᄠᅳ갯-'을 읽을 수 있다.

(69) ㄱ. 權臣 崔忠獻乙 全委節立爲有如乎 翊聖實叱段 〈상첩 87-88〉

　　　　(權臣 崔忠獻을 全委節立하고 있던 翊聖實는)

　　ㄴ. 米 伍拾肆石乙 准受令是遣 在如中 〈정두사 16-17〉

　　　　(쌀 54石을 정확히 받도록 하고 있었던 중)

　　ㄷ. 新處所 元 聞爲 成造爲內臥乎亦 在之 白賜 〈자적〉

(新處所를 처음 (朝廷에) 奏聞하여 (寺刹을) 造成하고 있는 바이
라고 보고하시었음.)

ㄹ. 功臣錄券 加 施行爲置 仕朝 後 〈상첩 63〉

(功臣錄券을 더해 施行하여 두고 仕朝 後)

(69ㄱ)의 '爲有如乎'(ᄒᆞ잇다온)에는, 중세 국어의 'ᄒᆞ고 잇-'에 해당하여
진행을 나타내는 것으로 해석할 수 있는 표현이 있다. (69ㄴ)의 '准受
令遣 在如中'(准受ᄒᆞ이고 견다리)에는 '-고 있-'의 의미인 '-고 겨-'(遣在)
가 형태상으로도 뚜렷이 보인다. (69ㄷ)의 '成造爲內臥乎亦 在之'(成造
ᄒᆞ누온여 겨다)에도 진행을 뜻하는 '-여 겨-'(亦在) 형태가 있다. (69ㄹ)의
'施行爲置'(施行ᄒᆞ야 두고)에서 '爲置'는 (68ㄱ)의 '也置'와 같이 '-아 두-'
에 해당하는 표현이다.

(70)ㄱ. 王位氵 富饒氵 自樂氵 大名稱氵ノ소乙 求ソゝ乀丁匕丁 〈화엄 9: 12〉

(王位이니 富饒이니 自樂이니 大名稱이니 하는 것을 구하고자 한
것은)

ㄴ. 一切 弟子衆ケ十 法雨乙 飽滿ᄉ비セ彳ソア入灬 〈금광 13: 11〉

(일체 제자의 무리에게 法雨를 飽滿하게 하고자 하는 까닭으로)

ㄷ. 國土乙 護ノ소七 因緣乙 問白(欲)ᄉソニ卜彳乚入火 〈구인 3: 17-18〉

(국토를 지키는 인연을 묻고자 하시는 것을)

(70)은 석독 구결문이다. (70ㄱ)의 '求ソゝ乀丁'(求ᄒᆞ야 ᄒᆞᄂᆞᆫ)에서 '-아 ᄒᆞ-',
(70ㄴ)의 '飽滿ᄉ비セ彳ソア入灬'(飽滿ᄒᆞᆺ뎌 ᄒᆞᆶ 두로)에서 '-ᄉ뎌 ᄒᆞ-', (70ㄷ)의 '問
白(欲)ᄉソニ卜彳乚入火'(문ᅀᆞᆸ과 ᄒᆞ시누온 ᄃᆞᆯ봇)에서 '-과 ᄒᆞ-' 등은 모두 '-고
자 하-'라는 원망(願望)의 기능을 가진 예정상을 나타낸다고 할 만하다.

6.5 부정법(否定法)

국어에서 부정법은 부정되는 말 앞에 부정소를 두어 실현된다. 고대 국어의 차자 자료에서 우리말 부정소는 '不冬(안들), 不衣(안들), 不喩(안디), 不喩(안디), 不ㅅ(안득), 非ㅅ(안득), 未॥(아니), 毛冬(모들)' 등으로 나타난다. 이 가운데 '안들, 안디'는 일반 부정을, '안득, 모들'은 능력이나 금지의 부정을 말할 때 쓰인다.

부정문에는 용언 부정과 체언 부정이 있다. 용언 부정은 부정되는 용언 앞에 부정소(부정 부사)가 온다. 용언 부정에는 단순히 용언 앞에 부정소가 오는 단형 부정과 용언의 명사형 뒤에 부정소가 놓이고 'ㅎ-'가 오는 장형 부정이 있다.

(71)ㄱ. 秋察尸 不冬爾 屋支墮米 〈원가〉

　　　(ᄀᆞᄉᆞᆯ 안들곰 ᄆᆞᄅᆞ디매)

　　ㄴ. 諸1衆生ᄀ病 不冬同॥ᄀㅅ乙 隨ㅎ 悉ᄒ 法藥乙 以ᄒ 而灬 對治ᄼᄼ

　　　〈화엄 17: 16〉

　　　(모든 중생의 병이 안 똑같은 것을 좇아 다 법약으로서 치료하며)

(72)ㄱ. 輔翼國家令是白乎 所 無 不冬爲去乙 〈상첩 81-83〉

　　　(國家를 輔翼하게 하온 일 없지 아니하거늘)

　　ㄴ. 二者 身命乙 惜尸 不冬ᄼᄒ 安樂止息ノᄼ다{之} 觀乙 生尸 不冬ᄒᄼ

　　　〈금광 3: 7〉

　　　(둘째 身命을 아끼지 않고 安樂止息하는 觀을 내지 않고 하며)

(71)은 단형 부정문이고 (72)는 장형 부정문이다. (71ㄱ)에선 부정소 '不冬'(안들)이 동사 '屋支墮米'(ᄆᆞᄅᆞ디매)(또는 '爾屋支墮米'(이울-)) 앞에 놓

이고, (71ㄴ)에선 부정소 '不冬'(안돌)이 형용사 '同刂1'(오흰) 앞에 왔다. (72ㄱ)의 '無 不冬爲去乙'(없 안돌ᄒᆞ거늘)은 '無' 뒤에 명사형 어미가 생략된 것이므로 '없지 아니하거늘'로 해석된다. (72ㄴ)의 '惜尸 不冬ソ𢒳'와 '生尸 不冬𢒳'에서는 동명사형 '尸'(-ㅭ) 뒤에 '不冬ソ一'(안돌ᄒᆞ-)가 왔다. 이두에서는 단형 부정이, 향가에서는 장형 부정이 잘 안 보이는 것은 이들 자료가 갖는 표현 특성에서 오는 제약일 것이다.

부정소는 '不冬' 외에 다른 형태나 표기로 나타나기도 한다.

(73) ㄱ. 無義ソ1入乙ソ尸 非冬ソニ㢱 心智 寂滅ソニ下 〈구인 11: 10〉

(無義한 것을 하지 않으시며 心智가 寂滅하시어)

ㄴ. 昔尸 得尸 未刂ソ𠄌七丨ノ1 所七 勝利乙 得𠄌1入⺍ 故ノ 動踊ソト1刀 無明乙 因ハソ㢱 聞持陀羅尼乙 具尸 不ハソト1刀 無明乙 因ハソ禾皿 〈금광 7: 18-20〉

(예전에 얻지 못했던 바의 뛰어난 이익을 얻은 까닭으로 動踊하는 것도 無明을 인하여 하며, 聞持陀羅尼를 갖추지 못하는 것도 無明을 인하여 하는 것이라.)

ㄷ. 不善飲曰 本道 安理 麻蛇 (본ᄃᆡ 아니 마셔) 〈계림〉

ㄹ. 未來𠄌十 是 礙刂 更𠄌 生1 不ハソ尸乙 更𠄌 生 不ハ厶刂亽七 智乙 得尸 未ハソト1刀 〈금광 8: 9〉

(미래에 이 장애가 다시 나지 못할 것을, 다시 나지 못하게 하는 지혜를 얻지 못하는 것도)

ㅁ. 當ハ 知𠃌丨 此 清淨1 唯ハ 正法𠄌十氵 在ソ口 諸 外道𠄌十1ソ𠀋 非矢刂1丁 〈유가 20: 1-20: 2〉

(반드시 알아야 한다, 이 清淨은 오직 正法에만 在하고 모든 外道에는 있지 않는 것인 줄을.)

같은 석독 구결이지만 (73ㄱ)에선 '非冬(안둘), (73ㄴ)에선 '未॥(아니)와 '不ハ'(안득)이 쓰였다. 『계림유사』에서는 부정소로 (73ㄷ)과 같은 '安理'(아니)형만 두 번 나온다. 이로 볼 때 이미 고려 시대에 부정소로 '안둘'과 '안디' 외에 '아니'형이 있었음을 알 수 있다. (73ㄹ)에서는 '生ㅣ 不ハ, 生 不ハ, 得尸 未ハ'에서 보듯이 '不ハ(안득)과 '未ハ(안득) 앞에 명사형 'ㅣ'(-ㄴ), '尸'(-ㄹ)나 동사 어근이 왔다.[71] 그러나 일반적으로 '안득' 앞에는 명사형 "ㅣ'가 아닌 '尸'가 온다. 드물게는 (73ㅁ)에서 부정소 '非冬(안디) 앞에 'ㆍㅌ'(ᄒᄂ)와 같이 동명사형으로 'ㅌ'(-ᄂ)가 오기도 한다. 장형 부정법의 구성은 대개 '용언의 명사형+부정소+ᄒ-'의 형태로 나타난다. 이때 용언이 동사이면 부정소 앞에 오는 명사형으로 '尸'(-ㄹ)가, 형용사이면 'ㅣ'(-ㄴ)가 많이 온다. 부정소 앞에 놓이는 용언의 명사형은 중세 국어에 가면 대개 '-디'형으로 바뀐다.

(74)ㄱ. 雪是 毛冬 乃乎尸 花判也 〈찬기〉

　　　(누니 모둘 두폴 곳가리여)

ㄴ. 石塔伍層乙 成是白乎 願 表爲遣 成是 不得爲乎 〈정두사 7-8〉

　　　(石塔 伍層을 이루는 願을 表하고 이루지 못한)

ㄷ. 一十ㄱ 若 捨ㆍㅏㅊ 爲ㆍ尸 不冬ㆍㄱㅣ十ㄱ 自作 能 不ㅏㆍ尸ㅅ··{故}ㆍ 〈유가 22: 1-2〉

　　　(첫째는 만약 버려서 하지 않는다면 自作할 수 없는 까닭이며)

---

71) 부정소 앞에 오는 동사가 이와 같이 표기된 예는 석독 구결에서 오로지 한 번만 나오므로 현토자의 오기로 볼 가능성도 있지만, '-ㄴ'나 동사 어근도 명사적 성격을 가지므로 부정소 앞에 명사나 명사형이 오는 부정 표현의 구 구조 형식에 어긋나는 것은 아니다. 한편 문현수(2012)에서는, '不ハ(안득)'이 능력 부정을 나타내는데『유가사지론』과『금광명경』에서만 쓰이고『화엄경』과『화엄경소』에서는 이에 대응되는 형태로 '不〈丿〉'가 있음을 밝혔다.

ㄹ. 緣覺氵ノ今㇇ 動尸 不能刂矢ノ尸 所刂去ナ亠七丨 〈화엄 8: 18〉

(연각이니 하는 이가 능히 움직이지 못하는 바인 것이다.)

(74)는 '불능'을 뜻하는 부정문이다. 향가에서는 (74ㄱ)처럼 '毛冬'(모ᄃᆞᆯ)이 쓰이는데, 이두문 (74ㄴ)에서는 '不得'(몯실), 구결 (74ㄷ)에서는 '不冫'(안ᄃᆞᆨ)이 쓰이기도 한다. (74ㄹ)의 '不能刂矢'도 '모ᄃᆞᆯ' 계통의 부정소로 볼 수 있다. 불능을 나타내는 부정소들은 중세 국어에서 '몯'으로 형태가 교체된다.

체언 부정문은 부정되는 체언의 뒤에 부정소가 온다. 이때 부정소는 명사처럼 쓰여 여기에 서술격 조사가 붙는다.

(75) ㄱ. 吾衣 身 不喩仁 人音 有叱下呂 〈수희〉

(내ᄋᆡ 모마 안딘 사ᄅᆞᆷ 이샤리)

ㄴ. 職次 暢情分以 酬答敎 事 不喩去有等以 〈상첩 11-13〉

(職에 따른 暢情만으로 酬答하신 일이 아닌 까닭으로)

ㄷ. 愛樂ノ亠 可七ソ㇈ 不矢𠂊 惡友㇇ 攝持ノ㇈刂罒 〈유가 27: 7-8〉

(愛樂할 수 있는 것이 아니며 나쁜 친구가 攝持한 것이라.)

(75ㄱ)과 (75ㄴ)에서 '不喩'(안디), (74ㄷ)에서 '不矢'(안디)로 쓰인 부정소는 명사로서, 일반적으로 서술격 조사가 후접하는 형태를 갖는다.[72] 이처럼 용언 부정과 체언 부정은 부정소를 달리하여 '不冬'(안ᄃᆞᆯ)과 '不矢'(안

72) 이처럼 '안디'는 체언을 부정하는 명사로 쓰이는데, '吾肸 不喩 慚肸伊賜等(나ᄅᆞᆯ 안디 븟그리샤ᄃᆞᆫ) 〈헌화〉'에서만 예외가 나타난다. 여기에서 '不喩'는 뒤에 오는 동사를 꾸미는 부사이다. '안디'와 '안ᄃᆞᆨ'의 용법에 차별성이 없어지며 '아니'로 통합해 가는 과정 중에 나온 표기로 보인다.

디)로 구별되는데, 15세기 한글 문헌에서는 이러한 구별이 전혀 없이 '아니'로 통일된다. 중세 국어에 들어 부정법 표현에서 큰 변화가 일어난 것이다.

부정소 '不ㅊ(안디) 역시 다른 표기로 나타나기도 한다.

(76)ㄱ. 異川ㅣ기ㅁ尸人기 亦ㅣ기 續ㅣ수 不ㅊㄱ人ᄼ: 一 非ㅊㅊ 異 非ㅊㅋㅎ 故ㅊ 名ㅎ 續諦ㅣノ利ㅣㅎ 〈구인 14: 7-8〉

(다른 것[異]이라고 한다면 또한 이어질 것이 아닌 까닭에서이니, 하나 아니며 다른 것 아니어서, 그러므로 일컬어 續諦라 하는 것이며)

ㄴ. {是}ㅣ 因 無ㅣㅣㅎ 緣 無ㅣㅣㅌ[有] 非ㅣㅊ {於}佛法僧ㅎ十 淨信乙 生ㅣㅎ 是乙 {以}ㅎㅎ 〈화엄 9: 10-11〉

(이 因이 없이 하며 緣이 없이 하는 것이 아니지, 佛 法 僧에 대해 淨信을 내어 이로써)

(76ㄱ)에서는 '不ㅊ'와 '非ㅊ'가 한 문장 안에서 같이 나오고, (76ㄴ)에서는 '非ㅣㅊ(아니디) 형이 보인다. 이러한 '아니'형은 체언 부정이나 용언 부정에서 다 나타난다.

(77) 行非行ㄴ 法乙 心ㅎ十 執著 不ㄆㅣ尸ㅊ 是 波羅蜜義ㅣㅎ 〈금광 5: 10〉
(行非行의 법을 마음에 집착하지 않는 것이 이 波羅蜜義이며)

(78)ㄱ. 嗔心 아니ᄒᄂ 사ᄅ미 눈ᄌᅀᆞ와 〈석보 11.38〉
ㄴ. 生 아니 호ᄆᆞ 我人이 生티 아니호미오 〈금강 85〉

(79)ㄱ. 若 知人 若 見人乙 淸淨ㅎ 轉 不ㅅ기{令}ㅣㅓㅎㅌㅣ 〈유가 12: 15-16〉
(知와 見을 청정하게 轉하지 못하게 한다.)

ㄴ. 勝三摩地乙 得尸 不ハ〃{令}॥亽 有セㅣ〈유가 13: 7〉

(훌륭한 삼마지를 얻지 못하게 하는 것이 있다.)

부정문에서는 (77)의 '執著 不초〃尸夨(執著 안들홇디)같이 어근과 동사화 접미사 '-ㅎ-' 사이에 부정소가 들어가는 표현이 많이 나온다. 이는 (78)과 같이 중세 국어에서도 많이 나타나는 표현 방식이다. (79)에서도 '轉〃亽, 得〃亽'라는 동사를 부정하는데, (79ㄱ)에선 부정소가 어근과 '-ㅎ-'의 중간에 들어가 '轉 不ハ〃{令}॥ナ㊅ㄴ'(轉 안득ㅎ이겼다)로 표현하였고, (79ㄴ)에선 '-ㅭ' 명사화를 하여 '得尸 不ハ〃{令}॥亽(얻읋 안득ㅎ이리잇다)로 표현하였다. 위의 예들을 보면, 부정소 '안들' 앞에 오는 명사형은 '-ㅭ'형이며, '안디' 앞의 명사형은 '-ㄴ'형임을 알 수 있다.

(80) ㄱ. 故ノ 毘鉢舍那乙 善修 能 不ハ〃彡 實 如ㅅ 諸 法乙 觀察 能 不ハノ尸亽॥ㅣ〈유가 10: 10-12〉

(그러므로 毘鉢舍那를 능히 잘 닦지 못하여 실상과 같이 제법을 능히 觀察하지 못하는 것과이다.)

ㄴ. 五 淨信乙 遠離〃ㄱ入乙 由彡 常॥ 修 能 不ハ〃彡〈유가 10: 21-22〉

(다섯째, 淨信을 멀리 여의는 것을 말미암아 항상 능히 닦지 못하며)

중세 국어의 한글 문헌에서는 부사어가 (80ㄴ)의 '常॥'처럼 피부정사 앞에만 놓일 뿐, 피부정사와 부정사 사이에 부사어가 들어가는 표현이 없다. 그러나 (80)에서 보이듯, 고대 국어에서는 부정사와 피부정사 사이에 부사어가 들어갈 수 있었다. 이 경우 피부정사는 항상 용언의 어간/어근 형태이고, 부정사는 '不ハ'나 '未ハ'로 '안득' 형이며, 부사

어는 '能'으로 나타나는데, 이들은 관용구와 같이 굳어진 표현으로 보인다. 이러한 표현은 『유가사지론』 외의 다른 석독 구결문, 이두문이나 음독 구결문에서도 보이지 않는다. 고대 국어에서도 피부정사와 부정사의 사이에 부사어가 들어가는 것에는 제약이 심했던 듯하다.

중고 국어와 15세기 중세 국어를 비교하면 부정법에선 크게 두 가지의 변화가 보인다. 중고 국어에서는 부정소가 용언 부정에 '안들', 체언 부정에 '안디'로 나타났으나 중세 국어에서는 이러한 구별이 없어지면서 '아니'로 통일되며, 부정소 앞에 오는 명사화 어미가 '-ㅭ'에서 '-디'형으로 교체된다. 이러한 변화는 위의 예문에서 보듯이 중고 국어 시기에 극히 일부에서 조짐이 보이기도 하였지만, 대체로 예외가 별로 많지 않은 채 그동안에 급격하게 전면적으로 바뀌는 양상을 보인다. 중세 국어 초창기의 언어를 비교적 잘 반영하는 문헌이 음독 구결이지만, 여기에서는 부정 표현이 대부분 '不-, 非' 등과 같은 한자어구로 표현되므로, 당시의 부정문 표현을 제대로 알기 어렵다. 아직은 고려 시대 후기에 진행된 부정법 표현의 변화 과정을 충실히 보여 주는 문헌을 찾기가 어렵다.

7. 문장의 확대 형성

고대 국어에서 문장이 확대되는 방식은 크게 접속과 내포로 나눌 수 있다. 실제로 향가와 같은 운문을 제외한 이두문이나 구결문들은 대개 접속문과 내포문이 대부분이다. 이는 현실에서의 일상적인 구어와는 다른 양상으로, 이두나 구결로 쓰인 문장들이 갖는 문어적인 특성으로 보아야 할 것이다.

7.1 접속

7.1.1 대등 접속

대등 접속은 두 개 이상의 문장이 대등한 관계의 구절이 되어 겹문장을 이루는 것이다. 겹문장은, 앞에 오는 구절의 용언에 활용 어미로 '-고, -나, -며, -아' 등을 붙이거나, 체언에 대등 접속의 조사 '과, 나, 여' 등을 결합하여 이루어진다.

> (1)ㄱ. 此身 遣也 置遣 四十八大願 成遣賜去 〈원왕〉
>
> (이 모마 기텨 두고 四十八大願 일고실가)
>
> ㄴ. 爾ㄴˇ1時ナ 大王1復ˇ1起ˇ氵 作禮ˇ白口 佛ナ 白氵 言二尸 世尊下
> 〈구인 3: 22-23〉
>
> (그때 대왕은 또한 일어나 예하고 부처께 사뢰어 말하시기를, 세존이시여)
>
> (2)ㄱ. 兒史沙叱 望阿乃 世理 都之叱 逸烏隱苐也 〈원가〉

(즈싀삿 ㅂ라나 누리 모든갓 여희온딕여)

ㄴ. 又 彼ㄱ 衣晝夜ㅣㅏ 若 行ㅄㅄ 若 住ㅄㅄ 衣服ᅳ 飮食ᅳ 命緣ᅳㅣㄹ乙
  習近ㅣㄱ乙 如ㅅ 〈유가 27: 21-22〉

  (또 그는 밤낮으로 행하거나 머물거나 (간에) 衣服이니 飮食이니
  命緣이니 하는 것을 習近하는 것과 같이)

(3)ㄱ. 膝肹 古召旀 二尸 掌音 毛乎攴 內良 〈도천〉

  (무루플 ㄴ초며 두볼 손ㅂ름 모도ㄴ라)

  ㄴ. 一切 惡乙 斷ㅄㅄ 衆ㄱ 善乙 具足 當ㅅ 普賢 如ㅊㅄㅄ 色像 第一ㅣㅏ
  〈화엄 2: 15-16〉

  (一切의 惡을 끊으며 많은 善을 具足하며 반드시 普賢 같아져 色
  像이 第一이며)

(4)ㄱ. 今日 此矣 散花 唱良 巴寶白乎隱 花良 汝隱 〈도솔가〉

  (오늘 이에 散花 블러 보보술본 고자 너는)

  ㄴ. 轉ㅄㅣㄱ乙 知ㅸ 恐ㅅㄱ 資緣 乏ㅸㅆ 〈유가 3: 15-17〉

  (轉하는 것을 알아 두려워하는 바는 資緣이 모자라서)

예문 (1)에선 연결 어미 '-고'(遣, ㅁ)로 이어지는 대등 접속을 볼 수 있
다. (2)는 '-나'(乃, ㅉ)로 이어지는 대등 접속이며, (3)은 '-며'(旀, ㅸ), (4)
는 '-아/어'(良, ㅸ) 어미로 이어지는 대등 접속이다. 이들은 모두 앞서
는 구절과 뒤에 오는 구절의 통사적 관계가 대등한 접속문을 이루고
있다.

  대등 접속은 명사의 나열에 의해서도 이루어진다.

(5)ㄱ. 國史及公及官文載錄者果 衆所共知祖上乙良 幷以 載錄爲遣
  〈고려말 호적문서 둘째폭 19-20〉

(國史, 公, 官文을 載錄한 것과 衆이 공통적으로 알고 있는 조상
을 아울러 載錄하고)

ㄴ. 是 如ㅊ.ㄱ 聖法ㅅㅏ 略ㅁㄱ 二種 有ㅌㅣ 一 有學法ㅅ 二 无學法ㅅㅔㅣ
〈유가 3: 22-23〉
(이와 같은 성스러운 법에 간략히 말하면 두 가지가 있다. 첫째 有
學法과 둘째 无學法이다.)

명사구의 대등 접속은 조사 '과/와'나 '여'에 의한다. (5ㄱ)에서 밑줄 친
부분은 각각 서술어 '載錄爲遣'(載錄ᄒ고)의 목적어로서 별개의 문장을
이루는 성분인데, '果'(과)에 의해 대등 접속절로 모여 하나의 문장을
이루었다. (5ㄴ)에서도 접속 조사 'ㅅ'(과)로써 두 개의 문장을 하나로
합치었다.

(6) 成內 法者 楮根中 香水 散尒 生長令內彌 然後中 若 楮皮脫那 脫皮
練那 紙作伯士那 經寫筆師那 經心匠那 佛菩薩像筆師 走使人那 菩
薩戒 授 令彌 齊 食彌 右 諸人等 若 大小便爲哉 若 臥宿哉 若 食喫
哉 爲者 香水 用尒 沐浴令只但 作作處中 進在之 〈화사〉
(이룬 법은 닥나무 뿌리에 香水 뿌리어서 生長시키며, 然後에 만약
楮皮脫이나 脫皮練이나 紙作伯士나 經寫筆師나 經心匠이나 佛·菩
薩像筆師의 走使人이나 菩薩戒를 받도록 시키며 齊에 따라 먹으며,
위의 여러 사람들이 만약 大小便을 하거나 만약 누워 자거나 만약
먹고 마시거나 하면, 香水를 써서 목욕시키어야만 만드는 곳에 나아
갔다.)

(6)은 이두문으로 된 '신라 화엄경 사경'이다. 여기에는 대등 접속의 기

능을 하는 연결 어미나 접속 조사가 이두자로 쓰여 있어 당시의 대등 접속문을 보여 준다. 접속 어미 '-며'(弥)는 '生長令內弥, 授令弥, 齊食弥'에 나오고, '-지'(哉)로 나타내는 접속 어미는 '大小便爲哉, 臥宿哉, 食喫哉'가 있다. 접속 조사로는 '나'(那)가 '楮皮脫那 脫皮練那 紙作伯士那, 經寫筆師那, 經心匠那, 走使人那'에 나와 있다. 이들 접속 어미들과 접속 조사들은 모두 이들의 앞에 오는 구절과 뒤에 오는 구절을 대등 접속하고 있다.

고대 국어의 대등 접속 결합에서 나타나는 용언의 접속 어미는 이 밖에도 많이 있다.('3.2.5 어말 어미' 참조)

7.1.2 종속 접속

종속 접속은 하나의 문장이 다른 문장에 종속 관계를 가지며 복문 구조를 이루는 것으로, 이때 종속절 서술어는 종속적 연결 어미를 갖춘다. 고대 국어에서도 종속 접속 표현 문장이 많이 나타난다.

(7)ㄱ. 栢史叱 枝次 高攴好 雪是 毛冬 乃乎尸 花判也〈찬기〉

　　　(자싯가지 노포 누니 모들 두플 곳가리여)

　　ㄴ. 咽嗚爾 處米 露 曉邪隱 月羅理〈찬기〉

　　　(늣겨곰 ᄇ라매 이슬 볼갼 ᄃ라리)

　　ㄷ. 窟理叱 大肹 生以攴 所音物生 此肹 喰惡攴 治良羅〈안민〉

　　　(구릿 하ᄂᆞᆯ 살이기 바라믈쎄 이를 치악 다ᄉ릴러라)

　　ㄹ. 吾肹 不喩 慚肹伊賜等 花肹 折叱可 獻乎理音如〈헌화〉

　　　(나ᄅᆞᆯ 안디 붓그리샤ᄃᆞᆫ 고ᄌᆞᆯ 것거 바도림다)

290

(7)은 향가에서 찾은 종속 접속 표현 가운데 일부이다. (7ㄱ)의 '高
支好'(노포)에서 '-오', (7ㄴ)의 '處米'(ᄇᆞ라매)에서 '-매', (7ㄷ)의 '所音物
生'(바라믈씰)에서 '-을씰'는 모두 이유나 원인을 뜻하는 접속 어미로,
그에 앞서는 구절을 받아 뒤에 오는 상위절에 종속절로 이어 준다. (7
ㄹ)의 '慚肹伊賜等'(붓그리샤ᄃᆞᆫ)에서 '-ᄃᆞᆫ'은 조건의 종속절을 이끈다.

> (8)ㄱ. 一名乙 東班是去等 九品 西班是去等 校尉 爲等如 差備爲良於爲
>   敎矣 〈상첩〉
>   (一名을 東班이거든 九品 西班이거든 校尉 모두 差備하여야 한다
>   고 하시되)
> ㄴ. 輔翊國家令是白乎 所 無 不冬爲去乙 〈상첩 81-83〉
>   (國家를 輔翊하게 하온 일 없지 아니하거늘)

(8)은 이두문이다. (8ㄱ)의 '西班是去等'(西班이거든)에서 조건을 나타내
는 어미 '-거든'과, (8ㄴ)의 '不冬爲去乙'(안들ᄒᆞ거늘)에서 전제의 의미를
갖는 어미 '-거늘'은 모두 종속 접속문을 이끈다.

> (9)ㄱ. 若 同梵行ᄅᆡ 法乙 {以}; 呵擯ᄼᆞᆥᄀᆝᄂᆞ+ᄀᆝ 卽ᇂ 便ᇂ 法乙 如ᄂᆞ 而ᆢ 自ᆢ
>   悔除ᄼᆞᅀᆞ 〈유가 17: 14-15〉
>   (만약 同梵行이 法으로써 꾸짖은 경우에는 즉시 곧바로 법과 같이
>   스스로 뉘우치며)
> ㄴ. 生死ᄀᆝ 涅槃ᄀᆝᄼᄀᆥᄉᆞᆩ 皆ᄼ 是ᄀᆝ 妄見ᄀᆝᄅᆞ 能ᇂ 度ノᄼᄼ 〈금광 5: 18〉
>   (생사이다 열반이다 하는 것은 모두 이는 妄見인 것을 능히 제도하되)

(9)는 구결문이다. (9ㄱ)의 '呵擯ᄼᆞᆥᄀᆝᄂᆞ+ᄀᆝ'(呵擯ᄒᆞ건다ᄀᆝᆫ)에서 '-ㄴ다ᄀᆝᆫ'(ᄀᆝ

ㅏ+ㄱ)은 조건을 나타내는 어미이며, (9ㄴ)의 '涅槃ㅣㅣㅆ尸ㅅㄱ'(涅槃이다 흟
든)에서 '-ㅭ든'(尸ㅅㄱ)도 조건을 나타내는 어미로, 이들 모두는 종속절
을 만든다.

위에서 보듯이 종속절 접속 어미들은 동명사형으로 끝나는 경우가
많다. 동명사형에 의한 접속으로는 다음 (10)의 예들을 들 수 있다.

(10)ㄱ. 云何ㅆㄱ乙 十一ㅣㅣ丿宀ㅁ 謂ㄱ 思所成 慧 俱ㅆㄱ 光明想氵ㅏ 四法 有ㄴ
ㅓ … 〈유가 11: 12-13〉

(무엇을 열한 가지라 하는가? 말하기를 "思所成慧가 함께하는 光
明想에 네 가지 法이 있으며 …")

ㄴ. 是 時ㅏ 世尊ㄱ 而ㅆ 偈乙 說氵 言ㅣ二尸 生死流乙 逆二宀ㄴ 道ㄱ … 〈금
광 14: 25-15: 1〉

(이때에 세존은 게를 설하여 말씀하시기를, "생사의 흐름을 거스
르는 道는 …")

(11)ㄱ. 時ㅏ 波斯匿王ㄱ 言二尸 善二ㄱㄱㅣ… 百億種 色ㄴ 花乙 散ㅆㅁㅅㄴㄱ 變
ㅆㄱㅏㅊ 百億 寶帳ㅣ 成ㅏㅋ 諸ㄱ 大衆乙 蓋ㅆㅁㄴㅣ 〈구인 3: 20-21〉

(그때 波斯匿王은 말씀하시기를 "좋으시구나 …" 백억 가지 색의 꽃을
뿌리시니, 변하여서 백억 보배장막이 이루어져 모든 대중을 덮었다.)

ㄴ. (於)一切 法氵ㅏ 自在尸 無不ㅆ尸丁丿尸 而ㅆ 衆生氵ㄴ 第二導師ㅣ尸{爲}
ㅅ乙ㅆㅊㅓㅎㅣ 〈화엄 2: 12-17〉

(일체의 법에 自在하지 않음이 없어서 중생의 第二導師가 될 수
있다.)

(10ㄱ)의 '謂ㄱ'과 (10ㄴ)의 '言ㅣ二尸'은 모두 말하고자 하는 내용문의 앞
에 오는 서술어로, 이러한 화법 동사 '謂, 言'에 나타난 동명사형 어미

'ㄱ, ㄹ'는 후행하는 피인용문과의 접속을 위한 연결 어미 기능을 한다. 이러한 용법은 중세 국어에서 보수적인 표현 '닐온, 글온' 등으로 이어지지만 '닐오딕'가 널리 쓰이면서 이를 대신한다. (11ㄱ)에서 '散ㆍㅁㅅㄴㄱ'은 '뿌리시니'로 해석되므로, 여기 쓰인 동명사형 어미 '-ㄴ'(ㄱ)도 종속 접속문을 이끄는 역할을 한다. 이러한 용법에서, 중세 국어 이후 매우 널리 쓰인 연결 어미 '-니'의 기원을 찾을 수 있다. 그러나 구결에서 '-니'(ㅂ)는 음독 구결에 가서야 나타난다. (11ㄴ)의 '無不ㆍㅣㄹㄱㄹㄹ'에서도 'ㄱㄹ'(홇)은 '-ㄹㆆ' 동명사형인데, 뒤이은 '而ᆢ'(이로)와 결합하여 종속 접속 기능의 '-어서'로 해석된다.

이상에서 주로 조건이나 이유를 나타내는 종속절 어미에 의해 접속되는 종속 접속을 보았다. 고대 국어에는 이 밖에도 종속 접속을 이끄는 연결 어미가 다양하게 많이 있다.('3.2.5 어말 어미' 참조)

7.2 내포

내포는 한 문장이 다른 문장 안에 안기어 그 문장의 성분이 되는 현상이다. 고대 국어에서의 내포도 관형사화 내포(관계화, 보문화), 명사화 내포, 부사화 내포 등으로 나눌 수 있다.

7.2.1 관계화 내포

관계화 내포는 내포 관형사화 가운데 하나이다. 고대 국어에서도 '-ㄴ'와 '-ㄹㆆ' 어미에 의한 관계화문이 많이 나타난다. 이들은 원래 동명사형이었지만 고대 국어에서 이미 관형사적 기능으로 활발하게 쓰이는 것이다.

    (12)ㄱ. <u>月羅理 影支 古理因</u> 淵之叱 〈원가〉

        (ᄃᆞ라리 그르메 ᄂᆞ린 못ᄀᆞᆺ)

      ㄴ. <u>衆矣 白賜臥乎</u> 皃如 加知谷 寺谷中 入 〈자적 3〉

        (衆의 보고하신 모양과 같이 加知谷의 寺谷에 들어가)

      ㄷ. 諸ㄱ 讚頌∥ 如來ㄹ 實功德乙 偁歎ᄿᄀᄉᄂ 是 <u>如ㅊᆢㄱ</u> 種種ㄷ 妙言

        辭乙 〈화엄 16: 2-3〉

        (모든 찬송이 여래의 實功德을 칭탄하는 이와 같은 갖가지 묘한

        언사를)

(12)에서는 '-ㄴ' 관형사화 어미에 의해 만들어지는 관계화 내포를 보인다. (12ㄱ)의 '古理因'(ᄂᆞ린)에서 '-ㄴ'는, 그 앞에 있는 밑줄 친 구절로 하여금 뒤에 오는 명사 '淵'(못)을 꾸미는 관계화 내포를 이루게 한다. (12ㄴ)의 '白賜臥乎'(ᄉᆞᆲ시누온)에서 '-ㄴ'는 밑줄 친 구절을, 뒤에 오는 명사 '皃'(즛)을 꾸미는 관계문으로 만든다. (12ㄷ)에서도 '如ㅊᆢㄱ'(다ᄒᆞᆫ)은 그 앞의 문장을 이끌어 명사 '妙言辭'를 꾸미는 관계화문을 이룬다.

    (13)ㄱ. <u>道尸 掃尸</u> 星利 望良古 〈혜성〉

        (길 쓸 벼리 ᄇᆞ라고)

      ㄴ. <u>御史臺 書令史 李貞甫 庚申 七月日 名貼判內旨乙 並只 依貼施</u>

        <u>行爲遣 由報爲乙</u> 右 味乙 傳 出納爲置有去乎等 用良 〈상첩〉

        (御史臺 書令史 李貞甫는 庚申 七月日 名貼判內旨를 모두 依貼施

        行하고 由報할 위 뜻을 傳하여 出納해 두었거든 사용하여)

(13)은 '-ㅭ' 관형사화 어미에 의한 관계화 내포이다. (13ㄱ)의 '掃尸'(쁠)은 밑줄 친 문장을, 명사 '星利'(벼리)를 꾸미는 관계화문으로 만든다. (13ㄴ)의 '由報爲乙'(由報홀)은 그 앞의 밑줄 친 문장을 이끌어, 명사 '味'를 꾸미는 관계화문으로 만든다.

석독 구결문에서는 중세 국어에서 볼 수 없는 관형사화 문장이 나타난다.

(14) ㄱ. 解ソ1ㅌセ 心3十 二 不矢1入乙 見ㅏ1リ罒 〈구인 15: 4〉
(解하는 바의 마음에 둘 아닌 것을 보는 것이라.)

ㄴ. 若 正說法ㅗ 若 正聞法ㅗノ令セ 二種乙 摠ㅎ 名下 聞正法圓滿ㅗノ禾| 〈유가 4: 6-7〉
(正說法이니 正聞法이니 하는 두 가지를 총괄하여 일컬어 聞正法圓滿이라 한다.)

(14ㄱ)에서 '解ソ1ㅌセ'(解혼닷)은 관형사형 어미 '-ㄴ'(1)로 뒤에 온 의존 명사 'ᄂᆞ'(ㅌ)를 수식하는 관계화 내포를 이루는데, 이 의존 명사 'ᄂᆞ'(ㅌ)에 다시 관형격 조사 'ㅅ'(セ)가 붙어 뒤에 오는 명사 '心'을 꾸미는 관형절을 이룬다. (14ㄴ)에서 'ノ令セ'(호릿)은, 의존 명사 '令'(리)[73]에 관형격 'セ'(ㅅ)가 결합한 관형사형을 이루어 뒤의 명사 '二種'을 꾸미는 관형사화 구문을 이끈다. 이처럼 관형사형 어미가 결합된 용언의 수식을 받는 의존 명사에 다시 관형격 조사 'ㅅ'가 붙어 뒤에 오는 명사를 수식하는 표현 방식은 중세 국어에 들어서는 사용이 매우 줄어든다.

73) '令'(리)는 동명사형 '-ㅭ'에 의존 명사 '이'가 결합한 의존 명사로 분석된다.

7.2.2 보문화 내포

관형화 내포 가운데에는 명사구 보문화를 이루는 내포도 있다. 고대 국어에서는 아래와 같은 보문화 내포 구문이 나타난다.

(15)ㄱ. 官史 光策等 太平 三年 癸亥 六月日 淨兜寺良中 安置令是白於
　　　爲 議 出納爲乎 事亦在乙 善州土 集珚院 主人 貞元伯士〈정두
　　　사 11〉

　　　(官史인 光策 등이 太平 3年 癸亥년 6月 日에 淨兜寺에 安置하도
　　　록 하여야 한다는 議論 出納한 일이었거늘 善州땅의 集珚院 主人
　　　인 貞元伯士에게 …)

　　ㄴ. 是 {如}ㅣ〃彡 是 {如}ㅣ〃彡 汝彡 解〃ㅅㄱ 所彡 {如}ㅣ〃ㅓㅣ〈구인 11: 22-
　　　23〉

　　　(이와 같으며 이와 같아 네가 알고 있는 바와 같다.)

(16)ㄱ. 月置 八切爾 數於將來尸 波衣 道尸 掃尸 星利 望良古〈혜성〉

　　　(ᄃ라라도 ᄀ릇그ᄉㅣ 자자렬 바애 길 쓸 벼리 ᄇ라고)

　　ㄴ. 尸羅乙 犯〃ㅣㅣ 有ㅌㅎ彡 而ㄱ 輕擧 不参〃彡 若 {於}尸羅彡ㅏ 缺犯ノ尸
　　　所 {有}ㅏ彡ㅣ〃ㅓㄱ〈유가 17: 12-14〉

　　　(尸羅를 犯한 이가 있으나 輕擧하지 않고, 尸羅에 대해 缺犯하는
　　　바를 지닌 경우에는)

　　ㄷ. 謂ㄱ 卽彡 彼 補特迦羅ㅣㅣ 佛ㅣㅣ 出世〃ㅸㅏノ尸ㅅ乙 値白彡〈유가 3: 1〉

　　　(즉, 곧 저 補特迦羅가 부처가 세상에 나오시는 것을 만나며)

(15)는 보문소 '-ㄴ'로 이루는 보문화를 보인다. (15ㄱ)에서 '出納爲
乎'(出納ᄒ온)은 그 뒤에 오는 보문 명사 '事'(일)의 보문을 이끄는 보

문절의 서술어이다. (15ㄴ)에서도 '解ソ乂ㄱ'(解ᄒᆞ논)은 의존 명사 '所'(바)의 보문을 만든다. (16)은 보문소 '-ㅭ'로 이루어지는 보문화를 보인다. (16ㄱ)의 '數於將來尸'(자자렬)은 그 앞에 오는 문장을 이끌어, 뒤에 오는 보문 명사 '波'(바)의 보문이 된다. (16ㄴ)에서도 '缺犯ノ尸'(缺犯홇)은 뒤에 오는 보문 명사 '所'의 보문을 이룬다. (16ㄷ)에서 서술어 '値白ケ'(맛나ᄉᆞᆯᄫᆞ며)의 목적어는 이 동사의 바로 앞에 있는 의존 명사 'ㅅ'(ᄃᆞ)이며, 이 'ᄃᆞ'는 밑줄 친 내포절을 보문으로 한다.

석독 구결에는 중세 국어에서는 나타나지 않는 보문화 형태가 보인다.

(17) 幻諦セ 法ㄱ 佛リ 出世ソ白ケ尸 無セニㄱㅌセ 前ラ十 名字 無セゑ 義セ 名 無セゑソケ 〈구인 14: 2-3〉
(幻諦의 法은 부처가 出世하심 없으신 전에 名字 없고 義의 이름도 없고 하며)

(17)의 '無セニㄱㅌセ'(업스신ᄃᆞᆺ)에서는 보문소 '-ㄴ'(ㄱ)로 이끌리는 '無セニㄱ'의 보문 명사 'ᄃᆞ'(ㅌ)가 다시 관형격 조사 '-ㅅ'(セ)를 결합하여 뒤에 오는 명사 '前'을 수식한다. 이러한 표현 방식의 보문들은 앞의 관계화문에서와 비슷한 구조를 갖는 것으로, 중세 국어에서는 나타나지 않는다.

아래의 (18)은 인과 관계를 나타내는 보문화 구문인데, 역시 중세 국어에서는 사라진 표현이다.

(18) 此 所依リㄱ 所建立處乙 依止 {爲}シㄱ入乙 {由}シㄱ入灬 故ノ 如來尸 諸 弟子衆ラ {有}斗白ノㄱ 所セ 聖法乙 證得ソナㅎセㅣ 〈유가 3: 20-22〉

(이 所依인 所建立處를 依止 삼은 것을 말미암은 까닭으로 여래의 모든 제자의 무리가 가진 바의 성스러운 법을 증득한다.)

我ㄱ 無始⺍ㅅ 已來ㅎㄱㅿ 飢餓ㄹ {以}ㅌㄱㅅ⺍ 故ㅊ 身ㄹ 喪ㄱㅎㄱㅿ 數ㅋ 無ㅌㅣㅅㄱㅎㄱ: 〈화소 10: 9〉

(나는 無始로부터 已來함에 있어 飢餓를 말미암은 까닭으로 몸을 망치되 수없이 하였지만)

(18ㄱ, ㄴ)의 '{由}ㅈㄱㅅ⺍, {以}ㅌㄱㅅ⺍'(삼은 ᄃ로)는 '{由}ㅈㄱ, {以}ㅌㄱ'으로 이끌리는 내포문이 상위절 핵심 명사 'ㅅ'(ᄃ)의 보문이 되는 구조이다.

이두문에서는 보문 명사로 문장을 끝내는 표현이 종종 보인다.

(19) 爭望爲行 隅 有去等 禁止爲遣 鎭長 屬社令是良於爲 事 〈송광사 11-12〉

(다투고 원망하는 따위의 일이 있거든 禁止하고 鎭定하여 長久히 寺에 從屬시켜야 할 일)

(19)의 '屬社令是良於爲 事'에서 '事'(일)은 그 앞에 보문절을 갖는 보문 명사이지만, 문장은 그것으로 끝나고 있다. '寺에 종속시켜야 할 일' 정도로 해석되는데, '於爲'가 당위성을 뜻하는 표현이므로 문장 (19)는 '종속시켜야 함'을 말한다. 이와 같이 '-할 일'과 같은 방식의 표현은 이후에도 일부 문어에서 계속된다.

(20) ㄱ. 華嚴經等 供養爲內 以後中 坐中 昇 經 寫在如 〈화사〉

(華嚴經들을 供養한 以後에 자리에 올라 經을 베껴 쓴다.)

ㄴ. 放逸ㅅㄱㅅㄹ {由}ㅈㄱㅅ⺍{故}ㄱ {於}常ㅣ 諸善法ㄹ 修習ㄱㅅㅌ 中ㅈㅏ 恒

ㅖ 隨轉 不ᄒᆞᆳᄒᆞᆮ기 〈유가 10: 22-23〉

(放逸한 것을 말미암은 까닭으로 항상 諸善法을 修習하는 가운데 항상 隨轉 못 한 것이다.)

(20)에서는 연계화 내포를 보여 준다. (20ㄱ)의 '供養爲內'는 뒤에 오는 상위 명사 '以後'에 연계화 관형절을 이끌고, (20ㄴ)의 '修習ᄒᆞᄂᆞᆫ(修習호릿)도 뒤에 있는 명사 '中'을 한정하는 연계화 내포문을 이끈다.

이상에서 보면 보문/연계 명사에는, 일반 명사의 쓰임이 아직 많지 않고 의존 명사가 대부분임을 알 수 있다.

한편, 보문화 내포로는 위와 같은 명사구 보문화 외에 동사구 보문화도 설정할 수 있을 것이다. 이는 이른바 보조 용언이나 인용구가 있는 문장을 가리킨다. 고대 국어에서도 동사구 보문이 쓰였다.

(21)ㄱ. 他 密只 嫁良 置古 〈서동요〉

　　　(ᄂᆞᆷ 그ᅀᅳᆨ 어러 두고)

　　ㄴ. 太平 六年 歲次 丙寅 十月日 米 伍拾肆石乙 准受令是遣 在如中
　　　〈정두사 16〉

　　　(太平 6年 歲次 丙寅 十月日에 쌀 54石을 정확히 받도록 하고 있었던 중)

　　ㄷ. 丁唯ハ 涅槃乙 求ᄒᆞᅘ 唯ハ 涅槃乙 緣ᄒᆞᅘᄒᆞᅿ 而ᄆ 法乙 聽聞ᄒᆞᆯᄒᆞᆳᄒᆞᆫᅵ丁
　　　〈유가 4: 17-18〉

　　　(오직 열반을 구하고 오직 열반을 緣하고 하여 법을 들을 것이다.)

(21ㄱ)에서는 보문 동사 '置古'(두고)의 동사구 보문을 '嫁良'(어러)의 '-어'(良)가 이끌고 있다. (21ㄴ)의 '准受令是遣 在如中'(准受ᄒᆞ이고 견다

기)에서는 보문 동사 '在如中'의 보문을 보문소 '-고'가 이끈다. 고대 국어에서 많이 나오는 '-져 ㅎ-'의 동사구 보문이 (21ㄷ)의 '求ɣ흫 ⋯ 緣 ɣ흫ɣʒ'(求ㅎ져 ⋯ 緣ㅎ져 ㅎ아)에서 보인다.

(22)ㄱ. 吾隱 去內如 辭叱都 毛如 云遣 去內尼叱古 〈제망〉

　　　(나는 가느다 말ㅅ도 몯다 니르고 가느닛고)

　　ㄴ. 三 {於}時時 中氵十 聚落氵十 遊行ɣʒ朩 乞食ノ수ㄴ 所作刂ㄱㅡ 謂ㄱ 我ㄱ

　　　乞食受用乙 因 {爲}ʒʒ 朩氵 〈유가 8: 19-20〉

　　　(셋째, 때때로 마을에 遊行하여서 걸식하는 所作이니, 즉 나는 乞

　　　食受用을 因 삼아)

　　ㄷ. 心氵十 驚怖ɣʒ朩 謂尸 我ʒ 我ㄱ 今卩{者} 何ぅ 所氵十 在ɣㅊ刂刂ʒ七ㅁノ尸

　　　无ぅɣ𠃍ナㅎ七ㅣ{耶} 〈유가 25: 20-21〉

　　　(마음에 두려워하여서 이르기를, '나의 나는 지금 어느 곳에 있는

　　　것인가?' 함이 없고 하다.)

　　ㄹ. 賢首菩薩ㄱ 偈乙 以ʒ 答ɣʒ 日𠂢尸 善𠂢ㅁㄱ{哉}ぅ 仁者氵 〈화엄 9:

　　　1-2〉

　　　(현수보살은 게로써 답하여 말하시기를, 훌륭하군요, 그대여.)

(22)는 인용 보문을 갖는 문장이다. (22ㄱ)에서 피인용문 '吾隱 去內 如'(나는 가느다)는 인용 보문소 없이 인용되었다. (22ㄴ)에서는 '謂ㄱ(닐 온)'으로써, (22ㄷ)에서는 '謂尸(니를)'로써, (22ㄹ)에서는 '答ɣʒ 日𠂢尸(答 ㅎ야 니를싫)'로써 뒤에 피인용문이 오는 것을 표시하고 있다.

　개념을 설명하는 표현에 동사구 보문이 이용되기도 한다. 아래의 예문 (23)~(25)는 석독 구결에서 자주 보이는 구문 유형으로 상위문 서술어는 모두 언술 동사이다.

(23) ㄱ. 婆羅門ミ 刹利ミ 毗舍ミ 首陀ミノラ 神我 等ソ1 色心乙 名3 {爲}幻諦ミ ノ禾リ㢱 〈구인 14: 1-2〉

(婆羅門이니 刹利이니 毗舍이니 首陀이니 하는 이의 神我 같은 色心을 일컬어 幻諦라 하는 것이며)

ㄴ. 故ノ 是乙 名下 尸波羅蜜因亠ノ禾㢱 〈금광 2: 2〉

(그러므로 이것을 일컬어 尸波羅蜜因이라 하며)

ㄷ. 若 無餘依涅槃界七 中3十 般涅槃ソ今七 時乙 名下 {爲}衆苦邊際乙 證得ソ尸丁ソ入禾丨 〈유가 6: 9-10〉

(만약 無餘依涅槃界의 중에서 般涅槃할 때를 일컬어 衆苦邊際를 證得한다고 한다.)

(24) ㄱ. 一切乙 摠丂 說3 {爲}修所成地亠ノ禾丨 〈유가 32: 6〉

(일체를 총괄하여 일컬어 修所成地라 한다.)

ㄴ. 是 故灬 此乙 說3 能㢱 自ラ乙 饒益ソ尸丁ノ禾㢱 〈유가 6: 8-9〉

(이런 까닭으로 이것을 일컬어 능히 자기를 이롭게 한다고 하며)

ㄷ. 是 故灬 此乙 說3 名下 饒益他亠ノ禾㢱 〈유가 6: 6-7〉

(이런 까닭으로 이를 일러 일컬어 饒益他라고 하며)

(25) 二諦刂 一刂丨ソ尸丁 〈구인 15: 5〉

(二諦가 하나라고 하는 것이다.)

이는 (23ㄱ)에서 보듯이 '~乙 名3 ~ミ ソ-'(~을 잃아 ~여 ᄒᆞ-)의 구문이며, (23ㄴ)처럼 '~乙 名下 ~亠 ソ-'(~을 일하 ~여 ᄒᆞ-)로 표기되기도 한다. 현대 국어로 말하면 '~을 일컬어 ~라 하-'가 되는 표현이다. (23ㄷ)에서는 '~亠 ソ-' 대신 '-尸丁 ソ-'(-ㅭ뎌 ᄒᆞ-) 형식으로 나타나기도 한다. 그런데 (24)에서는 '名下' 자리에 '說3'(니르아)만 바뀌었을 뿐이다. (24ㄷ)에는 '說3 名下'가 함께 쓰이기도 하였다. 이들 어휘는 모두 '말하다'류에 해당하는 동사이며, 'ソ-' 앞에 오는 '～亠'나 '-尸丁'는 수행 동사 성격의 상위 동사 'ソ-'의 인용(또는 설명) 보문절을 이끄는 보문소 역할을 한다. 중세 국어의 인용 보문은 주로 보문소 없이 상위절 동사로 이어지는 '-다 ᄒᆞ-' 형식을 갖는데, (25)의 '一リソ尸丁'(一이다 ᄒᆞᇙ뎌)에서 그러한 인용 보문이 나타난다.[74)]

7.2.3 명사화 내포

고대 국어에서 명사화는 15세기 국어나 근 · 현대 국어에 비해 다양하게 나타난다. 15세기의 중세 국어에서는 거의 '-옴/움'에 의존하면서 '-기'나 '-디'가 간혹 보이며, 이전의 '-ㄴ, -ㅭ' 용법은 생산성이 사라진 채 흔적처럼 극히 일부에서 남아 쓰일 뿐이다. 그러나 고대 국어에서는 '-ㄴ, -ㅭ' 명사화가 대부분이며, '-ㅁ'의 표현도 종종 보이고, 드물게 '-기' 형도 나타난다. 석독 구결에서 명사화는 거의 '-ㄴ, -ㅭ'지만 음독 구결에서만 해도 이러한 명사화가 크게 줄어들어, '-ㄴ, -ㅭ' 명사화가 점차 소멸해 가는 변화를 볼 수 있다.

(26) ㄱ. 覺樹王焉 迷火隱乙 根中 沙音賜焉逸良 〈항순〉
(覺樹王ᄋᆞᆫ 이ᄇᆞᆯ 불휘 사ᄆᆞ시니라)
ㄴ. {於}法氵 及七 僧氵ノ令ラナ 亦ㄲ {是}リ 如支ソろソろ 至誠乙灬 供養ソ七亻

74) 향가 '안민가'에는 아래와 같은 표현이 있다.
(i) 民焉 狂尸恨 阿孩古 爲賜尸知 民是 愛尸 知古如
(民ᄋᆞᆫ어릴ᄒᆞᆫ 아ᄒᆡ고 ᄒᆞ실디 民이 ᄃᆞᅀᆞᆯ 알고다.)
(i)의 '阿孩古'에서 '古'(-고)를 인용 보문소 '-고'로 해독하는 견해가 많은데, 인용 보문소는 근대 국어 문헌에서 처음 나타나므로 이러한 해독은 재고되어야 할 것이다.

而… 發心ソ가刂ㅎ〈화엄 9: 17〉

(法이니 僧이니 하는 것에 또 이와 같으며 하여 지성으로 공양하고자 발심한 것이며)

(27)ㄱ. 目煙 迴於尸 七史 伊衣〈모죽〉

(누늬 도랄 업시 더웃)

ㄴ. 諸刂 行法ㅎ 悉ㅎ 散滅ノ尸밋十 歸ノ尸乙 觀ソ티ㅎ〈화엄 4: 3〉

(모든 행법이 다 흩어져 없어지는 데로 돌아오는 줄을 보소서.)

(28) 由報爲乙 右 味乙 傳 出納爲置有去乎等 用良〈상첩 100〉

(由報할 위 뜻을 傳하여 出納해 두었거든 사용하여)

(26)은 '-ㄴ' 명사화 내포문을 포함하고 있다. (26ㄱ)의 '-ㄴ' 명사형 '迷火隱'(이본)은 동사 '沙音賜焉逸良'(사ᄆ시나라)의 목적절에서 서술어로 기능하고 있다. (26ㄴ)의 '發心ソ가刂ㅎ'(발심ᄒ견이며)에서 '발심ᄒ견'(發心ソ가刂)이 모두 '-ㄴ' 명사화 내포문을 이끈다. (27)은 '-ㅭ' 명사화 내포이다. (27ㄱ)의 명사형 '迴於尸'(도랄)은 상위 서술어 '七史'(업시)의 주어절에서 서술어이다. (27ㄴ)의 '散滅ノ尸밋十'(散滅홀이긔)에는 '-ㅭ' 명사화형에 조사 '이긔'가 붙었다. (28)에서 '-ㅭ' 동명사형을 가진 '由報爲乙'은 다음에 오는 명사 '味'을 꾸미므로, 이 경우에는 명사화가 아닌 관형사화이다. 이두문에서는 '-ㅭ' 형태의 명사화를 볼 수가 없지만, 이와 같은 동명사의 관형사화 용법을 통해 '-ㅭ'가 이두문에서 역시 명사화로도 쓰였을 가능성을 추측할 수 있다.

(29)ㄱ. 汝於 多支行齊 敎因隱 仰頓隱 面矣 改衣賜乎隱 冬矣也〈원가〉

(너를 하니져 ᄒ시ᄆ론 울월던 ᄂ치 가싀시온 겨슬례여)

ㄴ. 上京爲乎在而亦 持音 文字 及 大帳ㅌ乙 □當 敎是 分官上爲有臥

〈장전소지 13-14〉

(上京爲乎在而亦 지님(지닌) 文字 및 大帳 등을 □當 敎是 分官上하였는)

ㄷ. {於}未生ソ7 善法リ 最初ち 生ソ㪅應セソ7ラ十 而灬 嬾墮 {有}ㅓ彡 〈유가 10: 17-18〉

(나지 않은 善法이 처음으로 나는 곳에 게으름이 있으며)

(30)ㄱ. 爲尸知 國惡 攴持以攴 知古如 〈안민〉

(ᄒᆞᆯ디 나락 디니기 알고다)

ㄴ. 年年祿轉乙 齊齊上納 不得爲只爲 流毒三韓爲良尒 民怨無極爲因此生災爲旀 〈상첩 30-32〉

(年年祿轉을 성실하게 上納 못함을 말미암아 三韓에 流毒하여서 民怨이 無極하여 이로 인해 災가 생기며)

ㄷ. 善男子ㇰ 何ソ7乙{者} 波羅蜜義リㅅソㅁノ令ㅁソナ利尸入7 行道セ 勝利乙ソ尸矢 是 波羅蜜義リ彡 大甚深智乙 滿足ソ尸矢 是 波羅蜜義リ彡 〈금광 5: 8-9〉

(선남자야, 어떤 것을 波羅蜜義라 하는가 하면 行道의 勝利를 하는 것이 이 波羅蜜義이며 大甚深智를 滿足하는 것이 이 波羅蜜義이며)

'-ㅁ' 명사화를 인정하는 견해에서는 그 예로 (29)를 든다. (29ㄱ)의 '敎因隱'은 'ᄒᆞ시ᄆᆞ론'으로 읽는다면 '-ㅁ' 명사형 'ᄒᆞ심'에 조사 'ᄋᆞ로'가 붙은 것으로 볼 수 있다. (29ㄴ)의 '持音'(디님)은 동명사형이고, (29ㄷ)의 '生ソ㪅應セソ7ラ十'(生흠짓ᄒᆞᆫ의긔)도 '-ㅁ' 동명사형으로 명사화 내포문의 서술어라는 해석도 있다. (30)은 '-기' 명사화 내포로 볼 가능성이 있다. (30ㄱ)에서 '攴持以攴'(디니기)를 '-기'로 이끌리는 명사화 내포문

으로 보면, 이는 동사 '知古如'(알고다)의 목적절이다. (30ㄴ)에서 '爲只爲'(ᄒ기ᅀ)은, '-기' 명사화형 'ᄒ기'(爲只)가 뒤에 오는 동사 '삼-'(爲)의 목적어로 보기도 한다. (30ㄷ)의 '波羅蜜義ﾉ ﾊ ＼ ﾉ ㅁ ﾉ ㅅ ㅁ ＼ ﾅ ﾁ ﾉ ㅅ ㄱ(波羅蜜義이기 ᄒ고오리고)에서도 'ㅅ'를 만약 명사화 어미 '-기'로 읽는다면, 이는 뒤에 오는 서술어 'ᄒ-'의 내포 목적절을 이끄는 것으로 해석될 수도 있다.

이두문에서는 명사화문으로 표현되었으나 명사형 어미 형태가 나타나지 않은 용례가 많다.

(31)ㄱ. 願旨是者 法界有情 皆 佛道中 到內去 誓內 〈선림원〉

(願旨인 것은 法界의 有情들이 모두 佛道에 도달하기를 맹서함(이다).)

ㄴ. 向尒 頂禮<u>爲那</u> 遙 聞<u>內那</u> 隨喜<u>爲內那</u> 〈비로〉

((불살을) 向하여 頂禮한 자나 멀리서 듣는 자나 隨喜하는 자나)

ㄷ. 頹落爲 絃如 悶望是白去乎 在等以 〈백암사〉

(頹落하고 잇따라 悶望하였던 바 있으므로)

(31ㄱ)에서 '到內去 誓內'는 '도달할 것을 다짐한다'는 내용으로, '到內去'는 확인법 '-거-'로 끝나면서 동명사 기능을 하고 있다. (31ㄴ)에서 밑줄 친 '爲'(ᄒ-)나 '內'(-ᄂ-)도, 그 뒤에 명사형 '-ㄴ'가 생략된 채 보조사 '那'(나)가 결합된 것으로 보아, '… 한 이(사람)이나'로 해석하는 것이 좋다. (31ㄷ)에서 '乎'(-오/호)도 명사형 어미가 결합한 '-온'으로 새긴다. 즉 이들 표현에서는 동명사형이 따로 표기되지 않았지만 명사형 어미가 생략된 것으로 보는 것이다.

7.2.4 부사화 내포

부사형 어미에 이끌리는 부사화 내포는 상위문에서 서술어를 수식하는 내포절을 이룬다. 차자 표기에서 부사 파생 접사인지 부사형 어미인지 분명하게 해석되기 어려운 점은 있지만, 대체로 아래의 문장들은 부사화 내포 표현으로 보인다.

(32) 法界 餘音玉只 出隱伊音叱如支 〈참회〉

(法界 나목 나닚다)

(33) 念物 絲乃 錦乃 得 追于 今綿十五斤 〈첩포기〉

(기억할 물건으로 실이나 솜이나 얻은 것에 추가하여 이제 솜 15 斤)

(34) ㄱ. 能支 法氵 永去 滅ソロ1 不矢ヒ1入乙 知ヒ矛ケ 〈화엄 11: 15〉

(능히 法이 영원하게 滅하는 것이 아닌 줄을 알 것이며)

ㄴ. {之}リ乙 施ノア厶 心3十 悔ノア 所3 無セリ ソナア入乙 〈화소 11: 02-04〉

(이를 보시하되 마음에 후회하는 바 없이 하는 것을)

고려 향가 (32)의 '餘音玉只'(나목)에서 '玉'은 부사형 어미 '-옥' 또는 '-오'로 읽힌다. 이때 '只'는 '-옥'의 말음첨기나 강세 접미사로 해석될 수 있다. '餘音玉只'으로 이끌리는 부사절은 뒤에 오는 동사 '出隱伊音叱如支'(나닚다)를 수식한다. (33)의 '追于'(좇오)에서도 부사형 어미 '-오'를 볼 수 있다. 다만 (33)은 8세기 중엽 신라 시기의 이두문으로, 서술어가 충실히 표현되어 있지 않아 '追于'가 수식하는 상위절 서술어를 알 수 없다. 오늘날 표현으로는 '玉'이나 '于'가 종속 접속을 하는 연결 어미의 성격을 갖는다고 할 것이다. 구결문 (34ㄱ)에서 '永去'도 부사형 어미 '去'(-거)를 보인다. (34ㄴ)에서 '無セリ'(없이)는 원래 파생 부

사이나, 내포절 '心氵十 悔ノ尸 所氵 無ᄐ╢'을 이끌어 상위 서술어 'ᄂ氵十尸ㅅ
乙'(ᄒ곯ᄃᆞᆯ)을 수식함으로써 부사화 내포 구성을 이룬다. 파생 부사 '없
이'가 부사절을 이끄는 용법은 오늘날까지도 이어진다.

3

중세 국어

1. 개관

중세 국어는 음독 구결이 나타나는 13세기 후반부터 시작한다. 국어사에서는 중세 국어가 고려 시대 초부터 또는 조선 시대 초부터 시작하는 것으로 보는 견해가 대부분이다. 그러나 이 책에서는 문법사적인 변화 양상을 중심으로 고찰하여 고려 초부터 시작하여 음독 구결이 나타나기 이전, 즉 13세기 중반까지를 '중고 국어' 시대로 설정하므로, '중세 국어'가 13세기 후반부터 시작된다. 석독 구결이나 이두, 향찰 등으로 표현된 중고 국어는 그 문법 체계가 중세 국어보다 오히려 고대 국어에 근접하는 양상들이 많이 보이는 등 중세 국어와 크게 구별되는 것이다.

중고 국어를 지나 중세 국어에 이르면, 비록 불완전한 차자 표기이지만 음독 구결에서 문법 현상을 어느 정도 확인할 수 있다. 그러나 15세기 중엽 훈민정음이 쓰이기 시작하면서부터는 본격적인 우리말 자료가 비교적 대량으로 나와 문법 체계를 잘 보여 준다. 불교 관련 문헌이 대다수이고 한문 원문에 대한 번역문투로 인해 문어적 표현이 많지만, 한문 원문의 영향을 덜 받아 상대적으로 구어에 가까운 표현을 보이는 『석보상절』도 출현하는 등, 이 당시의 문헌들은 이전 시기에 비해 훨씬 풍부하고 정확한 우리말 표현을 직접 나타내고 있어 문법 연구에 아주 좋은 자료들을 제공한다.

중세 국어는 16세기 말, 17세기 초의 임진란을 경계로 근대 국어와 구분된다. 근대 국어의 시작을 17세기 초부터로 잡는 시대 구분은 국어사에서 일반적인 견해이다. 국어 문법사에서도 국어사의 시대 구분과 같이 임진란을 경계로 중세와 근대를 나누기로 한다. 중세 국어는 13세기 후반부터 16세기 말까지 300여 년의 기간이 되는 것이다. 중세 국어는 15세기 중반 훈민정음의 창제 반포 이전까지를 전기로, 훈민정음 반포 이후를 후기로 나눌 수 있다. 전기는 13세기 후반부터 15세기 전반까지로, 주로 고려 시대의 음독 구결과 차자 표기 등에 기대어 국어 문법을 파악할 수 있는 시기인데, 음독 구결에 나타난 문법 양상은 훈민정음으로 기록된 문헌들에서 보이는 문법 내용과 여러 면에서 차이를 가지므로 후기와 구별될 수 있는 것이다.

중세 국어에서 전기에 비해 후기는 상대 높임법이 세분되고, '-ㄴ, -ㄹ'의 동명사형의 용법도 현저하게 약화 소멸하며, 보조 용언 구문이 발달한다. 단어 형성 접사들도 다양해지고, 용언의 활용형도 풍부해진다. 사동 표현이나 피동 표현 그리고 부정법에서도 형태적 단형 외에 통사적인 장형이 크게 발달하는 등, 훈민정음의 문헌으로 확인되는 새로운 언어 모습이 이전의 차자 자료와는 여러 면에서 다른 점을 갖는다. 물론 이들이 훈민정음 이전부터 형성되어 왔고, 또 일부는 이미 이전부터 나타나던 현상이지만 차자 체계가 갖는 표기상의 보수성 때문에 표출되지 못한 것도 많을 것이다. 이러한 문제들을 고려하면서 자료를 고찰하지만 상당 부분은 자료상에 출현하는 시기에 근거할 수밖에 없다.

이 책에서 중세 국어 부분은 주로 중세 후기, 즉 훈민정음 문헌들에 나타난 문법 체계를 중심으로 서술한다. 음독 구결 등 고려 시대 말기의 언어 자료에 대한 연구 결과가 15세기 훈정 시대에 크게 못 미친다는 것이 가장 큰 이유이다. 음독 구결 문헌은 수량이 적고 그 발견도 근년에서야 이루어져 연구 성과가 적을 수밖에 없지만, 훈민정음 자료가 보여 주는 거의 완벽한 우리말 문법 정보를 음독 구결 자료가 도저히 따라올 수 없는 것이다. 이제 중세 국어에 나타난 문법 내용을 통시적인 관점에서 요약한다.

보통 명사에는 '-둘ㅎ'를 접미하여 복수를 나타내고, [+유정성] 명사에서는 존칭으로 '-님'을, 복수로 '-내/네'와 '-둘ㅎ'을 접미하기도 한다. 의존 명사는 'ㄱ장, 것, 곧, 다, 드, 스, 디, 둣, 디/듸, 딛, 이, 만, 바, 분, 뿐, ᄯᆞ름, 젼ᄎᆞ, 적, 줄, 양' 등 많이 있는데, 대부분 고유어이지만 한자어도 있다. 이 가운데 'ㄱ장, 둣, 젼ᄎᆞ'는 부사성 의존 명사이다. 특히 '드'와 '스'는 널리 쓰여, '드'가 격조사와 결합하면 '디(드+ㅣ), 둘(드+ᄋᆞᆯ), 디면(드+ㅣ면)' 형이 되며, '스'도 같은 방식으로 결합한다. '드'와 '스'는 관형사형 어미와 더불어 '-ㄹ디면, -ㄹ식, -ㄹ셔, -ㄹ셰라' 등 용언의 활용 어미로 재구조화하기도 한다.

인칭 대명사에는 '나(1인칭), 너(2인칭), 누(미지칭), 아모(부정칭)'가 있고, '그, 뎌' 등 3인칭은 많이 쓰이지 않는다. 인칭 대명사의 재귀형에는 낮춤말에 '저', 높임말에 'ᄌᆞ갸'가 대응한다. 1인칭 복수는 '우리'이다. 2인칭의 존칭은 '그듸', 복수에는 '너희, 그듸네'가 있다. 지시사는 '이(근칭), 그(중칭), 뎌(원칭), 므스(미지칭)' 형이 계열을 이루어, 지시 대명사나 지시 관형사, 처소 부사에 두루 공통된다. 처소 대명사에는 이 밖에 '어듸(미지칭), 아모듸(부정칭)'도 있다.

수사에는 한자어계와 비한자어계가 있는데 서로 결합하여 쓰이지 않는다. 서수사를 나타내는 '차히'는 16세기에 이르면 '재'로 바뀐다. 수사에는 특히 ㅎ종성어가 많다.

주격 조사에는 '이/ㅣ'와 영형태가 있다. 'ㅣ' 모음으로 끝나는 명사 뒤에서는 주격이 영형태로 나타난다. 주격 조사 '가'와 높임의 주격 조사 '겨셔'는 16세기 후반의 문헌에서 처음 나타난다. 주격 조사는 목적격, 보어격, 비교격, 변성격, 관형격 등으로 쓰일 때도 있다. 목적격 조사에는 선행 명사의 음운 조건에 따라 '롤/를/올/을/ㄹ'가 쓰인다. 목적격은 대격 외에 여격 기능의 자리에도 자주 쓰인다. 보격 조사는 그 형태가 주격과 같이 '이, ㅣ' 또는 영형태이다. 서술격 조사에 '이라/ㅣ라/라'가 있으며, 관형격 조사엔 '이/의'와 'ㅅ'가 있다. '의'는 유정물 평칭에서, 'ㅅ'은 유정물의 존칭이나 무정물에서 쓰이는데, 이는 고대 국어에서와 같다. 주어 또는 목적어 기능으로 쓰이는 관형격 용법은 주로 내포문에서 나타난다. 호격 조사에는 '아/야(안 높임), 하(높임), 여/이여/ㅣ여(영탄)' 등이 있다. 부사격 조사에는 처소격에 '애/에/예/이/의, 셔, 애셔, 브터, ᄋᆞ로/로', 여격에 '이그에/의그에, 쯰, ᄃᆞ려', 도구격에 'ᄋᆞ로/로, ᄋᆞ로ᄡᅥ/로ᄡᅥ', 비교격에 '애/에, 와, 와로, 라와, 두고', 동반격에 '과/와, 애/로/ᄅᆞᆯ 더브러', 변성격에 'ᄋᆞ로/로'가 있다. 고대 국어에서 인용격에 나타나던 '-여'는 중세 국어에서 안 쓰이면서 새로운 인용의 조사는 아직 나타나지 않는다. 처소격에는 일반적으로 '애/에/예'를 쓰지만 일부의 명사는 특이 처격형이라고 하는 '이/의'와 결합한다. '이/의'와 결합하는 명사는 'ᄒᆞ나ᄒ, ᄂᆞᆾ, 하ᄂᆞᆯ, ᄆᆞ슬, 東, 나모, 집, 옷' 등 100여 개인데, 여기에는 생활의 기본적인 어휘가 많다. 접속 조사에는 '과/와, ᄒᆞ고, 이며' 등이 있다. 조사는 문맥상 회복 가능한 경우에 생략이 잘 일어나기도 하는데, 주격, 목적격, 관형격, 보격에서 자주 나타난다.

보조사에는 'ᄋᆞᆫ/ᄂᆞᆫ/은/는/ㄴ, 도, 만, ᄀᆞ장 나마, 대로, 마다, 이라셔, 잇ᄃᆞᆫ, 란, 조차' 등이 있다. 강세의 '곳/옷, ᄆᆞᆺ/ㅸㅣᆺ/봇, ㄱ/ㅇ/ㅁ, 이ᅀᅡ/ᅀᅡ, 곰/옴, 곰과 의문의 '고/오, 가/아'도 모두 보조사의 범주에 넣을 수 있다. '만'은 중세 국어에 와서 쓰이기 시작하여 아직 용례가 많지 않다. 위에서 '곰/옴'은, 수와 관련하여 체언 뒤에 결합하면 '씩'의 의미를 주고, 용언이나 부사 아래에서는 강세를 나타내는 보조사이다. 보조사는 명사 외에 부사 또는 용언의 어간이나 어미 아래에 오기도 하고, 격조사와도 잘 결합한다.

명사 가운데에는 ㅎ종성 체언이 있다. '하늘ㅎ, 따ㅎ, 나라ㅎ, ㅎ 나ㅎ' 등 100여 개를 헤아리는 ㅎ종성어는 평폐쇄음이나 모음으로 시작하는 조사 앞에서는 ㅎ음이 나타나지만 그 외의 자음 앞에서는 대개 ㅎ음이 탈락한다. 이러한 ㅎ종성어는 점차 단어의 수가 줄어들고, 이미 15세기에서도 'ㅎ'가 나타날 환경에서 간혹 탈락형이 쓰이기도 한다.

체언의 형태가 비자동적으로 교체되는 수가 있다. '우/으'로 끝나는 명사가 모음으로 시작하는 조사 앞에서 '·/ㅡ' 음이 탈락하는 현상이 있다. 가령 '노ㄹ, 여스'는 '놀ㅇ, 엿ㅇ'가 된다. 그러나 'ㅁㄹ'는 같은 환경에서 '·'가 탈락하면서 'ㄹ'가 덧나서 '몰ㄹ'로 바뀐다. '나모'와 '녀느'는 모음으로 시작하는 조사 앞에서 '낡ㄱ, 녒ㄱ'가 된다. 체언에 격조사가 결합하여 체언의 성조가 달라지기도 한다.

동사와 형용사는 어미의 활용에서 차이가 있다. 현재 시제 관형사형이 동사는 '-ᄂᆞᆫ'이며, 형용사는 '-ᄋᆞᆫ'이다. 명령형은 동사에서만 가능하다. 이는 현대 국어와 같으나, 형용사도 현재 시제의 직설법 '-ᄂᆞ-'를 취할 수 있음은 현대 국어와 다르다. 동사와 형용사 기능을 겸하는 용언도 '늦다, 됴ㅎ다, 없다, 희다' 등 현대 국어에서보다 많다. 자동사와 타동사에 모두 쓰이는 양용 동사도 '저다, 남다, 박다, 좀다' 등 현대어에서보다 많이 있다. '살다, 닐다, 일다' 등 일부의 자동사는 타동화 '-ᄋᆞ/으-'와 결합하여 타동사로 바뀐다.

보조 용언은 다양하게 나타나는데, 현대 국어에서와 형태와 용법이 대체로 비슷하다. 다만 '-아/어 잇-'은 근·현대 국어에서보다 훨씬 넓은 용법을 가지고 매우 활발하게 쓰이며, 축약형 '-앳/엣-'으로도 쓰인다. '-아 잇-'에서는 본용언으로 자동사나 타동사 그리고 형용사까지 올 수 있는데, 이는 근대 국어에서 자동사로 제한된다. '-고 잇-,

-아 가-, -아 오-'는 아직 보조 용언으로의 문법화가 덜 이루어진 초기 모습을 보이나, 점차 쓰임이 활발해지면서 '-아 잇-'의 용법을 일부 넘겨받는다.

용언의 선어말 어미에는 높임법, 시제, 서법, 인칭법 등의 형태소들이 있다. 높임법에는 객체 높임 '-습-', 주체 높임 '-시-', 상대 높임 '-이-'가 있다. '-습-'은 음운 조건에 따라 '-습/즙/숩/슬/줄/슬-'으로 교체한다. '-시-'는 일부 모음 어미 앞에선 '-샤-'로 교체한다. 상대 높임 선어말 어미는 평서법 '-다' 앞에선 '-이-', 의문법 '-가, -고' 앞에선 '-잇-'이 된다. 시제 선어말 어미로는 현재 시제에 '-ᄂᆞ-', 과거 시제에 '-더/러-'와 '-니-' 및 '-앗/엇-', 미래에 '-리-'가 있다. '-앗-'은 16세기부터 과거 시제 기능을 갖는다. 서법 선어말 어미는 확인법에 '-거/어-', 단정법 '-니-', 감동법 '-도-', 강조법 '-ㅅ-, -거/어/나-' 등이 있다. 인칭법 선어말 어미 '-오/우-'는 1인칭 주어 화자의 의도를 표시하는데 16세기에 들면 이미 그 기능이 소멸되기 시작한다. 인칭법과는 관련되지 않은 '-오/우-'가 관형사형과 결합하여 '-온, -올'을 이루기도 하며, 동명사형에도 항상 결합하여 '-옴/움'을 만든다. 선어말 어미들의 배열 순서는 대체로 '객체 높임법-과거 시제-확인법-주체 높임법-현재 시제-인칭법-미래 시제-감동법-단정법-상대 높임법'으로 나타난다.

용언의 어말 어미에는 종결 어미, 연결 어미, 전성 어미가 있다. 종결 어미에는 평서형 '-다/라', 감탄형 '-도다, -ㅣ라, -ㄴ뎌, -ㄹ쎠, -고나', 의문형 '-녀/려, -뇨/료, -ㄴ다, -ㄹ다, -ㄴ가, -ㄹ가, -ㄴ고, -ㄹ고, -잇가, -잇고, -릿가, -릿고, -니잇가, -니잇고, -리잇가, -리잇고', 명령형 '-라, -아라, -아쎠, -쇼셔, -소', 청유형 '-져/쟈, -져라, -사이다' 등이 있다. 연결 어미에는 대등적 연결 어미로 '-고, -며, -며서, -나, -아' 등이 있으며, 대등적 연결 기능을 하는 '-니'도 있다. 종속적 연결 어미로는 '-니, -면, -나, -라, -려, -아, -매, -고도, -고져/고쟈, -드록, -디옷, -라, -디비, -건마른, -건댄, -ㄹ씨, -거늘/거늘, -ㄴ돈, -ㄴ댄, -ㄴ즉' 등이 있다. 종속적 연결 어미에는 이 밖에도 많은 종류가 더 있다. 보조적 연결 어미에는 '-아/어, -게/긔, -디, -고, -고쟈/고져'가 있다. 전성 어미에는 명사형으로 '-옴/움'이 대표적이다. '-기'도 간혹 보이고, '둏다, 슬흐다, 어렵다' 앞에서만 쓰이는 '-디'도 있으며, 이전 시기 용법의 흔적이라고 할 수 있는 '-은, -올'도 극히 제한적으로 나타난다. 관형사형에는 '-은, -는, -올', 부사형에는 '-게'가 있다.

용언은 활용할 때 그 형태에 교체가 일어나기도 한다. 용언의 어간 말음이 8개 자음 이외의 종성이면 자음 어미 앞에서 8종성으로 교체된다. 어간 말음이 'ㅇ/으'형으로 끝나면 모음 어미 앞에서 어간 끝 모음이 탈락한다. 다만 'ㅎ-'는 모음 어미 앞에 반모음 'y'가 삽입된다. 어간 말음절이 '르/르'이면 모음 어미 앞에서 'ㅇ/으'가 탈락하는 형태와 여기에 'ㄹ'음이 덧나는 형태, 즉 ㄹㅇ 활용과 ㄹㄹ 활용이 있다. 어간 말음이 'ㄹ'이면 'ㄴ, ㄷ, ㅿ' 앞에서 'ㄹ'가 탈락한다. 현대 국어와 달리 'ㄷ' 앞에서도 어말 'ㄹ'가 탈락하고, '-시-'(는 '-ㅇ시-'가 되어) 앞에서 'ㄹ'가 유지된다. 이 밖에 어간 형태의 비자동적 교체가 일어나, 'ㅅ>ㅿ'의 ㅅ불규칙, 'ㅂ>ㅸ' 또는 'ㅂ>ㅗ/ㅜ'의 ㅂ불규칙, ㄷ불규칙, '러' 불규칙 등의 변화도 보인다.

'ㄷ'로 시작하는 활용 어미들은 서술격 조사 '이-'나 선어말 어미 '-니-, -더-, -리-, -오/우-' 뒤에서 'ㄹ'로 바뀐다. 'ㄱ'로 시작하는 어미들은, 'ㄹ'나 반모음 'ㅣ'/y/ 말음의 용언과 서술격 조사 그리고 선어말 어미 '-리-' 뒤에서 'ㄱ'가 탈락한다. 확인법 '-거-'는 타동사에서 '-어-', 동사 '오-'에선 '-나-'가 된다. 'ㅎ-' 아래에 모음으로 시작하는 연결 어미가 오면 /y/음이 개입한다.

중세 국어 시기에 들어 파생어와 합성어를 여러 문헌에서 다양하게 찾을 수 있다. 접두 파생은 명사에서 많이 나타나며, 동사에도 분포되어 있다. 명사의 접미 파생 접사들은 '-음/음, -이, -익/의/애/에, -개/게, -질, -옴/움' 등 매우 많다. 이 가운데 '-음'은 대표적인 명사화 접사이며, '-이'도 생산성이 높지만 '-기'형은 아직 활발하지 못하다. 동사 파생 접미사들은 '-ᄒ-, -이-, -지-' 등이 있으며, 형용사에 붙는 사동화 접미사들도 타동화 접사로 볼 수 있다. '-ᄒ-'는 대단한 생산성을 가져, 동작성 명사에 잘 붙지만 이 밖에도 각종 명사성 어근에 붙어 동사나 형용사를 이룬다. 형용사화 접미사에는 '-ᄒ-, -딥/립-, -답-, -ᄇ/브-, -압/업-' 등이 있다. '-스럽-'은 아직 보이지 않는다. 관형사의 파생은 아주 드물며, 당시에 생산성을 거의 가지지 못한 듯하다. 파생 관형사는 대부분 용언의 관형사형이나 관형격 조사 'ㅅ'가 결합하여 굳어진 형태들이다. 부사의 파생은 활발하며 다양한 접미사가 있다. '-이, -히, -로'는 특히 활발하지만 '-오/우' 파생은 생산성이 약화되었다. 중첩 형태에 의한 상징 부사 파생도 많다. 보조사는 대부분 용언의 활용형이 문법화하여 파생한 것으로, '드려, 브터, 조초, 두고, ᄒ고'가 보조사 용법으로 진행되고 있다. 이 밖에도 자음이나 모음을 교체 또는 생략하면서 이루는 파생도 많고, '넌출, 낫, 새' 등과 같은 영 파생도 적지 않다.

합성어 형성은 명사나 동사에서 널리 일어난다. 명사 합성은 대부분 통사적 합성법을 보이는데, 명사적 어근끼리 결합하거나 선행 명사에 관형격 'ㅅ'이나 '익'가 첨가되는 합성이 많다. 15세기 이전까지는 사이시옷의 첨가가 그리 생산적이지는 못하다. 동사의 합성에서는 선행어 어간에 후행어 어간이 직접 결합하는 비통사적 합성법이 생산성을 거의 잃고, 그 중간에 '-아/어'가 개입하는 통사적 합성법이 새로운 세력을 가진다. 형용사 합성에서도 이러한 경향은 마찬가지이나 그 수효가 많지 못하다. 관형사나 부사에서의 합성은 그리 활발하지 않다. 합성어의 파생이나 파생어의 합성도 여러 단어에서 일어난다.

평서문의 종결형은 '-다/라'가 상보적으로 쓰였다. 감탄문은 '-다' 앞에 '-노-, -ㅅ-' 등의 선어말 어미가 결합된 종결형으로 표현되며, '-고나'형이 16세기부터 나타난다. 의문문의 종결형 체계는 매우 복잡하나 정연하다. 체언 의문문은 판정 의문에 '-가', 설명 의문에 '-고'가 붙는다. ᄒᆞ라체의 용언 의문문은, 1·3인칭 주어의 판정 의문에 '-녀, -려', 설명 의문에 '-뇨, -료'가 결합하는데, 이들은 16세기부터 '-녀> -냐, -려>-랴' 변화형을 보이기 시작한다. ᄒᆞ라체의 2인칭 주어 용언 의문문에는 판정과 설명 의문 구분 없이 '-ㄴ다, -ㄹ따'가 붙는데, 16 세기부터 '-냐, -랴, -뇨, -료' 형으로 합류하기 시작한다. ᄒᆞ쇼셔체는 인칭에 따른 구별 없이 판정에 '-잇가', 설명에 '-잇고'형을, ᄒᆞ야쎠체는 '-닛가, -닛고'형을 갖는다. 간접 의문문은 판정 의문에 '-ㄴ가, -ㄹ가', 설명 의문에 '-ㄴ고, -ㄹ고'가 쓰인다. 이 밖에 '-이쏜'형으로 나타나는 반어적인 의문문도 있다. 이와 같이 복잡한 의문문 종결형은 근대 국어에 들어 점차 무너져 단순해지고, '-이쏜'형도 근대 국어 후기 이후에 사라진다. 명령문은 '-라, -아쎠, -쇼셔'형 어미를 갖는데, 2 인칭 주어가 생략되지 않는 표현이 가능하다. 청유문은 '-쟈/져, -져라, -사이다'로 나타낸다.

사동 표현은 동사 어근에 사동화 접미사 '-이-, -히-, -리-, -기-, -오/우-, -호/후-'가 결합하여 이룬 사동사에 의해 만들어진다. 이 접미사들은 대체로 동사의 어간 말음에 따라 선택적으로 결합한다. '-리-'형 결합은 아직 많지 않아 생성 초기임을 알 수 있다. '-ᄋᆞ/으-'는 사동화라기보다 단순한 타동화 접사로 보는 것이 낫다. 사동 표현은 '-게/긔/에/의 ㅎ-'형으로도 나타난다. 사동사에 의한 직접 사동과 '-게 ㅎ-'에 의한 간접 사동 표현에는 의미상 차이가 생기기도 한다. 직접 사동문에선 행위주가 나타나 있지 않지만, 간접 사동문에서는 내포 보문의 주어가 행위주로 되는 것을 보장하는 구조이다.

피동 표현은 타동사 어근에 피동화 접사 '-이-, -히-, -리-, -기-'를 접미한 피동사에 의해 이루어진다. '-리-'는 16세기에 들어 나타나기 시작한다. 이들 접사는 동사의 음운론적 조건에 따라 선택된다. 사동사와 피동사의 형태가 같은 경우도 여럿 있다. 피동 표현은 '-아/어 디-' 구문으로도 이루어진다. 현대 국어에서 '-어 지다'는 자·타동사와 형용사에 두루 붙지만, 중세 국어에서 '-아 디다'는 형용사와는 결합하지 않는다.

높임법 표현에는 주체 높임, 객체 높임, 상대 높임이 있다. 주체 높임은 서술어 용언 어간에 '-시-'를 접미하여 나타낸다. 주체 높임은 높임의 대상과 관계 있는 사물에도 주어진다. 서술어가 두 번 이상 이어서 나올 때에는 주체 높임 표현이 수의적이다. '-시-'는 높임이 아닌 표현에서 쓰이기도 한다. 목적어나 부사어 명사가 주어나 화자보다 높음을 나타내는 객체 높임은 서술어에 '-ㅅᆞᆸ-'을 접미하여 표현된다. 객체 높임 역시 높임을 받는 명사와 관련되는 사물에도 나타낸다. 객체 높임의 '-ㅅᆞᆸ-'은 16세기부터 상대 높임으로 기능 변화를 일부 겪기 시작한다. 상대 높임에는 높임의 등급에 따라 'ㅎ라체, ㅎ야쎠체, ㅎ쇼셔체'가 있는데, ㅎ야쎠체는 중세 국어부터 본격적으로 쓰인다. 이 밖에 어느 특정한 등급을 두지 않는 'ㅎ니체'도 있다. 어말 종결 어미가 생략되어 있는 ㅎ니체는 높임법의 중화화(中和化) 표현으로, 비격식적인 친근감이나 여운을 준다. ㅎ니체의 일부는 16세기 이후 반말체의 성격을 가지면서 회화체로 계승된다. 높임법은 용언의 활용 어미 외에 특수한 높임말에 의해서도 보충될 수 있다.

　중세 국어에서 시제는 이전 시기와 마찬가지로 서법적인 성격을 함께 가지며 나타난다. 현재 시제 '-ᄂᆞ-'는 직설법의 성격이며, 과거 시제 '-더-'는 회상법이고, 미래 시제 '-리-'는 추측법을 표현한다. 현재 시제의 '-ᄂᆞ-'는 인용구 내포문에서부터 이형태 '-ㄴ-'형으로 바뀌는 변화를 보이기 시작한다. 형용사의 현재 시제는 영형태로 나타난다. 관형사형의 현재 시제는 동사에서 '-ᄂᆞᆫ/는', 형용사에서 '-ᄋᆞᆫ/은/ㄴ'이다. 현재 시제 형태소는 대부분의 연결 어미와 결합하지 않는다. 과거 시제는 '-더-'로 대표되지만, 단정법의 '-니-'도 과거 시제의 성격을 갖는 경우가 있다. '-앗/엇-'은 16세기부터 과거 시제로 쓰이기 시작하지만 근대 국어에 가서 그 용법이 뚜렷해진다. 과거 시제의 관형사형은 동사에 '-ᄋᆞᆫ/은/ㄴ'과 '-던', 형용사에 '-던'이 쓰인다. '-더-'는 연결 어미 '-든, -니'와 간혹 결합한다. 미래 시제는 종결형에 '-리-', 관형사형에 '-올/을/ㄹ'로 나타난다. 미래 시제는 비교적 다양하게 연결 어미와 결합한다. '-올'형은 특정한 시제를 나타내지 않는 부정 시제로도 쓰인다. 부정법(不定法) 동사의 문장은 문맥에 따라 과거나 현재 시제를 인정할 수 있다.

　서법은 무표적인 부정법 외에, 확인 표현의 '-거-'와 단정의 '-니-', 감동을 나타내는 '-도-', 강조 표현 '-ㅅ-' 등으로 나타난다. '-거-'와 '-니-'는 과거 시제의 성격을 갖기도 하지만 서법으로서의 역할이 주된 기능이라 할 것이다. '-도-'는 부정법 시제와 잘 어울린다.

　동작상은 대개 보조적 연결 어미와 보조 용언으로 표현된다. 동작상에는 완료상 '-아 두-, -아 ᄇᆞ리-, -아 잇-', 진행상 '-고 잇-, -아 잇-, -아 가-', 예정상 '-게 ᄃᆞ외-, -게 ᄒᆞ-, -져 ᄒᆞ-, -고져 ᄒᆞ-' 등이 있다. '-아/어 잇-'의 축약형 '-앗/엇-'은 16세기에 들어 한편 과거 시제 기능도 갖기 시작한다.

부정문에는 고대 국어에서부터 장형과 단형이 있어 왔다. 일반적으로 부정소 '아니'는 단순 부정이며, '몯'은 능력이나 가능성 부정, '말-'은 금지를 나타낸다. 중세 국어에서는 '몯'이 형용사에도 쓰여, 오늘날보다 의미 영역이 넓었음을 짐작하게 한다. 장형 부정문에서 부정소 앞에는 명사, 용언의 어근, 명사형 '-옴/움, -옰, -게/긔, -아/어' 등이 올 수 있다. 이들은 모두 명사 상당 어구를 이룬다. 아주 드물지만 부정소의 부정 범위가 구절인 표현이 보이는데, 이는 이전 시기의 흔적이다. 형용사 용언에서도 '아니'나 '몯'의 단형 부정이 가끔 나타난다.

문장의 확대는 접속과 내포에 의한다. 접속에는 대등 접속과 종속 접속이 있다. 대등 접속은 용언 어미 '-고, -며, -며셔, -나, -아' 등이나 접속 조사 '과/와, 이나, 이며, 이여, 거나/어나' 등에 의해 이루어진다. '-니'가 대등 접속 기능을 하기도 하는데, 이에 의해 긴 문장이 많이 나타난다. 종속 접속은 연결 어미 '-니, -면, -나, -라, -려, -고져, -드록, -디옷, -디비, -건댄, -건마른' 등에 의한다. 접속문의 선·후행절에서 반복되는 말은 선행절이나 후행절에서 생략되는 일이 많다.

내포에는 관계화, 보문화, 명사화, 부사화 등의 현상이 있다. 관계화는 내포문이 뒤에 오는 머리 명사를 관형적으로 꾸미는데, 그 구성은 내포문의 관형사형 어미 '-은, -올'이나 종결 어미 뒤에 붙는 관형격 조사 'ㅅ'에 의한다. 명사구 보문화는 머리 명사를 보충하는 선행 관형절을 갖는데, 관형절의 서술 어미 형태는 관계화절과 같지만 머리 명사가 내포문 안에서 구성 성분이 되지 않는다. 이러한 구성 가운데 연계화 내포를 따로 세우기도 한다. 이러한 명사구 보문화 외에 동사구 보문화를 설정할 수 있는데, 이른바 보조 용언 구문과 인용문이 여기에 속한다. 명사화는 머리 명사가 없이 내포문이 명사화 어미에 의해 명사절을 이루는 구성으로, 명사형은 '-옴/움'이 대표적이지만 '-기, -디, -은, -올'형도 간혹 보인다. '-게, -드록/도록, -듯/듯' 등의 부사화 어미도 부사절 내포문을 이룬다. 중세 국어에서도 관계화, 보문화, 명사화, 부사화 내포문이 많이 쓰인다. 이른바 이중 주어문 가운데 일부는 서술어가 내포문을 이루는 것으로 해석할 수도 있다.

2. 형태소와 단어

언어 표현을 대상으로 형태론적 단위로 분석할 때 더 이상 나누어지지 않는 최소의 의미 단위에 이르면 그것이 '형태소'이다. 따라서 이들 형태소는 최소한 어휘적 의미나 문법적 의미를 가지고 있다. 형태소가 모여 자립성을 가지는 단위에 이르면 '단어'가 된다. 중세 국어 문헌에서 보이는 언어 표현을 본다.

(1) 나랏 말ᄊᆞ미 中國에 달아 文字와로 서르 ᄉᆞᆷᄆᆞᆺ디 아니홀ᄊᆡ 〈훈민 1a-b〉

예문 (1)에서 형태소들을 찾으면 (2)와 같다.

(2) 나라, ㅅ, 말ᄊᆞᆷ, 이, 中, 國, 에, 달-, -아, 文, 字, 와, 로, 서르, ᄉᆞᆷᄆᆞᆺ -, -디, 아니, -ᄒᆞ-, -ㄹᄊᆡ[1]

---

1) 'ㅅ'는 당시에는 관형격 조사의 기능을 한 것으로 보아야 할 것이다.
   (i) 소나못 스프렛 더리 〈두초 9.19b〉
   (ii) 내 바랫 ᄒᆞᆫ 터리를 ᄲᅩᆯ 무우리니 〈석보 6.27a〉
   (iii) 그딋 혼 조초ᄒᆞ야 ᄂᆔ웃븐 ᄆᆞᅀᆞᄆᆞᆯ 아니호리라 〈석보 6.8b-9a〉
   위의 예문에서도 'ㅅ'가 선행하는 명사를 관형어 기능으로 바꾸고 있음을 뚜렷이 보여 준다. 'ㅅ'는 명사나 조사 뒤에 쓰이는 관형격 표지이다. 'ㅅ'는 이 밖에도 구절이나 문말 어미에 붙어 선행 요소를 관형절로 만들기도 한다. 그러나 'ㅅ'는 용언 활용에서는 관형사형으로 쓰이지 않는다. 이러한 용법들은 고대 국어의 차자 표기에서도 나타난다.
   한편 '-ㄹᄊᆡ'는 이미 어미로 재구조화한 형태이므로 더 이상 나누지 않는다.

이 가운데 '나라, 말씀, 中, 國, 달-, 文, 字, 서르, ᄉᆞᄆᆞᆺ-, 아니'는 어휘적 의미를 갖는 실질 형태소이며, 나머지는 문법적인 형식 형태소이다. (1)에서 단어로는 '나라, 말씀, 中國, 달아, 文字, 서르, ᄉᆞᄆᆞᆺ디, 아니홀ᄊᆡ'와 조사 'ㅅ, 이, 에, 와로'를 들 수 있다. 조사는 자립성이 없으나 이에 선행하는 어사와의 분리성이 크므로 별개의 단어로 보는 견해가 많다.

어휘 형태소는 대개 하나의 형태로 실현되나, 문법 형태소는 둘 이상의 형태를 갖는 경우가 많다. 그리하여 형태소 중에는 음운 환경에 따라 두 가지 이상의 형태를 가지는 것이 있는데, 이는 대부분 조사나 어미 등 문법 형태소에서 나타나지만 간혹 체언이나 용언 등의 어휘 형태소에서도 그러한 경우가 있다. 'ᆞ'와 'ㅡ'가 대립 음운으로 있는 중세·근대 국어에서는 이에 따라 이형태가 많이 존재하게 된다.

(3)ㄱ. ᄂᆞᆫ/는/ᄋᆞᆫ/은/ㄴ, ᄅᆞᆯ/를/ᄋᆞᆯ/을/ㄹ, ᄋᆞ로/으로/로, 과/와

　　ㄴ. -오/우-,

　　ㄷ. -아/어, -ᄋᆞ니/으니/니, -고/오

　　ㄹ. -옴/움/ㅁ, -애/에, -오/우

(4)ㄱ. 앗/앛/아ᅀᅳ(弟), 엿/옃/여ᅀᅳ(狐)

　　ㄴ. 닛/닞-(繼), 웃/읏-(笑), 덥/덯-(暑), ᄉᆞᆯ/ᄉᆞᆲ-(白)

(5)ㄱ. -아/야

　　ㄴ. -나ᄂᆞᆯ, -나ᄃᆞᆫ, -나라

　　ㄷ. -거/어-

　　ㄹ. 이/의/애/에/예

(3)과 (4)의 여러 이형태들은 모두 음운론적 조건에 따라 나타나는 것

이다. 선행어가 자음으로 끝날 때에는 모음으로 시작하는 문법소가 이어지고, 모음으로 끝나면 자음으로 시작하는 문법소가 이어지며, 양성 모음 어사 뒤에는 양성 모음을 가진 문법 형태, 음성 모음 뒤에서는 음성 모음을 가진 문법 형태소가 붙는다. 이러한 원칙은 예를 들어, 조사 (3ㄱ), 선어말 어미 (3ㄴ), 어말 어미 (3ㄷ), 파생 접사 (3ㄹ)과 같은 여러 문법 형태소에 다 적용된다.[2] 다만 (3ㄱ)의 공동격 조사 '과/와'는, ㄹ음을 제외한 자음 뒤에서는 '과', 모음과 ㄹ음 뒤에서는 '와'가 쓰인다. (3ㄱ)에서 'ㄴ, ㄹ'는 선행어가 모음으로 끝날 때 '는/는, 룰/를' 대신에 자유로이 교체되는 형태이다. (3ㄷ)에서 '-고'는 나열형 연결 어미나 의문법 보조사인데, 'ㅣ'모음과 ㄹ음 뒤에서 ㄱ가 탈락한 '-오'형을 갖는다. (4)에서는 유성음 사이에서 ㅅ나 ㅂ가 유성음화한 형태로 표기하는 방식이 어휘 형태소에서도 나타남을 볼 수 있다.

그러나 (5)의 예들은 음운론적 조건에 따르는 이형태가 아니다. (5ㄱ)의 '-ᄒᆞ-'에는 어말 어미 '-아'가 와야 하나 '-야'가 되었다. (5ㄴ)의 '-나늘, -나든, -나라'는 동사 '오-'(來)에만 붙는 조건형 연결 어미 '-거늘, -거든, -거라'의 이형태이며, (5ㄷ)의 '-거-'와 '-어-'는 각각 자동사와 타동사에 붙는 서법 표시 선어말 어미로 모두 형태론적 이형태이다. (5ㄹ)의 '이/의'와 '애/에/예'는 모두 처소격 조사인데, 이 두 유형은

---

2) 이럴 경우 양성 모음을 가진 형태를 기본형으로 잡는 것이 좋을 것이다. 중세 국어나 근대 국어 시기에는 중성 모음 'ㅣ'에 양성 모음이 호응하는 경우가 대다수이다. 'ㅣ' 모음에 음성 모음이 주로 호응하는 현대 국어에서는 음성 모음의 형태를 기본형으로 잡을 수 있겠지만, 중세 국어나 근대 국어에서는 양성 모음 형태가 기본형이 되는 것이다. 또 같은 조건이라면 자모(字母)나 음절이 더 있는 형태를 기본형으로 보는 것이 형태론적으로 편리할 것이다. 이에 따르면 위의 (3)에서 든 이형태들의 기본형은 '는, 룰, ᄋᆞ로, 과, -오-, -아, -ᄋᆞ니, -고, -음, -애, -오'가 된다. 다만 형태의 간명함을 위해 이 책에서는 기본형에서 매개모음은 제외한 형태로 논의한다.

선행하는 어사에 따라 선택 제약을 갖는다.

　물론 이형태를 갖지 않는 문법 형태소도 많으며, 어휘 형태소는 대개 이형태를 갖지 않는다. 그런데 아래와 같이 특이한 이형태로 상보적 분포를 보이는 어휘 형태소도 있다.

(6)ㄱ. 불휘 기픈 남ㄱ ㅂ ㄹ매 아니 뮐씨 〈용비 2장〉

　　ㄴ. 숪바올 닐굽과 이본 나모와 투구 세 사리 녜도 또 잇더신가 〈용비 89장〉

　　ㄷ. 오직 太子祇陁ㅣ 東山이 짜토 平ㅎ며 나모도 盛ㅎ더니 〈석보 6.23b〉

(7)ㄱ. 하늘토 뮈며 짜토 뮈더니 셰개(世界)ㅅ 쌍셔(祥瑞)를 어느 다 슬ᄫ리 〈월인 기172〉

　　ㄴ. 世世예 난 짜마다 나라히며 자시며 〈석보 6.8b〉

(6)에서는 '남ㄱ'와 '나모'라는 두 가지 형태를 보이는데, '와'를 제외한 모음으로 시작하는 조사 앞에서는 전자로, 그 외에서는 후자로 나타난다. 이러한 현상에 대해선 그 해석에 차이를 보여, '형태 교체, ㄱ보유, ㄱ종성의 탈락, ㄱ첨가, ㄱ곡용' 등으로 설명되고 있다. 이 같은 형태 교체를 보이는 어사로는 이 밖에도 '굼ㄱ/구무(穴), 년ㄱ/녀느(他), 붊ㄱ/불무(冶)' 등이 있다. 이들은 대부분 근대 국어에서도 두 가지 형태를 계속 가지었고, 일부 단어는 오늘날까지도 ㄱ를 유지한다.[3]

　(7)에서는 '짜ㅎ'와 '짜'라는 두 가지 형태를 보이는데, 모음이나 파

---

3) 가령 현대 국어의 남부 방언에서 '낭구, 궁기' 등으로 나타나는 형태는 각기 '남ㄱ, 굼ㄱ'에서 'ㄱ'를 그대로 보유하는 것이다.

열음 'ㄱ, ㄷ, ㅂ'로 시작하는 조사 앞에서는 전자로, 그 외에서는 후
자로 나타난다. 이러한 현상도 역시 '형태 교체, ㅎ보유, ㅎ종성의 탈
락, ㅎ개입, ㅎ곡용' 등으로 설명된다. 이처럼 'ㅎ'가 탈락하는 형태 교
체를 보이는 어사는 이 밖에도 매우 많아, 현재 '하늘ㅎ(天), 갈ㅎ(刀),
나ㅎ(年齡), 암ㅎ(雌), 수ㅎ(雄)' 등 100여 개의 단어가 보고되어 있다.[4]

(8)ㄱ. 한 善根을 시므니 이런 드로 如來ㅣ 니르샤딩 〈금강 건35a〉

　　ㄴ. 한 善根을 심거 이 章句를 듣고 〈금강 건33a〉

(9)ㄱ. ᄀᆞ리 ᄀᆞᆮ히 ᄒᆞ야도 得道홀 期限이 잇디 아니ᄒᆞ리니 〈법화
　　1.223a〉

　　ㄴ. 沈香ㅅ ᄀᆞᆯᄋᆞ로 [沈香ᄋᆞᆫ 므레 줌ᄂᆞᆫ 香이라] 種種 莊嚴ᄒᆞ며 〈월석
　　2.29a〉

　　ㄷ. 두 山이 어우러 ᄀᆞ라 ᄀᆞ리 ᄃᆞ외ᄂᆞ니라 〈월석 1.29a〉

　　ㄹ. 네 뎌 흰 ᄀᆞᆯᄅᆞᆯ 가져다가 젹이 區食ᄅᆞᆯ 빗고 〈번박 중6b〉

(10)ㄱ. 玉을 그스며 金을 허리에 ᄢᅴ여 님그믈 갑ᄉᆞᆸᄂᆞᆫ 모미로다 〈두초
　　23.10a〉

　　ㄴ. 소ᄂᆞ로 三軍ㅅ 양ᄌᆞᄅᆞᆯ ᄀᆞᆳ어 뵈놋다 〈두초 22.33a〉

(11)ㄱ. ᄆᆞᄅᆞ 동(棟) 〈유합 상23a〉

　　ㄴ. 그 믈ᄅᆞᆫ 어딘 이를 ᄀᆞᆳ히며 몸을 닷가셔 〈번소 9.14a〉

(12)ㄱ. 부텨도 이 ᄀᆞᆮᄒᆞ샤 나의 小 즐교믈 아ᄅᆞ샤 너희 부텨 ᄃᆞ외리라
　　 잢간도 니르디 아니ᄒᆞ시고 〈법화 2.246b〉

　　ㄴ. 날러는 엇디 살라 ᄒᆞ고 ᄇᆞ리고 가시리잇고 〈악장, 가시리〉

---

4)　현대 국어에서도 '수ㅎ-, 암ㅎ-' 접두 파생어는 '수캐, 암컷' 등으로 쓰여 'ㅎ종성'이
　이어지고 있다.

ㄷ. 鄭李ᄂᆞᆫ 時節ㅅ 議論애 빗나니 文章은 다 날록 몬졔로다 〈두초 20.6a〉

ㄹ. 날와 多寶如來와 ᄯᅩ 諸化佛 본 디 ᄃᆞ외니라 〈법화 4.140a〉

ㅁ. 病ᄒᆞ야셔 기피 브서 내의 眞情 닐오ᄆᆞᆯ 므던히 너기노라 〈두초 7.13b〉

(8)에서는 '시므/심-'이, 모음으로 시작하는 어미 앞에서는 '심-', 그 외에서는 '시므-'로 쓰였다. 이러한 교체를 보이는 용언으로는 'ᄌᆞᄆᆞ/ᄌᆞᆷ-'(鎖)도 있다. (9)에선 'ᄀᆞᄅᆞ/ᄀᆞᆯ'이, 모음으로 시작하는 조사 앞에선 'ᆞ'가 탈락한 'ᄀᆞᆯ', 그 외에선 'ᄀᆞᄅᆞ'형을 가진다. 이와 같은 탈락을 보이는 어휘에는 '노ᄅᆞ(獐), ᄂᆞᄅᆞ(津)' 등이 있다. 그러나 'ᄀᆞᄅᆞ'는 (9ㄷ)과 같이 'ᄀᆞᆯㄹ'로 쓰이기도 하였는데, 근대 국어에서는 (9ㄹ)처럼 이러한 현상이 보편화되었다. (10)에선 '그스/긋-'이 모음으로 시작하는 어미 앞에선 'ㅡ' 모음이 탈락한 '긋-'으로, 그 외에선 '그스-'형으로 쓰였다. 이러한 용언에는 'ᄇᆞᅀᆞ/ᄇᆞᆺ-(碎), 비스/빗-(扮)' 등이 있다. (11)의 'ᄆᆞᄅᆞ'는 모음으로 시작하는 조사 앞에서 'ㄹ'가 첨가되면서 제2 음절의 'ᆞ'가 탈락하였다. 이와 같은 변이를 보이는 명사에는 'ᄒᆞᄅᆞ/ᄒᆞᆯㄹ'가 있다. (12)에서 '나'는 '나/날/내'라는 이형태를 보인다. 그러나 (12ㄱ)의 '나의'와 (12ㅁ)의 '내의'가 같이 쓰이는 수의적인 선택도 볼 수 있다.

(13)ㄱ. 弟子ㅣ 샹녜 갓가비 이셔 經 빈호ᅀᆞ와 외올 씨니 〈석보 6.10a〉

ㄴ. 닐오디 性이 ᄀᆞ마니 이슈미 업거니 〈능엄 1.111a〉

ㄷ. 일후미 遊行仙이라 動ᄒᆞ며 ᄀᆞ마니슈믈 堅固히 ᄒᆞ야 마디 아니ᄒᆞ야 〈능엄 8.130b〉

ㄹ. 想元을 다아 生理예 다시 흐르며 ᄀᆞ마니시며 뮈여 올모미 업스

니라 ᄒᆞ야 〈능엄 10.14b〉

(14)ㄱ. 期ᄂᆞᆫ 긔지오 致ᄂᆞᆫ 니를에 ᄒᆞᆯ 씨라 〈월석 서19b〉

　　ㄴ. 이제 니르ᄃᆞ록 ᄭᅮ메 스츄니 지즈로 左右에 잇ᄂᆞᆫ 듯 ᄒᆞ도다 〈두초 9.6a〉

　　ㄷ. 殺害ᄒᆞ매 니를면 반ᄃᆞ기 無間地獄애 ᄠᅥ러디여 〈월석 21.38b〉

(13)에서는 '시-'와 '이시-'가 자유 교체하며, (14)에서는, 모음 어미 앞에서는 '니를-'이 쓰이고, 그 밖에서는 '니를-'과 '니르-'가 자유 교체한다.

한편, 두 가지 이상의 형태를 가지는 어휘 형태소도 있다. 이른바 쌍형 어간, 또는 쌍형 형태소라 하는 것이다.

(15)ㄱ. 닐굽 山 ᄊᆡᄉᆡᄂᆞᆫ 香水 바다히니 〈월석 1.23a〉

　　ㄴ. 海 바다 ᄒᆡ 〈훈몽 상4b〉

　　ㄷ. ᄇᆞ룸 업슨 바라헤 믌결 릴우미로다 〈선가 상2a〉

　　ㄹ. 내 ᄆᆞ매 죄쟝이 산과 바라 ᄀᆞᄐᆞᆫ 주를 아라 〈계초 9a〉

　　ㅁ. 바ᄅᆞᆯ 우흿 ᄃᆞᆯ구를 좃놋다 〈두초 15.52b〉

　　ㅂ. 뫼히며 수프리며 ᄀᆞᄅᆞ미며 바ᄅᆞ리며 〈석보 19.13b〉

(16)ㄱ. 어미ᄅᆞᆯ 모셔 사로ᄃᆡ 됴ᄒᆞᆫ 차반 업시 아니터라 〈이륜 24a〉

　　ㄴ. 太子ᄅᆞᆯ ᄭᅵᆯ려 안ᄉᆞᄫᅡ 夫人ᄭᅴ 뫼셔 오니 〈월석 2.43b〉

　　ㄷ. 各各 뫼ᅀᆞᆸ니 브리샤 〈석보 11.4a〉

　　ㄹ. 때씬(大神)들히 뫼시ᅀᆞᆸ니 쳥희(靑衣) 긔별을 ᄉᆞᆲᄂᆞᆯ 〈월인 기23〉

(17)ㄱ. 오직 芝蘭ᄋᆞ로 ᄒᆡ여 됴케 ᄒᆞᆯ션뎡 〈두초 20.29a〉

　　ㄴ. 모미 곳 ᄉᆞᄉᆡ로 디나갈ᄉᆡ 저저도 됴ᄒᆞ고 〈두초 21.22b〉

(18)ㄱ. 그ᄃᆡ 반ᄃᆞ기 剖析ᄒᆞ몰 삼가ᄂᆞ니라 〈두초 7.27a〉

　　ㄴ. 미샹 밥 머글 제 ᄂᆞ치 반ᄃᆞ시 눉므를 흘리더라 〈두초 24.32a〉

(15)~(18)에서는 자유 변이의 이형태를 보인다. (15)에선 '바다ㅎ/바다/바라ㅎ/바라/바ᄅ/바를'(海)이라는 여섯 가지 형태가 쓰였는데, '바다ㅎ, 바라ㅎ, 바를'이 수의적 선택에 의해 자유로이 교체한다. (16)에서는 '모시/뫼시/뫼-'(培)가, (17)에선 '둏/됴ㅎ-'(好), (18)에서는 '반드기/반드시'(必)가 역시 자유 교체 형태를 보인다. 이처럼 자유 교체형을 보이는 어사는 '가ᄅ/가를(派), 겨시다/계시다(留), 기드리다/기들오다/기들우다(待), 나ᄃ다/내ᄃ다(走), ᄃ니다/ᄃ니다/ᄃ니다(行), ᄆ니다/ᄆ지다(摩), 버믈다/범글다(繞), 숫/숫기(繩), 여믈다/염글다(實), 져믈다/졈글다(暮), 많다/만ㅎ다(多), 슳다/슬허ㅎ다(悲), 파랗다/파라ㅎ다(靑)' 등 여럿이 있다. 이들은 대개 어휘 형태의 통시적 변화 과정에서 신·구형이 공존하거나, 모음 조화의 적용이 느슨하여 양성 모음과 음성 모음 등이 적당히 섞이는 것, 또는 음소 표기에서 나타나는 다양한 문자화 현상 등으로 설명될 수 있을 것이다. 가령 'ᄃ니다'와 'ᄃ니다/ᄃ니다'는 어말 불파화와 비음화 진행에 따른 신·구형이 공존하는 양상이다. '밍글다(制)'는 중세 국어에서 '밍글다/밍글다/밍ᄃ다/민ᄃ다/민들다/ᄆᄃ다'로 나타나는데, '밍글다, 밍들다'는 15세기부터, '민들다, 민들다, ᄆᄃ다'는 16세기부터 보인다. 이들은 근대 국어에서는 '밍글다/밍글다/민글다/밍들다/민들다/민들다/ᄆᄃ다'로 쓰여 더욱 다양한 표기를 보인다. '뫼시다'와 '뫼다', '슳다'와 '슬허ㅎ다' 등은 형태론적 구성이 다른 것이다.

(19)ㄱ. 이 ᄀᆞᆮᄒᆞᆫ 둘 니ᄅᆞ시거늘 듣줍고 無量無邊 阿僧祇 衆生이 큰 饒益을 得ᄒᆞ니라 〈월석 17.23b〉

ㄴ. 信호미 어려본 法을 니ᄅᆞᄂᆞ다 ᄒᆞ시ᄂᆞ니라 〈월석 7.77a-b〉

(20)ㄱ. 부톄 날 爲ᄒᆞ샤 大乘法을 니ᄅᆞ시리라ᄉᆞ이다 〈법화 2.231b〉

ㄴ. 이 喩說을 니르와ᄃ니 그러면 아라 깃논 ᄠᅳᆮᄃ리 喩說의 전ᄎᆡ
ᄃᆞ욀ᄊᆡ〈법화 2.3a〉

ㄷ. 二乘 이긔리란 爲ᄒᆞ샤 諦緣을 니ᄅᆞ시고 大乘 이긔리란 爲ᄒᆞ샤
六度를 니르시며〈법화 3.19b〉

(19)와 (20)을 보면 같은 책 안에서도 '니ᄅᆞ-'형과 '니르-'형이 혼용되고
있다. 이와 같이 양성 모음 계열의 형태와 음성 모음 계열의 형태가
수의적으로 함께 쓰인 예는 매우 많은데, 특히 중설 모음 'ㅣ'형과 앞
뒤로 어울릴 경우에 이 같은 혼란이 더욱 많이 나타난다.

3. 단어의 유형과 형태

여기에서는 중세 국어에서 쓰인 단어들을 문법적으로 유형화하고, 유형별로 용법과 형태를 살핀다.

3.1 체언과 조사

체언에는 명사와 대명사 그리고 수사가 있다. 이들 체언에는 조사를 뒤에 붙여 쓰는 것이 일반적이나, 중세 국어에서 조사의 생략은 빈번하게 일어났다.

중세 국어에서 체언에 대한 인식은 당시 문헌에 나타나는 협주를 통해 알 수 있다.[5]

(1)ㄱ. 外道ᄂᆞᆫ 밧 道理니 부텻 道理예 몯 든 거시라 〈월석 1.9a〉

ㄴ. 心ᄋᆞᆫ 가온ᄃᆡ를 니르니라 〈금삼 1.15a〉

ㄷ. 釋種ᄋᆞᆫ 어딘 붓기라 ᄒᆞᄂᆞᆫ 마리라 〈월석 2.7a〉

(2) 千百億은 百億곰 ᄒᆞ니 一千이라 혼 마리니 〈월석 2.54b〉

(1)에서는 명사에 대한 풀이를 하고 있다. '外道, 心, 釋種'에 대해 풀이 방식이 조금씩 다르지만 제시어의 품사에 해당하는 명사를 대응시키는 표현 유형은 같다. 이러한 풀이 방식은 (2)에 나오는 수사에도

---

5) 중세 국어 문헌에서 협주 어휘의 풀이말은 대상어의 문법 범주에 따라 같은 방식으로 표현되어 있다.

그대로 적용되어 '千百億'을 풀이한 문장 형태가 (1ㄷ)과 똑같다. 대명사에 대해서는 협주 풀이가 없지만 명사와 수사의 뜻풀이에서 같은 문장 형태를 보이는 것은, 명사와 대명사 그리고 수사를 모두 하나의 문법적 범주로 인식하였음을 말하는 것이라고 볼 수 있다.

　이러한 체언은 구절이나 문장 안에서 문법적인 역할을 나타내기 위하여 조사를 붙여 표현한다. 조사를 체언의 굴절 어미로 다루기도 하나, 여기에서는 학교 문법에 따라 체언 등과 결합하는 단어로 본다.

3.1.1 명사

[보통 명사와 고유 명사]

　명사에는 보통 명사와 고유 명사가 있다. 15세기 문헌에 나타나는 고유 명사에는 국명, 지명, 인명 등이 있다.

(3)ㄱ. 나랏 말ᄊᆞ미 中國에 달아 文字와로 서르 ᄉᆞᄆᆞᆺ디 아니홀ᄊᆡ 〈훈민 1a-b〉

　　ㄴ. 鴨江앳 將軍氣를 아모 爲ᄒᆞ다 ᄒᆞ시니 〈용비 39장〉

　　ㄷ. 녜 丙寅年에 이셔 昭憲王后ㅣ 榮養을 ᄉᆌ리 ᄇᆞ려시ᄂᆞᆯ 〈월석 서 10a〉

　　ㄹ. 아득ᄒᆞᆫ 灩後세世예 셕釋가迦뭏佛 ᄃᆞ외싫 ᄃᆞᆯ 포普광光뭏佛이 니ᄅᆞ시니이다 〈월인 기5〉

　　ㅁ. 가야미 사릴 뵈오 몸 닷길 퀀勸ᄒᆞ야ᄂᆞᆯ 슈須똻達이도 슬피 너기니 〈월인 기170〉

(3ㄱ)의 '中國'은 나라 이름이고, (3ㄴ)의 '鴨江'은 지명(강 이름)이며, (3
ㄷ)의 '昭憲王后'와 (3ㄹ)의 '셕가뿛, 포광뿛'과 (3ㅁ)의 '슈땿'은 인명으
로, 이들은 모두 고유 명사이다. 당시에 고유 명사들은 거의가 한자
로만 표기하거나 한자 아래에 한자음을 작게 덧붙였다. 그러나 최초
의 한글 전용 문헌이라고 할 『월인천강지곡』에서는 '셕가뿛, 포광뿛,
슈땿'처럼, 비록 현실 한자음은 아니더라도 한글로 쓴 한자음을 먼
저 본문 글자로 삼았다. (3ㅁ)의 '슈須땿達이도'처럼 사람 이름에 '-이'
를 덧붙이기도 하는 것은 근대 국어나 현대 국어에서와 같다. (3)에서
이들 외에 '나라, 말씀, 文字, 將軍氣, 丙寅年, 榮養, 횽셰, 가야미, 사
리, 몸'은 모두 보통 명사이며, (3ㄹ)의 '둘'에서 'ㄷ'는 의존 명사이다.

보통 명사는 존칭으로 '-님'을, 복수로 '-내/네'와 '-둘ㅎ'를 접미하기
도 한다.

(4) 아바닚긔와 아ᄌᆞ마닚긔와 아자바님내쯰 다 安否ㅎᄉᆞᆸ고 〈석보
6.1a-b〉

(5)ㄱ. 어마님내 뫼ᅀᆞᆸ고 누의님내 더브러 즉자히 나가니 〈월석 2.6b〉

ㄴ. ᄠᅳ드로 아ᄒᆡ둘희 무로믈 對答ㅎ노니 〈두초 8.39a〉

ㄷ. 너희둘히 아ᄅᆡ 녯 히예 ᄒᆞᆫ 奇異ᄒᆞᆫ 거슬 보고 〈능엄 10.83b〉

ㄹ. 너희 반ᄃᆞ기 一心으로 觀世音菩薩ㅅ 일후믈 일ᄏᆞᆮᄌᆞ오라 〈법화
7.58b〉

ㅁ. 諸天이 種種 花香ᄋᆞᆯ ᄆᆞ레 비터니 樹神이 가지ᄅᆞᆯ 구핀대 〈석보
3.40b〉

ㅂ. 人에 頓悟과 漸修과 두 根機ㅣ 이실ᄉᆡ 가지가지로 文字와 語言
을 펴 나유미 妨害티 아니ㅎ도다 〈선가 2b〉

(4)에서 높임을 받는 말들 '아바님, 아ᅐ마님, 아자바님'에는 모두 '-님'을 붙였다. (5)에서는 복수 표지가 보이는데, 높임의 사람 복수에는 (4)와 (5ㄱ)에서 보듯이 '-내/네'가, 일반적인 복수에는 (5ㄴ)에서 보듯이 '-ᄃᆞᆯㅎ'가 붙어 있다. 중세 국어에서도 복수에서 이들 표지를 붙이는가 여부는 수의적이다. (5ㄷ)에선 '너희'에서의 복수 접미사 '-희' 뒤에 복수 접미사 '-ᄃᆞᆯㅎ'가 더 붙었지만 (5ㄹ)에선 '너희' 뒤에 더 이상 복수 접미사가 붙지 않았다. 복수는 (5ㅁ, ㅂ)의 '種種, 가지가지'처럼 같은 말을 반복하여 나타내기도 한다.

[의존 명사]

중세 국어에서 의존 명사는 많이 보인다. 의존 명사는 고유어가 대부분이지만 '양(樣), 톄(體)'와 같은 한자어도 있다.

(6)ㄱ. ᄒᆞ마 次第 혜여 밍ᄀᆞ론 바를 브터 〈월석 석보상절 서5a〉

ㄴ. 밥 머긇 덛 만뎡 長常 이 이를 ᄉᆡᆼ각ᄒᆞ라 〈월석 8.8b〉

ㄷ. 經의 勝혼 아ᄎᆞᆯ 나토시니 〈금삼 3.2a〉

(6ㄱ)의 '바', (6ㄴ)의 '덛', (6ㄷ)의 '앚'은 의존 명사로, '-온, -ᄡᆞᆯ'과 같은 관형사형 어미 뒤에 놓였다. (6ㄱ)의 '바'는 고대 국어 차자 문헌에서도 나오며, 현대 국어에도 쓰임이 이어지고 있다. (6ㄴ)의 '덛'은 오늘날에도 쓰이지만 그 용법이 달라진다. 중세 국어에서는 용언의 관형사형 뒤에 놓이는 의존 명사이며 이러한 용법은 근대 국어에서도 계속되지만, 현대 국어에서는 '어느덧, 덧없다' 등과 같이 합성어의 어근일 뿐이다. (6ㄷ)의 '앚'은 '까닭'이라는 뜻을 가지는데, 중세 국어에서만 보인다.[6] 이 밖에 의존 명사들을 들면 (7)과 같다.

(7)ㄱ. 것: 주거가는 거싀 일올 몯 보신 둘 매 모르시리 〈월인 기43〉

돗: 秘書롤 보디 몯ᄒᆞ얀 ᄆᆞᅀᆞ매 일흔 돗ᄒᆞ더니 秘書 보매 〈두초 7.29a〉

듸/듸: 믌결 어즈러운 듼 힛비치 더듸도다 〈두초 7.14a〉

디: 그제로 오신 디 순지 오라디 몯거시든 〈법화 5.119b〉

ᄯᆞᄅᆞᆷ: 날로 ᄡᅮ메 便安킈 ᄒᆞ고져 ᄒᆞᇙ ᄯᆞᄅᆞ미니라 〈훈민 3b〉

만: 이 施主ㅣ 衆生ᄋᆡ그에 一切 즐거븐 것 布施호ᇙ 만ᄒᆞ야도 功德이 그지 업스니 〈석보 19.4a-b〉

분: 天尊은 하ᄂᆞᆯ햇 尊ᄒᆞ신 부니라 〈월석 2.50b〉

ㄴ. 곧: 王이 그제ᅀᅡ 太子ㅣᆫ 고ᄃᆞᆯ 아ᄅᆞ시고 〈월석 8.101a〉

녁: ᄆᆞ리 왼 녀긘 덥고 올ᄒᆞᆫ 녀긘 ᄎᆞ더라 〈월석 2.39b〉

닷: 遂는 브틀 씨니 아모 다ᄉᆞᆯ 브터 이러타 ᄒᆞ논 겨치라 〈월석 서3b〉

ᄲᅮᆫ: 부텻 몸 ᄃᆞᄅᆞ미 現ᄒᆞᆯ ᄲᅮ니 아니라 〈석보 11.7b〉

이: 절로 가며 절로 오ᄂᆞ닌 집우흿 져비오 〈두초 7.3b〉

적: 거믄고 노던 저근 보디 몯거니와 〈두초 16.30b〉

줄: 目連이 그 말 듣ᄌᆞᆸ고 즉자히 入定ᄒᆞ야 펴엣던 ᄇᆞᆯᄒᆞᆯ 구필 ᄊᆞᅀᅵ예 [ᄲᆞᆯ론 주를 니르니라] 迦毗羅國에 가아 〈석보 6.1b-2a〉

톄: ᄎᆞ셰 이셔 례예 넘디 아니ᄒᆞᆫ 톄라 〈소학 6.10a〉

ㄷ. ᄃᆞ: 이롤 닐온 無始 生死ㅅ 根本이니 이런 ᄃᆞ로 모로매 허러 그ᄎᆞᇙ디니라 〈능엄 1.46b〉

ᄉᆞ: 種種히 發明호ᇙ ᄉᆞᆯ 일후미 妄想이니 〈능엄 2.61a〉

6) '앛'은 『금강경삼가해』에서만 등장하고 조사와의 결합도 '은, 올, 이라'로 제한되어, 당시의 의존 명사로 설정하는 데에 주저함을 갖기도 한다.

견츠: 이런 젼츠로 어린 百姓이 니르고져 홇 배 이셔도 〈훈민 2a〉

ㄹ. 다: 湖南애 나그내 두외야신 다마다 보믈 디내요니 〈두초 11.16a〉

(7ㄱ)의 의존 명사들은 중세 국어에서의 용법이 현대 국어에 그대로 이어지고, (7ㄴ)은 현대 국어에도 있지만 그 용법에서 차이를 가지며, (7ㄷ)은 근대 국어에까지만 쓰이고, (7ㄹ)은 중세 국어까지만 쓰이던 의존 명사이다. (7ㄴ)의 의존 명사들 용법은 현대 국어에서와 비슷하나 일부 다른 점도 있다. 예를 들어 현대 국어에서 '줄'은 거의가 능력이나 인지성을 말하는 동사의 하위 보문 명사로 쓰이는데, 중세나 근대 국어에서는 상위 동사에 이 같은 제약이 없다. 위의 예문 (7ㄴ)에 나오는 '쑨'도 주격, 목적격, 보격, 서술격에 두루 쓰이고, '이'는 '사람' 이외에 '사물'에도 사용되며, '줄'의 의미는 '것' 정도인데, 이러한 용법들은 현대 국어와 다르다.

(7)은 모두 관형사형 다음에 쓰여 명사구를 이루는 의존 명사의 용법을 보인다. 그러나 '닷, 쓰름, 쑨'은 용언의 관형사형 뒤뿐만 아니라 체언 아래에서 보조사처럼 쓰이기도 한다. '다'는 시간을, '듸'는 장소를 나타내는 의존 명사이다. '다'는 고대 국어에서도 보이지만 근대 국어에 이어지지 못하며, 현대 국어에서 '데'로 계속되는 '듸'는 아직 고대 국어의 차자 문헌에서 용례를 밝히지 못하였지만 쓰였을 가능성은 높다.[7]

---

7) 김유범(2001)에 의하면, 의존 명사 '두'에 처격 조사 '아'와 '이'가 결합하여, '두+아' 는 때를 나타내고, '두+이'는 장소를 나타내는 의존 명사가 된 것이다. 이에 따르면 '-ㄴ다마다'는 흔히 해석하듯 '-자마자'가 아니라 '-는 때마다'의 뜻이 된다.

의존 명사는 그에 후행하는 조사와의 결합에서도 제약이 있어 특정한 문장 성분으로만 쓰이는 경우도 많다. 주로 주격 조사나 목적격 조사와 결합하여 주어나 목적어로 쓰이는 주어성 의존 명사에 '디, 줄', 주로 '이라, -ㅎ다'와 결합하는 서술성 의존 명사에 '듯, ᄯᆞᄅᆞᆷ, 만', 부사어로 쓰이는 부사성 의존 명사 '젼ᄎᆞ, 듯, ᄀᆞ장' 그리고 이러한 제약이 거의 없는 보편성 의존 명사에 '것, 분, 녁, 이, 적, ᄃᆞ' 등이 있다.

오늘날 용법이 사라진 'ᄃᆞ'와 'ᄉᆞ'는 현대 국어로 '것' 또는 '줄'과 같은 뜻을 갖는데, 고대 국어에서도 보이지만 특히 중세 국어에서 널리 쓰이던 의존 명사로 다양한 결합형을 갖는다.

(8)ㄱ. 벼개예 기우롓ᄂᆞᆫ 江湖앳 나그내 잡드런 디 나ᄃᆞ리 길어다 〈두초 15.23a〉

ㄴ. 아득한 後世예 釋迦佛 ᄃᆞ외싫 둘 普光佛이 니ᄅᆞ시니이다 〈월석 1.3a〉

ㄷ. 이제 어마닚 히미 能히 알ᄑᆞ게 몯ᄒᆞ실ᄉᆡ 이런 ᄃᆞ로 우노이다 〈내훈 1.48b〉

ㄹ. 첫소리를 어울워 ᄡᅮᆶ 디면 글바ᄊᆞ라 〈훈민 12b〉

(9)ㄱ. 져머셔 아비 업슬 시 孤ㅣ오 艱難ᄒᆞᆯ 시 貧이니 〈원각 서77a〉

ㄴ. 부톄 法 ᄀᆞᄅᆞ치샤 煩惱 바ᄅᆞ래 걷내야 내실 ᄊᆞᆯ 濟渡ㅣ라 ᄒᆞᄂᆞ니라 〈월석 1.11a〉

ㄷ. 命終은 목숨 ᄆᆞ출 ᄊᆞ라 〈석보 6.3b〉

(8ㄱ)의 '디'는 'ᄃᆞ+ㅣ'로, 'ᄃᆞ'가 주어로 쓰인 것이다. (8ㄴ)의 '둘'은 목적어(ᄃᆞ+울)이며, (8ㄷ)의 'ᄃᆞ로'는 'ᄃᆞ'에 원인격 조사가 결합한 부사어이고, (8ㄹ)의 '디면'은 서술어(ᄃᆞ+ㅣ면)이다. (9ㄱ)의 '시'도 'ᄉᆞ'의 주격형

(ㅅ+ㅣ)이고, (9ㄴ)의 '쓸'은 목적어(ㅅ+올), '씨라'는 서술어(ㅅ+ㅣ라)이다. 'ᄃ'나 'ㅅ'가 결합하는 의존 명사 용법은 점차 '것'으로 바뀌어, 15세기에 비해 16세기에는 이러한 대치가 많이 보이며, 이러한 경향은 이후에도 계속된다. 한편 이들은 활용 어미화하는 변화도 겪는데, 특히 'ㅅ'는 '-ㄹ식, -ㄹ손고, -ㄹ셰라, -ㄹ션뎡, -ㄹ셔, -ㄹ식라' 등과 같이, 선행하는 관형사형 어미와 더불어 활용 어미로 재구조화하는 용법을 많이 가지게 된다.

(10)은 부사성 의존 명사들이다. 이들 의존 명사는 관형어의 수식을 받지만, 그를 포함한 구절 전체는 문장 안에서 부사구 성분이 된다.

(10)ㄱ. ᄀ장: 열 히 ᄃ욇 ᄀ장 조료믈 減이라 ᄒ고 〈월석 1.47b〉

다비: 世尊 勅ᄒ샨 다비 奉行ᄒᅀᆞ보리니 〈월석 18.19a〉

ㄴ. 둧/ᄃ시: 濟度호믈 몯홇 둧 疑心ᄃ왼 젼ᄎ로 〈능엄 1.26b〉

대로: ᄒᆞᆫ 번 밥 머굼과 바닐 머긇 대로 혜여 머굼과 … 〈월석 7.31b〉

동: 夫人이 좌시고 아모ᄃᆞ라셔 온 동 모ᄅᆞ더시니 〈월석 2.25b〉

ㄷ. 자히: 그ᄢᅴ 世尊이 龍王堀애 안존 자히 겨샤ᄃᆡ 〈월석 7.52a〉

ㄹ. 거긔: 假ᄂᆞᆫ 빌 씨니 本來 업슨 거긔 法 이슈미 비룸 ᄀᆞᆮᄒᆞ니라 〈아미 15a〉

그 가시 손조 브즈러니 싀어미를 이바ᄃᆞ며 쏘 남진의거긔 머글 것 보내더라 〈삼강 열8a〉

(10ㄱ)에서 'ᄀ장'은 관형어 'ᄃ욇'의 수식을 받는 의존 명사이지만 '열 히 ᄃ욇 ᄀ장' 전체를 이끌어 동명사형 '조료믈'을 꾸미는 부사구를 이룬다. 원래 명사에서 기원한 'ᄀ장'은 부사로 쓰이거나 'ᄀ장ᄒᆞ-'라

는 타동사를 이루기도 하는데, 문법화하여 의존 명사 용법을 갖는 것
이다.[8] (10ㄹ)의 '거긔'는 관형사형 어미나 관형격 조사 아래에 두루 쓰
이는 의존 명사로 보기도 한다. 이러한 의존 명사에는 'ᄀ장, 그에' 등
이 더 있다. (10)의 의존 명사들 가운데 '둧, 동, 만'은 현대 국어에도
이어지고, '자히'는 근대 국어에서 '-재'로 쓰이다가 현대 국어에서 '채'
가 되지만, 'ᄀ장, 다비, 거긔'는 근대 국어에서도 그 용례를 찾을 수
없다.

의존 명사 '양'(樣)의 용법은 다양하다.

(11)ㄱ. 摩耶夫人ㅅ ᄉᆞ매 그 야ᅌᆞ로 ᄒᆞ샤 올ᄒᆞᆫ 녀브로 드르시니 〈월석
2.22지2b〉

ㄴ. 보리 方正ᄒᆞ샤 獅子ㅣ 양 ᄀᆞᇀ시며 〈월석 2.40b-41a〉

ㄷ. 히 디논 야이 ᄃᆞ론 붑 ᄀᆞᆫ거든 〈월석 8.6a〉

ㄹ. 네 게으른 양 ᄡᅳ기 말며 〈번박 상50a〉

(11)에서 '양'은 관형사(11ㄱ), 관형격 조사(11ㄴ), 관형사형 어미(11ㄷ,
ㄹ) 뒤에 놓였다. (11ㄹ)의 '양'은 동명사형 'ᄡᅳ기'를 꾸미는 부사성 의존
명사 용법이다.

수량을 세는 단위를 나타내는 의존 명사도 많이 발견된다.

---

8) 'ᄀ장'은 이러한 문법화가 더욱 진행되어 보조사나 파생 접사로 쓰이기도 한다.
(i) 다 舍利弗이 ᄀᆞᆮᄒᆞ야 ᄆᆞᅀᆞᆷᄀᆞ장 모다 ᄉᆞ랑ᄒᆞ야도 부텻 智慧를 몯내 알리며 〈석보
13.41b〉
(ii) 長松 울ᄒᆞᆫ 소개 슬ᄏᆞ장 펴뎌시니 믈결도 자도 잘샤 〈송강 관동별곡〉
위의 예문 가운데 (i)의 'ᄆᆞᅀᆞᆷᄀᆞ장'에서는 보조사로, (ii)의 '슬ᄏᆞ장'에선 부사 파생
접사로 쓰였다.

(12)ㄱ. 셜흔여슷 디위를 오ᄅᆞᄂ리시니 〈월석 1.20b〉

ㄴ. 제 간ᄋᆞᆯ 뎌리 모ᄅᆞᆯ씨 둘희 쏜 살이 세 낱 붊 샨 ᄢᅦ여디니 〈월인 기40〉

(12ㄱ)에서 '디위'는 '번'을 뜻하는 단위 명사이며, (12ㄴ)의 '낱'은 '개'의 뜻을 갖는 단위 명사이다. 이 밖에도 단위성 의존 명사에는 (13)의 예를 들 수 있다.

(13)ㄱ. 관(貫)〈월석 23.64b〉, 낱〈월인 기40〉, 량(兩)〈훈몽 하14b〉, 리(里)〈두초 7.31a〉, 볼[遍, 重]〈두초 20.30a〉, 번(番)〈두초 8.23a〉, 분[人]〈월석 8.93b〉, 분(分)〈소학, 소학서3a〉, 설[歲]〈두초 8.24a〉, 자[㕑]〈유합 하49a〉, 치[寸]〈유합 하49a〉, 필(匹, 疋)〈두초 3.62a〉

ㄴ. 가지[種]〈석보 9.18a〉, 겁(劫)〈석보 6.37b〉, 날[日]〈월인 기52〉, 돌[月]〈석보 19.24b〉, 돈[錢]〈구방 상1b〉, 되[升]〈두초 15.37a〉, 마디[節]〈남명 상31a〉, 말[斗]〈남명 상31b〉, 면(面)〈두초 7.16a〉, 사롬〈용비 58장〉, 살[箭]〈용비 32장〉, 셤[斛]〈남명 상31b〉, 자ᄒᆞ[尺]〈두초 21.5a〉, ᄌᆞᄅᆞ[柄]〈번박 16a〉, 전(錢)〈구방 상13b〉, 희[年]〈두초 21.5a〉, 홉[合]〈구간 1.14b〉

(13ㄱ)은 의존 명사로만 쓰이고, (13ㄴ)은 원래 자립 명사이나 단위 의존 명사로도 자주 쓰이는 예이다. 그러나 (14)처럼 단위의 의존 명사를 사용하지 않고 일반 명사가 바로 수관형사의 수식을 받는 일도 많다.

(14)ㄱ. 씬륵(神力)이 이리 세실씨 ᄒᆞᆫ 번 쏘신 살이 네닐굽 부피 ᄢᅦ여디

니 〈월인 기40〉

ㄴ. 다슷 곶 두 고지 콩듕(空中)에 머믈어늘 〈월인 기7〉

(14ㄱ)에서 '네닐굽 붚'은 스물여덟 개의 (겹친) 북을 말하는데, 북의 수량 단위를 따로 대지 않고 그대로 '붚'을 썼다. (14ㄴ)에서도 '곶'의 앞에 별도의 단위 의존 명사를 두지 않았다.

3.1.2 대명사

중세 국어에서도 대명사를 인칭 대명사와 지시 대명사로 나눌 수 있다.

[인칭 대명사]
아래의 (15)~(17)에서 밑줄 친 말들은 모두 인칭 대명사이다.

(15)ㄱ. 如來 太子ㅅ 時節에 나를 겨집 사무시니 내 太子를 셤기슨보디 하늘 셤기슙돗 ᄒᆞ야 〈석보 6.4a〉

ㄴ. 文殊師利 술ᄫᆞ샤디 世尊하 나는 過去에 오래 善根을 닷가 無礙 智를 證홀씨 〈월석 21.14b〉

ㄷ. 네 이제 날ᄃᆞ려 묻는 거시 이 너의 空寂靈知흔 ᄆᆞᅀᆞ미니 〈목우 18b〉

ㄹ. 모다 偈로 무로디 그듸 엇던 사ᄅᆞᆷ다 〈월석 10.29b〉

ㅁ. 우리 어미는 형이오 뎌의 어미는 아싀라 〈번노 상16b〉

ㅂ. 王ㄱ 宮中에 八萬 四千 夫人이 이쇼디 글란 ᄉᆞ랑티 아니코 느믹 나라해 婇女 디죵 가시ᄂᆞ니 〈월석 7.17a-b〉

ㅅ. 눌 더브러 무러아 ᄒ리며 <u>뉘</u>아 能히 對答ᄒ려뇨 ᄒ시고 〈석보 13.15a〉

ㅇ. <u>아뫼나</u> 이 藥師瑠璃光如來ㅅ 일후믈 듣ᄌᄫ면 〈석보 9.17a-b〉

(16)ㄱ. 활살을 感ᄒ야 <u>저</u>를 害ᄒ고 〈능엄 8.104b〉

ㄴ. 솔오샤ᄃᆡ 天人師ㅣ시고 <u>ᄌᄀ야</u>와 ᄂᆞᆷ과 覺이 ᄎᆞ실ᄊᆡ 솔오샤ᄃᆡ 佛이시니 〈법화 1.93b〉

(17)ㄱ. <u>우리</u> 어ᅀᅵ 아ᄃ리 외롭고 입게 ᄃᆞ외야 〈석보 6.5a〉

ㄴ. 닐오ᄃᆡ <u>너희</u>의 어루 玩好ᄒᆞᆯ 꺼시 希有ᄒ야 得호미 어려우니 〈법화 2.66a-b〉

ㄷ. <u>그듸</u>네 큰 일훔 일우믄 다 이 사ᄅᆞᄆᆡ 소늘 因ᄒ리라 〈두초 8.55b〉

ㄹ. 舍利佛아 <u>너희</u>돌히 ᄒ ᄆᆞᅀᆞᄆ로 信解ᄒ야 〈석보 13.62a〉

(15ㄱ, ㄴ)에는 1인칭 '나'가 있는데, (15ㄴ)에서 보듯이 중세 국어에서는 1인칭에 겸양 형태가 따로 없다. (15ㄷ)에서 2인칭 '너', (15ㄹ)에서 2인칭의 존칭 '그듸(/그ᄃᆡ/그디)'를 찾을 수 있다. (15ㅁ)의 '뎌'는 지시 대명사가 3인칭으로 쓰인 예이며, (15ㅂ)에서 '글란'도 지시 대명사가 3인칭으로 쓰인 '그'에 보조사 '을란'이 결합한 형태이다. 당시의 언어 표현에서 3인칭의 대명사는 원래 많이 쓰이지는 않은 듯하다. (15ㅅ)에서 '눌'은 미지칭 '누'에 대격 조사가, (15ㅇ)에서 '아뫼나'는 부정칭 '아모'에 보조사 'ㅣ나'가 결합한 것이다. (15ㄹ)에서 '그듸'와 호응하는 서술어의 높임 표현이 비존칭의 '-ㄴ다'인 것으로 보아, '그듸'가 오늘날과 달리 극존칭은 아님을 알 수 있다. (15ㅅ)의 미지칭 '누'는 17세기에 들어 '누고/누구'형을 갖춘다.

(16ㄱ)에 있는 '저'와 (16ㄴ)의 'ᄌᄀ야'는 3인칭 재귀 대명사인데, '저'는

낮춤말에, 'ᄌᆞ갸'는 높임말에 대응한다. 'ᄌᆞ갸'는 16세기 말쯤엔 높임성을 잃고, 근대 국어에서는 이 말의 사용이 사라진다.

인칭 대명사의 복수 표현은 (17)에서 볼 수 있다. 1인칭에는 '우리', 2인칭에는 '너희'가 있으나, '그듸'에는 접미사 '-네'를 붙여 표현한다. '우리'나 '너희'에는 (17ㄹ)처럼 '-ᄃᆞᆯㅎ'이 결합할 수 있다. 복수 접미사로는 '-내/네'와 '-ᄃᆞᆯㅎ'이 있는데, 일반 명사에서와 같이 '-내/네'는 높임말에, '-ᄃᆞᆯㅎ'은 높임이 없는 말에 쓰인다. 그리고 현대 국어와 마찬가지로, 복수 표현에서 이들 접미사와의 결합은 수의적으로 나타난다.

[지시 대명사]

지시 대명사는 사물 표시와 처소 표시에 따라 나눌 수 있다.

(18)ㄱ. 잇 양ᄋᆞ로 세 번 諸菩薩摩詞薩ㅅ 頂을 ᄆᆞ니시며 〈월석 18.15b〉

　　ㄴ. 님굼 말ᄊᆞ미 긔 아니 올ᄒᆞ시니 〈용비 39장〉

　　ㄷ. 알ᄑᆡ 잇ᄂᆞᆫ 보미 ᄒᆞ다가 實로 내 ᄆᆞᅀᆞ민댄 뎌는 實로 내오 이는 내 아니리며 〈능엄 2.47a〉

　　ㄹ. 제 艱難ᄒᆞᆫ 이를 슬ᄒᆞ야 내 이것 업수라 터니 〈법화 2.244a〉

　　ㅁ. ᄶᅩ 프른 뵈룰 되오 ᄆᆞ라 노 ᄭᅩ아 그것쓴 ᄒᆞ녁 그틀 븓 브텨 〈구급 하63a〉

　　ㅂ. 傳ᄒᆞ샤미 므스기며 得ᄒᆞ샤미 므스고 〈금삼 2.68a〉

　　　　네 그 놈 츄심ᄒᆞ야 므슴 홀다 〈번박 34a〉

　　ㅅ. 善知識아 定慧ᄂᆞᆫ 므슴과 ᄀᆞᆮᄒᆞ뇨 〈육조 중6b〉

　　ㅇ. 어느룰 닐온 正法眼고 〈금삼 2.69a〉

　　ㅈ. 正法 像法 末法이 현매라 ᄒᆞ샤미라 〈능엄 1.17b〉

ㅊ. 種種 苦를 受호미 쏘 아디 몯게라 언마오 〈목우 43a〉

(19)ㄱ. 여긔도 虛空이오 뎨도 虛空이니 말며 말라 〈남명 상50a〉

　ㄴ. 耳根이 그어긔 本來ㅅ 相이 흔가질씩 〈석보 19.16a〉

　ㄷ. 가며 머므럿는 뎡어긔와 이어긔 消息이 업도다 〈두초 11.16b〉

　ㄹ. 趙州는 어듸롤 因ㅎ야 업다 니르뇨 〈몽산 13b〉

　ㅁ. 解脫은 버슬 씨니 아모듸도 마ㄱ 듸 업서 〈월석 서8a-b〉

현대 국어에서 '이것, 그것, 저것' 등과 같이 사물을 표시하는 지시 대명사로는 중세 국어에서 주로 근칭에 '이'(18ㄱ, ㄷ), 중칭에 '그'(18ㄴ), 원칭에 '뎌'(18ㄷ)가 각각 쓰이며, 간혹 (18ㄹ)의 '이것'이나 (18ㅁ)의 '그것'도 나타나지만 '뎌것'은 아직 보이지 않는다. (18ㅂ)의 '므슥'은 오늘날 '무엇'으로, 미지칭 의문 대명사에 해당한다. 단독형은 '므스'이며 '므슴'으로도 쓰인다. 모음 조사 앞에서는 '므슥', 공동격 조사 앞에서는 '므슴'으로 나타난다. '므스'와 '므슴'은 관형사로도 쓰인다. 중세 국어에서도 많지는 않으나 의문사가 비한정사로 쓰이는 예가 보인다. (18ㅅ)의 '므슴'은 비한정사 용법을 보여 준다. (18ㅇ)의 '어느'는 미지칭 대명사인데, 현대 국어에서는 관형사로만 사용된다. (18ㅈ)의 '현마'와 (18ㅊ)의 '언마(/언머)'는 '얼마'라는 뜻을 갖는다.

　(19)에서는 처소를 말하는 지시 대명사를 볼 수 있다. '이어긔, 여긔, 이에'와 '그어긔, 그에' 그리고 '뎌어긔, 뎌긔, 뎌에'는 각각 사물 표시의 '이, 그, 뎌'에 대응한다. 이들은 모두 중세 국어 시기에 쓰였는데, '이어긔'는 '여긔'나 '이에'로 변화해 간 것으로 보인다. (19ㄹ)에서 미지칭 '어듸', (19ㅁ)에서 부정칭 '아모듸(/아모드)'를 확인할 수 있다. 처소를 나타내는 지시 대명사는 모두 부사로도 기능하는데, 이는 이전이나 이후의 시대에서도 마찬가지이다.

3.1.3 수사

수사는 양수사와 서수사로 나뉜다.

(20)ㄱ. 항나항, 둘항, 세항, 네항, 다숫, 여숫, 닐굽, 여듧, 아홉, 열항,
　　　스믈항, 셜흔, 마순, 쉰, 여쉰, 닐흔, 여든, 아흔, 온, 즈믄, …

　　ㄴ. 一, 二, 三, 四, 五, 六, 七, 八, 九, 十, 二十 … 百, 千, 萬, 億, …

　　ㄷ. 항릭/항룰, 이틀, 사올, 나올, 다쐐, 여쐐, 닐웨, 여드래, 아항
　　　래, 열흘

고유어로는 (20ㄱ), 한자어로는 (20ㄴ)과 같은 양수사가 있다.[9] '백'을
뜻하는 '온'과, '천'의 뜻을 가진 '즈믄'은 수량 단위로서 단어 형성 기
능을 하지 못하여, 백 단위 이상의 합성어는 현대 국어처럼 한자어만
이 있다. 날수[日數]를 말하는 (20ㄷ)은 대체로 접미사 '-올/을'이나 '-
애'와 결합된 형태이다. 고유어와 한자어의 수사들은 서로 결합하여
쓰이지 아니하지만, 수사와 수량사(단위성 의존 명사) 사이는 이러한 제
약에서 비교적 자유롭다.

(21) 千百億은 百億곰 항니 一千이라 혼 마리니 즈믄 萬이 億이라 〈월석
　　2.54b〉

(22)ㄱ. 그 아기 닐굽 설 머거 아비 보라 니거지라 흔대 〈월석 8.101b〉

---

9) '고유어'라 하여도 이들 가운데 상당수는 오래전 다른 언어에서 차용되었음이 보고
되고 있으나, 아직은 공통 기원어의 성격인지 차용어인지 뚜렷하지 않거나 차용 여
부가 확실하지 못한 경우가 많다. 따라서 '비한자어'라고 하는 것이 더 정확한 표현
일 수 있다.

ㄴ. 흔 번 쏘신 살이 네닐굽 부피 뻬여디니 〈월인 기40〉

(21)을 보면 '百億, 一千'이 모두 한자어로 되어 있다. 그런 점에서 (21)의 '즈믄 萬'은 합성어가 아니라 구로 보아야 할 것이다. (22ㄱ)에서 고유어 수량사인 '설'은 '닐굽'이란 고유어와 호응하였지만, (22ㄴ)의 '흔 번'에서는 한자어 수량사 앞에 고유어가 왔다.

서수사는 순서를 나타낸다.

(23) ㄱ. 흐나차히, 둘차히, 세차히 … 열차히, 열흔나차히 … 스믈차히 …

ㄴ. 흐낫재, 둘재, 셋재/셋재 …

ㄷ. 第一, 第二, 第三 … / 其一, 其二, 其三 …

고유어 서수사 (23ㄱ)은 이전부터 써 오던 형태였는데, 16세기에 이르면 (23ㄴ)의 형태가 새롭게 나타나 바뀐다. '흐낫재'〈소학 5.16b〉/'흐낟재'〈소학 5.100b〉는, 기수사들이 대개 가지고 있던 ㅎ말음이 점차 약화 탈락하면서 만들어진 것으로 보인다. 즉 기수사 말음에서 'ㅎ'음이 탈락하면서 '차히'가 '자히'로 실현되고, 음절이 축약되어 '재'로 변화한 것이다. 그 중간 과정에서 15세기에 '둘채'〈원각 9하3.1.94b〉와 같은 형태도 보인다. 서수사는 (23ㄷ)과 같은 한자어도 있다.

3.1.4 조사

조사는 격조사와 접속 조사 그리고 보조사로 나눌 수 있다. 조사는 체언 뒤에 붙는데, 격조사는 체언이 갖는 문법적인 관계를 나타내며, 접속 조사는 단어나 구절을 접속한다. 보조사도 주로 체언 뒤에서 의미를 더해 준다. 특히 격조사와 접속 조사는 문법 형태소로, 여러 가지 이형태를 갖는다.

[격조사]

중세 국어의 격조사에는 주격 '이', 목적격 '를', 보격 '이', 서술격 '이라', 관형격 '의', 호격 '아'가 있으며, 부사격에 '애, 으로, 과 …' 등이 있는데, 이들 조사는 모두 이형태를 가지고 있다.

① 주격 조사

주격 조사에는 '이/ㅣ'와 제로(∅) 주격형이 있다.

(24)ㄱ. 시미 기픈 므른 ᄀᄆᆞ래 아니 그츨씨 내히 이러 바ᄅᆞ래 가ᄂᆞ니
〈용비 2장〉

　　ㄴ. 陛下ㅣ … 臣民이 得所케 ᄒᆞ시면 妾이 비록 주그나 〈내훈 2.113a〉

　　ㄷ. 六師ㅣ 무로ᄃᆡ 부톄 누고 〈월석 21.195a〉

　　ㄹ. 불휘 기픈 남ᄀᆞᆫ ᄇᆞᄅᆞ매 아니 뮐씨 곶 됴코 여름 하ᄂᆞ니 〈용비 2장〉

(25)ㄱ. ·舍·利·佛·아 너희·둘·히 ᄒᆞᆫ ᄆᆞᅀᆞ·ᄆᆞ·로·信 :解ᄒᆞ·야 〈석보 13.62a〉

　　ㄴ. 너 :희 ᄒᆞ·마 諸·佛ㅅ 方·便·을 아·라 ᄂᆞ외·야 疑心 :업스·니 〈석보 13.62b-63a〉

(24)의 각 문장은 주격형을 가지고 있다. (24ㄱ)에서 '시미'는 '심+이'로, '내히'는 '내ㅎ+이'로 분석된다. 여기에서 '이'가 주격 조사로, 앞에

온 체언의 종성이 연철되어 있다. 주격 조사 '이'는 (24ㄴ)의 '陛下'라는 한자 표기 뒤에서는 'ㅣ'형으로 적힌다. '폐하'로 읽히는 명사가 모음 'ㅏ'로 끝나므로 이 모음과 결합하여 'ㅏ+ㅣ>ㅐ' 하향 이중 모음화 현상을 보여 '폐해'로 읽히는 것이다. (24ㄷ)의 '부톄'에선 '부텨+ㅣ>부톄'가 되었다. 한편 주격 '이'는 'ㅣ' 모음 뒤에서는 같은 발음이 중첩되므로 영형태소가 되어, 'ㅣ' 모음으로 끝나는 (24ㄹ)의 '불휘' 뒤에서는 실현되지 않았다. 이를 이른바 '제로(∅) 주격'이라 한다. 이때 선행 체언의 끝 음절의 성조가 평성이면 상성으로 바뀌고, 거성이거나 상성이면 성조의 변동이 없다. 예문 (25)는 원문 그대로 성조 표시의 방점을 표시하였다. (25ㄱ)에서 '너희'는 원래 끝 음절이 평성인데, (25ㄴ)에서는 '너희' 뒤에 영형태[10]의 주격이 와서 끝 음절이 상성으로 바뀌어 '너희>너:희'가 되었다. 이처럼 주격 조사는 대체로 자음 뒤에서 '이'로, 모음 'i, y' 뒤에서 '∅'로, 'i, y' 이외의 모음 뒤에서는 'ㅣ'로 나타난다.

(26) ㄱ. 반ᄃᆞ기 알라 世間 一切 境界 다 無明을 브터 〈원각 4상1,2,134a〉
ㄴ. ᄀᆞᄅᆞᆷ 우횟 져고맛 지븐 翡翠ㅣ 깃ᄒᆞ얫고 〈두초 11,19b〉

(26ㄱ)에서는 '境界'에 주격 조사 표기가 없는 반면 (26ㄴ)에서는 'y' 모음 '翡翠' 뒤에서 'ㅣ'가 표기되었다. 이처럼 한자로 표기된 명사 뒤에서는 'i, y' 뒤에서 주격 'ㅣ'가 간혹 표기되기도 한다.

주격 조사 '가'는 15세기 문헌에서는 나타나지 않는다. 1572년에 쓴 것으로 보이는, 송강 정철의 어머니 안씨의 편지 중에 "츤 구ᄃᆞ리 자

---

10) 주격 조사가 체언 말 음절의 성조를 바꾸므로 순수하게 '영형태'라 하기 어렵다고 할 것이다.

니 비가 세니러셔 주로 든니니"라는 구절의 '비가'에서 주격 조사 '가'가 처음 출현하는 것으로 알려져 있다.[11] 이 밖에도 16세기 후반에 나온 편지글에 주격형 '가'로 해석되는 예가 아주 드물게 보일 뿐이다. 근대 국어에 들어서도 초기 문헌에는 '가'형이 'y' 하향 이중 모음 뒤에서만 나타나는 등 분포가 한정되어 있는데, 이는 이른바 제로 주격('∅')이 16세기 이후 점차 소멸하여 감에 따라 주격 표시를 명확히 할 필요성에서 '가'형 주격이 발달하였을 가능성을 말해 주며, '가'가 17세기에서 멀지 않은 이전 시기부터 발달한 것임을 짐작하게 한다. 주격 '가' 형태의 기원에 대해서는 여러 가지 견해가 엇갈린다.[12]

주격 조사의 높임 형태 '겨셔'도 16세기 후반의 편지글에서 보인다.

(27) 아바님겨셔 이감 녁 덥 벗니 후고 유무 가ᄂᆞ니 〈순언 133〉

그러나 '겨셔/끠셔' 등 높임의 주격 조사는 17세기 문헌에 가서야 일반화한다.

주격 조사는 간혹 주격 외에 다른 격 기능 자리에서 쓰일 때가 있다.

(28)ㄱ. 흔 모미 크락 져그락 ᄒᆞ야 神奇흔 變化ㅣ 몯내 앓 거시라 〈월석 1.14b〉

ㄴ. 쇽졀업시 날 디내요미 몯ᄒᆞ리라 〈사법어 5〉

---

11) 이를 '비 가셰 니러셔'나 '비가셰 니러셔' 등으로 읽어, 주격 조사 '가'의 사용에 의문을 갖기도 한다.
12) 주격 조사 '가'의 어원을, Ramstedt(1949)는 의문 첨사 '-가'에서, 홍윤표(1975)는 '이라가'에서, 정광(1968)은 일본어 'か'에서 찾았는데, 이 밖에도 여러 다른 견해들이 있다.

ㄷ. 敎化ᄒ샤미 ᄃ리 즈믄 ᄀᄅ매 비취요미 ᄀᇀᄒ니라 〈월석 1.1a〉

ㄹ. 돌히 ᄯ하히 ᄃ외니 〈법화 2.36b〉

(28ㄱ)에서 '變化ㅣ'는 (문맥상 '왕과 천룡팔부' 등 주어의) 서술어 '앓'의 목적어이므로, 여기에서 'ㅣ'는 목적격의 기능을 갖는다. 표현법은 (28ㄴ)과 같이 부정문에서도 잘 나타난다. (28ㄷ)에서 '비취요미'는 서술어 'ᄀᇀᄒ니라'에 보어적으로 쓰이는 비교격인데, 조사가 '이' 형태이다. (28ㄹ)에서 'ᄯ하히'는 서술어 'ᄃ외니'의 보어로서 명사 'ᄯ핳'에 보격 조사 '이'가 붙어 있는데, 넓게는 보격도 주격의 일부로 볼 수도 있다. 이 외에도 관형격 조사로 쓰이는 '이/ㅣ'도 주격과 같은 형태이지만, 이는 이전 시기의 화석화형으로 보아야 할 것이다.

② 목적격 조사

'대격'이라고도 하는 목적격 조사에는 '를/를/욜/을/ㄹ'가 있다.

(29)ㄱ. 다시 목수미 二百萬億 那由他 히를 더 사라 〈석보 19.32a〉

ㄴ. 몸앳 필 뫼화 그르세 담아 男女를 내ᅀᆞᄫᅵ니 〈월석 1.2b〉

ㄷ. 雜숨튼 즁ᄉᆡᆼ 마ᄉᆞᆫ아호ᄇᆞᆯ 노ᄒᆞ면 어려ᄫᅳᆫ 厄을 버서나며 〈석보 9.32b-33a〉

ㄹ. 뎌 부텻 일후믈 고ᄌᆞ기 念ᄒᆞ야 恭敬ᄒᆞ야 供養ᄒᆞᅀᆞᄫᅵ면 〈석보 9.25a-b〉

ㅁ. 두 가질 글와 사기ᄂᆞᆫ가 〈목우 36a〉

이와 같은 여러 이형태는 음운적 조건에 따른다. 곧, 앞 체언의 끝소리가 모음이냐 자음이냐에 따라 '를, 를'과 '욜, 을'이 결정되고, 다시 양성 모음 뒤에서는 '롤, 올'이, 음성 모음 뒤에서는 '를, 을'이 온다. 또 모음 뒤에서는 'ㄹ'로 실현되기도 한다. (29ㄱ)에서 양성 모음 '히' 뒤에는 '롤'이, (29ㄴ)에서 음성 모음 '女' 뒤에는 '를'이, (29ㄷ)에서 자음 말음을 가진 양성 모음 음절 '厄' 뒤에는 '올'이, (29ㄹ)에서 자음 말음을 가진 음성 모음 음절 '훔' 뒤에는 '을'이 왔다. (29ㅁ)에서 모음으로 끝나는 '가지'에는 축약형 'ㄹ'가 쓰였는데, 당시의 문헌에서 'ㄹ'형은 아주 제한적으로 나타난다.

중세 국어에서는 대격 외에 여격 기능의 자리에도 목적격 조사를 자주 사용하였다. (30)에서는 '주-'와 '절ᄒᆞ-' 동사의 여격을 받을 자리에 '년글'과 '겨지블, 앗ᄋᆞᆯ'에서처럼 목적격 조사를 썼다.

> (30)ㄱ. 四海ᄅᆞᆯ 년글 주리여 ᄀᆞᄅᆞ매 비 업거늘 〈용비 20장〉
>
> ㄴ. ᄯᆞᄅᆞᆫ 앗이 겨지블 절ᄒᆞ고 아ᄃᆞᄅᆞᆫ 앗ᄋᆞᆯ 절ᄒᆞᄂᆞ다 〈두초 8.28a〉

(30ㄱ)은 오늘날에도 쓰이지만 (30ㄴ)과 같은 표현은 현대 국어에서 사라졌다.

자동사가 목적격 조사를 취하는 표현이 있는데, 이 가운데에는 오늘날에도 이어지는 용법이 많다.

> (31)ㄱ. 언제 새어든 부텨를 가 보ᅀᆞᄫᆞ려뇨 ᄒᆞ더니 〈석보 6.19a〉
>
> ㄴ. 오ᄂᆞᆳ날 두 나랏 ᄉᆞᅀᅵ예 허튀 동긴 ᄀᆞ티 붓고 바리 알폴씨 길흘 몯 녀리로소이다 〈월석 8.94a〉

(31)에서 서술어 '가-'와 '녀-'는 자동사인데 목적격 조사가 결합된 '부텨를, 길흘'과 공기하고 있다. 현대 국어에서는 장소를 나타내는 (31

ㄴ)은 가능하지만, 장소를 직접 나타내지 않는 (31ㄱ)과 같은 표현은 비문이 된다.

중세 국어에서는 종속문의 의미상 주어가 목적격 조사로 쓰이기도 한다.

(32)ㄱ. 조가굴 그윽ㅎ며 現然을 아디 몯ㅎ며 말ㅆ믈 邪正을 아디 몯ㅎ야 〈몽산 47b〉

ㄴ. 오직 쫑을 둘며 뿌믈 맛볼 거시라 〈번소 9.31b〉

(32ㄱ)에서, 서술어 '알-'의 목적어로서 목적격 조사를 가진 '조각'은 '그윽ㅎ며 現然(ㅎ)-'라는 서술 내용의 의미상 주어이며, 역시 '알-'의 목적어 '말씀'은 '邪正(ㅎ)-'라는 서술 내용의 의미상 주어가 된다. 오늘날 표현으로 고치면 '조각이 그윽하며 現然함을 알지 못하며, 말씀이 邪正함을 알지 못하여' 정도가 된다. (32ㄴ)에서 '쫑을'도 목적격 조사가 쓰였지만 의미상으로는 주어 기능을 갖는다. 이 같은 표현은 '주어-목적어 인상' 구문으로 해석할 수도 있을 것이다.

③ 보격 조사

보격의 개념이나 범위에는 여러 가지 견해가 있으나, 여기에서는 불완전 자동사나 형용사가 서술어로 오는 문장에서 보어 기능을 하는 명사(구)가 보격을 갖는 것으로 본다. 보격 조사의 형태는 주격과 같아서, 각 이형태들의 출현 조건도 주격과 마찬가지이다.

(33)ㄱ. 願ㅎ둔 내 生生애 그딋 가시 두외아지라 〈월석 1.11b〉

ㄴ. 모시 바ᄅ리 아니며 두들기 뫼히 아니라 〈월석 2.76a〉

ㄷ. 부톄 百億 世界예 化身ᄒ야 敎化ᄒ샤미 ᄃ리 즈믄 ᄀᄅ매 비취요미 ᄀᆮᄒ니라 〈월석 1.1a〉

ㄹ. 無等等은 글ᄫ니 업슨 德으로 能히 萬物와 ᄀᆮᄒ실 씨니 〈석보 21.19b〉

ㅁ. ᄯ 文殊師利여 믈읫 有情이 ᄂᆞᆷ과 닫나ᄆᆯ 즐겨 〈석보 9.16b〉

ㅂ. 단독은 모딘 죵긔디 다ᄉᆞᆺ 가짓 비치 여러 가지로 ᄃ이며 〈구간 3.51a-b〉

(33)에서 'ᄃ이아지라, 아니라, ᄀᆮᄒ니라, ᄀᆮᄒ실씨니, 닫나ᄆᆯ, ᄃ이며'는 모두 보어를 요구하는 불완전 자동사로, '가시, 뫼ᄒ, 비취욤, 萬物, ᄂᆞᆷ, 여러 가지'라는 보어를 가졌다고 볼 수 있다. 보격 조사가 (33ㄱ)에서는 'ㅣ'모음 뒤에서 생략되었고, (33ㄴ, ㄷ)에서는 '이', (33ㄹ, ㅁ)에서는 '와/과', (33ㅂ)에선 '로'로 나타났다. 그러나 현재 학교 문법에서는 보격으로 (33ㄱ)과 (33ㄴ)만을 설정하고 있다. '~이 ᄃ이-'와 '~이 아니-' 형태의 구문에서만 보격 출현을 인정하는 셈이다. 실질적으로 보격 조사를 설정한다면 이 밖에도 좀 더 들 수 있으나 대표적인 것은 '이'라 할 것이다.(보어에 관한 좀 더 자세한 내용은 제3장의 5.2.1 참조)

④ 서술격 조사

서술격 조사는 어미 활용을 하는데, 기본형으로 '이라/ㅣ라/라'의 형태를 갖는다.

(34)ㄱ. 無量義ᄂᆞᆫ 그지 업슨 ᄠᅳ디라 혼 마리라 〈석보 13.12a〉

　　ㄴ. 民ᄋᆫ 百姓이오 音은 소리니 訓民正音은 百姓 ᄀᄅ치시논 正ᄒᆞᆫ 소리라 〈훈민 1a〉

ㄷ. 法身은 샹녜 잇눈 젼치라 〈석보 23.4b〉

(35)ㄱ. 分布ᄒ야 流傳ᄒ면 아디 몯게이다 〈원각 10하3.2.69b〉

ㄴ. 金德崇이눈 … 韓山 원ᄒ야셔 어버이를 아ᄎᆞᆷ나죄 몯 보애라 ᄒ
야 벼슬 ᄇᆞ리고 와 효도를 지그기 ᄒ더니 〈속삼 효6a〉

ㄷ. 人情의 갓갑디 아니홈으로 위ᄒ예니 〈소학 5.36b〉

(34ㄱ)의 서술격 조사 '이라'는 끝소리가 자음인 명사 뒤에 오며, (34ㄴ)
의 '라'는 끝소리가 /i, y/인 명사 뒤에, (34ㄷ)의 'ㅣ라'는 그 외의 모음
으로 끝나는 명사 뒤에 온다. 이는 주격 조사에서와 같은 음운 조건
에 따른 실현이다. '이'가 생략되면 체언 말음절의 성조가 상성으로 변
화한다. 서술격 조사는 '이오, 이니, 이며, 이라, 이러니(>이더니), 이시
다' 등과 같이 어미 활용형을 갖는다. (34ㄴ)에서는 '이오'와 '니'도 보인
다. '이오'는 '이고'에서 'ㄱ'가 탈락한 것으로, 이 형태는 현대 국어에서
연결 어미 '이요'로 이어진다. '니'는 'i' 모음 아래에서 '이'가 생략된 활
용 형태이다. 서술격 조사는 (35)의 밑줄 친 표현처럼 명사 외에 용언
의 부동형 '-게: 몯게이다'(35ㄱ), '-아: 보애라'(35ㄴ), '-여: 위ᄒ예니'(35
ㄷ) 뒤에 쓰인 용례도 보이는데, 이러한 용법은 점차 축소되어 오늘날
엔 극히 일부에서 쓰일 뿐이다.

서술격 조사의 활용은 특이하다. 활용 어미어 첫소리 'ㄷ'는 'ㄹ'로
바뀌고(이다>이라), 어미의 첫소리가 'ㄱ'이면 탈락하며(이고>이오), 어
미의 첫소리 '오, 우'는 '로'로, '아, 어'는 '라'로 바뀐다.(이로ᄃᆡ, 이라셔)

⑤ 관형격 조사

중세 국어의 관형격 조사에는 '이/의'와 'ㅅ'가 널리 쓰이고, 일부 체
언 뒤에서는 'ㅣ'도 나타난다. 관형격 조사의 형태는 명사의 [유정성]

과 [높임]의 유무에 의해 구별되는데, 이는 고대 국어에서도 나타나 중세 국어를 거쳐 근대 국어에도 이어진다. 그러나 'ㅅ'는 근대 이후 점차 역할이 줄어, 합성 명사를 구성하는 요소로 한정되어 간다.

(36)ㄱ. 難陁ᄋᆡ 머리를 가ᇧ라 ᄒᆞ야시ᄂᆞᆯ 〈월석 7.8b〉

ㄴ. 官妓로 怒ᄒᆞ샤미 官吏의 다시언마ᄅᆞᆫ 〈용비 17장〉

ㄷ. 問名은 겨지븨 난 어믜 일훔 무를시라 〈내훈 1.67a〉

(37)ㄱ. 菩薩ㅅ 道理 行ᄒᆞ실 쩌긔 열 두 大願을 ᄒᆞ샤 〈석보 9.3b〉

ㄴ. 阿脩羅ㅣ 바ᄅᆞᆳ 가온ᄃᆡ 나아 바ᄅᆞᆳ믈 ᄉᆡᄂᆞᆫ 굼긔 드러 이셔 〈석보 13.10b〉

ㄷ. 하ᄂᆞᇙ ᄆᆞᅀᆞᆷ믈 뉘 고티ᅀᆞᄫᆞ리 〈용비 85장〉

(38)ㄱ. ㄱᄂᆞᆫ 엄쏘리니 君군ㄷ 字ᄍᆞᆼ 처섬 펴아 나ᄂᆞᆫ 소리 ᄀᆞᄐᆞ니 〈훈민 4a〉

ㄴ. 東都애 보내어시ᄂᆞᆯ 하리로 말이ᅀᆞᄫᆞᆯ들 이 곧 뎌 고대 後△날 다ᄅᆞ리잇가 〈용비 26장〉

(39)ㄱ. 댱쟈(長者)ㅣ ᄯᅡᆯ이 죽(粥)을 받ᄌᆞᄫᆞ니 〈월인 기63〉

ㄴ. 부톄 니ᄅᆞ샤ᄃᆡ 올타 올타 네 말 ᄀᆞᄐᆞ니라 〈석보 9.22a〉

(36)에선 '의/의'가, (37)에선 'ㅅ'가, (38)에선 'ㄷ, △'가, (39)에선 'ㅣ'가 쓰였다. 대체로 높임의 자질이 부여되지 않는 유정 명사에는 '의/의'가 오는데, 16세기 이후 '의'는 종종 '의'로 나타나다가 17세기 중반 이후 엔 대개 '의'로 통일된다. (36)의 '難陁'와 '官吏'에는 '의/의'를 써서 높임을 주지 않은 것이다. 무정물이나, 높임의 자질이 부여되는 유정 명사에는 일반적으로 관형격 조사로 'ㅅ'를 쓰는데, 여기엔 예외도 간혹 보인다. '이'로 끝나는 명사 아래에 관형격 조사 '의/의'가 결합하면 '어

믜'처럼 '이'가 탈락한다. (37ㄱ)에서 '菩薩'은 높임을 받아 관형격 조사로 'ㅅ'가 왔고, (37ㄴ)의 무정물 '바를'에도 'ㅅ'가 쓰였다. 'ㅅ'는 유성음 사이에서는 (37ㄷ)의 '하늪'과 같이 유성화음으로 표기되었다. 훈민정음 창제 초기의 문헌에서는 선행어의 말음절 자음에 따라 'ㅅ' 외에 'ㄱ, ㄷ, ㅂ, ㅸ, ㅿ, ㆆ' 등이 (38)에서처럼 쓰이기도 하나 곧 'ㅅ'로 통일된다. (39)의 관형격 조사 'ㅣ'는 '댱쟤'와 같이, 체언의 끝소리가 모음일 때 인칭 대명사나 유정 명사 또는 한자어 뒤에서 주로 나타난다. (39ㄴ)에서는 2인칭 대명사 '너'가 관형격 조사 'ㅣ'와 결합하여 '네'가 되었다. 이때 평성 '너'의 성조에 변함이 없다. 그러나 '너'가 주격 조사와 결합하면 상성의 ':네'가 된다. 주격과 관형격, 서술격 조사가 모두 'ㅣ' 형태를 갖는 인칭 대명사 '나, 너, 누'의 성조 변화는 아래와 같다.

(40)ㄱ. 나: 나는 이제 시르미 기퍼 넘난 ᄆᆞᅀᆞ미 업수니 〈월석 2.5a-b〉

　　　ᄒᆞ마 그러면 萬法이 다 그러ᄒᆞ야 믈읫 나이 依와 正괘 몬져 根

　　　身이 아니며 ᄯᅩ 器界 아니라 〈능엄 3.63b〉

　　ㄱ'. 내(나): 내이 不可思議 功德을 일ᄏᆞ라 讚歎ᄒᆞ샤 〈월석

　　　7.76b-77a〉

　　ㄴ. ·내(나+주격): 내 나아간ᄃᆞᆯ 아바님이 나를 올타 ᄒᆞ시니 〈월인

　　　기11〉

　　ㄷ. 내(나+관형격): 人相ᄋᆞᆫ ᄂᆞ민 相이오 我相ᄋᆞᆫ 내 相이니 〈월석

　　　2.63b〉

　　　듁원(竹園)에 뼹사(瓶沙)ㅣ 드러 내 몸애 욕심(欲心) 업거늘 〈월

　　　인 기111〉

　　ㄹ. ·내 ·라(나+서술격): 愚ᄂᆞᆫ 어릴 씨니 어린 내라 호미라 〈능엄

　　　1.16b〉

(41)ㄱ. 너: 願호딘 너는 干謁호믈 저기 호라 〈두초 8.7a〉

　　　　　묘타묘타 내 너의 깃구믈 돕노니 〈석보 11.10a〉

　　ㄱ'. 네(너): ᄀᆞ장 더욱 스승 하미 이 네의 스승이로다 〈두초 16.13a〉

　　ㄴ. :네(너+주격): 네 이 一切 諸佛菩薩와 天龍鬼神을 보는다 〈월석
　　　　　21.13b〉

　　ㄷ. 네(너+관형격): 부톄 니르샤디 올타 올타 네 말 ᄀᆞ트니라 〈석보
　　　　　9.22a〉

　　ㄹ. :네 ·라(너+서술격): 汝는 네라 宜는 맛당홀 씨라 〈월석 서10b〉

(42)ㄱ. ·누: 六師ㅣ 무로디 부톄 누고 對答호디 一切智人이시니라 〈월
　　　　　석 21.195a〉

　　ㄱ'. ·뉘(누): 뉘 슈(誰) 〈훈몽 하24b〉

　　ㄴ. ·뉘(누+주격): 方面을 몰라 보시고 벼스를 도도시니 하ᄂᆞᆲ ᄆᆞᅀᆞ
　　　　　믈 뉘 고티ᅀᆞᄫᆞ리 〈용비 85장〉

　　ㄷ. :뉘(누+관형격): 뉘 ᄯᆞᆯ을 골히야ᅀᅡ 며늘이 두외야 오리야 〈월인
　　　　　기36〉

세 가지 대명사의 성조 변화는 각기 다르다. (40)의 1인칭 대명사 '나'
는 평성인데, 주격 조사가 결합하면 거성 '·내', 관형격은 평성 '내', 서
술격은 거성 '·내 ·라'이다. (41)의 2인칭 대명사 '너'도 평성이지만 '너'
의 주격형은 상성 ':네', 관형격형은 평성 '네', 서술격형은 상성 ':네'
이다. 주격과 서술격에서는 성조가 같이 나타난다. (42)의 미지칭 '누'
의 주격은 거성 '·뉘', 관형격은 상성 ':뉘'이다. (40ㄱ')의 '내의'는 1인
칭 대명사 '나'에 관형격 조사가 결합한 형태인 '내'에 다시 관형격 조
사 '의'가 연결된 것으로, '나'와 '내'가 대명사의 어근으로 함께 혼용되
어 쓰이고 있음을 보여 준다. 이는 2인칭에서도 마찬가지인데, (41ㄱ')

의 '네의'에서 '네'도 2인칭 대명사 '너'의 관형격이며, 여기에 다시 관형격 조사가 덧붙어 '네의'가 된 것으로 보아야 할 것이다. (42ㄱ)의 'ㆍ뉘'는 주격 결합형이 '누'와 혼용된 예이다.

재귀 대명사 '저'도 주격형은 상성 ':제'이며, 관형격형은 평성 '제'이다. 이처럼 대명사에서는 주격형과 관형격형이 같은 형태로 나타나더라도 그 성조를 달리하고 있다. 그러나 주격과 관형격을 가질 때 성조 변화에 일관된 규칙성을 찾기 어려운 것은, 주격과 관형격 조사 'ㅣ'에 원래부터 성조 변화를 일으키는 요인이 있었다기보다 같은 형태에서 오는 동음성을 피하기 위해 개별적으로 성조에 변화가 일어난 것으로 보인다.

15세기 국어에서는, 서술어의 형태가 관형사형이거나 동명사이며 그 서술어로 이끌리는 구절이 전체 문장에서 종속문일 때에는, 그 구절의 의미상 주어는 주격 조사보다 관형격 조사와 결합하는 것이 일반적이다. 이를 '주어 용법의 관형격' 또는 '주어적 속격'이라고 한다.

(43)ㄱ. 이 두 龍이 兄弟니 目連의 降服히온 龍이라 〈석보 13.7b〉

　　ㄴ. 그딋 혼 조초ᄒᆞ야 뉘읏븐 ᄆᆞᅀᆞᄆᆞᆯ 아니ᄒᆞ리라 〈석보 6.8b-9a〉

　　ㄷ. 비록 無漏智慧ᄅᆞᆯ 得디 몯ᄒᆞ야도 意根이 淸淨호미 이러ᄒᆞᆯ씨 〈석보 19.25a〉

(43ㄱ)에서 '目連의'는 관형격을 보이지만 '降服히온'이란 서술어의 주어 기능을 갖는다. (43ㄴ)에서도 관형격 조사 'ㅅ'를 가진 '그딋'은 '혼'의 의미상 주어이다. 이러한 주어적 속격의 조사는 (43ㄷ)처럼 무정 명사에서도 '익/의'가 결합되는 경우가 많다.

또한 목적어 자리에 관형격이 쓰이기도 한다는 견해가 있는데, 이는 '목적어 용법의 관형격'이라 할 수 있다. 이러한 견해의 근거 예는 아래와 같다.

(44)ㄱ. 眞實ㅅ 닷고문 欲 여희요므로 本 사모물 爲ᄒ시니 〈능엄 6.88b〉

　　ㄴ. 喪亂 디내요므로브터 ᄌ오로미 져고니 긴 바밋 저주믈 어느 줄
　　　로 ᄉ뭇ᄎ려뇨 〈두초 6.42b-43a〉

이는 목적어를 가진 동사가 동명사로 바뀌면서, 원래 목적격이 올 자리에 동명사를 한정하는 관형격 형태가 온 것으로 해석한다. 특히 동명사가 상위문의 목적어가 되면, 목적어 형태가 계속 출현하는 어색함을 피하기 위해 동명사의 목적어에 해당하는 명사는 관형격을 취한다고 본 것이다. (44ㄱ)에서 동사 '닭-'이 명사화하여 목적격 조사를 가지므로, '닭-'의 목적어 위치에 있는 '眞實'이 관형격 'ㅅ'형을 취하였다고 보는 것이다. 이는 '닷곰'이 파생 명사가 아니라 동명사이므로 가능한 해석이다. 그러나 여러 연구에서 들고 있는 (44ㄱ)에서는 관형격 '眞實ㅅ'을 서술어 '닷고문'의 목적어라기보다 '진실한 닦음'이나 '진실하게 닦음'으로 해석할 수 있다. 이 문장의 한문 원문이 '爲眞修ᄂᆞᆫ 以離欲ᄋ로 爲本이시니'임을 보아도 그러하다. (44ㄴ)에서도 '긴 밤에 젖음'으로 이해되어 '긴 밤'이 '저줌'의 목적어가 아님은 원문(自經喪亂少睡眼 長夜沿濕何由徹)에서도 알 수 있다.[13]

---

13) 이 밖에도 흔히 목적어 용법의 관형격으로 들고 있는 아래의 문장들에서도 한문 원문을 볼 때 밑줄 친 관형격 명사를 뒤이은 동명사의 목적어로 해석하기 어렵다고 할 것이다.
　(i) 구룸 낀 뫼흔 ᄀ룺 北녀긔 어위니 봆 가로믈 漢水ㅅ 西ㅅ녀글 허리노라 (雲嶂寬江北 春耕破漢西) 〈두초 7.13a〉
　(ii) 이쇼믈 아쳐로미 眞實ㅅ 여희요미 아니며 (厭有ㅣ 非眞離며) 〈능엄 6.61b〉

360

중세 국어에서는 관형격 조사 'ㅅ'가 처소격 등과 결합하여 복합격을 이루거나 활용 어미 뒤에 오는 용법이 있는데, 이때에 관형격 조사로 '익/의'는 오지 않는다.

(45)ㄱ. 楚國엣 天子氣를 行幸ᄋ로 마ᄀ시니 〈용비 39장〉

ㄴ. 그 고을 知州事ㅣ랏 벼슬 ᄒ엿더니 〈번소 9.4a〉

ㄷ. 廣熾ᄂ 너비 光明이 비취닷 ᄠᅳ디오 〈월석 2.9b〉

ㄹ. 죠고맛 빅 ᄐ고젓 ᄠᅳ들 닛디 몯ᄒ리로다 〈두초 15.55b〉

(46)ㄱ. 更不願好者ㆍ〻 不覺內衣裏느느 有無價寶珠ㆍㆍㅅ〻 〈법화소1 4.13b: 7본〉

(더 좋은 것은 원하지 않아 옷 속에 값으로 따질 수 없는 보배 구슬이 있는 줄도 깨닫지 못하더니)

ㄴ. 其人ㅅ 常於信心檀越ㅓㅌ 飮酒噉肉ㆍ〻 廣行淫穢ㆍㅓㅌ 〈능엄소 9.12b: 3본〉

(그 사람이 항상 信心이 있는 시주 앞에서 술 마시고 고기 먹으며 음란한 행위를 마구 행하리니)

(45ㄱ)에선 처소격 '에', (45ㄴ)에선 서술격 'ㅣ라', (45ㄷ)에선 종결형 '-다', (45ㄹ)에선 연결형 '-고져' 뒤에 'ㅅ'가 왔다. 이러한 용법은 고대 국어에서도 있으며, 음독 구결 (46ㄱ)의 '느'(엿)과 (46ㄴ)의 'ㅓㅌ'(잇)은 모두 처소격 조사 아래에 관형격 'ㅅ'가 결합한 형태이다. 처소격 조사 'ㅅ'가 (45ㄴ, ㄷ, ㄹ)과 같이 서술격이나 용언의 활용 어미 뒤에 오면 선행하는 관형절을 이끄는 기능을 한다. 처소격 조사와 접속 조사 뒤에 관형격 조사가 결합하는 용법은 근대 국어에서도 일부 계속되지만, 용언 어미에 붙는 'ㅅ'는 아직 고대 국어 차자 자료에서 용례가 보이지

않으며 근대 국어 이후에도 찾기 어렵다.[14]

⑥ 호격 조사

호격 조사에는 일반적인 호격형과 존칭의 호격형이 있다.

(47)ㄱ. 大王아 네 이 두 아ᄃᆞᆯ 보ᄂᆞᆫ다 몯 보ᄂᆞᆫ다 〈법화 7.147a〉

ㄴ. 부톄 니ᄅᆞ샤ᄃᆡ 阿逸多아 如來滅度ᄒᆞᆫ 比丘 比丘尼 優婆塞 優婆夷와 … 〈석보 19.1b〉

ㄷ. 부톄 彌勒菩薩摩訶薩ᄃᆞ려 니ᄅᆞ샤ᄃᆡ 阿逸多야 衆生이 부텻 壽命長遠이 이 ᄀᆞᆮᄒᆞᆫ ᄃᆞᆯ 듣고 〈월석 17.31b〉

(48)ㄱ. 님금하 아ᄅᆞ쇼셔 洛水예 山行 가 이셔 〈용비 125장〉

ㄴ. 랑듕하 네 어듸셔 사ᄂᆞᆫ다 〈번박 상11b〉

(49)ㄱ. 됴타 文殊師利여 네 大悲로 니ᄅᆞ고라 請ᄒᆞᄂᆞ니 〈월석 9.9a〉

ㄴ. 됴ᄒᆞ시며 됴ᄒᆞ실쎠 大雄世尊이여 〈법화 5.94b〉

ㄷ. 孔子ㅣ 니ᄅᆞ샤ᄃᆡ 賢홀쎠 回여 〈내훈 3.50a〉

ㄹ. 우는 聖女ㅣ여 슬허 말라 내 이제 네 어믜 간 ᄊᆞ홀 뵈요리라 〈월석 21.21b〉

ㅁ. 究羅帝여 네 命終ᄒᆞ다 〈월석 9.36b〉

(50)ㄱ. 쥬신 형님하 ᄧᅩ ᄒᆞᆫ 마리 이셰이다 〈번노 상55b〉

ㄴ. 쥬신 형님 내 나그내라니 오ᄂᆞᆯ 졈그러 네 지븨 잘 ᄃᆡ 어더지이다 〈번노 상47a〉

---

14) 임동훈(1995)는, 현대 국어에서 'ㅅ' 결합 형태로는 이어지지 않지만 '-단 말, -이란 말'에서 '-단, -란'으로 남아 있다고 보았다.

(47)의 호격 조사는 높임이 없는 체언 뒤에 놓이는데, '아'는 앞 체언의 끝소리가 자음이나 모음일 경우에 두루 쓰이며, '야'는 모음으로 끝나는 체언 뒤에 쓰인다. (47ㄴ)과 (47ㄷ)에선 같은 조건에 각각 '아'와 '야'로 달리 쓰였지만 그 기능상 차이가 뚜렷하지 않다. (48ㄱ)의 '하'는 높임을 나타낸 호격형이다. 그러나 16세기의 문헌 (48ㄴ)에선 높임 정도가 꽤나 낮은 경우에서도 '하'가 나온다. 이처럼 '하'는 다른 호격 조사와 높임의 차별성이 차츰 적어지면서 그 쓰임이 줄어져 간다. (49)의 '이여/ㅣ여/여'는 감탄의 호격 조사로, 이러한 용법은 대개 (49ㄱ~ㄹ)에서처럼 감탄형 서술어 뒤에 오는 명사에 나타난다. 이들은 감탄의 뜻을 가진 보조사 성격이지만 수사적으로 호격의 기능도 가지며, 이때 높임은 중화적이어서 여러 층위에 두루 쓰인다. (49ㄱ, ㄴ)에선 높임이 있으나, (49ㄷ)은 공자가 제자 회에게 하는 말이므로 '여'에 높임의 기능이 없다는 것을 확실히 알 수 있다. 'ㅣ' 모음 뒤에서는 '여', 'ㅣ'를 제외한 모음 뒤에서는 'ㅣ여', 자음 뒤에선 '이여'를 쓰는 것이 일반적이다.

호격 조사로 '아/야'와 '이여/ㅣ여/여'가 올 때에는, 의미상으로 호격에 호응하는 서술어의 주어는 수의적으로 실현된다. 그러나 '하'에서는 (48ㄱ)처럼 아주 높임일 때는 주어가 항상 실현되지 않지만, (48ㄴ)처럼 높임의 정도가 낮을 때에는 주어가 나타나기도 한다. (47ㄱ, 48ㄴ, 49ㄱ)에서는 주어 '네'를 볼 수 있다. 부르는 대상이 높임의 대상일 때는 호격 조사가 (50ㄱ)처럼 '하'로 나타나거나, (50ㄴ)처럼 생략되기도 하는데, 근대 국어 이후에는 생략 표현이 점차 일반화한다. 고대 국어에서부터 있어 온 높임의 조사 '하'는, 높임의 접미사 '-님'이 호칭어에도 널리 쓰이면서 소멸의 길을 걷게 되는 것이다.

7 부사격 조사

부사격에는 처소격, 도구격, 비교격, 동반격, 변성격 등을 꼽을 수 있는데, 이들은 대체로 어휘적 의미를 갖는 어휘격의 성격이다. 이들 격을 표시하는 조사들을 본다.

처소격(/처격) 조사는 위치만을 나타내기도 하고, 낙착점이나 출발점 그리고 지향점을 가리키기도 한다. 처소격 조사는 다른 조사와 결합형으로도 많이 쓰인다.

(51) ㄱ. 모딘 노미 그 比丘를 자바 기름 브은 가마애 녀코 〈석보 24.16a〉

ㄴ. 恩惠를 머구메 鹵莽호믈 붓그리노니 뻐에 사겨 슬푸믈 아낫노라 〈두초 20.40a〉

ㄷ. 忉利天 內예 셜흔 세 하ᄂ리 잇ᄂ니 〈월석 1.20a〉

(52) ㄱ. 모딘 줌쉬이 므싀엽도소니 므스므라 바ᄆᆡ 나오나뇨 〈석보 6.19b〉

ㄴ. 그ᄢᅴ 舍利弗이 ᄒᆞᆫ 나모 미틔 안자 入定ᄒᆞ야 〈석보 6.28b〉

(53) ㄱ. 이 여슷 낫 굴그니예 미 ᄒᆞ나히 닷돈 은을 바ᄃᆞ련마른 〈번박 32a〉

ㄴ. 가즐비건댄 노히 둘히 ᄒᆞ나해 어울면 구둠 곧ᄒᆞ니라 〈원각 6상 2.2.105b〉

(51)~(53)의 문장에는 모두 처소격 조사가 있다. (51ㄱ)의 '애'는 양성 모음을 가진 체언('가마') 뒤에, (51ㄴ)의 '에'는 음성 모음의 체언('뻐') 뒤에 오며, (51ㄷ)의 '예'는 마지막 음절이 모음이 'i, y'으로 끝나는 체언 ('內') 뒤에서 나타난다. (52)에서 처소격 조사로 'ᄋᆡ/의'를 취하는 '밤'과 '밑'은 이른바 '특이 처격어'로, 이들 명사 뒤에서는 처소격 조사의 형

태를 달리한다. (52ㄱ)의 '익'는 양성 모음 뒤에서, (52ㄴ)의 '의'는 음성 모음 뒤에서 실현된다. (51)~(53)의 처소격 조사 '애/에/예'와 '익/의' 가운데, (51ㄷ), (52ㄱ), (52ㄴ), (53ㄱ), (53ㄴ)은 위치를, (51ㄱ)과 (51ㄴ)은 낙착점을 나타낸다.

(52)에서와 같이 특수한 처소격 '익/의' 형태와 결합하는 명사는 대체로 한정된 어휘가 고유어와 한자어에 모두 분포되어 있다. 'ᄒᆞ나ㅎ, 둘ㅎ, 세ㅎ, 열ㅎ' 등 수사, '눗, 블ㅎ, 목' 등 신체어, '우ㅎ, 앒, 東' 등 방위어, 'ᄆᆞᄉᆞᆯㅎ, ᄀᆞ올ㅎ, 홁, 뭍, 뫼ㅎ, ᄀᆞ룸, 싸ㅎ' 등 지리어, '하ᄂᆞᆯㅎ, 봄, 들, 날, 새박, 아ᄎᆞᆷ, 낮, 나조ㅎ, 밤' 등 천문어, '나모, 곳' 등 식물어, '집, ᄆᆞᄅᆞ, 우믈, 門' 등 가옥 관련어, '술, 돗, 옷, 자ㅎ, 갈ㅎ' 등의 생활 관련어 따위를 꼽을 수 있다. 현재 조사된 어휘는 100여 개로, 여기에는 기본 어휘가 많으며 이들 가운데에서도 '익/애'만을 취하는 어휘는 '나모, 우ㅎ, 구무, 봄' 등 30여 개이다. 이들 특이 처소격 조사는 관형격 조사와 그 형태가 같은데, 이는 처격형 '익/의'가 원래 관형격에서 분화된 까닭으로 보인다.[15] 이들의 분화는 고대 국어 이전에 이루어져서 고대 국어에서는 '익/의'가 처소격으로 쓰였고, 중세 국어에서는 새로운 처소격형인 '애/에/예'가 나타나 일반적으로 쓰이면서 이전의 형태가 일부 남아 쓰이는 것이다.[16] 따라서 통시적 변화가 비교적 더딘 기본 어휘에서는 새로운 처소격형보다 이전 시기의 형태 '익/의'와의 결합을 계속 유지하는 예가 많다. 그러나 15세기에도 같은 명사

---

15) 실제로 관형격과 처격은 속성상 공통점이 많으며, 이 둘을 형태로 구분하지 않는 언어들도 있다. 특이 처격에 관해 최세화(1964), 홍윤표(1969), 이숭녕(1981), 홍종선(1984) 등에서 서로 다른 견해를 볼 수 있다.

16) 그러나 허웅(1989: 79)에 의하면, 15세기에 비해 16세기에는 '애/에'보다 '익/의'의 쓰임이 우세해진다고 한다. 좀 더 정밀한 조사가 필요하다.

가 두 가지 형태의 처소격 조사와 혼용해서 쓰인 예가 더러 있어, 'ᄒᆞ나ㅎ'의 처소격형이 (53ㄱ)에선 'ᄒᆞ나히', (53ㄴ)에선 'ᄒᆞ나해'로 쓰였다.

여러 형태의 처소격 조사는 음독 구결에서도 확인된다.

(54) ㄱ. ①則汝丶 三歲亠 見此河時ㅏ 至年十三ソ3ㄱ 其水丶 云何ソ入ヒ午 〈능엄9594 2.4a: 8본〉

(네가 세 살에 이 강을 보던 때와 열세 살에 이르러 보는 그 물이 어떠하더냐?)

②或設ノ厶 每地亠 斷一障 二愚ロ 修一波羅蜜ソㅌㄱ亠ノしㄱ 〈능엄939 8.36a: 10해〉

(혹 말하기를, 매 땅에 一障 二愚를 끊고 第一波羅蜜을 닦는다고 (說)하는 것이다 하는 뜻은)

ㄴ. 時亠丶 波斯匿王丶 爲其父王ソ3 諱日3 營齋ソロ 〈능엄남1 1.7a: 7본〉

(그때에 波斯匿王이 그 父王을 위하여 돌아가신 날에 제를 열고)

ㄷ. 根元しㄱ 目爲淸淨四大亠十 因名舌體ソ又ヒ 如初偃月ソヒ 〈능엄759 4.46a: 9본〉

(근원을 지목하여 淸淨四大로 삼을 적에 이로 인하여 혀라고 하니, 마치 초승달과 같으니)

ㄹ. 明暗 虛空 三事3丶 俱異ソ了 從何 立見丶午 〈능엄일 3: 22a: 12본〉

(明과 暗과 虛空 세 가지와 모두 다르다면, 무엇에 따라 見을 세우겠는가?)

ㅁ. 佛告阿難ソ全厶 汝 見我手丶 衆中ラ 開合太ニヒ 〈능엄일 1.24b: 14본〉

(부처께서 阿難에게 말씀하시되, 네가 나의 손이 대중 가운데에

서 펴고 쥐어지는 것을 보았다 하니)

ㅂ. 於是十 同業ㄱ 相纏ㅁ 合離ㄱ 成化ソㅌㄴ 此刂 六道四生之始也ㅅ 〈능엄남1 4.33a: 2해〉

(이에 같은 업장은 서로 얽히고, 어울리고 떠남은 변화를 이루리니, 이것이 六道 四生의 시작이다.)

ㅅ. 阿難 是諸天上ろ 各各天人ㄱ 則是凡夫刂 業果乚 酬答刂ㄴ 〈능엄남1 9.8a: 2본〉

(阿難아 이 모든 천상에 (있는) 각각의 天人은 곧 凡夫가 업과를 받은 것이니)

(54ㄱ)에서 처소격 '亠'(여), (54ㄴ)에서 '亠丶'(예), (54ㄷ)에서 '亠十'(여긔), (54ㄹ)에서 'ろ丶'(애), (54ㅁ)에서 'ラ'(의), (54ㅂ)에서 '十'(긔), (54ㅅ)에서 'ろ'(아)를 읽을 수 있다. 여기에서 '여, 긔, 여긔, 아'는 이전 시기에서 이어지는 형태로, 15세기 한글 문헌에서는 사라지고 '긔'는 여격으로 기능이 바뀐다. 'ラ'는 본문인 한문에서 '中, 前, 處'자 아래에서, '十'는 '於是' 아래에서만 쓰였는데, 이것도 일종의 투식적인 표기 방식으로 보인다. (54ㄴ)의 '亠丶'(예)와 (54ㄹ)의 'ろ丶'(애)는 음독 구결에서부터 나타나므로 '애/에/예'는 중세 국어에서 생긴 것으로 해석할 수 있다.

(55) ㄱ. 셔울셔 당당이 보면 비치 업스리니 〈두초 15.21a〉

ㄴ. 더러븐 거긔셔 微妙ᄒᆞᆫ 法을 나토며 〈석보 13.33b〉

(56) ㄱ. ᄒᆞᄆᆞᆯ며 처ᅀᅥᆷ 會中에셔 듣고 隨喜ᄒᆞᄂᆞ니ᄯᆞ녀 〈석보 19.5b〉

上極諸天ソㅁ 下窮地獄ㅎ 於此世界亠丶一 盡見彼土丶 所謂圓現丶、 〈법화1153 15a: 8해〉

(위로는 諸天에 이르고 아래로는 地獄에 이르기까지 이 세계에서

저 땅이 이른바 圓現한 곳임을 모두 보아서)

ㄴ. 이베셔 靑蓮花ㅅ 香내 나며 〈월석 1.26b〉

ㄷ. 이 智慧 업슨 比丘ㅣ 어드러셔 오뇨 〈월석 17.84b〉

　　우리 祖師ㅣ 西ㅅ 녀그로셔 와 다믄 바르 ㄱ르쵸믈 자바 〈몽산

　　간37b〉

ㄹ. 南印은 … 南宗 六祖ㅽ셔 날씨 南印이라 ㅎ니라 〈원각 서7b〉

(57) ㄱ. 정똥(正道)ㅣ 노프신둘 아래브터 ㅁ숨애 아ㅅ봇디 〈월인 기109〉

ㄴ. 敎는 能轉이오 行은 所轉이니 示勸證을 브터 四諦를 세 가지로

　　轉ㅎ샤믄 곧 十二敎法輪이오 見修學을 브터 四諦를 세 가지로

　　아로믄 곧 十二行法輪이라 〈월석 14.31b-32a〉

ㄷ. 名色은 識이 처섬 胎예 브터 凝滑ㅎ는 相이니 〈월석 14.36a〉

ㄹ. 諸佛이 說法ㅎ샤디 다 漸으로브터 頓애 가시며 權을 브터 實을

　　나토시ᄂ니 〈월석 14.41a〉

보조사 '셔'가 처소격 기능도 한다. (55ㄱ)에서는 단순히 위치를 나타
내고, (55ㄴ)에선 출발점의 뜻을 갖는다. 위의 (53)과 (54)의 처격형
'애/의' 등에 '셔'를 붙인 '애셔/에셔/예셔/익셔/의셔'도 처격으로 쓰
이는데, (56ㄱ)의 '에셔'와 'ᄼᆫᅴ'(예셔)에선 위치를, (56ㄴ)에선 출발점
을 나타낸다. (56ㄷ)의 '라셔/러셔/로셔'도 출발점을 나타내는 처격이
며, (56ㄹ)의 '쯰셔'는 출발점 처격의 존칭형이다. 출발의 뜻을 갖는 처
소격 조사에는 (57)의 '브터'도 있다. '브터'는 (57ㄴ)과 (57ㄹ)처럼 대격
'을'이나, (57ㄷ)처럼 처소격 '예', (57ㄹ)처럼 도구격 '으로'를 지배하기
도 한다. 출발점을 나타내는 처소격은 탈격이라고 말할 수도 있다.
'브터'는 동사 '븥-'(依)에서 온 조사이므로 대격과 부사격 지배가 가능
한 것으로 보인다. 대체로 '을 브터'는 단순히 출발점을 말하고, '로 브

터'는 선행 명사를 시작점으로 하여 이후 지속되는 속성을 더 갖는 표현에 쓰인다.

(58)ㄱ. 그쁴 文殊師利 世尊의 술ᄫ샤ᄃᆡ 〈석보 9.1b〉

　　ㄴ. 龍익그엔 이쇼리라 王ㅅ그엔 가리라 〈월석 7.26b〉

　　ㄷ. 믈게 ᄲ이며 쇠게 ᄢᅵᆯ여 〈구간 1.79a〉

(59)ㄱ. 제 軍 알ᄑᆡ 가다가 帝釋손ᄃᆡ 미ᄢᅵᄂᆞ니라 〈석보 13.9b〉

　　ㄴ. 그 仙人이 즉자히 虛空애 ᄂᆞ라오나ᄂᆞᆯ 王이 太子ᄃᆞ려 나샤 ᄭᅮᆯ어 ᄉᆞᆯᄫᅩ려커시ᄂᆞᆯ 〈석보 3.1b〉

　　ㄷ. 慈母ㅣ 나ᄅᆞᆯᄃᆞ려 耆婆天을 뵈ᄉᆞᇦ 제 이 므를 디나니 〈능엄 2.8b〉

(60)ㄱ. 福이 바ᄅᆞ래셔 깁도다 〈금삼 3.53b〉

　　ㄴ. 그 도ᄌᆞ기 後에 닛위여 도죽ᄒᆞ다가 王ᄭᅴ 자피니 〈월석 10.25b〉

　　ㄷ. 겨지븨그에 브튼 더러ᄫᆞᆫ 이스리 업스며 〈월석 1.26b〉

　　ㄹ. 學無學ᄋᆞᆫ 當時로 몯 다 아라 無學손ᄃᆡ 빅호ᄂᆞᆫ 사ᄅᆞ미라 〈석보 13.3a〉

(58)에선 낙착점을 나타내는 처소격으로 존칭 '씌/ㅅ긔/께'와 'ㅅ그에, ㅅ거긔', 비존칭 '(의)게'와 '익그에/의그에, 의거긔'가 있다. 낙착점을 수여자(授與者)의 관점에서 사용하는 경우에는 흔히 여격이라고도 한다. (59ㄱ)의 존칭 '손ᄃᆡ'와 '익손ᄃᆡ/의손ᄃᆡ/ㅣ손ᄃᆡ', (59ㄴ)의 'ᄃᆞ려', (59ㄷ)의 'ᄅᆞᆯᄃᆞ려'도 여격의 성격을 가졌다. 여격형 'ㅅ그에, ㅅ거긔'와 '익그에, 의거긔'는 관형격 조사에 대명사 '그' 그리고 처격이 결합한 구조인데, 15세기에 쓰이다가 곧 소멸되고, '의거긔'도 16세기에 대개 사라져 극히 일부의 책에서만 18세기까지 보인다.

물론 탈격이나 여격으로 쓰이는 이들 조사는 탈격과 여격 기능이
아닌 다른 격형으로도 많이 쓰이는데, (60)에선 이들이 다른 격으로
기능하는 것을 볼 수 있다. 오히려 중세 국어에서 수여 동사와 공기하
는 여격형에는 앞의 (30)에서 보듯이 목적격 조사 '롤'이 쓰이는 것이
일반적이다.

지향점을 나타내는 여격에서 격조사는 유정물과 무정물에 따라 달
리 나타나며, 높임의 대상에서도 조사 표현을 달리한다.

(61)ㄱ. 上이 시시로 음식을 집의 주어시든 반드시 머리를 좃고 업더여
　　　셔 먹어 上의 앏픠 이슘 굳티 호며 〈소학 6.78a-b〉

　　ㄴ. 三寶끠 歸依호ᄉᆞ오몰 믇ᄌᆞ오니 지손 여러 가짓 功德을 一切宥
　　　情의게 주어 다 모다 佛道도롤 일워지이다 〈진언 58a〉

　　ㄷ. 伊川 先生이 니ᄅᆞ샤ᄃᆡ 병호야 자리예 누엇거든 사오나온 의원
　　　의게 맛뎌두믈 ᄉᆞ랑티 아니ᄒᆞᄂᆞᆫ 어버ᅀᅵ와 효도 아니ᄒᆞᄂᆞᆫ ᄌᆞ식
　　　에 가줄비ᄂᆞ니 〈번소 7.5b〉

　　ㄹ. 시혹 妻子와 兄弟의게 노푼 微妙혼 物 주미니 그 ᄆᆞᅀᆞ미 다 能
　　　히 ᄒᆞ리라 中親 下親에 주ᄂᆞᆫ 物을 次第로 디며 不怨 不親에 運
　　　을 맛뎌 能히 物을 주디 몯ᄒᆞ고 버거 中親에 上樂을 주니 〈원각
　　　9하3.1.125a〉

　　ㅁ. 우루믈 울며 뎌 수프레 잇ᄂᆞᆫ 벌에 쥬ᅀᅵᆼ들토 다 깃거 太子끠 오
　　　ᅀᆞᆸᄫᅳ며 〈석보 3.33a〉

　　ㅂ. 后ㅣ 몬져 郭氏끠 받ᄌᆞ와 그 ᄯᅳ들 慰勞ᄒᆞ야 깃기시며 나롤 害코
　　　져 호매 … ᄆᆞᄎᆞ매 患難을 免호니 거싀 쏘 長孫皇后끠 어려우니
　　　라 〈내훈 2.91b〉

　　ㅅ. 儀 ᄃᆡ답ᄒᆞ야 닐오ᄃᆡ 외요미 도원슈끠 인ᄂᆞ니이다 ᄒᆞ여ᄂᆞᆯ 〈번소

370

9.26a〉

ㅇ. 子ㅣ 골으샤딕 그러티 아니ᄒᆞ다 罪를 하늘쯰 어드면 禱홀 ᄠᅢ 업
스니라 〈논어 1.24a〉

ㅈ. 經을 힌 ᄆᆞᆯ게 시러 올씨 白馬寺ㅣ라 ᄒᆞ니 〈월석 2.67a〉

(61)에서 여격 조사가 유정물 '一切有情, 의원, 兄弟' 아래에서는 '의게'
를 썼지만, 무정물 '집, 下親, 不親, 中親' 아래에서는 '의/에'를 사용하
고, 높임 대상에는 '쯰'로 나타내었다. 이들은 '긔/게'에 관형격 조사 'ㅅ'
이나 '이/의'가 결합한 형태이나, (61ㅈ)의 'ᄆᆞᆯ게'처럼 '게'만 나타나기도
한다. 높임 대상은 (61ㅁ, ㅂ, ㅅ)의 '太子, 郭氏, 長孫皇后, 도원슈'와 같
은 사람이나 직위 등도 있지만 (61ㅇ)의 '하늘'처럼 높임을 부여하는 사
물에도 적용되었다. 이는 현대 국어에서도 마찬가지로, [±유정성]이나
[±높임]이 일부에서 문법적 요소가 됨을 말해 주는 것이라 하겠다.

지향점을 나타내는 처소격으로는 '(ᄋᆞ/으)로'가 있다.

(62)ㄱ. 제 아기 아ᄃᆞᆯ 댱가 드리고 제 나라ᄒᆞ로 갈 쩌긔 〈석보 6.22a〉

ㄴ. 그듸내 숨利ᄅᆞᆯ 뫼셔 믈로 드러가면 〈석보 23.47a〉

ㄷ. 그듸ᄂᆞᆫ 이대 스승ᄋᆞ로 셤겨 〈두초 22.48b〉

ㄹ. 날로 解脫케 ᄒᆞ니 비록 如來ㅅ 佛頂神呪ᄅᆞᆯ 닙ᄉᆞ와 〈능엄
7.27a〉

ㅁ. 鄭李ᄂᆞᆫ 時節ㅅ 議論애 빗나니 文章은 다 날록 몬졔로다 〈두초
20.6a〉

ㅂ. 가식 허리록 우희 잇거든 밥 아니 머거셔 먹고 〈구간 6.21a〉

(62)에서의 처소격형은 지향점을 표시하는데, 조사 '로'가 대명사 '나,

너, 저, 누, 이' 뒤에 놓이면 'ㄹ'가 덧생겨 '날로, 널로, 절로, 눌로, 일로'가 되며, 여기에 강조형 '-ㄱ'가 접미하면 '-ㄹ록'이 된다. 이러한 형태와 용법은 근대 국어 초기까지 계속된다. '♀로'와 '으로'는 모음 조화에 어긋나는 쓰임이 비교적 많은데, (62ㄷ)도 그러한 예이다. (62ㄹ)은 대명사 '나' 뒤에서 'ㄹ'가 덧붙어 '날로'가 되었다. (62ㅁ)에선 '나' 뒤에서 'ㄹ록', (62ㅂ)에선 일반 명사 '허리' 뒤에서 '록'형을 가져 처소격에 강세를 더한다.

도구나 수단 또는 자료, 자격, 원인 등을 나타내는 부사격 조사에는 '(♀/으)로'와 '(♀/으)로써'가 있는데, 이들은 비슷한 성격이므로 모두 도구격이라고 할 만하다.

(63) ㄱ. 올흔 소느로 자ㅂ샤 짜해 업더디여 우르시니 〈석보 23.28b〉

ㄴ. 白玉盤애 올이고 雲霞 곧흔 기ㅂ로써 빳면 〈두초 16.67b〉

(64) ㄱ. 엇뎨 다믄 돈 흔 나트로 供養ᄒ시ᄂ니잇고 〈석보 24.39b〉

ㄴ. 辛苦ᄒᄂ 뜨드로써 이 父母의 잇비 기르던 願을 갑고져 ᄒ더니라 〈두초 24.32b〉

(65) 槹栝은 구븐 남ㄱ로 밍ᄀ론 그릇 끄틸시라 〈내훈 1.15a〉

(66) 나그내로 밥 머구믄 엇뎨 지조와 일훔괘리오 〈두초 7.12a〉

(67) 디나건 일로 혜야 즈믄천(一千) 셰존(世尊)이 나싫 둘 아니 〈월인 기9〉

(63)의 '♀로'와 '♀로써'는 도구를 나타내며, (64)의 '♀로'와 '으로써'는 수단을 나타내는 도구격 조사이다. (65)의 '으로'는 재료를, (66)의 '로'는 자격을, (67)의 '로'는 원인을 말하는 도구격이다.

비교격 조사에는 기준 비교, 동등 비교, 차등 비교가 있어 각각 여기에 따르는 조사를 볼 수 있다.

(68)ㄱ. 나랏 말ᄊᆞ미 中國에 달아 〈훈민 1a-b〉

ㄴ. 치위옛 거츤 ᄑᆞ리 碣石山애 ᄀᆞᆺᄒᆞ니 〈두초 21.36a〉

ㄷ. 善容이 닐오ᄃᆡ ᄒᆞ마 주글 싸ᄅᆞ미어니 當時로 사라 이신ᄃᆞᆯ 주구
메셔 다ᄅᆞ리잇가 〈석보 24.28b-29a〉

ㄹ. 빈야미 형울 ᄃᆞᆯ기알만 하니ᄅᆞᆯ ᄯᅳᆯ 넉 되예 서 너 소솜만 글혀 즈
싀 앗고 〈구간 3.16a〉

ㅁ. 비록 사ᄅᆞ미 무레 사니고도 즁ᅀᆡᆼ마도 몯호이다 〈석보 6.5a〉

(69)ㄱ. 진실로 太子의 니르논 말와 ᄀᆞᆮᄒᆞ야 〈번소 9.46a-b〉

ㄴ. 文字와로 서르 ᄉᆞᄆᆞᆺ디 아니홀ᄊᆡ 〈훈민 1b〉

ㄷ. ᄇᆞᆯ 갈 모딘 것과 어려ᄫᆞᆫ 石壁과 石은 돌히오 壁은 ᄇᆞᄅᆞ미니 ᄇᆞ
름 ᄀᆞ티 션 바회ᄅᆞᆯ 石壁이라 ᄒᆞᄂᆞ니라 〈석보 9.24b〉

(70)ㄱ. 健壯ᄒᆞᆫ 男兒ㅣ 서근 션비라와 ᄂᆞ도다 〈두초 6.40a〉

ㄴ. 모미 ᄉᆞ랑ᄒᆞᄫᅩ미 物두고 甚ᄒᆞ니라 〈월석 12.34a〉

(68ㄱ, ㄴ, ㄷ)의 '에/애, 에서'와 (68ㄹ, ㅁ)의 '만, 마도'는 기준 비교, (69)
의 '와, 와로, ᄀᆞ티'는 동등 비교, (70)의 '(이)라와, 두고'는 차등 비교를
나타낸다. '와'는 'ㄹ' 외의 자음 아래에선 '과', 모음이나 'ㄹ' 아래에선
'와', 1음절 대명사 '나, 누' 등에 붙을 땐 'ㄹ'가 덧난다.('날와, 눌와) 이
러한 형태는 비교격 조사 외에 공동격이나 접속 조사에서도 같다. 현
대 국어에서 비교격으로 대표적인 '보다'는 근대 국어에서도 적잖이
쓰이지만 중세 국어 문헌에서는 아직 보이지 않는다. '(이)라와'는 중
세 국어를 넘지 못하고 사라지지만 '두고'는 '도곤'으로 바뀌어 19세기
까지 이어진다.

동반격 조사에는 '과/와'가 있다. '과/와'는 원래 접속 조사이지만 아
래의 (75)에서 보이는 나열적 기능 외에 동반의 의미를 갖기도 한다.

(71)ㄱ. 坮 釋提 桓因等 無量 諸天 大衆과 흔듸 잇더시니 〈아미 5a〉

ㄴ. 隋朝ㅅ 大業ㅅ 그테 房杜와 다 사괴더니라 〈두초 8.54b〉

ㄷ. 耶輸ㅣ 그 긔별 드르시고 羅睺羅더브러 노픈 樓 우희 오르시고
〈석보 6.2b〉

ㄹ. 나룰 밍글면 여쎄ᄒ고 나ᄆᆞ니 三百四十八分이니 두루 모다
三百五十四日ᄒ고 坮 三百四十八分이니 이 흔 힛 月行ㅅ 數
ㅣ라 〈능엄 6.17a-b〉

ㅁ. 눌더브러 무러ᅀᅡ ᄒ리며 뉘ᅀᅡ 能히 對答ᄒ려뇨 〈석보 13.15a〉

ㅂ. 使君이 블근 ᄆᆞᆯ 타 사ᄅᆞᆷ해 더브러 西ㅅ 녀그로셔 브터 오놋다
羽旗를 셰여쇼매 千里ㅣ 〈두초 9.28a〉

ㅅ. 사ᄅᆞᆷ을 爲ᄒ야 謀홈애 忠티 몯흔가 朋友로 더브러 交홈애 信티
몯흔가 傳코 닙디 몯흔개니라 〈논어 1.2b〉

ㅇ. 百姓이 足ᄒ면 君이 눌로 더브러 足디 몯ᄒ시며 百姓이 足디 몯
ᄒ면 君이 눌로 더브러 足ᄒ시리잇고 〈논어 3.24b〉

ㅈ. 반ᄃᆞ시 ᄒ여곰 그 졈어 어려실 제 講ᄒ야 니기게 홈은 그 니교
미 디혜로 더브러 길며 되오미 ᄆᆞ음과로 더브러 이러 거슲쁘며
막딜이여 이긔디 몯홀 근심이 업과댜 홈이니라 〈소학 서1b-2a〉

ㅊ. 님금을 셤교ᄃᆡ 能히 그 몸을 ᄇᆞ리며 번과 더브러 사괴요ᄃᆡ 말ᄉᆞᆷ
홈애 믿브미 이시면 비록 ᄀᆞᆯ오ᄃᆡ 흑문을 몯ᄒ엿다 ᄒ나 〈소학
1.15b-16a〉

아래의 (75)에서 '과/와'는 서술어와 별도로 체언과 체언을 연결하는 접
속 기능을 하지만, (71ㄱ, ㄴ)에서 동반격 조사 '과/와'는 서술어에 부사
어로 작용하므로 부사격에 속하게 된다. '과' 외에도 (71ㄷ, ㄹ)처럼 '더
브러, ᄒ고'도 동반격 기능을 한다. '더브러'는 대격을 지배하는 동사

'더블-'(與)에서 기원한 것으로, (71ㅁ)에서 보듯이 대격 조사와 결합한 '롤더브러'로도 많이 쓰고, (71ㅂ)의 '애 더브러', (71ㅅ)의 '로 더브러', (71ㅇ)의 'ㄹ로 더브러', (71ㅈ)의 '로 더브러, 과로 더브러'도 나타나는데, 16세기에 와서는 (71ㅊ)처럼 오늘날과 같은 '과 더브러'형이 보인다.

변성격 조사에는 '(ᄋ/으)로'가 있다.

(72)ㄱ. 實로 히로 變ᄒ며 엇뎨 히로 變홀 쑤니리잇고 〈능엄 2.7a〉

　　ㄴ. 다숫 가짓 비치 여러 가지로 드외며 〈구간 3.51a-b〉

(72ㄱ)의 '히로'와 (72ㄴ)의 '여러 가지로'에서 '로'는 변성격 조사이다.[17]

현대 국어에서 보이는, 인용구를 들 때 쓰이는 인용의 부사격 조사가 중세 국어에서는 아직 나타나지 않았다. 고대 국어에서는 '~ㄹ 名下~ᆞ ᆞ-'(~을 일ᄒ ~여 ᄒ-)라는 구문에서 'ᆞ-'(여)를 인용격 조사라 할 만하나, 이것은 중세 국어로 이어지지 못한다.(제2장의 3.1.2에서 [부사격 조사] 참조)

(73)ㄱ. 和尙은 갓가비 이셔 외오다 ᄒ논 마리니 〈석보 6.10a〉

　　ㄴ. 諸佛이 甚히 맛나미 어려운ᄃᆞ라 億劫에ᅀᅡ 그제 ᄒᆞᆫ 번 맛나ᄂᆞ니라 ᄒ야시ᄂᆞᆯ 〈법화 1.122a〉

　　ㄷ. 甘蔗園에 사ᄅᆞ실ᄊᆡ 甘蔗氏라도 ᄒ더니라 〈월석 1.8a-b〉

---

17) 현재 학교 문법에서 '로'를 모두 부사격 조사로 처리하여 여기에서도 '변성격'을 설정하였다. 그러나 (72)에서 '히로, 여러 가지로'는 문장의 필수 요소이고, '로'가 '이'로 바뀌면 바로 보격 조사가 되므로, 여기에서 '로'는 '이'와 함께 보격으로 볼 수도 있을 것이다.

(73)에서 보듯이, 인용되는 구절이 끝날 때 붙는 인용의 조사가 없다. 현대 국어에서는 '-라, -라고' 등을 붙이지만 중세 국어에서는 (73ㄱ, ㄴ)처럼 인용되는 구절 다음에 '～ᄒ-' 형태를 가질 뿐이다. (73ㄷ)에서는 인용되는 구절의 종결 어미 다음에 바로 보조사 '도'가 붙었다.

[접속 조사]

접속 조사는 '과/와'로 대표된다.

(74)ㄱ. 五根者ㅣ 信ㅎ 進ㅎ 念ㅎ 定ㅎ 慧ㅏㄴ 〈원략1016 상2.17d: 3해〉

（다섯 根은 信과 進과 念과 定과 慧이니）

ㄴ. 愚ㅎ 及見者ㅣ 若長水璿師ㅏ 孤山圓師ㅏ 闍中度師ㅏ 長慶巘師ㅏ 泐潭月師ㅏ 舒王ㅏ 張觀文之說ㄴ 〈능엄가 1.2b: 14본〉

（내가 본 것은 長水璿師와 孤山圓師와 闍中度師와 長慶巘師와 泐潭月師와 舒王와 張觀文의 說이니）

(75)ㄱ. 곳과 여름괘 가지마다 다ᄅ더니 〈석보 6.30b〉

ㄴ. 深山애 드러 果實와 믈와 좌시고 〈월석 1.5b〉

ㄷ. 봄과 드룸과 마톰과 맛 아롬과 모매 다홈과 雜뜯괘 다 업스릴ᄊ〈석보 6.28b〉

ㄹ. 三峽에 별와 銀河ᄂ 그르메 이어놋다 〈두초 14.19b〉

ㅁ. 四衆이 울워러 仁과 날와 보ᄂ니 〈석보 13.25a-b〉

(76) 지믈과 긔용과 술위과 믈과 죵을 다 서ᄅ 빌요ᄃ〈여씨 36a〉

(74)～(76)에 있는 '과'나 '와'는 앞의 체언과 뒤의 체언을 접속하여 공동으로 하나의 문법 기능을 갖도록 한다. 이런 점에서 접속 조사를 공동격 조사라고도 부른다. 대체로 앞 체언이 'ㄹ' 외의 자음으로 끝

나면 '과', 'ㄹ'나 모음으로 끝나면 '와'가 온다.[18] 접속 조사는 맨 마지막 접속항에도 붙이는 것이 일반적이다. (74, 75, 76)에서도 이러한 원칙이 주로 지켜졌으나 예외도 있다. (74ㄱ, 75ㄱ, 75ㄴ, 75ㄷ, 75ㅁ)에서는 이 원칙이 잘 지켜졌다. 그러나 (74ㄴ)에서는 마지막 접속항 '張觀文'에 접속 조사가 없고, '舒王ㅏ'에서는 자음 'ㅇ' 아래에서 다른 접속항과 같이 'ㅏ(와)를 사용하였다. (75ㄹ)의 마지막 접속항 '銀河는'에 접속 조사 '와'가 없고, (76)에선 명사의 끝소리에 관계없이 모두 '과'를 쓰고 마지막 접속항에는 접속 조사가 없다. 이처럼 마지막 접속항에 접속 조사가 없는 형태는 이미 음독 구결에서부터 있으며, 근대 국어에 들어 이러한 새로운 형태가 거의 일반화한다.

(77) 하ᄂᆞᆯ 둘에 三百六十五 度ᄒᆞ고 ᄯᅩ 度ᄅᆞᆯ 네헤 ᄂᆞᆫ호아 ᄒᆞ나히니 〈능엄 6.16b-17a〉

(78)ㄱ. 識 다ᄉᆞ로 얼구리나 幻質이 ᄃᆞ외ᄂᆞ니 〈월석 2.21b〉

　　ㄴ. 뫼히며 수프리며 내히며 ᄀᆞᄅᆞ미며 모시며 ᄉᆡ미며 우므리 現ᄒᆞ야 〈석보 11.7a〉

　　ㄷ. 닐굽 히 도ᄃᆞ면 뫼히여 들히여 다 노가디여 〈월석 1.48b〉

　　ㄹ. 멀위랑 ᄃᆞ래랑 먹고 靑山애 살어리랏다 〈악장 청산〉

(79) 내 이제 나져 바며 시름ᄒᆞ노니 여러 앗이 各各 다른 ᄯᅡ해 갯도다 〈두초 8.29a〉

(77)의 'ᄒᆞ고', (78ㄱ)의 '이나', (78ㄴ)의 '이며', (78ㄷ)의 '이여', (78ㄹ)의

---

18) 접속 조사 '과'와 '와' 출현 조건에서 음운 자질로 [모음성(vocalic)]을 설정할 수 있다. 즉 [-모음성] 아래에서는 '과', [+모음성] 아래에서는 '와'가 된다.

'이랑'은 모두 'ᄒᆞ-'나 서술격 조사 '이-'의 어미 활용형들이 조사로 굳어진 것들인데, 명사들을 접속하는 기능을 잘 해내고 있다. 특히 '이-'의 활용 형태가 접속 조사 기능을 갖는 (78) 가운데 (78ㄷ)을 제외한 다른 형태들은 16세기 이후 좀 더 널리 나타난다. (79)에는 '이여' 형태와 별도로 접속 조사 '여'가 있는데, 고대 국어의 석독 구결에서 '丷' 또는 '亠'로 표기된 접속 조사 '여'의 지속형이지만 '나져 바며'라는 관용 표현 정도에만 드물게 보인다.

[조사의 생략]

격조사는 종종 생략되기도 한다. 현대 국어에서도 조사의 생략은 자주 일어나지만, 중세 국어에서는 격조사의 생략이 좀 더 광범위하게 이루어진다.

(80) ㄱ. 쳥의(靑衣) 긔별을 ᄉᆞᆯ바ᄂᆞᆯ 아바님 깃그시니 〈월인 기23〉
ㄴ. 世尊하 善男子 善女人이 이 法華經 듣고 隨喜ᄒᆞᆫ 사ᄅᆞᄆᆞᆫ 〈석보 19.1a〉
ㄷ. 이 四天王도 須彌山 허리예 잇ᄂᆞ니라 〈월석 1.31a〉
ㄹ. 흰 瑠璃 구루미 ᄀᆞᆮᄒᆞ야 부텻긔 닐굽 ᄇᆞᆯ 버므러 金盖 ᄃᆞ외오 〈월석 7.30a〉
ㅁ. 狄人ㅅ 서리예 가샤 狄人이 ᄀᆞᆯ외어늘 岐山 올ᄆᆞ샴도 하ᄂᆞᆯ ᄠᅳ디시니 〈용비 4장〉
ㅂ. 아비 어미 날 기ᄅᆞᆯ 저긔 밤나ᄌᆡ 날로 ᄒᆡ여 ᄀᆞ초더니 〈두초 8.67b〉
ㅅ. 道 닷고미 거우루 ᄀᆞ라 光 내욤 ᄀᆞᄐᆞ니 〈선가 상29b〉

(80ㄱ)에서는 '아바님' 뒤에서 주격 조사를, (80ㄴ)에선 '法華經' 뒤에서 목적격 조사를, (80ㄷ)에선 '須彌山'과 '허리예' 사이의 관형격 조사 'ㅅ'를, (80ㄹ)의 '金盖' 뒤에선 보격 조사를 각각 생략하였다. 이들 조사는 생략이 비교적 잘 되는데, 이는 현대 국어에서도 마찬가지이다. (80ㅁ)에서는 '岐山' 다음에 '애'나 'ᄋᆞ로'라는 처소격 조사가 생략되었고, (80ㅂ)의 '아비 어미'에서는 그 중간에 접속 조사 '와'가 생략되었으며, (80ㅅ)에서는 '道'와 '거우루'와 '光' 아래에서 목적격 조사를 생략하고, '내 움'에서는 비교격 조사 '과'가 생략하였다.

위와 같이 당시에는 오늘날의 문헌에서보다 생략이 훨씬 더 많이 일어나는 표현들을 보여 준다. 국어에서 조사가 없이 쓰인 표현을 조사의 비실현으로 보는 견해도 있는데, 중세 국어에서는 명사 아래에 조사가 없는 표현이 더 광범위하므로 이에 대한 연구가 다른 시각에서 필요하다고 하겠다.

[보조사]

중세 국어에서도 여러 종류의 보조사가 쓰였다. 보조사는 체언 뒤에 놓여 그 체언의 뜻을 정밀하게 해 주는 기능을 한다. 더불어 보조사는 격조사가 갖는 격 실현의 기능까지 수행할 때도 있다. 먼저 보조사 '는', '만', '도'를 본다.

(81)ㄱ. 道士ᄂᆞᆫ 道理 빈호ᄂᆞᆫ 사ᄅᆞ미니 菩薩ᄋᆞᆯ 술ᄫᅵ니라 〈월석 1.7b〉

　　ㄴ. 이 法은 오직 諸佛이ᅀᅡ 아ᄅᆞ시리라 〈석보 13.48a〉

(82)ㄱ. 사ᄅᆞᆷ 일 셰만 사라 잇고 프른 흔 ᄀᆞ술식장 사라 잇ᄂᆞ니 〈번박 상1a〉

　　ㄴ. 오직 衆生의게 一切 즐거ᄫᆞᆫ 것만 주어도 功德이 그지 업스리어

늘 〈월석 17.48b-49a〉

(83)ㄱ. 乃終ㄱ 소리도 ᄒᆞᆫ가지라 〈훈민 12b〉

　　ㄴ. 世尊하 우리들토 法華經을 닐그며 외오며 바다 디니ᄂᆞᆫ 사ᄅᆞᄆᆞᆯ
　　　擁護ᄒᆞ야 즉ᄒᆞᆫ 이롤 덜며 〈석보 21.28b-29a〉

(84) 相如ㅣ 放逸ᄒᆞᆫ 지조로도 親히 그르슬 싯고 〈두초 15.37b-38a〉

(85) 그 時節에 니르러 터럭마도 글우미 업스리니 〈능엄 9.104a〉

(81)의 '道士ᄂᆞᆫ'과 '法은', (82ㄱ)의 '사ᄅᆞᆷ'에서 보조사 'ᄂᆞᆫ, 은, ᄋᆞᆫ'은 주
격이나 목적격 조사의 출현을 제약하는데, 이를 'ᄂᆞᆫ'이 해당 격의 실
현 기능까지 하는 것으로 해석하기는 어렵다고 하여도 격조사와의 형
태적 계열 관계성은 충실히 갖는 것으로 볼 수 있다.[19] (81ㄱ)에서 'ᄂᆞᆫ'
은 주격 자리에, (81ㄴ)에서 '은'은 목적격 자리에 놓였으며, 보조사
'만'도 (82)의 '셰만, 것만'에서 격조사 없이 격 위치에서 쓰였다. 오늘
날엔 '만'이 격조사와 결합하여 쓰일 수 있지만 중세 국어에선 격조사
와의 결합형이 보이지 않는다. 중세 국어에서 처음 나타나기 시작하
여 아직 그 쓰임이 광범위하게 확대되지 않은 때문으로 추정된다. '만'
이 (82ㄱ, ㄴ)에서는 '한정'을 의미하지만 (82ㄷ)에서는 앞말이 나타내는
대상이나 내용의 정도에 달함을 나타내는데, 이는 오늘날에도 그대로

---

19) 보조사 'ᄂᆞᆫ'이나 '도'가 모든 격조사와의 교체성이 충분한 것은 아니다. 'ᄂᆞᆫ, 도'는
　　주격과 목적격 조사와는 교체될 뿐 결합형을 이루지 않지만, 아래의 예문 (i)에서처
　　럼 어휘격인 부사격 조사와는 교체되지 않고 결합형을 이루고 있다. 모든 보조사
　　는 관형격이나 일부 부사격 조사와는 계열 관계를 이루지 않는다. 예문 (ii)에서도
　　관형격 '의'와 부사격 '에, ᄋᆞ로'는 보조사로 교체할 수 없다.
　　(i) 뒤헤는 모딘 도즉 알ᄑᆡᄂᆞᆫ 어드본 길헤 〈용비 30장〉
　　(ii) ᄉᆞ를 위ᄒᆞ야 조ᄉᆞ이 공안이 이대 침구ᄒᆞ야 키 아로ᄆᆞ로 법측을 삼고 〈계초
　　　46a〉

쓰이는 용법이다. (83)의 '소리도, 우리돌토'에서 '도'는 모두 주격 조사 없이 주격의 자리에 놓였다. 그러나 (84)의 '지조로도'에서는 보조사 '도'가 격 기능이 없이 의미만 보태주는 역할을 하기도 하였다. (85)의 '터럭마도'에서 보듯이 보조사는 결합형을 잘 이루는데, 여기에는 어순이나 배타적 결합 등의 제약이 있다. 보조사 가운데에는 '는/은/는/은/ㄴ'처럼 음운 조건에 따라 이형태를 갖는 것도 있고, '만'과 '도'처럼 이형태가 없는 것도 있다. '는'은 대조 또는 배타적인 뜻을 가지며 주제화의 기능도 한다. '만'은 '단독, 한정'의 뜻을, '도'는 '역시'의 뜻을 가진다. 보조사들은 격조사와 결합할 때 대개 그 뒤에 놓이지만 '만'은 격조사 앞에 오기도 하는 것이나, 체언 외에 용언의 관형사형 '-ㄹ' 다음에 쓰이는 용법이 오늘날과 같다.

보조사는 주로 체언 뒤에서 쓰이지만, 간혹 용언의 어간 바로 뒤나 어말 어미 뒤에 놓이기도 하며, 부사나 조사 뒤에 붙기도 한다.

(86) ㄱ. 또 샐르도 아니ᄒ며 늦도 아니ᄒ야 〈몽산 7a〉

ㄴ. 비록 그 病이 가ᄇ얍고도 醫와 藥과 病 간슈ᄒ리 업거나 〈석보 9.35b-36a〉

ㄷ. 父母ㅣ 날 나ᄒ심을 슈고로이 ᄒ샷다 ᄒᄂ 디 니르러는 일즉 여러 번 고텨 닑고 눈믈 흘리디 아니티 아니ᄒ니 〈소학 6.24b〉

ㄹ. 功德이 젹디 아니혼 고들 알리로소이다 觀音ㅅ 號를 觀世音이시다도 ᄒ며 觀自在시다도 ᄒ며 힝뎌글 普門이시다도 ᄒ며 圓通이시다도 ᄒᄂ니 悲觀慈觀ᄋ로 萬物 應ᄒ시논 德을 브터 니ᄅ건댄 觀世音이시다 ᄒ고 眞觀淨觀ᄋ로 ᄆ슴 비취시논 功을 브터 니ᄅ건댄 觀自在시다 ᄒ고 혼 ᄆᅀᆞᄆᆞ로 내야 아니 應ᄒ시논 디 업스샤믈 普門이시다 ᄒ고 萬物로셔 도ᄅ혀 비취샤 아니

ㅅ무츤 듸 업스샤믈 圓通이시다 ᄒᄂᆞ니 實엔 ᄒ나ᄸᆞ니라 〈석보
21.19a〉

ㅁ. 佛子ㅣ 잢간도 ᄌᆞ오디 아니ᄒ야 〈법화 1.82a〉

ㅂ. 뒤헤는 모딘 도죽 알ᄑᆡᆫ 어드ᄫᆞᆫ 길헤 〈용비 30장〉

(86ㄱ)에서는 보조사 '도'가 형용사 'ᄸᆞᄅ-'와 'ᄂᆞᆺ-'의 어간에 바로 후행
하였는데, 이러한 용법은 주로 부정 표현 앞에서 나타났다. (86ㄴ)의
'가ᄇᆡ얍고도'에서는 보조사 '도'가 형용사의 어말 어미 아래에, (86ㄷ)
의 '니르러ᄂᆞᆫ'에서도 보조사 'ᄂᆞᆫ'이 동사의 어말 어미 아래에, (86ㄹ)에
선 보조사 '도'가 여러 번이나 문말 어미 '-다' 아래에 왔다. (86ㅁ)에서
는 보조사 '도'가 부사 '잢간' 아래에, (86ㅂ)에서는 보조사 'ᄂᆞᆫ'이 처소
격 조사 '에, ᄋᆡ' 아래에 결합하였다.

위에서 살핀 'ᄂᆞᆫ, 도'는 대표적으로 널리 쓰이던 보조사들이다. 다
만 '만'은 음독 구결문에서는 용례가 없고 15세기 이후의 한글 문헌에
서도 그 쓰임이 많지 않아, 중세 국어의 중·후기에 시작된 것으로 보
인다.

이들 외에도 보조사들을 다수 더 찾을 수 있다. 아래에서 다른 보
조사들의 용법과 의미를 살펴본다.

(87)ㄱ. ᄀᆞ장/ᄭᆞ장/ᄭᆞ지: 後三月은 이젯 六月十六日로셔 九月十五日ㅅ
ᄀᆞ장이라 〈월석 23.72a〉

福을 닷ᄀᆞ면 제 목숨ᄭᆞ장 사라 〈석보 9.35b〉

사ᄅᆞᆷ 덥을어 ᄆᆞ음ᄭᆞ지 홈을 비록 되게 가도 可히 ᄇᆞ리디 아닐디
니라 〈소학 3.4b〉

ㄴ. ᄀᆞ티: 그저긔 짯마시 ᄢᅮᆯᄀᆞ티 ᄃᆞᆯ오 비치 ᄒᆡ더니 〈월석 1.42a-b〉

382

ㄷ. 나마: 四千이 ᄎ디 몯ᄒᆞ딕 半나마 賦稅를 이긔디 몯ᄒᆞᄂ다 〈두
초 25.36a〉

ㄹ. 다가: 羅睺羅 ᄃᆞ려다가 沙彌 사모려 ᄒᆞᄂ다 홀씨 〈석보 6.2a〉

ㅁ. 대로: 王季 진지를 도로 ᄒᆞ신 후에ᅀᅡ ᄯᅩ 처엄대로 도로 ᄒᆞ더시
다 〈소학 4.12a〉

ㅂ. 마다: 海東 六龍이 ᄂᆞᄅᆞ샤 일마다 天福이시니 古聖이 同符ᄒᆞ시
니 〈용비 1장〉

ㅅ. 만뎡: 밥 머굶 덛만뎡 長常 이 이를 싱각ᄒᆞ라 〈월석 8.8b〉

ㅇ. 분/ᄲᅮᆫ: ᄒᆞ올로 솔와 菊花ㅅ분 잇도소니 〈두초 9.10b〉

탐욕심(貪欲心) 겨시건마른 ᄒᆞᆫ 낱 터럭 ᄲᅮᆫ늘 供養(공양) 功德(공득)
德애 녈빤(涅槃)을 특(得)ᄒᆞ야니 〈월인 기92〉

ㅈ. 셔: 어버ᅀᅵ며 아ᅀᆞ미며 버디며 아로리며 두루 에ᄒᆞ야셔 울어든
제 모미 누본 자히셔 보ᄃᆡ 〈석보 9.29b-30a〉

ㅊ. (이)나: ᄒᆞ다가 ᄒᆞᆫ 法이나 이시면 곧 眞智 아니라 〈원각 2상
1.1.57a〉

金 나믄 이 오히려 몃 근이나 인ᄂᆞᆫ고 〈소학 6.81b〉

二生이나 三生애 니르러ᅀᅡ 受ᄒᆞ미라 〈원각 6상2.2.92b〉

ㅋ. (이)ᄃᆞ록/(이)도록: 江閣애셔 소ᄂᆞᆯ 마자 믈 보내야 마쵸마 許홀
ᄉᆡ 午時ᄃᆞ록 니러 안자쇼믈 하ᄂᆞ히 ᄇᆞᆰ곰 젹브뎌 호라 〈두초
21.22b〉

늘그늬 허튈 안고 이리ᄃᆞ록 우ᄂᆞᆫ다 〈월석 8.101a〉

ㅌ. 이라/이라셔: 나히 스믈 다ᄉᆞ시라셔 百歲옛 사ᄅᆞ믈 ᄀᆞᄅᆞ쳐 닐
오ᄃᆡ 〈법화 5.115b〉

ㅍ. 이ᄯᆞᆫ/잇ᄃᆞᆫ: 짭쵸목(雜草木) 것거다가 ᄂᆞ출 거우ᅀᆞᆸ들 ᄆᆞᅀᆞᆷ잇
ᄃᆞᆫ 뮈우시리여 〈월인 기62〉

이 經은 如來ㅣ 現在ㅎ야도 오히려 怨嫉이 하곤 ㅎ믈며 滅度 後
ㅣ ᄯᄒ녀 〈법화4.86b〉

ㅎ. ᄋ란/란: 一分ᄋ란 釋迦牟尼佛씌 받ᄌᄉ오시고 一分ᄋ란 多寶 佛
塔씌 받ᄌᄉ오시니라 〈법화 7.83b-84a〉

臣下란 忠貞을 勸ㅎ시고 子息ᄋ란 孝道ᄅᆯ 勸ㅎ시고 나라ㅎ란
大平을 勸ㅎ시고 지브란 和호ᄆᆯ 勸ㅎ시고 〈월석 8.29a-b〉

가. 조차: 둔 果ᄂᆫ 고고리예 ᄉ믓 둘오 쁜 바ᄀᆫ 불휘 조차 쓰니이
〈금삼 2.50b〉

내 이제 ᄯᅩ 그리ㅎ야 두믈조차 주어 깃거 供養ㅎ야 ᄆᆞᆷ매 앗
곰 업수리라 〈선종 상32a〉

올마 조차 滅ㅎ야 모미 그츠면 命이 조차 滅텻 ㅎ니 〈법화
7.158b〉

一切 刹애 드러 一切 處에 ᄀᆞᆮ기 機ᄅᆯ 조차 應ㅎ야 〈법화
7.190a〉

나. 조쳐: 佛은 알 씨니 나 알오 ᄂᆞᆷ조쳐 알욀 씨니 〈월석 1.8b〉

다. ᄯᄅ름: 經은 곧 能詮ㅎᆫ 글월 ᄯᄅᆯ미라 (經은 卽能詮之文而已라)
〈능엄 1: 10a〉

(87)은 모두 보조사의 용법을 보인다. (ㄱ)에서 'ᄀᆞ장'은 명사 'ᄀᆞᆺ'(邊)
에서 기원한 것으로, '도착'이나 '포함'을 뜻하며 관형격을 지배하기도
하는 보조사인데, 16세기 말에 나타난 'ᄭᆞ지'와 공존하다 점차 'ᄭᆞ지'
로 바뀐다. 그러나 오늘날에도 '까지'와 더불어 방언형 '까장/꺼정'은
쓰이고 있다. (ㄴ)의 'ᄀᆞ티'는 형용사 '곹ㅎ-/곹-'(同)에서 기원하며, 현
대어 '같이'와 같다. (ㄷ)의 '나마'는 동사 '남-'(餘)에서 왔으며, '확대'의
뜻을 가진다. 그러나 중세 국어에서 '나마'는 아직 보조사로서의 기능

384

을 충분히 확보하였다고 보기 어려워, (ㄷ)에서의 '나마'도 부사적 성격이 아직 많다고 할 것이다. (ㄹ)의 '다가'는 명사나 처소격 조사, 부사, 부동사형에 결합하여 처소나 방향을 뜻한다.[20] (ㅁ)의 '대로'와 (ㅂ)의 '마다'는 현대 국어에서의 용법과 같다. '대로'는 15세기에는 의존명사 용법만 보이다가 16세기부터 보조사로도 나타난다. (ㅅ)의 '만뎡'은 '만이라도'의 뜻이다. (ㅇ)의 '분'은 속격 ㅅ를 지배하여 '단독'의 뜻을 가지며, 그 아래에 '-에'나 '-을' 같은 조사가 붙을 수도 있다. 현대 국어에서는 뒤에 계사나 '아니-'만 오지만 중세 국어에서는 다른 동사도 올 수 있다. (ㅈ)의 '셔'는 형용사 '이시-' 또는 '시-'에서 기원한 것으로, 명사나 부사 또는 처소격 조사 뒤에서 처소나 출발점, 비교를 나타내며, 동사 어미에 붙어 상태를 뜻한다. '셔'가 용언의 '-아, -고, -며' 등 다양한 어미의 뒤에서 의미를 뚜렷이 하는 기능을 갖기도 하는데, 이때는 대개 어미로 재구조화를 이룬 경우가 많다. (ㅊ)의 '(이)나'는, '法이나'에서는 '이나마', '근이나'에서는 '기대 이상'의 뜻이 있고, '二生이나'는 이접 선택의 용법으로 쓰였다. (ㅋ)의 '(이)ᄃ록/(이)도록'은 '까지'의 뜻을 가지며, (ㅌ)의 '이라(셔)'는 오늘날과 비슷한 용법을 갖는다. (ㅍ)의 '이쫀/잇든'은 주어 뒤에 보조사로 쓰여 강조의 효과를 갖는데, 서술어 자리에 쓰여 이와 같은 기능을 하기도 한다. 체언 아래에만 결합하는 (ㅎ)의 'ᄋᆞ란/란'은 목적어나 부사어를 설명의 대상으로 내세우거나 대조하는 뜻을 가지며, 주로 대격에서 쓰였다. (ㅎ)에서 '一分으란'은 목적어, '臣下란, 子息으란, 나라ᄒᆞ란, 지브란'은 부사어이다. 동사 '좇-'(從)에서 기원한 (가)의 '조차'는 보조사만 쓰거나 주

---

20) 홍윤표(1994)에서는, 보조사 '다가'가 '다'와 '가'로 분리되므로, 동사 '다ᄀ/닥-'(接)에서 기원한다는 종래의 견해에 의문을 보였다.

격을 지배할 때에는 '까지, 마저'의 의미로, 대격을 지배할 때에는 '따라'의 뜻을 가진다. (나)의 '조쳐'는 동사 '좇-'(從)의 사동형 '조치-'(竝)에서 기원하여 '까지'의 뜻을 갖는 보조사로, 목적격을 지배하기도 한다. '조차'와 '조쳐'가 중세 국어에서는 구별되어 쓰이지만 근대 국어에서는 '조차'로 합류한다. (다)의 'ᄯᄅᆞᆷ'은 '따름'의 뜻을 가지며 아래에는 주로 계사가 이어지는데, 체언 외에 용언의 관형사형 '-ㄹ' 뒤에서 의존 명사로 더 많이 쓰인다. 위에서 '이라셔, 잇든, 조쳐' 등은 중세 국어까지만 쓰이다가 사라진다. 위의 보조사 가운데 용언에서 기원한 것들은 대격을 지배하는 경우가 많다.

(88)ㄱ. 곳/옷: 오직 魔王곳 제 座애 便安히 몯 안자 시름ᄒᆞ야 ᄒᆞ더라
〈월석 2.42b-43a〉

부텨옷 죽사릴 여희샤 娑婆世界 밧긔 버서나시니라 〈월석 1.21b〉

ㄴ. 믓/븟/봇: 오늘 여희ᅀᆞᄫᆞᆫ 後에 쑴븟 아니면 서르 보ᅀᆞᄫᆞᆯ 길히 업건마ᄅᆞᆫ 〈월석 8.95a〉

ᄒᆞ다가 ᄆᆞᅀᆞ맷 벋봇 아니면 엇뎨 가ᄇᆡ야이 觸ᄒᆞ리오 〈선종 하 128a〉

ㄷ. ㄱ/ㅇ/ㅁ: 세 번 거러곽 머리 도ᄅᆞ혀 ᄇᆞ라고 〈두초 9.5a〉

흥샹 ᄉᆞ싱을 맛나 ᄌᆞ조 오명가명 호미 다 부모ᄅᆞᆯ 브터 나ᄃᆞᄂᆞ니라 〈계초 80a〉

ᄒᆞᆫ 부체ᄅᆞᆯ 다ᄃᆞ니 ᄒᆞᆫ 부체 열이곰 훌씨 〈월석 7.9b〉

ㄹ. 이사/사: 법(法)엣 오시ᅀᅡ 진찔(眞實)ㅅ 오시니 〈월인 기121〉

婆羅門이 보고 깃거 이 각시ᅀᅡ 내 얻니논 ᄆᆞᅀᆞ매 맛도다 ᄒᆞ야 〈석보 6.14a-b〉

ㅁ. 곰/옴: 銀 돈 ᄒᆞᆫ 낟곰 받ᄌᆞᆸᄂᆞ니라 〈월석 1.9a〉

그 東山애 金붑 銀붑 돌붑 쇠부피 各各 닐굽곰 잇거늘 調達이와 難陁왜 몬져 쏘니 各各 세콤 ᄢᅢ여디거늘 〈석보 3.13a-b〉[21]

王舍城ᄋᆞ로셔 舍衛國에 올 ᄡᅵᆺ 길헤 二十里예 ᄒᆞᆫ 亭子옴 짓게 ᄒᆞ야 〈석보 6.23a〉

ㅂ. 식: ᄒᆞᆫ 술식 수릐 프러 ᄒᆞᄅᆞ 세 번식 머그면 〈분온 9a〉

ㅅ. 곰: 이리 火災ᄒᆞᆫ 後에 ᄯᅩ 世界 이롓다가 … 이리곰 火災호믈 여듧 번 ᄒᆞ면 〈월석 1.49a-b〉

다시곰 것므ᄅᆞ주거 두서 나ᄅᆞᆯ ᄒᆞ오사 묽ᄀᆞ새 잇다니 〈월석 10.24a〉

(88)에 든 보조사들은 모두 강조나 초점 성격의 뜻을 더한다. (ㄱ)의 '곳/옷'은 대개 명사 뒤에 붙어 '한정'의 뜻을 가지며, 부사나 동사에도 붙는다. (ㄱ)에서 '魔王곳'은 '한정'을, '부텨옷'은 강조를 나타낸다. (ㄴ)의 '봇/봇/믓'은 명사 뒤에 와서 '단독'의 뜻을 갖는 강세 보조사로, 석독 구결에서도 'ㅊ/ㅊㄷ[붓]'으로 쓰일 만큼 오래되었지만 16세기 이후 '곳'으로 합류되었다. (ㄷ)의 'ㄱ/ㅇ/ㅁ'은 주로 부동사의 뒤에 와서 행위의 반복성을 뜻하거나 의미에 강세를 준다. (ㄹ)의 'ᄉᆞ'는 자음 뒤에서 '이ᄉᆞ'형을 갖는데, 강조를 나타내는 보조사 가운데 가장 일반적으로 쓰인다. 고대 국어에서 '沙'로 음차 표기되었고, 중세 국어 말기에 이미 '야'형이 나타나 오늘날에도 같이 쓰이고 있다. 명사 뒤에 오거나, 격조사 '이, 를, 로, 에'의 뒤 및 선어말 어미 '-거-, -시-', 어말 어미 '-아, -게, -고, -거늘, -거든' 또는 부사에 연결된다. (ㅁ)의 '곰/옴'

---

21) '세콤'과 같이 수사에 결합한 '곰'은 접미사로 볼 수도 있다.

은 수와 관련하여 표현된 체언 뒤에서만 쓰여 '씩'이라는 의미를 보태는데, 근대 국어 초기까지만 쓰였다. (ㅂ)의 '식'은 16세기에 나타나기 시작한다. 이와 달리 (ㅅ)의 '곰'은 용언의 활용형과 부사에만 붙어 말에 여운을 주는 강세 보조사로, 근대 국어에 들어서는 그 쓰임이 크게 축소된다.

(89)ㄱ. 내 이제 各各 本來 因호 고대 도로 보내요리라 엇뎨 本來ㅅ 因고 〈능엄 2.29a〉

ㄴ. 大汎호디 이제 뉘 이 무레 特出혼 雄傑오 〈두초 16.12a〉

ㄷ. 이는 賞가 罰아 〈몽산 53b〉

ㄹ. 모든 比丘ㅣ 닐오디 네 스승이 누고 對答호디 世尊이시니라 〈석보 23.41b〉

체언 뒤에 붙어 의문문을 이루는 첨사 성격의 보조사도 있다. (89ㄱ, ㄴ)의 '고/오'는 의문사가 동반되는 설명 의문문에, (89ㄷ)의 '가/아'는 가부를 묻는 판정 의문문에 나타난다. 자음 'ㄹ'나 모음 아래에서 '고, 가'는 '오, 아'가 되지만 (89ㄹ)처럼 '누'에서는 '고'가 쓰인다.

이들 의문 첨사는 활용 어미 뒤에도 붙었다.

(90)ㄱ. 셜본 잃 듕(中)에 리볗(離別)이 씸(甚)호니 어싀아들 리볗(離別)이 엇던고 〈월인 기144〉

巴蜀애 와 病이 하니 荊蠻애 가믄 어느 힐고 〈두초 7.4b〉

ㄴ. 솞바올 닐굽과 이본 나모와 투구 세 사리 녜도 쏘 잇더신가 〈용비 89장〉

오직 저허홀가 말믜호야 ㄱ장 모로매 親히 호다라 〈두초 7.22b〉

그러나 (90)과 같은 문장에서 '-고'나 '-가'는 보조사가 아니라, 앞에 오는 관형사형과 함께 '-ㄴ고, -ㄹ고/ㄹ꼬, -ㄴ가, -ㄹ가/ㄹ까'라는 의문형 어미를 이루는 것으로 보아야 할 것이다. 이 관형사형 어미는 원래 고대 국어 이전 시기에는 명사형 어미였다. 따라서 체언 뒤에 오는 (89)에서의 '고, 가'나, 관형사형 어미 뒤에 오는 (90)의 '-고, -가'는 원래 모두 명사 기능어 뒤에 놓인다는 일관성을 갖는다. 그러나 중세 국어에서 '-은'과 '-을'은 이미 명사형 어미로서는 생산성을 잃었으므로 (90)에서의 의문형 첨사는 보조사가 아니라, '-은, -을'과 결합한 의문형 어미로 다루는 것이다.

(91) ㄱ. 마른/마는: 그듸내 ᄀᆞ장비사 오도다마른 숨利사 몯 어드리라 〈석보 23.53b〉

　　　녜브터 오매 즐기ᄂᆞᆫ 이ᄅᆞᆯ 이제도 能히 ᄒᆞᄂᆞᆫ다마ᄂᆞᆫ 다 늘거가매 새 그를 누를 더브러 傳ᄒᆞᄂᆞ니오 〈두초 9.26b〉

　　ㄴ. 칸마른/컨마른: 定이라 니ᄅᆞ고져 ᄒᆞ나컨마른 비취요미 어즐티 아니ᄒᆞ고 慧라 니ᄅᆞ고져 ᄒᆞ나컨마른 괴외ᄒᆞ야 뮈디 아니ᄒᆞ니 〈남명 상45a-b〉

　　ㄷ. 커니와: 진실로 마리사 아라 ᄒᆞ도다커니와 ᄒᆞᆫ갓 보빅옛 거시 요괴로은 주ᄅᆞᆯ 알오 〈번소 10.18b〉

　　　너희ᄂᆞᆫ커니와 내 지븨 이싫 저긔 受苦ㅣ 만타라 〈월석 10: 23a〉

　　　ᄏᆞ니와: 手品은ᄏᆞ니와 制度도 ᄀᆞ졸시고 〈송강, 사미인곡〉

(91)의 보조사는 문장 뒤에 붙는다. '마른'은 문장 종결형 어미 아래에 결합하여 뒤집는 뜻을 나타내면서 다음 문장을 연결해 주는 기능을 갖는다. 15세기에는 '마른'이 우세하나 16세기 들어 대부분 '마는'으로

바뀐다. '컨마른'도 문장을 연결해 주면서 '거기에 더하여' 정도의 뜻을
보태는데, 15세기에만 보이다가 16세기에 들어서는 '커니와'형에게 그
기능을 넘기고 사라진다. '커니와/ㅋ니와'는, 'ᄒ도다커니와'처럼 동사
의 어말 어미 아래에 오거나, '手品은, 너희ᄂ'처럼 명사 아래에서 보
조사 '은/는'과 결합하여 쓰이기도 한다.[22]

　체언이나 다른 말에 붙는 보조사로는 '곳, 나마, ᄂ, 다가, 대로,
도, 마다, 만, ᄯ름, ᄲᆫ, 셔, 이ᅀᅡ/ᅀᅡ, 이ᄯᆫ, 조차, 조초'가 있고, 체언
에만 붙는 보조사는 'ᄀ장, ᄀ티, 곰, 나마, 다비/다히, 믓/붓/봇, 마
다, 만뎡, 식, ᄋ란, 이라셔, 조쳐'가 있다. '곰'은 체언에 따르지 않고
부사나 동사의 어미 뒤에 붙으며, '마른/마ᄂ'은 문장 뒤에 붙는다.

　조사는 두 개 이상이 결합되어 쓰이기도 한다.

(92)ㄱ. 以第一法才ㅈ까 猶昧ʼㅡㅁᆨ 則中下之機ㄱ 難無疑惑ᄂᆞᆺᄒᆡ 〈능엄기
　　　 2a: 5〉

　　　 (第一의 法才로도 오히려 어두우실진대 中下의 근기는 의혹이 없
　　　 기 어려울 것이다.)

　　ㄴ. ᄀ싀 사ᄅ미 외오 楊雄의 집과 가줄비ᄂ니 〈두초 7.1b〉

　　ㄷ. 내 모미ᅀᅡ 디샛 ᄌ벽만도 몯 너기시리로다 〈월석 22.48b〉

　　ㄹ. 사ᄅ미게론 더러본 서근 내를 ᄀ리붓며 〈월석 18.39b〉

　　ㅁ. 엇뎨 시러곰 나를 보내야 네 ᄀ쇄다가 두려뇨 〈두초 25.27b〉

___
22) '컨마른, 커니와'를 'ᄒ건마른, ᄒ거니와'의 축약 형태의 동사로 보거나, '커니와/ㅋ
　 니와'를 '커녕'이라는 뜻을 가진 부사로 볼 수도 있으나, 동사의 어미나 보조사 뒤에
　 오는 용법을 하나의 용법으로 보아 보조사로 분류하는 것이 좋을 것이다.

(92ㄱ)은 음독 구결문인데, 'ㅈㄲ'는 '로'라는 도구격 조사와 보조사 '도'가 결합한 것이다. (92ㄴ)의 'ㄱ쉿'에는 두 개의 격조사(처격 '의', 관형격 'ㅅ')가, (92ㄷ)의 'ㅈ벽만도'에서는 두 개의 보조사('만', '도')가, (92ㄹ)에서 '사ᄅᆞ미게론'은 세 개의 보조사(여격 '이게', 도구격 '로', 보조사 'ㄴ')가, (92ㅁ)은 처격 '애'와 보조사 '다가'가 결합한 형태이다.

3.1.5 체언의 형태 교체

체언 가운데에는 조사와 결합할 때 형태에 변동이 생기는 어휘가 있는데, 이러한 형태 교체는 명사, 대명사, 수사에서 다 찾아진다. 체언의 형태 교체에는 자동적인 교체와 비자동적인 교체가 있다.

[체언의 자동적 교체]

체언의 말음이 'ㅿ, ㅈ, ㅊ, ㅌ, ㅍ' 또는 자음군('ㄲ'과 'ㄺ' 제외)을 이룰 때, 그 다음에 자음으로 시작하는 조사가 이어지거나 또는 휴지가 올 경우 이들 형태는 자동적으로 교체된다. 'ㅿ, ㅈ, ㅊ'는 'ㅅ'로, 'ㅌ'는 'ㄷ'로, 'ㅍ'는 'ㅂ'로 바뀌고, 자음군은 보통 하나가 탈락하여 한 자음만으로 간소화하는 것이다.

(93)ㄱ. ㅿ>ㅅ: 三藐三佛陁ㅣ어시니 ᄒᆞᆫ 터럭 ᄒᆞᆫ 토빈ᄃᆞᆯ 供養功德이 어
  느 ᄀᆞᆺ이시리 〈월석 4.52b〉

  無邊은 ᄀᆞᆺ 업슬 씨라 〈월석 8.39a〉

  ㅈ>ㅅ: 다ᄉᆞᆺ 곶 두 고지 空中에 머믈어늘 〈월석 1.4a〉

  無色界天에 이셔 香과 곳과ᄅᆞᆯ 비ᄒᆞ니 〈월석 1.37a〉

  ㅊ>ㅅ: 슬햇 가치 둗거우미 잇ᄂᆞ니 술히 누르고 가치 살지고

〈두초 3.50a-b〉

갓과 술쾌 보드랍고 믯믯ㅎ샤 ᄠᅵ 아니 무드시며 〈월석 2.40b〉

ㄴ. ㅌ>ㄷ: 알픠ᄂ 各別히 미틔 나ᅀᅡ가 니를씨 覺ᄋᆞᆯ브터 不覺이 잇
다 ᄒᆞ고 〈월석 11.72b〉

本末ᄋᆫ 믿과 긑괘니 처엄과 乃終괘 本末이오 〈석보 13.41a〉

ㄷ. ㅍ>ㅂ: 가ᄉᆞ매 여슷 ᄂᆞ치오 무루페 두 ᄂᆞ치오 〈월석 4.9b〉

올ᄒᆞᆫ 무룹 ᄭᅮ러 몸 구펴 合掌ᄒᆞ야 〈석보 9.29b〉

ㄹ. 자음군>간소화음: 火炭이 ᄃᆞ외야 몰 ᄆᆞ거늘 [炭ᄋᆞᆫ 숫기라] 〈월
석 23.92b〉

나모 ᄉᆞ라 숫 ᄃᆞ외요미 ᄀᆞᆮ고 〈월석 14.67a〉

(93ㄱ)에서는 'ᄀᆞᆽ'이 'ᄀᆞᆺ'으로, '곶'이 '곳'으로, '갗'이 '갓'으로, (93ㄴ)에서
는 '밑, 긑'이 '믿, 긑'으로, (93ㄷ)에선 '무릎'이 '무룹'으로 교체되었고,
(93ㄹ)에선 '슬'이 '숫'으로 간소화되었다. 이는 어말에서 8종성으로 변
동되는 현상을 그대로 표기에 반영하는가 여부에 의한 것인데, 문헌
에 따라 선택되고 간혹 하나의 문헌 안에서도 수의적으로 달리 나타
나기도 한다. 어말 교체는 현대 국어에서도 있지만, 오늘날은 'ㅅ'도
'ㄷ'로 바뀌는 7종성으로의 변동이 일어난다. 물론 음소주의적 표기
체계를 보이는 중세 국어에서는 이러한 간소화 현상을 표기 형태에서
도 대개 나타내었지만, 현대 국어에서는 형태주의에 근거하여 이들을
표기에 반영하지 않고 있다.

(94)ㄱ. 太子를 하ᄂᆞ리 ᄀᆞᆯ히샤 ᄆᆞᆨㄱ ᄠᅳ디 일어시ᄂᆞᆯ 〈용비 8장〉

ㄴ. 하ᄂᆞᆯ토 뮈며 ᄯᅡ토 뮈더니 셰개(世界)ㅅ 쌍쉬(祥瑞)를 어느 다 ᄉᆞᆯ
ᄫᆞ리 〈월인 기172〉

ㄷ. 뫼햇 대ᄂ 프른 하ᄂ로 오ᄅ놋다 〈두초 15.7a〉

'하ᄂᇙ'는 이른바 ㅎ종성 체언으로, (94ㄱ)의 '하ᄂ히'는 '하ᄂᇙ+이'
로, (94ㄴ)의 '하ᄂ토'는 '하ᄂᇙ+도'로 분석된다. 그러나 (94ㄷ)의 '하ᄂ
로'에서는 종성 'ㅎ'가 탈락되어 있다. 이처럼 종성 ㅎ는 모음이나 평
폐쇄음 'ㄱ, ㄷ'로 시작하는 조사 앞에서는 실현되지만, 단독으로 쓰이
거나 평폐쇄음 이외의 자음 앞에 놓일 때에는 탈락한다.

이러한 ㅎ종성 체언으로는 'ᄀᆞᄉᆞᇙ(秋), 나ㅎ(歲), 나라ㅎ(國), ᄆᆞᄉᆞ
ㅎ(里), 싸ㅎ(地), 우ㅎ(上), ᄒᆞ나ㅎ(一), 둘ㅎ(二)' 등 명사와 수사에 걸
쳐 중세 국어 시기에 100여 개가 확인된다. ㅎ탈락 현상을 보이는 어
휘는 고대 국어 이래로 점차 줄어 가는 추세를 보이고 근대 국어에 들
면서 감소 경향이 뚜렷해지지만 현대 국어의 초기에도 일부 단어에서
쓰였다. 현대 국어에서는 이 가운데 일부의 어사에서 합성어를 이룰
때 'ㅎ'음을 유지하고 있다.(예: 암컷, 수탉)

이와 같이 탈락하는 'ㅎ'는, 그 단어에서 이전 시기에 'ㅎ'음이 들어
있던 음절의 모음이 탈락하면서 남은 자음으로 이해된다. 이들 단어
의 수는 점차 줄어들어서, 중세 국어 시대에는 기본 어휘에서 많이 발
견된다. 이들 기본어는 통시적으로 형태 변화가 비교적 적은 어휘들
이기 때문일 것이다. 한편, ㅎ종성 체언 가운데 일부는 이미 15세기에
서도 'ㅎ'음이 탈락하여 쓰이기도 한다.

(95)ㄱ. 여슷 하ᄂᆞᆯ 欲界 六天이라 〈석보 6.35b〉

ㄴ. 하늘도 마오 이 地獄애 아니 들아지이다 〈월석 7.14a〉

'하늘'은 (94)에서 보듯이 원래 ㅎ종성 체언이지만, (95)에서는 ㅎ음이

이미 탈락하여 '하늘흔, 하늘토'가 아닌 '하느른, 하늘도'로 쓰여 있다.

[체언의 비자동적 교체]

모음 'ㆍ/ㅡ'로 끝나는 명사가 모음으로 시작하는 조사 앞에서 '♀/
으'음이 탈락하는 경우가 있다.

(96)ㄱ. 노ᄅ 쟝: 獐 〈훈몽 상10a〉

ㄴ. 峻阪앳 놀을 쏘샤 摩下 듣ᄌᆞᄫᆞᆯ 마리 〈용비 65장〉

(97)ㄱ. 여스 호: 狐 〈훈몽 상19a〉

ㄴ. 엿은 畜性으로 제 좃ᄂ 젼ᄎᆞ로 거슬ᄡᅥ 좃디 아니코 〈능엄
8.127b〉

(98)ㄱ. ᄆᆞᄅ 동: 棟 〈훈몽 중4a〉

ㄴ. 큰 지븨 노푼 ᄆᆞᆯ를 아ᄉᆞᆫ 둣ᄒᆞ며 〈두초 24.17a〉

(99)ㄱ. 半身은 半 모미라 栴檀末은 栴檀香ㅅ ᄀᆞ리라 〈월석 10.54b〉

ㄴ. 슈은 어울ᄡᅵ니 두 큰 블 묏 가온ᄃᆡ 녀코 두 山이 어우러 ᄀᆞ라 ᄀᆞ
리 ᄃᆞ외ᄂᆞ니라 〈월석 1.29a〉

(96ㄱ)의 '노ᄅ'는 (96ㄴ)에서 '놀ㅇ'로 쓰이고, (97ㄱ)의 '여스'는 (97ㄴ)에
서 '엿ㅇ'으로 쓰여 'ㆍ'나 'ㅡ'가 탈락하였다. 그러나 (98ㄱ)의 'ᄆᆞᄅ'는
(98ㄴ)에서 '몰ㄹ'으로 바뀌어 'ㆍ'가 탈락하면서 'ㄹ'가 덧붙었다. '노ᄅ'
와 같은 교체를 보이는 말에는 'ᄀᆞᄅ(粉), ᄂᆞᄅ(津), 시르(甑), 쟈ᄅ(袋),
ᄌᆞᄅ(柄)' 등이 있고, '여스'와 같은 교체형에는 '아ᅀᆞ(弟), 무수(蘿葍)'
가 있으며, 'ᄆᆞᄅ'와 같은 교체를 보이는 말에는 'ᄀᆞᄅ(粉), ᄒᆞᄅ(一日)'
가 있다. 이들은 모두 유성 자음과 '♀/으'가 결합한 말음절을 가진 2
음절어이다. 그러나 중세 국어에서도 (99ㄱ, ㄴ)처럼 'ᄀᆞᄅ'가 'ᄀᆞ리'와

'글리'형을 다 보이는 등 이들의 조사 결합형이 흔들리며, 근대 국어에 들어서는 모음으로 시작하는 조사 앞에서도 변이형을 보이지 않는 예가 생기기도 하지만 대체로 18세기까지는 이 같은 교체 형태가 우세를 보인다. 그러나 '어느, 그' 등은 '어늬, 긔'와 같이 실현되어 'ㅡ'가 탈락하지 않는다. 이는 용언의 어간 말 모음 'ㆍ/ㅡ'가 모음 어미와 결합할 때 반드시 탈락하는 것과 차이가 있다.

대명사 '나, 너, 누, 이, 뎌'가 조사 '와, 로'와 결합할 때에도 'ㄹ'이 덧붙는데, 이 현상은 수의적이다. 이에 대해서는 해당 조사 항목(3.1.4의 '부사격 조사, 접속 조사')에서 언급하였기에 여기에서는 설명을 생략한다.

유성 자음에 모음이 결합한 말음절을 가진 2음절어 가운데에는, 모음으로 시작하는 조사 앞에서 역시 모음이 탈락하고 'ㄱ'가 덧생기는 교체를 보이는 예도 있다.

> (100)ㄱ. 숤바올 닐굽과 이븐 나모와 투구 세 사리 녜도 또 잇더신가
> 　　　〈용비 89장〉
> 　　　ㄴ. 남기 빼여 셩명(性命)을 ᄆᆞᄎᆞ시니 〈월인 기4〉
> (101)ㄱ. 녀느 쉰 아ᄒᆞ도 다 出家ᄒᆞ니라 〈석보 6.10a〉
> 　　　ㄴ. 舍衛國 婆羅門이 모디러 녇기 가면 몯 이긔리니 〈석보 6.22b〉

(100ㄱ)의 '나모'는 (100ㄴ)에서 '남ㄱ'의 형태로 교체되었고, (101ㄱ)의 '녀느'는 (101ㄴ)에서 '녇ㄱ'가 되었다. 이러한 교체는 모음으로 시작하는 조사 앞에서 나타나는 것이다. '구무(穴), 불무(冶)'도 이와 같다. 이들 비자동적 교체는 고대 국어 이후의 역사적 변천으로 설명되기도 한다. 그러나 이러한 형태 교체는 근대 국어에서 없어진다. 위의 (96)~(101)에서 설명된 명사들은 모두 유성 자음 /ㄴ, ㄹ, ㅁ, ㅿ/와 모

음으로 이루어진 음절이며,[23] 이들의 성조는 모두 평성, 즉 '저조+저조'라는 공통성을 갖는다. 그러나 '브·ᅀᅳ(碗), :아모(某), 어·느(何), :유무(消息), ᄌᆞ·ᅀᅳ(核)' 등은 형태가 공통되지만 성조가 평성끼리의 결합이 아니므로 위와 같은 형태 교체가 없다.

말음절이 'ᄋᆞ/으'로 끝나는 체언에 주격 조사 '이'나 관형격 조사 'ᄋᆡ/의' 등이 이어지면 'ᄋᆞ/으'가 탈락하며, 말음절이 '이'로 끝나는 체언이 관형격 'ᄋᆡ/의'나 호격 '아'와 결합하면서 '이'가 탈락하는 경우가 있다.

(102)ㄱ. 아득ᄒᆞᆫ 훟셰(後世)예 셕가뿛(釋迦佛) ᄃᆞ외싫 ᄃᆞᆯ 포광뿛(普光佛)이 니르시니이다 〈월인 기5〉

ㄴ. 結業을 다ᄉᆞ롤 뗸 三十七道品을 닷골 ᄯᆞ니 〈법화 3.133a〉

(103)ㄱ. 밤낫 여슷 ᄢᅴ로 뎌 藥師瑠璃光如來를 저ᅀᆞᆸ바 供養ᄒᆞᅀᆸ고 〈석보 9.32a-b〉

ㄴ. 그 ᄢᅴ 菩薩ㅅ 道理ᄒᆞ노라 ᄒᆞ야 〈석보 6.8a〉

(104)ㄱ. 아비옷 이시면 우리를 어엿비 너겨 能히 救護ᄒᆞ려늘 〈월석 17.21a〉

ㄴ. 아ᄃᆞ리 아비 나해셔 곱기곰 사라 〈월석 1.47b〉

(102ㄱ)에서 'ᄃᆞ' 형태의 의존 명사는 (102ㄴ)에서 주격 조사 '이'와 결합하면서 'ᄋᆞ'가 탈락하여 'ᄠᅵ(디)'가 되었는데, 이러한 교체는 의존 명사 'ᄉᆞ'에서도 똑같이 일어난다. (103ㄱ)의 'ᄢᅳ'는 (103ㄴ)에서 처소격 조사 '의'와 결합하면서 '으'가 탈락하였다. '이' 모음으로 끝난 (104ㄱ)의 '아

---

23) /ㄴ/를 가진 단어도 동일한 형태 교체를 보일 것이라 예상되나, 아직 해당 단어가 문증되지는 않는다. 이는 용언에서도 마찬가지이다.

비'도 관형격 조사 '익'와 결합한 (104ㄴ)에서는 '익'가 탈락하여 '아비'가 되었다. 보통 '아비, 아기, 늘그니'와 같은 유정 명사에서는 '익'가 탈락 하고, '허리, 서리, 가지'와 같은 무정 명사에서는 탈락하지 않는다.

[체언의 성조 교체]

체언에 조사가 결합하면서 체언의 성조가 달리 실현되는 수가 있 다. 이들은 일반적인 율동 규칙 가운데 하나로 해석된다.

(105)ㄱ. ·ᄀ ·믈 :한(旱) 〈훈몽 상3a〉

ㄴ. 하 ·ᄂᆞᆳ ·ᄀᄆ ·리 :업도 ·다 〈두초 7.36b-37a〉

ㄷ. :쉬 ·미 기 ·픈 므 ·른 ·ᄀᄆ ·래 아 ·니 그 ·츨 ·씨
  〈용비 2장〉

(106)ㄱ. ·太 :子ㅅ 時 ·節 ·에 :나 ·를 :겨집 :사 ·ᄆ시 ·니 〈석보 6.4a〉

ㄴ. ·내 닐 ·오 ·디 菩 ·薩 ·이 ᄃ외 ·야 ·劫 ·劫 ·에 發 ·願行 ·ᄒ노 ·라
  ·ᄒ ·야 〈석보 6.8b〉

ㄷ. :네 내 :마 ·를 :다 드를 ·따 ·ᄒ야 ·늘 :네 盟 ·誓 ·를 ·호 ·디
  〈석보 6.8b〉

(105ㄱ)에서 'ᄀ믈'의 말음절 '믈'은 원래 거성이었으나, 주격 조사가 붙 은 (105ㄴ)이나 처소격이 붙은 (105ㄷ)에서는 평성으로 바뀌었다. 거성 인 '·갈ㅎ, ·고ㅎ'도 처소격 조사 '애'와 결합되면 평성 '갈해, 고해'로 바뀐다. (106ㄱ)에서는 목적격 조사가 붙은 '나'가 상성을 보이며, '나' 에 주격 조사가 붙은 (106ㄴ)의 '내'에선 거성, '나'의 관형격형인 (106 ㄷ)의 '내'에선 평성을 갖는다. 그러나 (106ㄷ)에서 보면 '너'의 주격형 '네'는 상성이다. 이처럼 대명사의 격형에 따르는 성조 변화는 불규칙

적이다.(자세한 내용은 3.1.4에서 '관형격 조사' 항목 참조)

3.2 용언과 활용 어미

용언에는 동사와 형용사가 있으며, 단어 형태는 어간과 활용 어미로 이루어진다. 중세 국어의 용언도 동사와 형용사로 나눌 수 있지만, 이 두 가지 범주를 넘나드는 용언 어휘가 현대 국어에 비하여 훨씬 많다. 용언에 대한 중세 국어 시기의 인식도 당시의 여러 문헌에 나타나는 협주나 어휘 해석에서 찾을 수 있다.

(107)ㄱ. 學은 비홀 씨라 〈석보 13.3a〉

　　ㄴ. 如는 ᄀᆞ틀 씨라 〈훈민 3b〉

　　ㄷ. 博은 너블 씨오 間은 무를 씨라 〈월석 서20a〉

(107ㄱ)에서 동사에 해당하는 '學'과 (107ㄴ)에서 형용사에 상당하는 '如'를 모두 '-을 씨라' 형식으로 풀이하고 있다. 이는 동사와 형용사를 하나의 문법 범주로 인식한 표현이라고 할 것이다. 이는 (107ㄷ)에서 형용사 '博'과 동사 '間'이 같은 형식으로 풀이된 것에서도 나타난다.[24]

---

24) 이러한 협주 풀이 방식이 범주 분류에서 절대적인 기준은 물론 아니다. 당시의 문헌에서는 동작성 명사나 상태성 명사도 역시 동사나 형용사와 같은 방식으로 풀이하고 있다.

　(i) 出은 날 씨오, 家는 지비니, 집 ᄇᆞ리고 나가 머리 갓ᄀᆞᆯ 씨라 〈월석 1.17a〉

　(ii) 寂滅은 괴외히 업슬 씨니 〈월석 2.16a〉

　(i)에서 '出'은 동사이며 '出家'는 동작성 명사인데 같은 '-을 씨라' 표현으로 나타났고, (ii)에서 '寂滅'은 상태성 명사인데 역시 '-을 씨라'로 쓰였다.

용언의 어간은 어미와 분리될 수 있는데, 용언의 어간은 기원적으
로 명사적 성격이었던 것으로 추정된다.[25]

(108)ㄱ. 時時예 와 늙고 病ᄒ닐 무러 신 신고 거러 다봇 서리예 오ᄂ다
〈두초 7.21b〉

　　ㄴ. 붉쥐〈훈몽 상22b〉, 열쇠〈몽산 53a〉, 밀믈〈용비 67장〉, 그르ᄒ
　　　다〈석보 9.6b〉

　　ㄷ. 바ᄅ다〈원각 4상1.2.117b〉: 바ᄅ〈석보 6.20b〉

　　ㄹ. ᄯᅩ ᄲᆞᄅᆞ도 아니ᄒ며 늣도 아니ᄒ야〈몽산 7a〉

(108ㄱ)에서 명사 '신'(鞋)은 그대로 동사 '신-'의 어간이 되는데, 이러한
영 파생 용례는 이 외에도 많다. 이처럼 명사(체언)와 용언의 어간은 원
래 성격이 상통하는 면이 있다. (108ㄴ)에선 용언의 어간 뒤에 명사가
바로 결합하여 합성 명사를 이루거나, 용언의 어간이 용언화 접미사
'-ᄒ-'의 어근이 되어 있다. 이들을 비통사적인 합성어라고 하지만, 예
전에는 '용언 어간＋명사'의 구조도 '명사＋명사'와 성격상 크게 다르
지 않으며, '-ᄒ-' 앞에 오는 용언의 어간이나 명사가 같은 속성이었
음을 말해 준다. 용언 어간의 이 같은 명사적 속성으로, 현대 국어에
선 다소 무리하지만 '먹거리'와 같은 파생어가 오늘날에도 나올 수 있
는 것이다. (108ㄷ)에서는 용언의 어간이 그대로 부사로 쓰이는 예인
데, 이와 같은 영 파생도 많이 있다. 명사, 관형사, 부사와 용언의 어
간이 기원적으로 모두 상통하는 성격을 가진 것으로 해석하면 이러한

---

25) 이승욱(1997)에서도 알타이 제어는 용언의 어간이 자립성을 지님을 말하였다. 어
　　간이 분리되어 쓰일 때 그것의 문법적 특성은 명사적일 것이다. 이는 체언과 용언
　　의 미분화 단계를 가정하는 설과 상통할 수 있다.

현상도 손쉽게 설명할 수 있다. (108ㄹ)에서는 형용사의 어간에 보조사가 결합하였다. 원래 보조사는 체언 뒤에 결합하는 것인데, 장형 부정문에서 체언이나 부사, 용언의 어간 뒤에 잘 결합하는 것은 이들이 모두 공통적인 속성을 가진 문법 범주임을 말한다. 이 외에 어간이 간혹 분리되어 쓰이는 현상도 이러한 속성에서 그 원인을 찾을 수 있을 것이다.

동사와 형용사는 활용 양상에서 차이를 보인다.

(109)ㄱ. 郭巨의 어미 샹녜 바볼 더러 세 설 머근 孫子를 머기더니 〈삼강 효12a〉

ㄴ. 그 쁴 덦 님자히 뛰이고 곧 흔 쟈근 沙彌를 브려 조차 懷州 가 돈을 가져오라 흔대 〈관음 12b〉

ㄷ. 玄圃는 黃河를 츠자갈싀 아노니 잇ᄂ 동 업슨 동 ᄒ니라 〈두초 9.30b〉

(110) 舍利弗아 너희 부텻 마를 고디 드르라 거츠디 아니ᄒ니라 〈석보 13.47b〉

(109ㄱ)에서 용언 '머근'은 동사 '먹-'에 과거를 나타내는 관형사형 어미 '-은'이 결합한 것이고, (109ㄴ)의 '쟈근'은 형용사 '쟉-'에 현재를 나타내는 관형사형 어미 '-은'이 결합한 것이다. 이처럼 같은 형태처럼 보이는 '-은/은'이 선행하는 동사나 형용사의 어간에 따라서 다른 기능의 어미가 되는 것이다. (109ㄷ)에서 대등적으로 쓴 '잇ᄂ'과 '업슨'은, 현재를 나타내는 동사와 형용사의 관형사형을 대비적으로 잘 보여 준다. 형용사는 관형사형으로 '-ᄂ'을 쓸 수 없어, 동사와 구별되는 것이다. (110)에서처럼 동사 '듣-'은 '드르라'라는 명령형을 가질 수 있으나,

400

형용사에는 명령형이 없다.

그러나 형용사도 관형사형에서와는 달리 연결 어미와 종결 어미에서는 현재를 나타내는 직설법의 '-ᄂᆞ-'를 취할 수가 있다.

(111) ㄱ. 뫼햇 남기 퍼러ᄒᆞ고 디ᄂᆞᆫ ᄒᆡ 어듭ᄂᆞ니 댓나치 움즈기니 ᄀᆞᄂᆞᆫ
    ᄭᅵᆯ 눈화 흘리놋다 〈두초 25.15b〉

    ㄴ. 代北에 큰 매 잇ᄂᆞ니 삿길 나ᄒᆞ니 터리 다 븕ᄂᆞ니라 〈두초
    8.18b-19a〉

(111)에서 '어듭-'과 '븕-'은 모두 형용사이지만 '-ᄂᆞ-'와 결합하여 쓰이고 있다. 이는 '-ᄂᆞ-'가 현재라는 시제적 성격 외에 직설법이라는 서법 요소도 가지고 있기 때문이라고 해석된다.[26]

형용사와 동사의 기능을 다 하는 용언도 많다.

(112) ㄱ. 뫼해 이셔ᄂᆞᆫ 싫므리 ᄆᆞᆰ더니 뫼해 나가ᄂᆞᆫ 싫므리 흐리놋다 〈두
    초 8.66a-b〉

    ㄴ. 病ᄒᆞ야 입주리ᄂᆞᆫ 안해 그를 지수니 머기 흐리고 字ㅣ 기우도다
    〈두초 25.35a〉

용언 '흐리-'는 (112ㄱ)에서 동사로 쓰이지만 (112ㄴ)에서는 형용사 기능을 한다. 이러한 양용 동사는 현대 국어에서도 여럿이 있지만 중세 국어에서는 더욱 많다. '굽다, 길다, 늦다, 굳다, 크다, 흐리다' 등은

---

26) 중세 국어에 비해 시제로서의 특성이 뚜렷해진 현대 국어에서는 형용사가 '-는-'이나 '-는다, -느냐, -느라' 등의 어미와 결합하지 못한다.

오늘날까지 동사와 형용사 용법이 다 지속되는데, '둏다, 슳다, 없다, 히다' 등은 동사의 기능은 사라지고 형용사 용법만 남는다.

그러나 위의 예문 (109)와 (110)에서 보듯이, 현대 국어는 물론 중세 국어에서도 동사와 형용사를 구별함으로써 활용 양상 등에서 설명력을 많이 얻을 수 있으므로, 여기에서도 나누어 설명하기로 한다.

3.2.1 동사

동사는 자동사와 타동사로 나눌 수 있다.

> (113)ㄱ. 狄人ㅅ 서리예 가샤 狄人이 골외어늘 〈용비 4장〉
>
> ㄴ. 쉬는 나래 時節을 조차 술 먹노소니 〈두초 8.50a〉

(113ㄱ)의 '가-'는 목적어를 갖지 않는 자동사이며, (113ㄴ)의 '먹-'은 목적어 '술'을 갖는 타동사이다. 그런데 중세 국어에서는 자동사와 타동사에 두루 쓰이는 동사가 여럿 있다.

> (114)ㄱ. 天上애 구룸 흐터사 둘 나둧 ᄒ며 〈원각 2상1.1.56b〉
>
> ㄴ. 時節 아닌 젯 번게 구루믈 흐터 ᄒ야브릴 씨라 〈월석 10.81a〉
>
> (115)ㄱ. 如來 큰 光明 펴샤 神力으로 感動ᄒ샤 하눓 풍류 百千萬種을 ᄒ야 〈월석 21.202b-203a〉
>
> ㄴ. 아로믈 感動ᄒ야 눛믈 흘리고 도라와 아론 고ᄃ로 스승ᄭᅴ 니른대 〈원각 서8a〉

(114ㄱ)에서 '흩-'은 자동사이지만, (114ㄴ)에서는 '흩-'이 '구룸'을 목적어로 갖는 타동사로 쓰였다. (115ㄱ, ㄴ)에서는 '-ㅎ-'가 결합한 '感動ㅎ-'도 자동사와 타동사로 각각 쓰였다. 이와 같이 자·타동사로 모두 쓸 수 있는 양용 동사로는 이 밖에도 '굴다(替), 껴다(折), 긏다(斷), 놀라다(驚), 남다(溢), 돋다(杲), 돌다(廻), 박다(着), 버히다(斬), 비취다(照), 줌다(浸), 흩다(散)' 등 많이 있다. 이들은 점차 피동화 접미사가 붙은 자동사를 만들거나('굴다, 껴다, 긏다, 박다, 버히다, 줌다'), 타동화 접미사를 붙여 타동사를 이루거나('놀라다, 남다, 돋다, 돌다') 하여 자·타동사를 구별하는 형태를 갖추기도 하지만, '긏다(>그치다), 돌다, 비취다' 등 일부 동사는 현대 국어에서도 자타 양용성을 갖는다.[27]

(116)ㄱ. 玄圃는 黃河를 츳자갈싀 아노니 잇는 동 업슨 동 ㅎ니라 〈두초 9.30b〉

ㄴ. 오직 이 브래 子賢長子ㅣ 지비 잇다 듣노이다 〈월석 8.94a〉

(116)에는 서술어로 '잇-(有)'과 '없-'(無)이 있다. '잇-'은 동사로서, 다른 동사와 활용이 같다. 다만 (116ㄴ)에서 보듯이, 보문에서 '-ᄂᆞ-'와 결합하지 않은 형태도 보여 준다. '겨시다, 계시다'도 마찬가지이다. '없-'은 형용사로 (116ㄱ)의 '업슨'과 같이 활용하여, 동사의 활용 형태를 일부 갖는 현대 국어와 다른 모습을 보인다.

---

27) 이를 '능격 동사' 또는 동사의 '능격성'이라고 부르기도 하지만, 일반 언어학에서 능격 동사는 자동사의 주어와 타동사의 목적어가 동일한 격으로 나타나는 경우를 말하므로, 위의 예들은 자·타 양용 동사라고 부르는 것이 타당할 것이다.(연재훈 2008 참조) 이들 양용 동사는 영 파생을 통하여 같은 형태를 가지는데, 두 가지 기능을 갖는 것으로 문법적인 해석을 할 수 있다.

중세 국어에서 일부의 자동사는 타동사화 접미사 '-ᄋ/으-'와 결합하여 타동사로 바뀔 수 있었다.

(117)ㄱ. 몃 間ㄷ 지븨 사ᄅᆞ시리잇고 〈용비 110장〉

　　　ㄴ. 能히 子息의 善惡을 아ᄂᆞ니 제 주기고져 ᄒᆞ며 사ᄅᆞ고져 호ᄆᆞᆯ
　　　　　드르라 〈내훈 3.18b〉

　　　ㄷ. 城 밧긔 닐굽 뎔 일어 즁 살이시고 城 안해 세 뎔 일어 승 살이
　　　　　시니라 〈월석 2.77a〉

(117ㄱ)의 자동사 '살-'은 (117ㄴ)에서 타동사 '사ᄅᆞ-'가 되었다.[28] 흔히 이를 사동화 접미사 '-ᄋ/으-'와 결합한 사동 타동사로 보지만, 당시에도 '살-'의 사동화는 (117ㄷ)의 '살이-'형이 따로 있었다. 중세 국어의 사동화 접사로 '-이-'나 '-오-' 계열 외에 '-ᄋ-'를 설정하는 견해가 일반적이나, '-ᄋ-'가 결합하는 동사도 매우 적을뿐더러 이들 동사는 모두 다른 사동화 접사가 있고, '-ᄋ-' 결합형은 단순 타동사로 보아도 별 무리가 없다. 타동화 접사 '-ᄋ/으-'와 결합한 동사에는 '기ᄅᆞ다(育), 니ᄅᆞ다(惹起), 도ᄅᆞ다(回), 이르다(造)' 등이 있다.[29] (제3장의 6.1 참조)

---

28) (117ㄴ)에서 '사ᄅᆞ-'는 '죽-'의 사동형 '주기-'와 대칭되게 쓰여서 더욱 사동사처럼 보인다. 그러나 '주기-'도 사동 형태를 갖긴 하였지만 주동의 뜻을 가지는 것으로 해석된다.

29) 예를 들어 '기ᄅᆞ다/기르다'도 동사 '길다'(長)의 타동화일 뿐이다. '길다'의 사동화는 '길우다/길오다'이다.
　(i) 富貴예 나 기런 모로매 蠶桑이 쉽디 아니호ᄆᆞᆯ 아롤디니 〈내훈 2.101b〉
　(ii) 아비 어미 날 기룰 저귀 밤나ᄌᆞᆯ 날로 ᄒᆡ여 ᄀᆞ초더니 〈두초 8.67b〉
　(iii) 定을 치여 닷ᄀᆞ면 無名을 길우고 慧를 치여 닷ᄀᆞ면 邪見을 길우ᄂᆞ니라 〈원각 2상1.1.110a〉
　위의 예문 (i)에서 보이는 자동사 '길-'의 사동화는 (iii)의 '길우-'이며, (ii)의 '기ᄅᆞ-'

대개의 동사들은 어간에 피동화 접미사와 사동화 접미사를 붙여 각각 피동사와 사동사를 이룰 수 있다.

> (118) ㄱ. 밥 求ᄒᄂᆫ 쇼리ᄅᆯ 苦로이 이어고 뗸 가폴 쌔ᄆᆯ 샹녜 뾔노라 〈두초 3.9a〉
>
> ㄴ. 다ᄋᄂᆫ ᄀᆞ술히 正히 이어여 뻐러디ᄂᆞ니 머리ᄅᆯ 도ᄅᆞ혀 솔와 대ᄅᆯ ᄇ라노라 〈두초 16.25a〉

(118ㄱ)에서 타동사 '이어-(搖)'는, (118ㄴ)에서 피동화 접미사 '-이-'와 결합하여 피동사 '이어이-'가 되었다. 이 밖에 피동화 접미사에는 '-히-, -리-, -기-'가 있다.

> (119) ㄱ. 그러면 눈 다ᄒᆞᆫ 딕마다 다 道ㅣ라 〈금삼 3.42b〉
>
> ㄴ. 대롱을 항문에 다히고 두서 사ᄅᆞ미 서르 ᄀᆞ람 부러 〈구간 1.46b〉

(119ㄱ)에 쓰인 자동사 '닿-(接)'은, (119ㄴ)에서 사동화 접미사 '-이-'가 결합하여 사동사 '다히-'가 되었다. 이 밖에 사동화 접미사에는 '-히-, -기-, -오/우-'가 있다.

3.2.2 형용사

형용사는 성상 형용사와 지시 형용사로 가를 수 있다.

는 오늘날 '기르-, 사육하-'의 뜻을 갖는 타동화이다.

(120)ㄱ. 耶輸ㅣ 그 긔별 드르시고 羅睺羅 더브러 노푼 樓 우희 오르시고 〈석보 6.2b〉

ㄴ. 天兵과 魔后도 속졀 업시 저히며 아름답도다 〈남명 하14a〉

ㄷ. 믈읫 法性을 보디 두 가짓 相이 업서 虛空 곧홈도 보며 〈석보 13.23b〉

(121)ㄱ. 사로미 이러커늘사 아들 올 여희리잇가 〈월인 기143〉

ㄴ. 비록 그러ᄒ나 이 無字는 어느 고들 從ᄒ야 나뇨 〈몽산 61b〉

ㄷ. 일후믈 듣ᄌᄫᆞ면 뎌런 모딘 이리 害티 몯ᄒ며 〈석보 9.17b〉

ㄹ. ᄯᅩ 羅睺羅ᄅᆞᆯ 出家ᄒᆞ샤 나라 니ᅀᅳ리ᄅᆞᆯ 긋게 ᄒ시ᄂᆞ니 엇더ᄒ니잇고 〈석보 6.7b〉

ㅁ. 何有鄕ᄋᆞᆫ 아ᄆᆞ라타 몯 홀 고디니 無住ᄅᆞᆯ 니ᄅᆞ니라 〈금삼 2.21a〉

예문 (120)에서 서술어 '높-, 아름답-, 곧ᄒ-'는 모두 성상 형용사이다. (121)에서는 지시 형용사가 쓰였는데, (121ㄱ)에선 근칭 '이러ᄒ-/이렇-', (121ㄴ)에선 중칭 '그러ᄒ/그렇-', (121ㄷ)에서는 원칭 '뎌러ᄒ/뎌렇-', (121ㄹ)에선 미지칭 '엇더ᄒ/엇덯-', (121ㅁ)에선 부정칭 '아ᄆᆞ라ᄒ/아ᄆᆞ랗-'을 찾을 수 있다.

(122)ㄱ. 一間 茅屋도 업사 움 무더 사ᄅᆞ시니이다 〈용비 111장〉

ㄴ. 다ᇰ 업슨 긴 ᄀᆞᄅᆞᄆᆞᆫ 니섬니서 오놋다 〈두초 10.35b〉

(123)ㄱ. 내 말옷 아니 드르시면 ᄂᆞ외 즐거ᄫᆞᆫ ᄆᆞᅀᆞ미 업스례이다 〈월석 2.5b〉

ㄴ. 그엣 宮殿과 諸天괘 ᄒᆞᄢᅴ 냇다가 절로 ᄒᆞᄢᅴ 업ᄂᆞ니라 〈월석 1.50a-b〉

ㄷ. 부텨 업스신 後에 法 디녀 後世예 펴디게 호미 이 大迦葉의 히
미라 〈석보 6.12b-13a〉

형용사 '없다'는 (122)에서 보듯이 다른 형용사들과 활용을 똑같이 한
다. 한편 '없다'는 형용사 외에 동사로도 기능하는데, (123)은 당시에
'없-'이 자동사로도 쓰였음을 보여 주는 예이다. (123ㄷ)에선 존재 의미
의 '없-'에 높임의 '-시-'가 결합되어, 오늘날 '안 계신'과 다른 용법을
보인다.

중세 국어에서 형용사들의 용법은 근대 이후에도 대개 그대로 이
어지지만 용법에 변화가 있는 경우도 있다. 예를 들어, 오늘날엔 심리
서술어로도 쓰이는 다음 형용사들이 중세 국어에선 주로 평가 서술어
로만 쓰인다.

(124) 須達이 무로ᄃᆡ 여슷 하ᄂᆞ리 어늬사 ᄆᆞᆺ 됴ᄒᆞ니잇가 〈석보 6.35b〉

(125) 芥子ㅣ 바ᄂᆞᆯ 늘해 맛게 호미 이 이리 어려우녀 쉬우녀 〈원각 서69b〉

(126) ㄱ. 부텨 맛나미 어려ᄫᅳ며 法 드로미 어려ᄫᅳ니 〈석보 6.10b-11a〉

ㄴ. 그러면 아로미 어렵다 니ᄅᆞ샤미 佛智 <u>어려ᄫᆫ</u> 주리 아니라 機
제 <u>어려ᄫᆯ</u> ᄯᆞᄅᆞ미라 〈월석 14.56b〉

ㄷ. 우리ᄃᆞᆯ히 甚히 어려ᄫᅥ호다소니 이제 涅槃ᄒᆞ시니 싁싁ᄒᆞᆫ 法이
ᄒᆞ마 업스리로다 〈석보 23.42a〉

(124)의 '둏-'과 (125)의 '쉽-'은 모두 평가 서술어로만 쓰인다. 그러나
(126ㄱ)에서 '어렵-'은 평가의 뜻을 갖지만 (126ㄴ)의 밑줄 친 '어렵-'에
선 심리 서술어로 쓰였다. 이들이 심리 서술어로 기능할 때는 대개
(126ㄷ)과 같이 '-어 ᄒᆞ-' 형태를 갖는다.

3.2.3 보조 용언

고대 국어에서도 많이 나타나는 보조 용언은 중세 국어에서도 여러 가지가 쓰였는데, 의미 기능에 따라 보조 용언을 나누면 아래와 같다.[30] 먼저 보조 동사를 든다.

(127)ㄱ. 진행, 지속

　　(-고) 잇다: 說法홀 싸르미 머리 住ᄒ야셔 좀 듣고 잇ᄂ 딜 알며 〈법화 6.45b〉

　　(-아) 가다: 무량겁(無量劫) 부톄시니 주거 가ᄂ 거싀 일을 몯 보신들 매 모ᄅ시리 〈월인 기43〉

　　(-아) 오다: 몬져 ᄆ슬홀 다 도라 城門익 다ᄃ라 오나ᄂᆯ 〈석보 24.21b〉

　　(-아) 잇다, 겨시다: 오래 셔아 이셔 ᄇ라더니 〈석보 11.29b〉
　　이제 부톄 나아 겨시니라 ᄒ야ᄂᆯ 〈석보 6.12b〉

　ㄴ. 종결

　　(-아) 나다: 셰간ᄂᆯ 구ᄒ여 논호아 나니 다ᄉᆺ 힛마내 형의 셰간니 죄 입고 환자 댱녜 삼쳔니 남더니 〈이륜 21a〉

　　(-아) 내다: 勞度差ㅣ 쏘 ᄒ 쇼ᄅᆯ 지서 내니 〈석보 6.32b〉

　　(-아) ᄇ리다: 그 룡(龍)올 자바 올오리 ᄩ저 다 머거 ᄇ리니 〈월인 기161〉

　ㄷ. 시도

---

30) 보조 용언의 의미 기능 분류는 기본적으로 고영근(1997)에 의하면서, 여기에 몇 가지를 보탠다.

(-아) 보다: 弟子ᄃᆞ려 어루 겻굴따 무러 보라 〈석보 6.26b-
27a〉

ㄹ. 보유

(-아) 두다: 사ᄅᆞᆷ 주깄 官員을 定ᄒᆞ야 두쇼셔 〈석보 24.13b〉

(-아) 놓다: 도깃 醬은 자바다가 디여 논ᄂᆞ다 〈두초 22.20b〉

ㅁ. 봉사

(-아) 주다, 드리다: 오직 一乘 法 닐어 주디 아니ᄒᆞ샤ᄆᆞᆯ 가ᄌᆞᆯ
비시니라 〈법화 5.59a〉

달지 받티 ᄒᆞᆫ 목 나ᄆᆞ니 잇더니 ᄑᆞ라 드리고 사 내여다가 〈이
륜 16a〉

ㅂ. 변화, 피동

(-게) ᄃᆞ외다: 우리 어ᅀᅵ 아ᄃᆞ리 외룹고 입게 ᄃᆞ외야 〈석보
6.5a〉

(-아) 디다: 三千世界ㅣ 짜히 다 震動ᄒᆞ야 ᄢᅥ여 디거늘 〈원각 8
하2.2.35a〉

ㅅ. 사동

(-게/긔) ᄒᆞ다: 바ᄅᆞᆳ 므를 소사오ᄅᆞ게 ᄒᆞᄂᆞ니라 〈석보 13.9b〉

ㅇ. 부정

(-디) 아니ᄒᆞ다: ᄒᆞᆫ ᄆᆞᅀᆞᄆᆞ로 道理ᄅᆞᆯ 求ᄒᆞ야 목숨 앗기디 아니
ᄒᆞ야 〈월석 7.45a〉

(-디) 몯ᄒᆞ다: 後生애 거지븨 모ᄆᆞᆯ ᄇᆞ리디 몯ᄒᆞ면 正覺 일우디
아니호리이다 〈월석 8.64b〉

(-디, -게, -아) 말다: 須達이ᄃᆞ려 닐오ᄃᆡ 金을 더 내디 말라 〈석
보 6.26a〉

ㅈ. 당위

(-아싸) ᄒᆞ다: 우리들히 父王ㅅ 棺ᄋᆞᆯ 메ᅀᆞᄫᅡ싸 ᄒᆞ리이다 〈월석 10.12b〉

ㅊ. 원망(바람)

(-아) 지라: 그 아기 닐굽 설 머거 아비 보라 니거 지라 ᄒᆞᆫ대 〈월석 8.101b〉

ㅌ. 의도, 희망

(-져, -고져, -과뎌, -려) ᄒᆞ다: 칧(七) 년(年)을 믈리져 ᄒᆞ야 출가(出家)ᄅᆞᆯ 거스니 〈월인 기176〉

겨지븨 모ᄆᆞᆯ ᄇᆞ리고져 ᄒᆞ거든 〈석보 9.7b〉

福이 오고 厄이 스러디과뎌 ᄒᆞ노니 〈월석 서25b〉

妙法을 닐오려 ᄒᆞ시ᄂᆞᆫ가 授記ᄅᆞᆯ 호려 ᄒᆞ시ᄂᆞᆫ가 〈석보 13.25b-26a〉

(127)의 보조 동사들은 그 앞에 오는 본동사의 보조적 연결 어미 '-아/어, -게, -디, -고, -져, -려' 뒤에서 보조적으로 의미를 더하는 기능을 한다는 점에서 현대 국어와 같다. (127ㄱ)의 보조 용언 가운데, '(-고) 잇-, (-아) 가, (-아) 오-'는 진행의 의미가 강하고, '(-아) 잇-'은 지속성의 뜻을 갖는다. 중세 국어에서 앞의 세 가지는 보조 용언으로의 문법화가 비교적 덜 이루어진 것으로 보이며, 보조 용언적 용례도 많지 않다. 그러나 '(-아) 잇-'은 보조 용언으로 매우 활발하게 쓰이며, 현대 국어와 달리 자동사뿐만 아니라 타동사도 선행어로 올 수 있다. '(-아/어) 잇-'은 '-앳/엣-'으로 축약되기도 하는데, 15세기 말기 이후엔 끝의 /y/음이 생략되어 '-앗/엇-'형으로 나타나는 경우도 적지 않다. (127ㅂ)의 '(-게) ᄃᆞ외-'와 '(-아) 디-'는 변화가 이루어짐을 뜻하는 보조 용언인데, 피동의 뜻을 갖는 경우도 있다. (127ㅊ)의 '(-아) 지라'는 파생어로

이해할 수도 있다. '지-'가 혼자 본용언으로 쓰이는 경우가 없으며, 이미 현대 국어에서와 같이 그에 앞서는 용언에 덧붙어 '그렇게 됨'의 뜻을 보태는 파생 접사 성격을 보이는 것이다. (127ㅌ)의 '(-져, -고쟈/고져, -과뎌, -려) ᄒ-'는 의도 또는 희망을 뜻한다. 위의 예에서는 '스러디과뎌 ᄒ노니'는 희망을 말하는 내용이고, 나머지는 의도성의 뜻을 가진다. 이 밖의 보조 동사들의 용법은 현대 국어와 큰 차이가 없어 설명을 생략한다.

보조 형용사들을 의미 기능에 따라 나누면 아래와 같다.

(128)ㄱ. 희망

　　(-고져) 식브다: 나고져 식브녀 하난(阿難)일 브리신대 오샤ᅀᅡ

　　　　내 나리이다 〈월인 기132〉

　ㄴ. 부정

　　(-디) 아니ᄒ다: 희와 ᄃᆞᆯ와 별왜 다 ᄇᆞᆰ디 아니ᄒ며 〈월석

　　　　2.15a-b〉

　　(-디) 몯ᄒ다: 몸과 ᄆᆞᅀᆞᆷ괘 便安코 즐겁디 몯ᄒ면 正覺 일우디

　　　　아니ᄒ리이다 〈월석 8.64a〉

　ㄷ. 추측

　　(-은가/ᄋᆞᆯ가) 식브다: 미욘 것과 안존 거싀 비츨 자ᄇᆞᆯ가 식

　　　　브도소니 軒檻에셔 양ᄌᆞ를 어루 브를가 식브도다 〈두초

　　　　16.46a〉

　ㄹ. 상태

　　(-아) 잇다: 네 이제 사ᄅᆞ미 몸ᄋᆞᆯ 得ᄒ고 부텨를 맛나 잇ᄂᆞ니

　　　　〈석보 6.11a〉

　　구루믄 翠微寺애 열웻고 하ᄂᆞᆯᄒᆞᆫ 皇子陂예 ᄆᆞᆯ갯도다 〈두초

15.12a〉

(-아) 겨시다: 몸과 ᄆᆞᅀᆞᆷ쾌 움즉디 아니ᄒᆞ야 겨시거늘 〈석보
13.12a〉

(128)에서도 보조 형용사들이 보조적 연결 어미를 가진 본용언 뒤에서
보조적으로 의미를 더하는 기능을 한다. '(-고져) 식브-'는 근대 국어에
서 '(-고) 시브-'로 바뀐다. 보조 형용사 '(-아) 잇-'의 앞에 오는 용언은
자·타동사뿐만 아니라 형용사에 이르기까지 폭넓고, 보조 동사와 마
찬가지로 '-앳/엣-'으로 축약되기도 한다.

   보조 용언이 있는 문장에서 주체 높임법, 객체 높임법, 인칭법 선어
말 어미는 본용언과 보조 용언 어디에도 올 수 있다.

(129)ㄱ. 菩薩이 어느 나라해 ᄂᆞ리시게 ᄒᆞ려뇨 〈월석 2.10b〉

   ㄴ. 이제 ᄯᅩ 내 모ᄆᆞᆯ ᄃᆞ려다가 維那를 사모려 ᄒᆞ실씨 〈월석 8.93a〉

   ㄷ. 비록 佛法을 맛나ᅀᆞ와도 그 化를 좃ᄌᆞᆸ디 아니ᄒᆞᅀᆞᆸ고 〈법화
      2.65a-b〉

   ㄹ. 須達이 이 말 듣고 부텻긔 發心ᄋᆞᆯ 니ᄅᆞ와다 언제 새어든 부텨
      를 가 보ᅀᆞᄫᆞ려뇨 ᄒᆞ더니 〈석보 6.19a〉

선어말 어미 '-시-'가, (129ㄱ)에서는 본용언에, (129ㄴ)에서는 보조 용
언에 왔다. (129ㄷ)에는 본용언과 보조 용언에 다 선어말 어미 '-ᄌᆞᆸ/
ᅀᆞᆸ-'이 쓰였다. (129ㄹ)에서는 보조 용언에 세 개의 선어말 어미 '-ᅀᆞᆸ-,
-오-, -리-'가 있다. 보조 용언이 있는 문장에서 상대 높임법, 시제, 서
법의 선어말 어미들은 본용언에는 결합하지 못하고 보조 용언에만 오
는 것이 원칙이다.

3.2.4 선어말 어미

용언의 활용 어미는 선어말 어미와 활용 어미로 나눌 수 있다. 선어
말 어미는 활용하는 용언의 어간 바로 뒤에 붙는데, 높임법이나 시제,
서법, 인칭법 등의 표현에서 주된 기능을 한다. 선어말 어미 사용의 변
천 양상을 세밀하게 보기 위해 음독 구결에서의 용례도 들기로 한다.

[높임법 선어말 어미: -습-, -시-, -이/아-, -ㅇ-]

높임법에는 주체 높임법, 객체 높임법, 상대 높임법이 있는데, 여기
에 선어말 어미가 각각 관여한다. 선어말 어미 '-습-'은 객체 높임을
나타내고, '-시-'는 주체 높임을, '-이-'는 상대 높임을 나타낸다.

한글 창제 초기 문헌에서 객체 높임의 '-습-'은, 앞에 오는 어간의 끝소
리와 뒤에 오는 어미의 종류에 따라 (130)에서와 같은 이형태를 보인다.

(130)ㄱ. -습-: 南北엣 두 雙이 어우러 가지 드리워 如來를 둡습고 〈석
　　　　　보 23.18a〉

　　ㄴ. -줍-: 부텨 조쯔와 法要를 듣줍고져 願ㅎ숩더니 〈능엄 1.38a〉

　　ㄷ. -숩-: 그저긔 諸天이 뎌 두 相을 보숩고 〈월석 2.15b〉

　　ㄹ. -슿-: 臣下ㅣ 님그믈 돕슿바 百官을 다ᄉ릴씨 〈석보 9.34b〉

　　ㅁ. -줗-: 사ᄅ미 世世예 ᄒ마 부텨를 존ᄌ바 〈석보 13.45b〉

　　ㅂ. -ᄉ-: 내 太子를 셤기ᅀᆞᄫᆞ듸 하ᄂᆯ 셤기ᅀᆞᆸ듯 ᄒ야 〈석보 6.4a〉

(130ㄱ, ㄴ, ㄷ)은 자음 어미 앞에서 실현되고, (130ㄹ, ㅁ, ㅂ)은 모음 어
미나 매개 모음을 갖는 어미 앞에서 나타난다. 어간의 끝소리가 'ㄱ,
ㅂ, ㅅ, ㅎ'일 때는 '-숩-'(130ㄱ)과 '-슿-'(130ㄹ) 형이, 어간의 끝소리가

'ㄷ, ㅈ, ㅊ'일 때는 '-줍-'(130ㄴ)과 '-줄-'(130ㅁ) 형이, 어간이 모음이나
유성 자음 'ㄴ, ㄹ, ㅁ'로 끝나면 '-습-'(130ㄷ)과 '-슬-'(130ㅂ) 형이 된다.
'-습/줍/숩-' 뒤에 모음이 오면 'ㅂ'음은 약화하여 'ㅸ'가 된다.

(131)ㄱ. 부톄 便安히 괴외ᄒᆞ신 後에 法化ᄅᆞᆯ 펴 돕ᅀᆞ오니 〈법화 3.190b〉
　　ㄴ. 내 녜 諸佛ㅅ ᄀᆞᄅ치샤ᄆᆞᆯ 듣ᄌᆞ오디 몯ᄒᆞᅀᆞ와싫 제 〈능엄 2.2b〉

그런데 (130)과 같은 여러 형태는 잠시 보이다가 1461년 교서관에서
간행한 활자본 『능엄경언해』에서부터는 다른 ㅂ불규칙 용언과 마찬
가지로 모음 어미 앞에서 'ㅂ'가 '오'로 바뀐다. 'ㅸ'의 표기자가 사라
진 것이다. (131ㄱ)에서는 어간 말 자음 뒤와 매개 모음 어미 사이에서
'-슬-'이 '-ᅀᆞ오-'가 되고, (131ㄴ)에선 어간 말 모음과 모음 어미 사이
에서 '-슬-'이 '-ᅀᆞ오-'가 되었다.

(132)ㄱ. 不從佛聞法ᇇ日亻 常行不善事ᇇ3 色力及智慧ノㄴ/*ヽ/ 斯等皆減
　　　少ᇇロ 〈법화소5 3.37b: 3본〉
　　　(부처님으로부터 법문을 듣지 못하여 항상 착하지 않은 일을 행
　　　해 육신의 힘과 지혜와 같은 것들이 모두 감소하고)
　　　不蒙佛所化ᇇ日亻 常墮於惡道ᇇヵヒ 〈법화소5 3.37b: 5본〉
　　　(부처님의 교화를 받지 못하여 항상 惡道에 떨어지더니)
　　ㄴ. 復見諸佛ヽ 般涅槃者ᇇ土ヶス 復見諸佛ヽ 般涅槃後3 以佛舍利ス
　　　起七寶塔ᇇヵヒ 〈법화1153 15b: 3본〉
　　　(또 모든 부처님이 열반에 드시는 것을 보며 또 모든 부처님이
　　　열반에 드신 후에 부처님의 사리로 七寶塔을 일으키더니)
　　　是等ヽ 聞此法ᇇ土ヶア 則生大歡喜ᇇ川ヽ 〈법화1153 42a: 10본〉

(이들이 이 법을 들으면 큰 환희를 낼 것입니다.)

향가나 이두에서 '白', 석독 구결에서 '白'으로 표기되던 '-습-'은 음독 구결에서도 많이 나타난다. (132ㄱ)에서 '白'은 '-습-', (132ㄴ)의 'ㅂㅓ'는 '-ᄉ오-'로 읽힌다. 이로 볼 때 『용비어천가』, 『석보상절』, 『월인천강지곡』, 『월인석보』에서만 나타나는 '-ᅀᆞᇦ/ᅀᆞᆸ-' 표기는 실제 발음의 전사라기보다 형태론적으로 분별한 표기라고 해석된다. 15세기 이전에도 '-ᄉ오-' 형태가 나타나고, 『월인석보』보다 불과 3년 후에 나온 『능엄경언해』에서도 '-ᅀᆞᇦ-'은 모두 '-ᄉ오-'로 쓰여 있으므로, 불과 몇 년 동안만 '-ᅀᆞᇦ-'으로 발음하였다고 보기는 어려울 것이다.

주체 높임은 선어말 어미 '-시-'로 나타나는데, '-시-'가 그 뒤에 모음으로 시작하는 일부의 어미를 만나면 '-샤-'로 실현된다.

(133)ㄱ. 須達이 長常 그리ᅀᆞᇦ아 셜버ᄒᆞ더니 부톄 오나시ᄂᆞᆯ 보ᅀᆞᇦ아 슬보
     ᄃᆡ 〈석보 6.44a-b〉

   ㄴ. 王끠 ᄉᆞᆯᄫᅡ 샤ᄃᆡ 東山 구경ᄒᆞ야지이다 〈월석 2.27a-b〉

   ㄷ. 父母ㅣ 허믈이 잇거시든 긔운을 ᄂᆞ즈시ᄒᆞ며 … 孝를 닐으와다
     깃거ᄒᆞ셔든 다시 諫홀디니라 〈소학 2.21b〉

   ㄹ. 異口同告者ㅣ 示諸佛ᄂ 脫生死證菩提ᄼᄾᅀᅀ 皆由斯要也ㅣᄉᄼᄾᄇᄼ
     〈능엄939 5.2a: 6해〉
     (이구동성으로 고한 것은, 모든 부처님이 생사에서 벗어나 보리를
     얻으시되 모두 이 요체를 말미암아 그러하신 줄을 보이신 것이다.)
     此ㅣ 明諸變化相ㅣ 非和合法ᄒᄼᄾᄼ 〈능엄남1 3.16b: 18해〉
     (이는 여러 가지 변화하는 相이 불법에 합치되지 않음을 밝히신
     것이다.)

(133ㄱ)의 '오나시눌'에는 주체 높임을 나타내는 '-시-'가 있다. (133ㄴ)의 '슬ᄫᅡ샤딕'에서는 '-시-'가 모음으로 시작하는 어미 '-오딕'와 결합할 때에, '-샤-'형을 가져 '-샤딕'가 되는 것으로 해석할 수 있다.[31] 이러한 '-샤-'가 고대 국어에서는 '-시오-' 형태 그대로 나타나지만 음독 구결에서도 (133ㄹ)에서 보듯이 'ᅀᅩ'(-샤-)가 된다. '-샤-'형은 '-오/우-' 사용의 확대와 함께 중세 국어 시작에서 멀지 않은 이전 시기에 형성된 듯하다. 그러나 '-오-'의 기능과 사용이 약화되면서 '-샤-'도 중세 국어 말에는 소멸되기 시작하여 근대 국어 초기를 지나면서 대부분 자취를 감춘다.

(134)ㄱ. 내 말옷 아니 드르시면 ᄂᆡ외 즐거ᄫᆞᆯ ᄆᆞᅀᆞ미 업스레이다 〈월석 2.5b〉

ㄴ. 엇던 功德을 닷ㄱ시관딕 이 神力이 겨시니잇고 〈법화 7.23b〉
須達이 무로딕 여슷 하ᄂᆞ리 어늬사 ᄆᆞᆺ 됴ᄒᆞ니잇가 〈석보 6.35b〉

ㄷ. 다 모다 讚歎ᄒᆞᅀᆞᆸ고 닐오딕 부톄 어셔 ᄃᆞ외샤 衆生ᄋᆞᆯ 濟渡ᄒᆞ쇼셔 〈월석 2.42b〉

(135)ㄱ. 不能折伏娑毗羅咒〃 爲彼ʑ 所轉〃 溺於淫舍ノᄀ人ᄀ 當由不知眞際所指ㄴᄂ 〈능엄소 1.11a: 31본〉
(능히 娑毗羅咒를 항복시키지 못한 것으로 말미암아 그들에게 홀려 음란한 행실에 빠진 것은 마땅히 실상이 가리키는 바를 알지 못하기 때문입니다.)

---

31) '-샤-' 형태에 대해 학계에선 아직 충분한 설명력을 갖고 있지 못하다. 안병희(1967)과 고영근(1997)에서는 '-시-+-오-'의 결합으로 보았고, 임홍빈(1980)과 김유범(2001) 등은 '-오/우-'의 이형태로 '-아-'를 설정하여, '-샤-'를 '-시-+-아-'의 축약형으로 해석하였는데, 모두 음운론적으로 설명력이 약하다.

富樓那 言ㅣ소ㅿ 如是迷人ㄱ 亦不因迷ㆍㅈ 又不因悟ㅂㄴㅣ〈능엄
9594 4.14a: 7본〉

(富樓那께서 말씀하시기를, "이와 같은 미혹한 사람은 또한 미혹
으로 인한 것도 아니며 또한 깨달음으로 인한 것도 아닙니다.")

阿難大衆ㅣ 亦復如是ㅎ 次第ㆍㆍ 酬佛ノㅿ 此名爲結ㅅノㅊㅣㅣ〈능엄남
1 5.5a: 4본〉

(阿難과 대중이 또한 이와 같이 차례로 부처님께 대답하기를,
"이것을 이름하여 結이라 할 것입니다.")

ㄴ. 富樓那ㅣ 言ㅣ소ㅿ 唯然 世尊 我ㅣ 常聞佛ㅣ 宣說斯義ㅣㅈㅣ〈능엄
남1 4.29b: 15본〉

(富樓那께서 말씀하시기를, "그렇습니다, 세존이시여. 저는 항상
부처님께서 이 뜻을 베풀어 말씀하시는 것을 듣습니다.")

ㄷ. 富樓那 言ㅣ소ㅿ 唯然ㅣ소ㄹㅣ 世尊ㅏ 我 常聞佛ㆍ 宣說斯義ㅣㅈㄹㅣ
〈능엄소 4.2a: 13본〉

(富樓那께서 말씀하시기를, "그렇습니다, 세존이시여. 저는 항상
부처님께서 이 뜻을 베풀어 말씀하시는 것을 듣습니다.")

'-이-, -잇-'은 상대 높임을 나타내는 선어말 어미이다. 이들은 종결
어미 바로 앞에 놓이는데, 평서법 '-다' 앞(134ㄱ)에서 '-이-', 의문법
'-가, -고' 앞(134ㄴ)에서 '-잇-'으로 나타난다.[32] 상대 높임의 명령법에
서는 '-쇼셔'(134ㄷ)가 쓰인다. '-이-'는 석독 구결까지는 보이지 않다가
음독 구결에서 나타나는데, 그 출현 예가 매우 많다. 이는, 음독 구결

---

32) 이를 '-이-+-까'로 분석하거나, '-잇고, -잇가' 자체를 하나의 종결 어미로 보기도
한다.

이 쓰이기 시작한 13세기 후반보다 이전부터 '-이-' 용법이 실제로 사용되었지만 석독 구결에선 투식적인 표기 때문에 나타나지 않은 것으로 이해된다. (135)에는 여러 가지 표기 형태(ㆍ, ㅣ, ㄹ)가 보이지만 모두 '-이-'로 읽히는 상대 높임의 선어말 어미이다.

(136)ㄱ. 믄득 알픽 내드ᄅᆞ니 우리 罪 아니이다 〈석보 3.18a〉

ㄴ. 내 ᄒᆞ고져 호미 아니이다 〈번소 9.48b〉

15세기 말이 되면 '-이-'에서 /ㅇ/가 탈락한 '-이-'형(135ㄴ)이 나타나기 시작하여 16세기에선 거의 '-이-'형으로 바뀐다. 이는 15세기 말부터 점차 /ㅇ/이 초성에서 출현하는 것을 기피하기 시작하는 현상에서 기인하는 것이다. 같은 단어가 15세기에 나온 문헌 (136ㄱ)에서는 '-이-'로, 16세기에 나온 문헌 (136ㄴ)에서는 '-이-'로 쓰였다.

상대 높임의 선어말 어미에는 '-ㅇ-'도 있다. '-이-'가 매우 높임을 나타내는 데 비해 '-ㅇ-'은 조금 높임으로, 이른바 ᄒᆞ야쎠체이다.

(137) 三世옛 이를 아ᄅᆞ실씨 부톄시다 ᄒᆞᄂᆞ닝다 〈석보 6.18a〉

(137)의 'ᄒᆞᄂᆞ닝다'는 'ᄒᆞᄂᆞ니-'에 '-ㅇ-'이 결합하여 높임을 보인다. 이는 평서법에서만 나타나고, 의문법에는 '-닛가', 명령법에는 '-야쎠'로 쓰인다.

각 선어말 어미들은 대개 용언 어휘 안에서 그들이 놓이는 자리가 정해져 있다. '-ᄉᆞᆸ-'은 '白'을 뜻하는 동사 '솗-'이 중고 국어 시대 초엽에 문법 형태소로 바뀐 것으로, 선어말 어미 중에서 어간에 가장 가깝게 놓이는 어미이다. '-시-'는, 객체 높임의 '-ᄉᆞᆸ-'이나 서법 '-거-,

-더-'에 후행하는 용법이 일반적이고 때로는 '-시거-, -시더-'형도 보이지만, 다른 선어말 어미보다는 선행한다. (133)에서도 '-시-'는 서법 '-거-'의 이형태 '-나-' 뒤에 놓이었다. '-이-, -잇-'은 종결 어미 바로 앞에 나타난다.

[시제 선어말 어미: -ㄴ-, -니-, -리-, -더-]

이들은 모두 시제 표현과 서법을 함께 나타낸다.[33] '-ㄴ-'는 현재 시제를 표현하는 직설법에, '-더-'는 과거 시제의 회상법에, '-리-'는 미래 시제를 나타내는 추측법에 쓰인다. 중세 국어까지 시제는 시제와 서법을 아우르는 문법 범주의 성격을 가진다.[34] 고대 국어의 이두와 향찰에서 '臥'로, 석독 구결에서 'ㅏ'로 나타내던 현재 시제의 '-누-'는 중세 초기인 음독 구결에서 이미 사라져 15세기 한글 문헌에서도 안 보인다.

(138)ㄱ. 뫼헷 고지 우스며 믯햇 새 놀애 브르ᄂ다 〈금삼 3.14a〉

ㄴ. 九情 一想ㅣ 下洞火輪ᄼ 身入風火二交過地ᄂᄂ 輕 生身有間ㅁ 重 生無間ᄼᄂᄂ 二種地獄ᄐᄂᄉ 〈능엄남1 8.18b: 8본〉

(九情 一想은 火輪을 뚫고 내려가서, 몸이 風과 火 둘이 교대로 지나가는 곳에 들어가니, 가벼우면 몸이 有間地獄에서 태어나고 무거우면 無間地獄에서 태어나니, 두 종류의 지옥이 된다.)

---

33) 시제를 나타내는 선어말 어미들이 시제와 함께 동작상(aspect)을 나타낸다고 보는 견해들도 있다.

34) 이는 서구의 언어학에서 체계화한 '시제(tense)'와 '서법(mood)' 범주 개념에 기댄 해석이다. 따라서 중세 국어 이전의 시제 형태소들이 복합 범주를 보인다기보다는 국어에서 발달한 하나의 독자적인 문법 범주를 가진 것으로 해석해야 할 것이다.

ㄷ. 종정 쇼경 부찰이 졉반ㅅ| 도외야 가 연산애 다ᄃ라 한리블이

　　도죽 드러온다 듣고 ᄂ미 가디 말라 ᄒ거늘 닐오ᄃ| … 〈삼강

　　충20a〉

ㄹ. 녜브터 오매 즐기ᄂ 이를 이제도 能히 ᄒᄂ다마ᄂ 다 늘거가매

　　새 그를 누룰 더브러 傳ᄒᄂ니오 〈두초 9.26b〉

ㅁ. 楚書애 굴오ᄃ| 楚ㅅ 나라흔 ᄡ 寶 삼ᄋᆯ 거시 업고 오직 어디니

　　를 ᄡ 寶 삼ᄂ다 ᄒ니라 〈대학 23b〉

(138ㄱ)에서 '브ᄅ다'의 '-ᄂ-'는 현재 시제의 직설법이다. 현재 직설
법 '-ᄂ-'는 고대 국어에서 '內, 飛'와 'ㄷ'로 표기되는 오랜 역사를 갖는
선어말 어미로, 음독 구결에서도 (138ㄴ)의 'ᄼ ㅌ ㄷ'(ᄒᄂ니)와 'ㅌ ㅂ ㅅ'(-ᄂ니
라)에서처럼 'ㄷ'로 나타난다. 15세기부터 인용절에서 '-ᄂ-'는 어간 말
음이 모음일 때는 '-ㄴ-'로 축약되다가 이 형태가 점차 상위문으로 확
산되고, 16세기 이후엔 어간 말 자음 뒤에서 '-ᄂ-'으로 바뀐 형태가
같이 쓰이기 시작한다. 15세기 자료인 (138ㄷ)에서 '드러온다'는 '드러
오-+-ㄴ-+-다'로 분석되는데, 여기에서 현재 시제 형태소 '-ㄴ-'를 볼
수 있다. 이러한 형태는 중세 국어 시기 상위문의 서술어에서는 아직
나타나지 않는다. (138ㄹ, ㅁ)에서는 내포문에서 'ᄒᄂ다마ᄂ, 삼ᄂ다'
가 나온다.

(139)ㄱ. 王이 大愛道ᄃ려 니ᄅ샤 太子 뫼셔 天神 祭ᄒᄂ 디 절히ᄉ보리

　　　라 ᄒ야 가ᄃ시니 群臣과 婇女와 諸天괘 풍류ᄒ야 존ᄌ바 가

　　　니라 〈석보 3.3b-4a〉

ㄴ. 사ᄅ미 닐오ᄃ| 덧소리와 鶴괘 時時예 뒷 묏 ᄀᆞᄐᆞ로 디나가ᄂ니

　　라 ᄒᄂ다 〈두초 9.41b〉

ㄷ. 諸法이 幻 궇호니 幻 궇홈도 得디 몯호리니라 〈원각 8하
2.2.11b〉

과거 시제 표현에는 '-더-'와 더불어 '-니-'가 쓰였다. (139ㄱ)의 '가더
시니'와 '가니라'에서 각각 과거 시제를 나타내는 '-더-'와 '-니-'를 볼
수 있다. 다만 '-더-'는 회상적인 성격을 가진다. 그러나 (139ㄴ)의 '디
나가ᄂ니라', (139ㄷ)의 '몯호리니라'에서처럼 현재 시제 '-ᄂ-'나 미래
시제 '-리-' 뒤에 오는 '-니-'는 단정을 말하는 서법 어미이다. 중세 국
어에서 '-니-'는 과거 시제를 나타내면서 단정의 서법 어미 기능을 가
진다.[35]

고대 국어의 차자 문헌에서 아주 드물게 보인 '-니-'에서는 특정한
시제나 서법의 기능을 파악하기 어렵지만 음독 구결에서는 그 기능을
다소 짐작하게 한다.

(140) ㄱ. 莊嚴海ㅎ 由此 而至ᄼᄉ犬 故 謂之路ᄉᄂᄂ 〈능엄가 1.11a: 21해〉
(妙莊嚴海에 이로 말미암아 이르니, 그러므로 그것을 일러 路라
한다/하였다.)
灌頂經ㅎ 大橫ㅣ 有九ㅁ 小橫ㅣ 無數ᄉᄂᄂ 〈능엄759 7.24b: 5해〉
(灌頂經에 大橫은 아홉이 있고 小橫은 수가 없다 한다/하였다.)
ㄴ. 阿難 是諸天上ㅎㅌ 各各天人ㅣ 則是凡夫ᄂ 業果酬答ᄂᄂ 答盡ㅁㅉ
入輪ᄼᄂㅌᄼ 〈능엄소 9.5a: 32-33본〉
(阿難아 이 모든 천상에 있는 각각의 천인은 곧 범부가 업과를

───────────

35) 국어에서 시제의 기능을 가진 어미가 다른 시제 어미 아래에 놓이면 동작상이나 서
법의 기능으로 바뀌는 것은 현대 국어의 '-었었-'이나 '-었겠-' 등에서도 나타나는
현상이다.

받은 것이니, 과보가 끝나고서는 윤회에 든 것이다.)

欲天氵 但十善乙 感生ㄊヒㅏ 此天ㄱ 兼禪定ソ氵 感生ソヒヒ、〈능엄가 9.1a: 5해〉

(欲天에서는 오직 十善으로 感生하거니와 이 天은 禪定을 兼하여 感生한 것이다.)

(140ㄱ)에서 'ㅅソヒ、'(라ᄒᆞ니라)는 '-라 한다'나 '-라 하였다' 그 어느 것으로도 해석되어 'ヒ'(-니-)의 기능을 뚜렷이 알기 어려우나, (140ㄴ)에서 'ソヒヒㅅ/ソヒヒ、'(ᄒᆞ니니라)는 '-한 것이다'로 해석하는 것이 자연스럽다. '-니-'가 과거 시제 성격의 단정법 기능을 가졌다고 해석할 수 있는 것이다. 이러한 기능은 이후에도 지속되어 근대 국어까지 이어지다가, 과거 시제 형태소로 '-앗/엇-'이 확립되면서 시제적 성격이 사라지고 서법 기능만으로 남게 된다.

(141)ㄱ. 이 ᄒᆞᆫ 큰 劫이니 이리ᄒᆞ면 賢劫이 다ᄋᆞ리라 〈월석 1.49a〉

若人リ 有過ㄊㅅㄱ 自解知非ソ氵 改惡行善ソ亦 罪自消滅ソオㅅ 〈불설 694 3b: 3본〉

(만약 사람이 과실이 있거든 스스로 잘못을 깨달아 그 잘못을 고치고 선을 행하며 죄가 저절로 없어질 것이다.)

ㄴ. 셰존(世尊)ㅅ 일 ᄉᆞᆯᄫᅩ리니 먼리외(萬里外)ㅅ 일이시나 눈에 보논가 너기ᄉᆞᄫᆞ쇼셔 〈월인 기2〉

ㄷ. 果然 惡으로 天下ᄅᆞᆯ 놀래리러니 나와 ᄒᆞᆫᄃᆡ 이슈믈 ᄃᆞᆯ 몯ᄒᆞ야 〈법화 2.28b〉

ㄹ. 오직 水ㅣ 잇고 地ㅣ 업스면 기름 ᄀᆞᄐᆡ야 흘러디리며 오직 地ㅣ 잇고도 水ㅣ 업스면 ᄆᆞᄅᆞᆫ ᄀᆞᄅᆞ ᄀᆞᄐᆡ야 어울우디 몯ᄒᆞ리며 〈선

가 상21b〉

　　ㅁ. 거스디 아니호리어늘 이제 엇뎨 怨讐를 니ᄌ시ᄂ니 〈석보
　　　　11.34a〉

(141ㄱ)의 '다ᄋ리라'와 '消滅ᄼㅸㅅ(消滅ᄒ리라)는 미래에 대한 추측이다.
'-리-'는 '-ᄋ리/으리-' 이형태를 가지며, 평서형 '-라'나 의문형 '-가,
-고' 앞에서 실현된다. 접속문에서 미래 시제는 몇 가지의 연결 어미
와 결합이 가능하다. (141)에서 미래 시제의 '-리-'는 다른 시제 형태소
보다 비교적 여러 연결 어미들과 결합이 가능하다. (141ㄴ)에서 '-리니',
(141ㄷ)에서 '-리러니', (141ㄹ)에서 '-리며', (141ㅁ)에서 '-리어늘'을 찾을
수 있다. 접속절에서 다른 시제 형태소는 연결 어미와 결합이 쉽지 않
으나, 미래 시제 형태소는 비교적 다양하게 연결 어미와 결합한다.

(142)ㄱ. 諸天이 듣ᄌ고 다 깃거ᄒ더라 〈월석 2.17a〉

　　　ㄴ. 나라히 오ᄋ로 便安코 즐거부미 몯내 니ᄅ리러라 〈석보 3.5b〉

　　　ㄷ. 부톄 니ᄅ샤ᄃᆡ 오ᄂᆞᆳ부니 아니라 녜도 이러ᄒ다라 〈월석
　　　　7.14b〉

(143)ㄱ. 彼佛世人ᄾ 咸皆謂之 實是聲ᄾᆡᄼᄂᆞ 〈법화 4.3a〉

　　　　(그 부처님 당시의 사람들이 모두 말하기를, 진실로 성문이라 하
　　　　더니)

　　　ㄴ. 彼佛世人이 咸皆謂之 實是聲이라 ᄒ더니 〈법화 4.9b〉

(144)ㄱ. 聽佛ᅵ 誦一切佛ᄂ 大乘戒ᄼᆡᄼᄀᆡᄼᄋᆞᆺ 〈법망 8a〉

　　　　(부처님이 一切 佛의 大乘戒를 誦하시는 것을 듣더라.)

　　　ㄴ. 俱無所在ᄼᄝ 一切無著ᄂ 名之爲心ᄾᆡᄼᄂᆞᄀᆡᄂ 〈능엄남1 1.18b: 26
　　　　본〉

(어디에도 있는 바가 없어 一切에 집착하지 않는 것을 이름하여
마음이라 하시더니)

ㄷ. 云何今日㣟 忽生心痛ㅆㅂ乊 將無退失ㄱㅠㆍㅣㅌ 〈능엄남1 5.16b: 9
본〉

('어째서 今日에는 홀연히 心痛이 생긴 것일까? 장차 退失이 없
어지는 것인가?' 하더니)

ㄹ. 爲大德天ㄴ 生ㄴㄱㅠ 爲佛ㄴ 出世間ㄴㄱㅠ 未曾見此相ㄴㄴㅌ 〈법
화1153 3.33a: 6본〉

(大德天이 태어나시는 것인가? 부처님이 世間에 출현하시는 것
인가? 일찍이 이러한 모습을 보지 못하였더니)

(142ㄱ)에서 '깃거ᄒ더라'는 과거의 사실을 회상하는 표현이다. '-더-'
는 서술격 조사 '-이-'와 미래 추측법 '-리-' 뒤에서 '-러-'가 되며(142
ㄴ), '-오/우-'와 결합하여 '-다-'가 된다.(142ㄷ) '-다-'형은 16세기부터
'-더-'와의 변별이 약화되다가 17세기에는 소멸된다. '-더-'는 고대 국
어에서 흔히 '-다-'로 나타났으나, 중세 국어 초기의 음독 구결에서
는 '-ᄃ/드-'형이 많이 보인다. 15세기 전반기에 나온 남풍현 소장
『법화경』 구결문 (143ㄱ)은, 15세기 후반(1463년)에 나온 언해본 『법화
경』 (143ㄴ)보다 이전 형태를 반영하고 있다. (143ㄴ)에서의 과거 시제
'-더-'가 (143ㄱ)에선 'ㅅ(-드-)로, (144ㄱ)에선 'ㅀ(-ᄃ-)로, (144ㄴ)에선
'ㅥ(-더-)로 나타난다. (144ㄷ)의 'ㅅㅣㅌ(ᄒ다니)에서 'ㅣ(-다-)는 '-더-'와 인
칭법 '-오-'가 결합한 것이며, (144ㄹ)의 'ㄴㆍㅌ(이라니)에서 'ㆍ(-라-)는 서
술격 조사의 어간 '이-' 아래에서 '다>라'로 음운 변화를 겪은 형태이다.

'-ᄂ-, -더-'는 평서형 어미 '-다/라', 의문형 어미 '-녀', 연결 어미
'-니', 관형사형 어미 '-ㄴ' 앞에서만 나타난다. '-리-'는 평서형 '-다/

라', 의문형 '-어, -오', 연결 어미 '-니, -며' 등의 앞에서 나타난다. '-니-'는 평서형 '-다/라'에서 나타나며, 의문형에서는 '-가, -고'와 결합형으로 쓰인다.

시제 선어말 어미들은 어간 뒤에 놓이는 위치에서 다른 선어말 어미들에 비해 고정성이 비교적 덜하다. 현재 시제 '-ᄂ-'는 객체 높임이나 주체 높임의 선어말 어미에는 후행하고, 상대 높임이나 인칭법 선어말 어미에는 선행한다. '-더-'는 객체 높임에 후행하나 다른 선어말 어미보다는 앞서며, '-거-'와는 서열이 같아 공기하지 아니한다. '-리-'는 '-시-'에 후행하며 '-거/어-'에 선행하는 것이 일반적이나, '-거/어-'에 후행하기도 한다.

[서법 선어말 어미: -거-, -니-, -도-, -ㅅ-]

'-거-'와 '-니-', '-도-'는 화자의 심리 상태를 표현하는 서법 선어말 어미이다. '-거-'는 과거와 관계를 갖는 확인법을, '-니-'는 단정법을, '-도/로-'는 감동법을 나타낸다. 강조를 나타내는 '-ㅅ-, -거/가/어/아/나-' 등도 넓은 의미의 서법 어미에 넣을 수 있다.

(145)ㄱ. 내 이제 世尊을 ᄆ즈막 보ᅀᆞᆸ니 측ᄒᆞᆫ ᄆᅀᆞ미 업거이다 〈월석 10.8b〉

楞嚴會上ᄒ 爲擇法 眼ᄂᅀᆞᆨᅵ 故ᄿ 居上首ᄯ솁ᅵ 〈능엄소 1.4b: 22 해〉

(楞嚴會上에서 擇法眼이신 까닭으로 上首에 居하셨다.)

ㄴ. 벼개예 기우롓ᄂᆞᆫ 江湖앳 나그내 잡드런 ᄃ 나ᄃ리 길어다 〈두초 15.23a〉

非是見나 則 無所辯ᄼᅣ솅 非是相ᅘᅵ 則 無所緣ᄼᅦᄊ 〈능엄소

3.15b: 19해〉

(이 見이 아니면 辯할 바가 없을 것이며 이 相이 아니면 緣할 바
가 없을 것이다.)

ㄷ. 王ㅅ 中엣 尊ᄒ신 王이 업스시니 나라히 威神을 일허다 〈월석
10.9b〉

世尊ㄱ 知我心ᠠᠠㅅ 拔邪ᠠᠠㅅ 說涅槃ᠠᠶᄂᄐᄂ 我悉除邪見ᠠᠠᄆ 於空法
ᠶ 得證ᠠᠶ 〈법화1306 2.4a: 11-12본〉

(世尊이 나의 마음을 아시어 삿된 마음을 없애시고 열반을 말씀
하시거늘, 나는 삿된 견해를 모두 버리고 空法에 대해 증득하여)

ㄹ. 내 니마해 블론 香이 몯 몰랫거든 도로 오나라 〈월석 7.7b〉

ㅁ. 이ᄂ 恩을 알아라 ᄒ니야 恩을 갑가라 ᄒ니야 〈몽산 31b〉

ㅂ. ᄀ장 歡喜ᄒ야 녜 업던 이를 得과라 〈월석 18.7b〉

(145)에서 '-거-'가 들어간 서술어들은 대체로 사실을 확인하여 말하는
형식인데, 그로 인해 과거 시제적인 해석이 가능한 경우도 있다. (145
ㄷ)에서 '일허다'도 과거 시제로 이해된다. '-거-'는 서술격 조사 아래에
서 또는 어간 끝소리 'ㅣ/y/'나 'ㄹ'음 아래에서 '-어-'로 교체되고, 타동
사에서는 '-아/어-'로 나타나며, 자동사 '오-(來)' 뒤에서는 '-나-'가 된
다. 이들 어미에 '-오/우-'가 결합하면 '-가/아-'가 되고, 평서법 '-라'
앞에서는 '-과-'로 바뀐다. (145ㄱ)의 '업거이다, 居上首ㅊ소ㄴㅣ'(居上首거
샷다)에서 '-거-'를 볼 수 있다. (145ㄴ)의 '길어다, 無所辯ᠠᠶ﹢소ᠶ'(無所辯
ᄒ리어며)는 각각 'ㄹ'와 'ㅣ' 뒤에서 'ㄱ'가 탈락한 형태이며, (145ㄷ)의
'일허다, 說涅槃ᠠᠶᆮ'(說涅槃ᄒ아시ᄂᆯ)은 타동사이므로 '-거-'가 '-어/
아-'로 교체되었고, (145ㄹ)에서 '오-'는 '-나-'를 취하였고, 선어말 어
미 '-오/우-'와 결합한 '-거-'는 (145ㅁ)의 '갑가라'에서처럼 '-가-'가 되

었고, 이것이 평서법 종결형 '-라' 앞에서는 (145ㅂ)처럼 '-과-'가 되었다. '-오/우-'가 결합한 이형태는 16세기부터 변별이 약화되기 시작하여 17세기에는 '-거-'와 '-가-'의 대립성이 거의 없어지며, '-과-' 형태도 18세기에 들어 없어진다.

'-거-'는 관형사형과 간혹 결합하며, 일부의 접속 어미와도 결합한다.

(146)ㄱ. 디나건 일로 혜야 혏쳔(一千) 셰존(世尊)이 나싫 둘 아니 〈월인 기9〉

ㄴ. 忠誠이 이러ᄒ실ᄊᆡ 죽다가 살언 百姓이 〈용비 25장〉

(147)ㄱ. 麗運이 衰ᄒ거든 나라ᄒᆞᆯ 맛ᄃᆞ시릴ᄊᆡ 〈용비 6장〉

ㄴ. 구루미 虛空ᄋᆞ로 디나가거늘 그 가온ᄃᆡ 瑞祥이 겨시더니 〈월석 2.51a-b〉

ㄷ. 구즌 相ᄋᆞᆯ 보거나 妖怪로ᄫᆡᆫ 새 오거나 〈월석 9.43a〉

ㄹ. 도니 업거니 어듸 가 사리오 〈두초 7.7a〉

(148)ㄱ. 汝 雖多聞ᐟ ᄀᅠ 如說樂人ᐟ 眞樂ᐟ 現前ᅑ ᄒᆞ니 不能分別ᅑ니 〈능엄 9594 3.28a: 12-28b: 1본〉

(네가 비록 많이 들었다고 하나, 마치 약을 (잘 안다고) 말하는 사람이 진짜 약이 앞에 나타났거늘 능히 분별하지 못하는 것과 같다.)

ㄴ. 諸佛ᐟ 方便力ᄌ 分別說三乘ᐟᄂ ᄒᆞ니 唯有一佛乘ᅥᆯᄀᆡ 息處故 說二ᐟᄂ ᄒᆞ니 〈법화1153 3.58b: 3본〉

(모든 부처님이 方便力으로 분별하여 三乘을 말씀하시니, 오직 一佛乘만이 있건마는 쉬어가는 곳으로서 二乘을 말씀하시니)

'-거-'는 관형사형에 잘 나타나지는 않으나 (146)의 '디나건'과 '살언'에서 보인다. 그러나 (147)과 (148)에서 보듯이 '-거든, -거늘, -거나, -거니' 등 일부의 연결 어미와 잘 결합하고, '-거든, -거늘, -건마ᄂᆞᆫ' 등과 같이 재구조화한 연결 어미를 이루기도 한다. 이러한 재구조화 형태는 이미 고대 국어 문헌에서도 나타난다.

'-거-'는 객체 높임 '-ᄉᆞᆸ-' 바로 뒤에 온다. 그러나 중세 국어에서 이미 주체 높임과의 어순이 바뀐 '-시거-' 형태도 나타나기 시작하여 근대 국어에서는 이 새로운 형태로 굳어진다. 이러한 어순 변화는 '-더-'와 '-시-'에서도 일어난다.

(149)ㄱ. 前品에 壽量 니ᄅᆞ거시늘 듣ᄌᆞᄫᆞᆫ 功德을 分別ᄒᆞ시고 〈월석 17.44a〉

隨所合處ソ氵 心隨有者𠫓二ヒ 是心丶 無體ソス1 則無所合ソヒ丶 〈능엄759 1.25b: 13본〉

(합하는 곳을 따라 마음이 따라 있으시니 이 마음이 體가 없으면 합할 곳이 없다.)

ㄴ. 그 金像이 世尊 보ᅀᆞᄫᆞ시고 合掌ᄒᆞ야 禮數ᄒᆞ시거늘 世尊도 ᄭᅮ르샤 合掌ᄒᆞ시니 〈월석 21.204a〉

正像之法丶 各二十劫而後才丶氵 滅者1 隨衆生機感ソ𠆢 而降替耳二𠫓1丁 佛身法性1 固無加損於其間ソ二ヒ丶 〈법화소3 3.16a: 8해〉

(正像의 법이 각 이십 겁 후이시어야 滅한다는 뜻은, 중생의 機感을 따르시어 降替하신다는 것이다. 佛身과 法性은 진실로 그 사이에 더하고 덜하는 것이 없으시다.)

(150)ㄱ. ᄆᆞᅀᆞ미 ᄆᆞᆯ가 ᄒᆞᆫ 뉘읏븐 ᄠᅳ도 업더시니 月明王ᄋᆞᆫ 釋迦ㅣ시니라 〈월석 11.10a〉

覺知分別心性丶 旣不在內ソス 亦不在外ソス 不在中間丶ソ𠆢二ヒ 〈능

엄759 1.29b: 13-30a: 1-2본〉

(알고 분별하는 心性이 이미 안에도 있지 않으며 또 밖에도 있지

않으며 중간에도 있지 않는다 하시더니)

ㄴ. 王과 夫人과 妃后왜 드르시고 山애 가샤 몯내 슬허ᄒ시더니

〈월석 11.9a〉

妙湛ㄴ 可得ㅅ 不爲物轉ㅁ 而能轉物ᄼ 同如來矣ㅓㅣ 當知ノㅓᆞ

阿難 方便眞慈ᄴ 俯爲末學ᄂᆖᄼ〈능엄가 1.8b: 4해〉

(妙湛을 가히 얻을 것이라 사물이 변하지 않고 능히 사물을 변하

게 하여 如來와 같을 것이다. 마땅히 알아야 할 것이다. 阿難아

方便과 眞慈로 겸양하여 末學이 되신 것이다.)

(149ㄱ)의 '니ᄅ거시늘'과 '心隨有者ᅀᅳᄂᆞ(心隨有者거시니)'에선 '-거시-'가

쓰였지만, (149ㄴ)의 '禮數ᄒ시거늘'과 '而降替耳ᄂᆢᆨᄀᆡ(而降替耳시건뎡)'

에서는 '-시거-'형이 나타난다. 마찬가지로 (150ㄱ)의 '업더시니, 不在

中間ᆢᄉᆖᄂᆞ(不在中間라 ᄒ드시니)'에선 '-더시-'가, (150ㄴ)의 '슬허ᄒ시

더니, 俯爲末學ᄂᆖᄼ(俯爲末學이시드여)'에선 '-시더-'형이 쓰였다.

'-니-'는 과거 시제 성격을 갖지만 단정법의 서법 기능을 한다.

(151)ㄱ. 모기 과골이 브스니라. 화계방애 우황 량격원과 여약원방애

가감 박하 전원과ᄅ 머고미 맛당ᄒ니라 〈구급 2.77a〉

是心ᄂ 無體ᄼᄒ 則無所合ᆢᄂ〈능엄가 1.14b: 19본〉

(이 마음이 體가 없어 합할 곳이 없다.)

ㄴ. 이 네 하ᄂᆞᆯ 無色界 四天이라 ᄒᄂᆞ니라 〈월석 1.37b〉

性見等者ㅣ 亦體用ㄴ 相依而擧ᄼᆖᄂ〈능엄가 3.23a: 11해〉

(性과 見 등은 또한 體用을 서로 의지해 일으킨다.)

(151ㄱ)의 '브스니라, 맛당ᄒ니라, 則無所合ᄭᄂ(則無所合ᄒ니라)'에서 '-니-'는 과거 시제를, (151ㄴ)의 'ᄒᄂ니라, 相依而擧ᄭᄂᄂᄉ(相依而擧ᄒ ᄂ니라)'에서 현재 시제 '-ᄂ-'와 함께 쓰인 '-니-'는 단정법을 나타낸다. '-니-'는 서술형 '-다/라'나 의문형 '-가, -고'와 결합하여 쓰이는데, 시제 '-ᄂ-, -더-, -리-'의 뒤에 나타나기도 한다. 시제와 서법의 성격을 함께 가지고 있는 '-니-, -리-'가 시제 형태소 아래에 놓이면 서법의 기능을 하는데 이는 오늘날에도 그러하다.

> (152)ㄱ. 믹햇 ᄃ례 ᄀᆞᄅᆞᆷ 하늘히 훤ᄒ니 묏 門의 곳과 대왜 幽深ᄒ도다
> 〈두초 9.34b〉
> 不知ᄭᄁ 眞際ㅣ 本非有邊ᄂᄉ 非無邊也스 〈능엄가 10.5b: 8해〉
> (알지 못하는구나. 眞際는 본래 有邊한 것이 아니라서 無邊하지 않은 것이다.)
>
> ㄴ. ᄯ 能히 걸위여 ᄀᆞ릴 거시 업스니 眞實로 放浪히 나노로믈 일우리로다 〈두초 9.35b〉
> 耳不見ᄭᄆ 足無語ᄭᄂ 不可以爲一也ᄂ시 〈능엄1248 4.27a: 10해〉
> (귀가 듣지 못하고 발이 말하지 못하니 하나라고 할 수 없을 것이로다.)
>
> ㄷ. 님그미 이제 사호미 업스니 書生은 ᄒᄆ 銘을 사기돗다 〈두초 24.62a-b〉
> 彼見ㅣ 無別ᄭᄀ 分辯我身ᄭᄁᄼᅵ 〈능엄1248 2.12a: 7본〉
> (그 見은 구분하여 我身을 分辯하는 법이 없도다.)

(152ㄱ)의 감동 표현 '-도-'는 서술격 조사 '이-'나 추측법 '-리-' 뒤에서는 '-로-'가 되는데(152ㄴ), 강조의 뜻을 더하는 '-ㅅ-'가 결합하면 '-돗/

롯-'이 된다.(152ㄷ) 이는 (152)에서 보듯이 음독 구결에서도 그대로 나타난다. 감동법은 근대 국어에 들어 점차 '-도-'형으로 통합돼 간다.

서술어의 의미를 강조하는 기능을 하는 선어말 어미로 '-ᄉ-, -거/가/아/어-' 등을 들 수 있다. 이들은 특히 감탄문이나 명령문에서 그 기능이 뚜렷하다.

(153)ㄱ. 뎌리도록 아니 앗기놋다 ᄒ야 〈석보 6.26b〉

六道 3 往還 ''ㅎ 三界 3 匍匐 ''ㅅㅣ 〈불설694 11b: 6본〉

(六道에 가고 오며 三界예 기어다닌다.)

ㄴ. 朝參 게을이 호ᄆᆯ ᄌᆞ모 怪異히 너기다니 미햇 興趣 기루믈 당당이 貪ᄒ닷다 〈두초 15.12b〉

ㄷ. 부텨 ᄀᆞᄐᆞ시니 업스샷다 〈월석 1.52a〉

如來ᄂ 訶之 ''ㄴㅗㄱ 欲其心無遮限ㅣ 而息不均之疑謗 ㄴㅅㅅㅎㅣ 〈능엄소 1.5a: 27해〉

(如來가 꾸짖으시는 것은 제한이 없는 그 마음이 고르지 않은 의심과 비방을 그치기를 바라시는 것이다.)

(154)ㄱ. 衆生이 福이 다ᄋ거다 〈석보 23.28a〉

ㄴ. 四海ᄅᆞᆯ 平定ᄒ샤 길 우희 糧食 니저니 塞外北狄인ᄃᆞᆯ 아니 오리잇가 〈용비 53장〉

ㄷ. 너희ᄃᆞᆯ히 … ᄂᆞ외야 ᄆᆞ슴 게을이 먹디 마라ᄉ라 〈석보 23.12a〉

則如來ㄱ 既證空覺 ''ㄴㅅㅎㅣ 何時 3 復生諸有耶 ㅣㄴㅁ''ㄴ 〈능엄남14.35a: 5-6해〉

(如來는 이미 空覺을 증득하셨으니 어느 때에 다시 모든 사물이 생겨납니까 하니)

ㄹ. 우리 두른 이 다ᄉ로 힘 니버 시러 지블 올오소라 〈내훈 3.41a〉

我等ㄱ 今日ㄋ 身心リ 皎然ソㄋ 快得無礙ソニ尸リ| 〈능엄남1 5.7a: 12본〉

(우리들은 오늘에야 몸과 마음이 밝아 쾌활히 無礙를 얻습니다.)

(153ㄱ)의 '앗기놋다, 匍匐ソ又七|(匍匐ᄒᆞ놋다)', (153ㄴ)의 '貪ᄒᆞ닷다', (153ㄷ)의 '업스샷다, ヽ今金七|(이어샷다)'는 각각 '-노-'와 '-다-, -샤-'에 '-ㅅ-'가 결합하여 그 뜻을 강조한 것이다. (154ㄱ)의 '다ᄋᆞ거다'에서 '-거-', (154ㄴ)의 '니저니'에서 '-어-'는 모두 그 서술어의 뜻을 강조한다. 강조법 '-거-' 등은 확인법의 '-거-'에서 왔지만, 그 기능에서는 차이를 보인다. (154ㄷ)의 '마라ᄉᆞ라, 既證空覺ソニ金士ヒ(既證空覺ᄒᆞ여샤ᄉᆞ니)'에서 '-ᄉᆞ-'도 '-ㅅ-'와 구분하여, 강조를 나타낸다는 견해가 있다. '-ᄉᆞ-'는 1인칭 주어에선 인칭법과 결합하여 (154ㄹ)의 '올오소라, 快得無礙ソニ尸リ|(快得無礙ᄒᆞ여소이다)'처럼 '-소-'가 된다.

그러나 가와사키 케이고(2014)는 위에서 설정한 감동이나 강조를 나타내는 감동법으로 분류한 '-ㅅ-'가 '삼인칭 이외의 복수'임을 수의적으로 표시하는 일종의 복수 표지 선어말 어미였음을 지적하였다. 이는 한국어에 복수 표지가 문법 범주로서 표지화하기도 함을 말하는 것으로, 앞으로 좀 더 논의할 필요가 있을 것이다.

'-니-'는 상대 높임의 '-이-'에 선행하나, 다른 선어말 어미들보다는 뒤에 놓인다. '-도-'는 대개 미래 시제 '-리-'와 단정법 '-니-' 사이에 오는데, 때로는 선어말 어미들 가운데 가장 뒤에 놓이기도 한다.

[인칭법 선어말 어미: -오-]

'-오/우-'는 주로 1인칭 주어 화자의 의도를 표시하는데, 평서법 종결 어미 '-라'나, 연결형 어미 '-니' 앞에서 많이 나타난다. '-오/우-'는 고대 국어에서 명사형이나 관형사형 어미 앞에 첨가되는 용법에서 점차 종결 어미나 연결 어미 앞에서 1인칭 화자의 의도를 나타내는 용법으로 발전한 것으로 보인다.

(155) ㄱ. 내 ᄒᆞ마 命終호라 〈월석 9.36b〉

　　ㄴ. 그러면 네 願을 從호리니 나ᄂᆞᆫ 布施를 즐겨 사ᄅᆞ미 ᄠᅳ들 거스디 아니ᄒᆞ노니 〈월석 1.12b-13a〉

　　ㄷ. 나ᄂᆞᆫ 가난호미라 病 아니로라 ᄒᆞ야ᄂᆞᆯ 〈남명 상30b〉

　　ㄹ. 對答ᄒᆞ슨보ᄃᆡ 實엔 그리ᄒᆞ야 가다이다 〈월석 7.10a-b〉

　　ㅁ. 法筵엣 조ᄒᆞᆫ 衆이 아래 잇디 아니ᄒᆞᆫ 이ᄅᆞᆯ 得과라 ᄒᆞ더니 〈능엄 1.29b〉

　　ㅂ. 늘근 노미 이제 비르서 알와라 〈두초 15.55a〉

　　ㅅ. 能히 이 ᄀᆞ티 알면 諸佛이 샹녜 알ᄑᆡ 나ᄐᆞ리라 ᄒᆞ샤니라 〈원각 4상1.2.153a〉

(156) ㄱ. 時ㅣ 波斯匿王ㅣ 言ㄹ尸 善ㄴㅎㄱㅓ 大事ㄴ 因緣灬 故ㄱᄼ二ᄉ丷ㄱㅐㅓㄱ丷ㅎ 〈구인 3: 20〉

　　　　(그때에 波斯匿王은 말씀하시기를, "좋ᄋᆞ십니다. 大事의 인연으로 그러하신 것입니다." 하여)

　　ㄴ. 前ㆆ間 地獄丷ᄼ厶 爲有定處ㄱ 爲無定處丷ㄴㄷㅎ彼彼發業口 各各 私受ㄴㄷㄱ丷ᄼㄱ 〈능엄가 9.9b: 8해〉

　　　　(앞에서 지옥을 물으시되 "定處가 있습니까, 定處가 없습니까? 저것과 저것이 業을 發하고 各各 사사로이 受합니까?" 하시니)

(155)에 나타난 여러 가지 이형태를 가진 '-오-'는 1인칭 주어의 서술어로 호응하는 표지로 쓰이거나 주어의 의도성을 나타낸다는 점에서 인

칭법 또는 의도법이라 한다. '-오-'는 대부분 1인칭 주어 화자의 의도성을 보이므로 여기에서는 인칭법이라 한다. '-오-'는 선행 어간의 말음절이 자음으로 끝나면 모음 조화에 따라 '오' 또는 '우'로 교체한다. 어간이 모음으로 끝날 때, 모음이 '아, 어, 오, 우'이면 어간의 성조에 변동이 오면서 '-오/우-'는 원칙적으로 나타나지 않으며, 어간 끝모음이 '으, 으'이면 끝모음이 탈락하고, 끝모음이 'ㅣ'로 끝나는 이중 모음이면 인칭법 어미와 결합하여 '-요/유-'가 된다. 서술격 조사 뒤에서는 '-로-'로 교체하며, 선어말 어미 '-더-'나 '-거/어-'와 결합하면 각각 '-다-'와 '-과/와-'가 된다.

(155ㄱ)의 '命終호라'는 평서법 종결 어미 '-라' 앞에 쓰인 '-오-'이고, (155ㄴ)의 'ㅎ노니'는 연결 어미 '-니' 앞에서 '-ㄴ-'와 결합하여 '-노-'가 되었다. (155ㄷ)의 '아니로라'에선 서술격 조사 '이-' 뒤에서 '-로-'로 교체되었다.[36] (155ㄹ)의 '가다이다'에선 회상법 '-더-'와 결합하여 '-다'로, (155ㅁ)의 '得과라'에선 확인법 '-거-'와 결합하여 '-과-'로, (155ㅂ)의 '알와라'에선 어간 말음 ㄹ 아래에서 '-거-'와 결합하여 '-와-'로 되었다. 높임 선어말 어미 '-시-' 뒤에 '-오-'가 오면 (155ㅅ)의 'ㅎ샤니라'에서처럼 '-샤-'라는 형태를 이룬다. 인칭법 '-오-'는 고대 국어에서도 나타나는데, '-시-'와 '-오-'가 결합할 때 석독 구결에서는 '-시오-'(ㄷㅎ)로 표기되었으나(156ㄱ) 음독 구결에서부터 '-샤-'(ㅅ)로 나타난다.(156ㄴ) 이러한 변이 형태 '-샤-'는 16세기부터 점차 없어지기 시작한다.

출현 환경에 따른 '-오-'의 여러 가지 형태들은 이미 음독 구결에서 나타나고 있다.

---

36) 인칭법은 '이로라, -리로라' 형태를 가져, 강조법의 '이로다, -리로다' 형태와 구별된다.

(157)ㄱ. 汝ヽ 今ㅋ 悉忘ㅿㅁ 而便自謂已得滅度ノヽㅣㄱㅅㅣ 我 今ㅋ 還欲令汝
　　…〈법화1153 2.6a: 12-13본〉

　　(네가 지금 모두 잊고 다시 스스로 말하기를, '이미 멸도를 얻었
　　노라' 하는 까닭에 나는 지금 도리어 너로 하여금)

ㄴ. 疑今經所言ㄱ 道記耳ㅅ 非法華果記也ヽㄱ㎡ㅆㅅ 〈능엄가 1.3a:
　　16본〉

　　(의심하되 이 경이 이르는 바는 道記이다. 法華의 果記가 아닌가
　　한다.)

ㄷ. 云何今日ㅋ기 忽生心痛ㅊㅌㅕ 將無退失ㄱㅍㅅㅣㅌ 〈능엄남1 5: 16b: 9
　　본〉

　　(어째서 오늘에는 홀연히 가슴이 아픈 것인가? 장차 退失하려는
　　것인가? 하더니)

ㄹ. 冬十二月厂 齊侯ヽ 游于姑棼ㅣㅁ 遂田于見丘ㅣㄲㅌ 見大豕ㅣㅌ 〈춘
　　추 5.10a: 5전〉

　　(겨울 12월에 제나라 양공은 姑棼으로 놀러 가 마침내 貝丘에 가
　　서 사냥을 하더니 큰 돼지가 나타나니)

(158)ㄱ. 阿難ヽ 白佛言ㅣㅊㅋㅿ 世尊 我今ㅋ 又作如'是思惟ㅣㅌ 〈능엄1248
　　1.15a: 4-5본〉

　　(阿難이 부처께 말씀하시기를, "세존이시여 저는 오늘 또 이와
　　같이 생각하니)

ㄴ. 對答ᄒ오ᄃᆡ 그리 아니라 내 ᄉ랑ᄒ오ᄃᆡ 어느 藏ㅅ金이사 마치 질이
　　려뇨 ᄒ노이다 〈석보 6.25b〉

(157ㄱ)에서 '-ᄒ-'와 결합한 'ノ'(-호-), (157ㄴ)에서 '-ᄂ-'와 결합한 'ㅈ'
(-노-), (157ㄷ)에서 '-더-'와 결합한 'ㅣ'(-다-), (157ㄹ)에서 '-거-'와 결합

한 'ヵ'(-가-) 형태를 볼 수 있다. 이와 달리 (158)에선 어말 어미의 일부로 재구조화한 '午ム'(-오ᄃᆡ), '-오ᄃᆡ'(호ᄃᆡ)도 있는데, 이는 이미 고대 국어에서 만들어진 형태이다.

[선어말 어미들의 배열]

이상에서 살펴본 선어말 어미들의 배열 순서는 대체로 (156)과 같다.

(159) 객체 높임법('-ᄉᆞᆸ-')—(미래 시제('-리-'))—과거 시제('-더-')//확인법('-거-')—주체 높임법('-시-')—현재 시제('-ᄂᆞ-')—인칭법('-오-')—미래 시제('-리-')—감동법('-도-')—강조법('-ㅅ-')—단정법('-니-')—상대 높임법('-이-')

이러한 배열 순서는 고대 국어와 대체로 비슷하나, 주체 높임의 '-시-'와 현재 시제 '-ᄂᆞ-'의 위치에 변화가 있다. 고대 국어에서는 '-ᄂᆞ시-'의 순서인데, 이는 당시에 '-시-' 아래에 놓이는 또 하나의 현재 시제 선어말 어미로 '-누-'가 있기 때문으로 보인다. (159)에 따르면, 'ᄒᆞᄉᆞᆸ더시도다, ᄒᆞᄉᆞ보리이니, ᄒᆞ시노이다, ᄒᆞ거시온' 등과 같은 배열 어순으로 나타날 수 있을 것이다. 시제 표현과 관련된 어미들끼리는 배타적 분포를 갖지만, 미래 추측법 '-리-'는 확인법 '-거-'나 과거 회상법 '-더-'와 공기할 수 있다. 이는 '-리-'가 시제적 요소 외에도 추측의 서법적 성격이 강한 때문일 것이다. 어순은 '-리니-, -리러-, -리러니-, -리러시-, -리어-' 등과 같이 '-리-'가 객체 높임법 이외의 선어말 어미보다 앞선다. 그러나 일반적으로 미래 시제 '-리-'는 인칭법 '-오-'보다도 후행한다. 확인법 및 과거 시제와 주체 높임이 결합한 '-거시-, '-더시-'는 이미 15세기에 '-시거-, -시더-'로도 나타나고 이러한 개신형은 음독 구결에서도 보이는데, 근대 국어에 들어서는 이러한 변화형으로 고정된다. 과거 시제 '-더-'와 확인법 '-거-'는 과거 시제적 성격이 동일하므로 통합되지 않아 배열순을 가질 수 없다. 16세기부터 과거 시제로도 쓰이는 '-앗-'은 '-시-'와 '-ᄂ-' 사이에 놓인다.

3.2.5 어말 어미

용언은 어미 활용을 하면서 그 활용의 어말 어미에 따라 문장 안에서 종결 또는 비종결 기능을 한다.

> (160) 이런 젼ᄎ로 어린 百姓이 니르고져 홀 배 이셔도 ᄆᆞᄎᆞᆷ내 제 ᄠᅳ들 시러 펴디 몯 홇 노미 하니라 〈훈민 2a-b〉

(160)에서 쓰인 용언 가운데 '니르-, ᄒᆞ-, 펴-'는 동사이고 '이시-, 하-'는 형용사인데, 이들은 모두 어말 어미 활용형을 가지고 그에 따르는 문법적인 기능을 달리하고 있다. '니르고져, 이셔도, 펴디'에는 연결 어미가 결합되어 종속문을 이끌어서 상위문에 접속하며, '홀, 홇'에는 전성 어미가 붙어 수식 기능을 가지며, '하니라'는 종결 어미로서 문장을 마치는 기능을 한다.

어말 어미는 어간 바로 뒤에 놓이는 선어말 어미의 다음에 위치하여, 용언 형태를 끝맺는다. 어말 어미는 그 문법적 기능에 따라 종결 어미와 비종결 어미로 나누고, 비종결 어미는 연결 어미와 전성 어미로 나눌 수 있다.

[종결 어미]

종결 어미는 문장을 끝맺는 문말 어미의 성격으로, 평서형, 감탄형, 의문형, 명령형, 청유형이 있다. 평서형 종결 어미에는 '-다/라'가 있다.

(161)ㄱ. 能히 잇다 ᄒ며 엇디 能히 업다 ᄒ리오 〈논어 4.55b〉

汝 言相類ᐟ〻〻〻 是義不然ㅣ 〈능엄가 1.22b: 27본〉

(네가 서로 비슷하다고 말하였다. (그러나) 그 뜻이 그렇지 않다.)

ㄴ. 舍利弗을 須達이 조차가라 ᄒ시다 〈석보 6.22b〉

楞伽 曰ᐥ 分別ㄱ 是識ᄼ 無分別ᐟ 是智〻ㄹㅣ 〈능엄일 4.28a: 15해〉

(楞伽께서 말씀하시기를, 분별은 識이고 無分別이 智라 하셨다.)

ㄷ. 淨覺 隨順ᄒᆞᆯᄉ 니ᄅᆞ샤ᄃᆡ 淨覺 隨順이라 〈원각 4상1.2.159b〉

佛言 若無所明ᐟ〻ᄀ 則無明覺〻〻ㅣ 〈능엄759 4.5b: 4본〉

(부처께서 말씀하시기를, 만약 밝힐 것이 없으면 밝혀야 할 깨달음이 없을 것이다.)

ㄹ. ᄒᆞ오ᅀᅡ 내 尊호라 ᄒ시니 〈월석 2.34b〉

我此九部法ㅣ 隨順衆生說ᐟ〻 入大乘爲本ᄂ〻ᄉᄋᆞᄂ 以故ノ 說是經ノᐟ

〈법화1153 50a: 8본〉

(나의 이 九部法은 중생이 말한 바를 따라 大乘에 드는 것을 근본으로 삼는 까닭에, 그러므로 이 經을 說한다.)

ㅁ. 이ᄀᆞᆫ흔 因相은 오직 想이 다ᄋᆞ니ᅀᅡ 能히 아ᄂᆞ 젼ᄎ로 지디 아니ᄒ리다 그 말 아로매 가줄비시니 이 想陰의 相이라 〈능엄 9.85a〉

그 次第예 반ᄃᆞ기 부톄 ᄃᆞ외야 號ㅣ 淨身이 ᄃᆞ외야 ᄯᅩ 無量衆을 濟度ᄒ리다 ᄒ시고 부톄 이 바ᄆᆡ 滅度ᄒ샤 〈개법화 1.37b〉

갓ᄀᆞᆫ 見엣 무른 事理 서르 ᄀᆞ리다 ᄒᄂᆞ니 〈선종 상13a〉

ㅂ. 誌公云 莫道陛下ㄴ 詔ᄊ小ᅳ 閣國人去ᄊ3ㄲ 他亦不迴ᄊ川 〈선문

9594 1.15b: 6본〉

(誌公이 말하기를, 陛下께서 모셔오라고 하지 마십시오. 온 나라

의 사람이 가도 그는 돌아오려 하지 않을 것입니다.)

(162) ㄱ. 世界를 ᄉ뭇 비취샤 三世옛 이를 아ᄅ실ᄊ 부톄시다 ᄒᄂ닝다

〈석보 6.18a〉

ㄴ. 나갈 저긔 고ᄒ고 도라와 완노이다 ᄒ며 〈삼강 효27b〉

擊久 聲銷ᄊ3 音響 雙絶ᄊㅣ 則名無聲ㆍᄊᄉᆡ 〈능엄759 4.52b:

10본〉

(종을 친 지가 오래 되어 소리가 사라져서 소리 울림이 서로 끊

어지면 소리가 없다고 이름합니다.)

(163) 두루 三千에 布施ᄒ니 福德이 分明ᄒ며 果와 因괘 어듭디 아니

ᄒ도다마른 能히 四句偈를 펴면 알픠셔 더오미 萬倍ᄒ 功이리라

〈금삼 2.72a-b〉

평서형 ᄒ라체 종결 어미는 (161ㄱ)의 '잇다, 업다, 是義不然l', (161ㄴ)

의 'ᄒ시다, ᄊᆮㄱ'에서 보는 '-다'이다. 대체로 '-다' 앞에는 '-습-, -시-,

-ᄂ-, -거-, -도-, -이-' 등이 올 수 있다. '-다'는 서술격 조사나, 선어

말 어미 '-니-, -더-, -리-, -오-' 아래에서는 (161ㄷ, ㄹ)의 '隨順이라, 則

無明覺ᄊ川ᄂ(則無明覺ᄒ리라), 尊ᄒ라, 說是經ノ〮(說是經ᄒ라)'에서처럼

'-라'로 교체된다. 이는 고대 국어에서와 같은 양상이다. 그러나 (161

ㅁ)에서 '아니ᄒ리다, 濟度ᄒ리다, ᄀ리다'나 (161ㅂ)의 '他亦不迴ᄊ川

ㅣ'에서처럼 주어 화자의 의지 표현을 나타낼 때에는 '-리라'가 아닌

'-리다' 형태를 갖는다. 음독 구결에서 'ᄊ川ㅣ'를 일반적으로 'ᄒ리이다'

로 해석하지만, 그대로 'ᄒ리다'로 볼 수도 있다. 이 어미의 ᄒ야쎠체

는 '- ᇰ다'(162ㄱ)이며 ᄒᆞ쇼셔체는 '-이다'(162ㄴ)이다. '-다/라' 아래에는 (163)의 '아니ᄒᆞ도다마ᄅᆞᆫ'처럼 보조사 '마ᄅᆞᆫ'이 결합하여 종속적 연결어미 기능을 하기도 한다.

(164)ㄱ. ᄒᆞ마 그리ᄒᆞ마 혼 이리 分明히 아니ᄒᆞ면〈내훈 3.19b〉

ㄴ. 네 단디는 일티 아녀시니 아기 갈 제 보내마〈순언 8〉

약속을 나타내는 표현에는 (164)의 '그리ᄒᆞ마, 보내마'에서 보듯이 어미 '-마'를 사용하는데, 표현의 내용상 1인칭 화자의 의도를 나타내는 '-오/우-'를 앞세우기도 한다.

감탄형 표현은 '-도다, -ㅣ라' 등으로 나타낸다.

(165)ㄱ. 微妙 體 보미 어렵도소니 뮈우믈 몯ᄒᆞ며 구더 허로미 어렵도다〈금삼 2.7b-8a〉

ㄴ. 슬프다 녯 사름믜 마ᄅᆞᆯ 아디 몯ᄒᆞᄂᆞᆫ뎌〈남명 하30b〉

令諸衆生ᄉ 不入邪見ᄊᄌᆡ구〈능엄759 8.29b: 13본〉

(모든 중생으로 하여금 邪見에 들지 않게 한다.)

ㄷ. 체권(妻眷) ᄃᆞ외여 셜ᄫᅮ미 이러ᄒᆞᆯ쎠〈월인 기143〉

ㄹ. 그 ᄢᅴ 大衆이 ᄒᆞᆫ 소리로 摩耶ᄅᆞᆯ 讚嘆ᄒᆞᅀᆞᄫᅩᄃᆡ 됴ᄒᆞ실쎠 摩耶ㅣ 如來ᄅᆞᆯ 나ᄊᆞᄫᆞ실쎠 天人世間애 ᄀᆞᆯᄫᆞ리 업스샷다 ᄒᆞ더라〈석보 11.24a〉

ㅁ. 믈 우횟 龍이 江亭을 向ᄒᆞᅀᆞᄫᆞ니 天下ㅣ 定ᄒᆞᆯ 느지르샷다〈용비 100장〉

則ㄱ 今之示迹ᄂ 乃所以護持也ᅀᆞᄾᆞᄂᆡ〈능엄소 1.5b: 8해〉

(그러하면 지금의 示迹이 곧 보호되고 유지되실 것이다.)

(166)ㄱ. 俗人이 됴ᄒᆞᆫ 거슬 모ᄅᆞᄂᆞᆫ 둣ᄒᆞ고나 〈번박 상73a〉

　　ㄴ. ᄒᆞᆫ 숨도 딥 먹디 아니ᄒᆞᄂᆞ매라 〈번박 42b〉

　　ㄷ. 드믓ᄒᆞᆫ 다ᄉᆞᆺ 株ㅅ 양직 가ᄉᆞ매 측측기 어즈러이 담겨셰라

　　　〈두초 15.3b〉

(165ㄱ)은 '-도다'로 끝난 감탄문이다. 감탄형 어미에는 이 밖에 '-ㄴ뎌, -ㄹ쎠, -샷다'[37] 등이 있는데, 이들은 16세기엔 '-ㄴ댜, -ㄹ샤'형으로도 나타난다. (165ㄹ)에는 '-ㄹ쎠, -샷다'형이 이웃하여 쓰였다. 중세 국어 후기에는 '-고나, -고녀, -고야, -ᄂᆞ매라, -셰라' 등도 나타난다.

　의문형 어미는 직접과 간접, 판정과 설명, 높임, 인칭 등에 따라 매우 복잡하지만 체계적으로 짜여 있다. 아래의 (167)~(169)는 ᄒᆞ라체의 의문형 어미이다.

(167)ㄱ. 이 大施主의 功德이 하녀 져그녀 〈석보 19.4a〉

　　ㄴ. 이 楞嚴定力을 브터 알핏 願心을 結ᄒᆞ야 究竟ᄒᆞ야 내죵내 믈러듀미 업스려 〈능엄 3.117b〉

　　ㄷ. 十方世界 ᄒᆞᆫ 가지로 힛비치 ᄃᆞ외리어늘 엇뎨 空中에 ᄯᅩ 두려운 히를 보ᄂᆞ뇨 〈능엄 4.41a〉

　　ㄹ. 네 아ᄃᆞ리 孝道ᄒᆞ고 허믈 업스니 어드리 내 티료 〈월석 2.6a〉

(168)ㄱ. 부톄 더브러 精舍애 도라오샤 무르샤ᄃᆡ 네 겨집 그려 가던다 〈월석 7.10a〉

　　ㄴ. 오직 네 自心을 다시 므슴 方便을 지슬다 〈목우 13b〉

---

37) '-샷다'에서는 높임의 '-시-'를 분석해 내고 '-앗다'만을 감탄형 어미로 볼 수 있지만, 실제로 이 표현은 '-앗다'가 없이 높임의 환경에서 '-샷다'로만 쓰인다.

(169)ㄱ.疑心을 세 가지로 ᄒᆞ되 ᄒᆞᆫ 疑心은 부톄 아니 다시 나신가 ᄒᆞ고
〈석보 24.3b〉

ㄴ.아혼 ᄒᆞᆫ 겁(劫)을 브터 이 댱쟈(長者)ㅣ 벓심(發心) 너버 어느
겁(劫)에 공득(供德)이 져긇가 〈월인 기169〉

ㄷ.다ᄅᆞᆫ ᄃᆡ와 이바디ᄅᆞᆯ ᄒᆞ되 호니 어드메 이 셔울힌고 〈두초
15.50b〉

ㄹ.뉘 能히 이 娑婆 國土애 妙法華經을 너비 니를꼬 〈법화 4.134b〉

(167)과 (168)은 상대방에게 대답을 요구하는 직접 의문법 문장이다.
(167)의 '-녀'와 '-려'는 '-니아/니야/니여'와 '-리아/리야/리여'로도 나
타나는데, 주어로 1인칭과 3인칭을 갖는다. '-녀'는 선어말 어미와 결
합하면 'ᄒᆞᄂᆞ녀, ᄒᆞ더녀'형 등이 가능하다. '-녀, -려'는 16세기에 들어
'-냐, -랴'로 변화를 겪는다. 판정 의문의 '-녀, -려'에 대해, 설명 의문
형 어미는 (167ㄷ, ㄹ)에서의 '-뇨, -료'이며, '-니오, -리오'로도 쓰인다.
(168ㄱ)의 '-ㄴ다'와 (168ㄴ)의 '-ㄹ다'는 2인칭 의문형 어미로, 판정 의
문과 설명 의문에 두루 쓰인다. (169)는 단순히 의문을 나타내는 간접
의문법 문장이다. (169ㄱ, ㄴ)의 '-ㄴ가, -ㄹ가'는 설명 의문형이고, (169
ㄷ, ㄹ)의 '-ㄴ고, -ㄹ고'는 판정 의문형이다. 의문형 어미는 기본적으로
명사형 어미 '-ㄴ, -ㄹ' 또는 '-니-, -리-' 아래에 '-아' 계열과 '-오' 계열
이 결합하는데, 이는 명사 아래에 바로 의문 첨사 '-가, -고'가 붙는 체
언 의문문의 형태와 상통하는 구조라 할 것이다.
　　의문형의 높임법 어미로, ᄒᆞ야쎠체는 '-닛가, -닛고'와 '-릿가, -릿
고', ᄒᆞ쇼셔체는 '-니잇가, -니잇고'와 '-리잇가, -리잇고'가 있다.

(170)ㄱ.맛도다 ᄒᆞ야 그 ᄯᆞᆯ ᄃᆞ려 무로되 그딋 아바니미 잇ᄂᆞ닛가 〈석보

6.14b〉

ㄴ. 有僧ㅣ 趙州和尙끠 問ᄒᆞᅀᆞ오ᄃᆡ 어늬 이 祖師 西來ᄒᆞ샨 ᄠᅳ디닛

고 州ㅣ 니ᄅᆞ샤ᄃᆡ 庭前 栢樹子ㅣ라 ᄒᆞ시니 〈선가 12a〉

ㄷ. 須達이 護彌ᄃᆞ려 무로ᄃᆡ 主人이 므슴 차바ᄂᆞᆯ 손소 ᄃᆞᆮ녀 밍ᄀᆞ

노닛가 〈석보 6.16a〉

ㄹ. 님금하 아ᄅᆞ쇼셔 洛水예 山行 가 이셔 하나빌 미드니잇가 〈용

비 125장〉

ㅁ. 魔王이 닐오ᄃᆡ 尊者ㅣ 엇뎨 期約애 그르 ᄒᆞ시ᄂᆞ니잇고 〈월석

4.35a〉

(170ㄱ)에 '-닛가', (170ㄴ)에 '-닛고', (170ㄹ)에 '-니잇가', (170ㅁ)에 '-니
잇고'가 있다. ᄒᆞ야쎠체의 설명 의문문인 (170ㄷ)에서도 '-닛고'가 아닌
'-닛가'로 쓰여, 15세기에 이미 판정 의문문과 설명 의문문에서 '-가'와
'-고'의 구별이 무너지기 시작하였음을 알 수 있지만 ᄒᆞ야쎠체를 제외
하면 이러한 구별은 근대 국어에까지 비교적 잘 유지되고 있다.

음독 구결문에서 보이는 의문형 어미들을 들면 (171)과 같다.

(171)ㄱ. 仰觀日時ʒ 汝ヽ 豈挽見ʋʒ 齊於日面ʋゝ니 〈능엄1248 2.11b: 4본〉

(해를 쳐다볼 때에 너는 어찌 당겨 보아 해에 닿게 하겠는가?)

ㄴ. 尊下 我頭ヽ 自動ㅋ기ㄱ 而我見性기 尙無有止ㅁㄱ 誰爲搖動ʋゝ히ㅁ 〈능

엄일 1.25a: 16-17본〉

(世尊이시여 저의 머리가 스스로 움직일지언정 저의 見性은 오

히려 그칠 것이 없는데 무슨 요동할 것이 있겠습니까?)

若狂怖ヽ 不本於自然ʒㅈ기 則頭本無妄ㅆㄴ 何爲狂走ʋゝヒㅑ 〈능엄

가 4.42b: 17해〉

(만약 미쳐 두려워함이 본래 자연에서 근원한 것이 아니라면 머리는 본래 잘못된 것이 아닌데 어째서 미쳐서 달아나겠는가?)

ㄷ. 若在處者大 爲有所表尸 爲無所表ソヒ尸 〈능엄가 1.16a: 16본〉

(만약 그곳이 있다면 표시할 수 있는가, 표시할 수 없는가?)

ㄹ. 所以者何オ了 此輩ヽ 罪根ヽ 深重ソス 及增上慢ソろ 未得乚 謂得ソス 未證乚 謂證ソろ 〈법화1306 1.42a: 7본〉

(어째서인가? 이 사람들이 죄의 뿌리가 깊고 무거우며 매우 교만하여 얻지 못한 것을 얻었다고 하며 증득하지 못한 것을 증득했다 하여)

ㅁ. 既不見明ソ𠂆 云何明과 合丨ソ𠂆 了明氵 非暗ヽ㇕月乚ソ了 〈능엄1248 2.26a: 14본〉

(이미 밝음을 보지 못했으면, 밝음과 합하였다 하면 어떻게 밝음이 어둠 아닌 줄을 알겠는가?)

ㅂ. 窮年卒歲亐 不得飮食去ニヒ 何罪所致ヽヒセロ 目連答言ム 汝前世時ろ 作聚落主ソろ一 〈자비참 3.27a: 2본〉

(생을 마쳐 죽을 때에 마시고 먹지 못하였으니 무슨 죄에 해당하겠습니까? 目連이 대답하여 말하기를, 네가 이전 생에 聚落의 주인이 되어서)

ㅅ. 阿難ヽ 白佛言ノム 世尊下 … 所謂因空ソス 因明ソス 因心ソス 因眼ヽ ヽソニガヽセロ 是義ヽ 云何ヽヒヽセロ 〈능엄1248 2.18a: 16-18b: 1본〉

(阿難이 부처께 말씀하기를, "세존이시여, … (어찌하여) 말하자면 空을 因으로 삼고 明을 因으로 삼고 心을 因으로 삼고 眼을 因으로 삼는다고 하셨던 것입니까? 이것이 무엇을 뜻하는 것입니까?")

(171ㄱ)에 '-ㄹ다'(齊於日面 니), (171ㄴ)에 '-고'(誰爲搖動 니ᄇᆞ), '-오'(何爲狂走 느ᄂᆞᆺ), (171ㄷ)에 '-아'(爲無所表 니ᄇᆞ) (171ㄹ)에 '-뇨'(所以者何 亇ᄀ), (171ㅁ)에 '-료'(非暗 ᄀᆞ刀ᄂᆞᄀ), (171ㅂ)에 '-닛고'(何罪所致 ᄂᆞᄂᆞ), (171ㅅ)에 '-니잇고'(云何 ᄂᆞᄂᆞ)가 있다. 15세기의 한글 문헌에 나오는 의문형 어미들을 음독 구결에서 모두 확인하기는 어렵지만, (171)의 의문문 표현을 보면, 복잡하지만 체계적인 15세기에서와 같은 형태 체계임을 알 수 있다.

명령형 어미로 ᄒᆞ라체에는 '-라'형이 대표적이다.

(172)ㄱ. 須達이ᄃᆞ려 닐오ᄃᆡ 金을 더 내디 말라 〈석보 6.26a〉

　　　ㄴ. 이 져고맛 因緣이 아니시니 文殊아 아라라 〈석보 13.26a〉

　　　ㄷ. 내 니마해 볼른 춈이 몯 믈랫거든 도로 오나라 〈월석 7.7b〉

　　　ㄹ. 너희ᄃᆞᆯ히 아라ᄉᆞ라 〈월석 10.26a〉

(173)ㄱ. 다시 무로ᄃᆡ 엇뎨 부톄라 ᄒᆞᄂᆞ닛가 그 ᄠᅳ들 닐어쎠 對答호ᄃᆡ 그듸는 아니 듣ᄌᆞᄫᅢ더시닛가 〈석보 6.16b-17a〉

　　　ㄴ. 願ᄒᆞᅀᆞ오ᄃᆡ 어마니미 우릴 노ᄒᆞ샤 出家ᄒᆞ야 沙門 ᄃᆞ외에 ᄒᆞ쇼셔 〈법화 7.136b〉

(174)ㄱ. 큰형님 몬져 ᄒᆞᆫ 잔 자소 큰형님 몬져 례 받조 〈번노 상63b〉

　　　ㄴ. 아ᄆᆞ라나 마나 혜디 말오 우리를 ᄒᆞᄅᆞᆺ 밤만 자게 호ᄃᆡ여 〈번노 상49b〉

(175)ㄱ. 얼우신네를 인ᄒᆞ야 어버싀 괴권ᄒᆞ여 田宅을 두게 ᄒᆞ고라 〈번소 9.88b〉

　　　ㄴ. 쥬신하 다ᄅᆞᆫ ᄃᆡ 드ᄂᆞᆫ 쟉도 ᄒᆞ나 비러 오고려 〈번노 상19a〉

명령형은 (172ㄱ)의 '-라'로 나타낸다. (172ㄴ)~(172ㄹ)처럼 '-아/어-,
-거-, -가-, -나-, -ㅅ-' 등과 결합한 형태는 강조의 뜻을 더한다. 특
히 중세 국어에 들어 구어에서는 '-아/어-'가 결합하여 '-아라/어라'형
으로 직접적인 명령문의 성격을 뚜렷이 하는 용법이 발달한다. 명령
문에는 (168ㄱ)~(168ㄷ)처럼 주어가 생략되는 것이 일반적이지만, (172
ㄹ)과 같이 주어가 나타나는 경우도 종종 있다. 명령형 어미의 ᄒᆞ야쎠
체는 '-아쎠'(173ㄱ), ᄒᆞ쇼셔체는 '-쇼셔'(173ㄴ)이다. ᄒᆞ쇼셔체는 이전
시대부터 있어 온 형태이지만 ᄒᆞ야쎠체는 중세 국어에서 생긴 체계이
다. 이 밖에도 16세기에 들어 나타난 '-소/소(>-오)/조'(174ㄱ)와 '-오ᄃᆡ
여'(174ㄴ)가 있으며, 16세기에 용례가 많아진 예사 높임의 '-고라/오
라(175ㄱ), -고려/오려'(175ㄴ)도 있다. '-아쎠'는 16세기 이후 점차 '-소'
형으로 대체되어 근대 국어에선 초기부터 거의 안 나타난다.

청유형 어미로는 ᄒᆞ라체에 '-져/쟈, -져라'가 있고, ᄒᆞ쇼셔체에 '-사
이다'가 있다.

(176)ㄱ. 우리 이제 안ᄌᆨ 出家 말오 지븨 닐굽 ᄒᆡᄅᆞᆯ 이셔 五欲을 ᄆᆞᅀᆞᆷᄀᆞ
장 편 後에ᅀᅡ 出家ᄒᆞ져 〈월석 7.1b-2a〉

ㄴ. 山이여 미히여 千里外예 處容 아비ᄅᆞᆯ 어여 려거져 아으 熱病
大神의 發願이샷다 〈악학 처용가〉

ㄷ. 우리 모든 사ᄅᆞ미 에워 막쟈 〈번노 상46a〉

(177) 곡도 ᄀᆞᆮᄒᆞ도다 그제 淨居天이 虛空애 와 太子ᄭᅴ ᄉᆞᆯ보ᄃᆡ 가사이
다 〈석보 3.26b〉

(176ㄱ)의 '出家ᄒᆞ져'에서 '-져'는 청유형 어미이다. (176ㄴ)의 '려거져'에서 보듯이[38] 청유형에서도 명령형과 마찬가지로 '-어-, -거-' 등이 결합하기도 하는데, 아주 드물게 나타난다. (176ㄷ) '막쟈'의 '-쟈'는 16세기부터 쓰인다. (177)에서 '가사이다'는 ᄒᆞ쇼셔체의 청유형이다.

[연결 어미]

연결 어미는 그 다음에 오는 어구와 관계를 갖게 하는 기능 유형에 따라 대등적 연결 어미, 종속적 연결 어미, 보조적 연결 어미로 나뉜다. (178)은 대등적 연결 어미이다.

(178)ㄱ. -고: 아히로 훤히 등어리 글키고 내 머리 우흿 빈혀를 바사 ᄇᆞ료리라 〈두초 15.4a〉

ㄴ. -며: 百千萬世예 버워리 아니 ᄃᆞ외며 입내 업스며 혓病 업스며 입病 업스며 니 검디 아니ᄒᆞ며 〈석보 19.6b〉

뎌 부텻 일후믈 고즈기 念ᄒᆞ야 恭敬ᄒᆞ야 供養ᄒᆞᅀᆞᄫᆞ면 당다이 三惡趣예 나디 아니ᄒᆞ리며 〈월석 9.45a〉

ㄷ. -며셔: 朱仁軌 수머 살며셔 어버ᅀᅵ를 효양ᄒᆞ더니 〈번소 8.2a〉

ㄹ. -나: 프른 시내해 비록 비 해 오나 ᄀᆞᄂᆞᆳ 몰애예 볼셔 흘기 적도다 〈두초 7.8a〉

藥王아 곧곧마다 니르거나 닑거나 외오거나 쓰거나 經卷 잇ᄂᆞᆫ ᄯᅡᄒᆞᆫ 다 七寶塔을 셰요ᄃᆡ 〈월석 15.51a〉

---

38) 박병채(1994: 166)에 따라, '려거져'의 '려'는 '녀'의 오기로 본다. 『악장가사』에는 '녀'로 바르게 표기되어 있다.

(178ㄱ)의 '-고'는 두 구절문을 대등하게 연결하는 대표적인 연결 어미로, 앞뒤 구절문에서 서술하는 행동이나 사실 내용을 단순하게 나열하는 기능을 가진다.[39] '-고'에는 보조사 'ㄱ, 도, ᄼᆞ, 셔, 브터' 등을 결합할 수 있다. (178ㄴ)의 '-며'는 동명사 어미 '-ㅁ'과 열거의 의미를 갖는 조사 '-여'가 결합한 형태로, 앞뒤 구절문의 내용이 동시에 진행됨을 나타낸다. 16세기엔 '-먀'로도 많이 나타나나 이 형태는 점차 사라진다. '-며'는 (178ㄴ)에서 보듯이 선어말 어미 '-리-'와 결합이 가능하지만, 이러한 결합은 근대 국어에 들어 사라진다. 보조사 '셔'와 결합하여 (178ㄷ)의 '-며셔'를 이루는데, 의미는 '-며'와 거의 같되 약간의 강조성이 있다. '-며셔'는 19세기에 이르러 '-면서'로 바뀐다. (178ㄹ)의 '-나'는 앞뒤에 오는 구절에서 선택의 뜻을 갖도록 하는 연결 어미이다. '-나'는 '-거-'와 결합하여 좀 더 확인하는 의미를 덧보태어 '-거나 ~ -거나' 형태로 쓰이기도 한다.

'-니'는 종속적 연결 어미이나 아래와 같이 대등적 연결 어미와 같이 쓰인다.

(179) 解ᄒᆞ야도 ᄯᅩ 이 經에 니르로미 어려우니 이젯 經이 決斷ᄒᆞ시니 실로 닐온 根源을 다ᄋᆞ샤미시니 眞實로 能히 精히 通ᄒᆞ면 한 疑心이 自然히 노ᄀᆞ리라 〈원각 2상1.1.10b〉

(179)에서 세 번 나오는 '-니'는 거의 대등적 연결 어미처럼 쓰였는데, 이러한 표현은 중세 국어에서 개화기 초기에 이르기까지 문어에서 문

---

39) '구절문'이라는 용어는, 두 개 이상의 문장이 합하여 하나의 겹문장을 만들 때 겹문장 안에서 하나의 문장 성분으로 기능하는 각각의 내포 문장을 지칭하는 말로 사용한 것이다.(제3장의 '7. 문장의 확대 형성' 부분 참조)

장을 길게 이어 가게 하는 큰 요인이 된다.

중세 국어에서 연결 어미 '-아/어'의 쓰임은 매우 광범위하다.

(180)ㄱ. 鹿皮 옷 니브샤 미친 사롬 ᄀ티 묏고래 수머 겨샤 〈석보 6.4b〉

ㄴ. 또 ᄒ다가 사르미 善知識 맛나 짐즛 달애야 勸ᄒ야 이 陁羅尼經 上中下 三卷을 쓰면 〈관음 8a〉

ㄷ. 우리 가아 推尋ᄒᅀᄫᆞ리이다 ᄒ고 모다 推尋ᄒᅀᄫᅡ 가니 〈석보 3.34b-35a〉

ㄹ. 네 迦毗羅國에 가아 아바닚긔와 아ᄌᆞ마닚긔와 아자바님내ᄭ 다 安否ᄒᆞᆸ고 〈석보 6.1a-b〉

(181)ㄱ. 一間 茅屋도 업사 움 무더 사르시니이다 〈용비 111장〉

ㄴ. 디나건 일로 혜야 ᅙᆞᆰ쳔(一千) 셰존(世尊)이 나싫 둘 아니 〈월인 기9〉

(180ㄱ)의 '니브샤'는 동시 진행되는 내용을 말하는 것이므로 현대 국어로 쓰면 '-고'가 된다. (180ㄴ)의 '달애야 勸ᄒ야'도 서술 내용이 나열되므로 현대 국어에서는 앞서는 동사가 '-고'형을 갖는 것이 더 자연스럽다. (180ㄷ)의 '推尋ᄒᅀᄫᅡ'는 목적을 말하므로 현대 국어에서는 '-러'형을 가질 것이다. (180ㄹ)의 '-아/어'는 시간의 흐름에 따라 기술하는 방식으로, 현대 국어에선 '-어, -어서' 정도로 쓰인다. 앞 구절문의 내용이 시간적으로 앞서고 이어서 뒤의 구절문 내용이 나타나는 것이다. 여기엔 보조사 'ᅀᅡ, 은, 다, 셔, 도' 등이 결합할 수 있다. (181ㄱ)의 '업사'는 원인을, (181ㄴ)의 '혜야'는 기준을 나타내는 것으로, 모두 오늘날에도 같은 '-어'형으로 쓰인다. 이와 같은 '-아/어'의 넓은 쓰임은 근대 국어를 거치며 점차 축소된다. 위의 '-아/어' 용례에서 (180

ㄱ, ㄴ, ㄹ)은 대등적 연결 어미이나 (180ㄷ)과 (181)은 모두 종속적 연결 어미이다.

'-아/어'가 '아/어'형으로 끝나는 어간 아래에서는 생략되면서 어간의 성조를 바꾸기도 한다.

(182)ㄱ. ·城 밧 ·긔 ·나 迦毗羅國 :ㄱ새 ·가 :象 ·이 ·며 ·오시 ·며 瓔
珞 ·이 ·며 뫼 ·호 ·아 優波離 ·를 :다 주 ·고 〈월석 7.3a〉

ㄴ. 나 ·며 ·드로 ·믈 어 ·려 ·비 아 ·니 ·컨마 ·른 그 ·러 ·나 잇
·논 ·싸 ·히 순 ·지 믿고 ·대 잇 ·더 ·니 〈월석 13.26a〉

ㄷ. 그 ·쁴 香 ·니 부텻 精 ·舍 ·애 가 ·니 ·힌 瑠璃 ·구루 ·미 ᄀᆞᆮ
·ᄒᆞ ·야 〈월석 7.30a〉

(182ㄴ, ㄷ)에서 '나-'와 '가-'는 모두 평성이나 (182ㄱ)에서 '나'와 '가'는 모두 '-아'와 결합하여 거성이 되었다.

종속적 연결 어미로는 아래 (183)의 예들을 들 수 있다.[40]

(183)ㄱ. -고도: 오직 절ᄒᆞ기를 ᄒᆞ야 四衆을 머리셔 보고도 쏘 부러 가
절ᄒᆞ고 讚嘆ᄒᆞ야 〈석보 19.30a〉
-아도, -(이)라도: 비록 브를 못 보아도 말ᄉᆞ미 虛티 아니ᄒᆞᆫ 젼
치라 〈원각 서64b〉
石壁에 수몟던 녜 넷 글 아니라도 하ᄅᆞ 쁘들 뉘 모ᄅᆞᄉᆞᄫᆞ리
〈용비 86장〉

---

40) 연결 어미의 의미 기능 체계와 목록은 대개 안병희·이광호(1990)에 따르나, '-게'
나 '-디' 등은 분류를 달리한다.

-오디/오되, -디/되/듸: 置陣이 늄과 다ᄅ샤 아ᅀ보디 나ᅀ아오
니 〈용비 51장〉

張先生이 ᄀᆞᄅᆞ샤디 젹은 아히ᄅᆞᆯ ᄀᆞᄅᆞ치되 몬져 모롬이 안졍
ᄒᆞ고 샹심ᄒᆞ며 공슌ᄒᆞ고 조심케 홀디니 〈소학 5.2b〉

-ㄴ둘: 오라 ᄒᆞᆫ둘 오시리잇가 … 가라 ᄒᆞᆫ둘 가시리잇가 〈용비
69장〉

-ㄹ만뎡: 후에 ᄒᆞᄅᆞ 홀만뎡 닉일ᄉᆡ장 ᄒᆞ소 〈순언 27〉

-건뎡/ㄴ뎡: 녯 聖人냇 보라ᄆᆞᆯ 보미 맛당컨뎡 모디 杜撰을 마
롫 디니 아란다 〈몽산 20a〉

-건마ᄅᆞᆫ/언마ᄂᆞᆫ: 믈 깊고 ᄇᆡ 업건마ᄅᆞᆫ 하ᄂᆞᆯ이 命ᄒᆞ실ᄊᆡ 믈톤
자히 건너시니이다 〈용비 34장〉

ㄴ. -니: 三生 前에 아래 모딘 藥을 두어 ᄂᆞ믹 命을 주기니 이 원
숫 지비 ᄌᆞᆳ간도 앏뒤헤 ᄠᅥ나디 아니ᄒᆞ야 〈관음 10a〉

-매: 患難 하매 便安히 사디 몯ᄒᆞ소라 〈두초 8.43a〉

-ㄴ즉: 體예 卽ᄒᆞᆫ 用이라 번득ᄒᆞᆫ 두 門이오 用애 卽ᄒᆞᆫ즉 體라
훤ᄒᆞᆫ ᄒᆞᆫ 相이라 〈선종 하7b〉

-모로: 字 ᄠᅳᆮ 밧긔 註엣 말을 아오로 드려 사겨시모로 번거코
용잡ᄒᆞᆫ 곧이 이심을 免티 몯ᄒᆞ니 〈소학 범례1a-b〉

ㄷ. -이라: 耶輸는 겨지비라 法을 모ᄅᆞᆯᄊᆡ 〈석보 6.6b〉

-ㄹ씨/ㄹ식: 휭(兄)님을 모ᄅᆞᆯᄊᆡ 발자쵤 바다 남기 ᄲᅦ여 〈월인
기4〉

-거늘/거ᄂᆞᆯ: ᄀᆞᄅᆞ매 ᄇᆡ 업거늘 얼우시고 ᄯᅩ 노기시니 〈용비 20
장〉

-관ᄃᆡ: 엇던 行願을 지ᅀ시관ᄃᆡ 이 相을 得ᄒᆞ시니잇고 〈월석
21.18a〉

ㄹ. -라: 나라홀 아ᅀ 맛디시고 道理 빈호라 나아가샤 〈월석 1.5a〉

ㅁ. -려/랴: 셰계(世界)예 법(法)을 펴려 ᄒ시니 〈월인 기12〉

ㅂ. -뎌: 엳ᄌ보ᄃ 和ᄒ젓 議論이 외니이다 ᄒ야늘 〈삼강 충22a〉

-고뎌/고쟈: 모미 늙고 時節이 바ᄃ라온 저긔 ᄂ출 맛보고져 ᄉ랑ᄒ노니 〈두초 21.7b〉

ㅅ. -면: 俱夷 니ᄅ샤ᄃ 내 願을 아니 從ᄒ면 고즐 몯 어드리라 〈월석 1.12b〉

卽觸ᅵᅡ긔 非身 ᅌ ᅡ 卽身 ᅵᅡ긔 非觸 ᅵ ㅅ 身觸二相 ᅵ 元無處所 ᅵᅵᄂ ㅅ 〈능엄남1 3.13a: 20본〉

(곧 觸이면 身이 아니며 곧 身이면 觸이 아니라, 身과 觸 두 相이 본래 處所가 없는 것이다.)

-ㄴ돈: 世尊하 願ᄒ돈 니르쇼셔 〈석보 13.44b〉

-ㄴ대/-ㄴ디: 燕山君이 詭異ᄒ 힝뎌기라 ᄒ시고 주기신대 아들 舟臣이 … 〈속삼 효32b〉

-ㄴ댄, -건댄: 모도아 니르건댄 無量無邊ᄒ 녜 업던 法을 부톄 다 일웻ᄂ니라 〈석보 13.40a〉

-거돈/거든: 麗 運이 衰ᄒ거든 나라홀 맛ᄃ시릴시 〈용비 6장〉

ㅇ. -라: 잢간 안ᄌ라 ᄂᄂ 가마괴ᄂ 두서 삿기를 더브렛고 〈두초 7.1b〉

-락: 나리 뭇ᄃ록 주류믈 ᄎ마 西로 가락 ᄯ 東으로 오놋다 〈두초 17.19a〉

ㅈ. -고ᄂ/곤: 제 지보예도 스련홀 ᄠ디 업곤 ᄂ믜 거싀 므슴 ᄆ ᄋ 미 이시리오 〈야운 53〉

ㅊ. -ᄃ록/도록: ᄒ 劫이 남ᄃ록 닐어도 몯 다 니르리어니와 〈석보 9.10b〉

452

ㅋ. -다가: 곤이롤 사기다가 이디 몯호야도 오히려 다와기 근호려
니와 〈번소 6.15a〉

ㅌ. -디비: 薄拘羅ㅣ 자내쭌 어디디비 놈 그른쵸믈 아니홀씨 〈석보
24.40a〉

ㅍ. -디옷: 이 하늘둘히 놉디옷 목수미 오라ᄂ니 〈월석 1.37b〉

-ㄹ스록: 사괴ᄂ 뜨든 늘글스록 쏘 親호도다 〈두초 21.15b〉

-엄: 프른 뫼헤 뜨디 다ㅇ디 아니홀ᄉ 니섬 니서 牛頭에 올오
라 〈두초 9.35b〉

ㅎ. -락 -락: 사ᄅ미 ᄃ외락 벌에 즁싱이 ᄃ외락 ㅎ야 長常 주그락
살락 ㅎ야 受苦호믈 輪廻라 ㅎᄂ니라 〈월석 1.12b〉

-나 -나: 오나 가나 다 새지비 兼ㅎ얫도소니 〈두초 7.16b〉

-니 -니: 외니 올ㅎ니 ㅎ야 是非예 ᄣ러디면 了義룰 모ᄅ릴씨
〈남명 상39a〉

-명 -명: ᄌ조 오명 가명 호미 〈초발 자경80a〉

이 말쌈미 이 店 밧긔 나명 들명 다로러 거디러 죠고맛감 삿기
광대 네 마리라 호리라 〈악장 쌍화점〉

위 (183)에서 (ㄱ)은 양보를 나타내는 어미이다. 양보의 어미로는 '-고
도, -아도/어도/라도, -오듸/-우듸, -ㄴ둘, -ㄹ쌴뎡, -ㄹ만뎡, -ㄹ시언
뎡/ㄹ션뎡, -건뎡, -건마ᄅ, -란듸만뎡, -거니와'가 있다. '-오듸'는 16
세기에 들면 '-오/우-'가 탈락한 '-듸'형이 나타나 같이 쓰인다.[41] '-ㄹ
쌴뎡'은 16세기까지만 쓰인다. '-ㄴ뎡'은 '-거-'와 결합한 형태가 일반

---

41) 허웅(1985)에서는 '오/우'가 단순히 탈락한 게 아니라 원순모음화에 의해 '듸>되'에
흔적을 남기고 사라지는 '-오듸>-오되>-되'의 변화를 겪은 것으로 보았다.

적인데, '-ㄴ뎡'은 19세기까지 이어진다. '-란딕만뎡'은 15세기에만 쓰이고, '-ㄹ시언뎡'은 17세기까지 계속된다.

(ㄴ)은 원인을 나타낸다. 원인을 나타내는 대표적인 어미에는 '-니, -매'가 있으며, '-ㄴ모로'는 16세기부터 보이며, '-ㄴ즉'도 16세기 이후에 쓰임이 크게 늘어난다. 이유를 말하는 어미로는 (ㄷ)의 '-(이)라'와 '-거늘/거늘, -ㄹ씨/ㄹ시, -관딕/관대' 등이 있다. '-관딕'는 의문문에 쓰이며 '-ㄹ씨/ㄹ시'는 평서문에 쓰이는데, 전자는 19세기까지, 후자는 20세기 초까지 나타난다.

(ㄹ)의 '-라'는 목적을, (ㅁ)의 '-려'는 의향의 뜻을 갖는다. (ㅂ)의 '-져, -고져'는 원망(願望)을 나타내는데, 16세기에는 '-고쟈'도 나타난다. 같은 의미 기능을 갖는 어미로는 '-게, -드록, -아져, -과뎌/과뎌여/과드녀, -긧고/겟고, -오려고' 등이 더 있다. '-라'는 후행절의 서술어로 '가다, 오다'류와 공기하며, '-려'는 항상 인칭법 '-오-'와의 결합형으로 나타난다. '-겟고'는 15세기까지, '-과뎌'는 19세기까지 유지된다.

(ㅅ)은 조건을 나타내는 어미로, 이와 같은 기능을 하는 어미들로는 '-면, -ㄴ딘/ㄴ댄, -ㄹ뎬, -거든/거든, -더든, -ㄴ대/ㄴ데/ㄴ딕, -란딕' 등이 있다. '-면'은 음독 구결에서 비로소 등장한다. 고려 시대 이두나 석독 구결에서 조건을 나타내는 연결 어미로는 '去等, ㅊ시(-거든) 등을 썼다. '-ㄴ딘, -ㄹ뎬'은 15세기, '-ㄴ댄'은 19세기, '-란딕'는 16세기까지 쓰인다. '-ㄴ대'는 19세기에는 '-ㄴ데'로, 현대 국어에는 동사에서 '-는데'로 바뀐다.

(ㅇ)의 '-라'는 동작이 연속됨을 나타내는데, '-아, -ㄴ다마다, -락' 등도 비슷한 뜻을 갖는다. (ㅈ)의 '-곤/고는'은 전제를 나타내는데, 19세기까지 쓰인다. (ㅊ)의 '-드록'은 한도(限度)를 나타내는데, 15세기에 간혹 보이던 '-도록'형이 16세기에는 일반화한다. (ㅋ)의 '-다가'는 앞

문장의 내용에서 전환을 이루는 기능을 한다. (ㅌ)의 '-디뷩'는 부정의 내용을 전제하고 그에 앞서 긍정의 대상을 강조하는 기능을 하는 어미로, 'ㅸ'가 소실하면서 '-디워/디외/디웨' 등으로 변화하여 17세기까지 쓰이다. '디>지' 변화를 겪으며 오늘날 연결 어미 '-지' 용법으로 이어진다. (ㅍ)의 '-디옷'이나 '-ㄹㅅ록, -엄'은 모두 '정도의 더해감'을 뜻한다. '-엄'은 15세기까지, '-디옷'은 16세기까지만 쓰인다. (ㅎ)의 '-락 -락'과 '-나 -나, -니 -니, -명 -명'은 나열이나 선택성 반복을 나타낸다. 이러한 구문에서 현대 국어는 선행어와 후행어가 상반되거나 대조적인 뜻을 가진 용언이 오지만, 근대 국어까지는 이에 구애되지 않는다. (ㅎ)의 'ᄃᆞ외락 … ᄃᆞ외락'에서는 동사구가 서로 대치되지만 반복되는 말은 같으며, '주그락 살락'에서는 상반되는 뜻과 말이 이웃하여 있다.

이상에서 보인 연결 어미들 가운데 사라진 시기를 언급하지 않은 것은 현대 국어에서도 사용되는 어미인데, 다만 시기에 따라 형태 변화를 조금씩 겪는 것들이 많다. 위의 연결 어미는 높임법 선어말 어미와 결합하는 데에는 별다른 제약이 없으나 시제 선어말 어미와의 결합에는 제약이 많다. 시제 선어말 어미와 모두 결합이 가능한 연결 어미는 '-니' 정도이다. '-ᄂᆞ-'는 '-니, -ㄴ디' 등 극히 일부의 어미와만 결합하고, '-더-'는 '-니, -ㄴ댄, -든' 등과 잘 결합하며, '-리-'는 '-고, -고도, -곤, -관ᄃᆡ, -나, -거늘, -니, -니와, -ㄴ대, -ㄴ댄, -ㄴ마른, -ᄃᆡ, -든, -ㄹ씨' 등과 결합할 수 있다. 반면에 '-거늘, -거든, -고져, -ᄃᆞ록, -다가, -디옷, -라, -면, -오려, -아/어, -엄, -ㄴ대, -ㄴ들, -ㄹ수록, -ㄹ씨' 등은 어떠한 시제 선어말 어미와도 결합하지 않는다.

연결 어미들은 문맥에 따라 파생 의미 기능을 가지는 일이 많다. 중세 국어에서부터 근대 국어를 거쳐 개화기 시대의 문헌에서도 매우 많이 출현하는 '-니'는 그와 같은 대표적인 연결 어미이다. '-니'는 중고 국어 이전에는 용례가 매우 드물지만 음독 구결부터는 많이 나타나, 중세 국어에서 멀지 않은 이전 시기에 발달하였음을 알 수 있다.

(184)ㄱ. 方華卽果ソス 處染常淨ソㅌ 此ㄱ 蓮之實相也ケ 〈법화 1.3a: 2-3b: 1〉
(꽃은 열매를 맺고 처한 곳이 더러워져도 항상 깨끗하니, 이는 연꽃의 실상이고)

ㄴ. 利根ㄱ 一聞千悟ソㅌㅏ 中下ㄱ 多聞少悟故ス 至於第三第四時ソ3氵 乃獲益也、〈법화소2 3.42a: 3해〉
(利根은 하나를 들어도 천을 알거니와 中下는 많이 들어도 적게 깨닫는 까닭에, 세 번째, 네 번째에 이르러서야 비로소 이익을 얻을 수 있다.)

ㄷ. 凡經3 序衆丶 皆隨緣 起ソㅌㅌ 此經ㄱ 以阿難ス 起教ソㅅ 〈능엄남1 1.6a: 4해〉
(무릇 經에서는 처음에 大衆이 모두 인연에 따라 일어나니, 이 經은 阿難으로 하여금 가르침을 일으키시되)

(185)ㄱ. 長者ㅣ 닐굽 아ᄃᆞ리러니 여슷 아ᄃᆞᆯ란 ᄒᆞ마 갓 얼이고 〈석보 6.13b〉

ㄴ. 그듸와 다ᄆᆞᆺᄒᆞ야 西康州예 ᄡᅡ홀 避ᄒᆞ요니 洞庭에 서르 맛보니 열두 ᄒᆡ로다 〈두초 23.46b〉

ㄷ. 赤島 안햇 움흘 至今에 보ᅀᆞᆸᄂᆞ니 王業艱難이 이러ᄒᆞ시니 〈용비 5장〉

ㄹ. 가다니 ᄇᆡ브른 도긔 설진 강수를 비조라 〈악장, 청산별곡〉

ㅁ. 佛은 알 씨니 나 알오 ᄂᆞᆷ조쳐 알욀 씨니 부텨를 佛이시다 ᄒᆞᄂᆞ니라 〈월석 1.8b〉

ㅂ. 如來를 念ᄒ야 一日一夜를 디내니 忽然히 보니 제 모미 ᄒ 바
ᄅᆞᆺ ᄀᆞ쇄 다ᄃᆞᄅᆞ니 그 므리 솟글코 〈월석 21.23a〉

음독 구결문 (184)에서는 'ᄂᆡ(ᄒ니) 외에 'ᄂ바(ᄒ니와:하거니와)나 'ᄂ비(ᄒ니니:한 것이니) 형태까지 볼 수 있다. (185ㄱ)의 '아ᄃᆞ리러니'는 '아들이었는데' 정도로 해석되어, '-니'는 종속적 연결 어미이지만 설명을 계속해 나가기 위해 일단 문장을 맺는 대등적 연결 어미에 가깝다. 중세 국어에서 '-러니/더니/다니'는 선어말 어미 '-더-'와 어미 '-니'의 결합이지만, 근대 국어에 들어서는 서술 내용을 전환하는 기능의 어미 '-더니'로 구조화한다.[42] (185ㄴ)에서 '避ᄒ요니'와 '맛보니'도 (185ㄱ)처럼 해석되는, 대등적 성격을 가진 종속적 연결 어미이다. (185ㄷ)의 '보ᄉᆞᆸᄂᆞ니'에서 '-니'는 조건을 말하고, (185ㄹ)의 '가다니'에서 '-니'는 상황성을 나타내며, (185ㅁ)의 '씨니'는 이유를 말한다. 현대 국어와 달리 (185ㄷ)에선 '-니' 앞에 시제 형태소(현재 시제) '-ᄂᆞ-'가 왔다. (185ㅁ)에는 '-니'가 두 번 나오고 (185ㅂ)에서는 세 번 나오는데, 대체로 설명을 이어 나가는 구절 문장을 맺는 연결 어미 기능을 한다. (185ㄱ, ㄴ, ㄹ, ㅁ)과 같은 방식으로 '-니'에 의해 계속 접속되는 복합문이, 개화기 시기까지 문어체로 널리 쓰어 왔다.

보조적 연결 어미는 (186)에서 볼 수 있다.

---

42) 아래의 (i)에서도 '-더니'는 (185ㄱ)의 용법으로 보인다.
  (i) 大勳이 이릭시릴씨 人心이 몯ᄌᆞᆸ더니 禮士溫言ᄒ샤 人心이 굳ᄌᆞᄫᆞ니 〈용비 66장〉
  이 예문에서 '몯ᄌᆞᆸ더니'는 내용의 정도가 더해지는 뒷문장을 위해 전제적 서술을 담당한다.

(186)ㄱ. -아/어: 虛空애셔 닐오디 이제 부톄 나아 겨시니라 ᄒᆞ야ᄂᆞᆯ 〈석
보 6.12b〉

王이 듣고 깃거 그 나모 미틔 가 누늘 長常 쓸아 잇더라 〈석보
24.42b〉

ㄴ. -게/긔: 사름마다 ᄒᆡᅇᅧ 수ᄫᅵ 니겨 날로 ᄡᅮ메 便安킈 ᄒᆞ고져 훓
ᄯᆞᄅᆞ미니라 〈훈민 3b〉

鎭我 億劫ᄒᆞᄂᆞᆫ 顚倒想ᄡᆞᆯ 不歷僧祇ᄒᆞᄫᅡᆼ 獲法身ᄒᆞ시ᄂᆞᆫ그ᅵᅵ 〈능엄남1
3.26a: 3본〉

(나의 億劫의 잘못된 생각을 없애시어 阿僧祇劫을 거치지 않고
서 法身을 얻게 하셨습니다.)

ㄷ. -디, -둘: 王師ㅣ 東郡 아ᅀᆞ물 알외디 몯ᄒᆞ야시니 〈두초 7.3b〉

나ᄂᆞᆫ 난 後로 ᄂᆞᆷ 더브러 ᄃᆞ토둘 아니ᄒᆞ노이다 〈석보 11.34b〉

ㄹ. -고: 어느이다 노코시라 〈악학, 정읍사〉

ㅁ. -져, -고쟈/고져: 칢(七) 년(年)을 믈리져 ᄒᆞ야 츒가(出家)ᄅᆞᆯ 거
스니 〈월인 기176〉

或 겁틱ᄒᆞ야 잡아가고쟈 ᄒᆞ거든 〈소학 6.18a〉

쐬ᄅᆞᆯ 쐬요니 미츄미 나 ᄀᆞ장 우르고져 식브니 〈두초 10.28b〉

ㅂ. -려: 金 ᄇᆞᅀᆞ락이 비록 져그나 누늘 ᄀᆞ리디 아니ᄒᆞ려 ᄒᆞ니라
〈금삼 1.20a〉

ㅅ. -은가/ᄋᆞᆯ가: 하 貴ᄒᆞ실ᄊᆡ 하ᄂᆞᆯ로셔 나신가 식브건마ᄅᆞᆫ 그리 아
니라 〈월석 4.33b〉

(186)과 같이 쓰인 본용언의 보조적 연결 어미는 보조 용언의 앞에 놓
인다. '-게'는 '-긔'와 수의적으로 교체되고 서술격 조사와 'y'음 그리고
'ㄹ' 아래에서는 '-에/-의'가 되는데, 음독 구결에서는 (186ㄴ)에서처럼

458

'ㅿ'(-거)로 나타난다. '-고'는 후대에 비해 쓰이는 분포와 빈도가 적다. (186ㄱ)의 '쌀아 잇더라'에서 진행을 의미하는 '-아'도 근대 국어에 가면 '-고'로 바뀐다.

[전성 어미]

전성 어미에는 명사형, 관형사형, 부사형이 있다.

아래의 (187)에서는 명사형 용례를 보인다.

(187)ㄱ. 義 세샤미 너붐과 져고미 겨시며 〈원각 서6b〉

　　　ㄴ. 舍衛國 大臣 須達이 가ᅀᆞ며러 쳔랴이 그지 업고 布施ᄒᆞ기를 즐겨 〈석보 6.13a〉

　　　어듸 쓴 샹급ᄒᆞ시기를 ᄇᆞ라리잇가 〈번박 상60a〉

　　　ㄷ. ᄆᆞ술히 멀면 乞食ᄒᆞ디 어렵고 하 갓가ᄫᆞ면 조티 몯ᄒᆞ리니 〈석보 6.23b〉

　　　먹둘 슬히 너기니 〈월석 17.21a〉

　　　ㄹ. 緣을 조ᄎᆞ며 感애 브트샤미 두루 아니홇 아니ᄒᆞ시나 〈금삼 5.10b〉

(187ㄱ)에서 '셰샴, 너붐, 져곰'은 명사형 전성 어미 '-옴/움'과의 결합형이다. '-옴'은 음성 모음 아래에서 '-움'으로 교체되며, 서술격 조사 아래에서는 '-롬'이 되고, '-시-'와 만나면 '-샴-'이 된다. '-옴/움'은 중세 국어에서 매우 활발한 명사형 어미로, 당시에 쓰인 명사형은 거의가 이 형태이다. 15세기까지 명사형 '-옴/움'은 명사 파생 접미사 '-음/음'과 형태가 뚜렷이 구별되었으나, 16세기 이후 명사형에서도 '-오/우-'가 탈락한 예외가 생기면서 근대 국어에 들어서는 이 둘 사이에

형태상 변별이 거의 무너진다.

(187ㄴ)의 '布施ᄒ기'에서 '-기'도 명사형 어미이다. 그런데 '샹급ᄒ시기'에서는 '-기' 앞에 높임법 '-시-'가 보인다. 이처럼 '-기' 앞에 선어말 어미가 오는 예는 16세기부터 조금씩 보이다가 17세기 이후에 좀 더 일반화한다. '-기'는 파생 접미사로 시작하여 점차 명사형 어미로 그 기능을 넓혀 온 것으로 보이는데, 명사형의 용법이 활발해지면서 선어말 어미와의 결합형도 나타나는 것으로 해석된다. 음독 구결에서는 아직 발견되지 않는 '-기'형 명사화가 15세기 중세 국어에서는 주로 타동사에서 조금 나타나다가 근대 국어에 가서는 전면적으로 확대된다.

(187ㄷ) '乞食ᄒ디'에서의 '-디'는 부정 표현문 외에서는 느낌을 나타내는 형용사 '둏다, 슬ᄒ다(/슬히 너기다), 어렵다' 앞에서만 보이는 명사형이다. 이 형태는 16세기에 용례가 줄어들다가 근대 국어에선 대부분 '-기'에 흡수된다. '먹들'에서 '-들'은 명사형 '-디'에 목적격 조사 'ㄹ'가 결합한 형태이다. (187ㄹ) '아니홇'에서의 '-ㅭ'는 관형사형의 어미이지만 전성 명사로 기능하는 것인데, 당시에 출현이 매우 제한적이어서 이전 시대에서 쓰이던 명사화 용법의 잔재라고 할 만하다.[43]

이와 같이 관형사형 형태 가운데 명사적 기능을 하는 표현들을 아래에 더 들어 본다.

(188)ㄱ. 너펴 돕ᄉ오미 다ᄋᆞᆺ 업서 〈법화 서18a〉

---

43) 이러한 '-ㄴ'과 '-ㄹ'을 단순히 관형사형이 명사적으로 쓰이는 일이 있다고 보거나 (고영근 1997), 이들 관형사형 다음에 명사가 생략된 것으로 보는 견해(허웅 1975) 도 있다. 이들이 중세 국어 당시의 공시적인 해석으로는 관형사형이지만, 통시적인 문법사 기술에서는 이전 시대에 쓰인 명사형으로서의 용법이 아직 일부에 남아 있는 것으로 보는 해석이 타당할 것이다.

ㄴ. 일즉 글월 앗고 ᄆᆞᅀᆞ매 서늘히 너기디 아니홀 아니ᄒᆞ노라 〈내
훈 서6a〉

(189)ㄱ. 믌 가온ᄃᆡ 곳니플 잇ᄂᆞᆫ 조초 노코 〈능엄 7.12a〉

ㄴ. 虞芮 質成ᄒᆞᄂᆞ로 方國이 해 모ᄃᆞ나 至德이실ᄊᆡ 獨夫受ㄹ 셤기
시니 / 威化 振旅ᄒᆞ시ᄂᆞ로 興望이 다 몯ᄌᆞᄫᆞ나 至忠이실ᄊᆡ 中
興主를 셰시니 〈용비 11장〉

(188)에서 관형사형 '다ᇰᆯ'과 '아니홀'이 명사적인 기능을 하며, (189)
에서도 관형사형 '잇ᄂᆞᆫ'과 '質成ᄒᆞᄂᆞ로, 振旅ᄒᆞ시ᄂᆞ로'가 역시 명사적
으로 쓰였다. 원래 명사형 '-은, -을, -음' 가운데 명사형으로 쓰이는
'-음' 외에 이미 관형사형으로 기능이 변화한 '-은'과 '-을'형이 이전 시
기 용법의 화석화한 흔적을 일부에서 보이는 것으로 추정된다. 따라
서 (188), (189)와 같은 용법은 당시로서도 생산적이지 못하여 일부의
용언('다ᄋᆞ-, 아니ᄒᆞ-, 니르-, ᄒᆞ-' 등)에서만 나타나고, 근대 국어에 들면
서 사라지게 되었다.

음독 구결에서 명사형 어미는 '-옴/움'과 '-은, -을'이 모두 널리 쓰
인다.

(190)ㄱ. 充足世間丿禾 如雨ㆍ 普潤刂ㅌㆍㅣ 〈법화소3 3.11b: 4본〉

(世間을 만족시키는 것이 비가 (세상을) 널리 적시는 듯하여)

頗ㅣ 猶可也ㆍ 引衆以問ㆍㅣㅅ勿ㄱ 決不能也ㆍㅌ 〈능엄남1 1.11b:
15해〉

(頗는 可와 같다. 大衆을 끌어들여 물으시는 것은 결단코 불가
능하다는 것이다.)

ㄴ. 如去泥純水ㅈㄱㅡ十 一任攪淘ㅅ 無復汨濁ㅗㅌㆍㅌ 乃可爲因地心也

ㅂㅅ 〈능엄소 4.13b: 15해〉

(마치 진흙을 없애 깨끗하게 되었을 때에, 어지러운 흐름에 맡겨
도 다시 흐려지는 일이 없는 듯하니 곧 因地心이라 할 수 있다.)

佛言 汝稱覺明ㅣ 爲復性明ㆍㄱㄴ 稱名爲覺ㄲ〈능엄939 4.3a: 4본〉

(부처께서 말씀하시기를, "네가 말한 깨달음은 다시 성품이 밝은
것을 깨달음이라 이름한 것인가?)

ㄷ. 反觀幻身ㅣ 起滅 無從ㆍㄱ㡹ㆍ솗 獲本妙心ㅣ 常住不滅ㆍㄴㆍㄷㅂ 第二
大科ㅣ 文終於此ㆍㄴㅅ〈능엄남1 3.15a: 20해〉

(幻身이 일어나고 멸하는 것이 비롯한 바 없음을 돌이켜 보시어
본래의 妙心이 항상 머물고 멸하지 않음을 얻으시니, 第二
大科가 文이 여기에서 끝난다.)

此ㅣ 由善現行ㆍ 充擴 圓融也ㆍㄴㅅ〈능엄가 8.33a: 5해〉

(이는 잘 나타나는 行으로 말미암아 확충되고 원만하게 되는 것
이다.)

(190ㄱ)의 '充足世間ノㅊ'에서 '호미'(ノㅊ)는 어간 'ㅎ-'에 명사형 '-옴'과
주격 조사 '이'가 결합하였으며, '引衆以問ㆍㅅㆎㄱ'에서 'ㅎ샤ᄆᆫ'(ㆍㅅㆎㄱ)
은 'ㅎ-'에 높임 선어말 어미 '-시-'와 명사형 '-옴'과 보조사 '은'이 결합
한 것이다. (190ㄴ)의 '如去泥純水ㅈㄱㆍㆎ'에서 'ㅈㄱㆍㆎ((ㅎ)논여긔)는 명
사형 'ㄱ(-은)에 처소격 조사 'ㆍㆎ'(여긔)가, '爲復性明ㆍㄱㄴ'에서 'ㆍㄱㄴ(ㅎ
ᄂᆞᆯ)은 명사형 'ㄱ(-은)에 목적격 조사 'ㄴ'(ᄋᆞᆯ)이 결합한 것이다. (190ㄷ)의
'常住不滅ㆍㄴㆍㄷㅂ'의 'ㆍㄴㆍㄷㅂ(ᄒᆞᆯ호시니)에서는 명사형 'ㆍㄴ'(ᄒᆞᆯ)로 이끌
리는 내포절이 상위절 서술어 'ㆍㄷㅂ'(ᄒᆞ시니)의 목적어가 된다. '圓融也
ㆍㄴㆍㅅ(ᄒᆞᆯ이라)는 명사형 'ㆍㄴ'(ᄒᆞᆯ) 아래에 'ㆍㅅ'(이라)라는 서술격 조사가
결합한 것이다.

(191)ㄱ. 福과 智慧와 닷ᄀᆞᆫ 사ᄅᆞᆷ들히 다 ᄒᆞ마 佛道ᄅᆞᆯ 일우며 〈석보 13.50b〉

　ㄴ. 雙闕에 갈 駿馬 머믈우믈 일호니 五湖애 그려기 도라오ᄂᆞᆫ 보미 로다 〈두초 20.41a〉

　ㄷ. 네 得혼 거슨 滅이 아니니 〈법화 3.198b〉

(192)ㄱ. 諸大變化ﾉﾌﾋﾀ 觀音形像ﾄ 兼金剛藏ﾉﾚﾋﾀﾝ 安其左右ﾛ 〈능엄759 7.8a: 2본〉

　(여러 가지로 크게 변화하시는 觀音形像과 兼金剛藏은 그 左右 에 모시고)

　ㄴ. 汝 言相類ﾉﾉﾇﾀ 是義ﾉ 不然ﾉﾌﾋﾉﾒ 〈능엄남1 1.22b: 27본〉

　(네가 서로 비슷하다고 말하는 그 뜻이 (실은) 그렇지 않다.)

(191)은 관형사형 용례이다. (191ㄱ)에서 '닷ᄀᆞᆫ'은 동사 '닭-'에 관형사 형 어미 '-ᄋᆞᆫ'이 결합한 형태이고, (191ㄴ)에서 '갈, 도라오ᄂᆞᆫ'은 각각 동 사 '가-, 도라오-'에 관형사형 어미 '-ᄋᆞᆯ, -ᄂᆞᆫ'이 결합한 형태이다. 여기 에서 '-ᄋᆞᆫ'은 과거 시제이고, '-ᄋᆞᆯ'은 미래 시제, '-ᄂᆞᆫ'은 현재 시제의 성 격을 갖는다. 이때 관형사형 동사의 꾸밈을 받는 명사가 그 동사의 의 미상 목적어나 부사어이면 관형사형에 '-오-'가 선행한다. (191ㄷ)에선 '得혼'의 꾸밈을 받는 '것'이 '得혼'의 의미상 목적어이므로 '-오-'가 결 합하였다. 이러한 용법은 음독 구결에서도 나타나 꾸밈을 받는 '觀音 形像'이 관형어의 주어인 (192ㄱ)에선 '-ᄂᆞᆫ-'이 오고, 꾸밈을 받는 '是義' 가 관형어의 목적어인 (192ㄴ)에선 '-논-'이 왔다. 관형사형 어미 '-온, -논, -올'형도 16세기 이후에는 '-오-'가 탈락한 형태가 나타나기 시작 하고, 근대 국어에선 일반적인 관형사형 '-은, -는, -을'과의 변별성을 잃게 된다.

'-은' 앞에는 '-더-'를 포함한 다양한 선어말 어미가 올 수 있지만, 현재나 미래 시제를 나타내는 '-는'이나 '-을' 앞에는 과거 회상의 성격을 가진 '-더-'가 올 수 없다.

(193)ㄱ. 向公이 피 나게 우러 行殿에 쓰리고 〈두초 25.47b〉

　　　ㄴ. 더욱 셰샹ᄒ도록 더욱 됴ᄒ니라 〈번박 상17a〉

　　　ㄷ. 피 나ᄃ시 우룸을 三年을 ᄒ야 〈소학 4.23a〉

　　　ㄹ. 그 뫼히 ᄒ 것도 업시 믈어디거늘 〈석보 6.31b〉

(193)에는 부사형 어미가 있다. (193ㄱ)의 '나게'에서 '-게/긔/에'는 뒤에 오는 동사 '우러'를 꾸미는 기능을 하는 부사형 전성 어미이다.[44] 이는 보조 용언 앞에 오는 (193ㄴ)의 보조적 연결 어미 '-게'와 기능을 달리한다고 보는 것이다. (193ㄴ)의 '-ᄃ록/도록'도 다음에 오는 동사를 꾸미는 부사어 기능을 하게 하는 부사형 어미이다. (193ㄷ)처럼 '-ᄃ시/듯/ᄃ시/드시'도 부사형 전성 어미 기능을 할 때가 있다. 이는 (193ㄹ)의 '업시'(없-+-이)에서 '-이'도 마찬가지이다. 음독 구결 문헌에는 'ᄒ-' 앞에 오는 보조적 연결 어미 '-게'(-ㅊ〮 〮〮) 외에 부사적 용법의 '-게'나 '-이'가 보이지 않으나, 부사화 'ㅊ(-거)의 용법은 이미 고대 국어에서부터 있었으므로 중세 국어는 이를 계승한다고 보아야 할 것이다.

---

44) 부사형 전성 어미를 설정하지 않는 견해도 있으나, 관형사형을 전성 어미로 본다면 연결 어미가 아닌 전성 어미로서의 부사형 어미를 갖추는 것이 좀 더 체계적이다.

3.2.6 용언 활용에서의 형태 교체

[어간 형태의 교체]

용언의 활용에는 형태상 규칙적인 활용이 있고 불규칙적인 활용이 있다. 규칙적인 활용에서도 일정한 음운 조건에서는 아래와 같이 어간 형태가 자동적으로 교체되는 현상이 나타난다.

(194)ㄱ. 긏다(斷): 긋고, 긋게, 그츠니, 그처, 그츤, 그춤

　　ㄴ. 깊다(深): 깁고, 깁게, 기프니, 기퍼, 기픈, 기품

　　ㄷ. 없다(無): 업고, 업게, 업스니, 업서, 업슨, 업숨

(195) 몱다(淸): 몱고, 몱게, 물ᄀ니, 물가, 물ᄀ, 물곰

동사와 형용사의 활용에서 어간 말음절이 여덟 개 종성 이외의 자음으로 끝나면, 자음으로 시작하는 어미 앞에서 대체로 8종성으로 교체 발음되며 이러한 교체음이 그대로 표기된다. 그러나 (195)에서 '몱-'은 겹자음을 유지하고 있다. 이처럼 'ㄺ'와 'ㄼ'는 활용에서 형태에 교체가 안 일어난다. (195)와 같은 교체 현상은 체언과 조사와의 결합에서도 나타난다.

(196)ㄱ. 다ᄋ다(盡): 다ᄋ고, 다ᄋ라, 다아, 다온, 다옴, 다ᄋᇙ

　　ㄴ. ᄒᆞ다(爲): ᄒᆞ고, ᄒᆞ라, ᄒᆞ야, 혼/ᄒᆞ욘, 홈/ᄒᆞ욤

　　ㄷ. 다ᄅ다(異): 다ᄅ고, 다ᄅ니, 달아, 달온, 달옴

　　ㄹ. 브르다(歌, 呼): 브르고, 브르라, 블러, 브론, 블룸

　　ㅁ. 비ᅀᅳ다(飾): 비ᅀᅳ고, 비ᅀᅳ라, 빗어, 비슨, 빗옴

(196)에서 어간 말음이 '으/으' 형으로 끝나는 용언은, 활용할 때 연결 어미 '-아/어'나 선어말 어미 '-오/우-' 앞에서 어간의 끝모음이 탈락한다. (196ㄱ)에서 '다으'는 '다으-+-아'로 자동 교체를 보인다. 그러나 (196ㄴ)의 'ㅎ-'만은 모음으로 시작하는 어미 앞에서 반모음 'y'가 삽입되는데, 선어말 어미 '-오-' 앞에서는 '·'가 탈락하기도 한다. 어간이 '으/르'로 끝나는 용언은 두 가지 형태를 갖는다. (196ㄷ)에서는 '·/ㅡ'가 탈락하고, (196ㄹ)에서는 '·/ㅡ'가 탈락하면서 'ㄹ'가 덧난다. 이러한 음운 현상은 부사 파생 형태에서도 나타나, '다르다'는 '달이'가 되고 '샌르다'는 '샐리'가 된다. (196ㄷ)과 같은 교체 현상을 보이는 용언에는 이 밖에도 '게으르다(怠), 고르다(均), 그르다(誤), 기르다(養), 니르다(謂), 두르다(旋), 므르다(裁), 바르다(直), 오르다(上)' 등이 있고, (196ㄹ)과 같은 교체를 보이는 용언에는 '누르다(鎭), 므르다(乾), 모르다(迷), 므르다(退), ㅂ르다(糊), 브르다(呼), 샌르다(速), 흐르다(流)' 등이 있다. 어간이 '△/스'로 끝나는 용언도 (196ㅁ)에서와 같이 '·/ㅡ'가 탈락하면서 'ㅇ'가 삽입된다. '그스다(牽), ㅂ△다(碎), 수스다(喧)'도 (196ㅁ)과 같은 교체를 한다. (196ㄷ)의 '다르-/달ㅇ-'류 용언의 교체 형태는 16세기 후반에 (196ㄹ) 방식으로 합류하며, (196ㅁ)의 '비스-/빗ㅇ-'와 같은 교체는 15세기에서도 예외가 보이더니 16세기 들어서는 거의 없어져 간다. (196ㄷ~ㅁ)에서 보이는 용언 형태의 교체 현상은 체언과 조사의 결합에서 나타나는 형태 교체와 공통되는 양상을 보이는 것이다.

(197)ㄱ. 갈다(磨): 갈고, 가니, 가디, 가는, 간, 갈, 가르시고

ㄴ. 닫다(閉): 닫고, 다드니, 단는, 다든, 다닛니라

(197ㄱ)의 ㄹ탈락 현상은 현대 국어에서도 일어나지만, 중세 국어에서

는 오늘날과 달리 'ㄷ' 앞에서 'ㄹ'가 떨어지며, 높임 선어말 어미로는 '-ᄋ시-'가 결합하여 그 앞에서 'ㄹ'가 유지된다. (197ㄴ)에서 'ㄷ'가 'ㄴ'로 적히는 것은 뒤에 오는 'ㄴ'에 의해 동화를 입은 결과인데, 이것이 표기에 반영되어 '단ᄂ' 혹은 아주 드물게 '다ᄂᄂ니라'도 나타난다.

중세 국어에서도 어미 활용 때에 어간이나 어미가 비자동적으로 바뀌는 불규칙 활용이 있다.

> (198)ㄱ. 벗다(脫): 벗고, 벗ᄂ, 벗디, 버서, 버스니
>
> ㄴ. 짓다(作): 짓고, 짓ᄂ, 짓디, 지서, 지스니

(198ㄱ)은 규칙적인 활용 형태를 보이지만, (198ㄴ)은 모음으로 시작하는 어미 앞에서 'ㅅ>ㅿ' 변동이 일어난다. (198ㄱ)과 같은 규칙 용언엔 '밧다(脫), 빗다(梳), 솟다(湧), 싯다(洗)' 등이 있고, (198ㄴ)과 같은 ㅅ불규칙 용언엔 '낫다(進), 닛다(續), 둣다(戀), 웃다(笑), 젓다(搖), 줏다(拾)' 등이 있다. ㅅ불규칙 용언은 /ㅿ/음이 소실되면서 'ㅅ>ㅿ>ㅇ'의 변화를 겪는다.

> (199)ㄱ. 곱다(曲): 곱고, 곱디, 고바, 고브니, 고봄
>
> ㄴ. 곱다(麗): 곱고, 곱디, 고ᄫᅡ/고와, 고ᄫᅳ니/고오니, 고봄/고옴
>
> ㄷ. 굷다(竝): 굷고, 굷디, 굴ᄫᅡ/굴와, 굴ᄫᅳ니/굴와니, 굴봄/굴옴

(199ㄱ)의 '곱다'는 규칙적인 활용 형태를 갖지만, (199ㄴ)의 '곱다'는 ㅂ불규칙 활용을 한다. 'ㅂ'로 끝나는 겹자음을 가진 (199ㄷ)도 ㅂ불규칙 용언들이다. 'ㅂ>ㅸ'의 변동 표기는 훈민정음 초기에만 나타나고, 이후에는 'ㅂ>ㅗ/ㅜ'로 바뀐다. (199ㄱ)과 같은 규칙 활용 용언으로는

'굽다(屈), 넙다(廣), 닙다(被), 잡다(執), 좁다(狹)' 등이 있고, (199ㄴ) 같은 ㅂ불규칙 용언에는 '갓갑다(近), 굽다(炙), 눕다(臥), 덥다(熱), 돕다(援), 쉽다(易), 어렵다(難), 입다(迷), 칩다(寒)' 등이 있으며, (199ㄷ)과 같은 ㅂ불규칙 용언에는 '쇪다(難), 떫다(澁), 붋다(踏), 솗다(說), 셟다(慟), 엷다(薄)' 등이 있다.

> (200)ㄱ. 믿다(信): 믿고, 믿디, 미더, 미드며, 미든, 미둠/미둗
>
> ㄴ. 걷다(步): 걷고, 걷디, 거러, 거르며, 거른, 거룸

(200ㄱ)은 규칙 활용 용언이고 (200ㄴ)은 'ㄷ>ㄹ'의 변동을 겪는 ㄷ불규칙 용언이다. 규칙 용언에는 '갇다(收), 굳다(堅), 돋다(出), 얻다(得)' 등이 있고, ㄷ불규칙 용언에는 '긷다(汲) 씨돋다(覺), 돋다(走), 다돋다(到), 듣다(聞), 업듣다(倒), 일쿧다(稱), 흗다(散)' 등이 있다.

> (201)ㄱ. 시므다/심ㄱ다(植): 시므고, 시므ᄂᆞᆫ, 시므디, 심거, 심군
>
> ㄴ. 니를다/니르다(至): 니르러, 니르롬, 니를오/니르고, 니르르시니/니르시니, 니를에/니르게
>
> (202)ㄱ. 녀다(行): 녀고, 녀ᄂᆞᆫ, 녀시니, 니거늘, 니거다
>
> ㄴ. 겨시다(在): 겨시고, 겨시ᄂᆞᆫ, 겨쇼셔
>
> (203)ㄱ. 이시다/잇다(在): 잇고, 잇ᄂᆞᆫ, 잇더니, 이셔, 이시며, 이슈
>
> ㄴ. ᄀᆞ마니 슈믈 堅固히 ᄒᆞ야 마디 아니ᄒᆞ야 〈능엄 8.130b〉
>
> ㄷ. ᄀᆞ마니 이슈미 업거니 뉘 搖動이 ᄃᆞ외리잇고 〈능엄 1.111a〉

(201ㄱ)은 자음 어미 앞에서는 '시므-', 모음 어미 앞에서는 '심ㄱ-'으로 교체되는데, 'ᄌᆞᄆᆞ다(鎖)'도 활용에서 이와 같이 교체한다. (201ㄴ)은

모음 어미 앞에서는 '니를-'형, 그 외에서는 '니를-'과 '니르-'가 수의적으로 쓰였다. '누를다(黃), 프를다(靑)'도 기원적으로는 동일했을 것이라 추정되지만, 색채어들은 15세기에 이미 현대 국어에서와 같은 '러' 불규칙 활용을 보인다. (201)의 'ㄹㅇ', 'ㅿㅇ' 활용이 각각 'ㄹㄱ'과 'ㅿㄱ'에서 /ㄱ/가 약화된 결과라고 보는 견해에서는 이들과 (201ㄱ)의 'ㅁㄱ' 활용을 함께 논의하기도 한다.

(202ㄱ)의 '녀-'는 '-거-' 앞에서 '니-'형을 가진다. (202ㄴ)의 '겨시-'는 '-쇼셔' 앞에서 '겨-'가 되는데, '겨시-'와 '-쇼셔'에는 주체 높임 선어말 어미에서 기원한 '시'를 공통적으로 가지고 있으므로 다른 불규칙 활용과는 유형을 달리하는 것이다.

(203ㄱ)은 모음 어미 앞에서 '이시-'로, 자음 어미 앞에서 '잇-'으로 쓰인다. 한편 선행하는 단어가 '이' 모음으로 끝날 경우, 이에 후행하는 '이시-'는 대부분 (203ㄷ)의 '이시-'처럼 쓰이지만 (203ㄴ)처럼 '시-'로 나타나기도 한다. 이들은 근대 국어에 들어 '잇-/이시-'만 남는다. '잇고, 이시니'와 같은 활용은 18세기 중엽부터 '이스니, 잇시니'가 나타나 변화하기 시작하며 현대 국어와 같은 '있다'로 변화한 것은 19세기 후반에 이르러서이다.

지금까지 살핀 용언 어간 형태의 비자동적 교체 중 다수는 오늘날까지 불규칙적인 교체를 유지하고 있다. 우선 (196ㄹ)의 르불규칙과 (200ㄴ)의 ㄷ불규칙, (201ㄴ)의 러불규칙은 주지하다시피 아무런 변화 없이 오늘날까지 이어지고 있다. 또한 (198ㄴ)의 ㅅ불규칙과 (199ㄴ)의 ㅂ불규칙은 중세 국어 말기에 /ㅿ/와 /ㅸ/가 소실되면서 교체 양상에 변화를 겪었지만 불규칙적인 교체는 오늘날까지도 유지하고 있다.

한편 (201ㄱ) '시므다'류의 활용, (203ㄱ) '이시다'의 불규칙적 활용은 오늘날엔 사라졌지만, 그 변화는 근대 국어 시기에 발생하는 것이어서 중세 국어 안에서는 아무런 변화도 발생하지 않는다. 다만 (196ㄷ) '다ᄅ다'류 용언의 불규칙적 교체는 (196ㄹ) '브르다'류 용언의 활용으로 합류되며 사라지고, (196ㅁ) 'ᅀ/ᄼ' 말음 어간의 불규칙적 활용도 16세기에 사라지게 된다. 즉 중세 국어 후기에는 새로운 불규칙 활용이 발생하지 않았으며, 일부 불규칙 활용이 사라져 활용 체계가 간소화되는 경향을 보인다고 할 수 있다. 그러나 대부분의 불규칙 활용은 변화 없이 유지되는 안정적인 모습을 보인다.[45)

> (204)ㄱ. 블근 詔誥 지소ᄆᆯ 지즈로 조쳐 버므니 黃麻 죠히예 순 그리 六
> 經 근도다 〈두초 21.8b〉
>
> ㄴ. 두루 둘어 범그러 이실ᄊᆡ 일후믈 極樂이라 ᄒᆞᄂᆞ니라 〈월석
> 7.64a〉

중세 국어에서는 두 개의 어간 형태를 가지는 용언들이 있다. (204ㄱ)에서 '버믈-'형과 (204ㄴ)에서 '범글-'형은 자유 교체되었다. 이러한 쌍형 어간을 갖는 용언에는 '여믈다~염글다(實), 져믈다~졈글다(暮), ᄆᆞ니다~ᄆᆞᆫ지다(摩), 구짇다~구짖다(叱)' 등이 있다.

> (205)ㄱ. 銀甁을 ᄀᆞᄅ쳐 수를 달라 ᄒᆞ야 먹ᄂᆞ다 〈두초 25.18a〉
>
> ㄴ. 가시며 子息이며 도라 ᄒᆞ야도 〈월석 1.13a〉

---

45) 정경재(2015) 참조. 그러나 이 연구에서는 /ㅸ/와 /ㅿ/가 존재하던 시기에는 ㅂ불규칙과 ㅅ불규칙 활용을 인정하지 않고 이들이 /ㅸ/, /ㅿ/의 소실과 함께 새로운 불규칙 활용으로 등장하게 되었다고 보았다는 점에서 이 책에서의 설명과 차이가 있다.

(205)에서 '달-'과 '도-'도 수의적으로 교체하는데, 이들은 활용에 제약을 가지고 있는 어간이다. 중세 국어에서 활용이 불완전한 동사에는 이 밖에도 '귿다(曰), 딜다(臨), 발다(傍)' 등이 있다. 예를 들어 '귿다'는 'ㄱ로딕, ㄱ르샤딕, ㄱ론/귿온'으로만 활용한다. 'ㄷ리다'(率)는 현대 국어와 달리 'ㄷ리며, ㄷ려, ㄷ리니' 등의 어미 활용 예가 있고, '더블다'(與)도 '더블오, 더브르시려뇨, 더브르샤믈'과 같은 결합 예가 확인된다.

[어미 형태의 교체]

활용 어미들도 음운론적 또는 형태론적 조건에 따라 형태의 교체가 일어난다. 가장 널리 나타나는 것은 모음으로 시작하는 어미들로서, 어간 말 음절의 모음이 양성 모음 '오, 아, ㅇ'이면 양성 모음으로, 음성 모음 '우, 어, 으'이면 음성 모음으로 쓰이는 모음 조화 현상이다. 또, 어간의 말음이 'ㄹ' 이외의 자음으로 끝나면 '-니-, -리-, -며, -면'과 같이 유성 자음으로 시작하는 어미일 경우 그 앞에 매개 모음 'ㅇ/으'가 삽입된다. 다만 유성 자음이면서 매개 모음을 취하지 않는 '-ㄴ-'와, 무성 자음이면서 매개 모음을 취하는 '-시-'는 예외적이다.

이 밖에도 어미 형태가 교체되는 경우가 많다.

(206)ㄱ. 아랫 네 버디라니 부텻 法 듣즈본 德으로 하늘해 나아 門神이

　　　ㄷ외야 잇노니 〈석보 6.19b-20a〉

　　ㄴ. 劫 일후믄 離衰오 나랏 일후믄 大成이러라 〈석보 19.27a〉

　　ㄷ. 恭敬ㅎ야 供養ㅎᄉ바ᅀᅡ ㅎ리로소이다 〈석보 9.31b〉

　　ㄹ. 녜 得혼 거슨 聲聞의 慧眼이라가 이제 니르러ᅀᅡ 비르서 부텻

　　　뜨들 아ᅀᆞ올씨 〈금강 73b〉

(206)을 보면, 'ㄷ'로 시작하는 어미들이 서술격 조사 '이-'나 선어말 어미 '-니-, -더-, -리-, -오/우-' 아래에서 'ㄹ'로 바뀌었다. (206ㄱ)의 '버디라니'에서는 서술격 조사 'ㅣ' 아래에서 '-다-'가 '-라-'로, (206ㄴ)의 '大成이러라'에서는 서술격 조사 아래에서 '-더-'가 '-러-'로, '-더-' 아래에서 '-다'가 '-라'로 교체되었다. (206ㄷ)의 'ㅎ리로소이다'에선 '-리-' 아래에서 '-도-'가 '-로-'로, (206ㄹ)의 '慧眼이라가'에선 서술격 조사 뒤에서 '-다가'가 '-라가'로 바뀌었다.

'ㄱ'로 시작하는 어미들은, 말음이 'ㄹ'나 'y'음으로 끝나는 용언과 서술격 조사의 어간 그리고 선어말 어미 '-리-' 등의 뒤에서 'ㄱ'가 탈락한다.

> (207)ㄱ. 흔갓 알오 行티 아니ᄒ면 일훔 이쇼ᄃᆡ 體 업고 〈금강 서8a-b〉
>
> ㄴ. 세짯 句ᄂᆞᆫ 本大平이오 賀昇平은 비릇ᄂᆞᆫ 大平이니 〈남명 4a〉
>
> ㄷ. 性이 이러 곧 虛空이 아니어니ᄯᆞᆫ 쏘 虛空이 제 듣거니 엇뎨 네 入에 브트리오 〈능엄 3.6b〉

(207ㄱ)의 용언 '알오'는 'ㄹ' 아래에서, (207ㄴ)의 '이오'는 서술격 조사 '이-' 아래에서, (207ㄷ)의 '아니어니ᄯᆞᆫ, 브트리오'는 부정소 '아니-' 아래와 선어말 어미 '-리-' 아래에서 'ㄱ'음이 각각 탈락한 형태이다. ㄱ탈락 규칙은 16세기 후반에 이르면 수의성을 가지면서 흔들린다. 이는 서술격 조사나 용언의 활용 어미 전반에서 나타나는 현상이다. 김유범(2008)에 의하면, 서술격 조사의 활용에서는 18세기 중엽 이후에서야 'ㄱ'가 복원되는 등 ㄱ탈락 현상의 변화가 환경에 따라 차이가 있었음을 알 수 있다.

서술격 조사 아래에서, '오/우'로 시작하는 어미들은 '로'가 되고 연결 어미 '-아'는 '-라'로 바뀐다.

(208)ㄱ. 이제 나는 가난호미라 病 아니로라 〈남명 상30b〉

ㄴ. 入聲은 點 더우믄 호가지로되 썐르니라 〈훈민 14a-b〉

ㄷ. 내 弟子ㅣ 제 너교되 阿羅漢 辟支佛이로라 호야 〈석보 13.61a〉

(209) 어버이 다르니를 얼요려호대 瑞香이라셔 禮예 두번 남진 어롤리

업스니라 호야 〈속삼 열7a〉

(208ㄱ)의 '아니로라'에서는 '-오라'가 '-로라'로, (208ㄴ)의 '호가지로되'
에서는 '-오되'가 '-로되'로, (208ㄷ)의 '辟支佛이로라'에서는 '-오라'가
'-로라'로 바뀌었다. (209)의 '瑞香이라셔'에서도 '이아셔'가 '이라셔'로
되었다.

확인법 '-거-'는 형태론적 조건에 따라 여러 가지 형태를 갖는다.

(210)ㄱ. 아래 네 어미 나를 여희여 시름으로 사니거늘사 〈월석 8.86a〉

ㄴ. 兵甲을 져기 주어늘 조춘 사르미 닐오되 〈석보 24.11b〉

ㄷ. 그쁴 그 흔 낫 도니 도로 王씌 오나늘 〈석보 24.40a〉

ㄹ. 寶塔 中에 겨샤 오히려 法 爲호야 오거시늘 〈법화 4.136a-b〉

(210ㄱ)의 자동사는 '사니거늘사', (210ㄴ)의 타동사는 '주어늘'로 나타
나고, 동사 '오-'는 (210ㄷ)의 '오나늘'이나 (210ㄹ)의 '오거시늘'로 쓰였
다. 이러한 현상은 오늘날 '거라' 불규칙 활용과 '너라' 불규칙 활용의
직접적 소급형이다.

(211)ㄱ. 믈읫 有情이 病호야 이셔 救호리 업고 갏 듸 업거든 〈석보

9.7a〉

　ㄴ. 어버싀며 아ᅀᆞ미며 버디며 아로리며 두루 에ᄒᆞ야셔 〈석보
　　9.29b-30a〉

(211)은 용언 'ᄒᆞ-' 또는 용언화 접미사 '-ᄒᆞ-' 뒤에 오는 연결 어미
'-아, -아셔, -아도'는 'y'음이 개입하여 '-야, -야셔, -야도'가 된다. 이
는 'ᄒᆞ-'의 형태론적 특수성으로, 현대 국어의 '여' 불규칙 활용의 직접
소급형이다.[46]

3.3 관형사, 부사, 감탄사

3.3.1 관형사

　관형사는 체언 앞에서 체언의 의미를 제한하는 품사로, 어미 활용
을 하지 않으며 조사가 붙지 아니한다. 중세 국어 문헌에서 확인되는
고유어의 관형사는 그 수가 현대 국어에서보다 훨씬 적다. 관형사의
형태를 유형별로 살펴보면 아래와 같다.

　　(212) ㄱ. 므슴 〈석보 6.6a〉, 이 〈용비 26장〉, 새 〈구간 1.43b〉, 온 〈석보
　　　　3.7a〉
　　　　ㄴ. 모든 〈월인 기91〉, 왼 〈두초 16.70b〉 죠고맛 〈두초 10.4a〉, 첫

---

46) 이현희(1986)에선 'ᄒᆞ다'의 어원을 '히다'로 잡아 모음 어미 결합형이 규칙적이라 하
　　였지만, 이는 'ᄒᆞ야'의 /y/가 'ᄒᆞ고'에서 탈락하는 것을 자연스럽게 설명할 수 없다.

〈용비 12장〉, 녯〈월인 기29〉, 현맛〈월인 기28〉, 다ᄅᆞᆫ〈월석
8.32a〉

ㄷ. 여라믄〈두초 11.5b〉, 흔두〈용비 114장〉, 온갖〈남명 상8a〉, 아
니한〈석보 6.3b〉, 가즈가즛〈선가 하51b〉

(212ㄱ)은 명사나 대명사가 그대로 관형사로도 쓰이는 것이다. (212ㄴ)
은 관형격 조사나 관형사형 어미가 결합하여 관형사로 굳어진 것이
고, (212ㄷ)은 합성 관형사이다.

관형사는 그 의미 기능에 따라 성상 관형사, 지시 관형사, 수 관형
사로 나눌 수 있다.

> (213)ㄱ. 즉자히 새 구스리 나며 우룸쏘리 즐게 나마 가며 〈월석 1.27b〉
>
> ㄴ. 여스슨 외 바랫 두 머린 觀이니 〈원각 8하2.2.21b〉

'새'는 중세 국어에서 명사로 쓰이고 부사로도 쓰이나, (213ㄱ)에서는
'구슬'을 꾸미는 성상 관형사 기능을 한다. (213ㄴ)의 '외'도 '발'을 수식
하는 성상 관형사이다. 성상 관형사에는 이 밖에도 '모든, 샹, 아니한,
온갖, 외, 져구맛, 죠고맷, 진딧, ᄒᆞ올' 등이 있다.

(214)는 지시 관형사이다.

> (214)ㄱ. 이 道士ㅣ 精誠이 至極ᄒᆞ단디면 하늘히 당다이 이 피를 사ᄅᆞᆷ
> 두외에 ᄒᆞ시리라 〈월석 1.7b-8a〉
>
> ㄴ. 耶輸ㅣ 그 긔별 드르시고 羅睺羅 더브러 노ᄑᆞᆫ 樓 우희 오르시
> 고 〈석보 6.2b〉
>
> ㄷ. 그저긔 諸天이 뎌 두 相ᄋᆞᆯ 보ᅀᆞᆸ고 모다 츠기 너겨 〈월석 2.15b〉

ㄹ. 黃蘗이 혀 비와ᄃ시니요 一喝이 곧 이 拈花ᄒ샨 消息ㅣ시며
〈선가 하63b〉

ㅁ. 咫尺은 고 스싀 머디 아니ᄒᆯ 시니 〈두초 20.17b〉

ㅂ. 일로 혜여 보건덴 므슴 慈悲 겨시거뇨 〈석보 6.6a〉

ㅅ. 虛空애 ᄂ라와 묻ᄌᄫᄃᆡ 그디 子息 업더니 므슷 罪오 〈월석
1.7a〉

ㅇ. 菩薩이 어느 나라해 ᄂ리시게 ᄒ려뇨 〈월석 2.10b〉

'이'가 근칭, '그'가 중칭, '뎌'가 원칭을 가리키는 것은 지시 대명사에서
와 같다. '이, 그'의 작은말로는 '요, 고'가 있다. 다만 '뎌'의 작은말에
해당할 *'됴'는 보이지 않는데, 이는 문헌상 제약일 것이다.[47] '므슴/므
슷'과 '어느/어누'는 미지칭이다. (214)에 있는 지시 관형사들은 대개
지시 대명사로도 쓰인다.

(215)는 수 관형사이다.

(215)ㄱ. 흔, 두, 세/석/서, 네/넉/너, 다ᄉᆞᆺ/닷/대, 여슷/엿/예, 닐굽, 여
듧, 아홉, 열, 열흔, 열둘/열두 … 스믈/스므 … 온, 즈믄, 흔두,
두세/두서/두ᅀᅥ, 서넛, 너덧 …, 여라믄, 첫/첟, 몇/몃, 현, 여러

ㄴ. 일(一), 이(二) … 빅(百), 텬(千), 만(萬), 억(億)

(216)ㄱ. 열두 히 ᄌᆞ거늘 第一 第二 夫人이 太子ᄅᆞᆯ 나ᄊᆞᄫᄉᆞ시니 〈월석
22.2a〉

ㄴ. 修行本起經은 修行ㅅ 根源 니르와ᄃ샨 믿 첫 根源을 닐온 經이
라 〈석보 6.42b〉

---

47) 근대 국어에서 '죠'가 쓰이므로, 이것의 중세 국어 형태로 *'됴'를 추정하는 것이다.

476

(217) 그럴씨 니 뷘 거슨 현 구든 돌히라도 다 삭ᄂ니라 〈칠대 10a〉

(215ㄱ)은 고유어로 된 수 관형사로, 일부는 수사와 형태를 달리한다. 특히 '세'와 '네'는 세 가지 형태를 갖는데, '서, 너'는 '말, 홉, 되' 앞에서, '석, 넉'은 '자, 들' 앞에서, '세, 네'는 그 밖의 명사 앞에서 쓰였다. 수사와 마찬가지로 수 관형사에서도 '흔두, 두세'와 같은 부정수(不定數)가 있다. (215ㄴ)은 한자어의 수 관형사로, 수사에서와 형태가 같다. (216ㄱ)의 '第一, 第二'는 서수의 관형사이고, 고유어로 '第一'은 (216ㄴ)의 '첫'이다. (217)에서 '현'은 오늘날의 '몇'과 같은 뜻을 가진 수 관형사이다.

3.3.2 부사

부사는 주로 용언의 의미를 제한하는 기능을 가지며, 어미 활용을 하지 않는다. 그러나 관형사와 달리 보조사가 붙기도 한다. 부사를 구성 형태에 따라 유형을 나누면 (218)과 같다.

(218)ㄱ. 곧〈월인 기112〉, 다시〈용비 77장〉, 쏘〈석보 19.20b〉, 몯〈석보 19.42a〉, 비록〈용비 29장〉, 샹녜〈석보 9.41a〉, 이믜〈두초 9.22a〉, 그러나〈가례 5.6a〉, ᄀ장〈번노 상7b〉, 다〈석보 21.49b〉, 오직〈월석 11.93b〉, 쏘〈월석13.21b〉, 서르〈월석 13.21a〉, 몬져〈능엄 1.32a〉

ㄴ. 새〈석보 6.2a〉, 아니〈석보 9.35b〉, 엇뎨〈두초 9.7a〉, 처섬〈훈민 4a〉

ㄷ. 그르〈석보 3.36b〉, 믿〈두초 8.5b〉, 브르〈두초 3.51b〉, 하〈월석

2.51a〉

ㄹ. 몸소〈두초 6.34a〉, 뎌리〈월인 기40〉, 아므리〈훈민 12a〉, ᄆᆞᄎᆞᆷ
   내〈훈민 2b〉, 노피〈월석 서23b〉, ᄀᆞ득히〈능엄 3.77b〉, 도로
   〈용비 41장〉, 오ᄋᆞ로〈석보 13.28a〉, 모다〈법화 1.30b〉, 다시곰
   〈석보 6.6a〉, 져기〈번노 상7b〉

ㅁ. 모로매〈석보 6.2b〉, 날로〈훈민 3b〉, 고로〈소아 4a〉, 그러모로
   〈소학 2.45b〉

ㅂ. 몯다〈석보 13.3a〉, 외ᄠᆞ로〈월석 9.11b〉, 가지가지〈법화
   5.137b〉, 믈ᄀᆞᆺ믈ᄀᆞᆺ〈진공 16a〉, 반독반독이〈번소 8.16b〉

ㅅ. 漸漸〈석보 3.5a〉, 長常〈두초 3.20b〉, 終日〈선종 하73a〉, 本來
   〈능엄 3.89a〉

ㅇ. 子細히〈석보 3.10a〉, 便安히〈용비 110장〉, 微微히〈두초
   3.26a〉, 急히〈월석 13.16b〉/급히〈소학 5.26a〉, 時急히〈월석
   13.17a〉/시급히〈번소 10.14b〉, 實로〈월석 13.16b〉/실로〈원각
   7하1.2.7a〉, 眞實로〈두초 3.4b〉/진실로〈소학 6.131a〉, 終日ᄐᆞ
   록〈원각 5상2.2.18b〉

ㅈ. 스스로〈훈몽 하10b〉/스ᄉᆞ로〈맹자 14.22b〉, 보야흐로〈맹자
   7.5b〉/보야ᄒᆞ로〈금강 1.30a〉/보야호로〈번소 7.12b〉

(218ㄱ)은 원래부터 부사로 기능하는 형태이다. (218ㄴ)은 명사가 부사
로도 쓰이는 경우이며, (218ㄷ)은 용언의 어간이 그대로 부사로 쓰인
것으로, 이들 두 가지는 모두 영 파생의 성격을 가진다. (218ㄹ)은 부
사화 접미사가 결합한 파생 부사이고, (218ㅁ)은 명사에 조사가 결합
한 형태이며, (218ㅂ)은 합성 부사이다. (218ㅅ)은 한자어이고, (218ㅇ)
은 한자어에 고유어 접미사가 결합한 파생 부사이다. '終日'처럼 순수

한자어와, 여기에 접미사 '-트록'이 결합한 형태가 함께 쓰이기도 한다. (218ㅈ)은 이른바 불완전 어근에 접미사 '-로'가 결합한 것으로 분석할 수 있다. 부사들 가운데에는 (218)에 있는 '가지가지, 믈곳믈곳, 반둑반둑이, 漸漸, 微微히' 등과 같은 중첩어가 많이 있으며, 이들 중에는 소리나 모양을 상징하는 단어도 많다.

그러나 이 당시 문헌에 나온 한자어나 한자 결합어에는 실제 현실 구어에서는 쓰이지 않은 어휘도 있는 듯하다.

> (219) 滿朝히 두쇼셔 커늘 正臣을 올타 ᄒ시니 十萬 僧徒를 一擧에 罷 ᄒ시니 滿國히 즐기거늘 聖性에 외다 터시니 百千佛刹을 一朝애 革ᄒ시니 〈용비 107장〉

(219)에서 '滿朝히'와 '滿國히'가 구어에서 실제로 쓰였던 부사라고 보기는 어려울 것이다. 물론 이와 같이 문헌에서만 쓰인 한문어는 비단 부사 외에 다른 단어에서도 많이 보인다.

부사는 성분 부사와 문장 부사로 나뉜다.

[성분 부사]

성분 부사에는 성상 부사, 지시 부사, 부정 부사가 있는데, 문장 안에 있는 특정한 낱말을 수식한다. (220)은 성질이나 상태 등의 뜻을 갖는 성상 부사이다.

> (220)ㄱ. 正혼 信心을 ᄀ장 發ᄒ야 一切 世間앳 ᄆᅀᆞᆷ믈 ᄀ장 ᄇ리고 〈몽산 23b〉
>
> ㄴ. 서르 ᄉᆞᄆᆞ차 노겨 자ᄇᆞ샤 다풀다풀 다오미 업스시니 〈법화

6.137b〉

(220ㄱ)에서 'ㄱ장'은 동사 '發ᄒᆞ야'나 'ᄇ리고'를 수식하며, (220ㄴ)에서
상징 부사 '다풀다풀'은 동사 '다옴'을 꾸미는 성상 부사이다.

지시 부사는 방향성의 뜻을 포함하는 부사이다.

(221)ㄱ. 머리예 지 무티고 ᄂ치 훍 무려 이리 오샤 〈금삼 2.49a〉

ㄴ. 大臣을 請ᄒᆞ야 이바도려 ᄒ노닛가 … 그리 아닝다 〈석보
6.16a〉

ㄷ. 제 간을 뎌리 모ᄅᆞᆯ씨 둘희 쏜 살이 세 낱 붚쇤 ᄢᅦ여디니 〈월인
기40〉

ㄹ. 이 여희요미 ᄯᅩ 어느 이실 배리오 〈금삼 2.37a〉

ㅁ. 내 어저ᇧ 다숫 가짓 ᄭᅮ믈 ᄭᅮ우니 〈월석 1.17a〉

(221ㄱ, ㄴ. ㄷ)에서 각각 '이리'는 근칭, '그리'는 중칭, '뎌리'는 원칭이
며, (221ㄹ)의 '어느'는 미지칭이다. 미지칭에는 이 밖에도 '어드리, 엇
뎨, 아ᄆ리' 등이 있다. '어느'는 (214ㅇ)에서 지시 관형사로도 쓰였었
다. (221ㅁ)의 '어저ᇧ'와 같은 시간 부사도 지시 부사에 넣을 수 있다.

부정 부사에는 '아니, 몯'이 있다.

(222)ㄱ. 불휘 기픈 남ᄀ 바ᄅ매 아니 뮐씨 곶 됴코 여름 하ᄂ니 〈용비 2
장〉

ㄴ. 耶輸는 겨지비라 法을 모ᄅᆞᆯ씨 즐굽드리워 듯온 ᄠᅳ들 몯 ᄡᅥ러
ᄇ리ᄂ니 〈석보 6.6b〉

(222ㄱ)의 '아니'는 단순 부정에 쓰이고, (222ㄴ)의 '몯'은 능력 부정이나 금지를 나타낸다.

[문장 부사]

문장 부사는 문장 안에 있는 특정한 어떤 성분을 수식하기보다 문장 전체의 내용에 관여하는데, 여기에는 양태 부사와 접속 부사가 있다.

> (223)ㄱ. 모로매 큰 智慧ㄱ자 一切法에 圓滿ᄒ야 生滅相ᄋᆞᆯ 여희욜띠니 〈금강 서9a〉
>
> ㄴ. 아마도 福이 조ᅀᆞ릭ᄫᆡ니 아니 심거 몯 ᄒᆞᆯ 꺼시라 〈석보 6.37b-38a〉

(223)에서 보이는 '모로매'와 '아마도'는 화자의 태도, 즉 양태를 나타내는 부사이다. 이러한 부사는 서술 문장 내용 전체에 관련을 가지므로 문장 부사이다. 양태 부사에는 '구틔여, 대도ᄒᆞᆫ디, 도ᄅᆞ혀, 비록, 오히려, 출하리, ᄒᆞ다가, ᄒᆞᄆᆞᆯ며' 등이 있다.

접속 부사는 문장과 문장을 접속하는 역할을 한다.

> (224)ㄱ. ᄒᆞ마 瞋을 내디 아니ᄒᆞ실ᄉᆡ 그런ᄃᆞ로 無相ᄒᆞᆫ ᄃᆞᆯ 아롤디로다 〈금삼 3.29a〉
>
> ㄴ. 箭穿江月影은 須是射鵰人ㅣ어다 大抵ᄒᆞᆫ디 學者ᄂᆞᆫ 몬져 모로미 宗途를 仔細히 ᄀᆞᆯ히욜디어다 〈선가 63a-b〉
>
> ㄷ. 다 安否ᄒᆞᄉᆞᆸ고 ᄯᅩ 耶輸陀羅를 달애야 〈석보 6.1b〉
>
> ㄹ. 道國王과 밋 舒國王은 實로 親ᄒᆞᆫ 兄弟니라 〈두초 8.5b〉

(224ㄱ)에서 '그런ᄃᆞ로'는 앞 문장과 뒷 문장을 이어 주는 접속 부사이다. (224ㄴ)에서는 한자어 접속 부사 '大抵흔디'를 볼 수 있다. (224ㄷ)의 '쏘'는 문장을 접속하고, (224ㄹ)의 '밋'은 명사구를 연결한다. '그'나 '이'로 시작하는 접속 부사가 많은데(예: 그러나, 그러면, 그럴씨, 이런ᄃᆞ로 …), '그' 계열이 대부분이다. 그러나 '그리고'는 당시 문헌에서 문증되지 않는다.

3.3.3 감탄사

감탄사는 화자가 자신의 느낌을 다른 말과 관계 짓지 않고 직접 표시하는 말이다.

(225)ㄱ. 의 丈夫ㅣ여 엇뎨 衣食 爲ᄒᆞ야 이 곧호매 니르뇨 〈법화 4.39b〉

ㄴ. 正月ㅅ 나릿 므른 아으 어져 녹져 ᄒᆞ논ᄃᆡ 누릿 가온ᄃᆡ 나곤 몸하 ᄒᆞ올로 녈셔 아으 動動다리 〈악학, 동동〉

ㄷ. 舍利弗이 슬보ᄃᆡ 엥 올ᄒᆞ시이다 〈석보 13.47a〉

ㄹ. 아소 님하 어마님ᄀᆞ티 괴시리 업세라 〈악장, 사모곡〉

ㅁ. 형님하 小人이 어제 웃디그 흔 며함 두숩고 오니 보신가 올ᄒᆞ니 小人이 보이다 〈번박 상58b〉

(225ㄱ)에서 '의'는 현대 국어의 감탄사 '아'에 해당하며, (225ㄴ)에서 거듭 나오는 '아으'도 감탄의 외침이다. (225ㄷ)에서 '엥'은 '예'의 뜻을 가지며, (225ㄹ)의 '아소'는 '맙소사'로 해석되고, (225ㅁ)의 '올ᄒᆞ니'는 '옳지' 정도의 뜻을 갖는다.

문어적 표현에서는 한자어 감탄사도 쓰인다.

(226)ㄱ. 咄 男子아 네 샹녜 이에셔 일ᄒ고 다ᄅᆞᆫ ᄃᆡ 가디 말라 〈월석 13. 23a〉

ㄴ. 이 男子아 네 샹녜 이ᄅᆞᆯ 짓고 ᄂᆞ외 녀 ᄃᆡ 가디 말라 〈법화 2.211b〉

(226)은 모두 '咄男子아 汝ㅣ 常此作ᄒ고 勿復餘去ᄒ라'를 번역한 문장인데, (226ㄴ)에서 '이'로 표현한 감탄사를 (226ㄱ)에서는 한자어 '咄' 그대로 썼다.

4. 단어의 확대 형성

4.1 단어의 구성과 확대

여기에서는 중세 국어 단어의 구조를 살피되 굴절적인 층위는 제외하고 형성론적인 면을 중심으로 한다. 이 시기의 단어도 단일어, 파생어 그리고 합성어로 나눌 수 있다. 단일어는 파생법과 합성법에 의해 각각 파생어와 합성어로 확대되는데, 세 영역의 단어 모두에 고유어와 더불어 한자어가 많이 있었다. 중세 국어에 들어와서는 이전 시기에 비해 파생어와 합성어가 다양하게 늘어났다. (1)에서 단일어와 그것이 확대된 단어들을 본다.

(1)ㄱ. 곶[花]〈용비 2장〉, 아비[父]〈석보 11.26a〉, 눈[眼]〈석보 13.19b〉,
　　　돌다[廻]〈월석 1.25b〉, 웃다[笑]〈남명 상2a〉, 劫〈두초 9.41a〉,
　　　東〈두초 10.1b〉

　ㄴ. 곶답다〈두초 7.2b〉, 싀아비〈두초 8.67b〉, 눈쌀〈월석 2.41a〉, 횟
　　　돌다〈능엄 5.72a〉, 웅이다〈금삼 5.10a〉, 향긔롭다〈소학 2.13b〉,
　　　東녁〈석보 3.27a〉

　ㄷ. 곶비〈석보 11.13a〉, 아비어미〈속삼 효29a〉, 눈ᄌᆞᅀᆞ〈구간 4b〉,
　　　도니다〈석보 9.1a〉, 우숨우ᅀᅵ〈월석 1.43b〉, 향쵸〈번박 72a〉, 東
　　　門〈석보 3.16b〉, 東西南北〈월석 1.29b〉

(1ㄱ)에 있는 말들은 모두 단일어이다. 여기에 접사가 붙어 파생어를 이루거나, 또 다른 어근이 붙어 합성어로 확대된다. (1ㄱ)에 있는 단일어가 (1ㄴ)에 있는 형태로 파생어가 되었고, (1ㄷ) 형태로 합성어를 이

루었다. 위에서 보듯이 고유어뿐만 아니라 한자어에서도 단어의 파생과 합성이 일어나, 한자어끼리 또는 고유어와 한자어가 결합하기도 하였다. 그런데 파생어와 합성어 형성 과정에서 음운 변동 작용으로 형태의 교체가 일어나는 경우가 많으며, 어휘·문법적인 기능이 약화되는 수도 있다.

(2)ㄱ. 샹녯사룸〈두초 8.2a〉, 눇살〈법화 4.53a〉, 믓결〈이륜 36a〉

　　ㄴ. 강아지〈구방 상10a〉, 숑아지〈훈몽 상10a〉

　　ㄷ. 흔글온ᄒ다〈몽산 69b〉, 소나모〈두초 14.20a〉

　　ㄹ. 구믈구믈ᄒ다〈몽산 13a〉/구믈우믈ᄒ다〈남명 상68a〉, 브즐우즐ᄒ다〈금삼 3.38a〉, 우석구석〈칠대 7a〉

　　ㅁ. 니르받다〈월석 1.16b〉/니ᄅ완다〈월석 1.36b〉, 앗〈석보 13.2a〉/앚〈능엄 1.86a〉/아ᅀ〈소학 6.34b〉

　　ㅂ. 춤〈석보 6.10b〉, 쇠야지〈두초 25.51a〉

(3)ㄱ. 우니다〈석보 23.37a〉, 펴아가다〈석보 13.4a〉

　　ㄴ. 내티다〈월석 2.6a〉, 내혀다〈월인 기72〉

　　ㄷ. 티티다〈능엄 8.87b〉, 펴디다〈내훈 2.121b〉

(4) 가린길〈능엄 1.22a〉, 손도으리〈번박 상9b〉

(2ㄱ)을 보면 합성어나 파생어 등 단어 구조의 확대 과정에서 'ㅅ'가 첨가되면서 경음화가 일어나고, (2ㄴ)처럼 파생어가 되면서 'ㅇ'이 첨가되기도 한다. 특히 '믓결'에서는 'ㄹ'가 탈락하고 'ㅅ'만 남는다. (2ㄷ)의 '흔글온ᄒ다'는 '흔글+글ᄒ다'에서 'ㄱ'가 탈락하고, '소나모'는 '솔+나모'에서 'ㄹ'가 탈락한다. 첩어 구성에서는 (2ㄹ)처럼 전·후행 중첩어가 그대로 쓰이거나(예: 구믈구믈ᄒ다), 후행 중첩어에서 자음 탈락이

있거나(예: 브즐우즐ㅎ다), 선행어에서 자음 탈락이 있는(예: 우석구석) 등의 음운 작용이 나타난다. 중첩어의 경우 자음 탈락은 대체로 후행어보다는 선행어에서 많이 일어난다. 유성음 사이에서는 (2ㅁ)에서 보듯이 무성 자음의 유성음화 현상(예: 니르받다, 일사마)이나 더 나아가 자음 탈락(예: 니르완다)이 있다. 모음에서도 변동이 일어나, 모음 충돌을 회피하기 위하여 (2ㅂ)의 '춤'은 '츠-+-움'에서 어근의 '으'가 탈락하고, '쇠야지'에서는 '-아지'에 반모음 'y'가 들어가 '-야지'가 되었다.

파생어나 합성어 형성 과정에서 일부의 어근은 원래의 의미가 약화되거나 변하는 현상도 나타난다. (3ㄱ)의 '우니다'에서는 '니-'가 갖는 '가-(行)'의 뜻이 약화되어 '있-(在)'의 뜻으로, '펴아가다'에서 '가-'는 '가-(去)'라는 본래의 뜻보다 '가-(進行)'의 뜻으로 쓰였다. (3ㄴ)의 '내티다, 내혀다'에서 '-티-'와 '-혀-'는 원래의 '치-(打)'와 '끌-(引)'의 의미는 거의 없어지고 '내다'의 의미를 강화하는 역할을 가지는 접사화 현상을 보인다. 이렇게 접사로 기능이 변화하기로는 (3ㄷ)에서 더욱 확실하다. '티티다'에서 '티다'에 접두된 '티-'도 원래는 '치-(打)'라는 의미를 갖는 어근이었으나 '위로(上向)'라는 뜻을 가진 접두사가 되었고, '펴디다'에서 '-(어)디-'는 '떨어지-(落)'라는 의미의 어휘 형태소에서 '-(어)지-(被爲)'라는 뜻을 가진 접미사로 바뀌었다.

의미나 기능의 약화는 문법 형태소에서도 나타난다. (4)의 '가린길(갈림길), 손도으리(손도울이, 곁꾼)'에서는 합성어 형성에서 관형사형 어미 '-은, -을'이 갖는 시제성이 약화되어 시제가 중화 상태이다.[48]

---

48) 관형사형 어미의 시제 중립적인 용법은 다른 곳에서도 보인다.

(i) 異는 다룰 씨라 〈훈민 1a〉

(ii) 클 홍(弘)〈유합 하3b〉, 큰 대(大)〈유합 하47b〉

위의 예에서 관형사형 '-을, -은'은 부정(不定) 시제이다.

단일어에서는 고대 국어에 비해 음절수가 늘어난 어휘가 좀 더 많아진 것으로 보인다. 예를 들어 당시에 '앗(弟), 갓(枝), 늘(津), 부헝(鵂), 줌(拳)'과 '아슨, 가지, 느른, 부헝이, 주머귀'라는 두 가지 형태가 공존하였는데, 이는 1~2음절의 단어들이 음절수를 늘려 좀 더 안정화하려는 것으로 해석된다.[49] 이러한 현상은 중세 국어 이전부터 있어 온 경향이었다.

고유어에서 파생어를 형성할 때에 선행 어근의 모음에 따라 두 가지의 형태를 가지는 파생 접사가 있어, 어근과 접사와의 모음 조화가 잘 지켜지고 있다. 고유어는 단일어의 어근 안에서도 이러한 모음 조화가 비교적 잘 지켜진다. 한 예로, 양성 모음의 '가', 음성 모음의 '거', 중성 모음의 '기'로 시작하는 고유어를 각각 사전에서 찾으면 아래와 같다.[50]

(5) ㄱ. 가극ᄒ다, 가실다, 가까비, 싸쌀ᄒ다, 가개, 가늘돈, 가ᄅ, 가름, 가랍, 가로, 가리다, 가리맏, 가마, 가마괴, 가마오디, 가마종이, 가매, 가모티, 싸밀다, 가ᄇ얍다, 가ᄉ나히, 가슴, 가시, 가식다, 가ᄉ멸다, 가야미, 가온듸, 가ᄌ기, 가줄비다, 가재, 가족, 가지, 가지다, 가탁, 가탈하다, 가폴, 가홀오다, 가히, 가히다

ㄴ. 거긔, 거느리다, 거두, 거들다, 거듧, 뼈디다, 거르다, 거륵ᄒ다,

---

49) 그 결과 '부헝이, 주머귀'는 파생어가 되었다.

50) 남광우 『이조어사전』(1964)의 올림말 가운데 중세 국어의 문헌에서 용례가 적혀 있는 것을 모두 조사 대상으로 한다. 2음절 이상의 어근을 갖는 단일어와 파생어에 한하되, 파생 접사의 형태가 양·음성 모음에 따라 두 가지가 가능한 경우의 파생어는 제외한다. 합성어는 대개 모음 조화와 무관하게 단어가 만들어지므로 여기에서 제외하여야 할 것이다. 두 가지 이상 형태의 표기가 있을 때에는 분포가 더 넓은 것을 앞에 놓는다.

거리, 거리씨다, 거리다, 써리다, 거리츠다, 거릿기다, 거머리, 거
믜, 거븝, 거스리다, 거슬다, 거싀, 거우다, 거우르, 거웆, 거유,
거적, 거줏, 거츨다, 거티다, 거품, 거플, 거피, 거훔

ㄷ. 쎄니, 기드리다/기ᄃ리다, 기ᄅ다/기르다, 기ᄅ마/기르마, 기름/
기ᄅ름, 기러기, 기리다, 기믜/기미, 기슭, 기슴/기슴, 기울다/기우
다, 기울, 기웃기웃, 기장, 기족, 기지게, 기춤/기츰/기츔

(5ㄱ)과 (5ㄴ)에서 보듯이, '가'로 시작하는 말은 제2 음절 이하도 거의
양성 모음이며, '거'로 시작하는 말은 제2 음절 이하가 거의 음성 모음
이다. 그러나 (5ㄷ)에 있는 중성 모음의 '기'와 어울리는 단어에서 제2
음절들은 대부분 양성 모음과 음성 모음 형태가 다 있으나 양성 모음
보다는 음성 모음 형태가 많은 편이다. 물론 이러한 모음 조화는 고
유어에서 잘 이루어지며, 각 글자마다 뜻을 가진 한자어에서는 기대
하기 어렵다. 이렇게 같은 계통의 모음들이 조화를 이루며 만들어진
단어들 가운데 상당수는 근대 국어 이후로 오면서 모음 조화가 깨지
는데, 그것들은 대개 음성 모음으로 바뀌는 경향이 강하다. 중세 국어
에서 근대 국어로 진행하면서 통시적으로 음성 모음화하는 변화는 조
사나 어미 등 굴절소뿐만 아니라 이처럼 어근 내에서도 일어나는 것
이다.

4.2 파생

중세 국어에서 파생어 형성은, 파생 접사가 어근 앞에 붙는 접두 파
생과 어근 뒤에 붙는 접미 파생으로 나눌 수 있다.

4.2.1 접두 파생

접두 파생은 대부분 단어의 품사를 변화시키지 않고 어근의 의미만 제한한다. 접두 파생법에 의한 파생어에는 명사, 동사, 형용사 등이 있다.

접두 파생은 명사에서 가장 활발하게 일어난다. (6)은 접두사가 붙은 파생 명사이다.

> (6) 가마괴〈훈몽 상9a〉, 묏ᄇᆞ람〈두초 9.7a〉, 듧쌔〈훈몽 상7a〉, 믠비단
> 〈번박 47b〉, 쇠병〈번소 9.104b〉, 싀아비〈두초 8.67b〉, 아ᄎᆞᆫ아ᄃᆞᆯ
> 〈삼강 열24a〉, 외삼촌〈유합 상20a〉, 짓아비〈유합 상19b〉, 춤기름
> 〈월석 2.9a〉, 한겨을〈소학 6.25b〉

(6)에서 '굴-, 묏-, 듧-, 믠-, 쇠-, 싀-, 아ᄎᆞᆫ-, 외-, 짓-, 춤-, 한-'은 모두 명사 어근의 앞에 붙은 접두사들로, 어근의 품사를 변화시키지 않았다. 위에서 보듯이, 접두사와 어근은 고유어끼리뿐만 아니라 한자어와 고유어('쇠병, 싀아비'), 한자어끼리('외삼촌')도 잘 어울렸다. 명사의 파생 접두사는 이 밖에도 '가ᄫᆞᆯ/가온-(가ᄫᆞᆯ뒤/가온뒤), 갓-(갓나히), 곰-(곰둘외), 납-(납거믜), 니-(니ᄲᆞᆯ), 댓-(댓무수, 댓바리), 독-(독솔), 두리-(두리째), 들-(들ᄢᅢ), 새-(새별), 쉿-(쉿무수), 이듬-(이듬히), 젼-(젼국), 출/ᄎᆞ-(출썩, ᄎᆞᄡᆞᆯ), 초-(초ᄒᆞᄅᆞ), 표-(표범), 한-(한뒤), 핟/핫-(핟니블, 핟옷/핫옷), 항-(항것)' 등을 꼽을 수 있다.

접두 파생은 용언에서도 많이 보인다. (7)은 접두사가 붙은 파생 동사와 파생 형용사이다.

(7)ㄱ. 비웃다〈석보 9.27b〉, 아ᇫ쁴다〈훈몽 하6a〉, 엇막다〈용비 44장〉,
　　져ᄇ리다〈두초 7.28a〉, 즛두드리다〈구간 2.43a〉, 치혀다〈용비
　　87장〉

　　ㄴ. 덧굿다〈석보 24.35a〉, 에굳다〈석보 11.4a〉

(7ㄱ)은 접두 파생 동사들이다. 여기에서 '비-, 아ᇫ-, 엇-, 져-, 즛-,
치-'는 동사 어근에 붙어 파생 동사를 이루었다. 접두 파생 접사에는
이 밖에도 'ᄀ오-(ᄀ오누르다), 가ᄅ-(가ᄅ든니다), 걸-(걸앉다), 것ᄆᄅ
-(것ᄆᄅ죽다), 넙-(넙놀다), 답-(답샇다), 더위-(더위잡다), 덭-(덭브티다),
데-(데쁘다), 마-(마ᄆᄅ다), 몯/븓-(몯둥기다/븓둥기다), 브르-(브르ᄠ
다), 왜-(왜틀다), 져-(져ᄇ리다), 즌-(즌넓다), 줓-(주잔다), 지-(지불이다),
츳-(츳들다), 티-(티듣다), ᄒ-(ᄒ가냥ᄒ다), 횟/휫-(횟돌다, 휫두르다)' 등
이 있다. 중세 국어에서 형용사의 접두 파생은 많지 않아 접두사 '덧-,
에-'가 붙은 (7ㄴ)의 예들을 찾을 수 있을 정도이다.

4.2.2 접미 파생

접미사가 붙어 파생어를 이루는 접미 파생법에는 어근의 품사를 바
꾸는 통사적 파생법과, 어근의 품사를 바꾸지 않으면서 의미만 더하
는 어휘적 파생법이 있다. 중세 국어에서도 접미 파생은 여러 품사에
서 두루 나타나며, 파생 접두사에 비해 파생 접미사는 종류가 다양하
고 많다.

[명사 파생]
명사의 파생은 다른 품사에 비해 다양한 접미사에 의해 이루어진

490

다. (8)은 접미사가 붙은 파생 명사이다.

(8)ㄱ. 놀애〈월석 10.77b〉, 둗긔〈구간 1.72b〉, 여름〈용비 1장〉, 여나믄
　　〈이륜 25a〉, 우숨〈훈몽 상15a〉

ㄴ. 귓발〈훈몽 하7b〉, 두터비〈훈몽 상15b〉, 셰간브티〈이륜 18a〉,
　　폴뎡〈소학 6.112b〉

(8ㄱ)에서 '놀애, 여름, 여나믄, 우숨'은 동사 어근을 가지며 '둗긔'는
형용사 어근을 가지므로, 모두 통사적 파생법에 의해 파생 명사가 되
었다. 그러나 (8ㄴ)은 원래부터 명사인 어근에 접미사가 붙은 어휘적
파생법에 의한 파생 명사이다. 위에서 파생 접미사로는 (8ㄱ)에 '-애,
-의, -음, -은, -움'이 있고, (8ㄴ)에 '-발, -이, -브티, -뎡'이 있다. 특히
'열나믄'은, '-은'이 명사형으로 쓰였던 이전 형태가 화석화한 것이다.
　중세 국어에서 명사 파생 접미사는 여러 가지가 있는데, 이 가운데
생산성이 높은 접사들을 들어 본다.

(9)ㄱ. -옴/음/ㅁ: 거름〈월인 기126〉, 그림〈두초 6.3a〉, 꿈〈석보
　　9.24a〉, 싸홈〈석보 13.9a〉, 쏨〈구간 1.61a〉, 여름〈용비 2장〉, 짐
　　〈원각 3상1.2.85b〉, 그스름〈훈몽 하15a〉, 어름〈훈몽 상1b〉

ㄴ. -이: 됴쿠지〈속삼 효5a〉, 죽사리〈석보 6.37b〉, 집지싀〈월석
　　1.44b〉, 아기나히〈월석 1.44b〉, 거름거리〈번소 8.16a〉, 씌거리
　　〈번박 상27a〉, 굿블기〈두초 24.10b〉, 사리〈월석 1.44b〉, 姜應貞
　　이/강응뎡이〈속삼 효29a〉

ㄷ. -인/의: 기릐〈구방 하15b〉, 너븨〈구방 하33b〉, 노픽〈법화
　　5.201a〉, 킈〈석보 6.44a〉, 치뷔〈석보 9.9b〉, 여틔〈번박 상67b〉

ㄹ. -애/에: 쁠에질〈삼강 효7a〉. 부체〈두초 3.6a〉/부채〈두초 25.24a〉, 둘에〈월석 8.13b〉, 눉두베〈몽산 2b〉, 울에〈법화 7.91a〉, 실에〈유합 상24b〉

ㅁ. -개/게: 늘개〈월석 1.14b〉/늘애〈월석 10.78a〉, 집게〈구방 하 32a〉, 노리개〈훈몽 중11b〉, 둚게〈번소 7.40a〉, 벼개〈선종 하 106a〉, 귀마개〈유합 상31a〉

ㅂ. -질: 불무질〈두초 8.65a〉, 비븨질〈유합 하46b〉, 도죽질〈소학 2.55a〉, 슈질〈번박 상14b〉, 글게질〈번박 상21a〉

ㅅ. -옴/움: 됴쿠줌〈월석 9.57b〉, 우룸〈석보 11.25b〉, ᄌᆞ오롬〈능엄 4.130a〉, 비르솜〈법화 3.85a〉, 소솜〈구간 1.13a〉

ㅇ. -이/의/애/에: ᄢᅴ〈월석 2.26a〉, 새배〈두초 7.20a〉, 아리/아래 〈훈정 12a〉, 제〈두초 7.33a〉, 나죄〈월석 18.32a〉, 어젓긔〈두초 7.20b〉>어제〈두초 9.2a〉, 이어긔>이에/여긔/예〈두초 9.32a〉, 그어긔>그에/거긔/게〈구급 3.65b〉, 뎌어긔>뎌에/뎌긔/뎨〈육 조 중78b〉

(9ㄱ)의 '-옴/음/ㅁ'는 중세 국어에서 가장 생산적이며 대표적인 명사 파생 접사이다. 형용사 '걸-'과 동사 '그리-'에서 각각 파생된 '거름'과 '그림'뿐만 아니라, 동사 '돌-'의 사동화형 '돌이-'에서 파생된 '돌임'도 있다. '-음'은 동사 어간 뒤에 붙어 '~하는 일, ~한 현상, ~한 결과물' 이라는 뜻을 보탠다. 따라서 '-음'은 의미값 보탬이 비교적 소극적인 단순 명사화 파생 접사라고 할 것이다. (9ㄴ)의 '-이'는 자음으로 끝나 는 어근과 결합하면서 '-음'과 같은 성격의 뜻을 더하므로, '-이' 역시 의미 역할이 단순하고 생산적인 명사화 파생 접사라 하겠다. 그러나 '우숨우ᇫ'에서 보듯이, '-음' 계열의 명사화가 단순한 추상화 또는 대

상화의 성격이 강하다면, '-이'는 그 동사의 행동성을 가리키는 뜻을 갖는다. '-이'는 '집지싀'처럼 용언의 어간에 붙는 '-이$_1$'과, '두터비'처럼 명사 어근에 붙는 '-이$_2$'로 나누어 볼 수도 있다. '-이$_1$'은 '목적어+서술어' 구성을 갖는 합성어를 파생하는 경우가 대다수이다. '-이$_2$'의 일종이면서 기능이 다른 '-이'로, 자음으로 끝나는 사람 이름의 아래에 붙는 '-이'도 있다. (9ㄴ)에서 '姜應貞이/강응뎡이'는 '姜應貞/강응뎡'이란 인명 아래에 덧붙은 접미사이다. (9ㄷ)의 '-인/의'는 주로 형용사 어간에 붙어 그 어근의 단위나 척도 또는 '-한 특성을 가진 것'이라는 뜻을 보탠다. 이런 점에서 '-인'도 단순한 명사화 접미사이다. (9ㄹ)의 '-애/에'는 대개 동사의 어간 뒤에 붙어 그 어근의 동작성을 추상화하거나 그와 관련된 물건을 나타낸다. (9ㅁ)의 '-개/게'는 대부분 동사의 어간에 붙어 '-하는 도구'라는 뜻을 보탠다.[51] (9ㅂ)의 '-질'은 도구 명사 어근 뒤에 붙어 '~하는 행위'의 뜻을 가진다. (9ㅅ)의 '-옴/움'은 용언 어간 뒤에 붙어 추상 명사화하는 기능을 가져 의미상 단순한 파생 접사인데, '-음/음'에 '-오/우-'가 덧붙은 형태이므로 서로 이형태 관계를 지을 수 없다. 일반적으로 '-옴/움'은 명사형 어미로 기능하지만, 간혹 (9ㅅ)과 같이 명사 파생 접미사로도 나타난다. 이들은 대개 명사형이 파생 명사로 굳은 것이다. (9ㅇ)은 처소격 조사 '이/의'가 접미사화하여 결합된 파생 명사이다.

이 밖에 명사 파생 접미사로는, 동사에 붙는 '-기(믈보기〈월석

---

51) '-애/-에'와 '-개/-게'를 이형태 관계로 보는 견해(심재기 1981, 안병희·이광호 1990, 구본관 1998 등)가 지배적이나 위에서 보듯이 '-애'와 '-개'는 별개의 접미사이다. '-애'가 '-개'에서 ㄱ이 탈락한 것으로 본다면, '부채, 눈두베'와 같은 형태에서 음운 탈락 조건을 설명할 수 없다. '-애' 형태로 도구성을 갖는 단어에 '날애'와 'ㄱ새[剪]〈훈몽 중7b〉'를 들 수 있는데, '날애'는 '날개'에서 ㄱ이 탈락한 것이고, 'ㄱ새'는 『계림유사』의 '剪刀曰割子蓋'라는 표기에서 보듯이 원래 '-개'형이었다.

1.26b〉), -암/엄(무덤〈삼강 효18a〉)' 등이 있고, 명사에 덧붙는 '-기(잇기
(苫)〈유합 상8a〉), -외(나죄〈두초 25.1b〉), -낮(뿔낮〈두초 7.37b〉), -돕(숫돕
〈능엄 3.43b〉), -맡(머리맡〈월석 10.10a〉), -바지/바치/와치(셩냥바지〈능엄
3.88a〉),52) -박(머릿박〈월석 1.13a〉), -쌀(눈쌀〈월석 2.41a〉), -올/을(사올〈용
비 67장〉),53) -아기(스라기〈두초 16.71b〉), -아지/야지(ᄆ야지〈두초 23.36b〉),
-어리(둥어리〈두초 15.4a〉), -악/억/옥/욱(터럭〈구간 2.71b〉), -앙/엉/옹/
웅(기동〈능엄 8.80a〉), -지(풀지〈훈몽 중14a〉), -축(뒤축〈법화 2.12〉)' 등이 있
다. 중세 국어에서는 동사에서 명사로 파생하는 '-기'의 생산력이 아직
크지 못하다.

　복수를 나타내는 '-내/네'(아자바닚내〈석보 6.1b〉), '-둘ㅎ'(아히둘ㅎ〈두
초 8.39a〉), '-희/희'(저희〈두초 25.37b〉, 너희〈월석 22.37b〉), 높임을 뜻하
는 '-님'(ᄃ님〈월석 4.46a〉), 기수사를 서수사로 파생하는 '-차히/재'(둘
차히〈원각 7하1.1.40b〉, 둘재〈번소 8.21.a〉), 인칭 대명사나 관형사를 만
드는 '-듸/디'(그듸〈두초 21.7b〉, 그디〈월석 1.7a〉) 등도 명사화 접미사로
볼 수 있으나, 이와 같은 접미사에 대해선 '첨사' 등과 같이 달리 해석
하는 견해들도 있다.

[동사 파생]

　동사를 파생하는 접미사의 종류는 많지 않지만, 일상의 언어 표현
에서 파생 동사의 출현은 매우 빈번하다. (10)은 동사가 아닌 어근에
접미사가 붙어서 품사를 바꾼 통사적 파생의 동사들이다.

---

52) '匠은 바지라 〈법화 서21〉'이란 표현도 있어, '-바지/바치/와치'를 접사가 아닌 명사
　로 보면 '셩냥바지'는 합성 명사가 된다.
53) 'ᄒᆞᄅ(<ᄒᆞ᷆ᄅ), 이틀, 사올, 나올, 열흘'에서 파생 접미사 '-올/을'을 설정할 가능성
　이 있다.

(10)ㄱ. 나모ᄒᆞ다〈소학 6.85b〉, 방법ᄒᆞ다〈분온 1b〉, 背叛ᄒᆞ다〈능엄 9.40a〉, ᄆᆞᅀᆞᆷᄒᆞ다〈두초 19.35a〉, 그늘우다〈두초 6.43a〉, ᄀᆞ믈다〈번노 상53a〉

ㄴ. 기피다〈용비 20장〉, 녀토다〈용비 20장〉, 더러비다〈월석 13.29a〉

ㄷ. 다ᄆᆞᆺᄒᆞ다〈두초 15.6b〉, 믈ᄀᆞᆺ믈ᄀᆞᆺᄒᆞ다〈남명 하71b〉, 들락나락ᄒᆞ다〈두초 16.53b〉, 조초ᄒᆞ다〈몽산 16b〉, 더ᄒᆞ다〈능엄 2.78a〉

ㄹ. 向ᄒᆞ다〈능엄 1.39b〉, 헐ᄒᆞ다〈소학 6.67a〉, 동ᄒᆞ다〈번노 하40b〉, ᄀᆞᆷᄌᆞ기다〈월석 2.13b〉, ᄀᆞᆷᄌᆞᆨᄒᆞ다〈월석 18.5a〉, 구믈어리다〈원각 7하1.1.23a〉

(10ㄱ)은 명사 어근에 동사화 접미사가 붙은 파생 동사이다. '-ᄒᆞ-'는 원래 동사의 어간('ᄒᆞ-')이었으나 생산성이 매우 높은 용언 파생 접미사로도 쓰인다. '-ᄒᆞ-'는 주로 동작성 명사(背叛) 뒤에 붙지만 비동작성 명사('나모, ᄆᆞᅀᆞᆷ')나 명사성 어근('헐-, ᄀᆞᆷᄌᆞᆨ-'), 부사(오ᄅᆞ락ᄂᆞ리락)에도 접미한다. 한자어는 우리말에 들어와서는 한어(漢語)에서와 상관 없이 명사성 어근으로 기능하여, '동(動)ᄒᆞ-'와 같은 파생어를 이룬다.[54] '-우-'는 '그늘우-' 외에서는 더 이상 찾을 수가 없지만, 명사 '그늘ㅎ'를 동사화하는 파생 접미사이다. 이러한 파생 동사에 '삻지다〈능엄 2.9b〉, ᄭᅴ지다〈소학 2.7b〉'를 더 꼽을 수 있다. 'ᄀᆞ믈다'는 명사 'ᄀᆞ믈'이 동사로 영 파생한 것이므로 영형태소가 접미하였다고 볼 수 있다.

(10ㄴ)은 형용사 어간에 타동화 파생 접미사가 붙은 파생 동사이다.

---

54) 이는 오늘날에도 서양 외래어가 원어에서의 품사와 상관없이 명사성 어근이 되는 것에서도 마찬가지이다.(예: 스마트(smart)하다, 컴백(come back)하다 등)

여기에 쓰인 '-이-, -오-' 등이 사동화 접사와 형태가 같기는 하나, 이들 동사에는 사동성이 없으므로 형용사를 단순한 타동사로 바꾸는 (10ㄴ)과 같은 파생을 사동화로 보기는 어렵다.

(10ㄷ)은 부사에 동사 파생 접미사 '-ㅎ-'가 붙었다. '-ㅎ-' 접미사는 중세 국어에서도 활발하게 쓰인다. 부사적 어근으로 '믈ᄀᆞᆺ믈ᄀᆞᆺᄒᆞ다, 들락나락ᄒᆞ다'처럼 첩어도 있으며, '조초ᄒᆞ다'처럼 파생 부사 '조초'에 'ᄒᆞ다'가 접미한 형태도 있다.

(10ㄹ)은 명사성 어근에 동사 파생 접미사가 결합한 예이다. '-이-'는 어근 '굼죽-' 뒤에 붙어 동사를 만든다. 이와 같이 '-이-'가 붙는 명사성 어근으로는 '번득-, 옴죽-' 등이 있는데, 다만 '번득'은 당시에 부사로 쓰인 용례가 보인다. '구믈어리-'를 형성한 '-어리(<거리)-'형은 당시 생산성을 크게 확보하지 못한 상태이다.

(11)은 품사에 변화가 없는 어휘적 파생의 동사이다.

(11) 할아다〈능엄 9.119a〉, 둘이다〈법화 3.180a〉, 굽슬다〈두초 17.26a〉, ᄃᆞ오다〈능엄 4.16a〉, 수ᅀᅳ워리다〈두초 16.54a〉, 업더리다〈삼강 충20b〉, 우르적시다〈두초 18.18〉, 딕주리다〈두초 18.18〉

(11)에서는 동사 어근에 접미사가 붙어 다시 파생 동사가 되었는데, 생산성이 높지 못하거나 화석화한 형태들이다. '할아다'는 '할-+-아-+-다'로 분석된다. '할-'(毁)에 '-아'가 접미하였지만 의미상 큰 변화는 없다. 이러한 '-아' 접미사가 붙은 단어에는 '배아다, 뵈아다, 새아다' 등이 있다. '둘이다'는 '둘-'에 '-이-'가 붙었지만 뜻에 큰 변화가 없다. 이러한 '-이-'가 붙은 단어에는 '기타다, 기드리다, 거스리다, 다ᄉᆞ리다' 등이 있다. 이 밖에 유일한 형태만 발견되는 접사로 '-더

리-(업더리다), -슬-(굽슬다), -아리-(혜아리다), -오-(돗오다), -워리-(수스
워리다), -적시-(우르적시다), -주리-(딕주리다)' 등을 찾을 수 있다.

동사 어근에 붙어 다시 파생 동사를 이루는, 비교적 생산력이 높은
접미사들을 (12)에서 볼 수 있다.

(12)ㄱ. 니르받다〈석보 21.25a〉, 쎄혀다〈월석 10.29a〉, 헤티다〈능엄
　　　1.107b〉, 씌돈다〈석보 9.21a〉, 다잊다〈능엄 5.4b〉, 거슬쁘다
　　　〈두초 24.13a〉, 거리츠다〈법화 3.83a〉

　　ㄴ. 그치다〈능엄 4.29b〉, 벗기다〈능엄 6.66b〉, 솟고다〈계초 59b〉,
　　　자피다〈석보 9.33a〉, 모도다〈석보 6.9b〉, 사르다〈용비 52장〉

　　ㄷ. 두피다〈월석 13.66b〉, 걸이다〈월석 17.42a〉, 븓이다〈능엄
　　　3.80b〉, 자피다〈법화 2.228b〉, 가도이다〈월석 9.25a〉

　　ㄹ. 도르다〈두초 23.54a〉, 사르다〈내훈 2.62b〉, 이르다〈석보 6.36b〉

(12ㄱ)은 동사 어근에 강세 접미사가 붙은 파생 동사들이다. '-받/왇-'
은 타동사 어기에 붙어 어기의 뜻을 강조하는 접미사인데, 어기 말음
이 모음이나 'ㄹ'음일 때 그 아래에 온다.[55] '-혀-'도 타동사 어간에 붙
는 생산적인 강세 접미사이다. '-티-, -돈-'은 동사 어간에 붙는 강세
접미사로 생산성이 꽤 있는데, 오늘날에도 '-치-, -닫-'으로 같다. 이
밖에 '-잊-, -쁘-, -츠-' 등도 동사의 강세 접미사들이지만 생산성은
낮다. 이들은 원래 동사 '받-(拍), 혀-(引), 티-(打), 돈-(走), 잊-(虧), 쁘

---

55) '버으리와다〈두초 6.41a〉'와 같은 동사에서는, '버을-'이 자동사이므로 이를 타동
　화하는 사동화 접미사 '-이-'를 붙인 '버으리-'에 '-왇-'을 접미하였다. 따라서 접미사
　가 붙은 파생형 '버으리-'에 다시 강세 접사 '-왇-'이 접미하므로 여기에서만 '어근'
　이 아닌 '어기'라는 용어를 쓴다.

-(壓)'의 어간이 문법화하여 접미사가 된 것이다.

(12ㄴ)은 사동화 접미사가 결합한 단어들이다. 이들 접사의 파생에 관해서는 제3장의 6.1(사동 표현)에서 통사 문제를 논의하면서 더불어 자세히 보기로 하고 여기에서는 설명을 생략한다. (12ㄷ)의 피동화 접미사의 형성에 대해서도 제3장의 6.2(피동 표현)에서 자세히 살핀다. 이들 사동과 피동화 접미사들은 매우 생산적이었다. (12ㄹ)에선 자동사를 타동사로 바꾸는 파생 접미사 '-ᄋ/으-'를 볼 수 있다. '-ᄋ/으-'는 일부 어휘에서 나타나는데 그리 생산적이지는 않으며, 화석형 '사ᄅ잡-'(虜) 정도를 제외하곤 근대 국어로 이어지지 못한다. 이들은 품사 범주를 바꾸지는 않지만 자동사를 타동사로 또는 타동사를 자동사로 바꾸어 문장에서 통사 구조를 달리하게 하므로 통사적 파생이라고 할 것이다.

[형용사 파생]

파생 형용사의 형성은 다른 품사에서 넘어오는 통사적 파생이 대부분이다. (13)은 통사적 파생 형용사의 예이다.

(13)ㄱ. 방종ᄒ다〈소학 2.34b〉, 경ᄒ다〈구간 1.5b〉, 번ᄒ다〈두초 10.4a〉, 疑心둡다〈법화 5.135a〉, 아름답다〈남명 상79a〉, 受苦롭다〈월석 14.79b〉, 외롭다〈석보 6.5a〉/외롭다〈두초 17.4b〉, 利益젓다〈법화 6.159b〉, 힘드렁하다〈소학 6.121b〉, 날혹ᄌᆞᆨᄒ다〈몽산 22a〉, 덥듯ᄒ다〈금삼 4.18a〉

ㄴ. 슬프다〈야운 초발41a〉, 붓그럽다〈번소 8.15a〉, 답깝다〈원각 6 상2.2.171b〉, 남죽ᄒ다〈구간 3.103a〉

ㄷ. ᄀᆞᆨᄃᆞᆨᄒ다〈진언 6a〉, 구즉구즉ᄒ다〈두초 22.45a〉

ㄹ. 이러ᄒ다〈금삼 5.31b〉, 그러ᄒ다〈능엄 2.66b〉, 더러ᄒ다〈석보
   24.15b〉

(13ㄱ)은 명사 어근에 접미사가 붙어 형용사로 파생하는 예이다. 명사
어간에 결합하는 접미사에는 '-ᄒ-, -ᄃᆸ-, -답-, -ᄅᆸ-, -젓-, -지-' 등
이 있다. 동사 파생에서와 마찬가지로 형용사의 파생에서도 '-ᄒ-' 형
은 생산적이다. 상태를 나타내는 명사성 어근에 접미하여 특별한 뜻
을 보태지 않고 단순히 형용사화하는 접미사이다. 동사 파생에서와
마찬가지로 '경ᄒ다'도 한자어 '경(輕)'이 한어에서의 기능과 관계가
없이 명사 어근에 상당하는 범주로 기능하였다.[56] 더욱이 '번-'[明]과
같은 불규칙적인 어근과 결합할 만큼 '-ᄒ-'의 생산성은 아주 높다.
'-ᄃᆸ-'도 매우 생산적인 형용사 파생 접미사로, 일반적으로 [-구체성]
의 명사 어근에 붙어 '… 의 속성이 풍부하다'라는 뜻을 더한다. '-ᄃᆸ-'
에는 '-ᄃᆸ/ᄅᆸ/ᄃᄫᆡ/ᄅᄫᆡ-'라는 여러 이형태가 있는데, 선행하는 어근
이 'ㄹ'나 모음으로 끝날 때에는 '-ᄅᆸ/ᄅᄫᆡ-'형을 가지며, 후행하는 어
미가 모음으로 시작할 때에는 '-ᄅᄫᆡ/ᄃᄫᆡ-'형을 갖는다. '-ᄃᆸ-'과 더
불어, '-ᄃᄫᆡ-'(예: 망령ᄃᄫᆡ다〈번소 6.17a〉)를 거친 '-되-'형(예: 망녕되다
〈소학 5.90b〉)도 16세기에 이미 나타나기 시작한다. '-ᄅᆸ-'은 '-롭-'으로
음운 변화를 겪는데, 이미 중세 국어에서 두 가지 형태가 공존한다.
'-답-'은 간혹 '-ᄃᆸ-'과 혼용 표기되기도 하며 '~ 같다'는 뜻을 가져 '-
ᄃᆸ-'과 유사한 점이 많지만, 이형태 등에서 다른 면을 갖는 별개의 형

---

56) 이 같은 재구조화는 한문 문장에 다는 한글 토에서도 나타난다.
   (i) 眼裏옌 瞳人이 碧ᄒ고 胸中엔 氣若雷ᄒ도다 〈금삼 3.48a〉
   위 예문 (i)에서 '碧ᄒ고'나 '氣若雷ᄒ도다'와 같이, 다시 '-ᄒ-'를 붙여 용언으로 해
   석하는 것이다.

태소이다.[57] '-답-' 형용사의 어근은 '곶-, 아룸-, 시름-, 법-, ᄆᆞᅀᆞᆷ- …' 정도로 한정되어 있다. '-젓-'은 중세 국어에서 크게 활발하지는 않았지만 근대 국어에 들면 좀 더 여러 어휘에서 보이고, 현대 국어에서도 '-쩍-' 형태로 계속되고 있다. '-스럽-'형은 중세 국어에서는 아직 등장하지 않는다.

(13ㄴ)은 동사에서 형용사로 파생한 것이다. 동사 어간에 결합되는 접미사에는 '-ᄇᆞ/브-, -압/업-' 등이 있다. '슬프다'는 타동사 '슳-'에 접미사 '-브-'가 붙은 형태이다.[58] '-ᄇᆞ/브-'는 여러 어휘에서 보이는 형용사 파생 접미사로, 심리 상태를 나타내는 동사 어간 뒤에 붙어 '…은 느낌이 있다'는 뜻을 더한다. '붓그럽-, 답깝-'은 '붓그리-+-업-, 답끼-+-압-'으로 분석되는데, 여기서 '-압/업/앟/엏-'은 타동사 어간에 붙어 파생 형용사를 이루는 접미사이다. 이때 동사의 어간 말음 'ㅣ'는 탈락한다. '남즉ᄒᆞ다'는 동사 '남-'에서 파생한 형용사이다. 형용사 파생에서 파생 형용사만 남고 원래의 동사는 근대 국어 이후에 사라진 경우가 여럿 있다.(예: 믜다[憎], 두리다[恐], 밫다[忙], 깄다[喜], 즜다[勞]) 등)

(13ㄷ)은 부사적 어근에서 형용사로 파생한 것이다. 접미사 '-ᄒᆞ-'가 붙는 어근들은 모두 명사적 성격으로 보기도 하나, (13ㄷ)에 있는 어근들은 당시에 실제 부사로 쓰였으므로 부사에서 파생된 것으로 본

---

57) '-ᄃᆞᆸ-'과 '-답-'을 쌍형어로 보거나(안병희 1959), 수의적인 변이형으로 보는(이현규 1982) 견해가 있으나, 김창섭(1984), 구본관(1998) 등에서는 이들을 서로 다른 접미사로 해석하였다.

58) '슳-'은 동사와 형용사 두 가지로 쓰였다.
(i) 여희유메 몃 버늘 슬카니 〈두초 23.53b〉
(ii) 쫓 두미 ᄀᆞ장 슬ᄒᆞ니라 〈월석 서22b〉
이 가운데 '슬프다'는 동사에서 형용사로 파생된 것으로 보는 것이 타당할 것이다.

다. (13ㄹ)은 지시 대명사 '이, 그, 뎌'를 포함하는데, 그 구조가 불분명하다.

다음은 어휘적 파생 형용사들이다.

(14)ㄱ. 녇갑다〈월석 18.43b〉, 눗갑다〈훈민 13b〉, 둗겁다〈번박 16a〉

ㄴ. 파랗다〈금삼 3.48a〉, 파라ᄒ다〈금삼 3.30b〉, 퍼러ᄒ다〈남명 하 72b〉

(14ㄱ)에서는 접미사 '-갑/겁/갈/겁-'이 형용사 어간 '녇-, 눗-'과 동사 어간 '둗-'에 붙어 형용사를 파생하였다.[59] '늘캅-'〈월인 기162〉은 '늘ᄒ(刃)+-갑-'으로 분석할 수 있는데, 어근 자리에 형용사가 아닌 명사가 와서 어기 범주의 일관성을 어기는 것이기는 하지만, 국어에서는 이러한 가설이 절대적이지 않으므로 여기에서의 '-갑-'도 (14ㄱ)의 접미사와 같이 볼 수 있다.

(14ㄴ)의 '파랗-'은 형용사 'ᄑᄅ-'에 접미사 '-앟-'이 붙은 형태이지만, 이는 어근에 접미사 '-아ᄒ-'가 결합한 '파라ᄒ-'의 축약형으로 해석된다. 어근에서는 모음 교체와 모음 탈락이 일어나, 'ᄑᄅ/ᄑᄅ-'가 '퍼ᄅ/파ᄅ-'가 된다. 색채 형용사 '누르-'에 '-어ᄒ-'가 결합하여 이룬 '누러ᄒ다'류는 근대 국어까지 '누렇다'형과 함께 쓰이다가, 현대 국어에서 '누렇다'만 남는다. 현대 국어에서 '-아ᄒ-' 앞에 놓이는 어간은 감정의 의미를 가진 형용사(예: 괴롭-, 밉-, 좋-)만이 가능한데, 중세 국

---

59) '눗-'(低)은 자동사와 형용사 두 가지로 쓰이는데, '-갑-'이 형용사 어간을 어기로 하므로 여기에서는 형용사에서 파생된 것으로 보아야 할 것이다. 이현희(1987)에서는 '둗겁-'과 '두팁-'의 구조를 모두 '[[[[둗-]ᵥ읙]ₐ이]ᵥ업]ₐ'로 보아 둘 다 접사를 '-업-'으로 보았다.

어에서는 이처럼 색채 형용사도 올 수 있다. 이와 같은 파생은 '하얗다〈두초 25.50a〉, 노랗다〈구방 상3b〉, 프러누렇다〈두초 16.40b〉'이나, '하야ᄒ다〈두초 16.72a〉, 누러ᄒ다〈두초 10.45b〉, 거머ᄒ다〈남명 하70a〉, 프라블가ᄒ다〈월석 2.58a〉' 등처럼 생산적으로 나타난다. 품사를 바꾸지 않는 형용사의 어휘적 파생 접미사는 이들 외에는 거의 찾기가 어렵다.

(15) ㄱ. 本來 됴흔 根源이 다ᄋ디 아니훌씨 〈석보 9.19a〉

ㄴ. 이 善男子ㅣ 이 淸淨흔 四十一心을 다ᄒ고 〈능엄 8.40b〉

(16) ㄱ. 내이 여희ᄂ 興이 궁여 나미 더ᄋᄂ다 〈두초 8.46a〉

ㄴ. 이 法을 流布ᄒ야 너비 더으게 ᄒ라 〈월석 18.15b〉

ㄷ. 모딘 룡(龍)이 노(怒)를 더ᄒ니 〈월인 기102〉

(15)와 (16)에서 '다ᄋ-'와 '더ᄋ/더으-'는 '다ᄒ-'와 '더ᄒ-'형으로도 나타난다. 용언화 파생 접미사 '-ᄒ-'의 생산성이 매우 높으므로, '다ᄋ-, 더으-'와 비슷한 발음을 가진 '다ᄒ-, 더ᄒ-'형이 유추되었을 것으로 추정된다.

[관형사 · 부사 파생]

수식어에는 관형사와 부사가 있다. 이 가운데 관형사의 파생은 현대 국어에서도 별로 논의되지 않을 만큼 생산적이지 못하다. 파생 관형사는 다른 품사와 달리 별도의 파생 접미사를 가지지 않고 대체로 활용 어미나 조사 등이 붙은 굴절형이 파생어로 굳어진 경우가 대다수라서 단어 형성 층위를 달리할 수 있는데, 중세 국어에서도 이러한 예를 몇 개 찾을 수 있다.

(17) 모든〈월인 기91〉, 다른(他)〈선종 하68b〉, 뜬〈선종 하46a〉, 이런〈석
보 6.34a〉, 허튼〈구간 3.86b〉, 나믄〈석보 23.13a〉, 오은〈남명 하
8a〉/온〈구간 1.88b〉, 무슷〈석보 6.27a〉, 현맛〈월석 2.47b〉, 몃맛
〈두초 7.14a〉, 져고맛〈석보 13.26a〉, 그나믄〈구황 12b〉, 아니한〈석
보 19.5b〉, 열나믄〈능엄 1.16a〉, 녀나믄〈석보 9.8b〉

(17)에 있는 어휘들은 용언에 관형사형 어미 '-은/은'이 접미하거나 체
언에 관형격 조사 'ㅅ'이 붙은 형태가 아예 파생 관형사로 굳어진 것이
다. 그러나 이들 접미사가 당시에 큰 생산성을 가졌다는 증거는 보이
지 않는다.

　부사 파생은 좀 더 활발하게 일어난다. (18)은 접미사가 붙은 파생
부사이다.

(18)ㄱ. 맛내〈월석 1.42b〉, 내죵내〈법화 6.13b〉, ᄆᆞᄎᆞ매〈선가 11a〉, 새
　　　로〈정속 11a〉, 오ᄋᆞ로〈석보 13.28a〉, 이리〈칠대 12b〉, 몸소〈번
　　　소 8.19b〉/몸소〈소학 6.25a〉, 낫나치〈월석 8.8a〉, 일일이〈원각
　　　7하1.2.20b〉, 能히〈남명 상19a〉, 전혀〈금삼 3.57a〉, 현마〈삼강
　　　열22a〉, 萬一에〈소학 5.62a〉, 아름ᄃᆞᄫᅵ〈월석 17.93a〉

　　ㄴ. 츠기〈석보 9.12a〉, 친히〈계초 57b〉, 실로〈번소 8.41b〉

　　ㄷ. 비르소〈소학 1.5a〉, 나마〈월석 23.82b〉, 구틔여〈선종 상31a〉,
　　　그우리〈석보 6.30b〉, 마조〈소학 6.69a〉, 가시야〈내훈 1.52b〉,
　　　도라혀〈금강 2.57a〉

　　ㄹ. 머리〈월인 기28〉, ᄀᆞ득히〈능엄 3.77b〉/ᄀᆞᄃᆞ기〈능엄 3.77b〉, 들
　　　히〈법화 6.145a〉, 오ᄋᆞ로〈석보 13.28a〉, 줌줌코〈법화 3.111a〉,
　　　ᄀᆞᄆᆞ니〈능엄 4.17a〉/ᄀᆞ만이〈소학 6.79b〉, 곱곱히〈남명 상

75b〉, 반ᄃᆞ기〈월인 기213〉, 말가히〈월인 기213〉, 늘카이〈능엄 9.86b〉, 날혹ᄌᆞᄂᆞ기〈구간 1.59b〉

ㅁ. 그러나〈맹자 5.18b〉, 그러면〈맹자 6.14a〉, 그러모로〈소학 2.31b〉, 그럴씩〈법화 3.17b〉, 그려도〈유합 하27a〉, 이러면〈정속 25a〉, 이럴씩〈석보 9.11a〉, 이런ᄃᆞ로〈내훈 1.67a〉

(18ㄱ)은 명사를 어근으로 하여 파생된 부사들인데, 이러한 파생에서 '-로, -에' 등 조사가 결합되어 이루어진 파생 부사 외에 부사화 접미사들의 생산성은 그리 높지 못하다. (18ㄱ)에서 보이는 '-내, -애, -로, -리, -소/소, -이, -히, -혀, -마' 등의 접미사에 의한 파생 부사는 이들 외에도 얼마간씩 더 찾을 수 있지만, '아름뎌〈번소 6.4a〉, 새려〈두초 3.62b〉, 본ᄃᆡ록〈두초 11.1b〉, 므스므라〈번노 상65b〉/므스그라〈두초 23.51b〉'에서 보이는 '-뎌, -려, -록, -으라' 등은 다른 예를 찾기 어렵다. '현마'는 명사 또는 관형사 '현'에 접미사 '-마'가 붙었는데, '몃마'도 같은 구성이다. '몸소, 손소'에서 '-소'는, 'ㅿ'의 소멸로 16세기 후반 이후에는 '-소/조'로 바뀌어 '몸소, 손조'로 나타난다. '아름ᄃᆞᄫᅵ'에서 '-ᄃᆞᄫᅵ'는 형용사 파생 접사 '-ᄃᆞᆸ-'에서 다시 파생한 부사화 접미사로, '다ᄫᅵ/다히'로 나타나며 '같이'의 뜻을 더한다. 15세기 말에 '다ᄫᅵ>다이'를 거쳐 근대 국어 말까지 쓰이다가 현대 국어에서는 사라진다.

(18ㄴ)은 1음절 한자어에 '-이, -히, -로' 등을 접미하여 부사를 파생하는 단어 형성법으로, 당시의 문헌에서도 상당한 용례를 보인다. 위의 파생어들은 '측(側)-+-이', '친(親)-+-히', '실(實)-+-로'로 해석된다.[60] 이러한 접미사들은 단음절 한자어 외에도 '긔특(奇特)이〈소학

---

[60] (18ㄱ)의 '마ᄎᆞ매'와 (18ㄴ)의 '실로'에서 '-애'와 '-로'는 조사에서 온 것이므로 이 같

6.54a〉, ᄌᆞ연(自然)히〈구간 1.66a〉, 진실(眞實)로〈계초 31b〉' 등과 같이 다음절 한자어와도 잘 어울렸다. 한자어 뒤에 오는 부사화 접미사로는 '-이, -히' 가운데 '-히'가 훨씬 우세하다.

(18ㄷ)에서는 접미사 '-오, -아/어/여, -이'가 동사 어근에 접미하여 파생 부사를 이루었다. 용언(주로 동사)의 어간에 '-오/우'가 접미한 파생 부사는 매우 많지만 16세기 이후 새로운 파생어가 별로 추가되지 않는 점으로 볼 때, 중세 국어 시기에 '-오/우'는 이미 생산력이 아주 약화되었음을 알 수 있다. 중세 국어에서는 보조사가 아닌 부사로서의 '나마'가 보인다. 이는 '남-+-아'이며, '구틔여, 버거' 등에서도 같은 접미사를 찾을 수 있다. '그우리'는 '그울-'에 '-이'가 접미하였다.

(18ㄹ)은 형용사의 부사화이다. '-이/히'는 매우 생산적인 부사 파생 접미사이다. 형용사의 어간이 'Xᄒᆞ-'형이면 대개 '-히'형이 나타나는데, X(어근)의 끝소리가 무성음이면 '-ᄒᆞ-'가 탈락하여 어근에 '-이'형이 직접 붙는 일이 많다. 이 같은 조건을 갖지 않은 '-히'형으로는, '둘-'(甘)의 파생 부사 '둘히'와, 명사 '굽'(重)의 중첩형에 '-히'가 붙은 '굽굽히'가 보이는데, 이는 생산적인 '-히'의 유추적 형태인 듯하다. 중세 국어에서 형용사에 '-이/히'가 결합하여 이루어진 파생 부사 가운데 상당수는 오늘날 사라지고 부사형 '-게'로 쓰인다.(예: '불기, 조비, 너비, 거츠리, 키, 퍼러히' 등) '오ᄋᆞ로'는 형용사 '오올-'에 '-오'가 접미한 드문 형태이고, '줌줌코'는 활용형 '줌줌ᄒᆞ고'의 축약 형태가 파생으로 굳어진 것이다.

(18ㅁ)은 접속 부사 파생어이다. 이들은 형용사 '그러ᄒᆞ-, 이러ᄒᆞ-'

은 단어는 파생어가 아닌 합성어라고 볼 수도 있다. 그러나 여기에서는 조사가 의미상 파생을 경험한 것으로 보아 파생어에 포함한다.

나 '그리ᄒᆞ-, 이리ᄒᆞ-'에서 접속 부사로 파생한 것으로 해석된다. 물론 파생 과정에서 어휘화하는 재구조화를 경험한 것이다.

(19) 고대〈석보 24.32b〉, 만실에〈번소 8.32a〉, 다시곰〈석보 6.6a〉, 히 여곰〈논어 2.1a〉, ᄆᆞ즈막〈월석 10.8b〉

(19)는 부사에서 다시 부사로 파생된 예들로, '-애/에, -곰, -막'이라는 접미사들을 추릴 수 있다. '고대, 만실에, 다시곰, 히여곰'에서는 보조 사와의 결합형이 파생 부사로 재구조화를 겪었는데, 특히 '히여곰'은 부사 파생형을 어기로 한다. 'ᄆᆞ즈막'은 중세 국어에서는 해당 접사를 가진 다른 예를 찾기 어려운 용례이다.

[조사 파생]

조사 가운데에는 다른 품사의 어휘에서 파생되는 경우가 많으며, 특히 보조사는 대부분 통사적 파생을 거쳐 이루어진다. (20)은 파생 조사의 예이다.

(20) ᄃᆞ려〈육조 중50a〉, 브터〈법화 5.44b〉, 조차〈금삼 2.50a〉, 두고〈석 보 9.14a〉, ᄒᆞ고〈월석 2.13a〉

(20)은 다른 어휘(동사)에서 파생한 것이다. 'ᄃᆞ려'는 'ᄃᆞ리-'에, '브터'는 '븥-'에, '조차'는 '좇-'에 '-아/어'형이 붙은 것이다. '두고'는 '두-'에, 'ᄒᆞ 고'는 'ᄒᆞ-'에 '-고'가 붙었다. 'ᄃᆞ려, 브터, 조차'는 그 앞에 격조사 '를' 이나 '로'를 함께 쓰기도 하는데, 이는 이들 형태가 어휘소에서 문법소 로 진행해 가는 과정임을 말하는 것이다. 이 밖에도 조사의 파생은 보

조사에서 많이 나타나는데, 문법화 현상 가운데 하나로 해석되는 것이다.

4.2.3 비접사 파생

중세 국어의 파생어 형성에는 접사에 의하지 않고 파생어를 이루는 비접사 파생법도 있다. 여기에는 자음이나 모음이 바뀌거나 생략하는 과정을 통한 파생, 또는 형태에 변화가 전혀 없는 파생 등이 있다.

[자·모음의 교체와 생략]

자음이나 모음을 교체하여 느낌을 달리하거나 의미상 차이를 가져오는 방식인데, 이 경우에 두 형태가 갖는 의미는 서로 절대적인 관련성을 갖는다. 이러한 변화도 파생의 일종으로 볼 수 있다.[61]

(21) ᄇ람(風)〈남명 하44a〉 : 프람(嘯)〈광주천자문 39a〉

곪다(膿)〈구간 3.43b〉 : 곯다(膿)〈구방 하35b〉

둗겁다(厚)〈월석 2.58a〉 : 두텁다(敦)〈월석 2.56a〉

(22) ㄱ. 나(我)〈금삼 3.26b〉 : 너(汝)〈관음 11a〉 : 누(誰)〈법화 5.99b〉

ㄴ. 갗(皮)〈훈민 42〉 : 겇(表)〈구방 상82a〉

ㄷ. 갂-(削)〈두초 16.57a〉 : 것-(折)〈두초 24.57a〉

ㄹ. 쟉-(小)〈번노 19a〉 : 젹-(少)〈번소 6.15b〉

ㅁ. 파랗다〈금삼 3.48a〉 : 퍼렇다〈석보 3.41b〉 : 프렇다〈구간 1.1b〉

---

61) 이러한 현상은 품사의 변화는 없이 뜻의 분화만을 가져오는 경우가 많아, 파생의 범주에서 제외하기도 한다.

(21)에서는 자음을 바꾸어 의미를 달리하였다. 명사 '부람'은 'ㅂ'음의 유기음화 형태인 '푸람'이 '휘파람'이라는 좀 더 강한 뜻을 얻었다. '부람'은 당시에 일반적으로 '부름'으로 나타나지만 간혹 이 두 가지 형태는 혼용되었다. 동사 '곪다'와 '곯다'는 매우 비슷한 뜻을 가진 말이지만, 전자는 염증과 동반되는 개념이고 후자는 좀 더 넓게 '상하다'는 뜻을 갖는다. 형용사 '둗겁다'와 '두텁다'의 의미 차이는 현대 국어에서와 마찬가지인데, 이 당시에는 '두텁다'가 '둗겁다'의 뜻으로도 쓰이고 있어 두 가지 형태의 분화가 그리 오래지 않았음을 짐작하게 한다. 이러한 자음 교체에 의한 의미 파생은 대체로 경음화나 격음화로 나타나는 경우가 많은데, 중세 국어 시기는 아직 후두화음이나 유기화음의 발달이 일반적이지 않아 이 같은 자음의 교체가 널리 보이지 않는다.

(22)는 모음을 바꾸어 의미에 차이를 가져왔다. (22ㄱ)은 대명사에서 모음을 달리하여 인칭이 바뀌었다. (22ㄴ)은 명사이고, (22ㄷ)은 동사이며, (22ㄹ)은 형용사인데, 모두 모음을 교체하면서 의미를 분화하거나 의미 차이를 얻었다. 모음 교체에 의한 의미 분화는 이 밖에도 '늙다 : 늝다, 묽다 : 맑다, 붉다 : 밝다, 곱다 : 굽다' 등 많이 있다. (22ㅁ)에서 보듯이, 특히 빛깔을 나타내는 형용사 등과 같이 정도성이 두드러지게 구분되는 말에서 이러한 자·모음의 교체에 의한 파생이 많이 일어났다. 국어에서는 일찍부터 자음에 비해 모음의 교체가 훨씬 광범위하게 이루어졌다. 그러나 'ㄱ늘ㅎ : 그늘ㅎ, ㅂᄉ다 : 브스다' 등에선 모음 교체에 따른 의미 차이가 별로 없다.

(23) 흔〈석보 6.4a〉, 두〈용비 36장〉, 서너〈번소 9.73a〉

(23)은 수사에서 수 관형사로 파생하면서 자음이나 모음을 생략하는

예이다. '흔'은 'ᄒᆞ낳'에서 'ㅏᇂ'가, '두'는 '둘ᇂ'에서 'ㄹᇂ'가 탈락하였다. '서너'는 '세넿'에서 'ᇂ'가 탈락하였고 모음도 단모음화를 겪었다.[62] 이러한 예들은 모두 수량 관형사에서 일어난다.

[영 파생]

영 파생은 형태에 변화가 없이 문법 기능에 변화를 갖는 파생으로, 중세 국어에서도 적잖은 예가 보인다. 특히 현대 국어에서 동사와 형용사로 구분되는 용언 가운데 이 당시에는 두 가지로 다 쓰이는 어휘들이 많이 있고, 이러한 양용성은 자동사와 타동사, 능동사와 피동사, 사동사와 주동사 사이에서도 보인다. 한편, 영 파생 어휘들이 모두 문법 기능상 두 가지 용법을 가진 것으로 보아, 영 파생을 인정하지 않는 견해도 가능하다. 이는 제3장 3.2에서 양용 동사를 설정하는 것과 마찬가지의 시각이다.

(24)ㄱ. 퍼뎟ᄂᆞᆫ 너추리 ᄆᆞᆯᄀᆞᆫ 모ᄉᆞᆯ 횟돌앳도다 〈두초 15.8a〉

　　ㄴ. 두듥과 굴헝에 츤 藤草ㅣ 너추렛도다 〈두초 16.14b〉

(25)ㄱ. ᄒᆞ마 흔 念이 나디 아니ᄒᆞ면 前後ㅅ ᄀᆞ시 그처 照體 ᄒᆞ오ᅀᅡ셔 物와 我왜 다 如호미 이 寂照ㅣ 알ᄑᆡ 나토미니 엇뎨 眞實ㅅ 부톄 아니리오 〈원각 2상1.1.74a〉

---

[62] '서너'가 수사로 쓰일 때에는 다시 아래의 예문에서 보듯이 '서넣'가 된다.
　(i) 형뎨 서너히 기동 딕킈여 안잣ᄂᆞᆫ 거셔 〈번박 상42a〉
　(ii) 사ᄋᆞᆯ나ᄋᆞᆯ 닉예 ᄡᅳ면 열혜 여슷닐굽만 살오 닷쇄엿쇄예 ᄡᅳ면 서너히 살오 〈구간 3.47a〉
　(iii) 믄득 겨집 서너히 혜딜러 ᄃᆞ라 오ᄂᆞᆫ 비치 이셔 그 겨집ᄃᆞ려 닐오ᄃᆡ 〈태평 17a〉
　위의 예문에서 중세 국어는 물론 근대 국어 시기의 문헌인 (iii)에서도 '서넣'로 쓰여 있음을 볼 수 있다.

ㄴ. 舍利佛이 ᄒᆞ오ᅀᅡ 아니 왯더니 六師ㅣ 王ᄭᅴ 술ᄫᅩ티 〈석보 6.29b〉

(26)ㄱ. 根塵을 브터 나 기ᄂᆞ니라 〈월석 2.22지1a〉

　　ㄴ. 廣長舌은 넙고 기르신 혜라 〈석보 19.38b〉

(27)ㄱ. 王이 곧 버힌대 흰 져지 소소ᄃᆡ 노ᄑᆡ 자ㅅ이 남고 〈남명 상53b〉

　　ㄴ. ᄉᆞ자ᄉᆞᆼ(獅子聲)ㅅ 말 ᄒᆞ샤 쎵(城)을 남아 산(山)을 향(向)ᄒᆞ시니
　　　〈월인 기54〉

(28)ㄱ. 往生偈를 외오시면 골픈 비도 브르며 헌옷도 새 ᄀᆞᆮᄒᆞ리니 〈월
　　　석 8.100b〉

　　ㄴ. 녯 대예 새 竹筍이 나며 새 고지 녯 가지예 기도다 〈금삼
　　　3.23b〉

　　ㄷ. 比丘尼 절ᄒᆞ야 셤기디비 새 빅호ᄂᆞᆫ ᄠᅳ들 어즈리디 말 씨오 〈월
　　　석 10.20b〉

(29)ㄱ. 光明이 東 녀그로 비취샤매 비르스샤 智境이 오로 나ᄐᆞ시고 〈법
　　　화 1.4b〉

　　ㄴ. 프른 신과 뵈보셔ᄂᆞ로 일로브터 비릇 가리라 〈두초 16.31a〉

(30)ㄱ. 어느 ᄃᆞ리로 네 方便으로 나를 외오 혀다가 ᄡᅡ굴 삼게 ᄒᆞ가뇨
　　　〈두초 16.1b〉

　　ㄴ. 우리옷 계우면 큰 罪를 닙습고 ᄒᆞ다가 이긔면 거즛 이를 더르쇼
　　　셔 ᄒᆞ야ᄂᆞᆯ 〈월석 2.72a-b〉

(31)ㄱ. 衡山이 비록 죠고맛 ᄀᆞ올히나 爲頭ᄒᆞ야 블러 큰 義를 너피도다
　　　〈두초 6.22a〉

　　ㄴ. 法華經 듣고져 ᄒᆞ야 아니한 ᄉᆞ이나 듣고 〈법화 6.19a〉

(24)에서 '너·출'은 명사와 동사로 쓰였다. 즉 (24ㄱ)에서 '너·출'은 명
사이나, (24ㄴ)에서는 형태와 성조의 변화도 없이 '너·출-'이라는 동

사로 쓰였다. 이같이 형태 변화 없이 명사에서 동사로 기능을 바꾸는
영 파생은 '·ᄀ·믈> ·ᄀ·믈-, ·깃>깃-, ·되> ·되-, ·빗>빗-, ·신>:
신-, ·쁴>쁴-, 품> ·품-' 등 여럿이 있다. 다만 이들 어휘에 표시된 방
점을 보면 '깃, 빗, 신, 쁴, 품'은 명사에서 동사로 파생할 때에 성조의
변화가 있는데, 이들은 모두 단음절 어간이다. (25ㄱ)에서 명사로 쓰
인 'ᄒ오ᄉᆞ'는 (25ㄴ)에선 부사로 기능하고 있다. (26ㄱ)의 '길-'은 동사
이며, (26ㄴ)의 '길-'은 형용사이다. '남-'이 (27ㄱ)에서는 자동사이고 (27
ㄴ)에서는 타동사이다. '새'는 (28ㄱ)에서 명사로, (28ㄴ)에서 관형사로,
(28ㄷ)에서 부사로 기능하고 있다. 이처럼 형태 변화 없이 하나의 형태
가 두 가지 이상의 문법 기능을 하는 용법이 곧잘 나타난다.

(29ㄱ)에서 동사로 쓰인 '비릇-'은 (29ㄴ)에서 그 어간 형태만으로 부
사 기능을 한다. 이처럼 용언의 어간이 그대로 부사로 파생하는 예는
'ᄀ초, 거싀, 그르, ᄂᆞ외, 더듸, 마초, 마치, 모도, 믓, 브르, 바ᄅᆞ, 하'
등 많이 있다. (30ㄱ)에서 '혀다가'에서 보듯이 '-다가'는 동사의 활용
어미인데, (30ㄴ)의 'ᄒ다가'는 'ᄒ-'의 활용형이 개별적으로 어휘화하
여 '만약'이라는 뜻을 가진 부사로 되었다. (31ㄱ)에서 'ᄀ올히나'에서
는 명사 'ᄀ올ᄒ'과 서술격 조사 '이나'를 찾을 수 있다. 그런데 (31ㄴ)
의 'ᄉᆡ나'에서는 '이나'가 보조사로 쓰였다. 이와 같이 서술격 조사
의 여러 활용형이 그대로 굳어져 보조사로 파생한 것으로는 '(이)어나,
(이)ᄃ록, (이)ㄴ들'이 있다. 이들은 서술격 조사 '이-'의 활용 형태와 매
우 비슷하나, (31ㄴ)은 서술격 조사와 달리 순전히 음운적 조건에 따
라 '이' 개입 여부의 이형태를 가지는 보조사이다. 이들 외에도 명사성
어근이 중첩하여 부사를 이루는 단어 형성도 일종의 영 파생으로 볼
수 있다.

4.3 합성

중세 국어에서 합성어 형성은 명사, 동사, 형용사, 관형사, 부사, 조사 등 여러 범주에서 나타난다. 합성법은 중세 국어 이래 근·현대에 이르기까지 변화가 크지 않다.

4.3.1 명사 합성

중세 국어에서 명사 합성은 대부분 통사적 합성법을 보인다. 다음은 합성 명사들이다.

(32)ㄱ. ᄆᆞ쇼〈내훈 2.3b〉, 부모〈번박 상50b〉, 사나올〈석보 11.31a〉, 여닐굽〈두초 11.5b〉, 스믈여듧〈훈민 3a〉, 낫낫〈법화 4.121a〉, 밤낮〈구급 상64a〉, 낫밤〈금삼 2.19b〉, 南北〈금삼 2.44a〉, 안팟〈남명 상23b〉, 內外〈법화 2.257b〉, 가지가지〈선가 2b〉, 딕딕〈삼강 열 9a〉

ㄴ. 남진종〈훈몽 상17a〉, 귀믿터리〈두초 21.33a〉, 곳블〈분온 4a〉, 나못가지〈석보 3.15b〉, 밠바당〈남명 상55a〉, 돌기알〈구방 하 92a〉, 나모그릇〈소학 1.7a〉

ㄷ. ᄀᆞᄂᆞ비〈남명 하6a〉, 오은몸〈금삼 2.20a〉, 온몸〈법화 6.154b〉, 외짝〈훈몽 하14b〉, 뎌주숨〈두초 19.2a〉, ᄒᆞᆫ가지〈훈민 12a〉, ᄒᆞ오삿말〈능엄 9.118a〉, 한숨〈법화 6.33a〉

ㄹ. 대쇼렴〈번소 7.17a〉, 대쇼변〈구간 2.113a〉

(33) 누비옷〈월인 기120〉, 붉쥐〈훈몽 상22b〉, 열쇠〈몽산 53a〉, ᄌᆞ믈쇠〈유합 하24a〉

(32)는 모두 통사적인 합성 명사이다. (32ㄱ)은 명사적 어근끼리 대등적으로 결합한 합성어이며, (32ㄴ)은 명사와 명사가 종속적으로 결합한 합성어이다. '가지가지'는 반복 합성어인데 명사와 부사 용법 모두에 쓰이는 것은 현대 국어에서와 같다. 종속적으로 결합할 때에는 앞에 놓인 명사가 뒤에 오는 명사에 종속적인 관계를 갖는다. '남진죵, 귀믿터리'에서는 종속 관계를 나타내기 위한 'ㅅ'의 첨가가 없으나, '곳블, 나못가지, 밠바당'은 선행 명사에 관형격 'ㅅ'가 첨가되었다. 종속 관계의 합성 명사 형성에서, 중세 국어보다 이전 시기까지는 사이시옷의 첨가가 생산적이지 않았으나, 15세기에 이르러는 모음이나 'ㄹ' 뒤에서 대개 'ㅅ'가 붙는다. '둘기알'은 선행 명사에 관형격 '의'가 첨가되었다. 앞에 오는 명사의 끝소리가 유성음이고 뒤에 평장애음으로 시작하는 명사가 오면 대부분 관형격 조사 'ㅅ'가 첨가되는데, '나모그릇'처럼 선행어가 후행어의 재료나 목적 등의 의미·기능을 가질 때에는 예외인 경우가 많다. (32ㄷ)은 다른 품사의 단어와 명사와의 결합이다. 'ㄱ는비'는 형용사의 관형사형이, '외딱, 뎌주움, 흔가지'는 관형사가 명사 앞에 종속적으로 결합하였다. 'ㅎ오삿말'은 부사에 관형사형 'ㅅ'이 붙어서 명사에 종속적으로 결합하였다. (32ㄹ)의 '대쇼렴'은 '대렴'(大斂)과 '쇼렴'(小斂)을, '대쇼변'은 '대변'과 '소변'을 축약한 합성어이다.

(33)은 비통사적 명사 합성어로, 용언의 어간에 명사가 직접 결합한 형태를 보인다. 중세 국어에서 비통사적인 합성어는 매우 드물다.

다음 (34ㄱ)은 수사(數詞)의 합성어이다. 이들은 대개 그대로 수량 관형사로도 쓰였다.

(34)ㄱ. 여닐굽〈번박 17b〉, 열아홉〈두초 20.9a〉, 두서열〈몽산 3b〉

ㄴ. 出家 아니홇 道士ㅣ 쉬나무니러라〈월석 2.77a〉

ㄷ. 쉬나믄 힛 ᄉᆞ싀 솑바당 두위힐후미 ᄀᆞᆮᄒᆞ니〈두초 16.48a-b〉

(34ㄱ)은 수 관형사와 수사가 같은 형태로 쓰이는 합성어이다. '쉬나
믄'은 (34ㄴ)에선 수사로, (34ㄷ)에선 수 관형사로 쓰였다.

4.3.2 동사 합성

동사의 합성은 동사끼리 결합하거나, 다른 품사의 어근 뒤에 동사
가 결합하여 이루어지는데, 그 어휘의 수가 매우 많다. 동사들의 결합
에는 선행 동사의 어간에 후행 동사가 결합하는 방식과, 선행 동사의
어간에 '-아/어'가 접미한 후에 후행 동사가 결합하는 방식이 있다.

(35)ㄱ. 오ᄅᆞᄂᆞ리다〈선종 상112b〉, 딕먹다〈석보 3.16a〉, 두계시다〈선
　　　가 상44b〉/두겨시다〈석보 13.29b〉,[63] ᄢᅥ디다〈석보 13.45a〉,
　　　돌보다〈계초 6b〉, 드나들다〈두초 25.48a〉, 흑보ᄉᆞ다〈유합 하
　　　61a〉, 밀힐후다〈두초 16.2a〉, 솟나다〈남명 상6a〉, 거두쥐다〈법
　　　화 6.13b〉, 엿보다〈두초 6.31b〉

　　ㄴ. 나다나다〈석보 19.37a〉, 니르러가다〈두초 21.14a〉, ᄢᅥ러디다
　　　〈석보 13.45a〉,[64] 도라보다〈삼강 효33a〉

---

[63] '두겨시다'와 '두잇다'를 '두어 겨시다'와 '두어 잇다'에서 '-어'가 생략된 것으로 보기
　도 하나, 이들 형태에서 '-어'가 들어간 용례가 없다. 따라서 이들은 합성 동사로 보
　아야 할 것이다.

[64] 'ᄢᅥ러디다'에서 '디-'는 보조 용언 구조로 문법화한 '-어 디-'에서의 '디-'와는 다르
　다. 'ᄢᅥ러디다' 형성에서는 동사 '디-'(落)의 의미가 그대로 있는 어근이다.
　(i) 큰 구데 ᄢᅥ러디다 호ᄆᆞᆫ 法 헐오 惡道애 ᄢᅥ디다 ᄒᆞ둧ᄒᆞ 마리라〈월석 11.106b〉

(36)ㄱ. 빛나다〈용비 80장〉, 녀름짓다〈선종 상23b〉, 앒셔다〈월석
     10.3b〉, 귀향가다〈속삼 충5b〉

   ㄴ. 깃깃다〈두초 6.10b〉, 꿈꾸다〈월석 9.13a〉, 춤츠다〈소학 사3a〉

   ㄷ. ᄌᆞ나다〈몽산 44a〉, 츠기너기다〈월석 2.15a〉, 갓고로디다〈두초
     20.10a〉

(35)는 동사끼리 결합한 합성 동사인데, (35ㄱ)에서는 앞서는 동사 어
간에 뒤이은 동사의 어간이 바로 결합하였고, (35ㄴ)에서는 그 사이에
부동형(副動形) 어미 '-아/어'가 들어가 있다. 흔히 전자를 비통사적 합
성법, 후자를 통사적 합성법이라 한다. 중세 국어 시기에는 두 가지
유형의 합성 동사가 모두 많이 쓰이는데, 전자가 이전 시대부터의 합
성법이고 후자가 새로운 합성법으로, 합성 동사 형성법에 변화가 일
어났음을 알 수 있다.[65] 그 결과, 전자와 같은 방식으로 이루어진 새
로운 합성 동사는 근대 국어 이후에 많지 않으며, 중세 국어 시기에도
이전 시대에 만들어진 합성어를 사용할 뿐 그 같은 형성법은 이미 생
산성이 크지 않았던 것으로 보인다. 반면 새롭게 만들어지는 후자의
합성법은 근대 국어를 거쳐 오늘에 이르면서 더욱 큰 세력을 갖고 있
다. 당시에도 '뻐디다'와 '뻐러디다'처럼 두 가지가 같이 쓰이는 합성어
도 있었고, 이 경우에 의미 차이가 거의 없었던 듯하다.[66] (35ㄱ)과 같

    (i)에서 보듯이 중세 국어에서 '뻐러디다'와 '뻐디다'는 합성 동사이었음을 알 수
    있다.
[65] 이러한 변화의 시기를 15세기에서 가까운 이전이라고 속단하기는 어렵다. '파랗-'
    을 '파라ᄒᆞ-'의 축약형으로 해석한다면, '파랗-'이 쓰인 15세기보다 훨씬 이전에 이
    미 '파라ᄒᆞ-'가 형성되어 얼마간은 사용되었던 시기를 상정해야 할 것이다.
[66] 당시 문헌에선 하나의 문장 안에서 두 가지 형태가 같이 나타나기도 한다.
    (i) 큰 구데 뻐러디다 호ᄆᆞ 惡道애 뻐디다 ᄒᆞ듯 ᄒᆞᆫ 마리라 〈석보 13.45a〉

은 구성은 두 가지 문법적 구조를 보인다. 즉 두 어근이 대등적인 관계를 이루는 '오ᄅ누리다'류와, 앞의 동사 어근이 뒤의 동사를 부사적으로 꾸미는 종속적 관계의 '딕먹다'류가 그것이다. '드나들다'는 세 개의 어근이 결합하였다. (35ㄴ)은 모두 종속적인 합성 동사가 된다.

(36)은 다른 품사의 어근에 동사가 결합한 합성 동사이다. (36ㄱ)은 명사적 어근과 동사가 결합하였는데, '빛나다'는 '주어+서술어' 구성이며, '녀름짓다'는 '목적어+서술어', '앒셔다'는 '부사어+서술어'의 구성이다. '귀향가다'처럼 한자어와의 결합도 많다. (36ㄴ)은 동족의 명사를 목적어로 갖는 합성어 형성이다. (36ㄷ)은 부사나 부사형과 결합한 합성 동사이다.

4.3.3 형용사 합성

형용사의 합성은 형용사끼리 결합하거나, 다른 품사의 어근 뒤에 형용사가 결합하여 이루어진다. 형용사들의 결합에도 선행 형용사의 어간에 바로 후행 형용사가 결합하는 비통사적인 합성법과, 선행 형용사의 어간에 '-아/어'가 접미한 후에 후행 형용사가 결합하는 통사적인 합성법이 있다. 이는 합성 동사에서와 마찬가지로, 후자가 합성 형용사의 새로운 형성법이다.

(37)ㄱ. 됴쿳다〈석보 9.36a〉, 어위크다〈소학 1.3a〉, 싁서늘ᄒ다〈남명하33a〉, 검븕다〈두초 10.36a〉

위에서 '뻐러디다'와 '뻐디다'에 의미 차이가 있다고 말하기 어렵다. '도라보다'와 '돌보다'도 두 가지 형태가 다 있었으나, 이들이 모두 '顧'의 의미를 가질 뿐 오늘날과 같은 의미 분화 용례가 아직 발견되지 않는다.

ㄴ. 가마어듭다〈구방 하75a〉, 프러누렇다〈두초 16.40b〉, 프라블가
ᄒ다〈월석 2.58a〉, ᄌᆞ고굳다〈유합 하62b〉

(38) 값없다〈남명 상32b〉, 말굳다〈훈몽 하12b〉, 그지없다〈월석 석서
1b〉, 힘세다〈구급 1.65a〉, ᄂᆞ올븕다〈월석 4.34b〉

(37ㄱ)은 비통사적 합성 형용사인데 주로 대등적 구성을 보인다. (37
ㄴ)은 통사적 합성 형용사인데 '-어'가 어근 사이에 들어가면 대체로
종속적 구성으로 해석된다. (38)은 명사에 형용사를 결합한 것인데,
특히 '그지없다'는 통사적 구 구조를 그대로 갖는 합성어이다. 합성
형용사는 어휘수가 그리 많지 못하다.

4.3.4 관형사 · 부사 합성

관형사나 부사에서도 합성어들이 있으나, 그 양은 많지 않다.

(39) 온가지〈석보 9.7b〉, 온갓〈남명 상8a〉, 흔두〈용비 114장〉, 두ᅀᅥ〈여
씨 22a〉/두세〈구급 하2b〉

(40) 몯다〈석보 9.10b〉, 외ᄠᆞ로〈월석 9.11b〉, 나날〈두초 8.23a〉, 가
지가지〈법화 5.137b〉, 다ᄑᆞᆯ다ᄑᆞᆯ〈법화 6.137b〉, 니ᅀᅥᆷ니ᅀᅥ〈두초
10.35a〉, 힚ᄀᆞ장〈월석 2.63a〉, ᄒ다가몯ᄒ야〈석보 6.32b〉, 간대
로〈남명 상48a〉

(39)는 합성 관형사이다. '온갓'은 관형사 '온'과 명사 '가지'가 결합하
여 관형사가 되었다. '흔두'는 수량 관형사끼리의 결합이다. 합성 관형
사는 그 수가 매우 적다.

(40)은 합성 부사이다. '몯다'는 부사끼리 결합하였고, '외ᄠᅩ로'는 관형사와 부사가 결합하였다. 명사나 상징어의 중첩형 '나날, 가지가지, 다폴다폴'이 부사가 되듯이, 부사형으로 끝나는 중첩어 '니섬니서'도 합성 부사이다.

4.4 합성어의 파생과 파생어의 합성

합성어에 다시 파생 접사를 붙여서 새로운 단어를 형성하는 파생법은 고대 국어에서도 있었던 파생어 형성법이다.

(41) ㄱ. 히도디〈월석 2.35a〉, 고키리〈월석 1.27b〉, 매마좀〈소학 6.19b〉, 글지싀〈두초 21.1b〉, ᄀᆞᆺ블기〈두초 8.32a〉, 됴쿠줌〈석보 9.36a〉, 죽사리〈석보 6.37b〉, 놉ᄂᆞᆺ가옴〈두초 6.36a〉, 놉ᄂᆞᆺ가이〈번소 6.8b〉, 집지싀〈월석 1.44b〉, ᄒᆞᄅᆞ사리〈훈몽 상12b〉, 믈ᄐᆞ기〈유합 하30b〉

ㄴ. 얽미이다〈두초 20.5a〉, 흔글ᄀᆞᆯ다〈소학 5.97b〉, 놉낫갑다〈남명 하53a〉, 오ᄅᆞ락ᄂᆞ리락ᄒᆞ다〈월석 21.203b〉, 아득아득ᄒᆞ다〈두초 3.36a〉

ㄷ. 아니한〈석보 6.3b〉, 몹ᄲᅳᆯ〈번소 6.8b〉

ㄹ. 나날이〈두초 10.8a〉, 낟나치〈선종 상40a〉, ᄀᆞ만ᄀᆞ마니〈구간 6.69b〉, 흔글ᄋᆞ티〈소학 1.14a〉, 졍(正)다이〈번소 8.1a〉, 쇽졀업시〈금삼 2.51a〉, 모로매〈석보 19.11a〉, 놉ᄂᆞᆺ가이〈두초 11.11b〉, 일ᄉᆞ마〈능엄 6.70b〉

(41ㄱ)은 합성 용언에 명사화 접미사가 붙어 파생 명사가 된 것이다.[67] '고키리'는 「조선관역어」에도 '象課吉立'로 나오는데, '[[고ㅎ+길-]-이]'의 구조를 갖는다. 이처럼 '히도디, 고키리'는 '주어+서술어'의 구조이고, '매마좀, 글지싀'는 '목적어+서술어'의 구조이며, 'ㄹ볼기'는 '부사어+서술어'의 구조이다. '됴쿠줌'은 형용사의 병렬에, '죽사리'는 동사의 병렬적인 연결에 명사 파생 접미사가 결합한 구조이다.[68] '놉ㅅ가옴'과 '놉ㅅ가이'는 '높+ㅅ-'에 형용사화 '-갑-'이 결합하여 이룬 파생형용사 '놉ㅅ갑-'에 다시 각각 명사 파생의 '-옴'과 '-이'가 결합하였다.

(41ㄴ)은 합성어가 다시 파생화나 합성화를 겪은 용언이다. '얽미이다'는 합성 타동사 '얽미-'가 피동화를 겪은 것이다. '흔글굳다'는 [[관형사+명사]+형용사]의 구성을 보이는 합성 형용사이다. '아독아독ㅎ다'는 합성 부사에 형용사 파생 접미사 'ㅎ-'가 결합하였다.

(41ㄷ)은 합성 용언이 다시 관형사화하였다. '아니한'은 부사 '아니'와 형용사 'ㅎ-'가 결합한 합성 형용사 '아니ㅎ-'의 관형사형이, '몹쓸'은 '못+쓸-'의 관형사형이 파생 관형사로 굳어진 것으로 해석할 수 있다.

(41ㄹ)은 명사나 부사의 합성어에 다시 부사화 접미사가 붙은 파생 부사이다. '나날, ᄀ만ᄀ만'은 그것만으로도 부사로 쓰이며 '낫낫'은 명사로 쓰이는데, 이들 반복 형태에 부사 파생 접미사가 결합한 것이다. '흔글오티'는 합성 형용사 '흔글굳-'이 다시 부사로 파생하였다. 이

---

67) (41)에 들어 놓은 어휘들의 형성 과정이나 구조를 분석하면 이와 같은 설명이 잘 맞지 않는 경우가 많다. 예를 들어 '히도디'는 '[히[[돋]ᵥ이]ₙ]ₙ'로 분석된다. 그러므로 '히'라는 명사에 파생 명사 '도디'가 결합한 합성 명사로 설명하는 것이 원칙일 것이다. 여기에서 '합성어의 파생'이라 함은 합성과 파생을 모두 경험한 어휘들을 설명하고자 한 것이다.

68) '됴쿠줌'은 명사형 어미 '-움'과 결합한 동명사형이 어휘화한 것이겠지만, 파생 명사가 되었으므로 명사 파생 접미사로 본 것이다.

는 '정다이, 쇽졀업시'에서도 같다. '모로매'는 동사 '모르-'의 명사형 '몰롬'에 처격 조사 '애'가 결합한 것으로 보인다. (41ㄱ)에서 파생 명사로 쓰인 '놉닛가이'는 파생 부사로도 쓰인다. 즉 (41ㄹ)의 '놉닛가이'에서는 '-이'가 부사 파생 접미사인 것이다. '일삼마'는 '일 삼아'라는 구가 어휘화하였다.

한편, 파생어에 다시 파생 접사가 결합하여 새로운 단어를 이루는 '잡것들ㅎ〈구황 12b〉, 슈질ㅎ다〈번박 27a〉'와 같은 파생도 있으며, '아니머리〈석보 11.24b〉'처럼 어근과 파생어가 결합하여 다시 합성어를 이루는 단어 형성도 있다.

5. 문장의 구성

언어 표현에서 화자의 서술 내용이 완결성을 가지는 최소의 단위는 문장이다. 단어나 구절이 모여서 만들어진 문장에는 여러 가지 유형이 있으며, 각 문장들은 그것을 구성하는 여러 가지 성분들로 이루어져 있다. 여기에서는 문장 종결법에 따라 문장의 종류를 보고, 문장을 구성하는 성분들의 구조를 살핀다.

5.1 문장의 종류

화자의 발화 태도에 따라 문장에는 여러 유형이 있다. 문장은 대체로 종결 어미로 끝나는 경우가 많은데,[69] 이에 따라 문장의 종류를 나누면 '평서문, 감탄문, 의문문, 명령문, 청유문' 등을 들 수 있다. 문장 종류의 판단은 이들 종결 어미 외에 운율이나 화행 정보에 따라 이루어질 수도 있을 것이다. 특히 구어에서는 운율의 기능이 크지만 문헌 자료에 의지하고 있는 역사적 고찰에서는 문말 어미로 구분하게 된다.

---

69) 문장에서 주어와 서술어 등 필수 구성 성분 가운데 일부가 없는 문장을 소형문으로 보기도 하나, 일반적으로 문장에서 그 기저형에는 필수 성분들이 다 있는 것으로 본다. 구어에서도 생략된 문장 성분들을 문맥이나 화용적 정보 등에 의해 기저에 설정할 수 있을 것이다.

5.1.1 평서문

중세 국어에서 평서문은 종결 어미 '-다/라'로 끝나는 것이 일반적이다.

(1)ㄱ. 和尙은 갓가비 이셔 외오다 ᄒᆞ논 마리니 〈석보 6.10a〉

ㄴ. 使者ᄂᆞᆫ 브리신 사ᄅᆞ미라 〈석보 6.2a〉

ㄷ. 小乘엣 사ᄅᆞ미 제 몸 닷글 ᄯᆞᆫᄒᆞ고 ᄂᆞᆷ 濟渡 몯 호ᄊᆡ 小乘을 利養ᄒᆞᄂᆞ다 ᄒᆞᄂᆞ니라 〈석보 13.36a〉

ㄹ. 道理 일워ᅀᅡ 도라오리라 〈석보 6.4b〉

ㅁ. 법다이 밍ᄀᆞ로믈 됴히 ᄒᆞ엿ᄂᆞ니라 이러면 우리 너실 므슴 노하 가져 네 ᄀᆞ장 일 가기 말라 내 드ᄅᆞ니 앏픠 길 어렵다 ᄒᆞᄂᆞ다 엇디ᄒᆞ야 이런 아니완ᄒᆞᆫ 사ᄅᆞ미 잇ᄂᆞᆫ고 〈번노 상.26b〉

(2)ㄱ. 舍利弗을 須達이 조차가라 ᄒᆞ시다 〈석보 6.22b〉

ㄴ. 부텨와 즁과를 請ᄒᆞᅀᆞᆸ오려 ᄒᆞ노ᇰ다 〈석보 6.16b〉

ㄷ. 비록 사ᄅᆞ미 무레 사니고도 즁ᄉᆡᇰ마도 몯호ᅌᅵ다 〈석보 6.5a〉

예문 (1)을 보면 일반적인 평서문 종결 어미는 '-라'이며, 내포문이나 피인용문의 종결에서는 '-다'형도 많이 사용하고 있다. 대체로 '-라'는, 과거 시제적 성격을 가진 단정법 '-니-'나, 미래 시제의 추측법 '-리-', 회상법 '-더-', 인칭법 '-오-' 또는 서술격 조사 '이-' 아래에 온다. 그러나 현재 시제 '-ᄂᆞ-'나, 주체 높임 '-시-'와 상대 높임 어미 아래에서는 '-다'형을 갖는다. (2ㄴ)의 'ᄒᆞ노ᇰ다'에서는 평서형 어미의 ᄒᆞ야쎠체 '-ᅌᅵ다'를, (2ㄷ)의 '몯호ᅌᅵ다'에서는 ᄒᆞ쇼셔체 '-ᅌᅵ다'를 볼 수 있다. 이 밖에도 '-거-, -ᄂᆞ-, -놋-, -도-' 등의 선어말 어미 아래에서도

'-다' 형이 쓰인다.

일부의 문헌에서는 종결형 어말 어미를 생략한 평서문 종결이 보인다.

(3)ㄱ. 불휘 기픈 남ᄀᆞᆫ ᄇᆞᄅᆞ매 아니 뮐씨 곳 됴코 여름 하ᄂᆞ니 〈용비 2장〉

ㄴ. 쪙뻔(淨飯)이 무러시늘 졈쟈(占者)ㅣ 판(判)ᄒᆞᅀᆞᆸ보ᄃᆡ 셩ᄍᆞ(聖子)ㅣ 나샤 정각(正覺) 일우시리 〈월인 기15〉

(3)의 '하ᄂᆞ니, 일우시리'와 같이 종결형을 생략한 채 '-니-, -리-'형으로 문장을 끝내면, 운문 등에서 여운을 남기거나 상대 높임법의 등급을 중화(中和)할 수 있는 효과가 있다. 이는 중세 국어 시기에 『용비어천가』나 『월인천강지곡』 등 운문 성격의 내용을 가진 일부 문헌에서 보이는데, ᄒᆞ니체 표현으로 일컫는다. ᄒᆞ니체는 평서문 외에 의문문에서도 나타나지만, 종결 어미가 생략되어 있으므로 앞뒤 문맥에 의해 어말형이 판단된다.(6.3.3 상대 높임법 참조)

평서문 가운데에는 약속을 나타내는 표현으로 '-마'와 '-ㅁ새'가 있다.

(4)ㄱ. 흰 이스레 누른 조히 니그니 ᄂᆞ화 주마 호미 일 期約이 잇ᄂᆞ니라 〈두초 7.39a〉

ㄴ. 江閣애셔 소늘 마자 몰 보내야 마쵸마 許ᄒᆞᆯᄼᅵ 〈두초 21.22b〉

ㄷ. 오늘 굿 보라 가니 와셔 사ᄅᆞᆷ 보냄새 〈순언 27〉

(4ㄱ, ㄴ)의 'ᄂᆞ화 주마, 마쵸마'에서 '-마'는 상대방에게 약속하는 말이다. '-마'는 그 의미상 항상 1인칭 주어와 함께 쓰이므로 언제나 선어

말 어미 '-오-'와 결합하여 '-오마' 형태로 나타난다. '-ㅁ새'형은 '순천 김씨묘 출토 언간'에서 처음으로 보인다.

5.1.2 감탄문

감탄문은 종결형 어미 '-다/라'에 '-놋-, -도/로-' 등의 선어말 어미를 선행하여 표현한다. 또는 '-게라/에라' 종결형을 갖기도 한다. 다른 종류 문장에서도 그러하지만 감탄문은 특히 문말 형태의 운율에 의해 나타내는 경우가 많지만 문헌 자료에서는 주로 문법적 종결 형태에 의해 판단하게 된다.

> (5)ㄱ. ᄌᆞ조ᄆᆞ로브터 子細히 보건댄 實로 念念에 머므디 아니ᄒᆞ놋다
> 〈능엄 2.7b〉
>
> ㄴ. 매 莊嚴홀 껏과 貴흔 보ᄇᆡ로다 〈석보 19.41b〉
>
> ㄷ. 本鄕애 치위옛 ᄇᆞ라오미 슬프도소니 한 구루믄 힛 陰氣 슬프도다 〈두초 3.14a〉
>
> ㄹ. 뵀 興에 아디 몯게라 믈읫 몃 마릿 그를 지스니오 〈두초 22.16b〉

(5ㄱ)의 'ᄒᆞ놋다'에서 '-ㅅ다', (5ㄴ)의 '보ᄇᆡ로다'에서 '-로다'(<-도다)는 감탄형 어미이다. (5ㄷ)의 '슬프도소니'와 '슬프도다'에는 각각 연결 어미와 종결 어미에 감동법 선어말 어미 '-돗-'과 '-도-'가 결합되어 있다. (5ㄹ)의 '몯게라' 역시 감탄문을 이룬다고 할 것이다.

이 밖에도 '-ㄴ뎌, -ㄹ쎠, -고나/고녀, -괴여' 등의 어미에 의해서도 감탄문은 표현된다.

(6)ㄱ. 녜는 陽州ㅣ 쇼올히여 … 잣다온뎌 當今景 잣다온뎌 〈악장 신도
가〉

ㄴ. 荒淫홀셔 膏粱을 먹는 客이여 〈두초 16.72a〉

ㄷ. 룡平仲은 사룸 더블어 사괴욤을 잘 ᄒ놋다 오라되 공경ᄒ고녀
〈소학 4.40b〉

ㄹ. 애 쏘 王가 형님이로괴여 〈번노 상17b〉

(6ㄱ)의 '잣다온뎌'에서 '-ㄴ뎌', (6ㄴ)의 '荒淫홀셔'에서 '-ㄹ셔', (6ㄷ)의
'공경ᄒ고녀'에서 '-고녀', (6ㄹ)의 '형님이로괴여'에서 '-로괴여'는 모두
감탄문을 이루는 종결형 어미이다. '-고나'형은 16세기 초 『번역박통
사』에 처음 보이며(숨人이 됴흔 거슬 모ᄅᄂ 둧ᄒ고나〈번박 상73a〉), 근대
국어에서 '-고나/구나'로 활발히 쓰인다.

감탄문에서는 상대 높임법이 발달되어 있지 아니하다. 이는 고대
국어나 근·현대 국어에서도 마찬가지이다.

5.1.3 의문문

중세 국어에서 의문문의 종결 형태는, 체언에 의문형 첨사인 보조
사가 붙거나 용언에 의문형 종결 어미가 붙어 표현된다. 의문문은 묻
는 내용에 따라, 가부(可否)를 묻는 판정 의문문과 의문사가 들어간
설명 의문문으로 나뉘고, ᄒ라체의 경우는 주어가 2인칭인가에 따라
의문형 어미를 달리한다. 이처럼 표현 유형이 복잡하게 나뉘지만 그
에 따른 표현 방식은 매우 체계적이다. 이러한 체계성은 16세기를 지
나며 다소 흐트러지지만 근대 국어에서도 기본적인 틀은 상당 부분
유지된다.

(7)ㄱ. 現前엣 六根은 ᄒᆞ나카 여슷가 〈능엄 4.104b〉

今汝ᄂ 且觀 現前六根ᄂᄂ 爲一ᇰ 爲六ᄼ 〈능엄939 4.24a: 11본〉

(지금 네가 또 現前하는 六根을 보라. 하나인가 여섯인가?)

ㄴ. 南海ᄂᆞᆫ 놂 하ᄂᆞᆯ 밧기니 工曹아 몃 ᄃᆞᆯ 길코 〈두초 23.40b〉

開眼 見明ᄂ넉 何不見面ᄆ 若不見面ᄀ처 〈능엄가 1.13b: 22본〉

(눈을 뜨고 밝은 것을 볼 때에 어찌하여 (자기) 얼굴을 못 보는
가? 만약 얼굴을 못 본다면)

(7)은 체언 의문문이다. 가부를 묻는 의문문 (7ㄱ)에서는 체언(수사)
'ᄒᆞ나ᄒ, 여슷' 다음에 판정 의문의 보조사 '가'가 결합하였고, 의문사
'몃, 何(어떻게)'가 들어 있는 의문문 (7ㄴ)에서는 체언(명사) '길ᄒ, 面(얼
골)' 다음에 설명 의문의 보조사 '고'가 결합하였다. 이들 체언 의문문
에는 시제를 나타내는 형태소가 들어 있지 아니하므로, 영형태소로써
현재 시제를 나타내는 것이라고 해석할 수 있다.

그러나 용언문의 ᄒᆞ라체 의문법은, 1인칭이나 3인칭 주어와 공기하
는 직접 질문에서 (8)과 (9)처럼 판정 의문과 설명 의문에 따라 의문형
어미를 달리한다.

(8)ㄱ. 太子ㅣ 무로ᄃᆡ 앗가ᄫᆞᆯ ᄠᅳ디 잇ᄂᆞ니여 〈석보 6.25b〉

ㄴ. 이 모딘 귓것들히 오히려 모딘 눈 ᄠᅥ 봄도 몯ᄒᆞ리어니 ᄒᆞ믈며 害
호ᄆᆞᆯ ᄒᆞ리여 〈석보 21.4b〉

ㄷ. 삼가디 아니호미 가ᄒᆞ냐 삼가디 아니호미 가ᄒᆞ냐 〈야운 83a〉

ㄹ. 비록 ᄆᆞᅀᆞᆯ하나 ᄃᆞ니랴 〈소학 3.5a〉

(9)ㄱ. ᄂᆞᆯ 더브러 무러ᅀᅡ ᄒᆞ리며 뉘ᅀᅡ 能히 對答ᄒᆞ려뇨 ᄒᆞ시고 ᄯᅩ 너기
샤ᄃᆡ 〈석보 13.15a〉

ㄴ. 괴외히 곳과 더품 어든들 엇데 得ᄒ료 〈능엄 2.108a〉

ㄷ. 이제 므스글 일훔지호ᄃᆡ 이 燈이며 이 보미라 코뎌 ᄒ리오 ᄒ
믈며 燈 아니며 봄 아니라 分別호미ᄯ녀 ᄒ마 體 업수믈 알면
엇데 뻐 므ᅀᅦ매 너기료 엇데 일후믈 同分妄見이라 ᄒ뇨 〈능엄
2.84a-b〉

(10) 應感은 菩薩이 請ᄒ야 묻ᄌᆞ오샤ᄆᆞᆫ 이 能이 感ᄒ시ᄂᆞ니오 부텨ᄂᆞᆫ
이 所感이시며 부텨ᄂᆞᆫ 이 能히 應ᄒ시ᄂᆞ니오 諸菩薩ᄋᆞᆫ 應ᄒ시ᄂᆞ니
라 〈원각 10하3.2.101a〉

(8)은 판정 의문형 '-니여/녀, -리여/려'형이고, (9)는 설명 의문형 '-뇨/
니오, -료/리오'형이다. 여기에서 '-니-' 계열의 '-녀, -뇨'는 단정적이
거나 과거 내용의 의문을, '-리-' 계열의 '-려, -료'는 추정적이거나 미
래적인 의문을 나타낸다. (8ㄷ, ㄹ)에서 보이는 '-녀>-냐, -려>-랴'의
변화는 16세기 후반에 나타나 근대 국어를 거쳐 현대 국어로 이어진
다. 그러나 (10)의 '感ᄒ시ᄂᆞ니오, 應ᄒ시ᄂᆞ니라'를 보면 15세기에서도
판단 의문에 '-니오'를 썼듯이 설명 의문문과 판단 의문문의 형태는
혼란이 없지 않다.

이와 달리 아래의 (11)과 (12)는 2인칭 주어의 ᄒᆞ라체 용언 의문문이
다.[70]

(11)ㄱ. 이제 엇데 羅睺羅를 앗기ᄂᆞ다 〈석보 6.9a〉

ㄴ. 네 내 마를 다 드를따 〈석보 6.8b〉

---

[70] 음독 구결에 나오는 의문문 표현들 가운데 용언의 의문형 어미에 의한 것은 본 장
의 '3.2.5 어말 어미 [종결 어미]'에서 설명하였으므로 여기에서는 예문 드는 것을
생략한다.

ㄷ. 王이 怒ᄒ야 仙人ᄭᅴ 묻ᄌᆞᄫᅩᄃᆡ 네 엇더닌다 對答ᄒ샤ᄃᆡ 忍辱仙
　　이로이다 王이 ᄯᅩ 무ᄯᅳᄫᅩᄃᆡ 못 노ᄑᆞᆫ 定을 得ᄒᆞᆫ다 對答ᄒ샤ᄃᆡ
　　몯 得ᄒ앳노이다 〈월석 4,66a〉

(12) ㄱ. 子ㅣ 冉有ᄃ려 닐어 굴ᄋᆞ샤ᄃᆡ 네 能히 求티 몯ᄒ리로소냐 〈논어
　　　1.21a〉

　　ㄴ. 네 보라 가라. 네 언멋 공부를 머믈우료 〈번노 상67b〉

(11)은 청자에게 직접 물어서 판정이나 설명 등에 대한 상대방의 대답을 요구하는 직접 질문법으로, 주어가 2인칭일 때에는 '-ㄴ다'(-ㄴ다, -는다, -ㄹ다) 형을 갖는다. (11ㄱ)의 '앗기는다'는 현재 시제, (11ㄴ)의 '드를따'는 미래 시제, (11ㄷ)의 '得ᄒᆞᆫ다'는 과거 시제를 보인다. (11ㄷ)의 '엇더닌다'는 '엇더(ᄒ)-+-ㄴ+이+(이-)+-ㄴ다'로, 서술격 조사가 생략된 구조이다. 2인칭 ᄒ라체의 의문문에서는 의문형 어미로 판정 의문이나 설명 의문을 구분하지 않아, (11ㄱ)은 설명 의문이고, (11ㄴ)은 판정 의문이며, (11ㄷ)에는 설명과 판정 의문이 다 있는데 형태에 차이가 없이 '-ㄴ다, -ㄹ다'이다. 그러나 16세기에서는 2인칭 의문문의 어미도 (12)처럼 다른 인칭의 의문문과 같은 '-냐, -랴, -뇨, -료' 형태로 바뀌기 시작한다.

ᄒᆞ야쎠체와 ᄒᆞ쇼셔체의 상대 높임 의문문 표현에서는 아래와 같이 인칭에 따른 종결 어미의 차이가 없다. 체언 의문문도 서술격 조사가 결합하여, 용언 의문문과 차이를 갖지 않는다.

(13) ㄱ. 須達이 ᄯᅩ 무로ᄃᆡ 婚姻 위ᄒᆞ야 아ᅀᆞ미 오나ᄃᆞᆫ 이바도려 ᄒᆞ노닛
　　　가 〈석보 6,16a-b〉

　　ㄴ. 다시 무로ᄃᆡ 엇뎨 부톄라 ᄒᆞᄂᆞ닛가 〈석보 6.16b〉

(14)ㄱ. 邪見이 업스니잇가 아니잇가 善心이니잇가 아니잇가 〈법화
　　　 7.20b〉

　　ㄴ. 셜볼 人生이 어딋던 이 ᄀᆞᄐᆞ니 이시리잇고 〈석보 6.5a-b〉

　　ㄷ. 王이 ᄯᅩ 무로ᄃᆡ 眷屬ᄋᆞ 며치니잇고 〈석보 24.46a-b〉

(13)은 ᄒᆞ야쎠체의 의문문인데, 판정 의문의 (13ㄱ)과 설명 의문의 (13
ㄴ)이 모두 '-닛가'형을 갖는다. (14)는 ᄒᆞ쇼셔체의 의문문으로, (14ㄱ)
은 '-잇가'형의 판정 의문이고 (14ㄴ, ㄷ)은 '-잇고'형의 설명 의문이
다.[71] (14ㄷ)은 원래 체언 의문문의 성격이었지만 서술격 조사를 결합
하여 용언 의문문과 다름이 없어졌다. 체언 의문과 용언 의문의 구별,
인칭에 따른 종결형의 분화가 높임 표현에서는 중화되어 있는데, 이
러한 중화는 높임이 없는 표현에도 점차 확대되어 간다. 실제로 중세
국어의 이러한 정연하지만 복잡한 의문문 형태의 분화 체계가 근대
국어에 가면 대폭 간소화한다.
　간접 의문법은 (15), (16)과 같다.

(15)ㄱ. 菩薩 聲聞 衆도 다 便安ᄒᆞᆫ가 몯ᄒᆞᆫ가 ᄒᆞ고 〈법화 4.129b〉
　　　　 疑今經所言ㅣ 道記耳ㅅ 非法華果記也ᄂᆡᄒᆞ쇼ᄉᆞ 〈능엄가 1.3a: 16
　　　　 본〉
　　　　 (지금 經에서 말한 바를 의심한 것은 道記일 뿐이다. 法華의 果記
　　　　 는 아닌가 하노라)

　　ㄴ. 어딘 이리어든 縣슈의게 가디 아닐가 저허ᄒᆞ야 이러틋ᄒᆞᆫ 졍셩

___

71) ᄒᆞ쇼셔체에서도 설명 의문에 '-고'가 아닌 '-가'형이 나타나는 경우가 종종 있다. ᄒᆞ
　　야쎠체에서 설명 의문문의 종결형은 체계상 '-닛고'이어야 하나, '-닛고'형 용례는 하
　　나뿐(어닉 이 祖師 西來ᄒᆞ샨 ᄠᅳ디닛고 〈선가 12a〉)이고 모두 '-닛가'로만 나타난다.

도왼 뜨디 하면 엇디 사ᄅᆞ믈 감통티 몯ᄒᆞ리오 〈번소 7.25b〉

以爲非眞亽丷1ナ1 恐迷自性而外求丷乚可丷全 〈능엄남1 5.3b: 15해〉

(非眞이라 하면 自性을 미혹하여 밖에서 求할까 두려워하시어)

(16) ㄱ. 다ᄅᆞᆫ ᄃᆡ와 이바디ᄅᆞᆯ ᄒᆞᆫᄃᆡ ᄒᆞ니 어드메 이 셔울힌고 亭子ㅅ 景은 뫼콰 ᄆᆞᄅᆞᆯ 臨ᄒᆞ얫고 ᄆᆞᅀᆞᆶ ᄂᆡᄂᆞᆫ 개옛 몰애ᄅᆞᆯ 對ᄒᆞ얏도다 〈두초 15.50b〉

一一結刂 成厶ㅌ 皆取手中氵七 所成之結丷全 持問阿難丷全厶 此名何等ロ丷二ナ1 〈능엄남1 5.5a: 3본〉

(하나하나 매듭이 지어졌는데, 손 안에서 지어진 매듭을 취하시어 지니시며 아난에게 물으시기를, 이것을 무엇이라고 이름하는가 하시고는)

ㄴ. 부희여 블기예 뵈ᅀᆞ와 ᄆᆞᄉᆞ 거슬 자실고 묻ᄌᆞ와 만일 이믜 자셔 겨시거든 믈러오고 〈소학 2.4b〉

則與佛說와 何異丶七ロ丷ヒ 〈능엄1248 2.16b: 5해〉

(그러하면 부처님의 말씀과 무엇이 다릅니까 하니)

(15)에서 '몯ᄒᆞᆫ가, 非法華果記也丶1可, 아닐가, 外求丷乚可'는 판정을 묻고, (16)에서 '셔울힌고, 此名何等ロ, 자실고, 何異丶七ロ'는 내용을 묻는다. 간접 의문문은 판정 의문과 설명 의문에 따라 의문형 어미가 각각 '-ㄴ가, -는가, -ㄹ가'와 '-ㄴ고, -는고, -ㄹ고'가 된다. 체언 의문문은 체언 아래에 서술격 조사를 결합하여 용언 의문형과 같은 형태를 갖는다.

(17)은 선택을 요구하는 의문문으로, 긍정과 부정의 의문형을 연접시켜 묻는 형식이다.

(17)ㄱ. 흔 곧 드리 플어디여 잇더니 이제 고텨 잇는가 몯ᄒᆞ얏는가 〈번
　　　노 상26b〉

　　ㄴ. 네 이 덤에 콩닙 다 잇는가 업슨가 〈번노 상17b〉

　　ㄷ. 三伏앳 더위는 一定히 이실가 업슬가 〈두초 14.11b〉

(18)ㄱ. 이 善男子 善女人의 功德이 하녀 몯ᄒᆞ녀 無盡意 술오샤ᄃᆡ 甚히
　　　하이다 〈법화 7.68b〉

　　ㄴ. 이 사ᄅᆞ미 이 부텻긔 布施혼 因緣으로 福 得호미 하녀 몯 하녀
　　　〈능엄 10.90b〉

　　ㄷ. 이 大施主의 功德이 하녀 져그녀 〈석보 19.4a〉

　　ㄹ. ᄯᅩ 阿難ᄃᆞ려 무르샤ᄃᆡ 이ᄀᆞ티 그르려 몯ᄒᆞ려⁷²⁾ 〈능엄 5.24a〉

이때 뒤에 놓이는 의문문은 (17ㄱ, 18ㄱ, 18ㄴ, 18ㄹ)처럼 부정문 형태가
되기도 하고, (17ㄴ, 17ㄷ, 18ㄷ)처럼 반의어를 쓰기도 한다.

(19)는 '-이ᄯᆞᆫ, -이ᄯᅜ녀, -이ᄯᅜ니잇가' 등으로 나타내는 반어법적인
의문문으로, 수사 의문의 성격이다. 이 형태의 용법은 음독 구결에도
나타나는데, 근대 국어의 후기 이후에는 사라진다.

(19)ㄱ. 나매 ᄒᆞ마 虛空을 ᄀᆞ릴ᄊᆡ 도라오매 반ᄃᆞ기 누늘 ᄀᆞ리리어니ᄯᆞᆫ
　　　〈능엄 2.111a〉

　　ㄴ. 비는 사ᄅᆞ믈 주리어니 ᄒᆞ믈며 녀나ᄆᆞᆫ 쳔랴ᅌᅵᄯᅜ녀 〈석보 9.13a〉

　　ㄷ. 더푸미 滅ᄒᆞ면 空이 本來 업거니 ᄒᆞ믈며 ᄯᅩ 모ᄃᆞᆫ 三有ㅣᄯᅜ니잇

---

72) (17ㄱ)의 '잇는가 몯ᄒᆞ얏는가', (18ㄱ)의 '하녀 몯ᄒᆞ녀', (18ㄹ)의 '그르려 몯ᄒᆞ려'의 용
　　례를 보면, 중세 국어에서는 'ᄒᆞ-'가 대용어로 쓰이는 용법이 현대 국어에서보다 더
　　넓음을 알 수 있다. (18ㄱ)에서는 '하-'의 대용으로 'ᄒᆞ-'를 써서 '하녀 몯ᄒᆞ녀'가 되었
　　고, (18ㄴ)에선 '하녀 몯 하녀'로, (18ㄷ)에선 '하녀 져그녀'로 표현하기도 하였다.

가 〈능엄 6: 53a〉

(20)ㄱ. 不應識緣ㄟ 無從自出ㅊㅌㅅㅅ 〈능엄소 3.15b: 31본〉

(알지 못하는 緣이 스스로 나오지 못함이랴.)

ㄴ. 況復無因ㅣ氵 本無所有ㅅㅌㅅㅅ 〈능엄가 4.41a: 2본〉

(하물며 또 因이 없어 본래 있지도 않는 것이랴.)

이들은 대개 강조적인 효과를 내는데, 음독 구결에서도 (17)에서와 같이 '況'(ᄒᆞᆯ며)과 호응하여 쓴 경우가 많다.

의문문에서도 종결 어미를 생략하는 ᄒᆞ니체가 있다.

(21)ㄱ. 楚國엣 天子氣를 行幸ᄋᆞ로 마ᄀᆞ시니 님금 ᄆᆞᅀᆞ미 긔 아니 어리시니 〈용비 39장〉

ㄴ. 셔ᄫᅳᆯ 使者를 꺼리샤 바ᄅᆞᆯ 건너싫 제 二百 戶를 어느 뉘 請ᄒᆞ니 〈용비 18장〉

ㄷ. 만허콩(滿虛空) 셰존(世尊)이 각각(各各) 방광(放光)이어시니 모딘들 아니 깃ᄉᆞᄫᆞ리 〈월인 기190〉

ㄹ. 俱夷 묻ᄌᆞᄫᆞ샤ᄃᆡ 므스게 쓰시리 〈월석 1.10b〉

ㅁ. ᄲᆞ즈식 난ᄂᆞᆫ 사ᄅᆞ미 이런 슈요기 어ᄃᆡ 이시리 〈순언 68〉

(21ㄱ, ㄷ)은 판정 의문문, (21ㄴ, ㄹ, ㅁ)은 설명 의문문이다. '어리시니, 請ᄒᆞ니, 깃ᄉᆞᄫᆞ리, 쓰시리, 이시리' 뒤에는 각각 '잇가' 정도의 의문형 어미가 생략된 것으로 보이는데, 생략으로 인해 여운과 함축미를 얻거나 상대 높임의 등급이 중화되면서 친근감을 갖게 하는 표현이다.

이상에서 보듯이 의문문은 형태상 공통되는 구조를 가지고 있다. 체언 의문문이나 용언 의문문이나 'NP+의문 첨사(-가/아/어, -고/오,

-다'의 구조를 보인다. 용언 의문문은 의문 첨사 바로 앞에 기원적으로 명사형 어미인 '-ㄴ, -ㄹ'나 명사형에 서술격 조사가 결합한 '-니-, -리-'가 오는데, 이는 명사 뒤에 의문법 첨사가 바로 오는 형태와 공통되는 구조이다. 즉 모든 의문문은 명사 또는 명사형 아래에 의문법 표지가 첨사로서 붙는 구조로 이루어지는 것이다.

5.1.4 명령문

명령문은 명령형 어미 '-(아/으)라' 또는 '-아라/어라'로 나타낸다. 명령문에서 주어는 생략되는 것이 일반적이지만 2인칭이나 3인칭 주어가 문장 안에 얼마든지 나타날 수 있다. 이는 현대 국어에서도 마찬가지로, 한국어가 갖는 언어적 특징 가운데 하나이다.

(18)ㄱ. 그 中에 하며 져곰과 가지며 줄 꺼슬 네 다 알라 내 모수미 이 근호니 반드기 이 쁘들 體호라 〈법화 2.216b-217a〉

ㄴ. 오라 흔들 오시리잇가 … 가라 흔들 가시리잇가 〈용비 69장〉

(19)ㄱ. 이는 쁜을 알아라 ᄒ니야 쁜을 갑가라 ᄒ니야 〈몽산 31b〉

ㄴ. 내 니마해 볼론 좁이 몬 몰랫거든 도로 오나라 〈월석 7.7b〉

(20)ㄱ. 나그내 네 쉬라 내 문들 보숩피고 자리라 오나라 오나라 안직 가디 말라 〈번노 상26a〉

ㄴ. 쏠리 딥과 콩들 가져다가 버므려 주라 제 모숨신장 먹게 ᄒ져 우리 자라 가져 벌들하 닐어라 〈번노 상38a〉

(21)ㄱ. 그듸 가아 아라듣게 니르라 〈석보 6.6b〉

ㄴ. 부톄 王드려 니르샤뒤 檀越이 몬져 가라 〈월석 7.46b〉

ㄷ. 阿逸多아 … 네 이대 드르라 〈석보 19.2a-b〉

(18)~(21)에서 '알라, 體ᄒ라, 오라, 가라, 쉬라, 말라, 주라, 니르라, 드르라'는 어간에 '-(ᄋ/으)라'가 결합한 명령형이고, '알아라, 갑가라, 오나라, 닐어라'는 어간에 '-아라/어라/가라/나라'가 결합한 명령형이다. 현대 국어에서 전자는 문어적 또는 간접 명령형, 후자는 구어적 또는 직접 명령형이라 한다. 중세 국어에서도 두 가지 명령형에 각기 이러한 성격이 다소 있다고 하겠지만 뚜렷하게 구별되어 쓰이지는 않은 듯하다. 불경 언해 등 당시의 일반적인 문헌에 비해 구어적 성격이 높은 역학서들에서 '-아라'형이 많이 나오지만, (20)을 보면 인접한 문장이나 심지어 하나의 문장 안에서도 두 가지 명령형이 섞여 나타나기도 하는 것이다. 다만 '-라'형에 비해 '-아라'형은 새로운 명령형 어미라고 할 수 있다. 여기에 새로 첨가되는 '아'는 확인법의 '-아-'에서 온 것으로 보인다. 중세 국어에서 '-아라' 명령형을 보이는 단어는 '닐어라, 두어라, 보내여라, 보아라, 부어라, 살아라, 비서라, 알아라, 와라, 잇거라, 주어라'[73] 등 몇몇에 불과하다.

(21ㄱ)에서는 2인칭 주어 '그듸'가 나타나 있고, (21ㄴ)에서는 3인칭 주어 '檀越이'가 있다. (21ㄷ)에는 부름말과 주어가 모두 있다.

상대 높임법에서 명령문은 예사 높임의 ᄒ야쎠체로 '-아쎠', 아주 높임의 ᄒ쇼셔체로 '-쇼셔'가 쓰인다.

(22)ㄱ. 다시 무로듸 엇뎨 부톄라 ᄒᄂ닛가 그 ᄠᅳ들 닐어쎠 對答호듸 그듸ᄂ 아니 듣ᄌ뱃더시닛가 〈석보 6.16b-17a〉

ㄴ. 帝釋이 世尊ᄭ 請ᄒᅀᄫᅵ듸 忉利天에 가 어마님 보쇼셔 文殊ㅣ

___
73) 어간 말음이 'ㅏ/ㅓ'인 경우는 두 가지 명령형에 구별이 없어 이들 목록에서 제외되었다.

摩耶의 請ᄒᆞᅀᆞᆸ샤디 歡喜園에 가 아ᄃᆞ님 보쇼셔 〈월석 21.1a-b〉

(22ㄱ)에는 ᄒᆞ야쎠체의 '닐어쎠'가, (22ㄴ)에는 ᄒᆞ쇼셔체의 '보쇼셔'가 있다. '-아쎠'형은 16세기를 지나면서 사라지면서 '-소'로 대체된다. 중세 국어에서도 '-아쎠'형 명령문은 매우 드물게 보인다.

(23)ㄱ. 佛子 文殊아 모든 疑心ᄋᆞᆯ 決ᄒᆞ고라 〈석보 13.25a〉

　　ㄴ. 어듸사 됴ᄒᆞᆫ ᄯᆞ리 양ᄌᆞ ᄀᆞᄌᆞ니 잇거뇨 내 아기 위ᄒᆞ야 어더 보고려 〈석보 6.13b〉

(23ㄱ)은 '佛子文殊하 願決衆疑ᄒᆞ쇼셔(佛子 文殊하 願호ᄃᆡ 모든 疑心을 決ᄒᆞ쇼셔)〈법화 1.86b〉'로도 나오는 표현으로, '-쇼셔'가 높임을 갖듯이 '-고라'도 듣는 이에 대해 약간의 높임을 가지는 원망형(願望形) 명령문을 이룬다.[74] '-고라'는 (23ㄴ)의 '-고려'형으로도 나타난다.

(24)ㄱ. 요ᄉᆞ이 보와 짐쟉ᄒᆞ여 ᄒᆞ소 〈순언 22〉

　　ㄴ. 몬져 흔잔 자소 〈번노 상63b〉

(25)ㄱ. 네 손조 ᄆᆞᆯ 졔졔 글히여 사라 가듸여 〈번박 상63a〉

　　ㄴ. 그듸 이 은늘 날 송장애 쓰고 남거든 그듸 가졋셔 〈이륜 38a〉

(24)에는 16세기에 새로 나타난 명령형 '-소/ᄉᆞ(>오)/조'가 있다. 이들 어미는 각각 '-ᄉᆞᆸ-'의 변이 형태인 '-ᄉᆞ오-, -ᅀᆞ오-(>-오오-), -ᄌᆞ오-'

---

74) '-고라'에서는 예사 높임의 선어말 어미 '-고-'를 설정할 수 있는데, 이는 석독 구결에서 높임의 'ㅁ(-고-)'의 쓰임과 통한다.(제2장의 6.3.3 참조)

의 축약형 뒤에서 종결 어미가 절단된 것으로 보인다.[75] (25)의 '-디여,
-셔'도 15세기에는 나타나지 않았던 형태이다.

(26)ㄱ. 느외야 므슴 게을이 먹디 마라ᄉ라 〈석보 23.12a〉
　　ㄴ. 너희돌히 힘뻐ᄉ라 바미 ᄒ마 ᄡ이어다 〈석보 23.13a〉

(26)의 '마라ᄉ라, 힘뻐ᄉ라'에서는 명령형 어미로 '-아ᄉ라/-어ᄉ라'
를 찾을 수 있다. 이는 일반적인 명령형보다 화자의 의도성을 좀 더
강조하는 뜻을 갖는다. 이 형태는 근대 국어에 들어서는 청유형 어미
뒤에서 더 널리 쓰인다.

5.1.5 청유문

청유문은 청유형 어미 '-져/쟈, -져라'로 나타낸다.

(27)ㄱ. 너리 셰ᄃ록 서르 ᄇ리디 마져 ᄒ더라 〈두초 16.18a〉
　　ㄴ. 이믜셔 비단 사 가지고 가쟈 〈번노 하23b〉
　　ㄷ. 아바니미 아ᄃᆞᆯᄃ려 닐오ᄃᆡ 나도 이제 너희 스승니믈 보ᅀᆞᆸ고져
　　　ᄒ노니 ᄒᆞᄢᅴ 가져라 〈석보 21. 38b〉

(27ㄱ)의 '마져'에서 '-져'는 청유문을 이루는 종결형이다. (27ㄴ)의 '-쟈'
는 16세기부터 나타난다. (27ㄷ)에서 '가져라'는 '가-+-아'와 '지-+-어
라'의 결합으로, (27ㄷ) 역시 청유문의 성격을 갖는다.

---

75) 서정목(1993) 등에서는 '-쇼셔'에서 절단된 것으로 보기도 한다.

청유문에서 상대 높임은 '-사이다'형으로 표현된다.

    (28)ㄱ. 惡友ㅣ 술보딕 이런 險흔 길헤 어우러 딕ᄒᆞ사이다 〈월석 22.9b〉

       ㄴ. 남기나 뷔고 고텨 명쉬롤 ᄃᆞ려다가 무러 ᄒᆞ새 〈순언 130〉

(28ㄱ)의 '딕ᄒᆞ사이다'에서 '-사이다'는 높임법의 청유형이다. (28ㄴ)의 'ᄒᆞ새'에서 '-새'는 ᄒᆞ니체의 성격으로, ᄒᆞ라체의 '-져'보다 약간 높임을 갖는다. 청유형은 높임법이 세분되지 않은 것으로 보인다.

5.2 문장의 구성 성분

중세 국어의 문장도 기본적인 구조는 근대 국어나 현대 국어와 같다. 아래에 기본 문장 유형들을 들어 본다.

    (29)ㄱ. ᄀᆞᆳ 우미 파라ᄒᆞ도다 〈두초 6.51b〉

       ㄴ. 國은 나라히라 〈훈민 2a〉

       ㄷ. 님그미 우수믈 머그샤 〈두초 16.27a〉

       ㄹ. 山이 草木이 軍馬ㅣ ᄃᆞ외니이다 〈용비 98장〉

위의 예문에서 (29ㄱ)은 주어 '우미'와 형용사 서술어 '파라ᄒᆞ도다'를 기본 구조로 하는 '주어+서술어'의 구문이며, (29ㄴ)도 주어 '國은'과 판정 서술어 '나라히라'로 이루어진 '주어+서술어' 구문이다. (29ㄷ)은 주어 '님그미'와 서술어 '머그샤'에 목적어 '우수믈'을 더한 '주어+목적어+서술어'의 구조이며, (29ㄹ)은 주어 '草木이'와 서술어 'ᄃᆞ외니이다'

에 보어 '軍馬 l '를 더한 '주어+보어+서술어'의 구조이다. 국어 문장의 기본 구조는 이상과 같이 분류해 볼 수 있다. 여기에서 찾은 '주어, 서술어, 목적어, 보어'는 모두 문장 형성에서 필수적인 주된 성분이다.

(30)ㄱ. 온갓 고지 옷곳호믈 샹녜 싱각ㅎ노라 〈남명 상8a〉

　　ㄴ. 이 丈夫 l 여 엇데 衣食 爲ㅎ야 이 굳ㅎ매 니르뇨 〈법화 4.39b〉

한편 예문 (30ㄱ)에서 '온갓'은 명사 '곳'을 수식하는 관형어이며, '샹녜'는 동사 '싱각ㅎ노라'를 수식하는 부사어이다. 이들 관형어와 부사어는 수식어로서, 문장 형성에서는 부속 성분이다. (30ㄴ)에서 '이'는 본문과 직접 관계를 맺지 않은 채 쓰이는 독립 성분이다.

　문장은 위에서 본 이들 성분으로 이루어지는데, 주성분은 문장 유형에 따라 필수적으로 요구되는 성분이고 부속 성분과 독립 성분은 수의적인 성분이다.

5.2.1 문장의 주성분

[주어]

　주어는 원칙적으로 체언(명사, 대명사, 수사)으로 된 단어나 명사구 또는 명사절에 주격 조사가 붙어서 이루어진다. 주어는 모든 문장에서 반드시 필요한 문장 성분이다.

(31)ㄱ. 부톄 布施를 나무라샤 사오납다 니르시니 〈금삼 3.44b〉

　　ㄴ. マ술히 洞庭엣 돌히 ᄆᆞᆰ고 〈두초 8.5a〉

　　ㄷ. 바르래 가는 ᄆᆞ른 못ㅅ 하ᄂᆞᆯ홀 초놋다 〈두초 20.2a〉

ㄹ. 부텨 업스신 後에 法 디녀 後世예 퍼디게 호미 이 大迦葉의 히미
  라 〈석보 6.12b-13a〉

위의 예문 (31)에서 주어부는 하나의 단어나 구 또는 문장으로 되어
있다. (31ㄱ)에서 '부톄'는 명사 '부텨'에 주격 조사 'ㅣ'가 붙어서 동사
'나ᄆ라샤'의 주어가 되었다. (31ㄴ)에서 주어인 '돌히'에는 앞에서 수
식하는 관형어구가 있다. (31ㄷ)에서도 주어인 'ᄆ른'은 이를 수식하는
관형절이 있다. (31ㄹ)에서는 명사화 내포문 '부텨 ~ 호미'가 서술어
'히미라'의 주어 기능을 한다.
  주어는 주격 조사로 나타내지만, 어순이나 문맥 등에 의해 그것이
주어임을 알 수 있으면 주격 조사를 생략하는 것이 가능하다.

  (32)ㄱ. 人間은 사ᄅᆞᆷ 서리라 〈월석 1.19b〉
    ㄴ. 곶 됴코 여름 하ᄂᆞ니 〈용비 2장〉

(32ㄱ)의 주어 '人間은'에서는 보조사로 주격 조사를 대신하고 있으며,
(32ㄴ)의 '곶'과 '여름'에서는 주격 조사가 아예 생략되었다. 이와 같이
어순 등에 의하여 주어라는 문법적 정보가 마련되면 격조사 대신에
보조사를 쓰거나 격조사를 생략하는 현상은 다른 문장 성분들의 조
사에서도 나타난다.

  (33)ㄱ. 中國에션 中國을 하ᄂᆞᆳ 가온ᄃᆡ라 ᄒᆞ고 〈월석 1.30a〉
    ㄴ. 殘廢ᄒᆞᆫ ᄀᆞ올핸 여슷 슬기셔 말ᄒᆞ고 뷘 ᄆᆞᄉᆞ린 버미셔 두토놋다
      〈두초 23.4b〉
    ㄷ. 고을셔 다ᄉᆞ리ᄂᆞᆫ 짜 大歲方 四方 가온ᄃᆡ 짜홀 포ᄃᆡ 〈분문 2b〉

중세 국어에서도 기관이나 단체, 나라 등에 처소격 조사 '에셔'를 붙여 주어로 쓰는 표현이 있다. (33ㄱ)에서 처소격 '에셔'가 붙은 '中國'이 'ᄒ고'의 주어 기능을 하고 있다. (33ㄴ)에서도 '숡+이셔'는 '말ᄒ고'의 주어이며, '범+이셔'는 'ᄃ토놋다'의 주어이다. (33ㄷ)의 '고ᄋᆯ셔'는 '다ᄉ리ᄂᆞᆫ'을 서술어로 하는 주어이다.

주어와 서술어는 높임 표현에서 호응하여, 주어에 높임의 자질을 주면 서술어에 주체 높임의 '-시-'가 나타난다. 또한 주어가 1인칭 화자일 때에는 일반적으로 서술어에 선어말 어미 '-오-'가 첨가된다.

(34) 王이 大愛道ᄃ려 니ᄅ샤 太子 뫼셔 天神 祭ᄒᄂᆫ 디 절히ᄉᄫᅩ리라 ᄒ야 가뎌시니 群臣과 媄女와 諸天괘 풍류ᄒ야 졷ᄌᄫᅡ 가니라 〈석보 3.3b-4a〉

(35)ㄱ. 됴타 네 阿僧祇劫을 디나가 부톄 ᄃ외야 號ᄅᆯ 釋迦牟尼라 ᄒ리라 〈월석 1.15b〉

ㄴ. 하ᄂᆯ 우콰 하ᄂᆯ 아래 나ᄲᅩᆫ 尊호라 三界 다 受苦ᄅ외ᄫᅵ니 내 便安케 호리라 ᄒ시니 〈월석 2.38b〉

(34)에서 높임을 받는 '王'에는 '니ᄅ샤, 가뎌시니'와 같이 '-시-'로 호응하는데, 높임을 주지 않는 '群臣과 媄女와 諸天'에는 '-시-' 없이 '풍류ᄒ야, 가니라'로 서술되었다. (35ㄱ)은 2인칭 '너'에는 '-오-'가 없이 'ᄒ리라'이지만, (35ㄴ)은 1인칭 화자 '나'에는 '尊호라, 호리라'로 '-오-'가 삽입되어 있다. (35ㄴ)에서도 마지막 서술어 'ᄒ시니'의 주어는 생략되어 있지만 이 글의 서술자이므로 '-오-'가 없다.

(36)ㄱ. 뽕나모 팔빅 듀와 사오나온 받티 열다엿 頃이 이시니 〈번소

8.20a〉

ㄴ. 일훔난 됴ᄒ 오시 비디 千萬이 ᄊ며 〈석보 13.22b〉

ㄷ. 諸佛ㅅ 智慧 甚히 깁고 그지 업스샤 智慧ㅅ 門이 아로미 어려ᄫ
며 드루미 어려ᄫ니 〈석보 13.37a〉

(37)ㄱ. 님금 말ᄊ미 긔 아니 올ᄒ시니 〈용비 39장〉

ㄴ. 옰 보미 본ᄃᆡ ᄯ 디나가ᄂ니 어느 나리 이 도라갈 ᄒᆡ오 〈두초
10.17b〉

(36)은 이중 주어를 가진 듯한 표현들이다. (36ㄱ)에서는 'ᄿᅩᆼ나모 ~ 받
티'와 '열 다엿 頃이'가 서술어 '이시-'에 대해 이중 주어이다. (36ㄴ)에
서는 '오시'와 '비디' 그리고 '千萬이'라는 세 개의 주어를 설정할 수 있
다. (36ㄷ)에서는 이중 주어가 매우 많이 쓰였음을 볼 수 있다. 선행절
에서 '智慧'와 '그지'가 각각 주격이며, 후행절에서도 '門이'와 '아로미'
그리고 '드루미'에 모두 주격 조사가 결합된 형태로 해석된다. 여기에
서 후행하는 주어는 선행 주어 문장의 내포 서술절 주어로 보기도 한
다. 중세 국어에서 '잇-, 없-, 사오납-, 어렵-, ᄒ-' 등의 서술어들은 이
중 주어 구문을 이루는 경우가 많다.

(37ㄱ)에서는 주어 '님금 말씀'을 '그'로써 다시 반복하고, (37ㄴ)에선
주어 '어느 나리'를 '이'로 반복하는 동격어를 사용하여 의미를 강조하
는 효과를 얻었는데, 이 경우는 이중 주어가 아닌 동격 주어로 보는
게 좋을 것이다. 이중 주어 문장은, 서술절을 설정할 경우에는 복합문
으로 해석된다.

주어는 문맥상 복원이 가능하면 종종 생략되기도 한다.

(38)ㄱ. 護彌 닐오ᄃᆡ 그리 아니라 부텨와 즁과를 請ᄒᆞᄉᆞᄫᅩ려 ᄒᆞᅌᅵ다

〈석보 6.16b〉

ㄴ. 나룰 도라본된 늘거 기동애 스는 客이 아니로니 그딋 지조는
이 내홀 건내는 功인디 아노라 〈두초 15.35a〉

(38ㄱ)의 '護彌'의 말에서는 '아니라'와 '부텨와' 사이에 주어 '내'가 있는
것을 충분히 인식하여 복원할 수 있으므로 주어를 생략하였다. (38ㄴ)
에서도 '도라본된', '아니로니', '아노라'의 주어인 '내'가 생략되었다.

[서술어]

서술어는 문장에서 주어를 서술하는 성분이다. 서술어는 주어의 동
작이나 상태 또는 판정을 나타내는 뜻을 갖는다. 서술어는 주어와 더
불어, 어떠한 문장 구성에서도 반드시 필요한 성분이다.

(39)ㄱ. 七寶塔이 따해셔 솟나아 虛空애 머므니 〈석보 11.16b〉

ㄴ. 네 무룸 굳튬이여 아름답다 〈소학 4.18a〉

ㄷ. 波羅㮈大王온 이젯 내 아바님 閱頭檀이시고 그쁫 어마니문 이
젯 내 어마님 摩耶ㅣ시고 〈석보 11.22a〉

ㄹ. 製는 글 지을 씨니 〈훈민 1a〉

(39ㄱ)에서는 동사 '솟나아'와 '머므니'가, (39ㄴ)에서는 형용사 '아름답
다'가, (39ㄷ)에서는 명사에 서술격 조사가 결합한 '閱頭檀이시고, 摩
耶ㅣ시고'가, (39ㄹ)에서는 서술절 '글 지을 씨니'가 서술어이다.

서술어는 용언이나 서술격 조사를 가진 하나의 낱말로 이루어지기
도 하지만 구나 절로써 나타내기도 한다.

542

(40)ㄱ. マ숤 하늘히 아득아득 ᄒ야 〈두초 6.42b〉

　　ㄴ. 群生을 待接ᄒ샤미 甚히 두터우시며 〈능엄 10.42b〉

　　ㄷ. 四無量은 네 가짓 그지 업슨 德이니 〈석보 13.39b〉

(40ㄱ)에서는 '아득아득 ᄒ야'라는 형용사 단어 하나로 서술어를 이루지만, (40ㄴ)에서는 서술어 '두터우시며'를 수식하는 부사어 '甚히'와 함께 서술구가 되고, (40ㄷ)에서는 서술절 '네 가짓 그지 업슨 德이니' 전체가 서술어를 이루고 있다.

　서술어는 그것으로 문장을 끝맺는 종결 어미 형태도 있지만, 연결 (접속) 어미나 전성 어미 형태를 갖기도 한다.

(41)ㄱ. 바회예 버렛ᄂᆞᆫ 넷 남기 두렵도다 〈두초 20.2a〉

　　ㄴ. 여슷 行ᄋᆞᆫ 欲界이 이 苦ㅣ며 이 鹿ㅣ며 이 マ료ᄆᆞᆯ 아쳗고 〈능엄 9.1b〉

　　ㄷ. 山陰ㅅ 믹햇 누네 興心을 토미 어려웨니라 〈두초 10.24b〉

(41ㄱ)에서 서술어 '버렛ᄂᆞᆫ'은 관형사형이고 '두렵도다'는 문말 종결 어미이다. (41ㄴ)의 서술어 '苦ㅣ며, 鹿ㅣ며, 아쳗고'는 모두 연결 어미이며, (41ㄷ)에서 내포문 '山陰ㅅ ～ 토미' 안의 서술어 '톰'은 명사형 전성 어미 결합형이다. 대체로 연결 어미는 접속문을, 전성 어미는 내포문을 이끌어 복합문을 이룬다.

　한 문장(절)에서 서술어는 하나인 것이 원칙이나, 예문 (41)에서는 두 개 이상의 서술어를 찾을 수 있다. 여기에서 앞서는 서술어가 본용언이며 뒤에 오는 것이 보조 용언이다. 일반적인 서술어는 자립성이 있으나, 보조 용언은 자립성이 없어 항상 본용언의 뒤에 놓인다.

(42)ㄱ. 내 풍류바지 두리고 됴흔 차반 먹고 이쇼딕 엇뎨 몯 듣고 몯 보
　　　노라 ᄒᆞᄂᆞᆫ다 〈석보 24.28b〉

　　ㄴ. 미운 것과 안존 거싀 비츨 자불가 식브도소니 〈두초 16.46a〉

(43) 梵志돌히 仙人ㅅ 道理 닷노라 ᄒᆞ야 옷 바사도 이시며 나못닙도 머
　　　그며 〈석보 24.25b-26a〉

(42ㄱ)에서 '먹고'와 '이쇼딕'는 모두 주어를 '내'로 하는 서술어로, 전자
가 본동사이고 후자가 보조 동사이다. (42ㄴ)에서는 '자불가' 뒤에 온
'식브도소니'가 보조 형용사이다. (43)의 '바사도 이시며'와 같이 본용
언의 보조적 연결 어미 뒤에는 보조사가 붙기도 한다. 보조 용언은 서
법이나 동작상을 나타내는 문법적인 기능을 하거나 어휘적인 의미를
보태며 본용언을 보조한다.

　서술어를 이루는 동사, 형용사 가운데에는 그것만으로는 서술 기
능을 제대로 하지 못하여 목적어나 보어를 요구하는 경우도 있다.

(44)ㄱ. 믈 깊고 빅 업건마른 하늘히 命ᄒᆞ실씬 〈용비 34장〉

　　ㄴ. 깃브거든 웃고 슬프거든 우ᄂᆞ니 〈금삼 4.45b〉

　　ㄷ. 구즌 相ᄋᆞᆯ 보거나 妖怪ᄅᆞ왼 새 오거나 잇논 따해 온가짓 妖怪
　　　　뵈어나 ᄒᆞ거든 〈석보 9.24a〉

　　ㄹ. ᄒᆞ마 그딧 겨지비 두외여시니 추마 두 사ᄅᆞᄆᆞᆯ 셤기려 ᄒᆞ고 〈속
　　　　삼 열3a〉

　　ㅁ. 日月燈明佛ㅅ 여듧 아ᄃᆞ니미 다 妙光ᄋᆞᆯ 스승 사ᄆᆞ신대 〈석보
　　　　13.35a〉

(44ㄱ)의 서술어 '깊고'와 '업건마른'은 그것만으로도 서술 기능을 충분

히 할 수 있는 형용사이므로, 각각 주어 논항 '믈'과 '비'만을 요구하는 한 자리 서술어이다. 이러한 점은 (44ㄴ)의 자동사 서술어 '웃고'와 '우ᄂᆞ니'도 같다. 그러나 (44ㄷ)에서 서술어 '보거나'와 '뵈어나'는 타동사로서 각각 '相'과 '妖怪'를 목적어로 가진 두 자리 서술어이며, (44ㄹ)에서 서술어 'ᄃᆞ외여시니'는 불완전 자동사로서 '겨집'을 보어로 갖는 두 자리 서술어이다. (44ㅁ)에서 '사ᄆᆞ신대'는 목적어 '妙光'과 보어 '스승'을 다 요구하는 세 자리 서술어이다.

격 지배 양상이 현대 국어와 다른 서술어도 많다.

(45)ㄱ. 부톄 百億 世界예 化身ᄒᆞ야 敎化ᄒᆞ샤미 ᄃᆞ리 즈믄 ᄀᆞᄅᆞ매 비취요미 ᄀᆞᆮᄒᆞ니라 〈월석 1.1a〉

ㄴ. 이제 니ᄅᆞ샨 부텨ᅴ ᄀᆞᆮ호ᄆᆞᆫ 이 等覺ㅅ 쁘디니 〈원각 6상2.2.153a〉

ㄷ. 福과 힘과ᄂᆞᆫ 하ᄂᆞᆯ콰 ᄀᆞ토ᄃᆡ 〈월석 1.14b〉

(46)ㄱ. 아ᄉᆞᆷ들히 효도ᄅᆞᆯ 감동ᄒᆞ야 막을 도로 지서(지ᅀᅥ?) 주어늘 〈삼강 효33a〉

ㄴ. 일즉 사ᄅᆞᆷᄃᆞ려 닐어 골ᄋᆞ샤ᄃᆡ 字를 됴코져 홈이 아니라 곧 이거시 이 學이니라 〈소학 6.122b〉

'ᄀᆞᆮᄒᆞ-'는, (45ㄱ)에서 보격 '비취요미'를 지배하며[76] (45ㄴ)에선 여격 '부텨ᅴ'를 취하지만, 15세기에서도 이미 (45ㄷ)처럼 공동격을 지배하는 예도 간혹 보인다. 근대 국어 이후에 'ᄀᆞᆮ-/ᄀᆞᆮᄒᆞ-'는 (45)의 여러 용법 가운데 (45ㄷ)과 같은 표현만을 허용한다.[77] '다ᄅᆞ-'(異)는 '애, 애서, 이

---

76) 이는 상위절 주어 '敎化ᄒᆞ샤미'와 하위절 주어 '비취요미'가 'ᄀᆞᆮᄒᆞ니라'라는 서술어를 갖는 이중 주어 구문으로 해석할 수도 있다.

77) 근대 국어 기간 중에는 이들 외에도 'NP로ᄃᆞ려 ᄀᆞᇀ-, NP로더브러 ᄀᆞᇀ-, NP와더브러

게, 두고'를 지배한다. '어렵-'(難)은 '-디'형 부동사를 지배하다가 17세기 초부터 '-기'형 동명사 지배가 시작된다. (46ㄱ)에선 '감동ㅎ-'가 오늘날과 달리 목적어 논항을 지배하였고, 오늘날에는 형용사 용법만 가진 '동-'이 (46ㄴ)에선 목적어를 갖는 타동사로 쓰였다. 이처럼 용언에 따라선 그들이 서술어로서 문장 내에 요구하는 격이나 논항의 종류가 현대 국어와 다른 경우가 상당수 있다.[78]

서술어로 기능하는 용언이나 서술격 조사는 그의 어간 바로 뒤에 선어말 어미가 접미하는 경우가 많은데, 이들 선어말 어미는 높임법, 시제, 서법, 동작상 등의 문법 범주를 나타낸다.

[목적어]

목적어를 이루는 형태 범주는 명사 상당의 낱말이나 어구이며, 보통 여기에 목적격 조사가 붙어 이루어진다. 목적어는 타동사 서술어 구문에서 반드시 필요한 문장 성분이다.

    (47)ㄱ. 吳ㅅ 周瑜ㅣ 孫策을 집 주어 살이고 〈두초 24.27b〉

       ㄴ. 고기ᄂᆞᆫ 주리면 곳다온 낛바ᄇᆞᆯ 費食ㅎᄂᆞ니라 〈두초 16.19b〉

       ㄷ. 내 眞實로 宮中에 사ᄅᆞᆷ 잇ᄂᆞᆫ 주를 알아니와 〈내훈 2.99a〉

       ㄹ. 牛斗星 ᄇᆞ라오ᄆᆞᆯ ᄒᆞᆫ갓 잇비 ᄒᆞᆯ 것다 〈두초 21.42a〉

       ㅁ. ᄃᆞᆼ가 들며 셔방 마조ᄆᆞᆯ 다 婚姻ᄒᆞ다 ᄒᆞᄂᆞ니라 〈석보 6.16b〉

(47ㄱ)에서는 서술어 '주어'의 목적어로 '집'을, 서술어 '살이고'의 목적

글-'과 같은 용법도 있다.(홍윤표 1994: 191 참조)

78) 동사들의 논항이 시기별로 변천하는 자세한 양상은 황국정(2009)를 참고할 수 있다.

어로 '孫策을'을 볼 수 있다. (47ㄴ)에서 서술어 '費食ㅎㄴ니라'의 목적
어는 '곳다온 낛바블'이라는 구이며, (47ㄷ)에서 서술어 '알아니와'의
목적어는 '주를'인데 '眞實로 宮中에 사름 잇ㄴ' 전체가 관형절로 목적
어를 수식하므로 이들 전체가 목적어 절이 된다. (47ㄹ)에서는 서술어
'ㅎ것다'의 목적어로 '牛斗星 ㅂ라오몰'이라는 명사절이 왔다. (47ㅁ)에
서는 두 개의 대등절이 합하여 서술어 'ㅎㄴ니라'의 명사절 목적어가
되었다.

　목적어에는 목적격 조사 '롤/올/를/을/ㄹ'가 붙지만, 이것이 생략되
거나 보조사가 붙기도 한다.

(48)ㄱ. 아바님 셔울 겨샤 아들와 孫子 그리샤 〈월석 10.1a〉

　　ㄴ. 그듸내 各各 ᄒᆞᆫ 아들옴 내야 내 孫子 조차가게 ᄒᆞ라 〈석보 6.9b〉

(48ㄱ)에서는 서술어 '그리샤'의 목적어 '아들와 孫子'에 목적격 조사가
생략되었고, (48ㄴ)에서는 서술어 '내야'의 목적어 '아들'에 보조사가
결합되었고, '조차가게'의 목적어 '孫子'에 목적격 조사가 생략되었다.
목적격 조사는 대명사와 용언의 명사형에서는 잘 생략되지 않는 것으
로 보고되어 있다.

　자동사의 뜻을 갖는 서술어 문장에서 목적격 조사가 나타나는 일
도 있다.

(49)ㄱ. 우루믈 우루듸 〈시용 유구곡〉

　　ㄴ. 여슷 ᄒᆡ를 苦行ᄒᆞ샤 〈석보 6.4b〉

　　ㄷ. 흥정바지들히 길흘 몯 녀아 텬씬(天神)ㅅ긔 비더니이다 〈월인
　　　기86〉

(49ㄱ)에선 서술어 '울-'이 동족 목적어 '우룸'을 취하고 있다. '苦行ㅎ
-, 녀-'와 같이 자동사의 뜻을 갖는 서술어도 (49ㄴ)과 (49ㄷ)처럼 기간
이나 거리 등을 나타낼 때에 목적격 조사가 붙은 논항을 갖는 일이 있
다. 이러한 논항은 목적어로 해석되기도 한다.

예문 (36)의 이중 주어와 같이, 목적어에도 이중 목적어를 아래의
예문 (50)에서 볼 수 있다.

(50)ㄱ. 오직 쏭을 둘며 뿌믈 맛볼 거시라 〈번소 9.31b〉
　　ㄴ. 四海를 년글 주리여 ᄀᄅ매 빈 업거늘 얼우시고 또 노기시니
　　　　〈용비 20장〉
　　ㄷ. 네 半身舍利를 請호미 몬ᄒ리니 〈석보 23.7b〉
　　ㄹ. 賤子ㅣ 쏘 奔走ᄒ야 三年을 東吳를 ᄇ라오니 〈두초 6.39b〉
　　ㅁ. 弟子 ᄒ나ᄒ를 주어시든 말 드러 이ᄅ ᄉ바지이다 〈석보 6.22b〉

(50ㄱ)에서 '맛볼'은 '쏭'과 '둘며 뿜'이라는 이중 목적어를 취하였다.
(50ㄴ)에서 '주리여'의 목적어로 '四海'와 '년ㄱ'라는 직접 목적어와 간접
목적어를 설정하기도 한다. 그러나 목적어가 갖는 본래의 성격이 대
격성이므로, 여격성을 갖는 '년글'을 목적어에서 제외하여 보어나 필
수적 부사어라고 보기도 한다. (50ㄷ)에서는 '半身舍利를'과 함께 '請
호미'도 의미상 목적어이나 주격 조사를 썼다. 이는 (50ㄱ)에서 '쏭을'
에 목적격 조사를 썼지만 '둘며 뿌믈'의 의미상 주어 기능을 갖는 것
과 대조된다. (50ㄹ)에서는 '三年을'과 '東吳를'에 모두 '을/를'이 있지
만, '三年을'은 목적격으로 볼 수 없다. (50ㅁ)에서는 서술어 '주어시든'
이 '弟子'와 'ᄒ나ᄒ'를 목적어로 갖는데, 이들 두 목적어는 이중 목적
어가 아닌 동격으로 보는 것이 타당할 것이다.

목적어는 문맥상 복원이 가능하면 종종 생략되기도 한다.

> (51) 四海를 년글 주리여 ᄀᆞᄅᆞ매 빙 업거늘 얼우시고 ᄯᅩ 노기시니 / 三
> 韓ᄋᆞᆯ ᄂᆞ믈 주리여 바ᄅᆞ래 빙 업거늘 녀토시고 ᄯᅩ 기피시니 〈용비
> 20장〉

(51)에선 시적인 표현을 위해 문맥상 복원이 가능한 주어와 목적어를
생략하였다. 두 문장 모두에서 행위주 주어가 생략되어 있다. 또한 첫
문장에서는 '얼우시고 ᄯᅩ 노기시니'의 목적어 'ᄀᆞᄅᆞᆷ' 또는 'ᄀᆞᄅᆞᇝᄆᆞᆯ'
이, 둘째 문장에서는 '녀토시고 ᄯᅩ 기피시니'의 목적어 '바ᄅᆞᆯ' 또는
'바ᄅᆞᇙᄆᆞᆯ'이 생략되었다고 볼 수 있다.

[보어]

보어를 이루는 형태 범주도 주어나 목적어와 같은 명사 상당의 낱
말이나 어구이며, 여기에 보격 조사가 붙어 이루어진다. 보어는 불완
전 동사를 서술어로 하는 문장에서 반드시 필요한 문장 성분이다.

> (52) ㄱ. 山이 草木이 軍馬ㅣ ᄃᆞ외니이다 〈용비 98장〉
> ㄴ. ᄒᆞᆫ 큰 이ᄅᆞᆫ 一乘妙法이니 妙法이 둘 아니며 세 아닐씩 ᄒᆞ나히라
> ᄒᆞ고 〈석보 13.48a-b〉
> (53) ㄱ. ᄒᆞᄅᆞᆺ아ᄎᆞ미 諸佛씌 ᄀᆞᆮᄒᆞ리니 〈선종 발2a〉
> ㄴ. 믈읫 人法 緣影이라 혼 거시 다 正遍正等 境界예 마즌 後에ᅀᅡ
> 〈석보 19.37a〉
> ㄷ. 三韓ᄋᆞᆯ ᄂᆞ믈 주리여 바ᄅᆞ래 빙 업거늘 〈용비 20장〉
> ㄹ. 나라흔 百姓으로 根本을 삼곡 고기ᄂᆞᆫ 주리면 곳다온 낛바ᄇᆞᆯ 費

食ᄒᆞᄂᆞ니라 〈두초 16.19b〉

ㅁ. 繼母 ㅣ 우리를 어엿비 녀기거시늘 우리 兄弟 恩惠를 모ᄅᆞᄂᆞ니
〈삼강 열7a〉

(52ㄱ)에서는 서술어 'ᄃᆞ뷔니이다'의 불완전성을 보어 '軍馬ㅣ'가 보충
하여 올바른 문장을 이루고 있다. 이는 (52ㄴ)에서 서술어 '아니-'의 보
어 '둘, 세'가 하는 기능과 같다. 그런데 이와 같이 서술어가 가진 불
완전성은 (53ㄱ)~(53ㅁ)에서도 보인다. 따라서 (53ㄱ)의 서술어 'ᄀᆞᄐᆞ
리니'에 대한 '諸佛', (53ㄴ)의 '마즌'에 대한 '境界예', (53ㄷ)의 '주리여'
에 대한 'ᄂᆞ믈', (53ㄹ)의 '삼곡'에 대한 '百姓ᄋᆞ로', (53ㅁ)의 '녀기거시늘'
에 대한 '어엿비'가 모두 보어적 기능을 한다고 볼 수 있다. 현재 학교
문법에서는 (53ㄱ)과 (53ㄴ)의 문장에서만 보어를 인정하고 있다. 그러
나 그 외에도 예문 (53)에서 위의 서술어들은 모두 불완전한 용언이므
로 보어 논항을 요구하는 동사와 형용사로 볼 수도 있다. 보어 논항
은 반드시 명사(구)라야 할 필요는 없으며, 부사(구)도 논항으로 설정
될 수 있다.

보어는 하나의 낱말로 나타나거나 구 또는 절로 표현되기도 한다.
위의 예문 (52ㄴ)에서는 보어가 '둘'이나 '세'라는 낱말인데, 아래의 예
문 (54ㄱ)에서는 'ᄂᆞ미 겨집', '뎌 고마'라는 구로 나타났고, (54ㄴ)에서
는 '제 모매 求홈'이라는 절로 표현되었다.

(54)ㄱ. ᄂᆞ미 겨집 ᄃᆞ외노니 ᄎᆞ히 뎌 고마 ᄃᆞ외아지라 ᄒᆞ리 열히로ᄃᆡ
〈법화 2.28b〉

ㄴ. 이런 ᄃᆞ로 사ᄅᆞ미게 求호미 제 모매 求홈 ᄀᆞᆮ디 아니ᄒᆞ니라 〈금삼
4.42b〉

550

보어는 보격 조사를 생략하여 나타나기도 한다. (54ㄱ)에서 '겨집'과 '고마'에는 보격 조사 '이'가 생략되어 쓰였고, (54ㄴ)의 '求홈'에서도 보격 조사 '이' 또는 '과' 등이 생략되었다. 그러나 문장에서 보어가 생략되는 경우는 매우 드물다.

5.2.2 문장의 부속 성분

[관형어]

관형어는 문장을 이루는 주된 성분이 아니라, 주어나 목적어, 보어 등 체언을 꾸미거나 한정하는 부속 성분이다. 관형어에는 관형사와, 용언의 관형사형 그리고 체언에 관형격 조사가 결합한 형태가 있다.

(55)ㄱ. 鵝鴣 우는 고대 온갓 고지 옷곳호믈 샹녜 싱각ㅎ노라 〈남명 상 8a〉

　　ㄴ. 磊落흔 衣冠흔 싸해 아ᄉ라ㅎ고 土木 ᄀᆞ흔 모미로라 〈두초 20.40b〉

　　ㄷ. 孟母의 이우지 올마 가놋다 〈두초 8.62a〉

　　ㄹ. 나는 이 如來ㅅ 믓 져믄 앋이로니 〈능엄 1.76b〉

(56)ㄱ. 오란 劫엣 無明이 다 업스니 하늘롯 몬졔며 싸ㅎ롯 後ㅣ라 〈금삼 3.63b〉

　　ㄴ. 죠고맛 빈 ᄐ고젓 ᄠᅳ들 닛디 몯ㅎ리로다 〈두초 15.55b〉

(55ㄱ)에서는 관형사 '온갓'이 명사 '곳'을 꾸미며, (55ㄴ)에선 용언의 관형사형 '磊落흔, 衣冠흔, 아ᄉ라흔, ᄀᆞ흔'이 각각 바로 다음에 오는 명사를 꾸민다. (55ㄷ)에서는 '孟母'에 관형격 조사 '의'가 결합하여 명사

'이웃'을 꾸민다. (55ㄹ)에서는 '如來ㅅ, 져믄'이 모두 명사 '앗'을 꾸미는데, 명사 '如來'는 관형격 조사 'ㅅ'와 결합하고, '져믄'은 형용사 '졈-'에 관형사형 어미 '-은'이 결합한 형태이다. 관형격 조사는 다른 조사나 활용 어미 뒤에 오기도 한다. (56ㄱ)에서는 관형격 조사 'ㅅ'가 부사격 조사 '에, 로/으로' 뒤에, (56ㄴ)에선 'ㅅ'가 동사의 활용형 '트고져' 뒤에 결합한 관형사형 '트고졋'이 관형사절을 이끌어 다음에 오는 명사 '뜯'을 꾸민다. (56)에서와 같은 용법은 근대 국어를 거치며 급격히 줄어 현대 국어에서는 쓰이지 않는다.

관형어로는 낱말이나 구절 등이 다 가능하다. 위의 (55ㄱ)이나 (55ㄷ)에서는 각각 하나의 낱말이 관형어이지만, (55ㄴ)에서 명사 '몸'을 꾸미는 관형어는 '磊落혼~곧 혼'이라는 구절 전체이다.

관형격 조사는 생략하는 일이 많다.

(57)ㄱ. 孝道홇 아들 우루믈 슬피 너겨 드르샤(孝子之哭 聽之傷歎)〈용비 96장〉

ㄴ. 赤島 안햇 움흘 至今에 보슙ᄂᆞ니〈용비 5장〉

(57)의 '아들 우룸(孝子之哭)'에서는 '아들' 뒤에 관형격 조사 '익'가 생략되었고, (57ㄴ)의 '赤島' 뒤에는 'ㅅ'이 생략된 것이다.

용언 어간에 관형사형 어미를 붙여 이루어진 관형어는 시제성을 가지고 있다.

(58)ㄱ. 흐ᄅ 세 번곰 머구믈 스므 나ᄅᆞᆯ ᄒᆞ면 나ᄂᆞ니 머근 後에 生薑 두세 片ᄋᆞ로 지즐 머그라〈구방 하2b〉

ㄴ. 기픈 ᄠᅳ디 苦ᄅᆞ윈 들 一定히 아노니〈두초 20.18b〉

ㄷ. 王子ㅣ 도라가물 스랑ᄒᆞᄂᆞᆫ 나래 長安애 ᄒᆞ마 兵戈ㅣ 이즈리웻
도다 〈두초 8.15b-16a〉

ㄹ. 져믄 아ᄃᆞᆯᄅᆞᆫ 바ᄂᆞᆯ 두드려 고기 낫글 낙ᄉᆞᆯ 밍ᄀᆞᄂᆞ다〈두초 7.4a〉

ㅁ. 하ᄂᆞᆯ 祭ᄒᆞ던 ᄯᅡᄒᆞᆯ 보고 절ᄒᆞ다가 〈석보 6.19a〉

(58ㄱ)의 '머근'은 동사 '먹-'의 '-은' 관형사형으로, 과거 시제이다. (58ㄴ)
의 '기픈, 苦ᄅᆞ왼'에서 '-은/은'은 형용사의 현재 시제 관형사형이고, (58
ㄷ)의 '스랑ᄒᆞᄂᆞᆫ'에서 '-ᄂᆞᆫ'은 동사의 현재 시제 관형사형이다. (58ㄹ)의
'낫글'은 동사 '낚-'의 '-올' 관형사형으로, 미래 시제를 보인다. (58ㅁ)의
'祭ᄒᆞ던'에서 '-던'은 관형사형으로, 회상 과거 시제를 갖는다. 미래 시
제와 회상 시제의 관형사형 어미는 동사와 형용사의 형태가 같다.

관형어는 종종 관형절로 나타나기도 하는데, 이러한 관형절에는 관
계절과 보문절, 연계절이 있다.

(59)ㄱ. 구든 城을 모ᄅᆞ샤 갊 길히 입더시니 셴 하나비ᄅᆞᆯ 하ᄂᆞᆯ히 브리시
니 〈용비 19장〉

ㄴ. 或 녀튼 거슬 기피 알며 或 기픈 거슬 녀티 아라 觀과 行앳 大病
ㅣ 되일ᄉᆡ 이리 仔細히 글히시니라 〈선가 상9a〉

ㄷ. 즉재 만히 토ᄒᆞᆫ 후에 니기 자거든 사ᄅᆞ미 씌오디 몬게 ᄒᆞ면 됴
ᄒᆞ리라 〈구간 1.110b〉

(59ㄱ)에서는 꾸밈을 받는 명사(머리 명사)가 하위문에서 문장 성분이
된다. 각각의 하위문에서 '城'은 목적어이며, '길ㅎ'은 주어, '하나비'는
목적어이지만, 이들은 모두 상위문에서 관계화 관형절의 한정을 받는
머리 명사이다. 그러나 (59ㄴ)에서는 보문화 관형절의 피수식 명사 '것'

이 모두 하위문에서 문장 성분이 되지 않는데, 이는 (59ㄷ)에서 연계화 관형절 '즉재 만히 토흔'의 한정을 받는 명사 '후'도 마찬가지이다.

머리 명사가 그를 수식하는 내포 관계절 서술어의 목적어나 부사어일 때에는, 내포절 관형사형 서술어에 '-오-'가 나타나는 경우가 많다.

(60)ㄱ. 俗애 잇는 사르몬 나날 八禁齋戒를 受持ᄒᆞ야 〈월석 10.120b〉

　　ㄴ. 鵁鶄 우는 고대 온갓 고지 옷곳ᄒᆞᄃᆞᆯ 샹녜 싱각ᄒᆞ노라 〈남명 상 8a〉

(61)ㄱ. 舍衛國애 도라와 精舍 지읋 터흘 어드니 〈석보 6.23b〉

　　ㄴ. 머즌 일 지순 因緣으로 後生애 머즌 몸 ᄃᆞ외야 〈월석 2.16a〉

관계절의 꾸밈을 받는 명사 (60ㄱ)의 '사름'은 선행 내포절에서 주어이므로 그를 수식하는 '잇는'에는 '-오-'가 결합되지 않았지만, 머리 명사가 내포 관계절에서 부사어가 되는 (61ㄱ)의 '터'와, 내포 관계절에서 목적어가 되는 '因緣'은 그를 수식하는 '지읋'과 '지순'에 '-오-'가 결합되었다. 그러나 머리 명사 (60ㄴ)의 '곧'은 선행하는 관계절에서 부사어이지만 '우는'에 '-오-'가 나타나지 않았다.

하나의 명사를 꾸미는 관형어는 여러 개가 올 수 있다.

(62)ㄱ. 바회예 버렛는 볏 남기 두렵도다 〈두초 20.2a〉

　　ㄴ. 사르미 오락가락ᄒᆞᄃᆞᆯ 알리 업스니 疎拙ᄒᆞ며 게으른 ᄠᅳ디 ᄀᆞ장 기도다 〈두초 7.6a〉

　　ㄷ. ᄂᆞ라왯는 두 흰 鶴이 … 수히 왼 ᄂᆞᆯ개 드리옛ᄂᆞ니 〈두초 16.70a-b〉

　　ㄹ. 부텨 일웻는 第一엣 쉽디 몯흔 아디 어려본 法은 부톄ᅀᅡ 諸法

의 實相ᄋᆞᆯ ᄉᆞᄆᆺ 아ᄂᆞ니라 〈석보 13.40b〉

(63) 내 이 無常ᄒᆞᆫ 變ᄒᆞ야 ᄒᆞ야디ᄂᆞᆫ 모미 비록 일즉 업디 아니ᄒᆞ나(我此 無常ᄒᆞᆫ 變壞之身이 雖未曾滅ᄒᆞ나) 〈능엄 2.4b〉

(62ㄱ)에서는 명사 '남ㄱ'에 관형어 '버렛ᄂᆞᆫ'과 '녯'이, (62ㄴ)에서는 명사 'ᄠᅳᆮ'에 관형어로 '疎拙ᄒᆞ며 게으른'이라는 두 단어가 왔고, (62ㄷ)에서는 명사 '鶴'을 꾸미는 관형어가, (62ㄹ)에선 명사 '法'을 꾸미는 관형어가 각각 셋이다. 관형어가 여러 개 계속될 때에는 대체로 명사와 관형격 조사의 결합어가 맨 앞에 오고, 이어서 용언의 관형사형이 오며, 그 다음에 관형사가 오는 어순을 갖는다. 또한 음절수가 많은 낱말이 수식을 받는 명사어에서 더 멀리 놓이는 것이 일반적이다. 그러나 언해서에서는 한문으로 된 원문에서의 어순에 거의 절대적인 지배를 받는다. (63)에서는 한문에서의 어순을 지켜 짧은 '無常ᄒᆞᆫ'이 좀 더 긴 '變ᄒᆞ야 ᄒᆞ야디ᄂᆞᆫ'보다 앞에 왔다. 용언의 관형사형 어미를 가진 관형어가 계속될 때, 현대 국어에서는 '-하고 -한' 형태를 갖는 것이 일반적이나 중세 국어에서는 (62ㄹ)과 (63)에서와 같이 '-ᄒᆞᆫ -ᄒᆞᆫ'의 형태가 반복된다.

명사에 관형격 조사가 붙은 관형사형이 주어적인 기능을 하는 표현이 있다.

(64) 비록 根이 鈍호ᄆᆞᆯ 아ᄅᆞ시나 아직 本來ㅅ ᄆᆞᅀᆞ매 맛게 ᄒᆞ시다가 〈법화 1.14a〉

(64)의 '根이 鈍호ᄆᆞᆯ'에서 '根'은 '鈍홈'이란 서술어의 의미상 주어 기능을 하나, 관형격 조사를 써서 명사형 '鈍홈'을 꾸미는 관형어 형태를 갖추고 있다. 이를 '주어적 속격'이라고 부르기도 한다.

[부사어]

부사어는 용언이나 다른 부사어를 꾸며 주는, 문장을 구성하는 부속 성분 가운데 하나이다. 부사어에는 부사와, 용언의 부사형, 체언에 부사격 조사가 결합한 형태가 있다.

(65)ㄱ. ᄆᆞᄎᆞ매 모로매 使君灘애 바ᄅᆞ 가리라 〈두초 22.13a〉

ㄴ. 向公이 피 나게 우러 行殿에 쓰리고 〈두초 25.47b〉

ㄷ. 그듸 能히 ᄀᆞᄂᆞᆫ 돌ᄒᆞ로 거를 밍ᄀᆞᄂᆞ니 〈두초 7.17a〉

ㄹ. 一萬神靈이 侍衛ᄒᆞᅀᆞᇦᄫᅥ며 자ᄇᆞ리 업시 닐굽 거르믈 거르샤 〈석보 6.17a〉

(65ㄱ)에서 '모로매, 바ᄅᆞ'는 동사 '가리라'를 꾸미는 부사이다. (65ㄴ)에선 동사 '나-'의 부사형이, 동사 '우러'를 꾸미는 부사절 '向公이 피 나게'를 이끈다. (65ㄷ)의 'ᄀᆞᄂᆞᆫ 돌ᄒᆞ로'는 명사 '돌ᄒᆞ'에 부사격 조사 'ᄋᆞ로'가 붙어, 동사 '밍ᄀᆞᄂᆞ니'를 꾸미는 부사구가 되었다. 부사격 조사는 어휘격으로, 구조격과 달리 어휘적인 의미를 가지면서 그에 선행하는 명사와 결합하여 부사어를 이룬다. (65ㄹ)에선 '업시'가 동사 '거르샤'를 꾸미는데, 부사 파생 접미사 '-이'가 부사형처럼 부사절을 이끄는 특이한 용법으로, 이는 고대 국어 이래로 오늘날까지도 이어지고 있다. 부사어로는 (65ㄱ)에서와 같이 낱말이나, (65ㄴ, ㄷ, ㄹ)처럼 구절이 다 가능하다.

명사가 부사어를 이룰 때, 부사격 조사 대신 보조사를 쓰거나 격형을 생략하기도 한다. 부사격 조사 뒤에는 종종 보조사가 덧붙기도 한다.

(66)ㄱ. 王季 진지를 도로 ᄒᆞ신 후에ᅀᅡ ᄯᅩ 처엄대로 도로 ᄒᆞ더시다 〈소

학 4.12a〉

ㄴ. 城 아래 닐흔 살 쏘샤 … 城 우희 닐흔 살 쏘샤 〈용비 40장〉

ㄷ. 뒤헤는 모딘 도죽 알픽는 어드볼 길헤 〈용비 30장〉

(66ㄱ)에서 '처엄대로'는 명사 '처엄'에 보조사 '대로'가 결합하여 동사 'ㅎ더시다'를 꾸미는 부사어가 되었는데, 이처럼 보조사가 결합하여 부사어를 이루는 경우도 많다. (66ㄴ)의 '우ㅎ'에는 처소의 부사격 조사 '의'를 썼지만, '아래'에는 이를 생략하였다. (66ㄷ)에서는 '뒤헤, 알 픽'와 같은 부사격 조사 결합형에 보조사 '는/ㄴ'을 덧붙였다.

부사어도 여러 개를 겹쳐서 쓸 수 있다.

(67)ㄱ. 家門엣 소리옷 거의 ㅎ마 이시리로다 〈두초 21.10a〉

ㄴ. 癸卯히예 西原ㅅ 도즈기 道州에 드러와 블 디르고 주기며 아소 몰 거의 다 ㅎ야 가고 〈두초 25.38b〉

(67ㄱ)에서는 동사 '이시리로다'를 꾸미는 성분 부사 '거의'와 'ㅎ마'가 잇달아 놓였고, (67ㄴ)에서는 부사 '거의'가 뒤에 오는 부사 '다'를 꾸미며, '다'는 뒤에 있는 서술어 'ㅎ야'를 꾸민다. 부사어는 일반적으로 그가 한정하는 피수식어 앞에 오지만 대부분의 부사어가 비교적 자유롭게 어순을 바꾸기도 하며, 부사어끼리에서도 어순이 비교적 자유롭다.

'-게/긔'는 그 기능에 따라 몇 가지로 나눌 수 있다.

(68) 부텻 양ᄌᆞ를 ᄀᆞ티시긔 그리ᅀᆞᆸ거나 〈월석 2.66b〉

(69) 자리며 차바ᄂᆞ 다 보ᄃᆞ랍긔 ㅎ더시니 〈석보 11.30b〉

(70) 詩書之敎를 크긔 너기시ᄂᆞ니 〈번박 상50b〉

(68)의 'ㄱㅌ시긔'는 동사 '그리숩거나'를 꾸미는 부사어로, 여기에서 '-긔'는 부사형 어미이다. (69)의 '보ᄃ랍긔'는 보조 용언 'ᄒ더시니'에 앞서는 본용언이므로, 여기에서 '-긔'는 보조적 연결 어미이다. (70)에서 불완전 타동사 '너기시ᄂ니'는 목적어로 '詩書之敎를'을, 보어로 '크긔'를 가진다고 해석할 수도 있다. '크긔'에서 '-긔'는 부사형 어미인데, 불완전 동사 문장에서 보어는 필수적이므로 '크긔'는 보어 성격의 필수 부사어로 세 자리 서술어 '너기시ᄂ니'의 논항이 되는 것이다.

이 밖에도 부사어로 해석되지만 필수적인 성분이 되는 표현들이 있다.

(71)ㄱ. 四海를 년글 주리여 〈용비 20장〉

ㄴ. 大王이 法을 셰샤 比丘들 히게 옷 바블 주디 몯게 ᄒ쇼셔 阿闍
世王이 出令호ᄃ 比丘의게 옷 밥 주ᄂ는 손 바를 버효리라 ᄒ니
〈월석 22.71a〉

(72) 슬흐며 슬후믄 庾信과 ᄀᆮ고 글 지수믄 陳琳과 달오라 〈두초
3.15b〉

주어가 생략된 (71ㄱ)은 형태상으로 목적격 조사와 결합한 두 개의 문장 성분이 있다. '四海를'과 '년글'을 각각 직접 목적어와 간접 목적어로 볼 수도 있지만, 국어에서는 '년글'을 부사어로 보는 견해가 일반적이다. (71ㄴ)에서 보듯이 간접 목적어 성격의 성분이 부사격 조사와 결합하여 '比丘들 히게, 比丘의게'로도 나타나는 것이다. (72)에서도 '陳琳과'는 필수적인 부사어이다. 이와 같은 필수 부사어를 갖는 표현은 이들 외에도 많다.

5.2.3 문장의 독립 성분

독립 성분은 문장에서 다른 성분들과 직접적인 관계를 갖지 않고 독립적으로 쓰이는 문장 성분으로, 독립어가 여기에 해당한다.

(73) ㄱ. 부톄 니른샤딕 大王아 네 일즉 업디 아니ᄒ야셔 엇뎨 업수믈 아
ᄂ다 世尊하 내 이 無常ᄒᆫ 變ᄒ야 ᄒ야디ᄂᆫ 모미 … 〈능엄 2.4b〉

ㄴ. 이 男子아 네 샹녜 이ᄅᆞᆯ 짓고 ᄂᆞ외 녀 딕 가디 말라〈법화 2.211b〉

ㄷ. 아니 이 行者 아니아 〈육조 상41b-42a〉

ㄹ. 그라 오녀 호믈 모로매 므거이 맛굴ᄆᆞ며 〈내훈 1.24b〉

(73ㄱ)에서 '大王아, 世尊하', (73ㄴ)에서 '男子아'와 같이 부르는 말은 본문과 직접 관계를 짓지 않는 독립어로, 명사에 호격 조사가 붙어 있는 경우가 일반적이다. (73ㄴ)의 '이'는 단순한 외침이며, (73ㄷ)에서 앞에 나온 '아니'도 뜻밖의 일을 당했을 때 외치는 말로, 모두 감탄사 독립어이다. (73ㄹ)의 '그라'와 '오녀'도 각각 '그래'와 '오냐'의 뜻을 가지는 감탄사 독립어이다.

(74) ㄱ. 이 相이 알핀 現ᄒ시니 반ᄃᆞ기 이 果ᄅᆞᆯ 이긔시리로다 그러나 다
ᄅᆞᆷ믈 브트샤 니른샤ᄆᆞᆫ … 〈법화 5.77a〉

ㄴ. 이제 仁과 智와 둘흘 바라디 아니ᄒᆞᆯ식 그런ᄃᆞ로 어즐ᄒᆞᆫ 길헤
댱샹애 ᄀᆞ놋다 〈금삼 3.50b〉

흔히 문장 부사라고 하는 접속 부사는 독립어처럼 쓰이는 경우가 많다. (74ㄱ)에서 '그러나'는 접속 부사로 문장 안의 다른 문장 성분들과

관계를 갖지 않은 독립어의 성격을 갖는다. (74ㄴ)의 '그런두로'도 합성의 접속 부사로 보아, 독립어라 할 것이다.

5.3 문장 성분들의 어순

국어는 문장의 성분들이 놓이는 자리에 비교적 융통이 많아 어순 도치가 매우 잘 일어나는 언어이지만, 국어에도 성분들 사이에 기본적인 어순은 있다. 문장 안에서 각 성분들이 놓이는 기본적인 순서는 고대 국어 이전부터 현대 국어에 이르기까지 변화가 없다. '주어+목적어+서술어'와 '주어+보어+서술어'라는 구조에, 수식어는 피수식어 앞에 오는 원칙이 그것이다.

> (75)ㄱ. 어미도 아두룰 모루며 아둘도 어미룰 모루리니 〈석보 6.3b〉
>
> ㄴ. 뎌는 ᄒᆞ오ᅀᅡ 사름 아니가 〈내훈 2상14b〉
>
> (76) 뉘 能히 네 얼구룰 머믈우리오 〈능엄 6.74a〉

(75ㄱ)에서는 두 개의 대등절에서 '주어+목적어+서술어'의 구조를 잘 보여 주고, (75ㄴ)에서도 '주어+보어+서술어'의 기본 구조를 보인다. (76)에서는 목적어 명사 '얼굴'을 꾸미는 관형어 '네'가 피수식어 바로 앞에 왔지만, 서술어 동사를 꾸미는 부사어 '能히'는 뜻을 강조하기 위해 피수식어 앞에서 이동하여 주어 바로 다음에 놓았다. 이처럼 부사어는 어순상 변동이 비교적 자유롭다.

중세 국어나 현대 국어에서, 부사 '아니'는 동사 서술어나 보조 용언 바로 앞에 오는 것이 일반적이다. 그러나 부정 부사 '아니, 못'은 현대 국어와 어순이 달리 쓰이기도 한다.

(77)ㄱ. 그듸내 뜨디 아니 숧利룰 뫼셔다가 供養ᄒᆞᆸ보려 ᄒᆞ시ᄂᆞ니 〈석
보 23.46b〉

ㄴ. 이 아니 내 鹿母夫人이 나흔 고진가 〈석보 11.32b〉

ㄷ. 道理예 마조미 몯 됴ᄒᆞ니 업슬씨 〈석보 13.28a〉

(77ㄱ, ㄴ)에서 '아니'는 서술어 바로 앞에 오지 아니하고 부정(수식)되
는 구절 앞에 왔는데, 이러한 용법은 고대 국어에서 쓰이던 형태의 잔
재로 중세 국어 당시에도 매우 드물다. 현대 국어에서는 '아니'나 '못'
이 형용사 앞에 오는 것을 꺼리는 경향이 있어 대개 '-지 아니하/못
하' 구조로 표현되지만, (77ㄷ)에서는 '몯'이 형용사 '됴ᄒᆞᆫ' 앞에 쓰였
다. 이러한 구조는 근대 국어 후기에 들면서 차츰 줄어든다.

문장에 따라서는 강조하는 말 등을 앞세워 문장의 어순에 변화를
가져오기도 한다.

(78)ㄱ. 업던 번게를 하ᄂᆞᆯ히 ᄇᆞᆯ기시니 〈용비 30장〉

ㄴ. 夫人이 며느리 어드샤ᄆᆞᆫ 溫和히 사라 千萬 뉘예 子孫이 니ᅀᅥ가
몰 위ᄒᆞ시니 〈석보 6.7a-b〉

(78ㄱ)에서는 목적어 '업던 번게를'을 강조하기 위하여 주어 '하ᄂᆞᆯ히'보
다 앞에 세웠다. (78ㄴ)에서는 내포문의 서술어 '니ᅀᅥ가'를 수식하는
부사어 내용을 강조하기 위하여, 부사절 '千萬 뉘예'를 주어 '子孫이'
보다 앞에 놓았다.

한편, 번역문에서는 원문의 어순을 따르기 위해 어순 도치문을 이

루기도 한다.

(79) 클셔 萬法이 브터 비르수미여 〈원각 서31a〉

(79)의 문장은, 한문 문장 '大矣哉 萬法資始也'이라는 원문의 어순에
맞추어 번역한 것이지만 국어 표현으로 가능하다고 볼 것이다. 이는
국어 문장 성분들의 어순에 그만큼 융통성이 많다는 증거이다. 이와
같은 도치문은 언해본에서 자주 나타난다. 음독 구결문은 한문에 구
결을 붙인 표현이므로 한문 원문의 어순을 따를 수밖에 없다.

(80) ㄱ. 是故 應知ㄲ· 非一ㆍ 終六ㅈ 非六ㆍ 終一ㅅㅡ 〈능엄9592 4.15b:
21본〉
(이런 까닭에 반드시 알아야 한다. 하나가 아니라 곧 여섯이며 여
섯이 아니라 곧 하나임을.)
ㄴ. 是故 當知ㄲㅅ 意入 虛妄ㆍㅣ 本非因緣 非自然性ㅅㅐㅡ 〈능엄소
3.3a: 31-32본〉
(이런 까닭에 마땅히 알아야 할 것이다. 뜻으로 생각하여 인식하
는 것은 허망하여 본래 인연이 아니고 자연의 성품이 아닌 줄을.)

(80)은 도치문으로, 모두 문말에 도치임을 말해 주는 조사 'ㅡ(여)가 의
존 명사 'ㅅ, ㅖ(드/도)나 서술격 조사 'ㆍ(이-) 아래에 결합되어 있다. 석
독 구결에서 도치문이 나올 때 문말에 'ㅡ(여)를 붙이는 표현법이 널리
쓰였는데, 이러한 표현 방식이 중세 국어에 들어 음독 구결까지는 보
이지만 15세기 한글 문헌에서는 이어지지 않는다.

6. 문장 요소의 기능

하나의 문장을 이루기 위해서는 여러 문장 성분들이 필요하며, 이들이 문장을 이룰 때에는 다양한 통사적 기능 범주들에 의해 좀 더 섬세한 표현 기능을 나타내게 된다. 이러한 통사적 기능 범주들에는 사동과 피동, 시제, 서법, 동작상, 높임법 등이 있는데, 이를 나타내는 문법소들은 대개 동사의 어근이나 어간 뒤에 접미하는 형태를 가지며, 때로는 보조 용언 등으로 실현되기도 한다.

6.1 사동 표현

사동 표현은 주어(사동주)가 남(피사동주)에게 어떤 움직임을 하도록 함을 나타내는 표현으로, 주로 문법적 장치로 실현된다. 중세 국어에서도 사동 표현은 사동화 접미사에 의한 사동사를 써서 나타내거나, 보조적 연결 어미와 보조 동사가 연접하는 통사적인 구조로 나타낸다. 이 밖에 사동의 의미를 가진 어휘에 의해 사동의 의미를 표현하기도 한다. '사동'은 사동의 의미를 가진 문법 범주이므로, 사동화 접미사가 결합하거나 '-게 ᄒᆞ-' 형태를 갖더라도 사동의 뜻이 없으면 사동법이나 사동 표현이라고 할 수 없다. 이런 점에서 사동이나 피동 표현은 순수 문법론적 절차라기보다 통사·의미론적 해석의 성격을 갖는다고 할 것이다.

[사동사에 의한 사동 표현]
사동사는 동사 어근에 사동화 접미사 '-이-, -히-, -기-, -오/우-, -

호/후-, -리-'가 결합하여 만들어진다. 이들 사동화 접미사는 형용사 어근에 붙어 사동사와 같은 형태를 만들기도 하지만, 이 경우에는 대체로 사동사라기보다 단순한 타동사가 된다.

사동사를 만드는 '-이-'계 사동화 접미사는 (1)과 같다.

(1)ㄱ. 太子ㅣ ᄒᆞ마 나가시고 ᄯᅩ 羅睺羅ᄅᆞᆯ 出家ᄒᆡ샤 나라 니ᅀᅳ리ᄅᆞᆯ 긋게 ᄒᆞ시ᄂᆞ니 〈석보 6.7b〉

ㄴ. 江閣애셔 소ᄂᆞᆯ 마자 ᄆᆞᆯ 보내야 ᄆᆞ쵸마 許홀ᄉᆡ 〈두초 21.22b〉

ㄷ. 心魂이 이대 아로ᄆᆡ 덞규ᄆᆞ로 心光이 窮究ᄒᆞ야 블가〈능엄 9.57b〉

'-이-'계 접미사에서는, 어간 말음이 'ㅂ, ㄷ, ㅈ'이면 '-히-', 'ㅁ, ㅅ'이면 '-기-', 그 밖의 자음이면 '-이-', 모음이면 '-ㅣ-'로 실현된다. '-이-'형태는 대개, 어간 말음이 'ㅿ, ㄷ(불규칙), ㄹ'이면 분철 표기되고, 'ㄱ, ㄹ(일부), ㅊ, ㅌ, ㅍ, ㅎ, ㅸ' 등이면 연철 표기된다.

(1ㄱ)에서 '出家ᄒᆡ샤'는, 자동사 어근 '出家ᄒᆞ-'에 사동화 접미사 '-이-'가 붙어 '出家ᄒᆡ-'라는 사동사가 된 것이다. 이처럼 사동화 접사 '-이-'가 붙은 사동사에는 'ᄀᆞᆺ기다(勞), 갓기다(剃), 건내다/건네다(渡), 고티이다(改), 굿블이다(屈) 그우리다(轉), 그치다(節), 글히다(沸), 기우리다(傾), 기티다(遺), 길이다(汲), 늘이다(飛), 내다(出), 노기다(融), 놀이다(遊), 누기다(弛), 누이다/뉘이다(臥), 니기다/니기이다(鍊), 닝이다(續), 들이다(馳), 다히다(接), 달히다(煎), 돌이다(廻), 드리다(入), 들이다(聞, 零), 디내다(過), 말이다(禁), 맛디다(任), 머기다(食), 믈리다(退), 밀이다(推), 비호이다(學), 버므리다(繞), 버리다(羅), 뵈다(謁), 부븨이다(摩), 브티다(焚, 附), 블리다(召), 빌이다(借), 빗이다/빗이다(扮), 셜이다(漱), 사ᄆᆞ치다(達), 살이다(居), 셰다(立), 심기다(植), 알히다(痛), 얼

이다(嫁), 올이다(登), 울이다(鳴), 웃이다(笑), 줌글이다(鎖), 줌기다(鎖), 재다(眠), 저지다(霑), 저히다(脅), 조리다(略), 짓이다(作), 츠이다/최다 (除糞), 픠이다(掘), 히다(爲), 흘리다(流)' 등이 있다. '쩌이다(織), 치이다 (鑿), 픠이다(掘)'에는 '-이-'가 이중으로 붙었다. 15세기에 'ᄒ-(爲)의 사동형은 '히-'이었지만, 16세기에 나타나 같이 쓰이기 시작한 'ᄒ이-' 형이 17세기 이후에 이어지다가, 근대 국어 후기에는 아예 '시기-'로 바뀐다.

(1ㄴ)에서 '마쵸마'는 타동사 '맞-'(迎)에 사동화 접사 '-히-'가 결합한 형태이다. 사동화 접사 '-히-'가 붙은 사동사에는 '구티다(固), 구피다(曲), 글키다(搔), 니피다(衣), 도티다(起), 마치다(迎, 中), 마키다(配), 무티다(染), 바키다(着), 바티다(貢), 안치다(坐), 자피다(捕)' 등이 있다. '닉다(熟)' 등 일부 동사는, 사동화 접미사로 15세기에 '-이-'가 쓰이다가 16세기엔 '-히-'로 바뀌기도 한다.

(1ㄷ)에서 '덞규ᄆ로'는, 자동사 '덞-'에 사동화 접사 '-기-'가 붙어 '덞기-'를 이루고, 이 사동사의 명사형 '덞귬'에 다시 조사 'ᄋ로'가 붙은 것이다. 사동화 '-기-'가 붙은 사동사에는 '덞기다(染), 밧기다(脫), 벗기다(脫), 빗기다(梳), 숨기다(匿), 싯기다(洗), 옮기다(移)' 등이 있다.

'-오/우-'계 접사에 의한 사동화는 아래와 같다. 이들의 분포는 음운론적으로 설명되지 않는다.

(2)ㄱ. 大業을 ᄂ리오리라 筋骨을 몬져 ᄀ고샤 玉體創瘢이 혼두 곧 아니시니 〈용비 114장〉

ㄴ. 標ᄂ 나토아 보람홀시오 格은 나토온 法이라 〈금삼 4.28b〉

ㄷ. 禮義를 앗기샤 兵馬를 머추어시니 徼外南蠻인돌 아니 오리잇가 〈용비 54장〉

ㄹ. 솔소개 즐근 바른 쳔심을 솟고고 뛰바틱 남근 석자흘 면티 몯ᄒ
　ᄂ니 〈계초 59b-60a〉

(2ㄱ)의 'ᄀᆞᆺ고샤'는 'ᄀᆞᆺ-'(勞)에 사동화 접사 '-오-'가 결합한 것이다. 'ᄀᆞᆺ
-'의 사동화로는 'ᄀᆞᆺ기-'도 쓰였다. 사동화 접사 '-오/우-'가 붙은 사
동사에는 'ᄀᆞ리오다(蔽), ᄀᆞᆺ고다(勞), 가도다(囚), 갓ᄀᆞᆯ오다(倒), 거두다
(收), 기울우다(傾), 길우다(長), ᄭᅵ오다(覺), ᄲᅧ디우다(沒), ᄂᆞ리오다(降),
나소다(進), 달오다(烙), 데우다(焦), 도도다(昇), 드리우다(垂), 마기오
다(證), 머믈우다(留), 메우다(駕), 모도다(集), 뮈우다(動), 뵈우다(刳),
비취우다/비취오다(照), 쉬우다(休), 어리우다(愚), 어울우다(合), 얼우
다(凍), 여위우다(涸), 열우다(結實), 오ᄋᆞᆯ오다(全), 일우다/일오다(成),
져믈우다(暮), 지즐우다(壓), 뛰우다(騰), 픠우다(焚), 헐우다(破)' 등이
있다. '쯰오다/쯰우다(浮), 히오다(爲), 힘쁴우다/힘쁴오다/힘씌우다
(勉)'는 사동화 접사로 '-이-'와 '-오/우-'가 이중으로 접미한 형태이다.
사동화 접미사 '-오/우-'는 어간 말음 'ㄹ' 뒤에서 분철되며 하향 이중
모음 뒤에서도 '-요/유-'로 되지 않는데, 이는 사동화 접미사 '-오/우-'
가 기원적으로 '-고/구-'였을 가능성을 암시한다.

　(2ㄴ)에서 '나토온'은 자동사 '낱-'(現)에 타동화 접사 '-호-'가 붙은
형태이다. '-호/후-'가 결합한 동사에는 'ᄀᆞ초다(備), 고초다(拱), 나토
다(現), 마초다(適), 머추다(停)' 등이 있는데, 이들의 표현 가운데에는
이처럼 사동성이 없는 단순한 타동사인 용법인 경우도 있다. 그러나
(2ㄷ)의 '兵馬를 머추어시니'에서는 사동사로 해석하는 것이 자연스럽
다. 이 접사 형태는 근대 국어에 들면서 점차 '-추-' 등으로 바뀌어 간
다. '-호/후-'는 어간 말음이 'ㄷ, ㅈ'일 때 나타난다.

　(2ㄹ)의 '솟고고'는 '솟-'(湧)에 사동화 '-고-'가 붙은 형태이지만, 사동

화 접사 '-고/구-'가 결합된 사동사는 중세 국어에서 매우 드물다.

'-리-' 형태의 사동사도 간혹 보이기 시작한다. 근대 국어에 들면 어간 말음이 'ㄹ'인 '-이-'형 사동사들이 대부분 '-리-'형으로 바뀌나, 중세 국어에서는 아직 '-리-'형이 많지 않다.

> (3)ㄱ. 그 아ᄋ와 누의를 에엿비 너굠을 더욱 두터이 ᄒ야 위ᄒ야 받과
> 집을 사셔 살리고 〈소학 6,32b〉
>
> ㄴ. 그 어미 劉氏를 내텨 ᄇᆡᆨ셩의 서리예 얼리니 어미와 아ᄃᆞᆯ이 서르
> 아디 몯홈이 쉰 ᄒᆡ러니 〈소학 6,30b-31a〉

(3ㄱ)에서 '살리고'는 '살-'(居)에 '-리-'를 접미하여 만든 사동형인데, 16세기에도 주로 '살이-'형을 썼다. (3ㄴ)의 '얼리니'도 '얼-'(嫁)에 사동화 '-리-'가 붙은 형태인데, 역시 당시에 사동사는 '얼이-'형을 많이 썼다. '-리-'는 모두 어간 끝소리가 'ㄹ'일 때 나타난다. 16세기에 '-리-' 형태의 접사가 등장하는 것은 'ㄹㅇ>ㄹㄹ'의 변화가 발생했기 때문이다. '듣다[聞]'와 같은 ㄷ불규칙 활용 용언이 '들이다>들리다'로 변화하는 것을 보면 접사 '-리-'가 새로 등장하여 결합했다고 보기 어렵다. ㄷ불규칙 동사 '듣-'의 경우, 모음 앞에서만 어간의 형태가 바뀌므로 '-이-' 앞에서는 '들-'이 될 수 있지만 '-리-' 앞에서는 '들-'이 되지 않기 때문이다.

어간 말음이 모음 'ㅣ'로 끝나는 동사 가운데 일부는 '-이-'가 덧붙어 사동사가 되기도 한다.

> (4)ㄱ. 后ㅣ 아래 元世祖ㅅ 后의 ᄂᆞᆯ근 횩시울 니기시던 이를 드르시고
> ᄯᅩ 命ᄒ야 가져다가 니기이샤 ᄣᅡ 니블 밍ᄀᆞᄅᆞ샤 외ᄅᆞ외며 ᄂᆞᆯ그

니를 주시며 〈내훈 2.100b-101a〉

ㄴ. 産生ᄒᆞᄂᆞᆫ 겨지블 먹게 혼 後에 술 ᄒᆞᆫ 머구믈 마시이라 〈구급 하 86b〉

(4ㄱ)에서 '니기이샤'는 '니기-'에 '-이-'가, (4ㄴ)에서 '마시이라'는 '마시-'에 '-이-'가 결합하여 사동사가 되었다. 근대 국어 이후에는 이와 같이 'ㅣ' 모음 아래에서 '-이-'를 붙이는 사동화 형태는 나타나지 않는다.

중세 국어에서는 오늘날에 비해 사동사의 분포가 비교적 넓음을 알 수 있다. 사동화 접미사들은 그 종류에 따라 의미 기능에 차이를 갖지 않는 것으로 알려져 있다. 선행하는 어근의 음운 형태에 따라 접미사의 종류가 어느 정도 구별되기는 하지만 접미사의 선택에 일관된 규칙을 세우기는 어렵다.

이 밖에 사동화 접사와 비슷한 의미를 가진 파생 접사 '-ᄋᆞ-'가 일부 낱말에서 쓰였다. '-ᄋᆞ-'를 사동화 접사로 보는 견해가 많으나 실제 표현에서는 대부분 그렇지 아니하다.

(5)ㄱ. 王이 大愛道이그에 가샤 졋 머겨 기르라 ᄒᆞ야시늘 〈석보 3.3b〉

ㄴ. 새뱃 시내 빈 썰른 소리 우르ᄂᆞ니 도라오ᄂᆞᆫ 길헤 녀오니 ᄒᆞ마 어제로다 〈두초 9.2a〉

(6) 殿堂 셜흔 둘흔 四方 僧을 살요미니(殿堂三十有二 以安四方僧) 〈법화 5.203a〉

(5ㄱ)의 '기르라'나 (5ㄴ)의 '우르ᄂᆞ니'도 단순한 타동사이다. 그러나 (6)의 '살요미니'는 '살-+-이-+-옴+이-+-니'의 구성으로 사동화 접미사 '-이-'를 가져, 한문에 나오듯이 '살게 하, 살도록 하'의 뜻을 가지는

사동사이다. 물론 사동사 형태를 가진 많은 동사들이 단순히 타동사의 뜻을 갖기도 하지만, '-으-'가 접미된 동사는 사동사로서의 기능을 제대로 가진 예가 별로 없다. 또한 '-으-'가 붙은 형태를 갖는 동사는 대부분 따로 원래의 사동사 형태를 가지고 있다. 따라서 '-♀/으-'는 단순한 타동사화 접사로 보는 것이 나을 것이다. '-♀/으-' 접미사가 붙은 타동사에는 이 밖에도 '기르다(養), 도르다(回), 사르다(救), 이르다(造), 니르다(惹起)' 등이 있는데, 이들은 같은 자동사에서 파생한 사동사 '길우다(長), 돌이다(廻), 살이다(居), 일우다(成)'와 의미가 달리 일반 타동사이다.

위의 사동화 접미사들은 형용사 어근과 결합하여 동사를 이루기도 한다. 이와 같이 만들어지는 동사는 타동사인데, 사동화 접미사에 의한 타동사화는 자동사에서도 일어난다.

(7)ㄱ. 바르래 비 업거늘 녀토시고 또 기피시니 〈용비 20장〉
　　ㄴ. 온 번 마칠 직조를 다 壯흔 거슬 쓰더시니라(百中皆用壯) 〈두초 16.36b〉
(8)ㄱ. 老萊子ㅣ … 새 삿기를 어버의 겯틔셔 놀려 어버이 깃거콰뎌 ᄒ더라 〈소학 4.16a-b〉
　　ㄴ. 가온디 쇠리 놀이는 고래 잇도다 〈두초 22.18b〉

(7)에서는 형용사와 자동사에 사동화 접미사를 붙였다. (7ㄱ)의 '녀토-'와 '기피-'는 형용사 '녙-'과 '깊-'에 각각 '-오-'와 '-이-'를 접미한 것이고, (7ㄴ)의 '마치-'는 자동사 '맞-'에 사동화 '-히-'를 붙인 것인데, 예문 (7)은 사동문이라기보다 그냥 타동문으로 보는 것이 온당할 것이다. 형용사에 접사 '-이-, -히-, -오/우-'를 붙이면 사동성을 갖지 못하

는 단순한 타동사가 되는데, '고티다(改), 고피다(曲), 기피다(深), 너피다(廣), 녀토다(淺), 느치다(遲), 물기다(淸), 멀우다/멀이다(瞽), 불기다(明), 비리우다(剺), 외오다(誤), 조히오다(淨), 흐리우다(濁)' 등이 그러하다.

(7)에서 보듯이, 사동화 접사가 결합한 동사가 사동성을 갖지 못하는 경우에는 단순한 타동사로 보아야 하며, 이때 접미사는 사동화가 아닌 타동화 접사로 분류해야 한다. 이는 타동사로만 쓰이는 '녀토다, 마치다, 흘리다' 등은 물론이지만, 단순 타동사와 사역 타동사의 용법을 다 갖는 '놀리다, 돌리다, 들이다' 등의 동사가 단순 타동사로 쓰인 문장에서도 해당하는 것이다. 즉 (8ㄱ)의 '놀려'와 (8ㄴ)의 '놀이는'은 모두 자동사 '놀-'에 사동화 접사 '-리-'와 '-이-'가 결합한 형태인데, '놀려'는 사동 동사로 쓰였지만 '놀이는'은 타동사일 따름이다.[79] 따라서 '놀이는'에서 '-이-'는 사동화가 아닌 타동화 접사가 된다. 따라서 이때 편의상 '사동화 접미사'라고는 하였지만 사실상 '타동화 접미사'이며, 사동화 접미사와 같은 형태일 뿐이다. 오히려 타동화 접미사가 문장 안에서 사동성을 가지고 쓰였을 때에 비로소 사동화 접미사가 된다고 설명하는 것이 타당할 것이다.

사동사로 두 가지 형태를 갖는 경우도 있다. '굵다(勞)'의 사동사로는 '굿기다'와 '굿고다'가 있고, '기울다(傾)'의 사동사에는 '기우리다'와 '기울우다', '젛다(懼)'의 사동사에는 '저리다'와 '저히다'가 있다. 이들

---

79) '놀이-'와 '놀리-'는 선대형과 후대형의 관계이며, 이들의 형태 차이로 사동성이 달라지는 것이 아니다. 단형 사동문에서 '놀-'의 주체가 주어인가 또는 목적어(또는 여격 부사어)인가에 따라서 사동성은 결정된다. 원칙적으로 목적어 또는 여격 부사어가 행위의 주체가 될 수 있는 [+유정성(animate)]일 경우에만 주어가 이들에게 사동 역할을 하므로, 이때 '-리/이-'가 사동화 접미사가 되는 것이다. 이는 다른 사동 접사 구문에서도 마찬가지이다.

두 가지 형태의 사동사에는 의미상 차이가 별로 없다. 중세 국어에서는 아직 사동화 접미사로 '-구-'와 '-추-' 형태가 쓰이지 않았지만, '솟다'(湧)의 사동형 '솟고다'가 있고, '멎다'(停)의 사동형 '머추다' 등이 있어 '-구-'와 '-추-' 접미사를 예고하고 있다. '머추-'는 '멎+-후-'이므로 중세 국어에서 사동화 접미사는 '-후-'이지만, 근대 국어에 들어 '머추->멈추-' 변화를 겪게 되어 근대 국어에서는 공시적으로 '-추-'를 설정하는 것이다.

사동화 접미사가 겹쳐 붙는 경우도 있다.

(9)ㄱ. 쯰우다(浮), 업시우다(無), 치오다(滿), 틱오다(燒)

　　ㄴ. 닝위다(繼), 알외다(告)

(9ㄱ)에는 사동화 '-이-'와 '-오/우-'가 중첩되고, (9ㄴ)에는 이들이 반대 순서로 겹쳐 있다.

사동사 형태로 표현한 내용이 반드시 주동사와 사동 관계를 일정하게 갖는 것은 아니다. 아래의 예문에서 사동사는 원래의 주동사와 관련된 사동의 뜻이 아닌 새로운 타동사로서의 의미를 갖는다.

(10)ㄱ. 百千萬億 衆이 므레 주맷거든 慈悲心으로 비를 밍ㄱ라 벗겨 내시느니 〈월석 10.5b〉

　　ㄴ. 對答ㅎ슨오듸 쇼 머기노이다 祖ㅣ 니르샤듸 엇뎨 머기는다 〈남명 상58b〉

(10ㄱ)에서 '벗겨'는 '벗-'(脫)의 사동사의 형태이지만 '구출하다, 건지다'의 뜻을 갖는 타동사로 쓰였다. (10ㄴ)에서 '머기노이다, 머기는다'도

'먹-'(食)의 사동형을 가졌지만, '기르다, 사육하다'라는 새로운 뜻을 갖는 타동사이다.

　모든 동사들이 사동사를 갖는 것도 아니다. '가다, 오다, 나다, 믿다, 잇다, 접다, 혀다' 등 매우 많은 동사들이 사동사형을 갖지 않으며, '굶다, 석다' 등 많은 동사들의 사동형이 중세 국어에서 문증되지 않는다. 이들은 당시에 '-게 ᄒ다'형과 같은 통사적인 구조로 사동 표현을 하였다.

['-게 ᄒ다'형 사동 표현]

　사동사에 의한 사동 표현 외에 '-게 ᄒ다'형 구문에 의해서도 사동의 뜻을 표현할 수 있다. 이는 보조적 연결 어미 '-게/긔/에/의'와 보조 동사 'ᄒ다'로 나타난다. 사동사에 의한 형태적인 단형 사동 표현은 직접 사동이 많고, '-게 ᄒ다' 구조의 통사적인 장형 사동은 간접 사동이 대부분이다.

　　(11)ㄱ. ᄒᆞᆫ 아ᄃᆞᆯ옴 내야 내 孫子 조차 가게 ᄒ라 〈석보 6.9b〉

　　　　ㄴ. 나ᄂᆞᆫ 드로니 녜 奏青이 天下앳 귀를 기우리게 ᄒ더니라 〈두초 16.50a〉

　　(12) 즙을 서 훕곰 머고ᄃᆡ ᄌᆞ조 머거 긋도록 ᄒ라 〈구간 2.105a-b〉

(11ㄱ)에서 '가게 ᄒ라'는 '내 孫子조차 가'라는 주동의 문장을 사동문으로 만든다. (11ㄴ)에서는 '기우리-'라는 사동사에 다시 간접 사동 표현을 더하였다. 간접 사동 표현은 간혹 '-도록 ᄒ-' 형태로도 나타나는데, 후기 중세 국어에서부터 쓰인 듯하다. (12)에서 '긋도록 ᄒ라'는 내포절의 내용을 사동화하고 있다. 중세 국어에서 장형 사동 표현은

대개 접미사에 의한 단형 사동 형태가 없는 어휘에서 나타나는 것이
일반적이다.

장형 사동형은 중세 초기의 음독 구결문에선 '-거/게/긔 ᄒ-' 형태
를 가진다.

(13) 佛佛ㅣ 授手ᄡᅡ 世世ᵃ 不墮惡道八難ᄆ 常生人道天中ᅀᆞᆿᄉ/ᅀᆡᄡᄉ/
    ᅀᆞᄡᄉ 〈범망 10하43b〉

    (부처와 부처가 직접 전하고 거듭되는 세상에서 惡道와 八難에 떨어
      지지 않고 항상 人道나 天道에서 태어나게 하라.)

    臨高ㅣ 空想ᅢᄂ 而酸澁ᄂ 眞受ᅀᅩᄡᅡ 〈능엄가 10.19b: 8해〉

    (높은 곳에 오르는 것은 空想이거늘 시고 떫은 것을 곧이 받게 하며)

    旣益汝價ᅡ 并塗足油ᄡᄉ 飮食ᄂ 充足ᅀᆞᄡᄉ 薦席ᄂ 厚暖ᅀᆞᄡᄉ 〈법
      화1153 2.61a: 9본〉

    (너의 품삯도 올려주거니와 발에 바를 기름도 주며 음식을 충분하
      게 주며 앉을 자리도 두텁고 따뜻하게 할 것이다.)

(14) ㄱ. 쏘 無量有情이 큰 어려븐 구데 ᄺᅥ러디긔 ᄒᄂ니 〈석보 9.14a〉

    ㄴ. 天下를 모다 安保호미 곧 大寶ㅣ며 萬世예 일훔나긔 ᄒᆑ미 곧
      大寶ㅣ니 엇뎨 物에 이시리잇고 〈내훈 2.97b〉

(13)은 14세기 음독 구결을 보여 주는 『범망경보살계』인데, 판본(엄인
섭본/국립도서관본/정문연본)에 따라 각각 'ᅀᆞᆿᄉ/ᅀᆡᄡᄉ/ᅀᆞᄡᄉ'의 형태
로 나타난다. 드물지만 후기 중세 국어 한글 문헌인 (14)에서도 '-긔
ᄒ-'형이 보인다. 『석보상절』에서는 '-긔 ᄒ-'형이 많이 나오지만 『월인
석보』에서는 이들이 '-게 ᄒ-'로 나타난다. 이는 10년 남짓 기간 안에
바뀌었다기보다 편찬자의 언어상 차이로 보이지만, 이 즈음 '-긔 ᄒ

->-게 ᄒᆞ-'라는 통시적 변화는 일어난다.

(15)ㄱ. 시혹 地獄이 이쇼ᄃᆡ 구리 기들 븕게 달와 罪人이 안게 ᄒᆞ며 〈월
석 21.80a〉

ㄴ. 惡趣예 ᄲᅥ러딘 衆生ᄋᆞᆯ 地藏菩薩이 方便力으로 벗게 ᄒᆞ야 人天
中에 나게 ᄒᆞ야ᄂᆞᆯ 〈월석 21.120b〉

ㄷ. 阿難아 내 比丘로 다ᄉᆞᆺ 조ᄒᆞᆫ 고기ᄅᆞᆯ 먹게 호니 〈능엄 6.93a〉

'-게 ᄒᆞ-' 표현에서 피사동주가 되는 내포문 동사의 행위 주체자는 여
러 가지 격 형태를 보인다. (15ㄱ)의 '罪人이', (15ㄴ)의 '衆生ᄋᆞᆯ', (15ㄷ)
의 '比丘로'는 모두 '-게' 형태 동사의 의미상 주체자이다. 피사동주가
'로' 논항으로 실현되는 용법은 근대 국어를 거치면서 사라지고 '로 하
여금' 구성으로만 남게 된다.

단형 사동과 장형 사동 표현에서는 의미상 차이를 갖는 경우가 종
종 있다.

(16)ㄱ. 내 그ᄃᆡᄅᆞᆯ 위ᄒᆞ여 주글 죄를 벗규려 ᄒᆞ거늘 〈번소 9.48a〉

ㄴ. 그 거프를 벗규미 甚ᄒᆞ니 비록 하나 ᄯᅩ 수이 석놋다 〈두초
18.17b〉

(17) 惡趣예 ᄲᅥ러딘 衆生ᄋᆞᆯ 地藏菩薩이 方便力으로 벗게 ᄒᆞ야 〈월석
21.120b〉

(16ㄱ)에서 '나'는 그ᄃᆡ의 죄를 직접 벗기며, (16ㄴ)에서 '거플'을 벗기
는 행위주는 밝혀져 있지 않다. 그러나 (17)에서 '벗게'의 행위주는 '衆
生'이다. '-게 ᄒᆞ-' 구문을 동사구 보문의 구조로 본다면, 통사적인 간

접 사동 표현에서는 내포 보문의 주어가 하는 행위를 보장한다. 예문 (17)도 상위 서술어의 주어인 '地藏菩薩'이 벗는 행위에 직접 관여하지 못하는 간접 사동문이 되는 것이다.

다음의 문장에는 '-게 ᄒᆞ-' 표현이 있지만 사동문으로 보기 어렵다.

> (18)ㄱ. 修行 처섬에 모로매 欲愛를 이울워 그처 心性이 虛明케 ᄒᆞᆫ 後에ᅀᅡ 〈능엄 8.21a〉
>
> ㄴ. 四面에 各各 靑幡 닐굽곰 ᄃᆞ로되 기릐 ᄒᆞᆫ 炡이에 ᄒᆞ고 〈월석 10.119b〉

(18ㄱ)은 '心性이 虛明ᄒᆞ-'라는 형용사 서술문에 '-게 ᄒᆞ-'가 연결되었지만 사동의 의미가 전혀 없으므로 사동문이라고 말하기 어렵다. (18ㄴ)도 '기릐 ᄒᆞᆫ 炡이-'라는 판단 서술문으로 서술격 조사 '이-'에 '-게(에) ᄒᆞ-'가 연결되어 사동성이 없으므로 사동문이라고 보기에 무리스럽다. 이는 위에서 본 예문 (8)에서 형용사에 사동 접사가 결합하였지만 타동사화한 것과 같은 궤라고 할 것이다. 이와 같이 사동문은 통사적 범주 요소이지만 다분히 의미적인 내용도 포함하는 것이다.

[어휘에 의한 사동 표현]

특정한 동사가 가진 사동 의미에 의지하여 사동의 뜻을 표현하는 방식이다.

> (19)ㄱ. 아바님 그리샤 뺌지홍따야(梵志優陀耶)를 슬ᄫᅥ라 브리시니 〈월인 기113〉
>
> ㄴ. 부톄 阿難일 시기샤 羅睺羅ㅣ 머리 갓기시니 〈석보 6.10a〉

(19)에서는 동사 '브리다, 시기다'가 갖는 사동 의미에 의해 사동 표현을 하였다.

　사동문에는 (20)처럼 '~로 히여곰/ᄒ여곰'이라 하여 사동 되는 대상을 나타내는 표현이, 한문의 '使'에 대한 번역으로 언해본에서 종종 보인다. 이는 단형 사동이나 장형 사동 모두에서 나타난다. 이러한 표현은 15세기에는 그리 흔하지 않으나 점차 늘어나고, 근대 국어 특히 18세기 이후에는 번역문이 아닌 경우에도 일반화한다.

> (20) ㄱ. 夫人이 寬으로 히여곰 怒호ᄆᆯ 試驗코져 ᄒ야 〈내훈 1.16a〉
>
> 　　ㄴ. 그러모로 ᄆᆞᆯ 사ᄅᆞᆷ의게 쓰며 나라해 뻐 날로 사ᄅᆞᆷ으로 ᄒ여곰 듣게 ᄒ니 〈소학 5.7a〉

6.2 피동 표현

　피동 표현은 주어(피동주)가 남으로부터 행위를 입음을 나타내는 표현으로, 주로 문법적 장치에 의해 실현된다. 피동 표현에도 피동화 접미사에 의한 피동사 피동문과 '-어 디다'형에 의한 통사적 피동문이 있다. 역시 전자는 단형 피동문이며 후자는 장형 피동문이다. 어휘 스스로 피동의 뜻을 가진 자동사도 피동 표현을 하지만 일반적으로 이를 피동사라 일컫지는 않는다.

[피동사에 의한 피동 표현]

　피동사는 타동사 어근에, 대체로 음운 환경에 따라 각각 피동화 접미사 '-이-, -히-, -기-, -리-'가 결합하여 만들어진다. 중세 국어에서 피동사의 생성은 사동사에 비해 덜 생산적이다. 고대 국어에서도 피동사 표현을 거의 찾기 어려운 점을 고려할 때, 피동사의 발달이 사동사보다 훨씬 늦게 이루어졌음을 알 수 있다. 당시에는 자동사와 타동사로 모두 기능하는 동사가 많은데, 이들 양용 동사가 자동사로 기능할 때에는 거의 피동사와 의미가 같아 피동사의 발달이 늦어진 것으로 보인다. 중세 국어로 오면서 자타 겸용 동사에서 자동사 용법이 사라지고 피동사가 새로이 등장하여 이를 대체하게 되었다고 이해할 수 있다.

피동화 접미사 '-이-'에 의한 피동사 예문은 아래와 같다.

(21) ㄱ. 黃閣애 麒麟에 그리이요믈 일 듣고져 ᄒᆞ노라 〈두초 23.10b〉

　　 ㄴ. 趙州의 사ᄅᆞ미게 믜옌 고돌 긋아라 〈몽산 19b〉

　　 ㄷ. 스긔 밍ᄀᆞ로믄 崔浩의게 잇기인 거시니 〈번소 9.45b〉

(21ㄱ)에서 '그리이요믈'은 '그리-'에 피동화 '-이-'가 접미한 피동사이다. 피동화 접사 '-이-'가 붙은 피동사에는 'ᄀᆞ리다(磨), 가도이다(監), 걸이다(掛), 그리이다(畵), 글이다(解), 긋이다(牽), 실이다(敷), 는호이다(分), 닛위다(續), 들이다(懸), 눌이다(壓), 답사히다(積), 더디이다(擲), 두피다(蓋), 들이다(聞, 擧, 入), 뗄이다(刺), 몰이다(驅), 뭇기다(束), 믈이다(啣), 믜이다(憎), 밀이다(推), ᄇᆞ리이다(捨), 볼이다(踏), 봇기다(煎), 부치다(颺), 불이다(吹), 붓이다(注), ᄇᆞ리이다(使), 븓둥기이다(攀), 븓들이다(扶), 슬이다(燒), 스이다(書), 싯기이다(洗), ᄡᆞ이다(包), ᄡᅵ다(用), 알히다(痛), 앗이다(奪), 열이다(開), 이어이다(搖), 일쿨이다(稱), 잇기다(牽), 조치다(逐), 폴이다(賣), 헐이다(毁)' 등이 있다. 피동화 접미사 '-이-'는 어간 말음이 모음이거나 'ㅁ, ㅂ, ㄷ, ㅈ, ㄱ'가 아닌 자음일 때

나타난다.

(21ㄴ)에서 '믜옌'은 '믜-'에 피동의 '-옌-'가 붙었는데, 어간이 하향 이중 모음으로 끝나면 '옌'로 표기하였다. 당시 문헌에서 '괴옌다(愛), 얽믜옌다(束), 믜예다(憎), 쥐예다(把)' 등이 보인다. (21ㄷ)에서 '잇기인'은 어근 '잇-'과 피동화 접사 '-이-'가 결합한 '잇기-'에 다시 피동화 '-이-'가 덧붙은 형태로, 피동형을 반복하여 강조의 효과가 있다.

예문 (22)는 피동화 접미사 '-히-'가 결합한 피동사의 용례이다.

> (22) 色ᄋ로 보며 聲ᄋ로 求ᄒ면 당다이 罪 믜즈리니 罪 믜치면 法王
> 볼 젼치 업스니라 〈금삼 4.63b〉

(22)에서 '믜치면'은 '및-'에 피동화 '-히-'가 접미한 형태이다. 피동화 접사 '-히-'가 결합된 피동사에는 '갓고로와티다(倒), 고치다(揷), 니피다(被), 다티다(閉), 믜치다(結), 마키다(防), 머키다(食), 무티다(埋), 바키다(着), 얼키다(纏), 연치다(置), 자피다(捕)' 등이 있다. 피동화 '-히-'는 어간 말음이 'ㅂ, ㄷ, ㄱ, ㅈ'일 때 나타나서 유기음을 이룬다.

예문 (23)은 피동화 접미사 '-기-'와 결합한 피동사의 용례이다.

> (23) 믌 뉘누리ᄂᆞᆫ 기퍼 ᄆᆞ리 ᄌᆞᆷ기고 〈두초 15.8b〉

(23)에서 'ᄌᆞᆷ기고'는 타동사 'ᄌᆞᆷ-(浸)'에 피동 접사 '-기-'가 결합한 피동사이다. '-기-'가 접미한 피동사에는 '담기다(貯), 듧기다(沈), ᄌᆞᆷ기다(浸), 솖기다(烹)' 등이 있다. '-기-'는 어간 말음이 'ㅁ'일 때 나타난다.

15세기에는 피동화의 '-리-' 형태가 많이 보이지 않다가 16세기에 들어서 좀 더 늘어나지만, 중세 국어에서는 그리 활발하지 않다.

(24)ㄱ. 말슴이 들리거든 듣고 말슴이 들리디 아니커든 드디 아니ᄒᆞ며
〈소학 3.10b〉

ㄴ. 말ᄊᆞ미 들이거든 듣오 말ᄊᆞ미 들이디 아니커든 드디 말며 〈내훈
1.5a-b〉

(24)에서는 '듣-'(聽)의 피동화 형태가 두 가지로 나타난다. 당시에 일반적인 형태는 (24ㄴ)에 있는 '들이-'형이지만, 새로운 형태인 (24ㄱ)에 있는 '들리-'형도 보인다. '-리-'는 활용할 때 어간의 끝소리가 'ㄹ'인 '놀다(遊), 믈다(啣), 밀다(推), 구르다(轉)' 등에서 나타나는데, 사동사에서와 마찬가지로 어미 활용에서 보이는 'ㄹㅇ>ㄹㄹ' 변화와 동궤를 보이는 것이다.

자동사에 위의 피동화 접사가 붙기도 한다.

(25)ㄱ. ᄌᆞ오롬 신 들여 너무 자다가 긔운을 일허든 〈구간 1.85a〉

ㄴ. 漁陽앳 들이는 몰 틔니 靑丘에 와 畋獵ᄒᆞᄂᆞ니 〈두초 25.45a〉

자동사 '들-'(入)에 피동화 '-이-'가 붙은 (25ㄱ)의 '들여'는 피동의 뜻을 가지지만, 자동사 ᄃᆞᆯ-'(走)에 피동화 '-이-'를 접미한 (25ㄴ)의 '들이는'은 피동의 의미가 없는 자동사일 뿐이다.

이상의 피동 접사 '-이-, -히-, -기-'는 음운 조건에 따라 나타난다. 어간 끝소리가 'ㅁ'이면 '-기-'가 오고, 어간 끝소리가 'ㄱ, ㄺ, ㄷ, ㅂ, ㅈ, ㄵ'와 같은 폐쇄음일 때에는 '-히-'가 와서 거센 소리가 되며, 그 밖의 환경에서는 '-이-'가 온다. 어간 끝소리가 'ㄷ'라도 ㄷ불규칙 용언은 'ㄹ'로 변동 작용이 일어나면서 '-이-'가 온다. 그러나 어간 끝소리가 'ㄹ'일 때에는 피동 접사에 '-리-'가 오기도 한다. 사동 접사의 선택

이 음운론적으로 설명되기 어려운 데 비해 피동 접사는 비교적 음운적 조건에 따라 분별되는 것이다.

피동문에서 동작주가 유정 명사일 때는 여격 조사 '익그에/의그에/익게/의게' 등과 결합하는 것이 일반적이다.

> (26)ㄱ. 趙州의 사ᄅᆞᆷ의게 믜엔 고ᄃᆞᆯ 긋아라 〈몽산 19b〉
>
> ㄴ. 邪律이 明을 일코 보ᄆᆞᆯ 두르혀며 畢凌이 가시예 ᄢᅦ여 모ᄆᆞᆯ ᄇᆞ리며 〈능엄 6.78b〉

(26ㄱ)에선 동작주가 유정 명사이므로 '사ᄅᆞᆷ의게'가 되었고, (26ㄴ)에선 동작주에 해당할 만한 '가시'가 무정 명사이므로 처소격 조사 '예'가 왔다.

사동사와 피동사의 형태가 같은 경우가 여럿 있다.

> (27) 信티 아니ᄒᆞ면 제 몸 알효믈 사ᄆᆞᆯᄶᅵ ᄢᅦᆼ의오 〈법화 2.162a〉
>
> (28) 어러 밟ᄎᆞ기 ᄢᅥ디어 피 나고 알히ᄂᆞ닐 고툐ᄃᆡ 〈구방 상7a〉

예문 (27)과 (28)에는 모두 '알히-'가 있는데, (27)의 '알흄'은 사동사이며, (28)의 '알히ᄂᆞᆫ'은 피동사이다. 이와 같이 사동사와 피동사의 형태가 같은 동사로는 '도티다(出), 들이다(聞), 밀이다(推), 바키다(着), 불이다(吹), 자피다(執)' 등 많이 있다.

고대 국어에서 사동 표현은 종종 보이지만 피동사는 물론 피동 표현이 극히 적고, 15세기 국어에서도 사동사의 분포가 피동사보다 넓으며, 사동사와 피동사의 형태가 같은 어휘가 서로 다른 어휘보다 많은 점 등으로 미루어 볼 때, 피동사는 사동사에서 비롯한 것으로 추정하게 된다.

['-아 디다'에 의한 피동 표현]

피동사에 의한 피동 표현 외에 '-아/어 디다' 구문에 의해서도 피동 문은 이루어지는데, 이를 장형 피동이라 한다. 자타 양용 동사에서 자 동사 기능이 사라지면서 피동사가 이를 대체하였듯이, 자형 양용 동 사에서도 자동사 기능이 사라지면서 남은 형용사에 '-어 디-' 구성을 통하여 피동적인 의미 기능을 대체할 수 있었다.

> (29)ㄱ. 뫼히여 돌히여 다 노가 디여 〈월석 1.48b〉
>
> ㄴ. 滅ᄒ야 더로딕 디새 봇아 디ᄃᆞᆺ게 몯 호믈 恨ᄒᄂ니 〈남명 하 32a〉

(29ㄱ)의 '노가 디-'는 자동사 '녹-'에 '-아 디-'가 결합한 구조로, 능동 의 '녹-'(融)에 피동 의미를 더하였다. (29ㄴ)의 '봇아 디-'는, 타동사 'ᄇᆞ ᇫ-'에 '-아 디-'가 결합하여 'ᄇᆞᇫ-'(破)에 피동 의미를 더하는 표현이 되었다.

'-아 디다'는 현대 국어 '-어지다'의 직접 소급형으로, 단형 피동과 장형 피동 표현이 갖는 의미 차이는 현대 국어에서와 마찬가지이다. 다만 현대 국어에서 '-어지다'는 자동사와 타동사 그리고 형용사에 두 루 붙을 수 있지만, 중세 국어에서 '-아 디다'는 형용사에는 결합하지 않는다.[80]

---

80) 중세 국어에서 '-아 디다'는 현대 국어의 '-어지다'보다 좀 더 통사적 구 구조의 성격 이 많다고 보아 띄어서 쓴다.

[어휘에 의한 피동 표현]

동사 스스로 피동의 뜻을 가진 어휘에 의해 이루어지는 피동 표현
이다.

(30)ㄱ. 뫼해 살이 박거늘 텬쌍탑(天上塔)애 ᄀ초아 윙셰(永世)를 류뎐
　　　(流傳)ᄒᆞᆺ 봇니 〈월인 기41〉

　　ㄴ. 재 ᄂᆞ려 티샤 두 갈히 것그니 〈용비 36장〉

　　ㄷ. 새 즘싱이 주그며 플와 나모왜 것들더니 〈삼강 효25a〉

(31)ㄱ. 댓 가시어나 나못 가시어나 슬해 박히니 〈구간 6.23a〉

　　ㄴ. 녀나몬 怨讎ᄂᆞᆫ 곧 ᄠᅳ들 조차 境對호 惑業이니 이 忍을 得ᄒᆞ실
　　　씨 다 것거 디여 업도다 〈법화 6.178b〉

예문 (30)의 서술어 '박-, 겻-, 것들-'은 모두 피동의 의미를 가지는 자
동사이므로, (30)의 문장들은 피동 표현이라 할 만하다. '겻-'(折)은 (30
ㄷ)의 '것들-'(摧折)이라는 합성 동사도 이루었는데, 이 역시 피동의 뜻
을 갖는다. 그런데 이들은 (31)의 '박히니, 것거 디여'에서 '-히-, -어
디-'라는 피동화 표지를 달고 있어, 이들이 원래 자·타동사로 다 쓰
이는 양용 동사임을 알 수 있다. 이와 같이 어휘가 가진 피동성에 의
해 피동 표현을 하는 동사에는 '걷다(撤), 뻬다(貫), 붓다(注), 섯다(混),
열다(開), 헐다(毁)' 등 여럿이 있다. 그러나 자·타 양용성 동사들이 다
피동 표현을 갖는 것은 아니다. 가령 '긏다(斷), 놀라다(驚), 남다(溢),
돋다(杲), 돌다(廻), 비취다(照), 줌다(浸)' 등은 자·타동사로 다 쓰이지
만 자동사 표현문에서 피동의 의미가 없다. 이런 점에서, 중세 국어에
서 자동사로만 쓰이는 '몯다'가 현대 국어에서는 피동 접사가 붙은 '모
이다'의 의미를 갖지만, 둘 다 피동의 뜻을 갖지 않으므로 피동 표현

이라고 할 수 없다.

6.3 높임법

중세 국어에서 높임법은 주체 높임, 객체 높임, 상대 높임이 뚜렷하게 구분되는데, 주로 서술어의 활용 어미 형태에 의해 나타나며, 조사나 접사 등에 의해서 거듭 표시되기도 한다.

6.3.1 주체 높임법

주체 높임법은 문장에서 주체가 되는 명사에 높임을 부여하는 문법 표시이다. 주체 높임은 서술어 용언 어간에 '-시-'를 접미하여 나타낸다.

(32)ㄱ. 菩薩이 어느 나라해 누리시게 ᄒᆞ려뇨〈월석 2.10b〉

　　　ㄴ. 菩薩이 … 緣을 應ᄒᆞ야 俗애 ᄃᆞ르샤ᄃᆡ〈원각 8하2.2.10a〉

　　　ㄷ. 엇뎨 釋迦ㅅ니시리오 経에 니르샤ᄃᆡ〈능엄 1.17a〉

(33)ㄱ. 본ᄅᆡ(本來) 하신 깊경(吉慶)에 띠옥(地獄)도 뷔며〈월인 기18〉

　　　ㄴ. 御製ᄂᆞᆫ 님금 지스샨 그리라〈훈민 1a〉

　　　ㄷ. 츑가(出家)ᄒᆞ싫 빼실ᄊᆡ 쎵(城) 안홀 재요리라〈월인 기50〉

　　　ㄹ. 度ᄒᆞ샬 배 ᄃᆞ외리 이시리오〈금삼 5.25b〉

(34)ㄱ. 王이 붑 텨 지조 겻긇 사ᄅᆞᆷ 다 모드라 ᄒᆞ시고 出슈ᄒᆞ샤ᄃᆡ〈석보 3.12a〉

　　　ㄴ. 比丘ᄃᆞᆯ히 讚歎ᄒᆞ야 닐오ᄃᆡ 世尊이 世間애 나샤 甚히 奇特ᄒᆞ샷다 부톄 니르샤ᄃᆡ 오ᄂᆞᆳ분니 아니라〈월석 7.14a-b〉

ㄷ. 포광뿛(普光佛)이 니르시니이다 〈월인 기5〉

(32ㄱ)에서 주어 '菩薩'이 높임을 받드르샤딕'는, '드르시-'가 모음으로
시작하는 어미 '-오딕'와 결합하여 '드르샤딕'가 된 것이다. 주체 높임
의 '-시-'는, 높임의 주어와 호응하는 서술어에 나타날 뿐만 아니라,
서술격 조사에 앞서는 명사가 높임의 대상이면 그 서술격 조사의 활
용 어미에도 나타난다. (32ㄷ)에서는 높임을 받는 '釋迦'와 결합된 서
술격 조사에 '-시-'를 붙여 '이시리오'가 되었다.

(33)은 관형사형으로 나타난 높임 표현이다. (33ㄱ)의 '하신', (33ㄴ)
의 '지스샨', (33ㄷ)의 '훓가ᄒ싫', (33ㄹ)의 '度ᄒ샬'은 모두 '-시-'를 포
함한 관형사형으로 그 용언의 주체를 높이는 것이다.

중세 국어에서는 아직 주격 조사의 높임 형태가 없다. (34)를 보면,
'王, 世尊, 부텨, 포광뿛'에 모두 주격 조사로 높임이 더해지지 않은
'이/ㅣ'를 사용하고 있다.

주체 높임은 높임의 대상과 관계가 있는 신체의 일부나 소유물, 가
족, 일 등에도 주어진다. 이른바 '간접 높임'이다.

(35)ㄱ. 님금 ᄆᆞᅀᆞᆷᄆᆞᆯ 굣 아니 어리시니 〈용비 39장〉

ㄴ. 天下애 功이 크샤딕 太子ㅅ 位 다ᄅᆞ거시늘 〈용비 101장〉

(35ㄱ)에서 높임을 받을 '님금'에 속한 'ᄆᆞᅀᆞᆷ'이 높임 표현의 서술어 '어
리시니'와 호응한다. 이는 (35ㄴ)의 '功'이 주체 높임의 '크샤딕'로 표현
되는 데에서도 마찬가지이다.

객체 높임의 '-ᅀᆞᆸ-'과 주체 높임의 '-시-'가 결합한 예가, 극히 드물
지만 중세 국어의 문헌에서 보인다.

(36) 子는 내 ᄒᆞᆸ시논 ᄠᅳ디시니라 〈훈민 2b〉

(36)에서 '-ᅌᆞᆸ시-'는 객체 높임과 주체 높임의 단순한 결합이 아니라 주체 높임의 정도를 더욱 높이는 것으로 해석된다. 이와 같은 용법은 근대 국어에서도 '-ᅌᆞᆸ시-' 형태로 많이 쓰이다가 현대 국어에서 '-옵시-'로 이어진다.

　서술어가 두 번 이상 이어서 나올 때, 주체 높임의 표현은 수의적이다.

　　(37)ㄱ. 여러 大菩薩이 金色 소늘 펴 ᄃᆡᆼ바기를 ᄆᆞ져 授記ᄒᆞ시고 니ᄅᆞ샤ᄃᆡ 〈관음 4a〉

　　　　ㄴ. 그 金像이 世尊 보ᅀᆞᆸ고 合掌ᄒᆞ야 禮數ᄒᆞ시거늘 世尊도 ᄭᅮ르샤 合掌ᄒᆞ시니 〈석보 11.13b〉

(37)에서 동일한 주어와 호응하는 두 개의 서술어가 잇달아 오는데, (37ㄱ)에서는 두 개 서술어 '授記ᄒᆞ시고'와 '니ᄅᆞ샤ᄃᆡ' 모두에 높임의 '-시-'를 썼고, (37ㄴ)의 '合掌ᄒᆞ야 禮數ᄒᆞ시거늘'에서는 뒤의 서술어에만, 'ᄭᅮ르샤 合掌ᄒᆞ시니'에서는 두 개 서술어 모두에 '-시-'를 붙였다. 이 당시 객체 높임과 상대 높임 표현은 충실하게 원칙을 따랐으나, 주체 높임에는 높임 표지 '-시-'가 제대로 나타나지 않는 경우도 있다.

　'-시-'가 때로는 주체 높임이 아닌 표현에서 쓰이기도 한다.

　　(38)ㄱ. 내 모ᄆᆞᆯ 도라본ᄃᆡᆫ ᄀᆞ장 意趣ㅣ 업가시니 네 사괴ᄂᆞᆫ ᄠᅳ든 엇뎨 오히려 새로이 ᄒᆞᄂᆞ뇨 〈두초 9.23b〉

　　　　ㄴ. 여희 므논 질삼뵈 ᄇᆞ리시고 … 괴시란ᄃᆡ 우러곰 좃니노이다 〈악장, 서경별곡〉

(38ㄱ)에서 서술어 '업가시니'와 호응하는 주체는 '나'이므로, 이 서술어에 쓰인 '-시-'를 주체 높임법으로 보기 곤란하다. 이와 같은 비존대의 '-시-' 표현은, 확인법의 선어말 어미 '-가-/-거-'와 결합한 '-가시니/거시니' 형태를 가지는 종속 접속절에 나타나 의문문 주절을 동반하는 환경을 가진다. (38ㄴ)의 'ᄇᆞ리시고'는 고려가요에 여러 번 나타나는 비존대의 '-시-' 표현 가운데 하나이다. '-시-'가 비존대로 쓰이는 용법에 대해서는 그 조건 등이 아직 잘 알려져 있지 않다.

6.3.2 객체 높임법

객체 높임법은 목적어나 부사어 명사가 주어나 화자보다 높음을 나타내는 문법 표시이다. 이는 화자가 주체가 되어 객체를 대우하는 높임법인데, 객체에 대해 주체를 낮추는 주체 겸양법의 성격을 가진다. 객체 높임은 객체와 관계를 갖는 서술어에 '-ᄉᆞᆸ-'을 접미하여 나타내는데, 이는 객체 높임이 정형화한 고려 초기부터의 형태와 같은 것이다.

> (39)ㄱ. 부텻 舍利와 經과 佛像과란 긼 西ㅅ녀긔 노습고 〈월석 2.73b〉
> ㄴ. 臣下ㅣ 님그믈 돕ᄉᆞᄫᅡ 百官ᄋᆞᆯ 다ᄉᆞ릴씨 〈석보 9.34b〉

(39)에서 '-ᄉᆞᆸ-'은 목적어에 대한 높임이 객체 높임법으로 나타난 것이다. (39ㄱ)에선 목적어 '부텻 舍利와 經과 佛像'을 높이고, (39ㄴ)에선 주어인 '臣下'가 목적어로 나오는 '님금'을 높이는 것이다.

객체 높임법은 목적어 명사구뿐만 아니라 부사어 명사구에서도 실현된다.

(40)ㄱ. 一千 阿羅漢이 虛空애 ㄴ라와 부텻긔 머리 좃ᄉ᠍ᆸ고 〈월석
10.13a〉

　　ㄴ. 如來ᄭᅴ 어셔 가ᅀ᠍ᄫᅡᅀ᠍ᅡ ᄒ리로다 〈석보 23.40a〉

(40ㄱ)에서는 부사어 명사구 '부텨'를 주어 '阿羅漢'보다 높이고 있다.

목적어 명사나 부사어 명사가 높임을 받을 때, 그에 관련되는 사물
에 대해서도 객체 높임법은 표시된다.

(41)ㄱ. 우흐로 부텻 敎化ᄅᆞᆯ 돕ᄉ᠍ᆸ고 〈월석 8.62b〉

　　ㄴ. 믈읫 有情이 藥師瑠璃光如來ㅅ 일후믈 듣ᄌᆸ고 〈석보 9.27b〉

(41ㄱ)에서 '敎化'는 높임을 받는 '부텨'에 속한 사항이므로 객체 높임
을 받아 '돕-'의 객체 높임 형태인 '돕ᄉ᠍ᆸ-'이 되었다. (41ㄴ)에서도, '일
훔'은 '有情'이 존대하는 '如來'에 속한 것이므로 객체 높임을 써서 '듣
ᄌᆸ고'가 되었다.

객체 높임의 '-ᄉᆸ-'은 이미 16세기 말경에는 상대 높임으로 기능 변
화를 일부 겪는다.

(42)ㄱ. 효도홈으로써 님금을 셤기면 튱셩이오 〈소학 2.31a〉

　　ㄴ. 오란 사돈늘 둏히 아니 너기면 그 조샹을 공경 아니ᄒᄂᆫ디라
　　　　〈정속 목종족12〉

(43)ㄱ. 문안ᄒᆞᆸ고 요ᄉ이는 엇디ᄒᆞ신고 온 후의는 긔별 몰라ᄒᆞᆸ뇌이
　　　　다 〈순언 191〉

　　ㄴ. 나는 所任으로 왓ᄉ᠍ᆸ거니와 처음이ᄋᆸ고 ᄯᅩ는 싱소ᄒᆫ 거시오니
　　　　〈첩해 1.3a〉

(44)ㄱ. 今日은 御慰勞ㅎ신 振舞 終日 아름다온 말ᄉᆞᆷ 들ᄌᆞᆸ고 ᄌᆞ몯 거륵
ᄒᆞᆫ 술을 ᄒᆞ고 〈개첩 6.7a-b〉

ㄴ. 그 째예 그 샹소ᄅᆞᆯ 보지 못ᄒᆞ엿ᄉᆞᆸ기의 ᄉᆞ상을 아지 못ᄒᆞ고 이
편지ᄅᆞᆯ ᄒᆞ엿ᄉᆞᆸᄂᆞ이다 〈명의 2.1a〉

15세기 문헌이라면 (42)의 '셤기면'과 'ᄒᆞᄂᆞ디라'에 '-ᅀᆞᇦ/ᄉᆞᆸ-'이 들어가
겠지만, 이들 16세기 후반의 문헌에선 객체 높임의 어미가 없다. 또
한 임진란 이전의 자료인 '순천 김씨묘 출토 언간' (43ㄱ)의 '몰라ᄒᆞ읍
뇌이다'에는 '-ᅀᆞᆸ-'이 상대 높임으로 쓰이고 있다. 이러한 변화는 당시
남부 방언에서 먼저 일어난 듯하며, 17세기에 들어서 (43ㄴ)의 '왓ᄉᆞᆸ
거니와, 처음이ᅀᆞᆸ고, 거시오니'처럼 일반화한다. 그러나 16세기에서
'-ᄉᆞᆸ-'은 아직 객체 높임으로서의 기능 표현이 대부분이고, 17~18세
기의 문헌에서도 드물지만 '-ᄉᆞᆸ-'이 객체 높임으로 쓰이기도 한다. 18
세기의 문헌인 (44)에서도 '들ᄌᆞᆸ고, 못ᄒᆞ엿ᄉᆞᆸ기의'와 같은 객체 높임
이 보인다. (44ㄴ)에서는 '-ᄉᆞᆸ-'이 객체 높임('못ᄒᆞ엿ᄉᆞᆸ기의')과 상대 높
임('ᄒᆞ엿ᄉᆞᆸᄂᆞ이다')으로 모두 쓰였다. {-ᄉᆞᆸ-}의 이형태 'ᅀᆞᆸ', 'ᄉᆞᆸ', 'ᄌᆞᆸ' 가
운데, 상대 높임으로 변화한 것은 'ᄉᆞᆸ>ᅀᆞᆸ', 'ᄉᆞᆸ'뿐이고 'ᄌᆞᆸ'은 소수의
어간과 결합하여 어휘화된 상태로 객체 높임을 유지한다. 현대 국어
에서도 '듣잡다, 받잡다, 묻잡다' 등 소수의 용언이 객체 높임의 기능
을 하는 것이다.

6.3.3 상대 높임법

상대 높임법은 화자가 청자를 높이거나 높이지 않는 문법적 표현
으로, 문장을 끝내는 용언의 종결 어미로 표시된다. 중세 국어에서

명령법 어미 형태에 따라 화계를 나누면 일반적으로 'ᄒᆞ라체, ᄒᆞ야쎠체, ᄒᆞ쇼셔체' 세 가지 등급을 설정하는데, ᄒᆞ라체와 ᄒᆞ쇼셔체는 고대 국어에서부터 내려오지만 ᄒᆞ야쎠체는 중세 국어에서 본격적으로 쓰인 것으로 보인다. 이 밖에 높임 등급에 중화적인 'ᄒᆞ니체'를 더 들수 있다.

[ᄒᆞ라체]

ᄒᆞ라체는 청자에 대해 높이지 않고 말하는 것이다.

> (45)ㄱ. 三界 다 受苦ᄅᆞᄫᅵ니 내 便安케 호리라 ᄒᆞ시니 〈월석 2.38b〉
>
> ㄴ. ᄌᆞ모 키 龍鍾호미 ᄀᆞ장ᄒᆞ니 이제 나며 드루미 妨害ᄒᆞ도다 〈두초 20.37b〉
>
> ㄷ. 沙羅樹王이 八婇女 보낼 나래 앗가ᄫᆞᆯ 쁘디 업더녀 〈월석 8.91b〉
>
> ㄹ. 이ᄀᆞ티 阿難아 반ᄃᆞ기 알라 〈능엄 3.3a〉
>
> ㅁ. 또 닐오ᄃᆡ 여슷 히를 ᄒᆞ져 〈월석 7.2a〉

(45)는 모두 ᄒᆞ라체의 문장이다. 평서문은 (45ㄱ)의 '호리라', (45ㄴ)의 '妨害ᄒᆞ도다'처럼 '-(이)라'나 '-다'형 어미를 가진다. (45ㄷ)에선 의문문의 어미 '-녀'형, (45ㄹ)은 명령문으로 '-라'형 어미를 가지며, (45ㅁ)은 청유문으로 '-져'형을 보인다. 일반적인 설명문에서는 주로 ᄒᆞ라체가 많이 쓰인다.

[ᄒᆞ야쎠체]

ᄒᆞ야쎠체는 청자를 조금 높여 말하는 공손체로, 평서문에서 '-ᅌᅵ다', 의문문에서 '-ㅅ가, -ㅅ고', 명령문에서 '-아쎠, -소'형을 보인다.

(46)ㄱ. 須達이 護彌ᄃ려 무로ᄃᆡ 主人이 므슴 차바ᄂᆞᆯ 손소 ᄃᆞᆫ녀 밍ᄀ노
  닛가 太子ᄅᆞᆯ 請ᄒᆞᅀᄫᅡ 이받ᄌᆞᄫᆞ려 ᄒᆞ노닛가 大臣ᄋᆞᆯ 請ᄒᆞ야 이
  바도려 ᄒᆞ노닛가 護彌 닐오ᄃᆡ 그리 아닝다 〈석보 6.16a〉

ㄴ. 그 ᄯᆞᆯᄃ려 무로ᄃᆡ 그딋 아바니미 잇ᄂᆞ닛가 對答호ᄃᆡ 잇ᄂᆞ니이
  다 婆羅門이 닐오ᄃᆡ 내 보아져 ᄒᆞᄂᆞ다 슬ᄫᅡ쎠 〈석보 6.14b〉

ㄷ. 佛子ㅣ 時答ᅟᆢᄉ 決疑令喜ᅟᆢ小ᅳ 何所饒益ㅅ 演斯光明니ᄂᆞ〈법
  화1153 21a: 10본〉
  (佛子가 지금 대답하시어 의혹을 풀고 기쁘게 해 주십시오. 어떠
  한 이익으로 이 光明을 펼치십니까?)

(47)ㄱ. 가져간 놈 바비나 ᄒᆞ여 머기소 보기옷 미처 오면 나도 갈 거시
  오 〈순언 72〉

ㄴ. 빈로 감새 다시 ᄃᆞ닐 사ᄅᆞ미 이실 거시오 〈순언 20〉

(46)은 ᄒᆞ야쎠체의 문장이다. (46ㄱ)을 보면, '須達'이 '護彌'에게 조
금 높임을 주는 ᄒᆞ야쎠체인 '밍ᄀ노닛가, ᄒᆞ노닛가'라고 묻고, 여기
에 '護彌'도 '須達'에게 역시 조금 높이는 ᄒᆞ야쎠체인 '아닝다'로 대답
한다. (46ㄴ)에서는 ᄒᆞ야쎠체의 의문형 '잇ᄂᆞ닛가'와 명령형 '슬ᄫᅡ쎠'
가 보인다. ᄒᆞ야쎠체는 고대 국어에서는 확인하기 어렵고 중세 국어
에 들어 나타나는데, 음독 구결에서도 아주 드물다.[81] 그러나 (46ㄷ)의
'니ᄂᆞ'(이시닛고)에서 보듯이 의문문으로 나타나는 표현이 있으므로
이 시기에도 ᄒᆞ야쎠체가 있다고 해야 할 것이다.
  '-아쎠' 형태는 16세기에 들면 사라지기 시작하고 (47ㄱ)의 '머기소'

---

81) ᄒᆞ야쎠체는 그 형태로 보아 고대 국어 석독 구결에서 나오는 ᄒᆞ셔체의 후대형으로
  추정할 수 있을 듯하다.

와 같은 '-소/소/조/오'형이 나타난다. (47ㄴ)의 '거시오'에서는 하오체가 이미 16세기 후반에 쓰인 것을 볼 수 있다.[82]

[ᄒᆞ쇼셔체]

ᄒᆞ쇼셔체는 청자를 아주 높여 말하는 공손체로, 평서형에 '-이다', 의문형에 '-(니/리)잇가, -(니/리)잇고', 명령형에 '-쇼셔' 형태를 갖는다.

(48)ㄱ. 韋提希夫人이 世尊ᄭᅴ ᄉᆞᆯᄫᅩᄃᆡ 淨土애 가아 나고져 ᄒᆞ노이다 〈월석 8.5a〉

　　　心知ㅣ 非眼ㅐㄷ 爲見ㅅ,ㅣㅊㄱ 非義ㅂㅐ 〈능엄남1 1.15a: 4본〉

　　　(心知는 눈이 아니거늘, 보라고 하는 것은 옳지 않습니다.)

　　ㄴ. 내 著 업수ᄆᆞ로 일후믈 ᄆᆞᅀᆞ미라 ᄒᆞ리잇가 몯ᄒᆞ리잇가 〈능엄 1.73b〉

　　　이 내 ᄆᆞᅀᆞᆷ 아닌댄 반ᄃᆞ기 므스기라 일훔 ᄒᆞ리잇고 〈능엄 1.85a〉

　　　若不對者ㅣㅊㄱ 云何成見ㅆㅣㅎㅂㅁ 〈능엄가 1.13b: 16본〉

　　　(만약 대답하지 않으면 어찌 보았다고 하겠습니까?)

　　ㄷ. 安樂國이 어마닚긔 ᄉᆞᆯᄫᅩᄃᆡ 나ᄅᆞᆯ 이제 노ᄒᆞ쇼셔 아바니믈 가 보ᅀᆞᄫᅡ지이다 〈월석 8.98a〉

　　　어버ᅀᅵ ᄀᆞ자 이신 저긔 일후믈 一定ᄒᆞ사이다 〈월석 8.96b〉

　　　更審除微細惑,ㅣㅅ 令我ㅈ 早登無上覺,ㅣㅎ 於十方界ㅎ 坐道場ㅈ,ㅣ ㅅㅡ 〈능엄759 3.48a: 9본〉

---

82) 김현주(2010: 184)는, 평서형 문장에 '-오'가 나타난 예는 〈순천〉의 '거시오' 두 예뿐이어서 연결 어미 '-고'의 /ㄱ/ 탈락형으로 해석하였다.

(다시 살피어 조그만 迷惑도 없애시어 저로 하여금 빨리 無上覺
에 오르게 하여 十方 世界에서 道場에 앉게 해 주십시오.)

(48)은 ᄒᆞ쇼셔체의 문장이다. ᄒᆞ쇼셔체를 나타내는 높임 표지로, (48
ㄱ)의 'ᄒᆞ노이다, 非義ᄂᆡ'에선 평서문 어미 '-이다', (48ㄴ)의 '몯ᄒᆞ리
잇가, ᄒᆞ리잇고, 云何成見ᄯᆞᄂᆞᄂᆞᄆᆞ'에선 의문문 어미 '-잇가, -잇고',
(48ㄷ)의 '노ᄒᆞ쇼셔, 一定ᄒᆞ사이다, ᄼᅵ一'에선 명령문이나 청유문 어미
'-쇼셔/슈셔, -사이다'가 나타나 있다.

　상대 높임 선어말 어미 '-이-'는 음독 구결에서부터 나타나 15세기
문헌에서 활발하게 쓰이지만, 16세기에 가서는 거의가 '-이-'형이 된다.

　　(49)ㄱ. 鎭我 億劫ᄒᆡᆺ 顚倒想ᄼᆞᄉ 不歷僧祇ᄼᆞᄝ 獲法身ᄯᆞᄼᆞᄼᆞ ᆯᆫᄼᆡ 〈능엄가
　　　　3.26a: 3본〉
　　　　(나의 億劫의 잘못된 생각을 없애시어 阿僧祇劫을 거치지 않고서
　　　　法身을 얻게 하셨습니다.)
　　ㄴ. 阿難ᄼ 白佛言ᄼᅡᄂᆛᄉ … 閉眼見暗ᄼᄝ 名爲根內ᄂ 是義ᄼ 云何ᄼᄂ
　　　　ᄂᄂᄆ 〈능엄1248 1.15a: 4-9본〉
　　　　(阿難이 부처께 말씀하시기를, … "눈을 감고 어둠을 보는 것을
　　　　根內라고 이름하니, 이 뜻이 무엇입니까?")
　　(50)ㄱ. 稷은 몸소 稼호ᄃᆡ 天下를 두시니이다 〈논어 3.53a〉
　　ㄴ. 有僧ㅣ 趙州和尙의 問ᄒᆞᅀᆞ오ᄃᆡ 狗子還有佛性也 無잇가 州ㅣ 니
　　　　ᄅᆞ샤ᄃᆡ 無ㅣ라 ᄒᆞ시니 〈선가 상15a〉

음독 구결 (49)의 '獲法身ᄯᆞᄼᆞᄼᆞᆯᆫᄼᆡ'(-게 ᄒᆞ여시이다)와 '云何ᄼᄂᄂᄂᄆ'(-
이니잇고)에서 '-이-'로 나타나는 ᄒᆞ쇼셔체의 높임법 선어말 어미는, 15

세기를 거쳐 16세기 문헌 (50)의 '두시니이다, 無잇가'에서 '-이-'로 바꾸어 있다.[83]

[ᄒᆞ니체]

ᄒᆞ니체는 청자의 위상을 어느 특정한 등급에 두지 않고 말하는 것이다.[84] 'ᄒᆞ니'나 'ᄒᆞ리' 형태로 문장을 끝맺는데, 여기에서 '-니, -리'는 원래 선어말 어미이다. 15세기 표현에서는 선어말 어미 '-니-, -리-' 뒤에 종결형 어말 어미 '-이다, -잇가' 등이 생략된 것으로 보인다. 이는 평서문과 의문문에 다 걸쳐 나타난다. ᄒᆞ니체는 여러 독자층을 대상으로 하는 책에서 일부 사용되며, 시 작품에서는 여운을 가지는 효과를 얻기 위해 쓰이기도 한다. 또한 상대 높임의 등급이 뚜렷이 드러나는 종결 어미에 따른 격식 체계에서 벗어남으로써, 대화문에서는 비격식적 친근감을 가져올 수도 있다. 이와 같은 문장 종결 방식은 15세기에선 전후 환경이 대부분 'ᄒᆞ쇼셔' 정도의 화계에서 나타나나, 점차로 높임의 수위가 낮아져 16세기에 이르러는 ᄒᆞ야쎠체보다도 낮은 정도에 이른다. 물론 높임법 어미가 명시적으로 드러나지 않아 높임의 수위는 위아래로 약간의 융통성을 갖는 것으로 해석된다.

(51) ㄱ. 海東 六龍이 ᄂᆞᄅᆞ샤 일마다 天福이시니 古聖이 同符ᄒᆞ시니 〈용

---

83) 음독 구결에서 상대 높임의 '-이-'가 'ㆍ나 ㆎ로 나타나는 등 '이'와 '이'의 구별이 표기상 확인되지 않으나, 15세기에 '-이-'로 쓰이는 것으로 보아 음독 구결에서도 이들을 '이'가 아닌 '이'로 해석하여야 할 것이다.

84) 이를 '반말'로 보기도 하나, 현대 국어에서 '반말'은 비격식체로 친근한 사이에서 오가는 말투이므로 'ᄒᆞ니체'의 용례와는 잘 맞지 않는다. 상대 높임의 다른 등급에서는 명령법 어미 형태에 따라 이름을 지었지만 이 말투는 명령법이 없으므로 평서법 어미를 따라 'ᄒᆞ니체'로 이름한다.

비 1장〉

ㄴ. 외외(巍巍) 셕가뿛(釋迦佛) 무량무변(無量無邊) 공득(功德)을 겁
겁(劫劫)에 어느 다 술봉리 〈월인 기1〉

ㄷ. 善慧 니르샤듸 五百銀 도느로 다숫 줄기를 사아지라
俱夷 묻ᄌᆞ봉샤듸 므스게 쓰시리
善慧 對答ᄒᆞ샤듸 부텻긔 받ᄌᆞ보리라
俱夷 또 묻ᄌᆞ봉샤듸 부텻긔 받ᄌᆞ바 므슴 호려 ᄒᆞ시ᄂᆞ니
善慧 對答ᄒᆞ샤듸 一切 種種 智慧를 일워 衆生ᄋᆞᆯ 濟渡코져 ᄒᆞ노
라 〈월석 1.10a-11a〉

ㄹ. 王이 닐오듸 ᄒᆞ마 蘊이 뷔면 生死를 여희시니
對答호듸 ᄒᆞ마 여희요이다 〈남명 상53b〉

ㅁ. 너희 누에들 다 치더라터니 엇더니 〈순언 57〉

(52)ㄱ. 祥瑞도 하시며 光明도 하시나 ㄱ 업스실씨 오늘 몯 숣뇌 天
龍도 해 모ᄃᆞ며 人鬼도 하나 數 업슬씨 오늘 몯 숣뇌 〈월석
2.45a〉

ㄴ. 쥬글 오ᄂᆞ리나 쑤어 보내고 아모 타리 나ᄒᆞ면 됴히마ᄂᆞ 〈순언
116〉

ㄷ. 죵이 맛당티 아니ᄒᆞ니 긔거를 몯ᄒᆞ리로쇠 〈순언 116〉

(51ㄱ)과 (51ㄴ)은 운문으로서, 종결 어미를 생략하여 여운과 운율적
인 효과를 나타낸다. 생략된 종결형은 각각 평서형 '-이다'와 의문형
'-잇고'로, ᄒᆞ쇼셔체에 속한다. 『용비어천가』와 『월인천강지곡』은 표현
상 절제미를 갖추고 있는 운문으로, '-니, -리' 역시 이러한 맥락에서
이해할 수 있다. 또한 특정한 높임법 등급을 정하지 않음으로써, 독
자층을 한정하지 않고 여러 계층에 두루 통할 수 있는 효과도 클 것

이다.[85] (51ㄷ)은 '善慧'와 '俱夷'의 대화로, 원문에서 가감 없이 행만을 구별하여 여기에 인용한 것이다. ᄒᆞ라체를 사용하는 선혜에 대해, 지문(地文) '묻ᄌᆞᆸ샤ᄃᆡ'에 적합할 정도의 구이의 말은 ᄒᆞ야쎠체 이상은 되어야 할 것이다. 그러나 구이의 질문 문장은 종결 어미를 생략함으로써 형식성을 벗어난 친근감을 주고 있다. (51ㄹ)에선 왕사(王師)가 왕에게 ᄒᆞ쇼셔체 '여희요이다'를 썼는데, 왕은 왕사에게 ᄒᆞ니체 '여희시니'를 사용하였다. 이 당시 문헌들을 보면 이럴 때 왕이 왕사에게 일반적으로 쓰는 문체는 ᄒᆞ야쎠체였다. (51ㅁ)은 친정어머니가 시집간 딸에게 보내는 편지로, 문맥상 해체에 가까운 반말체 성격의 의문문으로 보인다. 이처럼 ᄒᆞ니체는 ᄒᆞ쇼셔체나 ᄒᆞ야쎠체를 쓸 정도의 대상에게 사용하지만 때로는 좀 더 낮은 화계 환경에서도 사용되는데, 높임 어미를 생략함으로써 형식적 등급화에서 벗어나 좀 더 폭넓은 청자(또는 독자) 대상을 상대할 수 있는, 높임법의 중화화(中和化)를 가지는 표현 방식이었다고 할 것이다. 이는 청자에게 친근감을 주거나 여운을 가져오는 효과도 더불어 얻을 수 있다.

ᄒᆞ니체는 종결 어미 절단법으로 발전하여, 당시 문헌 가운데에서 간혹 종결형 어말 어미가 생략된 표현이 보인다. (52ㄱ)의 '숩뇌'도, '숩노이다'에서 종결 어미를 생략하여 여운과 긴장감을 얻을 수 있었다. (52ㄴ)은 1570년경에 쓰인 서간문으로, 종결형이 생략된 '됴히'에 보조

---

85) 『용비어천가』나 『월인천강지곡』에서도 가끔 명령문과 의문문이 나오는데, 왕손을 청자로 할 때에는 ᄒᆞ쇼셔체나 ᄒᆞ야쎠체가, 일반 백성을 청자로 할 때에는 ᄒᆞ니체가 많이 쓰였다. 이들 작품에서 문장의 종결 형태로 많이 나오는 '-니'형을 종결 어미나 연결 어미로 볼 가능성도 있다. 실제로 『월인천강지곡』에서는 여러 곡(曲)들이 이어지는 내용인 경우가 많으므로, 연결 어미로 볼 수도 있다. 그러나 '오늘 몯 숩뇌〈월인 기26〉'와 같이 선어말 어미로 끝나는 곡들도 있다. 또 (51ㄷ)의 '므스게 쓰시리'에서 '-리'는 연결 어미로 보기 어렵다.

사 '마'이 결합된 형태를 보이는데, 당시에 ㅎ니체가 일상어에서 어느 정도는 쓰였음을 말해 준다. (52ㄷ)을 보면 ㅎ니체 표현의 일부가 16세기 이후 이른바 반말체 성격의 용법으로 변화되어 가는 것을 알 수 있다.

ㅎ니체 문장은 고대 국어의 향가에서도 보인다. 위의 예문 가운데 (51ㄱ, ㄴ)과 같이 여운과 운율적 효과를 가진 표현법은 오늘날에도 운문 등에서 쓰이고 있다. (51ㄷ, ㄹ)처럼 높임법의 중화화를 얻으려는 표현법은 중세 국어에서도 널리 쓰이지는 않았지만, (52ㄴ, ㄷ)에서 보듯이 16세기 이후에 일부는 반말체의 성격을 가지면서 근대 국어의 회화체 등에서도 종종 보인다.(제2장의 3.2.4 [시제 선어말 어미], 제4장의 5.1.1 참조)

6.3.4 높임말

높임 표현은 용언의 활용 어미에 의해 주로 나타나므로 통사적으로 높임법이라 한다. 그러나 한편 높임을 나타내는 표현은 그 외에도 명사나 조사 또는 접사 가운데 어휘적으로 높임의 뜻이나 기능을 갖는 경우도 있어 이들을 높임말이라고 이른다.

(53)ㄱ. 진지 믈으ᅌᆞ와든 자신 바를 무르시고 〈소학 4.12a〉

文王이 ᄒᆞᆫ번 뫼 자셔든 ᄯᅩ ᄒᆞᆫ번 뫼 자시며 〈소학 4.12b〉

ㄴ. 나리 져므러 히 디거늘 세 분이 프서리예서 자시고 〈월석 8.93b〉

ㄷ. 그듸ᄂᆞᆫ 徐卿의 두 아ᄃᆞ리 나 ᄀᆞ장 奇異호믈 보디 아니ᄒᆞᄂᆞᆫ다 〈두초 8.24a〉

ㄹ. 셰존(世尊)ㅅ 일 ᄉᆞᆯ보리니 머리(萬里) 외(外)ㅅ 일이시나

〈월인 기2〉

ㅁ. 우리 스승님이 燃燈佛을 보ᅀᆞ오샤 〈남명 상54b〉

ㅂ. 淨飯王이 … 즉자히 나랏 어비ᄆᆞᆮ내를 모도아 니르샤ᄃᆡ … 그듸
내 各各 ᄒᆞᆫ 아ᄃᆞᆯ옴 내야 내 孫子 조차 가게 ᄒᆞ라 ᄒᆞ시니 〈석보
6.9b〉

(54)ㄱ. 만일 이믜 자셔 겨시거든 믈러오고 〈소학 2.4b〉

ㄴ. 님금하 아ᄅᆞ쇼셔 〈용비 125장〉

(55)ㄱ. 우리 父母ㅣ 太子ᄭᅴ 드리ᅀᆞᆸ시니 〈석보 6.7a〉

ㄴ. 南宗 六祖ᄭᅴ셔 날ᄉᆡ 南印이라 ᄒᆞ니라 〈원각 서7b〉

ㄷ. 아바닚긔와 아ᄌᆞ마닚긔와 아자바님내ᄭᅴ 다 安否ᄒᆞᅀᆞᆸ고 〈석보
6.1a-b〉

(53)은 높임의 뜻을 가지는 말들이다. (53ㄱ)의 '진지'와 '뫼'는 '밥'의 높
임말이며, (53ㄴ)에서 의존 명사 '분'은 '사ᄅᆞᆷ, 者, 명'보다 높은 말이
고, (53ㄷ)에서 대명사 '그듸'는 2인칭 '너'를 높이는 말이다. (53ㄹ)의 '셰
존ㅅ 일'에선 유정 체언일 때 존칭을 나타내는 관형격 조사 'ㅅ'가 쓰이
고 있다. (53ㅁ)에서는 존칭의 접사 '-님'이 '스승'에 붙고, (53ㅂ)에서는
존칭의 복수 접미사 '-내'가 '어비ᄆᆞᆮ'과 '그듸'에 붙어 높임을 나타낸다.

(54)는 주체 높임과 관련하는 표현이다. (54ㄱ)에서 동사 '자셔, 겨시
거든'은 '머거, 잇거든'을 높이는 말이고, (54ㄴ)의 '하'는 존칭 호격 조
사이다.

(55)는 객체 높임과 관련하는 표현이다. (55ㄱ)에선 높임의 여격 조
사 'ᄭᅴ'와 객체 높임의 동사 '드리ᅀᆞᆸ시니'를,[86] (55ㄴ)에선 높임의 처

---

86) 객체 높임은 주체 겸양으로 나타나는 것이므로, 객체를 높이는 동사 '드리-'도 주

격 '끠셔'를, (55ㄷ)에서는 객체 세 사람에게 모두 사용한 존칭의 접사 '님'과 조사 '끠'를 볼 수 있다. '님'은 중세 국어에 생겨 이후에 매우 널리 사용되는 대표적인 명사 존칭의 접사이다. 객체를 높이는 주체 겸양의 동사로는 '드리다' 외에도 '뫼시다(侍), 뵈다(視), 솗다(白), 엳줍다(奏)' 등이 있다. 이들 높임말은 대개, 용언 활용으로 이루어지는 높임법 표현에서 보조적인 역할을 한다. 따라서 높임말의 출현은 수의적인 경우도 있다.

6.4 시제, 서법, 동작상

6.4.1 시제

중세 국어에서 시제는 서법적인 성격을 더불어 가지며 나타난다.[87] 이는 이전 시기에서도 마찬가지였다. 회상법 과거 시제 'ᄒᆞ더라', 직설법 현재 시제 'ᄒᆞᄂᆞ다', 추측법 미래 시제 'ᄒᆞ리라'와 같은 기본적인 체계는 고대 국어에서부터 이어져 온 것이다. 여기에 16세기 이후 '-앗-'이 과거 시제 형태소로 기능하기 시작한다. 관형사형으로 나타나는 '-은, -는, -을'은 고대 국어 이후 근·현대 국어에 이르기까지 변화가 거의 없다.

겸양을 나타내는 넓은 의미의 '높임말'이라고 말할 수 있을 것이다.

87) 그러나 안병희(1967)과 이승욱(1972), 최동주(2015) 등에서는 중세 국어의 시제가 동작상과 깊게 관련성을 갖는 시상 체계로 보고 있다.

[현재 시제]

현재 시제는 동사에선 '-ᄂᆞ-', 형용사에선 영형태('-∅-')로써 표지화하는데, 직설법의 성격이다.

(56) ㄱ. 이제 또 내 아ᄃᆞᆯ 드려가려 ᄒᆞ시ᄂᆞ니 〈석보 6.5b〉

　　 ㄴ. 이제 또 너ᄃᆞ려 묻노라 〈능엄 1.83b〉

　　 ㄷ. 安樂國이 듣고 무로ᄃᆡ 므슴 놀애 브르ᄂᆞ다 〈월석 8.101b〉

(56)은 '-ᄂᆞ-'로 나타나는 동사 종결문의 현재 시제 문장이다. (56ㄱ)에서는 'ᄒᆞ시ᄂᆞ니'에 현재 시제 '-ᄂᆞ-'가 나타난다. (56ㄴ)의 '묻노라'에서는 '-ᄂᆞ-'에 선어말 어미 '-오-'가 결합하여 '-노-'가 되었다. (56ㄷ)은 현재 시제 의문문으로, '브르ᄂᆞ다'는 '브르-(어간)+-ᄂᆞ-(현재 시제)+-ㄴ다(의문형)'로 분석된다.

(57) ㄱ. 발ᄎᆞ기 두려ᄫᆞ시며 밠드이 노ᄑᆞ시며 〈월석 2.40a-b〉

　　 ㄴ. 御製ᄂᆞᆫ 님금 지ᅀᅳ샨 그리라 〈훈민 1a〉

(58) ㄱ. 불휘 기픈 남ᄀᆞᆫ ᄇᆞᄅᆞ매 아니 뮐씨 곶 됴코 여름 하ᄂᆞ니 〈용비 2장〉

　　 ㄴ. 代北에 큰 매 잇ᄂᆞ니 삿길 나ᄒᆞ니 터리 다 븕ᄂᆞ니라 〈두초 8.18b-19a〉

(57ㄱ)은 서술어 '두려ᄫᆞ시며, 노ᄑᆞ시며'가 영형태소로써 현재 시제임을 나타내는 형용사 서술문이다. (57ㄴ)은 서술격 조사로 서술어가 된 '이라' 구문의 현재형인데, 역시 현재 시제 형태소는 '∅'이다. 하지만 예문 (58)에선 서술어가 형용사인데도 현재형에 '-ᄂᆞ-'(하ᄂᆞ니, 븕ᄂᆞ니

라)를 사용하였다. 여기에서도 현재 시제 형태소는 'Ø'이며, '-ᄂᆞ-'는 서술 내용에 대한 화자의 좀 더 직설적인 태도를 보이는 표지로 해석된다. 이런 점에서 중세 국어의 종결문에서 '-ᄂᆞ-'로써 나타내는 현재 시제는 직설법의 성격을 갖는다고 말할 수 있다. 당시의 '시제' 범주는 서구어의 'tense'와는 성격을 다소 달리하는 것이다. '-ᄂᆞ-'는 체언 뒤에 오는 서술격 조사의 활용에서는 쓰이지 않는다.

현재 시제는 내포문의 관형사형에서도 표시된다.

(59)ㄱ. 無相經을 디니시며 구짓ᄂᆞᆫ 辱ᄋᆞᆯ 구디 ᄎᆞᄆᆞ샤 〈석보 19.36a〉

ㄴ. 이제 져믄 저그란 안죽 ᄆᆞᅀᆞᆷ신장 노다가 〈석보 6.11a〉

ㄷ. 關雎ᄂᆞᆫ 毛詩篇ㅅ 일후미니 關ᄋᆞᆫ 암수히 서르 和히 우는 소리오 〈내훈 2.4b〉

(59ㄱ)의 관형절에서는 동사의 현재 시제를 나타내는 '-ᄂᆞᆫ'형('구짓ᄂᆞᆫ')이, (59ㄴ)은 형용사의 현재 시제 관형사형 '-ᄋᆞᆫ/은'('져믄')이 보인다. (59ㄷ)에는 동사의 현재 시제 관형사형에 '-는'형('우는')이 이미 나오기도 한다.

'-니' 접속문에서는 현재 시제의 '-ᄂᆞ-'가 나타나지만 다른 접속 어미에서는 현재 시제 형태소의 결합이 제약된다.

(60) 如來ᄂᆞᆫ 부텻 智慧 닐오ᄆᆞᆯ 위ᄒᆞ야 냇ᄂᆞ니 이제 正히 그 時節이로다 〈석보 13.60a-b〉

(61)ㄱ. 님그미 太白山애 巡守ᄒᆞ야 겨시니 ᄆᆞᄅᆞᆯ 머믈워셔 다시 머리 도ᄅᆞ혀 ᄇᆞ라노라 〈두초 6.3a〉

ㄴ. 受苦ᄅᆞᆯ 업게 ᄒᆞ시며 … 緣覺ᄋᆞᆯ 니르시며 … 조ᄒᆞᆫ 道理 니르시ᄂ

다 〈석보 13.18a-b〉

(60)은 접속문에서 접속 어미 '-니' 앞에 현재형 '-ᄂᆞ-'가 결합하여 '냇ᄂᆞ니'가 되었다. 그러나 중세 국어에서나 현대 국어에서 현재 시제 형태소는 다른 접속 어미와의 결합이 어렵다. 접속문 (61)에서 현재 시제 형태소 '-ᄂᆞ-'는 문장 종결 서술어 'ᄇᆞ라노라'와 '니르시ᄂᆞ다'에서만 나타나고, 그 앞에 놓인 접속문의 접속 어미 '-니'와 '-며'에는 현재 시제 형태소가 생략된다. 이와 같은 선어말 어미의 표시가 문말로 귀일하는 현상은 국어의 특징 가운데 하나이지만 '-ᄂᆞ-'의 경우는 특히 더 그러하다.

현재 시제 형태소 '-ᄂᆞ-'가 모음 아래에서 '-ㄴ-'형으로 바뀐 변화가 16세기의 문헌에서 피인용문 성격의 내포문에 나타난다.

(62)ㄱ. 종정 쇼경 부찰이 졉반식 도외야 가 연산애 다ᄃᆞ라 한리블이
도즉 드리온다 듣고 ᄂᆞ미 가디 말라 ᄒᆞ거늘 〈삼강 충20a〉[88]

ㄴ. 굴오ᄃᆡ 이제 諸侯ㅣ 民의게 取ᄒᆞ욤이 禦홈 ᄀᆞᆺ거늘 진실로 그 禮
와 際를 善히 ᄒᆞ면 이ᄂᆞᆫ 君子도 受혼다 ᄒᆞ시니 敢히 묻ᄌᆞᆸ노이다
엇던 말ᄉᆞᆷ이니잇고 〈맹자 10.18a-b〉

ㄷ. 굴오ᄃᆡ 敢히 묻ᄌᆞᆸ노이다 國君이 君子를 養코쟈 홀 띤댄 엇디ᄒᆞ
야ᅀᅡ 이에 可히 養혼다 니ᄅᆞ리잇고 〈맹자 10.25b〉

(62ㄱ)의 '드리온다', (62ㄴ)의 '受혼다'와 (62ㄷ)의 '養혼다' 모두 내포 피

---

88) (62ㄱ)의 용례는 16세기에 나온 동경대본이다. 15세기 런던대본에서는 해당 예가
'드리오ᄂᆞ다'로 나타난다.

인용문의 서술어이다. 자음 아래의 '-ㄴ-'가 '-는-'으로 변화한 예는 근대 국어에 들어서야 나타난다. 이러한 '-는/ㄴ-'는 근대 국어 말까지도 문어에서는 계속 거의 피인용문과 같은 내포문에서나 쓰이지만, 구어에서는 상위문에서도 쓰인 것이 이미 17세기에 나온 역학서의 대화문에서 간혹 보인다.

[과거 시제]

과거 시제 형태소는 '-더-'로 대표되는데, 회상법의 성격을 갖는다. 이 밖에 단정법의 '-니-' 표현도 과거 시제의 성격을 갖는 경우가 많다. '-엇-'은 16세기를 넘어서부터 과거 시제 기능을 갖는 표현이 나타난다.

(63)ㄱ. 이 ᄒᆞᆫ 둥엣 ᄆᆞᆯᄂ 열 량 우후로 ᄑᆞ리라 ᄒᆞ더라 〈번노 상9a〉

ㄴ. 給孤獨 長者ㅣ 닐굽 아ᄃᆞ리러니 여슷 아ᄃᆞ란 ᄒᆞ마 갓 얼이고 〈석보 6.13a-b〉

ㄷ. 太子ㅣ 닐오ᄃᆡ 내 롱담ᄒᆞ다라 〈석보 6.24b〉

ㄹ. 네 겨집 그려 가던다 〈월석 7.10a〉

(64)ㄱ. 聽佛ㅣㅣ 誦一切佛ㄴ 大乘戒 ᄼᄼ〈법망 8a〉

(부처께서 一切 佛의 大乘戒를 외시는 것을 들었다.)

ㄴ. 導師ㄴ 見捨ᄼᄼ 觀我心故 初不勸進ᄼᄼ 說有實利ᄼᄼ〈법화 1153 2.64a: 5본〉

(導師가 보고 버려두시어 저의 마음을 보신 까닭에, 처음으로 진실된 이익이 있다고 권하여 말씀하지 않으셨으니)

ㄷ. 問佛云ᄼᄼ 外道ㅣ 有何所證ᄼᄼ 而言得入ᄼᄼ〈선문9594 1.4b: 3본〉

(부처께 물어 이르시기를, "外道는 무엇을 證得했기에 (道에) 들

었다 하셨습니까?")

'-더-'는 원래 (63ㄱ, ㄴ)에서 보듯이 회상법의 과거 시제를 나타내는 표지이지만, (63ㄷ, ㄹ)에서는 회상 표현이 아닌 일반적인 과거형으로도 쓰였다. 특히 (63ㄷ)과 (63ㄹ)은 오늘날 특정한 상황이 아니고는 허락되지 않는 표현으로, 당시에는 '-더-' 실현에 주어 인칭의 제약이 없었다. 이는 중세 국어에서 '-더-'가 항상 회상법을 가진 과거 시제는 아니었음을 짐작하게 한다. 이러한 용법은 (64)와 같이 음독 구결에서 'ㅅ(-드-)'나 'ㅊ(-ᄃ-), 'ㅋ(-더-)로 나타난다.

'-니-'는 사실을 단정적으로 말하는 단정법 표현인데, 서술 내용이 과거와 관련을 가지게 되는 경우에 과거 시제로 해석될 때가 많다.

(65)ㄱ. 므슴 道理를 보고 곧 希有타 니르니오 〈금삼 2.1b〉

　　ㄴ. 佛性은 善 아니며 不善 아니니 이 일후미 둘 아니니라 〈육조 상 44b-45a〉

(65ㄱ)의 '니르니오'에서 '-니-'는 과거 시제로 해석해도 좋을 것이나, (65ㄴ)은 불교의 교리를 말하는 것이므로 현재 시제가 되어야 한다. (65ㄱ)은 동사 '니르-' 아래의 '-니-'가 과거 시제 기능을 하지만 (65ㄴ)은 지정사의 현재 시제 'φ' 아래에 결합한 단정법 기능의 '-니-'로 해석되는 것이다.

현재 시제의 '-ᄂ-'나 과거 시제의 '-더-'와 함께 쓰일 때에는 '-니-'를 과거 시제가 아닌 서법 형태소로 보아야 할 것이다.[89]

---

89) 홍종선(2008)에서는 현대 국어에서 시제 형태소가 둘 이상 연접할 때엔 둘째 이하

(66)ㄱ. 늘근 남근 ᄀ장 서리를 디내옛ᄂ니라 〈두초 7.10a〉

ㄴ. 金 부플 티면 十八億 사ᄅ미 다 몯더니라 〈석보 6.28a〉

(66ㄱ)의 '디내옛ᄂ니라'에서 현재 시제의 '-ᄂ-' 아래에 오는 '-니-'는 단정법이라는 서법 표지로 본다. (66ㄴ)에서도 과거 회상 시제의 '-더-' 아래에 온 '-니-'를 서법으로 해석하는 것이 좋다.

그런데 중세 국어 문헌에 나오는 협주에서 '-ᄂ니-'와 '-니-'는 시제 적 구분이 유효하다.

(67)ㄱ. 眷屬은 가시며 子息이며 죵이며 집앗 사ᄅᆞ믈 다 眷屬이라 ᄒᄂ 니라 〈석보 6.5b〉

ㄴ. ᄆᅀᆞ미 一定ᄒᆞᆫ 고대 들면 봄과 드룸과 마톰과 맛 아롬과 모 매 다홈과 雜뜯괘 다 업스릴ᄊᆡ 諸根이 괴외타 ᄒ니라 〈석보 6.28b〉

(67)은 모두 『석보상절』 권6에서 인용한 것인데, 'ᄒᄂ니라'로 나온 (67 ㄱ)이 현재 시제로 해석된다면, 이와 달리 'ᄒ니라'로 적은 (67ㄴ)은 과 거 시제로 상보된다. (67ㄱ)은 일반적인 사실을 말하는 내용이므로 당 연하게 현재 시제를 가진다. 그러나 (67ㄴ)은 이 책에서 본문으로 언급 한 구절에 대한 풀이다. 협주 바로 앞의 본문에서 '諸根이 괴외ᄒ야' 라는 구절이 있었던 것이다. 이처럼 (편찬자가) 서술해 놓은 사실에 대 하여 설명하는 내용이므로, 이를 단정법이라는 서법으로 해석하기 어

의 시제 형태소들에 동작상이나 서법으로의 기능 전이가 일어남을 말하였다. 이는 현대 국어나 중세 국어에서 마찬가지로 적용될 수 있을 것이다.

렵고 과거 시제적인 표현이라고 해야 할 것이다.

(68) ㄱ. 對答호ᄃᆡ 불써 命終ᄒᆞ니라 〈월석 9.36b〉
ㄴ. 洛水예 山行 가 이셔 하나빌 미드니잇가 〈용비 125장〉

(68)에서 '命終ᄒᆞ니라, 미드니잇가'는 '-니-'가 과거 시제 형태소임을 확실하게 말해 준다. (68ㄱ)에는 과거를 말해 주는 부사 '불써'가 있고, (68ㄴ)은 하(夏)나라 태강왕 고사를 말하는 것이므로 과거 시제임이 분명하다.

관형사형에서 과거 시제는 동사의 '-ᄋᆞᆫ/은'과 '-던' 그리고 형용사의 '-던'으로 나타난다.

(69) ㄱ. 世間앳 일훔 브튼 글와ᄅᆞᆯ ᄀᆞᄉᆞᆷ아랫ᄂᆞ니 〈석보 9.37b-38a〉
ㄴ. 아뫼나 ᄆᆞᅀᆞᄆᆞᆯ 보ᄃᆞ라비 가지던 사ᄅᆞᆷᄃᆞᆯ토 다 ᄒᆞ마 佛道ᄅᆞᆯ 일우며 〈석보 13.51a〉
(70) 이 光明이 너비 佛土 비취시논 고ᄃᆞᆯ 보ᅀᆞᆸ고 녜 업던 이ᄅᆞᆯ 얻ᄌᆞᄫᅡ 〈석보 13.32b〉

(69ㄱ)의 '-ᄋᆞᆫ'형 '브튼'은 동사 '븥-'의 단순한 과거형이고, (69ㄴ)의 '-던'형 '가지던'은 과거 회상의 의미를 갖는다. (70)의 '-던'형 '업던'은 형용사 '없-'의 과거형이다. 과거 시제 관형사형에 '-ᄋᆞᆫ/은'이 있음에도 불구하고 '-던'형도 쓰인다는 것은 '-더-'가 시제 외에 회상 서법의 기능을 가진 표지임을 말하는 것이다. 이처럼 중세 국어에서 시제 형태소들은 서법적인 성격을 같이 가지고 있었다.

'-더-'는 일부 접속문에서도 보인다.

(71)ㄱ. ᄎ마 ᄇ리디 몯ᄒ야 터니 觀世音菩薩이 ᄒᆞᆫ 즁이 ᄃ외샤 누비
닙고 믌 ᄀ새 오샤 〈관음 11a〉

ㄴ. 그ᄃᆡ옷 나그내를 ᄉ랑티 아니ᄒ더든 그몸나래 ᄯ 시르믈 더으
리랏다 〈두초 15.31b〉

원래 '-니' 외의 접속 어미에서는 과거 시제 표시의 출현이 제약되는
경우가 많은데, '-든'에서도 '-더-' 결합형이 간혹 나타난다. (71ㄱ)의
'터니'와 (71ㄴ)의 '아니ᄒ더든'에서 '-더-'를 볼 수 있다.

　과거 시제를 나타내는 '-앗-'은 문헌상으로 16세기에서부터 찾을 수
있다. 그러나 중세 국어에서 '-앗/엇-'은 '-아/어 잇-'의 축약으로,[90] 거
의가 상태 지속이나 완료를 나타내는 동작상의 기능을 갖는다.

(72)ㄱ. 層層인 軒檻은 다 ᄆ를 面ᄒ얏고 늘근 남ᄀ 장 서리를 디내
옛ᄂ니라 〈두초 7.10a〉

ㄴ. 뎌 王들히 一切 有情의 그에 慈悲心을 내야 가도얫던 사ᄅᆷ 노코
〈석상 9.33b〉

ㄷ. 하숭끠(阿僧祇) 젼세(前世) 겁(劫)에 님금 위(位)ㄹ ᄇ리샤 졍샤
(精舍)애 안잿더시니 〈월인 기3〉

(73)ㄱ. 藏識은 一切ㅅ 染淨 種子를 머거 ᄀ초앗ᄂ니 곧 阿賴耶識이라
〈원각 9.하3.1.43a〉

ㄴ. 白帝예 祠廟ㅣ 뷔엿ᄂ니 외ᄅ왼 구루미 절로 가며 오며 ᄒ놋다
/ 江山애 城이 둘엇ᄂ니 棟宇에 나그내 머므노라 〈두초 14.6b〉

---

90) 그러나 최명옥(2002)에선 '-앳/엣->-앗/엇-'이라는 형태 변화를 음운론적으로 설
명할 수 없음을 들어, '-앳-'과 '-앗-'은 부사형 '-어'에 서로 다른 계층이나 방언에서
사용되던 '이시-'와 '시-'가 각각 결합한 것으로 보았다.

(74)ㄱ. 그 比丘ㅣ 連ㅅ 곳 우희 안자 잇거늘 〈석보 24.16a〉

ㄴ. 須彌山 밧긔 닐굽 山이 둘어 잇ᄂᆞ니 〈월석 1.22b〉

(72ㄱ)에서 '面ᄒᆞ야고'는 '面ᄒᆞ-+-야-+-고'라는 구성이지만, 여기에서 '-야-'은 '-아 잇-'의 축약 형태로 '면하여 있고'라 해석된다. 그러한 용법은 (72ㄴ)의 '가도앳던'에서 '-앳-'과 (72ㄷ)의 '안잿더시니'에서 '-앳-'도 마찬가지이다. '-앳/엣-'은 형태상으로도 '-아/어 잇-'의 축약형임을 보여 준다. (73ㄱ)의 'ᄀᆞ초앗ᄂᆞ니'에서 '-앗-'과 (73ㄴ)의 '뮈엿ᄂᆞ니, 둘엇ᄂᆞ니'에서 '-엿-, -엇-' 역시 (72)에서의 용법과 같다. '-야/엿/앳/엣/앗/엇-'이 이형태로 또는 수의적으로 형태가 선택되어 쓰이고 있지만 모두 '-아/어 잇-'이 갖는 지속상이나 완료상 기능을 하며, 이는 '-아/어 잇-'의 형태가 그대로 다 있는 (74)에서의 용법과 다름이 없다고 보는 것이다.

'-앗/엇-'의 출현은 음독 구결에서부터 찾을 수 있다.

(75) 其烟丶 騰空ノ乚 未及遙遠ソ3七去乚 四十里內丶 云何已聞去ヒ午 〈능엄소 3.4b: 10본〉

(그 연기가 공중으로 올랐지만 멀리 도달하지 않았거늘, 사십 리 안에서 어떻게 (그 냄새를) 맡겠는가?)

(75)의 'ソ3七去乚(ᄒᆞ앗거늘)'은 '-아 잇-'의 축약으로, 지속이나 완료를 나타내는 동작상 표현이다. 이러한 표현이 음독 구결에서 널리 쓰이는 것으로 볼 때 '-앗/엇-'의 형성은 이미 중고 국어 시기에 시작된 것으로 해석할 수 있을 것이다.

이와 같은 '-앗/엇-'은 중세 국어 기간 중에 의미 기능에 변화를 겪는 것으로 보이는데, 지속이나 완료가 모두 과거와 관련을 가지는 성격이므로 이들이 과거 시제의 기능으로 새로이 발전한 것으로 추정된다.

(76)ㄱ. 내 그 語를 드럿고 그 人을 見티 몯ᄒᆞ얀노라 〈논어 4.26a〉

　　ㄴ. 아히로 ᄒᆡ여곰 관원을 ᄀᆞ초고 듣디 몯ᄒᆞ엿곤여 〈소학 4.44b〉

(77)ㄱ. 나지어든 갓다가 바미어든 오ᄂᆞᆫ 거셔 〈번박 상40a〉

　　ㄴ. 信이 이시면 비록 學디 몯ᄒᆞ얏다 닐어도 나는 반ᄃᆞ시 學ᄒᆞ얏다 닐오리라 〈논어 1.4a〉

16세기에 나온 (76)의 용례들은 과거 시제로 이해된다. (76ㄱ)의 '드럿고, 몯ᄒᆞ얀노라'와 (76ㄴ)의 '몯ᄒᆞ엿곤여'에서 '-앗/엇/엿-'은 동작상보다는 과거 시제로 해석하는 것이 더 적절할 것이다. 이러한 과거 시제의 성격은 (77)의 '갓다가, 몯하얏다, 學ᄒᆞ얏다'에서 더욱 뚜렷하다. '-앗/엇-'이 16세기에 들어서 과거 시제의 기능을 갖기 시작하는 것이다.

　중세 국어에서는 과거 시제가 무표지로 실현되었다고 보는 견해도 많다. 부정법(不定法)을 과거 시제로 보고 있는 고영근(2010)에서 과거 시제라고 든 예들은 거의가 '-니-'를 동반하고 있는데, 위에서 언급하였듯이 '-니-'는 원래 과거 시제 선어말 어미이다. 고영근(2010)에서는 '-니-'가 결합되지 않은 예로 아래의 (78)을 들고 있다.

(78) 주거미 닐오ᄃᆡ "내 ᄒᆞ마 命終호라" 〈월석 9: 36b〉

(79) 사회 녀기셔 며느리 녁 지블 婚이라 니ᄅᆞ고 며느리 녀기셔 사회 녁 지블 姻이라 니ᄅᆞᄂᆞ니 댱가들며 셔방 마조ᄆᆞᆯ 다 婚姻ᄒᆞ다 ᄒᆞᄂᆞ니라 〈석보 6: 16b〉

(78)의 '命終호라'가 결정적으로 과거 시제임을 'ᄒ마'에서 찾았으나, 여기서 'ᄒ마'는 문맥상 '이미'보다 '거의'로 해석해야 자연스럽다. 선숙이 무덤 사이에 다다라 보니 주검이 무릎과 발이 다 움직이고 있으므로, 선숙이 이상하여 물으니 주검이 (78)로 대답한 것이다. 그렇다면 (78)의 시제가 꼭 과거가 되어야 하는 것은 아니다. 협주문인 (79)에서도 무표지인 '婚姻ᄒ다'를 과거 시제로 해석하면 그 앞에 오는 무표의 현재 시제 '婚이라'와 '姻이라'와 시제 면에서 어긋나게 된다.

동사의 부정법(不定法)이 과거 시제를 담당한다는 것은 전혀 범어적이지도 않다. 중세 국어에서도 똑같은 부정형(不定形)이, 형용사나 서술격 조사에서는 현재 시제이고 동사에서만 과거 시제라는 것은 매우 어색한 체계이다. 명령문은 어느 언어에서나 현재형이거나 부정형인데, 이들은 모두 현재 시제의 성격이다. 만약 부정형이 과거 시제를 나타낸다면, 명령문에는 그 성격상 현재 시제 선어말 어미를 넣어야 한다. 그러나 중세 국어에서도 현대 국어와 마찬가지로 명령문은 부정형이다. 명령문이 중세 국어에서는 과거 시제였고 현대 국어에서는 현재 시제라고 하는 것은 대단한 모순이다.

근대 국어 이전의 문헌어에는 부정법 형태로 과거나 현재를 나타내는 일이 종종 있지만, 이러한 표현들을 근거로 당시의 과거 시제 형태소로 부정형 '-∅-'를 설정하는 것은 곤란하다. 과거 시제 성격의 내용을 부정법으로 사용한 문헌에서의 표현은, 범어적으로 나타나는 '역사적 현재'와 비슷하게 이해할 수 있다. 과거 시제를 사용하지 않음으로써, 예전에 있었던 어떠한 사건을 하나의 현상이나 사실로 다루는 표현 방식이다. 이는 시제 체계가 아직 문법 범주로 뚜렷이 자리잡지 않은 중·근대 국어에서 문헌에 나타나며, 오늘날까지도 일부 남아 있다.

하지만 대화체 구어문에서 부정법이 과거 시제를 나타낸다면 그 해석은 달라질 수 있다.

(80)ㄱ. 큰 형님 네 어드러로셔브터 온다 내 高麗 王京으로셔브터 오라
　　　 이제 어드러 가는다 내 北京 향ᄒᆞ야 가노라 네 언제 王京의셔
　　　 ᄠᅥ난다 내 이ᄃᆞᆳ 초ᄒᆞᄅᆞᆺ 날 王京의셔 ᄠᅥ나라 이믜 이 ᄃᆞᆳ 초ᄒᆞᄅᆞᆺ
　　　 날 王京의셔 ᄠᅥ나거니 이제 반 ᄃᆞ리로ᄃᆡ 엇디 앗가사 예 오뇨
　　　 〈노걸 상1a-b〉
　　ㄴ. 네 언제 온다 그저긂픠 오라 〈박통 상51a〉
　　ㄷ. 즉자히 靑衣ᄃᆞ려 무르샤ᄃᆡ 鹿母夫人이 나혼 고즐 어듸 ᄇᆞ린다
　　　 對答ᄒᆞᅀᆞᄫᅩᄃᆡ 이 못 ᄀᆞᆺ샛 큰 珊瑚 나모 아래 무두이다 〈석보
　　　 11: 32b〉

(80)은 모두 대화문이다. (80ㄱ)에서 '오라, ᄠᅥ나라'는 모두 반 달(月) 이
전에 있었던 일이므로 확실하게 과거의 사실이고, (80ㄴ)의 '오라'도 3
일 전의 사실을 말하는 것이다. (80ㄷ)도 과거의 일을 말한 것이다. 이
와 같이 명백하게 과거의 일을 말할 때 부정형을 사용하였으므로, 부
정법은 과거 시제라고 할 만하다. 그러나 이와 같은 예문은 손으로
꼽을 만큼 극히 적다. 아무리 당시의 문헌에 구어 문장이 많지 않다고
하여도, 15세기에서 근대 국어 초기까지의 여러 문헌에서 나온 단 몇
개의 예만으로 부정법을 과거 시제로 설정하는 것은 근거가 충분하지
못하다. 이 문제에 관해서는 좀 더 다각적인 깊은 연구가 필요하다.

[미래 시제]

미래 시제는 '-리-'로 나타난다. 미래 시제는 그 속성상 의도법이나
추측법의 성격을 갖는다.

(81)ㄱ. 車匿이 돌아 보내샤 盟誓ᄒ샤ᄃᆡ 道理 일워사 도라오리라 ᄒ시
　　　고 〈석보 6.4b〉

　　ㄴ. 내 願을 아니 從ᄒ면 고즐 몯 어드리라 〈월석 1.12b〉

　　ㄷ. 짭촐목(雜草木) 것거다가 ᄂᆞᆯ 거우ᅀᅡ ᄫᅳᆮ들 므슴잇든 뮈우시리
　　　여 〈월인 기62〉

　　ㄹ. 어느 제 太夫人ㅅ 堂 우희 아ᄉᆞᆷ들흘 뫼홀다 〈두초 8.20a〉

(81ㄱ, ㄴ)은 미래형 '-리-'로 나타난 평서문이고, (81ㄷ)은 '-리-'를 쓴
미래 시제 의문문이며, (81ㄹ)은 '-ㄹ'로 나타난 미래 시제 의문문이다.
미래 시제 '-리-'는 (81ㄱ)처럼 1인칭 주어에서는 의도성을 보이고, (81
ㄴ)처럼 2·3인칭 주어에서는 추측을 나타내는 용법을 가지는데, 이는
근·현대 국어에서도 마찬가지이다.

　　관형사형에서 미래 시제는 '-올/을/ㄹ'로 나타내는데, 의도나 추측
보다 예정의 뜻을 가지는 단순한 미래 시제의 성격이 많다.

(82)ㄱ. 져믄 아ᄃᆞᆯ 바ᄂᆞᆯ 두드려 고기 낫골 낙술 밍ᄀᆞᄂᆞ다 〈두초 7.4a〉

　　ㄴ. 네 神奇를 내요려 ᄒ거든 아직 내 밥 머글 쓰실 기드리라 〈석보
　　　24.22b〉

　　ㄷ. ᄀᆞᄅ치디 몯ᄒ린 後에ᅀᅡ 怒ᄒ고 怒를 몯ᄒ린 後에ᅀᅡ 튤 디니
　　　〈내훈 3.4b〉

(83)ㄱ. ᄀᆞᄅ치ᄂᆞᆫ 어미를 기도롤 거시라 ᄒ시더니 〈삼강 열1a〉

　　ㄴ. ᄆᆞᆯ 상해 사ᄅᆞᆷ으로블터 가히 聖人 도리예 니를 거시니라 〈번
　　　소 9.14a〉

미래 시제도 관형사형에서는 서법적인 요소가 적고 시제적인 성격이

더 뚜렷하다. (82ㄱ)의 '낫글'과 (82ㄴ)의 '머글', (82ㄷ)의 '몬홀'은 예정을 말하는 단순한 미래 시제를 보인다. (82ㄷ)에서 '몬흐린'은 '몬흐-+-ㄹ#이+-ㄴ'으로 분석된다. '-올'은 서술격 조사나 형용사의 관형사형 어미로 쓰이는 경우가 별로 없다.

(83ㄱ)의 '기도롤 거시라', (83ㄴ)의 '니를 거시니라'에서 보이는 '-을 거시-' 형태도 미래 시제 성격을 가진다. 이는 오늘날에도 그러한데, 이미 중세 국어에서도 같은 용법으로 쓰이고 있다.

관형사형 미래 시제 표지가 특정한 시제를 나타내지 않는 표현도 있다. 부정 시제라고도 하는 이 표현은 '-올'형에서 주로 나타난다.

(84)ㄱ. 져머셔 아비 업슬 시 孤ㅣ오 〈원각 서77a〉

　　ㄴ. 製는 글 지슬 씨니 御製는 님금 지스신 그리라 〈훈민 1a〉

　　ㄷ. 多는 할 씨라 죳는 말 몿는 입겨지라 〈훈민 2a-b〉

　　ㄹ. 네 이제 見과 塵과롤 보아 種種히 發明홀 슬 일후미 妄想이니 〈능엄 2.61a〉

　　ㅁ. ᄇᆞᄅᆞ매 아니 뮐씨 곳 됴코 여름 하ᄂᆞ니 〈용비 2장〉

　　ㅂ. 仁 클 인 〈훈몽 하25b〉

　　ㅅ. 大 큰 대 〈유합 하47b〉〈석천 7a〉

(85) 내 갑디 몬흐릴시 곧 그 法을 바ᄅᆞ 기려 〈원각 서14a〉

의존 명사 'ㅅ' 앞에서는 항상 관형사형 '-올/을'이 공기하므로, (84ㄱ)~(84ㅁ)에서 이들 의존 명사 앞에 온 '-올/을/ㄹ'는 미래 시제 표현이라고 볼 수 없다. 이들은 특정한 시제가 없이 오히려 현재 시제로 표현해야 할, 일반적 사실에 대한 설명이다. 그것은 '-올'로 표현한 (84ㅂ)이나, '-은'으로 표현한 (84ㅅ)에서도 마찬가지이다. 이들 모두는 시제 표지 형태에 상관없이, 특정한 시제를 가리키지 않는 부정 시제라고 할 것이다. 이러한 부정 시제 표현은 '-은'보다 '-올'형으로 잘 나타나는데, 이러한 현상은 고대 국어에서도 마찬가지였다. '-ㄹ시' 앞에서 미래 시제의 관형사형을 갖고자 할 때엔 (85)와 같이 '-릴시'형을 써서 (84ㅁ)의 '-ㄹ시'와 구분한다.

[부정법(不定法)의 시제성]

중세 국어 문헌에는 위에서 살핀 시제 표지들을 쓰지 않은 표현들이 자주 보인다. 이러한 부정법 문장에서는 시제가 원칙적으로 없다고 보아야 할 것이다. 그러나 발화 상황이나 앞뒤 문맥 등에 따라 적절한 시제를 인정할 수는 있다.

>   (86)ㄱ. 世間애 샹녜 이셔 내 正法을 護持ᄒ라 ᄒ시이다 〈석보 24.45b〉
>
>   ㄴ. 네 아비 ᄒ마 주그니라 〈월석 17.21a〉
>
>   ㄷ. 가다니 빗브른 도긔 설진 강수를 비조라 〈악장, 청산별곡〉

(86)의 문장들에서 'ᄒ시이다, 命終ᄒ라, 주그니라, 비조라'는 모두 과거 시제나 현재 시제로 해석하여도 좋다. 그러나 부정법 문장들 가운데에는 구태여 시제를 획정할 필요가 없는 내포문 표현들이 많다.

>   (87)ㄱ. 頭陀ᄂᆞᆫ ᄲᅥ러 ᄇ리다 혼 ᄠᅳ디니 〈월석 7.31a〉
>
>   ㄴ. ᄯᅩ 文殊師利 等 보ᄆᆞᆯ 爲ᄒ야 이에 오도다 〈월석 18.81b〉
>
>   ㄷ. 숡법(術法)이 높다 흔들 룡(龍)ᄋᆞᆯ 행뽁(降服)ᄒ면 〈월인 기99〉
>   (88) 이 ᄢᅴ 아들ᄃᆞᆯ히 아비 죽다 듣고 〈월석 17.21a〉

(87)에서 '브리다, 오도다, 놉다', (88)에서 '죽다'는 상위문 또는 내포문에서 부정법으로 쓰인 서술어들이다. (87)은 뜻풀이거나 일반적 사실에 대한 설명이므로 구태여 시제를 요구하지 않으며, 더구나 과거 시제일 필요가 없다. (87ㄱ)과 (87ㄴ) 같은 경우 현대 국어라면 오히려 현재형이 쓰이고, (87ㄷ)은 오늘날에도 무시제 부정법으로 나타난다. (87ㄴ)과 같은 감동법의 서법 표지 '-도-'는 부정법 문장으로만 쓰이는데, 만약 부정법을 과거 시제를 나타내는 표현으로 고정한다면 이는 매우 어색하다.[91] 하지만 (88)은 과거 시제로 해석된다. 부정법 표현은 원래 시제가 없는 문장이지만, 그 문장에 따라 담화론적 시제를 인정하는 것이 좋을 것이다. 그럴 경우 동사의 부정법은 기본적으로 무시제이지만 구태여 시제성을 부여한다면 '현재'의 성격이 가장 자연스러우며 '과거' 시제가 될 수는 없다. (86)~(88)의 예문을 보면 모두 인용문 성격이거나 운문 또는 감탄적 표현이다. 따라서 부정법 문장은 기본적으로 이러한 특별한 문장들에서 나타나는 문체 표현으로 볼 수도 있다. 이는 현대 국어나 다른 언어들에서도 거의 비슷하게 나타나는 범어적인 현상이다.

6.4.2 서법

서법은 화자의 발화 태도를 나타내는 문법적인 표지로, 주로 용언에서 선어말 어미 형태로 실현된다. 고대 국어에서도 그러하였지만 중세 국어의 서법은 앞에서 본 바와 같이 시제와 깊은 관련을 가지고 쓰이는 경우가 많다. 그러나 서법적인 성격이 우선하는 표현들은 분

---

91) 현대 국어에서도 감동법 어미 '-도-'가 부정법 문장에선 현재 시제이며, 과거 시제 문장에서는 '-었-' 아래에 놓인다.

류상 서법 범주에 넣기로 한다. 부정법과 직설법 및 회상법, 단정법, 의도법, 추측법은 시제적인 요소와 관련을 가지며, 확인법과 감동법, 강조법은 서법적인 성격만을 갖는다. 시제적인 요소를 가지는 서법 표현은 앞의 '6.4.1 시제'에서 같이 살펴었으므로 여기에서는 간략히 언급하기로 한다.

[부정법]

부정법은 동사에 시제나 화자의 서법성을 나타내는 선어말 어미가 결합되어 있지 않은 표현이다. 부정법이라는 서법은 설정하기 어렵다는 견해도 있을 수 있으나, 화자의 발화 태도가 전혀 나타나지 않은 채 사실의 서술로만 그치는 표현 방식도 서법의 한 종류가 될 수 있다고 본다면, 부정법은 무표적인 서법이라고 할 수 있을 것이다.

(89)ㄱ. 法華애 니르샤디 싸해 드로디 믈フ티 ᄒ며 믈 븓오디 싸フ티 ᄒ다 ᄒ시니 우흘 마초면 어루 알리라 〈선종 하68a〉

ㄴ. 等覺애서 金剛乾慧예 ᄒ 번 나면 後에 妙覺애 오ᄅᄂᆞ니 나다 ᄒᄂᆞᆫ 마른 사라나다 ᄒᄂᆞᆫ 마리 아니라 다른 地位예 올마가다 ᄒᄂᆞᆫ 뜨디라 〈석보 6.36a〉

ㄷ. 너희ᄂᆞᆫ 이에서 이대 도라가라 나ᄂᆞᆫ 알ᄑᆞ로 나ᅀᅡ가 摩尼寶珠를 어두리라 〈월석 22.39a〉

(90)ㄱ. ᄯᅡ니미 애ᄃᆞ라 니르샤디 우리 어미ᄂᆞᆫ 죽싱도 ᄀᆞ디 몯도다 〈석보 11.40b-41a〉

ㄴ. 소곰 긔운이 비예 드러가면 즉재 편안ᄒ리라 〈구급 2.46a〉

(91)ㄱ. ᄒ 가지를 주미 처섬 權ᄒ시고 乃終애 實ᄒ샤미 ᄀᆞᆮᄒ니 처섬과 乃終괘 서르 어긜씨 虛妄ᄒ녀 아니ᄒ녀 무르시니라 〈월석

12.33b〉

ㄴ. 이제 제 졋 머기느녀 졋 어더 잇느녀 〈번박 57a〉

ㄷ. 이 長者ㅣ 보비옛 큰 술위로 아들돌홀 골오 주니 虛妄타 ᄒᆞ려
　　몯ᄒᆞ려 〈월석 12.33a〉

ㄹ. 님자히 무로ᄃᆡ 눌 爲ᄒᆞ야 가져간다 對答호ᄃᆡ … 〈월석 2.13a〉

(89ㄱ)의 'ᄒᆞ다'와 (89ㄴ)의 '나다, 사라나다, 올마가다'는 모두 내포문
서술어로, 시제나 화자의 특정한 발화 태도를 나타내지 않은 부정법
이다. (89ㄷ)에서 '도라가라'도 항상 부정법으로 나타나는 명령문이다.
(90ㄱ)의 '니ᄅᆞ샤ᄃᆡ'와 (90ㄴ)의 '드러가면'도 모두 시제를 나타내는 선
어말 어미가 없는 부정법으로 보기도 하지만, 이들은 문장 종결 표현
이 아니므로 서법을 설정하기 어렵다고 할 수도 있다. 연결 어미에는
시제나 서법을 나타내는 선어말 어미가 결합되지 못하는 경우도 많은
것이다. (91)에서 의문형 '虛妄ᄒᆞ녀 아니ᄒᆞ녀'와 '잇느녀', '가져간다' 그
리고 'ᄒᆞ려 몯ᄒᆞ려'는 각각 과거 시제와 현재 시제, 미래 시제를 갖는
다. (91ㄹ)의 '-ㄴ다' 의문도 과거 시제이다. 결국 의문문에서는 부정법
이 없는 것이다. 명령문에서 보듯이 부정법은 대부분의 언어에서 현
재 시제이거나 무시제이다. 다만 문맥에 따라 시제 매김을 줄 수 있
다. 그러나 부정법 표현은 (89ㄱ, ㄴ)에서 보듯이 주로 내포문에서 쓰
이는 비구체적이고 불안정한 서법이다.

[직설법]

　직설법은 '-느-'로 대표되는 현재 시제로, 화자의 발화 내용을 단순
히 표현하는 서법이다.

(92)ㄱ. 쪼 供養ᄒ야 法華經 듣고져 ᄒᄂ다 〈월석 18.74b-75a〉

ㄴ. 一切 衆生이 다 解脫을 得과뎌 願ᄒ노이다 〈월석 21.8a〉

ㄷ. 異ᄂ 다ᄅᆞᆯ 씨라 ᄑᆞᄂ 아모그에 ᄒ논 겨체 쓰ᄂ 字ㅣ라 〈훈정 1a〉

ㄹ. 王이 니ᄅᆞ샤ᄃᆡ 이런 이리 업디 몯ᄒᄂ니 므슴 시름ᄒᄂ다 〈월석 22.27b〉

ㅁ. 迦陵頻伽ᄂ 앓 소배셔브터 됴ᄒ 소리 ᄒᄂ 새니 녀느 새소리 미츠리 업스며 〈석보 3.32b〉

직설법은 일반적으로 많이 사용하는 표현으로, 현재의 행동이나 상태 또는 사실의 기술에서 쓰인다. (92ㄱ)의 'ᄒᄂ다', (92ㄴ)의 '願ᄒ노이다', (92ㄷ)의 '씨라, 字ㅣ라', (92ㄹ)의 '몯ᄒᄂ니, 시름ᄒᄂ다'에는 현재 시제 선어말 어미 '-ᄂ-' 또는 '-∅-'가 있는 직설법을 보여 준다. 직설법은 (92ㅁ)의 '됴ᄒ, ᄒᄂ'처럼 관형사형에서도 많이 쓰인다.

[회상법]

선어말 어미 '-더-'로써 과거 사실을 회상하거나 보고하는 회상법은 과거 시제 표현이다.

(93)ㄱ. 아힛 쁫 뜬 親호미 마ᄉᆞᆫ ᄒᆡ니 그 ᄉᆞᅀᅵ옛 消息은 둘히 다 아ᅀᆞ라 ᄒ더라 〈두초 23.23a〉

ㄴ. 네 이 뎜 션 녁 겨틔 거스 이십릿 짜해 ᄒ 곧 ᄃᆞ리 믈어디여 잇더니 이제 고텨 잇ᄂ가 몯 ᄒ얏ᄂ가 〈번노 상26a〉

ㄷ. 그 ᄯᆞ니미 몯 보던 한 사ᄅᆞᆯ 두리여 ᄒ더시다 〈석보 11.29a〉

ㄹ. 믈 셗슬 ᄀᆞᄌᆞ기 ᄒ며 燭ㅅ 블 자보ᄆᆞᆯ 조쳐 ᄒ고 글워를 구펴 보내니 푸메 ᄀᆞᄃᆞᆨᄒ 죠히러라 〈두초 20.17b〉

(94) 황향이 아호빈 저긔 어미 일코 슬허 주글 ᄃᆞ시 도외어늘 ᄆᆞ옰 사
ᄅᆞ미 효도를 일쿳더니 혼자 아비 효도ᄒᆞ야 녀르미면 벼개와 돗과
를 부체 붓고 겨으리면 제 모ᄆᆞ로 니브를 ᄃᆞ시 ᄒᆞ더니 원이 나라
히 열ᄌᆞ오니 일후미 셰간애 들이더니 후에 벼스를 샹셔령 니르히
ᄒᆞ야 ᄌᆞ손이 다 노피 도외니라 〈삼강 효9a〉

(93ㄱ)에서 '아ᅀᆞ라ᄒᆞ더라', (93ㄴ)에서 '잇더니', (93ㄷ)에서 '보던, ᄒᆞ더
시다'는 모두 선어말 어미 '-더-'가 결합된 과거 회상법 표현이다. (93
ㄹ)에는 서술격 조사 아래에서 '-더-'가 '-러-'로 바뀐 '죠히러라', 타
동사에서 '-다-'로 쓰인 '期望ᄒᆞ다라'가 회상법으로 나타난다. 그러나
(94)에서 'ᄒᆞ더니'는 회상법으로 볼 수 있지만 '일쿳더니'는 회상이 아
닌 단순한 과거 시제로 해석하는 것이 자연스럽다. 이처럼 중세 국어
에서 '-더-'는 회상법 외에 단순 과거 시제를 나타내기도 한다.

[단정법]

단정법을 나타내는 '-니-'는 발화 내용에 대한 화자의 단정적인 태
도를 나타낸다.

(95)ㄱ. 이 菩提 나모 미틔 成道ᄒᆞ실ᄊᆡ 道場 菩提樹ㅣ라 ᄒᆞ니라 〈석보
24.36a〉

ㄴ. 댱가 들며 셔방 마조믈 다 婚姻ᄒᆞ다 ᄒᆞᄂᆞ니라 〈석보 6.16b〉

ㄷ. 金 부플 티면 十八億 사ᄅᆞ미 다 몯더니라 〈석보 6.28a〉

ㄹ. 뎌른 다미 ᄒᆞ다가 이시면 衰殘ᄒᆞᆫ 프를 므던히 너겻거니라 〈두초
8.42a〉

(95ㄱ)과 (95ㄴ)에서는 사실을 단정적으로 서술하고 있으며, (95ㄷ)과 (95ㄹ)은 보았거나 알고 있는 내용을 단정적으로 말해 주고 있다. 특히 '-니-'가 '-ㄴ-, -더-, -거-'와 같은 시제 요소의 선어말 어미들 뒤에 결합하여 쓰이면 시제보다는 서법 범주로서 기능한다. 그러나 '-니-'가 이들 시제 형태소가 없이 단독으로 나타날 때에는, 앞의 [과거시제] 항에서 설명하였듯이 중세 국어에서 과거 시제로서의 기능도 많이 가지고 있는 것으로 보인다.

'-니-'는 중세 국어 초기 음독 구결에서부터 본격적으로 나타난다.

(96)ㄱ. 先讚前法ㅣㄴ고 次敍疑情也ㅣㄴㅌㅅ 〈능엄기 1b: 6〉

(먼저 이전의 法을 讚하시고 다음으로 의심스러운 뜻을 펼치셨다.)

ㄴ. 一切菩薩ㅣ 今學ㅣㅌㅌㅅ 〈법망 10하9a〉

(一切의 菩薩이 지금 배운다.)

'-니-'는 (96)에서 보듯이 음독 구결에서도 15세기 한글 문헌에서와 마찬가지로 'ㅣㅌㅅ(ㅎ니라)'와 'ㅣㅌㅌㅅ(ㅎᄂ니라)'에 모두 쓰임을 볼 수 있다. 'ㅣㅌㅅ(ㅎ니라)'에서 'ㅌ(-니-)'는 단정법이면서 과거 시제 기능을 가지지만, 'ㅣㅌㅌㅅ(ㅎᄂ니라)'에서는 'ㅌ(-ᄂ-)'에 의해 현재 시제가 결정된 조건에서 그 아래에 놓인 'ㅌ(-니-)'는 시제 기능이 없이 단정법의 서법 형태소일 뿐이다.

[의도법과 추측법]

선어말 어미 '-리-'는 1인칭 주어문에선 의도법으로, 2인칭이나 3인칭 주어문에서는 추측법으로 나타난다.

(97)ㄱ. 王이 니루샤딕 내 다민 혼 아두를 甚히 스랑ㅎ거니 네 쁘들 거
　　 스디 아니 호리라 〈월석 22.27b-28a〉

　ㄴ. 나는 도라 녜 사던 싸홀 무러 가리라 〈두초 10.30a〉

(98)ㄱ. 이 觀世音菩薩 듣고 一心으로 일홈 일쿠르면 觀世音菩薩이 卽
　　 時예 그 音聲을 보아 다 解脫을 得게 ㅎ리라 〈법화 7.45a〉

　ㄴ. 다숫 陵읫 됴흔 氣運이 업슬 저기 업스리라 〈두초 8.3a〉

　ㄷ. 그듸의 微妙히 政治ㅎ물 보노니 다른 나래 殊異흔 恩寵이 이시
　　 리라 〈두초 23.13b〉

(99)ㄱ. 나도 용심ㅎ야 셩녕홀 거시라 〈번박 17a〉

　ㄴ. 비록 주논 배 곧디 아니ㅎ나 주는 배 업다 몯홀 거시라 혼대
　　 〈번소 9.91b〉

(97)에서 서술어 '호리라, 가리라'는 모두 주어가 1인칭으로, 선어말 어
미 '-리-'가 의도법을 나타낸다. 그러나 (98)에서 'ㅎ리라, 업스리라, 이
시리라'는 모두 주어가 1인칭이 아니므로 '-리-'가 추측법을 나타낸다.
관형사형 어미 '-올'은 일반적으로 의도나 추측의 서법 성격을 별로
갖지 않고 단순하게 미래 시제적인 용법으로 쓰인다. 하지만 (99ㄱ)의
'셩녕홀 거시라'는 1인칭 주어에서 의도법을, (99ㄴ)의 '몯홀 거시라'는
1인칭이 아닌 주어에서 추측법을 보인다. '-올 거시-'가 현대 국어에서
처럼 '-리-'와 비슷한 서법과 시제 기능을 하는 것이다.

　[확인법]

　'-거-'는 사실을 확인하여 말하는 확인법 표현인데, 서술 내용상 과
거의 사실에 관계되므로 간혹 과거 시제의 성격을 갖기도 한다.

(100)ㄱ. 比丘드려 닐오디 뎌 즁아 닐웨 ᄒ마 다ᄃᆞ거다 〈석보 24.15b〉

ㄴ. 셜ᄫᅡ쎠 衆生이 正ᄒᆞᆫ 길흘 일허다 ᄒᆞ며 〈석보 23.19b〉

ㄷ. ᄆᆞ리 사ᄅᆞᆯ 마자 馬廐에 드러 오나ᄂᆞᆯ 聖宗을 뫼셔 九泉에 가려 ᄒᆞ시니 〈용비 109장〉

ㄹ. 이제 ᄯᅩ 내 모믈 ᄃᆞ려다가 維那ᄅᆞᆯ 사모려 ᄒᆞ실ᄊᆡ 듣줍고 깃거 ᄒᆞ가니와 〈월석 8.93a〉

ㅁ. 모ᄃᆞᆫ 大衆과 ᄂᆞ소사 깃거 아ᄅᆡ 잇디 아니턴 이ᄅᆞᆯ 得과라 ᄒᆞ더 라 〈능엄 2.10b〉

(101) 正覺 나래 마조 보리어다 〈월석 8.87a〉

(100ㄱ)에서 '다ᄃᆞ거다'는 과거의 일을 확인하듯 확정적으로 표현하는 것이다. '-거-'는 (100)에서 보듯이 출현하는 환경에 따라 '-거/어/아/ 나-'라는 이형태들이 있다. 자동사에는 '-거-', 타동사에는 '-아/어-', 동사 '오-'에는 '-나-'가 되고, 선어말 어미 '-오-'와 결합하면 '-가/과-' 형을 갖는다. 미래 시제 '-리-' 뒤에서 'ㄱ'가 탈락하여 '-어-'로 된 (101) 의 '보리어다'는 미래의 일을 강하게 추정하는 표현이다.

[감동법]

감동법을 나타내는 '-도-'는 부정법 시제와 어울리면서 화자의 감동 적인 태도를 표현한다.

(102)ㄱ. 百花潭ㅅ 므리 곧 滄浪 ᄀᆞᆮ도다 〈두초 7.2b〉

ㄴ. 그제ᅀᅡ 須達이 설우ᅀᆞᄫᅡ 恭敬ᄒᆞᅀᆸᄂᆞᆫ 法이 이러ᄒᆞᆫ 거시로다 〈석보 6.21a〉

ㄷ. 님그미 이제 사호미 업스니 書生은 ᄒᆞ마 銘을 사기놋다 〈두초

24.62a-b〉

(102)에서도 일반적인 문장보다 느낌의 감정이 좀 더 깊이 들어간 감동법 표현을 보여 준다. (102ㄷ)에서는 감동법의 '-도-'와 강조법의 '-ㅅ-'가 결합한 '-돗-'이 부사 'ᄒ마'의 뜻을 더욱 뚜렷이 드러내 주고 있다.

[강조법]

강조를 나타내는 '-ㅅ-, -옷-, -개/게/애/에-, -다/라-, -ㅅ-' 등도 화자의 발화 태도를 드러내는 서법 어미이다. '-ㅅ-'는 다른 강조법 어미들 뒤에 결합하여 강조의 뜻을 더욱 강하게 드러내기도 한다.

(103)ㄱ. 터럭 귿만 흔듸도 스싀로 쟈랑ᄒ고져 ᄒ놋다 〈두초 20.23a〉

　　　ㄴ. 믈 우흿 龍이 江亭을 向ᄒᄉ봉니 天下ㅣ 定홀 느지르샷다 〈용비 100장〉

　　　ㄷ. 目連이 닐오듸 몰라 보애라 〈월석 23.86b〉

　　　ㄹ. 그몸나래 ᄯ 시르믈 더으리랏다 〈두초 15.31b〉

　　　ㅁ. 우리돌토 … 供養ᄒᄉ봉려 ᄒ야 머리셔 오소이다 〈석보 23.53a-b〉

(103ㄱ) 'ᄒ놋다'에 '-옷-', (103ㄴ) '느지르샷다'에 '-옷-', (103ㄷ) '보애라'에 '-애-', (103ㄹ) '더으리랏다'와 (103ㅁ)의 '오소이다'에 '-ㅅ-'라는 강조법 어미가 있어, 각 동사의 뜻을 강조해 준다.

(104)ㄱ. 져믄 사ᄅᄆ의 즐규믈 쇽졀업시 보것다 춤논 눗므리 ᄒ마 오시 젓노다 〈두초 11.30b〉

ㄴ. 出家ᄒᆞ시면 正覺ᄋᆞᆯ 일우시리로소이다 〈월석 2.23b〉

ㄷ. 부톄 우리 爲ᄒᆞ야 大乘法을 니ᄅᆞ시리라ᄉᆞ이다 〈월석 13.36a〉

(104ㄱ)의 '보것다'에는 '-거-'와 '-ㅅ-'가, (104ㄴ)의 '일우시리로소이다'
에는 '-로-'와 '-ㅅ-'가, (104ㄷ)의 '니ᄅᆞ시리라ᄉᆞ이다'에는 '-라'와 '-ㅅ
-'가 겹쳐 나타나 강조의 뜻을 더욱 드러낸다.

6.4.3 동작상

동작상은 그 문장에서 나타내는 시제 당시에서 서술되는 사건이나
현상의 상태를 문법적으로 표현한 양상이다. 국어에서는 대개 보조적
연결 어미와 보조 용언의 결합으로 표현되고 종속적 연결 어미에서도
나타나는데, 여기에는 '완료상, 진행상, 예정상' 등을 설정할 수 있다.

[완료상]
완료상에는 '-아 두-, -아 ᄇᆞ리-, -아 잇-, -앗-' 표현이 있다.

(105) 긴 갈ᄒᆞᆯ 모로매 하ᄂᆞᆯ해 지여 둠과 ᄀᆞᆮ디 아니ᄒᆞ리라 〈두초 16.56a〉

(106) 그 룡(龍)ᄋᆞᆯ 자바 올오리 ᄣᅳ저 다 머거 ᄇᆞ리니 〈월인 기166〉

(107)ㄱ. 오직 衆生인 如來ㅣ 藏心에 수머 잇ᄂᆞ니 〈능엄 1.8b〉

ㄴ. 그제 촛브리 ᄢᅥᆺ듯 블가 잇더니 太子ㅣ 보시고 너기샤ᄃᆡ 〈석보 3.26a〉

ㄷ. 東城이 봄 묏부리ᄅᆞᆯ 아낫ᄂᆞ니 ᄀᆞᄅᆞ맷 지븐 ᄃᆞᆰ 알ᄑᆞᆯ 이웃ᄒᆞ얏도 다 / 노ᄑᆞᆫ 아ᄎᆞᆷ 구루미 희니 아ᄎᆞᆷ 힛비치 곳다온 郊甸에 소앗 도다 / 비 오ᄂᆞᆫ 軒檻앤 곳 퍼기 누엇고 ᄇᆞᄅᆞᆷ 부ᄂᆞᆫ 牀앤 書卷이

폣도다 〈두초 14.3a〉

ㄹ. 虛空住如來와 常滅如來ᄂᆫ 南方애 나아 겨시니 帝相如來와 梵
相如來ᄂᆫ 西南方애 나아 겨시니 〈월석 14.4b〉

(105)의 '지여 둠'과 (106)의 '머거 ᄇ리니'는 행동의 완료성을 말하고,
(107ㄱ)의 '수머 잇ᄂ니'는 완료된 상태를 표현하고 있다. '-아 ᄇ리-'
앞에는 행동성 동사가 오며, '-아 잇-' 앞에는 일반적으로 (107)에서와
같이 형용사나 상태성이 강한 동사가 온다. (107ㄷ)의 '아낫ᄂ니, 이
웃ᄒ얏도다, 소앗도다, 폣도다'에는 모두 '-앗-'이 있다. 이들 '-앗-'은
'-아 잇-'의 축약형으로, 모두 완료상을 나타낸다. '-앗-'과 '-아 잇-'의
의미상 차이는 별로 없어 보인다. (107ㄹ)의 '-아 겨시-'는 '-아 잇-'의
높임 표현이다.

이 밖에도 종속적 연결 어미에 의해 완료의 의미를 갖기도 한다.

(108)ㄱ. 다 空홈도 ᄯ 업서 ᄆᅀ미 니롤 고디 업서ᅀᅡ 이 正ᄒᆫ 受를브터
無生忍을 得호미라 〈능엄 5.28a〉

ㄴ. 이제 이ᄂᆫ 오직 心意識中엣 本元 由處를 得고셔 그 本性이 恒
常홀씨 〈능엄 10.14a〉

(108ㄱ)의 '업서ᅀᅡ'에서 '-어ᅀᅡ'와, (108ㄴ)의 '得고셔'에서 '-고셔'는 서술
내용이 완료됨을 나타내는 완료상의 기능을 한다. 이들은 다분히 문
맥적인 해석에 의하는 면도 있어, 연결 어미에서 동작상을 설정하는
것에는 다소 문제가 있다.

[진행상]

진행상을 나타내는 표현에는 '-고 잇-, -아 잇-, -아 가-'가 있다.

> (109)ㄱ. 옷도 ᄆᆞᆷ 난 조초 ᄀᆞ라 닙고 됴ᄒᆞᆫ 香 퓌우고 잇거니 貪欲이 언
>   제 업스료 〈석보 24.26b〉
>
> ㄴ. 釋迦菩薩이 셜리 成佛케 호리라 ᄒᆞ샤 雪山寶窟에 드르샤 火禪
>   定에 드르샤 큰 光明 펴고 겨시거늘 釋迦菩薩이 藥 키라 가 보
>   ᅀᆞᆸ시고 〈월석 1.52a〉
>
> (110)ㄱ. ᄒᆞ다가 이 陁羅尼經을 맛나 잇ᄂᆞᆫ 고대 供養ᄒᆞ면 이 鬼神들히
>   다 드라나 〈관음 8b〉
>
> ㄴ. 須達이 지븨 도라와 ᄯᅴ 무든 옷 닙고 시름ᄒᆞ야 잇더니 〈석보
>   6.27a〉
>
> (111) 무량겁(無量劫) 부톄시니 주거 가ᄂᆞᆫ 거싀 일을 몯 보신ᄃᆞᆯ 매 모ᄅᆞ
>   시리 〈월인 기43〉

(109)의 '퓌우고 잇거니'와 '펴고 겨시거늘', (110)의 '맛나 잇ᄂᆞᆫ'과 '시름
ᄒᆞ야 잇더니', (111)의 '주거 가ᄂᆞᆫ'은 모두 행동이나 현상의 진행 상태
를 말하고 있다. '-아 잇-'은 앞에서 본 것처럼 완료상 용법이 대부분
이지만, (110ㄱ, ㄴ)의 '-아 잇-'은 모두 현대 국어에서는 '-고 있-'이라
는 구문과 의미가 상통하는 진행상으로 해석된다. 진행상으로 해석될
때 '-아'에 선행하는 용언은 동작 동사이다. 중세 국어에서는 '-아'의
사용 분포가 그만큼 넓은데, 이러한 의미 용법은 근대 국어에서도 이
어진다.

> (112)ㄱ. 이 經 닐어시늘 十六沙彌阿耨多羅三藐三菩提를 爲ᄒᆞᆯ씨 다 受

持ㅎ야 외오며 通利ㅎ니라 〈월석 14.43b-44a〉

ㄴ. 금나랏 오랑캐 강남을 드리텨 오나를 강남군시 또치여 가며셔
셔시를 자바 얻고져 ㅎ거늘 〈삼강 열18a〉

ㄷ. 今에 同室엣 人이 鬪호 者ㅣ 잇거든 救호디 비록 髮을 被ㅎ며
冠을 纓ㅎ고 救ㅎ야도 可ㅎ니라 〈맹자 8.26b-27a〉

(112ㄱ)의 '외오며'에서 '-며'와, (112ㄴ)의 '가며셔'에서 '-며셔'는 그 앞
과 뒤에 오는 문장의 내용이 동시에 진행됨을 말하므로 진행상에 넣
을 수 있다. (112ㄷ)의 '被ㅎ며, 纓ㅎ고'에서는 '-며'와 '-고' 모두가 진
행상을 보인다. 이 밖에 '-곰 ㅎ-, -락~-락, -엄~-어'에서도 진행상의
의미를 찾을 수 있다. 그러나 역시 연결 어미에서 진행상을 찾는 것은
무리라는 견해도 있다.

[예정상]

예정상 표현에는 '-게 ᄃ외-'가 있으며, '-게 ㅎ-'와 '-고져 ㅎ-'도 예
정의 의미를 포함하고 있다.

(113) 모미 크긔 ᄃ외야 虛空애 ᄀ득ㅎ야 잇다가 ᄯ 젹긔 ᄃ외며 〈석보
6.34a〉

(114) 想이 能히 노겨 變ㅎ야 ᄆᅀᆞ미 境 좃게 ㅎ며 境이 ᄆᅀᆞᆷ 좃게 호미
酢梅想호매 能히 얼굴 ᄀ린디 通툿 홀씨 〈능엄 9.86a-b〉

(115) 王이 그 새 소리를 듣고져 ㅎ야 ㅎ나홀 어더다 가두니 〈석보
24.20a〉

(116) 굳이 ᄒ 然後에 可히 뻐 마치믈 니를 거시니 이 可히 뻐 德行을
볼 거시니라 〈소학 3.19a〉

(113)에서 '크긔 드외야'는 예정상의 표현이다. (114)의 '좃게 ᄒ며, 좃게 호미'이나 (115)의 '듣고져 ᄒ야'도 예정상의 의미를 갖고 있으며, (116)의 '니를 거시니, 볼 거시니라'에서도 예정상을 설정할 수 있다.

(117)ㄱ. 나라홀 아ᅀᆞ 맛디시고 道理 빈호라 나아가샤 瞿曇婆羅門을 맛나샤 〈월석 1.5a〉

ㄴ. 眞實로 닐오려 ᄒ샤몬 곧 ᄌᆞ개 住ᄒᆞ신 三摩地中에 等엣 그리라 〈능엄 2.66b〉

ㄷ. ᄆᆞᅀᆞ매 줌줌ᄒᆞ야 붓그리과뎌 ᄇᆞ라거늘 ᄉᆞ직 게을어 나라 分別ᄒᆞ고 집 니줄 혜미 업스니 〈내훈 2.47b〉

(117ㄱ)에서 '빈호라'의 '-라', (117ㄴ)에서 '닐오려'의 '-오려', (117ㄷ)에서 '붓그리과뎌'의 '-과뎌'는 종속적 연결 어미가 예정상의 의미를 나타낸다.

6.4.4 인칭법

서술어에 선어말 어미 '-오/우-'를 붙임으로써 주로 1인칭 주어 화자의 의도를 나타내는 인칭법은, 고대 국어의 차자 문헌에서도 보이는 오랜 역사를 가진 표현법이다.[92] 이 인칭법 어미는 형태상 변이를 많이 하여, '-오/우/요/유-'는 물론 다른 선어말 어미와 만나면 '-노/로-, -다-, -과/와-, -샤-'라는 결합형을 이루기도 한다.

---

92) 이러한 표현 방식에 대해 국어학계에서는 허웅(1975) 등의 '인칭법'과 이숭녕(1981) 등의 '의도법'의 논쟁이 치열하게 있어 왔다.

(118)ㄱ. 大臣이 닐오디 그러면 太子ㅅ 뜯다히 호리이다 〈석보 11.20a〉

　　ㄴ. 이런 젼추로 어린 百姓이 니르고져 홇 배 이셔도 ᄆᆞᄎᆞᆷ내 제 ᄠᅳ
　　　들 시러 펴디 몯홇 노미 하니라 〈훈민 2a-b〉

　　ㄷ. 江閣애셔 소늘 마자 ᄃᆞᆯ 보내야 마쵸마 許홇ᄉᆡ 〈두초 21.22b〉

　　ㄹ. 늘근 노미 이졔 비르서 알와라 〈두초 15.55a〉

(118ㄱ)에서는 서술어 '호리이다'에 있는 인칭법 선어말 어미 '-오-'를
통해 생략되어 있는 주어가 1인칭임을 알 수 있다 '호리이다'에는 1
인칭 주어 화자의 의도성 의미 기능이 있는 것이다. 따라서 (118ㄴ)에
서, 의도성이 없는 '몯홇'과 달리 '홇 배'에서는 '-오-'가 개입하여 주어
의 의도성을 보인다. 다만 (118ㄴ)에서 주어는 '어린 百姓이'인데, 이처
럼 주어가 1인칭 화자가 아닌 경우도 간혹 있다. 약속을 하는 종결형
'-마' 표현은 성격상 1인칭 화자가 주어의 의도가 나타나므로, (118ㄷ)
의 '마쵸마'처럼 서술어에 항상 인칭법 '-오-'가 결합한다. (118ㄹ)에선
주어가 1인칭이 아니지만 주어 '늘근 놈'이 화자 자신을 가리키므로
인칭 어미 '-오-'가 포함된 '-와/과-'가 나타났다. 인칭법 '-오-'는, 16세
기에 들어서 비인칭법과 대립이 약화되기 시작하여 표기에 규칙성이
적어지고, 17세기에 이르러는 대립성이 거의 없어져 표기가 더욱 문
란해진다.

　그러나 '-오-'가 1인칭 주어 화자의 의도성을 다 만족시키지는 못하
는 표현도 보인다.

(119)ㄱ. 長者야 … 녀나ᄆᆞᆫ 飮食에 니르리 佛僧ᄭᅴ 받ᄌᆞᆸ디 몯ᄒᆞ야셔 몬져
　　　먹디 마로리니 〈월석 21.110b-111a〉

　　ㄴ. 첫 발심혼 사ᄅᆞᆷ은 … 범기챠ᄅᆞᆯ 이대 아로리라 〈계초 1a-b〉

(120)ㄱ. 내 이제 훤히 즐겁과라 〈개법 2.46a〉

ㄴ. 이제 나는 가난호미라 病 아니로라 〈남영 상30b〉

(121) 내 지븨 이싫 저긔 受苦ㅣ 만타라 〈월석 10.23a〉

(119)에서는 '마로리니, 아로리라'의 주어가 1인칭 화자가 아니지만 '-오-'가 쓰였다. 이는 2인칭(119ㄱ)과 3인칭(119ㄴ) 주어의 행동(서술어)에 화자의 의도성을 내보이는 표현이므로 화자 의도법이라 할 수 있다. (120)에서는 1인칭 주어 화자의 의도성이 없는 내용이지만 '-오-'가 나타난다. 주어가 1인칭임을 나타내는 인칭법 표현임이 뚜렷하다. (121)에서는 '만타라'의 주어가 1인칭이 아닌 '受苦'이고 화자의 의도성도 없지만, 이는 1인칭 화자의 '수고'이므로 '-오-'가 결합하였다. (119)~(121)에서 보듯이 아직 '-오/우-'의 기능은 충분히 파악되었다고 보기 어렵다.

연결 어미 가운데에는 '-오-'와 결합이 가능한 '-니, -나, -거니와, -건마른' 등이 있고, '-오-'와 결합하지 못하는 '-ㄴ둘, -ㄹ씨' 등이 있다. '-오디, -온딘, -올뎬, -오려'는 항상 '-오-'와 결합한 형태로 쓰이는데, 이들 어미가 쓰이면 1인칭 주어가 아닌 서술어에도 '-오-'가 나타나므로 이 용법에서는 '-오-'가 인칭법이라고 할 수 없다.

(122)ㄱ. 王이 梵志를 이 각싯 지븨 브리신대 執杖釋이 닐오디 우리 家門앤 지조 골히야사 사회 맛느니이다 王이 太子끠 묻즈보샤디 지조를 어루홇다 對答ㅎ샤디 어루호리이다 〈석보 3.12a〉

ㄴ. 너희둘히 엇뎨 瞿曇이를 請호려 ㅎ는다 〈월석 21.200a〉

(122)에서 연결 어미 '닐오디, 묻즈보샤디, 對答ㅎ샤디, 請호려'에는

'-오-'가 있는데, 이들의 주어는 각각 3인칭과 2인칭이므로 인칭법이 아니다. (122ㄱ)의 '닐오듸'에는 굳어진 연결 어미 표현 '-오듸'를 사용한 것이다. 연결 어미에서 보이던 '-오-'도 16세기에 들어서는 그 쓰임에 혼란이 오기 시작한다.

'-오-'는 관형사형 어미나 명사형 어미에서도 나타난다. 그러나 이들은 위의 인칭법과는 성격을 달리한다.

(123)ㄱ. 눛이 니론 고들 알면 어루 因緣을 니르려니와 니론 고들 아디 몯ㅎ면 因緣이 엇뎨 이시리오 〈능엄 10.78a〉

ㄴ. 지블 ㅍ라 香華와 供養홇 것들 홀 너비 求ㅎ야 〈월석 21.20b〉

ㄷ. 이는 너비 利ㅎ샤 눕 일우샨 德을 븛키시니 〈법화 6.88b〉

(124)ㄱ. 이제 나는 가난호미라 病 아니로라 ㅎ야늘 〈남명 상30b〉

ㄴ. ㄱ장 違호미 ㄱ장 順홈 ᄃ외요미 밧ᄀᆯ브터 온 디 아니니 이시며 〈선종 하122a〉

(123ㄱ)과 (123ㄷ)은 관형사형 '-ㄴ' 앞에서, (123ㄴ)은 관형사형 '-ㄹ' 앞에서 '-오-'가 쓰였다. '-오-'는, 관형어의 한정을 받는 명사가 관형어의 의미상 목적어나 부사어가 될 때 주로 나타난다. (123ㄱ)의 '곧'은 '니론'의 부사어이고, (123ㄴ)의 '것들ㅎ'과 (123ㄷ)의 '德'은 각각 관형어 '供養홇'과 '일우샨'의 목적어이다. (123)에서 '-오-'가 결합된 서술어들은 그 주어로 1인칭을 갖지 않았으며, 특히 (123ㄷ)에선 3인칭 주어의 주체 높임을 보이고 있다. 이 예들은 1인칭 화자의 의도를 나타내는 등의 서법적 성격이 없고 출현 환경도 다르므로, 위의 (120)에서 본 인칭법 선어말 어미와는 문법 범주가 다르다고 할 것이다.

(124)에서 '가난홈, 違홈, 順홈, ᄃ외욤'은 모두 용언의 명사형이다.

파생 명사는 '-음/음'형을 갖지만, 명사형은 이 앞에 '-오/우-'가 온 결합형 '-옴/움'형으로 분별된다. 이들 명사형에는 '-음/음'형이 없으므로 '-옴/움'에서 '-오/우-'를 분리하지 않아야 한다.

　인칭법 '-오-'가 주체 높임 '-시-'와 만나면, '-시-'가 '-샤-'로 교체되면서 '-오-'가 나타나지 않는다. 그런데 관형사형에 나타나는 '-오-'도 객체 높임 '-습-'과 만나면 출현이 제약된다.

　　(125) 優塡王이 밍ᄀᆞᅀᄫᆞᆯ 金像ᄋᆞᆯ 象애 싣ᄌᆞᄫᅡ 〈월석 21.203b〉

(125)에서 '金像'은 높임의 대상이며 '밍ᄀᆞᅀᄫᆞᆯ'의 의미상 목적어이므로 '-습-'과 '-오-'가 다 나타나야 하나, 이 둘이 결합할 때 '-오-'가 생략되었다.

　중세 국어에서도 16세기에 들면 위의 인칭법 종결 어미에서나 연결 어미, 관형사형과 명사형 어미에 나타나는 '-오-'에 예외가 자주 나타나, 이들 용법에 변화가 오면서 기능이 무너지기 시작함을 알 수 있다.

　　(126)ㄱ. 내 그 마ᅀᆞ래 가 당샹끠 니ᄅᆞ니 … 즉재 인 텨 날 주더라 〈번박
　　　　　상3a-b〉

　　　ㄴ. 偈 듣고 隨喜혼 功德에 굳디 몯ᄒᆞ야 〈석보 19.5a〉

　　　ㄷ. 性을 조촛ᄆᆞᆯ 닐온 道ㅣ오 〈소학 1.1b〉

　　　ㄹ. 네 아바니미 … 죽다가 사라 이제ᄂᆞᆫ 다 됴ᄒᆞ시되 ᄡᅴ미 긋디 아
　　　　　니커니와 〈순언 148〉

　　　ㅁ. 사ᄒᆞᆯ만의 먹음은 빅셩을 ᄀᆞᄅ치되 주근 이로 써 산 이ᄅᆞᆯ 샹케
　　　　　아니ᄒᆞ며 〈효경 25a〉

16세기의 문헌에서, (126ㄱ)의 '니르니'는 화자가 1인칭 주어인데도 '-오-'가 들어가지 않았다. '-오/우-'의 탈락은 관형사형이나 명사형에서 먼저 일어나, 15세기 문헌 (126ㄴ)은 벌써 '-오-'가 탈락한 '隨喜ᄒ'으로 나타난다. (126ㄷ)에선 명사형에서 '-오-'가 없는 '조ᄎ물'이 쓰였고, (126ㄹ, ㅁ)에서는 연결 어미에 '-오ᄃᆡ, -오되'가 아닌 '됴ᄒ시ᄃᆡ, ᄀ르치되'가 쓰였다. 명사형과 관형사형의 경우, 15세기까지는 '-오/우-'의 쓰임이 대체로 잘 지켜졌으나, 16세기 중엽 이후 '-오/우-'가 탈락한 형태가 크게 늘기 시작한다. 이어서 1인칭 주어 화자의 인칭법 서술어에서도 '-오/우-'의 탈락이 늘어나 근대 국어에서는 그 기능을 잃고 표기에 혼란이 오면서 점차 사라진다.

6.5 부정법(否定法)

부정법은 부정문을 만드는 절차인데, 이는 긍정문에 대해 부정 명제를 갖는다. 부정의 뜻은 '아니'나 '못/몯' 그리고 '말-'에 의해 나타낸다. 이 밖에 어휘적으로 부정의 의미를 갖는 표현은 부정문으로 볼 수 없다. 부정문은 긍정문에 대하여 통사적 절차에 의해 형성된 부정 명제의 문장이기 때문이다. 그러므로 '비(非)-, 불(不)-'이나 '모르다, 없다' 등의 단어가 들어가 부정적인 의미를 가지는 문장은 이들이 의미하는 내용으로서 그대로 하나의 긍정 명제 문장이 되는 것이다.

부정법은 중고 국어 말기에 변화를 겪기 시작하여 15세기엔 중고 국어와 다른 형태를 보이는데, 이 형태는 이후에 큰 변화가 없이 근·현대 국어에 이어진다. 중고 국어와 중세 국어 사이에 진행된 변화는 크게 두 가지이다. 장형 부정법에서 부정소 앞에 오는 명사형이 거의

'-디'로 통일되는 것과, 용언 부정 '안ᄃᆞᆯ'과 체언 부정 '안디'로 구분되던 부정소가 이러한 구분이 없어지고 '아니'라는 하나의 형태로 정착하는 것이다. 중세 국어 초기의 언어를 보이는 음독 구결에서는 부정 표현을 구결자로 나타내지 않고 한문으로 써 놓아 국어 부정 표현을 제대로 알 수가 없다.

15세기 중세 국어의 한글 문헌에서 보이는 부정법의 표현은 아래와 같다.

(127) ㄱ. 졋 머겨 기르라 ᄒᆞ시면 아ᄃᆞ리 아니리잇가 〈석보 11.33b〉
ㄴ. 夜叉와 摩睺羅와ᄅᆞᆯ 아니 니를ᄲᅮᆫ뎡 實엔 다 왯더니라 〈석보 13.11a〉
ㄷ. 뎌레 드러안ᄶᅩ 나ᄒᆞ니디 아니ᄒᆞ야 〈석보 11.1b〉
ㄹ. 우리ᄂᆞᆫ 罪 지ᅀᅳᆫ 모미라 하ᄂᆞᆯ해 몯 가노니 〈석보 11.11b〉
ㅁ. 禮 아니어든 言티 말며 禮 아니어든 動티 말올 띠니라 〈논어 3.18b〉
ㅂ. 동향 사ᄅᆞᆷ이어든 나 ᄎᆞ례로 안ᄶᅩ 잡류엣 사ᄅᆞᆷ이어든 나호로 안ᄶᅵ 말라 〈여씨 23b-24a〉

(128) ㄱ. 知覺ᄒᆞ면 有情ᄒᆞᆫ 衆生이 이ᄂᆞ니 뎌 ᄆᆞᆯᄀᆞᆫ 微妙ᄒᆞᆫ 거시 시러 두렵디 몯ᄒᆞ며 시러 通티 몯ᄒᆞ리라 〈능엄 6.53a〉
ㄴ. 이 善男子 善女人의 功德이 하녀 몯ᄒᆞ녀 〈법화 7.68b〉

(127)과 (128)에는 모두 부정문이 들어 있다. (127)에서 (ㄱ)~(ㄷ)은 일반적인 단순한 '아니' 부정이고, (ㄹ)은 능력이나 가능성 등의 뜻과 관련을 갖는 '몯' 부정이며, (ㅁ)은 금지를 말한다. 명령문이나 청유문에서는 (ㅂ)과 같은 '말-'형을 갖는다. (ㄱ)은 체언 부정이며 (ㄴ)~(ㅂ)

은 용언 부정이다. (ㄷ), (ㅁ), (ㅂ)은 장형 부정 형태이고, 나머지는 모두 단형 부정이다. 단형 부정은 부정되는 용언 앞에 부정소가 와서 만들어진다. 장형 부정은 의미상 부정되는 용언을 '-디' 명사화하여, '-디+아니ᄒ-'의 구조를 갖는다. 중세 국어에서도 단형 부정에 비해 장형 부정이 더 널리 쓰이며, 이는 근·현대 국어에 이르면서 더욱 뚜렷해진다. 다만 15세기에 『용비어천가』나 『월인천강지곡』 같은 운문에서는 단형 부정이 훨씬 더 많이 보인다. (127)과 같은 부정문 형태는 큰 변화 없이 현대 국어에서도 쓰이고 있다. 그러나 (128)에서 '두렵디 몯ᄒ며, 하녀 몯ᄒ녀'는 현대 국어의 언어 직관으로는 허용되지 않는다. '몯'이 쓰이는 의미 영역이 오늘날보다 넓었음을 짐작하게 한다.

중세 국어 문헌에 나타나는 부정문 형태로는 (127)에서 본 형태 구조 외에 몇 가지를 더 들 수 있다.

(129) ㄱ. 나다가며 브터 嗔心 아니ᄒᄂᆫ 사ᄅᆞ미 눈ᄌᆞᅀᆞ와 骨髓왜니이다
〈석보 11.19b〉

ㄴ. 生 아니 호ᄆᆞ 我人이 生티 아니 호미오 〈금강 85b〉

ㄷ. 太子ㅅ 모기 미ᅀᆞᄫᆞᆯ 太子ㅣ 금ᄌᆞᆨ도 아니하야 보신대 〈석보 3.24b〉

(130) ㄱ. 어드우미 能히 어듭긔 몯 호ᄆᆞᆯ 니ᄅᆞ샨 性淨明이오 〈능엄 1.97b〉

ㄴ. 너희 두리여 말며 믈러 도라가디 말라 〈월석 14.77a〉

ㄷ. 마곰 봃 時節에 보미 이 마곰 아니라 〈능엄 2.73b〉

ㄹ. 曲禮예 닐오듸 모다 飮啖홀 제 빈브르디 말며 모다 밥 머글 제 손 부ᄢᅵ 말며 밥 물의디 말며 바ᄇᆞᆯ 젔곳 ᄡᅥ먹디 말며 그지 업시 마시디 말며 飮啖을 소리 나게 말며 ᄲᅧ를 너흐디 말며 고기 도로 그르세 노티 말며 ᄲᅧ를 가희게 더뎌 주디 말며 구틔여 어

더 머구려 말며 밥 흘디 말며 기장 바볼 머구듸 져로 말며 羹ㅅ
거리를 후려 먹디 말며 羹을 沙鉢애셔 고텨 마초디 말며 닛삿
쩌르디 말며 젓국 마시디 마롤디니 〈내훈 1.2b-3b〉

(131)ㄱ. 일즉 글월 앗고 ᄆᆞᅀᆞ매 서늘히 너기디 아니 홀 아니ᄒᆞ노라 〈내
훈 서5b〉

不足흔 배 잇거든 敢히 勉티 아니티 아니ᄒᆞ며 〈중용 12b〉

ㄴ. 머리 돋녀 도라 몯 와 〈능엄 1.32a〉

ㄷ. 또 ᄆᆞᅀᆞᆯ 가져 아로ᄆᆞᆯ 기들우미 몯ᄒᆞ리라 〈몽산 28a〉

ㄹ. 킈 젹도 크도 아니ᄒᆞ며 슬히 지도 여위도 아니ᄒᆞ니라 〈월석
1.26b〉

(132) 열 가짓 戒ᄂᆞᆫ 산 것 주기디 마롬과 도죽 마롬과 淫亂 마롬과 거즛
말 마롬과 수을 고기 먹디 마롬과 모매 香기름 ᄇᆞᄅᆞ며 花鬘瓔珞
빗이기 마롬과 놀애 춤 마롬과 노픈 平床애 안씨 마롬과 時節 아
닌 저긔 밥 먹디 마롬과 金銀 보빅 잡디 마롬괘라 〈석보 6.10b〉

(129)~(132)에서는 다양한 형태의 장형 부정문 표현을 볼 수 있다.
(129ㄱ~ㄷ)에서는 용언화 접미사 '-ᄒᆞ-'가 어근과 분리되고 그 사이에
부정소가 들어가 있다. 이러한 표현은 오늘날에도 여러 지역의 방언
에서 적잖이 쓰이고 있다. 부정소에 앞서는 어미로 '-디' 외에도 (130
ㄱ)에선 '-긔', (130ㄴ)에선 '-어', (130ㄷ)에선 '-옴', (130ㄹ)에서는 '-게'(나
게 말며)와 '-려'(머구려 말며)가 왔다. (130ㄹ)의 '바볼 머구듸 져로 말며'
에서는 부정소 앞에 부정되는 용언을 생략하기도 하였다. (131ㄱ)에
는 이중 부정 표현이 있다. (131ㄴ)에서는 합성 동사 안에 부정소가 끼
어들었고, (131ㄷ)의 '기들우미'에서 주격형 'ㅣ'는 목적격 기능을 하며,
(131ㄹ)에선 부정소의 선행어에서 모두 어미 '-디'가 생략되어 있다.

(132)를 보면 하나의 문장 안에 당시의 다양한 부정법 표현이 함께 쓰였다. (129)~(132)에서 보는 장형 부정문에서 부정소 앞에는 '-디' 외에도 명사, 용언의 어간, 명사형과 여러 형태의 용언 어미가 쓰였는데, 이들은 모두 (당시에 또는 기원적으로) 명사적 성격을 가졌다고 할 것이다. 그러나 이들 각 부정문 형태가 다 그리 널리 쓰인 것은 아니다.

중세 국어에서는 형용사 용언에서도 단형 부정 표현이 종종 나타난다.

(133)ㄱ. 님긊 무슨미 긔 아니 어리시니 〈용비 39장〉

ㄴ. 道理예 마조미 몯 됴ᄒ니 업슬씨 〈석보 13.28a〉

(134)ㄱ. 누니 붉디 아니ᄒ며 모미 뷔트러 아니환ᄒ 소리 ᄒ고 〈구간 1.94b〉

ㄴ. 赤心ᄋ로 처섬 보샤 酒終내 赤心이시니 뉘 아니 ᄉ랑ᄒᄉᄫ리 〈용비 78장〉

(133)에서는 형용사의 단형 부정을 보인다. 그러나 근대 국어 이후에는 이들의 출현이 비교적 억제되고, 현대 국어에서는 그 쓰임이 매우 제한적이다.[93] 특히 '몯'의 단형 부정은 더욱 그러하다. 용언화 접미사 '-ᄒ-'에서도 (134ㄱ)처럼 단형 부정을 잘 사용하지만 '-ᄒ-' 앞에 두 음절 이상의 어근이 오면 단형 부정을 매우 꺼린다. (134ㄴ)은 운문이므로 운율상 '뉘 아니 ᄉ랑ᄒᄉᄫ리'라 쓴 것으로 보인다.

---

93) 오늘날에도 남부 방언에서는 형용사의 단형 부정을 잘 쓰지만 중부 방언에선 제약이 많다. 특히 여러 음절이나 '-하다' 등의 형용사에선 잘 쓰이지 않는다.

(135)ㄱ. 梏홈을 反覆ᄒᆞ면 그 夜氣ㅣ 足히 뻐 存히오디 몯ᄒᆞ고 夜氣ㅣ

足히 뻐 存히오디 몯ᄒᆞ면 그 禽獸에 違홈이 遠티 아니ᄒᆞ니 〈맹

자 11.20a〉

ㄴ. 如來 보디 몯ᄒᆞᅀᆞᆸ고 〈능엄 1.50b〉

ㄷ. 王師ㅣ 東郡 아ᅀᆞ물 알외디 몯ᄒᆞ야시니 〈두초 7.3b〉

장형 부정문의 경우, 용언에는 주체 높임이나 객체 높임 그리고 인칭
법의 선어말 어미가 부정소 앞 '-디'의 선행 용언이나 후행 용언 그 어
디에도 올 수 있다. (135ㄱ)에서는 인칭법 '-오-'가 선행 용언에, (135ㄴ)
에서는 상대 높임의 '-ᅀᆞᆸ-'이 후행 용언에 왔다. (135ㄷ)에선 부정소의
선행 용언에 객체 높임의 어휘 '알외-'가, 후행 용언에 주체 높임 '-시-'
가 왔다.

매우 드물지만 관형사나 부사를 부정하는 표현도 있다.

(136)ㄱ. 내 아니 여러 믈 가져 풀라 가노라 〈번노 상8a〉

ㄴ. ᄒᆞᆫ 疑心ᄋᆞᆫ 부톄 아니 다시 나신가 ᄒᆞ고 ᄯᅩ ᄒᆞᆫ 疑心ᄋᆞᆫ 다른 世

界옛 부톄 아니 오신가 ᄒᆞ고 〈석보 24.3b〉

ㄷ. 經文이 그리메로 略히 ᄒᆞ신 젼ᄎᆞ로 ᄀᆞ초 아니ᄒᆞ시니라 〈원각 4

상1.2.145b〉

ㄹ. ᄯᅩ 니르건댄 셰간이 므스 일이 밧비 ᄒᆞ다가 그르 아니ᄒᆞᄂᆞ뇨

〈번소 9.52b〉

(136ㄱ)에선 관형사 '여러'를, (136ㄴ)에선 부사 '다시'나 동사구 '다시 나
신가'를, (136ㄷ)에선 부사 'ᄀᆞ초'를, (136ㄹ)에선 부사 '그르'를 부정하
는데, (136ㄷ, ㄹ)은 장형 부정 형태를 가졌다.

고대 국어 이전에서는 부정소가 하나의 어휘뿐만 아니라 구절 단위를 부정하는 용법도 있었던 듯하다. 중세 국어에서 이러한 용법은 거의 사라졌으나 그 흔적을 보이는 표현이 아주 드물게 나타나기도 한다.

(137) 不冬喜好尸置乎理叱過 (안둘 깃홀 두오릿과) 〈수희공덕가〉

(138)ㄱ. 이 아니 내 鹿母夫人이 나흔 고진가 (此非是我鹿母夫人所生華也) 〈석보 11.32b〉

　　　ㄴ. 그듸내 쁘디 아니 舍利를 뫼셔다가 供養ᄒᆞᅀᆞ보려 ᄒᆞ시ᄂᆞ니 (可不欲取舍利還本所居而供養耶) 〈석보 23.46b〉

고대 국어의 향가 (137)을 현대 국어로 읽으면 '기뻐함을 아니 두리까 (두겠습니까)'가 된다. 이는 '不冬'(안둘)이 바로 뒤의 명사형 '喜好尸'이 아닌 동사 '置乎理叱過'(두오릿과)를 부정하여, 동사구 '喜好尸置乎理叱過' 전체를 부정하는 표현이다. (138ㄱ)에서도 부정소 '아니'는 뒤에 오는 구절 '내 鹿母夫人이 나흔 곳' 전체를 부정한다. (138ㄴ)에서 '아니'로 부정되는 범위는 '舍利를 뫼셔다가 供養ᄒᆞᅀᆞ보려 ᄒᆞ-'라는 동사구이다. (138)에서 구절을 부정하는 표현에는 물론 한문 원문의 영향이 있겠지만, 이러한 표현이 당시에 가능하였음을 보여 준다.

(139)ㄱ. 緣을 조츠며 感애 브트샤미 두루 아니 홇 아니ᄒᆞ시나 〈금삼 5.10b〉

　　　ㄴ. 소니 오나든 수를 排置 아니 홇 아니 호딕 〈내훈 3.55b〉

(139)는 이중 부정 표현이다. '아니 -디 아니ᄒᆞ-'가 아닌 '아니 홇 아니

'ㅎ-' 형태가 많이 보이는데, 이는 중고 국어 이전 시기의 장형 부정법으로 소급되는 구조이다.

금지를 나타내는 청유형으로는 (140)에서 보이는 '마져'가 있다.

(140)ㄱ. 나를 楊馬ㅅ 스싀예 보아 머리 셰드록 서르 브리디 마져 ㅎ더라 〈두초 16.18a〉

ㄴ. 우리 믈도의니의 마를 어긔디 마져 일둘 일뎡훈 후에 고티디 마져 〈번박 25b〉

부정문에서 쓰이는 '아니'는 기능상 명사와 부사로 나눌 수 있다.

(141)ㄱ. 뎌ᄂ 호오사 사름 아니가 모ᄆ로 가즐비면 한 이를 어로 보리니 〈내훈 2.14b〉

ㄴ. 네 반ᄃ기 이 見聞覺知를 보라 生가 滅가 同가 異아 生滅이 아니가 同異 아니가 生滅와 同異왜 다 妄塵을 因ᄒ며 生 아니며 異 아뇨미 ᄒᆞᆫ 혜매 여희디 아니ᄒ니 이 모ᄃᆫ 妄을 여희면 곧 如來藏이라 〈능엄 3.98a〉

ㄷ. 숤가락 아닌 거스로 숤가락 가즐비둣 ᄒ야 … 숤가락과 숤가락 아니예 나ᄆᆫ 이와 아니왜 둘히 업수믈 니르시니라 〈능엄 2.61b〉

(142)ㄱ. 아니옷 미시면 나리어다 머즌 말 〈악학 처용가〉

ㄴ. 城 아니 머리 뫼히 이쇼ᄃᆡ 일후미 聖所遊居 ㅣ 러니 〈석보-중 11.24b〉

(141)에서 '아니'는 명사로, (141ㄱ)에선 명사 뒤에 붙는 의문 첨사 '-가'

와 결합하였고, (141ㄴ)에서는 '아니'가 '生, 滅, 同, 異'와 함께 의문 첨사 '-가' 앞에 오거나 서술격 조사 앞에 왔다. (141ㄷ)의 '아닌, 아니예, 아니왜'에선 '아니'가 각각 서술격 조사, 처소격 조사, 공동격 조사 앞에 놓였다. (142)에서 '아니'는 부사로서, (142ㄱ)에선 동사를, (142ㄴ)에선 부사를 한정한다. (142ㄱ)의 '아니옷'은 부사 '아니' 뒤에 강세 보조사 '곳/옷'이 결합한 형태이다. '아니'가 서술격 조사와 결합하는 명사적 용법은 현대 국어에서도 그대로 쓰이고 있다. 대부분의 부사 어휘가 그렇듯이 '아니'도 명사에서 출발하여 부사화한 것으로 해석된다.

7. 문장의 확대 형성

문장은 앞에서 살핀 여러 문장 성분들의 결합으로 이루어진다. 이러한 문장은 하나씩의 주어와 서술어를 갖는 홑문장(단문)이다. 실제 언어 생활에서는 홑문장이 둘 이상 결합하여 하나의 문장, 즉 겹문장(복문)을 이루는 경우가 많은데, 근대 국어 이전의 문헌에서는 특히 그러하다. 중세 국어의 문헌에서도 대화체의 일부 문장을 제외하고서는 겹문장들이 대부분이다. 이제 이러한 겹문장으로 합쳐진 문장 안에서 하나의 구성 요소를 이루는 문장들을 '구절문'이라 부르기로 한다. 두 개 이상의 홑문장들이 모여 하나의 겹문장을 이루면서, 겹문장의 구성 요소가 된 홑문장들은 상위 겹문장 내의 구절문으로 바뀌는 것이다. 이때 상위의 겹문장도 더 상위의 겹문장이 있어 그 구성 요소가 된다면 역시 구절문이 된다.

홑문장이 겹문장으로 확대되는 방식은 크게 접속과 내포로 나눌 수 있다. '접속'은 두 개 이상의 문장이 어느 정도 구조적인 독립성을 가진 채 의미상 연결을 지으면서 하나의 문장으로 결합하는 것이며, '내포'는 어떤 문장이 다른 문장 속에 안겨 그 문장에서 하나의 문장 성분이 되는 것이다. 중세 국어 당시 이와 같은 문장의 확대 표현 방식은 이미 충분히 발달되어 있었다.

7.1 접속

접속은 두 개 이상의 문장을 결합할 때 주로 접속 기능을 가진 연결 어미를 선행 용언에 접미하여 이루어지는데, 연결 어미는 앞에서 용언의 연결형으로 분류된 부동사형이다. 접속에는 대등 접속과 종속 접속이 있다.

7.1.1 대등 접속

대등 접속은 겹문장을 구성하는 구절문들의 의미 관계가 서로 대등하게 접속하는 겹문장화이다. 대등 접속 기능을 하는 용언 어미로는 '-고, -며, -며셔, -나, -아' 등이 있으며, 체언에 붙는 대등 접속의 조사로는 '과/와'와 '이나, 이며, 이여, 이어나/거나' 등이 있다.

(1)ㄱ. 三은 세히오 十은 열히오 六은 여스시라 〈월석 1.15a〉

　　ㄴ. 썅쉬(祥瑞)도 하시며 광명(光明)도 하시나 ζ 업스실씨 〈월인 기 26〉

　　ㄷ. 이 經을 바다 디녀 닑거나 외오거나 사겨 니르거나 쓰거나 ᄒ면 〈석보 19.14a〉

(2)ㄱ. ᄀᄅ룸과 바ᄅᆞᆯ와ᄂᆞᆫ 녜로브터 오매 相合ᄒᆞ고 〈두초 20.53b〉

　　ㄴ. 뫼히며 수프리며 ᄀᆞᄅᆞ미며 바ᄅᆞ리며 아래로 阿鼻地獄애 니르며 〈석보 19.13b〉

(1ㄱ)에서 쓰인 서술격 조사의 활용 어미 '-고'와, (1ㄴ)에서의 용언의 연결 어미 '-며'는 앞과 뒤의 구절문을 대등하게 접속한다. (1ㄷ)에서는 '바다'와 '디녀'에 쓰인 '-아/어'에 의해 대등 접속문 셋이 이루어지고, 세번째 접속문 안에서 다시 '닑거나, 외오거나, 니르거나, 쓰거나'에 의해 하위문에서 각각의 대등 접속문들이 생긴다. (2)에서 쓰인 접속 조사 '과'나 '이며'도 대등 접속의 기능을 한다. 이는 'NP$_1$과 NP$_2$가

'-하다'의 기저 구조를 'NP₁이 -하고, NP₂가 -하다'라는 대등 접속문이었다고 보는 것이다.

'-니'는 원인이나 조건 등을 나타내는 종속문을 이끌지만, 단순히 대등 접속문 성격을 가진 구절문을 이루기도 한다.

(3)ㄱ. 勞度差ㅣ 쪼 呪ᄒ야 ᄒᆞᆫ 모ᄉᆞᆯ 지ᅀᆞ니 … 種種 고지 펫더니 … 六牙白象ᄋᆞᆯ 지서내니 … 곳 우마다 닐굽 玉女ㅣ러니 … 그 모시 다 스러디거늘 모다 닐오ᄃᆡ 舍利弗이 이긔여다 〈석보 6.31a-b〉

ㄴ. 識性을 뮈우디 아니ᄒ고 쪼 ᄀᆞ장 더 업게 ᄒ니 그러나 識을 브터 업게 ᄒᆞᆯ씨 〈월석 1.36a〉

(3)에서 '-니'로 연결되는 각각의 접속문은, 별개의 문장이 되어도 좋을 만큼 앞뒤 접속문들과 문법 형태적인 연결성이 거의 없을 정도이며, 의미상으로도 각각 문장 단위 정도의 분리성을 갖는다. 가령 (3ㄴ)에서 문장 부사 '그러나'는 '-니'로 이끌리는 앞의 절이, 뒤에 오는 절과 종속적인 관계를 맺지 않고 거의 별개의 문장 성격을 갖는 것임을 말해 준다. 개화기 시대 이전의 국어 문헌에는 문장들이 매우 긴 경우가 많은데, '-니' 연결문이 대표적이라 할 만하다. 이 '-니'는 단순문으로 끝낼 만한 내용들도 대개 시간이나 논리의 흐름을 좇아 배열하는 대등 접속문으로 연결시켜 놓는다.

용언의 연결 어미에 의한 대등 접속에서는, 서법을 나타내는 선어말 어미들은 후행절로 귀일하여 맨 뒤의 접속문에서만 나타나나, 높임법 선어말 어미는 각각의 접속문에 다 표시하는 것이 일반적이다.

(4)ㄱ. 須陀洹ᄋᆞᆯ 得ᄒ리도 이시며 斯陀含ᄋᆞᆯ 得ᄒ리도 이시며 阿那含ᄋᆞᆯ

得ᄒ리도 이시며 阿羅漢ᄋᆞᆯ 得ᄒ리도 잇더라 〈석보 6.34b-35a〉

ㄴ. 그 ᄢᅴ 王이 수羊 모도아 宮內예 두샤 [宮內ᄂᆞᆫ 宮 안히라] 太子ᄅᆞᆯ 즐기시게 ᄒ더시니 太子ㅣ 羊 술위 ᄐᆞ시고 東山애도 가시며 아자 바ᄂᆞᆲᄭᅵ도 가샤 노니더시니 王이 百官 뫼호시고 [百官ᄋᆞᆫ 온 그위 니 한 臣下ᄅᆞᆯ 니ᄅᆞ니라] 이 ᄢᅴ 부텻나히 닐구비러시니 昭王ㄱ 셜 흔둘찻히 庚申이라 니ᄅᆞ샤ᄃᆡ 〈석보 3.6b-7a〉

ㄷ. 生老病死ᄅᆞᆯ 걷나아 究竟涅槃케 ᄒ시고 … 六波羅蜜法을 니ᄅᆞ샤 究竟佛慧케 ᄒ더시니 〈석보 19.27b-28a〉

ㄹ. 머리 휫두르며 누니 휫두르며 손밮 히미 올ᄆᆞ며 四肢 ᄎᆞᄂᆞ니 〈구급 상31a〉

ㅁ. 우리 거긔ᄂᆞᆫ 남지니 믈 기리 아니ᄒ고 다ᄆᆞᆫ 겨지비 믈 기리 ᄒᆞᄂᆞ 니 동히로 머리 우희 므를 이ᄂᆞ니 각각 믈 기를 박 가지고 박 우 희 흔 오릿 ᄀᆞᄂᆞᆫ 노흘 ᄆᆡ얏ᄂᆞ니 ᄯᅩ 여긧 줄드레 흔가지로 믈 긷 ᄂᆞ니라 〈번노 상36b〉

(4ㄱ)에서 과거 회상법 '-더-'는 세 번 나오는 대등 접속의 서술어 '이시 며'에는 나타나지 않고 맨 뒤의 서술어 '잇더라'에만 쓰였다. (4ㄴ)과 (4ㄷ)에서도 '-더-'는 이와 같으나, 주체 높임법 '-시-'는 모든 구절문에 다 나타났다. (4ㄹ)에서도 현재 시제 '-ᄂᆞ-'는 마지막 구절문에서만 쓰였다. 그러나 (4ㅁ)에서 '-ᄂᆞ-'는 '-니'로 이어지는 모든 접속문에 다 나타난다. 이는 대부분의 선어말 어미들이 문장 맨 끝 서술어에 귀일하여 실현되는 점도 있지만, 연결 어미와 결합하는 데에 제약이 있음을 말해 준다. 다만 연결 어미 가운데 '-니'에서는 이러한 제약이 비교적 적고, '-시-, -ᄉᆞᆸ-, -오-' 등의 선어말 어미들은 연결 어미들과의 결합 제약이 비교적 많지 않은 것이다.

7.1.2 종속 접속

  종속 접속은 겹문장을 구성하는 하나의 구절문이 다른 구절문에 의미 관계가 종속적으로 접속되는 겹문장화이다. 종속 접속은 용언의 부동사 어미로만 이루어진다. 종속 연결 어미로는 '-니, -면, -나, -라, -려, -고져, -ᄃ록, -디옷, -디비, -건댄, -건마ᄅᆞᆫ, -ㄹ씨' 등이 있다. 종속문은 상위 문장 전체에서 부사절의 성격을 갖는다고 보아 종속 접속문을 설정하지 않는 견해도 있다..

> (5)ㄱ. 님그미 太白山애 巡守ᄒᆞ야 겨시니 ᄆᆞᄅᆞᆯ 머믈워셔 다시 머리 도ᄅᆞ 혀 ᄇᆞ라노라 〈두초 6.3a〉
>
> ㄴ. ᄇᆞᄅᆞ미 티면 더푸미 나ᄂᆞ니 〈능엄 2.108a〉
>
> ㄷ. 耶輪는 겨지비라 法을 모ᄅᆞᆯ씨 즐굽 드리워 듯온 ᄠᅳ들 몯 ᄲᅳ러 ᄇᆞ리ᄂᆞ니 〈석보 6.6b〉

(5ㄱ)의 '겨시니'에서 '-니'는 이유를 나타내는 접속 어미로, 다음에 오는 주절에 종속적인 접속을 이룬다. (5ㄴ)의 '티면'에서 '-면'도 조건을 나타내는 접속 어미로, 역시 종속문을 이끈다. 이러한 접속 어미 형태는 서술격 조사의 활용에서도 마찬가지여서, (5ㄷ)의 '겨지비라'에서 '-라'와 '모ᄅᆞᆯ씨'에서 '-ㄹ씨'는 모두 원인을 뜻하는 접속 어미 역할을 하면서 종속문을 이룬다. 이에 따라 '法을 모ᄅᆞᆯ씨'는 그에 선행하는 종속문의 상위문이 되면서, 또한 후행하는 서술어 '드리워'로 이루어지는 상위문의 종속문이 된다.

> (6)ㄱ. 어마님이 삐람원(毘藍園)을 보라 가시니 〈월인 기17〉

ㄴ. 郭巨의 어미 샹녜 바블 더러 세 설 머근 孫子를 머기더니 〈삼강
    효12a〉

종속 접속 표현 가운데에는 예문 (5)처럼 접속절과 주절이 어순상 나
뉘어 종속절이 끝난 다음에 주절이 서술되기도 하며, (6)처럼 종속절
이 주절 표현 중간에 들어오기도 한다. (6ㄱ)과 (6ㄴ)에서는 '삐람원(毘
藍園)을 보라'와 '샹녜 바블 더러'가 각각 주절 안에 들어와 있다.
  접속절과 주절 사이에서 반복되는 말은 후행절에서 생략되는 일이
많다. (5ㄷ)에서는 주어 '耶輸는'이 후행하는 절에서 모두(2번) 생략되
었고, (6ㄱ)과 (6ㄴ)에서도 종속절의 주어가 생략되었다.
  대등 접속문과 종속 접속문이 거듭되는 표현도 많다.

(7) 마자 傷ᄒᆞ야 얼읜 피 일의여 氣分이 녀디 몯ᄒᆞ야 關과 竅왜 다 通티
    몯ᄒᆞᆯ식 大便이 막ᄂᆞ니 壯ᄒᆞᆫ 細心散을 머구미 맛당ᄒᆞ고 늘그니와
    弱ᄒᆞᆫ 七星檳榔圓 머고미 맛당ᄒᆞ니 이 證이 잇거든 모로매 臟府
    마즌 짜 알픈 ᄃᆡᆯ 무로리니 ᄒᆞ다가 傷處ㅣ ᄀᆞ장 알프며 大便이 이사
    ᄋᆞᆯ 通티 아니ᄒᆞᆫ 後에ᅀᅡ 알핏 두 藥을 ᄡᅩᆯ 디니 ᄒᆞ다가 大便이 막디
    아니ᄒᆞ며 傷處ㅣ ᄀᆞ장 믜어 알프디 아니ᄒᆞ면 머고미 沒藥과 乳香과
    當歸왜 마ᄌᆞ니라 〈구급 하23a〉

(7)에는 하나의 문장 안에 매우 여러 개의 대등 접속문과 종속 접속문
이 함께 들어 있다. '關과, 맛당ᄒᆞ고, 늘그니와, 알프며, 아니ᄒᆞ며, 沒
藥과, 乳香과'는 모두 대등절을 이끌며, '傷ᄒᆞ야, 일의여, 몯ᄒᆞ야, 몯
ᄒᆞᆯ식, 막ᄂᆞ니, 맛당ᄒᆞ니, 잇거든, 무로리니, ᄡᅩᆯ 디니, 믜어, 아니ᄒᆞ면'
은 모두 종속절을 이끈다.

646

7.2 내포

내포는 한 문장이 다른 문장 안에서 하나의 문장 성분으로 기능하는 현상으로, 안긴 문장은 그 서술어 용언이 전성 어미 형태를 갖는다. 내포문의 문법 범주에는 명사절(체언절), 용언절, 관형절, 부사절이 있으며, 상위문에서의 기능에 따라 관형화(관계화, 보문화, 연계화) 내포문, 명사화(체언화) 내포문, 서술어화(용언화) 내포문, 부사화 내포문으로 나눌 수 있다.

관계화는 어떤 문장이 상위문의 명사(머리 명사)를 꾸며 주는 관형화로, 상위문에 있는 명사가 상위문에서는 물론 내포 관계화문 안에서도 하나의 문장 성분이 된다. 이때 상위문의 머리 명사와 상호 지시적인 내포문 안의 명사는 생략된다. 이에 비해 보문화는 어떤 문장이 상위문의 머리 명사를 보충해 주는 관형화로, 상위문에 있는 명사가 내포 보문화문 안에서 성분으로 존재하지 않는다. 연계화는 보문화와 마찬가지의 통사적 구조를 갖지만,[94] 내포문과 상위 머리 명사가 의미상 동등한 내용을 갖는 보문화에 비해 연계화는 내포문과 상위 머리 명사가 의미상 관련을 가질 뿐 별개의 내용이다. 명사화는 어떠한 문장이 통사적인 명사화를 거쳐 상위문에서 명사구로 기능하는 문법 현상이다. 이 외에도 용언절을 이루어 상위문에서 서술어 역할을 하는 서술어화 내포문과, 어떠한 문장이 상위문의 용언이나 부사 등을 꾸미는 부사화 내포문도 상위문 안에 안긴 내포문이다.

여기에서는 기능에 따른 종류별로 내포 현상들을 살핀다.

---

94) 이런 점에서 연계화를 보문화의 일부로 보거나 아예 연계화를 설정하지 않기도 한다. 여기에서도 '보문화 내포문' 항목에서 함께 설명하기로 한다.

7.2.1 관계화 내포

관계화 내포는 명사에 관형적으로 관계하는 문장을 이루는 것이다. 따라서 관계화의 장치는 안긴 문장의 서술어 용언의 관형사형 어미이다.

(8)ㄱ. 무쇼 머기는 아히 이 누네 잇느니 〈두초 7.18b〉

　　ㄴ. 져믄 아드른 바느를 두드려 고기 낫굴 낙술 밍그느다 〈두초 7.4a〉

　　ㄷ. 그 고올 知州ㅣ 事ㅣ랏 벼슬 ᄒᆞ엿더니 〈번소 9.4a〉

　　ㄹ. 大臣이 술보ᄃᆡ 忍辱太子의 일우산 藥이이다 〈월석 21.218b〉

　　ㅁ. 나는 부텻 ᄉᆞ랑ᄒᆞ시논 앗이라 〈능엄 1.86a〉

(8ㄱ)에서 '무쇼 머기는'은 다음에 오는 명사 '아히'를 꾸며 주는 관형절이다. 그런데 이 관형화 내포문의 생략된 주어는, 그 내포문이 꾸미는 명사 '아히'이다. 이와 같이 상위문의 머리 명사가 관형화 내포문안에서도 문장 성분 역할을 할 때, 이러한 구성을 관계화라 한다. (8ㄴ)에서도 '고기 낫굴'이 상위문의 명사 '낛'을 꾸미는 관계화로, 상위문에 있는 '낛'과 상호 지시적 관계를 갖는 내포문의 '낛'은 부사어를 이루는데 생략되었다. (8ㄷ)에서는 내포문 서술어 '事ㅣ랏'이 상위문의 '벼슬'을 꾸미는데, '벼슬'은 내포 관계화절에서 주어가 된다. 이처럼 관계화소는 관형사형 어미 '-은, -올'이 일반적이지만 종결 어미 뒤에 붙는 관형격 조사 'ㅅ'도 있다. '-은, -올'은 꾸밈을 받는 상위문 명사가 내포문에서 목적어나 부사어의 기능을 가질 때 '-오/우-'가 결합된 '-온, -올'형이 된다. (8ㄹ)에서 '藥', (8ㅁ)에서 '앗'은 내포 관계절에서

목적어가 되는 상위문의 머리 명사이다. (8ㄹ)에선 '忍辱太子'가, (8ㅁ)에선 '부텨'가 내포문의 의미상 주어인데 각각 관형격 조사 '의'와 'ㅅ'를 가졌다. (8ㄹ. ㅁ)처럼 내포문에서 의미상 주어가 관형격 조사로 표현되는 예는 중세 국어에서 흔하지만, 이러한 용법은 근대 국어로 넘어가면서 점차 줄어 간다.

관계화문은 이미 중세 국어에서도 널리 쓰인 문장 구조이다.

7.2.2 보문화 내포

보문화 내포에는 명사구 보문화와 동사구 보문화를 설정할 수 있다. 명사구 보문화도 명사에 관형적인 관계를 갖는다. 그러므로 보문화 장치는 안긴 문장에서 서술어 용언의 관형사형 어미가 된다. 다만 관계화는 상위문에 있는 머리 명사를 단순히 꾸미는 수의적인 관형절을 이루지만, 보문화는 상위문에 있는 머리 명사의 불완전성을 보충해 주는 관형절을 이루어, 대부분 머리 명사에게 필수적인 요소가 되며 동격절이 많다.

(9)ㄱ. 먼 村애 가 사롤 이롤 다시 議論ᄒ야 〈두초 9.9b〉
ㄴ. 發明홈과 ᄃ토믈 하마 펴면 忿怒ᄒᄂᆫ 이리 잇ᄂ니 이 溫恭ᄒ야
ᄂᆞ족호믈 崇尙 아니 ᄒᆞᆫ 다시라 〈내훈 2.9a〉
ㄷ. 世尊ᄋᆫ 世界예 믓 尊ᄒ시닷 ᄠ디라 〈석보 서5a〉
ㄹ. 묏 비츠란 새의 즐기논 ᄠ들 보노라 〈두초 7.11a〉

(9)는 명사구 보문이 들어 있는 문장이다. (9ㄱ)에서 서술어 '議論ᄒ-'의 목적어로 쓰인 '일'은 의미 내용이 제대로 갖추어지지 않은 불완전

한 명사이므로 '일'의 의미값을 보충할 보문이 필요한데, '먼 村애 가 사롤'이 바로 그러한 의미 보충을 하는 보문이 되며, 이때 보문과 머리 명사는 의미상 동일하다. (9ㄴ)에서도 의존 명사 '닷'은 '溫恭ᄒ야 ㄴ죽호믈 崇尙 아니 ᄒ'을 보충받아야 문장 안에서 제대로 의미 기능을 할 수 있다. (9ㄷ)과 (9ㄹ)에서 명사 '뜯'도 내포 보문 '世界예 뭇 尊ᄒ시닷'과 '새의 즐기논'이 각각 필요하다. 이런 점에서 상위문에 있는 보문 명사에게는 보문이 필요한 요소인 것이다. 또한 보문 명사는 그에게 관형적인 관계를 갖는 보문 안에서 어떠한 문장 성분으로 존재하지 않는다. 이는 머리 명사가 그의 관형절 안에서도 문장 성분이 되는 관계화문 구조와 통사적인 기저 구조 면에서 큰 차이를 보이는 점이다. 보문화소는 위의 관계화소와 마찬가지로 관형사형 어미 '-은, -을'과 관형격 조사 'ㅅ'이다. (9ㄹ)에서는 보문화 내포문에서도 의미상 주어가 관형격 조사로 나타났는데, 이는 관계화문에서와 같이 중세국어에서 많이 나타나는 표현이다.

　아래의 문장에서는 상위문의 머리 명사가, 그에 선행하는 내포 관형절과 의미상으로 같지 않으며 내포문 안에서 어떠한 문장 성분으로 기능하지도 않은 구조이다. 다만 선행하는 관형절이 후행 머리 명사와 내용 및 구조상 연계되어 있을 뿐이다. 이러한 내포 관형절 구조를 연계화 내포문이라 하는데, 이처럼 관계화나 보문화와 다소 다른 점이 있다.

(10)ㄱ. 그 고즐 얻다가 몯ᄒ야 부텨 가신 後에 光明이 우션ᄒ거사 어두이다 〈석보 24.19b〉

　　ㄴ. 흘기는 버믜 사호던 자최 머므렷고 드른 나그내 시름ᄒᄂ 무슬히 거렛도다 〈두초 11.49b〉

ㄷ. 녜 本來 迷惑 업수듸 迷惑으로셔 아로미 잇는 돗ᄒᆞ니 〈능엄
4.35b〉

(10ㄱ)에서 머리 명사 '後'는 그를 수식하는 내포 관형절 '부텨 가신'을
필수적으로 요구하지 않지만 둘 사이엔 의미상 연계성이 많으며, '後'
가 내포 관형절에서 문장 성분도 아니다. 이러한 구조 관계는 (10ㄴ)에
서 머리 명사 '자최'와 그의 관형절 '버믜 사호던'이나 (10ㄷ)에서 머리
명사 '돗'과 그의 관형절 '아로미 잇는'에서도 같아, 연계화 내포문을
이룬다.

동사구 보문화도 중세 국어 시기에 널리 쓰였다.

(11)ㄱ. 네 이제 사ᄅᆞ믜 모믈 得ᄒᆞ고 부텨를 맛나 잇ᄂᆞ니 〈석보 6.11a〉

ㄴ. 믜욘 것과 안존 거싀 비츨 자ᄫᅳᆯ가 식브도소니 軒楹에셔 양ᄌᆞ를
어루 브를가 식브도다 〈두초 16.46a〉

(12)ㄱ. 그저긔 兜率陁諸天ᄃᆞᆯ히 닐오듸 우리도 眷屬 ᄃᆞ외ᅀᆞ바 法 비ᄒᆞ
ᅀᆞ보리라 ᄒᆞ고 〈월석 2.23b-24a〉

ㄴ. 부톄 더브러 精숨애 도라오샤 무르샤듸 네 겨집 그려 가던다 對
答ᄒᆞᅀᆞ보듸 實엔 그리ᄒᆞ야 가다이다 〈월석 7.10a-b〉

ㄷ. 須達이 病ᄒᆞ얫거늘 부톄 가아 보시고 阿那含을 得ᄒᆞ리라 니르
시니라 〈석보 6.44b〉

ㄹ. 舍利弗아 엇뎨 諸佛 世尊이 다ᄆᆞᆫ ᄒᆞᆫ 큰 잀 因緣으로 世間애 나
시ᄂᆞ다 ᄒᆞ거뇨 ᄒᆞ란듸 〈석보 13.48b〉

동사구 보문화로는 이른바 보조 용언 구문과 인용구 보문 두 가지를
꼽을 수 있다. (11ㄱ)에서는 본용언 '잇ᄂᆞ니'에 앞서, 보조적 연결 어미

'-아'가 이끄는 '부텨를 맛나'가 내포 보문이다. 이 보문은, 머리 동사 '잇ᄂᆞ니'가 그 문장 안에서 갖는 의미상의 불완전성을 보충해 주므로 동사구 보문이라 이를 수 있을 것이다. (11ㄴ)에서는 두 개의 상위 서술어 '식브-' 앞에서 '-ㄹ가'에 의해 이끌리는 '미욘 것과 안존 거싀 비츨 자볼가'와 '양ᄌᆞ를 어루 브를가'가 각각 동사구 보문이다. 이와 같이 (11)에서 보조 용언이라 일컫는 본용언 앞에 오는 내포문들을 모두 동사구 보문이라 할 만하다. 이러한 해석은 보조 용언에 선행하여 보조적 연결 어미가 이끄는 구절을 내포 보문으로, 이에 후행하는 보조 용언을 상위문 머리 용언으로 보는 보문화 구조의 시각에서 설명될 수 있는 것이다.

(12ㄱ)은 '닐오ᄃᆡ'로써 인용구를 도입하는 말과 'ᄒᆞ고'라는 머리 동사 사이에 피인용문이 오는, 중세 국어에서 가장 일반적인 인용 보문을 보여 준다. 머리 동사 'ᄒᆞ고'만으로는 불완전하므로 피인용구가 이를 보충한다고 보는 것이다. (12ㄴ)에서는 '네 겨집 그려 가던다'와 '實엔 그리ᄒᆞ야 가다이다'가 피인용문이다. 이처럼 도입절만 있고 머리 동사가 생략되어 비통사적 문장 구조처럼 보이는 인용 보문도 고대 국어나 중세 국어에서는 많이 쓰인다. 한편 도입절이 없이 피인용문 '阿那含을 得ᄒᆞ리라' 뒤에 머리 동사('니르시니라')만 있는 (12ㄷ) 형식도 간혹 보인다.[95] 인용 보문에서 쓰이는 도입절의 동사로는 '닐오ᄃᆡ, ᄀᆞᆯ오ᄃᆡ, 솔보ᄃᆡ, 무로ᄃᆡ, 對答ᄒᆞᄃᆡ, ᄀᆞᆯ아샤ᄃᆡ, 니ᄅᆞ샤ᄃᆡ' 등이 있다. 인용

---

95) 이들 세 가지 유형 외에, 도입절과 보문 동사가 모두 없는 예도 아주 드물게 있다.
　(i) 아들님 쎵뿛(成佛)ᄒᆞ샤 아바님 보ᄉᆞ보리라 라한(羅漢) 혼따야(優陀耶)를 돌아 보내시니 〈월인 기113〉
위에서 피인용문 '아바님 보ᄉᆞ보리라'에는 도입절과 상위 보문 동사가 없어, 인용 보문이 이루어지지 않는다.

의 보문 동사(머리 동사)는 '니ᄅᆞ-, 일ᄏᆞᆮ-'의 '니ᄅᆞ다'류나, '너기-, 믿-, ᄉᆞ랑ᄒᆞ-, ᄉᆡᇰ각ᄒᆞ-, 젛-' 등 'ᄉᆡᇰ각ᄒᆞ다'류가 나오거나, 이들의 대동사 성격의 'ᄒᆞ-'가 쓰이기도 한다. 특히 도입절이 있으면 보문 동사는 거의 'ᄒᆞ-'가 된다. 인용 보문에서는 형태적인 보문소가 아직 안 보이는데, '-라, -고' 등의 인용 보문소는 근대 국어 후기에 가서야 나타난다.

동사구 보문으로 아래의 (13)과 같은 문장도 설정할 수 있을 것이다.

(13) ㄱ. ᄒᆞᆫ ᄒᆡ 디나거나 석ᄃᆞᆯ만 ᄒᆞ거나 ᄒᆞ야 이 됴ᄒᆞᆫ 根源으로 西方極樂世界예 나고져 發願호ᄃᆡ 一定 몯ᄒᆞ야 이셔 〈석보 9.18a-b〉

ㄴ. 아뫼나 ᄯᅩ 사ᄅᆞ미 모딘 ᄭᅮ믈 어더 구즌 相ᄋᆞᆯ 보거나 妖怪ᄅᆞᄫᆡᆫ 새 오거나 [妖怪ᄂᆞᆫ 常例ᄅᆞᆸ디 아니ᄒᆞᆫ 荒唐ᄒᆞᆫ 이리라] 잇논 ᄯᅡ해 온가짓 妖怪 뵈어나 ᄒᆞ거든 이 사ᄅᆞ미 種種 貴ᄒᆞᆫ 거스로 뎌 藥師瑠璃光如來ᄅᆞᆯ 恭敬ᄒᆞ야 供養ᄒᆞᅀᆞᄫᆞ면 〈석보 9.23b-24a〉

ㄷ. 若未能誦厺入ㄱ 寫於禪堂厺乃 或帶身上厺乃丷丆 一切諸魔氵 所不能動丷ネ厶 〈능엄남1 10.18a: 9본〉

(만일 외지 못하거든 禪堂에 써 두거나 혹 몸에 차거나 하면 一切의 모든 마귀가 (너를) 움직이게 할 수 없을 것이다.)

(13ㄱ)에서 밑줄 친 '디나거나'와 'ᄒᆞ거나'에 의해 이끌리는 내포절은 상위절 머리 동사인 'ᄒᆞ야'의 보문이 된다. (13ㄴ)에서는 '보거나, 오거나, 뵈어나'로 이끌리는 내포문들이 상위 동사 'ᄒᆞ거든'의 보문이 된다. 이러한 동사구 보문은 음독 구결에서도 있어, (13ㄷ)에서 '厺乃丷丆'(-거나 ᄒᆞ면)은 '-거나'로 이끌리는 문장이 상위 머리 동사 'ᄒᆞ-'의 내포 보문이 되는 구조이다.

7.2.3 명사화 내포

명사화 내포는, 상위문에 머리어(head)를 두지 않고 내포문 자체가 명사절이 되어 상위문에서 문장 성분(주어, 목적어, 보어)의 역할을 한다. 명사화의 장치는 내포문 서술어의 명사형 어미 '-옴/움' 형태에 의한 것이 대부분이고 '-기, -디, -은, -옰' 명사화도 간혹 보인다.[96)]

아래의 예문 (14)의 각 문장에는 모두 명사화 내포문이 있다.

(14)ㄱ. 우믌 머구리드려 바룰룰 니룻디 몯호묜 우믌 소뱃 虛空애 걸여 실씨니라 〈법화 3.156b〉

ㄴ. 夫人이 며느리 어드샤묜 溫和히 사라 千萬 뉘예 子孫이 니서가 물 위호시니 〈석보 6.7a-b〉

ㄷ. 벼슬 나사호과 시절을 조차 유셔혼 딕 브터 호기룰 니룻디 말며 〈번소 8.21b〉

ㄹ. 나리 져믈씨 나가디 슬호야커늘 主人이 블홀 굿어낸대 〈삼강 열16a〉

ㅁ. 官僚와 僧尼道俗과 혼딕 모드니 여러 劫ㅅ 因이 아닗 아니며 〈육조 상47a〉

ㅂ. 迦葉의 能히 信受호믈 讚歎호시니라 〈월석 13.57a〉

(14ㄱ)에서 '우믌 ~ 몯호묜'은 '몯홈'의 명사형 어미 '-옴'으로 명사절을

---

96) 어휘적 명사화 어미는 '-음/음/ㅁ'이며, 통사적 명사화 어미는 선어말 어미 '-오/우-'가 결합한 형태인 '-옴/움'이다. 이러한 변별은 중세 국어에서 비교적 뚜렷하였으나 근대 국어에 들어서는 그 구별이 문란해진다. 그러나 15세기 문헌인 (14ㄴ)의 '니서가물'과 같이 통사적 명사화에서도 아주 드물게 '-ㅁ' 형태를 볼 수 있다.

만들어 상위문에서 주어로 기능하며, (14ㄴ)에서 '夫人이 며느리 어드샤ᄆᆞᆯ'은 명사절로 상위문에서 주어의 기능을 하며, '-옴' 명사화로 이끌리는 명사절 '溫和히 ~ 니서가ᄆᆞᆯ'은 상위문 서술어 '위ᄒᆞ시니'의 목적어가 되고 있다.[97] (14ㄷ)의 '-기' 명사화 내포문 '시절을 조차 유셔ᄒᆞᆫ 디 브터 ᄒᆞ기ᄅᆞᆯ'은 서술어 '니ᄅᆞ디'의 목적어이며, (14ㄹ)의 '-디' 명사화 '나가디'는 서술어 '슬ᄒᆞ야커늘'에 보어적인 관계를 갖고, (14ㅁ)의 '-ㄹ시' 명사화 내포문 '여러 劫ㅅ 因이 아닔'은 상위 서술어 '아니며'의 보어이다. 이들 명사화문은, 상위문의 머리 명사와 관계를 갖는 관계화나 보문화와는 달리, 그 자체가 상위문에서 주어나 목적어, 보어가 되는 것이다. (14ㅂ)의 내포 명사화문 '迦葉의 能히 信受호ᄆᆞᆯ'에서는 의미상 주어가 관형격 조사를 가지는데, 이는 중세 국어에서 일반적인 용법이나 근대 국어에서는 점차 주격 조사로 바뀌어 간다.

중세 국어에서 명사화 내포문은 대부분 '-옴'으로 이끌리는 명사절이었으며, '-기' 명사화는 드물었다. 이는 파생 접미사로서 '-기' 명사화가 당시에 생산성이 낮았던 것과 궤를 같이하는 현상이다. '-기'는 이후에 어휘적인 명사화나 통사적인 명사화에서 점차 생산성을 높여, 근대 국어에서는 '-음, -옴'과 더불어 아주 활발한 명사화 어미가 된다. '-디'는 정도성을 가진 감정 표시 동사 가운데 일부('둏-, 어렵-, 슬ᄒᆞ-' 등)만을 상위 서술어로 호응하는 명사화 표현이었는데, 그리 널리 쓰이지는 않는다. '-ㄴ'와 '-ㄹ'는 고대 국어 이전 시기에 명사화 어미였으나, 15세기에 일부 화석화한 용법을 보일 뿐이며 16세기 이후엔 거의 소멸한다.

---

97) 이 명사화 내포문을 일반적인 어순에 맞춰 쓰면 '(아ᄃᆞᆯ와 며느리왜) 溫和히 사라 子孫이 千萬 뒤예 니서가ᄆᆞᆯ' 정도가 될 것이다. 내포문 안에서 다시 대등 접속 구문을 이루었다.

(15) 空이 大覺中에셔 나미 바ᄅ래 ᄒᆞ 더푸미 發홈 ᄀᆞᆮᄒᆞ니 〈능엄 6.53a〉

(15)를 보면, 명사화 어미를 가진 세 개의 서술어 '나미, 더푸미, 發홈'에 의해 길지 않은 구절 안에서 내포문이 세 층위를 이루며 겹쳐 있다. 중세 국어에서는 이와 같이 내포 명사화의 사용이 많다.

7.2.4 서술절 내포

구절의 구조를 가진 내포문이 상위문에서 서술어 역할을 하기도 한다.

(16)ㄱ. 일훔난 됴ᄒᆞᆫ 오시 비디 千萬이 ᄊᆞ며 〈석보 13.22b〉
ㄴ. 安樂國이ᄂᆞᆫ … 시르미 더욱 깊거다 〈월석 8.101b〉

(16ㄱ)에서 '비디 千萬이 ᄊᆞ며'는 상위문에서 주어 '오시'의 서술어 역할을 하는 내포문이며, 이 서술절 안에서 '千萬이 ᄊᆞ며'는 다시 주어 '비디'의 서술절 내포문을 이룬다. (16ㄴ)에서는 상위문의 주어로 '安樂國이ᄂᆞᆫ'이 있으며 '시르미'는 서술절 내포문의 주어이다. 그러나 서술절 내포에서는 내포화 표지가 드러나지 않는다. 이들 서술절에서의 주어는 상위문 주어와 함께 이중 주어로 해석되기도 한다.

7.2.5. 부사화 내포

내포문이 상위문에서 부사어 기능을 하도록 하는 부사화 내포 구조는 '-게, -ᄃᆞ록/도록, -ᄃᆞᆺ/ᄃᆞᆺ' 등의 서술어 어미를 갖는데, 간혹 부

사화 파생 접미사가 굴절 어미처럼 쓰여 부사화 내포문을 이끌기도
한다.

(17)ㄱ. 눕을 브터 이쇼ᄃᆡ 어싀아ᄃᆞᆯ이 입게 사노이다 〈월인 기142〉

ㄴ. 내 흔 劫이며 흔 劫이 남ᄃᆞ록 닐어도 몯 다 니르리어니와 〈석보
9.10b〉

(18)ㄱ. 돈 업시 帝里예 살오 지비 다 ᄀᆞ싀 와 잇노라 〈두초 20.37b〉

ㄴ. 흐웍ᄒᆞ며 서의호ᄆᆞᆯ 제 혼 조초 ᄒᆞ야 〈몽산 16b〉

(17ㄱ)에서 '어싀아ᄃᆞᆯ이 입게'는 서술어가 '-게'형으로 부사화하여 상위
문의 동사 '사노이다'를 꾸미고, (17ㄴ)에서 '흔 劫이 남ᄃᆞ록'은 상위문
의 동사 '닐어도'를 꾸미는 부사화 내포문이다. (18ㄱ)에서는 부사 파
생 접미사 '-이'로 이끌리는 내포문 '돈 업시'가 상위문의 동사 '살오'를
꾸미는 부사화 내포문 역할을 하며, (18ㄴ)에서도 부사화 접미사 '-오'
가 내포 부사절 '제 혼 조초'를 이끈다. (18ㄱ)과 같은 표현 방식은 근
대 국어나 현대 국어에서도 있다.

부사화 내포는 앞에서 나온 종속 접속과는 구분된다. '부사화 내포'
는 부사절이 상위문에 있는 용언 등을 꾸미면서 상위문 안에 안겨 있
는 구조이고, '종속 접속'은 별도의 구절이 연결 장치에 의해 주절에
종속적으로 이어져 있는 구조이다.

내포문 표현은 중세 국어에서도 크게 발달하여, 하나의 문장 안에
여러 개의 내포문이 포함되어 있는 경우도 많다. 앞서 접속문의 설명
에서 마지막으로 든 예문 (19)를 다시 들어 본다. 여기에는 매우 많은
접속 표현과 함께 내포 표현도 여러 개가 있다.

(19) 마자 傷ᄒᆞ야 얼읜 피 일의여 氣分이 녀디 몯ᄒᆞ야 關과 竅왜 다 通티 몯홀ᄉᆡ 大便이 막ᄂᆞ니 壯ᄒᆞ닌 細心散ᄋᆞᆯ 머구미 맛당ᄒᆞ고 늘그니와 弱ᄒᆞ닌 七星檳榔圓 머고미 맛당ᄒᆞ니 이 證이 잇거든 모로매 臟府 마ᄌᆞᆫ ᄶᅡ 알ᄑᆞᆫ ᄃᆡᆯ 무로리니 ᄒᆞ다가 傷處ㅣ ᄀᆞ장 알ᄑᆞ며 大便이 이사ᄋᆞᆯ 通티 아니ᄒᆞᆫ 後에ᅀᅡ 알핏 두 藥ᄋᆞᆯ ᄡᅳᆯ 디니 ᄒᆞ다가 大便이 막디 아니ᄒᆞ며 傷處ㅣ ᄀᆞ장 ᄆᆡ어 알ᄑᆞ디 아니ᄒᆞ면 머고미 沒藥과 乳香과 當歸왜 마ᄌᆞ니라 〈구급 하23a〉

(19)에서 '얼읜, 壯ᄒᆞ닌, 늘그니, 弱ᄒᆞ닌, 마ᄌᆞᆫ, 알ᄑᆞᆫ'은 관계화 내포문을 이끌고, 'ᄡᅳᆯ'은 보문화 내포문을, '아니ᄒᆞᆫ'은 연계화 내포문을, '머구미, 머고미, 머고미'는 명사화 내포문을 이끈다. '沒藥과 乳香과 當歸왜 마ᄌᆞ니라'는 서술절 내포문이라 할 것이다.

중세 국어 시기 대부분의 문헌들에 나타난 표현들은 문어적이므로 문장이 길어, 하나의 문장 안에 여러 개의 접속문과 내포문을 포함하는 경우가 많다. 이러한 긴 문장 안에 있는 각각의 구절들은 물론 내용상 서로 관련을 다소간에 가지면서, 긴 문장 전체가 대체로 화자나 필자가 인식하는 내용의 단위라고 해석할 수 있다. 이에 따르면 최고의 상위문이 곧 그와 관련하는 내용 전체에 대한 '인식의 단위'가 되는 것이다.

4

근대 국어

1. 개관

근대 국어는 임진란 이후 17세기 초부터 갑오경장이 일어난 19세기 말까지이다. 이는 국어사의 시대 구분과도 일치하는 것인데, 국어 문법사에서도 이와 같은 근대 국어의 설정이 타당하다.

17세기에 들어서며 높임법의 체계가 바뀌어 가는데, 객체 높임은 약화되고 상대 높임이 발달한다. 이에 따라 '-습-'이 주체나 상대 높임에도 나타난다. 과거 시제로 '-앗-'이 쓰이며, 시제는 점차 서법과 구분되는 양상을 보인다. 선어말 어미 '-오/우-'의 용법 구분은 이미 사라졌다. 이와 같이 중세 국어와 문법적인 면에서도 변화가 뚜렷한 17세기 이후는 근대 국어가 되는 것이다. 근대 국어는 중세 국어에 비해 문법 체계가 간소화하는 경향을 갖는다.

근대 국어는 18세기 후반까지를 전기로, 18세기 말부터를 후기로 나눌 수 있다. 18세기 중엽에는 이전부터 불안하던 'ㆍ'가 비음운화하며, 이에 따라 'ㆍ'와 'ㅡ'로 대립하던 조사나 어미의 형태가 'ㅡ'로 통합되어 간다. 더불어 18세기 말에는 활용 어미의 어순이나 목록 체계에도 변화가 생긴다. 선어말 어미 '-엇-'과 '-시-'의 어순이 바뀌고, '홉쇼'체가 형성되고, 미래 시제를 담당할 '-겟-'이 등장하며, 설명 의문문과 판정 의문문에서 의문형 어미의 구분이 많이 무너지게 된다. 보조 용언으로 널리 쓰이던 '-어 잇-'형이 급격히 감소하고 '-고 잇-'형이 크게 확대된다. '-스럽-' 등과 같이 새로운 파생 접사도 여러 가지가 나타난다. 파생어나 합성어의 단어 형성이 활발해지는 것이다. 이 시기의 문헌에서부터 주격 조사 '가'의 쓰임도 크게 는다. 장형의 부정문이나 장형의 피동·사동법 문장이 현저하게 사용 폭을 넓히고, 명사화 구문 대신에 보문화의 '~ 것' 형태가 눈에 띄게 늘어나, 접사가 결합하거나 어미 활용에 의하는 형태론적 표현 양상이 통사 구조를 갖는 구문형으로 바뀌는 변화를 좀 더 뚜렷이 보이기 시작하는 것도 이 무렵이다. 이와 같은 변화를 맞는 18세기 말기부터, 갑오경장 이후 새로운 언어 사용 양상을 보이는 19세기 말 이전까지를 근대 국어 후기로 설정할 수 있을 것이다.

이제 근대 국어에서 나타나는 문법사적 변화 내용들을 간략히 살핀다.

근대 국어 문헌에서 한자로 표기된 명사 단어 가운데에는 우리말이라고 보기 어려운 한문어가 상당수 있다. ㅎ종성 체언은 대부분 'ㅎ'음의 실현이 문란해지거나 아예 사라지기도 한다. ㄱ곡용도 거의 없어진다. 중세 국어에서 대표적인 의존 명사였던 'ᄃᆞ'와 'ᄉᆞ'는 명사로서의 쓰임이 매우 위축되고 조사나 어미와 결합하여 '-ㄴ둘, -ㄹ식' 등과 같이 어미화하는 용법이 더욱 늘어난다. 1인칭의 재귀 대명사에서 'ᄌᆞ갸'는 사라지고 '저'만 남는다.

주격 조사는 '이/ㅣ'가 주로 쓰이면서, 17세기부터 보이기 시작한 '가'도 모음 아래에서 쓰인다. 모음 아래에선 이들 두 가지가 같이 쓰이다가 점차로 '가'형으로 통일되며, 이러한 과정에서 근대 국어 후반에는 '이가'형도 함께 나타난다. 이들의 분포는 문헌에 따라 큰 차이를 갖는다. 목적격 조사 가운데 '올/룰'은 근대 국어 후기로 들면서 쓰임이 점차 줄어 19세기 후반에는 '을/를'로 정착한다. 서술격 조사의 종결형은 19세기로 내려오면서 '이라'형을 대신하여 '이다'가 쓰이기 시작한다. 관형격 조사 '익/의'는 '의'로 통합되어 가며, 'ㅅ'가 관형격 조사로 쓰이는 예는 근대 국어 초기부터 계속 줄어 근대 후기엔 아주 드물게 나타난다. 높임의 호격 조사 '하'는 18세기 이후에는 거의 사라진다. 처소격 '애/에/예/익/의'는 18세기 이후 점차 '에'로 귀일하는 방향성을 갖는다. 여격에서 '의손딕'는 18세기엔 사라지고, '드려'는 19세기까지 일부에서 쓰이며 '더러'로 바뀐다. 비교격 '두곤'은 18세기 이후 '보다'로 대체되며, '에셔'는 쓰임이 줄어간다. 접속 조사 '과/와'는, 17세기에 들어 ㄹ말음 아래에서 '과'와 '와'가 혼동되어 쓰이다 그 이후에는 '과'가 주로 온다.

보조사로는 '는/은, 만, 도'가 대표적이며, 이 밖에도 여러 가지 보조사가 있다. '시장'은 '신지'로 바뀌어져 가고, '텨로'는 19세기 말에 나온 '쳐럼'에, '다이/다히'는 '대로'에 밀려난다. 강세나 한정의 보조사 가운데, '곰'과 '록'은 근대 국어 초기까지 쓰이며, '곳/옷'과 '븟/봇'은 '곳'으로 통합된다.

동사와 형용사로 모두 쓰이는 양용 동사는 '둏다, 크다' 등 많이 있지만, 중세 국어에 비해 줄어드는 경향이다. 중세 국어에서 매우 널리 쓰이던 보조 동사 용법의 '-아 잇-'은 점차 출현 범위가 줄어 근대 국어 후기에서는 자동사 아래로 쓰임이 제한되고, 그 자리를 '-고 잇-'이 대신한다. '가, 오-, 내-, 두-, 놓-, 주-' 동사들은 보조 용언으로서의 용법을 확실하게 갖게 되고, '-아 잇-'의 보조 형용사 용법은 사라진다.

선어말 어미에는 높임법, 시제, 서법 등을 나타내는 형태소들이 있다. 높임법에는, 주체 높임에 '-시-', 객체 높임에 '-습-', 상대 높임에 '-이-'가 있다. 객체 높임은 그 기능이 약화되면서, '-습-'이 주체 높임이나 상대 높임으로도 기능하는 변화를 겪는다. 시제 표지로는, 현재 시제에 '-ᄂᆞ-'와 '-는/ㄴ-', 과거 시제에 '-더-, -앗-', 미래 시제에 '-리-, -겟-'이 있다. '-는/ㄴ-'는 근대 국어에 와서 생긴 현재 시제형이다. 과거 시제 '-앗/엇-'은 이미 16세기부터 나타나 근대 국어에선 확실하게 자리를 잡는데, '-아 잇-'의 축약형이 과거 시제로 정착한 것이다. '-겟-'은 18세기 말부터 미래 시제형으로 쓰이는데, '-게 ᄒᆞ엿-'의 축약형으로 추정된다. 서법 선어말 어미에는 확인법 '-거-', 단정법 '-니-', 감동법 '-도/돗-', 회상법 '-더-' 등이 있다. 특히 시제를 나타내기도 하는 '-니-, -더-'가 시제 선어말 어미 아래에 놓이면 서법 기능에만 충실할 뿐이다. 인칭법 '-오/우-'는 근대 국어에 들어 곧 기능이 약화되면서 소멸의 길을 걷는다.

어말 어미에는 종결 어미, 연결 어미, 전성 어미가 있다. 종결 어미로는, 18세기 중엽부터 보이는 '-오'가 세력을 넓히며 '-다/라'와 더불어 평서형을 담당한다. 감탄형에는 중세 국어 말기부터 나타난 '-고나'가 '-구나'로도 활발하게 쓰이고, '-노-, -도-'와의 결합형도 많이 나타난다. '-괴야, -ㄹ샤'는 18세기 이후 사라진다. 의문형은 중세 국어의 용법이 그대로 이어지지만 '-ㄴ다, -ㄹ다' 자리를 점차 '-냐/뇨', '-랴/료'가 차지하게 된다. 19세기에 발달한 '-요'가 쓰임이 넓어지고, '-아/어'와 '-지'도 19세기 들어 많이 쓰인다. 명령형은 이전부터 쓰이던 '-라'에, 새로 쓰임이 늘어나는 '-고/오, -소, -게'형이 함께 쓰인다. 청유형에는 16세기부터 나타난 '-쟈/자'와 함께 '-새'형도 쓰인다. 연결 어미는 그 형태에서 약간의 변화를 경험할 뿐 중세 국어에서의 용법에 변화가 없다. '-ㄴ뎡, -과뎌, -디록' 등의 어미가 사라지고, '-니신, -랴면, -지마는, -ㄹ디언정' 등과 같이 새로운 어미들이 다수 나타난다. 선어말 어미 '-거-' 등이 결합하여 어말 어미로 재구조화한 형태도 많다. 특히 19세기 말의 문헌에는 다양한 어미 형태들이 새롭게 나타난다. 전성 어미도 중세 국어와 같은데, 명사형이나 관형사형에 '-오/우-'의 결합이 수의적이 되면서 '-오/우-'는 점차 사라져 간다. 이에 따라 파생 명사와 동명사의 형태 구분이 없어진다.

근대 국어의 문헌에서 새로 보이는 파생어나 합성어가 이 당시에 새로 생겨난 것이라고 단정하기는 어렵지만, 근대 국어에서는 이들이 더욱 늘어나고 다양한 모습을 갖는다. 파생 접사도 그 목록이 중세 국어에 비해 훨씬 풍부해진다. 접두 파생은 명사나 동사에서 많이 나타난다. 출현이 잦은 명사 접두사로는 '군-, 글-, 늘-, 돌-, 싱-, 출-, 춤-' 등이 있다. '암ㅎ, 수ㅎ'은 근대 국어 후기에 와서 접사화한다. 동사의 접두사에는 '덧-, 엇-, 치-, 티-, 휘-' 등이 있다.

접미 파생은 명사, 동사, 형용사, 부사 등에서 예가 많다. 명사 파생 접미사로는 '-음'형이 계속 가장 활발하지만 '-기'형도 생산성이 크게 늘어난다. '-이'형은 명사 뒤에서는 아직도 생성력이 높으나, 용언 어간 아래에서는 생산성이 많이 줄어들며 특히 형용사 어간 아래에서는 새로운 예를 발견할 수 없다. 동사 파생 접미사에서는 '-ㅎ-'가 계속 활발하여 다양한 어기에 접미하며, '-이-, -거리-'도 생산력을 높여 가지만, 타동사화 접미사 '-ᄋᆞ-'는 사라진다. 강세 접미사가 다양해져 '-완-, -잊-, -티-, -혀/켜-, -ᄧᅳ-' 등이 쓰인다. 형용사 파생 접미사로도 '-ㅎ-'가 가장 활발하며, '-듭/ᄃᆞᄫᆡ-'는 '-되-'로, '-립/ᄅᆞᄫᆡ-'는 '-롭-'으로 통일된다. '-스럽-'은 18세기 중엽 이후부터 보이며, '-ㅂ/브-'는 새로운 생산력의 확대를 가지지 못한다. 부사 파생 접미사에서는 '-이, -히'형이 계속 생산성이 가장 높으며, '-오/우'는 생산성이 약화된다.

합성어 형성은 명사, 동사, 부사에서 활발하다. 명사 합성은 대부분 통사적 합성법에 의한다. 사이 시옷은 근대 국어에 들어 통사적인 구절을 만들기보다는 단어 형성으로 기능이 축소되어 간다. 동사 합성에선 선행 어간에 바로 후행 어간이 오는 비통사적 합성법이 아주 약화되고, 어간 사이에 '-아'가 들어가는 통사적 합성법이 생산성을 크게 늘린다. 중첩에 의한 합성 부사가 많이 늘어나는 것도 이 시기의 특징이다.

(문장의 구성 성분이나 문장의 유형 그리고 문장의 접속과 내포 양상은 중세 국어에서의 용법과 별반 다름이 없으므로 설명을 생략한다.)

사동 표현은 사동사에 의한 직접 사동문에서 점차 간접 사동문으로 향하는 통시적인 변화의 방향이 뚜렷하다. 중세 국어에서 '-이-'형을 취하던 사동사 가운데 상당수가 '-히-, -리-, -기-, -우-' 등으로 바뀌며(예: 얼리다), 사동사 형태가 없어지기도(예: 희다) 한다. 영형태의 사동사형은 중세 국어에서 종종 있었지만 근대 국어 후기를 넘어서며 사라진다. 새로운 사동 접미사로 '-초/추-'를 더할 수도 있지만, 중세 국어에서 '-호/후-'형이었던 '가초-, 머추-' 등이 '감초-, 멈추-'로 바뀐 이 동사들은 실제론 사동의 뜻이 없는 단순한 타동사이다.

피동 표현도 직접 피동문보다 간접 피동문이 점차 늘어나는 경향을 보인다. 피동사의 분포에서 중세 국어에 비해 '-이-'형은 줄고 '-히-, -리-, -기-'형은 늘어난다. 피동 접미사가 겹치거나 피동사가 간접 피동문 형태를 취하여 피동 표지가 이중적으로 나타나는 피동문이 간혹 보이는데, 이는 현대 국어에서도 그러하다.

주체 높임의 '-시-'에 '-습-'을 더한 '-습시-'형이 주체를 더 높이는 표현으로 쓰이는 예가 중세 국어에서 아주 드물게 보였는데, 근대 국어에선 그 쓰임이 확대된다. 근대 국어에 들어서, 객체 높임이 '-습-'형으로 나타내는 표현은 몇몇 특수한 동사로나 나타낼 수 있을 정도로 축소된다. 상대 높임은 근대 국어 전기에 '아주 높임, 예사 높임, 낮춤'에 따라 'ᄒᆞ쇼셔체, ᄒᆞ소체, ᄒᆞ라체'라는 세 등급을 갖는데, 이는 중세 국어에서 예사 높임의 'ᄒᆞ야쎠체'가 'ᄒᆞ소체'로 바뀐 것이다. 근대 후기에는 여기에 'ᄒᆞ오체'가 보태지고, 19세기에는 '-지'와 '-어'가 각 종결형에 두루 쓰이면서 반말체를 더한다. 중세 국어에서 'ᄒᆞ쇼셔체'의 평서문이나 의문문에 나타나던 '-이-'는 '-이-'로 바뀐다. 상대 높임에서도 '-습-'이 '-이-' 앞에 덧붙어 높임의 정도를 더하는데, 이는 근대 국어 말기에 '-습니다'형으로 발달한다.

시제 범주는 근대 국어에 들어 이전보다 서법적인 성격에서 어느 정도 벗어나기는 하지만 아직 서법 범주와 관련성이 적지 않다. 현재 시제는 '-ᄂ-'와 '-는/ㄴ-'로 나타난다. 안긴 문장(종속절)에서는 '-ㄴ-'이 16세기부터 쓰이고 '-는-'이 17세기에 나타났으나, 17세기에는 안은 문장(주절)에서도 이들이 쓰인다. 과거 시제는 단정법 '-니-'와 회상법 '-더-'가 계속 쓰이면서, 16세기부터 나타난 '-앗-'이 빠르게 쓰임을 늘린다. 미래 시제로는 추측법 '-리-'가 계속되지만, 18세기 말에 출현한 '-겟-'이 점차 세력을 넓혀 간다. 이처럼 서법과 관련이 비교적 적은 '-엇-, -겟-'과 더불어 '-는/ㄴ-'로 이루어지는 근대 국어 말기의 새로운 시제 체제는 이제 서법과 상당한 거리를 가지는 시제 범주를 형성하게 된다.

서법에는 확인법 '-거-'와 단정법 '-니-', 회상법 '-더-', 감동법 '-돗/도/롯/로-' 등이 있는데, 서법 표지들의 사용은 점차 줄어드는 추세여서, 근대 국어 후기에 들면 확인법이나 단정법 등은 고투적(古套的)인 표현에 속하기 시작한다. 동작상 표현은 중세 국어와 대체로 같다. 다만 중세 국어에서 진행상을 나타내는 '-아 잇-'이 근대 국어에서는 '-고 잇-'으로 바뀌는 경우가 많다.

부정법(否定法)은 중세 국어와 크게 달라지지 않았다. 다만 형용사에서 단형 부정 형태의 쓰임이 중세어에 비해 크게 줄고, 특히 '몯/못'이 온 단형 부정형은 거의 보이지 않는다. 장형 부정은 '-디 아니ᄒ-' 형뿐만 아니라 부정소 '아니' 앞에 용언의 어근, 명사, '-어, -게, -기, -음' 등 명사성 어미 등이 올 수 있는데, 이들은 [+Nominal]의 특성을 갖는 것들이다. 그러나 이 가운데 '-디 아니ᄒ-' 형태가 점차 분포와 빈도를 더해 간다. 부정소 앞의 '-디'는 근대 국어 초부터 '-지'형이 함께 나타난다.

2. 형태소와 단어

한글은 표음 문자이지만 형태 표기를 함으로써 형태소의 식별력을 높일 수 있다. 근대 국어 시기에는, 표음주의적 표기를 위주로 하던 중세 국어 시대를 지나, 점차로 형태주의적 표기가 혼용되어 나타나는 표기법을 보인다. 따라서 표기에서 형태소의 모습이 잘 드러나는 현대 국어와 같지는 않다고 하더라도, 중세 국어에 비하여 형태소 분간 의식이 표기법에 반영되는 양상이 뚜렷하다.

(1) 녀름 ᄀᆞ을희란 닙플 ᄠᅳ더 〈두집 하44b〉

그러나 한편 전통적인 표음주의 표기 원칙이 지속되고 있어서, 표음과 형태를 모두 만족시키기 위한 표기 양상(체계)을 이루어, 이로 인해 과잉 표기되는 결과를 낳게 된다. (1)에서도 밑줄 친 '닙플'은, 어말에 중화하는 표음성을 살린 '닙'에다 형태성을 놓치지 않으면서 실제 발음을 드러내는 '플'이 더해져 '닢+을'이라는 형태소 결합형임을 나타내었다.

이와 같이 형태소는 음성이나 문자로써 그대로 나타나는 것이 일반적이지만 음운론적으로 축약 또는 생략되기도 한다.

(2)ㄱ. 네 글 비환 지 거의 半年이로되 〈첩몽 1.5b〉

　　ㄴ. 글로브터 알튼 가슴과 비 겨기 그쳐 〈첩해 3.3b〉

(3)ㄱ. 길ᄭᅵ 나모 밋 서늘ᄒᆞᆫ ᄃᆡ 쉬며 자더니 〈노걸 상25a〉

　　ㄴ. 녜는 남글 조아 重을 밍그라 ᄡᅥ 그 神을 主ᄒᆞ더니 〈가례 5.20a-b〉

(4)ㄱ. 몬져 칼애 빌씨니 〈오전 7.5a〉

ㄴ. 네대로 칼흘 잡으며 〈오전 8.18b〉

ㄷ. 내 지아비 내 아둘히 다 도적의 주그니 〈동신 열6.16b〉

(2ㄱ)에서 '네'는 대명사 '너'에 주격형 '이'가 축약된 형태이다. (2ㄴ)의 '비'에는 주격형 '이'가 생략되어 있다. (3)에서 밑줄 친 '나모/낡'은 이른바 ㄱ곡용어로, 음운 조건에 따라 '나모'와 '낡'으로 나타나지만 '나모'형이 두루 많이 쓰인다. ㄱ곡용형은 근대 국어 말엽에 와서 없어진다. ㅎ종성 체언은, 19세기 말까지도 ㅎ표기가 드물게 쓰이기는 하였지만, (4)의 '칼'에서 보듯이 이미 근대 국어에 들어서는 표기가 문란해지면서 소멸화를 겪는다. 이 과정 중에서 원래 ㅎ종성 체언이 아니었던 '아둘, 쏠, 째' 등이 (4ㄷ)에서처럼 ㅎ종성으로 표기되기도 하는 등 혼란이 보인다.

이 밖에도 형태나 음운적인 조건에 따라 이형태가 나타나기도 한다.

(5)ㄱ. 太醫 형아 네 나룰 이 됴흔 법을 ᄀᆞᄅ쳐 주고려 〈박통 상13b〉

조협 ᄒᆞ나흘 즛두드려 낸 즙 반 잔애 〈마경 하27b〉

우룰 등분하여 즛씨허 〈마경 하115a〉

ㄴ. 다만 두어라 홀 황회아 맛당ᄒᆞ여 〈노걸 하60a〉

네 쏘 뎌러로 오나라 〈노걸 상52a〉

ㄷ. 내 쌔룰 이룰 보아 보람을 삼므라 ᄒᆞ더라 〈동신 충1.57b〉

곡읍을 처엄과 ᄀᆞ티 ᄒᆞ여 나히 닐흔세히로ᄃᆡ 〈동신 열4.55b〉

ㄹ. 샹빅은 연의 아둘이요 슈의 족해니 연과 쉬 다 무신역옥의 드니라 〈천의 4.31a〉

(5ㄱ)에서는 대격 조사가, (5ㄴ)에서는 명령형 어미가, (5ㄷ)에서는 연

668

결 어미가 이형태를 보이고 있다. 가령 (5ㄱ)의 '나룰'과 '법을'에서, 선행하는 명사가 양성 모음으로 끝날 땐 '룰', 음성 모음에 자음이 이어질 땐 '을'로 대격 조사가 대응하였다. 하지만 'ᄒᆞ나흘, 우룰'에서 보듯이 모음 조화에 어긋나는 대응도 볼 수 있다. 실제로 근대 국어에 들면 조사나 활용 어미의 형태가 모음 조화에 어긋나는 예가 많고, 특히 조사는 매우 문란해진다. 모음 조화 규칙이 무너지면서 'ᄋᆞ/으'로 대립하던 조사나 활용 어미들 가운데에는 점차 하나의 형태로 통일되어 가는 경우들이 생기는데, 그 방향은 대체로 음성화이다. 이형태들은 대개 음운론적인 환경에 따르지만, (5ㄴ)에서는 '-아라'에 대해 '-나라'형, (5ㄷ)에선 '-아/어'에 대한 '-여'형과 같은 형태론적인 이형태도 있다. 특히 'ᄒᆞ-'형 어간 용언 아래에서는 어말 어미 '-아, -아라'나 선어말 어미 '-앗-'이 각각 '-야/여, -야라/여라, -얏/엿-'을 취하는데, 근대 국어 말기에 이르면 '-여, -여라, -엿-'이 훨씬 많아진다. (5ㄹ)에서는 서술격 조사 '이-' 아래에서 '-고'가 -요'로 교체하였다. 중세 국어에서 반모음 'ㅣ'(/y/)나 'ㄹ' 아래에서 'ㄱ>ㅇ'가 되는 변동 규칙이 있었는데, 이들 규칙 대부분은 근대 국어에서 없어졌으나 서술격 조사에선 중세 국어의 '이고>이오' 변동이 '이고>이요'로 바뀐다.

이형태는 주로 문법적인 형태소에서 나타나지만, 간혹 (6)에서와 같이 어휘적 형태소에서도 보인다.

(6)ㄱ. 샤향 노로 〈동해 하39a〉

놀릭 삿기 〈동해 하39a〉

ㄴ. 만일 집 制되 다ᄅᆞ거든 〈가례 2.18a〉

이제 사름의 居喪홈은 古人으로 더브러 달라 〈가례 9.33a〉

(6ㄱ)과 같은 체언의 교체 현상은 18세기까지 계속되다가 근대 국어 말에 사라졌지만, (6ㄴ)과 같은 용언의 교체는 오늘날에도 이어진다. 중세 국어에서 '다ᄅ-'는 '달ㅇ-로, '모ᄅ-'는 '몰ㄹ-'로 비자동적 교체형을 가졌으나, 근대 국어에 들어서는 전자 유형도 후자 유형으로 합류하여 '다ᄅ-/달ㄹ-'형이 되는 것이다. '달ㅇ-'형과 '몰ㄹ-'형의 합류는 16세기부터 이루어지며 17세기에는 '몰ㄹ-'형만 존재하게 된다.

이형태들 가운데 기본형을 설정하는 기준으로 분포, 생산성, 규칙성, 역사성 등을 드는데, 조사나 어미, 매개 모음 등에서 나타나는 후설 모음과 비후설 모음의 대립에서도 이러한 문제를 고려할 수 있다. 이들 문법 형태소는 모음 조화에 의해 형태가 결정되는 것이 원칙이나 예외도 적지 않다. 이때 기본형을 어떠한 이형태로 잡는 것이 좋은가?

(7)ㄱ. 侍者 ㅣ 더인 믈로뻐 드러 오나든 〈가례 5.12b〉

　　ㄴ. 子婦와 執事者ㅣ 몬져 ᄂ려 位예 도로 오나든 〈가례 1.26b〉

(8)ㄱ. 호유쥬ᄂ 힝역이 쾌히 돋디 아닌ᄂ니를 고티ᄂ니 〈언두 상22b〉

　　ㄴ. 맛당히 삼갈 배 음간ᄒᄂ 일 ᄀᄐ니 업ᄉ니 〈경민 15a〉

　　ㄷ. ᄉ나희와 겨집의 욕심이 바라나기 쉽고 막ᄌᄅ기 어려온 디라 〈경민 15a〉

(9)ㄱ. 익모환은 ᄒ 일홈은 졔음단이니 〈언태 16a〉

　　ㄴ. 져즐 샏디 몯ᄒᄂ니를 닐운 아구병이니 〈언태 72b〉

대부분의 문법소는 모음 조화에 충실하지만 똑같은 조건에서 예문 (7)처럼 서로 다른 표기('오나든', '오나든')를 보이기도 한다. 또 (8)의 '호유쥬ᄂ, 업ᄉ니, 어려온', (9)의 '익모환은, 일홈은, 몯ᄒᄂ니를, 닐운'과 같이 이전까지의 모음 조화 표기와 달라진 용례도 많이 보인다. 그런데 근대 국어에서 문법소의 형태는 이처럼 모음 조화를 어기면서 양성 모음과 음성 모음이 다 나타나는 경우가 많아, 그 기본형을 (8)과 같이 후저 모음(양성 모음) 계열로 설정하는 것이 타당할 것이다. 그러므로 근대 국어 시기에는 'ㅓ, ㅜ, ㅡ' 등보다는 'ㅏ, ㅗ, ·' 계열의 이형태를 기본형으로 삼기로 한다. 이에 따르면 조사 '-ᄂᆞᆫ/는'은 '-ᄂᆞᆫ'이, 연결 어미 '-ᄋᆞ니/으니'는 '-ᄋᆞ니'가, 명령형 어미 '-아라/어라'는 '-아라'가 기본형이 된다. 이 같은 기본형 설정 원칙은 근대 국어 말기까지도 계속되는데, 이는 중세 국어에서의 기본형과 같은 계열이지만 현대 국어와는 상반되는 모습이다.[1] 다만 '·'와 'ㅡ'로 구분되는 모음 조화 표기 문제는 다소 다른 해석도 가능하다. '·'와 'ㅡ'는 16세기에 이미 비어두에서 /·/>/ㅡ/ 변화를 겪으며 대립이 사라지게 되어, 근대 국어 시기 비어두에서 '·'와 'ㅡ'가 뒤섞여 쓰이는 것은 소리가 아닌 표기상의 문제일 수도 있다.

간혹 두 가지 형태가 수의적으로 쓰이기도 한다.

(10) ㄱ. 주근 어버이 들헤 이시니 엇디 집의 가리오 〈동신 효8.47b〉

　　 ㄴ. 모딘 더위예 드르히 노티 말고 〈마경 상94b〉

(11) ㄱ. 즐기거든 즐기고 슬커든 말라 〈노걸 하21a〉

---

1) 그러나 근대 국어에서 문법소의 기본형 설정은 그리 쉬운 문제가 아니다. 선행하는 어휘소가 중성 모음일 때, 대체로 조사는 양성 모음이 우세하게 쓰이지만 활용 어미 '-아/어'나 매개 모음 'ᄋᆞ/으'에서는 근대 국어 초기부터에도 오히려 음성형이 다소 많이 나타나고 있다. 중세 국어에 비해 근대 국어 이후로 진행할수록 양성 모음보다 음성 모음의 분포가 점차로 늘어나고 있는 것이다. 더구나 근대 국어의 후기에 들어서는 양성 모음 '·'의 음운이 사라진 상태에서 문법소의 표기는 대개 이전 시기의 형태가 답습된다. 이러한 문헌 자료 실태와 음운 체계를 고려하고 문어에 비해 구어의 변화가 일반적으로 앞선다고 볼 때, 근대 국어의 구어에서는 음성형으로 기본형을 설정하는 것이 타당하기도 하다.

ㄴ. 다만 슬ᄒᆞ여 ᄒᆞ시게 슳ᄂᆞᆫ 일이언마ᄂᆞᆫ 〈첩해 9.10b〉

(12) ㄱ. 丈夫ᄂᆞᆫ 唱喏ᄒᆞ고 婦人ᄂᆞᆫ 萬福이라 니ᄅᆞ고 〈가례 2.5a〉

ㄴ. 可히 使ᄒᆞ염즉디 몯ᄒᆞ다 니르ᄂᆞᆫ 이ᄂᆞᆫ 罪ᄅᆞᆯ 天子ᄭᅴ 得ᄒᆞ고 〈시경 11.31a〉

(13) ㄱ. 집의 시믄 보도과 〈두집 하42a〉

ㄴ. ᄀᆞ을이 다ᄃᆞ라 뎌의 심근 벼 〈박통 하37a〉

잣슬 무덤 압픠 심건더니 돋티 이셔 다딜러 이우니 〈동신 효1.71a〉

(10)에서 '들ㅎ'와 '드르ㅎ'는 출현 환경이 같으나 다른 형태를 보인다. (10)에서는 처소격 조사도 '에'와 'ᄋᆡ'로 달리 나타나고 있다. (11)에서 '슳-'와 '슬ᄒᆞ-', (12)에서 '니ᄅᆞ-'와 '니르-', (13)에서 '심-'과 '심ㄱ-' 등이 모두 수의적인 이형태를 보인다. 이러한 자유 교체는 대개 중세 국어에서도 그러하던 어휘들이다. 그러나 자유 교체는 점차 줄어든다.

중세 국어에서는 성조에 따라서 같은 형태가 의미 기능을 달리하기도 하였지만, 이미 16세기 이후 문란해지기 시작한 성조 체계는 근대 국어에 들어서 형태소 변별 기능을 제대로 하지 못한 것으로 보인다.[2)]

(14) ㄱ. ·내 ·太:子·ᄅᆞᆯ 셤·기ᅀᆞ·보·ᄃᆡ 〈석보 6.4a〉

ㄴ. :네 내 :마·ᄅᆞᆯ :다 드를·따·ᄒᆞ야·ᄂᆞᆯ 〈석보 6.8b〉

(15) 내 말대로 아니면 내 ᄠᅳ디 아니리라 〈노걸 하55a〉

---

2) 방점 표기가 근대 국어 문헌에서 사라지지만 실제 음성형에서도 문헌과 동일한 시기에 사라졌다고 단언하기는 어렵다. 언제까지 어떤 형태로 성조가 유지되었는지는 문헌을 통해 확인할 수 없지만, 표기 체계에서 방점이 전면적으로 사라진 것은 더 이상 성조가 형태소 변별 기능을 거의 하지 못하였음을 말해 준다고 할 것이다.

(14ㄱ)에서 '내'는 주격형으로 성조가 거성이다. (14ㄴ)의 '내'는 관형격으로, (14ㄱ)과 다른 성조인 평성을 보인다. 그러나 중세 국어의 문장 (14)와 달리 근대 국어의 (15)에서는 이러한 차이가 없어졌다. 문장 (15)에서 앞의 '내'는 관형격이고 뒤의 '내'는 주격이지만, 이들 사이에 성조 구별 표지인 방점이 없다. (15)에서 보인 '내'는 현대 국어에서 관형격으로만 이어지고 주격 용법으로는 (격조사가 없는) 대명사로 재구조화한다.

형태소가 하나 이상 모여서, 형태상으로 의존성에서 벗어나 자립 형태소를 이루면 하나의 낱말이 된다. 각각의 낱말은 고유한 품사 범주를 가지게 마련인데, 이 가운데에는 두 가지 이상의 문법적 범주로 기능하는 것도 있다.

(16)ㄱ. 각별이 卓子로뻐 조흔 믈동히와 새 쓰슬 슈건을 그 東의 設ᄒ니 〈가례 5.27a〉

ㄴ. 도라와 새 신主를 뫼셔 祠堂의 드러 座의 노ᄒ라 〈가례 9.14b〉

ㄷ. 녜 아ᄂ니도 양ᄌ호미 어렵고 새 아ᄂ니도 ᄒ마 그으기 疎薄ᄒᄂ다 〈두중 3.46a-b〉

(17)ㄱ. 머리과 ᄂ치 몬져 믈이 돌고 〈두집 상30b〉

ㄴ. 머리를 도라 뒤흘 보며 〈마경 하93a〉

(18)ㄱ. 兄弟의 ᄆ드로 흔나히 받ᄌ와 〈가례 10.19a〉

ㄴ. 믿누의 〈동신 효5.17b〉, 믿며ᄂ리 〈가례 4.23a〉

(16)에서 '새'는 각기 기능이 달라, (ㄱ)에서는 부사이며, (ㄴ)에서는 관형사이다. 중세 국어에서 명사나 부사의 기능을 다하던 어휘의 표현이 근대어 문헌에서는 초기 외에는 보이지 않는다. (16ㄷ)의 명사 '새'

는 『두시언해』 초간본에서의 용법이 그대로 중간본에서도 쓰인 것이다. (17)의 '돌-'은 (ㄱ)과 (ㄴ)에서 각각 자동사와 타동사로 쓰였다. 이렇게 한 낱말이 두 가지 이상의 기능을 갖는 용법은 현대 국어에서도 발견되지만, 근대 국어에서는 더 많은 낱말에서 나타난다. (18ㄱ)의 'ᄆᆞᄃᆞ로'에서 'ᄆᆞᆯ'은 명사이지만 (18ㄴ)의 'ᄆᆞᆯ누의'에서 'ᄆᆞᆯ'은 접두사로 흔히 처리한다. 하지만 'ᄆᆞᆯ'이 단어로서의 기능이 있고 (18ㄴ)의 'ᄆᆞᆯ'은 의미 파생이 없는 어근으로서 손색이 없으므로, 'ᄆᆞᆯ누의, ᄆᆞᆯ며ᄂᆞ리'를 합성 명사로 보는 것이 좋을 것이다.

당시의 음운 변동 현상은 그대로 표기에 나타나는 경우가 많다. 어말 자음의 중화 현상 하나만 들기로 한다. 어간 말음이 'ㅋ, ㅍ, ㅌ'로 끝나는 단어들은 자음이나 어경계 표지 앞에서 말음이 'ㄱ, ㅂ, ㄷ'로 자동 교체되는데, 'ㄷ, ㅌ, ㅈ, ㅊ'는 'ㄷ'보다 주로 'ㅅ'로 표기된다.

(19)ㄱ. 윗녁 엇게 이제 니ᄅᆞᄃᆞ록 날이 굿고져 ᄒᆞ면 싀고 알히더니 〈태평 27a〉

ㄴ. 싱강 ᄒᆞᆫ 편 박하 세 닙과 달혀 머기라 〈두집 상21b〉

ㄷ. 돗과 믈 싱흔 고기 업거든 ᄆᆞ른 포육도 므던ᄒᆞ니라 〈두집 하 46a〉

ㄹ. 母猪 암돗 〈역어 하31b〉

(19ㄱ)에는 '녘'이 '녁'으로, (19ㄴ)에는 '닢'이 '닙'으로, (19ㄷ)과 (19ㄹ)에는 '돝'이 '돗'과 '돗'으로 표기되어 있다. 이는 명사 외에 다른 품사에서도 나타난다.

(20) ㄱ. 고기ᄂᆞᆫ ᄀᆞᄂᆞᆫ 믌겨를 부러 놀애 브르ᄂᆞᆫ 부체ᄅᆞᆯ 이어고 져비ᄂᆞᆫ ᄂᆞᄂᆞᆫ 고ᄎᆞᆯ 박차 춤 츠ᄂᆞᆫ 돗긔 디놋다 〈두중 15.33a〉

복가 만히 ᄆᆡ이 달혀 덥게 ᄒᆞ여 먹으라 잉동 곳도 달혀 머그면 ᄯᅩᄒᆞᆫ 됴ᄒᆞ니라 〈벽신 4b〉

ㄴ. ᄯᅩ ᄀᆞᆯ오ᄃᆡ 만히 돋고 안밧긔 열이 옹쇠ᄒᆞ야 번갈ᄒᆞ고 뷘 입 십고 미치거든 뎨미고를 맛당이 ᄡᅳ라 〈두집 상16b〉

櫻桃ㅣ 이 나래 블근 여르미 드렛ᄂᆞ니 城郭 밧 뉘 지븨 城郭ᄋᆞᆯ 젯ᄂᆞᆫ 받고 萬里예 서르 맛보아 손목 자보ᄆᆞᆯ 貪ᄒᆞ노니 〈두중 23.25b〉

(21) ㄱ. 일에 해롭디 아니ᄒᆞ니 내 횟 돈에 고자 가져가리라 〈박통 하 28b〉

釵釘 곳고 네 구멍 심을 모도와 柱檄쇠 긋테 브터 ᄆᆡ야 ᄡᅡ헤 뭇고 〈화포 7a〉

ㄴ. 道德을 닷디 몯ᄒᆞ고 衣食ᄋᆞᆯ 虛費ᄒᆞ야 德을 닷가 後生 化호ᄆᆞᆯ 힘ᄡᅳ디 아니코 衣食 便安호매 엇뎨 간대로 ᄲᅮᄆᆞᆯ 알리오 〈선종 상25b〉

文德을 닷고 武事ᄅᆞᆯ 偃息게 ᄒᆞᆯ 사ᄅᆞ미 업디 아니ᄒᆞ니라 〈두중 5.23a〉

(20)과 (21)에선 'ㅊ, ㅺ, ㅈ'가 자음 앞이나 어말에서 'ㅅ'로 중화되어 나타난다. 이는 명사 (20)과 동사 어간 (21)에서 다 나타난다. (20ㄱ)의 '고ᄎᆞᆯ'에서는 '곶'으로, '곳도'에서는 '곳'으로 표기되고, (20ㄴ)의 '안밧긔'에선 'ᄇᆞᇧ'으로, '城郭 밧'에선 '밧'으로 표기되었다. 마찬가지로 동사 (21ㄱ)의 '고자'에서 '곶-', '곳고'에서 '곳-'으로, 동사 (21ㄴ)의 '닷가'에서 'ᄃᆞᇧ-', '닷고'에서 '닷-'으로 표기되었다.

3. 단어의 유형과 형태

여기에서는 각 단어들을 유형화하여 품사별로 그 특징과 용법을 살핀다. 유형 분류와 명칭 등은 가급적 규범 문법에 따른다.

3.1 체언과 조사

체언에는 명사와 대명사 그리고 수사가 있다. 근대 국어에서 체언에 대한 인식은, 이 시기에 간행된 각종 유해(類解)류와 물보(物譜)류 책들에서 알 수 있듯이 사물의 이름이다. 이 '사물'에는 구체적인 구상 명사와 추상 명사들은 물론 대명사와 수사까지 포함하는 것이 일반적이었다. 이 시기에는 중세 국어 문헌에서처럼 단어의 문법 범주에 따라 주석을 달리하는 방식의 협주가 별로 없다. 유해와 물보들에서도 단어들을 문법적 범주가 아닌 의미 부류에 따라 나누어 당시에 '체언'과 관련하는 개념을 정확히 파악할 수는 없지만, 이들 책에서 인식하는 '물명(物名)'이라는 개념에는 추상 명사가 제외된 것으로 보인다.

3.1.1 명사

명사에는 보통 명사와 고유 명사가 있다.

> (1)ㄱ. 유혹 됴희경과 도ㅅ 됴희텰은 셔울 사름이니 〈동신 효6.70b〉
>   ㄴ. 主人 以下ㅣ 우룸 그치라 〈가례 7.7b〉

(1ㄱ)에서 '됴희졍, 됴희털'은 인명이며 '셔울'은 지명으로, 모두 고유 명사이다. (1ㄴ)에서는 '主人, 以下, 우롬'이 모두 보통 명사인데, 특히 '以下'는 추상 명사이다. '우롬'은 파생 명사이다. 중세 국어 시기의 우리말 문헌에서는 고유 명사를 대개 한자로 표기하였으나, 근대 국어에서는 한글 표기가 오히려 많다.

　　(2) 만일 *深衣*와 *帶*와 *履* 업거든 다만 *衫*과 *勒帛*과 *鞋*롤 쓰미 쏘 可ᄒ
　　　　니라 〈가례 5.11b〉

(2)에서 한자로 쓰여진 '*深衣, 帶, 履, 衫, 勒帛, 鞋*'가 다 명사이기는 하지만, 이들이 모두 구어에서도 쓰이는 등 우리말 한자어였다고 보기는 어렵다. 이 가운데에 일부 문헌에서 쓰인 한문식 어휘인 한문어가 있다면 그것을 우리말 한자어 어휘에 넣을 수는 없을 것이다. 이에 관해서는 여러 모로 검토가 필요하다.

　　보통 명사가 존칭으로 '-님'을, 복수로 '-내/-네/-늬'와 '-들'을 접미하는 것은 중세 국어와 같다. 중세 국어에서 '-내'는 약간의 높임 의미를 가졌으나, 근대 국어에선 이러한 의미를 가지고 있지 아니하다.

　　(3)ㄱ. 아바님이 할마님 ᄠᅥ나기롤 몯ᄒ시니 〈동신 효6.8b〉
　　　ㄴ. 小子ㅣ 아므란 鄕産을 先生ᄭᅴ 줄 쎠시 업스니 〈박통 하62a〉
　　　ㄷ. 부모 셤기기롤 셩효늘 극진히 ᄒ더니 〈동신 효8.39b〉
　　(4)ㄱ. 두 손드려 닐오디 그딋네 귀향온 줄을 셜워 말라 〈태평 1.7b〉
　　　ㄴ. 나그내늬 네 이 ᄆᆞᆯ을 ᄑᆞᆯ고져 ᄒᆞᄂᆞ냐 〈노걸 상62b〉
　　(5)ㄱ. ᄯᅩᄂᆞᆫ 어리로온 아희들의 씌노ᄂᆞᆫ 양과 놀래 뜻은 모로거니와
　　　　　〈첩해 6.8b〉

ㄴ. 두 ᄹᅩᆯ을 블러 닐오ᄃᆡ 〈동신 열4.6b〉

(3ㄱ)에서는 높임의 접미사 '-님'이 '아바님, 할마님'에 붙어 있다. 그러나 (3ㄴ)의 '先生'과 (3ㄷ)의 '부모' 등과 같이 현대 국어에서라면 당연히 '-님'을 붙여야 할 자리에 '-님'이 없다. 이는 고대 국어 이래 근대 국어에 이르기까지 마찬가지인데, '-님'의 사용이 중세 국어에 비해 늘어나지만 매우 많이 쓰게 된 것은 현대 국어에 들어와서이다. (4)에서 보는 복수 표지 '-내/네/ᄂᆡ'도 그리 많이 쓰이지는 않는다. (5ㄱ)의 '아희들'은 '아희'에 복수 접미사 '-들'이 붙은 것이다. 그러나 복수 조건이라도 (5ㄴ)의 '두 ᄹᅩᆯ'처럼 '-들'을 일반적으로는 잘 붙이지 않고 특별한 어휘(예: '우리들, 너희들')들에 관용적으로 붙이는 경우가 많다.

의존 명사들의 용법은 대체로 중세 국어에서와 같으나, 그 목록에서 약간의 차이를 갖는다.

(6)ㄱ. ᄧᅡᆼ>짝>작, ᄃᆞ, 스, 견ᄎ

ㄴ. 것, 곧>곳, 녁, 닷, 둧>듯, 둧/ᄃᆞ시>듯, 대로, ᄃᆡ>데, ᄃᆞᆮ>ᄃᆞᆺ, 동>둥, 디>지, ᄯᆞ름, 만, 분, ᄲᅮᆫ, 양, 이, 적, 죡죡, 줄, 톄>체

ㄷ. 김, 등(等), 만치, 셩, 제, ᄎᆞ>차(次), 터

ㄹ. 가지, 디위, 번(番), 분, 날, 둘, 히, 되, 말, 젼(錢), 사ᄅᆞᆷ

(7)ㄱ. 귀과 구블은 도로혀 덥단 증이 부를 적과 곪길 적과 더데 지을 제 ᄀᆞ장 사오나오니 〈두집 상35a〉

ㄴ. 네 이리 漢ㅅ 글을 빈홀 쟉시면 이 네 ᄆᆞ음으로 빈호ᄂᆞ다 〈노걸 상5b〉

(6ㄱ)은 이전 시기부터 계속되어 근대 국어까지만 쓰인 의존 명사이

고, (6ㄴ)은 이전 시기부터 와서 근대 국어를 거쳐 현대 국어로 이어지는 것이며, (6ㄷ)은 근대 국어에서 새로 생겨 오늘날도 쓰이는 의존 명사이다. (6ㄹ)은 중세 국어에서도 보이던 단위성 의존 명사이다. (7)에선 의존 명사 '적, 제'와 '쟨'의 용례를 보인다. '제'는 때를 말하는 '적'과 처격 '에'의 결합이고, '쟨'은 조건 경우의 '것' 정도 의미를 갖는다.

15세기에서 대표적인 의존 명사였던 'ᄃᆞ'와 'ᄉ'는 근대 국어에 들어서는 의존 명사로서의 용법이 매우 위축되고 조사나 동명사형 어미와 결합하여 용언의 활용 어미화하는 용법이 늘어난다. 이는 이미 이전 시기에서도 일부 나타나던 현상이다.

(8) ㄱ. 유명애 감동혼 둘 알리로다 〈권념 21b〉

ㄴ. 엇지훌 순 이 사슬 쌔혀 글 외오기며 엇지훌 순 이 免帖고 〈노중 상3b〉

(9) ㄱ. 이제 쏘혼 이 녜를 取훌 디니라 〈가례 10.29b〉

ㄴ. 짓기를 일ᄒᆞ던돌 져기 먹기 됴흘러니 〈박통 하45a〉

ㄷ. 數目 뎌것다가 北京의 가든 흠씌 혀어 뎌쟈 〈노걸 상21b〉

(10) ㄱ. 이러ᄐᆞ시 出入이 잇디 아닐 듯ᄒᆞ뒤 그 훌 시를 ᄀᆞ장 未審히 너기옵닉 〈첩해 4.2b-3a〉

ㄴ. 그 지아비 일로뻐 장촛 농봉뎌릭 갈식 쇼를 ᄐᆞ고 나가더니 〈동신 열3.21b〉

ㄷ. 아춤의 빅브를션졍 나죄 빅 골훌 줄을 혜아리디 아니ᄒᆞᄂᆞ 故로 〈경민 13a〉

(8)에서 '들'과 '순'에선 의존 명사 'ᄃᆞ'와 'ᄉ'의 용법을 볼 수 있지만, 이러한 쓰임은 대부분 사라지게 된다. (9)에서는 'ᄃᆞ'가, (10)에서는

'ㅅ'가 결합한 형태의 용법을 보인다. (9ㄱ)에서 'ᄃᆡ'는 의존 명사로 쓰였지만, (9ㄴ)의 '-ㄴᄃᆞᆯ'이나 (9ㄷ)의 '-든'은 활용 어미화하였다.[3] (10ㄱ)에서도 'ᄉᆞᆫᄉᆞᆫ'는 의존 명사이지만, (10ㄴ)의 '-ㄹ식'나 (10ㄷ)의 '-ㄹ션정'에서는 'ㅅ'가 어미의 일부로 녹아 있다.

3.1.2 대명사

대명사는 인칭 대명사와 지시 대명사로 나뉜다.

(11)ㄱ. 나곳 술을 탐ᄒᆞ면 취ᄒᆞᆫ 사ᄅᆞᆷ을 앗기ᄂᆞ니라 〈노걸 상37b〉

ㄴ. 법ᄉᆞ의 ᄠᅳ든 날ᄒᆞ로셔 몬져 이쇼ᄃᆡ 〈권념 15a〉

ㄷ. 날을 수이 죽이라 ᄒᆞ니 〈동신 효8.57b〉

ㄹ. 媚春아 네가 爺爺ᄭᅴ 告ᄒᆞ여 셜리 ᄒᆞᆫ 太醫를 請ᄒᆞ여 와 뎌를 뵈라 내가 爺爺ᄭᅴ 告티 아니ᄅᆞ니 내 그저 가 伍二官人을 請ᄒᆞ야 와 뎌를 고팀을 기ᄃᆞ리쇼셔 〈오전 2.37b〉

(12)ㄱ. 엇디 뼈 내 집을 듧ᄂᆞᆫ고 ᄒᆞ며 〈시경 1.17b-18a〉

ㄴ. 내 삼월 삼일애 ᄆᆞ릅애 원ᄒᆞᄂᆞᆫ 일이 이시니 이을 디나면 네 말을 좃ᄎᆞ리라 ᄒᆞ고 〈속삼 열5a〉

(13) 이제 너 下民이 或敢히 나를 侮ᄒᆞ랴 〈시경 8.8a〉

(14)ㄱ. ᄯᅩ 大廳地 衣도 늘가 다 하야뎌시니 그도 ᄀᆞᆯ 양으로 ᄒᆞᆸ소 〈첩해 2.11b-12a〉

---

3) 중세 국어 시기엔 이미 '-ㄴᄃᆞᆯ'처럼 'ᄃᆞ' 앞에 의존 명사가 있는 형태가 아니므로 '-거든/어든'의 '든'에 기원적으로 의존 명사 'ᄃᆞ'가 포함되어 있다는 것을 알기 어렵다. 이와 관련하여 구결 자료에서 이 어미가 어떻게 형성되는지 살핀 이용(2000)의 3.5장을 참고할 수 있다.

ㄴ. 어리셕은 사롬은 요망흔 말을 드르면 ᄆᆞᆷ이 혼란ᄒᆞ야 ᄒᆞ나도
장부의 긔운이 업셔 근심ᄒᆞ며 의심ᄒᆞ야 험흔 길노 가매 저ᄃᆞ려
무엇슬 구ᄒᆞᄂᆞᆫ가 무러도 저도 아지 못ᄒᆞᄂᆞᆫ도다 〈텬로 13b-14a〉

(15) ㄱ. 누구는 아븨 누의게 난 ᄌᆞ식고 〈노걸 상14b〉

ㄴ. 에오라 우리 모든 弟兄들 듕에 아모나 ᄒᆞ나히 喜事ㅣ 잇거든 곳
가 慶賀ᄒᆞ고 〈박통 상24a〉

(16) ㄱ. 써 글오ᄃᆡ 아므 벼슬 아모 公의 柩ㅣ라 ᄒᆞ라 〈가례 5.21b〉

ㄴ. 아모 히 아모 ᄃᆞᆯ 아모 날 글월 빙근 사롬 王아모 일홈 두고즈름
張아뫼 일홈 두엇다 〈노걸 하15b-16a〉

ㄷ. 아모 ᄃᆞᆯ이면 아모 방 쉬 공ᄒᆞ다 써셔 〈태산 63b〉

(11)은 제1인칭 대명사 '나'의 용례이다. (11ㄴ, ㄷ)에서는 단음절로 된
대명사 '나, 너, 누'가 'ㄹ'로 시작하는 조사와 결합할 때 'ㄹ'가 덧나는
현상을 보인다. (11ㄹ)에서는 '나'의 주격형 '내'가 두 가지 모습으로 나
오는데, 즉 '내가 爺爺ᄭᅴ 告티 아니리니 내 그저 가 伍二官人을 請ᄒᆞ
야 와'에서 주격 조사 '가'가 결합하기도 하고 주격 조사가 실현되지
않은 '내'로서 쓰이기도 하였다. (11ㄹ)에서 제2인칭 '너'의 주격형 '네'
는 주격 조사가 결합되어 있지만 '네' 역시 '내'와 같이 주격 조사의 실
현이 수의적이다. 중세 국어 이래 오늘날까지 1인칭 '내'와 2인칭 '네'
는 주격 외에 관형격도 형태가 같다. (12ㄱ)에선 관형격 '내', (12ㄴ)에선
관형격 '네'를 볼 수 있다.

(13)의 제2인칭 '너'와 (14)의 제3인칭 '그, 저' 등 근대 국어에서 인칭
대명사의 체계나 변이 형태는 중세 국어와 같다. (14ㄴ)에서 쓰인 제3
인칭의 '저'는 현대 국어에선 사라진다. 다만 근대 국어에 들어와, 미
지칭의 '누'는 여기에 의문 첨사 '고/구'가 결합한 '누고/누구'라는 형태

와 공존하며(15ㄱ), 부정칭 '아모'(15ㄴ)는 이형태 '아ㅁ, 아ᄆ, 아무'가 함께 쓰이기 시작한다. '아모'는 (16ㄱ, ㄴ)의 '아모 公, 王아모, 張아뫼'에서 사람 이름을 대신하기도 하며, (16ㄱ, ㄴ, ㄷ)에서 보듯이 사람 외의 사물을 가리키는 관형사로도 다양하게 널리 쓰인다.

사물을 가리키는 의문 대명사는 '믓'이며, (17)과 같이 여러 이형태를 보이며 형태가 변천한다.

> (17)ㄱ. 더러운 믓롤 다 틔의 갑ᄂᆞᆫ 방수를 조차 원근을 혜디 말고 ᄇᆞ
> 리라 〈태산 64a〉
>
> ㄴ. 녯 무렛 소리 난 사ᄅᆞᆷ미 주거 무티니 므스글 得홀 배 이시리오
> 〈두중 6.52a〉
>
> ㄷ. 입이 잇디 아니코 어듸 가리오 입은 ᄒᆞ여 밥먹기 므던ᄒᆞ거니와
> 눈을 ᄒᆞ여 므슴 ᄒᆞ리오 〈오전 2.37b〉
>
> ㄹ. 시방 잇ᄂᆞᆫ 거슬 먹이지 아니ᄒᆞ고 부졀업시 돈 허비ᄒᆞ여 집과 콩
> 을 사셔 므엇ᄒᆞ리오 〈청노 4.7a〉

중세 국어에서 '믓'는 모음으로 시작하는 격조사 앞에서는 '믓'으로, 공동격 조사 앞에서는 '믐'으로 바뀐다. 근대 국어에서 '믓'은 사라지고 '믓, 믐, 믓, 므엇'이 공존하다가 18세기에는 '무엇'으로 단일화한다. (17ㄴ)에 있는 '믓'('므스글')은, 중세 국어 초간본 『두시언해』의 '믓'이 중간본에 그대로 쓰인 것으로 보인다. 의문 대명사는 의문 관형사로도 쓰이나 '무엇'에 이르러는 관형사 용법이 사라진다.

> (18) 공쥬 ᄌᆞ가는 무슨 일고 그저 공줘라 ᄒᆞ여라 〈계축 하31b-32a〉

682

(19)ㄱ. 통곡통곡 흔심흔심 쓸곳 업산 져의 잔명 디의를 쫏ᄉ오니 아바

　　　아바 그리 아옵쇼셔 〈언간〉

　　ㄴ. 당시 닐오되 ᄒ마 밍시의게 긔약ᄒ니 비록 죽어도 제 엄이 의거

　　　할ᄃᆡ 업ᄉ니 원컨대 가 섬겨지라 ᄒ야ᄂᆞᆯ 〈속삼 열2a〉

(20) 能緣七識이 제 如ᄒ야: 能緣七識이 自如ᄒ야 〈원각 하3.2.35b〉

(21)ㄱ. 음부의 집은 디옥길이라 ᄒ엿ᄉ매 그 아름다온 용모가 나를 미

　　　혹홀까 무셔워 눈을 감으매 제가 나ᄃ려 욕ᄒ기에 내가 급히 피

　　　ᄒ야 왓노라 〈뎐로 80a〉

　　ㄴ. 직ᄉ 권득평이ᄂᆞᆫ 풍거 사름이라 제 아비 눈을 못보거늘 나며 들

　　　며 제 미양 붓들며 음식을 반ᄃᆞ시 친히 이밧더니 〈속삼 효31a〉

(22)ㄱ. 저희 高麗ㅅ 싸히셔 어귀예 ᄂᆞᆯ ᄀᆞ음아ᄂᆞᆫ 구의 우리 예과 비컨

　　　대 〈노걸 상46a〉

　　ㄴ. 만일 往年ᄀᆞ티 됴히 거두어시면 너희 두세 사름은 니ᄅᆞ디 말려

　　　니와 〈노걸 상49a〉

중세 국어에서의 재귀 대명사 'ᄌᆞ갸'는 근대 국어에서 궁중어 'ᄌᆞ가'로
남아 쓰인다. (18) (19ㄱ)은 고종(高宗) 시대 초기(19세기 말)에 쓰인 편지
글인데, 여기에서 1인칭 겸양의 '져'를 볼 수 있다. (19ㄴ)에서 '제'는 1
인칭 겸양 '저'에 관형격 조사가 결합한 형태이다. '저/져'는 중세 국어
에서 (20)처럼 '스스로, 자기'의 의미를 지녔는데, 근대 국어 말기에 와
서 겸양의 뜻을 가진 1인칭으로 쓰인 것이다. 그러나 이보다 앞서 '저'
에 주격이나 관형격 조사가 결합한 '제'형은 (21)과 같이 3인칭에서 재
귀 대명사로 근대 국어에서 널리 쓰이고 있다. (21ㄱ)의 '제가 나ᄃ려
욕ᄒ기에'와 (21ㄴ)의 '제 미양 붓들며'를 보면 '제'가 주격으로 쓰일 때
역시 주격 조사의 실현이 수의적임을 알 수 있다.

(22)에서 보이는 복수형 '우리, 저희, 너희'는 중세 국어에서도 쓴 형태인데, (22ㄱ)의 '저희 高麗人'와 (22ㄴ)의 '너희 두세 사롬은'에서처럼 뒤이은 명사와 동격으로 쓰이는 용법이 이미 근대 국어에서도 나타난다. 이들이 주격과 관형격 기능을 모두 할 수 있음은 중세 국어에서 오늘날에 이르기까지 같다.

(23)ㄱ. 당身과 밋 主昏ᄒᄂᆞᆫ 者ㅣ 朞 以上 喪이 업서야 〈가례 4.1b〉

ㄴ. 혹 當身이 未安이 너기ᄋᆞᆸ시거나 ᄒ면 〈인어 6.14a〉

(24)ㄱ. 자네 혼자 가셔도 인ᄉ샹의 낫븐 듸 업ᄉ니 … 多分 비가 올 거시니 遠見의 무러 보ᄋᆞᆸ소 〈첩해 1.7a-8b〉

ㄴ. 자네 잘 아ᄅᆞ셔 接待ᄒᄂᆞᆫ 분네의 禮를 슬와 주쇼셔 〈첩해 6.17a〉

ㄷ. 對馬島셔도 자닉는 上口ㅣ신 줄 聞及ᄒ엿ᄉ오니 斟酌 마ᄋᆞᆸ소 〈첩해 1.18b〉

ㄹ. 나는 ᄌᆞ닉를 아ᄂᆞᄃᆡ ᄌᆞ닉는 나를 모르니 〈명성 30b〉

'당신'은 (23ㄱ)처럼 원래 3인칭 존대어로만 쓰이다가 18세기부터는 (23ㄴ)과 같이 2인칭 높임의 대명사로도 사용된다. 현대 국어에서 '당신'이 2인칭일 때는 예사 높임을 받는 정도이다. (24)의 '자네'는 근대 국어 초기 구어체 문헌인 『첩해신어』에서 보이기 시작하는데, 'ᄒ오체'나 'ᄒ쇼셔체'와 호응하는 2인칭 높임 대명사로, '자닉, ᄌᆞ닉, ᄌᆞ네'로도 표기된다. 'ᄌᆞ닉'는 높임법에서의 위상이 점차 낮아져 19세기에서는 (24ㄹ)과 같이 하게체와 호응하게 되어, 현대 국어에서와 같아진다.

(25)ㄱ. 이 므슴 병고 〈태산 47a〉

ㄴ. 뎌 西南 모해 바ᄌ문 남녁 죠고만 널문이 긔라 〈노걸 하1b〉

ㄷ. 뎔로 더브러 商量ᄒ야 홀디니 〈가례 4.9b〉

ㄹ. 코흐로 피를 흘리면 무어슬 조차 고티리오 〈마경 하121a〉

지시 대명사 '이(25ㄱ), 그(25ㄴ), 뎌(25ㄷ)'의 용법도 (25)에서 보듯이 중세 국어에서와 같다. 여기에 '것'을 결합한 '이것, 그것'은 중세 국어에서부터 간혹 나타나 근대 국어에서도 쓰이지만, '뎌'에 '것'이 결합한 형태는 근대 국어 말까지 보이지 않는다. 이는 '뎌/저'가 대명사 용법이 사라지고 관형사로만 쓰이면서 대명사로는 '저것'으로 바뀐 현대 국어와 차이를 보인다. 미지칭은 이미 17세기부터 중세 국어에서와 같은 '므슥, 므스, 므슴, 무슴'과 더불어 '므섯, 므엇, 무엇'이 나타난다. '어느'는 중세 국어에서 관형사와 대명사로 다 쓰였으나 근대 국어에서는 대명사의 기능을 잃는다.

3.1.3 수사

수사는, 그 용법에서는 중세 국어와 큰 차이가 없지만 형태는 많이 바뀐다.

(26)ㄱ. ᄒ나ᄒ/ᄒ나, 둘ᄒ/둘, 세ᄒ/세/셋, 네ᄒ/네/넷, 다ᄉ, 여슷, 닐굽, 여듧, 아홉, 열, 스믈 …

ㄴ. 一, 二, 三 … 十, 百, 千, 萬, 億 …

ㄷ. 한둘, 두셋 … 두빅, 두어빅

(27)ㄱ. 첫재/첫직, 둘재/둘직, 셋재/셋직 … 열ᄒ나째 …

ㄴ. 第一, 第二, 第三 …

(28) ᄒᆞ나흔 ᄀᆞᆯ온 ᄀᆞ랍고 ᄲᅥ디고 치워ᄒᆞ고 니 ᄀᆞᆯ고 답답ᄒᆞ니오 둘재ᄂᆞᆫ
ᄀᆞᆯ온 검븕고 천급ᄒᆞ야 펀티 아니니오 셋재ᄂᆞᆫ ᄀᆞᆯ온 머리ᄂᆞᆫ 덥고 발
은 ᄎᆞ고 답답ᄒᆞ야 믈 먹고져 ᄒᆞᄂᆞ니오 〈두집 상48b〉

(26ㄱ)에서는 양수사를, (26ㄴ)에서는 서수사를 보인다. 17 · 18세기를
지나면서 'ᄒᆞ나ㅎ, 둘ㅎ' 등에서 ㅎ말음이 사라진 형태가 점차 더 많이
쓰인다. 중세 국어에서의 '온'과 '즈믄'은 사라져 한자어 '백, 천'으로
교체된다.[4] 서수사는 중세 국어의 'ᄒᆞ나차히, 둘차히 …'에서 '첫재/첫
지, 둘재/둘ᄌᆡ …'로 바뀐다. (27)의 서수사에 붙는 '-재'는 이미 16세
기에서부터 보이나, 당시에는 '첫재'가 아닌 'ᄒᆞ낫재/ᄒᆞ낟재'였다. (28)
에는 서수사들이 보이는데, '첫재'는 양수사 'ᄒᆞ나ㅎ'으로도 쓴다.

3.1.4 조사

조사는 격조사, 접속 조사, 보조사로 나뉜다.

[격조사]

근대 국어에서 명사가 문장 안에서 갖는 격형으로는 '주격, 목적격,
보격, 서술격, 관형격, 호격, 부사격' 등을 들 수 있다. 이는 중세 국어
나 현대 국어와 마찬가지로서, 문장의 통사 구조에서 격 체계는 오랜
기간 동안에 변화가 크게 없었음을 말해 준다. 다만 용언에 따라서는

---

4) '온'(百)은 근대 국어에 들어 간행된 문헌에는 『가례언해』나 『천자문』 그리고 송강가
사에 한 번씩 나오나 이는 보수적인 표현일 것이며, 이후 '온'과 '즈믄'은 보이지 않
는다. '온'은 '오래 머기면 온 모매 븕근 덤이 돋ᄂᆞ니 〈두집 상5b〉'에서처럼 이미 '전
부의, 모든' 의미의 관형사로 바뀌어 쓰인다.

그가 지배하는 격 구조에 일부 변화가 생기기도 한다. 음운론적으로 여러 이형태를 보이던 격조사의 형태는 점차 단순화하는 방향성을 보인다.

① 주격 조사

다음 예문에서 밑줄 친 부분은 명사 뒤에 주격 조사가 붙은 형태이다.

(29)ㄱ. <u>ᄇᄅᆷ이</u> 사오납더니 〈첩해 1.12a〉

ㄴ. <u>父母ㅣ 疾ㅣ</u> 겨시거든 〈여사 2.14b〉

ㄷ. <u>산뫼 혜</u> 거므면 〈태산 34a〉

ㄹ. 그 <u>내가</u> 병 긔운을 헤티ᄂᆞ니 〈벽신 15b〉

ㅁ. 믈과 피 나도 빈 아프디 아니면 바ᄅ 나흘 ᄲᅢ 아니니 〈태산 22a〉

(29)에서 'ᄇᄅᆷ이, 父母ㅣ, 疾ㅣ, 산뫼, 혜, 내가'는 모두 명사 아래에 주격 조사를 가졌는데, (29ㅁ)의 '피'와 '빈' 아래에서는 주격 조사가 실현되어 있지 않다. 'ㅣ' 모음 아래에서는 주격 조사의 비실현이 많이 나타나는데, 이를 제로 주격형이라고도 한다. 주격 조사 '가'는 16세기 후반 송강(松江) 자당(慈堂)의 서간문에서 처음 찾기도 하나 확실하지 않다. 주격 '가'는 근대 국어에 들어서 초기에는 i계 모음 아래에서 쓰이기 시작하다가 18세기 들어 모든 모음 아래로 확대된다. 구어가 많이 반영된 『첩해신어』에 '가'가 자주 나오는 것은, 이미 17세기에도 구어에서는 '가'가 널리 쓰였음을 뜻한다. 18세기 중반 이후 주격 조사는 자음 아래에서 '이', 모음 아래에서 '가'형을 갖는 것이 일반화한다. '이'는 모음 아래에서도 간혹 쓰이다가, 19세기에 이르러는 거의

'자(者), 나라(國)' 등의 아래에 한정된다. 'ㅣ'는 i계 이외의 모음으로 끝
나는 명사 아래에 주로 쓰이며, 17~18세기에는 i계 모음으로 끝난 한
자에도 자주 연결되었다. 'ㅣ'가 19세기에는 일부 보수적 표기에서 나
타나는데, 이러한 현상은 근대 개화기 문헌에서도 계속된다. '가'가 정
착하는 과정에서 18세기 중반 이후 '이가/ㅣ가'도 함께 쓰인다.

(30)ㄱ. 션대왕끠셔 문싱좌줘라 ㅎ신 하교로 보아도 〈명의 2.32a〉

　　ㄴ. 또 아바님겨셔 이감 넉 뎝 벗니 ㅎ고 유무 가ᄂ니〈순천김 133〉

　　ㄷ. 고을셔 다스리ᄂ 짜 大歲方 四方 가온디 짜홀 포디〈분문 2b〉

　　ㄹ. 빅시ᄂ 태원 사름이라 남진이 집을 불이고 즁이 되여늘 빅시이
　　　셔 싀엄이을 이밧고 나가디 아니ㅎ야 브즐어니 질삼ㅎ야 구실
　　　디답ㅎ더니 〈속삼 열1a〉

(31)ㄱ. 南印은 … 六祖끠셔 날시 南印이라 ㅎ니라 〈원각 서7b〉

　　ㄴ. 혼가지로 曾祖쎄셔 나시면 〈가례 1.17b〉

　　ㄷ. 나ㅣ 임의 셩부꾀서 나와 셰샹에 들어왓더니 〈성직 5.69a〉

주격 조사의 높임 형태는 (30ㄱ)처럼 '끠셔, 쎄셔' 등으로 나타난다.
'끠셔'는 원래 중세 국어에서 출발점을 나타내는 처소격 조사였고 이
러한 용법은 19세기까지도 이어지지만, 근대 국어 이후에는 존칭 주
격 조사로도 쓰인다. 그러나 (30ㄴ)을 보면, 1570년 전후로 보이는 16
세기의 편지글에서도 이미 '겨셔'가 주격으로 쓰이고, (30ㄷ)에선 처소
격으로 많이 쓰이는 보조사 '셔'가 주격 기능을 하고, (30ㄹ)에선 여기
에 주격 조사 '이'가 결합한 '이셔'형도 있다. (31ㄱ)은 15세기, (31ㄴ)은
17세기, (31ㄷ)은 19세기에 '끠셔'가 처소격(탈격)으로 기능하는 예이
다. '끠셔'는 여러 가지 형태로 나타나다가 19세기 중엽 이후 '쎄셔'로

일반화한다. 처소격 조사가 주격으로 기능하는 용법은 현대 국어에서도 흔하다.

한편 이와 비슷한 형태를 가진 '겨셔'는 '잇-/이시-'(在, 有)의 높임말 '겨시-'의 활용형인데, 역시 17세기부터 높임이 주어진 주격 자리에 쓰인다. '겨셔'형은 다른 주격 조사와 달리 그 아래에 보조사 '는, 도, 와' 등과 잘 결합한다.

(32) ㄱ. 東萊겨셔도 어제ᄂᆞᆫ 일긔 사오나온ᄃᆡ 언머 슈고로이 건너시도다 념녀ᄒᆞ시고 問安ᄒᆞᄋᆞᆸ시데 〈첩해 1.21b-22a〉
ㄴ. 두유산 실영계셔 부인 ᄯᅴᆨ으로 지시ᄒᆞ기로 왓사오니 〈열여 상2b〉
ㄷ. 우의게셔 세 치ᄂᆞᆫ 믿디 못ᄒᆞ고 여외고 병드러 상ᄉᆞ난 집 ᄀᆡ 갓다 ᄒᆞ더라 〈십구 1.94b〉

(33) ㄱ. 녯적의 경묘겨오셔 션대왕을 명ᄒᆞ샤 〈명의 2.21b〉
ㄴ. 공자임계옵셔 후ᄉᆡᆼ을 ᄉᆡᆼ각하사 명윤당의 현몽ᄒᆞ고 〈열여 상15a〉

(32)의 '겨셔/계셔' 등이 17세기부터 나오고, 이러한 주격 기능 조사의 극존칭 형태로 (33)의 '겨오셔/계옵셔/겨ᄋᆞᆸ셔' 등의 용례가 18세기부터 나온다. (32)의 '계셔'와 (30)의 'ᄭᅴ셔'는 형태가 유사하여 혼란을 일으키다가 19세기 중엽 이후로는 'ᄭᅨ셔, ᄭᅨ옵셔'로 정리된다. (34)의 예는 이를 보인다.

(34) ㄱ. 代宮ᄂᆡᄭᅨ셔 目睹ᄒᆞ시ᄂᆞᆫ 일이오니 〈인어 7.15b〉
ㄴ. 샹뎨ᄭᅨ옵셔 긍측히 역이ᄉᆞ 〈조군 20a〉

② 목적격 조사

목적격 조사는 음운 조건에 따라 '올, 을, 롤, 를, ㄹ'이 쓰이는데,
이는 이전 시기와 같다.

(35)ㄱ. 덧덧흔 거슬 허러 ᄇ리며 풍쇽을 어즈러이ᄂ 빅셩은 〈경민
23b〉

ㄴ. 兩國境의 소임을 ᄒᄂ 사ᄅ름이 너비 ᄀ음아디 못ᄒ면 〈첩해
9.10b〉

ㄷ. 지아비 사라실 제 ᄲ러딘 니과 머리털과 믿 손 자최룰 샹해 옷
씩 ᄊ이예 두더라 〈동신 열7.14b〉

ㄹ. 너 主人아 이믜셔 나룰 위ᄒ여 사라 가라 〈노걸 상19a〉

ㅁ. 네 날 위ᄒ여 팔즈 보고려 〈노걸 하64a〉

근대 국어 초기에는 중세 국어에서와 같이 음운 환경에 따라 여러 이
형태들이 쓰인다. 모음 조화에 의한 분별에서는 혼동이 있기도 하여,
'올/을' 혼용에선 '을'이, '롤/를' 혼용에선 '를'이 우세한 경향을 보인
다. '올'은 18세기 이후 쓰임이 줄어서 19세기 이후 'ㅅ, ㅈ, ㅊ' 말음 아
래 외에서는 '을'로 교체되고, '롤'도 19세기 중엽 이후에는 대개 '를'로
교체되어, 19세기 후반에는 '을, 를'로 정착한다. 'ㄹ'는, 중세 국어에서
모음 아래에서 널리 쓰였으나 점차 출현이 줄어 인칭 대명사 '나, 누'
등에 주로 나타나며, 구어 외에서는 빈도가 낮은 상태로 현대 국어를
맞는다. 앞에서 주격 조사가 생략되는 예들을 보았는데, 목적격 조사
는 이보다도 더욱 생략이 빈번하다. (35ㅁ)의 '팔즈' 아래에서도 목적
격 조사 '룰'이 생략되어 있다. 그러나 목적격 조사의 생략은 대명사나
용언의 명사형에서는 잘 일어나지 않는 것으로 알려져 있다.

부사격 자리에 목적격 조사를 쓰는 용법은 중세 국어에 이어 계속된다.

(36)ㄱ. 이 세 낫 지즑을 너를 주니 〈노걸 상23a〉

ㄴ. 楚 伍子胥ㅣ 難을 도망ᄒ야 漂水를 디나더니 〈여사 4.47b〉

(36ㄱ)에서 '주니'의 여격 자리에 목적격 '너를'이 왔고, (36ㄴ)의 탈격 자리에도 '難을'과 같이 목적격 조사가 쓰였다. 이러한 용법은 근대 국어 후기에 들어서야 조금씩 줄어들지만 현대 국어에서도 일부 남아 있다.

③ 보격 조사

보격 조사는 주격 조사와 같은 형태로, '이'와 '가'가 있다.

(37)ㄱ. 슈괴 허일이 될가 〈첩해 5.28a〉

ㄴ. 昧然히 匣의 歸ᄒ니 저컨댄 得홈이 아닌가 ᄒ노라 ᄒ고 〈가례 9.26a〉

ㄷ. 셰 ᄃᆡᄂᆞᆫ 창녀 되고 칠 ᄃᆡ를 소가 되고 〈태상 1.47a〉

ㄹ. 乾이 馬ㅣ 되고 坤이 牛ㅣ 되고 震이 龍이 되고 巽이 鷄 되고 坎 이 豕 되고 離ㅣ 雉 되고 艮이 狗ㅣ 되고 兌ㅣ 羊ㅣ 되니라 〈주역 7.8b〉

(37ㄱ)의 '허일이', (37ㄴ)의 '得홈이'에서 보격 조사를 보인다. 보격 조사의 출현 형태는 위의 주격 조사와 마찬가지이나, 주격에 비해 비실현 형태가 많은 편이다. (37ㄷ)에서도 '소' 아래에선 보격 '가'가 실현되

었으나, '창녀' 아래에선 보격 조사가 보이지 않는다. (37ㄷ, ㄹ)을 보면 'ㅣ'계 모음 아래를 포함하여 대체적으로 보격 조사가 실현되지 않는 표현이 많음을 알 수 있다. 보격 조사에선 '이'에서 '가'로 교체되는 시기가 주격보다 좀 늦어 18세기부터 나타난다. 또한 주격에서 보이는 과도기적 '이가/ㅣ가' 형태를 보격에선 보기 어렵다.

④ 서술격 조사
서술격 조사는 '이라/ㅣ라'형을 갖는다.

> (38)ㄱ. 이 거시 늙금을 믈리치고 도로 졈게 ᄒᄂᆞᆫ 術이라 〈자소 13a〉
>
> ㄴ. 本寺ᄂᆞᆫ 곧 나라 人式庫ㅣ라 兵戎器械ㅣ 精利티 아니티 아니ᄒᆞ되 〈자소 1b〉
>
> ㄷ. 길흔 즁 흉흔 즁 분변ᄒᆞ기라 〈두집 상46a〉
>
> ㄹ. 츅슈 〃 ᄒᆞ며 나ᄂᆞᆫ ᄒᆞᆫ가지다 오ᄂᆞᆯ 일긔 극열이다 됴동희ᄂᆞᆫ … 〈명성황후 언간 59〉[5]

서술격 조사는 (38ㄱ)의 '이라'형과 (38ㄴ)의 'ㅣ라', (38ㄷ)의 '라'로 나타나는데, '이-' 형태가 실현되는 음운론적 조건은 주격 조사 '이'와 같다. 이러한 출현 양상은 중세 국어에서와도 같다. 'ㅣ라'형 역시 19세기까지도 많이 쓰인다. (38ㄹ)의 'ᄒᆞᆫ가지다, 극열이다'에서 보듯이 19세기 말에 오면 '이다'형이 나타나며, 이 형태는 20세기에 들어 급격히 일반화한다. 이는 근대 국어에서 용언의 종결 어미 '-라>-다'의 변화보다 다소 늦게 진행된다.

---

5) 이는 황문환(2015: 92)에서 든 용례로, 1890~1895년에 쓰인 것이라 한다.

근대 국어에서 서술격 조사의 활용 형태는 중세 국어와 같이 나타나지만, 후기에 들면서 '-다'와 '-라', '-도다'와 '-로다, -로라', '-더-'와 '-러-', '-고'와 '-오' 등이 함께 실현되어 현대 국어로 이어진다.

5 관형격 조사

관형격 조사는 '이/의'와 'ㅅ'계가 있다. 주로 유정 체언에는 '이/의', 무정 체언에는 'ㅅ'가 쓰이던 중세 국어의 용법이 이어지지만, 높임의 유정 체언에 붙던 'ㅅ'의 용법은 17세기부터 크게 줄어든다. 'ㅅ'는 17세기 중엽 이후 거의 합성 명사 표지의 기능만을 가지며, 18세기까지 극히 일부에서 관형격 조사로 나타난다.

> (39)ㄱ. 나의 ᄀᆞᆺ브믈 혜아리매 〈첩해 8.16a〉
>
> ㄴ. ᄂᆞ믹 셔적을 널니 본 공부 업고 〈조군 2a〉
>
> ㄷ. 當今에 聖主ㅣ 큰 福이 하늘과 ᄀᆞ즉ᄒᆞ야 風調雨順ᄒᆞ고 國泰民安ᄒᆞ되 〈박통 상1a〉
>
> ㄹ. 東萊ㅅ 百姓도 견딕디 못홀 일은 〈첩해 4.24a-b〉
>
> ㅁ. 염왕의 명을 피홈 어렵거니와 〈권념 4a〉
>
> ㅂ. 글ᄒᆞᄂᆞᆫ 신하에 허물을 ᄭᅮ미지 말며 〈명성 26b〉
>
> ㅅ. ᄉᆞ나희 졍긔 ᄎᆞ니과 겨집 혈긔 쇠ᄒᆞ니ᄂᆞᆫ 다 틱긔 몬 되ᄂᆞ니라 〈태산 1a〉

'이'는 17세기 중엽 이후 쓰임이 부쩍 줄어 '의'로 통일되어 간다. (39ㄴ)의 'ᄂᆞᆷ'은 19세기 말까지도 계속 '익'가 결합하여 'ᄂᆞ믹'로 쓰이던 특수한 경우이다. 'ㅅ'는 관형격 조사로 쓰이는 예가 점차 줄어 근대 후기에는 매우 드물게 나타난다. (39ㅁ)에서 '염왕'은 높임을 받을 유정 체언이지만 'ㅅ'가 아닌 '의'가 쓰였다. 'ㅣ'는 (39ㄷ)처럼 일부 동물명이나 한자 표기 아래에서 나타나고 인칭 대명사 '나, 너, 누, 저'와 결합하여 쓰이기도 하지만, (39ㄱ)과 같이 '의'가 일반화한다. (39ㅂ)처럼 '의, 익'가 나올 자리에 '에'가 쓰인 문헌들이 17세기에는 일부 있지만 그 이후에는 출현이 아주 드물다. (39ㅅ)의 '겨집' 아래에서는 관형격 조사가 생략되었는데, 이러한 생략은 대개 [+유정성]의 명사 아래에서 일어난다.

'ㅅ'가 접속 조사나 처소격 조사, 또는 활용 어미 등의 아래에 결합하던 중세 국어에서의 용법은 근대 국어에서도 전기에나 드물게 보인다.

(40)ㄱ. ᄇᄅᆷ과 구룸괏 ᄊᆞᆺ ᄒᆞᆫ 모히로다 〈두중 2.29b〉

　　ㄴ. ᄉᆞ방 튱의옛 션븨 엇디 다만 눈을 벗고 목을 느릐혀 태평을 샹망ᄒᆞᆯ ᄯᆞᄅᆷ이리오 〈천의 1.45a〉

(41)ㄱ. 엇디 ᄒᆞᆫ갓 謙讓ᄒᆞᆫ닷 일홈을 엇고져 ᄒᆞ야 〈어내 2.43b〉

　　ㄴ. 긔희년 녀름에 덕샹이 텬하의 집 일이랏 말노뻐 나ᄅᆞᆯ 향ᄒᆞ야 니ᄅᆞ니 〈신서윤음 4a〉

(42) 가음연 빅셩이 이셔 병드러 쟝ᄎᆺ 죽게 되니 〈종덕 하56a〉

(40ㄱ)에선 'ㅅ'가 접속 조사 '과', (40ㄴ)에선 처소격 조사 '예' 아래에 붙어 복합격을 이루었다. (41ㄱ)의 '謙讓ᄒᆞᆫ닷'에선 종결 어미 '-ㄴ다' 아래에, (41ㄴ)의 '일이랏'은 서술격 조사의 종결형 '이라' 아래에 'ㅅ'가 왔다. (42)에선 부사 '쟝ᄎᆺ'에 결합하였다. (40)~(42)와 같은 용법은 18세기 중반 이후에는 거의 찾아볼 수 없다.

(43)ㄱ. 역적을 쇠홈은 다 너의 쥬장ᄒᆞᆫ 배라 〈속명의 2.2b〉

ㄴ. 또 內府에 술 ᄀᆞ음아ᄂᆞᆫ 官人들의 비즌 됴흔 술을 여라믄 병을 어더 오미 엇더ᄒᆞ뇨 〈박통 상2b〉

(44)ㄱ. 엇지 ᄒᆞᆫ가지로 풍년의 즐김을 누려 〈함경윤음 2a〉

ㄴ. 幾ᄂᆞᆫ 動의 微니 吉凶의 몬져 見ᄒᆞᄂᆞᆫ 者ㅣ니 〈주역 6.19a〉

주어나 목적어 기능을 갖는 관형격 조사 용법은 중세 국어에 이어 계속 쓰이지만 그 빈도가 이전만 못하다. (43ㄱ)에서 관형격 '너의'는 서술어 '쥬장ᄒᆞ-'의 의미상 주어로 행위자역 의미를 가지며, (43ㄴ)에서 '官人들의'는 서술어 '비즌'의 의미상 주어가 된다. (44ㄱ)의 '풍년의'는 서술어 '즐기-'의 의미상 목적어이며, (44ㄴ)에서 '吉凶의'는 서술어 '見ᄒᆞ-'의 의미상 목적어 기능을 갖는다. (43)과 (44)에서 관형격 조사는 '이/의'만 가능한데, 'ㅅ'의 이러한 기능은 16세기 말에 이미 상실되었다. 이와 같은 용례는 차츰 줄어 19세기 이후엔 거의 나타나지 않는다.

6 호격 조사

(45)ㄱ. 先生아 네 니ᄅᆞ라 〈박통 하56b〉

ㄴ. 보련하 덕자야 이 간절ᄒᆞᆫ ᄠᅳᆺ을 듯고 〈관성제 5a〉

ㄷ. 뎌 간ᄉᆞᆫ 아희여 날노 더브러 둇티 못ᄒᆞ도다 ᄒᆞ시니 〈십구 1.41b〉

ㄹ. 樂只쟈 오늘이여 즐거온쟈 今日이야 〈진청 92〉

(46)ㄱ. 봉사님 남녀간 무어시요 〈심쳥 4a〉

(47)ㄱ. 녀보 토션싱 가나 안니 가나 늬 말 줌간 듯고 가오 〈별쥬 27a〉

ㄴ. 張太醫 先生아 請홈이 잇다 〈오전 2.38b〉

(45)에서는 호격 조사 '아/야/여, 하, 이여'를 보인다. 모음 아래에서 간혹 '아'가 혼용되기도 하는 것은 이전 시대에도 있었던 현상의 계속 이지만, 이젠 모음 아래에서 거의 '야'로 통일된다. 높임 호격의 '하'는 '아'와 높임 차별성이 크게 약화되면서 그 쓰임도 거의 사라져 18세기 이후에는 일부 문헌에서만 나타난다. 감탄의 뜻을 가지는 '여'는 평칭 과 존칭에 두루 쓰이며, 현대 국어에까지 이어진다. (46)에서 보듯이 존칭에서는 호격 조사 없이 '-님' 형태로만 부르는 용법이 생겨 존칭 호격 형태의 출현을 대신할 수 있게 된다. 이러한 용법은 중세 국어에 서도 있었으나 근대 국어에서 일반화한 것으로 보인다. (47)에선 똑같 이 부가되는 말과 결합된 '션싱/先生'을 부르는 조건이지만, (47ㄱ)에 서는 호격 조사가 없다. 이처럼 '-님' 이외에서도 호격 조사가 없는 표 현은 근대 국어에서부터 비롯되고 있다.

⑦ 부사격 조사

부사격 조사에는 처소격, 도구격, 비교격, 동반격, 변성격 등이 있다.

(48)ㄱ. 어믜 복듕에 더러운 믈을 머겨 아긔 오장의 드러 〈언두 상1b〉
　　ㄴ. 임진왜난의 샹쥐 목수 되어셔 ᄆ춤내 맛튼 짜히 ᄢ나디 아니ᄒ 고 〈동신 츙1.48b〉
(49) 그 本은 집의셔 日用애 덛덛훈 녜니 〈가례 1.서2b〉

(48)의 '복듕에, 오장의, 임진왜난의, 짜히'에는 처소격 조사가 있다. 처소격 조사로 '애/에/예/의/의'가 근대 국어 초기에는 다 쓰인다. '애' 는 18세기 후반엔 사용이 줄어 명사형 어미 '-음' 아래에서나 남아 있 다가 19세기 이후에는 거의 안 보인다. i계 모음 아래에서 쓰이던 '예'

도 쓰임이 점차 줄어 19세기 이후엔 사용이 아주 적다. '의' 역시 18세기 이래 사용이 줄어 19세기엔 명사형 '-음'이나 ㅎ종성 체언, 치찰음 아래에서 일부 쓰이는 정도이며, 양성 모음 아래에서도 '의'형이 더 많이 나타난다. '의'도 18세기까지는 활발히 쓰이다가 19세기 이후 급격히 줄어든다. 결국 위치를 나타내는 처소격 조사들은 19세기에 들어 모두 '에'형으로 통합한다. (49)에서 '의셔'는 보조사 '셔'가 처소격과 결합하여 위치를 말하는 처소격으로 기능하는데, 이 역시 18세기 후반 이후 '에셔'형으로 통합해 간다.

(50) ㄱ. 뇌일 눔의게 꾸지람 드르리라 〈노걸 상34a〉

ㄴ. 사르미게 ᄒᆞ마 分이 업스니 〈두중 11.28b〉

ㄷ. 老夫人께 拜賀禮를 行ᄒᆞᆯ 거시니이다 〈오전 3.24b〉

ㄹ. 내 漢ㅅ 사룸의손ᄃᆡ 글 빅호니 〈노걸 상2a〉

ㅁ. 물을 두루혀 子龍ᄃᆞ려 무로되 〈삼역 10.25b〉

처소격 가운데 낙착점을 나타내는 것을 특히 여격이라고도 한다. (50)에는 여격 조사 '의게/이게, 께, 의손ᄃᆡ, ᄃᆞ려'가 있다. '이게' 역시 '의게'를 거쳐 19세기에는 '에게'로 많이 쓰인다. 높임의 '씌/께/게'는 18세기를 지나면서 '께/게'로 바뀌고, '의손ᄃᆡ'는 18세기를 끝으로 사라진다. 'ᄃᆞ려'는 중세 국어에서 근대 국어 말까지 지속되는 여격 조사로, 19세기 말엔 '더러'로 나타난다.

(51) ㄱ. 젼년붓터 하늘히 ᄀᆞ무라 〈노걸 상24a〉

ㄴ. 머리로브터 가슴애 니르러 〈두집 상34a〉

출발점을 나타내는 처소격에는 '에서, 브터' 등이 있다. '브터'는 중세 국어에서 대격이나 처격을 지배하기도 하였으나, 근대 국어에서는 명사 아래나 처격 '애/에, 으로' 아래에 온다. 중세 국어에서 계속되는 '(으)로브터'와 '(으)로셔'는 모두 탈격을 나타내는데, 근대 국어 후기에는 점차 '(으)로브터'로 집중되어 근대 개화기를 지나서는 거의 이 형태만 쓰이게 된다.

지향점을 나타내는 처소격에는 '(으)로'가 있다.

(52) 反호매 面을 니ᄅᆞᆫ 쟤ᄂᆞᆫ 박그로 조차 와시니 〈가례 2.11a〉

(52)의 '박그로'에서 '으로'는 지향점을 갖는다.

(53) ㄱ. 살로 ᄡᅩ아 믈게 ᄂᆞ려디니 〈노걸 상27a〉
ㄴ. 일을 시기시고 사ᄅᆞᆷ으로 代ᄒᆞ거시든 〈내중 1.41b〉
ㄷ. 손ᄀᆞ락오로 곳구무 위ᄂᆞ니ᄂᆞᆫ 죽ᄂᆞ니라 〈두집 상49b〉
ㄹ. 텬ᄌᆞᄂᆞᆫ 공으로ᄡᅥ 고굉을 삼고 〈오륜 2.40a〉

도구격 조사도 '(으)로'이다. 초기에는 간혹 'ᄋᆞ로'도 보이나 '으로'로 통일되어 간다. 근대 국어에서 /ㅡ/의 원순모음화로 선행 자음이 순음일 때 '오로, 우로'로 쓰이기도 하지만 일부 혼란한 표기가 나타나기도 한다. '으로ᄡᅥ'도 같은 기능으로 이전 시기부터 내려오지만, 근대 국어 말 이후 쓰임이 늘어난다.

(54) ㄱ. 브른 제 ᄒᆞᆫ 말 어둠두곤 더으니 〈번노 상43〉
ㄴ. 부귀지인은 지력이 죡ᄒᆞ매 범인보다가 더 쉬오니라 〈경신 84〉

ㄷ. 不孝ᄒᆞᆫ 罪ᄂᆞᆫ 이에셔 크리오 〈가례 5: 33b〉

(54)의 '두곤, 보다가, 에셔'는 비교격 조사이다. 중세 국어 후기에 생긴 '두곤'이 '도곤'으로 바뀌며 19세기까지 가지만, 대개는 18세기경에 '보다가'로 교체되고 19세기에는 대부분 '보다'가 쓰인다. '에셔'는 이전 시기에 많이 쓰였으나, 근대 국어에서 점차 쓰임이 줄어든다. 중세 국어에서 쓰이던 '라와, 에서'는 근대 국어 초기에 간혹 사용되지만 곧바로 위축된다. 대체로 동등 비교는 'NP1이 NP2이/와/에/로더브러 ᄀᆞᇀ-' 구문이고, 차등 비교는 'NP1이 NP2에/의게/와/ᄭᅴ와/ᄒᆞ고/로더브러/에셔/의게셔 다ᄅᆞ-'의 구문이다. 비교격 조사로는 이 밖에 '마, 마도, 마곰, 마치'와 '만, 만도, 만콤, 만치' 등이 있고, '텨로/쳐로'와 'ᄀᆞ치'도 있다. 오늘날 '마'계는 사라지고 '만'계만 이어지며, '텨로'는 '처럼'으로, 'ᄀᆞ치'는 '같이'로 계속된다.

(55)ㄱ. 그 가음여름이 비록 셕슝과 ᄀᆞᇀ든들 〈어경 .9a〉

　　ㄴ. 그 후에 한나라이 흉노ᄒᆞ고 화친ᄒᆞ여 〈명성 33b〉

　　ㄷ. 락임은 림한 후겸 모든 역적으로더브러 디쳬 크게 ᄃᆞᄅᆞ미 이시니 〈속명의 2.17b〉

　　ㄹ. 뮴티 아니ᄒᆞ신 者와더브러 서ᄅᆞ 反ᄒᆞ니라 〈가례 7.5a〉

　　ㅁ. 내 인ᄒᆞ여 널로ᄃᆞ려 ᄒᆞᆫ가지로 가 〈오전 6.35a〉

(55)의 '셕슝과, 흉노ᄒᆞ고, 역적으로더브러, 者와더브러, 널로ᄃᆞ려'에는 동반격 조사 '과/와, ᄒᆞ고, 로더브러, 와더브러, 로ᄃᆞ려'가 결합되어 있다. '와/과'가 출현하는 음운 조건은 접속 조사와 같다. '로더브러'는 19세기까지 쓰이며, '와더브러'는 현대 국어에서 분리 어휘화하

여 '와 더불어'가 된다. '로두려'는 중세 국어에서 '룰두려' 형태로 쓰이다가 근대 국어에 들어 결합 형태를 바꾼 것인데, 두 형태 모두 18세기 중반까지 쓰인다.

변성격 조사 '로'의 쓰임은 중세 국어와 같다.

(56)ㄱ. 긔치 세 줄로 눈호라 〈연병 13b〉

ㄴ. 두창과 딘창은 틱독으로 되는 거시니 〈두집 상3b〉

(56)에서 '로/으로'는 변성격 조사로 쓰인 것이다.

인용의 표현은 (57)과 같이 나타난다.

(57)ㄱ. 밍지 글으샤딕 셩인은 인뉸의 지극ᄒ오시다 ᄒ니 〈쳔의 차 즈.3a〉

ㄴ. 위는 샹을 ᄇ라 겁틱ᄒ는 도적이라고 ᄒ야 옥아젼이 뇌물을 밧고 〈죵덕 상31a-b〉

(57ㄱ)은 인용의 조사가 없이 '-다 ᄒ-' 형태를 가지는 전통적인 표현이고, (57ㄴ)은 '-라고 ᄒ-'라는 새로운 형태이다. 여기에서 종결 어미 '-라' 뒤에 오는 '고'는 18세기 후반에 처음으로 나타나는데, 이를 인용의 조사라고 할 수 있다.

[접속 조사]

접속 조사에는 '과, 와'가 대표적이다.

(58)ㄱ. 어미와 아들이 다 사니라 〈동신 효3.39b〉

ㄴ. 아비와 형과 아ᄋ들흔 다 피졉나고 〈속삼 효22a〉

ㄷ. 과즐과 건믈과 머글 거슬 다 머검즉이 쟝만ᄒ엿ᄉ오니 〈쳡해 2.8a〉

(59)ㄱ. 입ᄒ고 코ᄂ 어이 므ᄉ 일 조차셔 후루룩 비쥭ᄒᄂ니 〈청구 511〉

ㄴ. 오 푼이나 흔 돈이나 사당 픈 믈에 플어 머기면 〈두집 상9a〉

ㄷ. 방이며 지블 온화케 홈이 맛당ᄒ니라 〈두집 하38b〉

ㄹ. 葭이여 葭이여 風이 그 너를 漂면 너를 要호리라 〈시경 4.25a〉

(58ㄱ)에 '와', (58ㄴ)에 '와, 과', (58ㄷ)에 '과'가 있다. 17세기까지는 'ㄹ' 말음 아래에서 '와'와 '과'가 혼용되어 쓰이다 이후에는 거의 '과'가 온다. 접속 조사가 둘 이상이 계속될 때 모든 자리에 다 나타나 맨 나중 자리에도 쓰는 방식은 이제 거의 없어진다. (58)에선 (58ㄴ)에서만 마지막 자리 '말솜'에도 '과'가 쓰였다. (59)에서 '하고, 이나, 이며, 이여' 도 접속 조사 역할을 한다. 이전 시기부터 이어지는 이들은 대개 오늘날에도 쓰이나, '이여'는 근대 국어에서도 『시경언해』와 같이 의고적인 표현에서나 간혹 보이다가 사라진다.

[보조사]

위와 같은 격조사와 접속 조사 외에도 보조사들이 폭넓게 쓰이는데, 이는 중세 국어나 현대 국어에서와 마찬가지이다. (60)과 (61)은 대표적인 보조사들이다.

(60)ㄱ. ᄀ티/ᄀᆮ티/ᄀᆺ티/ᄀ치: 그 ᄀ를 수과ᄀ티 사당을 녀허 찌허 〈두집 상9a〉

ㄴ. 싯지: 칠월 보름 후로 서리 아니 온 젼싯지는 〈자초 15a〉

ㄷ. 는/은/ㄴ: 그듸는 상례 공양호믈 부모곤티 호샤 〈권념 10a〉

아래론 가히 뻐 子孫을 니음드라 〈여훈 하8a〉

ㄹ. 은쿠니와: 비 우히 넙은 널 싯라시면 사름 건너믄쿠니와 믈 힝
키도 되리라 〈삼역 7.19a〉

ㅁ. 나마: 이번 일은 니르도록 니르도록 아름다온 御禮 몸애나마 心
低대로는 펴디 못홀송이다 〈첩해 8.31b〉

ㅂ. 다가: 오직 文潞公이 가廟룰 西京의다가 셰오고 〈가례 1.8a〉
뎌 太醫 쑥으로다가 엇디 쓰더뇨 뎨 므른 쑥을다가 부븨여 발
안쥐 머리 샏쏙흔 쎄 우희 노코 불로 쑥에다가 부쳐 잇긋 타
쑥이 다 지 되니 〈박신 1.37b-38a〉

ㅅ. 다이: 이다이 용심호야 드니면 〈번노 하43a〉

ㅇ. 대로: 네대로(隨你) 〈역어 하46a〉

ㅈ. 도: 그도 됴타 가져 오라 〈노걸 상37a〉

ㅊ. 도곤/두곤: 극진이 권호심 아므 일도곤 감격호여 〈첩해 9.15b〉
宰我ㅣ 굴오듸 뻐 子의 夫子 보오모론 堯舜두곤 賢호샤미 머르
샷다 〈맹자 2.24a〉

ㅋ. 란/랑: 굿난 아기랑 세 환을 쪄제 ᄀ라 머근이란 닐
굽 환 머기고 세 설 머그니랑 열 다솟 환을 머기라 〈두집 상5b〉

ㅌ. 므자: 내 몸을 내므자 니즈니 눔이 아니 니즈랴 〈청구 147〉

ㅍ. 마다: 졋엄이를 식후마다 머기고 〈태산 74a〉

ㅎ. 만: 죽음만 굿디 못ᄒ다 〈오륜 2.8a〉

가. 브터: 젼브터 드르니 병 드르시다 듯고 〈첩해 3.2b〉
처엄으로브터 내죵드리 밥 잘 먹는 이는 슌ᄒ니라 〈두집 하39a〉

나. 셔: 쏘 셔울셔 反事 츌히기예 二日三日이나 하면 〈첩해 5.9a〉

오직 祝이 西階 上의셔 東面ᄒ야 利成을 告ᄒ라 〈가례 9.9b〉

高麗 싸흐로셔 오니 〈노걸 상46a〉

어려셔브터 어버이 셤교믈 어글으츠미 업고 〈동신 효6.9b〉

다. 식: ᄒ 술위에 두 짐식 ᄒ여 미러 가져가쟈 〈박통 상13a〉

또 ᄒ 방문의 파흰 믿틀 즙내고 졋과 각 반씩 석거 〈태산 71a〉

라. (이)나: 산싀 어렵거든 ᄂᄂ ᄃ라믜 겁질이나 혹 희매나 셕연 지
나 〈태산 31b〉

믜 아흔 환싄 아젹긔 소곰믈이나 ᄃᄂ 술의나 숨씨고 〈태산 2b〉

마. (이)며: 墳이며 碑며 石獸의 크며 효그며 하며 젹그미 〈가례
8.18b〉

바. (이)도록: 손소 분지반 내믈 네 히도록 그치디 아니ᄒ야 〈동신
속효2b〉

사. (이)라셔: 뉘라셔 날 늙다ᄂᄂ고 〈청구 292〉[6)]

아. 조차: 너조차 날을 긔이니 〈한중 186〉

자. 톄로/텨로/쳐로: 이샹 곡읍을 젼톄로 ᄒ읍시면 〈숙종 언간〉

차. 요: 죄 업ᄂ 빅셩을 만히 죽여쓰니 이도 나에 죄야요 〈어제유팔
도사도긔로인민등륜음(1882) 1b〉

'도착' 의미를 갖는 (60ㄴ)의 '싯지'는 16세기 말에 나타나 '싯장'과 함
께 쓰이는데, 이후 점차 '싯지'로 모아진다. (60ㄹ)의 '은커니와'는 현대
국어에서는 '은'과 '커녕'으로 분리되어, '커녕'이 보조사와 부사로 쓰이
고 있다. '나마'가 중세 국어에선 아직 보조사로의 문법화가 덜 진행
된 상태였으나, 근대 국어 초기인 (60ㅁ)에서는 완전한 보조사로 현대

---

6) '이라셔'는 현대 국어에서처럼 주격으로만 쓰이므로 주격 조사로 볼 수도 있다.

국어에서와 같은 의미를 가진다. (60ㅂ)의 '다가'는 처소격 조사나 '으로, 을' 등의 조사 아래에 결합하여 선행하는 조사의 의미를 강화하는 역할을 한다. (60ㅅ)의 '다이/다히'는 중세 국어 '다비'로 소급되는데, 이미 중세 국어부터 쓰이던 '대로'에 곧 밀려난다. (60ㅊ)의 '두곤'은 동사 '두-'[置]에 어미 '-고'가 결합한 형태가 '비교'의 뜻을 갖는 보조사로 굳어져 쓰인 중세 국어의 '두고'에 소급되는데, 16세기 말의 『소학언해』부터 '두곤'이 보인다. (60ㅋ)의 주제화 '랑'은 중세 국어에서 온 '란'과 같이 쓰이다가 점차 '랑'만 쓰이게 된다. (60ㅌ)의 'ᄆᆞ자'는 18세기에 등장한 보조사로 현대 국어 '마저'로 이어진다. (60가)의 '브터'에 선행하는 조사로 중세 국어에선 '을'이 많았으나, 근대 국어에 들어선 '을브터'가 매우 드물고 '로브터'가 자주 보인다. (60나)의 '셔'는 중세 국어에서와 같이 용언의 어미, 체언의 처소격, 조격 조사 등 여러 곳에 결합이 가능하며, 그 뜻도 원인, 출발점, 장소, 비교 등 다양하다. 중세 후기 국어에서 나타난 (60다)의 '식'은 수와 관련된 체언에만 결합한다. (60라) '이나'는 '선택'의 뜻을, (60마)의 '이며'는 나열의 뜻을 가진다. (60아)의 '조차'에선 중세 국어의 'ㄹ조차'형이 드물게 남아 쓰였지만 곧 '조차'로 굳어진다. 근대 국어 초기부터 사용되던 (60자)의 '톄로/텨로/쳐로'는 동등 비교의 뜻을 가지는데, 19세기 후반에 등장한 '처럼'에 자리를 물려준다.[7] 주로 용언의 어말 어미에 덧붙거나 명사 아래에 결합하는 (60차)의 '요'는 19세기 말 문헌에서부터 보인다.

(61)ㄱ. 곰: 常常 쓰디 아니모로 희로 더곰 이러ᄒᆞ니 〈첩해 9.12b〉

　　ㄴ. 곳: 두 분곳 아니시면 이 몸이 사라실가 〈경민 38a〉

---

7) '쳐럼'은 1864년에 필사된 『남원고사』에서 보인다.

ㄷ. 록: 일록 후에 다시 서ᄅ 보면 〈노걸 하66a〉

ㄹ. 야: 나의 風度야 업다야 홀야마ᄂ 〈해동 238〉

　　쟝ᄎᄉ 練ᄒ 後에야 밤남그로써 밧고더니 〈가례 7.33a〉

(61)은 강세나 한정의 뜻을 더하는 접미사 성격의 보조사의 예이다. 명사 아래에 쓰인 '곰'은 근대 국어 초기까지 나타난다.(61ㄱ) 중세 국어의 '곳/옷, 붓/봇'은 근대 국어에 와서 '곳'으로 통합된다.(61ㄴ) 그러나 '곳'도 18세기 이후 사라지고 비슷한 기능을 '만'이 대신한다. '록'은 근대 국어 초기까지 쓰였으며(61ㄷ), '아/야'는 중세 국어 'ᅀᅡ'를 이은 것이다.(61ㄹ)

(62)ㄱ. 가: 주려 주글진들 探薇도 ᄒᄂ 것가 〈청구 15〉

　　ㄴ. 고: 六里 靑山이 뉘 ᄯᅡ히 되닷 말고 〈청구 1〉

(62)는 의문 보조사가 있는 의문문이다. 판정 의문의 '가'와 설명 의문의 '고'의 쓰임은 중세 국어와 같다.

　보조사는 명사뿐만 아니라 용언의 활용 어미나 부사 등의 아래에서도 쓰인다.

(63)ㄱ. 도: 밤 들게야 도라와 보읍도 못ᄒᄋ외 〈첩해 5.6a〉

　　ㄴ. ᄂᄂ: 임오년의 니ᄅᄅᄂᄂ 이 지극ᄒᄋ오신 효도로써 ᄌ셩을 셤기오시니 〈천의 1.2a〉

　　ㄷ. 도: 信使 ᄉ셜의 디디 아니ᄒᄋ오니 내 싱각은 亭主ᄒᄂᄂ 대로 ᄒ시미 됴홀가도 너기읍ᄂᄉ 〈첩해 8.7a〉

　　ㄹ. 마ᄂᄂ: 엇디 能히 定홈이 이시리오마ᄂᄂ 엇디 나ᄅᆯ 顧티 아니ᄒᄂ

뇨 〈시경 2.6b〉

ㅁ. 도: 이제 불셔 十年 나마 되야시니 진실로 이만 ᄒ면 홀되 싱각
ᄒᄂᆫ 일 죠곰도 업서 〈첩해 9.20a〉

(63ㄱ)의 '보읍도'는 동사 '보읍-'의 어간에 바로 결합하였고, (63ㄴ)의
'니르러ᄂᆫ'은 동사의 연결 어미 아래에, (63ㄷ)의 '됴홀가도'와 (63ㄹ)의
'이시리오마ᄂᆫ'은 문장을 끝내는 문말 어미에, (63ㅁ)의 '죠곰도'는 부
사에 결합하였다.

3.1.5 체언의 형태 교체

중세 국어에서 나타난 체언의 자동적 교체는 근대 국어에도 그대로
이어진다. 반면 중세 국어에는 'ᄅ/르, ᅀ/스, ᄂ/느, 모/무(<ᄆ/므)'
말음을 가진, '저조+저조' 성조의 체언이 비자동적인 교체를 보였는데
이들은 모두 근대 국어 시기에 하나의 형태로 평준화된다.

(64)ㄱ. 이운 남ᄀᆫ 半만 龍의 비늘 ᄀᆮ도다 〈두중 6.30b〉

ㄴ. 滄波와 늘근 나모ᄂᆫ 내 本性에 ᄉ랑ᄒ논 배니 〈두중 6.41a〉

ㄷ. 거상 니븐 사ᄅᆷ믈 맛나셔ᄂᆫ 술윗 알픠 ᄀᆮᄃ리른 남글 비겨 구
브시며 〈번소 4.18a〉

ㄹ. 쏘 除夜ㅅ 바미 ᄠᅳᆯ헤 섭나모를 사코 퓌우면 災厄을 업게 ᄒ며
陽氣를 돕ᄂᆞ니라 〈간벽 19a-b〉

(65)ㄱ. 남게 걸닌 柴草 〈한청 1.45b〉

ㄴ. 上面이란 말이니 듧보히나 므슴 나모에 노 민 곳이라 〈무원
2.10b〉

중세 국어 시기 '나모/낡'은 (64ㄱ, ㄷ)과 같이 모음으로 시작하는 조사 '-은, -올' 앞에서 '낡'으로 실현된다. 그러나 (64ㄴ, ㄹ)과 같이 '-은, -올'의 이형태 '-는, -룰'과 결합하여 '나모'로 실현되는 예도 소수지만 확인할 수 있다. 이 예들은 '나모'가 자음으로 시작하는 조사 앞에 쓰이며 '낡'이 모음으로 시작하는 조사 앞에 쓰인다는, 상보적 분포에서는 벗어나지 않았지만 동일한 기능을 하는 조사와 결합할 때 '나모'와 '낡'이 경쟁하고 있었음을 보여 준다.

이 둘의 경쟁은 근대 국어에 와서 동일한 형태의 조사 앞에서 두 형태가 모두 나타나는 것으로 발전한다. (65)가 그 예로, 처격 조사 '-에' 앞에서 '낡'뿐 아니라 '나모'도 나타나는 것을 볼 수 있다. 근대 국어 시기에 들면 이들은 점차 '나모'로 단일화한다.

이처럼 비자동적 교체를 보이던 체언들은 형태가 단일화하여 오늘날에 이른다. 이는 용언의 비자동적 교체 다수가 현대 국어에서도 유지되는 것과는 다른 현상으로, 독립성을 지녀 단독으로 사용될 수 있는 체언과 언제나 어미와 결합하여 사용되는 의존적인 용언 어간이 역사적으로 다른 방향의 변화를 겪어 왔음을 말해 준다.

한편 근대 국어 시기에 발생한 체언의 형태 변화 중, 체언의 말음 /ㄷ, ㅌ, ㅈ, ㅊ/가 /ㅅ/로 변화하는 현상이 주목된다. 이들의 변화는 전기 근대 국어 시기부터 부분적으로 시작되어 후기 근대 국어 시기부터 본격적으로 나타나는데, 변화의 결과 현대 국어에는 /ㄷ/를 말음으로 지닌 체언이 거의 존재하지 않는다.[8]

---

8) 명사 '낟'이 존재하나 실제로는 거의 사용되지 않으며 합성어 '낟알'이 대신 사용된다.

(66)ㄱ. 네 보라 내 이 갓세 딩즈ㅣ 門에 다질려 곳 반 편이 써러지고
〈박신 3.33b〉

ㄴ. 졍셩으로 窮究ᄒ여 쓰면 붓시 비록 죠치 아니ᄒ여도 이 모양 아
니 되리라 〈쳡몽 1.17b〉

ㄷ. 두 기시 서ᄅ 녀미여 衽이 겨드랑 아래 잇게 ᄒ면 두 깃 모도미
自연히 方졍ᄒᄂ니라 〈가례 1.39a〉

(66)의 예는 중세 국어 시기 말음으로 /ㄷ, ㅈ/를 지녔던 체언의 형태가 근대 국어 시기에 /ㅅ/로 변화하였음을 보여 준다. (66ㄱ)은 '갇(笠)>갓', (66ㄴ)은 '붇(筆)>붓', (66ㄷ)은 '깇(襟)>깃'의 변화를 보여 준다. 이러한 변화는 현대 국어에도 지속되고 있어, /ㅈ, ㅊ, ㅌ/ 말음을 지닌 체언이 구어에서 /ㅅ/로 실현되는 현상을 확인할 수 있다.

3.2 용언과 활용

3.2.1 동사

동사는 자동사와 타동사로 나눌 수 있다.

(67)ㄱ. 네 아직 나갓다가 흔 디위 기드려 다시 오나라 〈노걸 하1b〉

ㄴ. 精과 氣ㅣ 物이 되고 魂이 游흔 거시 變이 되는 디라 〈주역 5.7b〉

(68)ㄱ. 거른 군ᄉ는 긔계를 자바 수리예 붓듯고 〈연병 20b-21a〉

ㄴ. 公이 술을 싸히 브으니 싸히 부프러 오ᄅ고 고기를 개를 주니
개 죽고 〈내중 서4b〉

(67ㄱ)의 동사 '가-'와 '오-'는 주어 논항 '너'만을 가진다. (67ㄴ)의 '되-'
는 주어 논항 '精과 氣'이나 '것'과, 보어 논항 '物'이나 '變', 즉 두 개씩
의 논항을 가진다. 자동사는 이처럼 주어, 보어의 논항을 갖는다. (68
ㄱ)의 '잡-'은 주어 '군ᄉ'와 목적어 '긔계'라는 두 개의 논항을 가지며,
(68ㄴ)에서 '주-'는 주어 '公', 목적어 '고기', 여격어 '개'라는 논항 셋을
갖는 타동사이다. 타동사는 주어와 목적어 논항을 필수적으로 가지며
간접 목적어 성격의 여격 부사어를 요구하기도 한다.

근대 국어에서도 자동사와 타동사로 다 쓰이는 양용성 동사들이
있다.

(69)ㄱ. 산후에 피 만히 나 아니 긋거든 〈태산 53b〉

　　ㄴ. 셜리 소옴의 빠 푸메 품고 아직 빗복 긋디 말고 〈태산 67b〉

(70)ㄱ. 온 몸을 뿌쳐 헐워 믈이 도디 몯ᄒ며 〈두집 하13b〉

　　ㄴ. 薔薇 갸ᄌᄉᆨ와 木香가개 뒤흘 도라 디나면 예곳이 花園이라
　　　　〈오전 1.31b〉

동사 '긋(긏)-'(斷)은, (69ㄱ)에서 자동사이지만 (69ㄴ)에서는 목적어 '빗
복'을 갖는 타동사이다. (70)에서도 현대 국어와 같이 자·타동사로 다
쓰는 '돌-'(回)을 볼 수 있다. 근대 국어에서도 이와 같은 양용성 동사
가 다수 있지만 중세 국어에 비해 줄어드는 경향을 보인다.

'잇-'과 '없-'은 아래와 같이 활용한다.

(71)ㄱ. 각각 사름이 다 主見이 잇ᄂ니라 〈노걸 상4b〉

　　ㄴ. 흔 보빗 병이 잇는 돌 관ᄒ야 싱각ᄒ며 〈권념 32a〉

　　ㄷ. 나그내네 흔나히 믈 보ᄂ니 잇다 ᄒ더니 〈노걸 상38b〉

(72)ㄱ. 비위 샹ᄒ고 챵ᄌ 긋츠면 죽으미 의심 업ᄂ니라 〈마경 하120b〉

　　ㄴ. 살아 인ᄂ 것 업ᄂ 거ᄉ 서ᄅ ᄌ뢰ᄒ며 〈경민 8a〉

　　ㄷ. 네 이 店에 딥과 콩이 다 잇ᄂ가 업슨가 〈노걸 상16a〉

(71)에서 '잇-'은 동사와 형용사로 쓰였다. (71ㄱ, ㄴ)에서는 동사의 현재 시제를 나타내는 '-ᄂ-'가 결합하여 '잇ᄂ니라, 잇ᄂ'이 되었지만, (71ㄷ)에서는 '-∅-'가 결합한 형용사의 현재형 '잇다'를 보인다. (72)에서 '없-'도 동사와 형용사 두 가지 형태로 일부분 활용함을 볼 수 있다. (72ㄱ)의 '업ᄂ니라'와 (72ㄴ)의 '업ᄂ'에는 동사의 현재 시제 형태소 '-ᄂ-'가 들어 있지만, (72ㄷ)의 '업슨가'는 형용사의 현재 시제 형태소 '-∅-'를 가진 형태이다.[9] 그러나 '없-'이 명령형으로 쓰이지 못하므로 '없-'이 동사로도 쓰였다고 보기는 어렵다고 하겠다.

　　자동사는 타동사화 접사가 붙어 타동사가 되기도 하며, 타동사는 자동사화 접사가 붙어 자동사가 되는 경우도 있다.

(73)ㄱ. 뒤굽을 돌려 쉬오면 이 병이 업순 얼굴이니 〈마경 상39b〉

　　ㄴ. 이졔 보니 桃花 ᄯᆫ 묽은 물에 山影조ᄎ 즘곗셰라 〈해동 35〉

(73ㄱ)에서 '돌려'는 자동사 '돌-'에 타동사화 접미사 '-이-'가 결합하여 타동사가 된 것이다. (73ㄴ)의 '즘겨셰라'는 타동사 '즘-'(沈)에 자동사화 접미사 '-기-'가 결합하여 자동사가 되었다. 동사 가운데에는 이러

---

9)　송철의(2002)는 '없-'에 결합된 '-ᄂ-'는 이의 반의어 '잇다'의 패러다임에 유추되어 표현된 것으로, '없-'에 '-ᄂ-'가 결합했다는 사실이 동사로 쓰였다는 근거가 될 수 없다고 하였다. 이안구(2002)에 의하면, '없-는' 구조는 15세기부터 나타나며, 18세기 후반이 되면 '업슨'보다 '업는'이 더 높은 빈도로 실현된다고 한다.

한 타동사화나 자동사화 접사가 붙어 사동이나 피동의 의미를 갖는
경우에 이들을 사동사, 피동사라고 말할 수 있을 것이다.

3.2.2 형용사

형용사에는 성상 형용사와 지시 형용사가 있다.

> (74)ㄱ. 그 쥬뫼라 흔 사룸이 얼굴이 아담ᄒ고 틱뒤 단정ᄒ야 〈태평
>   1.18a〉
>
> ㄴ. 좌위 뒤왈 툭외란 벼슬이 그러ᄒ닝이다 〈태평 1.7b〉

(74ㄱ)에서 '아담ᄒ고, 단정ᄒ야'는 모두 성상 형용사이고, (74ㄴ)에서
'그러ᄒ닝이다'는 지시 형용사이다.

형용사와 동사 기능을 다 가지는 경우도 있는데, 이러한 용법은 대
체로 중세 국어에서의 용법이 계속되는 것이다.

> (75)ㄱ. 늘라고 모략이 사룸의게 넘더니 〈동신 충1.49b〉
>
> ㄴ. 나히 칠십이 너머셔 부모상을 맏나 〈동신 효4.59b〉
>
> ㄷ. 머리 풀고 재를 너머 바ᄅ 그 딘으로 드러가 〈동신 열5.8b〉
>
> (76)ㄱ. 날을 수이 두어 쏘 흘리면 즉제 됴ᄒ리라 〈마경 하22b〉
>
> ㄴ. 갑시 ᄀ장 됴흐니라 〈노걸 하2a〉

(75ㄱ)에서 '넘더니'는 형용사이며 (75ㄴ)에서 '너머셔'는 자동사, (75ㄷ)
에서 '너머'는 타동사로 쓰였다. (76ㄱ)에서 '됴ᄒ리라'는 자동사이고,
(76ㄴ)에서 '됴흐니라'는 형용사이다. 오늘날 '넘-'은 형용사 용법이 없

어지고 자·타동사로만 기능하며, '둏-'은 근대 국어 후기 이후엔 동
사 기능이 없어지고 형용사 기능만 남는다. 이와 같이 형용사와 동사
로 다 쓰이는 양용 동사는 점차 줄어드는 경향을 보인다.

형용사는 동사화 접미사를 붙여 타동사화할 수 있다.

> (77)ㄱ. 뎡냥이 소릐를 노펴 크게 울며 〈동신 효8.21b〉
>
> ㄴ. 스시의 복글 궃초와 스당의 두고 〈동신 열1.54b〉

(77ㄱ)에서 '노펴'는 형용사 '높-'에 동사화 접미사 '-이-'를 붙여 타동사
가 되었고, (77ㄴ)에서는 형용사 '궃-'에 동사화 접미사 '-호-'가 붙은
'궃초와'가 타동사가 되었다. 이들 접미사는 원래 사동화 기능을 갖는
것이지만, 형용사와 결합하면 사동성을 나타낼 수 없다.

3.2.3 보조 용언

보조 용언에는 보조 동사와 보조 형용사가 있다. 근대 국어의 보조
용언을 의미 기능에 따라 나누면 아래와 같다.[10]

> (78)ㄱ. 진행·지속
>
> (-고) 잇다: 婦ㅣ 죤디 아니ᄒ고 홀로 少子를 ᄃ리고 잇더니 〈여
> 사 4.58a-b〉
>
> (-아) 가다: 이 몸이 죽어 가셔 무어시 될고 ᄒ니 〈악습 63〉
>
> (-아) 오다: 오늘날ᄭ디 니르러 와시니 〈어훈 13a〉

---

10) 분류와 체계는 변화가 없는 한 중세 국어에 맞춘다.

712

(-아) 잇다, 겨시다/계시다: 벗아 네 下處의 가셔 잘 직희여 이시

라 〈청노 6.10b〉

ㄴ. 종결

(-아) 나다: 갈흘 범ᄒ면 얼골이 반ᄃ기 버허 나고 〈태산 14a〉

(-아) 내다: 엇디 사름을 홀리여 화를 지어 내고져 ᄒ리오 〈태평

35a〉

(-아) ᄇ리다: 내 지아비 믹양 머리를 목욕 곰으면 터럭을 훗터

ᄇ리고 堂의 눕ᄂ니 〈여사 4.17b〉

ㄷ. 시도

(-아) 보다: 간대로 닐으디 말라 내 싱각ᄒ여 보리라 〈오전

2.12a〉

ㄹ. 보유

(-아) 두다: 밥 우희 노하 두엇다가 〈무원 3.53b〉

(-아) 놓다: 空者ㅣ 다시 裝ᄒ야든 飽者ㅣ 니어 노코 〈병학

2.19a〉

(-아) 가지고: 날이 칩거ᄂᆯ 妻 姜氏 오ᄉᆞᆯ 지어 가지고 멀리 그 지

아비를 ᄎ자가니 〈여사 4.25b〉

ㅁ. 봉사

(-아) 주다, 드리다: 小心ᄒᆞ고 공경ᄒ야 굴아 드리되 밥은 軟케

ᄭᅵ고 〈여사 2.18b〉

ㅂ. 변화·피동

(-게) 되다: 제싱이 병드러 죽게 되매 빅금을 내여 니ᄅ되 〈종덕

상9a〉

(-아) 디다/지다: 샹토와 머리터럭이 든든ᄒ며 눅엇거나 或 흐터

디며 푸러짐을 혜아리며 〈무원 1.24a〉

ㅅ. 사동

(-게) ᄒ다: 맛당히 어니로 ᄒ여 罪에 니르게 ᄒ료 〈오전 2.1b〉

ㅇ. 부정·금지

(-디) 아니ᄒ다: 그 처음은 ᄒᆫ 념녀의 노힘과 ᄒᆫ 일의 그름애 디
나디 아니ᄒᆫ 디라 가히 懼티 아니ᄒ랴 〈상훈 6a〉

(-디) 몯ᄒ다: 말ᄒ지 아니ᄒ면 빅 히 빅화도 능히 말ᄒ지 못ᄒ
ᄂ니라 〈첩몽 1.5a〉

(-디, -게, -아) 말다: 쏘ᄒᆫ 쥬ᄒ야 노하 내 드리디 말라 〈병학
1.21b〉

ㅈ. 당위

(-아야) ᄒ다: 아모 일이라도 힘써 빅화야 ᄒ지 〈인어 3.8a〉

ㅊ. 원망(바람)

(-아) 지라: 원컨대 죵신토록 노비 되야지라 호ᄃᆡ 〈종덕 중28a〉

ㅋ. 의도

(-고쟈/고져) ᄒ다: 임의 지난 일른 허물치 마ᄅ시고 此後라도
操心ᄒ게 申飭ᄒ옵시고져 ᄒ옵ᄂᆡ 〈인어 6.17a〉

ㅌ. 요청

(-아) 달라: 뎌 집 門 앏히 가셔 블러 달라 ᄒ면 〈박통 상31b〉

(79) ᄒᆫ 원억ᄒᆫ 이를 보고 폭빅홀 만ᄒ되 아니 폭빅ᄒ여 <u>주며</u> ᄒᆫ 환난
ᄒᆫ 이를 맛나 구원홀 만ᄒ되 아니 구원ᄒ여 <u>주며</u> 후쳐를 방죵ᄒ
야 젼쳐의 ᄌ식을 릉학게 ᄒ며(양ᄌ나 쳡ᄌ나 며ᄂ리게 릉학흠도
미루여 볼지라) 남의 계힝을 헐어 <u>브리며</u> 〈경신록 공과격찬요〉

보조 동사들의 용법은 중세 국어에서와 거의 같다. 다만 중세 국어
에서 보조 동사로의 문법화가 덜 진행되기도 하였던 일부의 동사들

('가-, 오-, 내-, 두-, 놓-, 주-' 등)이 근대 국어에서는 확실하게 보조 동사의 용법을 보인다. 또 중세 국어 때에 대표적인 보조 용언이라 할 '-아 잇-'이 동사와 형용사 뒤에서 두루 쓰였으나, 근대 국어 후기에 들어 '-아 잇-'은 자동사 뒤로 그 쓰임이 제한되고 출현이 줄어드는 반면, '-고 잇-'의 사용이 점차 늘어난다. '-아 가지고'는 근대 국어에서 새로 생긴 보조 용언으로, '가지고'라는 형태로만 쓰인다.[11] '-아 보-, -아 두-, -아 가-, -아 오-, -아 놓-' 등은 근대 국어에서도 그 쓰임이 많지 않다. 원망을 표현하는 '-아 지-'는 근대 국어 후기에 들어서는 쓰임이 극히 드물어진다. '-아 달라'는 근대 국어에서 처음 보이는 용법이다. 예문 (79)에서 밑줄 친 동사들이 모두 보조 용언이다. 이를 보면 근대 국어 시기에도 보조 동사를 많이 사용하고 있음을 알 수 있다.

(80)은 보조 형용사 용례이다.

(80) ㄱ. 희망

(-고, -고져) 시브다: 아직 수이 알고 시브오니 셔울은 어닉 씌 써나셔 〈첩해 5.11a〉

오직 두렵고 굳고 실코져 시브고 허ᄒ여 〈두집 상46a〉

ㄴ. 부정

(-디) 아니ᄒ다: 春末과 夏初로 다믓 ᄀᆞᆺ디 아니ᄒ니라 〈무원 3.2b〉

---

11) (78ㄹ)에서 '가지고'가 본용언일 가능성도 없지 않으나 문맥상 보조 용언으로 해석하는 것이 자연스럽다. 중세 국어에서 '가지고'가 보조 용언으로 쓰인 예는 나타나지 않으나 '듀화논 누니 업거시니 므스글 가지고셔 희롤조차 도라오며 반춰 귀 업거시니 므스글 困ᄒ야 울엣소리 듣고 開ᄒᄂᆞ뇨 〈칠대 9a〉'에서 어느 정도 문법화한 용례를 보인다. 여기에서 '므스글 가지고셔'는 '므스그로셔' 정도로 바꿀 수 있을 것이다. 이처럼 '가지고'는 이미 16세기에도 문법화할 가능성을 가지고 있었다.

(-디) 몯ᄒ다: 事理가 分明치 몯ᄒ오매 至슴 아니 주얻ᄉ오니
〈인어 1.33a〉

ㄷ. 추측

(-은가/을가) 시브다: 만일 비올가 시브거든 믈씌ᄂᆞᆯ 잇게 말찌니
〈자소 15a〉

信使ㅣ 가시게 ᄒ면 됴홀까 시프다 ᄒ니 〈첩해 7.20b〉

보조 형용사들의 용법도 중세 국어에서와 크게 다름이 없다. 다만 중세 국어나 전기 근대 국어에서는 '-아 잇-'의 선행어로 동사와 형용사가 다 가능하였지만 후기 근대 국어에서는 동사만이 올 수 있게 되면서 상태의 지속을 나타내던 보조 형용사 '-아 잇-'의 용법이 없어진다. 중세 국어의 '-고져 식브-'는 근대 국어에 와서 '-고(져) 시브/십/싶-'으로, '-은가 시브-'는 '-은가 시프/싶-'으로 형태 변화를 겪는다.

3.2.4 선어말 어미

용언의 활용은 동사와 형용사에서 실현되는 선어말 어미와 어말 어미로 나타난다. 선어말 어미는 그 용언의 높임법, 시제, 동작상, 서법 등의 문법적 기능을 담당한다.

[높임법 선어말 어미: -사-, -습-, -이-]

높임법에는 주체 높임법, 객체 높임법, 상대 높임법이 있는데, 이에 대한 표현은 주로 용언의 선어말 어미에 나타난다. 근대 국어 초기에는 주체 높임의 '-시-', 객체 높임의 '-습-', 상대 높임의 '-이-'라는 체계가 중세 국어와 같으나, 'ㆆ'음의 소실로 중세 국어의 상대 높임

'-이-'는 근대 국어에 들어 '-이-'가 된다. 근대 국어에 들어 '-습-'은 객체 높임과 주체 높임 또는 상대 높임에 두루 쓰이기 시작한다. '-습-'은 음운 조건에 따라 '-습/즙/읍/오/수오/즈오-' 등 여러 이형태를 가지는데, 이들은 'ㆍ'의 음가가 소실되고 표기도 줄면서 근대 국어 말기에는 '-삽/습/잡/압/옵/오-' 등으로도 나타난다. 객체 높임은 15세기에서는 그 체계가 정연하였지만, 16세기 이후 그 쓰임에 흔들림이 있다가 근대 국어에 들어서는 객체 높임으로서의 용법이 약화되면서 주체 높임이나 상대 높임으로 기능 변화를 겪는다. '-습-'의 기능 변화가 '상대'를 직접 높인다기보다는 화자의 겸양에 의해 상대적으로 청자(혹은 주어)를 높이는 기능을 하는 것으로 이해할 수 있다.

(81) ㄱ. 손가락을 버혀 약의 빠 뻐 받ᄌᄋ오니 됴ᄒᄆ를 엇다 〈동신 효 5.68b〉

ㄴ. 니ᄅ시ᄂ 道理 맛당은 ᄒᆞᆸ거니와 〈첩해 6.17a〉

ㄷ. 죵용히 겨시다가 가실 양으로 ᄒᆞᆸ소 〈첩해 3.21a〉

ㄹ. 우리 황형 지효ᄒᆞ오시미 칠셰예 셩후를 셤기오시되 슉쇼의 쩌 나디 아니ᄒᆞ오시니 〈천의 1.1b〉

ㅁ. ᄯ 회례라 일홈 지어 므스 일을 ᄒᆞ려 ᄒᆞ시읍ᄂ고 〈첩해 9.8a〉

(82) ㄱ. 夫子ㅣ 굴ᄋ샤ᄃ 들이 너믄 則 그 善타 ᄒᆞ시고 〈가례 9.29a〉

ㄴ. 맛당이 너기셔 됴히 믓즈오니 〈첩해 4.4b〉

(83) ㄱ. 婆婆를 주어 젹이 입 브티쇼셔 ᄒᆞ더이다 〈박통 중17a〉

ㄴ. 본ᄃ 먹디 못ᄒᆞ읍것마ᄂ 다 먹습ᄂ이다 〈첩해 3.6a〉

(81ㄱ)에선 객체 높임을, (81ㄴ)에선 주체 높임이나 상대 높임을, (81ㄷ)에선 상대 높임을 나타내는 것으로 해석된다. (81ㄹ)에서 세 번이나 나

오는 '-오시-'는 '-습-'이 '-시-' 앞에 놓여 주체 높임의 정도를 높이는 것이다. '-습시/오시-'는 (81ㅁ)에서처럼 점차 '-시옵/시오/십-' 등의 형태로 어순이 바뀌며 주체 높임의 뜻을 더하는 기능을 갖는데, 이러한 통합 표현과 기능은 근대 국어 이후 널리 나타난다. '-습-'은 근대 국어 후기로 가면서 상대 높임 용법으로의 전환이 두드러진다. 선행 음절이 모음으로 끝나면 '-ㅇ오/오/옵-', 자음 'ㄷ, ㅈ'로 끝나면 '-ㅈ오/좁-', 그 외의 자음으로 끝나면 '-ㅅ오/습/ㅅ옵-'이 된다. 근대 국어 후기에서 이들이 상대 높임으로 쓰일 때에는 '-습니/습니/옵니-' 등과 같은 형태를 이루어 오늘에 이른다. 이는 상대 높임으로 바뀐 '-습-' 아래에, 현재 시제의 어미 '-ㄴ-'와 원래의 상대 높임법 '-이-'가 결합한 '-ㄴ이-'가 '-니-'로 축약하여 '-습니-'를 이룬 것이다.

주체 높임의 표지는 서술어에 나타난 '-시-'이다. (82ㄱ)에서 주어 '夫子'에 대한 높임으로 '글ㅇ샤듸'와 'ㅎ시고'를 썼다. '글ㅇ샤듸'에서는 '-시-'와 '-오-'의 결합형으로 보수적인 '-샤-'를 계속 쓴 것이지만, 이미 (82ㄴ)의 '너기셔'와 같이 '-오/우-'가 없는 형태가 많아진다. 중세 국어에서 '-시-'는 겸양의 '-습-'은 물론 서법의 '-거-, -더-'에 일반적으로 후행하였으나, 근대 국어에 와서는 '-시거-, -시더-' 형태로 굳어진다.

'-이-'는 상대 높임의 표지이다. (83ㄱ)에서 'ㅎ더이다'는 청자에 대한 화자의 높임 표현이다. (83ㄴ)의 '먹습ㄴ이다'에선 '-습-'이 상대 높임의 '-이-'와 결합하여 높임의 정도를 더하였다.[12] 이들 '-이-'는 15세기엔 '-이-'형으로, 평서형 '-다' 앞에서 '-이-', 의문형 '-가, -고' 앞에서 '-잇-'이었다. 근대 국어에서는 어두 자음 /ㅇ/이 소실되면서 '-이다, -잇

---

12) 상대 높임의 '-이-' 아래에는 종결형 '-다'가 오지만, 서술격 조사 '이-' 아래에는 (i)과 같이 종결형으로 '-라'가 와서 형태상으로도 대개 구별이 된다.
  (i) 그 놈이 하 계얼니 굴기의 大段이 꾸중흔 즉 懲一礪百이라 〈인어 3.5b 〉

가, -잇고'가 되고, 이는 현대 국어에서 일부 예스런 문어체 '-나이다,
-리이다'에 남아 있다.

[시제 선어말 어미: -ᄂᆞ-, -느-, -더-, -앗-, -리-, -겟-]

시제도 용언의 선어말 어미에 기대어 표현된다. 근대 국어에서도
서법과 관련을 맺으며 쓰이는 시제 형태소로는 중세 국어에서의 용
법이 계속되는 '-더-, -니-, -리-'가 있지만, 근대 국어 이후에 형성된
'-느-, -앗-, -겟-'은 상대적으로 서법적인 요소가 비교적 적다. 다만
'-겟-'은 미래 시제가 갖는 특성상 근대 국어와 현대 국어에서도 서법
기능이 많다고 하겠다.

(84)ㄱ. 네 니ᄅᆞ되 내 貨物 아노라 호되 또 모ᄅᆞ느다 〈노걸 하26b〉

　　ㄴ. 君을 셤굠애 禮를 다홈을 사ᄅᆞᆷ이 뻐 諂ᄒᆞᆫ다 ᄒᆞ느다 〈논어
　　　　1.25b〉

　　ㄷ. 이신 제 흠씩 늙고 주그면 흔디 간다 어딕셔 망녕의 써시 눈흘
　　　　그려 ᄒᆞ느뇨 〈경민 38b-39a〉

　　ㄹ. 이 믈이 쇠 거름ᄀᆞ티 즈늑즈늑 것는다 또 잘 건는 믈 쓴 믈 놀
　　　　라는 믈 베는 믈 얇 거티는 믈 아귀 센 믈 아귀 므른 믈 이 믈
　　　　쑵에 사오나오니 〈노걸 하8b〉

(84ㄱ)의 문장에서 '-느-'는 현재 시제를 나타내는 직설법 또는 현실법
의 표현이다. 그러나 이미 16세기부터 안긴 문장에서는 'ᄒᆞ느다'형이
'ᄒᆞᆫ다'형으로 활발하게 바뀌기 시작하여, 17세기에는 주절에서도 같
은 형태 변화가 나타나기 시작한다. 16세기 문헌인 (84ㄴ)에서는 안
긴 문장에는 '諂ᄒᆞᆫ다'가, 안은 문장에는 'ᄒᆞ느다'가 쓰였다. 17세기에

와선 (84ㄷ)과 같이 상위절에서도 '흔다'형이 조금씩 쓰이기 시작한다. 더불어 (84ㄹ)의 '것는다'처럼 17세기부터는 어간이 자음으로 끝나면 '-는-' 형태를 갖추기도 한다.

(85)ㄱ. 앗가 遠見으로셔 안쌔다히 日本비 뵌다 니르니 〈첩해 1.9b〉

　　ㄴ. 이 물은 믈 잘 먹고 이 물은 믈 먹기 쟉게 흔다 〈노걸 상31b〉

(86) 좌우를 죡히 근심홀 거시 업ᄂ이다 〈한듕 434〉

(85ㄱ)에서는 안긴 문장에서, (85ㄴ)에서는 안은 문장에서 '흔다'형으로 바뀐 것을 볼 수 있다. 19세기에 이르러서는 'ᄒᄂ다' 형태는 없어지고 이전부터 일부 쓰이던 'ᄒᄂ이다'가 '흔다'와 더불어 쓰인다. (86)은 'ᄒᄂ이다'형의 예문이다.

(87)ㄱ. 홀연히 놀니 제 집의 들어오나늘 잡아 엄이을 먹이니 병이 됴ᄒ 니라 엿ᄌ와 홍문제의 홍문 셰니라 〈속삼 효2a〉

　　ㄴ. 이런 젼츠로 古人이 니르되 ᄌ식을 길러야 보야흐로 父母 은혜 를 안다 ᄒ니라 〈박통 상51b〉

　　ㄷ. 大將軍箭을 노흐라 살 므긔 쉰엿 斤 석 兩이오 九百 步를 가ᄂ 니라 〈화포 2a-b〉

　　ㄹ. 네 언제 온다 긋그제 왓노라 내 집의 書信이 이셔 가져 왓ᄂ냐 편지 이셔 브텨 왓ᄂ니라 〈박신 1.49b〉

(88)ㄱ. 삭망의 무덤의 오르더라 〈동신 효4.78b〉

　　ㄴ. 뎌 놈이 셩이 급ᄒ여 곳 입힐홈ᄒ여 싸홧더니 〈박통 하16a〉

　　ㄷ. 유현의 흉언이 만일 일즉이 발각ᄒ던들 응당 큰일이 날 거시로 듸 〈천의 2.23a〉

(89)ㄱ. 경긔 빅셩이 의지ᄒ야 보쟝을 삼앗더라 〈동신 충1.38b〉

ㄴ. 김일광은 평양부 사ᄅᆞᆷ이라 아비 사오나온 병 엇덧거늘 〈동신 효2.63b〉

ㄷ. 뜬이 듯디 몯ᄒ얏노니 마디 아닐딘댄 〈맹자 1.19b〉

(90)ㄱ. 긔동 들온 된 버리 ᄲᅮ롤 흘롓고 棧道ㅣ ᄒ야딘 된 져비 지블 더 엇도다 〈두중 14.9b〉

ㄴ. 우리 모ᄃᆞᆫ 권당을 칭ᄒ야 힘힘이 안젓쟈 〈노걸 하30b〉

(87ㄱ)에서 '됴ᄒ니라'와 '셰니라'는 과거 시제이며, (87ㄴ)에서 'ᄒ니라' 역시 과거 시제이다. 그러나 (87ㄷ)에서 '가ᄂᆞ니라'는 현재 시제이다. '-니-'는 중세 국어에서 과거 시제를 나타내었는데, 근대 국어에 들어와서도 과거 시제 형태소로 오래 쓰이다가 점차 서법(단정법)으로 기능이 한정된다. 근대 국어 후기의 구어체 자료인 (87ㄹ)에서 '왓ᄂᆞ니라'는 과거 시제를 '-앗(ㅅ)-'으로 나타내고 '-니-'는 단정법을 나타낸다.

(88)도 과거 시제 표현이다. 전통적으로 써 오던 회상법 '-더-'는 항상 과거 시제를 나타낸다.(88ㄱ, ㄷ) 그러나 과거 시제 '-앗-'이 출현한 이후 '-더-'는 회상법이라는 서법에 더욱 충실하게 된다. (88ㄴ)에서도 '-더-'는 과거형 '-앗-' 아래에서 회상법을 보인다. (88ㄷ)의 '발각ᄒ던들'도 과거 시제이다. 현대 국어의 동작 동사에서 '-ㄴ들'의 과거형은 '-었던들'이다. 근대 국어에서 '-더-'는 중세 국어와는 달리 1인칭에서 '-다-'로 교체되지는 않지만, '-더/다/드/드/러-' 등 이표기는 이후에도 간혹 보인다. (88ㄴ)의 '-앗/엇-'은 16세기부터 나타났는데, '-아 잇-'의 축약형이 과거 시제 형태소로 정착한 것이다. 이후 '-앗/엇-'이 점차 쓰임을 확대하여, 이전에 단정법 '-니-'나 부정법 등으로 과거 시제성을 나타내던 표현들을 대신한다.

(89)에서 '-앗/엇-'은 근대 국어에 들어 쓰임이 확실해진 과거 시제 형태소인데, 'ㅎ-' 아래에선 '-얏/엿-'형을 가지며(89ㄷ), 현대 국어에서 쓰이는 형태 '-았/었-'형은 19세기 후반부터 나타나고,[13] '-앗엇-' 용법도 근대 국어에선 나타나지 않는다. 그러나 '-앗/엇-'은 (90)에서처럼 근대 국어에서 역시 '-아/어 잇-'의 축약형으로서의 용법도 계속 보인다.

(91) ㄱ. 恩義 다 폐ㅎ면 夫婦ㅣ 離行ㅎ리라 〈여사 1.10b〉

　　ㄴ. 요란ㅎ니 못ㅎ겟다 ㅎ시고 〈한듕 400〉

(92) ㄱ. 이 辭端을 두듸 스스로 能히 몬홀로다 닐ᄋᄂ 者ᄂ 스스로 賊ㅎᄂ 者ㅣ오 〈맹자 3.32b〉

　　ㄴ. ᄒ 디위 탕을 먹으면 곳 上馬홀러라 〈박통 상57a〉

(91)은 미래 시제이다. (91ㄱ)의 '-리-'는 미래를 가리키는 추측법으로, 이전부터 써 오던 미래 시제 형태소이다. (91ㄴ)에서 보이는 '-겟-'은 18세기 말부터 쓰기 시작한 미래 시제형으로, '-게 ㅎ엿-'이 줄어서 만들어진 것으로 보인다. (91ㄴ)의 '-겟-'에는 화자의 의지를 나타내는 서법적인 성격도 있는데, 이는 미래 시제가 갖는 서법적인 요소들 가운데 하나이다. '-리-'는 (92ㄱ)의 '몬홀로다'처럼 16세기에 '-로-'나 '-러-' 앞에서 '-리-'가 '-ㄹ-'로 형태를 바꾸는 변화가 일부에서 생겨, '-리-'와 함께 쓰였다. 근대 국어 초기에도 (92ㄴ)의 '홀러라'로 나타나기도 하지만, 이러한 형태는 구어에서 조금 쓰이다가 길게 이어지지 못하고 사라진 듯하다.

---

13) 18세기 전반에도 '죽이디 아니ㅎ엿셔도 〈오전 1.47b〉'와 같이 'ㅅ'이 중첩되는 표기가 나타나지만 이를 'ㅎ여쎠도'로 해석하기는 어렵다. 최명옥(2002)에서와 같이 '그 ᄆᆞ음은 임의 죽어쓰니 〈과화 3b〉'에서 찾아야 할 것이다.

[서법 선어말 어미: -거-, -니-, -더-, -도-, -겟-]

서법적인 성격을 가진 선어말 어미도 있다. 이들 가운데에는 중세 국어에서 시제 기능을 함께 갖기도 하였지만 새로운 시제 형태소 체계가 정립되면서 서법 기능으로 정착한 경우도 있다.

(93)ㄱ. 애 뎌 킈 저근 金숨ㅣ 것구러디거다 〈박통 중51a〉

　　ㄴ. 山神과 土地神鬼ㅣ 다 오나늘　行者ㅣ 千里眼 順風耳 두 귀신으로 ᄒ여 기름 가마 두 편에셔 보아 지킈여 〈박신 3.26a〉

　　ㄷ. 이 등잔블 오나다 粥도 가져 오거다 술과 사발 다 이시니 너희들 먹으라 우리 밥도 먹어다 〈노중 상52b〉

(94)ㄱ. 공이 ᄀᆞᆯ오ᄃᆡ 군ᄌᆞᄂᆞᆫ 사ᄅᆞᆷ을 어려온 ᄃᆡ 곤케 아니ᄒᆞᄂᆞ니라 ᄒᆞ고 〈십구 1.79a〉

　　ㄴ.　여러 번 계ᄉᆞᄒᆞ나 윤죵티 아니ᄒᆞ오시더니 셩복이 ᄆᆞᄎᆞᆷ내 고략ᄒᆞᆯ 닙어 옥듕의셔 죽으니라 〈천의 1.72a〉

(95)ㄱ. 蟋蟀이 堂애 이시니 歲드릐여 그 逝ᄒᆞ것다 〈시경 6.1a〉

　　ㄴ. 茱萸를 朝士를 주시것마ᄂᆞᆫ 흔 가지를 어더 오미 어렵도다 〈두중 11.29a〉

　　ㄷ. ᄯᅩ 궤연의 평싱 닑던 셔척과 밀 됴히 너기던 거슬 베펏더라 〈동신 열6.1b〉

(93ㄱ)의 '것구러디거다'에서 '-거-'는 화자가 나타내려는 서술어 '것구러디다'의 뜻을 좀 더 확실하게 다지는 확인법 선어말 어미이다. '-거-'는 선행 어간의 말음이 'ㅣ/y/'이거나 'ㄹ' 또는 서술격 조사 '이-' 아래에서 '-어-'가 되고, 타동사에서는 '-아/어-'(93ㄷ), 동사 '오-'에서는 '-나-'로 교체되는데(93ㄴ), 이는 중세 국어에서와 같다. 다만 중세 국

어에서는 '-거/어-'가 인칭법 '-오/우-'와 결합하면 '-가/아-', 평서법 종결 어미 '-라' 앞에서는 '-과/와'로 교체되는 것이 일반적이었지만 근대 국어에서는 이러한 교체가 사라진다. 이들 '-거-'의 이형태들에는 차츰 혼란이 와, (93ㄷ)에는 '오-'에 '-거-'가 결합하였다. '-거-'는 18세기까지 활발하게 쓰이지만, 19세기에 들어 급격히 기능을 잃으면서 '-거나, -거니와, -거든' 등의 연결 어미에 결합형으로 쓰이는 정도가 된다.

(94ㄱ)의 'ᄒᆞᄂᆞ니라'에서 '-니-'는 단정법 어미이다. 단정법 '-니-'는 중세 국어에서 과거 시제 표현에 많이 쓰였으나, 과거 시제 형태소 '-앗-'이 등장하면서 점차 시제적 성격은 줄어들고 서법성이 강화된다. 그러나 아직은 간혹 과거 시제로 쓰이기도 하여, (94ㄴ)의 '죽으니라'에서도 '-니-'는 과거 시제를 보인다.

'-거-'와 비슷하게 확인법 기능을 보이는 '-것-'이 있다. (95)에서 '업것다, 주시것마ᄂᆞᆫ, 베펏더라'는 동사 '逝ᄒᆞ-, 주시-, 베프-'의 뜻을 더 강조하며 확인하는 기능을 가진다. 이 '-것-'은 확인법 '-거-'에 강조의 '-ㅅ-'이 결합한 형태이다.

'-더-'는 과거 시제 '-앗-'이 출현한 이후, '-앗-'이나 미래 시제 '-리-, -겟-' 아래에서는 회상법이라는 서법의 기능으로만 쓰인다.

(96)ㄱ. 뎌 놈이 셩이 급ᄒᆞ여 곳 입힐홈ᄒᆞ여 싸홧더니 〈박통 하16a〉

ㄴ. 눈물이 나 금억디 못ᄒᆞ리러라 〈의유 븍산누〉

ㄷ. 宋에 이실제 當ᄒᆞ얀 내 쟝ᄎᆞᆺ 遠行이 잇다니 行者를 반ᄃᆞ시 뻐 贐ᄒᆞᄂᆞᆫ디라 〈맹자 2.54b〉

ㄹ. 이러ᄐᆞᆺ ᄒᆞ면 내 前年에 셔울 잇더니 갑시 다 ᄒᆞᆫ가지로다 〈노걸 상8b〉

ㅁ. 민양 ᄉᆞ시예 지아비 위ᄒᆞ여 의복 지어 울고 슬오더라 〈동신 열

2.70b〉

ㅂ. 서르 맛나모로부터 한 病이더니 세 히룰 나그내 두외여슈메 ㄱ
이 왓ᄂᆞ 시르미 훤ᄒᆞ도다 〈두중19.26a〉

(96ㄱ)의 '싸홧더니'에서 '-더-'는 과거 시제 '-앗-' 아래에 놓여 회상법
을 보이고, (96ㄴ)의 '못ᄒᆞ리러라'에서 '-러(더)-'도 미래 시제 '-리-' 아래
에서 회상법을 나타낼 뿐이다. '-리러-'는 19세기 말에 가서 '-겟더-'형
으로 바뀐다. 중세 국어에서 '-더-'는 서술격 조사나 미래 시제 '-리-'
아래에선 '-러-'로, 인칭법 '-오-'와 결합하면 '-다-'로 교체되었으나,
이러한 교체가 근대 국어에서는 잘 적용되지 않는다. (96ㄷ)에서는 '잇
다니'가 쓰였지만, (96ㄹ)에는 '잇더니'가, (96ㅁ)에는 '술오더라'가 나온
다. (96ㅂ)에서도 서술격 조사 아래에서 '病이더니'가 쓰였다. '-더-'는
근대 국어의 말기까지는 1인칭 주어와 공기(共起)가 가능하여, (96ㄷ,
ㄹ)에서도 1인칭 주어 '내'에 서술어 '잇다니, 잇더니'가 왔다. 그러나
현대 국어에서는 1인칭 화자의 느낌이나 판단을 드러내는 경우가 아
니면 '-더-'가 1인칭 주어의 서술어에 나올 수 없다.

(97)ㄱ. 큰형아 네 나히 하도다 〈노걸 상57b〉

ㄴ. 이거슨 이 ᄃᆞᆰ의 알이로다 〈박통 상36b〉

ㄷ. 六四는 血애 需홈이니 出홈을 穴로브터 ᄒᆞ놋다 〈주역 1.42a〉

ㄹ. 진실로 이러ᄒᆞ면 우리 맛당이 미리 네게 謝禮ᄒᆞ염즉 ᄒᆞ닷다 〈청
노 6.23a〉

ㅁ. 엇디 나룰 報티 아니 ᄒᆞᄂᆞ뇨 日이며 月이 出홈을 東方으로브터
ᄒᆞ샷다 〈시경 2.7a〉

(97)의 '하도다, 알이로다, ᄒᆞ놋다, ᄒᆞ닷다, ᄒᆞ샷다'에서 '-도/로-, -놋-, -닷-, -샷-'은 화자가 느끼는 감동을 나타내는 감동법 선어말 어미이다. 이들은 모두 중세 국어에서도 나타나던 형태로, 점차 '-도-'형으로 통일되어 현대 국어로 이어진다. 이들에서 결합되어 있는 '-ㅅ-, -옷-'은 아래의 '강조법' 선어말 어미로 이해될 수 있을 것이다.

강조를 나타내는 선어말 어미에는 '-ㅅ-, -거/어/나-, -게/에-, -소-' 등이 있다. 이들은 모두 중세 국어에서 이어 온 것이다.

(98)ㄱ. 蔡姬ㅣ 날조차 죽으려 ᄒᆞ돗다 〈어내 2.23a〉

ㄴ. 진실로 올히 가난ᄒᆞ여라 〈노걸 상49a〉

ㄷ. 妾은 命을 듣즙디 못ᄒᆞ리로소이다 〈어내 2.24b〉

(98ㄱ)의 'ᄒᆞ돗다'에서 '-ㅅ-', (98ㄴ)의 '가난ᄒᆞ여라'에서 '-여(어)-', (98ㄷ)의 '못ᄒᆞ리로소이다'에서 '-소-'는 모두 강조를 나타낸다. 이들 가운데 '-거-'와 '-ㅅ-'의 결합형 '-것-'만이 강조 성격의 다짐의 의미를 갖는 서법으로 현대 국어에 계승된다.

앞에서 '-겟-'은 근대 국어에 들어 정립된 새로운 시제 형태소 가운데 하나라고 하였지만, 미래 시제가 갖는 본질적인 특성으로서 '추측'이나 '의지' 등의 서법 기능을 함께 보여 주기도 한다.

(99)ㄱ. 요란ᄒᆞ니 못ᄒᆞ겟다 ᄒᆞ시고 〈한듕 400〉

ㄴ. 딕답ᄒᆞ딕 어딕로 갈넌지 아지 못ᄒᆞ겟슴ᄂᆞ이다 〈텬로 3a〉

앞에서 미래 시제 선어말 어미로 예를 든 (99ㄱ)에서도 '-겟-'은 의도법의 서법 기능을 동시에 보여 주며, (99ㄴ)에서는 추측의 서법 기능을 나타낸다.

인칭법 선어말 어미 '-오/우-'는 이미 16세기에 들면서 그 기능이 약화되어 가면서 그 사용법이 문란해지고, 17세기에 와서는 기능이 거의 사라진다.

    (100)ㄱ. 나도 用心ᄒᆞ여 셩녕을 ᄒᆞ리라 〈박통 상16b〉

        ㄴ. 만일 주그면 내 당당이 무덤의 집 호리라 〈동신 열1.47b〉

선어말 어미 '-오/우-'는 흔히 1인칭 화자의 의도를 나타낸다고 한다. 그러나 (100ㄱ)에서는 1인칭 화자의 의도가 드러나는데도 서술어 'ᄒᆞ리라'에 '-오-'가 없고, (100ㄴ)에서는 같은 조건인데 서술어에 '-오-'가 삽입되어 있어, '-오-'의 사용이 문란해졌음을 알 수 있다.

'-오/우-'는 동사의 선어말 어미로, 종결 어미나 연결 어미 또는 전성 어미 등과 결합하여 나타난다. 이러한 '-오-'는 고대 국어 문헌에서도 발견되는데, 중세 국어에서 비교적 정확한 분포를 가지며 폭넓게 쓰이다가 근대 국어를 거치면서 그 기능이 약화 소멸해 가는 변화를 입는다. 그러나 이미 중세 국어에서도 그 사용이 줄어드는 모습을 보였으며, 근대 국어에서 좀 더 본격화한 것이다.

이와 같은 '-오-'의 약화 소멸은 이 형태소가 가진 원래의 기능에서도 원인을 찾을 수 있을 것이다. '-오-'는 동사의 종결형, 연결형, 전성형 등 어떠한 위치에서 쓰이든지 항상, 기원적으로 명사적 성격을 가지는 '-ㄴ, -ㅁ, -ㄹ, -ᄃᆞ'나 종결의 '-다' 앞에 놓인다.[14] '-오-'가 명사화에서 어떠한 기능을 가졌는지는 아직 제대로 밝혀지지 않았지만, 명사적 성격의 표현을 하는 데 참여한 것으로 이해된다. 그런데 기원적으로 명사문이었던 국어가 점차 동사문으로 바뀌어 감에 따라 '-오-'의 기능 부담이 약화되고, 이것이 소멸의 길을 걷게 된 주요 요인 가운데 하나로 보인다.

근대 국어에 들어서는 종결 어미뿐만 아니라 연결 어미에서도 '-오-'가 기능상 변별력을 상실한다. (101)~(103)은 모두 17세기 문헌이다.

(101) ㄱ. 현직 미리 텬인 줌을 내 이제 브즈러니 네게 부쵹ᄒ노니 대신통
방변으로 제 악취의 쎠러디여 잇디 아니케 ᄒ라 〈지장 하21b〉
ㄴ. 내 드르니 앏픠 길히 머흐다 ᄒ더라 〈노걸 상24a〉
(102) 아뫼라 쓰라 내 이 ᄒᆫ 글월 쓰과라 〈노걸 하14b〉
(103) 내 앗가 ᄀᆞᆺ 뿔 밧고라 갓더니 〈노걸 상40b〉

(101ㄱ)에서는 1인칭 주어에 '-오니'형을 보이지만, 같은 1인칭인 (101ㄴ)에서는 '-오-'가 없는 '-니'이다. (102)에서는 1인칭 주어의 서술어에서 '-오-' 결합형인 '-과-'가 쓰였지만, (103)에선 1인칭에 '-다-'가 아닌 '-더-'가 쓰였다. '-거-'의 1인칭 형태 '-과-'는 17세기까지 나타난다.

'-오/우-'는 명사형과 관형사형에도 삽입되는데, 이는 1인칭 주어의 의지를 나타내는 용법과는 다른 것이다. 관형사화 구성에서 삽입되던 '-오-'는 15세기 때부터 점차 혼란이 나타나기 시작하여, 16세기를 지나 근대 국어에 들어와서는 '-오-' 삽입 여부가 이미 의미를 갖지 못한다.

---

14) '-오/우-'는 종결형 '-라(<-다)', 연결형 '-니', 관형사형 '-ㄴ, -ㄹ' 앞에 올 수 있으며, 연결형 '-오ᄃᆡ'와 명사형 '-옴/움'에서 결합형을 갖는다.

(104)ㄱ. 우리 너희를 자디 몯게 ᄒᆞ논 주리 아니라 〈번노 상47b〉

ㄴ. 내 너희를 재디 아니려 ᄒᆞᄂᆞᆫ 줄이 아니라 〈노걸 상43a〉

(104)에서 보듯이, 16세기 초의 『번역노걸대』에서 존재하던 선어말 어미 '-오-'가 17세기 후반의 『노걸대언해』에서는 없어졌다. 관형사형에서 '-오-'가 소멸하는 현상은 (105)처럼 의존 명사 앞에서 먼저 일어나고 (106)과 같은 자립 명사 앞에서도 16세기 이후 시작되어, 근대 국어에서는 '-오-'의 출현이 매우 위축된다.

(105)ㄱ. 머믈워 두디 마롤 디니라 〈번소 8.22a〉

ㄴ. 天의 渝를 敬ᄒᆞ야 敢히 馳驅티 말 디어다 〈시경 17.31b〉

(106)ㄱ. 밥마다 먹논 딥과 콩이 〈번노 상12a〉

ㄴ. 每夜의 먹는 딥과 콩이 〈노걸 상11a〉

관형화 구성에서 시작된 '-오-'의 소멸 현상은 명사화 구성까지 확산되어 16세기를 지나 근대 국어에서는, '-오-'가 남아 있는 예와 소멸된 예가 (107)처럼 같은 책에서도 공존하는 혼란을 보인다.

(107)ㄱ. 엇디 漢語 니름을 잘 ᄒᆞᄂᆞ뇨 〈노걸 상1b〉

ㄴ. 네 닐오미 맛치 내 ᄠᅳᆮ과 ᄀᆞᆺ다 〈노걸 상10a〉

중세 국어라면 '-옴/움'으로 나타났을 동명사형이 근대 국어에 들어와 '-기'형 동명사로 바뀌거나 아예 관형절 구조로 구문 형태가 바뀌는 변화를 겪으면서, '-오/우-'는 출현 환경이 더욱 축소된다. (83ㄱ)과 (84ㄱ)의 '-옴' 동명사형은 (83ㄴ)과 (84ㄴ)에서 각각 '-기' 명사화, '-은'

관형화형으로 바뀌었다.

(108)ㄱ. 미요믈 구디 ᄒ라 〈번노 상37b〉

　　　ㄴ. 미기를 구디 ᄒ라 〈노걸 상34a〉

(109)ㄱ. 네 닐옴도 올타커니와 〈번노 상5a〉

　　　ㄴ. 네 니ᄅᄂ 말이 올커니와 〈몽노 1.6b〉

연결 어미 '-오ᄃ/우ᄃ'에서도 '-오/우-'가 사라진 예가 이미 16세기에 나타나지만 17세기에도 두 가지 형태가 같이 보인다.

(110)ㄱ. 先生이 前의 니ᄅ시되 〈가례 9.26a〉

　　　ㄴ. 刻ᄒ야 닐오ᄃ 某官 某公의 墓ㅣ라 ᄒ고 〈가례 7.27a〉

(110ㄱ)에서 '니ᄅ시되'에는 '-오-'가 없지만 (110ㄴ)의 '닐오ᄃ'에는 보수적인 '-오ᄃ'형이 쓰였다.

　'-오-'의 쓰임은 근대 국어 말까지 이어지고, 개화기 시대는 물론 일제 시기의 말기 문헌에까지도 간혹 쓴 예가 보인다. 근대 국어에서 쓰인 '-오-'의 의미는 대체로 중세 국어에서 가졌던 1인칭 화자의 의도를 표시하는 것이지만, 이는 보수적인 표기일 뿐 그 기능이 매우 약화된 것이다.

　'-오/우-'는 고대 국어에서 명사형이나 관형사형 어미 앞에 단순히 첨가되는 용법에서 점차 종결 어미나 연결 어미 앞에서 1인칭 화자의 의도를 나타내는 용법으로 발전하였다. 근대 국어에 들어 '-오/우-'의 소멸 시기도 전성 어미에서 앞서며 뒤이어 종결 어미와 연결 어미도 잇따른다.

이상에서 살펴본 선어말 어미들의 배열은 전기에 '어간-숩-시-엇-(숩)-더//거-ᄂ-오-리-도-니-이', 후기에 '어간-시-엇-겟-숩-더//거-ᄂ-오-리-도-니-이'의 순서를 가진다. 근대 국어의 전기에서 후기로 가는 사이에 객체 높임 '-숩-'이 없어지고, 미래 시제 '-겟-'이 과거 시제와 상대 높임 '-숩-' 사이에 놓이는 변화를 겪은 것이다. 이들을 정리하면 (111)과 같다.

> (111) 객체 높임('-숩-')—주체 높임('-시-')—과거 시제('-엇-')—미래 시제('-겟-')—상대 높임('-숩-')—회상법('-더-')//확인법('-거-')—현재 시제('-ᄂ-')—인칭법('-오-')—미래 시제('-리-')—감동법('-도-')—단정법('-니-')—상대 높임('-이-')

높임법과 시제 및 서법 형태소의 배열 순서는 대체로 중세 국어와 같다. 그러나 중세 국어에서 대개 과거 시제와 확인법 아래에 놓이던 주체 높임이 이들보다 앞서는 변화가 생겨, 중세 국어의 '-거시-', '-더시-'가 근대 국어에서는 '-시거-, -시더-'로 나타난다. 이러한 변화는 이미 중세 국어에서 보이기 시작하였지만 근대 국어에 와서 확정된다. 회상법 '-더-'와 확인법 '-거-'가 통합 관계를 갖지 않음은 중세 국어에서와 같다. 객체 높임으로 쓰이던 '-숩-'이 주체 높임의 앞이나 뒤에 옮겨 와서 주체 높임의 정도를 더하고, 근대 국어 후기로 가면서 '-숩-'이 과거 시제 아래에 놓여 상대 높임의 정도를 더하기도 한다. '-오-'는 인칭법으로서의 기능을 이미 상실하였지만 보수적인 표현에서 간혹 나타나므로 편의상 '인칭법'으로 명명하였다.

3.2.5 어말 어미

어말 어미는 문장을 끝맺어 주는 종결 어미와, 구절을 이끌어 다른 구절과 연결하여 접속절을 만드는 연결 어미, 용언의 서술 기능에 다른 기능을 더하여 내포절을 이루도록 하는 전성 어미로 나뉜다.

[종결 어미]

종결 어미로는 평서형, 감탄형, 의문형, 명령형, 청유형을 꼽을 수 있다.

아래의 문장에는 평서형 종결 어미가 들어 있다.

(112) ㄱ. 太后ㅣ 본듸 儉박홈을 됴하흔다 ᄒᆞᄂᆞ다 〈내중 2.42a〉
ㄴ. 그 制되 이 ᄀᆞᄐᆞ니라 〈가례 6.8a〉
ㄷ. 女의 耽ᄋᆞᆫ 可히 說티 몯ᄒᆞ리니다 桑이 落ᄒᆞ니 그 黃ᄒᆞ야 隕ᄒᆞ놋다 〈시경 3.20a-b〉
ㄹ. 이 ᄎᆡᆨ을 ᄒᆞᆫ 번니나 듯거나 보거나 ᄒᆞᆫ 사ᄅᆞᆷ은 다 극낙셰계 가오리다 ᄯᅩ 셔방 가기 어렵다 니르지 마시소 〈염보 20b〉
(113) ㄱ. 隨分念入ᄒᆞ여 잘 ᄃᆞ라 건넬 양으로 닐럿ᄉᆞᆸᄂᆡ 〈첩해 4.4a〉
ㄴ. 이실 ᄃᆞᆺᄒᆞ다 니르ᄋᆞᆸ노쇠 〈첩해 5.14b〉
ㄷ. 기극ᄒᆞᆫ ᄆᆞᄋᆞᆷ오로 관음보살과 텬농과 팔부과 호법선신과를 졍셩오로 청ᄒᆞᄋᆞᆸ노니 오직 원ᄒᆞᄋᆞᆸ뇌 〈육자 2b〉
ㄹ. 閣氏네 房안에셔 잇드라 ᄒᆞ데 〈가곡 152〉
(114) 이 샹소 후 일슌이 디나디 못ᄒᆞ야 샹검의 일이 난 즉 그 톄결ᄒᆞ야 동모ᄒᆞᆫ 형상이 이에 가히 알 거시오 경이 졔신으로 더브러 서로 거ᄂᆞ려 입딕ᄒᆞ야 〈천의 2.19b-20a〉

(115) 네 무상흔 놈아 너도 밍인이지야 남의 안히 유인ᄒ여 가니 너는
조커니와 일은 사름은 안이 불상흔야 〈심쳥 65b〉

근대 국어의 평서문 종결 어미로는 '-다'와 '-라'가 대표적인데, 이는
중세 국어나 현대 국어와 마찬가지이다. 다만 중세 국어에서 현대 국
어로 오면서 점차로 '-라'형에서 '-다'형으로 바뀌어 가고 있으며, 그
중간에 근대 국어가 놓여 있는 것이다. 즉 중세 국어에서는 서술격 조
사나 선어말 어미 '-오-, -니-, -리-, -더-' 아래에서 '-다'가 '-라'로 교
체되는데, 근대 국어에서는 서술격 조사나 '-오-, -리-, -더-' 아래에서
'-라'로 교체되고 '-니-' 아래에서는 '-다'와 '-라'가 수의적으로 나타나
며, 현대 국어에서는 '-리-'와 '-더-' 아래에서만 '-라'형을 갖는다. (112
ㄱ)과 (112ㄴ)에서 '-다/라'형 종결 어미를 볼 수 있다. '-니-'와의 결합
에서 (112ㄴ)은 '-라', (112ㄷ)은 '-다'형을 보인다. '-리-' 아래에선 '-라'
를 취하지만 (112ㄹ)의 '가오리다'와 같이 화자의 강한 뜻을 나타낼 때
는 '-다'를 택하기도 한다. 이러한 표현은 중세 국어에서도 나타난다.
'-다/라'의 상대 높임 표현으로 '-외, -이다'형을 갖는다.

이 밖에도 중세 국어에서 후기에 일부 나타나기 시작하여 근대 국
어에 와서 쓰임이 좀 더 많아진 종결 표현으로, (113)에서 보이는 '-쇠,
-닝, -뇌, -데' 등 여러 종류가 있다. 이들은 그 아래에 종결 어미가 생
략된 형태인데, 근대 국어에 와서는 반말체의 성격을 갖는다. (114)의
'거시오'에서 보이는 '-오'는 18세기 중엽 이후 문헌에서 조금씩 출현
하기 시작하여 19세기 후반에는 '-다/라'와 더불어 평서문 종결 어미
의 대세를 이룬다.[15] (115)의 '-지'는 19세기에 나온 고대 소설에서 많
이 볼 수 있지만, '-어'가 평서형 어미 용법으로 어느 정도 쓰이는 것은
19세기 후반에 들어서이다. 이들 '-지'와 '-어'는 연결 어미가 종결 어

미화한 것으로 보인다. 이들 아래에 결합하는 보조사 '요'는 19세기에 발달한 비격식체 높임법인데, 어조를 달리하여 평서문이나 명령문, 의문문 등에서 쓰임이 크게 확대되면서 현대 국어로 이어진다.

감탄형 어미에는 '-(ᄂ)고나/구나, -괴야/고야, -노라, -도다, -ㄹ샤, -ㄹ세' 등이 있다.

(116)ㄱ. 히 쏘 이리 느젓고나 〈노걸 상41b〉

　　ㄴ. 셜워 날을 죽게 ᄒᄂ고나 〈박통 하26a〉

　　ㄷ. 胡風도 ᄎᆞ도 출쌰 구즌 비는 므스일고 〈해동 10〉

　　ㄹ. 내 일즙 아디 못ᄒᆞ엿노라 〈박통 하41a〉

　　ㅁ. 菁菁ᄒᆞᆫ 莪ㅣ여 뎌 두던 가온ᄃᆡ 잇도다 〈어내 2.108b〉

감탄형 어미 '-고나'는 중세 국어 말기부터 나타나 근대 국어에 들어 '-구나'로도 쓰인다. '-ㄹ샤/ㄹ쌰'는 중세 국어에서 '-ㄹ쎠'로 나타났던 어미이다. 감탄형 어미는 (116ㄹ)과 (116ㅁ)처럼 평서형 어미 '-다/라' 앞에 '-노-, -도-'를 결합하기도 한다. 감탄형 어미 가운데 '-괴야, -ㄹ샤' 등은 18세기 이후 자취를 감춘다.

---

15) '-오'는 16세기의 편지글에서 이미 보인다.
　(i) 빌로 감새 다시 ᄃᆞ닐 사ᄅᆞ미 이실 거시오 〈김씨묘 편지 20〉
　위에서 '-오'는 '-ᄉᆞᆸ-'의 변이 형태이며, 그 아래에 '-이다'가 줄어든 것으로 해석된다. 이후에 '-오'는 문말 어미로 굳어지지만, 그 용례는 18세기 문헌에 가서야 찾을 수 있다. 위의 편지글도 전체적으로 ᄒᆞ소체를 사용하고 있어, 이 예를 연결 어미 '-고'에서 /ㄱ/가 탈락한 것으로 볼 수도 있다.(김현주 2010: 184 참조) 한편 '-오'가 『일동장유가』(1763)에서 처음 확인된다고 하여도 현전본이 후대(19세기 중반 이후) 필사본이므로, '-오'의 등장을 『한듕만록』과 『남원고사』의 필사 시기인 19세기로 보기도 한다.

의문형 어미로는 동명사형 어미 '-ㄴ, -ㄹ'와 결합한 직접 의문형 '-냐, -뇨, -랴, -료'와 '-ㄴ다, -ㄹ다'형이 있는데, 전자는 제1, 제3인칭 주어와 공기하고, 후자는 2인칭 주어와 어울린다. 간접 의문형도 동명사형 어미와 결합한 '-ㄴ가, -ㄹ가, -ㄴ고, -ㄹ고'가 있다. 이들은 모두 이전 시기에서 이어지는 형태인데, 특히 '-냐, -랴'는 중세 국어 말기에 변화된 의문형이다. 이 밖에도 근대 국어 후기에 와서 나타나는 '-어, -지'가 있는데, 이들은 평서형에서와 같은 형태지만 문말 어조를 달리하여 구분된다.

(117)ㄱ. 古人이 엇디 나를 소기리오 〈상훈 4b〉

　　　ㄴ. 비록 내 氣質의 差이나 엇디 宴安ᄒᆞ야 放過홈애 낫디 아니ᄒᆞ랴 〈상훈 10a〉

(118)ㄱ. 둙이 씽 번싱ᄒᆞᆫ다 홈을 아는다 〈소아 8b〉

　　　ㄴ. 네 므슴 아는 곳이 잇ᄂᆞ뇨 〈몽노 1.6b〉

　　　ㄷ. 네 이 둘 금음씌 北京에 밋츨까 못 밋츨까 〈몽노 1.2a〉

(119)ㄱ. 공윤의 말이 아니 마잣ᄂᆞᆫ가 〈천의 2.6a〉

　　　ㄴ. 어늬 부에 관원 궐이 잇ᄂᆞᆫ고 〈종덕 하32a〉

(120)ㄱ. 百戶ㅣ 다 어듸 죽어가냐 〈박통 중5a〉

　　　ㄴ. 條約의 뎡훈 限싯지는 엇디 얼현이 출히올가 〈첩해 3.24b〉

(121) 외방의 나가면 ᄯᅩ 너와 ᄒᆞᆫ 가지어니ᄯᆞ녀 〈노걸 상37b〉

(122)ㄱ. 무엇이 붓그러워 〈춘향 134〉

　　　ㄴ. 아부지 춥지 안소 아부지 시장ᄒᆞ시지요 아부지 기달엿소 자연이 더듸엿소 〈심청 13a〉

(123)ㄱ. ᄆᆞ음이 그 쟝츳 편안ᄒᆞ오시리잇가 〈천의 1.13b〉

　　　ㄴ. 이 므슴 의식며 이 므슴 도리니잇고 〈천의 1.58b〉

(117ㄱ)은 설명 의문형 '-리오(료)'를, (117ㄴ)은 판정 의문 '-랴'를 보여 준다. (118ㄱ)에선 제2인칭 주어의 의문형 '-ㄴ다'가 있다. 근대 국어 초기에는, 2인칭에서 내용과 판정 모두 '-다'형을 쓰던 중세 국어에서 의 의문법이 대체로 이어지지만, '-다'가 쓰이던 자리가 점차 '-가, -고' 나 '-냐/랴, -뇨/료'로 바뀌어 가서 후기에는 2인칭 의문형의 구분 표 현이 거의 사라진다. (118ㄴ, ㄷ)도 2인칭 주어이지만 '-뇨'와 '-ㄹ까'를 썼다. (119)는 간접 의문법으로, (119ㄱ)은 판정 의문의 '-ㄴ가'를, (119 ㄴ)은 설명 의문의 '-ㄴ고'를 썼다. 그러나 판정 의문법과 설명 의문법 의 대립이 근대 국어에서는 흔들리기 시작한다. (120)에서는 모두 의 문사가 있는 설명 의문문이지만 '-냐'와 '-ㄹ가'를 썼다. 이들 변화의 방향은 설명 의문법 어미가 판정 의문법 어미로 바뀌는 것으로, 19세 기에 이르면 설명 의문법 어미가 대개 소멸하지만 오늘날에도 드물게 쓰인다. (121)에 나오는 반어적 의문형 '-이ㅼ녀'는 점차 소멸해 간다. (122)에서는 새로운 의문형 어미 '-어'와 '-지'가 있다. '-아/어'와 '-지' 형은 19세기에 들어 쓰임이 넓어졌고, (123ㄴ)의 '-지요'에서는 보조사 '요'가 '-지' 아래에 결합하여 높임의 기능을 더한다. 상대 높임의 의문 형 어미는 (123)에서 보듯이 '-잇가, -잇고'이다.

명령형 어미에는 '-라, -게, -고, -소, -오, -어, -지/제, -어라' 등이 있다.

(124)ㄱ. 날회여 비브로 머그라 〈노걸 상38b〉

　　　ㄴ. 네 六厘銀을 도로 날 다고 〈청노 4.19〉

(125)ㄱ. 자닉네도 나실 제 니르고 가읍소 〈첩해 2.15b〉

　　　ㄴ. 어져 그 말 마오 〈일동 1.63〉

　　　ㄷ. 원컨대 폐하는 뻐 경계를 삼으쇼셔 〈종덕 중18a〉

(126) 줄지 안이 줄지 엇지 압나 방이나 찌코 보졔 〈심청 59a〉

(127) 너희 다 먹어라 〈몽노 3.6b〉

(124ㄱ)의 '-라'는 이전 시대부터 쓰이던 전형적인 명령형이지만, 16세기에는 (124ㄴ)의 '-고'와 '-소/오'형이, 18세기에는 '-게'형이 나타나 이들 모두가 현대 국어로 이어진다. 상대 높임에서도 (125ㄷ)의 '-쇼셔'는 중세 국어의 계승이지만, '-소/오'는 근대 국어에 들어 더욱 발달한 명령형 어미이다. '-소/오'는 17세기엔 (125ㄱ)의 '-소'로 단일화하며, 18세기부터는 이보다 높임이 더한 (125ㄴ)과 같은 '-오'형도 나타난다.[16] '-어'와 '-지/졔'형은 19세기에 명령법으로도 쓰인다. 특히 '-지'는 완곡한 명령법 어미이며, (126)의 '-졔'는 '-지'의 남부 방언형이다. (127)에서는 '-어라'형을 찾을 수 있다. 중세 국어에서도 간혹 보이던 '-아라/어라'형은 근대 국어 후기에 이르러서야 쓰임이 많아진다. 이는 중세 국어에서 확인법 '-거/가/어/너-'가 명령형 종결 어미 '-라' 앞에 와서 강조의 의미를 더한 형태를 이은 것이나, 근대 국어의 후기에 이르러는 종결 어미화하여 '-어라' 명령형을 이룬 것이다. 명령형에도 '-어, -게, -지' 등에는 보조사 '요'가 결합하여 높임의 기능을 더한다.

청유형 어미에는 '-쟈/자, -읍새'가 있다.

(128)ㄱ. 밥 가져오라 내 먹쟈 〈박통 중8b〉

　　ㄴ. 아희아 盞 ㄱ로 부어라 놀고 가자 ㅎ노라 〈악습 368〉

　　ㄷ. 書契를 내셔든 보읍새 〈첩해 1.16a〉

---

16) 이 '-오'는 17세기 이전의 '-소/오'의 이형태 '-오'와 다른 것이다.

중세 국어에서 청유형으로 쓰이던 '-져'는 중세 국어 말기에 '-쟈/쟈'로 바뀌어 근대 국어로 이어진다. 중세 국어에서도 쓰이던 '-사이다'와, 여기에서 '-다'가 생략된 '-ㅂ새'형이 중세 국어 말기에 형성되어 근대 국어에서 쓰인다. '-새'는 현대 국어에서 '-세'로 변화한다. 아직 '-ㅂ시다'형은 나타나지 않는다.

[연결 어미]

연결 어미 표현은 예문 (129)~(131)과 같다. 각 문장에서 밑줄 친 서술어는 연결 어미 활용형을 보인다. 연결 어미는 대등적, 종속적, 보조적 연결 어미로 나뉜다.

(129)ㄱ. -고: 오히려 슬피 울고 떠나디 아니혼대 〈동신 효3.39b〉

        -니: 됴아는 쥬쳔사룸이라 아비 흔고을 잇노니 슈의게 죽고 〈속삼 효3a〉

        -(이)요: 范은 姓이요 內翰은 벼슬이니 일흠은 祖禹ㅣ이라 〈내중 2.16a〉

   ㄴ. -며: 位를 正흐면 교홰 일며 풍쇽이 알룸답ᄂ니 〈여사 서1.3a〉 내 ᄆ음이 石이 아니라 可히 轉티 몯흐리며 내 ᄆ음이 席이 아니라 可히 卷티 몯흐리며 威儀ㅣ 棣棣흔 디라 可히 轉티 몯흐리로다 〈시경 2.2a〉

        -며셔: 康衢烟月에 일 업시 노닐며셔 어즈버 聖化 千載에 이러구러 지내리라 〈청구 276〉

   ㄷ. -나: 비록 심히 미티고 망녕되나 나라홀 위흐여 튱셩을 다흐얏거늘 〈천의 1.15a〉

        -거나: 싸흘 주거나 치츙흐미 다이라 〈경신 공과〉

-던지: 산이 가렷던지 바다히 막혓던지 물론 ᄒ고 경긱간에 쇼
식을 통ᄒ니 〈이언 1.42a〉

ㄹ. -아: 혼편을 ᄆᆞ드라 일홈을 명ᄒ야 빅힝원이라 ᄒ야 〈백행 20a〉

君子ㅣ 學ᄒ여 ᄡᅥ 聚ᄒ고 問ᄒ야 ᄡᅥ 辯ᄒ며 〈주역 1.16a〉

(129)에는 둘 이상의 구절을 대등하게 연결하는 대등적 연결 어미가
있다. (ㄱ)의 '-고, -니, -(이)요'는 나열을, (ㄴ)의 '-며, -며서/면서'는 동
시 진행을, (ㄷ)의 '-나, -(거)나 -(거)나, -던지'는 양보를 나타낸다. (ㄹ)
의 '-아/어'는 시간의 흐름에 따라 기술할 때 쓰는 어미이다. 'ᄒ-'의
활용형으로 'ᄒ야' 외에 'ᄒ여' 형이 이미 중세 국어에서도 종종 보였
으나 근대 국어에서는 두 가지 형태가 모두 많이 쓰인다. 중세 국어에
서 '-며'는 미래 시제 선어말 어미 '-리-'를 선행 결합할 수 있었는데,
이 형태는 근대 국어에서도 (ㄴ)에서처럼 이어지다가 후기에 들어 사
라진다. 중세 국어에서 이어지는 '-며셔'도 18세기에 '-면셔'로 바뀐다.

(130)ㄱ. -나: 그ᄃᆡ 직물이 심히 풍죡ᄒ나 그러나 일이년이 디나면 〈종
덕 상14b〉

-ㄴ들: 비록 뉘우츤들 어이 미츠리오 〈경민 23b〉

ㄴ. -니: 人倫大義로 ᄀᆞᆮ치니 드듸여 효ᄌᆞㅣ 되고 〈경민 23a〉

ㄷ. -거ᄂᆞᆯ: 엇디 글을 ᄡᅳ리오 ᄒ거ᄂᆞᆯ 신등이 ᄃᆡ답ᄒ야 ᄀᆞᆯ오ᄃᆡ 〈천
의 진천4b〉

ㄹ. -라: 사름은 天上을 조차 探花ᄒ라 가거ᄂᆞᆯ 〈오전 3.9a〉

ㅁ. -려: 蔡姬ㅣ 날조차 죽으려 ᄒ놋다 〈어내 2.23a〉

ㅂ. -게: 블을 노하 ᄭᅩᆺ블 닐게 브티면 닙픈 술아디고 대ᄂᆞᆫ ᄆᆞᆯ르ᄂᆞ
니 〈자소 7b〉

ㅅ. -면: 지아비 어디디 몯ㅎ면 써 안해을 御티 몯ㅎ고 〈여사 1.5b〉

ㅇ. -쟈: 술 닉쟈 체 쟝ㅅ 도라가니 아니 먹고 어이리 〈청구 324〉

ㅈ. -곤: 내 몸도 閑티 몯ㅎ곤 違ㅎ야 내 後를 恤ㅎ랴 〈시경 2.16a-b〉

ㅊ. -ᄃ록: 千萬 劫 디나ᄃ록 구필 줄 모ᄅᄂ다 〈송강 관동별곡〉

ㅋ. -다가: 슈근슉덕 ㅎ다가셔 삼밧트로 드러가셔 무스 일 ㅎᄂ지 〈교시조 2297-1〉

ㅌ. -ㄹㅅ록: 궁귀의 계괴 갈ㅅ록 텽명홀 일을 뒤집단 말이라 〈명의 권수하 어제윤음 5b〉

ㅍ. -ᄃ웨: 여희엿다가 다시 서르 맛보니 偶然히 그리ㅎᄃ웨 어느 足히 期約ㅎ리오 〈두중 22.22b〉

ㅎ. -나 -나: 우리 가면 혹 일으나 혹 느즈나 그저 뎌긔 자고 가쟈 〈노걸 상9a〉

-명 -명: 草堂애 淸風 明月이 나명 들명 기드나ᄂ니 〈교시조 347〉

(130)은 종속절을 이끌어 상위절에 이어주는 종속적 연결 어미이다. 각 어미들의 의미 기능은 중세 국어에서와 크게 다르지 않다. 양보 (ㄱ)에 '-거니와, -건마ᄂ, -ㄴ들, -ㄴ뎡, -나, -니오, -ᄃ, -되, -든지, -ㄹ만뎡, -ㄹ디라도/ㄹ지라도, -마른, -아도/어도, -오ᄃ/우ᄃ/ᄃ, -이라도/라도, -어야, -지마ᄂ', 원인(ㄴ)에 '-ㄴ즉, -니, -니ᇝ, -ㄹᄾ /ㄹ씨, -매, -모로/므로, -아/어, -아셔/어셔', 이유(ㄷ)에 '-거늘, -관ᄃ, -ㄹᄾ, -이라/라', 목적(ㄹ)에 '-라/러, -아/어', 의향(ㅁ)에 '-려', 원망(ㅂ)에 '-게, -고져/고쟈, -과뎌/과댜/과져, -ᄃ록/도록, -아져', 조건(ㅅ)에 '-거든, -ㄴᄃ/ㄴ데, -ㄴ댄, -더든, -되, -ㄹ딘댄, -란ᄃ, -면,

-아야', 동작의 연속(ㅇ)에 '-는 듯, -는다마다, -락, -아, -쟈/자', 전제(ㅈ)에 '-곤/고는', 한도(ㅊ)에 '-드록/도록', 내용 전환(ㅋ)에 '-곤/고는, -다가, -더니', 정도가 더해감(ㅌ)에 '-도록, -디록, -디옷, -ㄹ스록/ㄹ수록', 한정(ㅍ)에 '-디웨', 반복(ㅎ)에 '-나 -나, -니 -니, -락 -락, -명 -명' 등이 있다.

 '-ㄴ뎡'은 17세기까지 나타나다가 18세기에는 '-ㄹ디언졍'에 자리를 물려주고, '-관딕, -과뎌, -란딕' 등은 19세기 이후 문헌에선 거의 보이지 않는다. '-곤'은, '개며 물의 니르러도 다 그러ᄒᆞ곤 ᄒᆞ믈며 사ᄅᆞᆷ이ᄶᅡ녀〈가례 2.12〉'에서처럼 내용 전환의 뜻을 갖는 쓰임은 18세기에 그치며, 이후엔 '전제'를 말하는 용법만 이어진다. '-디록'은 17세기까지, '-드록'은 18세기까지 보이며, '-도록'은 19세기 이후엔 더해가는 정도의 종착을 나타낸다.

 이들 대부분은 중세 국어에서 계속되는 어미들이지만, '-노라면, -는데, -니시, -ㄹ디라도, -ㄹ쌘더러, -ㄹ지언뎡, -랴면>-려면, -면서, -지마ᄂᆞᆫ>-지만, -든지 ~ -듣지' 등은 새로 나타난 형태들이다. 중세 국어에서 '-오딕, -오려'는 인칭법 '-오-'가 소멸되면서 '-딕/되, -려'가 된다. '-건마ᄂᆞᆫ'은 중세 국어에서 '-건마ᄅᆞᆫ'이었다. '-디웨'는 후행하는 부정 내용을 전제하면서 서술 내용에 한정적인 강조를 하는 표현으로, 15세기에는 '-디ᄫᅵ'였으나 'ㅸ'의 소실로 중세 국어에서 '-디위/디외/디웨'로 쓰이고 17세기에도 드물게 '-디웨'로 실현되다가 사라진다. 현대 국어에서는 한정적으로 긍정하는 표현의 연결 어미 '-지'로 나타난다. 근대 국어에서 새로 생긴 어미들은 이전부터 쓰이던 어미에 보조사가 결합하여 어미화한 형태가 대다수이고, 선어말 어미 '-거-' 등이 결합하여 어말 어미로 재구조화한 형태도 많다. 특히 19세기 말의 개화기 문헌에는 '-거니, -거니와, -건대, -건마는, -고서, -느라고,

'-니시, -든지, -ㄹ진대, -면서, -어서, -지만' 등 새로운 형태가 많이 나타난다.

(131)ㄱ. 몬졔브터 숩던 道理를 잘 싱각ㅎ여 보시소 〈첩해 8.8a〉

　　　ㄴ. 三物 섯거 고론 거시 아래 잇고 숟굴리 우희 잇게 호딕 〈가례 8.13b〉

　　　ㄷ. 얼운은 어린이를 어엿비 너기디 아니ㅎ며 〈경민 22b〉

　　　ㄹ. 니존 수이 업시 僉官들씌 니르고 잇습ㄴ이다 〈첩해 2.17a〉

　　　ㅁ. 먹고져 십브디 아니ㅎ니 당당이 병이로소이다 〈동신 삼열6b〉

보조적 연결 어미로는 '-아/어, -게, -디(지), -고'를 들 수 있다. 중세 국어에서는 '-긔/긔/게' 등의 이형태가 있었으나 근대 국어에서는 '-게'로 단일화하며, '-디'는 18세기 이후 '-지'형이 함께 나타나 쓰인다. (131)에서 '싱각ㅎ여, 잇게, 너기디, 니르고, 십브디'는 모두 보조 용언 앞에 놓인 보조적 연결 어미를 가지고 있다. (131ㅁ)에서 의존 형용사로 쓰인 '시브/십브-'의 앞에 오는 '-고/고져'도 보조적 연결 어미에 넣을 만하다.

[전성 어미]

전성 어미에는 명사형, 관형사형, 부사형이 있다.

(132)ㄱ. 직ㅎ야 공양ㅎ기를 넙이 ㅎ는 거시 그 유익디 아니홈을 붉이 가히 알 찌라 〈경민 36a〉

　　　ㄴ. 뎟뎟ㅎ 거술 허러 브리며 풍쇽을 어즈러이는 빅셩은 〈경민 23b〉

　　　ㄷ. 조이 놉게 소릭ㅎ여 어미를 구ㅎ더니 〈동신 열7.40b〉

(132ㄱ)의 '공양ᄒᆞ기, 아니홈'은 명사형 전성 어미, (132ㄴ)의 '덧덧ᄒᆞᆫ, 어즈러이ᄂᆞᆫ'은 관형사형 전성 어미, (132ㄷ)의 '놉게'는 부사형 전성 어미를 취하고 있다. 특히 명사형 '-기'의 쓰임이 점차 늘어나 18세기 말부터는 널리 쓰이지만, 아직도 '-음'의 세력이 훨씬 크다. 중세 국어 시기에 '-옴/움'형의 동명사에 들어가던 '-오/우-'는 근대 국어에 와서 그 결합이 문란해지면서 점차 사라지고, '-음'형 파생 명사와 형태상 변별이 거의 없어진다. 17세기에 나온 문헌에도 이미 명사형에 '-옴/움'형보다 '-음'형이 많다. 관형사형에서도 '-오/우-' 삽입이 사라진다. 부정문이 아닌 표현에서 쓰인 명사형 '-디/지'나, '-은, -을'형은 찾기가 어려울 정도이다. '-ㄴ, -ㄹ'은 중세 국어에서 시제나 서법 선어말 어미와 결합하여 '-ᄂᆞᆫ, -던, -건, -린, -릴' 등의 결합형이 쓰였으나, 근대 국어에서 '-ᄂᆞᆫ, -던'만 남아 현대 국어로 이어진다.

다음을 보면 근대 국어 명사형의 변화가 잘 드러난다.

(133)ㄱ. 하ᄂᆞᆯ히 아래 보시믈 심히 붉기 ᄒᆞ시고 〈경민-중 18〉

　　ㄴ. 하ᄂᆞᆯ이 아래를 구버보시기를 ᄀᆞ장 붉게 ᄒᆞ시고 〈경민-개 17b〉

(134)ㄱ. ᄀᆞᄋᆞᆯ히 닉거든 뷔여 드리미 ᄂᆞ미 지븨셔 빈비ᄒᆞ야 〈경민-중 11〉

　　ㄴ. ᄀᆞᄋᆞᆯ히 거두는 거슨 눕의게셔 빈비ᄒᆞ야 〈경민-개 11a〉

(135)ㄱ. 비록 凶荒을 만나도 굶주리기를 근심티 아니ᄒᆞ고 〈경민-개 13a〉

　　ㄴ. 가히 통분ᄒᆞ기를 이긔리오 〈천의 3.7a〉

(136)ㄱ. 고지 칙칙ᄒᆞ니 갈마 보미 어렵고 가지 노프니 듣지 ᄀᆞ장 새롭도다 〈두중 17.18b〉

　　ㄴ. 幽蘭이 在谷ᄒᆞ니 自然이 듯지 죠희 〈해동 41〉

(137)ㄱ. 내 죵내 길ᄒᆞ올 일을 싱각ᄒᆞ옵심믈 쳔만 ᄇᆞ라ᄋᆞᆸᄂᆞ이다 〈윤선도 언간〉

ㄴ. 망극 듕 보옵시기 폐롭ᄉ올가 이제야 덕ᄉ오며 〈명성왕후 언간〉

(133)과 (134)에서 (ㄱ)은 1579년 중간된 「경민편」이고, (ㄴ)은 1658년
개간된 「경민편」이다. 중세 국어에서 '-옴/움'은 근대 국어에 들어와
(133ㄴ)에선 '-기'로 바뀌고, (134ㄴ)에선 '~ 것' 보문화 표현으로 바뀌
었다. 근대 국어에서 '-기'의 쓰임 확대가 뚜렷하지만, 이것이 '-옴/
움' 자리에 '-기'가 대치하는 단순한 변화만 있었던 것은 아니다. 오히
려 현대 국어에서는 용인되지 못하는 (135)의 '-기' 용법에서 보듯이 근
대 국어 중엽에는 '-기'의 쓰임 영역이 매우 넓었다. 문헌에 따라 차이
가 많이 있지만 대체로 근대 국어 말까지의 문헌에서는 '-음'형이 '-기'
보다 많이 쓰인다. 그러나 근대 초부터 계속 늘어나는 '-기'형이, 근대
말에 이르러 구어에서는 '-음'보다 많이 쓰였으리라 짐작된다. '-음'과
'-기'의 의미 기능상 차이는 현대 국어에서 그렇듯이 아직 뚜렷하게 밝
혀져 있지 못하지만, 대체로 '-음'이 추상적이고 1회적인 데 비해 '-기'
는 구체적이고 일반적인 의미 특성을 가진 것으로 보인다. 중세 국어
에서는 '-디'가 일부 동사 앞에서 명사형으로 쓰이는 용법이 있었지만
근대 국어에 들어 대부분 '-기'형으로 바뀌는데, (136)의 '듣지, 듯지'처
럼 명사형 '-지(<-디)'가 일부 보인다.

  (137)에서는 명사형 '-ㅁ'과 '-기'에 각각 선어말 어미 '-옵-, -시-'가
다 들어가 있다. '-ㅁ'는 중세 국어에서도 이들 선어말 어미와의 결합
이 비교적 자유로웠고 '-기'는 그렇지 못하였으나, 근대 국어에 들어
와서는 모두 선어말 어미와 비교적 자유롭게 결합한다. 그만큼 어말
어미로서의 기능이 활발해지는 것이다. '-ㅁ'와 '-기' 앞에 올 수 있는
선어말 어미에는 '-옵-, -시-'가 있고, 근대 국어 후기로 가면서 '-앗-'
과 '-겟-'도 결합할 수 있게 된다.

(133ㄱ)의 '븕기'가 (133ㄴ)에서 '븕게'로 바뀌듯이, 파생 부사 접미사 '-이'로 나타내던 부사어 표현이 부사형 어미 '-게'로 바뀌는 현상도 근대 국어에서 자주 나타난다. 이러한 현상도 어휘적 파생보다 통사적 구조화 표현이 발달해 가는 근대 국어 문법사의 일반적인 경향 가운데 하나라고 할 만하다.

(138)ㄱ. 그 命ᄒᆞ신 服을 닙어시니 朱흔 芾이 이 皇ᄒᆞ며 瑲ᄒᆞᄂᆞᆫ 葱곧튼 珩이로다 〈시경 10.8a〉

　　ㄴ. 어도온 ᄃᆡ 이실 적과 혼자 ᄃᆞ닐 제 샹해 흰 칼늘흘 품머 져릴 디킈여 ᄆᆞᄎᆞᆷ내 늘그니라 〈동신 열3.46b〉

　　ㄷ. 淸ᄒᆞ야 緝ᄒᆞ야 熙흘 거슨 文王의 典이시니 비로소 禋ᄒᆞᄂᆞ로 뻐 成홈이 이심애 迄ᄒᆞ니 周의 禎이로다 〈시경 19.2b〉

(139)ㄱ. 熠熠흔 宵行이로소니 可히 저프디 아니 혼 디라 可히 懷홉도다 〈시경 8.10a〉

　　ㄴ. 士ㅣ 만일 妻ᄅᆞᆯ 歸ᄒᆞ려 홀딘댄 冰이 泮티 아닌 적을 미처 홀 디니라 〈시경 2.14a〉

(138)의 '命ᄒᆞ신'에는 과거 시제를 가진 관형사형 어미 '-ㄴ'이 있고, '朱흔, 瑲ᄒᆞᄂᆞᆫ, 葱곧튼, 어도온, 흰'에는 형용사의 현재 시제 '-ㄴ, -은'과 동사의 현재 시제 관형사형 어미 '-ᄂᆞᆫ'이 있으며, '이실, ᄃᆞ닐, 熙흘'에는 '-ㄹ, 올'과 같은 미래 시제의 관형사형이 있어, 각각 그 다음에 오는 명사를 수식한다. '-오/우-'가 기능을 상실하는 근대 국어에서는, 관형사형에 '-오/우-'가 결합되던 중세 국어의 방식도 없어지게 되지만, 아직 간혹 (139)의 '혼, 홀'과 같이 이전 형태를 보이기도 한다. 그러나 '-오/우-'가 없는 형태와 변별성은 전혀 없다.

3.2.6 용언의 형태 교체

근대 국어 시기에 체언의 형태 교체가 단일화의 방향으로 나아간 것과는 달리, 용언의 형태 교체는 중세 국어 시기의 불규칙 활용을 그대로 유지할 뿐 아니라 오히려 새로운 유형의 불규칙 활용이 등장하기도 하는 등 복잡한 양상을 띤다.

우선 중세 국어 시기에 존재했던 ㄷ불규칙, ㅂ불규칙, ㅅ불규칙, 르불규칙, 러불규칙은 근대 국어에서도 계속 유지되며, 현대 국어에 이르기까지 큰 변화를 겪지 않는다. 다만 ㅂ불규칙 용언 중 어간 말에 자음군 'ㄼ'를 갖는 용언들은 규칙 활용으로 변화한다. (112)에서 ㅂ불규칙 활용을 하였던 '넓다, 엷다'가 18세기에 들어 규칙 활용으로 변화하였음을 확인할 수 있다. 현대 국어에서는 '섧다'만이 '설워, 설우니'로 활용하여 불규칙 활용의 모습을 간직하고 있다.

(140)ㄱ. 이 믈이엔 살음은 즌흑 블보며 므거온 돌 지들 ㅎ야 〈지장 중 14b〉

ㄴ. 덕이 지극히 엷은지라(德至薄也) 〈경신 29b〉

'ㅎ다' 역시 계속해서 불규칙적 활용을 유지한다. 다만 'ㅎ다'는 모음 어미 결합형 'ㅎ야'가 'ㅎ여'로 바뀌었을 뿐 아니라 19세기 후반에는 축약형 '히'로도 실현되는 변화를 겪는다.(이현희 1994, 최전승 1998)

(141)ㄱ. 아무리 어려운 일을 당히도 〈정인 2.9〉

ㄴ. 나는 보지 못힛거니와 〈정인 1.4〉

이처럼 중세 국어에서 존재했던 대부분의 불규칙 활용이 그 모습을 유지하고 있지만, '시므고, 시므니, 심거'와 같이 불규칙적인 활용을 하던 'ᄆ·므' 말음을 지닌 용언과 '잇고, 이시니, 이셔'와 같이 단어 개별적으로 불규칙적인 활용을 하던 '잇다'는 근대 국어에서는 규칙적인 활용을 하는 것으로 변화한다.

> (142)ㄱ. 각각 복련을 심어 뻐 셩셰풍화 가온듸셔 한가지로 태평을 안락
> ᄒ게 ᄒ오쇼셔〈경신 86a〉
> ㄴ. 왕위 집 뜰의 괴화나무 셰 쥬를 심어 왈〈감응 4.1b〉

(142)에서는 후기 근대 국어 시기에 '심거' 대신 '심어'가 등장한 것을 확인할 수 있다. 이러한 변화의 결과 'ᄆ·므' 말음 용언은 '심다(植), 담그다(浸), 잠그다(鎖), 잠그다(沈)'와 같은 규칙 활용 용언으로 변화한다. '잇-~이시-' 역시 후기 근대 국어에서 규칙 활용의 '있다'로 변화한다.

일부 용언이 규칙 활용으로 변화한 것과 달리 중세 국어에는 없었던 새로운 유형의 불규칙 활용이 근대 국어 시기에 등장하게 된다. 우선 17세기에 양순음 뒤에서 평순 모음 /ᅳ/가 원순 모음 /ᅮ/로 변화하는 원순모음화와 함께 '프고, 프니, 퍼'가 '푸고, 푸니, 퍼'로 변화하여 우불규칙 활용이 생겨난다.

또한 18세기에는 ㅂ불규칙 활용 용언 일부가 'ㅂ~ᅮ' 교체에서 /ㅂ/가 탈락하는 ㅂ불규칙2 활용으로 변화하며 새로운 불규칙 활용이 등장한다.(유필재 2002) ㅂ불규칙 활용의 '뵈ᄉᆸ고, 뵈ᄉᆞ오니, 뵈ᄉᆞ와'가 ㅂ불규칙2 활용의 '뵈옵고, 뵈오니, 뵈와'로, '엳ᄌᆸ고, 엳ᄌᆞ오니, 엳ᄌᆞ와'가 '여쭙고, 여쭈니, 여쭤'로 변화한 것이 그 예이다. 이들은 모두

기원적으로 '-습-'이 포함된 용언이라는 공통점이 있다.

19세기에는 기원적으로 'ᄒ다'를 가지고 있었던 지시 형용사 '그러ᄒ다, 이러ᄒ다, 뎌러ᄒ다, 엇더ᄒ다' 등과 색채 형용사 '거머ᄒ다, 노라ᄒ다, 퍼러ᄒ다' 등이 '그렇고, 그러니, 그래', '노랗고, 노라니, 노래'와 같이 변화한다. ᄒ다불규칙 활용에서 분화된, ᄒ불규칙 활용이 새롭게 등장한 것이다. 또한 지시 동사 '그리ᄒ다, 이리하다, 뎌리ᄒ다, 엇디ᄒ다'는 '그러고, 그러니, 그래'와 같이 어불규칙 활용을 형성한다.

이처럼 용언은 체언과 달리 근대 국어 시기에도 불규칙 활용이 계속 유지되거나(ㄷ, ㅂ, ㅅ, 르, 러불규칙) 오히려 새로운 불규칙 활용이 형성되는(우, ㅂ2, ᄒ, 어불규칙) 변화를 겪는다. 용언의 형태 교체는 15세기부터 오늘날에 이르기까지 다양한 변화를 겪었으므로, 이를 기준으로 하여 시대를 구분해 볼 수 있다. 정경재(2015)에서는 15세기 이후 현대 국어에 이르기까지의 용언의 활용 양상 변화에 따라 크게 네 시기로 나누었다. 제1기를 15세기라 하면, ㅅ불규칙이 형성되고 ㅿ·스불규칙, ㄹㅇ 활용의 ㄹ·르 불규칙, -ᄃᆐ다 불규칙이 소멸하는 16세기부터 그 이후 큰 변화가 발생하지 않는 안정기인 18세기 전반까지를 제2기, ㅂ불규칙2 활용이 새롭게 등장하며 ㅁ·므 불규칙, 잇다불규칙이 소멸하기 시작하는 18세기 후반부터를 제3기, ᄒ불규칙과 어불규칙이 형성되고 이다불규칙이 소멸하기 시작하는 19세기 말, 즉 현대 국어부터를 제4기로 보았다.

3.3 관형사, 부사, 감탄사

3.3.1 관형사

근대 국어에서도 관형사는 중세 국어에 비해 크게 늘지 않아 그 수효가 많지 않다. 중세 국어에서 근대를 거쳐 현대 국어로 오면서, 이전에 쓰이던 관형사 가운데 일부가 사라지거나 형태에 변화를 겪으며 새로운 관형사가 나타나기도 한다.

관형사는 성상 관형사, 지시 관형사, 수 관형사로 나눌 수 있으며, 곡용이나 활용을 하지 않는다.

(143)ㄱ. 진딧 傷處ᄂᆞ 굿고 둔둔호ᄃᆡ 〈무원 1.32b〉

ㄴ. 그ᄃᆡ를 ᄉᆞ랑ᄒᆞ야셔 醉ᄒᆞ야 업드로니 죠고맷 ᄆᆞᄋᆞ미 降호믈 ᄯᅩ 알와라 〈두중 15.53b〉

(143)에서는 성상 관형사 '진딧[眞], 죠고맷[小]'이 보이는데, 이들은 오늘날 관형사로 쓰이지 않는다. 중세 국어에서 근대 국어로 이어진 '죠고맷, 져구맛'은 오늘날 '조그마한'으로 바뀌었다. 성상 관형사에는 이 밖에 '각, 넷, 다른, ᄯᆞᆫ, 모든, 몬졋, 샹, 새, 아니한, 여러, 온, 온갓/온간, 올흔, 외(孤), 왼, ᄒᆞ올, 헌, 크나큰' 등이 있다.

(144)ㄱ. 아기 ᄀᆞᆺ 나 빗복줄기 ᄲᅥ러디거든 새 디새 ᄶᅡᆼ 우희 연고 숫블에 검게 ᄉᆞ라 ᄀᆞ라 밍ᄀᆞ라 〈두집 상.4b〉

ㄴ. 金盤과 玉筯왜 消息ㅣ 업스니 이 나래 새를 맛보고 〈두중 15.23b〉

ㄷ. 반ᄃ시 암ᄃᆰ이 새 배우러 뻐 ᄌ禍를 닐위미 업쎄 홀 ᄯᅵ니라
〈내중 2.14b〉

(145)ㄱ. 미야미 소리ᄂᆫ 녜 더레 모댓고 〈두중 9.34a〉

ㄴ. ᄯ오 本鄕엣 즐거우미아 알언마른 敢히 녜 근호믈 ᄉ랑티 몯ᄒ
놋다 〈두중 7.26b〉

ㄷ. 녜 洞庭ㅅ 므를 듣다니 오ᄂᆯ 岳陽樓의 올오라 〈두중 14.13b〉

위에서 '새'와 '녜'는 여러 기능으로 쓰인다. (144ㄱ)과 (145ㄱ)에선 각각
관형사로, (144ㄴ)과 (145ㄴ)에선 명사로, (144ㄷ)과 (145ㄷ)에선 부사로
쓰였는데, 오늘날 '새'는 관형사로, '녜>예'는 명사로만 쓰인다.

(146)ㄱ. 이, 그, 뎌/져, 요, 고, 됴, 그런, 뎌런, 이런:

어듸 뉘 이 됴 ᄠ들 알 니 잇다 ᄒ리요 〈악습 437〉

ㄴ. 몃, 므스/므슨/므슴, 어ᄂ/어느/어늬, 어인, 아므/아모, 아모
란/아므란, 엇던:

이 어인 ᄆ움이며 이 어인 챵ᄌᆞ뇨 〈명의 권수하 어제윤음 2a〉

(146)은 지시 관형사의 목록과 예이다. 이들은 대개 중세 국어에서의
용법과 같다. 다만 (146ㄱ)에서 '져'의 작은말 '됴'가 중세 국어의 문헌
에서 안 보이지만, 중세 국어에서도 '요, 고'가 발견되므로 '요, 고, 됴'
의 체계가 이전부터 있었으리라 추정된다. (146ㄴ)은 미지칭인데, '어
인'은 근대 국어 후기에서 나타난다.

(147)ㄱ. ᄒᆫ/한, 두, 세/서/석, 네/너/넉, 다ᄉᆞᆫ/닷, 여ᄉᆞᆺ/엿, 닐굽, 여듧,
아홉, 열, 열ᄒᆞᆫ, 열두/열둘, 스므, 쉰, 백, 쳔 …

ㄴ. 혼두, 두서/두세/두어, 서너/서네, 너덧, 여나믄/녀나믄, 스므
나믄/스므나믄 …

(147)은 수 관형사들인데, 중세 국어나 현대 국어에서와 차이가 거의
없다. 중세 국어에서 보이던 '온'[百]은 사용이 거의 없어져 '모든' 의미
의 관형사로 쓰이거나 '온갓, 온가지' 등의 합성어를 형성하기도 하며,
'즈믄'[千]도 사라졌다.

3.3.2 부사

근대 국어의 부사도 그 용법에서 중세 국어와 차이가 없다. 부사는
문장 안에서 서술어나 부사어 등을 수식하는 성분 부사와, 문장 전체
를 한정하는 문장 부사로 나눌 수 있으며, 관형사와 같이 곡용이나
활용을 하지 않는다. 부사 가운데에는 다른 품사에서 파생된 경우가
많다.

(148)ㄱ. 곧, 가장, 각각, 간대로, 계오, 곳, 기피, 그릭/그르, 그리곰,
다, 더듸, 도로, 뭇, 믹양, 몬져, 미처, 새로, 아조, 이리져리, 잇
다감, 쟝츳, 젼혀, 절로, 죠곰, 죠곰도, 짐즛, 한마, 한야곰/한
여곰, 한올로, 젹젹, 번듯번듯, 어렷두렷, 우즑우즑 …

ㄴ. 이리, 그리, 뎌리, 어이, 엇디, 아므리, 언지/언제 …

ㄷ. 아니, 몯/못

ㄹ. 오늘, 어제, 닉일, 모뢰, 예, 여긔, 뎌긔 …

(149) 늘거 가매 혼 잔 술리 묜ㅎ니 즈조 춤 츠기를 기리 호믈 뉘 어엿
비 너기려뇨 엇뎨 구틔여 구윗 촛브를 자바리오 구밋터리의 셰유

물 흐놀이는 둣도다 〈두중 14.13b〉

(148)은 성분 부사이다. (148ㄱ)은 성상 부사, (148ㄴ)은 지시 부사, (148
ㄷ)은 부정 부사이다. '가장'은 중세 국어에서와 같이 '매우' 정도의 뜻
으로 많이 쓰인다. '번듯번듯, 어렷두렷' 등 상징 부사도 성분 부사
에 속하는데, 근대 국어에 들어 새로이 보이는 상징 부사가 많이 있
다. 명사가 부사로도 쓰이는 (148ㄹ)도 중세 국어나 현대 국어와 같다.
(149)에서 'ᄌ조, 기리, 어엿비, 엇뎨, 구틔여'는 모두 다른 품사에서 파
생된 성상 부사들이다.
　문장 부사에는 양태 부사와 접속 부사가 있다.

(150)ㄱ. ᄀ장, 구틔여/구타야, 다만, 모로매, 아마도, 반ᄃ기/반ᄃ시,
　　　대개, 대뎌혼ᄃ, 대강혼ᄃ, 도로혀/도ᄅ혀, ᄰ, 만일, 모다/모
　　　도, 믿/밋, 오직, 오히려, ᄒ믈며, 벅벅, 벅벅이/벅벅기 …
　　ㄴ. 그러나, 그러면, 그런ᄃ로, 그러모로, 그럴ᄯ라도, 그러자, 그
　　　리고, ᄰ, 모로매/ 모로미, 믿/밋, 이런고로, 아므려나, 이러트
　　　시/이러트시, ᄒ다가 …

(150ㄱ)은 양태 부사이며, (150ㄴ)은 접속 부사이다. '그리고'는 18세기
까지 안 나오지만 19세기 문헌에서는 간혹 보인다.
　물론 위에 든 목록 외에도 많은 부사가 더 있는데, 한자어로 된 부
사(예: '즉, 즉시, 즉제'), 한자어와 고유어가 결합한 부사(예: '극히, 지극
히')도 매우 많다. 부사화 접사가 결합한 파생 부사도 이전 시기에 비
해 크게 늘어난다.

752

3.3.3 감탄사

근대 국어의 문헌에서는 감탄사가 이전 시기보다 훨씬 더 다양하게 나타난다.

(151)ㄱ. 어져 이 어인 말고 〈첩몽 3.6b〉

　　ㄴ. 애 셟다 셟다 〈박통 하43b〉

　　ㄷ. 앗구려 功名도 말고 너를 좃차 놀리라 〈청구 304〉

　　ㄹ. 어론쟈 너출이야 에 어론쟈 박 너출이야 〈교시조 1911-18〉

　　ㅁ. 입아 楚 사름들아 녯 님군 어듸 가니 〈교시조 2336-1〉

　　ㅂ. 門 밧긔 뉘 ㅇ흠 ᄒ며 낙시 가쟈 ᄒᄂ니 〈청구 152〉

　　ㅅ. 희라 고샹 이십여 셰의 쇼흑을 넑어 능히 이 말ᄉᆷ의 감동흠을
　　　　니ᄅᆞ혀 〈종덕 어제서2b〉

(152)ㄱ. 漢과 高麗ㅣ 바로 반이라 그 듕에 ᄀ래ᄂ니 잇ᄂ냐 그리어니
　　　　ᄀ래ᄂ니 잇ᄂ니라 〈노걸 상6b〉

　　ㄴ. 쏘 內府에 술 ᄀᆞᆷ아ᄂ 官人들의 비즌 됴흔 술을 여러믄 병을
　　　　어더 오미 엇더ᄒᄂᄒ뇨 그리어니 됴커니와 눌로 ᄒ여 가 어더 오
　　　　료 〈박통 상2b〉

　　ㄷ. 뎌리 小心ᄒ여 몸을 收拾디 아니흠애 그리어니 이 證候를 엇도
　　　　다 〈박통 중15b〉

(151ㄱ)의 '어져'는 놀람을, (151ㄴ)의 '애'는 슬픔을 나타내는 감탄사이다. (151ㄷ)의 '앗구려'는 오늘날 '에라'로, (151ㄹ)의 '어론쟈'는 '얼싸'로 해석된다. (151ㅁ)의 '입아'는 사람을 부르는 말이고, (151ㅂ)의 'ㅇ흠'은 인기척하는 '에헴'이다. (151ㅅ)의 '희라'(噫라)와 같이 한자어로 된 감탄

사도 많다. 의성적(擬聲的)인 감탄사는 그 표기가 다양한데, 가령 (151ㄱ)의 '어져'는 '아쟈, 아즈, ᄋ자' 등으로도 나타난다. 근대 국어까지의 문헌에서는, 상대방의 질문에 대하여 '예, 아니오' 등의 가부 확인 대답이 나와 있지 않다. 이는 구어적 성격이 많은 역학서의 대화체 표현에서도 마찬가지이다.

현대 국어의 '예, 아니오'에 대응하는 표현은 없으나, 『노걸대』, 『박통사』에는 '可知, 當然'에 대응하는 '그리어니'라는 표현이 나타난다. (152ㄱ)과 (152ㄴ)에서 '그리어니'는 현대 국어의 '예'에 해당하는 자리에 쓰였으나, (152ㄷ)에서는 그렇지 못하다. 따라서 '그리어니'는 경우에 따라서 감탄사 '예'와 유사한 기능을 한다고 할 것이다.

4. 단어의 확대 형성

파생어를 이루는 파생법이나, 합성어를 이루는 합성법의 단어 형성
원리는 중세 국어 및 현대 국어와 크게 다름이 없다. 다만 근대 국어
에서 새로 나타난 파생 접사들이 있고, 합성 구성에서도 새로운 형태
들이 다소 보인다.

4.1 파생

파생은 접두 파생과 접미 파생으로 나뉜다. 근대 국어 문헌에서는
중세 국어에 비해 파생 접사들이 많이 늘어나지만, 새로 보이는 접사
들 가운데 상당수는 근대 국어에서 처음 생겨난 것인지 확인하기가
어렵다. 중세 국어에 비해 근대 국어 시기에는 언어 자료가 성격이 다
른 것도 많고 또 다양한 종류의 문헌들이 나와서, 어휘들의 출현 양
상이 다를 수도 있기 때문이다. 이러한 점을 고려하면서 문헌에서의
출현을 근거로 근대 국어 단어의 파생 양상을 살펴본다.

4.1.1 접두 파생

어근 앞에 접사가 결합하는 접두 파생은 어근의 의미만 제한할 뿐
문법 범주에 변화를 주지 않는 것이 일반적이다.

> (1) 군무음〈청구 원19〉, 굴가마괴〈역어 하26b〉, 민믈〈두집 하20a〉, 뫼
> 밥〈규합 2a〉, 불여으〈물명 1.11〉, 줄기장〈역어 하9a〉, 춥벌

〈마경 상87b〉, 효근노로〈탕액 1.47〉

(2) 덧닉다〈한청 9.8〉, 브르짖다〈동신 효4.87b〉, 브롭뜨다〈역어 상 39b〉, 엇므르다〈역어 하6a〉, 즛딯다〈마경 하115a〉, 휘두르다 〈악 습 35〉

(3) 霧熱 무덥다〈역어 상5b〉, 마므르다[瘦]〈두중 13.40a〉, 알맞다 〈박 통 중37b〉, 얄믭다〈청구 62〉, 후덥다〈십구 1.7〉

(4) 옥슈슈〈역어 하9b〉, 외삼촌〈권념 20a〉, 초어읆〈동신 충1.40b〉, 친 동싱〈노걸 상14b〉

(1)은 명사 파생의 예이다. '군므음'은 명사 '므음'에 '군-'이 붙어 '쓸데 없는'이란 뜻을 더해 줄 뿐 문법 범주에 변화를 주지 않는다. 근대 국 어에서 비교적 많이 보이는 명사 파생 접두사로는 '곰-, 군-, 늘-, 덧-, 돌-, 들-, 댓-, 민/믠-, 민-, 새-, 쇠-, 쉰/쉿/숫-, 싱-, 설-, 얼(孼)-, 열-, 올-, 츨-, 츰-, 친-, 표-, 풋-, 한/할/황-, 헛/헷-, 아춘/아츤-, 회/ 휘-, 효근' 등이 있다. (2)에서는 동사 파생 접두사를 볼 수 있다. 근대 국어에서 많이 쓰이는 동사 파생 접두사로는 '덧-, 되-, 드-, 뒤-, 박-, 엇-, 일-, 즛/잣-, 차-, 타-, ㅎ-' 등이 있다. (3)은 형용사 파생의 예이 다. 이 밖에 '븟/븥-, 쉬-, 에-, 올-, 즛/짓-' 등도 쓰인다. 형용사 파 생 접두사는 많이 나타나지 않는다. (4)의 단어에는 한자어로 된 접두 사가 결합되어 있다. '玉-, 外-, 初-, 親-' 외에도 '都-, 副-, 不-, 非-, 首-, 生-, 眞-' 등 많은데, 이들 가운데에는 상당수가 고유어와도 잘 결합한다. 위에서 보듯이 '덧-'은 명사와 동사에 다 결합할 수 있고, '올-'은 명사와 형용사 앞에 올 수 있다. '즛/짓-, 후-'는 동사와 형용 사에, '헛/헤/헷-'은 명사와 동사 그리고 형용사에 결합된다.

'암ㅎ, 수ㅎ'는 근대 국어 전반기까지는 명사로 쓰이나 후반기에 들어서 '암컷, 수컷' 형태가 주로 쓰여, 이들이 접두사화해 가는 것으로 보인다. 큰 것을 뜻하는 '한/할-'은 근대 국어에서 '항/환/황-'(예: 항쇼 〈물보 모충〉, 환시〈교시조 17-1〉, 황시〈교시조 22-20〉)으로도 나타나기 시작한다. '덧-, 풋-' 등은 현대 국어에 비해 생산성이 매우 낮다. '들/듭-, 즌/짓-, 후-' 등은 동사와 형용사에 다 붙을 수 있고, '덧-, 헛/헤/헷-'은 체언과 용언에 두루 붙을 수 있는 접두사이다. '즌/즛/즌/짓-'은 '마구'라는 의미를 가지는데, 당시에 생산력이 높았다.

이 접두사에 의한 파생어들 가운데에는 오늘날 사라진 것도 더러 있다.(예: 아츤-, 효근-, 붓-) 현대 국어에서 생성이 활발한 '되-'는 근대 국어에서 그리 많이 보이지 않는다. 용언을 파생시키는 유일 형태소 접두사들이 있는데, 동사 파생의 '답-(답싸히다), 데-(뎁뜨다), 츳-(츳쓸다), ᄒ-(ᄒ놀이다)'와, 형용사 파생의 '마-(마ᄆᆞ르다), 무-(무덥다), 박-(박츳다), 처-(처디다)' 등이 그것이다. 이들 가운데 전자는 현대 국어에서 사라지고 후자는 오늘날에도 쓰이고 있다.

4.1.2 접미 파생

어근 아래에 접사가 결합하여 만들어지는 접미 파생은 접두 파생보다 여러 품사에서 넓고 많이 나타난다.

[명사 파생]

아래의 (5)는 명사 파생 접미사가 결합한 파생 명사이다.

(5)ㄱ. 미야지〈역어 하29a〉, 터럭〈마경 하26b〉, 가락지〈물보, 의복〉

ㄴ. ᄀᆞᄅ침〈삼역 4.2a〉, 늘개〈자초 12a〉, ᄯᅩᆼ빠기〈한청 145a〉, 벅구
기〈악습 301〉, 킈〈동해 상18a〉, 히님〈분문 8〉

ㄷ. 게으름〈동신 효1.14b〉, 그름〈삼역 4.10a〉, 깃븜〈첩해 9.7a〉, 됴
쿠즘〈노걸 하15a〉

(5ㄱ)에서는 명사 어근에 접사가 붙어 의미에 변화를 가져올 뿐 문법
범주에 변화가 없지만, (5ㄴ)에선 파생 접미사에 의해 어근의 문법 범
주가 바뀐다. 명사 파생 접사로는 '-옴/음/ㅁ'형이 아직은 가장 활발
한 접미사이면서, '-기'형도 행위 명사 파생에서 생산성이 크게 늘어난
다. '-기'는 형용사 어간과 결합하지 않으나, '굵기, 크기' 등과 같이 척
도 명사만은 파생하기도 한다. '-기'는 근대 국어 전기에는 아직 구체
적인 사물을 뜻하기보다 주로 개념이나 '-하는 일' 정도의 의미를 갖
는다. 그러나 후기에 들어서는 '承塵 쓰레밧기〈물보 광려〉'와 같은 예
도 보여, '-기'가 구체적인 사물을 나타내는 접사로도 쓰이기 시작함
을 알 수 있다. '히님'은 '-님'이 결합하여 높임의 자질을 가지게 되었
다. (5ㄷ)에서는 중세 국어와 달리 형용사 어근에 명사 파생 접사 '-옴/
음'이 결합하였다. 명사형 어미 '-옴/움'형이 파생 명사로 굳어졌던 '우
룸, 우숨, 됴쿠줌' 등이, '-오/우-'의 소멸로 파생 접사 '-옴/음'과 형태
상 구별이 없어져 '우름, 우음, 됴쿠즘'으로 바뀐다.

'-옴'은 근대 국어에서도 합성어 어간에는 결합되지 않다가 19세
기 말엽에나 합성어의 파생형이 보이기 시작한다.[17] 이에 비해 '-이'
는, 단일 동사 어간으로부터의 파생은 비생산적으로 바뀌지만, 합성

---

17) 송철의(1997)에 의하면, 『국한회어』(1895)에 와서야 '눈가림, 발뺌' 등 합성어의 파
생형이 처음 보이기 시작한다고 한다.

어간으로부터의 파생은 계속 생산적이다. '-이'형은 명사 뒤에서는 아직도 생성이 활발하나(예: 젓독발이〈무원 1.25〉), 용언 어간에 결합하던 '-이'는 생산성이 많이 준다. 특히 형용사 어간에 결합하는 '-이'는 근대 국어에 와서 새로 추가된 예가 없다. '킈, 너븨, 노픠, 기릐, 기픠' 등의 파생 명사가 19세기 'ㅢ>ㅣ'의 모음 변화에 따라 '키, 너비, 노피, 기리, 기피'로 형태를 바꾸어 마치 '-이' 접미사에 의한 파생어처럼 보이게 되는데, 이러한 재구조화로 '넓-'이 '넓이'를 만들기도 한다.

하는 일과 관련되어 사람을 뜻하는 '-장이/쟝이, -직이(>-지기), -군/군' 등이 새로 나타나는 것도 이 시기이다. '-장이, -직이'는 각각 '匠, 直'에 '-이'가 결합한 것이고, '-군'도 '軍'으로 추정된다. 19세기에 들면 '-쑤럭이, -보'도 나온다. 높임의 '-님'도 쓰임이 매우 활발해지고, 복수를 나타내는 '-네/너'와 '-들'이 이전 시기부터 계속 쓰이며, 중세 국어에서 서수사에 붙던 '차히'는 '-재/째'로 나타난다. '-네'에는 중세 국어에서 갖던 높임의 뜻이 거의 사라진다. 이 밖에도 명사 파생 접미사에 '-개/게, -당이, -듸/듸, -방이, -살, -익/의, -아기/아지/어지, -암/엄, -악/억/앙/엉/옹/웅/옥/욱, -애/에, -어리, -질, -치' 등 많이 있다. 한자어로 된 명사 파생 접미사로는 '-가(哥, 家), -시(氏)' 등이 있다. 행위를 말하는 '-질'은 아직 긍·부정적인 성격을 가리지 않고 생산적이나, 점차 부정적인 어휘가 늘어 간다.

[동사 파생]

동사 파생에는 (6)과 같은 유형을 볼 수 있다.

(6)ㄱ. 둘이다〈동신 열5b〉, 쁘로이다〈동신 열8.14b〉, 씰리다〈동신 열2.41b〉

ㄴ. 돌오다〈여훈 하29a〉, 돌리다〈역어 하23b〉, 금초이다〈여훈 하
18〉, 솟고다〈두중 14.9a〉, 들추다〈역어 하49b〉,

ㄷ. 하직(下直)ᄒ다〈팔세 2b〉, 슳ᄒ다〈첩해 9.10b〉, 깃거ᄒ다〈한청
6.56〉, 믜워ᄒ다〈오륜 3.21〉, 금죽이다〈박통 하44b〉, 긂되다〈가
례 6.7b〉, 어른어른ᄒ다〈두중 9.5b〉, 이즈러지다〈오전 4.18b〉,
갓구러디다〈백련 22〉

ㄹ. ᄀ리왇다〈동신 효5.8b〉, ᄲ틔다〈가례 2.28a〉, 밀틔다〈태평 4a〉/
밀치다〈명의 2.16b〉

(6ㄱ)은 피동화, (6ㄴ)은 사동화 접미사가 붙은 예로, 이들은 그가 쓰인
문장의 통사 구조에 변화를 가져오게 하는 파생이다. (6ㄷ)은 동사가
아닌 어사가 동사로 바뀌거나 의미에 변화를 준 파생 동사들이다. (6
ㄹ)은 동사 어기에 의미를 강화·강조하는 접미사를 더한 것이다.

'-아ᄒ-' 형태의 동사 형성은 점차 늘어 간다. 특히 본래 동사 어간
인 '짗-, 두려-, 믜-, 젛-' 등이 근대 국어 전기까지는 '깃거ᄒ-, 두려ᄒ
-, 믜여ᄒ-, 저허ᄒ-'와 더불어 쓰이다가, 후기에 와서는 후자의 형태
만 쓰인다. '믜-, 젛-'의 형용사 파생 '믭-, 저프-'에 '-어ᄒ-'를 결합한
'믜워ᄒ-, 저퍼ᄒ-' 등도 나타난다.

중세 국어 말기에 나타난 사동화 접미사 '-리-'형은 근대 국어에 들
어 생산성이 높아진다. 이들은 ㄷ불규칙 어간이나 ㄹ 말음 어간 아래
에서 나타나는데, 이전엔 'ㄹ' 아래에서 '-이-'로 분철되던 것들이다.
중세 국어에서 'ᄒ-'로 나타나던 'ᄒ-'(爲)의 사동형은 이 시기에 '히
이-, ᄒ이-'로 나타난다. '-초/추-'는 새로 생긴 사동화 접미사이다. 피
동화 접사 '-리-'의 사용도 이전 시기에 비해 크게 는다. '-리-'가 출현
하는 음운론적 조건은 사동화 '-리-'와 같다. '-ᄒ-'에 의한 동사화 파

생은 계속 가장 활발하여, 고유어나 한자어 그리고 불완전 어근 등 다양한 어기에 접미할 수 있다.[18] '-이-'와 '-거리-'형의 생산성도 훨씬 높아진다. 강세 접미사로는 '-완-, -잇-, -티->-치-, -혀->-켜-, -쁘-' 등이 있는데, 이들 접사는 원래 어휘소였으나 중세 국어에서 이미 문법소화한 것이다. 그러나 중세 국어에서 자동사에 '-ᄋ/으-'를 결합하여 타동사를 이루던 파생법(예: 도르다, 이르다)은 이미 생산성을 잃어 근대 국어에서 새로운 형태를 추가하지 못한다. 용언 어간에 '-아 디/지-'가 결합하는 형태는 '-아디/아지-'처럼 파생어화하는데, 이는 중세 국어에서의 용법이 계승되는 것이지만 근대 국어에 들어서 그 수효가 늘어난다.

[형용사 파생]

형용사 파생 접사들에서는 중세 국어에서의 변화가 비교적 많다.

---

18) '-ᄒ-'는 용언 파생의 생산성이 매우 높아, 형태가 비슷한 용언의 모습이 '-ᄒ-'에 유추되어 형태를 바꾸기도 한다.

(i) ㄱ. 다ᄋ 업슨 긴 ᄀᄅ 믈 니섬니서 오놋다 〈두초 10.35b〉

ㄴ. 이 善男子ㅣ 이 淸淨ᄒ 四十一心을 다ᄒ고 〈능엄 8.40b〉

(ii) ㄱ. 淳은 고디시글 씨라 〈월석 14.62a〉

ㄴ. 이제 고디식ᄒ 갑슬 네ᄃ려 니를 쩌시니 〈노걸 하10b〉

(iii) ㄱ. 지아비 여러 히 ᄇ룸병 ᄒ거늘 간ᄉᄒ며 약ᄒ기를 심히 삼가더니 〈동신 열 1.46b〉

ㄴ. 싀어버이 반ᄃ시 그 주글 줄 알고 디킈기를 삼가ᄒ더니 〈동신 열4.33b〉

(iㄱ)에서 나온 동사 '다ᄋ-'(盡)는 (iㄴ)에서 '다ᄒ-' 형태로 바뀐다. 이미 중세 국어에서부터 바뀐 형태가 함께 쓰이다가 근대 국어 후기에 들어서는 '다ᄒ-'형만 남는다. (iiㄱ)에서 나온 형용사 '고디식-'(淳)은 근대 국어에 와서 (iiㄴ)의 '고디식ᄒ-'형으로 바뀐다. (iii)에서 동사 '삼가'는 같은 책에서 '삼가ᄒ-'로도 나온다. '다ᄒ-'는 부사 '다'(全)에 '-ᄒ-'가 결합하는 것으로, '고디식ᄒ-'는 어근 '고디식-'에 용언화 접사 '-ᄒ-'를 결합하는 것으로 잘못 인식한 것이다. '삼가'가 '삼가ᄒ-'로도 쓰이는 것은 중세 국어에서 오늘날에 이르기까지 지속되고 있다.

⑺은 형용사 파생 접미사가 결합한 예이다.

⑺ ᄀ즉ᄒᆞ다〈박통 상1a〉, 더ᄒᆞ다〈천의 1.11b〉, 잘되다〈자초 8b〉,
쇠롭다〈삼역 4.15a〉, 념녀롭다〈명의 권수상61b〉, 녜답다〈속삼
효.32a〉, ᄀᆞᆺᄇ다〈두중 5.8b〉, 슴겁다〈역어 상53b〉, 원슈스럽다〈역
보 21a〉, 망녕젓다〈동해 상19a〉, 기름지다〈벽신 17a〉, 흑덕다〈두
중 22.18b〉, 우숩다〈첩해 9.21a〉, 앏프다〈박통 중14b〉/알프다〈역
어 상60b〉/아프다〈동문 하30a〉

형용사화 접미사로는 '-ᄒᆞ-, -되-, -릅/롭-, -답-, -ᄇ/브-, -압/업-,
-갑/겁-, -스럽-, -젓-, -지-' 등이 있다. 형용사화에서도 역시 '-ᄒᆞ-'가
가장 다양하고 생산적이다. '-ᄃᆞᆸ/ᄃᆞ뵈-'는 중세 국어에서 '-ᄃᆞ외-'를
거쳐 '-되-'로 교체되어, 근대 국어에선 '-되-'형이 주로 쓰인다. '-릅/
ᄅᆞ뵈-'도 이미 중세 국어에서 '-롭-'으로 변화된 형태가 쓰였는데, 근
대 국어에선 '-롭-'으로 정착한다. 자음 어근 아래에 '-되-', 모음 어근
아래에 '-롭-'이 오는 분포는 지켜지지만, 이들 접미사는 조금씩 의미
에 분화가 일어나고 있는 듯하다.[19]

'-답-'은 생산적으로 계속 사용되지만 '-ᄇ/브-'는 이전 시기에 비해
생산력이 크게 떨어진다. '-압/업-'은 중세 국어에서는 동사 어근에 많
이 결합하였으나 근대 국어에서는 '밋그럽-, 부드럽-, 서느럽-' 등 주
로 형용사 어근이나 불완전 어기에도 결합하여 감정 형용사를 만든
다. '-스럽-'은 18세기 중엽 이후부터 보이는 새로운 형용사 파생 접미

---

[19] '-되다'가 '그러한 속성을 갖다'(예: '츰되다, 욕되다' 등)의 뜻이라면, '-롭다'는 '그러
한 속성이 있다'(예: '새롭다, 슈고롭다' 등)라는 의미를 더 가진다.

사이다. '-스럽-'은 명사 어근에 결합하여, '그러한 요소가 있어 보인 다'라는 뜻을 가진다. '-젓-'은 현대 국어 '-쩍-'의 소급형인데, 오늘날 엔 '객쩍다, 겸연쩍다, 맛쩍다, 멋쩍다, 미심쩍다, 의심쩍다'가 남았고, ㅂ불규칙 활용 '빛접다, 숫접다, 일쩝다'도 접사 '-젓-' 결합어가 변화 한 것이다. '우숩-/우슙-'은 중세 국어 '웃브-'가 변화한 형태이다.

[관형사 · 부사 파생]

(8)은 관형사 파생 접미사, (9)는 부사 파생 접미사가 결합된 예이다.

(8) 다른〈맹자 1.24b〉, 뿐〈노걸 하6b〉, ᄠᄃ른〈연병 23a〉, 아니한〈영 가 상32a〉, 여나믄〈두중 11.5b〉/여라믄〈삼역 10.20b〉, 온갖〈청노 4.18a〉, 기나긴〈악습 24〉, 머나먼〈악습 59〉

(9)ㄱ. 거슬이〈소아 9a〉, 아름다이〈속삼 효6a〉, 조용히〈태평 18a〉, ᄠ 로〈박통 하37a〉, 진실로〈경민 36a〉, 더브러〈가례 10.48a〉, 미처 〈십구 2.3a〉, 날호여〈박신 1.38a〉, 낭죵내〈동신 충1.81b〉, 멀즉 이〈노걸중 상34a〉, 이렁〈고산필 기세탄〉, 몸조〈동신 충1.36b〉/ 몸소〈동신 열3.43b〉, 힘ᄭᅳᆺ〈한청 6.32〉/힘ᄭᆞ지〈교시조 1139-24〉

ㄴ. 이렁뎌렁〈첩해 8.11b〉, 울통불통〈교시조 473-11〉

관형사 파생은 대개 용언의 관형사형이 파생으로 굳은 것으로, 예가 많지 않다. (8)에서는 '다른'과 함께 비슷한 의미를 가진 '뿐'이 모두 파 생 관형사로 쓰임을 볼 수 있다. 이들은 모두 중세 국어에서도 파생어 로 쓰이던 말이다. '기나긴, 머나먼'과 같이 '형용사 어간+{나}+형용사 어간+{-ㄴ}' 구조도 원래 합성 형용사의 관형사형 구성이 관형사로 파 생된 것으로, 근대 국어에 들어서 나타난다.[20] 중세 국어에서 가끔 보이던 '현맛'은 더 이상 안 보인다.

(9ㄱ)은 부사 파생 접미사가 붙은 낱말이다. '-이'계 접미사는 가장 생산성이 높은데, '-이, -히'가 있다. '-이'계 접미사들은 어기 종류가 다양하여, 명사, 용언 어간, 부사 등에 넓게 걸쳐 있고, 특히 '-답-, -되-, -롭-, -ㅸ-, -압-, -스럽-' 등이 붙은 파생 형용사 뒤에 결합하여 다시 부사 파생어를 이루는 경우도 많다. 이들 가운데 상당수는 현대 국어에서 사라지면서 '-게' 부사형으로 대체된다.(예: 아름다이>아름답게) 중세 국어에서는 활용할 때 'ㄹ-ㅇ'형과 'ㄹ-ㄹ'형에 따라 파생 부사 형태도 '달이'(異)와 '샐리'(速)형이 공존하였으나, 근대 국어에서는 대개 'ㄹ-ㄹ'형으로 통합되어(예: 달리(異), 멀리(短) 등) 현대 국어에 가까운 모습을 보인다. '~없-'에 '-이'가 결합한 '~업시'형 파생 부사는, 내포 부사절을 이끄는 이전 시대에서의 용법이 이어진다. '-오/우, -초/추, -소/조, -곰/금, -내, -아/어/야/여, -로' 등도 부사를 파생하는 접미사들이다. '-오/우'는 중세 국어에 비해 생산성이 매우 약화된다. '-조/소'는 중세 국어 '-소'형의 후대 형태인데, 18세기까지 두 형태가 공존하다가 '-소'로 통일된다. 중첩어로 이루어지는 (9ㄴ)의 부사 파생도 이전 시기부터 지속되는 파생법이다. 중세 국어에서는 중첩어 내에서 뒤에 오는 말의 초성 자음이 탈락하기도 하였으나(예: 부즐우즐ᄒ다), 근대 국어 이후에서는 탈락이 있을 경우엔 '울통불통'과 같이 항상 앞에 오는 말의 초성이 탈락한다.

---

20) 이들을 '기나길다, 머나멀다'라는 합성 형용사로 볼 수도 있다. 현대 국어에서도 이들에 대해 합성 형용사와 파생 관형사라는 두 가지 판단이 다 가능하므로, 근대 국어에서 이들을 파생 관형사로 단정하기는 더욱 어려울 것이다.

4.1.3 영 파생

근대 국어에서 영변화 파생은 중세 국어와 큰 차이가 없다. 명사와 용언 어간 사이의 영 파생, 명사나 용언 어간과 부사 사이의 영 파생은 생산력이 없어지지만, 중세 국어 시기에 있었던 영 파생들은 대부분 그대로 쓰인다. 형용사 어간이 동사 어간화하는 영 파생은 아직 생산력을 갖고 있다.

(10)ㄱ. 엇디ᄒᆞ여 능히 그 집을 바르디 못ᄒᆞᄂᆞ뇨 〈오륜 4.12a〉

　　ㄴ. 우리 여긔 올 녀름의 하늘히 ᄀᆞ믈고 ᄀᆞ을히 믈 씌여 田禾를 거두디 못ᄒᆞ니 〈노걸 상47b-48a〉

'바르-'는 중세 국어에서 형용사로만 쓰였으나 (10ㄱ)에서는 동사로도 쓰이고, 'ᄀᆞ믈'은 명사이지만 그대로 (10ㄴ)에서 동사로 쓰여 영 파생을 보인다. 이처럼 명사가 동사로 영 파생하는 예는 '슷-[劃], 굴-[磨], 낙-[釣], 씌-[帶], 뭇-[束], 신-[履], 품-[懷]' 등이 있다.

(11)ㄱ. ᄉᆞ시 의복을 지어 새로ᄡᅥ ᄂᆞᆯᄀᆞ니ᄅᆞᆯ ᄀᆞ라 〈동신 열2.29b〉

　　ㄴ. 새 詩ᄅᆞᆯ ᄡᅥ 金山寺의 이시니 〈여사 4.22b-23a〉

　　ㄷ. 녜 아ᄂᆞ니도 양ᄌᆞ호미 어렵고 새 아ᄂᆞ니도 ᄒᆞ마 그으기 疎薄ᄒᆞᄂᆞ다 〈두중 3.46a-b〉

중세 국어에서 명사, 관형사, 부사로 다 기능하던 '새'는 근대 국어 초기에는 (11)처럼 각각 그 기능을 유지하지만, 후기 이후에는 명사와 부사의 용례가 초간본 문헌에서 새로이 발견되는 예가 없어 이러한 기능이 사라진 것으로 보인다. 이처럼 영 파생 용법은 축소되고 있다.

4.2 합성

합성법에는 낱말의 짜임이 통사적 구조 방식과 맞는 통사적 합성법과, 통사적 구조와 어긋나는 비통사적 합성법이 있다. 근대 국어에는 중세 국어에 비해 합성 양상이 좀 더 다양해지고, 합성어 목록이 늘어난다.

4.2.1 명사 합성

명사 합성은 대부분 통사적 합성법에 의하지만, 비통사적 합성도 조금씩 늘어난다. 근대 국어에 들어 사이시옷은 조사로서의 통사적 기능을 거의 잃으면서 명사 합성에만 관여한다.

(12) ㄱ. 밤낫〈동신 열6b〉, 낫밤〈동신 효3.33b〉, 앏뒤ㅎ〈가례 6.2a〉, 전후〈명의 2.37b〉, 동셔남북〈보권 41a〉

ㄴ. 도장문〈동신 열5.27b〉, 밤낧〈가례 7.33a〉/밤나모〈가례 7.33a〉, 쇠마치〈역어 하18a〉, 열병〈벽온 17a〉, 옥빈혀〈태산 69b〉, 그젹의〈박신 3.8a〉, 간나히〈태산 10b〉

ㄷ. 눈ㅅ두에〈삼역 상32b〉, 둙의알〈방유 4.12a〉, 쇠고기〈역어 상50b〉, 남겟버슷〈역어 하12a〉, 든술〈십구 1.22a〉, 요ㅅ이〈명의 권수상61b〉, 된서리〈역어 상2b〉

ㄹ. 대쇼변〈동신 효2b〉, 대쇼슈〈명의 상31a〉

(13) 졉칙〈곽씨 언간〉, 후리그물〈물명 2.1〉, 흘긔눈〈교시조 16〉, 곱돌
〈동의 3.46b〉

(14) 여닐굽〈태평 17b〉, 열아홉〈두중 18.17b〉

(12)는 통사적 합성법에 의한 합성 명사이다. (12ㄱ)은 '명사＋명사'로
짜여졌다. '밤낮'은 앞과 뒤에 오는 명사가 대등한 병렬 관계로, '낮
밤'도 가능하다. 그러나 병렬 관계인 '앏뒤ㅎ, 젼후' 등은 그렇지 못하
다. (12ㄴ)도 '명사＋명사'이지만, '도장문, 밤낢/밤나모'는 관형적 종
속 관계이며, '쇠마치'와 '옥빈혀'는 재료를 말하는 종속 관계이므로,
'명사＋∅(관형격 조사)＋명사'의 구성으로 보아야 할 것이다. (12ㄷ)은
관형어 표지를 보이는 관형적 종속 구성으로, 명사 뒤에 관형격 조사
로 'ㅅ'가 오거나('눈쭈에'), '의'가 오거나('돍의알'), 'ㅣ'가 오며('쇠고기'),
'남겟버슷'은 처소격 조사 아래에 관형격 조사 'ㅅ'가 결합하였다. 이
들 예에서 'ㅅ, 의, ㅣ'는 합성어 형성에 참여하였을 뿐이다. '든술, 된
서리'는 용언의 관형사형과 명사가 결합한 예이다. (12ㄹ)의 '대쇼변'은
'대변'과 '쇼변'이 축약된 형태이다. 이러한 합성 방식은 중세 국어에서
도 보인다. (13)은 비통사적 합성법에 의한 합성 명사이다. 동사의 어
간 '졉-, 후리-, 흘긔-'에 명사 '칙, 그물, 눈'이 결합하여, 통사적으로
볼 때 문법적인 구조를 갖지 않는다. 근대 국어에 들어서 생긴 비통사
적 합성 명사는 그리 많지 않다. (14)는 합성 수사이다.

4.2.2 동사 합성

동사 합성에서는 선행 어간 아래에 '-아/어'가 오고 후행 어간이 결
합하는 통사적 합성법의 생산성이 계속 늘어난다.

(15)ㄱ. 쩌믜다〈역어 상66b〉, 쑤러안짜〈역어 상40a〉, 나타내다〈오륜
      1.17b〉, 둘러메다〈염보 32a〉, 드러나다〈한청 6.5〉, 돌아보다
      〈두중 21.5a〉

    ㄴ. 녀름짓다〈경민 13a〉, 녀막살다〈동신 효5.87b〉, 빗나다〈가례
      7.20a〉, 숨츠다〈방유 1.22b〉, 압셔다〈동신 효8.23b〉, 병들다〈가
      례 5.15b〉

    ㄷ. 굿나다〈역어 하8a〉, 더ᄒ다〈청노 5.19b〉, 어긋나다〈화포 16b〉

    ㄹ. 꿈꾸다〈두중 11.53a〉, 뜸ᄠ다〈역어 상63b〉, 춤추다〈역어 상
      60a〉

    ㅁ. 보고지고〈악습 712〉, 오며가며〈악습 458〉

(16) 돌보다〈역어 하50b〉, 싀들다〈역어 상66b〉, 쏩내다〈동해 하28〉,
    드나들다〈가례 2.24b〉, 나ᄃ니다〈노걸 상37b〉, 헤믜다〈련로
    44a〉[21]

(15)는 통사적인 동사 합성법을 보인다. 통사적 합성 동사에는 '동
사+동사' 구성과, '명사+동사' 구성 그리고 '부사+동사' 구성이 있
다. (15ㄱ)은 '동사 어간+-아/어+동사'의 구성으로, 가장 많은 용례
를 보이며, 중세 국어에 비해서 더욱 생산성을 늘려가고 있다. (15ㄴ)
은 '명사+동사'의 구성으로, 여기에는 '숨츠다'와 같은 주술 관계와,
'녀름짓다'와 같은 목술 관계가 있고, '녀막살다, 압셔다'와 같이 처소
부사어와 서술어가 결합한 관계도 있다. (15ㄴ)에선 서술어와의 관계
를 보이는 명사의 격조사가 생략된 것으로 볼 수도 있다. (15ㄷ)은 '부
사+동사'의 구성이고, (15ㄹ)은 이른바 동족목적어적인 구성을 갖는

---

21) '헤믜다'는 형태만 보아서는 '-어'가 결합했을 가능성도 있다.

합성 동사이다. (15ㅁ)은 '-고'나 '-며'라는 등위 접속 어미가 결합된 병렬적인 구성을 갖는데, 이러한 방식으로 이루어지는 합성 동사 형성법은 근대 국어 후기부터 나타난 것으로 보인다.

(16)은 동사 어간에 바로 동사 어간이 결합하는 비통사적인 합성 동사이다. 이는 (15ㄱ)보다 이전부터 이루어져 내려온 활발한 동사 합성법이었는데 이제 생산성이 크게 줄어들고 있다. (16)에서 '쯰들다, 쏩내다'는 중세 국어 문헌에서 보이지 않던 예이므로 근대 국어에서도 아직은 생산력이 있다고 보아야 하겠지만, 근대 국어 말기로 가면서 생산성은 아주 약화된다.

4.2.3 형용사 합성

(17)ㄱ. 검붉다〈두집 상18a〉, 검프르다〈태산 14b〉, 슬뮙다〈청구 69〉,
     올곳다〈교시조 3029〉, 굳세다〈두집 상19a〉, 일늦다〈어록 23a〉

  ㄴ. ᄀᆞ업다〈경민 38a〉, 갑없다〈첩몽 1.13b〉, 그지없다〈지장 상
     12b〉, ᄭᅮᆷ같다〈악습 384〉, ᄂᆞᆺ붓그럽다〈방유 4.27b〉, 맛잇다〈규
     합 7b〉, 열없다〈인어 10.14a〉, 숨츳다〈동문 상19a〉

  ㄷ. 못나다〈가곡 105〉, 어긋나다〈화포 16b〉

(17)은 합성 형용사이다. (17ㄱ)은 형용사끼리 결합하였는데, 대개가 비통사적 합성어이다. (17ㄴ)은 명사와 형용사의 결합이며, (17ㄷ)은 부사와 형용사의 결합이다. 합성 형용사는 그 용례가 많지 않다. 중세 국어에서 색깔을 나타내던 '프러누렇다, 플라ᄫᆞᆯ가ᇰᄒᆞ다'와 같은 형태의 합성 형용사는 보이지 않는다.

4.2.4 관형사 · 부사 합성

관형사 합성과 부사의 합성은 아래와 같다.

(18) 온갖〈삼역 4.10a〉, 머나먼〈악습 59〉, 크나큰〈악습 354〉, 흔두〈효유 윤음(1784) 2b〉, 두세〈동신 열8.43b〉/두서〈동신 효6.42b〉/두어 〈동신 효1.32b〉, 서너〈태평 39b〉, 이삼〈이언 2.14a〉, 몃몃〈악습 26〉, 스므나믄〈태평 38b〉/스므남은〈동신 효7.1b〉

(19) 각각〈속명 2.20b〉, 든든〈구황 7a〉, 밤낫〈청노 7.10b〉/밤낟〈지장 상21a〉, 잘못〈노걸중 하67a〉, 가지가지〈오전 1.9b〉, 여긔져긔〈삼 역 10.13b〉, 째째〈삼역 2.7a〉, 구벅구벅〈교시조 2192-16〉, 지둥둥 둥〈가곡 164〉, 구뷔구뷔〈가곡 17〉, 그렁져렁〈가곡 162〉, 오락가 락〈두중 19.31b〉, 가락오락〈마경 상91b〉

(18)은 합성 관형사로, 수량이 많지 않다. '머나먼, 크나큰'과 같이 '-나'로 이어지는 합성 관형사가 근대 국어에서 처음 보인다. (19)는 합성 부사이다. 상징어를 제외한 합성 부사는 대부분 명사가 부사 기능도 하는 것이므로 영 파생으로 보아 파생 부사라고도 할 수 있을 것이다. '각각, 째째'와 같은 첩어는 중세 국어 시기보다 크게 늘어나는데, 특히 '지둥둥둥, 구벅구벅'과 같은 의성 · 의태어가 다양하게 발달한다.

4.3 합성어의 파생과 파생어의 합성

이들 파생어와 합성어는 다시 결합하여 합성 파생어나 파생 합성어를 이루기도 한다.

(20) 쯰놀리다〈첩해 6: 6b〉, 밤샛곳〈첩해 9.3b〉, 간단업시〈보현행원품 8b〉, 수업시〈가례 5.34b〉, 낫낫치〈태평 1.6b〉

(21) 나모가락〈역어 하18b〉, 검은츰새〈한청 15.21〉, 시시째째〈텬로 권 지샹38a〉, 엇지시러곰〈첩몽 4.14a〉

위에서 (20)은 파생어, (21)은 합성어이다. (20ㄱ)의 '쯰놀리다'는 '쯰-'와 '놀-'이 결합한 합성어 '쯰놀-'에 사동 접미사 '-리-'가 다시 결합하여 만들어진 합성 파생어이고, (21ㄱ)의 '나모가락'은 명사 '나모'와 파생 명사 '가락'이 결합한 파생 합성어이다. 이에 따라 '밤샛곳, 간단업시, 수업시'는 합성 파생어이고, '검은츰새'는 파생 합성어이다. '낫낫치'는 합성 명사가 부사로 영 파생한 다음에 다시 '-이'를 붙여 파생어가 되었다. 이처럼 합성 파생어나 파생 합성어들은 점차로 늘어나는 추세이다.

5. 문장의 구성

문장은 여러 가지 기준에 의해서 유형을 나눌 수 있지만, 여기에서는 근대 국어 문장의 종결법에 따라 종류별로 그 특성을 살핀다.

5.1 문장의 종류

문장의 종류는 중세 국어에서와 같이 '평서문, 감탄문, 의문문, 명령문, 청유문'으로 나눌 수 있다.

5.1.1 평서문

평서문을 이루는 종결 어미로는 '-다/라'형이 대표적이다.

(1)ㄱ. 이 믈이 쉬거름 ᄀᆞ티 즈늑즈늑 것ᄂᆞᆫ다 〈노걸 하8b〉

　　ㄴ. 이러틋 흔 사름이 古로 處티 아니ᄒᆞᄂᆞ다 〈시경 2.6a-b〉

　　ㄷ. 무독기 ᄃᆡ답ᄒᆞᄃᆡ 실로 디옥기 인ᄂᆞ다 셩녜 무로되 내 이제 엇디 히야야 디옥 인ᄂᆞᆫ 싸히 가릿고 무독이 ᄃᆡ답ᄒᆞ되 위신 곧 안니면 모로매 업녁으로야 가리니 이 두 일 곧 안니면 내죵내 가디 몯ᄒᆞ리다 〈지장 상11b〉

　　ㄹ. 士의 耽안 오히려 可히 說ᄒᆞ려니와 女의 耽은 可히 說티 몯ᄒᆞ리니다 〈시경 3.20a-b〉

(2)ㄱ. 냥셩윤은 옥구현 사름이니 현감 냥뎐의 아ᄃᆞ리라 〈동신 효 4.19b〉

ㄴ. 우리 스승이 본디 順ᄒ야 ᄀ장 즐겨 ᄀᄅ치ᄂ니라 〈몽노 1.9a〉

ㄷ. 뎡유뎡손은 진쥐사ᄅᆷ이라 디션쥐ᄉ 임덕의 아ᄃᆞᆯ이니라 〈동신 효1.50b〉

ㄹ. 그 制되 이 ᄀᄐ니라 〈가례 6.8a〉

(3) 이 칙을 보면 념불ᄒ기ᄂ 져리나 ᄆᄋ으리나 모다 보게 ᄒ뇌다 의심 말고 ᄯ 다ᄅᆫ 잡 예아기 칙을 보지 말고 이 칙을 ᄒ 번나나 듯거나 보거나 ᄒ 사ᄅᆷ은 다 극낙셰계 가오리다 ᄯ 셔방 가기 어렵다 니 르지 마시소 약간 념불ᄒ야도 다 가리라 ᄒ시고 극낙셰계 간 사ᄅᆷ 은 다 부톄 되니다 ᄒ시며 〈보권 일사본 20b〉

(1)은 구어적인 표현으로, 현대 국어와 다름이 없다. 대화문이거나 인 용절 안에서 종결 어미는 대체로 '-다'형을 갖는다. 이에 비해 '-라'를 가진 (2)는 문어적이고 형식적인 표현이다. 그러나 (3)을 보면 같은 조 건에서 '-다'와 '-라'가 수의적으로 쓰이고 있음을 알 수 있다.[22] '-다/ 라'의 출현 환경은 중세 국어 시기와 비슷하나 조금씩 '-다'의 실현이 많아지고 있다.

(4)ㄱ. 小人이 진실로 일즙 아디 못ᄒ와 〈박통 상58b〉

ㄴ. 路次의 ᄀᆺ브매 이제야 門신지 왓습ᄂᆡ 〈첩해 1.1b〉

ㄷ. 우리 듯기도 더옥 깃브ᄋᆸ데 〈첩해 3.27b〉

ㄹ. 구ᄒ시ᄂ 대로 나믄 듸 업시 블긔고 왓ᄉ오니 깃브외 〈첩해 5.10a〉

---

22) (3)의 '가오리다, 되니다'에ᄂ 모두 '-이-'를 포함한 화계를 사용하고 있으므로 여기 에서 '-다'는 '-이-' 아래에서 나타나는 것이다.

ㅁ. 이 진실노 신 등의 죄니 뻐 셜워ᄒᆞᄂᆞᆫ 배오 이제 헌신이 딘차ᄒᆞ믈
　　 인ᄒᆞ야 힝혀 나타내여 불킬 긔회를 맛나시되 아ᄂᆞᆫ 거시 져르고
　　 글이 졸ᄒᆞ야 능히 원두를 쌔텨 파ᄒᆞ야 후셰의 드리워 뵈디 못ᄒᆞᆯ
　　 가 져허ᄒᆞ니 뻐 두리워ᄒᆞᄂᆞᆫ 배오 비록 그러ᄒᆞ나 〈쳔의 차ᄌᆞ1b〉

ㅂ. 늬 곳쳐 ᄒᆞ온 말이 그러치 아니ᄒᆞ오 … 어져 그 말 마오 〈일동
　　 1.27a-b〉

(4ㄱ)~(4ㄹ)은 역학서에 나오는 대화문으로, 당시 구어체 문장의 형태
를 보인다. '-다/라'형 외에도 평서문에서 '-롸/와, -늬, -데, -외, -오'
등 여러 가지 어미가 쓰였다. (4ㅁ)에서 두 번 쓰인 '배오'와 (4ㅂ)의
'아니하오, 마오'에서 보인 '-오' 형태는 18세기 이후에 평서형 종결
어미로 문헌에서 쓰임이 점차 늘어나는데, 실제 구어에서는 더욱 많
이 사용하였을 것이다. 이 '-오'는 청자를 높이는 화자 겸양의 '-ᅀᆞᆸ-'
의 기능을 이은 것으로 이해된다. 이는 의문문 어미 '-오'에서도 마찬
가지이다.

　　18세기에 '-지/제'가 나타나 19세기에 널리 쓰이고, 19세기에 나타
난 '-아'는 각 종류의 문말 어미로 두루 쓰인다.

(5)ㄱ. 그러미 누가 그리 간다구요 즁간으로 단니지요 〈별쥬 23a〉

　　ㄴ. 나는 몰나요 〈춘향 철종판 상14a〉

(5ㄱ)에선 '-지'에 대한 높임형 '-지요'가, (5ㄴ)에선 '-아'의 높임형 '-아
요'가 보인다.

　　'-다'의 상대 높임은 아래와 같다.

(6)ㄱ. 엿줍ᄂᆞᆫ 글월 드리ᄋᆞᆸ다 〈역어 상11a〉

ㄴ. ᄯᅩ 더 믜이게 ᄒᆞ여ᄉᆞᆸ다 근심이옵 〈언간 149〉

ㄷ. 앗가 맛낫ᄉᆞᆸᄂᆡ 먼 ᄃᆡ 극진이 軍官을 보내여 무르시니 감격ᄒᆞ여 ᄒᆞᄋᆞᆸᄂᆡ 〈첩해 1.22b〉

(7)ㄱ. 예서 죽ᄉᆞ와도 먹ᄉᆞ오리이다 〈첩해 2.7a〉

ㄴ. 이대도록 니ᄅᆞᄂᆞᆫ가 너기닝이다 〈첩해 8.11a-b〉

(6)은 ᄒᆞ소체, (7)은 ᄒᆞ쇼셔체이다. ᄒᆞ쇼셔체는 보통 '-이다'형으로 나타나며, 'ᅌᅵ다'형은 18세기 들어 사라진다. (6)에서 '-ᄂᆡ, -ᄋᆞᆸ'은 종결 어미가 생략된 형태이다. 상대 높임으로 기능이 바뀐 '-ᄋᆞᆸ-'이 들어가면서 종결 어미가 생략된 문말 형태로는 '-ᄋᆞᆸ, -ᄋᆞᆸ새, -ᄋᆞᆸᄂᆡ' 등이 있다.

구어체 문헌인『첩해신어』에서는 어말 어미가 생략되거나 축약된 문장 종결형이 여러 가지가 나온다.

(8)ㄱ. 路次의 ᄀᆞᆺ브매 이제야 門신지 왓ᄉᆞᆸᄂᆡ 〈첩해 1.1b〉

ㄴ. 우리 듯기도 더옥 깃브ᄋᆞᆸ데 〈첩해 3.27b〉

ㄷ. 보낼 짐을 츌혀 보와 다시 긔별을 ᄉᆞᆸᄉᆞ오리 〈첩해 4.8b-9a〉

ㄹ. 이제 正官 보오라 가오니 다시 보ᄋᆞᆸ새 〈첩해 1.23a〉

'-ᄂᆡ'는 '-ᄂᆞ이다', '-데'는 '-더이다', '-리'는 '-리이다', '-새'는 '사이다', '-쇠'는 '-소이다', '-외'는 '-오이다'에서 종결 어미가 생략된 것으로 볼 수 있다. 이러한 어말 어미 생략은 중세 국어에서도 나타나는데, 상대 높임의 적용 폭을 넓히고 여운을 갖는 효과가 있다.(제3장의 6.3.3 [ᄒᆞ니체] 참조)

(9) ㄱ. 내 도라오면 만히 네게 人事ᄒ마 〈박통 상44a〉

ㄴ. 대례로 이 아니ᄒ실 양으로 東來의 엿ᄌ와 飛脚을 셸 양으로 ᄒ
옴새 수이 書契를 내읍소 〈첩해 5.5a-b〉

ㄷ. 내 집의 곳 피여든 나도 좌내 請히옴ᄉ〈청구 208〉

(10) 갑옷슬 ᄇ리고 장기를 더지고 눗츨 븍으로 두루혀셔 항복ᄒ렴으
나 〈삼역 5.13b〉

(9)에서는 약속을 뜻하는 평서형 어미 '-마, -옴새/옴ᄉ'가, (10)에는
근대 국어에서 발달한 허락법 어미 '-렴으나'가 쓰였다.

5.1.2 감탄문

감탄문은 '-다/라, -고나/구나, -ㄹ샤, -ㄹ세, -노라, -도다/로다,
-아라' 등의 어미를 갖는다.

(11) ㄱ. 애 진실로 ᄀ장 영노ᄉ갑다 〈박통 상14b〉

ㄴ. 이 믈도 거름이 됴쿠나 〈노걸 상11a〉

ㄷ. 앗가올샤 다만 온젼치 못ᄒ까 ᄒ노라 〈삼역 7.17b〉

ㄹ. ᄯ흔 스스로 다 놉도다 〈가례 7.22a〉

ㅁ. 내게 現成ᄒ ᄀ음이 업세라 〈박신 1.45b〉

ㅂ. 꿈이 처음 ᄭᆡᆫ 듯ᄒ여라 ᄒ고 병이 드듸여 나흐니라 〈경신록 음
즐문령험〉

감탄문 표현은 용언으로 나타내는 것이 일반적인데, (11ㄱ)~(11ㄴ)처
럼 어말 어미로 '-다/라, -구나, -ㄹ샤, -ㄹ세' 등의 형태를 취하거나,

(11ㄷ)과 (11ㄹ)처럼 '-다/라' 앞에 선어말 어미 '-노-, -도-' 등을 덧붙여 표현한다. '-ㄹ샤'는 중세 국어에서 '-ㄹ쎠'였다. 감탄문의 종결형에 선어말 어미 '-노-, -도-'가 없이 '-다/라'만을 쓰는 표현이 중세 국어에서도 있었겠지만 확실한 용례를 문헌에서 찾기가 어려운데, 근대 국어에서는 (11ㄱ)과 같은 용례가 가끔 보인다. (11ㅁ)에서의 '-에라'는 '-게라'와 함께 중세 국어에서도 보이지만, 이 형태의 후속형인 (11ㅂ)에서 나오는 '-아라/어라'형은 근대 국어의 후반에 와서 용례를 보인다.

(12)ㄱ. 어와 아름다이 오옵시도쇠 〈첩해 1.2a〉

　　ㄴ. 그러면 게셔도 日吉利 이실 둣ᄒ다 니르옵노쇠 〈첩해 5.14b〉

(12)에서는 ᄒ니체의 감탄문을 볼 수 있다. 이들 '-도쇠, -노쇠' 등은 18세기 이후에는 나타나지 않는다.

5.1.3 의문문

중세 국어에서 의문문은 복잡하지만 체계적이었다. 체언 의문문과 용언 의문문, 직접 의문과 간접 의문, 1 · 3인칭 의문문과 2인칭 의문문, 판정(가부) 의문과 설명(내용) 의문에 따라 의문문의 형태가 달라지는데, 근대 국어에 들어서는 이와 같은 체계성이 대체로 계승되면서도 단순화의 방향성을 갖는다.

의문문은 명사 뒤에 의문 보조사 '가'나 '고'가 결합하는 체언 의문형과, 서술어의 활용 어미에 의한 용언 의문형이 있음은 중세 국어와 같다.

아래의 (13)은 체언 의문문이다.

(13)ㄱ. 네 이 물이 흔 님자의 것가 이 각각 치가 〈노걸 하14a〉

　　ㄴ. ㄩ 니르는 거시 이 므슴 벼슬고 〈박통 하59b〉

(13ㄱ)은 명사 '것'과 '치'에 의문 보조사 '가'가 붙은 판정 의문문이고, (13ㄴ)은 의문사 '므슴'이 들어가고 명사 '벼슬'에 의문 보조사 '고'가 붙은 설명 의문문이다. 체언 의문문 형태는 점차 줄어 19세기 중엽 이후 문헌에서 거의 사라지지만 오늘날에도 동남 방언 등에서는 사용되고 있다.

　용언의 의문문은 좀 더 복잡하다. 대답을 요구하는 직접 의문의 경우, 1인칭과 3인칭 주어를 가진 의문문에서는 판정 의문법의 어미로 '-냐, -랴', 설명 의문법으로 '-뇨, -료'가 오지만, 2인칭 의문문에서는 판정과 설명 의문 모두 '-ㄴ다, -ㄹ다' 어미 형태를 갖는다. 그러나 이와 같이 인칭에 따라 다른 어미 형태가 오는 것은 ㅎ라체에 한정된 것이고, 더 높은 화계에서는 인칭에 따른 어미 구분이 없다.

(14)ㄱ. 딥과 콩이 貴ᄒ더냐 賤ᄒ더냐 〈박통 중14a〉

　　ㄴ. 可히 敬티 아니ᄒ며 可히 敬티 아니ᄒ랴 〈상훈 10b〉

　　ㄷ. 어듸 풀 됴흔 물이 잇더뇨 〈박통 상55a〉

　　ㄹ. 내 謀猷를 視혼 듸 엇디 底ᄒ료 〈시경 12.2a〉

　　ㅁ. 이리 차반 주어 머기시니 엇디 너를 니즈리오 〈노걸 상39b〉

　　ㅂ. 언머 모다 우은 거시라 녀기셔냐 〈첩해 9.4a〉

　　ㅅ. 술 먹어도 늣디 아니커니ᄯ녀 〈노걸 하6a〉

(15)ㄱ. 네 글을 뉘게 빅혼다 〈몽노 1.3a〉

　　ㄴ. 네 황호를 다 픈다 못 ᄒ엿ᄂ다 〈노걸 하59b〉

　　ㄷ. 네 이 店에 딥과 콩이 다 잇ᄂ가 업슨가 〈노걸 상16a〉

ㄹ. 형아 네 아모 일 이셔 우리 짜히 가거든 小人을 ᄇ리지 아니ᄒ
면 반ᄃ시 내 집의 츠자 가리잇가 〈청노 3.13a〉

(16) 獭皮 ᄑᄂ니아 됴ᄒᆫ 獭皮 잇ᄂᄂ냐 어듸 됴티 아니니를 가져오리오
다 이 됴ᄒᆫ 이라 네 몃치나 ᄒ고져 ᄒᄂᆫ다 여ᄉ슬 ᄒ고져 ᄒ노라
이 여ᄉ 갑슬 혜아리쟈 네 닐오듸 다 이 됴타 ᄒ더니 엇디 ᄒ나토
쎰즉ᄒ니 업ᄂᆞ뇨 〈박통 상29a-b〉

(14)와 (15)는 모두 직접 의문문으로, (14ㄱ, ㄴ)은 판정 의문이고, (14ㄷ,
ㄹ)과 (14ㅁ)은 설명 의문이다. (14ㄱ)~(14ㄹ)의 의문문 형태는 중세 국
어에서부터 이어지는 것이지만, (14ㅁ)과 같은 '-리오'형 의문문은 근
대 국어 이후에 큰 세력을 가지게 된다. '-냐, -랴'는 중세 국어의 '-녀,
-려'에서 16세기 이후 변화한 형태이다. 설명 의문형 '-뇨, -료'는 근대
국어에서 점차 판정 의문형 '-냐, -랴'와 형태 대립이 줄더니 19세기엔
거의 소멸한다. 구어체를 보이는 역학서 (14ㅂ)은 의문사 '언머'가 있는
의문문인데도 '-냐'형이 왔다. 반어적인 의문형 (14ㅅ)의 '-이ᄯ녀'형은
18세기까지 일부에서 쓰이다가 사라진다.

(15ㄱ)과 (15ㄴ)에서 보듯이 2인칭의 문장에서는 판정과 설명에 관계
없이 '-ㄴ다'형을 사용하였다. 그러나 16세기부터 세력을 넓혀 온 간접
의문형 '-ㄴ가, -ㄹ가'형이 직접 의문형으로도 용법을 넓히면서 '-ㄴ다,
-ㄹ다'의 세력을 축소시켜, 점차로 2인칭 직접 의문문에서도 '-ㄴ가,
-ㄹ가'형이 같이 쓰이게 된다. '-ㄴ가, -ㄹ가'가 직접 의문문에 쓰일 때
에는 ᄒ야쎠체 '-ᄉ가, -ᄉ고'를 대신하는 ᄒ소체의 의문 어미가 된
다. '-ㄴ가'는 현대 국어에서도 하게체에 속한다. 반면에 '-ㄴ다, -ㄹ다'
는 ᄒ라체이므로 같은 ᄒ라체 1·3인칭 의문 어미인 '-냐/뇨, -랴/료'
가 이를 대신하게 된다.

『노걸대언해』는 17세기 후반의 문헌이지만 대화문 (15ㄷ)에서 2인칭 의문문인데 가부를 함께 물을 때에는 '-ㄴ가'형을 썼다. 높임 표현 (15ㄹ)에서도 '잇가'로 나타난다. 19세기에 나온 역학서인 『청어노걸대』에서는 2인칭 주어문에 '-ㄴ다'형이 대다수이지만 '-냐'형도 간혹 있고, 특히 가부를 연이어 묻는 경우엔 항상 '-냐'형을 썼다. 18세기 후반에도 2인칭 의문문이 1·3인칭의 의문문 형태와 구분되지 않는 표현이 나타나는데, 19세기 후반에 나온 문헌에서는 '-ㄴ다'형이 거의 없다. 이로 볼 때 2인칭에서 '-ㄴ다' 형태는 18세기부터 혼란을 겪다가 19세기 중반 이후엔 사라진 것으로 보인다.

위에서 보듯이 구어를 그대로 쓴 역학서에서는 문어 문헌에 비해 언어의 새로운 변화형 출현이 많이 앞서고 있다. (16)에서는 여러 조건에 따라 달리 나타나는 의문문들이 보인다. '잇ᄂ냐'는 판정 의문형, '가져오리오'는 근대 국어에서 새로 나타난 의문문 형태, 'ᄒᄂ다'는 2인칭 주어문의 의문형, '업ᄂ뇨'는 설명 의문이다.

간접 의문문은 직접 의문문과 질문 형태를 달리한다. 아래의 (17)과 (18)은 간접 의문문이다.

(17)ㄱ. 이런 사ᄅᆷ은 엇디 도로혀 싱각디 아니ᄒᄂ고 나도 이 擧人 出身 이라 내 과거ᄒᆯ 째에 쏘 일쯕 돈을 뼈 삿ᄂ가 아니ᄒ엿ᄂ가
〈오전 3.2b〉

ㄴ. 이 나라 臣下ㅣ 되엿ᄉ오니 므릇 일을 엇디 얼현이 ᄒ리잇가
〈첩해 3.15a〉

(18)ㄱ. 궁듕의 드러와 억만챵샹을 격그려 ᄆᆷ이 스스로 그리ᄒ던가 일변 고이ᄒ고 〈한중 1.20〉

ㄴ. 先生아 네 이 東國이 歷代 뼈 옴으로 몃 히나 ᄒ며 當初에 엇지

나라흘 셰윗는지 청컨대 그 즈셰홈을 니르라 〈박신 3.56b-57a〉

중세 국어에서는, 직접 의문법과 구분되는 간접 의문법에 판정의 '-ㄴ가, -ㄹ가'와 설명의 '-ㄴ고, -ㄹ고'형이 있었다. 이러한 구분은 근대 국어에서도 대체로 지켜지지만, 후대로 오면서 '-가' 계열의 의문문이 확대되면서 설명 의문문에도 '-가'가 쓰이는 표현이 점차 늘어난다. (17ㄱ)을 보면 판정 의문일 때 '-ㄴ가'를, 설명 의문일 때 '-ㄴ고'를 썼다. 그러나 (17ㄴ)은 설명 의문문이지만 '-가'형으로 썼다.

(18)에서는 내포문에 쓰인 간접 의문문을 보인다. (18ㄱ)의 'ㅎ던가'에서와 같은 '-ㄴ가, -ㄹ가' 계열은 이전부터 있던 형태이지만, (18ㄴ)의 '셰윗는지'와 같은 '-ㄴ지, -ㄹ지' 계열은 후기 근대 국어에서 발달한 것이다. (17ㄴ, ㄷ)에서 보듯이 상대 높임을 나타내는 '-잇-'은 아직 계속되어, 근대 개화기에서도 간혹 나타난다. 한편 근대 국어에서 새로 생긴 비격식체의 높임법 보조사 '요'를 의문형 어미 아래에 붙여 쓰는 예도 많다.

  (19)ㄱ. 주기는 무어슬 주어 〈심청 완판71장본 58b〉
     ㄴ. 그것 아미 외씨졔 〈박타령 362〉
     ㄷ. 눈 쓸나다가 안직빅이 되게요 〈심청 완판71장본 18b〉
     ㄹ. 사룸이 날드려 무르리 이셔 골오듸 경셰 만커늘 엇디 이 칙을
        취ᄒᄂ요 ᄒ여늘 〈종덕 어졔서1a〉

(19)는 근대 국어 후기에 새로 나타난 '-어, -지/졔, -게, -나'형 의문문으로, 모두 비격식체이다. (19ㄷ)에선 '-게' 아래에, (19ㄹ)에선 '-ᄂ(나)' 아래에 높임의 '-요'를 더하였다. 이들 어미와 높임의 '요'는 어조를 달

리하면서 비격식체 어미로 끝나는 평서문, 의문문, 명령문 등에 두루 쓰일 수 있다.

5.1.4 명령문

명령문은 청자에게 말이나 행동을 요구하는 표현이다.

> (20)ㄱ. 즉시 十面埋伏勢를 ᄒ야 ᄒ번 디르라 〈무예 1a〉
>
> ㄴ. 청컨대 내 아들과 밧고와디라 〈오륜 4.21b-22a〉
>
> ㄷ. 신하는 두 님군이 업ᄂ니 지를 노하 보내여 늙은 어미를 봉양ᄒ게 ᄒ쇼셔 〈오륜 2.81b-82a〉
>
> ㄹ. 고티는 쟈이 ᄌ셔히 ᄒ라 〈마경 하50b〉
>
> ㅁ. 아ᄒ야 네 사발 덥시 탕권 가져 집의 가라 〈노걸 상41b〉

문장 (20)에서는 화자가 청자에게 시킴이나 지시의 내용을 갖는다. 청자를 주어로 하여 문장이 이루어지는 것이 일반적이므로 (20ㄱ)~(20ㄷ)에서 주어가 나타나 있지는 않지만 2인칭 청자라는 주어를 기저에 상정할 수 있다. 그러나 (20ㄹ)에서는 3인칭 주어 '고티는 쟈', (20ㅁ)에선 2인칭 '네'가 있어, 그에게 명령하는 형식으로 표현되었다. 이와 같이 주어가 나타나 있는 명령문 표현법은 이전부터 있었던 것으로, 오늘날에도 널리 쓰이고 있다. 명령문에서는 (20ㅁ)처럼 청자를 부르는 말이 들어가는 경우도 있다.

> (21)ㄱ. 信使의 對面ᄒ여 또 도슬와 볼 거시니 그리 아ᄅ시소 〈첩해 5.30b〉

ㄴ. 너희 다 먹어라 〈몽노 3.6b〉

ㄷ. 큰兄아 됴흔 銀을 주려무나 〈몽노 4.13a〉

ㄹ. 네 드레와 줄 서러 내여 오교려 〈번노 상31b〉

ㅁ. 請茱 안쥬 자오 〈역어 상60a〉

ㅂ. 請乾 술 다 자옵 〈역어 상59b〉

명령문의 서술어 어미에는 존칭의 '-시-'가 선행할 수 있는 '-라, -고려, -소, -게, -오' 등과, '-시-'가 선행하지 못하는 '-쇼셔, -렴' 등이 있다. 이 가운데 '-소, -오'는 16세기에, '-게, -렴/려무나'는 근대 국어 시기에 새로 출현한 명령법 어미이다. 특히 '-소'는, 근대 국어에서 사라진 중세 국어의 '-야쎠'를 대신할 만하였다. '-쇼셔'는 19세기 후반에 '-소셔'로 단모음화한다. 중세 국어 시기에도 '-거라/너라'의 예가 확인되지만 (21ㄴ)에 나오는 '-어라'형 명령문은 18세기부터 많이 볼 수 있다. '-렴, -려무나, -고려/구려' 등은 권유형 명령문을 만든다. (21ㅂ)에선 어말 어미가 생략되어 있다.

(22)ㄱ. 사발 잇거든 ㅎ나 다고 이 밥에셔 흔 사발만 다마 내어 뎌 버들 주쟈 〈노걸 상38a〉

ㄴ. 우리 물이 열흔 匹이니 대되 엿 말 콩을 되고 열흔 뭇 집 다고 이 쟉되 드지 아니ㅎ니 許多흔 집흘 엇지ㅎ여 싸흘리오 〈청노 2.1a〉

(23) 구틱여 玄圃애 뫼읍디 못ㅎ다 超然히 具茨앳 어딘 사ㄹ믈 待接ㅎ시고라 〈두중 3.4a〉

(22)의 '다고'에서 '-고'는 16세기에 나타나는 (23)의 '-고라'나 (16ㄹ)의

'-고려'에서 종결 어미가 절단된 형태로 추정된다. 이 명령형은 (22)에서 보듯이 '주-'(授)의 보충법으로 쓰이는 불구 동사 '달-'에 주로 결합하여 나타나는데, 이는 오늘날에서도 마찬가지이다.

(24)ㄱ. 또 너모 어그러워 게을으며 프러 브리기예 니르디 마롤 씨니
　　　라 〈어내 2.13b〉
　　ㄴ. 크게 쥬져홈을 허비케 말지어다 〈경신록 음즐문령험〉

(24)처럼 명령하는 형식의 문장은 아니지만 실제로는 청자에게 지시하는 의미를 갖는 표현법도 있다. 이러한 표현은 완곡한 명령이라고 하겠는데, 훈계서에서 많이 보인다.

5.1.5 청유문

청유문은 화자와 청자가 같이 행동할 것을 요구하는, 일종의 명령문 성격이다.

(25)ㄱ. 우리 각각 잇긋 빈블리 먹쟈 〈박통 하33b〉
　　ㄴ. 형아 이 차방에 져기 차 머그라 가쟈 〈박통 하27b〉
(26)ㄱ. 댱시는 딘쥬 스룸이라 나히 열네해 흔고을 잇는 밍칠보외 혼인
　　　ᄒᆞ자 언약ᄒᆞ엿더니 〈속삼 열2a〉
　　ㄴ. 늙엇다 물너가쟈 ᄆᆞ음과 議論ᄒᆞ니 이 님 바리옵고 어듸러로 가
　　　쟌 말고 〈악습 620〉
(27)ㄱ. ᄀᆞ장 됴쓰오니 그리 ᄒᆞᅙᅥᆸ싸이다 〈첩해 3.10a〉
　　ㄴ. 멸족지화를 볼 거시니 자뇌과 나과 밍세ᄒᆞ여 보새〈계축 하37a〉

ㄷ. 지어미 술을 거르며 來日 뒷밧 미옵세 ᄒ더라 〈교시조 1282〉

ㄹ. 어셔어셔 가옵시다 〈인과 18b〉

위의 예문들은 청유형 문장으로, 모두 청자에게 화자와 같이 행동할 것을 요구하는 표현이다. (25ㄴ)에서는 명령문에서와 마찬가지로 청자를 부르는 말이 문장 안에 있다. '-쟈'는 16세기 이후부터 쓰이고, '-자'도 비슷한 시기에 일부 나타나기도 한다. 따라서 초간본 표현의 영향을 많이 받은 『두시언해』는 특히 중간본에서도 15세기의 형태인 '-져'를 쓰고 있지만, 18세기에는 (26)처럼 '-자' 표현이 다수 나온다. '혼인ᄒ자'가 있는 (26ㄱ)은 『속삼강행실도』의 1727년 개찬본인데,[23] 1514년 원간본에서는 '婚姻ᄒ쟈'로 되어 있었다. (27)에 있는 '-새, -옵새/옵세, -옵싸이다, -옵시다'는 근대 국어에 들어 본격적으로 쓰이기 시작하였는데, '-쟈'보다 상대 높임의 등급이 조금 높은 형태이다.

(28)ㄱ. 밥 가져오라 내 먹쟈 〈박통 중8b〉

ㄴ. 내 너ᄃ려 ᄒ번 당부ᄒ쟈 〈오전 2.21a〉

(28)은 청유형 문장으로 되어 있지만 일인칭인 화자 자신에게 독백을 하거나 상대방에 대해 완곡하게 명령하는 내용으로, 현대 국어에서도 쓰이는 용법이다.

---

23) 예문 (26ㄱ)의 『속삼강행실도』는 21세기 세종계획에서 구축한 자료에 1581년 중간본으로 되어 있으나, 안병희(1992ㄴ)에서 추정한 대로 1727년 개찬본으로 보아야 할 것이다.

(29)ㄱ. 오늘도 다 새거다 호믜 메고 가쟈ᄉ라 〈경민 40b〉

　　ㄴ. 그제야 고텨 맛나 ᄯ 혼 잔 ᄒ쟛고야 〈송강-이 7.관동별곡〉

(30) 白鷗야 말 물어 보쟈 놀라지 말라스라 〈교시조 1171-4〉

(29)의 '가쟈ᄉ라, ᄒ쟛고야'에는 '-ᄉ라, -ㅅ고야'라는 첨사를 청유형 어미 '-쟈' 아래에 결합하여 화자의 의도성을 두드러지게 보였다. '-ᄉ라/스라'가 중세 국어에서는 원래 명령문에서 쓰였는데, 근대 국어에선 (30)처럼 명령문에도 나타나지만 '-쟈ᄉ라'로 청유문에서 더 널리 쓰인다.

청유문의 서술어 어미 체계는 비교적 간단하다. 상대 높임형 '-읍 스다'형이 근대 국어 끝 무렵인 19세기 말엽 외국인의 저술 등에 많이 나타나지만, 이들을 일괄하여 현대 국어 초기인 개화기로 보아 여기에서는 제외한다.

5.2 문장의 구성 성분

하나의 문장을 이루는 데 필요한 구성 성분으로는, 문장 구성에서 꼭 필요한 '주성분' 그리고 여기에 덧붙는 '부속 성분'과 '독립 성분'이 있다. 주성분에는 '주어, 서술어, 목적어, 보어'가, '부속 성분'에는 '관형어, 부사어', '독립 성분'에는 '독립어'가 있다.

5.2.1 문장의 주성분

[주어]

근대 국어에서 주어의 표현은 현대 국어와 비슷하다. 명사나 대명사 등 체언이나 명사 구절에 주격 조사가 붙어 주어를 나타낸다.

(31) ㄱ. 아릭염왕이 서르 의논호미 오란디라 〈권념 2a〉

　　　ㄴ. 君子ㅣ 敬ᄒᆞ야 뻐 內를 直ᄒᆞ고 義ᄒᆞ야 뻐 外를 方ᄒᆞ야 德이 孤
　　　　　티 아니ᄒᆞᄂᆞ니 〈주역 1.26b-27a〉

　　　ㄷ. 삼 년 상ᄉᆞ 뭇고 부모ㅣ 그 ᄠᅳ들 앗고져 ᄒᆞ거늘 〈동신 열1.75b〉

　　　ㄹ. 내 北京으로 향ᄒᆞ야 가노라 〈노걸 상1a〉

　　　ㅁ. 네 뎌 칼ᄂᆞᆯ흘 두로혀 ᄒᆞᆫ 칼애 버힘이 무던ᄒᆞ거늘 〈오전 7.17a〉

(32) 병든 아히가 비록 어육을 달라 ᄒᆞ여도 〈두경 11b〉

(31ㄱ, ㄴ)에서는 주격 조사로 '이'를, (31ㄴ, ㄷ)에서는 'ㅣ'를 썼다. 주격 '이'는 자음 아래에, 'ㅣ' 모음 아래에서 쓰이는 것이 중세 국어와 같다. (31ㄹ)의 '내'는 주격형이 결합되지 않은 1인칭 대명사로 볼 수도 있다. 이미 15세기에도 '내'는 관형격형(평성)이나 주격형(상성)과 함께 단지 대명사로 사용되기도 하였으므로, 18세기 말 노걸대 중간본에 쓰인 (31ㄹ)의 '내'는 주격 조사가 {ø}인 대명사로 보기도 하는 것이다. (31ㅁ)은 명사절 전체가 주어가 되어 주격 조사 '이' 앞에 놓였다. (32)에 보이는 주격 조사 '가'는 근대 국어에 들어와서 점차로 쓰이는 빈도가 늘어난다.

(33) ㄱ. 네가 맛당이 뎐시 장원을 ᄒᆞᆯ 거시오 〈남궁 9a〉

　　　ㄴ. 경청법 녜대로 감식가 장문ᄒᆞ야 논죄ᄒᆞ게 ᄒᆞ고 〈자휼 9b〉

(33ㄱ)은 대명사 '네'에 주격 조사 '가'가 붙은 형태이고, (33ㄴ)은 명사 '감ᄉ'에 주격 조사 'ㅣ'와 '가'가 중복하여 쓰인 모습이다. (33)과 같은 표현은 18세기 말부터 나타난다. 주격 조사 '가'의 쓰임이 확대되어, 모음 아래에서는 '가'가, 자음 아래에서는 '이'가 쓰이는 용법이 일반화한 것은 19세기 말로 보인다.

주격 조사는 이 밖에도 다음과 같이 나타나기도 한다.

(34)ㄱ. 우리로셔도 회례를 ᄒᆞ오려 싱각ᄒᆞ거니와 〈첩해 9.4a〉

ㄴ. 信使ᄭᅴ셔 구틱여 말리ᄂᆞᆫ 故로 〈첩해 8.31a〉

(34ㄱ)의 '로셔'나, (34ㄴ)의 'ᄭᅴ셔', 또는 단체일 경우 '에셔' 등으로도 주어는 표시될 수 있다.

뿐만 아니라 주어는 주격 조사 없이 보조사만이 결합하기도 한다.

(35)ㄱ. 너ᄂᆞᆫ 朝鮮 사ᄅᆞᆷ이라 〈몽노 1.6b〉

ㄴ. 判事네도 同道ᄒᆞ야 오쇼셔 〈첩해 1.2b〉

ㄷ. 쇠오ᄂᆞ니ᄂᆞᆫ 거즛 거시오 갑ᄂᆞᆫ이야 진짓 거시라 〈노걸 하20a〉

(35ㄱ)과 (35ㄴ)은 각각 보조사 'ᄂᆞᆫ'과 '도'만으로 선행 명사를 주어로 표현하였다. (35ㄷ)에서는 강조를 나타내는 보조사 '야'가 붙은 '갑ᄂᆞᆫ이'가 주어이다. 이 '야'는 15세기에서도 명사나 부사 또는 동사의 활용 어미 뒤에 붙던 'ᅀᅡ'이며, 현대어에서도 '야'로 쓰이고 있는 것이다.

복합문에서 하위절의 주어는 관형격 조사를 취하기도 한다.

(36)ㄱ. 아음과 무올들히 내의 즈라 글 빅화 벼슬ᄒᆞ거든 보고 〈이륜 중
29b〉

ㄴ. 눔의 주는 거슬 만히 밧거늘 〈오륜 4.8b〉

ㄷ. 신主 규식은 곧 伊川 先生의 밍ᄀᆞ르신 배라 〈가례 7.33b〉

(36)에서 관형격을 가진 '내의, 눔의, 伊川 先生의'는 각각 서술어 '즈
라 글 빅화 벼슬ᄒᆞ거든, 주는, 밍ᄀᆞ르신'의 의미상 주어가 된다. 이와
같은 표현은 중세 국어에서 많이 보이며, 현대 국어에서도 예스러운
표현으로 남아 있다.

이중 주어 표현은 이 시기에도 많이 보인다.

(37)ㄱ. 我ㅣ 罪ㅣ 므스거신고 〈경석 시석13〉

ㄴ. 이제 天下ㅣ 車ㅣ 軌ㅣ 同ᄒᆞ며 〈중용-중 44a〉

(38)ㄱ. 그저긔 밀양 사ᄅᆞᆷ 노개방이 고을 교슈 되여 〈동신 충1.35b〉

ㄴ. 이제 너 下民이 或敢히 나ᄅᆞᆯ 侮ᄒᆞ랴 〈시경 8.8a〉

(37ㄱ)은 주어로 '我'와 '罪'가 있는 이중 주어문이고, (37ㄴ)은 세 개의
주어 '天下, 車, 軌'가 있는 삼중 주어 구문이다. 이중 주어의 구문에
서, 뒤에 오는 주어는 서술절 내포문의 주어로 보기도 한다. 이중 주
어와 같이 이중 목적어 구문도 있다.

(38ㄱ)에서는 '사ᄅᆞᆷ'과 '노개방'이, (38ㄴ)에서는 '너'와 '下民'이 동격으
로 주어가 되는데, 이는 이중 주어가 아니라 동격의 주어라고 해야 할
것이다. 이때에는 뒤에 오는 명사에만 주격 조사가 붙는다. 목적어 표
현에서도 동격의 목적어가 쓰인 구문이 있다.

문장에서 주어는 생략되기도 한다.

(39) 姐夫ㅣ 먹으면 모음을 動ᄒ고 姐姐ㅣ 먹으면 눈을 쓰고 벙어리 져
기 잔쥬를 먹으면 곳 소ᄅᆡ를 여러 吶喊홀 줄을 아ᄂᆞ니라 〈오전
4.2a〉

예문 (39)는 각각 종속 접속절을 가진 세 개의 상위절 문장이 등위 접
속되어 있는데, 각 문장마다 상위절의 주어가 생략되어 있다. 종속절
에 주어가 나타나 있어, 이를 복사하는 상위절의 주어가 각각 무엇인
지를 문맥 속에서 알 수 있으므로 주어 표시가 잉여적이라고 생각되
어 생략한 것이다. 주어 생략은 현대 국어에서도 종종 일어나지만 근
대 국어에서는 더욱 쉽게 생략된 채 표현된다.

[서술어]

서술어는 동사나 형용사의 활용형으로 나타난다. 또한 명사에 서
술격 조사가 붙어서 서술어가 되기도 한다. 서술어에는 일반적으로
높임, 시제, 동작상, 서법, 태 등이 표시되며, 문장의 종류를 나타내는
어미가 결합되어 있다.

(40)ㄱ. 신장은 비록 중이 업스나 사오나오ᄂᆞᆫ 변식ᄒ야 뼈디고 거므
면 신장의 가ᄂᆞ니라 〈두집 상2b〉
효양비ᄂᆞᆫ (중략) 돌흘 더디고 블러 뜰오니 범이 드듸여 ᄇᆞ리고
가니라 연산 이 년의 졍녀ᄒ시니라 〈동신 열2.9b〉
몸이 平安ᄒ면 가리라 〈몽노 1.2b〉
ㄴ. 朝鮮 사름은 져기 順ᄒ니라 〈몽노 1.9b〉
ㄷ. 事無足者 일이 足히 ᄒᆞ욤이 업다 〈어록-중 36b〉
ㄹ. 쳐녀 명시ᄂᆞᆫ 고려 신우 적 사름이라 〈동신 효1.62b〉

ㅁ. 풀히 오히려 어믜 주검을 안고 잇더라 〈동국 효8.15b〉

ㅂ. 믈이 흔째 쉬기를 기드려 쳔쳔이 먹이라 〈청노 2.9b〉

(40)에서는 상위절 서술어로 각각 (ㄱ)은 동사 '가-', (ㄴ)은 형용사 '順 ᄒ-', (ㄷ)은 부정을 말하는 형용사 '없-'을 택하였다. (ㄹ)은 명사 '사름' 에 서술격 조사 '이-'가 결합하고, (ㅁ)은 보조 용언과 결합하여 '안고 잇-'이 서술어가 되었다. 그러므로 다른 서술어에는 수식어로 부사어 가 오지만(예: (40ㄴ)의 '겨기'), (40ㄹ)과 같이 명사와 서술격 조사가 결 합된 서술어 앞에는 명사를 수식하는 관형어 '적(의)'이 왔다. 서술어 는 상위절 외에 내포절이나 선행절에도 나타나, (40ㄱ)에서 '없스나, 사오나온, 변식ᄒ야, 뼈디고, 거므면, 더디고, 블러, 뜰오니, ᄇ리고' 도 모두 서술어 기능을 한다. 이러한 용법은 중세 국어나 현대 국어에 서의 표현과 다름이 없다.

(40ㄱ)에서 '업스나, 사오나온, 변식ᄒ야, 뼈디고, 거므면, 가ᄂ니라' 는 현재 시제를, '가니라, 졍녀ᄒ시니라'는 과거 시제를, '가리라'는 미 래 시제를 갖는다. 이 가운데 '졍녀ᄒ시니라'에는 주체 높임의 '-시-'도 있다. (40ㄱ)의 '가ᄂ니라'에선 단정법, '가리라'에선 의도법, (40ㅁ)의 '잇더라'에는 회상법의 서법이 나타나고, (40ㅁ)의 '안고 잇더라'에선 진 행상의 동작상을 볼 수 있다. (40ㅂ)의 '먹이라'는 사동의 태를 보인다.

이 시기에도 보조 용언은 광범위하게 쓰인다.

(41)ㄱ. 다 두 층 조흔 챵애 드라 잇ᄂ 실은 밀텨 잇고 〈노걸 하48a〉

ㄴ. 풀히 오히려 어믜 주검을 안고 잇더라 〈동신 효8.15b〉

ㄷ. 긔별ᄒ심 ᄀ터 닉일은 天氣 됴홀가 시브다 〈첩해 6.13b〉

ㄹ. 내 두 쌍 새 훠룰다가 다 ᄃ녀 해야 ᄇ리게 ᄒ고 〈박통 상32a〉

예문 (41)은 모두 본용언에 보조적 연결 어미로 이어지는 보조 용언을 보인다. (41ㄱ)의 '-어 잇-'은 '열독이 댱 듕의 싸혀 이셔〈마경 상86〉'와 같이 '-어 이시-'로도 표현된다. (41ㄴ)의 '-고 잇-'도 마찬가지이다. (41 ㄷ)의 '시브다'는 '시프다, 십브다'로도 나타나는데, 현대어로 '싶다'에 해당한다. (41ㄹ)에서는 보조 용언이 두 개('ᄇ리게, ᄒ고')가 계속 이어 진다. 이들은 모두 현대 국어와 용법이 같다.

그러나 다음 예문 (42)는 오늘날 표현과 일치하지 않는다.

(42)ㄱ. 國體의 安危를 구틔여 혜여리야 오히려 늘근 大臣이 하 잇ᄂ니 라 〈두중 10.12a〉

손가락 버혀 수리 ᄲ 뼈 받ᄌ오니 병이 됴하 잇더니 〈동신 효 2.47b〉

ㄴ. 棺이 두텁고쟈 시프나 그러나 너모 두터오면 〈가례 5.6a〉

ㄷ. 오늘은 看品에브터 처음으로 보옵고 아름다와 ᄒᄂ이다 〈첩해 4.1a〉

(42ㄱ)의 보조 용언 '잇-'은 형용사 '하'의 뒤에 왔다. 전기 근대 국어에 서는 위와 같이 형용사뿐만 아니라 자·타동사가 '-아 잇-' 구절의 본 용언에 쓰였으나(예: 누른 驪ㅣ 나못 그테 올아 잇ᄂ니 正히 묽 버틀 爲ᄒ야 잇도다 〈두중 2.50b〉), 후기 근대 국어 이후에서는 보조 동사 '잇-'에 오 직 자동사만이 선행할 수 있다.[24] (42ㄴ)의 보조 용언 '시프-'에서는 보 조적 연결어미로 '-고' 외에 '-고져'도 가능하다. 이는 중세 국어에서도 보이지만 현대 국어에서는 쓰이지 않는다. (42ㄷ)의 '아름다와 ᄒ-'와

---

24) 현대 국어에서는 '끝 있는 자동사'만 선행할 수 있다.

같은 표현은 『첩해신어』에만 나오는데, 오늘날에는 없어졌다.

[목적어]

목적어는 명사, 대명사, 수사 등 체언이나 명사 구절로 이루어진다. 목적어의 표시는 일반적으로 목적격 조사 '를/을/를/을/ㄹ'로써 나타낸다. 이들 이형태가 나타나는 음운 환경은 현대 국어와 같으나 '를'과 '을'형은 오늘날 사라졌다.

(43)ㄱ. 네 글을 뉘게 비혼다 〈몽노 1.3a〉

ㄴ. 머리 다흔 아히를 더블고 셔시니 〈태평 1.13a〉

ㄷ. 그 빅셩 된 재 ᄀ만이 마시기도 맛당히 감히 못 ᄒ려든 〈윤음-계주 32〉

위의 문장 (43ㄱ)과 (43ㄴ)에서, 명사 '글'과 '아히'에는 목적격 조사가 붙었지만 명사 '머리'는 목적격 조사가 생략된 채 목적어로 쓰였다. (43ㄴ)에서 주절의 목적어는 '머리 다흔 아히'라는 명사절이다. (43ㄷ)에서는 목적어 '마시기'에 보조사가 결합하였다.

이중 주어와 같이 이중 목적어가 실현되기도 한다.

(44)ㄱ. 사오나온 風俗을 사름미 나츨 막ᄌᆞ릭고 몸 올에 호ᄆᆞ란 믈바를 비호노라 〈두중 15.17a-b〉

ㄴ. 文物을 녜를 스승ᄒ샤미 하시니 朝廷애 늘근 션빅 半만 ᄒ도다 (文物多師古 朝廷半老儒) 〈두중 6.24a〉

ㄷ. 네 두 油紙帽를 가져와 날을 ᄒ나흘 빌려 주고려 〈박통 상57b〉

(44ㄱ)에서 '風俗을'과 '나출'은 모두 목적어이며, (44ㄴ)에서 '文物을'과 '녜롤'이 모두 목적어가 되므로 이들은 이중 목적어를 갖는 문장이다. 그러나 (44ㄷ)에서 '날을'과 'ㅎ나흘'은 동격 목적어이므로 이중 목적어가 아니다.

여격 부사어가 '을'로 나타나기도 한다.[25]

(45)ㄱ. 네 츳자 보아 잡아다가 날을 주고려 〈박통 상30b〉

ㄴ. 네 은 닷 냥을 벌로 내여 더 푼 님자롤 주고 〈노걸 하17b〉

ㄷ. 舅姑롤 효도ᄒ며 族黨을 和睦ᄒ며 싁싁홈으로써 몸을 가지며 〈여훈 상40b-41a〉

(46)ㄱ. 후에 어미 죽거늘 아비 ᄌ식의게 던디 노비롤 ᄂ화 주려 ᄒ대 〈동신 속효19b〉

ㄴ. 官人의 伴當의손ᄃᆡ 믈 먹일 딥과 콩 갑슬 흐터 주라 〈박통 상58a〉

ㄷ. 셰민이 부모ᄃ려 닐어 ᄀ로되 〈동신 효8.70b〉

ㄹ. 곳 열아믄 나그내라도 ᄯᅩ 다 차반 주어 먹이리라 〈노걸 상49a〉

(45ㄱ)에서는 여격 부사어에 목적격 조사 '을'을 썼고, (45ㄴ)에서는 대격 목적어와 여격 부사어에 모두 목적격 조사를 썼다. (46)처럼 여격 부사어에 여격 조사 '의게, 의손ᄃᆡ, ᄃ려' 등을 쓰기도 하였으나, 근대 국어 시기까지는 여격 부사어도 (45ㄷ)처럼 목적격 조사로 표현하는 것이 더 일반적이었다. (46ㄹ)에서는 여격 부사어에 보조사를 사용하였다.

여격 부사어로 해석되는 자리에 여격형이 처소격 조사로 나타나기

---

25) 여기에서는 '여격 부사어'라고 하였지만, 이를 간접 목적어로 보는 견해도 있다.

도 한다.

(47)ㄱ. 먼 권당이나 或 손이나 ᄒ나흘 굴히여 后士氏끠 告ᄒ오ᄃᆡ〈가례
　　　7.18b〉

　　ㄴ. 일 니러 밧드와 뼈 祠堂의 告ᄒ라〈가례 4.4a〉

(47ㄱ)처럼 사람에게는 여격 '끠'를 쓰고, 그 밖의 동물이나 장소 등에
는 모두 처소격 '의, 에' 등을 썼다. 중세 국어에서 쓰이던 여격 '(의/ㅅ)
그에, (의/ㅅ)거긔' 형태는 소멸하였다.

(48) 박시 아ᄃᆞᆯ ᄯᆞᆯ 둘흘 ᄃᆞ리고 소해 ᄲᅡ뎌 주그니라〈동신 열8.72b〉

(48)에서는 '아ᄃᆞᆯ ᄯᆞᆯ 둘' 셋이 모두 목적어이다. '아ᄃᆞᆯ ᄯᆞᆯ'이 '둘'과 동격
적인 관계를 가지며 뒤에 수량사가 오면, 앞에 놓인 명사에는 격표지
없이 뒤의 수량 명사에만 목적격 격표지를 붙인다. 이는 다른 격의 표
현에서도 마찬가지이다.

[보어]

보어는 명사나 명사 구절에 보격 조사가 붙어서 이루어진다. 보어
를 갖는 서술어는 비교적 제한적인데, '아니다'와 'ᄃᆞ외다/되다'가 대
표적이다.

(49)ㄱ. 놀라 도ᄃᆞ라티고 뒤트ᄂᆞ니ᄂᆞᆫ 이ᄂᆞᆫ 경풍증이 아니니〈두집 상
　　　63b〉

　　ㄴ. 숩풀 나모와 뎐집들왜 다 금빗치 ᄃᆞ외여〈권념 16a〉

(49)에서 '경풍증이'와 '금빗치'는 각각 서술어 '아니니'와 'ᄃ외여'의 보어이다. 물론 보격 조사도 다른 보조사로 바꾸거나 생략하는 것이 가능하다.

중세 국어에서 보어격 조사 '이'와 호응하던 대칭 동사 'ᄀᆞᆮ다/ᄀᆞᆮᄒᆞ다, 다ᄅᆞ다, ᄒᆞᆫ가지다' 등은 근대 국어에서 공동격 조사 '과/와'형으로 바뀌는 표현이 많아진다.

> (50)ㄱ. 道ㅣ 큰 바ᄅᆞ리 ᄀᆞᆮᄒᆞ야 〈몽법 49a〉
>
> ㄴ. 이 ᄆᆞᅀᅳ미 거부븨 터리와 톳긔 ᄲ�..왜 ᄀᆞᆮᄂᆞ니 〈능엄 1.90b〉
>
> ㄷ. 始覺이 本覺과 ᄀᆞᆮᄒᆞ면 ᄒᆞ욤 겨샴과 ᄒᆞ욤 업스샴괘 아니라 〈원각 상1-1.53b〉
>
> (51)ㄱ. 다만 내 본ᄯᅳ시 젼의 니ᄅᆞᆫ 바와 ᄀᆞ틀 ᄲᅮᆫ이 아니라 〈윤음-신서 17〉
>
> ㄴ. 이ᄂᆞᆫ 부모 은덕기 하ᄂᆞᆯ로더부러 크기 ᄀᆞᆺᄐᆞᆯ 닐ᄋᆞ미니 〈경민 21b-22a〉
>
> ㄷ. ᄯᅩ 中興ᄒᆞᆫ 님금이 創業ᄒᆞ니와더브러 ᄀᆞᆺ다 ᄒᆞ니 〈상훈 5a〉

(50)은 중세 국어의 예인데, (ㄱ)은 '~이 ~이 ᄀᆞᆮᄒᆞ다', (ㄴ)은 '~이 ~괘 ᄀᆞᆮᄒᆞ다'의 형식이다. 이미 중세 국어에서도 변화된 (50ㄷ)의 '本覺과'와 같은 표현이 있었지만, 근대 국어에 들어서는 (51ㄱ)에서 보듯이 후자와 같은 표현만 쓰인다. 근대 국어에서는 여기에 더하여 (51ㄴ)의 '~이 ~로더브러 ᄀᆞᆮ다'와 (51ㄷ)의 '~이 ~와더브러 ᄀᆞᆮ다'라는 구문도 새로이 나타난다.

> (52)ㄱ. 네 이 여러 벗들의 모양이 ᄯᅩ 한 사ᄅᆞᆷ도 아니오 ᄯᅩ 達達도 아니

니 〈노걸 상45a〉

　　ㄴ. 자녀네도 아ᄅ실 ᄲᅮᆫ 아니라 〈첩해 4.2a〉

　　ㄷ. 믈읫 男이 ᄂᆞ미 계후 되니 〈가례도 14a〉

(52)는 모두 보어를 가진 문장이나, (52ㄱ)에선 보조사 '도'가 쓰였고 (52ㄴ)과 (52ㄷ)에서는 보격 조사가 생략되기도 하였다.

5.2.2 문장의 부속 성분

[관형어]

관형어는 관형사 외에, 체언에 관형격 조사 'ㅅ' 또는 '의'가 결합하거나, 용언 어간에 관형사형 활용 어미 '-ᄂᆞᆫ, -은/ㄴ, -읈/ㄹ'가 붙어 표현된다. 서술격 조사에 '-ㄴ, -ㄹ'가 결합되어 나타내기도 한다.

(53)ㄱ. 새 믈로뻐 나ᄂᆞᆫ 피늘 조히 싯고 〈마경 상44b〉

　　ㄴ. 공부직 향당에 보시고 왕도의 쉬오믈 알아 계시니 〈윤음-양로 1〉

　　ㄷ. 그러커니와 나의 스스ㅅ 졍읫 잔이오니 〈첩해 2.6b-7a〉

　　ㄹ. 념불ᄒᆞ던 사름은 주글 ᄶᅢ예 향내 나고 셔방의 간다 〈염보 15b〉

　　ㅁ. 之子의 歸홈이여 皇이며 駁인 그 馬ㅣ로다 親이 그 褵를 結ᄒᆞ니
　　　　九ㅣ며 十인 그 儀로다 〈시경 8.11b〉

(53ㄱ)에서 '새'는 명사 '믈'을 꾸며 주는 관형사이고, '나ᄂᆞᆫ'은 명사 '피'를 꾸미는 동사 '나-'의 관형사형이다. (53ㄴ)에서 '왕도의'는 명사 '왕도'에 관형격 조사 '의'가 붙어 명사형 '쉬옴'을 한정하는 관형어가 되었다. (53ㄷ)에서 '스스ㅅ'는 명사 '스스'에 관형격 조사 'ㅅ'가 붙고,

'졍읫'은 명사 '졍'에 처소격 '의'와 관형격 'ㅅ'가 붙어 각각 명사 '졍'과 '잔'을 꾸미는 관형어 역할을 한다. (53ㄹ)에서는 동사 '념불ᄒ더-'에 관형사형 어미 '-은'이, 동사 '죽-'에 관형사형 어미 '-을'이 붙어, 각각 명사 '사름'과 '째'를 꾸미는 관형어가 되었다. 이 경우 피한정 명사가 목적어나 부사어가 될 때 선어말 어미 '-오-'가 관형사형 어미 앞에 들어가던 중세 국어에서의 용법이 근대 국어에서는 더 이상 보이지 않는다. (53ㅁ)에서도 '駁인'과 '十인'은 명사나 수사 아래에 놓인 서술격 조사 어간에 관형사형 어미 'ㄴ'가 결합된 관형어로, 각각 명사 '馬'와 '儀'를 수식한다. 이들 관형사화 표지에 의해 이루어진 관형어는 그가 서술하는 구절을 이끌어 뒤에 오는 상위 구절 명사를 수식하는 구조를 갖는다. 위에서 본 관형사화 표지는 현대 국어에서도 그대로 이어지지만, 'ㅅ'는 이미 전기 근대 국어에서도 관형격으로의 기능이 매우 약화되어 후기 근대 국어 이후엔 그 기능을 잃고, 다만 합성어에서 관형사적 의미를 가진 사이시옷으로 쓰일 뿐이다.

관형어가 둘 이상 동등하게 계속 이어지면 앞서는 낱말에는 관형사형 표지 대신에 공동격 조사나 등위 연결어미를 붙여 표현하는 경우가 많다.

> (54)ㄱ. 이런 고로 男이 피히 아비와 스승의 ᄀᄅ치믈 받디 아니티 몯홀 거시며 〈여훈 상46a〉
>
> ㄴ. 그릇고 可笑로온 디라 쓰디 말오미 可ᄒ니라 〈가례 4.21a〉
>
> ㄷ. 혹 서늘커나 혹 쓰거나 혹 들거나 혹 쉰 홁이 지츠요 〈자초 1b〉
>
> (55)ㄱ. ᄯᅩ 늘근 늘근 브륳 사ᄅ미 잇ᄂ니 〈월석 13.23a〉
>
> ㄴ. 눗션 아니완혼 사름을 브터디 못ᄒ게 ᄒᄂ니 〈노걸 상45a〉

원래 (54)에서 (ㄱ)은 명사의 관형사형이 연이은 것이고, (ㄴ)과 (ㄷ)은 형용사의 관형사형이 각각 둘 또는 넷이 이웃한 것이다. 이때 (ㄱ)에서는 공동격 조사 '와'로, (ㄴ)과 (ㄷ)에서는 등위 연결어미 '-고'와 '-거나'로 바뀌었다. 용언의 관형사형이 동등하게 이웃하여도 연결 어미로 바뀌지 않고 그대로 쓰는 (55ㄱ)과 같은 중세 국어에서의 용법이, 근대 국어 문헌에서도 (55ㄴ)처럼 보이기는 하지만 매우 드물다. (54ㄴ)에서의 '그르고 可笑로온'처럼 '-고'로 바뀌어 현대 국어로 이어지는 것이다.

[부사어]

부사어는 부사 외에, 체언에 부사격 조사를 붙이거나, 용언에 부사형 활용 어미를 결합하여 만들어진다.

> (56)ㄱ. 믄득 滴水勢 指南針勢롤 ㅎ고 즉시 발을 년ㅎ야 훈 거름 나아
> 가 〈무예 1a〉
> ㄴ. 그 中에셔 ㅎ나흘 쌔혀 쌔힌 사롬으로 글 외이이고 〈몽노 1.5b〉
> ㄷ. 텬해 크게 어즈러워 사롬이 서로 잡아먹을식 〈오륜 4.10a-b〉

(56ㄱ)에서 '믄득'과 '즉시'는 부사이며, (56ㄴ)에서 '中에셔'와 '사롬으로'는 명사에 부사격 조사가 결합하고, (56ㄷ)에서 '크게'는 형용사의 어간에 부사형 어미가 붙어 있다. 그리하여 이들은 모두 위의 문장에서 부사어 기능을 갖는다.

부사어는 크게 성분 부사어와 문장 부사어로 나눌 수 있다. 성분 부사어는 문장 안의 어느 성분을 꾸미거나 한정해 주는 기능을 하며, 문장 부사어는 문장 전체에 관여하는 기능을 갖는다. 성분 부사어에서는 성상, 지시, 부정의 특성을 가릴 수 있다.

(57)ㄱ. 스스로 감히 므던이 녀길 ᄆᆞ음을 두디 못ᄒᆞ노라 〈어내 2.91a〉

　　ㄴ. 그리 아니면 사름이 샹ᄒᆞᄂᆞ니라 〈신구황 11b〉

　　ㄷ. 내 본ᄃᆡ 剛ᄒᆞ고 셜라 가슴애 긔운이 인ᄂᆞᆫ디라 順티 아니ᄒᆞ디 못
　　　ᄒᆞ리라 〈어내 2.45a〉

(58)ㄱ. 改葬은 모로미 가廟애 告혼 後에 분墓 告ᄒᆞ고 〈가례 10.47a〉

　　ㄴ. 이런고로 男이 可히 아비와 스승의 ᄀᆞᄅ치믈 받디 아니티 몯ᄒᆞᆯ
　　　거시며 〈여훈 상46a〉

(57ㄱ)에서 '스스로, 감히'는 '두디 못ᄒᆞ노라'를, '므던이'는 동사 '녀길'
을 꾸미는 성상 부사어이다. 한문 원문도 '自不敢有忽易之心耳로라'이
다. (57ㄴ)에서 '그리'는 '아니면'을 한정하는 부사어이고, (57ㄷ)에서 '아
니'와 '못'은 부정의 뜻을 갖는 부사어이다. 이들은 모두 문장 안에 있
는 어느 한 성분에 관계하는 수식어이다. 이에 비해 (58ㄱ)에서의 '모
로미'와 (58ㄴ)의 '이런고로'는 문장이 서술해 내는 전체의 뜻에 기여하
는 문장 부사어이다.

　부사어 가운데 부사격 조사가 붙어 성립되는 명사 부사어는 다음
과 같은 의미들을 가진다.

(59)ㄱ. 져녁에 도적이 도라와 죽엄이 집에 ᄀᆞ득ᄒᆞ믈 보고 〈오륜
　　　3.56b〉

　　ㄴ. 일즉 부모를 여희고 형뎨 네 사름이 ᄒᆞᆫ 집에셔 사더니 〈오륜
　　　4.11a-b〉

　　ㄷ. 버금형이 ᄯᅩ 병드러 위틱ᄒᆞ니 부모와 여러 아이 다 밧ᄀᆞ로 피ᄒᆞ
　　　여 나가되 〈오륜 4.19b〉

　　ㄹ. 내 아미타불이 셔로부터 오샤 〈권념 29b〉

(59ㄱ)의 문장에서 '저녁에, 집에'는 위치를 말하고, (59ㄴ)에서 '집에셔'는 장소를, (59ㄷ)에서 '밧그로'는 방향을, (59ㄹ)에서 '셔로부터'는 출발을 말하고 있다. 이들은 모두 처소를 가리키는 부사어이다.

> (60)ㄱ. 두 형이 다 염병의 죽고 〈오륜 4.19b〉
>
> ㄴ. 對馬島主로뻐 슘는 일은 어제는 對面ᄒᆞᆸ고져 서ᄅᆞ 말ᄉᆞᆷᄒᆞ오매 〈첩해 7.22b〉
>
> ㄷ. 곳 갈고리로 그러내여 가져가ᄂᆞ니라 〈박통 중35b〉
>
> ㄹ. 첩 아ᄃᆞᆯ을 겻히 두어 지셩으로 기ᄅᆞ더니 〈오륜 3.54a〉

(60ㄱ)에서 '염병의'는 원인을, (60ㄴ)에서 '對馬島主로뻐'는 자격을, (60ㄷ)에서 '갈고리로'는 도구를, (60ㄹ)에서 '지셩으로'는 수단을 각각 나타내는 부사어이다.

> (61)ㄱ. 可히 墓前으로 더브러 一樣케 ᄒᆞ야 〈가례 10.47b-48a〉
>
> ㄴ. 도죽과 맛셔신 즉 군조차 흠의 나라 〈연병 5a〉
>
> ㄷ. 壻ㅣ 나와 다ᄅᆞᆫ 室에 나아가든 〈가례 4.19b〉

(61ㄱ)과 (61ㄴ)에서 '墓前으로'와 '도죽과'는 동반을 나타내고, (61ㄷ)에서 '나와'는 비교를 동원하는 부사어이다.

> (62) 독역은 늣부의 쇽ᄒᆞ야 양긔로 되모로 〈두집 하68b〉

예문 (62)에서 '양긔로'는 이른바 변성격을 나타내는 부사어이다.

부사어도 두 개 이상이 동등한 자격으로 이웃하면, 대개 부사격 조사나 부사형 어미는 맨 뒤의 부사어에만 붙이고 그 앞의 부사어에는 공동격 조사나 등위 연결 어미를 붙여 나열한다.

(63)ㄱ. 손과 빈과 허리과 발로 〈두집 상34a〉

　　ㄴ. 이리 민들기를 곱고 乾淨히 ᄒ려 ᄒ면 〈박통 상16a〉

(63ㄱ)은 명사의 부사어 용법에서 여러 개의 명사를 공동격 '과'로 연결하였으며, (63ㄴ)도 나열형 연결어미 '-고'로써 부사어로 쓰이는 두 개의 형용사를 이었다. 그러나 (56ㄱ)과 같이 원래 부사로 쓰인 부사어에서는 이와 같은 연결 관계 표지를 달리 갖지 아니한다.

5.2.3 문장의 독립 성분

독립어는 문장 안의 다른 구성 성분들과 통사적인 관계를 갖지 않는 말이다. 감탄사나 명사에 호격 조사가 붙은 형태가 이에 해당하며, 일부의 문장 접속 부사들도 여기에 넣을 수 있을 것이다.

(64)ㄱ. 읜 므스 일이옵관듸 이대도록 어렵사리 니ᄅᆞ옵시ᄂ고 〈첩해 5.21b〉

　　ㄴ. 어져 曾前은 일졀이 이러치 아니ᄒ더니 이제 엇지ᄒ여 이런 사오나온 사롬이 낫ᄂ고 〈청노 2.13b〉

(65)ㄱ. 형아 아이야 네 술홀 믄져 보아 〈경민 38a〉

　　ㄴ. 벗들아 네 콩을 건져 가져 와 츤믈에 치오고 믈이 흔째 쉬기를 기드려 천천이 먹이라 〈청노 2.9b〉

(66) 그러나 해로오미 업스니라 〈두집 상16a〉

(64ㄱ, ㄴ)에서 '익, 어져'는 감정을 드러내는 감탄사이고, (65ㄱ, ㄴ)에서 '형아, 아익야, 벗들아'는 부르는 말이다. 이들은 다른 문장 성분들과 동떨어져 쓰인 독립어이다. 또한 (66)의 '그러나'도 본문과 통사적으로 직접 관련을 갖지 않는 문장 접속 부사라는 점에서 독립어라고 할 만하다.

6. 문장 요소의 기능

문장의 형성은 문법적인 여러 요소들이 기능하면서 이루어진다. 문장 안에서 통사적인 기능을 하는 문법 요소(범주)에는 사·피동, 높임, 시제, 서법, 동작상 등이 있다.

6.1 사동 표현

근대 국어에서 사동 표현은 사동사에 의한 파생적 사동문과, 보조적 연결어미와 보조 동사의 결합에 의한 통사적 사동문으로 나타나며, 사동의 뜻을 갖는 어휘에 의한 사동 표현도 있다. 이들은 이미 중세 국어에서도 널리 사용되던 방식이며 현대 국어에서도 역시 이 세 가지 체계를 갖는다. 다만 파생적 직접 사동법에서 점차 통사적 간접 사동법으로 향하는 통시적인 변화의 방향이 근대 국어에서 뚜렷하게 보인다. 단형 사동 표현이 장형 사동 표현으로 바뀌는 것이다.[26]

(1)ㄱ. 仁孝文皇后의 內訓와 두 글을 모든 保와 傅와 姆로 ᄒ여곰 朝夕
　　애 宮闈에 進講ᄒ야 이에 뻐 어딘 德을 쳐 일워뻐곰 坤維를 뎡ᄒ
　　며 ᄒᆫ가지로 乾治를 일우게 ᄒᄂ니 〈여사 여성서4a〉

---

26) 접미사에 의한 사동사 목록은 중세 국어에 비해 늘어나지만 사동사에 의한 표현이 장형 사동으로 대체되는 경우가 많다. 중세 국어의 사동사 목록이 적은 것은 문헌에 의한 제약일 것이다. 사동 표현 가운데 출현 비율도 아직은 단형이 장형보다 많지만, 중세 국어 시기에 비해 근대 국어에서는 장형의 출현 비율이 점차 높아 가는 것이다. 이러한 방향성은 피동 표현에서도 같다.

ㄴ. 만일 다른 나라 병이 올 쟉기면 ᄒᆞ여곰 숫재 늘 넘게 말고 ᄒᆞ여
곰 빅강의 들게 말아사 가ᄒᆞ니이다 ᄒᆞ더니 〈동신 충1.11b〉

(2) 孫行者ㅣ 스승의게 닐러 알게 ᄒᆞ고 〈박통 하19a〉

(1ㄱ)의 '일워뻐곰, 일우게'는 사동사에 의한 표현이고, (1ㄴ)의 '넘게 말
고, 들게 말아사'는 통사적인 사동문이다. 둘 다 모두 '～로 ᄒᆞ여곰'과
어울려 사동 의미를 갖는 문장인데, 사동이 되는 대상을 선행시키는
'ᄒᆞ여곰'이 사동 의미의 서술어와 공기하는 표현은 중세 국어 이래 계
속 늘어나다가 18세기 이후 일반화한다. (2)에선 '～로 ᄒᆞ여곰'이 아니
라 '～의게'를 사용하였는데, 피사동주를 나타내는 이러한 용법은 중
세 국어에서도 있던 표현이다.

[사동사에 의한 사동 표현]

파생적 사동문은 사동사에 의한 표현으로, 대개 직접 사동의 성
격을 갖는다. 근대 국어에서 사동사화 접미사에는 '-이-, -히-, -리-,
-기-, -오/우-, -구-, -ᄒᆞ-'가 있다.

(3)ㄱ. 床 아릭 누임은 대개 女子ㅣ 卑弱ᄒᆞ니 禮예 맛당히 사름의게 卑
下홈으로뻬오 〈오전 1.34a-b〉

ㄴ. 만일 모든 아히드릐 쟈근 허믈을 곧 숨겨 금초와 〈여훈 하35a〉

ㄷ. 몬져 술 씌오는 탕을 먹고 〈노걸 하48a〉

ㄹ. 할어버이 나히 져믄 주를 어엿쎄 너겨 남진 얼리려 커늘 〈동신
열9b〉

ㅁ. 엇디 도로혀 뎌를 罪예 坐ᄒᆞ엿ᄂᆞ뇨 〈오전 1: 41b〉

(4)ㄱ. 歇止 멈초다 〈한청 7.35〉

ㄴ. 오직 혈긔를 사르고 독긔를 프러 브리면 〈두집 하52b〉

ㄷ. 아홉 뫼흘 혜시고 그 공 일우믈 고ᄒ시니 슌이 아름다이 너기샤
〈십구 1.20a〉

사동문 (3)은 사동사로써 표현되었다. (3ㄱ)의 '누임'에서 '-이-', (3ㄴ)의 '숨겨'에서 '-기-,' (3ㄷ)의 '씌오ᄂᆞ'에서 '-오-'는 모두 사동 접미사이다. (3ㄹ)에서는 '얼-'의 사동형으로 '얼리-'가 나오는데, 이같이 모든 'ㄹ' 종성 아래에서 '-리-'형을 갖는 것은 근대 국어에 들어서이다. '얼-'의 사동형도 중세 국어에서는 '얼이-'였다. 중세 국어에서 사동 접사로 '-이-'를 취하던 용언 가운데 상당수가 근대 국어에서는 '-히-, -리-, -기-, -우-' 등으로 바뀐다. (3ㅁ)에서는 사동화 형태소로 {-ø-}를 설정하여야 할 것이다. (3ㅁ)은 사동문인데 서술어는 사동화 접사가 없이 '쏘ᄒ-'뿐이므로 영형태소를 세우는 것이다.[27] 영형태의 사동형은 중세 국어에서는 좀 더 많이 보이나 근대 국어 후기를 넘어서면서 사라지게 된다.

근대 국어에 들어 생기는 사동 접미사 목록에 흔히 '-초/추-'를 든다. (4ㄱ)의 '멈초-'는 중세 국어에선 접미사 '-호/후-'가 붙은 '머추-'였다. '-초/추-'형엔 '감초-, 곧추-, 맞추-' 등이 있으나, '-초/추-'형 모두가 단순한 타동사이며 사동의 뜻을 갖지 않으므로 사실상 '-초/추-'는 사동화가 아닌 타동화 접미사로 보는 것이 타당할 것이다. (4ㄴ)에서의 '사르-'는 자동사 '살-'에 '-ᄋᆞ-'를 붙여 타동사화한 것일 뿐 사동사화라고 보기는 어렵다. '-ᄋᆞ-'형은 근대 국어 말에는 사라진다. (4ㄷ)에

---

27) 이를 단순 타동사와 사역 타동사라는 두 가지 기능을 다 가진 양용성 동사로 설명할 수도 있을 것이다.

서도 '일우-'는 자동사 '일-'에 접미사 '-우-'가 결합한 형태이나, 사동
의 뜻이 없는 타동사이다.

근대 국어에 들어 사동화 접미사 형태가 바뀐 사동사들이 많다. 몇
가지 예를 들어 본다.

(5)ㄱ. -이->-히-: 눕-(臥), 닉-(熟), 닑-(讀), 묵-(陳), 붉-(紅)

　　ㄴ. -이->-리-: 놀-(遊), 늘-(飛), 돌-(廻), 말-(禁), 셜-(吸, 濯),
　　　　살-(生), 오ᄅ-(登), 울-(鳴)

　　ㄷ. -이->-기-: 맜-(任), 웃-(笑)

　　ㄹ. -이-> -오/우-: 씌/싀-(冠), 데-(熱)

(6)ㄱ. -구/오->-기-: 넘-(越)

　　ㄴ. -오/우->-리-: ᄆᆞᄅ-(乾), 얼-(凍)

　　ㄷ. -오->-호: 달-(鍛)

위의 교체형들이 나타나기 시작한 시기는 다양하다. 가령 '묵이->묵
히-'는 19세기에나 보이지만 '놀이->놀리-'는 이미 16세기에 일부에서
쓰였다. '맜-'의 사동형은 중세 국어에서 '맛디-'였는데, 근대 국어 초
기엔 그대로 쓰이다가 구개음화를 겪어 '맛지-'형으로도 바뀌고 다시
'맛기-'가 되는데, '맛기-'는 유추에 의한 것으로 보인다. 가장 뚜렷한
교체는 어간 말 자음 'ㄹ' 아래의 '-이-'가 근대 국어 시기에 거의 '-리-'
로 바뀐 것이다.

사동사들 가운데에는 중세 국어에서는 쓰였으나 근대 국어에서 용
례를 찾을 수 없는 동사들도 보인다.

(7)ㄱ. 摩詞梅檀 우믌므를 ᄒᆞᄅ 五百 디위옴 길이더시니 〈월석 8.91a〉

ㄴ. 쟝ᄎ 本來 불고믈 나토려 ᄒᆞ시논 젼ᄎ로 몬져 이 祥瑞를 나토시
니라 〈능엄 1.79b〉

중세 국어 (7ㄱ)에서 '길이더시니'는 사동 접사 '-이-'를 가진 사동사
이나, 근대 국어에선 더 이상 용례가 보이지 않는다. 사동사 '길이-'
는 직접 사동이 아닌 간접 사동의 성격이 강한데, 이러한 사동사는
점차 장형 사동 형태로 바뀌어 간다. 이는 '멀우-(盲), 물이-(問), 밍글
이-(作), 빗이-(飾), 어두이-(暗), 열우-(結), 품기-(懷)' 등에서도 마찬가
지이다. 역시 중세 국어 (7ㄴ)에서 '나토시니라'는 사동 접사 '-오-'에
의해 사동사가 되었으나 근대 국어에선 '나토-'형이 사용되지 않는다.
이는 '낟-'(現)이란 동사가 16세기 이래 쓰임이 매우 약화되어 18세기
엔 없어진 때문이다. '나타나-' 형태가 이미 중세 국어부터 같이 사용
되다가 근대 국어를 지나면서 '나타나-'만이 남은 것이다. '뮈우-(動),
얼이-(嫁)' 등도 근대 국어에서 주동사가 사라지면서 사동사도 같이
없어진 예이다.

또한 근대 국어까지는 쓰였으나 현대 국어에선 사라진 사동사들도
있다.

(8)ㄱ. 산모를 히여곰 졋바누이고 나히는 사름이 ᄀ만ᄀ만 아기를 미러
티왇고 〈태산 24b〉
ㄴ. 슈守 직히오다 〈동문 상45b〉
ㄷ. 굼글 막으며 깃드린 거슬 업지르며 틔를 샹ᄒᆞ이고 알을 ᄭᆡ히며
남의 허믈 이스믈 원ᄒᆞ며 〈경신 태상〉
(9)ㄱ. 이에 衆生이 禪定 믈ᄀᆞ 믌겨레 ᄠᅳ고 愛欲 흐린 믌겨를 그치ᄂᆞ니라
〈선종 서5b〉

ㄴ. 아교 ㅣ라도 능히 황하의 탁흔 거슬 긋치디 못혼다 ᄒᆞ여시며 〈자초 17a〉

ㄷ. 샹ᄒᆞ야 죽ᄂᆞ 환은 긋처 업스니 〈자초 13a〉

(8ㄱ)에서 '나히ᄂᆞ'은 '낳-'의 사동형인데 17세기 문헌까지만 나온다. '낳-'의 사동 표현은 현실적으로 간접적인 성격이 크므로 사동사 형태가 사라지고 장형 사동 표현으로 바뀐 것으로 보인다. (8ㄴ)의 '직히오다'는 18세기까지 쓰인다. (8ㄷ)의 'ᄒᆞ이-'는 19세기까지 쓰이지만 현대 국어에선 사라지고 'ᄒᆞ게 ᄒᆞ-'라는 장형 사동만 쓰이게 된다. 'ᄒᆞ-'의 사동형은 15세기엔 'ᄒᆡ-', 16세기 이후엔 'ᄒᆡ이/ᄒᆞ이-'로 나오다가 18세기부턴 'ᄒᆞ이-'형으로 통일되어 근대 국어 말까지 쓰인다. 중세 국어의 (9ㄱ)과, 17세기의 (9ㄴ)에서 '그치/긋치-'는 '긏-'의 사동사로 쓰였으나, 같은 17세기의 (9ㄷ)에선 자동사로 쓰였다. 오늘날에 '그치-'는 사동성이 없이 자·타동사로 모두 쓰이고 있다.

이 밖에도 17세기까지만 나오는 사동사에는 '깃기-(悅), 살이-(居), 쓰이-(用)' 등이 있고, 18세기까지는 '되이-(測), 쉬오-(休), 슬우-(消), 외오이-(誦), 지이-(作), 츼-(除), 푸이-(掘), 흐리오-(濁)' 등이 있으며, 19세기까지에는 '꾸이-(借)' 등이 있다. 한편, 근대 국어에서 처음 나타났다가 현대 국어로 이어지지 못하고 사라진 사동사에는 '마시우-(飮), 블리-(吹), 쏘이-(射), 치이/티이-(打)' 등이 있다.

근대 국어에서 만들어져 현대 국어에도 계속 쓰이는 사동사들도 있다.

(10) 團起來 둥굴리다 〈역보 45〉

(10)의 '둥굴리다'는 '둥굴다'의 사동형인데, 중세 국어에서는 안 보이다가 근대 국어 이후 오늘날까지 쓰인다. 이와 같은 사동사에는 '괴롭히-(苦), 삭이-(消), 신기-(履), 쏘이-(迎), 좁히-(狹), 튀기-(湧)' 등이 있다.

(11) ㄱ. 卷 머리예 씌오시고 〈여훈 상6b〉

ㄴ. 시묵은 반두시 화환의게 텽호야 닌한으로 호여곰 경승을 호이게 호고 〈명의 수하60a〉

(11ㄱ)에서는 '쓰-(載)에 '-ㅣ-'와 '-오-'라는 사동 접미사가 이중으로 붙었다. 이는 중세 국어나 현대 국어에서도 같은 형태를 보인다. 사동 접미사가 이중으로 결합된 어휘로는 이 밖에도 '셰우-(立), 데우-(煮), 치오-(充)' 등이 있다. (11ㄴ)은 직접 사동형 '호이게'와 간접 사동형 '-게 호고'가 결합된 형태를 보인다. 이처럼 사동 접미사가 이중으로 붙는 일은 현대 국어에서도 종종 나타난다.

['-게 호다'형 사동 표현]

간접 사동문은 중세 국어의 '-게/긔 호-' 형태를 잇는데, 그 출현 빈도는 근대 국어 후기에 들면서 부쩍 높아지며 특히 19세기 중반 이후엔 더욱 그러하다.

(12) ㄱ. 반두시 그 덕듕홈을 얻게 호고 〈여사 2.4b〉

ㄴ. 털 돗치고 쏠을 박아셔 홍성도 뭇 것게 밍글녀라 〈가곡 153〉

(13) ㄱ. 스당애 앗참나조 뫼졔호믈 죽도록 호니 〈續三 효14a〉

ㄴ. 국말을 무슈히 이슬 마쳐 브리여 빗치 보희도록 호야 깁체에 뇌야 〈규합 1b〉

직접 사동문이 접미사만을 붙인 단형 사동문이라면, 간접 사동문은
(12ㄱ)처럼 보조적 연결 어미 '-게'와 보조 동사 'ㅎ-'를 써서 만드는 장
형 사동문이다. 이와 유사한 형태와 의미를 가진 (12ㄴ) '것게 밍글녀
라'도 사동의 뜻을 가질 수 있다.[28] 간접 사동 표현은 이 외에도 '-도
록 ㅎ-' 형태로도 쓰이는데, 이는 중세 국어에서부터 시작된 형태이다.
(13)에서 '죽도록 ㅎ니, 보희도록 ㅎ야'는 모두 사동의 기능을 한다.

  근대 국어에서도 중세 국어와 마찬가지로, 간접 사동 형태는 접미
사에 의한 사동 형태를 갖지 못하는 어휘에서 주로 나타난다. 그러나
'ㅎ-, 닉-, 덜-, 말-, 먹-, 보-, 알-' 등과 같은 동사들에서는 두 가지
형태의 사동 표현이 모두 잘 쓰여, 대부분 동사에서 두 가지가 공존하
는 현대 국어의 모습을 조금씩 보이고 있다.

[어휘에 의한 사동 표현]

  (14)ㄱ. 믈읫 즁을 보면 곳 잡아 술위 씌이고 톱질 시켜 三淸大殿을 지
      으니 〈박통 하18a〉
    ㄴ. 젼년에 牢子들희 드름질 시기는 거슬 네 일즉 보왓는다 〈박신
      2.57a〉

'브리다, 시기다/시키다' 등 사동의 뜻을 갖는 어휘로도 사동 표현을
할 수 있다. (14ㄱ)에서는 '즁'에게 '톱질'을 하게 하는 사동의 뜻을 찾
을 수 있다.

---

28) '밍굴-'이 구체적인 사물을 이루어내는 뜻 외에, 추상적인 'ㅎ-'에 가깝게 쓰이는 용
   법을 함께 갖기 시작한 것은 근대 국어의 후기에 와서부터이다.

6.2 피동 표현

근대 국어에서의 피동문도 피동사에 의한 직접 피동과, 보조적 연결 어미와 보조 용언이 결합하는 구성의 간접 피동으로 나눌 수 있다. 직접 피동은 형태적 절차에 의한 단형 피동이며, 간접 피동은 통사적 절차에 의한 장형 피동이다. 사동 표현에서와 마찬가지로 근대 국어에서는 중세 국어에 비해 접미사에 의한 직접 피동형이 줄어들고 통사적 구조의 간접 피동형이 늘어나는데, 이러한 경향은 현대 국어로 올수록 더욱 심해진다.

[피동사에 의한 피동 표현]

(15)ㄱ. 괴이타 어제 밤의 文星이 뵈더니 〈오전 3.12b〉

　　ㄴ. 효의 아이 도적의게 잡히여 슬마 먹으려 ᄒ거늘 〈오륜 4.10b〉

　　ㄷ. 세 가지 진실노 일흐면 엇디 名稱이 가히 들며 〈여사 1.4a〉

피동사에 의한 직접 피동 표현을 보이는 (15)에서는 (ㄱ)의 '뵈더니'에서 '-이-', (ㄴ)의 '잡히여'에서 '-히-'라는 피동화 접미사를 찾을 수 있다. 피동화 '-이-'는 어간이 '이'로 끝나는 경우와 하향 이중 모음 아래에서 나타난다.(예: 'ᄭᅵ이-, 내티이-, 미이-, ᄣᅥ이-, 티이-, 후리이-' 등) (ㄷ)의 '들며'에 결합된 '-니(<리)-'형은 근대 국어에서는 규칙성에 구애받지 않고 모든 ㄹ받침 어간 아래에서 나타나는데, 이는 사동사에서와 마찬가지이다. 중세 국어에 비해 근대 국어에서는 피동화 접사로 '-이-' 외에 '-히-, -리-, -기-'의 사용이 늘어나면서 '-이-'형의 분포는 줄어든다. 이 또한 사동사에서도 나타나는 현상이다. 중세 국어에

서 '-이-'형 피동사로 쓰이다가 근대 국어에 들어서 이 피동 형태가 없어진 동사로는 '가도-(監), 그리-(畵), ᄂᆞᆫ호-(分), 닛-(續), 더디-(擲), 더럽-(汚), ᄇᆞ리-(捨), 븟-(注), ᄇᆞ리-(使), ᄉᆞᆯ-(燒), 앓-(痛), 일ᄏᆞᆮ-(稱)' 등이 있으며, '-이-'형이 '-히-'로 바뀐 것으로는 'ᄇᆞᆲ-(履)'이 있고, '-이-'형이 '-리-'로 바뀐 것에는 'ᄀᆞᆯ-(磨), 걸-(掛), 글-(解), ᄭᆞᆯ-(敷), ᄃᆞᆯ-(懸), 누르-(壓), 듣-(聞), 들-(擧), ᄣᅵ르-(刺), 몰-(驅), 믈-(啣), 밀-(推), 불-(吹), 븓들-(扶), 열-(開), ᄑᆞᆯ-(賣), 헐-(毁)' 등이 있으며, '-이-'가 '-기-'로 바뀐 것에는 '앗-(奪), 좇-(黜)' 등이 있다.

(16) ㄱ. 역적의 빌믜 비로소 썩기이고 〈명의 2.21a〉
ㄴ. 지젼이 예서 잡히여서 〈일동 4.295〉

피동 접미사는 겹치어 나타나기도 한다. (16ㄱ)의 '썩기이고'는 '썩-+-기-+-이-+-고'로 분석되며, (16ㄴ)의 '잡히여서'도 '잡-+-히-+-이-+-어서'로 분석될 가능성이 있다. 이와 같이 피동 접사가 겹치는 현상은 근대 국어 문헌에서 많이 보이는데, 이 가운데 상당수는 현재에도 이어진다.

['-아디다/아지다'에 의한 피동 표현]

(17) ㄱ. 즘싱이 죽고 초목이 것거디되 〈오륜 1.44a〉
ㄴ. ᄇᆡ줄이 ᄭᅳᆫ어지니 〈일동 3.114〉

간접 피동은 '-아디/아지-'의 구성을 가진 장형 피동이다. 중세 국어 때에 비해 근대 국어에 들어서 장형 피동이 늘어나는 추세가 약하게 이어지다가 근대 국어 말에 이르러 장형 피동의 확대가 크게 높아지며, 이는 현대 국어에서도 계속된다. 단형 피동과 장형 피동 구문이 갖는 의미 차이는 현대 국어에서와 마찬가지이다.

피동 표지가 겹치는 형태는 간접 피동에서도 나타난다.

(18)ㄱ. 뎌 디새 째여디니 잇거든 새로 밧소고 〈박통 중40a〉

ㄴ. 남진이 죽으매 졀을 일티 못홀거시라 ᄒ고 짜해 ᄂᆞᆯ여디어 죽으니라 〈속삼 열5a-b〉

(18ㄱ)의 '째여디니'는 '째-'(破)에 사동화 접사 '-이-'가 결합한 피동형 '째이-'가 '-어디-'라는 간접 피동형을 가졌고, (18ㄴ)의 'ᄂᆞᆯ여디어'에서도 이와 같은 피동의 중첩 형태를 이루었다.

[어휘에 의한 피동 표현]

(19)ㄱ. 맛치 뇌과 안개 것고 하늘이 열려 ᄒᆡ가 ᄆᆞᆰᄀᆞ니 ᄀᆞᆺ디 니ᄅᆞ고 〈두경 35b-36a〉

ㄴ. 큰 긔 젹은 긔 하늘을 ᄀᆞ리와 년ᄒᆞ여 년ᄒᆞ여 수뵉 니예 ᄭᅳᆫ지 아니ᄒᆞ고 딘친 거슨 〈삼역 3.8b〉

(19ㄱ)에서 '것고'는 현대어의 '걷히고'에 해당하는 피동의 뜻을 가지므로, 어휘 스스로의 의미에 의해 피동 표현을 이룬다. 이는 (19ㄴ)의 'ᄭᅳᆫ지'에서도 같다. 이들은 피동 의미의 자동사와 타동사 두 가지로 기능하는 양용성 동사이다.[29] 중세 국어에서 타동사와 더불어 피동 의미의 자동사 기능을 가지던 동사 가운데 'ᄀᆞᆽ다(斷), ᄭᅥᆨ다(折), 셔다(混),

헐다(毀)' 등은 근대 국어에서도 피동 의미의 용법을 계속 갖지만, '뻬다(貫), 열다(開)' 등은 자동사 기능이 없어진다. 이처럼 어휘에 의한 피동 표현은 점차 줄어드는 경향이다.

6.3 높임법

국어에서 높임법은 크게 세 가지 영역을 가진다. 주체 높임과 객체 높임 그리고 상대 높임으로, 이는 고대 국어부터 현대 국어에 이르기까지 지속되어 오고 있다. 그러나 각 영역에서 그들이 갖는 높임법의 체계에는 계속적인 변천이 있으며, 특히 중세 국어에서 근대를 거쳐 현대 국어로 오는 과정에서 객체 높임은 많은 변화를 경험한다. 객체 높임의 '-습-'이 주체 높임과 상대 높임으로 기능을 바꾸는 것인데, 이는 주어나 청자에 대한 화자의 겸양으로 이해할 수 있다. 이에 따라 객체 높임 표현은 크게 축소되어 겸양 의미를 가진 몇 개의 어휘에 의해 나타날 뿐이다.

6.3.1 주체 높임법

주체 높임은 중세 국어와 비교하여 크게 변화가 없이, 서술어에 선어말 어미 '-시-'를 넣어 나타낸다. 여기에 주체를 더욱 높이고자 할 때에는 '-읍-'을 '-시-' 앞이나 뒤에 첨가한다.

---

29) 이에 대하여 타동사에서 피동화 접미사로 {-ø-}를 설정하여 설명하기도 한다.

(20) 텬지 드르시고 분을 병부상셔롤 튜증ᄒ고 돈 삼빅만을 그 집의 주
　　시다 〈오륜 2.40b〉

(21) 어재도 가 뵈올 거슬 ᄀᆞᆺ바ᄒᆞ옵실가 〈첩해 8.20a〉

예문 (20)은 주체 높임의 표현이다. 서술어가 세 개 있는데, 그중에 두
군데에서만 '-시-'로써 높임을 표시하였다. (21)은 주체를 더욱 높이는
표현이다. (21)의 주체 높임형 '-옵시-'는 중세 국어에서도 아주 드물
게 나타나기는 하였으나[30] 근대 국어에 와서 그 쓰임이 확대된다. '-
옵시-'는 점차 '-시옵-'형으로 바뀌어 화자의 겸양을 나타내 상대 높임
의 기능을 한다. '-옵(<습)-'은 원래 객체에 대한 주체의 '겸양'을 나타
내던 형태소인데, 주체 높임이나 상대 높임의 기능으로 전이되는 것
이다. (21)에서는 화자가 주체에 대하여 겸양을 보이는 것으로, 결과
적으로는 주체를 높이는 효과를 내고 있다.

6.3.2 객체 높임법

객체 높임은 목적어 명사나 부사어 명사에 대하여 주어 명사가 높
임을 나타내는 문법 범주이다. '-습-'으로 대표되던 객체 높임은 근대
국어에 들어오면서 많은 변화를 겪는다. '-습-'은 객체 높임으로서의
사용이 계속 줄어들면서, 객체 높임의 경계를 넘어 높임법의 모든 하
위 범주로 분포와 기능을 넓힌다. 16세기부터 상대 높임의 예를 보이
기 시작하더니 근대 국어에선 이러한 예가 점차 늘어나고, 17세기에

---

30) 아래의 예문은 객체 높임으로 볼 수 없다.
　(i) 子는 내 ᄒᆞ웁시논 ᄠᅳ디시니라 〈훈민 2b〉
　예문 (i)에서 '-웁-'은, 주체 높임 '-시-'에 높임의 뜻을 더한다.

들어서는 주체 높임에 참여하는 경우도 많아진다. 그 결과 근대 국어 말기에 이르러 '-습-'은 객체 높임의 기능을 잃고, 객체 높임은 몇몇 특수한 동사로만 표현될 수 있을 정도로 축소된다.

(22)ㄱ. 안자셔 禮 어려오니 댱례로 잔쏜 들기를 禮를 삼습새 〈첩해 3.9b〉

ㄴ. 손가락을 버혀 약의 빠 뻐 받즈오니 됴ㅎ믈 엇다 〈동신 효5,68b〉

ㄷ. 月望의는 음식을 빈設티 아니ㅎ며 祠版을 내웁디 아니ㅎ고 〈가 례 1.28b 〉

ㄹ. 내 말을 기리시니 깃브웁거니와 고디 듣든 아니ㅎ외 져기 아라 듯즈올쏜가 〈첩해 1.19a-b〉

17세기의 문헌에 있는 예문 (22)에서는 '-습-'이 아직 객체 높임으로 표현되어 있는데, 그 음운 조건에 따라 변이형을 보인다. (22ㄹ)에서는 '깃브웁거니와'와 '아니ㅎ외'는 주체 겸양으로, '듯즈올쏜가'는 객체 높임으로 해석된다.

  그러나 근대 국어가 진행되면서 '-습-'으로 나타내는 객체 높임 표현은 대개 무시되어 간다. 그리하여 17세기 문헌에서도 역학서나 언간 자료와 같이 현실의 구어를 많이 반영하는 문헌에서는 객체 높임의 '-습-'이 매우 드물게 나타나며, 18세기에는 궁중어를 배경으로 하는 문헌에서나 보수적으로 일부 나타난다.

(23)ㄱ. 祠版을 내웁디 아니ㅎ고 〈가례 1.28b〉

ㄴ. 葬을 行홀 제는 다시 반드시 신主를 내디 아니홀 거시어니와 〈가례 10.47a〉

(24)ㄱ. 초ᄒᆞᄅ 보롬의 반ᄃᆞ시 무덤의 가 뵈ᅀᆞ고 쓰레질 ᄒᆞ더라 〈동신 열2.66b〉

　　ㄴ. 새볘 어올메 반ᄃᆞ시 ᄉᆞ당의 가 뵈고 출입에 반ᄃᆞ시 고ᄒᆞ더라 〈동신 효6.21b〉

(25) ᄭᅳᆺ히 ᄯᅩ ᄭᅮᆯᄋᆞ샤ᄃᆡ 우러러 져 하ᄂᆞᆯ씌 뭇ᄌᆞᆸᄂᆞ니 〈명의 권수하44b〉

(23)과 (24)의 문장은, 똑같은 조건이지만 (ㄱ)에서는 객체 높임이 '-ᅀᆞᆸ-'으로 표시되어 있고, (ㄴ)에서는 객체 높임 표현이 없다. (25)에서는 임금(영조)이 하늘에 대해 행하는 것을 표현한 것으로, 여기에는 객체 높임의 '-ᄌᆞᆸ-'이 쓰였다. 그러나 객체 높임의 선어말 어미 '-ᄉᆞᆸ-'의 쓰임은 계속 줄어, 결국 객체 높임은 근대 국어 말기에 이르면 '뵙다, 여쭙다, 드리다, 뫼시다' 등 몇 개의 특수한 단어로 표현되는 정도로 그치고, 이러한 객체 높임의 어휘 표현이 현대 국어에 이어진다.

6.3.3 상대 높임법

상대 높임은 '아주 높임, 예사 높임, 낮춤'에 따라 'ᄒᆞ쇼셔체, ᄒᆞ소체, ᄒᆞ라체'라는 세 등급으로 크게 나눌 수 있다. 중세 국어에서 예사 높임에 해당하던 'ᄒᆞ야쎠체'가 'ᄒᆞ소체'로 바뀌게 된 것이다. 근대 국어 후기에 들면 '-게'가 세력을 갖기 시작하여 '-소'를 대신하게 된다. 다만 '-게'는 명령형으로만 쓰이므로 하소체의 평서형, 의문형, 청유형 어미와 '-게'가 함께 하나의 화계를 이루게 된다. 이 밖에 반말체가 근대 국어 초기부터 발달하기 시작하여, 19세기에는 '-지'와 '-어'가 각 종결형에 두루 쓰이면서 반말체로 자리를 잡는다.

(26) ㄱ. 즐겁기ᄂᆞᆫ 즐겁거니와 그러나 可히 오라디 못ᄒᆞ링이다 〈어내 2.23a-b〉

ㄴ. 녜ᄅᆞᆯ 조ᄎᆞ미 正흠만 ᄀᆞᆺ디 못ᄒᆞ니잇가 아니잇가 〈가례 4.13b〉

ㄷ. 病이 더 重ᄒᆞᆯ까 너기ᄋᆞᆸᄂᆡᆼ이다 〈첩해 2.5a〉

ㄹ. 약도 먹고 ᄠᅳᆷ도 ᄒᆞ여 이제ᄂᆞᆫ 됴화ᄉᆞᆸᄂᆡ이다 〈첩해 2.17b-18a〉

(27) 원컨대 ᄌᆞᄅᆞᆯ ᄉᆞ렴티 마ᄅᆞ쇼셔 〈동신 충1.87b 〉

(26)과 (27)은 아주 높임을 나타내는 평서문과 의문문 그리고 명령문으로, 상대 높임의 세 등급 가운데 가장 높은 ᄒᆞ쇼셔체이다. 청자를 아주 높이는 서술어 어미는 중세 국어에서 '-이-, -잇-'이었는데, 16세기부터 /ᅌ/가 소실되면서 '-ᅌ이-, -ᅌ잇-'형으로 일부 쓰이다가 다시 줄어서 '-이-, -잇-'으로 굳어진다. 평서문 (26ㄱ)에서 '못ᄒᆞ링이다', 의문문 (26ㄴ)의 '아니잇가'에서 이를 볼 수 있다. '-ᅌ이-'는 '-ᄋᆞᆸ-', '-ᄂᆡ-'와 결합하여 (26ㄷ)의 '-ᄋᆞᆸᄂᆡᆼ이-'와 (26ㄹ)의 -ᄋᆞᆸᄂᆡ이-'를 이루기도 한다. 이는 현대 국어의 '하리이다, 하리이까'에서 그대로 이어진다. 명령문 (27)의 '마ᄅᆞ쇼셔'에선 '-쇼셔'가 있다. 이와 같은 ᄒᆞ쇼셔체는 중세 국어에서와 같은 용법이다.

한편 객체 높임의 선어말 어미 '-ᄉᆞᆸ-'은 상대 높임법으로 쓰임이 바뀐 용법을 굳혀 간다.

(28) ㄱ. 無事히 渡海ᄒᆞ시니 아름답다 니ᄅᆞ시ᄋᆞᆸᄂᆡ 〈첩해 2.1b〉

ㄴ. 나ᄂᆞᆫ 소임으로 왓ᄉᆞᆸ거니와 처음이ᄋᆞᆸ고 ᄯᅩᄂᆞᆫ ᄉᆡᆼ소ᄒᆞᆫ 거시오니 〈첩해 1.3a〉

(29) ㄱ. 본ᄃᆡ 먹디 못ᄒᆞᄋᆞᆸ것마ᄂᆞᆫ 다 먹ᄉᆞᆸᄂᆞ이다 〈첩해 3.6a〉

ㄴ. 이리 御意ᄒᆞ시니 감격히 너기ᄋᆞᆸᄂᆡ이다 〈첩해 3.1b-2a〉

(30) 아래 사름 돌의게나 주실 양으로 ᄒᆞᆸ쇼셔 〈첩해 8.2b〉

(28)에서 '-ᅌᅮᆸ/오-'는 상대 높임으로 쓰였다. 특히 (28ㄴ)은 1인칭 화자 주어가 자신을 낮춤으로써 상대 높임을 실현하고 있다. (29ㄱ)의 '먹습 ᄂᆞ이다', (29ㄴ)의 '너기ᅌᅮᆸᄂᆡ이다'를 보면, '-습/ᅌᅮᆸ-'이 '-이-'와 함께 쓰여 상대 높임의 정도를 더해 줌을 알 수 있다. 이와 같은 전용은 이미 16세기부터 일부 나타나기 시작하여 근대 국어에 들어 일반화한다. '-습ᄂᆞ이-' 형태는 근대 국어 말기에 '-습니/ᅌᅮᆸ니-'형으로, '-습더이-'는 '-습디/ᅌᅮᆸ디-'형으로 발달하여 청자를 아주 높이는 표현을 담당한다. 또한 '-ᄉᆞ오리이-' 형태는 '-리-'가 위축되면서 '-겟습-'형으로 대체된다. 명령형에서는 (30)처럼 '-쇼셔' 앞에 '-ᅌᅮᆸ-'이 결합한 '-ᅌᅮᆸ쇼셔'가 쓰이는데, 이는 현대 국어의 '-옵소서'로 이어진다.

한편 '-습-'은 (29ㄱ)의 '못ᄒᆞᆸ것마ᄂᆞᆫ'에서 보듯이, 아주 높임의 표현 이외의 예사 표현에도 붙어 높임의 뜻을 보태 준다. 이는 원래 청자인 상대에게 화자 자신을 겸양하여 낮추는 표현으로, 결과적으로 상대를 더욱 높이는 효과를 낸다. 결국 상대 높임에서 가장 높은 등급은 근대 국어 초기에 '-이-'로 나타나다가, 말기로 들면서 '-습-'과 '-이-'의 결합형, 즉 '-습ᄂᆞ이->-습니-' 형태로 발전해 간 것이다.

객체 높임의 '-습-'은 상대 높임으로 기능이 바뀌면서 그 쓰이는 자리에서도 변화를 보인다.

(31)ㄱ. 무양 봉죠하의 싱젼에 변결티 못ᄒᆞ오시므로써 지통을 삼ᄉᆞ오시니 무영 이 하교를 밧ᄌᆞ오매 〈속명 2.23a〉

　　ㄴ. 마좀 사오나온 ᄇᆞ람의 다 無事히 渡海ᄒᆞ시니 아름답다 니르시ᅌᅮᆸᄂᆡ 〈첩해 2.1a-b〉

820

(31ㄱ)에선 '-읍-'이 '-시-' 앞에 오지만 (31ㄴ)에선 어순이 바뀌었다. (31ㄱ)에선 객체 높임에서의 위치를 그대로 가지면서 상대를 직접 높이고 있다. 그러나 (31ㄴ)에선 어순이 바뀌는 변화를 겪으면서, '-습니/읍니-'라는 상대 높임형으로 굳어지는 형태의 이전 단계를 보인다.

(32)ㄱ. 바다셔 홀 례도 업스니 아므리커나 나 ᄒᆞᄂᆞᆫ 대로 ᄒᆞ소 〈첩해 7.7b〉

ㄴ. 소신 왓소 왓소 ᄒᆞ셔도 〈한듕 166〉

ㄷ. 져마다 효측하면 그 욕이 오즉ᄒᆞ오 〈일동 1.78〉

ㄹ. 뎌 거시 여호요, 개요? (Is that a fox or a dog?) 〈한영문법 218〉

ㅁ. 이 公木이 엇디 이러트시 사오납ᄉᆞ온고 다 도라 ᄌᆞ셰 보시고 됴ᄒᆞᆷ 사오나옴을 니르읍소 〈첩해 4.10a〉

(33)ㄱ. 十年 ᄒᆞᆫ 공부도 너 갈 듸로 나게 〈청대 144〉

ㄴ. 어허 니낭쳥 요 산드러진 맛 보게 그 말 더욱 조희 〈남원 3.24b〉

(32)는 예사 높임으로, 상대 높임의 둘째 등급이다. 중세 국어에서 예사 높임은 'ᄒᆞ닝다, ᄒᆞ닛가, ᄒᆞ야쎠'로 쓰였으나, 근대 국어에 들어서 크게 변화를 겪는다. 명령형 'ᄒᆞ야쎠'가 없어지고, 이미 16세기부터 나타나기 시작한 'ᄒᆞ소/ᄒᆞ오'형이 세력을 넓힌다.(32ㄱ) 이들이 17세기에는 '-소'형으로만 나타나다가, 18세기에 이르러는 명령형 '-소'보다 높임의 정도가 조금 더한 '-오'가 다시 '-소'와 더불어 쓰인다.[31] 18세기 중반에

---

31) 명령문에서 '-소'에 비해 '-오'는 대체로 상대 높임이 다소 더한 것으로 해석되나, 그 차이가 크지 않고 이들 둘이 서로 혼용되어 나타나기도 한다. 자음 어간 아래에서는 형태상 구분되지 않으나 모음 어간 아래에서는 'ᄒᆞ소—하오'로 달리 나타난다. ᄒᆞ소체 어미 '-소'는 명령형으로만 쓰이는 반면 ᄒᆞ오체 어미 '-오/소'는 평서형과 의

는 평서법이나 의문법에서도 'ᄒ소/ᄒ오'형이 쓰인다.(32ㄴ, ㄷ, ㄹ, ㅁ) 명령형의 '-소/오'는 '-ᄉ/ᄉ-'의 변이형으로 보이며, 평서형과 의문형의 '-소/오'는 '-소이다, -소잇가'에서 뒷부분이 절단된 것으로 해석된다. 기원에 대해서는 몇 가지 이견이 있어 단정하기는 어렵지만 {-ᄉ-}을 포함하고 있다는 것은 명확하다. 이처럼 어원적인 기원은 달리하지만 이들이 나타내는 높임의 층위는 대체로 비슷한 것으로 볼 수 있다. 'ᄒ소'는 근대 국어 후기로 가면서 'ᄒ오'형으로 교체되는 일이 많아지는데, 'ᄒ오/하오'는 현대 국어로 들면서 화계 층위가 낮아진다.

'-게'형 명령문은 (33ㄱ)처럼 18세기 중엽 이후부터 쓰인 것으로 보이는데, 19세기 중엽인 (33ㄴ)에서 확실한 용례를 찾을 수 있다. 이는 '-오'보다는 높임의 층위가 조금 낮고 ᄒ소체와 같은 층위를 가져, 결국 하소체가 ᄒ게체로 대체되는 것이다.

(34)ㄱ. 그 후에 목강이 여러 아들을 ᄀᄅ쳐 다 어딘 션비 되니라 〈오륜 3.13b〉

ㄴ. 우리와 부귀를 ᄒ가지로 ᄒ면 엇더ᄒ뇨 〈오륜 2.35b〉

ㄷ. 발이 ᄎ거든 셜리 목향산을 머겨 구완ᄒ라 〈두집 하4a〉

예문 (34)는 안높임의 ᄒ라체 문장으로, 상대 높임 가운데 가장 낮은 등급이다. 상대 높임법에서 높임이 없을 때에는 선어말 어미 등으로 나타내는 표지가 없이 영형태가 된다.

근대 국어의 전기에서는 위와 같이 'ᄒ쇼셔, ᄒ소, ᄒ라'의 세 등급의 상대 높임법을 갖다가, 후기에 이르러는 'ᄒ쇼셔, ᄒ오, ᄒ소, ᄒ라'

문형으로도 쓰여 구분이 된다.

의 네 등급 체계에서 'ᄒᆞ소'가 'ᄒᆞ게'로 바뀌는 형태 체계를 갖는다. 'ᄒᆞ소'가 'ᄒᆞ게'로 교체되면서 명령형 'ᄒᆞ소'는 'ᄒᆞ오'로 나타나기도 한다.

여기에다 '-지/제/계'와 '-아/어'형이 19세기에 들어 명령형, 평서형, 의문형에 두루 쓰이게 된다.

(35)ㄱ. 쇠칙니 어듸 닛나 늬 목슘 슨난 거시 쇠칙니지〈별쥬 43a〉

　　ㄴ. 저러흔 어여쑨 아히보고 돈 두푼도 주엇제〈병오 춘16a〉

(36)ㄱ. 매우 싸려〈병오 춘17b〉

　　ㄴ. 어듸 갓다 인자 와〈춘향 하30b〉

(37)ㄱ. 아부지 춥지 안소 아부지 시장ᄒᆞ시지요 아부지 기달엿소 자연이 더듸엿소〈심청 13a〉

　　ㄴ. 사름이 날드려 무르리 이셔 글오듸 경세 만커늘 엇디 이 칙을 취ᄒᆞᄂᆞ요〈종덕 어제서1a〉

(35)와 (36)에서 '-지/제'나 '-아/어'는 각종 종결법 어미에 다 쓰이고 있다. 이들 어미를 흔히 비격식체의 반말체라고 부르는데, 여기에는 높임을 주는 보조사 '-요'가 붙을 수 있다. (37)의 문말 어미 '시장ᄒᆞ시지요, 취ᄒᆞᄂᆞ요'에는 근대 국어에서 비격식체의 높임법 어미처럼 기능을 하는 보조사 '-요'가 결합되어 있는데, 이웃하고 있는 하오체와 비슷한 화계임을 짐작케 한다.

격식체에 해당하는 ᄒᆞ소체>ᄒᆞ게체, ᄒᆞ오체가 어말 어미의 절단에 의해 형성되었다면, 이른바 비격식체로 분류된 해체는 후행 절의 생략에 의한 연결 어미의 종결 어미화에 의해 형성되었다는 차이가 있으며 그로 인해 하나의 형태가 모든 문말 서법에 두루 사용될 수 있어 흥미롭다. 해요체는 해체에 보조사 '요'가 결합한 것인데, 이 보조사 '요'는 서술격 조사에 하오체 종결 어미 '-오'가 결합하여 굳어진 것으로, 반말체 소문장(minor sentence)에 '-이오'를 결합하여 적절한 상대 높임을 표현하던 데에서 보조사 '요'가 발달한 것으로 보인다.(고광모 2000 참조)

한편, 높임의 수준이 크게 드러나지 않는 표현으로는 '-이'형으로 끝나는 문말 형태가 있다. 여기에서 '-이'는 상대 높임 선어말 어미 '-이-'에서 기원한 것으로, ㅎ소체나 ㅎ게체 정도의 화계로 해석된다.

(38)ㄱ. 어와 자네는 우은 사룸이로쇠 〈첩해 9.19a〉

ㄴ. 서계를 내셔둔 보옵새 〈첩해 1.16〉

ㄷ. 하 니르시니 ᄒ나 먹ᄉ오리 〈첩해 1.18b〉

ㄹ. 그리 니ᄅ시믈 고디 아니 듯ᄌ오니 〈첩해 2.8b〉

ㅁ. 긔별ᄒ옵소 ᄒ시ᄂ 일이옵데 〈첩해 5.7b〉

(38)에서 '-쇠, -새, -리, -ᄂ니, -데'는 각각 '-소이다, -사이다, -리이다, -ᄂ이다, -더이다'에서 종결형 '-다'나 '-이다'가 절단된 형태이다. 이러한 용법은 주로 16~17세기에 많이 쓰이는데, 15세기에도 간혹 보이던 ᄒ니체와 통하는 점이 있다. 이들 가운데 '-새/세, -ᄂ니/네, -데' 등은 오늘날에도 이어지는데, 기원적으로 상대 높임을 표시하는 '-이-'를 가지고 있던 이들은 현대 국어에서도 하게체나 반말체 정도로 중화한 표현으로 쓰인다.

6.3.4 높임말

높임의 표현은 어휘를 통해 나타나기도 한다.

(39) ㄱ. 신 등이 삼가 비슈 계슈ᄒ고 봉진ᄒ오니 진지를 어더디이다
〈천의 1차ᄌ6b〉

ㄴ. 싀어마님 며느라기 낫바 벽바흘 구루지 마오 〈청구 573〉

ㄷ. 비록 外戚의 허믈이라 니ᄅ나 또흔 后ㅅ 德의 賢홈과 좀홈애 미
엿ᄂ니라 〈여사서 3.81a-b〉

(40) ㄱ. 늣츨 보오니 이제도 병 빗치 겨시니 모로매 됴리ᄒ옵소 〈첩해
3.3a〉

ㄴ. 녣말의 食善馬不飮酒면 傷人이라 ᄒ여시매 이런 죠흔 음식을
자신 후의ᄂ 술을 젹이 자시미 죻ᄉ외 〈인어 2.5b〉

(41) ㄱ. 或 父母ㅅ긔 뵈오매 반ᄃ시 그 공敬을 닐위고 〈여훈 상33b-34a〉

ㄴ. 고기 이셔 뛰여나거늘 가져다가 뼈 드리오니 〈동신 효3.6b〉

(39ㄱ)의 '진지'는 '밥'의 높임말이다. (39ㄴ)의 '싀어마님'에는 명사에 붙
는 높임의 접미사 '-님'이 결합되어 있다. (39ㄷ)에서는 유정 명사 '后'
의 관형격에 'ㅅ'를 써서 높임을 나타내었다. 이 같은 높임의 'ㅅ'는 중
세 국어에서는 널리 쓰였으나 근대 국어에서는 아주 드물게 나타나다
가 사라진다. (40)에서 '겨시-'와 '자시-'는 주체 높임을 어휘로 표현한
것이다. '겨시다'는 근대 국어에서 '계시다'로도 쓰인다. '자시다'는 15
세기 '좌시다'가 16세기 이후에 변화된 형태이다. (41)에서 나오는 '父
母ㅅ긔, 뵈오매, 드리오니'는 모두 객체를 높이는 어휘들이다.

6.4 시제, 서법, 동작상

6.4.1 시제

근대 국어 시기는 국어 시제의 체계와 그에 따르는 형태소가 현대 국어와 같은 모습으로 정착하는 기간이다. 중세 국어에서 현재, 과거, 미래 그리고 회상적 과거를 나타내던 각각의 현실법, 단정법, 추정법 그리고 회상법은 그대로 이 시기에도 이어지지만, 근대 국어에 들어서는 좀 더 시제 중심적인 성격의 문법 범주 영역을 가지게 된다. 그것은 이에 상응하는 시제 형태소 '-는-, -앗-, -겟-'이 차례로 정립되는 과정에서 이루어지는 변화이다.

[현재 시제]

현재 시제는 직설법 또는 현실법의 형태소라 불리는 '-ᄂ-' 또는 '-ᄂᆞᆫ-'을 동사의 어간에 붙여 나타낸다. 현실의 내용을 그대로 직접 기술하는 표현 방식이다.

(42)ㄱ. 팔이 흔갓 능히 아븨 글만 닑고 합ᄒᆞ야 변홀 줄을 아지 못ᄒᆞᄂ
　　　니이다 〈십구 2.54b〉

　　ㄴ. 흠쁴 적이 메조를 브텨 가져오니 ᄀᆞ장 됴타 〈박통 중17a-b〉

(43)ㄱ. 계후ㅣ 듯고 글오ᄃᆡ 탕의 덕이 지극ᄒᆞ샤 새 즘싱의 밋ᄂᆞᆫ다 ᄒᆞ더
　　　라 〈십구 1.30b〉

　　ㄴ. 이 무리 져근 개를 티쟈 이 놈을 티쟈 이 놈을 티쟈 사름을 텨
　　　죽인다 사름을 텨 죽인다 이 놈이 사름이 만ᄒᆞ니 내 뎌를 티디
　　　못ᄒᆞ리로다 내 아ᄒᆡ야 네 ᄃᆞ라나디 말라 〈오전 1.12a〉

(44)ㄱ. 이 집이 미나리 밧티 갓가오니 머구리 울어 짓궨다 이 아히들이

엇디 이리 날을 보채ᄂᆞ뇨 〈박통 중55b〉

ㄴ. 잘 식는 나라 들고 식 둘은 도다 온다 외나모다리로 호흐노 가는

져 션식야 네 졀이 언마나 ᄒᆞ관ᄃᆡ 遠鐘聲이 들이ᄂᆞ니 〈악습 2〉

(45) 혹 이 춤소호ᄃᆡ 종이 쟝ᄎᆞᆺ 난을 진ᄂᆞ다 ᄒᆞ야ᄂᆞᆯ 〈십구 1.75b〉

(42)에서 '못ᄒᆞᄂᆞ니이다, 둇타'는 현재 시제이다. (42ㄱ)의 '못ᄒᆞᄂᆞ니이
다'에서 동사의 현재 시제가 '-ᄂᆞ-'로 나타나며, (42ㄴ)의 '둇타'에서 형
용사의 현재 시제가 영형태소로 부정법(不定法)의 형태를 가지는 것
은 다 중세 국어에서의 용법과 같다. (43)의 '밋는다, 죽인다'에서 '-는
/ㄴ-'은 현재 시제 형태소이다. 현재 시제에 '-ᄂᆞ-'형이 '-는-'형으로 바
뀌는 것은 이미 15세기 한글 문헌에서 내포문이나 피인용문에 나타나
지만, 매우 느리게 상위문으로도 확대되어 근대 국어 말기까지도 문
어에서는 상위문에 쓰임이 아주 적다. (43ㄱ)은 인용의 수행 상위 동사
바로 앞에서 피인용문에 쓰였다. (43ㄴ)은 불특정인들의 대화를 그대
로 옮겨 놓았다.

반면에 근대 국어 전반기인 17세기에도 구어가 드러나는 역학서에
서는 간혹 '-ᄂᆞᆫ/는-'이 나타나, '-ᄂᆞᆫ/는/ㄴ-'가 근대 국어에서도 주로
구어에서 사용된 것으로 보인다. (44ㄱ)에서는 곧바로 인용 동사가 오
지 않은 채 '짓궨다'가 나오고, (44ㄴ)에서는 인용 표지가 전혀 없이 '온
다'가 쓰였다. (44ㄱ)은 17세기의 역학서 『박통사』에 나오는 대화문이
고, (44ㄴ)은 구전되는 시조를 모은 18세기의 『악학습령』이므로, 이들
모두가 구어인 것이다. 중세 국어 때에도 피인용문에서는 종종 쓰인
것 역시 인용되는 문장이 구어임이 전제된 까닭이라 할 것이다. (45)
의 '진ᄂᆞ다'에서는 현재 시제 형태 '-ᄂᆞ-'이 미래 시제적 의미를 갖는

데, 이는 현대 국어에서도 쓰이는 용법이다.

관형사형 현재 시제로 동사와 형용사에 각각 '-는'과 '-은'이 붙는 것은 이전 시대와 같다.

(46)ㄱ. ㅈ식 비여 난는 종요 뫼혼 방문 〈언태 1a〉

　　ㄴ. 독흔 긔운오로 더운 긔운을 조차 발게 흔 이리라 〈두집 하45a〉

(46ㄱ)에선 동사 '낳-'에 현재 시제 관형사형 '-는'이, (46ㄴ)에선 형용사 '독ㅎ-, 덥-'에 현재 시제 관형사형 '-은'이 더해졌다.

[과거 시제]

과거 시제 표현은 중세 국어에서 회상법 '-더-'를 쓰거나, 단정법 '-ㅇ니-'나 부정법으로 나타내던 방식이 지속되는 한편, 이미 16세기부터 새로운 과거 시제 형태소 '-앗-'이 같이 쓰인다. 이후 '-앗-'의 세력은 점차 커지지만, '-ㅇ니-'의 사용도 꾸준히 이어지며 '-더-'도 간혹 쓰인다.

(47)ㄱ. 법대로 술을 민ᄃ라 드리니 병이 나으니라 〈오륜 1.37b〉

　　ㄴ. 드듸여 포텽을 명ㅎ샤 긔포ㅎ라 ㅎ시다 〈속명의 1.1a〉

(48)ㄱ. 져므니 얼운 셤기며 賤ㅎ니 貴ㅎ니 셤기믈 다 이룰 조출 ᄹ니라 〈어내 1.41a〉

　　ㄴ. 몸소 ᄀᄅ쳐든 좃ᄂ니 삼가며 경계홀 ᄹ이어다 〈어내 1.39b〉

(49)ㄱ. 조무 혜왕 빈은 국됴 명쟝이라 훈업의 셩ㅎ미 비ㅎ리 업더라 〈종덕 상21b〉

　　ㄴ. 평예 사룸 감챵이 고을 오관연이 되엿더니 태슈 뎨오샹이 병드

러 녹봉 젼 빅삼십만을 챵의게 브치거늘 챵이 당 우희 무더 두
엇더니 후의 샹의 거개 다 병으로 죽고 〈종덕 상4b〉

(47ㄱ)은 단정법, (47ㄴ)은 부정법 서술어를 가졌는데, 이 두 문장은
모두 앞뒤 문맥으로 볼 때 과거 시제를 가리키는 표현이다. 단정법
'-니-'는 원래 과거 시제 성격을 가진 형태소이지만 (47ㄴ)에서 '흐시
다'에선 특정한 서법 형태소도 없는 부정법이다. 중세 국어에서도 그
렇지만 이처럼 부정법이 과거 시제를 나타내는 표현이 간혹 있다. 그
러나 (47ㄱ)은 (48ㄱ)과 형태가 같은 단정법이라 하더라도 의미 기능을
달리 설정하여야 할 것이다. 즉 (47ㄱ)에서 '-으니-'는 과거를 나타내
지만, (48ㄱ)에서 '-니-'는 시제상으로 현재일 뿐이다. (48ㄱ)과 (48ㄴ)은
모두 사람이 해야 할 도리의 원칙을 말하는 것이므로 시제상으로도
다 같이 현재이다. 근대 국어에 들어 '-(으)니-'가 더욱 시제보다는 서
법을 나타내는 형태소가 되어, 현재와 과거 시제에 모두 쓰이고 있는
것이라 하겠다.

　(49)의 '-더-'는 회상법을 표시하는 형태소이다. 그러나 (49ㄱ)의 '업
더라'는 앞뒤 문맥으로 볼 때 과거 시제를 나타낼 뿐 회상법적인 요소
는 거의 없다. (49ㄴ)의 '되엿더니'에서 '-더-'는, 과거 시제 '-엿-' 아래
에 놓여 있으므로 시제 기능을 할 필요도 없지만, 문맥상 회상의 성격
도 거의 없이 '-엇더-' 형태로 다만 과거 시제를 나타낸다. (49ㄱ)과 같
은 '-더-'의 과거 시제 용법이, 새로운 과거 시제 형태소 '-엇-'을 맞은
과도기에 '-엇더-'형을 이루기도 한 것이다. 이와 달리 (49ㄴ)의 '두엇
더니'에서 '-더-'는 회상법의 기능을 뚜렷이 보인다.

　과거 시제는 근대 국어에서 커다란 전환점을 맞이한다. 과거 시제
를 본격적으로 담당할 형태소 '-앗-'이 자리를 잡는 것이다. 이미 15

세기에도 '-아/어 잇-'의 축약형으로 '-앳/엣-'과 '-앗/엇-' 형이 쓰였는
데, 이러한 용법은 16세기에 들어 시제를 나타내는 선어말 어미 '-앗/
엇-'으로 정착한다.

(50)ㄱ. 藏識은 一切ㅅ 染淨 種子를 머거 ᄀ초앗ᄂ니 곧 阿賴耶識이라
〈원각 하3-1.43a〉

ㄴ. 내 ᄆᆞᆯ 자바쇼마 〈번노 상37b〉

(51)ㄱ. 指揮하 네 아리 西湖ㅅ 경에 녀러 왓ᄂ다 내 아리 가디 아니ᄒ
얏다니 〈번박 상67a-b〉

ㄴ. 아비 ᄯᅩ 복질ᄒᆞ엿쩌늘 응뎡이 ᄆᆡ양 시병ᄒᆞ며 옷 닙고 ᄯᅴ 밧씨
아니ᄒᆞ야 〈동신 효26b〉

(52)ㄱ. 그 나매 門 올ᄒᆞᆫ 녁희 슈건을 베프믄 그 ᄯᅡᆯ 나ᄒᆞᆫ 줄을 ᄇᆞᆯ키미오
〈여훈 상33a〉

ㄴ. 花門이 破ᄒᆞ니 和親ᄒᆞ던 이리 도로혀 외오 ᄃᆞ외도다 〈두중
5.17a〉

중세 국어인 (50)에 쓰인 '-앗-'은 상태 지속의 의미를 가지고 있다. 그
러나 16세기 (51ㄱ), 17세기 (51ㄴ)의 '-앗/엇/엿-'은 모두 과거를 나타
내는데, 이전의 다른 시제성 표현 형태소와는 달리 서법적인 영역과
의 관련이 비교적 적어서, 비로소 서법과 상당한 거리를 가지는 새로
운 시제 범주 체계를 형성하기 시작하는 것이다. 이러한 용법은 현대
국어로 오면서 더욱 발전적으로 이어진다. 과거 시제의 관형사형으로
(52)처럼 동사에 '-은/은/ㄴ', 형용사에 '-던/단'형을 가짐은 현대 국어
와 같다.

그러나 과거 시제 관형사형은 약간의 혼란을 겪었다.

(53)ㄱ. 듕환이 흉한 무음을 먹엇ᄂᆞᆫ 줄 알고 변시 문시ᄃᆞ려 글월 보내디

　　　말고 도로 가져 오소 이리이리 ᄒᆞ닷 말이 이시니 주디 마옵소

　　　ᄒᆞ니 〈계축 하5a〉

　　ㄴ. ᄯᅩ 허망히 놀나셔 죽엇ᄂᆞᆫ 늙은이며 어린이와 [놀나 죽은 거슨

　　　급거ᄒᆞ야 병든 죽엄과 다ᄅᆞ니라] 밋 스스로 傷히와 殘害ᄒᆞ니로

　　　써 〈무원 1.8b〉

(54) ᄃᆞ틀 무든 匣애 ᄀᆞᆺ 거우루를 여러 내ᄂᆞᆫ ᄃᆞᆺ고 ᄇᆞᄅᆞᆷ 부ᄂᆞᆫ 바리 절로

　　갈공애 올앗ᄂᆞᆫ ᄃᆞᆺᄒᆞ도다 〈두중 12.3b〉

(53ㄱ)의 '먹엇ᄂᆞᆫ'과 (53ㄴ)의 '죽엇ᄂᆞᆫ'은 동사의 과거 시제 관형사형인데, 여기에는 과거 시제의 '-엇-'에 관형사형 '-ᄂᆞᆫ-'이 결합되어 있다. 그러나 '-앗ᄂᆞᆫ/엇ᄂᆞᆫ'은 그 용례가 많지 않다. 한편 (53ㄴ)에 있는 협주에는 동사의 과거 시제 관형사형이 '죽은'으로 나오는 것으로 보아, 당시에 두 가지 형태가 다 사용되었고 일상어는 '죽은'과 같은 형태였음을 짐작하게 한다.[32]

　과거 시제 관형사형 '앗ᄂᆞᆫ'은, (54)에서처럼 '올아 잇ᄂᆞᆫ'의 축약형으로 '올앗ᄂᆞᆫ'이라 써 오던 형태가 그대로 이어진 것으로 보인다. 이와 같이 근대 국어 후기에 들어 '-앗/엇-'은 과거 시제를 나타내는 선어말어미 형태소로 자리를 잡았으나, 과거 시제의 관형사형 어미에서는 '-앗ᄂᆞᆫ'과 '-ᄋᆞᆫ'이 같이 쓰이다가 이전부터 사용해 오던 보수적 형태인 '-ᄋᆞᆫ/은'으로 정착하고 이는 현대 국어로 이어진다.

---

32) 이때 본문의 '죽엇ᄂᆞᆫ'은 이전 시기부터 사용해 오던 '죽어 잇ᄂᆞᆫ'의 축약형으로 보고, '죽은'만을 동사 '죽-'의 과거 시제 관형사형으로 해석할 수도 있다. 그러나 (53ㄱ)에서와 같이 동사의 과거 시제 관형사형에 '-엇ᄂᆞᆫ'이 쓰이고 있음을 볼 때 '죽엇ᄂᆞᆫ'을 과거 시제로 읽을 수 있을 것이다.

[미래 시제]

근대 국어에서 미래 시제는 이전 시대부터 사용해 오던 추측법 '-으리-'와 '-올'로 나타낸다.

(55)ㄱ. 내 닉일 通州 尙書 마즈라 가리라 〈박통 중29b〉

　　ㄴ. 恩義 다 폐ᄒᆞ면 夫婦ㅣ 離行ᄒᆞ리라 〈여사 1.10b〉

(56) 부인 대젼의 굴오ᄃᆡ 잉뷔 나홀 돌애 들거든 〈태산 63b〉

(55ㄱ)은 의지적인 내용을 표현하고, (55ㄴ)은 추정적인 내용을 담고 있지만, 이러한 성격은 원래 미래 시제가 가지고 있는 속성이다. 중세 국어에서 의지적 내용의 표현은 1인칭 의도를 나타내는 '-오-'와 결합한 '-오리-'형이 주로 담당하였는데, 근대 국어에 들어서 '-오-'가 약화되고 '-리-'의 의지 표현도 많이 줄어들면서, 이러한 표현이 '-쟈, -려ᄒᆞ-' 등으로도 나타난다. (56)은 동사와 형용사의 미래 시제 관형사형 '-올'을 보인다.

한편 18세기 말에는 미래 시제를 나타내는 '-겟-'이 출현하기 시작하여 점차 세력을 넓혀 간다.

(57)ㄱ. 션친이 요란ᄒᆞ니 못ᄒᆞ겟다 ᄒᆞ시고 〈한듕 5.400〉

　　ㄴ. 져러ᄒᆞ고 이시니 굿득ᄒᆞᄃᆡ 울긔 ᄒᆞ겟다 ᄒᆞ시고 〈한듕 2.172〉

(58)ㄱ. 병이 이러ᄒᆞ니 어딕 살게 ᄒᆞ얏ᄂᆞᆫ가 〈한듕 3.230〉

　　ㄴ. 내일이야 가게엿습마ᄂᆞᆫ 〈언간 193〉

미래 시제 '-겟-'은 『한듕록』에서 많이 보이는데, 같은 책 안에서 다르게 표현되어 있기도 하다. 가령 (57)에서의 '-겟-'이 같은 책 (58ㄱ)에서는 '-게 ᄒ엿-'으로도 나타나고, 비슷한 시기의 다른 문헌 (58ㄴ)에서는 '-게엿-' 형태를 보인다. (58)의 '-게 ᄒ-'와 '게엿-'은 장형 사동의 구문 형태이지만 사동의 기능보다는 단순한 추측을 나타내는 미래 시제 '-겟-'의 의미에 가깝다. 이는 '-겟-'이 '-게 ᄒ엿->-게엿->-겟-' 과정을 겪으며 만들어진 것임을 추정케 해 준다.[33]

예문 (57)에서 보듯이, '-겟-'형은 인용문에서 먼저 나타난다. '한중록'은 '-겟-'형을 비교적 일찍 보여 주는 책인데, 여기에서 '-겟-'이 대다수가 인용문이다. 그것은 앞에서 본 현재 시제 '-ᄂ-'가 '-는-'으로 바뀔 때에도 마찬가지였다. 본문은 좀 더 보수적이고 형식적인 데 반해, 인용문은 실제 구어를 비교적 그대로 쓰기 때문에 새로이 변화된 언어 모습이 일찍부터 잘 나타날 수 있는 것이다.

이와 함께 미래 시제를 나타내는 표현에 '-올 거시-' 용법도 있다.

(59) ㄱ. 일이 급ᄒᆞᆫ디라 내 쟝ᄎᆞᆯ 몬져 나둘을 거시니 도적이 나늘 보고 반드시 ᄯᆞ놀디니 아비와 다ᄆᆞᆺ 아은 가히 뻐 죽기늘 면ᄒᆞ리라 〈동신 효6.60b〉

ㄴ. 엇디 能히 定홈이 이시리오마ᄂᆞᆫ 히여곰 피히 니즐 거시라 ᄒᆞᄂᆞ냐 〈시경 2.7a〉

(59ㄱ)의 '나둘을 거시니'와 (59ㄴ)의 '니즐 거시라'에서 '-올/을 거시-'는 미래 시제 기능을 한다. 미래 시제 표현들이 그렇듯이 (59ㄱ)은 의도법 성격을, (59ㄴ)은 추측법 성격을 함께 보인다. 이는 중세 국어에서도

---

33) 이병기(2006)에선, 중세 국어에서 'ᄒᆞ-'가 '되-'의 의미로 쓰이는 경우가 있어, '-겠'으로 발달하는 '-게 ᄒ엿-'은 '-게 되었-'의 의미를 갖는 구성이었고 따라서 '예정'의 의미를 지닐 수 있게 되었다고 보았다.

간혹 쓰이던 용법이며, 오늘날에는 더욱 활발하게 사용된다.

[시제와 서법]

중세 국어 시기까지, 과거 시제와 회상법을 겸하는 '-더-', 과거 시제 기능을 종종 보이던 단정법의 '-니-'와 부정법 '-Ø-', 현재 시제와 직설법을 나타내는 '-ᄂ-', 미래 시제와 추측법을 보이는 '-리-'가 그렇듯이 시제와 서법이 깊은 관련을 가진 채 동반되어 나타나는 양상을 보였다. 그리하여 이 가운데 문법 체계상 또는 문장 안에서의 주된 기능상 시제와 서법을 분간하는 성격을 지녔다.

그러나 근대 국어에 들어 시제와 서법은 점차 독립적인 문법 범주로 발전해 나간다. 그것은 근대 국어의 초기부터 현재 시제가 '-는-'으로 안정되고 '-앗-'이 과거 시제 표지로 정착하면서 나타나기 시작한다. 이러한 현상은 18세기 말 미래 시제로 '-겟-'이 자리를 잡아, 현재, 과거, 미래의 세 시제 체계를 안정적으로 갖추면서 더욱 뚜렷해진다. 이에 따라 이전 시기에 시제와 서법 기능을 동반하던 '-더-, -니-, -ᄂ-, -리-'는 서법적인 기능에 충실하거나, 기능이 약화되면서 재구조화한다.

(60)ㄱ. 小人이 … 글 겻구라 왓ᄂ이다 〈팔세 3〉

　ㄴ. 把總이 며긔 나감애 圍子手를 삼앗ᄂ니이다 〈오전 6.20b〉

　ㄷ. 글오되 내 그 째의 낙샹ᄒ야 안방의 누엇더니라 〈쳔의 4.12a〉

　ㄹ. 島中의셔도 그리 니르옵ᄂ니이다 … 희마다 올라가ᄂ니이다
　　〈첩해 3.13a-b〉

　ㅁ. 나줘 일셩 둥 사룸이 다 그 서로 친ᄒ미 슈샹타 ᄒ더니라 〈쳔의
　　4.21a〉

예문 (60)의 서술어에는 시제 기능을 할 수 있는 형태소 '-앗-, -ᄂ-, -더-, -니-'가 둘 이상씩 결합되어 있다. 그런데 이들 시제 형태소가, 시제 기능을 하는 선행 형태소의 뒤에 결합하면 시제 표시의 기능을 상실한다. (60ㄱ)에서 과거 시제 '-앗-' 아래에 놓인 '-ᄂ-'는 시제적인 뜻을 더하지 못하고 뒤에 오는 '-이-'와 결합한 '-ᄂ이-'로써 상대 높임 기능을 한다. (60ㄴ)에서도 과거 시제 '-앗-' 아래의 '-ᄂ-'와 '-니-'는 '-ᄂ니-'로 재구조화하여 단정법의 기능을 가진다. (60ㄴ, ㄷ, ㄹ, ㅁ)에서는 '-니-'가 모두 시제 형태소 뒤에 놓여 단정적인 의미를 더하는 서법 기능을 할 뿐이다. (60ㄷ)에서 '-더-'는 과거 시제 '-엇-' 아래에서 회상법에만 충실하다. 이와 같은 기능 변이는, '-었-, -는-, -겠-'이 비교적 정립 체계를 갖춘 현대 국어에서 더욱 뚜렷하다.

6.4.2 서법

서법은 화자가 발화하는 태도를 분간하는 문법적인 범주이다. 따라서 서술어에 나타나는 서법적인 요소는 여러 형태에서 찾을 수 있다. 예를 들어 시제 표현이나 문장 종결 어미 등에는 자연스레 서법적인 내용을 포함하게 된다. 그러나 여기에서는 서법을 주로 나타낸다고 생각되는 표현 중에 대표적이라 할 '-거-, -니-, -도-'만을 살펴본다.

'-거-'는 흔히 확인법이라 일컫는 서법 형태소로, 현대 국어에서 확인의 선어말 어미 '-것-'으로 연결된다. 그리고 (61ㄴ)의 '-거든'처럼 어미화한 것은 현대 국어에서도 그대로 이어진다.

(61) ㄱ. 애 뎌 킈 져근 金숨ㅣ 것구러디거다 〈박통 중51a〉

ㄴ. 아직 머므러든 우리 잠깐 ᄒᆞᆫ 잔 술 먹어 마지 아니ᄒᆞᆯ썻가 〈노걸

하6a〉

ㄷ. 아돌 시빅이로 더브러 홈씌 주기믈 닙어늘 부인 니시 셩의 ᄂᆞ려
더 죽다 〈동신 충1.39b〉

ㄹ. 아디 못게라 三位今嗣ㅣ 일쯕 擧業을 닉엿ᄂᆞ니잇가 못ᄒᆞ엿ᄂᆞ니
잇가 〈오전 2.6a〉

문장 (61)에서 '-거-'는 서술어가 나타내는 뜻을 보다 확실하게 다지는
역할을 한다. (61ㄷ)의 '닙어늘'에서는 '-어-'로 바뀌었는데, 자동사에
서는 '-거-'를, 타동사에서는 '-어-'를, '오-'(來) 뒤에서는 '-나-'를 썼다.
이들의 용법은 비교적 다양하여 '강조, 영탄, 과거 시제, 확정' 등 여러
가지 의미로 쓰이기도 하지만, 가장 일반적인 사용은 '확인·확정'으
로 보인다. (61ㄹ)의 '못게라'에서도 '-거-'와 기원적인 관련성을 인정할
수 있다.

(62)ㄱ. 두 兩 銀에 술을 먹어다 〈몽노 7.5b〉

ㄴ. 아릿 類도 먹엇다 〈몽노 7.6a〉

같은 책에서도 (62ㄱ)의 '-어-'와 (62ㄴ)의 '-엇-'이 과거 시제 기능의 같
은 의미로 공존하는 것을 볼 수 있다. '-거/어-'는 18세기 이후 과거형
'-엇-' 표현으로 인해 쓰임이 줄어들어, 19세기에는 문헌에서 거의 자
취를 감추면서 다른 연결 어미와 결합하여 연결 어미로 재구조화한
다. '-거-'는 오늘날 그 기능이 아주 약한 확인법 '-것-'에서 겨우 명맥
을 잇고 있다.

'-니-'는 단정법을 보이는 서법 표현에서 쓰인다.

(63)ㄱ. 나도 日本말을 사룸마다 니기기 쉬오니라 니르믈 고디 들럿더
　　　니 〈첩해 9.17b-18a〉

　　ㄴ. 성복이 ᄆ촘내 고략ᄒᆞ믈 닙어 옥듕의셔 죽으니라 〈천의 1.72a〉

(63)에서 '쉬오니라'와 '죽으니라'는 화자의 단정적인 뜻을 나타내는 표
현이다.

　근대 국어 시기의 문헌에서 나타나는 명사 서술형에는 (64)에서 보
듯이 크게 두 가지 유형이 있다.

(64)ㄱ. 피히 뼈 軍旅를 다스릴 거시라 〈가례 1.44a〉

　　ㄴ. 피히 苟챠히 몯홀 거시니라 〈가례 7.10a〉

같은 문헌에서의 표현이기는 해도 (64ㄱ)은 당시 일반적으로 쓰던 구
어 문장이고, 이에 비해 (64ㄴ)은 주로 문헌에서 사용되던 보수적인
문어 표현인 것으로 보인다. 17세기 문헌에 나오는 용례를 모두 모
은『17세기 국어사전』(1995)에 실린 용례를 헤아리면, '거시라' 구문은
112번, '거시니라' 구문은 39번이다. 전자가 후자보다 얼추 세 곱절이
나 됨을 알 수 있다. 이는 또 다른 의존 명사 'ᄯᆞ름'에서도 거의 비슷
하여, 'ᄯᆞ름이라/ᄯᆞ르미라'가 17번, 'ᄯᆞ름이니라'가 6번씩 나오는 것이
다. 중세 국어 시기의 문헌에서 많이 쓰이던 '-이니라'형이 대폭 줄어
든 것은, 근대 국어 때에 나온 문헌들이 구어에 가까운 표현을 보이는
점도 있지만, 그만큼 일상어의 문말 어미가 '-이라'형으로 바뀌어 가
고 있음을 말해 주는 것이라 하겠다. 그러나 서술어가 동사나 형용사
일 때에는, 선어말 어미 '-니-'가 없이 쓰인 '-다/라'에 비해 '-니라'형이
월등하게 많은데, 근대 개화기 시대까지도 문헌에 따라서는 용언에 '-

니라'형이 더 많이 보인다. 이처럼 확인법 '-거-'나 단정법 '-니-'는 근대 국어 후기로 가면 보수적인 표현이 되어 간다.

'-앗-'이 과거 시제로 뚜렷해지고 미래 시제로 '-겟-'이 나타나면서, 과거 시제 회상법을 나타내던 '-더-'가 회상법만으로 쓰이는 표현들이 생기는 것은 6.4.1의 '시제'에서 설명한 바와 같다.

> (65) 내 平生애 게으르고 사오나온 쁘으로 이 栖遁홀 자최롤 힝혀 맛나 잇다니 가거나 잇거나 호매 내 쁟과 어긔여 奔走 無定호니 林間鳥의 自得호믈 우러러 보고 붓그려 ᄒᆞ노라 〈두중 1.26b〉
>
> (66)ㄱ. 네 어제 엇지 十里 남즉ᄒᆞᆫ 길히 잇다 니ᄅᆞ더니 오늘 ᄯᅩ 엇지 三十里 싸히라 니ᄅᆞᄂᆞᆫ다 〈노중 상54b〉
>
> ㄴ. 네 니ᄅᆞ미 올타 앗가 이 店에 나ᄀᆞ니 ᄯᅩ 이리 니ᄅᆞ더라 〈노중 하5a〉

『두시언해』의 중간본(1632)으로 근대 국어 때에 나온 (65)에서는 '잇다니'처럼 회상법이 아니라 과거 시제를 나타내는 표현이 종종 나온다. 그러나 현실어를 비교적 잘 반영하는 『노걸대언해』의 중간본(1795)인 (66ㄱ)에서 '니ᄅᆞ더니'는 회상법으로만 쓰이고 (66ㄴ)의 '니ᄅᆞ더라'는 회상 보고의 의미를 가져, 오늘날과 그 기능이 같다.

'-도-'는 서술어 어간 뒤에 붙어 감동법을 나타낸다. 종결 어미 '-다' 앞에서는 '-도/돗-'으로 쓰이되 서술격 조사와 선어말 어미 '-리-' 뒤에서는 '-로/롯-'으로 바뀐다.

> (67)ㄱ. 蔡姬ㅣ 날조차 죽으려 ᄒᆞ돗다 〈어내 2.23a〉
>
> ㄴ. 큰형아 네 나히 하도다 〈노걸 상57b〉

ㄷ. 히과 딕수과 나라과 도읍을 가히 샹고치 못ᄒ리로다 〈십구
1.2b〉

(67)의 문장은 이들 감동법 어미로 인해 감탄문의 성격을 갖는다. 화
자의 감동적 느낌이 나타나는 표현이다.

(68)ㄱ. 그 風化에 엇지 겨근 補익이리오 嗚呼ㅣ라 직극ᄒ샷다 〈어내 발
문5a〉
ㄴ. 봉황이 ᄂ니 화히 우러 즐겨 ᄒ놋쟈 〈동신 열1.92b〉
ㄷ. 그 죵을 두고 니ᄅ 말이롯더라 〈태평 1.19b〉

(68ㄱ)에서 'ᄒ샷다'는 'ᄒ시-'에 감동법 '-옷-'이 더한 것이고, (68ㄴ)의
'ᄒ놋쟈'는 'ᄒ-+-ᄂ-+-옷-+-다'이다. '-돗-'은 서술격 조사 '이-'나
선어말 어미 '-리-' 다음에서 (68ㄷ)처럼 '-롯-'으로 실현된다. 이들 표
현은 중세 국어 이전부터 내려오던 것이다. 이와 같이 다양하던 감동
법 어미들은 근대 국어 후기에 점차 '-도-'형으로 통일되어 현대 국어
로 이어진다.

6.4.3 동작상

근대 국어에서도 동작상은 주로 보조적 연결 어미와 보조 용언의
결합으로 나타난다. 동작상으로는 '완료상, 진행상, 예정상' 등을 들
수 있다.

[완료상]

완료상은 '-아 두-, -아 브리-, -아 잇-'으로 나타나는데, 이는 중세 국어에서와 같다.

(69)ㄱ. 이 믈을 다 미야 두고 〈몽노 4.5a〉

　　ㄴ. 례 아닌 딕 싱물을 잡아 살무며 오곡을 훗터 브리며 즁싱을 로 요ㅎ며 〈경신 태상감응편〉

　　ㄷ. 조련홀 제ᄂ 쟝호덕을 만나 믈 길헤 자바 이셔 관쵸딕를 인ㅎ 야 쟝딕예 니르러 〈병학 1.19a〉

(69ㄱ)에서 '미야 두고'와, (69ㄴ)에서 '훗터 브리며', (69ㄷ)의 '자바 이셔'는 모두 완료된 내용을 말하고 있다. '-아 잇-'은 결과 (상태의) 지속상으로 보아도 좋을 것이다.

[진행상]

진행상에는 '-고 잇-, -아 가-, -아 오-' 등이 있다. '-아 오-' 형태는 근대 국어에 들어서 쓰임이 늘어난다. 중세 국어에서는 동작성이 큰 동사가 '-아 잇-' 형태로써 진행상을 보이는 표현이 많았으나, 근대 국어에 와서는 이들이 점차 '-고 잇-'으로 바뀐다.

(70)ㄱ. 婦ㅣ 졷디 아니ㅎ고 홀로 少子를 ᄃ리고 잇더니 翁姑와 夫와 妾과 밋 子와 幹僕이 다 江中에 覆沒ㅎ야 〈여사 4.58a-b〉

　　ㄴ. 嚴墻[너머뎌 가는 담이라]에 디즐녀 죽어 〈무원 3.76b〉

　　ㄷ. ᄯ 지내여 오며 조신ㅪ 살오든 소를 쟝을 위ㅎ여 외온딕 〈경신 유정의공우조신기〉

ㄹ. 어모쟝군 민빅화는 기셩부 사롬이라 나히 닐흔둘헤 부모 상스
만나 무덤의 집 지어 잇기를 삼 년을 ᄒ고 〈동신 효3.81b〉

(70ㄱ)에서 '드리고 잇더니', (70ㄴ)에서 '너머뎌 가는', (70ㄷ)에서 '지내여 오며'는 모두 동작의 진행 상태를 말한다. 근대 국어 초기인 17세기에는 (70ㄹ)의 '집 지어 잇기를'과 같이 타동사가 선행하는 '-아 잇-' 형태가 보이지만 이러한 용법은 점차 사라지고 자동사만이 쓰인다.

[예정상]

예정상은 '-게 되-, -게 ᄒ-, -고져 ᄒ-' 형태가 있는데, 이는 중세 국어에서와 같으며 현대 국어에도 이어진다.

(71)ㄱ. 지아비 옥의 드러 죽게 되여시매 〈종덕 중14b〉

ㄴ. 이 착흔 뜻으로 ᄒ여곰 원만ᄒ게 ᄒ고 뎨일은 부듸 ᄆᆞ음을 참고 견듸며 둘지는 부듸 ᄆᆞ음을 길고 멀게 ᄒ고 〈경신 유정의공우조신기〉

ㄷ. 兄弟ㅣ 或 어려셔부터 눈호여 쩌나 긔지ᄒ야 알고져 ᄒ나 〈무원 3.92b〉

(71ㄱ)에서 '죽게 되여시매', (71ㄴ)에서 '원만ᄒ게 ᄒ고', (71ㄷ)에서 '알고져 ᄒ나'는 모두 미래에 있을 예정적인 내용을 말한다.

6.5 부정법(否定法)

중고 국어와 중세 국어의 과도기에 겪게 되는 부정법의 형태 변화는 그 이후 중·근대 국어를 지나 현대 국어에 이르기까지 큰 변화를 겪지 않는다. 근대 국어에서도 단형 부정과 장형 부정이라는 두 가지 유형의 부정법이 중세 국어에서의 용법과 마찬가지로 나타난다. 형용사에서 단형 부정 표현은 중세 국어에 비하여 출현이 줄어, 거의 쓰이지 않는 현대 국어와의 중간 단계를 보인다.

(72)ㄱ. 새도록 이시면 아니 머겨도 빈브르리니 〈노걸 상50b〉

ㄴ. 宗法으로써 그 亽이예 行티 아니ᄒ엿ᄂᆞ니라 〈가례 1.20a〉

(73)ㄱ. 사ᄅᆞ미 ᄎᆞ마 몯 보거늘 〈동신 효3b〉

ㄴ. 註의 本ᄯᅳᆮ든 그의 ᄀᆞ리화 더프미 되야 可히 보디 못ᄒᆞ니라 〈가례 1.42b〉

(74) 모로미 모로미 고디 듯디 마ᄋᆞ소 〈첩해 9.12a〉

(75)ㄱ. 빈 비록 알파도 헐이 심히 아니 알프면 바ᄅᆞ 나흘 ᄢᅢ 아니오 〈태산 21b〉

ㄴ. 斷絕ᄒ다 ᄒ오니 아니 답답ᄒ온가 〈인어 1.27b〉

ㄷ. 게 가 방이 맛당ᄒᆞᆫ가 못 맛당ᄒᆞᆫ가 보고야 〈노걸 상61a〉

부정 표현은 부정소 '아니'와 '몯/못', '말-'로 나타난다. (72)는 단순히 부정의 뜻만을 가진 '아니' 부정문이며, (73)은 '불능'의 뜻을 가진 '몯/못' 부정문이다. 17세기까지는 부정소로 '몯' 형태가 많이 쓰였으나 곧 '못' 형이 일반화한다. 각각 (72ㄱ, 73ㄱ)은 단형 부정문이고, (72ㄴ, 73ㄴ)은 장형 부정문이다. 중세 국어에 비해 근대 국어에서는 장형 부정문이 늘어나는데, 단형 부정 표현이 줄고 장형 부정 표현이 늘어나는 경향은 오늘날에 이르도록 계속된다. (74)는 '금지'를 나타내는 '말다' 부정문으로, 이는 주로 장형 부정문과 같은 형태를 갖는다. (75)는 형용사 앞에 '아니'가 오는 단형 부정법이다. 형용사 서술어의 단형 부정법이 중세 국어에서는 널리 쓰였지만 근대 국어에 들어 점차 줄어드는데, 특히 '몯/못' 부정형은 근대 국어에서 보이지 않는다. (75ㄷ)에서는 형용사 앞에 부정소 '못'이 온 단형 부정형을 보이지만, 이는 긍·부정이 이웃하는 특이한 구문이다. '못 맛당ㅎ-'는 현대 국어에서 한 단어로 어휘화한다.

장형 부정법은 구문 형태를 달리하여 나타나기도 한다.

(76)ㄱ. 이리 슯는 일을 일뎡 힘 아니 쓰는 양으로 너기실 둣ㅎ거니와 〈첩해 8.6b〉

ㄴ. 일즉 사룸으로 더브러 말ㅎ며 웃기 아니ㅎ니라 〈동신 열1.75b〉

ㄷ. 나와 보들 아니ㅎ니 과연 無情ㅎ외 〈인어 4.13b〉

ㄹ. 열다슷 히 니른도록 게얼리 아니ㅎ더라 〈동신 열6.1b〉

ㅁ. 저프건대 네 미더 아니ㅎ거든 〈박통 상64b〉

ㅂ. 父母ㅣ 치워ㅎ거시든 주식이 혼자 덥게 아니ㅎ며 〈경민 34b〉

ㅅ. 주로주로 보도 몯ㅎ니 〈개첩 2.24〉

ㅇ. 독ㅎ 긔운이 흐터 아니 디거든 〈마경 상69b〉

예문 (76)은 '-디 아니ㅎ-'에서 '-디'가 아닌 다른 형태를 갖는 장형 부정문들인데, 근대 국어에서 그리 많이 쓰이지는 않지만 이들 대부분은 현대 국어에서도 이어진다. (76ㄱ)은 '힘쓰다'라는 하나의 단어 사이에 '아니'가 들어갔다. 현대 국어에서도 이러한 표현은 쓰이지만, 당시에는 더욱 널리 사용된 듯하다. '-기 아니ㅎ-'와 같은 (76ㄴ)의 표현은 중세 국어에서 몇 개의 예를 찾을 수 있고 근대 국어의 문헌에서는 좀 더 빈번한데, '-기' 다음에 조사 '를, 는' 등이 들어간 경우가(예: '삼년을 시묘 사라 ᄒᆞᆫ 번도 지븨 니ᄅᆞ기를 아니ᄒᆞ더라 〈동신 효6.68b〉') 대부분이다. (76ㄷ)의 '보들'은 '보디' 아래에 목적격 조사 '를'이 결합한 것이다. (76ㄹ)은 '게얼리'가 파생 부사 형태를 보이지만, 동사 '게얼리ᄒᆞ-'가 분해되어 그 사이에 부정소가 들어간 것으로 이해할 수 있다. (76ㅁ)은 동사 '믿-'의 활용형 '-어' 다음에, (76ㅂ)은 형용사 '덥-'의 활용형 '-게' 다음에 부정소가 왔다. 부정소 앞에 놓인 이들 여러 어사 형태들이 갖는 공통적인 특성은 [+Nominal]이라고 할 것이다. (76ㅅ)에선 동사 어간에 보조사가 결합되어 부정소에 선행하는데, 동사 어간도 명사적인 특성을 가지는 것이다. (76ㅇ)에선 장형 피동형 '흐터디-' 사이에 '아니'가 왔다. 결국 근대 국어에서도 장형 부정문은 선행하는 명사절(NP)의 내용을 부정하는 문장 형식이라고 할 수 있다. 이들 여러 가지 장형 부정 표현 가운데 '-디 아니ᄒᆞ-'형의 표현은 후대로 올수록 일반화한다.

(77)ㄱ. 뷘 平床애 어드운 ᄃᆡ 가디 어렵도다 〈두중 10.21b〉
　　ㄴ. 萬事에 보디 슬흔 일이나 이시면 엇덜고 ᄒᆞ니 〈첩해 6.24a〉

'-디'가 중세 국어에서는 일반적인 명사화 어미로도 쓰여 '-디 어렵-, -디 둏-, -디 슬ᄒᆞ-' 등의 용례들을 간혹 볼 수 있었으나, 근대 국어에 들어서는 (77)과 같은 용법이 아주 드물고 그것도 중세 국어 문헌의 중간본이나 초기 문헌에서나 보인다. 일반 긍정문과 부정문의 명사화가 확실하게 분화되기에 이른 것으로 해석된다.

부정문을 겹치어 쓰면 이중 부정을 나타낸다. 이때는 단형 부정문과 장형 부정문의 결합 형태가 많지만 장형 부정문의 중첩도 있다.

(78)ㄱ. 사름이 나며셔 아느니 아니면 可히 學디 아니티 몯홀 거시니
　　　〈여훈 상26a〉

　　ㄴ. 혹 부모의게 미츠면 일즉 실셩ᄒ고 셜워 울기를 아니티 아니ᄒ
　　　더라 〈동신 효4.9b〉

　　　可히 아디 아니티 몯홀 거시니라 〈가례 10.17a〉

　　ㄷ. 김씨 닐오ᄃᆡ 슬퍼 아니 먹논 디 아니라 〈동신 열6b〉

문장 (78)은 부정을 이중으로 함으로써 강한 긍정을 표현하고 있다. (78ㄷ)은 직접적인 이중 부정문은 아니나 형식적인 의존 명사 '디'를 부정함으로써 이중 부정의 효과를 얻고 있다.

　장형 부정문에서 부정소 앞에 놓이는 '-디'는 근대 국어에 들어 '-지'로 바뀌어 간다.

(79)ㄱ. 구디 허치 아니ᄒ고 드듸여 불스를 싁싁기 ᄒ야 〈권념 19b〉

　　ㄴ. 잇ᄯᅥ러 뷜 제 움즉이지 못ᄒ여 어린 듯ᄒᄂ니라 〈마경 하123a〉

(80)ㄱ. 즉제 아니 보디 몯홀 일을 〈첩해 7.10a〉

　　ㄴ. 즉제 보시지 아니치 몯홀 일이기예 〈개첩 7.7〉

'-디>-지' 현상은 17세기 문헌에서 아직 일반화가 되지 못하여, (79)와 같은 '-지' 표기는 매우 드물다. 문헌에서는 18세기 말경에 들어서야 널리 쓰이는데, 그것도 문헌에 따라서 편차가 심하다. 현실어를 비교적 잘 수용하고 있는 회화책 『개수첩해신어』(1781)에도 '-지'가 대부분

이나 '-디' 역시 적잖이 보인다. (80)을 보면 근대 국어 초기에 비해 18세기 말에는 '-디>-지'가 더 진행되고, 장형 부정법이 더욱 널리 쓰였음을 알 수 있다.

부정소 '아니'의 축약형 '안'은 근대 국어 후반에 나타나기 시작한다.

(81) ㄱ. 신 등이 삼가 안ᄒ오니 란신적지 녜브터 엇디 흔이 이시리오마
　　　는 〈속명 2.11b〉

　　ㄴ. 직조 비ᄒ고 能히 말 못ᄒ면 錦繡를 안 민들며 蘭草를 우믈에
　　　심으기예서 다름이 업스니라 〈첩몽 1.15b〉

(82) ㄱ. 여바라 춘향아 네가 이게 웬 이런야 날을 영영 안 보랴야 〈열여
　　　상43b〉

　　ㄴ. 글세 가고난 시부오나 슈중 千리 먼먼 길 일거 소식 ᄯᆞ어지면
　　　그 안 원통ᄒᆞ가 〈별쥬 27a〉

부정 표현 '아니ᄒ다'가 '안ᄒ다'로 축약하는 변화는 18세기 후반의 문헌에서 확인되고(81ㄱ) 이어 '안'도 나타나지만(81ㄴ), 그 이후의 문헌에서도 대부분 계속 '아니'형이 쓰인다. 근대 국어뿐만 아니라 현대 국어 초기에도 문헌상으로는 '안'의 출현이 매우 드물지만, 근대 국어 후기의 구어체 한글 소설에서는 (82)에서와 같이 간혹 쓰임을 볼 수 있다. 따라서 근대 국어 후기에 들어서 구어에서는 '안'이 어느 정도 일반화한 것으로 이해된다. 불능의 뜻을 가진 부정사 '못'과 대응하는 단순 부정사 '아니'도 단음절 형태 '안'으로 바뀐 것으로 보인다. '안ᄒ다>않다'의 변화는 19세기에 들어 나타난다.

7. 문장의 확대 형성

근대 국어 문헌에 나타나는 문장도 중세 국어에서와 같이 접속과 내포가 여러 번 겹쳐지면서 긴 문장을 이루는 경우가 많다. 이렇게 확대된 긴 문장은 개화기에까지도 이어지는데, 외래의 신문명이 들어오면서 현대 국어에서는 하나의 문장 안에서 접속과 내포의 수도 줄어들고 상당 부분 단문화하는 경향을 보인다.

7.1 접속

두 개 이상의 문장이 구절로 바뀌어 연결 어미에 의해 하나의 문장을 이루면, 이를 '접속'이라 한다. 이어진 문장은 선·후행 절의 의미상 상관관계에 따라 '대등 접속'과 '종속 접속'으로 나뉜다.

7.1.1 대등 접속

대등 접속은 두 개 이상의 절이 문법적으로 서로 대등한 관계를 가지면서 하나의 문장을 이루는 것으로, 이때 앞에 오는 절에서 서술어가 '-고, -고셔, -며, -며셔, -나, -니, -아' 등과 같은 대등적 연결 어미를 갖는다. 또는 체언에 대등 접속 조사 '과/와'나 '이며, 이여, 이거나, 하고' 등이 와서 대등 접속 문장을 만들기도 한다.

(1)ㄱ. 셰종대왕이 태종 명을 밧ᄌ와 길직의 아들을 벼슬ᄒ이시고 지ᄂ 좌ᄉ간을 튜증ᄒ시다 〈오륜 2.82a〉

ㄴ. 偏은 기울미오 頗는 不正홈이라 〈어내 2.13a〉

ㄷ. 독흔 거슬 먹거나 소곰을 머거 ᄀ랍거든 〈두집 하9b〉

ㄹ. 앏프로 가며 뒤흐로 가며 〈연병 18a〉

ㅁ. 대황 달힌 믈레 가미션풍산을 플어 머기라 〈두집 하26a〉

ㅂ. 후한 양보는 화음 사름이라 나히 칠십이러니 힝ᄒ야 화산의 니
러러 보니 흔 누른 새 샹ᄒ야 ᄯ히 써러져 가야믜게 곤흔 배 되
엿거늘 〈종덕 상3a〉

(2)ㄱ. 지아비 돈과 뿔을 두얻거든 收拾ᄒ야 經營ᄒ며 지아비 술이나
아므 거시나 두얻거든 〈여사 2.29b-30a〉

ㄴ. 他物과 밋 頭額이며 券手ㅣ며 脚足 든든흔 거스로 티두드린 痕損
이 至重흔 者는 紫黯[ᄌ암싁 겸흔 거시라]ᄒ야 〈중무 3.17a-b〉

(1)에서는 대등하게 이어진 절이 두 개씩 모여 하나의 문장을 이루
고 있다. (1ㄱ)의 '벼슬ᄒ이시고'에서 '-고', (1ㄴ)의 '기울미오'에서 '-오'
('-고'의 'ㄱ' 탈락형), (1ㄷ)의 '먹거나'에서 '-거나', (1ㄹ)의 '가며'에서 '-며',
(1ㅁ)의 '플어'에서 '-어', (1ㅂ)의 '칠십이러니'에서 '-니'는 모두 앞의 절
과 뒤의 절을 대등하게 잇는 연결 어미이다. 이 가운데 '-고, -며, -어,
-니'는 앞과 뒤의 절을 등위적으로 나열하는 관계를, '-거나'는 선택하
는 관계를 나타낸다. 특히 (1ㅂ)의 '-니'형 대등 접속 용법은 현대 국어
에서는 잘 안 쓰는 표현이다. (2)에서는 체언의 접속 조사에 의해 대등
접속을 이룬다. (2ㄱ)에서 '지아비 돈과 뿔을 두얻거든'은 '지아비 돈을
두얻거든'과 '지아비 뿔을 두얻거든'의 결합 형태라 볼 수 있다. 이는
(2ㄱ)의 '지아비 술이나 아므 거시나'에서도 그러하고, (2ㄴ)의 '他物과
밋 頭額이며 券手ㅣ며 脚足 든든흔 거스로'에서도 마찬가지이다.

(3) 이에 너 각 신하를 명한야 훈의를 샹고한며 증거한고 또 삼강이륜힝
   실 등 편은 치도를 돕고 세샹을 가다듬는 거리니 〈윤음-양로 4a〉

(3)에는 대등 연결 어미가 여럿이 쓰였다. 우선 '증거한고'에 의해 앞과
뒤의 절이 하나의 문장으로 합해지는데, 이 가운데 앞의 절은 '샹고한
며'에 따라 두 개의 절이 합쳐진 것이며, 뒤의 절은 '돕고'에 따라 두 개
의 절이 합쳐진 것이다. 이와 같이 얼마든지 절을 이어 갈 수가 있다.

   예문 (1)과 (3)에서 '-고'와 '-며'가 단순하게 절과 절을 대등 연결하
는 데에 그친다면, 다음 문장에서 쓰인 어미 '-고'와 '-며'는 특정한 뜻
을 더 가지고 있다.

   (4)ㄱ. 乾淨한 싸 나모 아래 미고 먹이기를 잘 한라 〈박통 상39a〉
      ㄴ. 絞布를 미되 몬져 기릭를 미고 후의 フ로니를 미라 〈가례 도8a〉
      ㄷ. 녜 울고 フ로되 내 쫀혼 쓰디 잇더니 〈동신 열6.83b〉
   (5)ㄱ. 썩딘이는 밤낮 겨틔 이셔 하늘 블러 울며 두루 약 얻더니 〈동신
         삼효3b〉
      ㄴ. 종뎡이 울며셔 몸으로써 아비를 フ리우더니 〈동신 효7.34b〉

(4)에서 '-고'는 사건의 진행이 시간상 선후 관계를 가지고 일어남을
말하고, (5)에서 '-며'와 '-며셔'는 전·후절의 사건 내용이 동시에 진행
됨을 나타낸다. 그러나 이들도 대등 연결 어미임에는 다름이 없다.

7.1.2 종속 접속

종속 접속은 어떠한 절이 다른 절에 종속적으로 연결되어 주절(상

위절)과 함께 전체가 하나의 문장을 이루는 것이다. 이때 종속되는 절의 서술어에 붙는 종속적 연결 어미에는 '-면, -으나, -으니, -어' 등 다양하게 많다. 주절에 대하여 종속절이 갖는 의미 기능은 여러 가지가 있는데 대표적인 몇 가지를 살펴본다.

(6)ㄱ. 믄득 그 쳐를 크게 꾸딧고 문 밧긔 모라 내티니 쳬 울며 가더라 〈오륜 4.13b-14a〉

ㄴ. 깁히 스스로 탄식ᄒ고 셰도를 개연ᄒ야 ᄒᆫ 편을 믄드라 일홈을 명ᄒ야 빅힝원이라 ᄒ야 인ᄌ 되얏ᄂᆞᆫ 쟈의 귀감을 삼ᄂᆞ니 〈백행 20a〉

ㄷ. 群臣이 니ᄅ고져 ᄒ되 ᄯᅩ 이베 내욤을 어려이 녀기던 일을 알리로다 〈어내 2.97b〉

ㄹ. 每常 百寮이 우희 안자셔 내 됴흔 긄句의 새로오믈 외오시놋다 〈두중 19.2b〉

ㅁ. 마시ᄂᆞᆫ 탕음 사름이라 일홈은 셰향이니 졈어셔 효경과 녈녀뎐을 닐거 ᄠᅳ들 아더니 어버이 ᄀᆞ장 ᄉᆞ랑ᄒ야 사회를 골ᄒ야 셜구을 얼여 ᄒᆞᆫ ᄯᆞᆯ을 나ᄒ니라 〈속삼 열7a〉

(6ㄱ)의 '-고', (6ㄴ)의 '-아/어', (6ㄷ)의 '-되'는 모두 설명을 계속해 나가는 과정에서 쓰이는, 종속절 문장의 서술어 어미이다. (6ㄹ)의 '-아서', (6ㅁ)의 '-어서'도 태도나 상태 등을 설명한다. 이들은 대체로 일이나 현상이 진행되어 나감에 따라서 서술해 가는 성격을 갖는다. '-아서/어서'가 이유를 나타내는 표현은 아직 활발하지 않다. (6ㅁ)의 '-니, 이니'는 용언이나 체언 서술어의 활용형으로, 현대 국어에서는 일반적으로 '이유'를 말하는 뜻으로 쓰이지만 근대 개화기 때까지도 단순히 설

명을 이어 가는 정도의 표현으로 많이 나타난다.

(7)ㄱ. 지아비는 여위고 져그니 먹엄즉디 아니혼 디라 〈오륜 3.58a〉

　　ㄴ. 내 ᄆᆞ음에 감동홈을 닐으혈식 能히 스스로 인내티 몯ᄒᆞ야 〈상훈 44a-b〉

　　ㄷ. 近臣과 밋 모든 공事 엿줍는 官원이 됴회를 罷ᄒᆞ고 면뎡 가온대 모다 밥 먹거늘 后ㅣ 中官을 命ᄒᆞ샤 〈어내 2: 96b〉

　　ㄹ. 고로 셩인이 대효를 일ᄏᆞᄅᆞ시매 그 오직 슌이시니 〈백행 11b〉

　　ㅁ. 뎡유왜란에 그 싀어미 늙고 병들어 걷디 몯하거늘 〈동신 효 8.56b〉

(7)에서 '-니, -ㄹ식, -거늘, -매, -어'는 다 원인이나 이유를 나타내는 활용형 어미이다. 이러한 뜻을 가진 연결형 어미에는 '-라, -관대' 등을 더 꼽을 수 있다.

(8)ㄱ. 비록 긔년 복을 닙으나 뇩년을 심상ᄒᆞ니라 〈오륜 4.22a〉

　　ㄴ. 비록 亡티 아니코져 혼들 엇디 可히 어드라 〈훈서 23b-24a〉

　　ㄷ. 그듸와 사라셔 이ᄀᆞ티 ᄒᆞ고 죽어도 쏘 이ᄀᆞ티 ᄒᆞ고져 ᄒᆞ노라 〈어내 2.22b〉

　　ㄹ. 네 왕실 구친으로 집이 딕딕로 은혜 바드미 쏘혼 이믜 망극ᄒᆞ거늘 무슨 심슐노 패악혼 아ᄌᆞ비를 부동ᄒᆞ야 요괴로온 샹운을 부쵹여 내야 국뎡쵸ᄉᆞ에 나기에 니르니 〈속명의 2.18a-b〉

(8)에서 보이는 '-나, -ㄴ들, -어도, -거늘'은 앞에 오는 구절의 서술 내용에 양보성을 주거나, 뒤에 오는 구절에서 상반되는 내용을 말하기

위한 연결 장치의 역할을 한다. 연결 어미 '-거늘'은 (7ㄷ)에서 '원인'
을 나타내지만 (8ㄹ)과 같이 '상반됨'을 뜻하기도 한다. 양보나 상반됨
을 나타내는 종속절의 어미로는 이 밖에도 '-딕/되, -거니와, -건마른,
-고도, -ㄹ션뎡, -ㄹ지언뎡' 등이 있다.

(9)ㄱ. 흙이 만일 모래 석겻거든 직 반 말을 덜라 〈자초 3b〉

　　ㄴ. 내 지아비룰 살오면 내 집의 댱 흔 독과 뿔 흔말 닷되룰 싸 속에
　　　　무더시니 다 가지라 〈오륜 3.58a〉

　　ㄷ. 이 性이 어둡디 아니코져 홀딘댄 스스로 면강티 아니코 엇뎌오
　　　　〈훈서 3a〉

종속되는 구절의 내용을 조건으로 하거나(9ㄱ), 가정하는 내용을 설정
할 때에는(9ㄴ, ㄷ), '-거든, -면, -ㄹ딘댄' 등의 연결 어미가 온다.

(10)ㄱ. 無事히 되게 분별홈이 읏듬이읍도쇠 〈첩해 4.13a-b〉

　　ㄴ. 진실로 願홈은 사라셔 홈끠 즐기고 죽음을 쌔룰 홈끠 ㅎ고져
　　　　ㅎ노이다 〈어내 2.23a〉

　　ㄷ. 져근덜 보라 가ᄂ이다 〈역어 상39a〉

화자의 의도와 희망을 나타내거나 목적을 말하고자 할 때에는 '-게,
-고져, -러, -과뎌' 등의 연결 어미를 사용한다. 중세 국어에서 주어의
의도를 나타내던 '-져'의 용법은 없어지고 '-고쟈/-고져'만 쓰인다.

(11)ㄱ. 延陵 季子ㅣ 齊예 가다가 그 子ㅣ 죽거늘 瀛博之間의 葬ㅎ여룰
　　　　〈가례 7.17a〉

ㄴ. 왼녁 손가락을 근쳐 솔와 뻐 드리니 즉시 됴ᄒᆞᆫ더니 그 후에 아
비 ᄯᅩ 병이 극ᄒᆞ거늘 〈동신 효8.31b〉

종속되는 절에서 서술하는 일이나 현상의 내용이 상위절(주절)에서 전환이 될 때에는 (11)과 같이 '-다가, -더니' 등을 사용한다. '-더니'는 근대 국어에 들어와 '전환'의 의미를 새로이 보인다.

(12)ㄱ. 더옥 하도록 더옥 어즈러온더라 〈가례 1.42b〉
ㄴ. 그 길이 ᄒᆞᆫ 가지 아니라 더옥 날ᄉᆞ록 더옥 흉ᄒᆞ되 그 귀취를 싱각ᄒᆞ면 계능이 근본이 되ᄂᆞᆫ더라 〈속명의 2.13b〉

(12ㄱ)의 '-도록'이나 (12ㄴ)의 '-ㄹᄉᆞ록'은 다른 일이 보태지거나 정도가 더해 감을 나타낸다.

근대 국어의 문헌 자료에서도 하나의 문장 속에서 접속문이 여러 개가 이어지는 표현이 매우 많다. 하나의 문장으로 되어 있는 아래의 (13)에서도 그러한 구조를 보여 준다.

(13) 왕약 왈 나 부덕이 외람이 큰 긔업을 닛ᄉᆞ와 정성이 빅셩의게 밋부지 못ᄒᆞ고 다ᄉᆞ리미 풍쇽을 화치 못ᄒᆞ니 낫과 밤으로 어름을 ᄇᆞ르며 못슬 님ᄒᆞᆫ 듯ᄒᆞ야 션대왕 부탁ᄒᆞ시믜 듕ᄒᆞ오몰 져ᄇᆞ릴가 저허ᄒᆞ되 오직 션비를 ᄉᆞ랑ᄒᆞ고 빅셩을 무휼ᄒᆞ야 나라흘 진정ᄒᆞ고 평안케 홈은 진실로 션대왕지ᄉᆞ를 밧ᄌᆞ와 감히 잠간도 만홀치 못ᄒᆞ더니 셰되 불ᄒᆡᆼᄒᆞ야 흉역이 므릐 지어 닐어나는 거시 나라 쳑니 곳 아니면 곳 고가대족이니 외면으로 범연이 보면 이러홀 리 업슬 듯ᄒᆞ되 냥긔와 왕망의 [냥긔와 왕망은 두 사ᄅᆞᆷ의 일홈이니 한적 나라

척니로셔 역젹흔 놈이라] 흉흔 거슨 쳔셩으로 근본ᄒ고 치운이와 쳔히의 [치운이와 쳔히ᄂᆞᆫ 두 놈의 일홈이니 션죠의 국젹이라] 역젹 은 혈당으로 말미암아 면면ᄒ여 너출지며 부러나매 심ᄒ여 군부를 원슈로 보고 나라와 둇토와 이긔려 ᄒᆞᄂᆞᆫ디라 〈효유윤음(1784) 1a-1b〉

(13)에서 '못ᄒ고, ᄇᆞ르며, ᄉᆞ랑ᄒ고, 진졍ᄒ고, 못ᄒ더니, 고가대족이니, 일홈이니, 근본ᄒ고, 일홈이니, 너출지며, 보고, 나라와, 둇토와'는 모두 대등 접속문을 이끌고, '닛ᄉ와, 못ᄒ니, 둇ᄒ야, 저허ᄒ되, 무휼ᄒ야, 밧ᄌ와, 블힝ᄒ야, 아니면, 보면, 둇ᄒ되, 면면ᄒ여, 부러나매, 심ᄒ여'는 모두 종속 접속문을 만드는 서술어이다.

7.2. 내포

두 개 이상의 절이 결합하여 하나의 문장을 이룰 때 하나의 절이 다른 절 안에서 하나의 문장 성분이 되는 것을 '내포'라 한다. 이러한 경우에 안긴 절은 하위문, 안은 절은 상위문이 되는 것이다. 내포에는 관형사화, 명사화, 서술어화, 부사화 등이 있는데, 상위문에서의 기능에 따라 관형사화 내포문, 명사화 내포문, 서술절 내포문, 부사화 내포문으로 나눌 수 있다. 관형사화 내포에는 관계화 내포, 보문화 내포가 있다.

7.2.1 관계화 내포

명사를 꾸미거나 제한하는 관형어에 단어가 아닌 구절이 올 수 있는데, 이를 관형절이라고 한다. 관형절은 문장의 서술어 어미를 관형사형 어미 '-은, -는, -을'로 하여 만들어진, 안기는 구절이다. 중세 국어에서는 종결형 어미 아래에 '-ㅅ'가 결합하는 관형사형이 쓰였지만 근대 국어에서는 사라진다. 관형절에는 명사구 보문화와 관계화, 연계화 등이 있는데, 이 가운데 관계화 내포문은 상위문에 있는 머리 명사가 내포문에서 하나의 문장 성분으로 기능하는 구조를 가진다.

(14) ㄱ. 입뻬예 셜샤ᄒᆞᄂᆞᆫ 쟈도 잇고 혹 젹빅니ᄒᆞᄂᆞᆫ 쟈도 이시니 다 열을 샤ᄒᆞ노라 〈두경 60b〉

ㄴ. 비린내 나ᄂᆞᆫ 개 ᄀᆞ튼 놈아 샐리 날을 죽이라 〈오륜 2.30a〉

ㄷ. 쏘 和帝 ᄉᆞ랑ᄒᆞ시던 사ᄅᆞᆷ 〈어내 2.63b〉

ㄹ. 말ᄉᆞᆷ홀 士ᄂᆞᆫ ᄀᆞ올 便安케 홀 謀策이오 큰 將軍은 이긔요믈 決홀 威嚴이로다 〈두중 5.11a〉

(14ㄱ)에서 '입뻬예 셜샤ᄒᆞᄂᆞᆫ'은 바로 뒤에 오는 머리 명사 '쟈'를 꾸미고, '혹 젹빅니ᄒᆞᄂᆞᆫ'도 바로 뒤의 '쟈'를 꾸민다. 그런데 여기에서 '쟈'는 모두 그의 앞에 놓인 관형사절에서 각각 주어 역할을 하므로, 예문 (14ㄱ)은 관계화절을 안은 문장이다. (14ㄴ)도, '비린내 나ᄂᆞᆫ'은 '개'를 꾸미고 '개 ᄀᆞ튼'은 '놈'을 꾸미는 관계화 구문이며,[34] (14ㄷ)에서 '사

---

[34] 또는 '비린내 나ᄂᆞᆫ'이 '놈'을 꾸미는 구조로 해석할 수도 있다. 이때엔 머리 명사 '놈'이 두 개의 관계화절을 갖는 셈이다.

름'은 그를 꾸미는 내포 관계화문 '和帝 스랑ᄒ시던'에서 목적어 성분이 된다. '말ᄉᆞᆷ홀'은 뒤에 오는 머리 명사 '士'를 꾸미고, '謀策'과 '威嚴'은 각각 그 앞에 오는 관계화 내포문 'ᄀᆞ올 便安케 홀'과 '이긔요믈 決홀'의 수식을 받는다. 이들 관계화 내포문은 모두 서술어의 어미 '-ᄂᆞᆫ, -ᄋᆞᆫ, -ᄋᆞᆯ'에 의해 이루어진 것이다.

7.2.2 보문화 내포

내포 보문에는 명사구 보문과 동사구 보문이 있다. 명사구 보문화 내포문은, 관형절을 갖되 상위문에 있는 머리 명사가 내포문에서 문장 구성 성분이 되지 않는 구조이다.

(15)ㄱ. 니르도록 니르도록 뒤흐로 가는 ᄃᆞᆺᄒᆞᆫ ᄠᅳᆮ 가지미 〈첩해 4.23a〉

　　ㄴ. 열이 그 ᄉᆞ이ᄅᆞᆯ 타 나시면 날로 더 듕ᄒᆞ야 ᄆᆞᄎᆞᆷ내 구키 어려올 거시니 〈두경 60b〉

　　ㄷ. ᄌᆞ졍의 어딘 이ᄅᆞᆯ 보고 ᄀᆞᆯ즉고져 ᄒᆞᄂᆞᆫ ᄆᆞᄋᆞᆷ을 뼈 〈종덕 본셔7b〉

(15)는 명사(머리 명사)를 보충하는 관형절을 가진 문장들이다. (15ㄱ)에서는 꾸밈을 받는 명사 'ᄠᅳᆮ'이 관형사절 '니르도록 ~ ᄃᆞᆺᄒᆞᆫ' 안에서 구성 성분이 되지 않으며, (15ㄴ)에서도 머리 명사 위치에 있는 의존 명사 '것'이 관형사절 '날로 ~ 어려올' 안에서 나타나지 않는다. (15ㄷ)에서도 머리 명사 'ᄆᆞᄋᆞᆷ'은 하위 보문화절 'ᄀᆞᆯ즉고져 ᄒᆞᄂᆞᆫ'에서 어떤 성분도 되지 않는다.

(16) 만일 하면 구틔여 다 쓸 거시 아니라 〈가례 5.25a〉

(17) 內內 이러로셔 슐올 쩌슬 이도 술의 타스로 뻐덧숩더니 〈쳡해
　　9.7b〉

(16)과 (17)에서도 관형사형 어미를 가진 내포문들은 모두 상위문에
있는 머리 명사 '것/껏'을 보충하거나 꾸미는데, (16)은 보문화 구절
이고, (17)은 관계화 구절이다. (16)에서는 '것'과 상호지시적인 요소가
내포문 안에 없지만, (17)의 내포문에서는 동사 '슐오-'의 목적어 역할
을 하는 '껏'이 생략되어 있는 것이다.
　　동사구 보문화에는 보조 용언 구문과 인용 구문이 있다.

(18)ㄱ. 쟝호덕을 만나 믈 길헤 자바 이셔 관쿄딕를 인ᄒᆞ야 〈병학
　　　 1.19a〉
　　ㄴ. 대개 두고 보와 더옥 힘쓰고 쏘 ᄌᆞ손에 부쳐 권코져 ᄒᆞ야 〈종덕
　　　 본셔7b〉
(19)ㄱ. 그 쟝소의 글오되 회인야반은 노의죵무 ᄀᆞᆺ고 식듕힝독은 한의
　　　 긔현 ᄀᆞᆺ다 ᄒᆞ고 쏘 글오딕 〈쳔의 2.20b〉
　　ㄴ. 이애 닐오딕 내 아미타불이 셔로브터 오샤 날로 보빅좌 주믈 보
　　　 로라코 말 믓고 죵ᄒᆞ니라 〈권념 29b〉
(20)ㄱ. 디현을 ᄒᆞ야실 제 도적이 제 쇼의 혀를 베힌 재 잇다고 ᄒᆞ리 잇
　　　 거늘 〈종덕 하57a〉
　　ㄴ. 우리의게 졍이 만하 긔이ᄂᆞᆫ 말이 업고 심열셩복ᄒᆞ야 ᄯᅡ라 가지
　　　 라고 날마다 와 보채니 〈일동 3.75〉

(18)의 각 문장에는 이른바 보조 용언 구문이 들어 있다. 보문화 어미
'-아'형으로 이끌리는 내포 보문절 '믈 길헤 자바'는 상위절의 머리 동

사 '이셔'를 보충하며, 보문절 'ᄌ손에 부쳐 권코져'는 상위절 머리 동사 'ᄒ야'를 보충한다. 보조 용언이라고 하는 동사구 보문화 구문의 사용은 중세 국어에 비해 늘어난다. 중세 국어에서 동사구 보문의 머리 동사(보조 용언)로서의 지위가 확고하지 않던 '가-, 놓-, 두-, 보-, 오-, 먹-' 등의 동사가 머리 동사의 용법을 확실하게 널리 보이는 것이다.

　인용문은 중세 국어에서 쓰이던 세 가지 유형이 모두 계속되지만, 도입절이 없는 구문 유형이 점차 늘어난다. (19ㄱ)에선 인용문 '회인야 반은 ~ ᄀᆺ다'가 그 뒤에 오는 머리 동사 'ᄒ고'를 보충한다고 볼 수 있다. (19ㄴ)에서 '코'로 축약된 'ᄒ고'도 마찬가지로 '내 ~ 보로라'라는 인용 보문을 갖는다. (18)과 (19)가 모두 동사구 보문을 가진 보문화 구문이지만, (19)에서는 인용 보문소가 없다. 후대에 발달한 인용 보문소 '-고'는 (20)에서와 같이 피인용문을 이끌어 상위절의 동사 'ᄒ-' 나 '보채-'를 보충한다. 인용문은 18세기 전반까지 (19ㄱ)처럼 인용 보문소가 없이 쓰인다. 그러나 18세기에 후반에 들어 (19ㄴ)과 같이 보문 동사 'ᄒ고'가 내포문 동사의 종결형 '-라'와 결합한 '-라코'형도 보이다가, 드디어 (20)의 '잇다고, 가지라고'에서 보는 '-고'와 같은 보문소를 확립하게 된다. 하지만 18세기 후반 이후에도 인용 보문소가 없는 인용문이 대다수이다가 개화기 문헌에 가서야 보문소의 쓰임이 일반화한다.

(21)ㄱ. 샹간이 츈방을 ᄀ 후의 외간의 말을 베퍼 써 ᄒ되〈명의 권수상 24b〉

ㄴ. 醉ᄒ 김에 믄득 濫心 내여 노래 부르ᄂ 사름의 집의 가셔〈청노 7.22b〉

ㄷ. 블 뛰오기를 샐리 ᄒᆞ면 눈 곰쥭일 사이예 니그리라 〈박통 하 44b〉

(21)에는 연계화 내포절이 들어 있다. (21ㄱ)에서 '샹간이 츈방을 군'은 뒤에 오는 머리 명사 '후'에 연계된 내포 관형사절이며, (21ㄴ)에서 '醉 ᄒᆞᆫ'은 머리 명사 '김'과, (21ㄷ)에서 '눈 곰쥭일'은 뒤에 오는 '사이'에 연계된 관형사절이다. 이처럼 연계절은 머리 명사에 필요한 관형사절이지만 둘 사이에는 의미상 동질성이 없어 보문절과 구분될 수 있다.

7.2.3 명사화 내포

두 개의 절이 결합할 때, 안기는 절이 명사절로 기능하기 위해서는 그의 서술어 어미가 '-음'이나 '-기'형을 가져야 한다. 이러한 명사화 현상은 근대 국어의 기간 동안 그 사용 분포에 상당한 변화를 보인다. 중세 국어 때까지 절대 다수를 차지하던 '-음' 명사화는 대폭으로 축소되고 이 자리에 '-기' 명사화나 '-은/는/을 것' 보문화가 자리하게 되는 것이다.

(22)ㄱ. 믈이 ᄒᆞᆫ 디위ᄀᆞ장 쉬믈 기두려 〈노걸 상22a〉

　　ㄴ. 사ᄅᆞᆷ의 盜賊 되오미 다 주리고 칩기로셔 나ᄂᆞ니 〈경민 16a〉

(23)ㄱ. 注ᄂᆞᆫ 믈이 쏘다디기 ᄀᆞ단 말이니 〈여사 3.18a〉

　　ㄴ. 어딜기로ᄡᅥ 사ᄅᆞᆷ을 ᄀᆞᄅ치면 〈경민 30b〉

(22~23)은 '-음'이나 '-기'로 이끌리는 명사화 내포문의 예이다. (22ㄱ)의 '쉬믈'은 현대 국어에서는 '쉬기를'로 해석되고, (22ㄴ)의 '되오미'는

'되는 것은'으로 해석하는 것이 자연스럽다. (22ㄴ)에선 명사화문의 의미상 주어에 관형격 조사가 왔는데, 이러한 현상은 중세 국어에 비해 많이 준다. 한편 (23ㄱ)에서 '뽀다디기'는 '쏟아지는 것'으로, (23ㄴ)의 '어딜기'는 '어짊'으로 해석할 수 있다. '-음' 가운데에도 오늘날 '-기'형으로 바뀐 것이 있지만, '-기'가 현대 국어에서 오히려 '-음'형으로 바뀐 용례도 있는 것이다. 이는 당시에 '-기'의 사용이 현대 국어에 비해 더 많았다기보다, '-음 > -기'라는 체언화 어미의 교체 변화 초기에 나타나는 하나의 임시적인 현상으로 해석된다. 즉 일부 어사에서 과잉 확대를 경험하는 것이다. 그렇다고는 하여도, 18세기에도 '-음'은 대부분의 문헌에서 '-기'보다 출현 빈도가 훨씬 앞선다. 단『노걸대언해』와 같은 회화책들은 17세기 후반에 나왔음에도 불구하고 '-기'의 출현이 '-음'보다 조금 많다. 따라서 당시의 구어에서는 문헌어와 달리 '-기'가 좀 더 널리 쓰인 것으로 보인다.

'-음'의 사용이 줄어들고 '-기'가 늘었다고 하여 '-음'이 있던 자리에 '-기'가 대체해 들어간 것은 아니다. 오히려 '-기'보다는 보문화의 '~ 것'이 '-음' 대신에 쓰임을 확대해 갔다. 이는 근대 국어 이후 국어에서 나타나는 일반적인 하나의 흐름인데, 어미 변화나 접미사 결합 등에 의한 형태론적인 용법보다는, 선택에서 제약이 비교적 적고 풀어 쓰기가 쉬운 통사적 구조로 변화해 가는 방향성으로 이해할 수 있다. 즉 사동이나 피동 그리고 부정문, 명사화 등의 문법 현상이 점차 형태론적인 구성에서 통사적인 구조로 바뀌어 가는 것이다.

근대 국어에서 명사화 내포문의 어미로 '-기'형의 쓰임이 확대되면서 명사 파생 접사로서의 '-기'형도 크게 늘어난다.

(24)ㄱ. 긔운이 힝ᄒᆞ고 피 운동ᄒᆞ면 ᄀᆞ랍기 ᄌᆞ연 근ᄂᆞ니라 〈두집 하11b〉

ㄴ. 아프기는 실로 되고 그랍기는 허로 되ᄂᆞ니 〈두집 하9a〉

ㄷ. 슬해 저저 뽀지져 그랍기 되ᄂᆞ니 〈두집 하11b〉

(24)에서 쓰인 '-기'형은 명사형이라기보다 파생 명사의 용례로 해석하는 것이 좋을 것이다. 그런데 이들은 현대 국어에서도 파생 명사로 쓰이지 않는 용법이다.

근대 국어의 후반기로 들면서 '-음'과 '-기'는 그들이 각각 가지고 있는 의미 특성에 따라 상보적으로 분포가 정립되어 간다. 다음의 예를 살펴보자.

(25) 지아비 그 계집을 텨 주금애 니르면 絞ᄒᆞ고 〈경민 3b〉

(26) 重히 傷ᄒᆞ면 絞ᄒᆞ고 죽기예 니르면 斬ᄒᆞ고 〈경민 3a〉

위의 두 문장에서 '주금'과 '죽기'는 의미상 약간의 차이를 갖는다. (25)의 '주금'은 '그 계집을 쳐서 다친 결과 죽게 된' 특정한 경우를 가리키지만, (26)의 '죽기'는 '사망'이라고 하는 일반적인 개념의 상태를 말한다. 이처럼 '-음'은 현실성을 가진 구체적인 표현인 데 비해, '-기'는 행위의 일반화 또는 추상적인 개념화의 영역을 갖는다. '-음'과 '-기'의 상보적 분포는 여기에서 그 근거를 찾을 수 있다.

7.2.4 서술절 내포

단어가 아닌 구절 전체가 하나의 문장에서 서술어 역할을 할 수가 있는데, 이를 서술절이라 한다.

(27)ㄱ. 이웃 지비 브리 브트매 〈동신 효5.11b〉

　　ㄴ. 曾子와 子쏘ㅣ 道ㅣ 흔가지니 〈맹자 8.32a〉

(27)은 서술어 기능을 하는 절을 포함하고 있다. (ㄱ)에서 서술절의 주
어는 '브리'이며 서술어는 '브트매'이다. (ㄴ)에서 서술절 주어는 '道ㅣ'
이고, 서술어는 '흔가지니'가 된다. 그렇다면 '이웃 지비'와 '曾子와 子
쏘ㅣ'는 상위절의 주어인 셈이다. 그리하여 안긴 절로서의 서술절과,
그것을 안은 절을 포함하여 문장 전체로는 상·하위문을 형성하는 것
이다. 여기에서 안은 문장의 주어와 안긴 문장의 주어는 흔히 이중 주
어로 해석되기도 한다.

7.2.5 부사화 내포

서술어나 관형어 또는 부사어를 꾸미는 부사 자리에 구절이 오기
도 하는데 이는 부사절이 된다. 이처럼 부사화 내포절을 안은 문장도
근대 국어에서 종종 나타난다. 부사절은 서술어 어미에 부사형 '-게,
-어'를 붙여 만든다. 이 외에도 '-듯, -도록' 등이 부사절을 이끌며, 부
사 파생 접미사 '-이'가 부사절을 이루기도 한다.

(28)ㄱ. 패 듯고 엇게를 슬 나게 베와사 가싀를 지고 문의 나아가 샤죄
　　　 ᄒ고 〈십구 2.53a〉

　　ㄴ. 유시 민희로뻐 부티니 고이미 이셔 니ᄅᄂᆞᆫ 바를 다 조차 구슬궁
　　　 과 구슬대를 밍글고 〈십구 1.27b〉

　　ㄷ. 안해 님이라 ᄒᄃᆞᆺ 흔 말 〈박통 중16b〉

　　ㄹ. 도틱 발 네흘 먹드시 달화 〈태산 61b〉

862

ㅁ. 그 지아비 업고 ᄌᆞ식 업시 사라 인ᄂᆞᆫ 일로ᄂᆞᆫ 〈동신 열6.41b〉

문장 (28ㄱ)에서 동사 '볘와'는 '슬 나게'라는 부사절의 꾸밈을 받는다. (28ㄴ)에서 부사절 '니ᄅᆞᆫ 바를 다 조차'는 동사 '밍글고'를 한정하고, (28ㄷ)에서 부사절 '안해 님이라 ᄒᆞ둧'은 바로 다음에 있는 동사 'ᄒᆞᆫ'을 꾸민다. (28ㄹ)처럼 '-둧/듯, -ᄃᆞ시/드시'가 다음에 오는 용언을 꾸미는 부사절의 접속 어미로 기능하는 용법은 근대 국어에 들어서 좀 더 활발해진다. 중세 국어에서는 이들이 'ᄒᆞ-' 앞에서만 쓰여, 보조 용언의 성격을 가질 뿐이었다. (28ㅁ)에서는 파생 접사 '-이'에 의한 부사절 '그 지아비 업고 ᄌᆞ식 업시'가 다음에 오는 동사 '사라 인ᄂᆞᆫ'을 한정한다. 이는 중세 국어에서도 사용되던 용법으로, 오늘날에도 그대로 쓰이고 있다.

5

현대 국어

1. 개관

현대 국어의 문법을 살피는 제5장에서는, 오늘날의 문법 체계는 간단히 보이고 근대 국어 등 이전 시기에서 현대 국어에 들어와서 변화한 내용을 위주로 서술하도록 한다. 현대 국어의 문법에 대해서는 이미 여러 종류의 체계적 기술이 논저로 나와 있으므로 여기에서는 근대 국어에서 현대 국어로 바뀐 내용이나 현대 국어 안에서 변화한 문법 변천에 좀 더 유의하는 것이다. 현대 국어가 시작된 지도 1세기를 넘기고 있으므로 이젠 현대 국어 안에서도 언어의 변천을 논의해야 할 것이다. 여기에서는 19세기 말엽 개화기 때부터 100여 년간, 즉 20세기를 지나 21세기로 넘어온 오늘날까지의 기간 동안을 고찰 대상으로 한다. 인용 어구의 출전 표시는 논의 과정에서 필요한 때에 한정하는데, 대개 근대 개화기 시대의 문헌에 해당하는 경우가 많을 것이다. 이는 개화기 시대에만 있었거나, 개화기 시대에도 있었던 표현임을 말하는 것으로 문맥상에서 이해될 것이다. 물론 일제 시기나 광복 초기의 국어 용례 중에도 출전을 밝혀 오늘날 용법과 다른 점을 언급하는 경우도 있다. 용례 가운데 출전을 밝히지 않은 것은 현재 쓰이고 있는 국어 형태로서, 오늘날의 언어 직관으로 어려움 없이 받아들여지는 표현이다.

현대 국어의 문법을 설명하면서, 근대 국어를 바로 잇는 개화기의 용법·형태와 오늘날의 언어 모습만을 대상으로 삼는 경우가 많다. 두 시기 사이 —가령 20, 30년대나 40~60년대— 의 변화 과정에 대해서도 앞으로 좀 더 면밀한 고찰이 필요할 것이다. 각 문법 현상을 설명할 때에 근대에서 오늘날 국어에 이르기까지 별다른 변화가 없는 경우에는 중간 시기라고 볼 수 있는 개화기의 국어에 대한 언급이나 용례를 대개는 생략하기로 한다. 또한 개화기 시기와 오늘날의 언어 현상이 같을 때에는 편의에 따라 개화기 시기의 용례를 보이는 것으로 그치기도 한다.

갑오경장 때부터 시작된 '현대 국어' 시기는 일제 강점을 당하는 1910년에 이르러 새로운 국면에 접어든다. 일상생활에서 우리말 사용이 제한되고 일본어가 국어의 위치에 서면서, 이에 따라 우리말도 어휘나 문상 표현 능에서 상당한 변화를 겪는다. 일본어에서 들어온 어휘, 형태 또는 의미가 급증하는 것이다. 또 근대 개화를 겪으면서 언문일치가 진행되고, 긴 문장이 짧아지는 등의 변화가 생기는 한편 문법적 변화도 다양하게 일어난다. 이와 같은 변화는 1920년대 각종 문헌이 다량으로 나오면서 구체적으로 고찰될 수 있으나, 이미 1910년대부터 변화가 시작된 것으로 보아야 할 것이다. 그러므로 1894년부터 1910년 이전까지를 현대 국어에서 제1기로 보게 되는데, 이 시기는 현대 국어가 형성되는 기간이다.

일제 강점 후에 우리말은 비록 국어의 지위를 갖지는 못하였지만 일상생활에서 주된 공용어로서 그 사용은 계속되면서, 역시 통시적 변천을 경험하게 된다. 이같이 불운하였던 우리말은 1945년 광복과 더불어 다시금 국어의 위치에 오른다. 따라서 1910년부터 1945년까지의 일제 강점기를 현대 국어의 제2기로 잡을 수 있을 것이다. 제2기는 우리말이 국어가 되지 못하고, 당시에 공식적인 국어였던 일본어와 더불어 일상어로 함께 쓰이는 공용어 정도에 그치는 '공용어기'이다.

그런데 1945년 광복을 맞으며 우리말은 남과 북으로 언어 통용권이 분단되고 1950년 6·25 전쟁 등의 격동을 겪으면서 언중들의 이동이 심하여, 이에 따라 각 지역 언어에 변화를 주게 된다. 이와 같이 국어 표현에 또 다른 변화를 가져온 1950년대 초기가 광복 시기와 그리 멀지 않으므로, 여기까지를 제2기로 잡을 수도 있을 것이다. 그러나 국어를 되찾고, 남북이 분단된 것이 이미 1945년이므로 이를 기준으로 삼아 제2기와 제3기를 나누는 것이 좀 더 뚜렷한 구분이 될 것이다. 제3기는 오늘날까지, 국어는 되찾았으나 언어권이 크게 남북으로 나뉜 '국어권 분단기'가 된다.

1945년 이후, 급변하는 세계 문화 속에서 국어는 오늘날의 모습을 갖추어 왔다. 그러한 가운데 전반기(1945~1960년대 전반)에는 광복과 6·25라는 엄청난 사건을 지내면서 국어도 많은 변화를 겪게 된다. 광복 직후부터 남북 분단이 시작되고, 6·25 전쟁을 치르면서 각 지역 언중들의 이동이 많아지며, 이러한 과정에서 사회 계층 구조에도 적지 않은 변화가 생겨난다. 이러한 혼란은 당분간 지속되어 1960년대 전반까지 이어진다. 이는 그대로 언어 사용에 반영되어 국어 표현 양상에서 새로운 변화를 가져왔으니, 이 시기를 '국어의 재정립기'라 부를 만하다.

1960년대 후반 이후에 국어는 안정적인 발전을 하면서 오늘날에 이르고 있다. 그러나 남과 북에서 각각 '표준어'와 '문화어'를 제정하고 제각기 언어 순화와 말다듬기 작업을 전개해 와, 국어의 동질성을 일부 훼손하고 있다. 그러므로 제3기의 후반부는 '국어의 안정적 발전기'이면서도 한편 '국어의 분단 심화기'라고도 할 수 있다. 20세기 말부터는 컴퓨터 등 전산 기기의 사용이 일상화하면서 전산 매체에 의한 언어 행위도 언어생활에서 커다란 비중을 차지하게 된다. 이에 따라 사이버 공간에서 이루어지는 언어의 실행에서 다양한 언어 변화를 보이며 이들 가운데 일부는 종래의 구어나 문어에도 영향을 주고 있다. 이런 점에서 제3기 가운데 대략 1990년대부터 오늘날엔 '전산 언어 병용기'를 설정할 만하나 여기에서는 이를 다루지 않는다.

이상에서 살핀 현대 국어의 시대 구분은 아래와 같이 정리할 수 있다.[1]

    제1기(현대 국어 형성기): 1894년~1910년
    제2기(우리말 공용어기): 1910~1945년
    제3기(국어권 분단기): 1945년~
        전기(국어 재정립기): 1945년~1960년대 전반
        후기(국어 안정적 발전기, 분단 심화기): 1960년대 후반~

이제 각 시기별로 나타난 현대 국어의 통시적 특징을 논의한다. 문법의 세부적인 주제에 따라서는 변천 양상의 시기 구분이 전체의 구분과 다소 어긋나는 경우도 있지만, 위에서와 같이 세 시기로 나누어 일괄하여 개관한다. 특히 현대 국어를 논의할 때 오늘날의 국어만을 위주로 살피면 개화기나 일제 강점기의 국어에서 오늘날의 국어로 변화해 온 내용을 놓치는 일이 많다. 따라서 현대 국어의 개관은 이 안에서 그 하위 시기별로 나누어 좀 더 자세히 통시적으로 본다. 현대

---

[1] 지속해서 사용하는 언어는 변화도 점진적으로 이루어져 가므로, 변천 내용을 시대별로 구분할 때에 각 시대를 뚜렷이 연도로 나타내기 어려우며, 따라서 '19세기 말' 등과 같이 구분 연도에 어느 정도의 범위를 갖는 것이 바람직한 경우가 많다. 그러나 어떤 특정한 사건이나 전환점이 있어 연도를 적을 수 있을 때에는 그것으로 시작하거나 끝나는 연도를 밝히는 것이 나을 듯하다. 이때 해당 연도는 철저한 시대 분기점을 말하는 것이 아니고 그를 중심으로 그 무렵을 대개 아우른다는 의미를 갖는다. 다행히 현대 국어 시대에서는 위에서 보듯이 각 시기마다 연도를 내보일 만한 사건들이 대개 있었다. 그 결과 각 시기를 연도까지 밝힐 수는 있었지만, 시기 구분이나 명칭이 언어의 내용과 형식의 변천 현상보다는 언어 사용 양상을 더 의식하게 된 점이 문제로 남는다. 하지만 국어의 사용 실태나 배경이 국어의 언어적 내용 및 형식의 변화 양상과 대개 맞물리므로 실제로는 이 둘이 별개의 것이 아님을 현대 국어 문법의 변천 과정에서 알 수 있다.

국어가 100여 년 정도로 그리 오랜 기간이 아니라고 하여도 언어의 변화가 비교적 많은 시기이므로, 개화기와 일제 강점기 그리고 오늘날 국어는 하나의 현대 국어 안에서도 여러 면에서 차이를 보이고 있는 것이다.

1) 제1기(1894~1910): 현대 국어 형성기

현대 국어가 시작된 제1기는 현대 국어의 모습을 형성해 간 시기이다. 19세기 후반을 맞아 서구 문화 수용으로 시작한 근대화 물결은 사회 전반에 걸쳐 많은 변화를 가져오는데, 이는 언중들이 사용하는 언어에도 영향을 주어, 국어가 여러 부문에서 큰 변화를 겪게 된다. 우선 우리말에 대한 인식이 바뀌며, 특히 문자 생활에서 획기적인 혁명이 일어난다. 1894년 갑오경장은 정부가 주도한 문물 개혁이었지만 언중들의 언어 인식과 표현 양상에 변화를 주는 계기를 마련한다. 이에 따라 국어는 언어적 체계 면에서도 변화가 폭넓게 나타난다. 이로 인하여, 17세기 초부터 시작된 '근대 국어'는 19세기 말에 들어 '현대 국어'로 바뀌게 되는 것이다.

현대 국어에 들어와 파생법에서 찾을 수 있는 변화라면 접사의 목록이나 의미 면을 꼽을 수 있다. 근대 국어 시기의 접두사 가운데 '아춘-'이나 '데-' 등이 사라지고, '선-/션-, 얼-' 등이 새로 나타난다. 접미사로는 명사형 '-익/-의' 등이 사라지고, '-나기/-내기, -보' 등이 생긴다. 명사형 접미사에는 아직 '-음'형이 더 많으나 이전 시기보다는 '-기'의 생산력이 높아진다. '-스럽-'이나 '-답-'형의 형용사 생성이 활발하고, 고유어나 외래어에 '-하-'를 접미하여 용언화하는 파생도 더욱 늘어난다. 특히 국한문 혼용 표현이 늘면서 한 음절의 한자에 '-히'

를 붙여 부사어를 만드는 표현이 많이 보인다.

합성 명사에서는 앞뒤 명사 사이에 '-의'가 개입하는 합성법이 이전에 비해 많이 줄어든다. 합성 동사에서는 선행 동사의 어간에 '-고, -디'를 접미하는 형태가 새롭게 생산력을 얻는다. 비통사적 합성어라고 일컫는 '동사 어간 + 동사 어간' 형태의 합성 동사가 통사적인 합성 동사로 바뀌는 변화가 중세 국어 이래 꾸준히 진행되고 있는데, 이 시기에서도 그러한 어휘들이 보인다.(예: 잡들다>잡아들다)

격조사 형태는 일부 문헌에서 이전 시대의 모습을 보인다. 가령 '가' 형이 놓일 주격/보격 조사 자리에 'ㅣ'나 '이'형이 쓰인 것 따위이다. 주어적 속격도 아직 널리 쓰인다. 격조사와 보조사의 결합형은 그 형태 목록이나 용례가 조금씩 늘어나는 양상을 보인다. 보조사는 이전 시대부터 오늘에 이르기까지 그 목록이나 의미값에 큰 변화가 없다. 다만 근대 국어 시기까지 보조사와 부사로 두루 쓰이던 '더불어'가 현대 국어 제1기에서는 이미 부사로만 쓰임이 제한된다. '나마'는 근대 국어 시기에는 '그 위에 더하여'라는 뜻을 가졌으나, 이 시기에서는 '불만족한 선택'의 의미로 바뀐다.

선어말 어미에도 그 형태나 기능상에 변화가 생긴다. 존칭 선어말 어미 '-시-'에 '-아/-어'가 결합되어 '-샤'로 실현되던 것이 점차로 '-시어'로 바뀌기 시작하고, 서술격 조사 뒤의 '-더-'가 '-러-'로 바뀌던 것이 그냥 '-더-'형으로 쓰이기도 한다. 상대 높임의 '-이-'는 아직 일부에서 쓰인다. '-시-'에 선행하던 '-습-'은 '-시-'에 후행하면서 '-시옵/십-'형으로 굳어져 쓰이기 시작한다. '-ㄴ-'는 '-ㄴ이-'형이거나, 관형사형 어미와 결합한 '-난'형으로 쓰이는 경우가 대부분이다. 과거형 '-니-'는 '-엇-'으로, 미래 추정의 '-리-'는 '-겟-'으로 바뀌어 가는데, 이러한 변화가 구어에서는 이미 확연하다.

종결 어미로는 아직 '-다'보다는 '-라'형이 많이 쓰이나, '-다'형도 종
종 보인다. 또 '-다' 아래에 연결 어미가 결합한 형태(예: ᄒᆞ엿다ᄂᆞᄃᆡ, ᄒᆞ
엿다니)가 많이 쓰이기 시작한다. 연결 어미 가운데에는 '-과뎌, -관ᄃᆡ'
등의 형태가 사라지고, '-러' 형태 등이 새로운 쓰임을 갖기도 한다.
종결 어미의 단모음화가 시작되고, 축약형도 여럿 나타난다. 또 종결
어미의 종류가 다양해져서, 가령 의존 명사에 서술격 어미가 결합한
다든지, 연결 어미나 전성 어미가 그대로 종결형으로 쓰인다든가 하
는 등의 양상을 보인다. '-홈, -흠, -ᄒᆞ시압'과 같은 명사형 종결법이
신문 등에서 보이는데, 이는 근대 국어 시기의 역어류 등에서 일부 보
이던 표현과 맥락을 지을 수 있을 것이다. 청유형 '-읍시다'형도 이 시
기에 완전히 자리를 잡는다.

현대 국어에 들어 통사 부문에서는 큰 변화를 가지지 않지만 다소
의 변화는 찾을 수가 있다. 그중에서도 시제 체제는 비교적 차이를 크
게 보이는 문법 범주이다. 근대 국어 이전까지 서법적인 요소와 유착
성이 강하였던 시제가 현대 국어에 들어서는 독자적인 문법 범주로
서의 영역을 훨씬 뚜렷이 한다. 그것은 '-니-, -더-, -ᄂᆞ-, -리-' 등으
로 주로 표현되던 시제 형태소가 '-엇-, -는-, -겟-' 중심으로 바뀌면
서 나타난 현상이다. 이들 형태 체계는 근대 국어 이후 점차로 시제
적 성격을 높여 왔는데, 이러한 진행이 현대 국어에 와서 시제 범주로
서의 체계적인 안정을 갖게 된 것이다. 이에 따라 종전의 '-니-, -리-'
는 더욱 서법적인 기능으로 위치를 잡아 간다. 물론 제1기에서는 아
직 이들 두 가지의 형태소군이 모두 시제적인 기능을 갖기도 하지만
위와 같은 방향성이 매우 뚜렷해진다. 이러한 체계화의 확정은 '-엇-'
으로 하여금 중첩형 '-엇엇-'을 이루어 상(相)적인 표현으로 확대해 갈
수 있게 한다.

중세 국어에서 객체 존대를 나타내던 '-ᄉᆞᆸ/ᅀᆞᆸ-'은 근대 국어에서 상대 존대로 그 기능을 바꾸었지만, 개화기 때에도 아직 남아 '하옵시-'와 같은 극존칭 형태로 일부에서 쓰인다. 상대 존대의 '-이-'도 일부에서 남아, 주로 'ᄒᆞ오이-, ᄒᆞᆸᄂᆞ이-'형으로 나타난다. 근대 국어 말기의 상대 높임 화계 'ᄒᆞ쇼셔체, ᄒᆞ오체, ᄒᆞ게체(ᄒᆞ소체), ᄒᆞ라체'와 반말체의 '-어, -지'는 대부분 현대 국어 제1기에 그대로 이어지며 'ᄒᆞ십시오체'와 'ᄒᆞ셔요체'가 추가된다.

근대 국어 이전에는 주로 접미사에 의해 피동과 사동의 표현이 나타났으나, 현대 국어에 들어서는 어휘나 통사적 구조에 의한 피·사동이 부쩍 많아진다. 즉 피동에서 '~ 당하다, ~ 받다'형이나 '-어지다'형의 표현이 크게 늘고, 사동에서도 '~ 시키다'와 같은 어휘적 표현이나 '-게 하다'와 같은 통사적 표현이 늘어난다. 그 결과 피동 접사 다음에 '-어지다'가 덧붙는 형태도 가끔 나타난다. 피동형 접사에는 '-이-'와 '-히-', '-이-'와 '-리-' 등이 혼용되어 나타나는 경우가 많은데, 이러한 현상은 사동형 접사에서도 보인다.

부정법(否定法)에서는 합성 동사의 선·후행어 결합을 분리하거나, 동사의 어근과 접사를 분리하여 그 중간에 부정어 '아니'가 들어가던 방식이 이 시기에 와선 거의 없어진다. 그러나 부정어는 아직 '안'이 아닌 '아니'로 쓰인다.

제1기까지의 문헌에서는 문장의 길이가 매우 긴 접속문이 많다. 등위 접속문은 '-니, -고' 등을 반복하며 이어지고, 종속 접속문에서도 동일한 접속 어미를 되풀이하면서 계속 이어지는 긴 문장을 많이 발견할 수 있다. 내포문에는 명사화 구조가 이전 시대보다 줄고, '-은/-을 것' 등과 같은 보문화 구문이 현저하게 는다. 인용 보문소 '-고'가 없는 인용절이 아직은 더 일반적이지만 '-고' 인용문도 이제 널리 쓰인다.

2) 제2기(1910~1945): 우리말 공용어기

파생 접두사로는 '힛-/햇-, 처-/쳐-' 등이 새로이 보이고, '민-, 치-, 애-, 순-' 등의 용법이 생산성을 가진다. 명사 파생 접미사에서는 '-기' 형이 '-음'보다 생산성을 더 얻으며, '-이'형도 구체 명사나 추상 명사로 두루 나타난다. '-적(的), -화(化), -성(性)' 등을 접미한 신조어도 다량으로 만들어진다. 그러나 이전 시기에 활발하였던 '1음절 한자어 + -히' 구성은 많이 줄어든다. 이에 반해 기존의 1~2음절의 단어(특히 명사)에 접미사를 붙여 2~3음절로 안정화하는 변화(예: 모>모퉁이, 잎>잎사귀)는 늘어난다.

이 시기에는 한자어 합성어가 많이 늘어나는데, 이들 가운데에는 일본어식으로 이루어진 경우가 많다. 일본어나 서양 외래어와 우리말이 결합하는 합성어도 급증한다. 상징어에 다양한 중첩어가 늘고, 이러한 말들이 일상어로 다량 수용된다. 새로운 합성어들에서는 종속 합성어보다는 등위 합성어가 더 많은 예를 보인다.

주격 '이'와 '가'의 쓰임은 이제 음운론적으로 뚜렷한 상보성을 확보한다. 주어적 기능을 가진 속격이 간혹 쓰이기는 하지만, 이는 의고적인 용법으로 보인다. 이 시기의 초기부터 서술격은 '이라'가 아닌 '이다'형으로 대부분 바뀌는데, 이는 구어적 문체와 직접적인 관련을 갖는 것이다. 부사격 '에'나 '로' 등의 용법이 좀 더 넓어져 오늘날과 같은 여러 가지 의미 기능을 갖는다. 처소격 '에'나 '에게'에 '서' 또는 보조사가 덧붙는 표현이 이 시기부터 널리 나타나기 시작하는데, 이는 이전 시기에서도 쓰이던 방식이었으나 결합 형태가 광범위해지고 빈도가 높아진 것이다. 이 외에도 어휘격 조사와 다른 조사의 결합, 격조사와 보조사의 결합이 점차 이전 시대보다 좀 더 다양하게 이루어진다.

선어말 어미에서는 존칭형 '-샤'가 대부분 '-시어'로 바뀌고, 서술격 조사 뒤의 '-러-'도 대개 '-더-'형으로 나타난다. 상대 존대의 '-이-'가 따로 쓰이는 경우는 이제 사라지고, 어말 어미와 결합하던 '-습-'의 용법도 생산성을 잃는다. '-ᄂᆞ-/-ᄂᆞ-'와 관형사형 어미와의 결합형 '-난/-ᄂᆞᆫ'형은 점차 '-는'으로 통일되어 간다. 이전의 선어말 어미 '-ᄂᆞ-'와 '-이-'가 '-니-'로 결합하여 '-습' 아래에 놓이게 된다. 과거형 '-니-'는 '-엇-/-었-'형으로, 미래 추정의 '-리-'는 '-겟-/-겠-'으로 대부분 바뀌면서, '-니-'와 '-리-'는 서법적인 요소로 일부 남는다.

의존 명사 성격의 한자어를 포함하는 연결 어미(예: '-은즉, -는고로' 등), 그 밖의 일부 연결 어미들(예: '-을진댄, -거드면' 등)이 상당수 그 사용이 줄거나 사라져, 오늘날 연결 어미 체계를 이 시기에 갖추기 시작한다. 오늘날 사용되는 종결 어미 목록도 이 시기에 이미 체제를 갖추는데, 종결 어미에서 비격식체의 사용은 이후 점차로 늘어 간다.

새로운 시제 형태소 '-엇-/-었-, -는-, -겟-/-겠-'에 의한 시제 체계는 확고해지고, '-니-, -리-'는 이제 서법 표현 형태소로 자리를 잡는다. 물론 오늘날과 마찬가지로 '-겟-/-겠-'은 아직 시제적 기능이 충분하지 못하고 서법적인 요소를 다분히 가진다. 이와 같은 '미래' 시제 영역에는 '-겠-'과 더불어 '-을 것이-'가 함께 쓰이기 시작한다.

3인칭 대명사로 '그'가 확립되면서 작가들이 3인칭 여성형으로 '그녀, 그네'를 설정한 것도 이 시기이다. 비인칭 대명사가 주어로 쓰인다든지, 반복되는 어휘 명사를 대명사화하거나 재귀사로 받는 등의 용법은, 일본어를 통한 서양어의 영향으로 보인다.[2] 일본어식 어구의 도

---

[2] 이들 가운데에는 영어를 비롯한 서양어에서 직접 영향을 받은 경우도 있을 수 있다. 특히 대명사화나 재귀사화 등은 이런 영향 관계를 좀 더 면밀히 살펴야 할 것이다.

입도 활발하여 1940년대에 그 절정에 이르른다.

주체 극존칭으로 '하옵시-'형이 문어적으로 쓰인다. 상대 존대의 '-이-'가 단독으로 쓰이는 예는 사라지고 '-ㄴ-'와 결합한 '-니-'가 '-습' 아래에 이어진다. 한편 '드리다'가 보조 용언으로 활발하게 쓰이기 시작하여 객체 존대의 표현을 크게 보강할 수 있게 된다. 상대 높임에서 비격식의 해요체와 해체가 이전 시기보다 훨씬 일반화한다. 제2기에는 ᄒᆞ쇼셔체의 쓰임이 한정적으로 줄어들어 기본 화계에서 제외된다.

접미사에 의한 피·사동 형태가 통사적인 구조의 피·사동 표현으로 바뀌는 현상이 지속되어, 접미 피·사동형 가운데 많은 수가 사라진다.(예: 검기다(黑), 물니다(軟) …) 피동이나 사동의 접미사로 '-이-, -히-, -리-, -기-'가 혼동되던 형태는 이제 대부분 한 가지로 나타나게 된다. 그러나 '날리우다'와 같이 이중 사동 형태는 이 시기에도 많이 나타난다. 근대 국어는 물론 현대 국어 제1기에서도 사동 표현에서 잉여적으로 자주 쓰이던 '-로 ᄒᆞ야곰' 형태도 이 시기에는 거의 사라진다. 이전 시대에 비해 피동과 사동 표현이 무척 많아지는데, 이러한 현상에는 서양어를 따른 일본어의 영향이 크다.

제2기에 들어 나온 문헌에는 언문일치 운동의 결과로 접속문의 수가 줄어서 문장의 길이가 무척 짧아진다. 한 문장 안에 소속된 접속문들에서 공통적인 형태들은 후행절로 귀일하는 경향이 뚜렷해지고, 같은 접속 어미들의 되풀이 현상도 줄어든다. 피동, 사동, 부정 표현에서 통사적 장형이 늘고, 체언화 내포문 대신에 보문화 구문을 쓴 표현이 이전 시기 때보다 더욱 확대된다.

876

3) 제3기(1945~): 국어권 분단기

　광복을 맞아 우리말을 국어로 다시 사용하게 된 제3기는 우리말이 크게 발전을 하고 안정화를 얻는 시기이다. 또 이전 시기에 비해 사회나 문물의 변화가 빨라 이에 따라 언어의 변천이 그 속도가 빨라지고 폭도 커지고 있다. 광복과 6·25를 겪으면서 전국적으로 언중들의 이동이 매우 많아 각 지역의 방언에 서로 영향을 미치게 된다. 맞춤법과 표준어 등 언어 규범이 제정되어 언어 생활에 전범으로서의 역할을 하고 있다. 더욱 활발해진 국어 연구와 국어 사전 편찬도 국어의 발전에 기여하고 있다.

　파생 접두사들 가운데에는 의미를 확대하는 용법들이 많다. 가령 '날-'은 '생(生)'의 뜻 외에 부정적인 의미를 더한 용법(예: 날강도, 날도둑)으로 쓰인다. 이같이 부정적인 의미를 강화하는 접두사 '개-, 처-' 등이 좀 더 생산력을 갖기도 한다. 접미사 '-적, -화, -성'은 대단한 조어력을 발휘하고 있다. 명사형 '-기' 파생의 생산성은 매우 높아지지만 '-음'형의 생산성은 아주 낮아지고 있다. 외래어와 결합한 파생 명사가 광범위하게 나타나며, 한자어와 고유어와의 결합도 다량으로 나오고 있다. 최근에는 기존의 단어 형성 규칙에 어긋나는 조어도 간간이 생기면서(예: '먹거리, 몰래카메라, 먹튀') 새로운 단어 형성법을 만들어 가고 있다.

　단어 합성도 고유어보다는 한자어에서 훨씬 더 많은 예를 보인다. 서양어와 우리말의 결합도 매우 활발하다. 새로운 어휘의 필요에 따라 파생어와 합성어가 급증하는 실태이다. 이러한 필요성으로 합성어 어기의 파생어, 파생어 어기의 합성어도 다량 늘어나고 있다.

　어휘적 형태가 문법 형태화해 가는 경우(예: -어 치우다, -을 정도이다)

도 많이 늘고, 반대로 문법적 기능성이 강한 요소가 어휘화하는 경우(예: 뿐, 나름)도 많아지고 있다. 어근과 접사 관계에서도 이러한 교차가 일어나기도 한다.(예: 맨)

선어말 어미로 상대 존대의 '-이-'와 객체 존대의 '-습-' 용법은 완전히 사라지며, 회상의 '-더-' 용법도 매우 제약이 많아진다.(예: -더면>-었더라면) '-ㄴ/느-'와 관형사형 어미와의 결합형으로서 '-난'형은 없어지고 '-는'만이 쓰이고 있다. 과거형에는 '-었-', 미래 추정에는 '-겠-'으로 단일화하고, '-니-'와 '-리-'는 분포가 극히 제한된 채 '단정'과 '추정'의 서법 요소로 쓰인다.

현대 국어에서 시제 범주는 상(相)이나 서법과 긴밀한 관계를 가지고 있고 특히 상과는 매우 밀접하기도 하지만, 시제 자체로서 독립적인 범주를 설정할 수 있을 것이다. 다만 아직도 '-겠-'은 미래 시제의 역할을 충분히 하지 못하고 서법적인 기능에 걸쳐 있으며, 이와 비슷한 위치에 '-을 것이-'가 있다. 전자는 화자 중심의 표현에서, 후자는 일반화한 시각의 표현에서 주로 쓰인다.

2인칭 주체 극존칭으로 '하옵시-'형이 문어체에서 일부 쓰이고 있다. 오늘날에는 '하십시오체, 하세요체, 해요체, 해체, 해라체'라는 1원적인 기본 화계를 설정하게 된다. 상대 높임에서 이웃 등급 간에 교체(switching) 현상이 이전 시기에서보다 훨씬 많이 발견된다. 압존법도 약화되거나 무시되어 간다. 이에 반해 비격식적인 해요체와 해체가 이전 시기보다 더 폭넓게 쓰이고 있다. 이러한 현상들은 상대 존칭에서 등급이 간소화하고 중화되어 가는 경향성을 보이는 것이라고 해석할 수 있다.

접미사로 나타내던 피동과 사동 형태가 통사적 구조의 피·사동 표현으로 바뀌어 가는 흐름은 오늘날에도 지속되고 있다. 다만 서양어 등의 영향으로, 피동 표현('-어지다'형)을 지나치게 많이 사용하는 경향이 있고 '~ 시키다'형의 표현도 과도한 경우가 많다.[3] 이 같은 용법으로 '-어지다'는 화자의 소극적 태도를 나타내는 등의 다양한 서법적 기능 표현으로 확대되어 가고 있다. 통사적 구조의 피동과 사동 표현이 더욱 세력을 넓히는 것은, 부정법, 명사화 표현, 미래 시제 표현 등에서 접미사나 어미 등의 형태론적 표현보다 통사적 구조 표현으로 그 사용이 늘어 가는 전반적인 경향성과 그 궤를 같이하는 현상이라고 할 것이다.

---

3) 이 시기에 들어 이 같은 피동이나 사동 표현이 더욱 늘어난 것은 일본어보다는 서양어의 영향이 큰 것으로 보인다.

2. 형태소와 단어

언어에서 형태 결합은 통시적인 변화에 의해 새로운 구성 체계를 이루기도 한다. 현대 국어에서도 통시성과 구분되는 현대 국어의 공시성에 따르는 형태소 분석이 필요하다. 특히 현대 국어에서는 초기의 개화기 시대를 지난 후부터는 형태주의에 따른 표기를 원칙으로 하고 있어, 표기에서도 형태소의 모습이 비교적 잘 드러나고 있다.

(1) 그는 햅쌀밥을 많이 먹고 낚시를 즐기고 있었습니다.

예문 (1)에 쓰인 형태소는 (2)와 같이 분석할 수 있다.

(2) 그, 는, 햅-, 쌀, 밥, 을, 많-, -이, 먹-, -고, 낚-, -시, 를, 즐기-, -고, 있-, -었-, -습니-, -다

'햅쌀'의 '햅'에서 'ㅂ'은 이전 시기 '뿔'의 초성 'ㅂ'에서 온 것이지만, 현대 국어에서 '뿔'이란 형태소를 설정할 수 없으므로, '햅-'을 '해-'의 이형태로 본다. '낚시'에서는 이전 시대 '낛-'의 형태를 찾을 수 있지만, 현대 국어에 와서는 '낛-'이 '낚-'으로 변화되었으므로 동사 어간 '낚-'과 명사화 접미사 '-시'를 설정하는 것이 좋다고 본다. '-습니-'도 '-습-'과 '-니(ᄂ+이)-'라는 통시적 기원을 갖지만, 현대 국어에서는 상대 높임을 나타내는 하나의 형태로 융합되었다고 보아 하나의 형태소로 분석하는 것이 합리적일 것이다.

이처럼 현대 국어에서 개별 형태소에 대한 분석은 현대 국어의 공시적 분석 기준에 따라야 한다. 가령 '나타나다'도, '나타'를 통시적인

기원성에 따르면 중세 국어에서 보이는 '낱(現)-'과 '-아'로 분석되지만, 여기에서 찾아지는 '낱-'이 현대 국어에서 다른 출현 예를 보이지 못하므로 '나타' 전체를 하나의 형태소로 분석하여 편의성을 얻는 것이다. 이는 '즐기-'에서도 그러하다.

공시성을 따라 형태소를 분간하다 보면 통시적인 화석화형이나 이전 형태가 새로운 변화 형태와 공존하는 경우를 만나게 된다.

(3) 가위-가새표, 칼-갈치, 잠그다-자물쇠, 심다-심구다, 줍다-줏다, 돋우다-돋구다, 돌(石)-독

(3)에서 '가새'는 '가위'의 이전 형태로, '가새표'에서만 허용되고 있다. 따라서 '가새'는 현대 국어에서 '가위'와 더불어 쌍형을 이루는 셈이다. 이는 '칼:갈, 잠그-:자물-'에서도 마찬가지이다. '심구-'는 '심-'의 이전 형태로서 현대 국어에서 비표준어(방언)로 처리되지만, 역시 두 형태는 쌍형의 관계로 볼 수 있다. '줍-, 돋우-, 돌'과 '줏-, 돋구-, 독'도 같은 관계를 갖는다.

쌍형은 이 밖에도 여러 어휘에서 발견된다.

(4) 가뭄-가물, 갖다-가지다, 머물다-머무르다, 모시다-뫼시다, 서둘다-서두르다, 아기-아가

(4)에서 든 어휘들은 사전적 의미에 차이가 없이 두 가지 형태를 보이고 있다. 이들은 문법소가 아닌 어휘소이며, 음운론적 혹은 형태론적 조건에 따르는 변이 형태가 아니므로 이형태로 보기보다는 쌍형 어근으로 보아야 할 것이다.

현대 국어에서 이형태는 여러 문법 범주에서 나타난다.

(5)ㄱ. 나(我)-내, 차조-좁쌀, 타고나다-태어나다

　　ㄴ. 새파랗다-샛노랗다-시퍼렇다-싯누렇다, 해맑다-희멀겋다, 휘두
　　　 루다-휩싸이다, 한길-할아버지-함박꽃

　　ㄷ. 바로-고루, 얼음-부침, 맵시-솜씨, 마감-무덤, 깨뜨리다-깨트리
　　　 다, 보이다-잡히다-열리다-안기다

　　ㄹ. 이/가, 은/는, 으로/로, 먹었다-막았다-하였다-갔다, 먹으니-가
　　　 니, 먹어라-막아라-해라

(5ㄱ)은 어근에 이형태가 있는 예이다. 그러나 이처럼 어근에 이형태
가 있는 경우는 매우 드물다. (5ㄴ)은 접두사에서, (5ㄷ)은 접미사에서,
(5ㄹ)은 문법소, 즉 조사와 어미에서 각각 이형태를 보인다. 이형태는
어근보다는 접사에서, 특히 활용 어미에서 많이 나타난다.
　현대 국어에 들어와서 이형태는 일부 줄어들기도 한다.

(6)ㄱ. 을/를/룰/를/ㄹ, 애/에/익/의/예, -으로/으로/로, -으니/으니/니

　　ㄴ. -앗/엇/얏/엿/ㅅ/아시/어시/야시-, -아/어/야/여

　　ㄷ. -가/아, -고/오, -거든/어든

　　ㄹ. -이라, -이러니

(6)은 근대 국어 시기까지의 문헌에서 나타나는 조사나 활용 어미의
이형태들이다. (6ㄱ)에서 모음 조화에 의한 구분이 'ㆍ'와 'ㅡ'로 나타나
던 표기가, 현대 국어에서는 문자 'ㆍ'의 폐지와 함께 'ㆍ'계열이 이형태
에서 사라지게 된다. 모음 조화의 구별이 줄어드는 양상은 다른 어미

에서도 일부 보인다. 근대 국어에서 과거 시제를 보이던 '-앗-'과 설명형 연결 어미 '-아'는 (6ㄴ)과 같은 이형태를 가졌는데, 1930년대 이후에는 '하(ㅎ)-, 되-'에서도 '-얏-'과 '-야'의 쓰임이 크게 줄어들어 최근엔 완전히 없어졌다. 'ㅣ' 모음이나 'ㄹ' 아래에서 나타나던 ㄱ탈락 현상도 없어져 (6ㄷ)으로 쓰이던 활용 어미들에서 ㄱ 탈락형들이 없어진다. 'ㅣ' 모음 아래에서 일어나던 'ㄷ'의 활음화 현상도 일부 사라져, 어말 어미에서 '-이라>이다, -이러니>이더니'의 변화를 갖는다. 그러나 미래 추정법의 '-리-' 아래의 '-라', 인용법에서의 '이라(고/는)', 회상 시제의 '-더라' 등에서는 이러한 변화가 없다.

3. 단어의 유형과 형태

3.1 체언과 조사

체언에는 명사와 대명사 그리고 수사가 있다. 현대 국어의 문법 학자들은 대개 체언의 하위 범주로 이들 세 가지 품사를 분류하고 있으나, 적지 않은 문법 학자들은 세 가지 품사를 따로 인정하지 않기도 한다. 이러한 견해들은 일찍부터 나타났는데, 주시경(1914), 김두봉(1916), 김윤경(1948), 김민수(1960) 등에서는 '명사, 대명사, 수사'를 나누지 않고 이들 모두를 '명사'(또는 '임')라는 품사 하나로 보았고, 유길준(1909), 박승빈(1935), 이희승(1956) 등에선 '명사'와 '대명사'만을 설정하였다. 위의 여러 가지 견해들에서도 명사로 대표되는 '체언'이라는 문법적 범주의 독자성은 인식하고 있다.

체언은 원칙적으로 조사와 결합하여 구절이나 문장 안에서 주어나 목적어, 보어, 서술어, 관형사어, 부사어 등의 문법적 기능을 나타낸다. 그러나 현대 국어에서도 조사의 생략은 광범위한 조건 아래에서 빈번하게 일어난다.

3.1.1 명사

명사는 그것이 가리키는 내용의 범위에 따라 보통 명사와 고유 명사로, 자립성을 가졌는가에 따라 자립 명사와 의존 명사로 나눌 수 있다.

(1)ㄱ. 그 여자는 두 선생님을 모두 존경한다.

　　ㄴ. 영이는 돌이와 철이를 모두 좋아한다.

(1ㄱ)에서 보통 명사인 '여자'와 '선생님'은 문맥이나 상황에 따라서 가리키는 대상체가 달라지지만, (1ㄴ)에 나오는 고유 명사 '영이'와 '돌이, 철이'는 어느 곳에서나 같은 사람만을 가리킬 뿐이다. 이러한 속성에 따라, 보통 명사 앞에는 지시 관형사 '그'나 수 관형사 '두' 등이 자연스럽게 올 수 있지만, 고유 명사는 특수한 상황을 제외하고는 지시 관형사의 꾸밈을 받는 것이 자연스럽지 못하며, 수 관형사는 더욱 고유 명사와 어울리기 어렵다.

(2)ㄱ. 먹을 밥이 부족하여 영이와 돌이, 순이 등 모든 사람이 굶었다.

　　ㄴ. 먹을 것이 부족하여 세 명이 굶었다.

　　ㄷ. 이제는 그들 나름대로 할 수밖에 없다.

(2ㄱ)에서 자립 명사 '밥, 영이, 돌이'는 관형적인 관계를 갖는 다른 말이 그 앞에 오지 않아도 자립적으로 쓸 수 있다. 그러나 (2ㄴ)에 있는 의존 명사 '것'과 '명', (2ㄷ)에서의 '나름'과 '수'는 앞에 관형적 관계를 가진 말이 없으면 문장 안에서 쓰일 수가 없다. 의존 명사에는 (2ㄴ)의 '것'처럼 일반 명사의 대용성(代用性) 기능을 가진 것도 있으며, (2ㄷ)의 '수'와 같이 문장 안에서 거의 명사로서의 형식적인 기능만을 가진 것도 있고, (2ㄴ)의 '명'처럼 단위성 의존 명사도 있다.[4]

---

4) (2ㄱ)에서의 '사람'도, (2ㄴ)의 '명'과 같이 수량을 나타내는 단위로 쓰였다고 보아 의존 명사로 보기도 한다. (2ㄷ)에서의 '나름'은, '저도 나름대로/나름으로는 열심히 노력하였습니다.'와 같이 자립 명사처럼 쓰는 용법이 최근 들어 종종 나타나고 있다.

중세 국어에서 활발하게 의존 명사로 쓰이던 'ᄃ'와 'ᄉ'는 근대 국어에서도 일부 제한적인 용법을 가졌으나, 현대 국어에서는 그 쓰임이 사라진다.

명사 가운데에는 그 쓰임에 제약이 많은 경우도 있다.

> (3)ㄱ. 국제 문제, 인과 관계
>   ㄴ. *그것은 곤란이다.

(3ㄱ)의 '국제, 인과' 등은 단독으로 나타나지 못하고 다음에 명사와 함께할 때에만 쓰일 수 있다. (3ㄴ)의 '곤란'과 같이 상태성 의미를 가진 명사는 특별한 상황이 아니라면 서술격 조사 앞에서 쓰임이 제약된다.

> (4)ㄱ. 뿐만 아니라 그것은 다른 여러 가지 문제를 가지고 있다.
>   ㄴ. 나도 나름으로는 하느라고 했다.

(4)에서 '뿐, 나름'은 자립 명사로 쓰였다. 원래 '뿐'과 '나름'은 용언의 관형사형이나 다른 명사 아래에 놓이는 의존 명사이었으나, (4)처럼 독립적으로 쓰이는 경우도 있다. 문법화와 반대되는 이와 같은 어휘화 용법은 아주 최근에 생긴 것이다. 그러나 이들은 자립 명사로서의 자질이 충분하지 못하여 다른 조사 등의 형태와 결합할 때에는 제약이 아직 많이 있어, (4)에서의 용법 정도만 허용된다.

3.1.2 대명사

대명사는 명사와 문법적인 기능 범주는 같지만, 이름을 붙이지 않으면서 대상체를 다만 지시할 뿐이며, 명사를 대용하는 기능을 한다. 대명사는 다른 체언에서는 나타나지 않는, 형태나 기능상 특수한 면이 있다. 대명사는 인칭 대명사와 지시 대명사로 나뉜다.

대표적인 인칭 대명사로는 (5)를 들 수 있다.

(5)ㄱ. 나/내, 저/제, 우리, 저희
    ㄴ. 너/네, 자네, 당신, 그대, 어르신, 너희, 여러분
    ㄷ. 그, 그녀, 이애, 그애, 저애, 이분, 그분, 저분
    ㄹ. 누구, 어느분
    ㅁ. 아무, 아무분
    ㅂ. 자기, 저, 당신, 저희

(5ㄱ)은 제1인칭, (5ㄴ)은 제2인칭, (5ㄷ)은 제3인칭이며, (5ㄹ)은 미지칭, (5ㅁ)은 부정칭(不定稱), (5ㅂ)은 재귀칭 대명사이다. '나, 저, 너'는 주격 조사와 결합할 때 '내, 제, 네'로 교체된다. 제1인칭에서 '나'의 겸양 표현은 '저'로 나타나며, 제2인칭에서도 상대방의 대우 등급에 따라 하라체의 '너', 하게체의 '자네', 하오체의 '그대, 당신', 하십시오체의 '어르신'이 비교적 잘 호응한다. 제3인칭 대명사로는 최근에 주로 문어에서 많이 쓰는 '그'가 있고, 합성어 형태를 가진 (5ㄷ)이 쓰인다. 인칭 대명사의 복수는 '-들'을 접미하여 나타내지만, '나, 저, 너'는 '우리, 저희, 너희'로 쓰거나 여기에 '-들' 또는 '-네'를 덧붙여 쓴다.

'저, 저희'는 근대 국어까지 3인칭 재귀 대명사로 쓰이고, 이는 오늘

날에도 계속된다. 이와 별도로 '저'는 근대 국어 말에 1인칭 겸양으로 쓰인 용법이 보이는데, 이러한 용법은 현대 국어에 들어와 복수형 '저희'와 더불어 더욱 널리 쓰이게 된다.

(6)ㄱ. 그 뎨자과 헤롯의 당을 보니여 나아와 갈오디 선싱님 우리가 선
싱님이 참됨과 또 진실노 하나님의 도를 갈아치며 사름을 편디
치 은으문 외모로써 사름을 취치 은으민 줄 아느니 셰를 기살의
게 밧치미 맛당하며 맛당치 은은지 선싱의 뜻이 엇더한지 우리
게 고하소셔 하니 〈예성 마22: 16-17〉

ㄴ. 華盛頓이 그제야 그 잘못흠을 알고 곳 恭敬 對答하야 갈오디 나
는 父親을 속이지 못하옵느니 이는 眞實노 小子가 버혓습느이다
하디 저의 父親이 大喜하야 華盛頓의 머리를 어루만저 曰 참 奇
特하다 나는 實노 너의 欺罔 아니흠을 사랑하야 責지 아니하리
라 하얏다 하니라 汝等은 다 이 이으기를 잇지 말나 萬一 모로고
惡事를 하얏슬지라도 이 華盛頓갓치 그것슬 감츄지 아니하야 저
의 誤錯흠을 謝罪홀 것시니라 〈심상 3.8b-9b〉

(7)ㄱ. 평안감스 슈망은 곳 녕샹의 흔 바요 저는 아지 못하노라 하야시
니 〈명의 권수상64a-b〉

ㄴ. 쥬씌셔 만일 하고져 하시면 능히 저를 조찰케 하시리이다 〈신젼
마8: 2〉

(8)ㄱ. 다만 이 고를 스랑하는 쟈는 맛당이 즈긔의 므음과 몸과 만스와
만물 우희 홀 지니 〈쥬년 15a〉

ㄴ. 대져 사름이 즈긔 죄를 통한히 녁이는 거시 셩신 감화흠이니라
〈텬로 1.96a〉

개화기의 예문 (6)과 (7)에서는 당시 1인칭 대명사의 용법을 잘 보여 준다. (6ㄱ)에서는 복수 1인칭 겸양의 자리에 '우리'를 사용하고 있으며, (6ㄴ)에서는 '小子'로 나타나는 단수 1인칭 겸양과 대등한 위치에서 '나'가 쓰이고, '저'는 3인칭으로만 쓰일 뿐이다. 그러나 (7)에선 '저'가 1인칭 겸양에 쓰였다. 이로 볼 때 근대 국어에서 1인칭 겸양으로 '저'가 이미 자리를 잡았음을 알 수 있다. (8)에서 보이는 재귀 대명사 '즈긔'는 19세기에 들어 나타나기 시작한다.

지시대명사에는 (9)가 있다.

  (9) ㄱ. 이, 그, 이것, 저것, 그것, 무엇, 어느것, 아무것

      ㄴ. 여기, 거기, 저기, 어디, 아무데

  (10) 너ㅣ 만일 능히 구홀 만ᄒᆞ되 구치 아니ᄒᆞ면 뎌ㅣ 승텬치 못ᄒᆞ리니
      네게 큰 허물이 되지 아니랴 〈쥬년 57a〉

(9ㄱ)에는 지시 사물이 있지만, (9ㄴ)은 처소만을 가리키는 표현이다. 그러므로 (9ㄱ)의 사물 대명사에는 '-들'을 접미하여 복수를 나타내지만, (9ㄴ)의 처소 대명사는 복수를 만들 수 없다. 대표적인 지시어 '이, 그, 저' 가운데 '저'는 관형사로만 쓰일 뿐 대명사로서의 용법은 사라진다. '저'는 근대 국어 말까지는 (10)에서와 같이 대명사 '뎌'로 쓰였다.

3.1.3 수사

수사는 사물의 수량이나 순서를 나타내는 말이다. 수사에는 고유어처럼 인식되어 쓰이는 어휘들과[5] 한자어계 어휘들이 있다.

(10)ㄱ. 하나, 둘, 셋 … 열, 스물, 서른 …

ㄴ. 일(一), 이(二), 삼(三) … 십(十), 백(百), 천(千), 만(萬), 억(億) …

ㄷ. 한둘, 두셋, 서넛, 두서넛, 네다섯, 대여섯, 예닐곱

(11)ㄱ. 첫째, 둘째, 세째 … 열째, 열한째, 열두째, 스무째 …

ㄴ. 제일(第一), 제이(第二), 제삼(第三) …

ㄷ. 한두째, 두세째, 서너째 … 여남은째

(12) 저기서 둘이 오고 있다.

(10)은 사물의 수량을 말하는 양수사이며, (11)은 대상의 순서를 나타내는 서수사이다. 백 이상의 단위에서는 오직 한자어계 수사만 있다. (10ㄷ, 11ㄷ)처럼 두세 수량을 한데 합쳐 한꺼번에 말하기도 한다. (12)에서 보듯이 수사는 문장 안에서 대명사처럼 명사를 대용하는 기능도 갖는다. 그러나 수 개념을 갖는 명사이므로, 상황에 따라 '이, 그, 저, 나, 너' 등과 같이 표현이 달라지는 대명사와는 차이가 있다.

3.1.4 조사

조사에는 격조사, 접속 조사, 보조사가 있다.[6] 조사는 문법 형태소의 성격이 많으며, 이형태를 갖는 경우가 대부분이다. 조사는 체언 뒤에 결합하여 그 말과 다른 말과의 관계를 표시한다. 한편 조사는 용언의 활용형이나 부사 뒤에 결합하여 그 말의 뜻을 강조하거나 초점화하는 등의 역할을 하는 경우도 있다.

---

5) (10ㄱ)의 수사들 가운데에는 그 어원의 고유어 여부에 이견이 있는 어휘들이 여럿 있다.

6) 이는 학교 문법에서의 체계이다. 격조사와 보조사로만 나누기도 한다.

(12)ㄱ. 내가 학교에 가서 너에게도 나의 책과 연필을 주겠다.

　　ㄴ. 이 음식을 한번 먹어만 보아라.

　　ㄷ. 넌 참 일찍도 왔다.

(12ㄱ)에서 조사 '가, 에, 에게, 의, 과, 을'은 모두 체언과 결합하였고, (12ㄴ)에서 '만'은 용언의 연결 어미에, (12ㄷ)에서 '도'는 부사와 결합하였다. 하지만 격조사는 체언의 격표지로서 나타나고, 접속 조사는 단어나 구절을 접속하며, 보조사는 체언의 격표지 자리에 놓이면서 특정한 의미를 더하여 주는 것이 본래의 기능이다.

[격조사]

　현대 국어의 격조사로는 주격, 목적격, 보격, 서술격, 관형격, 호격, 부사격 조사를 설정할 수 있다.

　① 주격 조사

주격 조사에는 '이/가' 등이 있다.

　(13)ㄱ. 비가 많이 와서 땅이 질다.

　　　ㄴ. 아버님께서 읍내에 나가셨다.

　　　ㄷ. 우리 학교에서 새로운 입학 기준을 마련했다.

　(14)ㄱ. 인민은 타쳐로 리산ᄒᆞᄂᆞ 쟈ㅣ 부지기수ㅣ며 〈대민 1910.7.22〉

　　　ㄴ. 긔독도ㅣ가 압흐로 향ᄒᆞ야 나아가더니 〈텬로 1.76a〉

　　　ㄷ. 헌방 힝슈 김찬용이가 롱샹공부에 호쇼ᄒᆞ기를 〈독립 1899.11.6〉

　　　ㄹ. 두 뎨자를 보닉여 갈오딕 올 쟈가 긔디니잇가 〈예성 마11: 3〉

　　　ㅁ. 救世主씌셔는 겨우 쩍 다섯개로 五百人을 먹이셧습니다 〈소년

3-1(1910) 45〉

ㅂ. 정부에셔 ᄒ시ᄂ 일을 빅셩의게 전홀 터이요. 〈독립 1896.4.7〉

(13ㄱ)에는 주격 조사 '가'와 '이'가 있다. (13ㄴ)의 '께서'는 높임형이며, (13ㄷ)의 '에서'는 기관이나 단체 성격의 주어일 때 쓰이는 주격 조사이다. (14)는 근대 개화기 때의 예문이다. (14ㄱ)의 '쟈ㅣ'와 같이 모음 아래에서 쓰인 'ㅣ'는 중세 국어에서부터 표기하던 방식이며, (14ㄴ)의 '긔독도ㅣ가'에서 'ㅣ가'형은 근대 국어 후기부터 나타나는데, 이같은 주격 조사 형태가 현대 국어 초기에는 널리 쓰이다가 1930년대 이후에는 거의 자취를 감춘다. (14ㄷ)의 '김찬용이가'처럼 자음으로 끝나는 사람 이름 아래에 '이'를 덧붙이고 주격 조사 '가'를 결합하기도 하는 방식은 오늘날에도 쓰인다. 그러나 개화기에도 (14ㄹ)처럼 모음 아래에서는 주격 조사로 '가'를 쓰는 것이 일반적이다. 높임의 주격 조사는 (14ㅁ)의 'ᄭᅴ서, 쎄서, ᄭᅴ셔'가 일반적이며, '게옵셔' 유형도 일부 문헌에서 보이다가 1920년대 이후엔 '께서'형이 다수를 이룬다. (14ㅂ)의 '에셔/에서'도 주격인데, 처격형이 주격으로 쓰이는 용법은 이전 시기에 높임형 'ᄭᅴ셔'형으로 먼저 나타나기 시작하였다.

② 목적격 조사
목적격 조사에는 '을/를/ㄹ'이 있다.

(15) 나는 그때 노래를 들으며 널 생각하고 있었다.
(16) ㄱ. 물과 모릭가 ᄲᅡ져 나리ᄂ 分數를 보고 時刻을 알더니 〈국소 10〉
　　 ㄴ. 너희가 사룸의 허물을 샤치 안으면 〈예성 맛6: 15〉

(15)에는 목적격 조사 '를, ㄹ'가 보인다. (16)을 보면, 현대 국어 초기에는 '롤/를'과 '올/을'도 쓰였음을 알 수 있다. 당시에는 (16ㄱ)에서 보듯이 '롤'과 '를'은 모음 아래에서 모두 잘 쓰이나, 자음 아래에서는 양성 모음 명사에서도 대부분 '을'이 쓰여 (16ㄴ)과 같은 '올'은 매우 드물다. 목적격 조사는 1920년대를 넘기며 'ㆍ'음 표기가 줄면서 '을/를/ㄹ'로 정착한다.

3 보격 조사

보격 조사는 주격 조사와 형태를 같이하는데, 이는 중·근대 국어에서도 마찬가지이다.

(17) 이런 일은 나에게 영화가 되는 것이 아니다.
(18)ㄱ. 탄싱ᄒ심이 다만 ᄉᄉ 집에 영화ㅣ 될 뿐 아니라 〈쥬년 29a〉
　　ㄴ. 그 肉塊ᄂ … 먹ᄂ 거시 아니라 … 身體를 滋養ᄒᄂ 資料가 되
　　　　ᄂ니라 〈국소 11〉

(17)의 '영화가'와 '것이'에서 '가'와 '이'는 모두 보격 조사이다. (18)은 개화기 문헌의 예인데, (18ㄱ)에서는 보격 조사로 '영화ㅣ'에서 'ㅣ'를 보이고, '뿐'에서는 보격 조사를 생략하였다. 그러나 (18ㄴ)에서 보듯이 당시에도 자음 말음 아래서는 '이', 모음 말음 아래서는 '가'형이 비교적 정연하게 놓인다.

4 서술격 조사

서술격 조사는 '이다/다'로 나타난다.

(19) ㄱ. 그분은 내가 존경하는 선비다.

　　ㄴ. 선비인 그분은 내가 존경하는 선생님이시다.

(20) ㄱ. 漢陽은 我國의 首府ㅣ라 〈국소 3〉

　　ㄴ. 太祖 大王이 開國ᄒ신 後 五百有餘 年에 王統이 連續ᄒᆫ 나라이 라 〈국소 1〉

　　ㄷ. ᄒ로밧비죽어셔 이고싱을아니ᄒ면 늬신셰가 조흘거시다 〈치악 산上46〉

　　ㄹ. 도마쓰 딋듭ᄒ여 굴ᄋ딕 우리 쥬 우리 하ᄂ님이시라 ᄒ니 〈훈 아 39a-b〉

(19)에서 '선비다, 선비인, 선생님이시다'는 모두 명사에 서술격 조사가 결합되어 있다. (19ㄱ)처럼 서술격 조사 '이다'는 모음 아래에서 '이'가 수의적으로 탈락한다. 그러나 '선비인'과 같이 관형사형 어미 앞에서는 '이'가 탈락할 수 없다. 개화기 시대의 교과서인 (20ㄱ)에서는 'ㅣ라'형도 보인다. 현대 국어 초기에는 '이다'가 (20ㄱ, ㄴ)처럼 수의적으로 '이라'형을 가지지만, (20ㄷ)의 '거시다'에선 '이다'형을 보인다. 다만 (20ㄷ)의 '하ᄂ님이시라'는 피인용문의 문말 서술격 조사로, 이와 같은 내포 피인용문에서는 오늘날도 '이라'형을 가진다.

5 관형격 조사

현대 국어에서 생산적인 관형격 조사는 '의' 하나만을 꼽을 수 있다.

(21) 나의 방에는 아버지의 그림이 걸려 있다.

(22) ㄱ. 네 작품이 내 작품보다 훨씬 낫다.

　　ㄴ. 눈엣가시, 귀엣말

(23) ㄱ. 여러 가지 보비엣 말 ᄀᄅ침도 분명ᄒ다 〈텬로 1.38a〉

　　　ㄴ. 손님을 박ᄃᆡᄒᆞ든지 희ᄒᆞ든지 ᄒᄂᆞ 거슨 야만에 일이요 〈독닙 1896.4.9〉

(21)에서 '의'는 관형격 조사이다. '아버지의 그림'은 관형격 구조에서 나타날 수 있는 여러 가지 의미 해석이 가능한 중의성을 갖는다. (22 ㄱ)에서 '네, 내'는 '너, 나'에 관형격 조사 'ㅣ'가 결합한 것으로, 이는 이전 시기에 굳어진 형태이다. (22ㄴ)의 'ㅅ'형도 관형격 역할을 하지만, 이들은 합성 명사의 어휘 내적 기능이다. 근대 국어 초기까지 관형격 조사로 쓰였던 'ㅅ'는, 개화기 시기에도 그와 같은 기능이 (23ㄱ)의 '보비엣 말'처럼 극히 일부 문헌에서 보수적으로 계속된다. 그러나 개화기를 지낸 이후부터는 관형구를 형성하는 표현은 거의 나타나지 않고, 명사 합성 때에 사잇소리 역할을 할 뿐이다. (23ㄴ)의 '야만에'에서 보는 관형격 조사 '에'는 개화기 초에 일부 문헌에서 보이다가 사라진다.[7]

(24) ㄱ. 사룸들의 말ᄒᄂᆞ 음들은 다 가쵸엿ᄂᆞ 고로 〈독닙 1897.4.22〉

　　　ㄴ. 사신의 묵을 객관과 사신을 맞아 대접할 접사관은 준비되었다 〈"소문과 당태종" 「조광」 10-5(1944) 50면〉

(24)에는 주어적 의미를 가진 관형격 조사가 쓰였다. 주어 기능의 관형격 조사는 오늘날에도 생산력을 완전히 잃지는 않은 상태이다.

---

7) 그러나 오늘날에도 구어에서는 /ㅔ/로 발음되는 일이 많으므로 표기법상 없어졌을 뿐 계속 이어진다고 볼 수 있다.

6 호격 조사

호격 조사에는 '아/야'가 있으며, 문어적 표현에서는 높임형도 가능
하다.

   (26)ㄱ. 영이야, 이리 와라.

      ㄴ. 슬픔이여 안녕.

      ㄷ. 주님이시여, 저를 굽어 살펴 주소서.

   (27)ㄱ. 온젼흔 능간의 쥬 하나님아 일이 거룩ᄒ며 긔긔ᄒ시니 딕딕에

         왕아 힝ᄒ시미 올으시고 참이시니 〈예셩 묵15: 3〉

      ㄴ. 불샹ᄒ다 저 사름이여 필연 앙화를 밧으리로다 〈텬로 2.186b〉

      ㄷ. 믜님 나ᄒ고 구경갑시다 〈국독 1.21〉

호격 조사는 일반적으로는 (26ㄱ)에서 보이는 '아/야'가 대표적이며,
정중하게 부르는 (26ㄴ, 27ㄴ)의 예사 높임 '이여'도 있다.[8] 주로 종교적
인 표현 등 특수한 경우에는 (26ㄷ)과 같이 아주 높임의 '이시여'도 쓰
이고 있다. 그러나 '이여'나 '이시여'는 직접 면대하지 않은 상태에서
일방적으로 부르는 경우가 대부분이다. 개화기의 성서에는 '이시여'가
아직 나오지 않는다. (27ㄱ)에서 보듯이 '하나님'이나 '왕'에게도 '아'가
결합해 있어, 현대 국어 초기까지는 아직 '아'가 오늘날처럼 비존칭에
서만 쓰이지는 않았음을 알 수 있다. 존칭 접미사 '-님'이나 직함 아래
에서는 (27ㄷ)처럼 호격 조사를 넣지 않는데, 이는 이전 시기부터의 용
법이다.

---

8) '이여'는 영탄으로 보기도 한다.

7 부사격 조사

부사격에는 처소격, 도구격, 비교격, 동반격, 변성격 등을 들 수 있다.

처소격 조사는 위치, 낙착점, 출발점, 지향점 등을 나타낸다.

(28)ㄱ. 나는 지금 학교에 있다.

　　ㄴ. 나는 학교에 등록금을 내야 한다.

　　ㄷ. 나는 지금 학교에서 왔다.

　　ㄹ. 나는 지금 학교로 간다.

(29)ㄱ. 그 어맘이 죵더러 갈오딕 뎌 너희게 말ᄒᆞᄂᆞᆫ 바 쟈를 힝ᄒᆞ라 ᄒᆞ더라 〈예성 요2: 5〉

　　ㄴ. 괴독도ㅣ 이쳔ᄃᆞ려 닐ᄋᆞ딕 나를 ᄯᆞᄅᆞ오라 〈텬로 1.6a〉

　　ㄷ. 동싱덜아 늬가 너희로 이 깁푼 도룰 무식치 안코져 ᄒᆞ기 다 너희 스사로써 총명ᄒᆞᆫ테 ᄒᆞ기를 면케 ᄒᆞ노니 〈예성 로11: 25〉

　　ㄹ. 무룹흘 쑬고 업ᄃᆞ려 하ᄂᆞ님쯰 용셔ᄒᆞ심을 구ᄒᆞ고 〈텬로 1.46b〉

　　ㅁ. 마귀의 유감홈이 비록 마귀의게셔 낫시나 〈셩직 30b〉

　　ㅂ. 다만 英人뿐 아니라 各國으로셔 往來ᄒᆞᄂᆞᆫ 者ㅣ 每 朝夕에 二十萬 名이라 〈국소 15〉

(28ㄱ)의 '에'는 위치를 나타낸다. 위치를 나타내는 처소격 조사에는 이 외에도 '서, 에서'가 있다. (28ㄴ)의 '에'는 낙착점을 나타내는 것으로, 이를 흔히 여격이라고 한다. 여격 조사에는 '에게, 더러, 보고, 한테' 등도 있는데, 특히 여격 대상이 [+유정성]이면 이 같은 여격형을 쓰며 이에 대한 높임은 '께'이다. (28ㄷ)의 '에서'는 출발점을 말하는 탈격이다. 탈격은 '부터, 로부터, 에서부터'로도 나타낸다. (28ㄹ)의 '로'는 지

향점을 뜻하는 조사이다. 지향점은 '에'로도 쓸 수 있다.

(29)는 현대 국어 초기의 용례이다. 여격 조사로 '에게/의게(29ㄱ), 드려(29ㄴ), 흔테(29ㄷ)' 등이 있고, 이에 대한 높임으로 '께/씌'형(29ㄹ)이 있다. 탈격 조사에는 '에게셔/의게셔(29ㅁ), 으로셔(29ㅂ)' 등이 있다.

도구격 조사는 '(으)로'가 있는데, 도구, 수단, 자료, 자격, 원인 등을 나타낸다. (30)에서 이들을 차례로 보인다.

(30)ㄱ. 영이가 칼로 연필을 깎는다.

ㄴ. 영이는 버스로 학교에 다닌다.

ㄷ. 그는 초로 인형을 만들었다.

ㄹ. 그는 학자로 소신껏 자기의 주장을 펼쳤다.

ㅁ. 나는 어제 병으로 결석하고 말았다.

(31)ㄱ. 貧士로셔 肯히 濟人홈이 바야흐로 性天中에 惠澤이오 〈소독 4〉

ㄴ. 臣이 正道로뼈 事君치 못ᄒ와 〈심상 3.16a〉

(30)에는 모두 도구격 조사가 있다. 이들은 모두 '(으)로써'형으로도 교체될 수 있는데, 다만 자격을 나타내는 (30ㄹ)에선 '(으)로서'형을 갖는다. 개화기에도 대개 '자격'은 (31ㄱ)의 '로셔'로, '수단'은 (31ㄴ)의 '로뼈'로 구분하였는데, 이러한 구분에 어긋나는 출현도 많다.

비교를 나타내는 부사격 조사에는 '와, 하고, 보다'가 있다.

(32)ㄱ. 새로 나온 책은 이전 책과 전혀 다르다.

ㄴ. 새로 나온 책은 이전 책보다 낫다.

(33) 둘을 눈으로 보면 졍반만 ᄒ고 리치로 싱각ᄒ면 졍반에셔 억만 비나 더 크니 〈주교 39b〉

(32ㄱ)의 '과'는 동등 비교, (32ㄴ)의 '보다'는 차등 비교이다. 중세 국어에서 기준 비교로 쓰이던 '에, 에서/에셔'는, 근대 국어에서 쓰임이 줄어들어서 현대 국어에선 (33)처럼 개화기 때 일부 보이다가 없어진다.

동반격 조사는 '과/와, 하고'가 대표적이다.

(34)ㄱ. 영이는 어제 돌이와 결혼하였다.

ㄴ. 우리는 그때 어느 낯선 사람하고 말하는 중이었다.

(35) 隋帝가 臣下로더브러 議論ᄒ고 文德을 잡으랴 ᄒ거늘 〈국소 22〉

(34ㄱ)의 '와', (34ㄴ)의 '하고'는 이전 시기부터 계속되는 동반격 조사이다. (35)에선 동반격으로 '로더브러'가 있다. 중세 국어의 '롤더브러'를 이은 근대 국어의 '로더브러'형이 현대 국어 초기에까지 쓰인 것이다. 이후에는 '와 더브러' 형태로 부사로만 쓰인다.

변성격 조사로 '(으)로'를 쓰는 것은 이전 시기와 변화가 없다.

인용구를 들 때에는 '-다/라, -다고/라고'를 쓰는데, 여기에서 '-다/라' 아래에 오는 '고'는 인용을 나타내는 조사이다.

(36) 우리는 그를 바보라(고) 부른다.

(37) 혹은 말ᄒ되 긔독도를 ᄡᄂ 위틔ᄒ 거슬 무롭쓰고 갓던 거시 광긱이라고도 ᄒ며 혹은 말ᄒ되 담이 적어 길을 써낫다가 조고만 어려온 일에 즁도이폐ᄒ다 ᄒ니 〈뎐로 1.11a〉

근대 후기에 나타난 인용의 조사 '고'는 수의적으로 쓰인다. 개화기의 예문 (37)에서도 '광긱이라고도 ᄒ며, 이폐ᄒ다 ᄒ니'처럼 '고'가 수의적으로 나타난다. 이는 오늘날의 인용문 (36)에서도 마찬가지이다.

접속 조사에는 '과/와'와 '하고' 등이 있다.

    (25)ㄱ. 우리는 사과와 감과 배를 샀다.

       ㄴ. 우리는 사과하고 감하고 배(하고)를 샀다.

       ㄷ. 우리는 사과며 감이며 배를 샀다.

       ㄹ. 우리는 사과랑 감이랑 배(랑)를 샀다.

       ㅁ. 우리는 사과에다 감에다 배를 샀다.

    (26) 니러나는 근심과 의심과 경황이 모도 모혀 이리로 드려가매 〈텬로

       10a〉

(25)에서는 모두 접속 조사를 보인다. 조사의 종류에 따라서는 열거되는 항목의 끝에도 조사를 붙일 수 있다. 그러나 (26)에서 보듯이 개화기 문헌에서도 열거되는 끝 항목에도 접속 조사를 붙인 예는 거의 나타나지 않는다. '과/와, 하고, 이나, 이며, 이랑'은 이전 시대에도 쓰이던 접속 조사이다. 반면 '에다'는 개화기에선 처소격 조사로 쓰인 용례만 나타나므로, 접속 조사 용법은 그 이후에 생긴 것으로 보인다.

[조사의 생략]

격조사와 접속 조사는 생략이 자주 일어난다. 이는 고대 국어에서부터도 있어 왔던 현상이다.

    (38)ㄱ. 우리 다함께 힘을 합치자.

       ㄴ. 아저씨, 라면 하나 주세요.

       ㄷ. 어렸을 때 먹던 과자가 갑자기 생각난다.

ㄹ. 학교 건물이 많이 낡았다.

ㅁ. 우리는 사과, 감, 배를 샀다.

(38)의 예문에서는 모두 조사의 생략이 있다. '우리' 다음에 주격, '하나'에 목적격, '때'에 처격, '학교'에 관형격 조사가 생략되었고, '사과, 감'에는 접속 조사 대신에 쉼표를 사용하였다. 그런데 이들 격조사는 오히려 생략하는 것이 더 자연스럽게 느껴진다. 일반적으로 조사는 앞뒤의 문맥이나 발화 상황에서 회복이 가능할 때에 생략이 일어난다. 선행 명사와 조사가 음운적으로 유사한 점이 있거나, 선·후행하는 조사가 반복되거나, 관용적으로 많이 쓰이는 구절이 있을 경우 조사가 생략되는 일이 많은데, 이 모두는 조사의 회복 가능성이 높은 데에 연유하는 것이다. 그러나 강조나 초점을 받을 때, 주의를 환기하고자 할 때에는 조사를 다시 복원하여, (38)의 예들은 '우리가, 하나를, 때에, 학교의'로 쓸 수도 있다. 이와 같은 생략 표현은 현대 국어의 초기나 오늘날이나 마찬가지이다.

[보조사]

현대 국어에는 많은 종류의 보조사가 있다. 중세 국어 이래로 각 보조사의 의미 내용에는 큰 변화가 없으나 보조사의 종류는 계속 늘어 간다. 보조사의 범위와 목록은 학자에 따라 차이가 있지만, 대체로 '까지, (이)나, 나름, (이)나마, 은/는, 다가, 대로, 도, (이)ㄹ랑, 마냥, 마다, 마저, 만큼, 밖에, 부터, (이)야, (이)야말로, 조차, 커녕, 토록, 그래, 그려, 마는, 요' 등을 꼽을 수 있다.

(39)ㄱ. 이 사람도 그것만은 이해할 수조차 없단다.

ㄴ. 그 친구같이 멋대로 하는 사람까지 배려할 필요가 있을까?

ㄷ. 사람마다 쉬운 것부터 해결하려 하겠지.

ㄹ. 너마저 그것만을 하기야 어렵겠지만

ㅁ. 요즈음 춘궁기라서 식량 사정이 어려우니, 그것이나마 남은 것
  이라면 이웃이든지 아니든지 가리지 말고 쌀이나 보리를 조금
  씩이라도 나누어 주도록 하자.

ㅂ. 두 사롬이 이런 거슬 사지 아닐 샌더러 보기도 시려ᄒᆞ되 〈텬로
  2.108b〉

(40) ㄱ. 니(가) 바보가?

ㄴ. 이기 모꼬?

(41) ㄱ. 이것이 가장 좋아요.

ㄴ. 이것이 가장 좋네그려.

(42) ㄱ. 그럿케 ᄒᆞ십시오그려 정혼ᄒᆞ엿다ᄂᆞᆫ 표적으로 랑ᄌᆞ의 사주ᄂᆞᆫ 보
  ᄂᆡ두엇다가 져의들 나 ᄎᆞ거던 성례를 시기십시오그려 에그 져
  ᄂᆞᆫ 밧바셔 어셔가깃습니다 〈금강문 18〉

ㄴ. 허허 자네가 편치 못하다ᄂᆞᆫ 말은 드럿내마ᄂᆞᆫ 뎌 디경인지ᄂᆞᆫ 막
  연히 몰랏네그랴 〈홍도화 102〉

(39)의 보조사들은 주로 명사 뒤에 오지만, 이 밖에도 용언의 연결 어
미나 부사 등의 뒤에도 두루 올 수 있다. 보조사는 (39ㄱ)에서 '도, 만,
은, 조차', (39ㄴ)에서 '같이, 대로, 까지', (39ㄷ)에서 '마다, 부터', (39
ㄹ)에서 '마저, 만, 야', (39ㅁ)에서 '(이)나마, (이)라면, (이)든지, (이)나,
(이)라도'를 찾을 수 있다. (39ㅂ)의 '샌더러'에서 '더러'는 개화기에 들
어와 새로 쓰이기 시작한 보조사이다. '더러'가 여격 조사로 쓰이는
기능은 중세 국어의 'ᄃᆞ려'로부터 형태 변화를 겪으며 오늘날까지도

계속되지만, '더러'가 '만 아니라'라는 뜻의 보조사로 쓰이는 용법은 현대 국어에 와서야 보인다. 다만 '더러'는 오늘날에도 의존 명사 '쏀>뿐'과 결합하여서만 나타난다. 보조사는 (39ㄱ)의 '그것만은'과 (39ㄹ)의 '그것만을'에서 보듯이, 보조사끼리 또는 격조사와 결합형을 이루기도 한다.

명사 뒤에 붙어 의문문을 만드는 의문 보조사 '가'와 '고'는 표준어에서는 사라졌지만, 동남 방언에서는 (40)처럼 아직 널리 쓰이고 있다. (41)의 '좋아요, 좋네그려'에서 '요, 그려'는 용언의 종결 어미에 붙는 보조사이다. 이 같은 보조사에는 '그래, 마는' 등이 더 있다. 이는 개화기의 신소설에서도 (42)에서 보듯이 'ᄒ십시오그려, 시기십시오그려, 드럿내마는, 몰랏네그랴' 등 이미 많이 쓰이고 있다.

(42)ㄱ. 이제는 보다 많은 사람들이 이용할 수 있도록 노력해 보아라.

ㄴ. 그 사람도 나름대로는 노력했습니다.

'보다'는 원래 보조사로 쓰이는 말이나, (42ㄱ)에서는 부사로 쓰이는 용법을 보여 준다. 보조사 '나름'이 (42ㄴ)에서는 명사적 용법을 가진다.[9] 이러한 새로운 용법들은 아주 근래에 생긴 것이다.

---

9) (42ㄴ)에서 '나름' 앞에 명사가 생략된 것으로 볼 수도 있으나, 이러한 형태가 일반적이므로 명사의 선행이 없는 '나름'의 명사적 용법을 설정하여도 좋을 것이다.

3.2 용언과 활용

용언에는 동사와 형용사가 있다. 현대 국어의 문법 학자들은 대개 이들 두 가지의 품사를 인정하지만, 형용사를 설정하지 않거나(정렬모 1946 등), 동사와 형용사 외에 따로 존재사(박승빈 1935, 이희승 1956 등) 또는 지정사(최현배 1937, 박승빈 1935 등)를 설정하기도 한다. 위의 여러 가지 견해에서는 모두 용언이라는 문법적 범주를 인정하고 있다.

용언은 그 어간이 어미 활용형과 결합하여 문장에서 서술어 기능을 한다.

(43)ㄱ. 해가 삐죽 솟는다.

ㄴ. 삐죽 솟은 해가 붉으레한 빛을 비춘다.

ㄷ. 우리는 해가 삐죽 솟기를 기다렸다.

(44)ㄱ. 이 꽃이 매우 아름답다.

ㄴ. 이 꽃이 매우 아름답게 피었다.

(43)에서 '솟–'은 동사 어간이다. (43ㄱ)은 단순문이어서 '솟는다'가 서술어 기능만을 하지만, (44ㄴ)은 내포절의 서술어 '솟–'이 관형사형 활용 어미를 가져 상위문에서 명사 '해'를 꾸미는 관형절을 이끈다. (43ㄷ)에서는 내포절의 서술어 '솟–'이 명사절을 이끌어 상위절 서술어 '기다렸다'의 목적어절이 된다. (44)에서 '아름답–'은 형용사인데, (44ㄱ)에선 서술어의 기능을 가질 뿐이지만, (44ㄴ)에서는 내포절의 서술어 기능과, 부사절을 이끌어 상위절의 동사 '피었다'를 꾸미는 기능을 함께 한다고 해석된다.

동사와 형용사로 모두 쓰이는 용언도 적지 않다.

(45)ㄱ. 밤새 키가 많이 컸다.

ㄴ. 그때에도 나는 키가 꽤 컸다.

서술어 '크-'가 (45ㄱ)에서는 동사이지만, (45ㄴ)에서는 형용사이다. 이처럼 동사와 형용사로 다 쓰이는 양용 동사에는 '건조하다, 고르다, 굳다, 굽다, 기울다, 길다, 늦다, 마르다, 밝다, 여물다, 지나치다, 흐리다' 등이 있다. 그러나 대부분의 용언들은 동사나 형용사 가운데 하나로만 쓰인다.

'있-'(在, 有)도 현재형 '있는' 외에 명령형이 가능한 동사 용법과, 명령형이 불가능한 형용사 용법이 있다. 이는 이전 시기에서도 마찬가지였다.

(46)ㄱ. 서울에 있는 형에게 전화를 하였다.

ㄴ. 너는 이곳에서 조용히 있어라.

(47)ㄱ. 그는 아무것도 없으면서 있는 체한다.

ㄴ. *너에게 선택권이 있어라.

주로 '존재'를 나타내는 동사 '있다'는 현재형 '있는'(46ㄱ)과 명령형 '있어라'(58ㄴ)가 가능하다. 한편 주로 '소유'를 말하는 '있다'의 형용사 용법에서는 '있는'(47ㄱ)은 가능하지만 명령형 '있어라'(47ㄴ)는 허용하지 않는다.

3.2.1 동사

동사는 자동사와 타동사로 나눌 수 있다.

(48)ㄱ. 가다, 오다, 웃다, 일어나다

　　ㄴ. 건너다, 때리다, 먹다, 읽다

(49)ㄱ. 남다(餘), 늘다, 맞다(正), 살다, 있다

　　ㄴ. 믿다, 생각하다, 여기다, 좋아하다

(48ㄱ)과 (49ㄱ)은 자동사이지만, (48ㄴ)과 (49ㄴ)은 목적어를 요구하는 타동사이다. 동사는 '동작성의 뜻을 갖는 용언'이라고 하지만, (48)이 동작성을 보이는 데 반해 (49)는 적어도 외현적인 동작성을 갖지 않는 동사이다.

　동사 가운데에는 자동사와 타동사에 두루 쓰이는 능격 동사가 여럿 있다.

(50)ㄱ. 그녀의 울음이 뚝 그쳤다.

　　ㄴ. 그녀는 울음을 뚝 그쳤다.

동사 '그쳤다'는 (50ㄱ)에서 자동사, (50ㄴ)에서 타동사로 쓰였다. 이처럼 자·타동사에 다 쓰이는 동사에는 이 밖에도 '넘다, 돌다, 뜨다, 맞다, 지나다' 등이 있다.

　자동사는 사동화 접미사를 붙여 사동성 타동사를 이루지만 사동의 의미가 없는 타동사를 만들기도 한다. 또 타동사에 피동화 접미사가 결합하면 피동성 자동사가 되지만, 피동성이 없는 단순한 자동사가 되기도 한다.

(51)ㄱ. 그는 할머니를 침대에 눕히었다.

　　ㄴ. 그는 허리를 눕히었다.

(52) ㄱ. 쥐가 고양이에게 먹히었다.

ㄴ. 요즈음엔 밥이 잘 먹힌다.

자동사 '눕다'의 사동화 형태인 '눕히었다'는 (51ㄱ)에서 사동사로 쓰이지만, (51ㄴ)에서는 단순히 타동사일 뿐이다. 이처럼 자동사의 사동화형이 단순한 타동사를 이루는 경우는 '돌리다, 맞추다, 보이다, 붙이다, 속이다, 살리다, 죽이다, 지내다' 등 매우 많다. (52)에선 타동사 '먹다'의 피동화 형태인 '먹히다'가 두 가지로 쓰였다. (52ㄱ)에선 피동사, (52ㄴ)에선 일반적인 자동사이다. 이와 같이 타동사의 피동화 형태가 단순한 자동사로 쓰이는 동사도 '놓이다, 들리다, 뚫리다, 보이다, 섞이다, 쓰이다, 파이다' 등 많이 있다.

한편, 문맥상 대동사처럼 쓰이는 동사도 있다.

(53) 나는 어제 도서관에서 공부하였다.

(54) ㄱ. 나도 그랬다.

ㄴ. 나도 하였다.

ㄷ. 나도 그랬기는 그랬다/하였다.

ㄹ. 나도 어제 공부하기는 공부하였다/*그랬다/하였다.

(55) 나는 어제 샌드위치를 먹었다.

(56) ㄱ. 나도 그랬다.

ㄴ. *나도 하였다.

ㄷ. 나도 그랬기는 그랬다/하였다.

ㄹ. 나도 어제 샌드위치를 먹기는 먹었다/*그랬다/하였다.

ㅁ. *나도 어제 샌드위치를 그랬다/하였다.

(57) 나는 어제 그곳에 갔다.

(58)ㄱ. 나도 그랬다

　　ㄴ. *나도 했다.

　　ㄷ. 나도 어제 그곳에 가기는 갔다/*그랬다/했다.

(53)에 대해 (54), (55)에 대해 (56), (57)에 대해 (58)이 각각 대응하는 대화문이라고 할 때, (53)에 대해 (54ㄱ)과 (54ㄴ)이 모두 가능하므로 ‘그랬다’와 ‘하였다’가 대동사처럼 보인다. 그러나 (55)에 대해 (56ㄱ)은 문법적이지만, (56ㄴ)은 비문법적이어서, ‘그랬다’가 갖는 대동사의 기능을 ‘하였다’에서는 얻을 수가 없다. 따라서 (54ㄴ)의 ‘하였다’는 (53)의 ‘공부하였다’에서 ‘공부’를 생략한 형태라고 이해된다. (54ㄷ, 54ㄹ)과 (56ㄷ, 56ㄹ)에서 ‘하였다’는 ‘그러-’, ‘공부하-, 가-’의 대용이 아니라 상위절의 원동사이다. (54ㄷ, 54ㄹ, 56ㄷ, 56ㄹ)에서, ‘-기는’에 후행하는 동사가 ‘-기는’에 선행하는 동사를 그대로 복사하여 반복 출현하는 문장과, 후행 동사가 ‘하-’ 형태를 갖는 문장은 외견상 비슷해 보여도 그 문장 구조가 전혀 다른 것으로 해석해야 한다. 이는 (58ㄴ)을 보면 뚜렷이 알 수 있다. ‘하다’는 타동사이므로 목적어가 없는 ‘갔다’의 대동사가 될 수 없으므로 (58ㄴ)은 비문이다. 결국 국어에서 대동사는 ‘그러다(그런다, 그랬다, 그러겠다)’뿐이라고 할 것이다. 이때 목적어 ‘샌드위치’를 제외한 서술어 용언 ‘먹었다’만 대용할 때에는 (56ㅁ)과 같이 비문이 되는 점으로 보아, 국어에서 대동사는 서술어보다는 서술부를 대용한다고 말할 수 있다. 다만 (58ㄷ)에서 ‘했다’가 내포절(‘그곳에 가기’)을 가진 구문에서 단순한 수행성 기능을 하는 상위 동사이며, ‘하다’가 보조 용언으로도 널리 쓰인다는 점 등으로 볼 때, ‘하-’는 형식동사(light verb)의 기능을 갖는다고 할 것이다.

3.2.2 형용사

형용사는 성상 형용사와 지시 형용사로 나눌 수 있다.

> (59) ㄱ. 높다, 매끄럽다, 복스럽다, 사람답다, 스마트하다, 외롭다, 착하
> 다, 낫다, 좋다
>
> ㄴ. 고맙다, 미안하다, 싫다, 낫다, 좋다
>
> (60) 이러하다/이렇다, 그러하다/그렇다, 저러하다/저렇다, 아무러하
> 다/아무렇다, 어떠하다/어떻다

(59)는 성상 형용사이다. (59ㄱ)은 사물의 성격이나 상태를 나타내고 (59ㄴ)은 화자의 느낌이나 심리 상태를 표현하는 경우가 많은데, '낫다, 좋다'처럼 두 가지 경우에 다 쓰이는 형용사도 있다. (60)은 지시 형용사이다. 지시 형용사에는 '이, 그, 저, 아무'와 관련한 형태에 '이러하다' 유형과 그 축약형 '이렇다' 유형이 있다.

'없-'은 근대 국어에는 현재 시제 관형사형이 '-는'과 '-은'이 같이 쓰였지만 현대 국어에 들어서는 '-는' 형으로 모아진다.

> (61) ㄱ. 그는 지금 여기에 없다.
>
> ㄴ. 여기에 없는 사람은 고려하지 마라.
>
> (62) ㄱ. 영이는 지금 입장권이 없다.
>
> ㄴ. 지금 입장권이 없는 사람은 나가세요.
>
> (63) ㄱ. 이거슨 그 나라에 정부가 업는 것과 갓고 정부 잇실지라도 법률
> 이 업는 나라이라 할지니 〈신학 3.191〉
>
> ㄴ. 무릇 사룸이면 勉勵홀 ᄆᆞ음이 업슨 則 아모 일이던지 苦狀만 되

읍 ᄂ 이다 〈심상 1.1b-2a〉

'없-'이 (61)에서는 '不在'의 뜻으로, (62)에선 '不有'의 뜻으로 쓰였다. 두 경우에서 모두 '없는'으로 활용하므로 동사처럼 보이고 이 밖에 '없 느냐, 없는가' 등 동사처럼 활용하기도 하지만, 이들을 제외하고 '없-' 은 형용사로서의 형태만을 가지므로 형용사로 처리하여야 할 것이다. (61ㄱ)과 (62ㄱ)에서 모두 형용사의 현재 시제를 나타내는 영형태소가 쓰였음을 볼 수 있다. 개화기에는 근대 국어에서의 '-은' 용법이 아직 함께 쓰여 (63)과 같이 관형사형에 '-는'과 더불어 '-은'형도 나타나지 만, 이후엔 동사의 관형사형 '없는'으로 바뀐다.

동사에서 대동사를 설정하듯이, 형용사에서도 대형용사를 설정할 수 있다.

(64) 그는 매우 건실하다.

(65)ㄱ. 이 사람도 그렇다.

ㄴ. *이 사람도 하다.

ㄷ. 이 사람도 그렇기는 그렇다/하다.

ㄹ. 이 사람도 건실하기는 건실하다/*그렇다/하다.

(66) 이 꽃이 무척 예쁘다.

(67)ㄱ. 저 꽃도 그렇다.

ㄴ. *저 꽃도 하다.

ㄷ. 저 꽃도 그렇기는 그렇다/하다.

ㄹ. 저 꽃도 예쁘기는 예쁘다/*그렇다/하다.

형용사에서도 동사와 마찬가지로, 대형용사는 '그렇다'가 되며 '하다'

는 대형용사가 될 수 없다.(자세한 설명은 '3.2.1 동사' 항목 참조) 그리하여 (66)에 대하여 대형용사 문장은 (67ㄱ)일 뿐이며 (67ㄴ)은 비문이다. 형용사에서는 (64)의 '-하다'형인 '건실하다'가 (65ㄴ)에서처럼 '하다'로 생략형 복사조차 가능하지 않다. (67ㄷ, ㄹ)에서 '하다'는 앞에서 본 (58)에서의 형식 동사와 같이 형식 형용사로 이해할 수 있다.

지시 형용사와 성상 형용사가 수식어 형태로 이웃하여 쓰일 때에는 일반적으로 (68)처럼 지시 형용사가 배열상 앞선다.

(68)ㄱ. 이러한 높은 이상을 지니도록 하자.

ㄴ. [?]높은 이러한 이상을 지니도록 하자.

3.2.3 보조 용언

현대 국어에서 보조 용언들의 의미 기능은 이전 시기로부터 큰 변화가 없지만, 보조 용언의 종류는 다소 늘었다. 이는 보조 동사나 보조 형용사에서 다 같다.

현대 국어의 보조 동사에는, 진행의 '(-어) 가다, (-어) 오다, (-고) 있다, (-고) 계시다, (-고) 자빠지다', 종결의 '(-고) 나다, (-어) 나다, (-어) 내다, (-어) 버리다', 시행의 '(-어) 보다', 보유의 '(-어) 두다, (-어) 놓다', 피동의 '(-게) 되다, (-어) 지다', 사동의 '(-게) 하다', 부정의 '(-지) 아니하다, (-지) 못하다, (-지) 말다', 당위의 '(-어야) 하다', 희망의 '(-고자) 하다', 봉사의 '(-어) 주다, (-어) 드리다', 요구의 '(-어) 달라다', 강세의 '(-어) 대다', 짐작의 '(-어) 보이다', 시인(是認)의 '(-기는) 하다', 가세(加勢)의 '(-어) 가지고', 적극성의 '(-어) 붙이다', 사용의 '(-어) 먹다', 반복의 '(-어) 쌓다' 등이 있다.

(69)ㄱ. 그 쟈식을 버릇을 가르칠 작뎡으로 놀녀 딕지 아니랴나 〈쥭서
루(1911) 1: 19〉

ㄴ. 졈졈 나히 만허 오미 정신이 현황하야 〈셜중미 54〉

ㄷ. 여러 사룸이 모혀 가지고 거창흔 일들을 국즁에 한량업시들 ㅎ
거날 〈미일 1898.6.22. 1면〉

ㄹ. 어이 원숭이의 屍體를 向ㅎ야 그것을 出給ㅎ야지라 ㅎ는 것 ス
흔지라 〈국독 2.25〉

(69)는 보조 동사의 용법을 보인다. (69ㄱ)의 '놀녀 딕지'에서 '딕-(>대-)'
는 '자꾸 반복하거나 정도가 심함'을 뜻하는데, 현대 국어에 와서 쓰
이기 시작한 보조 동사 용법이다. 보조 동사 '오다'는 이전 시기에는
동사 뒤에만 왔으나, 현대에 들어와서는 (69ㄴ)에서처럼 형용사 '많-'
뒤에도 쓰이고 있다. 이는 주로 동사 뒤에 쓰이던 보조 동사 '가다'에
서도 비슷하게 나타난다. '그것에 더하여'의 뜻을 갖는 (69ㄷ)의 '(-어)
가지고'는 근대 국어부터 나타났는데, 이 형태 외에는 달리 어미 활용
이 없다. (69ㄹ)의 '(-아) 지라'는 '지-'의 '-으라' 명령형으로 소망을 나타
내는 보조 용언인데, 개화기에도 그 출현이 아주 적으며, 오늘날에는
사라진 것으로 보아야 할 것이다.

'(-고) 있다'는 근대 국어 말부터 그 쓰임이 급격히 늘었는데, 현대
국어에서 더욱 생산적으로 쓰인다. 이 밖에도 현대 국어에서 쓰임이
느는 보조 용언으로는 '(-어) 가다, (-어) 놓다, (-어) 두다, (-어) 먹다,
(-어) 보다, (-어) 오다, (-어) 주다' 등이 있다. '(-어) 나다'와 '(-어) 지다'
는 근래에 접미사화하는 경향을 갖는데, 특히 후자는 그 쓰임이 무척
많아진다.

(70)에서 쓰인 보조 동사 용례들도 모두 현대 국어에 들어와서 새로

생긴 용법이다.

(70)ㄱ. 가서 내가 질렀다구 일러 바치겠구료? 〈"무의도 기행"(1946)
『현대희곡작품집』5.444〉

ㄴ. 또 한번 점돌이는 번개같이 따귀를 올려 부쳤다 〈"맥추"《조광》
3-1(1937) 224〉

ㄷ. 일본은 멀지 않아 앞날 중국도 먹어 치울 거야 〈"토지"《문학사
상》31(1975) 152〉

ㄹ. 네놈이 내 송장 안 치르고 자빠질 줄 아나? 〈『황토기』(1976) 58〉

ㅁ. 아이들이 떠들어 쌓는다 〈『우리말본』(1937) 510〉

'일러 바치다'에서만 쓰이는 (61ㄱ)의 '(-어) 바치다'와, '적극성'과 '성남'
의 심리 상태를 보이는 (61ㄴ)의 '(-어) 부치다(>붙이다)'에 비해, 완료
의 '(-어) 치우다'와, 강조의 비속어 '(-고) 자빠지다' 등은 비교적 후대
에 생긴 보조 동사로 보인다. 반복의 '(-어) 쌓다'는 일제 시기의 조선
어 문법서들에서도 인정한 보조 동사이다.

보조 형용사에는 희망의 '(-고) 싶다', 상태의 '(-어) 있다', -어 계시
다', 추측의 '(-은가, -을가, -나) 보다', (-은가, -을가) 싶다', 부정의 '(-지)
아니하다, (-지) 못하다', 시인의 '(-기는) 하다', 강조의 '(-어) 빠지다' 등
이 있다.

(71) 사람들은 손톱 발톱이 다 다라 싸지도록 〈"기적 불 째"『폐허이후』
1(1924) 226〉

(71)의 '(-어) 싸지다(>빠지다)'는 현대 국어에 들어와 쓰이기 시작하였

는데, 보조 동사와 보조 형용사로 다 쓰인다.

보조 용언은 잇대어 쓰기도 한다.

(72) ㄱ. 세상 일을 다 정부에 맞겨 바려 두어도 됴흘 것 갓흐나 〈셜중매 21〉

ㄴ. 우리 모임도 참가자 수가 점차 늘어 가고 있기는 하다.

(72ㄱ)에서는 '바려'와 '두어도', (72ㄴ)에서는 '가고'와 '있기는'과 '하다'
라는 보조 용언을 연이어 썼다.

3.2.4 선어말 어미

용언의 어간 아래에 붙는 활용 어미에는 선어말 어미와 어말 어미
가 있다. 선어말 어미는 어간 바로 아래에 결합하여 높임법이나 시제,
동작상, 서법 등을 표현하는 기능을 한다.

[높임법 선어말 어미: -시-, -습니-, -이-]

높임법에는 주체 높임법, 객체 높임법, 상대 높임법이 있다. 주체
높임에는 선어말 어미 '-시-', 상대 높임에는 선어말 어미 '-습니-'를
붙인다. 근대 국어 때까지도 부분적으로 객체 높임에서 나타나던 '-습
-'이 현대 국어에서는 상대 높임의 형태 일부로 옮겨 가고, 객체 높임
은 '뵙다, 드리다, 여쭙다' 등 일부의 어휘로 나타내는 정도이다.

(73) ㄱ. 아버님께서 아침 일찍 산에 가시었다.

ㄴ. 내 동생도 아침 일찍 아버님을 뵙고 곧 떠났습니다.

ㄷ. 영령이여 고이 잠드시라.

(73ㄱ)의 '가시었다'에서 '-시-'는 주어 '아버님'을 높이는 주체 높임의 선어말 어미이고, (73ㄴ)의 '뵙고'는 객체를 높이는 어휘이며 '떠났습니다'에서 '-습니-'는 상대 높임의 선어말 어미이다. '-습니-'는 모음 아래에서 '-ㅂ니-'로 나타난다. '-시-'는 (73ㄷ)처럼 하라체 명령형 어미와도 결합할 수 있다.

'-습-'이 객체 높임으로 쓰이는 용례는 개화기 문헌에서 간혹 발견된다.

(74) 싱등이 대군쥬 폐하의 셩칙을 봉신ᄒᆞᆸ고 또 귀부의 허가를 승ᄒᆞ온 고로 싱등이 부비를 당ᄒᆞ와 쥰허ᄒᆞᆫ 이 복쟝을 사 닙엇습더니 〈독립 1896.6.25〉

(74)에서 '봉신ᄒᆞᆸ고, 닙엇습더니'는 모두 목적어에 대한 높임을 나타낸다. 이와 같은 객체 높임 표현은 오늘날에도 아주 드물게 '-삽/잡/옵/오-' 등의 형태로 쓰이기는 한다.

근대 국어에서 '-습시-'와 '-시ᄋᆸ/시오-'는 '-시-'에 비해 높임의 정도가 올라간 것으로, 이는 현대 국어에 들어와서 '-시오/십-' 등의 형태로 바뀐다.

(75)ㄱ. 君主 陛下계ᄋᆸ서 … 太祖大王부터 繼統이 二十八代시오이다 〈심상 3.1b-2a〉

ㄴ. 安寧히 가십시요 〈국독 1.33〉

ㄷ. 우리 나라 世宗 大王게셔 萬古의 大聖人이시라 人民의 農事를 爲ᄒᆞ샤 農事集說이라 ᄒᆞᄂᆞᆫ 册을 지어 頒布ᄒᆞ시고 刑罰의 慘酷ᄒᆞᆷ믈 慨恒히 녀기사 笞背法을 除ᄒᆞ시고 倫紀의 綱領을 定ᄒᆞ사

三綱行實이라 ᄒᆞᄂᆞᆫ 册을 頒行ᄒᆞ시고 〈국소 5〉

(75ㄱ)의 '二十八代시오이다'에서 '-시-+-오이-'와 (75ㄴ)의 '가십시요'에서 '-십시-'는 '-시-'보다 높임의 정도가 더한 표현이다. (75ㄷ)의 '爲ᄒᆞ샤, 녀기샤, 定ᄒᆞ샤'에서 '-샤/샤'는 '-시-+-아'로 분석되는데, 오늘날엔 '-시어/셔'로 나타난다.

주체 높임이나 상대 높임에서 쓰이는 '-습-'은 개화기 때에 '-습/슙/즙/잡/ᅌᅵᆸ/옵/압/사옵/ㅂ/오-' 등으로 나타나다가 일제 시기엔 '-습/ᅌᅵᆸ-'형이 아주 드물어진다. '-ᅌᅵᆸ-' 형태는 개화기 문헌에서 드물게 쓰이지만, 주시경 『국어문법』(1910)에서 예문으로 '-습-'에 못지않게 '-ᅌᅵᆸ-'형이 나오므로 현대 국어 초기에도 쓰인 것으로 추정된다.

> (76)ㄱ. 大君主 陛下계ᅌᅵᆸ서 … 建陽 元年 前 三十二年 甲子(開國 四百
>   七十 二年)에 登極ᄒᆞᅌᅵᆸ시니 그ᄶᅥ … 太祖大王부터 繼統이
>   二十八代시오이다 〈심상 3.1b-2a〉
>   ㄴ. 처음 뵈옵습니다 〈"犬"《개벽》19(1922) 68〉

개화기 때는 대체로 비종결 어미 앞에선 '-습시-', 종결 어미 앞에선 '-시습-'형이 쓰인다. (76ㄱ)에서도 비종결 어미 '登極ᄒᆞᅌᅵᆸ시니'는 '-ᅌᅵᆸ시-', 종결 어미 '二十八代시오이다'는 '-시오-'를 보인다. 광복 후에는 '-습/ᅌᅵᆸ/ㅂ/오-'가 널리 쓰였으나 오늘날엔 표준어에서 '-ᅌᅵᆸ-'을 인정하지 않는다.

'-습-'이 상대 높임의 기능을 담당하면서 이제까지 상대 높임을 나타내던 '-이-'가 근대 국어 후기 이후에 그 기능을 점차 잃어 가고, 이에 따라 그 출현도 줄어들기 시작하였다. 현대 국어에서 '-이-'는 다른

선어말 어미와 결합한 형태로만 쓰이고 있다.

> (77)ㄱ. 잇스면 이는 亦是 이 비들기의게 우슴을 보오리다 〈심상 1.12a〉
>
> ㄴ. 來日 다시 뵙깃습니다 〈국독 1.33〉
>
> ㄷ. 故로 人民 되는 者는 이 스름을 恒常 敬愛흘 거시오이다 〈심상 3.6a〉
>
> ㄹ. 바눌방석에 앉은 듯 마음이 편치 못하외다 《『이심』(1941) 92》

(77ㄱ)의 '보오리다'에서 '-리다'는 '-리-＋-이-＋-다'의 결합이며, (77ㄴ)의 '뵙깃습니다'에서 '-습니-'는 '-습-＋-ㄴ-＋-이-'의 결합형이다. (77ㄷ, ㄹ)에서 보이는 선어말 어미로서의 '-이-'는, 개화기에 많이 쓰이고 일제 시대에도 종종 보이지만, 광복 이후엔 의고적인 표현에서 실현될 뿐 일상적인 현실 언어에서는 사라진다.

[시제 선어말 어미: -는-, -었-, -겠-, -더-, -리-]
현대 국어의 시제 선어말 어미는 시제와 함께 나타내던 서법적인 의미에서 많이 벗어나 비교적 시제 범주에 충실하게 된다.

> (78)ㄱ. 나는 지금 밥을 먹는다.
>
> ㄴ. 나는 방금 밥을 먹었다.
>
> ㄷ. 나는 곧 밥을 먹겠다.
>
> ㄹ. 나는 그때 이미 밥을 먹었었다.
>
> ㅁ. 그 마당을 쓸엇엇다 《『국어문법』(1910) 112》

(78ㄱ)의 '먹는다'에서 선어말 어미 '-는-'은 현재, (78ㄴ)의 '먹었다'에서

'-었-'은 과거, (78ㄷ)의 '먹겠다'에서 '-겠-'은 미래를 나타내는 시제 형태소로서의 기능을 갖는다. 다만 '-겠-'은 추측, 의지, 예정 등의 서법적 성격을 띠는데, 이는 '미래'라는 시간성이 갖는 속성으로 이해할 수도 있다. (78ㄹ)의 '먹었었다'에 있는 '-었었-'에서, 앞의 '-었-'은 과거 시제를, 뒤의 '-었-'은 '완료'라는 동작상이나 '경험'을 나타낸다. 개화기 문헌까지는 '-엇/앗-'으로 쓰이던 과거 시제 선어말 어미는 19세기 말부터 '-었-' 형태 표기가 나타나지만 이들이 섞여 쓰이다가 광복 이후에는 대개 '-었-'형태를 쓴다. '-엇엇-'은 개화기 문헌에서 찾을 수 없는데, (78ㅁ)처럼 주시경 『국어문법』에서 예를 든 것으로 보아 이미 당시에 어느 정도 쓰인 것으로 추정된다.

이 밖에도 시제를 나타내는 선어말 어미에 '-더-'가 있다.

(79)ㄱ. 너도 어제 산에 가더라.

　　ㄴ. 영이도 어제 산에 가데요.

　　ㄷ. 나도 어제는 기분이 좋더라.

　　ㄹ. *나도 어제 산에 가더라.

(79ㄱ)의 '가더라'에서 '-더-'는 회상 시제를 나타낸다. 그러나 (79ㄴ)에서는 '-더-'가 보고의 기능을 가진다. (79ㄷ, ㄹ)에서 보듯이, 1인칭 주어에서는 주어 화자의 느낌이나 판단을 드러낼 때에만 서술어에 '-더-'가 들어갈 수 있다. 이는 1인칭 제약이 없던 중세, 근대 국어와 다른 점이다.

(80)ㄱ. 그럿치 아니ᄒᆞ더면 쏙이 죽을 번ᄒᆞ엿노라 〈텬로 1.82b〉

　　ㄴ. 네 만일 드러와셔 구경ᄒᆞ엿더면 싱젼 흠모ᄒᆞᄂᆞ 모음이 잇셧스

918

리라 〈텬로 1.83a〉

　　ㄷ. 순재가 부산에 내려와서 자기 아니더면, 이런 다방이라도 버렸
　　　겠느냐는 … 《현대문학》(1955.1) 200〉

(81)ㄱ. 바다에도 큰 回水ㅣ 잇서 빅가 져 나무입쳐럼 물에 씨이여 들어
　　　간다 ᄒ시옵더이다 〈심상 2.23b〉

　　ㄴ. ᄌᆞ근아씨가 입디셧 공부를 ᄒ고 안이 자더냐 〈목단화 7〉

'-더-'가 연결 어미 가운데 '-면'과 직접 결합하는 이전 시기의 용법은
광복 이후에도 간혹 보이지만(80ㄷ), 이제는 거의 사라지고 '-니, -라
도' 정도와만 결합하게 된다. '-면, -ㄴ들'과 결합하는 '-더-'에도 변화
가 있다. 근대 국어에서 '-더면, -던들'은 과거 시제를 나타내었는데,
현대 국어에서도 이러한 표현이 초기 문헌에도 일부에서 나타나다가
(80ㄱ), 점차 '-더라면, -엇더라면, -엇던들'과 같은 표현으로 바뀐다.

　명령문, 청유문, 감탄문에서는 '-더-'가 실현되지 않는다. 평서문에
서는 선어말 어미 '-이-'와 결합한 하십시오체의 '-더이-' 형태가 개화
기까지 쓰였지만(81ㄱ), 이후에는 '-이-'가 없어지면서 해라체에서만
나타난다. 의문문에서는 해라체와 하게체에서만 실현된다. (81ㄴ)에선
해라체 의문문에서 '-더-'가 쓰였다.

　근대 국어에서 서술격 조사 아래에 나타나던 이형태 '-러-'는, 개화
기에 이르러 '-더-'와 수의적으로 쓰이다가 이내 사라진다.

(82)ㄱ. 오직 요안늬 밥팀례 베푸물 알 달음이더니 〈예성 사도18: 25〉

　　ㄴ. 집이 富豪ᄒ야 學生 中의 넉넉히 지니던 스롬이러니 〈국소 25〉

　　ㄷ. 알는 소리ᄂᆞ 디단합듸다마는 아마 더위 날에 독흔 감긔가 드셧
　　　나 보아요 〈재봉춘(1912) 50〉

ㄹ. 퍽은 分明합듸다 《개벽》 창간호(1924) 201〉

(82)를 보면, 같은 시기에 나온 (ㄱ)과 (ㄴ)에서 '-더-'와 '-러-'가 수의
적으로 나타난다. 오늘날 '-ㅂ-(<-습-)' 아래에선 '-더'가 '-디-'로 쓰이
는데, 이는 (82ㄷ, ㄹ)처럼 현대 국어의 제2기부터 나타난다. 이때 '-디/
듸-'는 '-더-+-이-'의 축약형이다.

　근대 국어 시기까지 현재 시제를 담당하던 '-ᄂ-'는 현대 국어에 들
어와 '-ᄂ/느/나' 형태를 갖는데, 독립적인 선어말 어미로서의 기능이
약화되면서 현대 국어 초기부터 대부분 어말 어미와 결합하여 '-ᄂ니,
-ᄂ니라, -ᄂ니이다, -ᄂ냐, -는듸' 등과 같은 형태로 재구조화한다.

　　　(83) 이 아달은 계집질노써 아바니 산업을 다 먹엇는듸 이에 닐으믹 위
　　　　　ᄒ여 살진 송아지를 잡앗ᄂ니이다 ᄒ니 〈예성 눅15.30〉

(83)에서 '-는듸, -ᄂ니-'는 어미나 선어말 어미로 재구조화한 형태로
볼 수 있다.

　근대 국어에서 과거 시제나 단정법을 나타내던 '-니-'는 현대 국어
의 초기에도 간혹 과거 시제로 쓰인다.

　　　(84) 고집이 보고 글ᄋ듸 이런 밋치고 무지ᄒ 놈과 작반ᄒ지 안켓다 ᄒ
　　　　　고 제 집으로 도라가니라 〈텬로 1.7a〉

(84)에서 '도라가니라'는 '-니-'에 의해서 과거 시제가 된다. 그러나 현
대 국어의 제2기에 들면서 '-니-'는 단정법의 기능만을 가지며 '-(나/
느)니라'라는 종결 어미를 이룬다.

'-리-'도 분포가 제약되며 대신 '-겟-'이 자리를 넓혀 간다. 상대 높임의 '-이-'가 기능을 잃고 사라지면서 (85ㄱ)과 같은 '-리이-'도 점차 없어지고, 이에 따라 청자를 높이는 표현에선 '-리이-'가 '-겟습나-'로 대체된다.

(85)ㄱ. 그 거슬 무엇스로 엇더케 밍그는지 모르시는가 보니 그 이이기
   를 大槪흐오리이다 〈심상 2.11a〉

   ㄴ. 스롬은 孤立흐야 生業을 經營치 못흐리니 부듸 相依흐며 相親
   홀 것이오 〈국소 6〉

(86)ㄱ. 곧 名字를 通흐거든 맏당이 보암즉흐니는 보고 아니 보리어든
   피흐되 공경흐야 〈여사 2.33b〉

   ㄴ. 길 갈 째에 늙으면 무음이 평안흐리니 텬문에 니르거든 이 문권
   을 드려 드러오는 증거를 삼으라 〈텬로 1.42b〉

(85ㄴ)의 '-리니'는 현대 국어 초기 문헌에는 보이지만 오늘날엔 쓰이지 않는다. 근대 국어에서 쓰이던 '-리어든'(86ㄱ)은 현대 국어에서 일찍부터 보이지 않고 '-리-'가 없는 '-거든'형으로 나타나(86ㄴ) 오늘날에 계속되며, 이즈음엔 '-겠거든'형도 더해진다. 오늘날은 '-리라'도 내포문이나 문어체에서 쓰이는 정도이다. 이상에서 보듯이 '-느-, -니-, -리-'는 대개 어말 어미와 결합하여 새로운 어말 어미로 재구조화해 가는 경향을 갖는다.

[서법 선어말 어미: -겟/겠-, -리-, -느니-, -것-, -도-]
아래의 예문에서는 서법을 나타내는 선어말 어미를 각각 볼 수 있다.

(87) ㄱ. 내일이면 이 일이 끝나겠다.

ㄴ. 내일까지는 이 일을 끝내겠다.

(88) ㄱ. 그는 내일이면 이 일이 끝나리라 짐작했다.

ㄴ. 그는 내일은 이 일을 끝내리라 마음을 단단히 먹었다.

(89) 그런 일은 다시 하면 안되느니라.

(90) 네가 한다고 했것다?

(91) 아, 슬프도다, 이것으로 모든 게 끝이로구나.

'-겠-'과 '-리-'가 (87ㄱ, 88ㄱ)에선 추측의 뜻을, (87ㄴ, 88ㄴ)에선 의지를 나타내는 기능을 한다. (89)에서 '-느니-'는 단정의 뜻을 더하는데, 보수적인 문어 표현이라 할 것이다. (90)에서 '-것-'은 다짐을 하는 구어체 표현이며, (91)의 '-도-'는 감동법으로 문어적 표현이다. 감동법 '-도-'는 (91)의 '끝이로구나'처럼 서술격 조사 아래에서 '-로-'로 교체한다.

'-리-'가 평서법 종결 어미 '-다'와 결합할 때에는 '-리라'형이 된다. 한편 '-리-+-이-+-다'의 축약으로, 청자 앞에서 화자의 의지나 확신을 드러내며 상대를 높이는 표현에서는 '-리다'를 쓴다. 이러한 구분은 근대 국어에서 보기 어렵지만 개화기 이후에는 종종 나타나고 있어, '-이-'의 기능이 없어져 가던 근대 국어 말기쯤에 형성된 것으로 보인다.

(92) 至今에 拒絕치 아니ᄒ면 我輩ᄂᆞᆫ 後에 魚肉이 되리라 ᄒ더라 〈국소 33〉

(93) ㄱ. 외슉모 "그 지경된 다음에야 제가 악지를 쓰면 무엇ᄒ고 독살을 부리면 쓸 ᄃᆡ 잇소 져도 과히ᄂᆞᆫ 고집ᄒ지 안으리다 졘들 엇지 싱각이 업스릿가" 〈금강문 73〉

ㄴ. 근쳐 사랑ᄒ기를 제 몸 갓치 ᄒ즉 모다 불살음과 졔사함보담

922

나으리다 ᄒ니 〈예성 막12.33〉

추측을 나타내는 (92)의 '되리라'에서, '-리-' 아래의 종결형 '-다'가 '-라'형이 되었다. 오늘날 추측의 '-리라'는 내포문에서 주로 쓰인다. (93ㄱ)의 '안으리다'에서 '-리다'는 화자의 추측을, (93ㄴ)의 '나으리다'는 화자의 확신을 나타낸다. (93ㄱ)의 '-리다'는 신소설에서 대화문의 상위절에서 쓰였다. 그러나 의지의 '-리다'는 오늘날엔 잘 쓰이지 않는 보수적인 표현이며, 확신의 '-리다' 용법은 오늘날 이미 사라졌다.

　오늘날 '-느니-'는 보수적인 표현에서 단정적 표현의 서법 기능만을 하고, '-느-'가 없는 '-니-'는 동작 동사에선 쓰이지 않는다. 그러나 현대 국어 초기에는 '-니-'가 과거 시제 표현으로 쓰이기도 한다.

(94)ㄱ. 나는 홀로 들에 가셔 滋味잇게 놀겟다 ᄒ더라. 이처럼 ᄒ고 張은 原野로 가고 李는 學校로 가니라 〈국독 2.6〉

ㄴ. 城中을 東西南北 中 五部에 區別ᄒ야 部에 坊이 잇고 坊에 洞이 잇ᄂ니라 〈국소 3〉

ㄷ. 이에 닐으미 위ᄒ여 살진 송아지를 잡앗ᄂ니이다 ᄒ니 〈예성 눅15: 30〉

ㄹ. 集散의 遲速은 道路와 橋梁과 舟車 等의 便不便에 屬ᄒ니라 〈국소 6〉

(94ㄱ)은 소학교의 저학년 교재에 나온 예문인데, 과거 시제를 나타내는 '가니라'를 쓴 것으로 보아 당시에 '-니-'가 과거 시제 기능을 충분히 하였음을 알 수 있다. 반면에 (94ㄴ)의 '잇ᄂ니라'의 '-ᄂ니-'는 단정의 서법 기능을 한다. 이럴 경우에 과거 시제는 (94ㄷ)의 '잡앗ᄂ니이

다'처럼 '-앗ᄂ니-'가 된다. 하지만 '-ᄂ-' 없이 쓰인 '-니라'도 (94ㄹ)처럼 단정적인 표현의 현재 시제를 나타내기도 한다. 이들은 모두 근대 국어 시기에서도 있었던 용법이다. '-니-'가 과거 시제로 쓰이는 용례는 현대 국어의 제2기에 들면 거의 없어진다.

(95)ㄱ. 我等도 學校에 가셔 즐겁게 노릭ᄒ야 慶事로온 날을 祝賀ᄒ리로다 〈국독 4.17〉

ㄴ. 이쳔이 굴ᄋ되 이 말이 죡히 사름의 ᄆᄋᆷ을 감동케 ᄒᄂ도다 〈텬로 1.8b〉

ㄷ. 내가 간난산 디경에서 게으르게 낫잠을 잣도다 〈텬로1.47a〉

'-구나'를 비롯한 감탄형 종결 어미가 많이 쓰이면서 '-도-'는 쓰임이 점차 줄어든다. 대체로 현대 국어 제2기까지는 근대 국어에서와 같이 서술격 조사 '이-'나 선어말 어미 '-리-' 아래에서 '-도-'가 '-로-'로 교체한다. 제3기에 들어서는 감탄형 어미 '-구나' 앞에서만 '-로-'형을 가지며, 선어말 어미 '-리-'와 '-도/로-'의 결합형이 사라진다. 현대 국어 초기에는 (95ㄱ)처럼 '-리로다'가 나타난다. 오늘날은 현재 시제 '-는-'과 '-도다'의 결합이 허용되지 않으나, 개화기에는 (95ㄴ)과 같은 '-는도다'형도 잘 쓰였다. 오늘날 '-도-'는 원칙적으로 1인칭 주어와는 공기하지 못하나, '-로구나'는 1인칭에서도 쓸 수 있다. 그러나 개화기 문헌에서는 (95ㄷ)과 같이 1인칭 주어에 '-도다' 용례들이 나온다.

근대 국어에서 이미 약화·소멸의 길을 걷던 의도법 선어말 어미 '-오/우-' 표현은 현대 국어에 들어서는 아주 사라지게 된다.

선어말 어미들이 놓이는 자리는, 현대 국어 초기엔 '주체 높임('-시-')/주체 높임('-ᅀᆞᆸ-)—시제('-는-, -엇-, -겟-, -리-')—서법('-으리-,

924

-겠-, -것-, -도-')—회상법('-더-')—상대 높임('-스오/습-')—단정법('-니/ᄂ니-')—상대 높임('-이-')'의 순서가 일반적이지만, 오늘날에는 '주체 높임('-시-')—시제('-는-, -었-, -겠-, -리-')—서법('-겠-, -으리-, -것-, -도-')—회상법('-더-')—상대 높임('-습니-')—단정법('-느니-')'의 순서를 갖는다.

현대 국어 초기의 선어말 어미 어순은 대략 위와 같지만, 약간의 변이도 보인다. 가령 주체 높임으로 '-시옵-'이 일반적이나 간혹 이전 시대의 형태인 '-옵시-'도 보인다. 또한 이 시기는 높임법과 시제 형태소가 변화하는 과도기여서, 이전 시기와 이후 시기의 형태가 서로 엇갈리면서 공존함으로 인해 선어말 어미의 어순에서 혼란이 종종 보인다.

3.2.5 어말 어미

용언의 활용에서 끝에 놓이는 어말 어미에는 종결 어미, 연결 어미, 전성 어미가 있다.

[종결 어미]

종결 어미는 평서형, 감탄형, 의문형, 명령형, 청유형으로 나눌 수 있다.

(96) ㄱ. 돌이가 책을 읽는다.

　　 ㄴ. 돌이가 책을 읽는구나.

　　 ㄷ. 돌이가 책을 읽느냐?

　　 ㄹ. 돌이가 책을 읽어라.

　　 ㅁ. 돌이야, 책을 읽자.

(96ㄱ)은 평서문으로, 해라체의 평서형 종결 어미에 '-다'가 쓰였다. 평서형 어미는 하게체에 '-네', 하오체에 '-오', 하십시오체에 '-습니다'가 있다. (96ㄴ)은 감탄문으로, 해라체의 감탄형 어미에 '-구나'가 쓰였다. 감탄형 어미는 하게체에 '-구먼', 하오체에 '-구려'가 쓰이지만, 여기에 해당하는 하십시오체 형태는 없다. (96ㄷ)은 의문문으로, '-(느)냐'라는 해라체 의문형 어미를 가졌다. 의문형의 하게체는 '-는가', 하오체는 '-오', 하십시오체는 '-습니까'이다. (96ㄹ)은 명령문으로, 해라체 명령형 어미 '-어라'가 왔다. 명령형의 하게체는 '-게', 하오체는 '-오', 하십시오체는 '-십시오'이다. (96ㅁ)은 청유문으로, '-자'가 해라체 청유형 종결 어미이다. 이에 대한 하게체는 '-세', 하오체는 '-ㅂ시다'이며, 하십시오체는 없지만 '-십시다'가 여기에 가깝다.

이 밖에 모든 종결형에 두루 쓸 수 있는 종결 어미가 있는데, 흔히 반말체라고 하는 '-어'와, 다짐을 나타내는 '-지'가 있다. 이들에 높임을 더한 '-어요'와 '-지요'도 여러 종결형에 두루 쓰인다.

오늘날의 종결 어미들은 대부분 이미 현대 국어 초기에 형성되어 있다. 이제 개화기 때에 새로 생기거나 없어진 종결 어미들의 예만을 보기로 한다.

(97)ㄱ. 來日 다시 뵙깃습니다. 〈국독 1.33〉

ㄴ. 올히 녁여 빅룰 싸지 아니ᄒ얏ᄂ이다 〈심상 1.15b〉

(97)에서는 개화기 때의 평서형 하십시오체 종결 어미를 보인다. (97ㄱ)의 '-습늬다/습니다'는 현대 국어에 들어 새로 만들어진 형태로, '-습ᄂ니이다'에서 변화한 형태이다. (97ㄴ)의 '-이다'는 근대 국어의 ᄒ쇼셔체 용법인데, 일제 시기까지 일부 문헌에서 현실어로 나타난다.

근대 국어에서 평서형으로 쓰인 축약 절단형 ᄒᆞ니체 가운데 '-니>-네, -데, -리'는 오늘날에도 여전히 쓰이지만, '-롸, -쇠, -외' 등은 개화기에서도 더 이상 보이지 않는다.

(98) 일신의 처량홈이여 〈설중매 37〉

감탄형 어미의 형태는 19세기 초반 근대 국어에 비해 큰 차이가 없고, 선어말 어미로 '-노-, -도-'와 결합한 감탄형 표현은 줄고 이들과의 결합이 없는 '-구나' 유형이 많아진다. (98)처럼, 호격 조사 '이여'가 이에 선행하는 명사형 '-ㅁ'과 결합한 '-ㅁ이여, -ㅁ이시여' 형태로써 감탄형 어미와 비슷하게 쓰이는 용법이 개화기부터 나타난다.

의문형 어미로 설명 의문문에 나타나는 의문형 '-뇨'와 '-고'가 있다. 이들은 19세기에 들면서 그 쓰임이 거의 쇠퇴하여 '-냐'와 '-가'로 바뀌었지만, (99)처럼 개화기의 교과서에서도 드물게나마 나타날 만큼 아직은 일부 보수적인 표현에서 쓰이고 있다.

(99)ㄱ. 그 右便은 무슴 方向이 되겟ᄂᆞ뇨 〈국독 1.43〉
　　ㄴ. 惡ᄒᆞᆫ 力과 良ᄒᆞᆫ 力이 何를 謂홈이니잇고 〈국소 13〉

(99ㄴ)에서 높임의 '-잇-'이 쓰인 것도 근대 국어의 용법과 같다. 그러나 당시 대부분의 의문형 표현은 직접 의문에 '-냐, -랴', 간접 의문에 '-가'로 나타나, 설명 의문과 판정 의문의 차이가 없다. 개화기에는 2인칭 의문문의 '-다'형은 전혀 보이지 않으며, '-습닛가'형의 의문문이 만들어진 것도 이 시기이다.

(100)ㄱ. 네 장춧 잉퇴ᄒᆞ야 아ᄃᆞᆯ을 나흘 거시니 예수ㅣ라 일홈ᄒᆞ쇼셔
　〈주교 51a〉

　ㄴ. 져 兒孩와 갓치 平均히 分給하소서 ᄒᆞ고 〈심상 3.10b-11a〉

　ㄷ. 安寧히 가십시요. 〈국독 1.34〉

　ㄹ. 工夫를 부즈런히 ᄒᆞ여라. 〈국독 1.30〉

(101) 兄님 나ᄒᆞ고 구경갑시다. 山에 가셔 꼿 구경홉시다. 〈국독 1.22〉

(100)은 개화기 때의 명령문으로, 근대 국어 ᄒᆞ쇼셔체 명령형 어미 '-쇼셔'가 그의 단모음화형 '-소서'와 함께 쓰이고 있다.(100ㄱ, 100ㄴ) '-소서'는 오늘날에도 이어지지만 주로 종교적 기원문 등 특별한 표현에서나 쓰인다. 하십시오체의 명령형 어미는 현대 국어 초기에 형성된다.(100ㄷ) '가십시요'에서 보듯이 이미 개화기에 '하십시오'형이 나타나므로, 현대 국어의 초기부터 높임법 명칭으로는 '합쇼체'보다 '하십시오체'가 더 적당할 것이다. (100ㄹ)에서 보이는 명령형 어미 '-어라'는 빈번하게 나타나는 명령형으로, 드디어 확고한 해라체를 이룬다. 이밖에 '-렴, -려무나, -구려' 등은 이전 시대의 형태가 계속되는 것이다. (101)은 개화기 때의 청유문으로, '-ㅂ시다'도 19세기 말엽에 형성된다.

종결 어미 아래에 덧붙어 높임을 표시하는 보조사 '-요'는 근대 국어에서 생긴 것으로, 개화기 문헌에서도 많이 보인다.

(102)ㄱ. 네가 아ᄂᆞ냐 나ᄂᆞᆫ 몰라요 〈치악산 상86〉

　ㄴ. 어졔밤 일를 알고 ᄂᆞ오셧ᄂᆞᆫ지요 〈귀의셩 상60〉

　ㄷ. 사랑에 손님들이 아니 게실까요 〈홍도화 하64〉

　ㄹ. (부) 춤말이야 (셤) 그럼은요 〈목단화 44〉

(103)ㄱ. 나는요 몰라요.

ㄴ. 어서 빨리요.

보조사 '-요'는 오늘날 용언의 다양한 어말 어미 아래뿐만 아니라 (103)과 같이 조사나 부사 아래에서도 붙여 쓴다.

[연결 어미]

연결 어미는 접속문을 이끌어 선행절과 후행절을 이어 주는 역할을 하는 접속형으로, 이에는 대등적 연결 어미와 종속적 연결 어미, 보조적 연결 어미가 있다.

(104)ㄱ. 겨울은 가고 봄이 왔다.
　　ㄴ. 내가 책을 읽든지 네가 읽든지 다 마찬가지이다.
(105)ㄱ. 겨울이 가면 봄이 온다.
　　ㄴ. 겨울이 가니 봄이 오겠지.
(106)ㄱ. 겨울이 가고 있다.
　　ㄴ. 내가 책을 읽어 보겠다.

(104ㄱ)에서 '-고'와 (104ㄴ)에서 '-든지 -든지'는 대등적 연결 어미이고, (105ㄱ)의 '-면'과 (105ㄴ)의 '-니'는 종속적 연결 어미이다. (106ㄱ)의 '-고'와 (106ㄴ)의 '-어'는, 뒤에 오는 보조 용언 '있다'와 '보겠다'에 선행절을 잇는 보조적 연결 어미이다.

근대 국어에서 현대 국어로 넘어오면서 연결 어미에도 약간의 변화가 나타난다. 어미의 의미 변화는 그리 뚜렷하지 않으나, 어미 목록과 용법에서 없어지거나 새로 생기는 예들이 있다. 대표적인 경우를 몇 가지 든다.

대등적 연결 어미로 매우 많이 쓰이던 단순 나열 기능의 '-니'가 현대 국어 초기에 보수적인 문헌에서는 아직도 많이 나타나지만, 일상어에선 이미 쇠퇴하여 구어체 표현에서는 전혀 보이지 않는다.

(107) 野蠻人 中에는 至今도 如此ᄒᆞᆫ 집의 居ᄒᆞᄂᆞᆫ 者ㅣ 잇ᄂᆞ니 人智가 進步ᄒᆞ기에 좃차 石器를 銅으로 變ᄒᆞ고 今日에ᄂᆞᆫ 鐵器를 쓰고 堅牢ᄒᆞ며 莊嚴ᄒᆞᆫ 집을 지으니 然則 우리가 家眷과 갓치 爽快ᄒᆞᆫ 집에 居ᄒᆞ기ᄂᆞᆫ 춤 幸福이라 〈국소 4〉

(107)의 '잇ᄂᆞ니'와 '지으니'에서 '-니'는 나열의 의미를 가진다. 이와 같은 단순 나열의 기능은 이전 시기에 길이가 긴 복합문을 이루는 데 자주 이용되었으나, 문장의 길이가 짧아지고 단순문이 발달하면서 소멸하게 된다. 오늘날 '-니'는 주로 원인이나 전후 사건의 연결 기능으로 쓰이고 있다.

종속적 연결 어미에서는 근대 국어에서 쓰이던 목록 가운데 '-ㄴ댄, -ㄴ다마다, -디록, -아져' 등이 사라지고, '-과뎌/과져, -관ᄃᆡ, -더면' 등은 아주 드물게 나타난다.

(108)ㄱ. 뭇 사름이 차자 나아와 써나가지 말과뎌 ᄒᆞ여 멋추되 〈예셩 눅 4: 42〉

ㄴ. 이런 극악흔 나라헤 무슴 극락흔 일이 잇관ᄃᆡ 미욱흔 사름들이 … 〈쥬교 20b〉

ㄷ. 그러치 아니ᄒᆞ더면 여긔 올 수 업고 〈텬로 1.25a〉

(108ㄱ)에 나오는 '-과뎌'는 현대 국어 초기에도 찾아보기가 아주 어렵

고, (108ㄴ)의 '-관딕'와 (108ㄷ)의 '-더면'은 일제 시대까지 문헌에서 드물게 발견된다. 그러나 '-관딕'는 오늘날에도 서남 방언에서 널리 쓰이고 있다. '-거드면, -ㄴ고로, -믹, -ㄹ식, -ㄹ진딕, -샤' 등은 현대 국어 초기엔 잘 쓰였으나 오늘날엔 쓰임이 아주 드물어진다.

새로 생기거나 생산력이 크게 높아진 어미 목록으로는 대등적 연결 어미에 '-고도, -고서, -자, -자마자' 등이 있고, 종속적 연결 어미에 '-고야, -느라고, -더라도, -든지, -ㄹ뿐더러, -려고, -려면, -어서' 등이 있다. 이들은 대개 이전에 있던 어미에 보조사나 첨사가 덧붙어 이루어진 것이다. '-거늘, -거니와, -거든'과 같은 어미들은, 근대 국어 후기로 들면서 독자적인 문법 범주 형태소로서의 기능이 약화 소멸된 '-거-'가 종결 어미의 일부가 된 예들이다. 광복 이후에는 '-다든지, -다면, -려다, -어서라도' 등과 같이, 기존의 종결 어미에 형식 동사 '하-'의 활용형이 융합되면서 '하-'가 탈락한 형태들이 새로이 많이 쓰인다.

현대 국어에서는 용언의 관형사형 어미 뒤에 '의존 명사+부사격 조사' 형태가 와서 연결 어미의 역할을 하는 표현들이 있다.

(109)ㄱ. 그들이 갑자기 오는 바람에 우리는 매우 놀랐다.

ㄴ. 영호는 운동을 좋아하는 까닭에 스포츠 신문은 매일 꼭 본다.

(110)ㄱ. 금월 십칠일에 셔강 빙판으로 건너가는 엇던 힝인이 어름 쩌지는 바람에 싸져 죽엇다더라 〈경향신문 1907.1.25.〉

ㄴ. 원식이는 그 날에 가산을 혼즈 다 맛타 가진 날이라 하도 깃브고 즐거온 김에 그 아부지가 죽어 가는 것도 불고ᄒ고 〈행락도 31〉

(109)에서 '오는 바람에'는 '와서', '좋아하는 까닭에'는 '좋아해서'라는

연결 어미를 가진 용언 형태로 바꿀 수 있을 정도이다. 이러한 용법을 가진 표현에는 이 밖에도 '-ㄴ 김에, -ㄴ 덕(분)에, -ㄴ 터에, -는 길에, -는 통에' 등이 있다. (109)에선 현대 국어 초기에 이들이 사용된 예를 볼 수 있다.

[전성 어미]

전성 어미에는 명사형, 관형사형, 부사형이 있다.

(110) ㄱ. 우리는 그가 그곳에 가기를 바란다.

ㄴ. 이 일을 끝내기가 워낙 어려웠음에 비해 그 성과는 그리 크지 못하다.

(111) ㄱ. 아모리커나 우리 슬온 말이기에 닉일브터 우리 시작홀 거시니 자네도 그리 ㅇ읍소 〈개첩 9.3a-b〉

ㄴ. 후에 어믜 상ᄉ 만나 셜워 여위기로 병드러 주그니라 졍녀ᄒ시니라 〈동신 효2.50b〉

(112) ㄱ. 우리는 그가 간 곳을 수소문하였다.

ㄴ. 우리는 그가 갈 곳을 미리 알아봐야 한다.

ㄷ. 우리는 그가 그곳에 가는 것을 바란다.

(113) ㄱ. 꽃이 아름답게 피었다.

ㄴ. 꽃이 많이 피게 그는 가지치기를 정성껏 하였다.

(110)은 명사절 내포문이 있는 복합문이다. 여기에서 '가기'와 '끝내기'의 '-기' 그리고 '어려웠음'의 '-음'은 앞서는 문장을 내포문으로 만들어 상위문에 연결하는 명사형 전성 어미이다. 명사형 어미 앞에 올 수 있는 선어말 어미로는 '-시-, -었-, -겠-'이 있지만, '-겠기'는 처소격 조

사 '-에, -로'와의 결합에서만 나타난다. '-기' 아래에 조사 '에'나 '로'가 결합한 '-기에, -기로'는 오늘날 활용 어미의 성격을 더해 가고 있다. 그러나 이들의 사용은 (111)에서 보듯이 이미 근대 국어에서부터 나타난 것이다.

현대 국어 초기의 문헌은 '-기'에 비해 '-음'이 훨씬 더 많이 쓰이는 이전 시기의 보수성을 보이기도 하지만, 곧 '-기'가 폭넓게 명사화의 주류를 이룬다. 오늘날 '-음'은 명사화문의 상위절 서술어에 제약을 많이 가지는 등 생산성이 눈에 띄게 줄어들고 있지만, '-기'는 매우 생산적이다. 그러나 '것' 등을 보문 명사로 하는 보문화 구문의 사용이 크게 늘면서 명사화 구문은 상대적으로 위축되기도 한다.[10]

(112)에서는 관형사형 전성 어미를 보인다. (112ㄱ)의 '간'에서 '-ㄴ', (112ㄴ)의 '갈'에서 '-ㄹ'은 앞서는 문장을 관계화절로 만들어 뒤에 오는 명사 '곳'을 꾸며 준다. (112ㄷ)의 '가는'에서 '-는'은 보문화절을 이끌어 보문 명사 '것'을 보충한다. 이처럼 관형사형 어미는 관계절이나 보문절을 만든다.

(113ㄱ)에선 부사절을 찾을 수 있다. (113ㄱ)의 '아름답게'에서 부사형 전성 어미 '-게'는 동사 '피었다'를 꾸미는 부사절 내포문을 이끌고, (113ㄴ)의 '피게'에서 '-게'는 종속 접속문을 이끄는 연결 어미이다.

---

10) 최석재(2000)에서는, 1900년대 이후 1970년대까지 거듭하여 개정판이 나온 『누가복음』, 『천로역정』이나 신문 기사를 시기별로 표본 조사해 본 결과, 명사화절 표현은 계속하여 큰 폭으로 줄고(53회→18회), 명사구 보문화절 표현은 크게 늘어났음(53회→93회)을 보고하였다.

3.3 관형사, 부사, 감탄사

3.3.1 관형사

관형사는 형태 변화가 없으며 조사가 붙지 않는다. 관형사는 그 수가 많지 않은데, 성상 관형사, 지시 관형사, 수 관형사로 나눌 수 있다.

> (114) ㄱ. 그 고향집 뒤에 있는 옛 동산에 오르니 온 동네가 눈에 들어온다.
>
> ㄴ. 이 크나큰 두 개의 현대식 새 건물이 순 우리 기술로 이루어졌다.

(114ㄱ)에서 '옛, 온', (114ㄴ)에서 '크나큰, 현대식, 새, 순'은 모두 성상 관형사이며, '그'와 '이'는 지시 관형사, (114ㄴ)에서 '두'는 수 관형사이다. 관형사는 (114ㄴ)에서 보듯이 두세 개를 연이어 쓸 수 있으며, 일반적으로 '지시 관형사—수 관형사—성상 관형사'의 어순을 갖는다. 한자어 관형사는 점차 고유어로 바뀌어 가는 경향을 보여, 가령 '신 개발품>새 개발품, 전 세상>온 세상, 이삼 명>두세 명'으로 바뀐 형태들의 쓰임이 점차 많아지고 있다.

> (115) ㄱ. 새, 하고많은, 쓰디쓴, 아무런, 애먼, 어인, 여느, 요까짓, 제까 짓, 이따위, 저따위, 허튼, 갖은, 온, 외딴, 헌, 한, 모든, 여남 은, 고만고만한, 그런저런, 모든, 빌어먹을, 긴긴, 먼먼, 미증유 의, 불가분의, 불굴의, 불후의, 허다한, 주된, 때늦은, 때이른, 기나긴, 허튼, 한다는
>
> ㄴ. 고(古), 현(現), 동(同), 전(全), 총(總)
>
> (116) ㄱ. 이, 그, 저, 요, 고, 조, 이런, 그런, 저런, 무슨, 아무, 어느, 어

떤, 웬

　　ㄴ. 귀(貴), 모(某), 본(本), 전(前)

(117)ㄱ. 한, 두, 세(석, 서), 네(넉, 너) … 아홉, 열, 열한 … 스무 … 한

　　　　두, 두세 … 두서너 … 여남은

　　ㄴ. 일(一), 이(二), 일이(一二), 이삼(二三) … 십여(十餘) … 백여

　　　　(百餘)

(115)는 성상 관형사, (116)은 지시 관형사, (117)은 수 관형사인데, 이 가운데 (115ㄴ, 116ㄴ, 117ㄴ)은 모두 한자어이다. 한자어에서 '일, 이, 삼, 사'는 수 관형사와 수사로 모두 쓰이지만, 고유어에선 (117ㄱ)처럼 형태가 서로 다르다. 또한 '세 명, 석 되[升], 서 말[斗]'처럼 양화사에 따라 수 관형사를 달리하기도 한다. '다른, 하고많은, 쓰디쓴, 어떤, 여남은' 등과 같이 용언의 관형사형이 파생어로 굳어진 것이나, '미증유의, 불굴의, 불후의'처럼 관형격 조사가 결합한 형태도 많다.

3.3.2 부사

부사는 현대 국어에 들어오면서 크게 늘어난다. 부사에는 크게 성분 부사와 문장 부사가 있는데, 성분 부사는 성상 부사, 지시 부사, 부정 부사로 나눌 수 있다.

(118)ㄱ. 이미, 깊이, 하여금, 깡충깡충, 울긋불긋, 마디마디, 집집이, 한

　　　　갓, 이내, 유독

　　ㄴ. 이리, 그리, 저리, 어찌, 아무리, 이리저리, 여기저기

　　ㄷ. 아니, 못

(119)ㄱ. 지금 저기 있는 사람들만이라도 모두 가자.

　　ㄴ. 이제는 이리로 일찍 못 온 것을 후회한다.

　　ㄷ. 가을 길고긴 밤이 엇지 그리 수히 갓던지 〈고목화 10〉

(118)은 성분 부사들이다. (118ㄱ)은 성상 부사, (118ㄴ)은 지시 부사, (118ㄷ)은 부정 부사이다. 어근이 중첩하여 만들어진 부사도 (118)에서 볼 수 있다. 시간이나 장소를 나타내는 명사 가운데에는 상당수가 (119)의 '지금'이나 '저기'처럼 부사로도 쓰인다. 부사는 연접하여 쓰일수 있는데, 이때는 보통 '문장 부사-성분 부사'의 어순을 가지며, 성분부사에서는 (119ㄴ)의 예문처럼 '지시 부사—성상 부사—부정 부사'의 순서가 된다. (119ㄷ)에서도 '문장(양태) 부사—지시 부사—성상 부사' 순으로 쓰였다.

　　(120)ㄱ. 과연, 모름지기, 물론, 아무래도, 왠지

　　　　ㄴ. 결코, 도저히, 절대로

　　　　ㄷ. 설마, 아무러면

　　　　ㄹ. 부디, 아무쪼록, 제발

　　　　ㅁ. 만일, 비록, 정, 아무리

　　(121) 그리고, 그러나, 그러므로, 더구나, 따라서, 및, 즉, 혹은

(120)은 문장 부사들인데, 화자의 태도를 나타내므로 양태 부사라고도 한다. (120ㄱ)도 화자의 판단이나 태도를 나타낸다. (120ㄴ)은 부정문에서, (120ㄷ)은 의문문에서, (120ㄹ)은 명령문에서, (120ㅁ)은 조건절에서 잘 어울려 쓰인다. (121)은 접속 부사로, 역시 문장 부사에 넣을수 있다.

현대 국어 초기의 부사들 가운데에는 오늘날과 용법을 달리하는 예도 있다.

(122)ㄱ. 고만 그 자리에서 죽엇스면 도모지 이져 버리련마는 죽엄을 임의로 못ᄒᆞ야 간신히 진졍을 ᄒᆞ노라니 〈구의산 64〉

ㄴ. 환영회를 크게 ᄒᆞᄂᆞᆫ 것이 올치 안타 ᄒᆞ고 여간 쥬비를 독당ᄒᆞ야 디졉홈으로 칭숑이 쟈쟈ᄒᆞ다더라 〈대민 1910.6.1〉

ㄷ. 駱駝는 沙漠에만 부리는 故로 沙漠의 비라 ᄒᆞᄂᆞ니라 〈국.소학: 11〉

(122ㄱ)에서 부사 '도모지'는 부정어와 호응하는 오늘날과 달리 긍정 표현으로 쓰이고, (122ㄴ)의 '여간'도 부정어가 아닌 긍정어 '독당ᄒᆞ야'를 수식하여 오늘날과 다른 용법을 보인다. (122ㄷ)에서 '故로'는 관형 사형의 꾸밈을 받는 의존 명사 '故'에 부사격 조사 '로'가 결합한 형태로 쓰였는데, 오늘날 이와 같은 표현이 아주 없어진 것은 아니나 대개는 접속 부사의 용법으로 나타난다.

3.3.3 감탄사

감탄사는 현대 국어에서 그 수가 늘어나는데, 특히 구어에서 더욱 다양한 형태를 갖는다. '저런, 이런, 아아, 어어, 우, 와, 쳇, 아, 이크, 아이쿠, 어이구' 등 많은 형태를 상정할 수 있다.

(123)ㄱ. 아, 벌써 가을인가.

ㄴ. 음, 네가 기어이 가겠다고?

ㄷ. 아뿔싸, 놓치고 말았구나.

ㄹ. 에끼, 이 사람아.

ㅁ. 하하하.

(124) ㄱ. 여보, 이리 와 보세요.

ㄴ. 예, 제가 홍길동입니다.

(123)에서는 화자의 느낌을 직접적으로 드러내는 말이 문장의 맨 앞에 놓였다. (124)에는 남을 부르거나 상대방에게 대답하는 말 '여보, 예'가 있다. 이 모두는 감탄사이다. 감탄사는 그 상황에 따라서 여러 가지 형태로 변이되어 나타날 수 있다. 가령 '어이구'는 '아이고, 애고, 애구, 아이구, 의구, 어이쿠' 등 다양하게 실현되는데, 이 가운데 몇 가지만 표준어로 설정하고 있지만 그 근거가 그리 분명하거나 정당하다고 하기 어렵다.

4. 단어의 확대 형성

단어는 파생법과 합성법에 의해 새로운 단어로 확대 형성된다. 현대 국어에서는 새로운 문물의 수용이나 사회 발전에 따라 엄청난 양의 단어들이 새로 생겨나는데, 이 가운데에는 파생과 합성에 의한 것이 많다. 특히 서양 외래어 등의 도입이 활발해지면서 고유어나 한자어가 이들과 결합하는 단어 형성을 보이기도 한다.[11]

4.1 파생

파생어 형성에는 어근 앞에 접사가 붙는 접두 파생과, 어근 뒤에 접사가 붙는 접미 파생이 있다. 이전 시기에 비해 현대 국어에서는 파생어 형성이 훨씬 더 활발하다.

4.1.1 접두 파생

국어에서 접두 파생은 일반적으로 품사를 변화시키지 않으면서 어근의 의미를 제한한다. 접두 파생법에 의한 단어 형성은 명사, 동사, 형용사, 부사 등에서 일어난다.

---

11) 개화기 문헌에서 찾을 수 있는 단어 형성의 예는 가급적 그것을 들기로 한다. 예가 개화기의 문헌에서 찾기 어려울 때에는 간혹 『한불ㅈ뎐』(1880)이나 근대 국어 말기의 번역 성서에서 용례를 찾기도 한다. 이 문헌들은 그 출현이 현대 국어의 시작보다는 조금 이르지만 근대 개화의 산물이므로, 여기에 실린 언어들이 개화기 이후의 현대 국어와 거의 비슷한 성격이라고 보는 것이다.

명사에서 접두 파생은 비교적 넓게 일어난다.

(1)ㄱ. 골생원〈조선어사전 1,151〉, 돌계집〈조선어사전 3,455〉, 살어름
〈은세계 13〉, 선우숨〈두견성 상23〉, 얼벙어리〈텰세계 12〉, 양료
리〈국독 1.32〉, 웃사름〈두견셩 상68〉, 힛돍〈귀의셩 상100〉
ㄴ. 개살구, 곰개미, 구학문, 군내, 막과자, 막차, 반체제, 수탉, 신세
계, 왕수다, 애송이, 옹달샘, 핫바지, 황소, 급브레이크, 야끼만두,
메가톤, 슈퍼마켓, 밀리그램, 생짜, 날고기, 극초단파, 맨주먹

(1ㄱ)에서 보이는 '골-, 돌-, 살-, 선-, 얼-, 양-, 웃-, 힛-'은 모두 현대
국어 초기의 문헌에서 새로 나타나는 명사화 접미사들이다. (1ㄴ)에서
쓰인 접두사들도 현대 국어에서 그 사용이 본격화한다. '곰-'은 근대
국어 이전에는 식물명에만 쓰였으나 현대 국어에서는 동물명에도 나
타난다. 접두사들 가운데에는 고유어뿐만 아니라 한자어(예: 구(舊)-,
생(生)-, 신(新)-, 반(反)-, 양(洋)-, 왕(王)-, 황(黃)-)나 일본어 외래어(예:
야끼-), 서양어 외래어(예: 메가-, 슈퍼-, 밀리-)도 있다. 일본어나 서양
어에서 온 접두사는 모두 현대 국어에 들어와 생긴 것이다. (1ㄴ)에서
'생-'과 '날-'은 같은 뜻을 갖는다. 한자어 '생(生)-'은 '생이별(生離別),
생고기' 등과 같이, 고유어 '날-'은 '날벼락, 날생선(날生鮮)' 등처럼 그
뒤에 한자어나 고유어를 모두 허용한다. '급브레이크'는 한자어 접두
사에 서구어가 결합한 예이다. '극초단파'는 접두사 '초-'와 '단파'가 결
합한 어기 '초단파'에 다시 접두사 '극-'이 덧붙었다. '맨-'은 오늘날 접
두사 외에 자립 명사나 부사로도 쓰여,[12] 문법소화하는 변화와 그 방

---

12) 아래의 (i)에서 '맨'은 조사 '으로' 앞에 오는 명사로, (ii)에서 '맨'은 서술어 '모양이

향을 반대로 갖기도 한다.

20세기 중반 이후로는 접두사 목록이 추가되기보다는 기존의 접두사에 새로운 의미가 덧붙는 예들이 많이 생겨난다. 가령, '익히지 않은'의 뜻을 갖는 접두사 '날-'에 부정적인 뜻이 더해져, '날강도, 날도둑' 등으로 쓰인다. '개-'는 주로 식물에 쓰이다가 점차 동물이나 추상명사에도 확대된다.(예: 개비름, 개꿩, 개지네, 개죽음) 이는 '곰-'(예: 곰취, 곰개미)이나 '돌-'(예: 돌미나리, 돌고래)에서도 마찬가지이다.

이 밖에도 고유어 명사 파생 접두사로는 '강-, 군-, 덧-, 둘-, 들-, 막-, 맏-, 맞-, 메-, 민-, 밭-, 불-. 쇠-, 수ㅎ/숫-, 알-, 암ㅎ-, 어리-, 엇-, 올-, 외-, 짓-, 찰-, 참-, 치-, 풋-, 한-, 핫-, 해/햇-, 헛-, 홀-, 홑-' 등이 비교적 생산성이 높다. 특히 '암ㅎ, 수ㅎ' 등은 현대 국어에서 자립성을 잃고 접두사로 기능하게 된다. 한자어 접두사에는 '구(舊)-, 귀(貴)-, 도(都)-, 무(無)-, 미(未)-, 불(不)-, 비(非)-, 생(生)-, 시(媤)-, 신(新)-, 양(洋)-, 외(外)-, 초(初)-, 초(超)-, 최(最)-, 친(親)-' 등이 생산성이 높다.

근대 국어의 '아츤설〈역어 상4b〉, 항것〈동신 1열3.17b〉' 등에서 나타나던 '아츤-, 항-'은 현대 국어에서 더 이상 보이지 않는다. '아츤-'은 형태가 사라지고, '항-'은 '한-'으로 굳어져 '한길, 한참' 등으로 쓰

다'를 꾸미는 부사로 쓰였다.
(i) 그는 밥을 맨으로 먹다가 목이 메었다.
(ii) 그는 하는 짓마다 맨 그 모양이다.
그러나 '맨'은 아직 일반적인 명사로 쓰이지 못한다. '날-'이나 '생(生)-'도 '날로, 생으로'처럼 조사 '(으)로' 앞에 오지만, 이들이 달리 독립적으로 쓰이지 못하므로 아직은 이들을 명사 용법으로 보기보다는 접사가 다시 접사와 결합한 구조의 파생부사로 보는 것이 타당할 것이다. 다만 '맨'은 부사적 용법이 가능하므로 단어 기능을 확보한 것으로 보고 명사적 용법을 인정한 것이다.

인다.

동사와 형용사에서도 접두 파생은 많다.

(2) 곰삭다〈한불 137〉, 데익다[13]〈조선어사전〉, 무르녹다〈셩직 28b〉, 사로잡다〈예셩 눅21: 24〉, 어루만지다〈텬로 1.96b〉, 에돌다〈두견 셩 하15〉, 쳐빅히다〈귀의셩 하24〉, 곱씹다, 농익다, 되씹다, 들볶 다, 매만지다, 설익다, 아로새기다

(3) 걸맞다〈국한 곤20〉, 드높다〈국한 곤88〉, 무덥다〈국한 120〉, 별나 다〈국한 143〉, 새노라타〈국한 곤171〉, 알맞다〈국한 204〉, 얄밉다 〈국한 곤208〉, 억세다〈국한 곤211〉, 얼쯔다〈홍도화 상33〉, 열쉬다 〈쌍옥적 94〉, 강마르다, 끈질기다

(2)는 동사 파생이고 (3)은 형용사 파생인데, 형용사보다 동사에서 더 다양하고 생산적이다. (2)에서는 '곰-, 데-, 무르-, 사로-, 어루-, 에-, 쳐-, 곱-, 농-, 되-, 들-, 매-, 설-, 아로-'가 있고, (3)에서는 '걸-, 드-, 무-, 별-, 새-, 알-, 얄-, 억-, 얼-, 열-, 강-, 끈-'이 있는데, 이 접두사 들은 대개 현대 국어에 들어와서 생기거나 활발하게 쓰이기 시작한 것들이다. '강-, 걸-, 메-, 별-, 알-'은 특이하게 동사 어근에 붙어 형용 사로 파생하므로, 국어에서는 드물게 품사를 바꾸는 접두 파생을 보 인다.

이 밖에 동사 파생 접두사로는 '거머-, 깔-, 나-, 내-, 덧-, 도-, 뒤-, 드-, 들이-, 맞-, 빗-, 엇-, 엿-, 짓-, 치-, 헛-, 휘-' 등이 있고, 형용사

___

13) '데익다'의 '데-'(減)는 근대 국어에서 쓰이다 현대 국어에서 사라진 '데-'(예: 뎁쯔 다)와 다르다.

파생 접두사에는 '거-, 비-, 엇-, 해-' 등이 있다. '내리-, 덧-, 되-, 얼-, 올-' 등은 체언이나 용언 앞에 모두 올 수 있다. '애당초, 움푹, 한창' 등과 같은 부사에서도 파생 접두사가 보이나, 접두사에 의한 파생은 거의 체언과 용언에서 나타난다.

4.1.2 접미 파생

파생어 형성은 주로 접미 파생에 의해 이루어진다. 현대 국어에서는 이전 시기에 비해 접미사가 다양하게 발달되어 있다.

[명사 파생]

체언 명사를 파생하는 접미사는 매우 여러 종류가 있는데, 현대 국어에서 생산성이 높은 접미사들은 아래와 같다. 이들은 대개 개화기에서도 많이 쓰인 것으로, (4)는 개화기 시대의 문헌에서 든 예들이다.

(4)ㄱ. -음/-ㅁ: 쇠임〈귀의셩 138〉, 밋븜〈독립 1896.9.10〉, 눈가림〈치악산 18〉

ㄴ. -기: 본보기〈독립 1897.6.12〉, 기음미기〈대미 1910.7.22〉, 내기(賭)〈국한 52〉

ㄷ. -이: 다듬이〈대미 1908.9.10〉, 목버리〈귀의셩 66〉, 노랑이(黃色畜)〈한불 290〉

ㄹ. -개/-게/-기: 벼기〈독립 1899.11.1〉, 날기〈진교 7b〉, 날개〈주교 72a〉

ㅁ. -애/-에: 노래〈텬로 1.22a〉, 쓰레질〈한불 412〉

ㅂ. -질: 노질〈텬로 2.118b〉, 달음질〈심상 2: 33a〉, 고자질〈빈상설

17〉, 션싱질〈독립 1897.5.4〉

ㅅ. -쟝이/징이/장이/쟁이: 난쟝이〈대민 1910.7.22〉, 오입징이〈귀의
성 상134〉, 쑤징이〈괴의성 34〉

ㅇ. -숀/꾼: 구경숀〈은세계 131〉, 선소리숀〈빈상설 43〉

ㅈ. -보: 갈보〈구의산 89〉, 곰보〈국한 곤29〉

(4)에 든 예들은 모두 오늘날에도 잘 쓰이는 어휘들이다. 현대 국어에
들어서 '-기'는 생산성이 매우 높아져 '-음'을 능가하기에 이른다. 다만
형용사에 '-음'이 접미한 파생 명사는 현재에도 생산성이 높다. 척도 명
사를 만들기 위해 형용사에 붙는 파생 접사는 '-기'형으로 정착되고 있
다.(예: '굵기, 크기, 세기' 등) '-개'가 사물을 가리키는 명사형으로 활발해
지고, '-쟝이, -꾼, -보' 등 사람을 지칭하는 명사의 형성이 늘어난다.

현대 국어에 들어오면서 한자어 접미사들이 매우 많아진다. 이들은
대개 신문명과 함께 생기는 어휘를 형성하면서 생산성도 크게 높아진
것이다. 대표적인 예 몇 가지만 들어 본다.

(5)ㄱ. -적(的): 짓튼 화장은 천연적 용모의 흠점을 숨기고 그 장처와 아
름다운 점만 발휘하는 것으로 〈조선일보 1925.5.20.〉

ㄴ. -화(化): 김석희(金碩熙) 씨는 당디 청년회장(靑年會長)으로 사
회 교화 사업(社會敎化 事業)에 노력을 하든 중 〈조선일보
1925.4.8.〉

ㄷ. -식(式): 경성부 관찰사는 더욱 신식을 좃지 안흔 줄에 신식 경
비를 모론다고 흐고 〈독립 1896.12.26〉

ㄹ. -성(性):【가래】名 기관(氣管)에서 토하여 내는 점액성 분필물(粘
液性 分泌物) 담 〈조사 1.6〉

944

ㅁ. -용(用): 【가락지】名 장식용(粧飾用)으로 손가락에 끼는 금·
은·주옥(金·銀·珠玉)들의 고리 가락지는 두 짝으로 되고 반지
는 한 짝으로 된 것 〈조사 1.6〉

ㅂ. -가(家): 수업가〈송뢰금 79〉, 정치가〈설중매 33〉

ㅅ. -소(所): 敎習所〈대미 1906.2.2〉, 조합소〈치악산 하1〉

ㅇ. -인(人): 외국인〈미일 1908.5.5〉, 出來人〈만세보 1906.7.7〉

ㅈ. -자(者): 슈권자〈비행선 170〉, 지도자〈추월색 106〉

ㅊ. -형(形): 와우형(臥牛形)〈국한 241〉, 一字形〈국독 2: 20〉

ㅋ. -회(會): 國會〈국소 35〉, 망년회〈독립 1899.11.1〉

(5)의 접미사 가운데 현대 국어에서 생산력이 매우 높은 '-적, -화,
-식, -성, -용' 등은 개화기 시기의 문헌에는 거의 나오지 않는다. (5
ㄱ, ㄴ, ㄷ, ㄹ, ㅁ)에서 보듯이 대부분이 1920년대 이후에나 보이는데,
이는 일본어의 영향으로 보인다. 위에서 (5ㄷ)의 '-식' 역시 '신식' 외
의 파생어 형성은 개화기 문헌에서 보이지 않는다. 그 밖의 '-가, -소,
-인, -자, -형, -회' 등은 이미 개화기에도 활발하게 쓰인다.

이 밖에도 '-거리, -깔, -께, -꾸러기, -내기, -네, -님, -댁, -들, -때
기, -매, -발, -보, -분, -새, -쇠, -뻘, -아지, -지기, -투성이, -퉁이,
-동이/둥이, -뱅이, -쯤, -째, -치, -치기' 등이 비교적 생산성이 높은
명사화 접미사이다. 특히 '-님'은 이전 시대까지는 주로 친족어나 높
은 직책의 이름 아래에 붙어 높임을 보였는데, 현대 국어에 와서는 높
임의 뜻으로 접미되는 명사 어휘의 범위가 매우 넓어진다. '분'은 원래
의존 명사로 쓰였으나, 현대 국어에서는 '자제분, 여러분' 등과 같이
복수의 뜻을 가진 명사 뒤에서 높임의 뜻을 더하는 접미사로서의 기
능이 더 생긴다.

[동사 파생]

동사 파생 접미사에는 '-하, -거리-, -대-, -이-, -치-' 등이 있다.
역시 개화기 때의 용례를 본다.

(6)ㄱ. 口唱하다〈국소 46b〉, 變ᄒ다〈국소 7〉, 변하다〈국한 곤142〉, 공
　　　부ᄒ다〈설중매 35〉

　　ㄴ. 너울거리다〈은세계 36〉, 덤벙거리다〈국한 곤76〉, 두군거리다〈혈
　　　의루 5〉

　　ㄷ. 깝죽대다〈국한 곤15〉, 덤벙대다〈국한 곤76〉

　　ㄹ. 들먹이다〈한불 481〉, 번득이다〈한불 315〉, 헐썩이다〈유옥〉

　　ㅁ. 어그릇치다〈셩직 73b〉, 헤치다〈예셩 맛13: 25〉

　　ㅂ. 낫추다〈심상 3.12a〉, 노피다〈예셩 로12: 17〉

(6)의 예들은 오늘날도 그대로 사용되는 어휘들이다. (6ㄱ)에서 '-하
(ᄒ)-', (6ㄴ)에서 '-거리-', (6ㄷ)에서 '-대-'를 보인다. 이 가운데 '-대-'는
문헌에서 출현 시기가 늦어, 19세기 말기에 나타나기 시작하여 쓰임이
늘어나 '-거리-'와 비슷한 의미를 가진다. (6ㄹ)의 예들이 『한불ᄌ뎐』에
나오므로 개화기 이전에도 접미사 '-이-'가 결합한 어휘들이 쓰였음을
알 수 있는데, 이 접미사는 이후에 점차 용례를 넓히고 있다. (6ㅂ)은
이른바 사동화 접미사 '-이-, -추-' 등을 붙인 형태이지만, 형용사에 붙
은 사동화 접미사는 대부분 사동성이 없는 동사화 접사일 뿐이다.

[형용사 파생]

형용사 파생 접미사로는 '-하-, -ㅂ/브-, -압/업-, -답-, -롭-, -스
럽-' 등이 있다.

(7)ㄱ. -하(ᄒ)-: 갈치ᄒ다〈셜즁매 12〉, 단단하다〈심상 2.28a〉, 열심ᄒ
다〈셜즁매 13〉

ㄴ. -ᄇ/브-: 밋브다〈주교 17b〉, 빈곱푸다〈텬로 2: 177a〉

ㄷ. -압/업-: 미덥다〈예성 갈1: 9〉, 부드럽다〈쥬년 56b〉, 즐겁다〈심
상 3: 39b〉

ㄹ. -되-: 잡되다〈한불 528〉, 츔되다〈텬로 1: 5b〉, 호되다〈한불
114〉

ㅁ. -답1-: 아릿답다〈금수 14〉, 아름답다〈한불 9〉, 정답다〈텬로 1:
21b〉

ㅂ. -답2-: 곳답다〈한불 196〉, 법답다〈한불 316〉

ㅅ. -롭-: 디혜롭다〈공신 1907.11.25〉, 새롭다〈텬로 1.87a〉, ᄉᆞᆺᄉᆞ롭
다〈셩직 1.51a〉, 아차롭다〈화즁화 4〉

ㅇ. -스럽-: 거드름스럽다〈귀의셩 25〉, 고집스럽다〈텬로 1.서5a〉, 탐
스럽다〈국한 곤316〉

ㅈ. -다랗-: 기다랗다〈추월색 4〉, 가느다랗다, 굵다랗다, 널따랗다,
높다랗다, 좁다랗다

ㅊ. -쩍-: 괴이쩍다〈텬로 2: 108a〉, 겸연쩍다, 멋쩍다, 미심쩍다, 수
상쩍다

ㅋ. -앟/엏-: 파라타〈국한 곤324〉, 벌겋다〈은세계〉, 꺼멓다, 빨갛
다, 퍼렇다, 하얗다

ㅌ. -맞-: 걸맞다〈국한 곤20〉, 방정맞다〈국한 곤135〉

ㅍ. -지-: 기름지다〈독립 1899.11.1〉, 옹골지다〈한불 55〉

(7)에서 보이는 파생 형용사들은 대부분 오늘날에도 쓰인다. 다만 '갈
치ᄒ다, 열심ᄒ다'와 '거드름스럽다, 시들스럽다'는 오늘날 안 쓰이

는 말이 되었는데, 개화기에는 접미사 '-ㅎ-'와 '-스럽-'이 더 넓게 쓰인 듯하다. 모음으로 끝나는 어근 아래에만 오는 '-롭-'에 대해 상보적 분포를 보이는 '-답1-'은 자음 아래에만 붙는다. 명사 외에 명사구에도 결합하는 '-답2-'는 '-하-'와 더불어 오늘날 가장 활발한 형용사화 접미사로, '그는 요즈음 보기 드문 젊은이답게 …'처럼 명사구에도 결합한다. 모양을 말하는 형용사에 붙어 뚜렷하게 뜻을 더해 주는 '-다랗-'도 개화기 문헌에서부터 보인다.

현대 국어에서 용언화 파생 접미사 '-하다'가 결합하는 단어 형성은 이전 시기에 비해 더욱 활발하여 비동작성 명사와의 결합도 늘어나고, 최근에는 서양 외래어를 원어에서의 문법 범주와 상관없이 선행 어근으로 받아들이기도 한다.

(8)ㄱ. 나무하다, 부모하다, 선생하다, 사장하다, 학교하다, 담장하다, 축구하다

ㄴ. 로맨틱하다, 스마트하다, 시니컬하다, 엑설런트하다, 픽업하다, 서비스하다, 숏하다, 슈팅하다

'나무'(木)는 원래 동작성이 없는 명사이지만 '나무하다'는 이전 시기부터 쓰던 말이다.(예: ᄒᆞ마 버린 後엔 길녀리 블오며 나모ᄒᆞ리 가져다가 밥 지슬 ᄯᆞ르미라〈법화 2: 212〉) '나무'와 관련하는 행위, 즉 땔감을 만드는 행동성을 설정하여 '-하다' 동사화를 한 것이다. 그런데 이와 같은 용법이 현대 국어에 와서 크게 늘어 (8ㄱ)과 같은 파생어를 이룬다. 또한 서구어에서 형용사였던 '로맨틱, 스마트, 시니컬, 엑설런트'나, 동사였던 '픽업, 리마인드'가 명사성 어근 기능을 하면서 '-하다'와 결합하여 형용사나 동사를 이룬다. 때로는 원어에서 명사형인 '슈팅'과 동사형

인 '슷'이 다 어근으로 쓰이기도 한다. '-하다'는 요즈음에 와서 이처럼 더욱 활발한 생산성을 보인다.

[관형사 · 부사 파생]

관형사 파생은 생산적이지 못하다.

(9) 다른⟨국소 7a⟩, 딴⟨텬로 2: 190a⟩, 웬⟨텬로 1: 41a⟩, 가진⟨텬로 2.200a⟩, 크나큰⟨한불 215⟩, 기나긴, 긴긴, 갖은, 고런조런, 괜한, 그 까짓, 때아닌, 몹쓸, 빌어먹을, 숱한, 아무런, 여나믄, 외딴, 이런, 저 런, 숱한, 아무런, 애먼, 지난, 한다하는, 허다한, 허튼, 헌

'다른'과 '딴(>딴)'이 관형사로 파생되어 쓰인다. 이들은 이전 시기에 '다른, 딴'으로 쓰이던 파생어이다. '그까짓'에서는 관형격형 '-ㅅ'이 어 기에 붙었는데, 이는 'ㅅ'이 관형격으로 쓰이던 이전 시기의 용법이라 고 할 것이다.

부사 파생 접미사에는 '-이/히, -어/아, -오/우, -내' 등이 있으며, 조사 '은, 로, 에, 마다' 등이 붙은 파생어도 여럿 있다.[14]

(10)ㄱ. 갓치⟨국소 6a⟩, 날마다⟨국소 18b⟩, 느지⟨송뢰금 1⟩, 能히⟨국소 1b⟩, 마츰내⟨셩직 3: 6a⟩, 만일에⟨셩직 77a⟩, 바로⟨국소 11a⟩, 실은⟨쥬년 49b⟩, 실로⟨텬로 2: 138a⟩, 손혀⟨국소 4b⟩, 국으로, 머잖아

---

14) 조사는 학교 문법에서 품사를 갖는 단어이지만 문법소의 성격이 강하므로 여기에 서는 파생 접사로 본다. 더구나 이들 단어 형성에서 조사는 의미상 파생을 겪고 있 다. 조사를 단어로만 보면 조사와 결합한 형태는 합성어가 되어야 할 것이다.

ㄴ. 故히〈유년 3.145〉, 구챠로이〈대미 1907.7.21〉, 同一히〈윤리학
교과서(1908) 31〉, 별히〈독립 1899.10.5. 외보〉, 全然히〈신여성
(1925.11) 48〉, 행복스러히〈김유정 "솟"(1935) 131〉, 희미히〈청
춘(1927) 60〉

(10ㄱ)의 예들은 오늘날에도 쓰이지만, (10ㄴ)에서 '-이, -히'가 접미된
파생 부사 형태는 오늘날 거의 사용되지 않는다. 현대 국어 초기에는
오늘날보다 '-이, -히'가 더 널리 사용되었던 것이다. 부사 파생 접미
사에는 이 밖에도 '-금, -껏/컷, -나, -내, -소/수, -에/애' 등이 있다.
그러나 오늘날 부사 파생은 거의 '-이/히'에 의존하여 이루어지며, 간
혹 조사 '로, 에' 등을 결합하는 형성이 있는 정도이다.

오늘날에 나타나는 파생어 형성법 가운데에는 새로운 양상이 보인
다. 이미 존재하는 단어에서 특징이 될 만한 부분만 떼어 어근을 삼고
여기에 접미사를 결합하는 것이다.

(11)ㄱ. 범생이, 공돌이, 식순이, 컴맹
ㄴ. 따하다, 따되다

(11ㄱ)에서 '범생이'는 '모범, 모범생'에서 '범(생)'만을 떼어 '-(생)이'와
결합하였고, '공돌이'는 '공장'에서 '공'만을 떼어 '-돌이'와 결합하였으
며, '컴퓨터'에서 '컴'을 떼어 '맹(盲)'을 붙여 '컴맹'을 이루었다. (11ㄴ)은
'따돌리-'에서 '따'만을 얻어서, 생산력이 큰 '-하다, -되다'와 결합한
것으로, 접두사 '왕-'과 결합하여 '왕따'를 이루기도 한다. 이들 어휘는
대개 아직 표준어로 인정되지는 못하지만 비속한 표현으로 널리 쓰이
고 있다.

4.1.3 비접사 파생

접사에 의하지 아니하고 파생어를 만드는 비접사 파생법에는 자·모음의 교체나 생략 또는 영 파생 등이 있다.

[자·모음의 교체나 생략]

자음이나 모음을 교체 또는 생략하여 의미에 변화를 가져오는 파생법인데, 이때 변화형은 변화 이전의 어휘와 의미상 관련성을 갖는다.

(12) ㄱ. 가르치다〈유옥〉: 가리키다, 덥석: 텁석〈국한 곤319〉, 달강달강
  〈국한 곤69〉: 달각달각〈국한 곤69〉: 달깍달깍: 달칵달칵: 딸각
  딸각

 ㄴ. 갉다〈성직 3b〉: 긁다〈대민 1910.7.22〉, 살짝〈국한 곤165〉: 슬쩍
  〈국한 곤192〉, 가득하다〈유옥〉: 그득하다〈텬로 2.146b〉, 환하
  다〈국한 곤372〉: 훤ᄒ다〈구의산 61〉, 촐랑촐랑〈국한 곤301〉: 철
  렁철렁: 출렁출렁

(13) 하나〈국독 1.39〉: 한〈국소 2〉, 둘〈국독 1.39〉: 두〈국소 14〉, 셋〈국
  독 1.39〉: 세〈국독 2.10〉: 서〈예성 요21: 11〉, 스물〈성직 77a〉: 스
  무〈주교 64b〉

(14) 반듯이: 반드시, 넘어: 너머, 그럼으로: 그러므로, 놀음: 노름, 있다
  가: 이따가, 졸이다: 조리다

(12ㄱ)은 자음이 교체하면서 의미에 변화가 온다. '가르치다'와 '가리키다'는 각각 '敎'와 '指'라는 뜻을 갖는데, 이들 모두는 중·근대 국어에서 'ᄀᆞ르치다'였다. 이런 유형에는 된소리나 거센소리로 교체하면

서 느낌을 달리하는 상징어가 많다. (12ㄴ)은 모음을 교체한 예로, 모음의 교체에 따라 느낌을 달리하는 어휘 체계는 상징어 등에서 매우 많다. (13)은 어근의 말음절에서 종성 등이 탈락하여 명사가 관형사로 파생한 것이다. (14)는 표기를 달리함으로써 의미 내용에 차이를 두는 것으로, 일종의 파생법이라고 할 만하다. 이들은 대개가 맞춤법이 확정되는 20세기 중반 이후에 의미의 차별화가 굳어진다.

[영 파생]

형태에 변화가 없이 문법 기능에 변화를 갖는 영 파생은 국어에서 오래전부터 있어 온 파생법 가운데 하나이다.

> (15) ㄱ. 어제, 지금, 요즈음, 여기, 모두, 밤낮, 잘못, 제법, 참, 처음, 혼자
>
> ㄴ. 가물다, 꾸미다, 누비다, 띠다, 마무리다, 막다, 배다, 빗다, 신다, 안다, 품다
>
> ㄷ. 덜, 삼가, 깡그리
>
> ㄹ. 굳다, 길다, 늦다, 무르다, 밝다, 있다, 크다
>
> ㅁ. 싸구려, 섰다, 먹자, 사자, 팔자
>
> ㅂ. 갈수록, 결단코, 나아가서, 되게, 되도록, 따라서, 마저, 이어
>
> ㅅ. 그럼, 옳지, 차렷
>
> ㅇ. 너울너울, 얼룩얼룩, 흔들흔들, 각각
>
> ㅈ. 보다, 나름, 뿐

(15ㄱ)의 어휘들은 모두 명사이지만 형태 변화 없이 부사로도 기능하는 영 파생법을 보여 준다. 특히 시간성 명사들은 부사로 파생하는 예가 많다. (15ㄴ)에서는 명사 형태가 그대로 동사의 어간으로 파생하였

다. 용언의 어간이 그대로 부사로 쓰이던 용법(예: 'ᄀ초, 바ᄅ, 비릇' 등)
은 대부분 없어지고,[15] (15ㄷ)과 같은 극히 일부의 예들만 남는다. 형
용사와 동사로 다 기능하는 (15ㄹ)도 영 파생으로 볼 수 있다. (15ㅁ)
과 (15ㅂ) 그리고 (15ㅅ)에선 용언의 활용형이 각각 명사,[16] 부사, 감탄
사로 파생하였다. (15ㅇ)에선 명사 '너울, 얼룩'이나 동사의 어간 '흔
들-' 또는 관형사 '각(各)'이 중첩하여 부사로 파생하였다. 이와 같은
여러 유형의 영 파생 어휘들은 현대 국어에서 적잖이 발견된다. (15ㅈ)
의 '보다'는 보조사였으나 근래에 들어 '좀 더'라는 뜻을 가진 부사로
도 쓰이고, '나름'은 보조사나 의존 명사인데 일반 명사로도 그 기능
을 확대해 가고 있으며, '뿐'은 보조사와 의존 명사 외에 쓰이던 일반
명사로서의 쓰임이 축소되는 경향을 보인다. '새'(新)는 중세 국어에서
명사, 관형사, 부사로 쓰였고, 근대 국어에서도 명사와 관형사의 용법
을 가졌으나, 현대 국어에서는 관형사로만 쓰인다.

4.2 합성

현대 국어에는 합성어가 매우 많으며, 또 계속하여 합성어가 만들
어지고 있다. 근래에 들어서는 비통사적 합성어가 점차 늘어나는 양
상도 보인다. 합성어의 형성은 대부분의 품사에서 나타난다.

---

15) 용언 어간이 그대로 부사로 쓰이던 용법은 대부분 근대 국어 시기에서 사라지게 되
나, 부사로 쓰인 'ᄀ초' 등 일부 어휘는 개화기까지 기독교 관련 서적에서 적잖이
나오기도 한다.

16) 동사 활용형인 '먹자, 사자, 팔자' 등은, '먹자 골목, 사자 주문, 팔자 장세' 등과 같
이 다른 명사 앞에 오는 관형사적인 기능의 명사 용법이나, '먹자판, 팔자세' 등처
럼 단어 형성에서 명사적인 어기로 쓰인다.

4.2.1 명사 합성

합성어 가운데 명사의 합성은 특히 많다.

(16) ㄱ. 달포희포〈고목하 86〉, 아래위〈추월색〉, 열ᄒ나〈셩직 75a〉, 우아릭〈독립 1899.11.6〉, 흔둘〈셩직 42b〉, 봄여름, 아들딸, 육이오(6·25), 삼일절(3·1절), 초파일

ㄴ. 가시아비〈국한 곤3〉, 거미줄〈추월색〉, 곤듸짓〈추월색 158〉, 닛삿〈홍도화 41〉, 뒤손〈치악산 26〉, 물고기〈송뢰금 2〉, 미안풀이〈치악산 47〉, 밥팀례〈예셩 마3: 12〉, 안잠마누라〈구의산 24〉, 여인숙〈혈의루 63〉, 젓국김치〈한불 554〉, 청바지〈월하 28〉, 쵸불〈텬로 1.74b〉, 후루코투〈금수 456〉, 길옆, 옆길, 감기약, 설사약, 갓김치, 보쌈김치, 개집, 개구리밥, 길벗, 깃저고리, 기름종이, 불나비, 쥐덫, 흙손, 가시밭, 엿장수, 돌솥, 돌솥밥, 돈세탁, 동전세탁, 시냇물, 나뭇집, 나무집, 가라오케

ㄷ. 눈가림〈국한 곤63〉, 똥거름〈국한 곤84〉, 발감기〈치악산 46〉, 힝랑살이〈대미 1910.6.5〉, 떡볶이, 발걸음, 산울림, 얼음찜, 연날리기, 토끼잠, 통조림

ㄹ. 둙의알〈한불 467〉, 쇠고기〈국한 곤186〉, 달기장, 꿩의밥, 눈의가시, 눈엣가시

ㅁ. 몃칠〈텬로 1서1b〉, 이녁〈치악산 59〉, 몇날, 새내기, 어느틈, 요즈음, 첫인상

ㅂ. 닷ᄂ짐승〈대미 1908.7.21〉, 먼동〈국한 곤111〉, 솟을대문〈한불 430〉, 식은죽〈국한 곤197〉, 오른손〈명셩 30a〉, 지난히〈셩직 45b〉, 흰소리〈빈상설 41〉, 가르친사위, 간니, 죽는소리, 죽을죄

ㅅ. 스마트폰, 헤드라이트, 에이에스, 애프터서비스, 토크쇼

(16)은 모두 통사적인 합성 명사이다. (16ㄱ)은 명사나 수사가 대등하게 결합한 합성어이며, (16ㄴ)은 앞에 오는 명사가 뒤의 명사에 종속적인 관계를 갖는 합성어이다. 이때 선행어와 후행어와의 종속적 내용은 다양하다. 가령 (16ㄴ)에 있는 합성 명사들의 선·후행어의 관계 내용은 두 어근의 의미에 따라 해석된다. 예를 들어 감기를 낫게 하기 위한 '감기약'과 달리, '설사약'은 설사를 낫게(멈추게) 하는 약과 설사를 하도록 하는 약이라는 두 가지 의미를 가질 수 있다. '돈세탁'은 '돈'을 세탁하는 것이지만, '동전세탁'은 동전으로(동전을 넣어 세탁기를 돌려서) 하는 세탁이다. 이와 같은 종속적 관계의 합성 명사에서는 '시냇물'처럼 모음으로 끝나는 선행 어근 아래에 /t/가 들어가는 경우도 있다. 나무를 파는 '나뭇집'과 나무로 만든 '나무집'이 후행어 초성을 경음화하는가 여부로 구분되기도 한다. 합성어에서 경음화의 조건은 아직 충분히 밝혀져 있지 못하다. (16ㄷ)은 용언의 파생 명사가 주격이나 목적격 기능의 명사 어근 아래에 결합하여 통사적인 합성 명사를 이룬 예들이다. 이러한 통사적 구성에는 관형격 'ㅣ, 의, ㅅ'으로 나타나는 (16ㄹ)이나, 관형사가 앞에 놓인 (16ㅁ), 용언의 관형사형 어미를 보이는 (16ㅂ)과 같은 유형들이 있다. (16ㅅ)은 서구 외래어의 합성 명사인데, 외래어끼리 결합하는 경우도 있다.

(17)은 비통사적 합성 명사이다.

(17)ㄱ. 감발〈황금탑 55〉, 걸상〈대미 1908.5.8〉, 넓적다리〈국한 곤59〉, 막나무〈치명 62a〉, 벗장다리〈국한 곤141〉, 열쇠〈텬로 2.142b〉, 감감소식, 검버섯, 나란히꼴, 낮놀, 내리글씨, 늦봄, 닻소리, 몰

래카메라, 빗접, 살아생전, 살짝곰보, 움펑눈, 접의자, 지레짐
작, 활비비, 찹쌀, 흘긔눈

ㄴ. 곱슬머리, 물렁뼈, 부슬비, 비틀걸음, 어둑새벽, 흔들의자

ㄷ. 떴다방, 막가파, 먹자판

(17ㄱ)에서, '열쇠'는 동사 어간에, '늦봄'은 형용사 어간에, '살아생전'
은 동사의 연결형에 각각 명사가 결합한 비통사적 구성이다. '낫놀'은
명사 어근에 동사 어근이 결합한 형태이고, '지레짐작'은 '부사＋명사'
의 구성이며, '감감소식'에선 '감감'이 불완전 어기이다. (17ㄴ)도 비통
사적 구성이긴 하지만, 명사 앞에 오는 상징어들이 명사 상당어 역할
을 하는 수가 많으므로 (17ㄱ)보다는 통사성이 높다고 할 수 있다. (17
ㄷ)은 용언의 종결형에 명사가 결합한 형태로, 최근 들어 새로이 생기
는 비통사적 합성법을 보인다. 이러한 단어 형성은 근래에 점차 늘어
나는 추세이다.

(18) 교파(敎派), 기내(機內), 복부인(福夫人), 학번(學番)

(19) 구마(邱馬), 수출입(輸出入), 노총(勞總), 비트, 라볶이, 오피스텔

(18)은 한자의 파생 의미를 새로운 어근의 의미로 삼아 단어를 합성한
예이다. 가령 '교(敎)'는, 원래의 의미 '가르치다'에서 파생된 새로운 뜻
인 '종교'라는 의미를 가지고 합성 명사 '교파'를 이룬다. '기(機)'도 '비
행기'라는 파생 의미로서 '기내'를 형성하고, '복덕방'을 뜻하는 '복'이
새로운 단어 '복부인' 형성에 참여한다.

　새로운 형태의 단어 형성은 축약어로도 나타난다. '대구'와 '마산'을
줄여 '구마'를 만들고, '수출'과 '수입'을 하나의 단어 '수출입'으로 줄이

고, '전국 노동자 총연합회'를 '노총'으로, '비밀 아지트'를 '비트'로 줄인다. '라면'과 '떡볶이'의 결합인 '라볶이'나, '오피스'와 '호텔'을 결합한 '오피스텔'은 혼성(blending) 작용을 경험한 것이다. 국어에서 나타나는 단어 축약 현상은, 음소나 문자 그리고 음절 등 여러 가지 단위로 축약이 일어나는 서구어와는 달리, 대개 음절 단위로 일어난다.[17] 축약 형태의 단어 형성법은 중·근대 국어에서도 보이지만 현대 국어에서 더욱 활발히 나타나는 하나의 특징이다.

다음 (20)은 하나의 단어는 아니지만 명사 단어처럼 쓰이는 단어성 명사구이다.

(20)ㄱ. 사회 생활, 고유 명사, 국제 관계, 긴급 명령
　　ㄴ. 급차선 변경, 긴급 도로 보수 차량, 절대 감속

사전에 따라서는 (20ㄱ)의 명사구를 합성어로 올림말에 넣은 경우들도 있지만, 단어적 성격이 많아 명사구로서 주된 올림말에 넣기도 한다. 명사 중에는 단독으로 쓰이지 못하고 '국제, 긴급'과 같이 명사구의 선행어나, 파생어의 어근으로만 쓰이는 것들도 있다. 단어성 명사구 가운데에는 (20ㄴ)과 같이 비통사적인 구성을 보이는 예들이 있다. '급-'은 '차선'이 아니라 '변경'에 붙을 만한 접두사이고, '긴급'은 '보수'나 '차량' 앞에 와야 의미상 올바른 구성이 되는데도, 이들이 모두 명사구의 맨 앞에 왔다. 이런 점에서도 (20)은 명사구 구성이지만 합성

---

17) 현대 국어에서는 음소 단위의 축약도 일어난다. 가령 '서울 과학 고등학교'와 '한성 과학 고등학교'를 구어에서는 각각 '설곽, 한곽'으로, '안녕하세요'를 '안뇽'으로 줄여서 부르기도 한다. 이러한 축약이 현재의 국어 규범에서는 인정되지 않지만, 채팅 언어나 젊은 화자들의 구어에선 종종 이용되고 있다.

명사의 단어적 성격을 많이 가지고 있다고 할 것이다.

4.2.2 동사 합성

동사 합성법은 비교적 단순하지만, 합성 동사의 수는 적지 않다.

(21)ㄱ. 굽어보다〈텬로 1: 75a〉, 내다보다〈한불 262〉, 노라나다〈금수
  19〉, 노려보다〈국한 곤61〉, 미고가다〈유옥〉, 미워하다〈예셩 누
  1: 71〉, 빌어먹다〈치명 114a〉, 살펴보다〈유옥〉

ㄴ. 겁나다〈텬로 1: 37a〉, 겁내다〈텬로 2: 106a〉, 맛보다〈예셩 요
  2: 9〉, 모나다〈국한 곤340〉, 병들다〈치명 68a〉, 압서다〈텬로 2:
  136b〉, 억지쓰다〈텬로 1: 86b〉

ㄷ. 그만두다〈심상 2: 30a〉, 마주보다〈예셩 누20: 17〉

(22)ㄱ. 듯보다〈화즁화 17〉, 쮜놀다〈유옥〉, 받들다〈셩직 7: 107a〉, 보
  살피다〈국한 곤146〉

ㄴ. 바라보다〈국독 2: 20〉, 비롯ᄒ다〈예셩 누24: 27〉, 어긋나다〈셩
  직 1: 67a〉, 욱지르다〈예셩 사18: 28〉

(21)은 통사적 합성법에 의한 합성 동사들이다. (21ㄱ)은 용언의 어근
과 어근이 결합할 때에 '-어, -고, -다' 등의 활용 어미를 중간에 넣은
형태이다. (21ㄴ)은 '명사＋동사'의 구성이고, (21ㄷ)은 '부사＋동사'의
구성으로 모두 통사적 구조를 어그러뜨리지 않는다.

반면 (22)는 비통사적 합성법을 보이는 합성 동사들이다. 선행 용언
의 어간에 바로 후행 용언이 붙은 (22ㄱ)이나, 공시적으로 불완전한 어
기에 용언이 결합한 (22ㄴ)이 모두 비통사적이다. 비통사적 합성법에

의한 동사들은 대부분 중세 국어나 전기 근대 국어 시기부터 쓰이던 것이고 현대 국어에 들어 새로 합성법 절차를 거쳐 형성된 것이 아니다. 오늘날에는 선행 동사 어간에 후행 동사 어간이 직접 결합하는 비통사적 합성법은 생산성을 거의 잃었다고 할 만하다.[18]

4.2.3 형용사 합성

합성 형용사는 그 수효가 합성 동사만큼 많지 못하다.

(23)ㄱ. 쓰디쓰다, 달디달다, 희디희다, 곱디곱다, 깊디깊다, 차디차다, 크디크다, 머나멀다〈안의성 158〉, 기나길다, 게을러빠지다, 약아빠지다

ㄴ. 낙랑: 그 버들눈도 안 뜬 차디찬 북방나라 고려로 누가 가요. 〈유성연극_낙랑〉

시춘: 비연이가 불르려 와서 뛰어가 보니 계월이는 벌써 차디찬 송장이 되었었네. 〈유성연극_편지〉

(233)ㄱ. 맛없다〈셩직 113b〉, 맛잇다〈주교 36b〉, 아귀세다〈한불 3〉, 줄기차다〈한불 581〉, ᄒᆞᆯ결갓ᄒᆞ다〈셩직 89b〉, 귀밝다, 꼴사납다, 넉살좋다, 반죽좋다, 버릇없다, 상관없다, 색다르다, 속없다, 수없다, 심술궂다, 올곧다, 짓궂다, 풀죽다, 흥겹다

ㄴ. 덜되다〈한불 471〉, 못나다〈한불 248〉, 잘나다〈한불 529〉, 가만있다, 깎아지르다, 다시없다

---

18) '오가다'는 『조선어사전』(문세영 1938)에도 나오지 않고, 그 이후에 형성된 것인데, 이 단어는 어근끼리 직접 결합하던 이전의 합성법에 기대어 특별하게 만들어진 것이다.

(24)ㄱ. 굿세다〈쥬년 2.103a〉, 검누르다, 검푸르다, 높푸르다, 재빠르
　　　다, 짙푸르다, 해맑다

　　ㄴ. 부질없다〈자유종 26〉, 웅숭깊다, 장성세다, 지멸있다

(23)은 형용사끼리만 결합한 통사적 합성 형용사이다. '-디'형으로 전
후에 형용사가 결합하는 형태는 문어 자료에서는 『조선어사전』에서
야 확인되지만, 1930년대 음성 자료인 (23ㄴ)에서 이미 쓰인 예를 찾
을 수 있다. (233ㄱ)은 명사와 형용사가, (233ㄴ)은 부사에 동사나 형용
사가 각각 결합한 것이다. (24)는 비통사적 합성 형용사이다. (24ㄱ)은
형용사의 어간에 바로 형용사가 결합하고, (24ㄴ)은 불완전한 어기에
형용사가 결합한 것이다. (23ㄱ)의 '어간+-디+어간' 형태의 합성 형
용사는 개화기 문헌에 보이지 않아 그 이후에 생긴 형태임을 짐작케
한다. '어간+-나+어간'형 합성 형용사도 개화기 문헌에서 많이 보이
지는 않지만, 이 형태의 관형사형이 관형사로 파생한 '크나큰'은 이미
『한불ᄌᆞ뎐』(1880)에 나온다.

4.2.4 관형사 · 부사 합성

관형사나 부사의 합성어는 그 종류와 수효가 적다.

(25) 온갖〈주교 6a〉, 한두〈예성 마18: 16〉, 별별〈재봉춘 88〉, 벼라별,
　　　두세, 두서너, 일이, 이삼, 불가분의, 필사의, 미증유의
(26)ㄱ. 꼭꼭〈추월색 10〉, 또한〈치명 159b〉, 또다시〈텬로 2.112b〉,
　　　이리저리〈텬로 1.46b〉, 와락와락〈국한 곤241〉, 좀 더〈텬로
　　　1.40a〉, 한결갓치〈셩직 12a〉, 흔바탕〈텬로 158a〉, 곧바로, 곧

잘, 껑충껑충, 때마침, 쓱싹, 어느새, 온종일, 하루빨리, 하루바
삐, 한층, 깜쪽같이
ㄴ. 가지가지〈한불 138〉, 시시깍깍〈한불 424〉, 갈래갈래, 걸음걸음,
골목골목, 구절구절, 군데군데, 굽이굽이, 그날그날, 꼬치꼬치,
사이사이, 소리소리, 조각조각, 조목조목, 차례차례, 하나하나
ㄷ. 비틀비틀〈한불 329〉, 시들시들〈한불 424〉, 파릇파릇〈한불
353〉, 흔들흔들〈한불 97〉, 다짜고짜, 둥글둥글, 비뚤비뚤, 아기
자기, 아웅다웅, 안절부절, 어질어질, 오손도손, 옹기종기, 출렁
출렁, 티격태격, 피장파장, 허겁지겁

(25)는 합성 관형사이다. 현대 국어에서 관형사의 합성은 생산성이 극
히 낮은 상태이며, 오늘날 쓰이는 합성 관형사들은 대개가 이전 시대
에 이루어진 것들이다. 그러나 명사적 어근에 관형격 조사 '의'가 결합
한 형태는 근래에 생기었다.

(26)은 합성 부사이다. (26ㄱ)에서는 '부사+부사'(예: 곧바로, 좀 더, 또
다시, 곧잘), '명사+부사'(예: 하루빨리, 때마침), '관형사+명사'(예: 한결,
한바탕, 한층, 어느새) 등의 구성을 보인다. (26ㄴ)은 명사를 중첩하여 부
사를 이루었다. 이들은 거의가 명사로도 쓸 수 있으므로 합성 명사의
영 파생 부사로 이해되기도 하는데, 용례의 대부분이 부사로 쓰이므
로 여기에 포함한다. (26ㄷ)은 부사나 불완전한 어기가 중첩어를 이루
어 합성 부사가 된 것으로, 이들 대부분은 상징어의 성격을 가진다.
중첩어는 이전 시기에서도 적잖이 만들어졌고 개화기에도 문헌에 나
타난 것 이상으로 널리 쓰인 것으로 생각되는데, 최근 들어 훨씬 더
생산적인 양상을 보인다.

4.3 합성어의 파생과 파생어의 합성

합성어를 어기로 하여 새로운 파생이 일어나거나 파생어 어기에서 다시 합성이 일어나는 단어 형성은 현대 국어에서 더욱 활발하게 나타나고 있다. 물론 파생어를 어기로 제2차 파생이 일어나거나, 합성어 어기에서 제2차 합성이 일어나기도 한다.

> (27) ㄱ. 뒤거름질〈비행선 137〉, 두길보기, 매한가지, 꽁보리밥, 잔병치레, 절름발이, 업신여김, 거짓말쟁이, 매사냥꾼, 줄넘기, 해돋이, 손거스르미, 끝장내다, 물샐틈없이, 둘러싸이다, 꿇어앉히다, 말더듬이, 마지못해, 맞줄임표, 윗몸일으키기, 내리받이, 손뜨개질
>
> ㄴ. 발길질〈화의혈 81〉, 휘몰이, 시어머님, 마감질, 헛발길질, 헛손질, 돋을새김, 열어젖뜨리다, 귀염성스럽다, 내팽개치다, 마른빨래
>
> (28) ㄱ. 이쪽뎌쏠〈모란병 4〉, 마감장세, 장국밥, 걸쇠못, 열쇠꾸러미, 휘모리장단, 높은음자리표, 삼복더위, 옛날옛적, 초저녁잠, 양수겸장, 물샐틈없다
>
> ㄴ. 오막살이집〈금의쟁성 1〉, 갈림길, 살얼음판, 귀밝이술, 고기잡이배, 오이소박이김치, 돌팔이무당, 단칸살림, 팔자걸음, 다듬이방망이, 첫나들이, 처가붙이, 삯바느질, 마른빨래

위에서 (27)은 파생어이고 (28)은 합성어이다. (27ㄱ)은 합성어 어기의 2차 파생어이고, (27ㄴ)은 파생어 어기의 2차 파생어이다. (28ㄱ)은 합성어를 어기로 갖는 2차 합성어이고, (28ㄴ)은 파생어를 어기로 하는 2차 합성어이다. 이들 가운데에는 구절 표현이 굳어져 어휘화한 것도 상당수 있다.

5. 문장의 구성

5.1 문장의 종류

문장 종결법에 따라서 문장의 종류를 나누면 '평서문, 감탄문, 의문문, 명령문, 청유문'을 들 수 있다. 각 문장들의 서술어는 그 유형에 해당하는 종결형을 가지고 있지만, 실제적인 구어에서는 종결어의 어조에 의하여 문장의 종류가 결정된다. 예를 들어 평서형 '-다'는 어조를 달리함으로써 평서문뿐만 아니라 의문문, 명령문 등을 얼마든지 나타낼 수 있다. 여기에서는 어조를 특별히 설정하지 않은 기본적인 표현 형태에 따라 문장을 분류하므로 내용상 문어적인 성격을 많이 갖고 있다고 할 것이다.

5.1.1 평서문

평서문은 평서형 어미로 끝맺는 문장이다.

(1)ㄱ. 돌이는 지금 밥을 먹고 있다.
  ㄴ. 남의 危急ᄒ믈 보고 救ᄒᄂ 것슨 ᄉ룸의 맛당히 行홀 일이라
   〈국소 9〉
(2)ㄱ. 돌이는 지금 밥을 먹고 있어. 시간이 좀 걸릴 거야. 그 친구는 밥을 오래 먹지.
  ㄴ. 영이도 먹고 있더군.
(3)ㄱ. 일의 마무리는 책임지고 해야 하느니라.
  ㄴ. 部에 坊이 잇고 坊에 洞이 잇ᄂ니라 〈국소 3〉

(4)ㄱ. 돌이는 지금 밥을 먹고 있습니다/있소/있네.

　　ㄴ. 돌이는 지금 밥을 먹고 있어요/있네요.

위의 문장은 모두 평서문이다. 현대 국어에서 평서문은 그 종결 어미가 (1ㄱ)처럼 '-다'형으로 대표되지만, 개화기 시기까지는 (1ㄴ)에서 보듯이 '-라'형도 많이 나타난다. 평서형 어미에는 (2)에서 보는 '-어, -지, -군' 등도 있다. 이 가운데 '-어'와 '-지'는 평서문 외의 다른 종결법의 문장에서도 잘 쓰이는 통용 어미이다.[19] 다만 이때 문장 종결의 어조(語調)는 각각 다르다. (3ㄱ)의 '-느니라' 형태는 단정적인 뜻을 나타내지만 의고적인 표현이다. 그러나 (3ㄴ)처럼 개화기에는 '-ᄂ니라' 형이 널리 쓰인다. (4)에서는 상대 높임을 보인다. '-다'형의 상대 높임은 '-습니/ㅂ니-'(하십시오체)를 선행시키거나 또는 '-소/오'(하오체)나 '-네'(하게체)형으로 표현된다. 해체나 하게체에서는 '-요'를 종결형 어미 뒤에 결합하여 상대 높임을 나타낸다. 개화기 문헌에서는 'ᄒ오'형이나 'ᄒᄂ니라'형 어미가 널리 쓰이나 일제 시기를 거치면서 이후엔 '하다'형 문장이 주류를 이루게 된다.

(5)ㄱ. 나도 이 책은 꼭 읽으마.

　　ㄴ. 나도 이 책은 꼭 읽을게.

(6)ㄱ. 그 곳 샤음을 내게 믓기시면 작인도 단쇽을 잘홀 거시오 츄슈도 근실히 보아 쥬인으로 ᄒ여곰 부쟈가 더 되게 ᄒ리다 ᄒ디 〈독립 1899.11.1〉

---

19) '-어'와 '-지'는 종결법 분류에 의한 모든 문장 유형에서 비격식체의 문말 어미로 다 쓰이므로, 감탄문 이후의 문장에서는 이들의 예를 들거나 설명하는 것을 생략한다.

ㄴ. 일이 흔두 가지가 아니오니 대강 말삼ᄒ오리다 〈금수 11〉

(5)와 (6)은 약속을 말하는 표현으로, 평서문에 포함할 수 있다. (5ㄱ)의 '-마'는 이전 시기부터 계속되는 약속형이지만, (5ㄴ)의 '-ㄹ게'형은 개화기 문헌에선 나타나지 않으므로 그 이후에 생긴 것으로 볼 수 있다. (6)의 'ᄒ리다, 말삼ᄒ오리다'에서 약속을 나타내는 '-리다'형은 오늘날에도 보수적인 말투로 쓰인다.

5.1.2 감탄문

감탄문은 감탄형 종결 어미를 갖는데, '-구나'가 대표적이다.

(7)ㄱ. 아, 벌써 봄이 왔구나.
　　ㄴ. 아이고, 예뻐(라).
　　ㄷ. 와, 참 예쁘다.
(8)ㄱ. 뎌 商店은 實로 正直ᄒ도다 〈국소 4: 1〉
　　ㄴ. 나는 셜니 가고 시푸나 내 등에 잇는 짐 싯듦에 셜니 갈 수 업노라 〈텬로 1: 8b〉

(7ㄱ)의 '왔구나'에서 '-구나', (7ㄴ)의 '예뻐(라)'에서 '-어(라)', (7ㄷ)의 '예쁘다'에서 '-다'가 모두 감탄형 어미이다. (7ㄷ)의 '-다'는 평서형이지만, 감탄의 어조를 가질 때에는 감탄형으로도 쓸 수 있다. 감탄문으로 (8)에서 보이는 '-도다, -노라'형은 개화기 때까지는 문헌에서 흔하게 나타나지만, 오늘날 일반적인 구어에서는 거의 쓰이지 않는다.

5.1.3 의문문

근대 국어 이전까지 의문문은 설명 의문과 판정 의문에 따라 그 어미 체계가 복잡하였지만 현대 국어에서는 매우 단순해진다.

(9) ㄱ. 이것이 새로 산 책이냐?

ㄴ. 이것이 언제 산 책이냐?

(10) ㄱ. 영이도 산에 가냐?

ㄴ. 너 뭐 하냐?

ㄷ. 영이는 언제 산에 가냐?

(11) ㄱ. 기럭이는 무슴 일을 爲ᄒᆞ야 우는고 〈국독 4.9〉

ㄴ. 누가 正直홀 者ㅣ리오 ᄒᆞ거늘 〈국독 4.22〉

ㄷ. 杏花며 桃花는 발서 써러지고 三夏 九秋는 쏘 어느 결을에 다 갓느뇨 〈심상 3.2a〉

(12) ㄱ. 龍福이 싱각ᄒᆞ되 뉘가 저를 슝녀니이는가 ᄒᆞ야 누귀냐 혹즉 쏘 누귀냐 ᄒᆞ는지라 〈심상 2.33a〉

ㄴ. 누가 나의 사랑ᄒᆞ난 櫻木을 버혓는냐 뭇거늘 〈심상 3.8b〉

ㄷ. 져 山 속에셔 흘너온다. 어듸로 흘너가느냐. 〈국독 1.37〉

의문문에서 해라체의 종결 어미는 (9)와 같은 체언 의문문이나 (10)과 같은 용언 의문문이나 모두 '-냐'이다. 또한 판정 의문(9ㄱ, 10ㄱ)이든 설명 의문(9ㄴ, 10ㄴ, 10ㄷ)이든, 2인칭 의문문(10ㄴ)이든 모두 '-냐, -랴' 형으로 끝난다. 근대 국어까지는 판정 의문과 설명 의문에 따라 그리고 체언 의문과 용언 의문에 따라 '가, 고'와 '-냐/랴, -뇨/료'를 구분하고, 2인칭에 '-ㄴ다'형을 쓰며, 간접 의문에서는 '-ㄴ가, -ㄴ고' 등의 복잡한 체계를 가지다가 부분적으로 변화가 시작되었다. 현대 국어에서도 개화기 때까지 일부 이러한 체계가 지켜진다. (11)에서는 설명 의문문에서 '-ㄴ고, -리오, -뇨'형을 써서 이전 시기의 의문법 어미를 지키었으나, (12)에서는 의문사가 있는 설명 의문문에 '-ㄴ가, -냐'형을 써서 판정 의문문과의 차이가 없어졌다. 당시에도 보수적인 문어체에서는 어미를 구분하고, 구어적인 문장에서는 구분이 없어졌음을 (11)과 (12)에서 알 수 있다. 이미 당시에도 구어에서는 판정 의문과 설명 의문의 종결 어미 구분이 없어지고 모두 판정 의문형인 '-ㄴ가, -냐' 계열로 통일된 것이다.

그러나 동남 방언에서는 아직 이러한 구분이 남아 있다.

(13) ㄱ. 니넌 바보가?

ㄴ. 이기 누고?

(14) ㄱ. 니 산에 가나?

ㄴ. 니 머 하노?

(13)과 (14)는 동남 방언 발화이다. 중부 방언에서 (13ㄱ)은 '너는 바보냐?', (13ㄴ)은 '이게 누구야?'가 될 것이다. 그러나 (13)과 (14)에서는 체언 의문문에 '가'와 '고'가 그대로 남아 있고, 판정 의문에 '-가, -나'를 쓰며 설명 의문에 '-고, -노'를 쓰는 구분이 아직도 분명하다. 설명 의문에 '-ㄴ고, -ㄹ고'를 '-가'와 함께 섞어서 쓰는 방언 지역은 비교적 넓게 분포되어 있다.

의문형 '-냐'는 '-느-'와 결합형으로도 쓰인다.

(15) ㄱ. 영이도 산에 가느냐?

ㄴ. 영이도 산에 가니?

(15ㄱ)의 '-느냐'는 주로 축약하여 (15ㄴ)의 '-니'로 쓰는데, 전자는 문어적이며 후자는 구어적 표현이다. 해라체 '-(느)냐'의 하게체는 '-는가', 해체는 '-을까'이며, '-는가'를 줄여 '-나'로 많이 쓴다. 하오체는 '-(으)오'이며, 하십시오체는 '-습니까/ㅂ니까'이다.

화자의 태도를 우회적으로 나타내는 의문문 표현들이 있다.

(16)ㄱ. 내가 그런 정도의 대답도 못 하겠니/할까/하랴?
ㄴ. 영이가 지금 여기 있다면 얼마나 좋겠니/좋을까?
ㄷ. 지금 당장 가지 못하겠니?
(17)ㄱ. 不幾에 老且 衰ᄒ면 窮途의 悲歎ᄒ니 또ᄒᆫ 可憐치 아니ᄒ냐
〈소독 3〉
ㄴ. ᄒ말며 사람으로 物만 갓지 못ᄒ랴 〈소독 3〉

(16ㄱ)은 강한 긍정 진술의 뜻을 갖는 반어적인 의문문이고, (16ㄴ)은 수사적인 의문문이다. (16ㄷ)은 강한 권고 표현으로 해석된다. 개화기 문헌 (17)에서도 반어적 의문문이 나타난다.

5.1.4 명령문

명령문의 종결 어미에는 '-어라'나 '-라'가 있다. 전자는 직접 명령형이고 후자는 간접 명령형이다.

(18) ㄱ. 이곳을 잘 지켜라.

ㄴ. 이곳만은 잘 지키라.

(18ㄱ)은 특정한 상대방에게 직접 지시하는 직접 명령문이고, (18ㄴ)은 특정한 상대를 대상으로 하지 않거나 간접적으로 지시하는 간접 명령문이다. 명령문에는 시제 선어말 어미가 오지 않은 채 어간에 '-어라'나 '-라'를 붙여 나타낸다. 오늘날 구어에서는 주로 '-어라'의 형태를 쓰며, '-라'형은 구호(口號)나 문어체 일부에서 쓰이고 있다. 해라체의 '-어라'는 하게체로 '-게', 하오체로 '-오', 하십시오체로 '-(으)십시오'라는 종결형을 갖는 반면, 간접 명령의 '-라'는 상대 높임 형태가 없다.[20]

현대 국어에서도 명령문에 주어의 실현이 얼마든지 가능하다.

(19) ㄱ. 너는/너희는 이곳을 잘 지켜라.

ㄴ. 돌이는 이곳을 잘 지켜라.

명령문의 주어로는 (19ㄱ)처럼 2인칭이 올 수도 있고, (19ㄴ)과 같이 3인칭이 오는 것도 가능하다.

(20) 그러면 너도 같이 가려무나.

(20)은 허락을 표현하는 특수한 명령문으로, '-렴, -려무나'는 근대 국어에서부터 이어지는 형태이다.

---

20) 가령 간접 명령형 (18ㄴ)에서의 '지키라'를 '지키시라'로 주체 높임을 하면 상대 높임의 효과를 얻을 때가 있는데, 이는 주어가 제2인칭인 경우에 주체와 상대가 같아지는 명령문의 특성 때문이다.

명령문은 현대 국어의 초기부터 이미 '하라'가 아닌 '해라'형이 일반
화하여 오늘날과 같은 형태를 보인다. 개화기 문헌에서 몇 가지 특이
한 명령문만을 본다.

(21)ㄱ. 그 길이 미우 바르니 그듸는 갈지어다 〈텬로 1.25a〉

　　ㄴ. 김필슌씨의게 쳥규ᄒ시옵 〈공립신문 1908.4.29〉

(22) 흠벅 우서 다고 〈폐허 1(1930) 15〉

(21ㄱ)은 평서형 어미를 사용하였지만 명령의 뜻을 갖는 표현으로, 근
대 국어에서부터 오늘날까지 이어진다. (21ㄴ)의 '-읍'은 근대 국어에
서 평서형으로 쓰이던 문말 어미 절단형으로, 개화기에 들어와 광고
문 등에서 문어체에서 높임의 명령형으로 쓰이는데, 점차 쓰임이 줄
어 오늘날엔 아주 드물게 보인다. (22)는 불구 동사 '달-'이란 보조 용
언에 명령형 '-고(<-고라)'가 결합한 완곡한 명령문이다. 이러한 표현
법은 근대 국어에서부터 보이며, 오늘날엔 '-어 다고'보다 '-어 다오'
형태가 더 많이 쓰인다.

5.1.5 청유문

청유문은 청유형 어미 '-자, -읍시다'를 갖는다. 청유형에서도 주어
의 실현이 가능하다.

(23)ㄱ. (우리가) 빨리 해 치우자.

　　ㄴ. (여기에 있는 사람들이) 해 치우자.

(24) 나와 같이 술집에나 가십시다 〈귀의성 1〉

(23)은 청유문이다. (23ㄱ)이나 (23ㄴ)에서 주어의 실현은 수의적이다. 현대 국어에 들어와 높임의 청유형에는 (24)의 '-읍시다'형이 쓰이기 시작하는데, 이는 근대 국어의 '-읍사이다'를 잇는 것이다.

청유문은 때로는 화자의 뜻을 강하게 내보이는 표현으로 쓰인다.

    (25)ㄱ. 제가 먼저 내립시다.

        ㄴ. 네가 빨리 해 치우자.

        ㄷ. 문 좀 빨리 엽시다.

(25ㄱ)은 주어 화자의 단독 행동을 표현하는 청유문 형식의 문장이며, (25ㄴ)은 제2인칭 주어에게, (25ㄷ)은 청자에게 행동을 요구하는 표현이다. 이 모두는 화자의 강한 뜻을 담은 명령문의 역할을 하지만, 청유문 형태로 나타난 것이다.

5.2 문장의 구성 성분

문장을 이루는 주된 성분에는 주어, 서술어, 목적어, 보어가 있으며, 관형사어와 부사어 같은 부속 성분 그리고 독립 성분의 독립어가 여기에 덧붙을 수 있다.

5.2.1 문장의 주성분

[주어]

주어는 체언에 주격 조사를 붙여 나타낸다. 주어는 일반적으로 문장에서 맨 앞에 오지만 놓이는 위치의 이동이 비교적 자유롭다.

(26)ㄱ. 돌이가 올해의 신인상을 받았다.

ㄴ. 돌이가 신인상을 받았음이 드디어 밝혀졌다.

ㄷ. 할아버지께서 산에 가셨다.

(27) 우리 학교에서 새로운 입시 요강을 발표하였다.

(28)ㄱ. 나만 곧 가겠다.

ㄴ. 영수 오는 편에 보내면 좋겠다.

(29)ㄱ. ㅈ근아씨씌셔 령감 마님 좀 들어오시라고 엿주셰요 〈목단화 6〉

ㄴ. 농샹 공부에서 이돌 이십 오일브터 우체ㅅ를 진쥬부에 셜시ㅎ
고 ᄆᆡ일 ᄒᆞᆫ번식 우체물을 보낸다더라 〈독립 1896.7.9.〉

(26ㄱ)에서는 명사 '돌이'가 주격 조사 '가'와 결합하여 주어가 되었고,
(26ㄴ)에서는 명사절 '돌이가 신인상을 받았음' 전체가 주격 조사 '이'
와 결합하여 주어가 되었다. 주격 조사 '이/가'의 높임말은 (26ㄷ)의
'께서'인데, '이/가'는 보격 조사 등에 쓰이기도 하지만 '께서'는 오로지
주격 조사로만 기능한다. (27)과 같이 단체의 성격을 가진 무정 명사
등이 처소격 조사와 결합하여 주어 역할을 하기도 한다. (28ㄱ)의 '나
만'처럼 보조사가 주격 조사를 대신할 수도 있으며, (28ㄴ)의 '영수'처
럼 주격 조사는 실현되지 않기도 한다. 이러한 표현들은 모두 이전 시
기에서 이어지는 것이다. 개화기 문헌인 (29ㄱ)에서는 '씌셔'가, (29ㄴ)
에서는 '에서'가 주격 조사로 나타나 있다.

관형격 조사 결합형이 주어적 기능을 갖는 표현은 현대 국어에 들
어 거의 사라졌다.

(49)ㄱ. 남의 지은 書籍은 如此히 큰 利益이 잇시니 〈국소 10b〉

　　ㄴ. 나의 살던 고향은 꽃 피는 산골 …

(49ㄱ)에서 '남의'는 서술어 '지은'의 주체 주어 역할을 하지만 명사 '書籍'을 꾸미는 관형어 형태를 갖는다. 이러한 주어적 관형격 용법은 중세 국어에서 종종 볼 수 있고, (49ㄱ)이 나온 개화기 시대의 문헌에서도 가끔 보이는데, 오늘날엔 거의 사라진 상태이다. 20세기 중반에 지은 노래의 가사인 (49ㄴ)에서 '나의'는 따라서 의고적인 표현이라고 할 것이다.

(29)ㄱ. 하나에 둘을 더하면 셋이다.

　　ㄴ. 자, 이제부터 시작하겠습니다.

　　ㄷ. 자연을 아끼고 가꾸자.

(29)에서는 주어가 없다. (29ㄱ)을 무주어문으로 보기도 하나, (29ㄷ)과 같은 명령문이나 청유문에서 주어를 생략하듯이, (29ㄱ)에서도 화자와 청자가 '그것은, 그 합이' 등 주어의 범위나 내용을 인지한다는 전제 아래 주어를 생략한 것으로 보는 편이 일관성을 갖는다. 따라서 (29ㄴ)도 '시작하-'의 주체인 주어를 생략한 문장으로 볼 수 있다.

(30)ㄱ. 학생이 셋이 온다.

　　ㄴ. 영이가 마음이 곱다.

　　ㄷ. 물건 값이 비싸기가 백화점이 제일이다.

　　ㄹ. 냉장고가 먼지가 앉았다.

　　ㅁ. 나는 영이가 좋다.

(30)의 문장들에서는 각각 주어가 이중으로 나온다. 이때 (30ㄱ)을 제외한 나머지 문장에서는 서술절을 설정하는 해석도 가능하다. (30ㄱ)은 '학생'과 '셋'이 동격이므로 함께 주어가 된다고 할 것이다. 이와 같이 주어가 이중적으로 실현되는 표현은 전통적으로 국어에 나타나는 문법적 특징 가운데 하나이다. 그러나 (31)을 보면 이중 주어를 설정하는 것이 간단하지는 않다.

(31) 이 친구가/친구는 사모님께서/사모님이 예쁘시다.

(31)에서 서술어 '예쁘시다'의 주어는 '사모님'일 뿐 '이 친구'가 되기는 어렵다. 그렇다고 '사모님께서 예쁘시다'만을 떼어 하나의 문장으로 보면 이 문장이 상위절 주어 '이 친구가'의 서술어절이 되어야 하는데 내포 서술절 표지가 없다.

[서술어]

서술어는 주어의 동작이나 상태를 나타내는데, 동사나 형용사가 활용하면서 그 기능을 담당하거나 명사에 서술격 조사가 붙어서 서술어를 이루기도 한다. 서술어는 일반적으로 문장의 끝에 온다.

(32)ㄱ. 바람이 매우 세차게 분다.
　　ㄴ. 바람이 매우 세차다.
　　ㄷ. 이 바람은 태풍이다.
　　ㄹ. 그런 일을 해 내는 것은 땅 짚고 헤엄치기다.

(32)에서 '분다'는 동사 서술어이고, '세차다'는 형용사 서술어이며, '태

풍이다'는 명사(체언) 서술어라고 말할 수 있다. 서술어는 (32ㄹ)의 '땅 짚고 헤엄치기다'처럼 서술절로 나타나기도 한다.

동사 서술어는 그 특성에 따라 논항 선택을 달리한다.

(33)ㄱ. 그들은 평소에도 잘 웃는다.

ㄴ. 얼음이 물이/물로 되었다.

ㄷ. 나는 어제 소설책을 읽었다.

ㄹ. 나는 그에게 어제 소설책을 주었다.

(33ㄱ)에서 '웃는다'는 자동사로 주어 논항만을 갖는데, 이러한 동사에는 '가다, 놀라다, 뜨다' 등이 있다. (33ㄴ)의 '되었다'도 자동사이지만 주어와 보어(또는 필수 부사어) 논항을 갖는다. 이러한 동사에는 '변하다, 사귀다, 싸우다' 등이 있다. (33ㄷ)에서 '읽었다'는 목적어 논항을 갖는 타동사로, '만나다, 보다, 좋아하다' 등이 여기에 속한다. (33ㄹ)의 '주었다'는 목적어와 필수 부사어 논항을 갖는 타동사로, 이러한 동사에는 '묻다, 뽑다, 여기다' 등이 있다.

형용사 서술어도 논항 선택에 차이가 있다.

(34)ㄱ. 오늘 날씨가 참 좋다.

ㄴ. 저 불빛은 매우 밝다.

(35)ㄱ. 나는 그가 참 좋다.

ㄴ. 그는 정세에 매우 밝다.

'좋다'와 '밝다'는, (34)에서 주어 논항만을 갖는다. 그러나 (35ㄱ)에서는 하나의 주어 외에 다른 논항을 설정해야 하며, (35ㄴ)에서는 주어와 함께 필수 부사어 논항을 요구한다.

서술어가 논항의 어휘를 선택할 때에는 일반적으로 의미 자질의 호응 등 여러 조건에 의한 제약을 가진다.

(36)ㄱ. *바위가 창문을 마시었다.

ㄴ. 그녀는 털옷을 입고, 모자를 쓰고, 장갑을 끼었다.

(36ㄱ)은 비문이다. 서술어 '마시었다'의 주어에는 원칙적으로 [+유정성] 명사가 와야 하며, 목적어에는 액체나 기체 정도가 선택되는 것이 자연스러운데, 이러한 제약을 어긴 것이다. (36ㄴ)은 문법적인 문장이다. 만약 '모자를 입고'라든가 '장갑을 쓰고' 등으로 목적어와 서술어를 선택한다면, 국어 표현에서 연어적 관계를 어그러뜨리는 비문이 된다. (36ㄱ)에서의 제약은 범어적인 성격이며, (36ㄴ)에서의 제약은 한국어 어휘가 갖는 의미망이나 표현의 관용성에 의하는 개별 언어적 성격이 강하다.

동작성 명사나 상태성 명사는 서술격 조사 앞에 쓰이는 경우가 드물다.

(37)ㄱ. *이 바람은 충돌이다/강력이다.

ㄴ. 우리가 가장 염려하는 것은 충돌이다.

(37ㄱ)은 동작성 명사 '충돌'이나 상태성 명사 '강력'에 서술격 조사가 와서 비문이 된다. 다만 분열문 등 주제화 성격을 가지는 표현에서는 (37ㄴ)처럼 이들 명사의 서술어화가 가능하다.

서술어가 하나의 동사나 형용사로 그치지 않고 보조 용언을 동반하기도 한다.

> (38)ㄱ. 그는 지금 전주에서 살고 있다.
>
> ㄴ. 나도 전주에서 살아 보고 싶다.
>
> ㄷ. 나는 그에게 책을 읽어 주었다.

(38ㄱ)에선 본용언 '살고'와 보조 용언 '있다'를 썼고, (38ㄴ)에선 본용언 '살아'에 '보고'와 '싶다'라는 두 개의 보조 용언을 더하였다. 보조 용언 가운데에는 (38ㄷ)처럼 논항의 자리수에 변화를 주는 경우도 있다.

서술어도 생략이 가능한데, 이는 문맥이나 화용적인 정보로 복원이 가능한 경우이다.

> (39)ㄱ. 어디 가니? 응, 집에.
>
> ㄴ. 아이고 더워, 문 좀.

(39ㄱ)에서는 뒷문장의 서술어는 앞선 문장의 '가-'가 그대로 복사됨을 알 수 있으므로 복원 가능하여 생략되었다. (32ㄴ)에서는 발화 장면의 화용적인 정보에 의해 화·청자 모두 서술어가 '열어 줘, 열자' 등으로 추정하는 것이 가능하므로 생략되었다. 한국어는 다른 언어에 비해 서술어의 생략이 비교적 손쉬운 언어라고 할 수 있다.

[목적어]

목적어는 체언에 목적격 조사를 결합하여 표현되는데, 서술어 앞에 오는 것이 일반적이다.

(40)ㄱ. 돌이는 영이를 좋아한다.

　　ㄴ. 돌이는 영이가 가기를 원한다.

　　ㄷ. 돌이는 그가 영이에게 무엇을 도와줄 수 있는가를 순이에게 물
　　　　었다.

(41)ㄱ. 사과 한 상자 주세요.

　　ㄴ. 밥 빌어다 죽(을) 쑨다.

(40ㄱ)에서는 명사 '영이'가 목적격 조사 '를'과 결합하여 목적어가 되
었다. (40ㄴ)에서는 내포 명사절 '영이가 가기를'이 서술어 '원한다'의
목적어이며, (40ㄷ)은 완전한 문장 '그가 ~ 있는가를'이 상위 서술어
'물었다'의 목적어이다. (40ㄷ)에서 여격의 부사어 역할을 하는 '순이에
게'를 간접 목적어로 보는 견해도 있다.

　목적격 표지는 종종 실현되지 않기도 한다. 만약 예문 (41)에서 목
적격 표지를 붙이면 대체로 더 어색해지거나 특별한 의미를 나타내는
표현이 된다.

　다른 격 표지 자리에 대격 목적어 표지를 붙이는 일도 있다.

(42)ㄱ. 이 책을 순이에게 주어라.

　　ㄴ. 이 책을 순이를 주어라.

(43)ㄱ. 그 사람이 교회에 갔다.

　　ㄴ. 그 사람이 교회를 갔다.

(42ㄴ)에서는 여격 자리에, (43ㄴ)에서는 처소격 자리에 각각 대격 목적
어 조사를 썼다. 이와 같은 목적어 표현은 '가다, 다니다, 닮다, 만나
다, 주다' 등의 서술어 문장에서 나타난다.

목적어는 겹치어 출현하기도 한다.

(44)ㄱ. 돌이는 순이를 팔을 잡았다.

　　ㄴ. 돌이는 순이를 한 시간을 기다렸다.

(44)에서 보이는 목적어 중출은 주어 중출과 달리, 다른 문장 성분이나 구성으로 해석할 가능성이 적어 보인다.

　목적어의 비실현/생략도 자주 나타나는데, 이는 주어의 비실현/생략과 마찬가지로 문맥이나 화용론적으로 복원이 가능한 경우에 주로 일어난다.

[보어]

　보어는 체언에 보격 조사를 붙여 나타내는데, 원칙적으로 서술어 앞에 온다.

(45)ㄱ. 네가 벌써 학생이 되었구나.

　　ㄴ. 너는 이제 어린애가 아니다.

(45)에서 명사 '학생, 어린애'는 보격 조사 '이/가'와 결합한 형태로 서술어 '되었구나'와 '아니다'의 보어이다.

　현재 학교 문법에서 보어 구문은 '~이 되다'와 '~이 아니다' 두 가지 경우뿐이다. 그러나 보어적 성격을 가진 구문에는 이 외에도 여럿이 더 있다.

(46)ㄱ. 오늘은 어제와 다르다.

ㄴ. 얼음이 물로 되었다.

ㄷ. 그는 이 책을 영이에게 주었다.

(46)의 각 문장에서 서술어들은 '어제와, 물로, 영이에게'가 없으면 서술 기능을 제대로 할 수 없으므로 이들은 필수적 성분이다. 학교 문법에서는 이들을 필수 부사어로 처리하지만, 부사어는 원래 필수 성분이 아닌 수의적 성분이므로 모순이 된다. 필수 부사어를 요구하는 서술어에는 이 밖에도 '같다, 넣다, 닮다, 뒤지다, 들다, 만나다, 보내다, 비슷하다, 뽑다, 삼다, 생기다, 앞서다, 약속하다, 어둡다, 얹다, 참석하다' 등 많이 있다.

5.2.2 문장의 부속 성분

[관형어]

관형어는 체언의 부속 성분이며, 그가 꾸미는 체언의 앞에 오는 수의적 성분이다.

(47)ㄱ. 그는 새 옷을 입고 새로운 마음으로 집을 나섰다.

ㄴ. 그는 영이가 준 책에 자기의 이름을 써 넣었다.

(47)에서는 관형어로는 '새, 새로운, 영이가 준, 자기의'가 있다. 이들은 각각 관형사, 용언의 관형사형, 관형절, 체언에 관형격 조사를 결합한 형태이다. 그러나 체언은 일반적으로 관형격 조사 없이 다른 체언 앞에서 관형어 기능을 한다. 가령 (47ㄴ)의 '자기의 이름'을 '자기 이름'으로 말해도 '자기'는 명사 '이름'을 꾸미는 관형어 기능을 한다. 관

형어는 이처럼 여러 가지 유형을 갖는데, 문장 안에서 뒤에 오는 체언의 뜻을 한정하는 기능을 하는 수의적 성분이다. 그러나 (48)에서는 관형어를 필수적으로 요구한다.

(48)ㄱ. 내 것을 돌려다오.
　　ㄴ. 그가 갔다는 사실만으로도 작은 일이 아니다.
　　ㄷ. 그는 책 한 권을 샀다.

(48ㄱ)에서 의존 명사를 꾸미는 '내', (48ㄴ)에서 보문 명사를 보충하는 '그가 갔다는', (48ㄷ)에서 수량 단위 명사 '권' 앞에 놓이는 수량사 '한'은 모두가 관형어(구)인데, 이들이 없으면 (48)은 비문이 되므로 이러한 성분들은 필수적이라고 할 것이다.

관형어는 연접하여 나타날 수 있다.

(49)ㄱ. 이 작은 두 아이가 손을 잡고 걸어간다.
　　ㄴ. 이 두 작은 아이가 손을 잡고 걸어간다.
(50)ㄱ. 나의 두 새 책
　　ㄴ. ?나의 새 두 책
　　ㄷ. *새 두 나의 책
　　ㄹ. *두 새 나의 책

(49)를 보면, 대체로 관형어가 겹칠 때에는 지시 관형어가 맨 먼저 놓이고, 다음에 성상을 나타내는 관형어나 수량을 말하는 관형어가 이어짐을 알 수 있다. 그러나 (50)에서 보듯이, 관형어들 사이에도 어순이 있는 경우가 있다.

[부사어]

부사어는 주로 용언이나 관형사, 부사를 꾸미는 기능을 하며, 꾸밈을 받는 말 앞에 오는 것이 일반적이다.

> (51) ㄱ. 그녀는 시장에서 아름답게 핀 꽃을 매우 많이 샀다.
>
> ㄴ. 돌이는 영이에게 아주 새 책을 주었다.
>
> ㄷ. 구름에 달 가듯이 가는 나그네
>
> ㄹ. 과연 공부한 만큼 성적이 잘 나올까?
>
> ㅁ. 그녀는 바로 너를 원하고 있어.

(51)은 부사어의 다양한 사용 환경과 형태를 보여 준다. (51ㄱ)에서 '매우, 많이'는 부사, '아름답게'는 용언의 부사형이다. (51ㄴ)에서 '영이에게'는 명사에 부사격 조사가 결합하여 부사어를 이루고, (51ㄹ)에서 '공부한 만큼'은 용언의 관형사형 다음에 의존 명사가 와서 부사어를 이룬다. 부사어는 (51ㄷ)의 '구름에 달 가듯이'처럼 부사절로 나타나기도 한다.

(51ㄱ)에서 '아름답게'는 용언 '핀'을 꾸미고, '매우'는 부사어 '많이'를 꾸미며, '많이'는 용언 '샀다'를 꾸미는 부사어들이다. (51ㄴ)에서 '아주'는 관형사 '새'를 꾸미며, '영이에게'는 서술어 '주었다'에 부가되는 부사어이다. 부사어는 간혹 명사를 꾸미기도 하여, (51ㅁ)에서 '바로'는 명사 '너'에 얹힌다. (51ㄹ)에서 '과연'은 문장 안에서 어떤 특정한 성분을 꾸미지 않고, 문장 전체에 관여한다.

부사어에는 보조사가 결합하기도 한다.

> (52) ㄱ. 그것은 돌이에게는 너무나도 어려운 일이다.

ㄴ. 그녀는 퍽이나 귀엽게도 생겼다.

(52ㄱ)에서 부사어 '돌이에게'와 '너무나'에 각각 보조사 '는'과 '도'가, (52ㄴ)에서 부사어 '퍽'과 '귀엽게'에 '이나'와 '도'가 결합하였다.

부사어는 보통 수의적 성분이지만 일부 구문에서는 필수적으로 쓰인다.

(53)ㄱ. 그는 지금 영이와 만나고 있다.
ㄴ. 그는 영이에게 책을 주었다.

(53)에서 '영이와'와 '영이에게'는 부사어지만, 위 문장에서 필수적인 성분이다.(앞의 예문 (46)과 그 설명 참조)

부사어는 피수식어 앞에 오는 것이 일반적이지만 위치의 이동이 관형어보다는 비교적 자유롭다.

(54)ㄱ. 나는 이 꽃을 무척이나 좋아한다.
ㄴ. 나는 무척이나 이 꽃을 좋아한다.
ㄷ. 무척이나 나는 이 꽃을 좋아한다.
(55) 과연 그는 훌륭한 사람이다.
(56) 그는 그림을 잘 그린다.

(54)에서 부사어 '무척이나'는 초점이나 강조 등에 따라 이동하였으나, 모두 자연스럽다. (55)에서 보는 '과연'과 같은 문장 부사는 이동에서 더욱 자유롭지만, (56)에서의 '잘'처럼 이동이 어려운 성분 부사어도 있다.

5.2.3 문장의 독립 성분

문장 안에서 다른 문장 성분들과 직접적인 관계를 갖지 않는 문장 성분에는 독립어가 있다.

(57) ㄱ. 아, 아름답다.

ㄴ. 영이야, 이게 좋다고 생각하니?

ㄷ. 예, 그렇습니다.

ㄹ. 그러나, 우리에게는 미래가 있잖아?

ㅁ. 청춘, 이는 듣기만 하여도 가슴이 설레는 말이다.

(57)의 문장에는 모두 독립어가 있다. 감탄사 '아', 부름말 '영이야', 대답의 말 '예', 앞의 문장과 뒤의 문장을 이어주는 접속 부사 '그러나', 제시어 '청춘'이 모두 독립어이다. 명사가 독립어로 쓰일 때는 호격 조사를 안 붙이는 경우가 많다.

6. 문장 요소의 기능

문장은 문법적인 기능을 하는 여러 요소들의 통사 결합체이다. 현대 국어에서 이들 통사적인 문법 범주들을 사동, 피동, 높임법, 시제, 서법, 동작상으로 나누어 살피고, 부정법(否定法)에 대해서도 간략히 본다.

6.1 사동 표현

사동 표현은 사동사에 의한 직접 사동문과, 보조적 연결 어미와 보조 동사가 결합하여 만드는 간접 사동문으로 나타난다. 현대 국어에서도 이전 시기에 쓰이던 사동사의 일부가 더 이상 사동사로서 쓰이지 않는 등 간접 사동 표현이 늘어나는 통시적 경향이 계속된다.

직접 사동문은 동사에 사동화 접미사를 붙인 사동사에 의해 표현된다.

　　(1)ㄱ. 그 선생님은 한 학생에게 시를 다시 읽히시었다.

　　　　ㄴ. 언니가 동생한테 털모자를 씌우고 털옷을 입히었다.

'읽-'과 '쓰-, 입-'은 주동사인데, (1)에선 여기에 각각 사동화 '-히-, -이우-, -히-'를 붙여 만든 사동사로 직접 사동문을 이루었다. 이때 주동문에서 주어에 해당하는 말에는 '에게'나 '한테'와 같은 여격형을 붙이어, (1)에서도 '학생에게, 동생한테'로 나타났다.

사동화 접미사에는 '-이-, -히-, -리-, -기-, -우-, -구-, -추-'가 있는데, 동사에 따라 접미사가 달리 붙는다. 현대 국어에서 사동 접미사의 결합은 더욱 제한적이어서 접미사에 의한 사동사 파생이 안 되는 동사가 매우 많다. 어간 모음이 '이'로 끝나는 동사, 수여 동사(예: 주다, 드리다 …), 대칭 동사(예: 만나다, 싸우다 …), '-하다' 동사 등은 사동사를 이루지 않는다. 근대 국어에까지 쓰였으나 현대 국어에서 사라진 사동사에는 '꾸이-(借), 되이-(測), 직희오-(守), 살이-(居), 쉬오-(休), 밧이-(堆), 외오이-(誦), 치이-(養), 헐우-(破)' 등이 있다. '긋치-(止)>그치-, 일우-(成)>이루-' 등은 형태는 이어지지만 사동의 의미가 없어진다. '늘-(長), 돋-(昇), 삭-(消)' 등은 각각 '늘이-, 늘리-', '돋우-, 돋구-', '삭이-, 삭히-'와 같이 두 가지 사동 형태를 가지면서 그 뜻이 구분된다. '씌우-'(蓋)나 '재우-'(宿) 등은 현대 국어에 들어와 사동화 접미사가 중첩된 형태를 가진다.

접미사에 의한 사동사는 현대 국어에 들어와서도 계속 줄어드는 추세이다.

(2)ㄱ. 본부윤이 불문곡직ᄒ고 박씨를 엄장뇌슈ᄒ여 송ᄉ를 지이ᄂ 고로 평리원에 와셔 정쟝ᄒ려 ᄒ즉 〈대ᄆ 1907.11.09〉

ㄴ. 박이다 박다 박히다 〈한불 297〉

ㄷ. 죠셔ᄒ야 ᄀᆞᆯᄋᄉᆞ샤티 즁츄원 일등 의관 한규셜을 명ᄒ야 법부 대신을 ᄒ이엿더라 〈독립 1896.2.23〉

현대 국어 초기에 쓰인 (2ㄱ, ㄴ)의 '지이-, 박이-'는 오늘날엔 쓰이지 않는다. 'ᄒ이-' 형태는 개화기에도 별로 나타나지 않으나 (2ㄷ)의 'ᄒ이엿더라'처럼 'ᄒ이-/-ᄒ이-'가 쓰인 보수적인 표현이 간혹 보인다. (2)에 쓰인 사동사와 같이, 개화기에는 나타나지만 오늘날 사동사로서의 형태와 기능이 없어진 동사에는 '갈리-(替, 磨, 耕), 끼이-(挿), 마시우-(飮), 박이-(印), 발리-(漆), 뽑히-(選), 사이-(買), 쉬이-(休), 심기-(植), 쓰이-(書), 다히-(接), 지이-(作), 치이-(打), 패/픽이-(掘), 휘우-(曲)' 등이 있다.

현대 국어 초기의 문헌을 보면 근대 국어와 비교해 사동화 접미사가 바뀐 사동사들이 여럿 있다. 몇 가지를 들면 아래 (3)과 같다. 이들은 대개 오늘날에도 바뀐 형태로 이어지지만, '마시우-, 쉬이-' 등은 사동형이 없어지고 '삭-'과 '돋-'은 두 가지 형태가 의미 차이를 가지며 공존한다.

  (3) -이->-기-: 웃-(笑)

    -이->-히-: 닉/익-(習, 熟), 더럽-(汚), 삭-(消), 식-(冷)

    -이->-우-: 마시-(飮), 데-(加熱)

    -히->-이-: 달-(煎), 메-(駕)

    -히->-리-: 곯-(腐)

    -오/우->-이-: 괴-(枕), 쉬-(休),

    -오->-구-: 돋-(昇)

    -호->-구-: 달-(鍛)

현대 국어 안에서도 사동사 형태에는 변화가 있다. '메-(駕)는 개화기에도 '메히-, 메이-'가 함께 나타나나 이후 '메이-'만으로 쓰이다가 오늘날엔 아예 사라진다. '달우-(加熱)는 '달구-'로, '디히/디이-(接)는 '대-'로 바뀐다. 개화기까지도 쓰이던 '쓰이-/씌이-(被視), 펴이-(伸)' 등은 오늘날엔 사동사형이 없이 통사적 사동 표현으로만 나타난다. '닫히-(閉), 찍이-(炊), 제이-(脫), 베이-(斬), 품기-(懷)' 등은 1930년대까지도 나타나지만 오늘날엔 사동사로 쓰이지 않는다.

개화기와 일제 시기에는 사동화 접미사를 남용하거나 부정확하게
사용하는 모습도 종종 보인다.

(4)ㄱ. 「男性橫暴」에 대항하야 반역의 긔쌜을 날니우며 〈부녀세계
1(1927) 15〉

ㄴ. 어린 것들을 그대로 살리워 둘 리가 업다 〈백조 3(1923) 24〉

ㄷ. 명즈를 지으심은 원릭 사룸을 쉬이라 ᄒ심이오 잠자라 ᄒ심이
아니어늘 〈텬로 46〉

(5)ㄱ. 죽은 어미의 쌤을 딕히고 울든 모양도 〈혈의루 27〉

ㄴ. 입을 송교관의 귀에 딕이고 〈셜중매 64〉

(6)ㄱ. 수집은 처녀가 나체를 보힌 순간 〈조광 6-6 135〉

ㄴ. 죄수들 손으로 역근 온갖 工産品을 陳列하여 노흔 것을 보여 준
다 〈삼천리 4(1930) 25〉

(4ㄱ, ㄴ)에서 '날니우며, 살리워'는 사동화 접미사로 '-리-' 외에 '-우-'
가 이중으로 나타나 있지만, 이는 당시의 현실어라기보다 사동화라는
문법 의식이 지나치게 발휘된 과도(過渡) 표기인 것으로 보인다. 과도
표기는 (4ㄷ)의 '쉬이라'에서도 보인다. (5)의 '딕히고'와 '딕이고'에서는
사동화 접사로 각각 '-히-'와 '-이-'가 쓰였고, (6)의 '보힌'과 '보여 준
다'에서는 각각 '-히-'와 '-이-'가 쓰여 표기 형태가 혼란스럽다. 이는
접사의 문제일 수도 있지만, 본래 /ㅎ/가 있는 단어가 /ㅎ/ 없이 표기
되기도 하고 /ㅎ/ 없는 단어에 /ㅎ/가 추가되어 표기되기도 한 때문이
큰 것으로 보인다.

한편, 사동화 접미사와 결합하여도 사동사를 이루지 않는 경우도
많다.

(7)ㄱ. 지붕을 좀 더 높이는 공사를 하고 있다.

ㄴ. 그는 과녁에 화살 세 개를 맞추었다.

ㄷ. 그 돌이 그 이마에 맞추어 드러가거날 그 사람이 쌍에 엎드러지난지라 〈신학 3.453〉

(8)ㄱ. 돌이는 지금 소에게 여물을 먹이고 있다.

ㄴ. 우리 집에서는 소 두 마리를 먹이고 있다.

ㄷ. 금슈는 씨다름이 잇서 우희 말흠과 굿치 동류를 ᄯᅳ르며 숫기를 먹이며 막딕를 두리대 싱각은 못ᄒᆞ거니와 〈보감(1906) 11〉

(7ㄱ)에서 '높이-'는 형용사 '높-'에 사동화 '-이-'를 접미하였으나 단순한 타동사가 되었다. (7ㄴ)에서 '맞추-'도 자동사 '맞-'에 사동화 '-추-'를 결합하였으나 사동사는 아닌 타동사일 뿐이다. 이는 개화기 문헌인 (7ㄷ)에서도 마찬가지이다. 이처럼 형용사가 사동화 접미사와 결합하면 타동사가 되고, 자동사도 일부 그러하다. 따라서 이때에 사동화 접미사는 단순히 타동화 접미사라고 하여야 할 것이다. (8ㄱ)에서 '먹이고'는 사동사 기능을 하지만, (8ㄴ)과 (8ㄷ)에서 '먹이고, 먹이며'는 '사육하고'라는 뜻을 갖는 타동사일 뿐 사동사는 아니다. 이처럼 사동화는 타동화 가운데 사동성을 가진 경우만을 가리켜야 할 것이다.

사동 표현은 '-게 하다, -도록 하다' 등과 같은 보조 용언 구문으로도 나타난다.

(9)ㄱ. 그 선생님은 한 학생에게 시를 다시 읽게 하시었다.

하나님ᄯᅴ셔 엇더케 이 예언을 닐우게 하심을 알 거시오 〈신학 4.555〉

ㄴ. 언니가 동생에게 털모자를 쓰고 털옷을 입도록 하였다.

아모조록 사람으로 하여곰 이 책을 사서 보도록 하며 〈신학
4.125〉

(9ㄱ)의 '읽게 하-, 닐우게 하-'와, (9ㄴ)의 '입도록 하-, 보도록 하-'는
간접 사동문을 만든다.

이들 외에 어휘적 사동법을 설정하기도 한다.

(10)ㄱ. 돌이는 영이에게 노래를 시키었다.

ㄴ. 돌이는 영이를 괴롭게 만들었다.

ㄷ. 우리가 뒤ㅅ의 졀에 와셔 폐도 딕단히 식이고 넘오 요란시럽게
ᄒ야셔 심히 불안ᄒ이 〈우중행인 86〉

예문 (10)에서는 사동적 의미를 찾을 수 있으므로, 이를 어휘적 사동
표현이라 할 만하다. 그러나 사동법을 문법 범주로 한정한다면, (10)
의 '시키-, 만들-'과 같이 사동 의미를 가진 어휘를 사용하여 사동적인
의미를 표현하는 것까지 사동법에 넣기는 곤란하다. 이에 비해 '-게
하-'에서 '하-'는 형식 동사적인 용법으로 쓰인 것이므로 예문 (9)는 통
사적으로도 간접 사동 구문이 된다. 다만 사동문이나 피동문의 설정
에는 의미적인 면이 많이 개입하므로 '어휘적 사동 표현'은 가능할 수
있을 것이다.

사동문의 두 가지 유형은 그 의미 표현에서 종종 차이를 갖기도
한다.

(11)ㄱ. 어머니가 아이에게 옷을 입힌다.

ㄴ. 어머니가 아이에게 옷을 입게 한다.

위의 두 가지 사동문은 똑같은 의미로 쓰일 때도 있지만, (11ㄱ)이 어머니가 아이에게 옷을 직접 입히는 뜻을 갖는다면, (11ㄴ)은 아이가 옷을 입도록 어머니가 시킨다는 뜻을 더 분명히 나타낼 수 있다. 간접 사동은 내포문을 설정할 수 있으므로 내포문 주어의 행동성이 보장되는 경우가 많다.[21]

6.2 피동 표현

피동 표현도 사동 표현에서와 같이, 피동사에 의한 직접 피동과 '-어 지다'형에 의한 간접 피동이 있다. 역시 피동 표현에서도 이전 시기에 피동사로 쓰이던 형태가 더 이상 쓰이지 않는 경우가 생기면서, 간접 피동 표현이 늘고 있다.

직접 피동은 동사에 피동화 접미사 '-이-, -히-, -리-, -기-'가 결합한 피동사에 의해 표현된다.

(12)ㄱ. 고양이가 개에게 잡히었다.

ㄴ. 먼지가 바람에 갑자기 날리었다.

(12ㄱ)은 동사 '잡-'에 피동화 '-히-'가 접미한 피동사 '잡히-'에 의해 이

---

21) (11ㄴ)은 아래의 사실로써 내포문을 갖는다는 근거를 삼을 수 있다.
첫째, 서술어 '입-'을 꾸미는 부사어를 넣어 보면, (11ㄱ)에선 그것이 어머니의 행위를 꾸미고 (11ㄴ)에선 아이의 행위를 꾸민다.
둘째, '아이에게'를 '할아버지께'로 바꾸면, (11ㄱ)의 '입힌다'는 변화가 없으나 (11ㄴ)의 '입게'는 '입으시게'가 된다.

루어진 피동문이다. (12ㄴ)도 동사 '날-'에 피동화 '-리-'가 결합한 피동사 '날리-'가 피동문을 만들었다. 이때 능동문에서 주어에 해당하는 말은 피동문에서 '에게, 한테, 에'와 같은 여격어로 나타난다.

피동 접사에 의한 피동사는 줄어드는 경향을 보인다.

(13)ㄱ. 오라디 아녀서 가되여 미여 매 마자 알슬허 辛苦ᄒ며 〈경민-신 16〉

ㄴ. 福祿이 모다 아롬다온 샹셰 夫子끠 닙히이고 남은 경해 後昆애 흘르리니 〈여사 3-39b〉

(14)ㄱ. 약혼 이는 강혼 이룰 뮈워ᄒ야 텬하의 법도ㅣ 페ᄒ이고 진교ㅣ 날노 쇠ᄒ야 〈성직 126a〉

ㄴ. 대쇼ㅣ 스스로 ᄂ호이고 진복이 스스로 분별ᄒ이ᄂ니라 〈성직 32a〉

(13)에서는 근대 국어 시기에 피동 접사가 결합되어 쓰인 피동사 '가되여, 닙히이고'가 보이나 이들은 현대 국어에 들어와 피동사로서의 쓰임이 없어진다. 근대 국어에서 피동사로 쓰였으나 현대 국어에서 피동사 형태가 없어진 동사로는 '가되-(囚), ᄂ리우-(降), 닙히이-(被), 달회-(治), 박히-(印)' 등이 있다. 현대 국어 초기의 표현인 (14)에서도 'ᄂ호이고'는 오늘날에도 쓰이지만('나뉘고'), '페ᄒ이고, 분별ᄒ이ᄂ니라'는 오늘날엔 피동사 용법으로 쓰이지 않는다. 이럴 경우 대개 피동 표현은 '-어지-'라는 간접 피동 형태로 대신하거나 '-게 되-'라는 표현을 사용한다.

현대 국어에 들어서 1930년대까지는 피동화 접사의 표기 형태가 혼란스러운 피동사가 많이 보인다.

(15)ㄱ. 셩도 보이고 문도 보이ᄂᆞᆫ듸〈혈의루 8〉

　　ㄴ. 쑴가튼 광경이 눈 압혜 보히는 것 가탯다〈개벽 65(1926) 33〉

'보-'의 피동사형이 (15ㄱ)에선 '보이-'로, (15ㄴ)에선 '보히-'로 나타나는 데, 같은 문헌 안에서도 두 가지 형태가 다 쓰인 예가 많다. 이는 당시에 구어에서 이와 같이 두 가지 형태가 공존한 경우도 있지만, 위의 사동사 형태에서와 같이 /ㅎ/ 탈락과 관련된 음운론적인 문제에서 기인하는 현상도 있다. 1950년대 이후엔 피동화 접미사들의 형태가 안정되어 나타난다. 대체로 어간 말음이 'ㄲ, ㅎ'이거나 모음으로 끝나면 피동 접미사가 '-이-'(예: 뜨이-, 볶이-, 놓이-), 'ㄱ, ㄷ, ㅂ, ㅈ'면 '-히-'(예: 막히-, 닫히-, 잡히-, 맺히-), 'ㄹ, 르'면 '-리-'(예: 끌리-, 불리-), 'ㄴ, ㅁ, ㅅ'면 '-기-'(예: 안기-, 잠기-, 빼앗기-)가 되는데, 여기엔 예외도 있다.

　오늘날 피동화 접미사는 매우 제한적이어서, 낱말에 따라 접미사의 종류가 다르고 피동 접미사가 결합하지 못하는 동사도 많다. 수혜 동사(예: 얻다, 사다 …), 심리 동사(예: 느끼다, 알다 …), 대칭 동사, 어간 모음이 '이'로 끝나는 동사, '-하다'류 동사 등은 피동사 형태를 갖지 못한다.

　피동사와 사동사의 형태가 같은 어휘도 '굽히다, 끌리다, 날리다, 들리다, 보이다' 등 여럿이 있다. 이럴 경우에 동남 방언에서는 사동법과 피동법의 차이가 성조에 의해 구분되기도 한다. 예를 들어 사동형과 피동형의 형태가 같은 '날리-'가, 사동사로 쓰일 땐 어간 '날-'에 고조가 주어지고, 피동사로 쓰일 때는 피동화 접사 '-리-'에 고조가 실현된다.

　피동화 접미사와 결합하여도 피동사가 되지 않는 경우도 많다.

(16) ㄱ. 창문 너머로 교회 지붕이 보인다.

ㄴ. 이 라디오는 잘 들린다.

ㄷ. 오늘은 날씨가 많이 풀리었다.

예문 (16)에 있는 서술어는 모두 능동 타동사에 피동의 접미사가 결합된 형태이지만 피동의 의미가 거의 없는 단순한 자동사이다. 이 같은 표현에서 피동화의 '-이-, -리-'는 자동사화 접미사로 보아야 할 것이다.

피동 표현에서 동작주는 '에, 에게, 에 의해, 한테' 등으로 표시된다.

(17) ㄱ. 그는 곧 경찰-에/에게/에 의해/한테 붙잡히고 말았다.

ㄴ. 벽에 걸린 그림이 방 안의 분위기를 바꾸었다.

ㄷ. 오륙인의 쟝정의게 에워싸여 안뒤 스랑간반방에 갓쳐 드러안젓는대 〈눈물 472〉

ㄹ. 일인의 셔칙젼을 보건듸 한인한테 풀니는 수효가 날노 증가ᄒ고 〈대믹 1909.9.10〉

(17ㄱ)에서 동사 '붙잡-'의 행동주 '경찰'에는 이와 같은 조사가 결합되었다. 그러나 (17ㄴ)에서 '걸-'의 행동주가 드러나 있지 않듯이, 행동주가 생략된 피동 표현도 많다. 개화기 문헌 (17ㄷ, ㄹ)에서도 행동주에 '의게, 한테' 등이 쓰인 것이 보인다.

피동사는 자동사인 것이 원칙이지만 간혹 목적어를 갖기도 한다.

(18) ㄱ. 영이가 돌이를 손을 잡았다.

ㄴ. 돌이가 영이에게 손을 잡히었다.

ㄷ. 힝화촌을 춧고 의복을 잡히여 술이나 취ㅎ여 셰월을 보늭던 방
탕흔 주뎨들이 〈대믹 1909.11.14〉

피동문 (18ㄴ)에서 피동사 '잡히었다'는 목적어 '손을'을 가지므로 타동
사로 보아야 한다. (18ㄴ)이 이중 목적어를 가진 타동사 능동문 (18ㄱ)
과 대당한다고 볼 때, (18ㄱ)의 두 개 목적어 가운데 하나는 주어가 되
었고, 하나가 목적어로 남은 것이다. 이는 오늘날에도 쓰이는 용법이
개화기 문헌에 나타난 (18ㄷ)의 '의복을 잡히여'에서도 찾을 수 있다.
　명령형이나 청유형의 능동문은 이에 대당하는 피동문을 찾을 수
없다.

　　(19)ㄱ. 도둑을 빨리 잡아라.
　　　ㄴ. *도둑이 빨리 잡혀라.
　　(20)ㄱ. 수레를 조용히 끌자.
　　　ㄴ. *수레가 조용히 끌리자.

위에서 명령문 (19ㄱ)이나 청유문 (20ㄱ)에 대당하는 피동문 (19ㄴ)과
(20ㄴ)은 문법적인 문장이 아니다.
　피동 표현은 '-어지다'와 같은 보조 용언 구문 형태로도 나타난다.

　　(21)ㄱ. 우리의 소원이 빨리 이루어지기를 기원하자.
　　　ㄴ. 우리는 환율이 좀 더 낮추어지기를 기다리고 있다.

(21)에서 '이루어지-'와 '낮추어지-'는 모두 타동사의 '-어'형에 보조 용
언격인 '지-'가 결합한 형태인데, 피동의 의미를 갖는다. 이때 어기는

타동사이어야 한다. 오늘날 규범 문법에서 '-어 지-'는 접미사화하여 '-어지-'로 쓰인다.

(22)ㄱ. *우리는 이러한 사건이 다시 일어나지기를 원치 않는다.

ㄴ. 우리는 환율이 좀 더 낮아지기를 기다리고 있다.

(22ㄱ)에서 '일어나지-'는 자동사 '일어나-'에 '-어 지-'형이 결합된 것인데, 허용되지 않는 형태이다. 이처럼 자동사에는 피동화 접미사가 결합되지 않는다. (22ㄴ)에서 '낮아지-'는 형용사 '낮-'에 '-아 지-'가 결합하였지만, 피동화의 의미는 없고 단지 자동사화가 되었을 뿐이다. 피동사가 되기 위해선, (21ㄴ)의 '낮추어지-'처럼 형용사 '낮-'을 타동화하는 '낮추-' 파생 과정을 거친 후에 다시 '-어 지-'를 결합하여야 한다.

어휘적 피동화를 설정한다면 (23)과 같은 예문들이 여기에 해당한다.

(23)ㄱ. 그 일은 용서될 만한 것이다.

ㄴ. 우리 부대는 밤새 여러 번 습격을 당했다.

ㄷ. 김 선생님은 학생들로부터 존경받는다.

(23)에서 '되-, 당하-, 받-'이 개별 단어로 쓰이든 합성어의 후행 어근이 되든, 어휘적으로 피동의 의미를 갖는다. 그러나 피동법을 통사적인 절차로 본다면 어휘적 피동화는 피동화 범주에 들어올 수 없다. 다만 피동법도 사동법과 같이 통사적인 범주이기는 하지만 의미적인 성격을 많이 가지므로 어휘적 피동법을 설정할 가능성도 고려될 수 있는 것이다.

두 가지 유형을 갖는 피동문은 의미상 차이를 가지는 일이 많다.

(24) ㄱ. 어린 아이가 군중에 밀려 밟히었다.

　　ㄴ. 이 보리밭은 잘 밟아졌다.

(25) ㄱ. *어린 아이가 군중에 밀려 밟아졌다.

　　ㄴ. ?이 보리밭은 잘 밟히었다.

(24ㄱ)의 피동사 '밟히었다'에 의한 직접 피동 표현에서는 행동주의 의도성이 없다. 이에 비해 (24ㄴ)의 '밟아졌다'에 의한 간접 피동 표현에서는 행동주의 의도에 의해 서술어가 뜻하는 행위가 이루어진 것이다. 따라서 이를 어긴 (25)의 문장은 비문법적이거나 매우 어색하다. 이 같은 의도성 여부는 피동 양상의 직·간접성에서 연유하는 것으로 보인다.

6.3 높임법

현대 국어에서도 높임법은 주체 높임법, 객체 높임법, 상대 높임법이 있다. 높임법은 주로 서술어의 활용 어미에 의하여 나타나는데, 높임 표현의 어휘가 보조적으로 쓰이기도 한다.

6.3.1 주체 높임법

주체 높임은 화자가 문장의 주체를 높이는 표현이다.

(26) ㄱ. 아버님께서는 일요일마다 산에 가신다.

　　ㄴ. 선생님, 옷에 흙이 묻으셨습니다.

ㄷ. 할아버지, 아버지가 곧 온다고 합니다.

(26ㄱ)에서는 주어 '아버님'에 대한 높임으로 서술어 '간다'에 '-시-'를 더하여 '가신다'가 되었다. (26ㄴ)에서는 원래 '흙'이 높임의 대상이 될 수는 없지만, 이 문장 내용의 주체가 '선생님'이므로 선생님과 관련이 있는 '흙'에도 간접적이지만 서술어에 '-시-'를 붙였다. (26ㄷ)처럼 청자가 주체보다 더 높을 경우에는 주체 높임의 '-시-'를 쓰지 않는 것이 원칙이다. 그러나 요즈음엔 이러한 압존법이 약화되어, 청자가 주체보다 훨씬 더 높을 때에만 이와 같이 쓰는 경향이 있다.

(27)ㄱ. ?선생님은 지금 책을 읽으시고 계십니다.

　　ㄴ. 선생님은 지금 책을 읽고 계십니다.

(28)ㄱ. 그 분이 이것을 주시고 웃으시며 가셨습니다.

　　ㄴ. 그 분이 이것을 주고 웃으며 가셨습니다.

　　ㄷ. *그 분이 이것을 주시고 웃으시며 갔습니다.

　　ㄹ. *그 분이 이것을 주시고 웃으며 갔습니다.

(29)ㄱ. 또 무릇디 셩모ㅣ 하늘에 계셔 긔묘홈도 만코 복도 만흐시니 오히려 셰샹 사름을 싱각ᄒ시ᄂ냐 글ᄋ디 흥샹 싱각ᄒ고 흥샹 구ᄒ심이 셩모의 본졍과 본직이라 〈셩직 68a〉

　　ㄴ. 왕이 드르시고 측은니 녜겨 윤ᄒ흐샤 옥역이 스은ᄒ고 곳 사름을 불여 쳐봉을 부르니 〈유옥〉

서술어가 연거푸 나올 때, (27)처럼 본용언과 보조 용언 사이에서는 뒤에 오는 용언에 주체 높임 표지가 귀일(歸一)하는 게 일반적이어서 (27ㄱ)은 어색한 표현이 된다. 그러나 복합문인 (28)에서는 각각의 용언에 수의적으로 높임을 표시할 수 있는데, 다만 (28ㄷ, ㄹ)처럼 앞의 용언에만 높임 표지를 둘 수는 없다. (28)은 개화기 때의 표현이다. (29ㄱ)의 '긔묘홈도 만코 복도 만흐시니'와 '훙샹 싱각ㅎ고 훙샹 구ㅎ심', (29ㄴ)의 '녜겨 윤ㅎㅎ샤'에선 뒤의 용언에서만 주체 높임 '-시-'가 표시되었다. 그러나 (29ㄱ)의 '계셔, 싱각ㅎ시ㄴ냐'와 (28ㄴ)의 '드르시고, 윤ㅎㅎ샤'에서는 모든 서술어가 '-시-'를 포함하고 있다. 용언들이 바로 이웃할 때에는 맨 뒤에 오는 것에만 높임의 '-시-'를 보이고, 용언들이 서로 떨어져 있을 때에는 모든 것에 '-시-'를 넣은 것이다. 이와 같은 용법은 오늘날에도 일반적이며, 또한 다른 문법 범주 표지의 실현에서도 대체로 적용되는 원리이다.

6.3.2 객체 높임법

객체 높임은 목적어나 부사어에 대해 높임을 나타내는 표현인데, 현대 국어에서는 매우 약화되어 있다.

(30)ㄱ. 돌이는 선생님을 뵙고 부탁을 드렸다.
　　ㄴ. 영이는 아버님께 여러 가지 말씀을 여쭈었다.

(30ㄱ)에서 '뵙고'와 '드렸다'는 객체 높임이 없다면 '보고, 하였다'로 나타날 것이다. (30ㄴ)의 '말씀'과 '여쭈었다'도 객체인 '아버님'에 대한 높임의 표현이다.

(31)ㄱ. 각각 하ㄴ님씌 뵈옵고 훙샹 그 압희 서셔 은총을 누리ㄴ니 〈텬로 1.8a〉

ㄴ. 죵도ㅣ 비유를 듯줍고 아지 못ᄒ야 쥬ᄭᅴ 열어 뵈시기를 구ᄒ니

쥬ㅣ ᄀᆞᆯᄋ샤ᄃᆡ 〈셩직 49b〉

(32) ㄱ. 그것을 싱각ᄒ면 우리 교우가 붓그럽습네다 〈보감 4.75〉

ㄴ. 령감 소식을 젼ᄒ야 드리ᄌᆞ고 뒤으로 올나왓다가 이러케 ᄂᆡ려

왓습니다 〈우즁행인 212〉

ㄷ. 령감ᄭᅴ만 은인이온닛가 제게도 직싱 지은이 닛습ᄂᆞᄃᆡ요 〈우즁

행인 212〉

객체 높임은 근대 국어 초기까지만 해도 서술어에 '-습-'을 접미하는 형태 통사적인 절차로 나타났지만, 근대 국어 중기부터는 '-습-'이 객체 높임의 기능을 잃고 주체 높임이나 상대 높임으로 기능 변화를 겪으면서 객체 높임은 몇몇의 어휘적 높임말 표현으로만 한정하여 나타나게 되었다. 현대 국어에서는 객체 높임 표현이 이처럼 어휘적 교체 방식으로 이어져, (31)의 '뵈옵-, 듯줍-'은 오늘날에도 '뵈옵/뵙-, 듣잡-'으로 이어지기도 한다. 그러나 (32)의 '붓그럽습네다, ᄂᆡ려왓습니다'에서처럼 상대 높임으로, 또는 (32ㄷ)의 '닛습ᄂᆞᄃᆡ요'에서 보듯이 주체 겸양의 표현이 이전 시기부터 나타나고 이러한 용법은 오늘날에도 이어진다.

6.3.3 상대 높임법

상대 높임은 화자가 청자에 대해 높이거나 낮추어 말하는 정도를 말하는데, 이는 서술어의 종결 어미로 나타난다. 근대 국어로부터 현대 국어를 지내 오면서 국어의 통사 범주에서 체계상의 변화는 별로 없는 편이나 상대 높임법에는 변화가 계속되고 있다.

근대 국어 말기의 상대 높임은 'ᄒᆞ쇼셔체, ᄒᆞ오체, ᄒᆞ게체(ᄒᆞ소체), ᄒᆞ라체'의 화계 체계를 가지며 반말체의 '-어, -지'도 꼽을 수 있다. 근대 국어 후기의 ᄒᆞ소체가 명령형만 '-게'로 바뀐 것이다. 근대 국어에서 쓰인 상대 존대의 '-이-'는 현대 국어 초기에도 일부에서 남아, 주로 'ᄒᆞ오이-, ᄒᆞ압ᄂᆞ이-'형으로 나타난다. 'ᄒᆞ십시오'는 근대 국어 말에 나타났지만 현대 국어에 들어 사용이 부쩍 늘어나 하나의 화계를 이룰 만하다. 이에 따라 이전의 아주 높임을 담당하던 '하쇼셔'는 종교적인 표현이나 임금 등 특수한 대상으로 한정되면서 쓰임이 줄어간다.

(33) ㄱ. 칠셩이가 지셩스럽게 고ᄒᆞ기를 (칠) 셔방님 깁히 통쵹ᄒᆞ십시오 〈구의산 51〉

　　ㄴ. 이 나라를 예수 그리스도의 나라를 만들기로 힘써 일들 ᄒᆞ십시다 〈신학 4.487〉

　　ㄷ. 우에 그러케 싱각ᄒᆞ십닛까 〈보감 4.283〉

　　ㄹ. 혹은 넘오도 무리ᄒᆞᆫ 말을 ᄒᆞ기에 「어머님도 넘오 과ᄒᆞ십니다」 하고 짠 방에 드러가셔 〈두견셩 10〉

(34) ㄱ. 원컨딕 폐하씌셔 밍렬히 슬피시고 확연히 결단ᄒᆞ쇼셔 〈독립 1898.3.22.〉

　　ㄴ. 쥬여 뎌를 건지샤 흉악을 면ᄒᆞ고 그 ᄆᆞ음에 온전히 네 ᄯᅳᆺ을 일우게 ᄒᆞ쇼셔 〈신학 6.311〉

　　ㄷ. 형님 소임이 너무 극즁ᄒᆞ겟ᄉᆞ오니 엇지ᄒᆞ오릿가 이를 싱각ᄒᆞ매 민망ᄒᆞ고 답답ᄒᆞ오이다 〈보감 2.397〉

(33)은 ᄒᆞ십시오체를 보여 준다. 위에서 명령형 (ㄱ), 청유형 (ㄴ), 의문

형 (ㄷ), 평서형 (ㄹ)은 모두 시제 형태소는 부정형으로 현재 시제이다. 이들은 현대 국어 초기에 각종 문헌에 매우 널리 쓰이므로 당시에 ᄒ십시오체를 하나의 화계로 설정할 수 있을 것이다. (34)에서 보이는 ᄒ쇼셔체는 개화기에 많이 쓰여 ᄒ십시오체보다 더 높은 층위를 갖거나 중첩되기도 한다. (34ㄱ)은 '폐하'에게 '결단ᄒ쇼셔', (34ㄴ)은 '쥬'에게 'ᄒ쇼셔'라고 올리는 명령문을 사용하였고, (34ㄷ)은 '형님'에게 '엇지ᄒ오릿가, 답답ᄒ오이다'라는 의문문과 평서문을 말하였다. 이러한 ᄒ쇼셔체는 1910년대를 넘기면서 천주교나 기독교 등 종교적 문헌에서 '쥬(主)' 등에 한정되는 극존칭 표현으로 남아 오늘날에도 주로 명령형으로써 기원을 말하는 종교적인 표현으로 쓰이고 있다.

(35)ㄱ. 아바지 닙든 옷 싯지 다 가져 오셧소 어듸 말슴 좀 ᄒ셔요 〈행락도 41〉

ㄴ. 흥상 보면 신부들이 외인들의 령혼을 불상히 넉이라 ᄒ셔요 〈보감 4.84〉

ㄷ. 십 년 간이나 지닉 보시고 엇지 그런 말슴을 ᄒ세요 〈행락도 31〉 히히 마님 그까짓 독갑이를 웨 무셔워ᄒ셔요 〈치악산 하7〉

(36)ㄱ. 兄님 보시오 汽車가 烟氣를 내면셔 쌜니 가니 汽車는 大段히 긴 車이오 〈국독 2.16〉

ㄴ. 나으리마님 정신좀 차리셔요 소인 막쇠 여긔잇슴이다 어셔 눈을좀 써보시오 〈금국화 83〉

한편 'ᄒ셔요/ᄒ세요' 표현은, 현대 국어 제1기에는 아주 드물지만 제2기 이후에는 급격하게 늘어나 신소설 등에서 매우 많은 출현을 보이고 있어 하나의 화계로 넣을 만하다. 명령문 (35ㄱ), 평서문 (35ㄴ), 의

문문 (35ㄷ)에서 모두 'ᄒ셔오/ᄒ세요'가 쓰였다. 'ᄒ셔요'에 있는 '-시-'
는 물론 주체 높임의 표지이지만 명령문이나 2인칭 주어 의문문에서
주체 높임은 청자에게 그대로 상대 높임으로 인식되고 기능한다. 따
라서 명령문을 중심으로 상대 높임의 화계를 설정한다면, 일반적인
언중에게 인식되는 문법적 해석에 따라 ᄒ셔요체를 하나의 화계로 놓
을 수 있다. 사용자 중심의 문법에서는, 일반적인 언중들이 인식하는
언어적 체계가 언어학 이론 위주의 문법 체계와 다소 차이가 있을 때
그것이 언어학 이론상 크게 문제가 되지 않는다면 사용자의 이해 내
용을 우선하는 것이다. 이때 문제가 되는 것이 (36)에서 나오는 '보시
오'이다. 'ᄒ시오'는 명령문에서 'ᄒ오'보다 높은 화계를 가져야 한다.
그러나 'ᄒ시오'는 'ᄒ셔요'와 실제 생활에서 큰 차이를 갖지 아니하고
너무 화계를 세분하는 것도 언어 현실과 괴리를 가져올 수 있으므로,
문어에서나 다소 사용하는 'ᄒ시오'는 문어와 구어 모두에서 많이 사
용하는 하셔요체에 합치는 것이 합리적일 것이다. 실제로 (36ㄴ)에서
도 'ᄒ셔요'와 'ᄒ시오'는 섞여 쓰이고 있다.

(37)ㄱ. 늬외간에 못ᄒᆯ 말이 어듸 잇깃소 어려워 말고 말을 ᄒ오 〈안의
　　　 성 41〉

　　ㄴ. 汽車가 烟氣를 내면셔 쎨니 가니 汽車는 大段히 긴 車이오 〈국
　　　 독 2.16〉

(38)ㄱ. 그러면 그리ᄒ게 이런 말이 령감게 드러가고 보면 듸경을 ᄒ실 터
　　　 이니 입박게 늬지 말고 수남이와 단두리만 알고 잇게 〈세검정 98〉

　　ㄴ. 쥬를 밋어 ᄆᆞ음을 진정ᄒ라 긔독도ㅣ 믁믁 부답ᄒ거늘 미도ㅣ
　　　 글ᄋᆞ듸 로형은 방심ᄒ라 〈련로 2.197a〉

　　ㄷ. 군슈에 마음먹은거슬 바로말ᄒᆯ터이니 드러보와라 〈세검정 41〉

현대 국어 초기의 문헌에는 (37)에서 보이는 'ᄒ오'가 많이 쓰이므로 ᄒ오체를 설정한다. (38ㄱ)에서는 ᄒ게체 '잇게'를, (38ㄴ)에서는 ᄒ라체 '방심ᄒ라'를, (38ㄷ)에서는 ᄒ라체 '드러보와라'를 보인다. 당시에 이들은 모두 많이 쓰인다고 보아 각각 화계를 세울 수 있지만, 'ᄒ라'와 'ᄒ라'는 명령문에서만 차이를 가질 뿐 평서문이나 의문문 등에서는 구분이 없으므로 현대 국어 초기 문헌에서 많이 쓰인 ᄒ라체로 대표한다. 이에 따라 현대 국어 초기의 상대 높임 화계는 '(ᄒ쇼셔체), ᄒ십시오체, ᄒ셔요체, ᄒ오체, ᄒ게체, ᄒ라체'를 설정한다. ᄒ쇼셔체는 ᄒ십시오체와 높이가 어느 정도 겹치고 1910년대 이후에는 출현이 매우 한정적이어서 그 이전까지만 화계 체계에 넣을 수 있을 것이다.

(39) ㄱ. 어멈 좀 드러와 〈치악산 183〉

ㄴ. 누구 압헤셔 이짜위로 싱작이쎄는 슈작을 희 쓰거운 국에 맛을 모로고 맛치가 되기 젼에 진작 슌리로 말을 ᄒ지 죄인도 유만부동ᄒ 죄인을 감추어야지 국사범 간련으로 칙교 닉에 잡으라는 계ᄒ 죄인을 숨기고 빅여날 쯧ᄒ오 〈쌍옥적 51〉

(40) ㄱ. 나도 모로겟쇼 갑ᄉ ᄒ거든 어셔 이리로 와셔 무러보아요 〈우중행인144〉

ㄴ. 교군을 다리고 졔가 갈진듸 듸길어미가 갓다가 오지요 〈추천명월37〉

여기에 (39ㄱ)의 '드러와'와 (39ㄴ)의 '희'에 있는 '-아/어'와, (39ㄴ)의 'ᄒ지, 감추어야지'에 있는 '-지'로 나타나는 희체도 하나의 화계를 갖는데, 이는 반말체의 성격이다. 희체는 (40ㄱ)의 '무러보아요'와 (40ㄴ)의 '오지요'에서처럼 높임의 첨사(보조사) '-요'가 들어가 희요체를 이루기도 한다.

이와 같은 현대 국어 초기의 상대 높임법 체계는 현대 국어 제2기 이후에 차츰 변화를 보인다. 이제 하소서체는 종교 등 극히 한정적인 환경에서만 쓰이므로 화계 목록에선 제외한다. 하십시오체와 하세요체는 오늘날 매우 널리 쓰이고 있으므로 각각 화계를 갖는다.[22] 그러나 하오체는 일부 노년층이나 문어에서 조금 사용되며 하게체도 일부 방언이나 노년층에서나 쓰이고 있어, 이들을 국어에서 일상적으로 널리 쓰이는 목록을 기본으로 하는 화계에 포함하기에 주저된다. 하라체도 일상적인 표현이 아니라 구호 등에서 사용되는 정도이고 명령문 외에서는 해라체와 다름이 없으므로 해라체에 포함한다. 해체와 해라체는 얼마든지 많이 쓰이고 있고, 해요체도 널리 사용되므로 이들은 각각 화계를 갖는다.

이에 따라 이들 기본 화계의 높이는 '하십시오, 하세요, 해요, 해, 해라'라는 1원적인 단계순을 갖는다. '하십시오, 하세요, 해라'는 격식체이고 '해, 해요'를 비격식체로 2원화하는 현재의 학교 문법은 현실적이지 못하다. 격식적인 자리에서 '해라'보다는 '해요'가 훨씬 더 적합하다고 할 것이다. 여기에 더한다면 아직 일부에서 사용하고 있는 하오체와 하게체를 부수적인 화계로 넣을 수는 있을 것이다.[23]

오늘날엔 하나의 발화 장면과 조건에서 이웃 화계 간의 교체(switching) 현상이 이전 시기에서보다 훨씬 많이 발견된다. 압존법도 약화되거나 무시되어 간다. 이에 반해 비격식적인 해요체와 해체가

---

22) 현대 국어 제1기에서는 'ᄒᆞ세요'보다 'ᄒᆞ셔요'로 많이 나타나지만 제2기 이후에는 '하세요'형이 많으므로 이에 따라 명칭을 바꾼다.

23) 오늘날 국어의 상대 높임 화계를 설정하는 문제는 홍종선(2016)에서 상세히 논의하였다.

이전 시기보다 더 폭넓게 쓰이고 있다. 이러한 현상들은 상대 존칭에서 등급이 간소화하고 중화되어 가는 경향성을 보이는 것이라고 해석할 수 있다.

6.3.4 높임말

높임법 표현은 대개 서술어 용언 어미의 활용으로 나타내지만, 높임이나 자기 낮춤의 뜻을 가진 특수한 어휘들이 보조적으로 쓰이기도 한다.

> (41) ㄱ. 선생님께서 지금 진지를 잡수시고 계시니, 나중에 여쭤 보자.
>
> ㄴ. 선생님께서도 생각이 있으시면 아드님을 보내시기 바랍니다.
>
> ㄷ. 저의 비견을 이러한 졸고로 써 봤습니다.

(41ㄱ)에서는 '선생'에 '-님'을 붙여 높임을 보이고, '이, 밥, 먹-, 있-' 대신에 높임의 '께서, 진지, 잡수시-, 계시-'를, '묻-'이 아니라 자기 낮춤의 '여쭙-'을 썼는데, 이 모두는 '선생님'에 대한 높임의 뜻을 갖는다. '있-'의 높임말은, '在'가 아닌 '有'의 뜻이면 (41ㄱ)의 '계시-'가 아니라 (41ㄴ)의 '있으시-'가 된다. (41ㄴ)의 '아드님'도 '선생님'과 관련을 가지므로 높임을 받은 것이다. (41ㄷ)은 '나, 의견, 원고' 정도의 말을 '저, 비견(鄙見), 졸고(拙稿)'라는 자기 낮춤의 어휘를 써서 상대 높임의 효과를 보인 것이다.

이와 같이 높임을 나타내는 말에는 '계씨, 댁(宅), 따님, 약주, 함자, 돌아가시다, 주무시다' 등이 있고, 자기를 낮추어 상대 높임의 효과를 갖는 말에는 '뵙다, 사형(舍兄), 소생, 저희, 드리다, 뫼시다' 등이 있다.[24] 고유어에 대해 한자어가 높임의 뜻을 갖는 경우도 많다.(예: 술-약주, 나이-춘추 등) 한자어 가운데에는 특히 '귀(貴)'나 '존(尊), 옥(玉), 고(高)'자가 결합된 높임말이 많다. 높임말 어휘들은 이전 시대부터 써 오던 것이 많지만, 시대의 변화에 따라 단어들의 부침은 계속되고 있다.

6.4 시제, 서법 동작상

6.4.1 시제

현대 국어에서는 이전 시기에 비해 '시제' 범주가 서법이나 동작상 등의 다른 문법 범주로부터 분리성이 더욱 뚜렷해진다. 현대 국어의 시제는 '현재, 과거, 미래'로 보기도 하고, '현재'와 '과거', 또는 '과거'와 '비과거'로 보는 등 여러 가지 견해가 있다. 여기에서는 학교 문법에 따라 '현재, 과거, 미래'로 체계화한다. 국어의 시제 표지는 종결형에서 서술어 용언의 선어말 어미 '-는-, -었-, -겠-, -더-, -리-' 등으로, 관형사형 어미에서 '-은, -는, -을, -던'으로 표현된다.

[현재 시제]

현재 시제는 일반적으로 사건시와 발화시가 일치하는 시간의 문법적 표현이다. 종결형에서 동사는 '-는/ㄴ-'으로, 형용사와 서술격 조사는 부정형(不定形) '-ø-'으로 나타난다.

---

24) '돌아가시다, 주무시다' 등은 19세기 말 개화기 이후에 주로 나타난다.

(42)ㄱ. 우리들은 지금 밥을 먹는다.

ㄴ. 영이의 옷이 매우 예쁘다.

ㄷ. 내 친구의 직업은 은행원이다.

(43) 너는 지금 뭐 먹니/먹냐? 응, 나 이제야 아침 먹어/먹지/먹네.

(42ㄱ)에서는 동사 '먹-'에 '-는-'이 붙어 현재 시제를 나타내며, (42ㄴ)에선 형용사 '예쁘-'가, (42ㄷ)에선 서술격 조사 '이다'가 부정형으로 현재 시제를 표현한다. 상대 높임으로 '해체'에 해당하는 (43)의 '먹니, 먹어' 등에선 동사 서술어가 부정형으로 현재 시제를 나타낸다.

현재 시제의 관형사형은, 동사는 '-는-'으로, 형용사와 서술격 조사는 '-은/ㄴ-'으로 표시된다.

(44)ㄱ. 돌이가 먹는 밥이 매우 맛있어 보인다.

ㄴ. 영이가 예쁜 옷을 입고 있다.

ㄷ. 내가 좋아하는 친구인 돌이가 멀리 가 버렸다.

(44ㄱ)은 동사 '먹-'에 '-는'이, (44ㄴ)은 형용사 '예쁘-'에 '-ㄴ'가, (44ㄷ)의 '친구인'에서는 서술격 조사 '이-'에 '-ㄴ'가 붙어 관형사형 현재 시제를 나타낸다.

현재 시제는 발화시와 사건시가 일치하는 내용 외에서도 보인다.

(45)ㄱ. 고려의 태조는 왕건이다.

ㄴ. 우리 기숙사에서는 아침밥을 8시에 먹는다.

ㄷ. 나는 내일 산에 간다.

(45ㄱ)은 역사적 사실이며, (45ㄴ)은 현재의 사실이고, (45ㄷ)은 미래의 일이지만 현재형을 썼다. 시간성에 의지하지 않을 보편적 사실을 말하거나, 과거의 일을 현장감 높게 말하거나 할 때에도 현재 시제를 쓰는데, 이는 다른 언어에서도 보이는 범어적인 현상이다. (45ㄷ)에서는 미래의 일에 '-는/ㄴ-'이 쓰이고 있어, 국어의 시제 체계를 '현재, 과거, 미래'가 아닌 '과거, 비과거'로 볼 가능성도 있다.

현대 국어 초기의 문헌에는 근대 국어 시기에 현재 시제 표지로 주로 쓰이던 '-ᄂ-'가 아직도 많이 나타난다.

> (46)ㄱ. 聰明ᄒ 耳目으로 그 街衢를 逍遙ᄒ면 人間萬象을 다 보ᄂ니라
> 〈국소 15〉
>
> ㄴ. 言語와 風俗도 種類가 不少ᄒ니라 〈국소 15〉
>
> ㄷ. 소ᄂ 들에셔 풀을 ᄯ더 목ᄂ다 〈국독 1.36〉
>
> (47)ㄱ. 임금게ᄂ 츙셩ᄒᄂ니라. 先生님게ᄂ 공경ᄒ다 〈국독 1.30〉
>
> ㄴ. 그 ᄉ룸 손을 들고 줌을 씌여 安全ᄒ 짜흐로 다리고 왓ᄂ이다
> 〈국소 9〉

(46ㄱ)의 동사 서술어 '보ᄂ니라'에는 현재 시제 '-ᄂ-'가 쓰였고, 형용사 서술어문 (46ㄴ)에선 부정형 '不少ᄒ니라'로 현재 시제를 나타내었다. 그러나 당시에도 구어체에서는 (46ㄷ)처럼 '-ᄂ-'을 사용하고 있으며, 종결문에서 '-ᄂ-'는 대부분 '-ᄂ니-' 형태로 쓰여 당위성을 단정적으로 언술하는 자리에 나타난다. (47ㄱ)을 보면, 임금에게 충성하는 내용은 단정법 '-니-'와 결합한 '-ᄂ니-'로, 이보다 강조성이 덜한 '선생에 대한 공경'은 '-ᄂ-' 형태로 말하였다. (47ㄴ)의 '왓ᄂ이다'에서도 '-ᄂ-'는 과거 시제 '-앗-' 아래에 놓여 시제적인 기능이 전혀 없이, 후

행하는 '-이-'와 결합하여 상대 높임을 나타낸다.

[과거 시제]

과거 시제는 사건시가 발화시보다 앞서는 시간 표현이다. 종결형에선 '-었/았/ㅆ/였-'으로, 관형사형에선 동사에서만 '-은'으로 나타난다. 이 외에 회상 보고의 '-더-'형도 있다.

(48)ㄱ. 우리는 벌써 밥을 먹었다.

　　ㄴ. 영이의 옷이 매우 아름다웠다.

　　ㄷ. 내 친구의 직업은 은행원이었다.

(49) 돌이가 먹은 밥은 매우 맛이 있었다고 한다.

(48)은 '먹-, 아름답-, 이-'의 종결형에 모두 '-었/았/ㅆ-'이 붙어 과거 시제를 나타내고 있다. (49)에서는 동사 '먹-'에 과거 시제 관형사형 '-은'이 붙었다.

'-더-'는 과거의 일을 회상하여 보고할 때 쓰인다.

(50) 우리가 예전에 다니던 찻집이 아직도 있더라.

(51)ㄱ. *내가 종종 가던 찻집에서 나는 책을 읽더라.

　　ㄴ. 나도 어제 잔치에서 즐겁더라.

(52)ㄱ. 경인 철도 회샤에서 더번에 철도 긔관거에 다질니여 죽은 로파의 집에 휼금 四원을 주엇다더라 〈독립 1899.11.1〉

　　ㄴ. 우리나라 國旗ᄂ 태극과 팔괘를 그렷더라. 日本 국긔에ᄂ 히를 그렷더라. 청국 국긔ᄂ 룡을 그렷다. 〈국독 1.31〉

(50)의 '있더라'는 보고하는 표현이며, '다니던'에서 '-던'은 '-더-'의 관형사형으로 과거 회상의 성격이다. '-더-'는 일인칭 주어에서는 종결 평서형으로 쓰일 수 없어, (51ㄱ)은 비문이 된다. 그러나 (51ㄴ)의 '즐겁더라'와 같이 형용사에서는 가능하다. 개화기의 신문 기사는 (52ㄱ)처럼 대개 '-엇다더라' 형식으로 문장을 끝맺는다. 보고문의 성격을 분명히 한 것이다. '-더-'가 단순 과거의 성격으로 기능하기도 하던 이전 시기의 용법은 현대 국어 초기에도 남아, 드물지만 용례를 보인다. (52ㄴ)의 내용은 회상법이 아니며, '-엇더-'('그릿더라')와 '-엇-'('그릿다')이 단순 과거형에 수의적으로 쓰인 것이다. 아래의 (54)에서 '지나더니'도 회상 시제가 아닌 단순 과거이다.

'-었었/았었-'형은 단순히 과거 시제만을 가리키지는 않는 것으로 보인다.

(53) ㄱ. 나도 그 곳엔 세 번 갔었다.

ㄴ. 우리가 그의 집에 갔을 때엔, 이미 그는 떠났었다.

ㄷ. 나는 이 길은 오 년이나 다녔었다.

ㄹ. 우리가 갔던 기념관에는 그 사람도 이미 들렸더라.

(53)의 '-었었-' 표현을 '-었-'과 대비하여 보면 약간의 차이를 찾을 수 있다. (53ㄱ)에선 경험의 뜻을 더하고, (53ㄴ)에선 기준시인 과거 시제보다 이전에 있었던 일을 나타내며, (53ㄷ)에선 현재와 단절되거나 현재 달라진 내용을 말한다. (53ㄹ)의 '-었더-'나 '-엇던' 역시 과거 이전의 일이나 경험 등을 회상 보고하는 표현이다. 그러나 많은 경우에 '-었었-'은 '-었-'과 별 차이가 없이 쓰이기도 한다. 이 모두가, 선행하는 '-었-'이 과거 시제를 나타내지만 후행하는 '-었-'은 완료상으로 기

능함을 말해 준다. '-었-'이 과거 시제 형태소이지만 시제 형태소가 반복될 때에는 후행하는 형태소는 시제와 비슷한 문법적 기능으로 변이하는데, '-었-'은 과거 시제와 관련이 큰 완료상으로 바뀐 것이다. '-었-'이 원래 '-어 있-'의 축약으로 이루어졌듯이 '-었-'이 완료상의 기능을 나타내는 것은 그리 어려운 변이가 아닐 것이다.

현대 국어 초기에는 과거 시제에 '-니-'형이 아직 일부에서 쓰이기도 한다.

> (54) 第三子ㅣ 告曰 지는 밤에 흔 山谿을 지나더니 닉가 平生深仇로 아
> 는 者ㅣ 懸崖 우희 자거날 … 老人이 그 말을 듯고 喜色이 滿面ㅎ
> 야 그 櫃를 第三子를 쥬니라 〈국소 9〉

(54)의 '쥬니라'에서 '-니-'는 단정법 표지가 아니라 과거 시제를 나타내는 형태소이다. '-니-'는 중세 국어에서 과거를 나타내는 선어말 어미였고, 근대 국어에서도 '-엇-'과는 별도로 과거 시제를 나타내거나 단정의 서법 형태소로 쓰이다가 근대 국어 말기에 와서는 대체로 단정법으로만 기능이 한정된 것이다. 그러나 1920년대 이후로는 '-니-'가 과거 시제로 쓰인 예가 거의 발견되지 않는다.

[미래 시제]

미래 시제는 사건시가 발화시보다 뒤에 오는 시간의 문법적 표현이다. 종결형에서 '-겠-'이나 '-리-', 관형사형에 '-을'로 표시한다. 또는 '-을 것이-'라는 덩어리 구로 나타내기도 한다. 미래 시제는 성격상 서법적인 요소가 많아, 시제 설정에 대해 여러 이견들이 있다.

(55)ㄱ. 내일 오전 중에 노동절 행사가 있겠습니다.

　　ㄴ. 그런 일이라면 제가 하겠습니다.

　　ㄷ. 내일은 바람이 강하게 불겠습니다.

(56)ㄱ. 너 어제는 참 좋았겠다.

　　ㄴ. 그녀도 지금쯤 후회하고 있겠지.

　　ㄷ. 너 어제는 참 좋았었겠다.

(57) 活字의 便利가 有ㅎ얏것슬 것이다 〈신정국문 202〉

(55ㄱ)은 미래 예정을 말하는 것이고, (55ㄴ)은 의지를, (55ㄷ)은 추측을 나타내는 표현이다. 따라서 이들을 모두 미래 시제에 넣기가 어려운 점이 있지만, 이를 원래 미래 시제가 갖는 속성으로 파악할 수도 있다.

그러나 (56)에 쓰인 '-겠-'은 미래 시제 형태소가 아니다. (56ㄱ)에서는 과거 시제 '-았-'과, (56ㄴ)에서는 현재 시제의 진행상 '-고 있-'과 함께 쓰여서, '추측'을 나타내는 서법으로 기능하였다. (56ㄷ)에서는 과거 시제 '-았-'과, 뒤이은 완료상 '-었-' 그리고 추측 서법의 '-겠-'을 읽을 수 있다. (56)에서는 시제 형태소가 선행하므로 그에 후행하는 '-겠-' 이 서법으로 기능하는 변이가 일어난 것이다. 이처럼 과거 시제 형태소 '-엇-' 아래에서 비시제적으로 기능하는 '-엇-'이나 '-겟-'의 용법은 일찍이 근대나 개화기의 국어에서도 보인다. (57)의 '有ㅎ얏것슬'에서 과거 시제 '-얏-' 아래의 '-것-'은 '-겟-'의 이표기인데, 역시 추측을 나타내는 서법 표현이다.

미래 시제 표현에는 '-리-'형도 있다.

(58)ㄱ. 오늘은 나도 일찍 집에 들어오리다.

　　ㄴ. 그녀는 그의 연인이 곧 돌아오리라 믿고 있다.

(58ㄱ)에서 '-리-'는 화자의 의지 표현이며, (58ㄴ)에선 추측을 나타낸다. 이러한 표현은 '-겠-'과 상당 부분 비슷하다. 하지만 '-리-'는 현대 국어에서 많이 쓰이지 않으며, 그 쓰임이 줄어드는 경향이다. 오늘날 '-리-'는 (58ㄴ)과 같이 내포문에서는 비교적 많이 나타난다. 대체로 '-겠-'에 비해 '-리-'는 주어의 의지나 판단 등이 좀 더 크게 작용한다는 느낌을 준다. 오늘날 의지 표현은 주로 '-겠-'으로 나타낸다. 특히 1인칭의 의지 표현은 거의 '-겠-'에 의하는데, 내포문에서는 '-리-'도 1인칭의 의지 표현이 가능하다.

(59) 저도 곧 여행을 떠날 것입니다.

(60)ㄱ. 만일 녀인 교육이 셩힝ᄒ면 사름마다 지식잇는 어머니의 교훈을 받을 것이니 셩인ᄒ 후에 엇지 총명ᄒ 사름이 되지 아니ᄒ리요 〈독립 1898.9.13〉

ㄴ. 계아 남ᄆᆡ를 다리고 이곳으로 오시면 일가에 단쳐를 가히 일을 것이요 〈송뢰금 11〉

(59)와 (60)의 '-을 것이-'는 예정이나 의지, 추측 등을 나타내어 '-겠-'과 같은 의미를 가지므로, 이들을 아울러 미래 시제 표현이라고 한다면 '-을 것이-'도 미래 시제를 나타내는 기능을 한다고 말할 수 있다. (55)의 문장에서 '-겠-'을 모두 '-을 것이-'로 바꾸어도 의미상 큰 차이를 보이지 않지만, 다만 좀 더 객관화한 표현이라는 느낌을 더한다. '-을 것이-' 표현이 개화기에서는 아직 드물고 더구나 문장 종결형으로 나타나는 경우는 더욱 찾기 어려워, 이 시기가 형성기라고 추측할 수 있다. 그러나 일제 시기를 지나면서 이 표현은 크게 늘어나고, 오늘날 미래 시제 표현에 '-을 것이-'는 매우 널리 쓰이고 있다.

6.4.2 서법

현대 국어에서도 서법은 주로 서술어의 선어말 어미와 어말 어미에 의해 나타나는데, 무의지적인 서법에 직설법, 회상법, 추측법, 단정법, 확인법 표현이 있고, 의지적인 서법에 명령형과 청유형 등의 표현이 있다.[25] 국어에서 서법 표현은 형태소에 의해 체계적으로 나타나기도 하지만 일부 서법적인 성격을 가진 표지들이 유표적으로 쓰이는 성격을 갖는다. 또 두 개 이상의 서법이 결합한 형태로 쓰이기도 한다.

> (61) ㄱ. 그는 대학에 다니는 학생이다.
>
> ㄴ. 그녀도 대학에 좀 다녔던 경력이 있더라.
>
> (62) 내일은 비가 많이 오겠지?

(61)은 서실법 표현으로, (61ㄱ)은 직설법, (61ㄴ)은 회상법에 해당한다. 직설법은 특별한 표지가 없이 나타나며, 회상법은 회상 시제 '-더-, -던'으로 표현된다. (62)는 서상법 표현으로, 미래 시제 형태소 '-겠-, -리-' 등이 추측의 뜻을 나타낸다.

시제 형태소 아래에 온 '-겠-, -리-, -더-'는 시제 성격을 잃고 서법 기능만을 한다.

> (63) ㄱ. 너도 많이 고민했겠지만, 이번 일은 신중을 기해서 해라.
>
> ㄴ. 너도 많이 고민했으리라 생각한다.

---

25) 이 같은 체계는 남기심·고영근(1985: 323)에 의한다. 고영근·구본관(2008)에서도 비슷한 체계를 보였다. 여기에서는 다만 '원칙법' 이름만을 '단정법'으로 바꾼다.

ㄷ. 너도 많이 고민했을 것이라 생각한다.

(64) 내 싱각ᄒ니 멸망홀 징죠룰 그듸가 뎡녕 알앗겟슨즉 ᄆᆞ음에 무셔워 … 〈텬로 1.57a〉

(65)ㄱ. 만일 문 직힌 사름이 ᄀᆞ르치지 아니ᄒ던들 무셔워 도라갈 번 ᄒ엿스나 〈텬로 1.54b〉

ㄴ. 내 … 텬쥬룰 셤겨 조곰 슈고룰 ᄒ엿던들 셩인과 ᄀᆞ치 텬당에 올나 〈쥬교 65b〉

(63, 64)에서 과거 시제 '-었-, -앗-' 아래에 놓인 '-겠/겟-'과 '-리-, -을 것이-'는 모두 추측법의 기능을 갖는다. (65ㄱ)의 '아니ᄒ던들'에서 '-더-'는 과거 시제를 나타내나, (65ㄴ)의 'ᄒ엿던들'에서 '-더-'는 과거 시제 '-엿-' 아래에서 회상법의 기능만을 가질 뿐이다.

(66)ㄱ. 어른 앞에서 담배를 피워서는 안되느니라.

ㄴ. 예전엔, 매일 아침 부모님께 절을 하였느니라.

(67)ㄱ. 스룸이 모다 鐵을 貴이 아는 쎠룰 이제 鐵時代라 ᄒᄂ니라 如此히 鑛物은 古代로 스룸의 쓰는 바ㅣ라 其中에 鐵用이 만치 못ᄒ면 百工이 興隆홀 슈 업스니 故로 各國의 鐵用이 히로 더ᄒ기는 가히 文明의 徵兆ㅣ라 홀 만ᄒ니라 〈국소 38〉

ㄴ. 世界 萬國 스이도 다 그럿치 못홀 슈 업ᄂ니라 〈국소 6〉

(68)ㄱ. 이제는 정신 차려서 잘 하렷다.

ㄴ. 음, 그 친구가 나를 배반했것다.

(66)에서 '-느니-'는 단정법을 보이는데, 예스러운 표현이다. 근대 국어에서는 계속 '-ᄋᆞ니/으니-' 형태였으나, 과거 시제 형태소 '-앗(았)-'이

자리를 잡은 근대 국어 말부터 '-ᄋᆞ니-'형은 과거 시제적인 성격의 표현이 크게 위축되고 단정법으로만 쓰이면서 '-ᄂᆞ니-'형을 가지게 되었다. '-ᄂᆞ-' 역시 중세 국어에선 현재 시제를 담당하였으나, 현재 시제의 새로운 형태 '-는-'에 밀리고 있었다. (67ㄱ)에서 'ᄒᆞᄂᆞ니라'는 현재 시제 '-ᄂᆞ-'와 단정법 '-니-'의 결합이며, '만ᄒᆞ니라'는 형용사의 부정법 현재 시제와 단정법 '-니-'의 결합이다. 그러나 (67ㄴ)의 '업ᄂᆞ니라'는 형용사인데 단정법으로 '-ᄂᆞ니-'를 쓰고 있다. '-ᄂᆞ니-' 전체가 시제 기능 없이 단정법을 나타내는 것이다.

(68)의 '하렷다'에서 '-렷-', '배반했것다'에서 '-것-'은 확인법 표현이다. 전자는 발화 내용을 상대방에게 확인시키며, 후자는 스스로 확인하는 표현이다. 단정법과 확인법은 강조적인 표현이다.

의지적 서법에는 명령형과 청유형이 대표적이다.

> (69) ㄱ. 오늘 저녁까지는 돌아와라.
>
> ㄴ. 우리 오늘까지는 다 끝내자.
>
> ㄷ. 내가 오늘 중에 해 내겠다.

(69)에선 모두 의지적 서법을 보인다. 명령형 (69ㄱ), 청유형 (69ㄴ), 미래 시제 가운데 의지적 의미를 가진 (69ㄷ)이 모두 의지법을 나타낸다.

> (70) ㄱ. 영이가 오거든 이것을 꼭 주어라.
>
> ㄴ. 이번엔 그곳에 꼭 가고자, 돌이는 그동안 많은 노력을 하였다.
>
> (71) ㄱ. 이것을 가히 단톄라 닐을지어놀 근일 소위 신조직ᄒᆞᆫ 졍당은 이러케 아니ᄒᆞ고 〈대미 1910.6.1. 1면〉
>
> ㄴ. 문 사ᄅᆞᆷ이 혹 능히 고히치 못ᄒᆞᆯ 터이어든 다만 통회ᄒᆞ고 〈진교

24b〉

(72) ㄱ. 앞으로 해 나가야 할 일들이 너무나 힘겹도다.

　　ㄴ. [?]그는 너무 많이 먹었도다.

(73) 決코 妄邪혼 行動은 ᄒ지 못홀 것이라고 싱각ᄒ얏도다 〈국독 4.9〉

근대 국어 때까지 확인법의 '-거/어-'가 종결형에서 서법적으로 쓰이던 용법은, 현대 국어에 들어서 쇠퇴하고 '-거늘, -거니와, -거든' 등과 같이 연결 어미화한 것에 확인법이 갖는 의미 기능이 다소 남아 있다. (70ㄱ)의 '오거든'에는 확인법이, (70ㄴ)의 '가고자'에는 의도법이 드러난다. 이처럼 일부의 연결 어미에서는 서법이 표현되기도 한다. (71)에는 /i/ 모음 아래에서 '-거-'가 '-어-'로 교체된 '-어늘, -어든'을 보이는데, 현대 국어 초기의 이들 표현에서는 확인법의 성격이 더욱 뚜렷이 드러난다.

　　종결형 '-다' 앞에 쓰여 감동법을 보이는 '-도-'의 의미 기능은 근대 국어에서와 같지만, 형용사나 서술격 조사로 된 서술어에서 '-도다/로다'형으로 종결 어미화한다. 다만 (72ㄴ)에서 보듯이 동사 서술어는 '-도다'형과 결합하는 것이 다소 어색하나, 개화기 문헌에는 (73)처럼 동사와 결합한 예가 많이 나온다.

6.4.3 동작상

　　통사적으로 표현되는 동작상이 주로 보조적 연결 어미와 보조 용언의 공기로 나타남은 이전 시기와 같다. 동작상에는 완료상, 진행상, 예정상 등을 꼽을 수 있다. 이러한 동작상은 시제 범주와 결합하여 잘 쓰인다.

완료상은 '-어 있-, -어 버리-, -어 두-, -고 나-' 등 보조 용언 표현에서 나타난다. 이 밖에도 연결 어미의 '-고서, -어야' 등에 완료의 의미가 개입하고, 과거 시제 '-었-' 아래에 결합한 '-었-'에도 그러한 기능이 있다.

(74)ㄱ. 이미 올라 있는 물가를 어쩔 것인가?

　　ㄴ. 꼭 필요하지 않은 부분들은 잘라 버려라.

　　ㄷ. 남는 부분은 이미 접어 두었다.

　　ㄹ. 그러한 문제들은 헤어지고 나면 다 잊어버린다.

(75) 그들은 서로 헤어지고서 다시 그리워한다.

(74ㄱ)~(74ㄹ)의 보조 용언에선 완료상이 표현되어 있다. (75)의 '헤어지고서'에서 연결 어미 '-고서'도 완료상을 나타낸다.

(77)ㄱ. 우리는 그 곳에 이미 세 번이나 갔었다.

　　ㄴ. 그가 왔을 때에 우리는 이미 일을 다 끝냈었다.

(77)에서 보이는 '-었었-'에서 후행하는 '-었-'은 모두 완료의 동작상을 뜻한다. 앞에서 본 것처럼 과거 시제 형태소 '-었-'이 중첩되면 후행하는 '-었-'은 완료상으로 기능의 변이가 일어나는 것이다.

진행상은 보조 용언 '-고 있-, -어 가-, -어 오-' 등으로 나타난다.

(75)ㄱ. 그는 지금 책을 읽고 있다.

　　ㄴ. 그는 지금 책을 거의 다 읽어 간다.

　　ㄷ. 그들은 독서 토론회를 2년째 해 온다.

ㄹ. 우리는 밤새 졸면서 계속 들판길을 걸었다.

(75)에서 여러 보조 용언들과 연결 어미 '-면서'는 진행상을 표현한다. 국어에서 진행상 표현은 다른 동작상보다 비교적 뚜렷하게 인식된다. 예정상은 '-게 되-, -게 하-, -고자 하-' 등으로 나타난다.

(76)ㄱ. 나도 어쩔 수 없이 그 시합에 참가하게 되었다.
　　ㄴ. 우리를 시험에 들게 하지 마옵소서.
　　ㄷ. 그 친구가 하고자 하는 것이라면 믿을 만하네.
　　ㄹ. 그는 약속에 늦지 않으려고 밤길을 열심히 걸었다.

(76ㄱ)~(76ㄷ)의 보조 용언 표현들은 모두 예정상을 보여 준다. (76ㄹ)의 '않으려고'에서 연결 어미 '-으려고'도 예정상을 나타내는 표현이다.

국어 표현에서 동작상은 내적으로 체계를 전체화하였다기보다, 몇몇의 보조 용언이나 연결 어미 등에서 찾아지는 동작상적인 요소들이 유표적으로 인식되는 양상을 갖는다. 동작상의 이러한 모습은 서법에서도 나타나는 것으로, 이들은 따라서 다른 문법 범주에 부수되는 성격을 띠기도 한다. 이와 같은 표현들은 근대 국어에서의 용법을 잇는 것이다.

6.5 부정법(否定法)

현대 국어에서 부정법은 근대 국어에 비해 큰 변화가 없으나, 형용사 서술어에서 단형 부정이 제약되는 등의 변화가 보인다. 부정법에는 '아니(안)'에 의한 일반 부정, '못'에 의한 능력 부정, '말-'에 의한 금지 부정이 있다. 이러한 부정법에 의한 부정문에는 단형 부정과 장형 부정이 있다.

> (77)ㄱ. 돌이는 아직 이 책을 안 읽는다.
> ㄴ. 돌이는 아직 이 책을 못 읽는다.
> ㄷ. 돌이는 아직 대학원생이 아니다.

(77)은 단형 부정문이다. (77ㄱ)은 '안'에 의하는 단순한 부정이지만, (77ㄴ)에서는 '못'에 의해 능력을 부정하고 있다. (77ㄷ)은 서술격 조사에 의한 판단문에 대한 부정문이다. 물론 '안'이 항상 단순 부정만을 나타내지는 않으며, '못' 역시 능력 부정 외에 다른 부정의 뜻을 갖기도 한다.

> (78)ㄱ. 너는 지금 가면 안 된다.
> ㄴ. 우리는 지금 그곳에 못 간다.

(78ㄱ)과 (78ㄴ)은 모두 금지를 뜻할 수 있는 부정문이지만, (77)과 같은 용법이 일반적인 것이다.
장형 부정은 서술어 어간 뒤에 '-지 아니하-, -지 못하-, -지 말-'을 넣어 만든다.

> (79)ㄱ. 돌이는 아직 이 책을 읽지 아니한다.
> ㄴ. 돌이는 아직 이 책을 읽지 못한다.
> ㄷ. 돌이는 아직 대학원생이지 않다.

ㄹ. 돌이는 아직 이 책을 읽지 마라.

(79)는 (77)에 대한 장형 부정문인데, 장형 부정문으로 바뀌어도 그 의미 내용에는 별 변화가 없다. (79ㄹ)은 '-지 말-'에 의해 금지를 나타내는 부정문이다. '아니'나 '못'에 의한 부정문은 평서문, 감탄문, 의문문에서 나타나고, '말-' 부정문은 명령문이나 청유형에서 쓰인다. 따라서 '말-' 부정문은 형용사 서술어 문장에서는 원칙적으로 안 나타난다. 그러나 '오늘은 제발 춥지 말아라.'처럼 무엇을 바라는 뜻으로는 쓰인다.

'말-' 부정문은 내포문에서 '아니하-'와 수의적으로 교체된다.

(80)ㄱ. 우리는 그녀가 떠나지 말기를 원했다.
　　ㄴ. 우리는 그녀가 떠나지 않기를 원했다.

(80ㄱ)과 (80ㄴ)에서 '말기를'이 '않기를'보다 좀 더 강한 의미를 가지기는 하지만, 의미상 큰 차이를 갖지 않으면서 수의적으로 선택될 수 있다.

단형 부정문은 일부 용언에서 제약된다.

(81)ㄱ. *나는 그 사람을 안(/못) 안다.
　　ㄴ. *지금은 봄바람이 안 하늘거린다.
　　ㄷ. *영이는 영어를 안 공부하였다.
(82)ㄱ. *나는 지금 돈이 안 있다.
　　ㄴ. ?영이는 순이보다 안 예쁘다.
　　ㄷ. ?영이는 순이보다 안 아름답다.

ㄹ. *영이는 순이보다 안 바보스럽다.

　(83)ㄱ. 이곳은 여름철에도 안 덥다.

　　ㄴ. *이곳은 여름철에도 못 덥다.

(81)과 (82)의 부정문들은 모두 비문법적이다. 이들이 부정문 생성에 제약을 받는 것은 크게 두 가지 원인으로 보인다. 우선 (81ㄱ)과 (82ㄱ)에서 보듯이, 부정어가 어휘적으로 뚜렷하면 그 용언은 단형 부정문을 이루지 못한다. '알-'은 '모르-', '있-'은 '없-'이 있으므로 부정문을 만들지 못하는 것이다. 또한 용언이 단순하지 못할 때, 특히 명사 상당 어구가 있을 때에는 단형 부정문이 생성되기 어렵다. 일반적으로 동사에서는 단형 부정문 형성이 손쉽게 이루어질 수 있지만 (81ㄴ)의 '하늘거리-'나 (81ㄷ)의 '공부하-'와 같이 명사나 명사 상당 어구를 어근으로 가지는 동사에서는 단형 부정문을 이루지 못한다. 형용사 용언에서도 단형 부정은 제약이 많다. 형용사라도 (83ㄱ)의 '덥-'처럼 단순한 '춥-, 곱-, 굽-, 작-, 젊-' 등은 다 '아니'형 단형 부정을 이룰 수 있다. 그러나 (82ㄴ)~(82ㄹ)의 '예쁘-, 아름답-, 바보스럽-'은 모두 단형 부정이 어색하다. 그런데 여기에서도 차이가 있다. (82ㄷ)은 (82ㄴ)보다, (82ㄹ)은 (82ㄷ)보다 더 거부감이 크다는 점이다. 실제로 '안 예쁘다'라는 표현은 구어에서 자주 쓰인다. 어근에 명사 상당 어구를 가진 '아름답-'은 예쁘-'에서보다 더 비문법적이며, 어근이 명사인 '바보스럽-'은 명사 상당 어구에서보다도 더 비문법적이다. (83ㄴ)에서 보듯이, 모든 형용사 서술어는 '못'형 부정문을 이루지 못한다. '못'이 주로 능력을 말하므로 형용사를 수식하는 부사어로 적절하지 못한 것이다.

　부정문 가운데에는 그가 가리키는 내용의 일부만을 부정하기도 한다.

(84)ㄱ. 우리 모두가 거기에 안 갔다.

ㄴ. 우리 모두가 거기에 가지는 않았다.

(84ㄱ)이 전체 부정인 반면 (84ㄴ)은 부분 부정을 나타낼 수 있다. 특히 (84ㄴ)은 중의성을 가지는데, 우리 모두 안 간 경우와, 우리 가운데 일부만 간 경우가 다 가능하며, 이 외에 '거기'를 부정하는 해석도 가능하다. 부정문은 부정사가 관여하는 대상이나 범위에 대한 해석상 차이로 인해 중의성이 간혹 생기는데, 수량사가 있는 문장 등에서는 중의성이 더욱 잘 일어난다.

현대 국어 초기의 부정문도 오늘날의 용법과 별반 다름이 없다. 몇 가지 특이한 표현만을 본다.

(85)ㄱ. 然이나 한 번 넉는 김을 또다시 드리면 몸에 害가 적지 아니니라 〈국소 29〉

ㄴ. 뭊춤내 외교인 손에 떠러져 잇게 아니려 ᄒ오니 〈쥬년 13a〉

ㄷ. 쥬ㅣ 임의 우리의게 림ᄒ심을 슬희여 아니ᄒ시고 〈진교 26b〉

ㄹ. 그 마누라의 잠 아니 든 즄을 알면서 〈귀의셩 7〉

ㅁ. 海面은 迢遠ᄒ야 물결도 보이지 안코 波濤聲도 들니지 안ᄂ도다 〈국독 2.20〉

부정소 '아니'가 명사로 쓰인 예는 근대 국어 이전엔 종종 나타나지만 개화기 문헌에서는 (85ㄱ, ㄴ)처럼 간혹 보인다. 이들을 '아니ᄒ니라, 아니ᄒ려'에서 'ᄒ'가 탈락한 것으로 볼 수도 있지만, 오늘날엔 이와 같은 용법이나 형태도 사용하지 않는다. 부정소 '아니' 앞에 오는 명사 상당 구절로는 이전 시기에서 이어지는 '-게'(85ㄴ), '-어'(85ㄷ),

'-지'(85ㄹ) 그리고 명사 '잠'(85ㄹ) 등과 같은 예들이 개화기에는 아직 쓰인다.

부정소는 이미 18세기 후반에 '안' 형태가 나오기 시작하지만 그 이후의 근대 국어 자료에서는 '아니'형이 대다수이며, 개화기 문헌에도 (85ㅁ)에서처럼 용언 '하-'와의 결합형이 아니면 대부분이 '아니'로 쓰인다. 현대 국어 초기의 구어에서는 이미 '안'이 널리 쓰였으나 문헌이 갖는 보수성으로 '아니'형이 주로 쓰인 것으로 보인다. 1920년대의 음성 녹음 자료에서는 '아니'가 아닌 '안'형이 대다수이다.

7. 문장의 확대 형성

단순문은 두 개 이상 결합하여 복합문을 이룬다. 실제 언어 수행 현장에서는 복합문이 많이 쓰이는데, 이는 단순문들이 결합하여 확대 된 문장이다. 문장의 확대는 문장들의 접속과 내포에 의하여 이루어 진다. 이와 같은 방식으로 문장을 확대하는 절차는 고대 국어 시기부 터 있어 오면서 그 통사적인 구조에 변화가 많지 않다. 따라서 문장의 확대 형성에 관한 내용은 개화기 등 현대 국어 초기의 표현 등에 특별 한 관심과 설명을 더하지 않는다.

7.1 접속

두 개 이상의 문장이 연결 어미에 의해 확대된 하나의 문장으로 결 합하는 방식을 '접속'이라 한다. 접속에 의한 문장에는 대등 접속문과 종속 접속문이 있다.

7.1.1 대등 접속

대등 접속은 선행절과 후행절이 대등한 관계를 갖는 복합문 구성 이다. 현대 국어에서 대등 접속은 연결 어미 '-고, -(으)나, -며, -어/아' 등이나, 체언의 접속 조사 '과/와, 이나, 하고' 등에 의해 이루어진다.

⑴ㄱ. 봄은 가고 여름이 왔다.
    ㄴ. 이 과일이 모양은 없으나 맛은 좋다.

ㄷ. 바람이 불며 비도 내리는 밤에 혼자 걸었다.

ㄹ. 그는 옷을 벗어 내던졌다.

(2)ㄱ. 영이와 나는 결혼하였다.

ㄴ. 그녀는 옷이며 양말이며 다 던져 버렸다.

ㄷ. 그의 성적은 언제나 일등이나 이등이 아닌 삼등이었다.

ㄹ. 그녀는 항상 새벽하고 밤에 경건한 기도를 드린다.

(1)은 연결 어미에 의해 만들어지는 대등 접속문이고, (2)는 접속 조사에 의한 대등 접속문이다.[26] 연결 어미에 의한 접속은 (1ㄱ)처럼 상위 문에서도 나타나지만, (1ㄷ)과 같이 내포문에서도 이루어질 수 있다. 접속 조사에 의한 접속은 주어(2ㄱ)나 목적어(2ㄴ), 보어(2ㄷ), 또는 부사어(2ㄹ)에서 다 가능하다. (2ㄱ)이 접속문이 되기 위해선, '영이와'가 부사어가 아니라 '나는'과 더불어 공동 주어이어야 한다.

연결 어미 '-니'는 현대 국어에 들어와서 점차로 대등 접속 어미의 기능을 상실하고 원인 등을 나타내는 종속적 연결 어미로만 쓰이기 시작한다.

(3) 第二子ㅣ 告曰 近日에 흔 川邊에 놀더니 七八歲 된 兒孩가 그릇 물 속에 싸지거늘 〈국소 9〉

---

26) 접속 조사에 의해 대등 접속문이 이루어진다고 보는 견해에는 문제가 없지 않다.
   (i) 영이와 돌이가 함께 학교에 간다.
   위의 예문을 '영이가 함께 학교에 간다.'와 '돌이가 함께 학교에 간다.'라는 어색한 문장들이 접속 조사 '와'에 의해 접속문으로 이루어진 것이라고 해석하기는 어려울 것이다.

(3)에서 '놀더니'는 '놀았는데' 정도로 해석되는데, 이와 같이 '-니'가 대등 접속형으로 쓰이는 예는 개화기 때에 적잖이 나타나지만 이는 이전 시기의 보수적인 표현으로 보이며, 이러한 용법이 개화기를 지나선 거의 사라지게 된다. 개화기 이전에 긴 문장에서 잘 쓰이던 대등 접속의 '-니'가 그와 같은 용법을 잃게 되는 것과, 문장의 길이가 점차 짧아지고 단순화해 가는 과정은 궤를 같이한다.

7.1.2 종속 접속

종속 접속은 종속적 연결 어미에 의해 이루어진다. 종속 접속 어미에는 '-니, -면, -어도, -어서, -듯이, -게' 등 많은 어미들이 포함되어 있다.

(4)ㄱ. 봄이 가니 여름이 오겠지.

ㄴ. 영이가 오거든 같이 가자.

ㄷ. 봄이 와도 내 마음에는 봄이 온 것 같지 않구나.

ㄹ. 영이가 오면 앉게 자리를 미리 마련해 두어라.

(4ㄱ)에서 '-니', (4ㄴ)의 '-거든', (4ㄷ)의 '-아도', (4ㄹ)의 '-면'과 '-게'는 모두 종속 접속문을 이끄는 연결 어미이다. 이들의 의미값을 쓰인 순서대로 살펴보면 각기 '원인, 조건, 양보, 조건, 목적'이 될 것이다.

(5)ㄱ. 네가 지금 간다면 환영을 받을 것이다.

ㄴ. 지금 간다면 너는 환영을 받을 것이다.

종속 접속문에서 선·후행절의 주어가 동일하면 그중 하나는 생략하는 것이 일반적이다. (5)에서와 같이 주절과 종속절의 주어가 같다면 어디에 출현하든 하나면 충분하므로, (5ㄱ)에서는 주절의 주어가, (5ㄴ)에서는 조건을 나타내는 종속절의 주어가 생략되었다. 이는 목적어 등 다른 문장 성분에서도 대개 마찬가지이다.

7.2 내포

하나의 문장이 다른 문장 속에 안기는 내포 구성은 관계화 내포문, 보문화 내포문, 명사화 내포문, 서술절 내포문, 부사절 내포문으로 나눌 수 있다.

7.2.1 관계화 내포

명사에 관형적으로 관계하는 내포 관형화를 이루기 위해선 안긴 문장의 서술어가 관형사형 어미를 갖는데, 여기에는 관계화 내포와 보문화 내포가 있다. 관계화 내포문은 상위문의 머리 명사를 꾸며 주는 내포문이다.

  (6)ㄱ. 내가 찍은 돌이가 회장이 되었다.
    ㄴ. 그건 전에 내가 보았던 영화이다.
    ㄷ. 어제는 어릴 때 놀던 동네에 가 보았다.

(6)의 문장들은 상위문에 있는 명사를 꾸미는 관형절을 각각 포함하

고 있다. (6ㄱ)의 주어 '돌이'는 내포문에서 목적어이며, (6ㄴ)에서 서술어 명사인 '영화'는 내포문에서 목적어이고, (6ㄷ)에서 부사어 명사인 '동네'는 내포절에서도 부사어이다. 이처럼 상위문의 머리 명사가 관형절 내포문에서도 문장 성분 역할을 하는 관형화문은 관계화 내포를 이룬다. 이때 상위문의 머리 명사에 관계되는 내포문의 명사는 생략한다. 예를 들어 (6ㄱ)은 내포문 '내가 돌이를 찍-'에서 '돌이'가 상위문의 머리 명사이므로 생략된 것이다.

국어에서 관계화 내포문은 중의성을 갖는다.

(7)ㄱ. 영이는 늘 가고 싶었던 섬으로 내일 떠난다.

ㄴ. 공해 가스를 많이 내뿜는 헌 차에는 세금을 많이 물리도록 했다.

(7ㄱ)은, '영이는 섬에 늘 가고 싶어 했는데, 내일 섬으로 떠난다'는 의미와, '영이가 어떤 특정한 섬에 늘 가고 싶어 했는데, 바로 그 섬으로 내일 떠난다'는 의미가 다 가능하다. 전자는 비제한적 용법, 후자는 제한적 용법이라고 할 만하다. (7ㄴ)도 이 같은 두 가지 해석이 가능하다.

7.2.2 보문화 내포

보문화 내포는 상위문에 있는 머리 명사를 의미적으로 보충해 주는 내포 관형절을 갖는 절차로, 내포문 안에 상위 머리 명사가 문장 성분으로 존재하지 않는다. 이를 명사구 보문화라 한다. 여기에 더하여 상위문의 머리 동사를 보충해 주는 내포 보문을 갖는 동사구 보문화도 설정할 수 있다.

(8)ㄱ. 나는 그녀를 직접 만난 기억이 없다.

　　ㄴ. 나는 인간의 성격 형성에 후천적 요인이 크다는 설을 믿는다.

(8ㄱ)에서 상위문의 머리 명사 '기억'은 그의 관형화 보문 '(내가) 그녀를 직접 만나-'에 문장 성분으로 들어가지 않는다. 이러한 구성은 (8ㄴ)의 머리 명사 '설'도 마찬가지이다.

　다음의 관형화 내포문은 문맥에 따라 중의성을 해결해야 한다.

(9) 내가 그토록 찾고 싶었던 것은 사실이다.

(9)는, 내가 '사실'을 찾고 싶은 경우와, 내가 (무엇을) 찾고 싶었다는 사실을 말하는 경우가 있다. 전자는 관계화문이고, 후자는 보문화문이 된다. 오늘날은 보문 명사 '것'의 쓰임이 매우 활발하여, 명사구 보문화문이 계속 생산성을 넓히면서 명사화문을 대치하는 경향이 있다.

　보문화 내포문에는 동사구 보문화를 설정하기도 한다. 동사구 보문화 내포문은 상위문의 보문 동사를 보충해 주는 내포문으로, 이른바 보조 용언 구문과[27] 인용구 구문이 여기에 해당한다.

(10)ㄱ. 이 영화가 나를 슬프게 한다.

　　ㄴ. 돌이는 이 영화를 보았다고 말했다.

(10ㄱ)에서 상위문 술어 '한다'의 동사구 보문은 서술어 '슬프게'에 의

---

27) 동사구 보문화에 대해, 예문 (8)과 (9)는 명사구 보문화가 된다. 동사구 보문화를 인정하면 보조 용언이라는 용어가 적절하지 않다. 동사구 보문화 구문에서는 보조 용언이 오히려 상위문의 보문 동사가 되는 것이다.

해 이끌리는 보문화 내포문이다. (10ㄴ)에서도 머리 동사 '말했다'의 보문은 인용 보문소 '-고'에 의해 연결되는 동사구 내포문이다.

보문화와 통사적인 절차는 같으나 상위 머리 명사와의 의미 관계를 달리하는 연계화 구조가 있다.

(11)ㄱ. 우리집은 그가 온 후에 분위기가 훨씬 좋아졌다.

ㄴ. 우리는 그가 설명한 대로 모든 걸 믿고 있다.

(11ㄱ)에서 '그가 온'은 뒤에 오는 상위절 머리 명사 '후'를 의미상 보충해 주지만 이들 둘 사이에는 동격적이거나 동일하게 공유하는 내용이 없다. 즉 둘 사이는 서로 문법적으로만 연계되어 있을 뿐이다. (11ㄴ)에서도 의존 명사 '대로'는 내포 관형절 '그가 설명한'과 의미상 동질성이 없이 관형화 관계를 받는 상위절 머리 명사일 뿐이다. 이와 같은 내포문 구조는 보문화와 구별하여 '연계화 내포'라 이름하기도 한다.

7.2.3 명사화 내포

명사화 내포는 안기는 하위 내포절이 명사화를 이루어 상위절에서 명사구로서 역할을 하는 구문 구조이다. 내포 명사화문은 명사형 어미 '-음'과 '-기'가 결합한 서술어에 의해 이끌려 이루어진다.

(12)ㄱ. 나는 돌이가 일찍 학교에 감을 기대했다.

ㄴ. 나는 돌이가 일찍 학교에 가기를 기대했다.

(13)ㄱ. 나는 순이가 우리 학교 학생임을 어제야 알았다.

ㄴ. *나는 순이가 우리 학교 학생이기를 어제야 알았다.

(14)ㄱ. *이 문제는 해결함이 쉽지 않다.

ㄴ. 이 문제는 해결하기가 쉽지 않다.

(12)에서는 명사화 내포문에 '-음'과 '-기'형 모두 가능하나, (13)에서는 '-음'형만 가능하고, (14)에서는 '-기'형만이 가능하다. 두 가지 형태가 모두 가능한 상위 서술어에는 주관성 용언(예: 좋다, 좋아하다, 원하다 …)과 일부의 상태성 형용사(예: 다행이다, 확실하다 …), 또는 요구성 동사(예: 권하다, 기다리다, 당부하다 …) 등이 있다. '-음' 형태만 허용하는 상위 술어에는 감각·인지 동사(예: 보다, 듣다, 느끼다 …), '발견하다'류(예: 드러나다, 밝히다, 지적하다 …), '말하다'류(예: 묻다, 발표하다, 주장하다 …) 등이 있다. '-기' 형태만 허용하는 상위 서술어에는 '하다'를 포함하여 매우 많아, 위의 두 가지 경우를 제외한 대부분의 용언들이 여기에 해당할 정도이다.

(15)ㄱ. ?우리는 내일도 꼭 오겠음을 약속했다.

ㄴ. *우리는 내일도 꼭 오겠기를 약속했다.

(16)ㄱ. 우리는 그가 돌아옴-만/*도/*은 기다린다.

ㄴ. 우리는 그가 돌아오기-만/도/는 기다린다.

명사화 내포문은 과거 시제는 잘 수용하나 미래 시제 형태소와의 결합엔 제약이 많다. '-음'형인 (15ㄱ)도 어색하지만 '-기'형인 (15ㄴ)은 완전히 비문이다. 그러나 주체 높임법 '-시-'와의 결합은 두 가지 명사형에서 모두 비교적 자유롭다. (16)에서 보듯이 '-음'형은 보조사로 '만'만을 허용하지만 '-기'형은 비교적 다양한 보조사와의 결합이 가능하다.

이들 두 가지 명사화 어미는 서로 대비적인 특성이 있어, '-음'은 좀 더 상태성이 강하고 이미 존재하는 내용에 잘 어울리며, '-기'는 이에 비해 동작성이 있고 미래적인 내용에 잘 쓰인다. 그러나 아직 이 두 명사화형의 의미나 통사 특성은 뚜렷이 밝혀지지 않은 상태이다. 현대 국어에서 '-기' 내포화문은 '-음'에 비해 그 쓰임이 훨씬 넓고 활발하여, 이전 시기보다 '-음'의 사용은 더욱 축소되며 '-기'는 늘어나는 추세이다.

그러나 현대 국어 초기의 문헌에는 '-기'형보다 '-음'형의 출현이 더 빈번하였다.

(17)ㄱ. 갓가히 안짐을 쳥ᄒ고 〈설중매 15〉

ㄴ. 노력 없는 大成은 기대함이 그르다 〈사상계3-9(1955) 193〉

(17)의 표현들이 지금은 매우 어색하다. 오늘날 (17ㄱ)은 '앉기'로, (17ㄴ)은 '것' 보문화문으로 바꾸어야 자연스럽다. 이처럼 개화기에는 물론 20세기 중반의 (17ㄴ) 표현도 벌써 어색하게 느껴질 만큼 '-음'의 축소는 현재도 진행 중이다.

7.2.4 서술절 내포

서술어가 구절로서 내포문을 이루는 절차가 있다.

(18)ㄱ. 돌이가 머리가 좋다.

ㄴ. 이 책은 손때가 묻었다.

ㄷ. 입장권이 세 장이 남았다.

(18)의 문장들은 이른바 주격 중출 구문이다. 현재 학교 문법에서는 주격 중출 구문 가운데 일부는 서술절을 설정하여 설명하고 있다. (18 ㄱ)에서도 '머리가 좋다'는 그것만으로도 문장을 충분히 이룰 수 있는데, 이러한 구성이 내포절이 되어 주어 '돌이'의 서술어가 된다는 설명이다. (18ㄴ)과 (18ㄷ)에서도 '손때가 묻었다'와 '세 장이 남았다'가 서술절 내포문이 된다. 그러나 이들 서술절에는 서술절을 이루는 문법적 표지가 없어 서술절 설정 자체를 어렵게 한다.

7.2.5 부사화 내포

부사형 어미로 이끌리는 구절이 상위문에서 부사어 역할을 하는 문장 구조를 가질 경우, 이를 부사화 내포라 한다.

> (19)ㄱ. 찔레꽃이 장미꽃보다 더 아름답게 피었다.
> ㄴ. 그녀는 한을 풀어내듯이 소리를 이어갔다.
> ㄷ. 그녀는 기운이 다하도록 소리를 계속하였다.
> ㄹ. 그는 이제 아무런 근심 없이 살아가고 있다.

(19ㄱ)에서 '아름답게'는 내포 부사절을 이끌어 상위 서술어 '피었다'를 꾸민다. (19ㄴ)에서는 '이어갔다'를 꾸미는 부사절 내포문을 '풀어내듯이'가 이끈다. (19ㄷ)에서는 '기운이 다하도록'이 '계속하였다'를 한정하는 부사절 내포문이다. (19ㄹ)에서는 파생 부사 '없이'가 부사형 어미처럼 쓰여 '살아가고'를 꾸미는 부사화 내포절을 이끈다.

참고 문헌

가와사키 케이고 2014. 소위 감동법 '-ㅅ-'에 대하여. 《국어사연구》 19.

강신항 1980. 『계림유사 『고려방언』 연구』 성균관대 출판부.

강영 1998. 『『대명률직해』 이두의 어말어미 연구』 국학자료원.

강은국 1993. 『조선어 접미사의 통시적 연구』 서광학술자료사.

고광모 2000. 상대 높임의 조사 '요'와 '-(이)ㅂ쇼'의 기원과 형성 과정. 《국어학》 36.

고광모 2001. 중부 방언과 남부 방언의 '-소/오'계 어미들의 역사. 《한글》 253.

고영근 1980. 중세어의 어미활용에 나타나는 '거/어'의 교체에 대하여. 《국어학》 9.

고영근 1981. 『중세국어의 시상과 서법』 탑출판사.

고영근 1989. 『국어형태론연구』 서울대출판부.

고영근 1997, 2010. 『표준 중세국어문법론』 집문당.

고영근·구본관 2008. 『우리말 문법론』 집문당.

고창수 1992. 고대국어의 구조격 연구. 고려대 박사논문.

고창수 2001. 문법사 연구와 국어정보화. 《한국어학》 14.

구본관 1996. 중세국어 형태. 『국어의 시대별 변천·실태 연구 1』 국립국어연구원.

구본관 1998. 『15세기 국어 파생법에 대한 연구』 태학사.

권인영 1992. 18세기 국어의 형태 통어적 연구. 연세대 박사논문.

권인한 외 2011.『죽간·목간에 담긴 고대 동아시아』성균관대학교 출판부.

권재일 1992.『한국어 통사론』민음사.

권재일 1997. 문법 변화 개관.『국어사연구』태학사.

권재일 1998.『한국어문법사』박이정.

기주연 1991. 근대국어의 파생어 연구. 한양대 박사논문.

김기혁 1995.『국어 문법 연구』박이정.

김동언 1999. 개화기 국어 형태.『국어의 시대별 변천·실태 연구 4』국립국어연구원.

김두봉 1916.『조선말본』새글집.

김무림 2004.『국어의 역사』한국문화사.

김민수 1960.『국어문법론연구』통문관.

김민수 1980.『신국어학사』(전정판) 일조각.

김상돈 1981. 고대국어의 접미사 연구 시론. 고려대 석사논문.

김성주 2011. 균여 향가〈보개회향가〉의 한 해석.《구결연구》27.

김승곤 1978.『한국어 조사의 통시적 연구』대제각.

김양진 2008.『고려사(高麗史)』속의 '고려어(高麗語)' 연구.《국어학》52.

김양진·김유범 2001. 중세국어 '이어긔, 뎌어긔'에 대하여.《진단학보》92.

김양진 2009. 특수어미 '-느니'의 형태통사론.《한글》294.

김영욱 1995.『문법형태의 역사적 연구』박이정.

김영욱 2003. 좌등본 화엄문의요결의 국어학적 연구.《구결연구》10.

김영욱 2014. 목간 자료와 어휘.《구결연구》33.

김완진 1980.『향가해독법연구』서울대출판부.

김완진 2000.『향가와 고려가요』서울대 출판부.

김유범 2001. 15세기 국어 문법 형태소의 형태론과 음운론. 고려대 박사논문.

김유범 2008ㄱ. 'ㄱ'탈락 현상의 소멸에 관한 고찰.《우리말연구》23.

김유범 2008ㄴ. 이형태교체의 조건과 중세국어 이형태교체의 몇 문제.《국어국문학》149.

김윤경 1948.『중등말본』동명사.

김정수 1984. 『17세기 한국말의 높임법과 그 15세기로부터의 변천』 정음사.

김정아 1986. '근ㅎ다' 구문의 통사·의미적 특성. 《진단학보》 62.

김종택 1983. 국어 표현구조의 변천 연구. 《동양문화연구》 10.

김지오 2012ㄱ. 균여전 향가의 해독과 문법. 동국대학교 박사논문.

김지오 2012ㄴ. 석독구결에 나타난 '은여/을여'에 대하여. 《한국어문학연구》 58.

김창섭 1984. 파생어 형성 접미사들의 기능과 의미. 《진단학보》 58.

김창섭 1997. 합성법의 변화. 『국어사연구』 태학사.

김현주 2010. 국어 대우법 어미의 형태화 연구. 고려대 박사논문.

김현주 2013. 주어 표지 {-께서}의 형성에 대하여. 《어문연구》 160.

김형규 1962. 『국어사연구』 일조각.

김형규 1975. 국어 경어법 연구. 《동양학》 5.

김형철 1997. 『개화기 국어연구』 경남대 출판부.

남광우 1971. 『고어사전』 일조각.

남기심·고영근 1993. 『표준국어문법론』 탑출판사.

남기탁·조재형 2014. 후기중세국어 시기의 '-에셔'의 형성 과정에 대한 고찰. 《어문논집》 58.

남성우·정재영 1998. 구역인왕경 석독구결의 표기법과 한글 전사. 《구결연구》 3.

남풍현 1999ㄱ. 『국어사를 위한 구결연구』 태학사.

남풍현 1999ㄴ. 『『유가사지론』 석독구결의 연구』 태학사.

남풍현 2000. 『이두연구』 태학사.

남풍현 2011ㄱ. 고대한국어의 겸양법 조동사 '白/숣'과 '內/아'의 발달. 《구결연구》 26.

남풍현 2011ㄴ. 중고한국어의 문법 개관. 《구결연구》 27.

렴종률 1992. 『조선말력사문법』 평양: 김일성종합대학출판사.

류렬 1990~2005. 『조선말력사』 (1)~(6). 평양: 사회과학출판사.

류성기 1993. 국어 사동사에 관한 통시적 연구. 전주대 박사논문.

리의도 1990. 『우리말 이음씨 끝의 통시적 연구』 어문각.

문현수 2016. '-롯'과 '-록'의 관계에 대하여.《구결연구》37.

문현수 2017. 주본『화엄경』점토석독구결의 해독 연구. 고려대 박사논문.

민현식 1993. 개화기 국어사 자료에 대하여.『국어사 자료와 국어학의 연구』문학과지성사.

민현식 1999. 개화기 국어 문법.『국어의 시대별 변천·실태 연구 4』국립국어연구원.

박병채 1965. 고대국어의 격형연구.『고대60주년기념논문집』고려대학교.

박병채 1967. 고대국어의 격형연구(속).《인문논집》(고려대).

박병채 1968. 고대삼국의 지명어휘고.《백산학보》5.

박병채 1994.『새로고친 고려가요의 어석 연구』국학자료원.

박병철 2016.『한자의 새김과 천자문』태학사.

박성종 1996. 조선초기 이두 자료와 그 국어학적 연구. 서울대 박사논문.

박승빈 1935.『조선어학』조선어학연구회.

박영준 1994.『명령문의 국어사적 연구』국학자료원.

박용식 2005. 현대국어와 중세국어에서의 '-어ㅎ-' 의미 고찰.《배달말》34.

박재연 2016.『고어대사전』선문대 출판부.

박진호 1998. 고대 국어 문법.『국어의 시대별 변천·실태 연구 3』국립국어연구원.

박진호 2005. 도치 구문의 조사 '-(이)여'에 대하여.『우리말 연구 서른아홉 마당』태학사.

박진호 2008. 향가 해독과 국어 문법사.《국어학》51.

박진호 2015. 보조사의 역사적 연구.《국어학》73.

백두현 1996. 고려 시대 석독구결의 선어말어미 '-ㅅ(오)-'의 분포와 문법기능.《어문론총》30.

백두현 1997ㄱ. 고려 시대 구결의 문자체계와 통시적 변천.『아시아 제민족의 문자』태학사.

백두현 1997ㄴ. 고려 시대 석독구결에 나타난 선어말어미의 계열관계와 통합관계.《구결연구》2.

서정목 1978. 체언의 통사 특징과 15세기 국어의 '-ㅅ,-익/의'. 《국어학》 7.

서정목 1993. 국어 경어법의 변천. 《한국어문》(한국정신문화연구원) 2.

서정수 1996. 『국어문법』 한양대 출판부.

서종학 1995. 『이두의 역사적 연구』 영남대 출판부.

서종학 1997. 후치사의 변화. 『국어사연구』 태학사.

서태룡 1997. 어말어미의 변화. 『국어사연구』 태학사.

서태룡 2006. 국어 조사와 어미의 관련성. 《국어학》 47.

석주연 2001. 언어 사용자의 관점에서 본 중세국어 관형사형의 '-오-' 소멸. 《형태론》 13-1.

송철의 1983. 파생어 형성과 통시성의 문제. 《국어학》 12.

송철의 1997. 파생법의 변화. 『국어사연구』 태학사.

시정곤 1994. 『국어의 단어형성 원리』 국학자료원.

심재기 · 이승재 1998. 『화엄경』 구결의 표기법과 한글 전사. 《구결연구》 3.

안병희 1967. 한국어발달사(중). 『한국문화사대계』 V. 고대 민족문화연구소.

안병희 1968. 중세국어의 속격어미 'ㅅ'에 대하여. 『이숭녕박사송수기념논총』 을유문화사.

안병희 1992ㄱ. 『국어사연구』 문학과지성사.

안병희 1992ㄴ. 『국어사자료연구』 문학과지성사.

안병희 · 이광호 1990. 『중세국어문법론』 학연사.

안주호 1991. 후기 근대국어의 인용문 연구. 《자하어문논집》 8.

양주동 1942~1975. 『조선고가연구』 박문서관.

연재훈 2008. 한국어에 능격성이 존재하는가. 《한글》 282.

염광호 1998. 『종결어미의 통시적 연구』 박이정.

유경종 1995. 근대국어 피동과 사동 표현의 연구. 한양대 박사논문.

유길준 1909. 『대한문전』 융문관.

유민호 2014. 고대 한국어 처격, 속격조사의 형태와 의미기능에 관한 연구. 고려대 박사논문.

유성기 1995. 국어 사동사에 관한 통시적 연구. 전주대 박사논문.

유창균 1994. 『향가비해』 형설출판사.

유창돈 1964ㄱ. 『이조국어사연구』 선명문화사.

유창돈 1964ㄴ. 『이조어사전』. 연세대 출판부.

유필재 2002. '뵙다'류 동사의 형태음운론. 《한국문화》 29.

이건식 1995. 향찰과 석독구결의 훈독말음첨기에 대하여. 『국어사와 차자표기』 태학사.

이광호 1997. 근대국어연구의 실상과 과제. 《한국어문》 5.

이광호 2004. 『근대국어문법론』 태학사.

이기갑 1981. 씨끝 '-아'와 '-고'의 역사적 교체. 《어학연구》 17-2.

이기문 1978. 『16세기 국어의 연구』 탑출판사.

이기문 1998. 『신정판 국어사개설』 태학사.

이남순 1997. 시상의 변화. 『국어사연구』 태학사.

이동석 2012. 겹말에 대한 통시적 연구. 《어문논집》 66.

이동석 2014. 중세국어 '거긔' 구성의 의미 기능과 문법화. 《국어사연구》 19.

이병기 2006. 한국어 미래성 표현의 역사적 연구. 서울대 박사논문.

이숭녕 1961. '샷다' 고. 《진단학보》 22.

이숭녕 1964. 경어법연구. 《진단학보》 25.

이숭녕 1972. 17세기 초기 국어의 형태론적 고찰. 《동양학》 2.

이숭녕 1981. 『중세국어문법』 을유문화사.

이승욱 1972. 『국어문법체계의 사적 연구』 일조각.

이승욱 1997. 『국어 형태사 연구』 태학사.

이승재 1992. 『고려시대의 이두』 태학사.

이승재 1996. 고려중기 구결자료의 주체경어법 선어말어미 '-ㅕ(겨)-'. 『이기문 교수 정년퇴임기념논총』 신구문화사.

이승재 1997. 차자표기의 변화. 『국어사연구』 태학사.

이승재 1998. 고대 국어 형태. 『국어의 시대별 변천·실태 연구 3』 국립국어연구원.

이승재 2001. 고대 이두의 존경법 '-在[겨]-'에 대하여. 《어문연구》 112.

이안구 2002. '있다'와 '없다'에 대한 통시적 연구. 서울대 석사논문.

이용 2000. 연결 어미의 형성에 관한 연구. 서울시립대 박사논문.

이정택 2001. '-지(디)-'의 통시적 변천에 관한 연구.《국어학》38.

이정택 1994. 15세기 국어 입음법과 하임법. 연세대 박사논문.

이주행 1987. 한국어 의존명사의 통시적 연구. 성균관대 박사논문.

이태영 1988.『국어 동사의 문법화 연구』한신문화사.

이태영 1997. 국어 격조사의 변화.『국어사연구』태학사.

이현희 1987. 중세국어 '둗겁-'의 형태론.《진단학보》63.

이현희 1994ㄱ. 19세기 국어의 문법사적 고찰.《한국문화》15.

이현희 1994ㄴ.『중세국어구문연구』신구문화사.

이현희 1996. 중세 국어 자료(한글 문헌).『국어의 시대별 변천 · 실태 연구 1』
    국립국어연구원.

이희승 1956.『국어학개설』민중서점.

임동훈 1994. 중세 국어 선어말 어미 {-시-}의 형태론.《국어학》24.

임동훈 2001. '-겠-'의 용법과 그 역사적 해석.《국어학》37.

임홍빈 1980. 선어말 {-오/우-}와 확실성.《한국학논총》3. 국민대 한국학연
    구소.

장경희 1977. 17세기 국어의 종결어미 연구.《논문집》(서울사대) 16.

장윤희 2006. 고대국어의 파생 접미사 연구.《국어학》47.

전광현 1971. 18세기 후기 국어의 일고찰.《논문집》(전북대) 13.

전광현 1978. 18세기 전기 국어의 일고찰.《어학》(전북대) 5.

전광현 1991. 근대국어연구의 현황과 과제.『제21회 동양학학술회의강연초』
    단국대 동양학연구소.

전병용 1999.『중세국어의 어미 '-니'에 대한 연구』청동거울.

전정례 1991. 중세국어 명사구내포문에서의 '-오-'의 기능과 변천. 서울대 박
    사논문.

정경일 2013. 고대국어와 한자음 연구.《한국어학》58.

정경재 2011. 분류사 '자루'가 수량화하는 범주의 변화.《우리어문연구》41.

정경재 2015. 한국어 용언 활용 체계의 통시적 변화. 고려대 박사논문.

정경재 2016. 20세기 구어 자료에 나타난 명령형 어미의 실현 양상 변화. 《한국어학》 72.

정광 1968. 주격 '가'의 발달에 대하여. 《우리문화》 2.

정길남 1997. 『개화기 교과서의 우리말 연구』 박이정.

정렬모 1946. 『(신편) 고등국어문법』 고려문화사공무국.

정연주 2015. '하다'의 기능에 대한 구문 기반 연구. 고려대 박사논문.

정연주 외 2015. 20세기 전기 구어 자료에서의 '안' 부정법. 《어문논집》 75.

정재영 1993. 중세국어 의존명사 'ᄃᆞ'에 대한 연구. 한국외국어대 박사논문.

정재영 1997. '-오-'의 변화. 『국어사연구』 태학사.

정재영 1998. 합부금광명경(권3) 석독구결의 표기법과 한글 전사. 《구결연구》 3.

주시경 1914. 『말의 소리』 신문관.

차재은 1999. 선어말어미 '-거-'의 변천연구. 고려대 석사논문.

차재은·홍종선 2016. 20세기 초 베를린 한인 음원의 음운과 형태. 《한국어학》 72.

천소영 1990. 『고대국어의 어휘 연구』 고려대 민족문화연구소.

최기호 1981. 청자존대법 체계의 변천양상. 《자하어문논집》 1.

최남희 1996. 『고대국어 형태론』 박이정.

최동주 1996. 중세 국어 문법. 『국어의 시대별 변천·실태 연구 1』 국립국어연구원.

최동주 2002. 전기 근대국어의 시상체계에 관한 연구. 《어문학》 76.

최동주 2004. 국어 문법 변천사 연구. 『한국언어학회 학술대회지』 한국언어학회.

최명옥 2002. 과거시제 어미의 형성과 변화. 《진단학보》 94.

최세화 1964. 처격의 변천—'익/의'를 중심으로. 《논문집》(동국대) 5.

최전승 1998. 문헌자료에 반영된 음운론적 변이(變異) 과정과, 'ᄒᆞ여(爲)>히'의 음성변화. 《국어교육》 96.

최현배 1937, 1961. 『우리말본』 정음사.

하귀녀 2005. 국어 보조사의 역사적 연구. 서울대 박사학위논문.

한글학회 1992. 『우리말 큰사전 4(옛말과 이두)』 어문각.

한동완 1986. 과거시제 '었'의 통시론적 고찰. 《국어학》 15.

한재영 1986. 중세국어 시제체계에 대한 관견. 《언어》 11-2.

한재영 1996. 『16세기 국어구문의 연구』 신구문화사.

허웅 1975. 『우리옛말본』 샘문화사.

허웅 1987. 『국어 때매김법의 변천』 샘문화사.

허웅 1989. 『16세기 우리 옛말본』 샘문화사.

허웅 1995. 『20세기 우리말의 형태론』 샘문화사.

허원욱 1993. 『15세기 국어 통어론』 샘문화사.

홍고 테루오(北郷照夫) 2002. 이두자료의 경어법에 관한 통시적 연구. 고려대 박사논문.

홍윤표 1969. 15세기 국어의 격연구. 『국어연구』 21.

홍윤표 1975. 주격어미 '-가'에 대하여. 《국어학》 3.

홍윤표 1991. 근대국어의 통사론. 『제21회 동양학학술회의 강연초』 단국대 동양학연구소.

홍윤표 1993. 『국어사 문헌자료 연구(근대편1)』 태학사.

홍윤표 1994. 『근대국어 연구(1)』 태학사.

홍윤표 1995. 국어사의 시대구분. 《국어학》 25.

홍윤표·송기중·정광·송철의 1995. 『17세기 국어사전』 태학사.

홍종선 1981. 국어 부정법의 변천 연구. 고려대 석사논문.

홍종선 1990. 국어 체언화 구문의 연구. 고려대 민족문화연구소.

홍종선 1992. 문법사 연구. 『국어학연구백년사』 일조각.

홍종선 2008. 국어 시제 형태소 체계와 그 기능 변이. 《한글》 282. 5-32쪽.

홍종선 엮음 1998. 『근대국어 문법의 이해』 박이정.

홍종선 외 2000. 『현대 국어의 형성과 변천(1,2,3)』 박이정.

황국정 2000. 석독 구결의 두 관형사절에 대해. 《구결연구》 6.

황국정 2004. 국어 동사 구문구조의 통시적 연구. 고려대 박사논문.

황국정 · 차재은 2004. 중세국어의 격조사 생략에 대한 고찰.《민족문화연구》41.

황문환 1998. 'ᄒ니 · ᄒ리'류 종결형의 대우 성격에 대한 통시적 고찰.《국어학》32.

황문환 2015. "언간 자료와 국어사 연구."『2015년 국어학회 겨울학술대회 발표자료집』. 85-100쪽.

황선엽 2002. 국어 연결어미의 통시적 연구. 서울대 박사논문.

황선엽 2010. 향가의 연결어미 '-아' 표기에 대하여.《구결연구》25.

황선엽 외 2009.『석독구결사전』박문사.

大江孝男(1968), 中期 朝鮮語 動詞(用言)の ㅗ〜ㅜ 語幹に ついて.『李崇寧博士頌壽紀念論叢』.

小倉進平 1964.『增補 補註 朝鮮語學史』東京: 刀江書院.

河野六郎 1951. 中期朝鮮語の 時稱體系に 就いて.《東洋學報》34卷 1-4號.

Kim, Seohyung 2006. "'eulan' in Middle Korean."《한국어학》33.

Pyles, T & Algeo, J. 1993. *The Origins and Development of the English Language* (Fourth Edition). Harcourt Brace Jovanovich College Publishers.

Ramstedt 1949. *Studies in Korean Etymology*. Helsinki.

찾아보기

문법 형태

ㅇ

홍종선

고려대학교 국어국문학과를 졸업하고 동 대학교 대학원 국어국문학과에서 「국어 부정법의 변천 연구」로 석사학위를, 「국어 체언화 구문의 연구」로 박사학위를 받았다. 이후 국어 문법론, 국어사, 국어 사전학 등을 연구하면서 논저를 발표하였다. 최근에는 우리말 구어의 문법에 많은 관심이 있다. 전주대 국어교육과 조교수, 고려대 국어국문학과 교수로 근무하였다. 현재 고려대 명예교수, 겨레말큰사전남북공동편찬위원회 남측편찬위원장이다. 저서로 『근대 국어 문법의 이해』 (1998), 『현대 국어의 형성과 변천(1,2,3)』(2000), 『한국어 중의어절 사전』(2008) 등이 있고, 번역서에 『장벽 이후의 생성문법』(1993), 『연행가』(2005), 『만보전서』 (2009) 등이 있다.

국어문법사

대우학술총서 618

1판 1쇄 펴냄 | 2017년 10월 16일
1판 2쇄 펴냄 | 2018년 10월 5일

지은이 | 홍종선
펴낸이 | 김정호
펴낸곳 | 아카넷

출판등록 | 2000년 1월 24일(제406-2000-000012호)
주소 | 10881 경기도 파주시 회동길 445-3
전화 | 031-955-9510 (편집) · 031-955-9514 (주문)
팩시밀리 | 031-955-9519
책임편집 | 이하심
www.acanet.co.kr

© 홍종선, 2017

Printed in Seoul, Korea.

ISBN 978-89-5733-564-2 94700
ISBN 978-89-89103-00-4 (세트)

이 도서의 국립중앙도서관 출판예정도서목록(CIP)은
서지정보유통지원시스템 홈페이지(http://seoji.nl.go.kr)와
국가자료공동목록시스템(http://www.nl.go.kr/kolisnet)에서 이용하실 수 있습니다.
(CIP제어번호: CIP 2017020269)